汽车电工实用技术

主　编：吴政清　吴文民
副主编：李晓华　孙家豪　李矿理

金盾出版社

内 容 提 要

本书在简要介绍电工电子知识的基础上,系统地介绍了汽车传统电气设备、汽车发动机燃油喷射系统、微机控制点火系统、电控自动变速器、防抱死制动系统、驱动防滑转控制系统、安全气囊系统、电控悬架系统、电控转向系统、巡航控制系统、汽车防盗系统的结构、工作原理、正确使用与维修方法。本书内容实用,针对性强,既可作为汽车维修电工的培训教材,也可供广大汽车维修工和汽车运用工程技术人员学习参考。

图书在版编目(CIP)数据

汽车电工实用技术/吴政清,吴文民主编 . —北京:金盾出版社,2007.9
ISBN 978-7-5082-4609-3

Ⅰ. 汽… Ⅱ.①吴…②吴… Ⅲ. 汽车—电工—维修—基本知识 Ⅳ. U463.6

中国版本图书馆 CIP 数据核字(2007)第 089035 号

金盾出版社出版、总发行
北京太平路 5 号(地铁万寿路站往南)
邮政编码:100036 电话:68214039 83219215
传真:68276683 网址:www.jdcbs.cn
封面印刷:北京 2207 工厂
正文印刷:京南印刷厂
装订:桃园装订厂
各地新华书店经销
开本:787×1092 1/16 印张:28 字数:828 千字
2009 年 3 月第 1 版第 2 次印刷
印数:8001—14000 册 定价:52.00 元

(凡购买金盾出版社的图书,如有缺页、
倒页、脱页者,本社发行部负责调换)

前　言

本书是根据劳动和社会保障部培训就业司颁发的《技工学校汽车专业教学计划与教学大纲》中"汽车电工模块"的要求，由具有多年教学和实践经验的教授编写而成。全书共十九章，在简要介绍汽车电工电子知识的基础上，通俗而全面系统地介绍了汽车传统电气设备(包括蓄电池、交流发电机、起动机、传统点火系统及普通电子点火系统、照明与信号装置、仪表、空调系统、辅助电器)和汽车电子控制装置(包括发动机燃油喷射系统、微机控制点火系统、电控自动变速器、防抱死制动系统、驱动防滑转系统、电控悬架系统、电控转向系统、巡航控制系统、安全气囊系统、汽车防盗系统)的结构、工作原理、正确使用与维修方法。本书图文并茂，内容实用，针对性强，是广大汽车维修电工不可多得的学习教材，既可作为汽车运用工程技术人员工作的重要参考资料，也可供大中专院校和技工学校有关专业在校学生学习参阅。

本书由副教授吴政清、吴文民主编，李晓华、孙家豪、李矿理副主编。书中第一章、第二章由吴文民编写，第三章至第十二章、第十六章至第十九章由吴政清编写，第十三章至第十五章由李矿理、罗俊杰、孙家豪、田边编写。另外，参加编写工作的还有朱宏、刘文鸿、廖祥兵、李俄收、朱会田、黄卫东、王军、吴君辉、吴敏洁、陈兴生、李锐、蒋孝华、杨汉林、杨大柱、孙文芳、周琍、丁磊、朱成敏、陈海涛、成成等专业老师。在编写过程中，参阅了国内外大量的有关著作、论文及资料，在此，谨向为本书编写和出版付出辛勤劳动的同志以及参考文献的作者表示衷心的感谢。由于编者水平所限，书中差错和不当之处在所难免，竭诚欢迎广大读者批评指正。

编　者
2007 年 1 月

目 录

第一章 电工基础知识 1
第一节 直流电路 1
一、电路的组成 1
二、电路的状态 1
三、电路中的基本元件 2
四、欧姆定律 3
五、电阻的连接 3
六、电源(电池)的连接 4
七、基尔霍夫定律 4
第二节 磁和电磁 5
一、磁的基本概念 5
二、电流的磁场 6
三、磁路和磁路欧姆定律 6
四、电磁力 7
五、电磁铁 7
六、电磁感应 7
第三节 交流电路 9
一、正弦交流电 9
二、基本交流电路 10
三、三相交流电 11
四、三相四线制供电 12
五、三相三线制供电 12
六、负载的星形连接 12
七、负载的三角形连接 13
八、三相电功率 13
第四节 变压器和电动机 13
一、变压器 13
二、交流电动机 14
三、电动机常用控制器件及控制电路 ... 15
四、安全用电常识 17
第五节 汽车电器常用检测设备 20
一、指针式万用表的正确使用 20
二、数字式万用表的正确使用 21
三、汽车检修专用数字万用表的正确使用 ... 22
四、前照灯检测仪 26
五、V·A·G1552型故障测试仪 28

六、TECH2型故障诊断仪 30
七、431ME型解码器 31
第二章 电子技术基础 33
第一节 晶体二极管和整流电路 33
一、晶体二极管 33
二、整流电路 34
第二节 稳压管和稳压电路 35
一、稳压管 35
二、稳压电路 35
第三节 晶体三极管和放大电路 36
一、晶体三极管 36
二、晶体三极管放大电路 38
第四节 集成电路及其应用 39
一、常用集成电路(IC)的外形结构及分类 ... 39
二、集成电路的应用 40
三、逻辑门电路 43
第五节 汽车常用电工电子器件的检测与选用 46
一、电阻器 46
二、电容器 48
三、二极管 49
四、三极管 49
五、集成电路 51
六、熔断器 52
七、继电器 52
八、汽车用ECU单板机的结构简介 54
第三章 蓄电池 56
第一节 概述 56
一、蓄电池的分类 56
二、蓄电池的功用 56
三、对蓄电池的要求 56
第二节 蓄电池的构造与型号 56
一、蓄电池的构造 56
二、蓄电池的型号及选用 58
第三节 蓄电池的工作原理 58

一、蓄电池放电时的电化学反应 ………… 58
二、蓄电池充电时的化学反应 …………… 59
第四节 蓄电池的技术参数 ………………… 60
一、静止电动势 …………………………… 60
二、内阻 …………………………………… 60
三、蓄电池的容量及其影响因素 ………… 60
第五节 蓄电池的充电 ……………………… 61
一、充电方法 ……………………………… 61
二、充电工艺 ……………………………… 62
三、充电注意事项 ………………………… 63
第六节 干式荷电蓄电池和免维护
　　　　蓄电池 ……………………………… 63
一、干式荷电蓄电池 ……………………… 63
二、免维护蓄电池 ………………………… 64
第七节 蓄电池的使用与常见故障
　　　　预防 ………………………………… 65
一、蓄电池日常使用注意事项 …………… 65
二、蓄电池技术状况的检查 ……………… 65
三、蓄电池的常见故障及其预防 ………… 67
四、蓄电池储存与保管 …………………… 68
第四章 交流发电机及其调节器 ………… 69
第一节 交流发电机 ………………………… 69
一、交流发电机的构造与型号 …………… 69
二、交流发电机的工作原理 ……………… 72
三、交流发电机的工作特性 ……………… 73
四、其他形式的交流发电机 ……………… 74
第二节 电压调节器 ………………………… 76
一、电压调节器的功用与工作原理 ……… 76
二、晶体管调节器 ………………………… 77
三、集成电路(IC)调节器 ………………… 77
第三节 交流发电机及其调节器的使
　　　　用与检修 …………………………… 78
一、交流发电机及调节器的使用注意事项 … 78
二、交流发电机的维护要点 ……………… 78
三、交流发电机的不解体检验 …………… 79
四、交流发电机的解体与检修 …………… 79
五、交流发电机的装复与调试 …………… 82
六、无刷交流发电机的总体检验 ………… 84
七、电子电压调节器的检修 ……………… 84
八、有刷交流发电机充电系统故障诊断
　　与排除 …………………………………… 85
九、常见车型充电系统故障检修方法及
　　实例 ……………………………………… 86
第五章 起动系统 ………………………… 90
第一节 起动系统概述 ……………………… 90

一、起动系统的组成 ……………………… 90
二、起动机的分类 ………………………… 90
三、起动机型号 …………………………… 91
第二节 直流电动机 ………………………… 92
一、直流电动机构造 ……………………… 92
二、直流电动机工作原理与特性 ………… 93
第三节 起动机的传动机构 ………………… 94
一、传动机构的作用 ……………………… 94
二、滚柱式单向离合器 …………………… 94
三、摩擦片式单向离合器 ………………… 95
四、弹簧式单向离合器 …………………… 95
第四节 起动机的控制装置 ………………… 96
一、电磁式起动开关 ……………………… 96
二、起动继电器 …………………………… 96
三、起动系统的工作过程 ………………… 96
四、起动机保护电路 ……………………… 97
第五节 减速式起动机 ……………………… 98
一、减速齿轮装置 ………………………… 98
二、北京切诺基用12VDW1.4型减速式
　　起动机 …………………………………… 99
第六节 起动机的使用与检修 ……………… 100
一、起动机的使用与维护 ………………… 100
二、起动机的故障检查 …………………… 101
三、起动机的检修 ………………………… 101
四、起动机的调整 ………………………… 104
五、起动机检修后的试验 ………………… 104
第六章 传统点火系统 …………………… 106
第一节 传统点火系统的组成及工作
　　　　原理 ………………………………… 106
一、传统点火系统的组成 ………………… 106
二、传统点火系统的工作原理 …………… 113
第二节 传统点火系统的工作特性 ………… 114
一、工作特性 ……………………………… 114
二、影响二次电压的主要因素 …………… 115
第三节 传统点火系统的使用与检修 ……… 116
一、传统点火系统点火正时的检查与调整 … 116
二、传统点火系统的维护要点 …………… 117
三、传统点火系统的故障诊断与排除 …… 117
四、传统点火系统主要点火装置的检修 … 119
第七章 普通电子点火系统 ……………… 124
第一节 概述 ………………………………… 124
一、普通电子点火系统的特点 …………… 124
二、普通电子点火系统的种类与结构形式 … 124
第二节 磁感应式电子点火系统 …………… 124
一、磁感应式电子点火系统的组成 ……… 124

二、磁感应式分电器 …………………… 124
　　三、点火控制器 ………………………… 126
　　四、高能点火线圈 ……………………… 128
第三节　霍尔式电子点火系统 …………… 128
　　一、霍尔效应 …………………………… 128
　　二、霍尔式电子点火系统的组成 ……… 128
　　三、霍尔式电子点火系统的工作情况 … 133
第四节　电子点火系统的使用与
　　　　　检修 …………………………… 134
　　一、电子点火系统使用注意事项 ……… 134
　　二、电子点火系统主要装置的检修 …… 135

第八章　照明与灯光信号装置 ………… 139
第一节　汽车灯具的种类与用途 ………… 139
　　一、照明设备 …………………………… 139
　　二、灯光信号装置 ……………………… 139
第二节　前照灯 …………………………… 140
　　一、前照灯的照明要求 ………………… 140
　　二、前照灯光学系统的结构和工作原理 … 141
　　三、防止炫目的措施 …………………… 141
　　四、前照灯的形状、类型 ……………… 142
　　五、前照灯的使用注意事项 …………… 143
　　六、前照灯的检验与调整 ……………… 143
　　七、前照灯的保养和故障诊断 ………… 144
第三节　转向信号闪光器 ………………… 145
　　一、闪光器用途和种类 ………………… 145
　　二、电热丝式闪光器 …………………… 145
　　三、电容式闪光器 ……………………… 145
　　四、电子闪光器 ………………………… 146
第四节　灯光电路开关与继电器 ………… 147
　　一、车灯开关 …………………………… 147
　　二、灯光继电器 ………………………… 149
第五节　警报指示灯系统 ………………… 150
　　一、转向信号指示灯 …………………… 150
　　二、发电机警报灯(充电指示灯) ……… 150
　　三、冷却液温度/液面警报灯 ………… 150
　　四、机油压力警报灯 …………………… 150
　　五、远光指示灯 ………………………… 151
　　六、倒车警报器 ………………………… 151
　　七、制动系统真空度警报装置 ………… 152
　　八、制动气压警报装置 ………………… 152
第六节　电喇叭 …………………………… 153
　　一、电喇叭结构与工作原理 …………… 153
　　二、电喇叭故障诊断与排除 …………… 154

第九章　电气仪表 ………………………… 156
第一节　电流表和电压表 ………………… 156
　　一、电流表 ……………………………… 156
　　二、电压表 ……………………………… 156
第二节　油压表 …………………………… 157
　　一、结构与工作原理 …………………… 157
　　二、故障检查 …………………………… 158
第三节　水温表与仪表电源稳压器 ……… 158
　　一、电源稳压器 ………………………… 158
　　二、带稳压器的电热式水温表 ………… 159
　　三、水温表的故障检查 ………………… 159
第四节　燃油表 …………………………… 159
　　一、双金属式燃油表的构造与工作原理 … 159
　　二、燃油表的故障检查 ………………… 160
第五节　车速里程表和发动机转速表 …… 160
　　一、车速里程表 ………………………… 160
　　二、发动机转速表 ……………………… 161
第六节　电子仪表装置 …………………… 161
　　一、电子显示器件 ……………………… 161
　　二、汽车电子仪表 ……………………… 163
　　三、汽车电子仪表装置的故障自诊断 … 165
第七节　汽车组合式仪表盘 ……………… 165
　　一、普通仪表盘 ………………………… 166
　　二、电子仪表盘 ………………………… 166

第十章　汽车空调系统 …………………… 168
第一节　汽车空调系统的组成与工
　　　　　作原理 …………………………… 168
　　一、制冷系统 …………………………… 168
　　二、制热系统 …………………………… 168
第二节　汽车空调制冷系统部件的
　　　　　结构 …………………………… 169
　　一、压缩机 ……………………………… 169
　　二、冷凝器 ……………………………… 170
　　三、膨胀阀 ……………………………… 171
　　四、蒸发器 ……………………………… 172
　　五、储液干燥器 ………………………… 172
　　六、制冷剂、冷冻油 …………………… 172
第三节　汽车空调控制与空气净化
　　　　　装置 …………………………… 175
　　一、电磁离合器 ………………………… 175
　　二、压力开关 …………………………… 176
　　三、控制电路 …………………………… 177
　　四、空气净化装置 ……………………… 178
第四节　汽车空调系统的检修 …………… 179
　　一、检修设备 …………………………… 179
　　二、制冷剂的充放 ……………………… 182
　　三、汽车空调系统主要部件的检修 …… 186

第五节　汽车空调系统的使用与故障
　　　　　　诊断排除……………… 189
　　一、汽车空调系统的正确使用……… 189
　　二、汽车空调系统的常规检查……… 189
　　三、汽车空调系统的故障诊断与排除 190
　　四、桑塔纳2000系列轿车空调系统的
　　　　检修…………………………… 191

第十一章　其他电气设备…………… 198
　第一节　晶体管电动燃油泵………… 198
　　一、构造和工作原理………………… 198
　　二、使用注意事项…………………… 199
　第二节　电动刮水器………………… 199
　　一、构造和工作原理………………… 199
　　二、间歇式电动刮水器……………… 200
　　三、后刮水器………………………… 201
　　四、电动刮水器的保养……………… 201
　　五、电动刮水器故障诊断与排除…… 201
　第三节　洗涤器与后窗除霜器……… 202
　　一、洗涤器的构造和工作原理……… 202
　　二、风窗除霜(雾)装置……………… 202
　第四节　柴油发动机起动预热装置… 202
　　一、电热式预热器…………………… 202
　　二、热胀式电火焰预热器…………… 203
　　三、电磁式火焰预热器……………… 203
　　四、电网式预热器…………………… 204
　第五节　其他辅助电器……………… 204
　　一、电动车窗………………………… 204
　　二、电动座椅………………………… 206
　　三、电动后视镜……………………… 209
　　四、汽车防盗系统…………………… 211

第十二章　汽车电气设备总电路…… 216
　第一节　导线、电源总开关与保险
　　　　　装置…………………………… 216
　　一、导线……………………………… 216
　　二、电源总开关……………………… 217
　　三、熔断器…………………………… 218
　　四、中央配电器(熔丝盒)…………… 218
　第二节　识读汽车电路图…………… 220
　　一、汽车电路特点…………………… 220
　　二、汽车电路分析…………………… 221
　第三节　全车电气设备总电路实例… 222
　　一、东风EQ1090E型汽车电路布线图 222
　　二、东风EQ1090E型汽车电线束图… 224
　　三、东风EQ1090E型汽车电路原理图 224
　　四、桑塔纳2000型轿车整车电路图的
　　　　识读…………………………… 225

第十三章　汽车发动机电子控制系统… 236
　第一节　汽油发动机电子控制系统的
　　　　　组成与类型………………… 236
　　一、汽油发动机电子控制系统的组成… 236
　　二、电子控制汽油喷射系统的类型… 239
　第二节　汽油发动机电控系统传
　　　　　感器…………………………… 240
　　一、空气流量传感器………………… 240
　　二、曲轴与凸轮轴位置传感器……… 241
　　三、压力传感器……………………… 245
　　四、节气门位置传感器……………… 246
　　五、温度传感器……………………… 248
　　六、氧传感器………………………… 249
　　七、爆燃传感器……………………… 250
　第三节　汽油发动机电控系统执
　　　　　行器…………………………… 252
　　一、电动汽油泵及其控制电路……… 252
　　二、汽油分配管和油压调节器……… 255
　　三、电磁喷油器……………………… 256
　　四、怠速控制阀……………………… 257
　第四节　汽油喷射系统的控制过程… 260
　　一、燃油喷射控制原理……………… 260
　　二、喷油器的控制…………………… 261
　　三、喷油正时的控制………………… 261
　　四、发动机起动时喷油量的控制…… 262
　　五、发动机起动后喷油量的控制…… 263
　　六、发动机断油控制………………… 263
　　七、发动机怠速控制………………… 264
　　八、发动机空燃比反馈控制………… 266
　第五节　微机控制点火系统………… 267
　　一、微机控制点火系统的控制功能… 267
　　二、微机控制点火系统的组成……… 267
　　三、微机控制点火系统的工作过程… 269
　第六节　发动机电子控制系统故障
　　　　　诊断与检修………………… 273
　　一、发动机电子控制系统故障诊断检修程
　　　　序与方法……………………… 273
　　二、发动机电子控制系统故障征兆表… 274
　　三、故障诊断仪(或阅读器)的正确使用 274
　　四、发动机不能起动………………… 285
　　五、发动机起动困难………………… 286
　　六、发动机怠速不良………………… 286
　　七、发动机加速不良………………… 289
　　八、发动机动力不足………………… 289

九、发动机油耗过大 …………………… 289
第七节　发动机电子控制系统检修 …… 290
　一、发动机电子控制系统电路故障
　　　的检修 ………………………………… 290
　二、供油系统的检修 ……………………… 292
　三、传感器的检修 ………………………… 293
　四、执行器的检修 ………………………… 299
　五、微机控制点火系统的检修 ………… 304
第八节　柴油发动机电控燃油喷射
　　　　系统 ……………………………… 308
　一、柴油发动机电控燃油喷射系统的
　　　类型 ………………………………… 308
　二、电控共轨蓄压式燃油喷射系统
　　　(EDC-CR)的结构 ………………… 308
　三、博世 MS6.3 共轨蓄压式燃油喷射系统
　　　控制电路 …………………………… 317
　四、博世 MS6.3 共轨蓄压式燃油喷射系统
　　　故障诊断与检修 …………………… 319

第十四章　电子控制自动变速器 ……… 324
第一节　电子控制自动变速器的组成
　　　　与分类 …………………………… 324
　一、电子控制自动变速器的组成 ……… 324
　二、电子控制自动变速器的动力传递与控
　　　制过程 ……………………………… 325
　三、自动变速器的分类 ………………… 325
第二节　锁止式液力变矩器 …………… 327
　一、锁止式液力变矩器的结构 ………… 327
　二、锁止式液力变矩器的工作情况 …… 327
第三节　行星齿轮机构 ………………… 328
　一、行星齿轮机构的结构特点 ………… 328
　二、行星齿轮机构的变速原理 ………… 329
　三、行星齿轮机构的组合类型 ………… 332
　四、换档执行机构 ……………………… 333
　五、行星齿轮机构换档原理 …………… 335
第四节　电控自动变速器的控制
　　　　系统 ……………………………… 336
　一、液压控制系统 ……………………… 336
　二、电子控制系统 ……………………… 341
第五节　电控自动变速器的基本检查
　　　　与性能测试 ……………………… 349
　一、基本检查 …………………………… 349
　二、道路试验 …………………………… 351
　三、失速试验 …………………………… 353
　四、时滞试验 …………………………… 354
　五、手动换档试验 ……………………… 355

　六、液压试验 …………………………… 355
　七、故障自诊断 ………………………… 357
第六节　电控自动变速器的检修 ……… 365
　一、液力变矩器的检修 ………………… 365
　二、齿轮变速器的检修 ………………… 366
　三、油泵的检修 ………………………… 366
　四、电子控制系统的检修 ……………… 367
　五、电控自动变速器常见故障诊断
　　　与排除 ……………………………… 370

第十五章　防滑控制系统(ABS/ASR) … 377
第一节　防抱死制动系统(ABS) ……… 377
　一、ABS 系统的基本组成与工作原理 … 377
　二、ABS 系统的结构 …………………… 378
　三、ABS 系统的工作原理 ……………… 382
第二节　ABS 系统的检修 ……………… 383
　一、ABS 系统的拆装 …………………… 383
　二、ABS 系统的检修 …………………… 385
　三、ABS 系统的故障诊断 ……………… 386
第三节　驱动防滑系统(ASR) ………… 389
　一、ASR 系统的组成 …………………… 390
　二、防止驱动轮滑转的控制方法 ……… 390
　三、ASR 系统的工作原理 ……………… 391

第十六章　电子控制悬架系统 …………… 393
第一节　电子控制悬架系统概述 ……… 393
　一、电子控制悬架系统的功用 ………… 393
　二、电子控制悬架系统的类型 ………… 393
第二节　电子控制悬架系统的结构和
　　　　工作原理 ………………………… 393
　一、电子控制悬架系统的组成 ………… 393
　二、电子控制悬架系统传感器 ………… 394
　三、悬架电子控制器(ECU) …………… 396
　四、电子控制悬架系统执行元件 ……… 396
第三节　电子控制悬架系统的检修 …… 398
　一、丰田凌志 LS400 型轿车电控悬架系统
　　　组成 ………………………………… 398
　二、系统故障诊断 ……………………… 402

第十七章　电子控制动力转向系统 …… 405
第一节　电子控制动力转向系统组
　　　　成及工作原理 …………………… 405
　一、液压式电子控制动力转向系统 …… 405
　二、电动式电子控制动力转向系统 …… 409
第二节　电子控制动力转向系统故障
　　　　诊断 ……………………………… 411
　一、凌志 LS400 型轿车液压式动力转向系

统的故障诊断…………………… 411
　二、三菱米尼卡牌轿车电子控制的电动式
　　　动力转向系统的故障诊断………… 412
　三、液压式动力转向系统转向油的更换与
　　　空气的排除方法…………………… 412

第十八章　巡航控制系统 …………… 414
第一节　巡航控制系统的组成 ………… 414
　一、巡航执行元件……………………… 415
　二、操作开关…………………………… 416
　三、巡航电子控制器(ECU) ………… 416
　四、巡航控制系统恒速原理…………… 417
第二节　巡航控制系统主要部件的
　　　　　　检修………………………… 417
　一、安全电磁离合器的检修…………… 417
　二、伺服电动机的检修………………… 418
　三、控制臂位置传感器的检修………… 418
　四、停车灯开关的检查………………… 418
　五、巡航控制系统的故障自诊断……… 418

第十九章　安全气囊系统 ……………… 421
第一节　安全气囊的组成及工作
　　　　　　过程………………………… 421
　一、安全气囊系统的类型……………… 421
　二、安全气囊系统的基本组成………… 421
　三、安全气囊系统的工作原理………… 422
　四、安全气囊系统的动作过程………… 422
　五、安全气囊系统的有效范围及减速度
　　　阈值的设定………………………… 422
第二节　SRS气囊系统的主要组件 …… 423
　一、碰撞传感器………………………… 423
　二、安全气囊ECU …………………… 424
　三、SRS气囊组件……………………… 424
第三节　安全气囊系统的故障诊断
　　　　　　与检修……………………… 426
　一、安全气囊系统检修注意事项……… 426
　二、凌志LS400型轿车安全气囊系统的
　　　检测诊断…………………………… 427
　三、各种情形下气囊的处理…………… 429

附录　汽车电路图形符号 ……………… 431

第一章 电工基础知识

第一节 直流电路

一、电路的组成

电路就是电流经过的路径。一个完整的电路一般由电源、负载(即用电设备)、连接导线和电气辅助设备等组成,如图1-1所示。其中电源用电源电动势 E 及其内阻 R_0 串联表示。负载用电阻 R 表示。

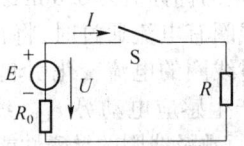

图1-1 电路示意图

电源是提供电能的装置;它把其他形式的能量转换成电能。如汽车上所用的电源是发电机和蓄电池,它们分别把机械能和化学能转换成为电能。

负载是取用电能的装置。如汽车上的照明灯、起动机,它们分别把电能转换成为光能、机械能。

电气辅助设备包括开关、熔断器等;连接导线是连接电源和负载的部分,它们起传输、控制和分配电能的作用。

二、电路的状态

1. 通路

当开关S闭合,电路中电流由电源的正极经过电气设备流回到电源负极,电流构成了回路,这种状态叫做通路,如图1-2所示。

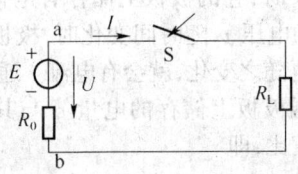

图1-2 电路的有载工作状态

在通路状态电源的端电压 U 低于电源的电动势 E,即: $U = E - IR_0$,电路中的电流为

$$I = \frac{E}{R_L + R_0}$$

各种电气设备的电压、电流和功率都有一个额定值。一般将其标在铭牌上或写在说明书中。额定值是制造厂为了使产品能在给定的工作条件下正常运行而规定的正常允许值。在使用时应特别注意一般不应超过这些额定值,以免损坏元器件或设备。

额定电压指的是为了限制设备绝缘材料所承受的电压和限制其电流,对施加在电气设备上的电压规定的限定值。

额定电流是指允许长时间通过电气设备的最大工作电流,以保证电气设备的使用寿命。

额定功率等于额定电压和额定电流的乘积。

由于使用中受到外界的影响,如电源电压经常波动,可能低于或高于其额定电压,则电气设备的电压、电流和功率的实际值不一定等于它们的额定值。

2. 开路

将电路中的开关S断开或电路发生断线,电路中没有电流通过,这种状态叫开路(也叫断路),如图1-3所示。

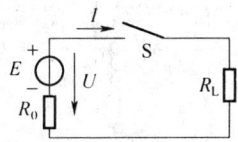

图1-3 电路的开路状态

开路时,电源两端的电压(称为开路电压或空载电压) U 等于电源的电动势。即:

$$\begin{cases} I = 0 \\ U = E \\ P = 0 \end{cases}$$

3. 短路

若电流不经过电气设备,而是经由电源一端直接流回到电源另外一端,致使电路中电流(称为短路电流 I_s)很大,这种状态叫做短路,如图1-4

所示。

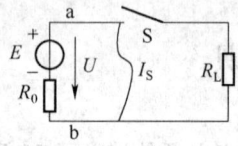

图 1-4 电路的短路状态

此时

$$\begin{cases} I = I_s = \dfrac{E}{R_0} \\ U = 0 \\ P_E = \Delta P = I^2 R_0 \\ P = 0 \end{cases}$$

例如某汽车蓄电池的电动势 $E=12\text{V}$，内阻 $R_0=0.01\Omega$，当某种原因引起蓄电池短路时的电流是

$$I = I_s = \frac{E}{R_0} = \frac{12}{0.01} = 1200\text{A}$$

由此可见，电源短路时的电流很大，将会损坏电源，且易引起火灾，使用中应尽量避免。为了防止电路短路引起的后果，通常在电路中串联熔断器或自动断路器。

三、电路中的基本元件

电路中常用的元件有电阻元件、电感元件和电容元件，也就是通常所说的电阻器、电感器和电容器，分别用 R、L 和 C 表示，如图 1-5 所示。

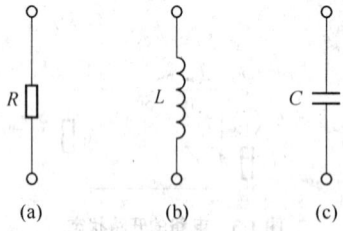

图 1-5 电阻、电感和电容元件
(a)电阻元件 (b)电感元件 (c)电容元件

1. 电阻

电阻是耗能元件，从电源吸收的电能全部转化为热能。若电阻元件的电压和电流间的关系是线性的，则称为线性电阻，如通常使用的电阻器。若电阻元件的电压和电流间不是线性关系，则称为非线性电阻，如电子电路中常用的晶体二极管就是一个非线性电阻。电阻的单位为欧姆，简称

欧，用 Ω 表示。另外辅助单位有千欧($\text{k}\Omega$)和兆欧($\text{M}\Omega$)。它们的关系是

$$1\text{k}\Omega = 1000\Omega$$
$$1\text{M}\Omega = 1000\text{k}\Omega$$

2. 电感

电感器是指用导线绕制成的线圈。简称为电感，用 L 表示。单位为亨利，简称亨，用 H 表示。另外辅助单位有毫亨(mH)和微亨(μH)。它们的关系是

$$1\text{H} = 1000\text{mH}$$
$$1\text{mH} = 1000\mu\text{H}$$

为了增大电感量，有的线圈含有铁芯，称为铁芯线圈。这种线圈是非线性的，而且有铁芯损耗。

电感器的主要参数是额定电流和电感量。例如某 LG4 型电感器，其最大直流工作电流为 150mA，电感量的标称值为 820mH。

当电感线圈有电流通过时，将在其周围产生磁场。若经过线圈的电流变化引起磁场变化时，就在线圈中产生感应电动势 e_L。线圈的电感与线圈的尺寸、匝数及线圈的导磁性能等有关。

电感元件是一个储能(磁场能量)元件。当通过电感线圈中的电流增加时，电感线圈将电能转变成磁场能储存在线圈中，而当电流减小时，磁场能转变成电能送回到电路中。若忽略其电阻，则不消耗能量。在直流电路中，由于电流恒定，产生的磁场也不发生变化，则线圈中不产生感应电动势，故电感 L 在直流电路中相当于短路(线圈电阻很小)。

若在使用中单个电感线圈不能满足要求时，可将几个电感线圈串联或并联使用，其等效电感为

两个电感串联时 $L = L_1 + L_2$

两个电感并联时

$$\frac{1}{L} = \frac{1}{L_1} + \frac{1}{L_2}$$

3. 电容

电容元件简称为电容，用 C 表示。当电容两端加电压 u 时，它的极板上储存有电荷量 q。当电容两端的电压 u 随时间变化时，极板上储存的电荷量 q 也随之变化，就会有电流 i 通过电容。

电容器极板上储存的电量 q 与其极板上的电压 u 成正比，即

$$q = uC$$

式中，C——电容器的电容量，是一个与电荷

量 q 和电压 u 无关的常数，单位为法拉，简称法(F)，由于法拉这个单位太大，常用微法(μF)、皮法(pF)作单位。它们的关系是：

$$1\text{F} = 10^6 \mu\text{F}$$
$$1\mu\text{F} = 10^6 \text{pF}$$

电容 C 的容量与极板的尺寸、介质的介电常数等有关。

通过电容 C 的电流 i 与其端电压 u 的变化率成正比。当电容元件两端的电压是恒定电压时，通过电容元件的电流 i 等于零，所以电容元件对直流电路来说相当于开路，电容器不能通过直流电。在直流电路中，电容器只在电路开关接通或断开时才有电流通过，即充电和放电，其充电和放电的快慢与电容量和电路中的电阻有关，通常称为时间常数，用 τ 表示，$\tau = RC$，单位为秒(s)，式中电阻单位是 Ω，电容的单位是 F。

与电感元件相类似，电容元件也不消耗电源的能量，是一个储能(电场能量)元件，即将电能变成电场能量储存在电容器极板之间。当电容两端的电压 u 减小时，储存的电场能量将释放出来送还给电源(即电容器的充电和放电)。若将电容 C 接在直流电路中，由于电容两端的电压不变化，则没有电流通过，即电容不能通过直流电，在直流电路中相当于开路。

在实际使用中，如果仅用单个电容器不能满足要求时，可以将几个电容元件串联或并联使用。

电容并联使用时的等效电容为

$$C = C_1 + C_2$$

电容串联时的等效电容为

$$\frac{1}{C} = \frac{1}{C_1} + \frac{1}{C_2}$$

四、欧姆定律

实验证明，通过导体电流 I 的大小与加在导体两端的电压 U 成正比，与导体的电阻 R 成反比，这个关系称为欧姆定律，用公式表示为

$$I = \frac{U}{R}$$

若考虑电源的电动势 E 和内阻 R_0，则电路中的电流

$$I = \frac{E}{R + R_0}$$

五、电阻的连接

在电路中，电阻的连接形式是多种多样的，常用的有串联和并联。

1. 电阻的串联

将几个电阻依次相连接，各个电阻通过的电流相等，这种连接方法称为电阻的串联，如图1-6所示。

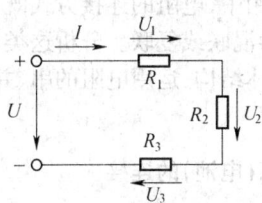

图 1-6　电阻的串联

电阻串联电路具有下面一些特点：

(1)串联电路中流过每个电阻的电流都相等。

(2)电路两端的总电压 U 等于各电阻两端的电压之和，即 $U = U_1 + U_2 + U_3$

(3)串联电路的等效电阻(即总电阻 R)等于各串联电阻之和，即 $R = R_1 + R_2 + R_3$

(4)在串联电路中，各电阻上分配的电压与各电阻值成正比。

在电路中，若电源的电压比负载的额定电压高时，可采用电阻串联的方法进行分压。有时为了限制某些器件中通过的电流不至于过大，通常采用串接限流电阻的办法解决；如果需要改变电路中的电压和电流，也可在电路中串联一个变阻器调节。

2. 电阻的并联

将几个电阻并列连接在电路两端，各个电阻承受的电压相等，这种连接方式称为电阻的并联，如图1-7所示。

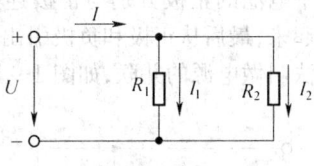

图 1-7　电阻的并联

电阻并联电路具有下面一些特点：

(1)并联电路中各支路两端的电压相等，且等于电路两端的电压 U。

(2)并联电路中的总电流等于各支路电阻的电流之和，即 $I = I_1 + I_2$。

(3)并联电路的等效电阻(即总电阻)的倒数，等于各并联电阻的倒数之和，即 $\frac{1}{R} = \frac{1}{R_1} + \frac{1}{R_2}$。

(4)在电阻并联电路中,各支路分配的电流与支路的电阻值成反比。

电阻的并联应用很广泛。一般负载都是并联的,承受的电压相等,各个支路的工作彼此不受影响。

实际应用中,电阻的连接方式既有串联,又有并联,称之为混联或复联。分析这类电路时,要根据电路的具体结构,运用电阻的串、并联关系简化电路。

六、电源(电池)的连接

1. 电源的串联

把几个电池的正、负极依次串联起来,使电流只有一个通路,这样的连接方法叫做电源的串联,如图1-8所示。

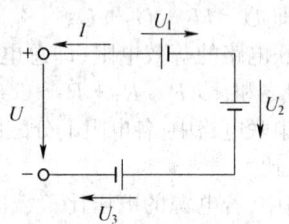

图 1-8　电源的串联

电源串联电路的特点是:

(1)通过各个电池的电流相等。

(2)总电压等于各个电池电压之和。$U = U_1 + U_2 + U_3$。

(3)总电源内阻等于各个电池内阻之和。$R_0 = R_{01} + R_{02} + R_{03}$。

2. 电源的并联

把几个电池的正极分别与正极连接,负极与负极连接起来,最后从正极和负极引出接线,这样的连接方法叫做电源的并联,如图1-9所示。

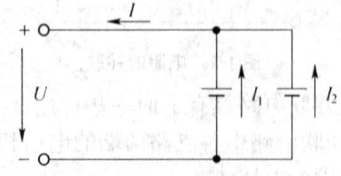

图 1-9　电源的并联

电源并联的特点是:

(1)总电流等于各个电池电流之和。
$$I = I_1 + I_2$$

(2)总电压与各个并联电池的电压相等。

(3)总电源内阻的倒数等于各个电池内阻的倒数之和。
$$\frac{1}{R_0} = \frac{1}{R_{01}} + \frac{1}{R_{02}}$$

注意:各个并联电池的电压应相等。如果电压不相等则不能并联。

3. 电源的混联

把几个电池分别串联成电压相等的几个分路,然后再将各分路并联起来,这种既有串联又有并联的连接方法叫做电源的混联,如图1-10所示。

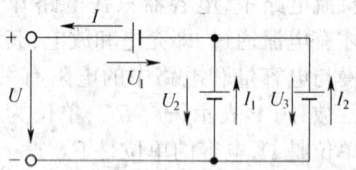

图 1-10　电源的混联

因为这种连接是由电源串联和并联组合而成的,所以它具有电源串联、并联时的特点。例如,电源的总电压等于各分路上的电压,各分路上的电压等于各单个电池电压之和,电源总电流等于各分路电流之和。

在实际应用中,当需要电源供给较高的电压和较大的电流时,可采用这种混联的方法。

七、基尔霍夫定律

基尔霍夫定律包含两部分内容,即基尔霍夫电流定律,简称 KCL,又称节点电流定律,适用于节点;基尔霍夫电压定律,简称 KVL,又称回路电压定律,适用于回路。基尔霍夫定律和欧姆定律一样都是分析和计算电路的基本定律。特别是在复杂电路中常用基尔霍夫定律来分析和计算。在介绍基尔霍夫定律之前,先介绍有关复杂电路的几个名词。

支路:电路中含有电路元件的每一个分支称为支路。一条支路流过同一个电流,称为支路电流。

在如图1-11所示电路中共有三条支路。支路电流分别用 I_1、I_2 和 I_3 表示,方向如图所示。在支路 acb 和 adb 支路中含有电源,称为有源支路;而 ab 支路中只含有电阻,没有电源,称为无源支路。

节点:电路中三条或三条以上的支路的连接

点称为节点。在图1-11中共有两个节点(节点a和节点b)。

回路:电路中任一闭合路径称为回路。在图1-11所示电路中共有三个回路(adbca、abca和abda)。

网孔:在电路中,如果回路没有包围与之相连的另外的支路,这样的回路称为网孔。在图1-11所示的电路中,有两个网孔(acba和adba)。因回路acbda含有支路ab,故不是网孔。

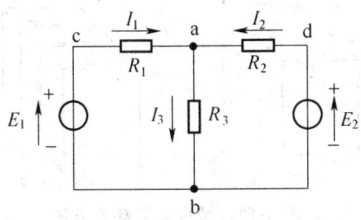

图1-11 电路举例

1. 基尔霍夫电流定律

基尔霍夫电流定律是用来确定连接在电路中任一节点上的各支路电流间关系的。其内容是:在任一瞬时,通过任一个节点的电流的代数和恒等于零。即

$$\sum I = 0$$

上式规定流入节点的电流为正,流出节点的电流为负。

在图1-11所示电路中的节点a,根据KCL可以得出

$$I_1 + I_2 - I_3 = 0 \quad \text{或} \quad I_1 + I_2 = I_3$$

即在任一瞬时,流入某一节点的电流之和必等于流出该节点的电流之和。

利用基尔霍夫电流定律列写节点电流方程时,必须首先确定每个支路电流的方向。如果某一支路电流方向未知时,可任意假设其方向;若计算结果为正值,说明假设方向与实际方向相同。

2. 基尔霍夫电压定律

基尔霍夫电压定律是用来确定回路中各段电压间关系的。其内容是:在任一瞬间,电路中任一回路绕行一周,各段电压的代数和等于零。即

$$\sum U = 0$$

在应用上式列回路电压方程时,必须确定各部分电压的正负号;通常规定当各部分电压的参考方向与绕行方向一致时取正号,反之,取负号。

在图1-11所示的电路中,各段电压的参考方向已在图中标出,根据KVL,可列出以下回路电压方程。

回路abca: $I_1R_1 + I_3R_3 - E_1 = 0$

回路adba: $E_2 - I_2R_2 - I_3R_3 = 0$

第二节 磁和电磁

在电机、变压器、电磁铁等电工设备中,既有电路,也有磁路,而且电路与磁路是密切相关的,故需研究磁路以及电路与磁路的关系。

一、磁的基本概念

1. 磁场

通过实验表明,在永久磁铁或载流导体的周围存在着磁场。磁场具有方向性,若将一小磁针放在磁场中,则小磁针的北(N)极所指的方向即为磁场的方向。

通常用磁力线来形象地描绘磁场。磁力线是闭合的曲线,它的切线方向即为该点的磁场方向。磁场的强弱用磁力线的疏密程度来表示。

2. 磁场的基本物理量

(1)磁感应强度(B)和磁通(Φ)

磁感应强度B的大小等于同磁力线方向垂直、载有单位电流、单位长度的直导体在该点所受的电磁力。即

$$B = \frac{F}{lI}$$

磁感应强度B的方向即为磁场中各点的磁场方向。单位为特斯拉,简称特,用T表示。通常将磁场中各点的磁感应强度相同的磁场称为匀强磁场,在匀强磁场中,垂直通过某一面积S的磁力线数称为磁通Φ。在数值上等于B与和B垂直的面积S的乘积。即

$$\Phi = BS$$

磁通的单位为韦伯,简称韦,用Wb表示。

可见,磁感应强度B即为垂直穿过某一面积S的磁力线。磁感应强度又称为磁通密度。

(2)磁导率(μ)

磁导率μ用来衡量物质的导磁性能。单位为亨/米(H/m)。

真空的磁导率$\mu_0 = 4\pi \times 10^{-7}$(H/m),为一常数。而任一物质的磁导率μ和真空的磁导率μ_0的比值,称为该物质的相对磁导率μ_r:

$$\mu_r = \frac{\mu}{\mu_0}$$

钢、铁、钴、镍及其合金的磁导率很大,能使磁场大大增强,称为铁磁物质。如电机、变压器和电磁铁线圈中的铁芯是用铁磁物质制成的,以增强磁场。

磁场中某一点磁感应强度 B 与磁导率 μ 的比值称为该点的磁场强度(H),其单位为安/米(A/m)。

$$H=\frac{B}{\mu}$$

3. 磁化曲线

磁场强度 H 与磁感应强度 B 的关系可用磁化过程的磁化曲线来表示,如图 1-12 所示。

磁化是指原来呈中性状态的磁性物质得到磁性的过程。磁化开始时,磁感应强度 B 从 0 随磁场强度 H 的增加而增加,当 B 达到一定程度时,H 再增加,B 基本上不再增加,如图 1-12 所示。这种现象称为磁饱和。可见磁化曲线上各点的 μ 不是一个常数,它随 H 而变,即铁磁材料的磁导率是非线性的。当 H 由 0 增加至某一值($+H_m$)后,若减小 H,B 也随之减小,但 B 并不沿原来的曲线返回,当 H 减小至 0 时,$B=B_r$,称为剩磁感应强度,简称剩磁。只有当 H 反方向变化到 $-H_c$ 时,B 才降至 0,H_c 称为矫顽力。可见,B 的变化滞后于 H 的变化,这种现象称为磁滞现象。即铁磁材料具有磁滞性。

料的磁滞回线较宽,具有较高的剩磁感应强度和较大的矫顽力,称为硬磁材料或永磁材料,用来制造永久磁铁。

磁滞现象使铁磁材料在交变磁化过程中产生磁滞损耗和涡流损耗,称为铁损耗,它使铁芯发热,使交流发电机和变压器等损耗增加,效率降低。通常采用片状的硅钢片叠成,以减小铁损耗,如图 1-13 所示。

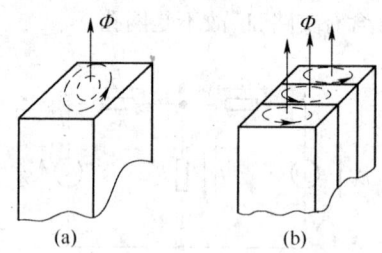

图 1-13 减少铁损耗的方法
(a)整体铁芯的铁损耗 (b)硅钢片叠成以减小铁损耗

二、电流的磁场

通常将载流导体产生磁场的现象称为电流的磁效应。磁场的强弱与电流和线圈的匝数成正比;磁场的方向与电流和线圈的绕向有关,可用右手螺旋定则确定。其方法是:

(1)对于通电直导线,用右手握住导线,拇指指向通电电流方向,则弯曲的四指所指的方向即表示磁场的方向,如图 1-14 所示。

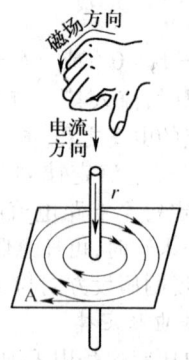

图 1-14 通电直导线产生的磁场

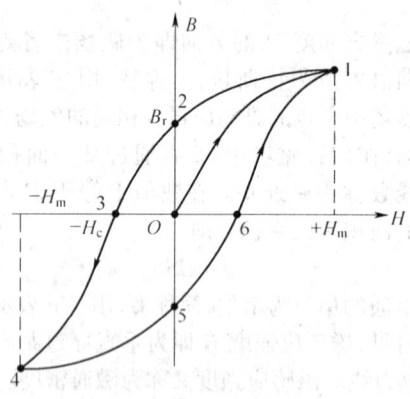

图 1-12 磁化曲线

若继续增大反向 H 达 $-H_m$ 时,再减小 H 至 0,并逐渐使 H 正向增加至 $+H_m$,如此进行反复磁化,得到一条如图 1-12 所示的闭合曲线,称为磁滞回线。不同的铁磁材料,其磁滞回线也不同。如纯铁、硅钢等材料的磁滞回线较狭窄,剩磁感应强度 B_r 低,矫顽力较小,称为软磁材料,常用来做电机和变压器的铁芯。而碳钢、稀土、铝镍钴等材

(2)对于通电线圈,用右手握住线圈,将弯曲的四指指向通电电流的方向,则拇指的指向即为磁场的方向,如图 1-15 所示。

三、磁路和磁路欧姆定律

1. 磁路

在变压器、电机和电磁铁中常用铁磁材料做

铁芯,将磁力线约束在一定的闭合路径上,而把磁力线通过的闭合路径称为磁路。如图 1-16 所示。

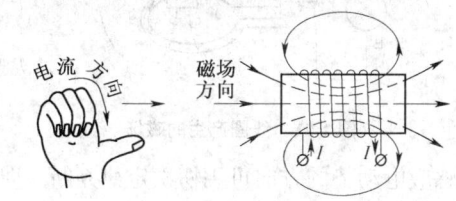

图 1-15 通电线圈产生的磁场

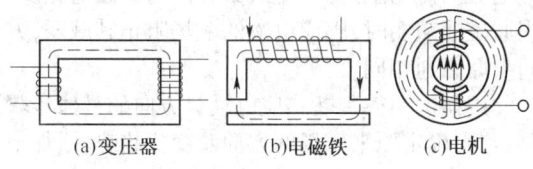

(a)变压器　(b)电磁铁　(c)电机

图 1-16 磁路

磁路经过铁芯(即磁路的主要部分)、空气隙(有时磁路没有空气隙)而闭合。通常将通过铁芯的磁通量称为主磁通,而通过铁芯外的磁通量称为漏磁通。一般漏磁通远小于主磁通,故常忽略不计。

2. 磁路的欧姆定律

磁路中的磁通量 Φ 与磁通势 NI(线圈的匝数和电流的乘积)成正比,与磁阻 R_m 成反比,如图 1-17 所示,这一关系与电路中的欧姆定律在形式上相近,通常称为磁路的欧姆定律。可用下式表示

$$\Phi = \frac{NI}{R_m}$$

磁阻 R_m 的大小与磁路的材料和几何尺寸有关,其计算公式为

$$R_m = \frac{L}{\mu S}$$

式中　L ——磁路的平均长度(m);
　　　S ——磁路的截面面积(m^2);
　　　μ ——该种磁路材料的磁导率。

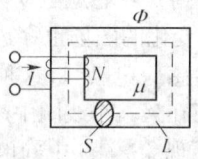

图 1-17 磁路欧姆定律

四、电磁力

磁场对载流导体的作用力即为电磁力,其大小为

$$F = BIl\sin\alpha$$

式中　B ——磁感应强度(T);
　　　I ——通过导体的电流(A);
　　　l ——通电导体的有效长度(m);
　　　α ——通电导体与磁感应强度 B 方向间的夹角(弧度 rad 或度)。

电磁力的方向用左手定则判定。其方法是,伸开左手,使四指与拇指在一个平面内垂直,让磁力线穿过手心,四指指向电流的方向,则拇指的指向即为电磁力的方向,如图 1-18 所示。

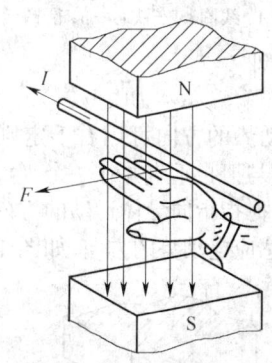

图 1-18 左手定则

载流导体在电磁力的作用下会发生运动,电动机就是利用这一原理工作的。左手定则又称为电动机定则。

五、电磁铁

电磁铁是利用铁芯线圈通电后产生的吸引力使衔铁动作的一种电器。常用来实现对电路的各种控制和保护。电磁铁衔铁吸力的大小与磁铁的磁性强弱成正比。分为直流和交流两种,在汽车上应用的是直流电磁铁。结构如图 1-19 所示。

六、电磁感应

1. 感应电动势大小和方向

通过实验发现,当导体相对于磁场做切割磁力线运动时,在导体中就会产生感应电动势,这种现象称为电磁感应。

导体中感应电动势的大小与磁感应强度 B、导体的有效长度 L 及导体切割磁力线运动的速

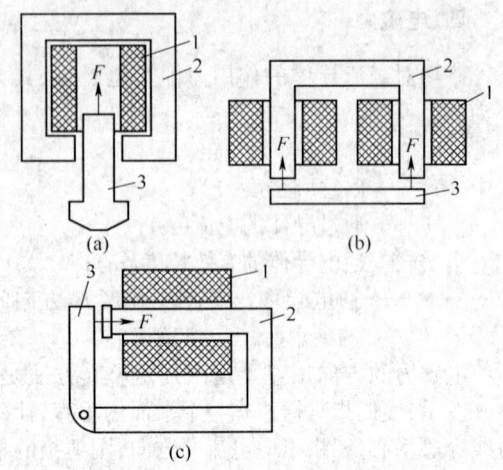

图 1-19 电磁铁的几种形式
1. 线圈 2. 铁芯 3. 衔铁

度 v 成正比,即

$$e = BLv$$

感应电动势的方向可用右手定则确定:伸开右手,使四指与拇指垂直并在一个平面内,让磁力线穿过手心,拇指指向导体运动的方向,四指所指的方向即为感应电动势的方向,如图 1-20 所示。

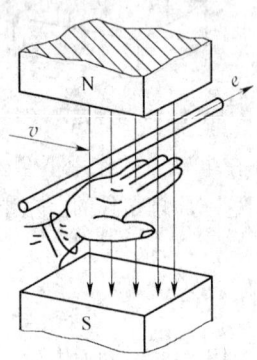

图 1-20 右手定则

发电机就是根据电磁感应原理制成的。右手定则又称为发电机定则。

当永久磁铁插入或拔出线圈时,电流表的指针会向不同方向偏转。这说明线圈中的磁通发生变化时,在线圈回路中就会产生感应电动势,同时在回路中也产生感应电流。变压器就是根据这一原理工作的,如图 1-21 所示。

线圈中感应电动势的大小与线圈中的磁通变化率和线圈的匝数成正比。

用公式表示为

$$e = -N\frac{\mathrm{d}\Phi}{\mathrm{d}t}$$

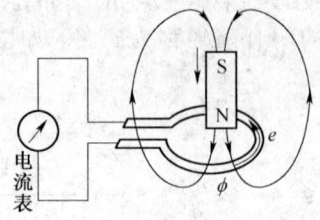

图 1-21 线圈产生的磁场

感应电动势的方向可用楞次定律判断。即感应电动势在回路中引起的感应电流所产生的磁通,总是阻碍原磁通的变化。即原磁通增强时,感应电流的磁场阻碍其增强,其方向与原磁通相反;当原磁通减弱时,感应电流的磁场阻止其减弱,方向与原磁通相同。

用楞次定律判断感应电动势方向的具体步骤是:首先确定原来磁场的方向及变化趋势(增加还是减弱),再根据楞次定律确定感应电流产生的磁场方向(当原磁场增加时,感应电流产生磁场的方向与原磁场方向相反,反之则相同),最后根据感应电流产生磁场的方向判断出感应电动势的方向(用右手螺旋定则),如图 1-22 所示。

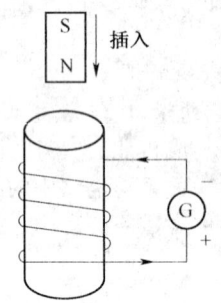

图 1-22 感应电动势方向的判断

2. 自感和互感

将两个线圈 N_1、N_2 绕在同一铁芯上,如图 1-23 所示。当线圈 N_1 的电流发生变化时,引起磁场变化,在 N_1 中产生感应电动势,称为自感电动势;如图 1-23 所示,其大小与电流的变化率和匝数成正比;这种由线圈本身电流变化引起磁场变化而在线圈本身产生感应电动势的现象称为自感。而线圈 N_1 变化的磁场也穿过线圈 N_2,会使线圈 N_2 中产生感应电动势,这种由一个线圈的电流发生变化而在另一个线圈中产生感应电动势的现象叫做互感现象。N_2 中的电动势就叫互感电动势。互感电动势的大小与穿过线圈 N_2 的磁通变化率成正比,与线圈 N_2 的匝数成正比。变压器就是利用这个原理工作的。互感和自感电动势的方向由楞次定律来判定。

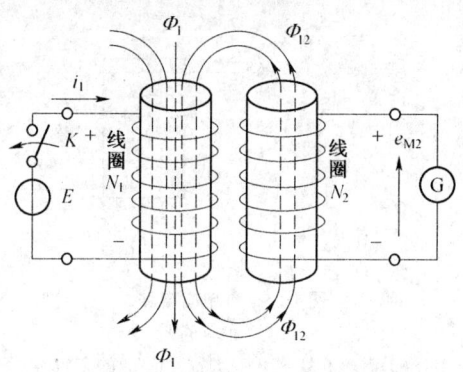

图 1-23 互感及互感电动势

在直流电路中,由于电流的变化率为 0,故通电线圈只有在电路断开或接通的瞬间才产生自感电动势(通路时由于线圈电阻较小,通过线圈的电流较大,相当于短路)。

第三节 交流电路

直流电路中的电压、电流和电动势的大小与方向均不随时间变化,常称为恒定直流电,如干电池和蓄电池输出的电压和电流;而方向不变、大小变化的直流电称为脉动直流电,如汽车交流发电机经晶体二极管整流输出的直流电。若方向和大小都随时间变化的电压、电流和电动势,称为交流电。

一、正弦交流电

1. 正弦交流电的概念

所谓正弦交流电,是指其电压、电流和电动势的大小和方向随时间按正弦规律变化的交流电,如现在电网所供的交流电即为正弦交流电。它是由交流发电机产生的。正弦交流电动势、电压和电流的数学表达式为

$$e = E_m \sin\alpha = E_m \sin\omega t$$
$$u = U_m \sin\omega t$$
$$i = I_m \sin\omega t$$

式中,e、u、i 分别表示正弦交流电动势、电压和电流的瞬时值,E_m、U_m 和 I_m 分别表示正弦交流电动势、电压和电流的最大值。$\alpha = \omega t$ 表示交流电变化的电角度。波形图如图 1-24 所示。

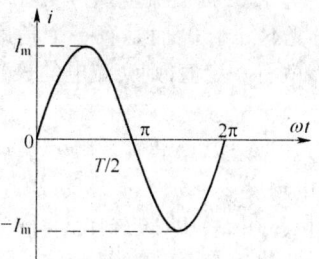

图 1-24 正弦交流电的波形

2. 正弦交流电的三要素

(1) 周期、频率和角频率

交流电循环变化一周所用的时间称为周期。用 T 表示,单位为秒(s)。每秒钟内交流电变化的周期数称为频率,用 f 表示,单位为赫兹,简称赫,用 Hz 表示,有时频率的单位也用千赫(kHz)、兆赫(MHz)。周期与频率互为倒数,即:

$$f = \frac{1}{T} \quad 或 \quad T = \frac{1}{f}$$

如我国电网所用的正弦交流电频率 $f = 50$Hz(简称工频),周期 $T = 0.02$s。而美国、日本等国家电网的标准频率为 60Hz。

正弦交流电每秒钟内变化的电角度(交流电变化的角度称为电角度)叫做角频率,用 ω 表示,单位为弧度/秒(rad/s),由此可见,T、f 与 ω 的关系为

$$\omega = 2\pi f = \frac{2\pi}{T}$$

(2) 瞬时值、最大值和有效值

交流电在任一瞬间的数值称为瞬时值,用小写字母 i、u、e 分别表示电流、电压和电动势的瞬时值。瞬时值中的最大数值即为最大值,其电流、电压和电动势的最大值分别用 I_m、U_m、E_m 表示。实际应用中常用有效值表示交流电作功能力的大小。根据电流的热效应,将一交流电流 i 和一直流电 I 分别通过电阻值相等的电阻 R,若在相等的通电时间内产生的热量相等,则此直流电的值叫做交流电的有效值。电流、电压和电动势的有效值分别用 I、U、E 表示。

平时所说的交流电的大小及电气仪表所显示的交流电的数值,各种交流电电器铭牌上所标的额定值都是指的交流电的有效值。

有效值与最大值的关系是

$$I_m = \sqrt{2}I \quad U_m = \sqrt{2}U \quad E_m = \sqrt{2}E$$

(3) 初相角和相位差。在开始计时($t=0$)时,若电角度也等于0,则交流电从0开始变化;若$t=0$时电角度不等于0,而是有一个角度φ,交流电计时开始就有一定值,则交流电的表达式(以电动势为例):

$$e = E_m \sin(\omega t + \varphi)$$

式中,电角度$\alpha = \omega t + \varphi$称为交流电的相位角,简称相位。在$t=0$时的相位$\varphi$称为初相角,简称初相。它决定交流电的初始值。

两个同频率的正弦交流电在相位上的差别,称为相位差。

如两电动势$e_1 = E_{m1}\sin(\omega t + \varphi_1)$,$e_2 = E_{m2}\sin(\omega t + \varphi_2)$,则相位差

$$\varphi = (\omega t + \varphi_1) - (\omega t + \varphi_2) = \varphi_1 - \varphi_2$$

若$\varphi_1 = \varphi_2$,则表明e_1与e_2同相;若$\varphi>0$,即$\varphi_1 > \varphi_2$,则表明e_1超前e_2 φ角;若$\varphi<0$,即$\varphi_1 < \varphi_2$,则表明e_1滞后e_2 φ角。

由上面的讨论可知表示一个正弦交流电,必须知道其最大值、频率和初相位。通常把最大值、频率、初相称为正弦交流电的三要素。

二、基本交流电路

1. 纯电阻电路

电路中只有电阻元件的交流电路,称为纯电阻电路,如图1-25所示。

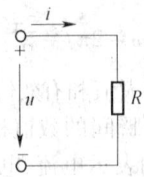

图1-25 纯电阻电路

在电阻两端加一交流电压$u = U_m\sin\omega t$,电阻R就通过交流电流i,电压有效值U和电流有效值I的关系符合欧姆定律,即

$$U = IR \quad 或 \quad I = \frac{U}{R}$$

且电压与电流同相位。

电阻所消耗的平均功率(又称为有功功率),用P表示,单位为瓦(W)。公式为:

$$P = UI = I^2 R = \frac{U^2}{R}$$

2. 纯电感电路

电路中只有电感元件的交流电路,称为纯电感电路。如图1-26所示是一个由无铁芯的线圈构成的纯电感电路。当交流电流i通过线圈时,便会产生自感电动势e_L,则电路中的电压$u = -e_L$。

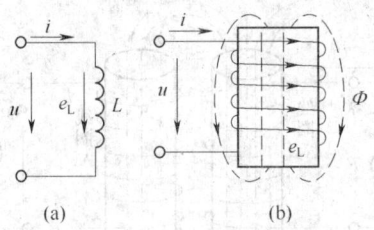

图1-26 纯电感电路

(a)电感元件符号
(b)电感元件中电压、电流和磁通的方向

通常把电感线圈对交流电流的阻碍作用称为电感电抗,简称感抗,用X_L表示,单位为欧姆(Ω)。

影响感抗大小的因素是:

$$X_L = \omega L = 2\pi f L$$

频率f越高,X_L就越大,表明电感线圈对高频电流的阻碍作用就越大;反之,f越低,则X_L越小;当频率$f=0$(直流)时,感抗$X_L=0$,则表明电感线圈对直流电流没有阻碍作用。即电感线圈具有通直(流)隔交(流)的作用。

在纯电感电路中,电压与电流的关系为

$$U = IX_L \quad 或 \quad I = \frac{U}{X_L}$$

在相位上电压超前电流90°。

电感线圈(忽略其内阻),不消耗电能,电感线圈与电源之间只进行能量的交换,为了表征它们进行能量交换的规模,用无功功率Q_L表示,以区别于有功功率P。

$$Q_L = UI = I^2 X_L = \frac{U^2}{X_L}$$

单位为乏尔,简称乏(var)。1kVar = 1000Var。

3. 纯电容电路

电路中只有电容元件的交流电路,称为纯电容电路,如图1-27所示。

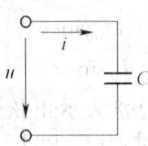

图1-27 纯电容电路

设电路两端加一交流电压 u，通过电容的电流为 i，则电流 i 的大小与电容两端的电压变化率成正比。电容对电流的阻碍作用用电容电抗（简称容抗）来表示；容抗 X_C 与电容 C 和频率 f 成反比。即

$$X_C = \frac{1}{\omega C} = \frac{1}{2\pi f C}$$

单位为欧姆（Ω）。电容器对高频电流所呈现的容抗很小，而对直流所呈现的容抗则很大（频率 $f=0$，$X_C \to \infty$，表明电容有隔直通交的作用，在电子技术中应用十分广泛）。

在纯电容电路中，电压与电流的关系为

$$U = IX_C \quad 或 \quad I = \frac{U}{X_C}$$

在相位上电压滞后电流 90°。

电容器是一个储能元件，它不消耗电能，当通过电容的电流增加时，把电能转化为电场能储存在电容两极板中，而当电流减小时，则把电场能转化成电能送回电路中。为了表示电容与电源之间能量的交换，用无功功率 Q_C 表示，以区别于有功功率 P。

$$Q_C = UI = I^2 X_C = \frac{U^2}{X_C}$$

单位为乏尔，简称乏（var）。1kvar = 1000var。

4. 实际交流电路

纯电阻、纯电感和纯电容电路是单一参数的交流电路，实际应用中往往三种元件都存在，既有串联又有并联。如电动机电路、日光灯电路等。

（1）电阻与电感串联电路

任何电感线圈都具有电阻，当考虑其电阻时，就相当于一个电阻与一个电感串联的电路，如图 1-28 所示。

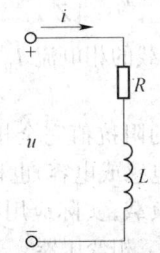

图 1-28 电阻与电感串联电路

电阻、电感串联电路的特点：

通过电阻、电感串联电路的电流相等。总电压超前电流 φ 角（$0 < \varphi < 90°$）；

电路中的总电压 $U = \sqrt{U_R^2 + U_L^2}$；

电路中的总阻抗 $|Z| = \sqrt{R^2 + X_L^2}$；

电阻 R 上的电压 $U_R = IR$；

电感 L 上的电压 $U_L = IX_L$；

电阻消耗的功率 $P = I^2 R$；

电感上的无功功率 $Q_L = I^2 X_L$；

电路中的总功率 $S = UI = \sqrt{P^2 + Q_L^2}$。总功率又称为视在功率，单位是伏安（VA）。有功功率在视在功率中所占的比例称为功率因数，用 $\cos\varphi$ 表示：

$$\cos\varphi = \frac{P}{S} = \frac{U_R}{U} = \frac{R}{|Z|}$$

功率因数 $\cos\varphi$ 在 0～1 之间，值越大说明有功功率在视在功率中所占的比例越大，电能的利用率越高。

（2）电感与电容并联电路

在电阻电感串联电路中，当电阻的成分越大，则电压超前电流的角度越小，$\cos\varphi$ 越大；反之，则 $\cos\varphi$ 越小。由于电感上的无功功率占用电源的容量，且在线路上消耗电能，希望其无功功率降低。而电容电路中电流超前电压 90°，与电感电路中电压与电流的相位关系相反，即它们与电源交换能量的时间不同。故可在电阻电感串联电路中并联一个适当电容，以减少电源与电感间的能量交换，即使整个电路的 $\cos\varphi$ 提高，如图 1-29 所示。

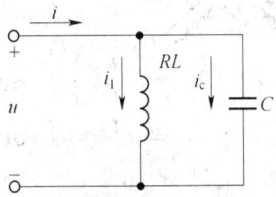

图 1-29 电感与电容并联电路

三、三相交流电

三相交流电是由三相交流发电机产生的。图 1-30a 是三相交流发电机的结构示意图。它由转子（磁场部分）和定子（电枢部分）两大部分组成。在发电机内部转轴上装有磁极，磁极所产生的磁场是按正弦规律分布的。发电机外壳内铁芯上嵌放着三相绕组，这三相绕组结构完全相同，只是空间位置上相差 120°电角度，因而当转子由原动机带动以匀速顺时针方向旋转时，则在每相绕组中分别产生频率相同幅值相等、相位相差 120°的正

弦交流电动势。三相交流电的波形如图1-30b所示。

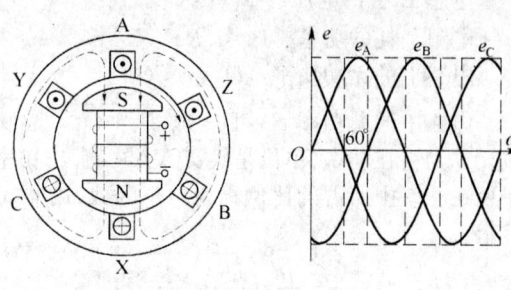

(a) 三相交流发电机原理图　(b) 三相交流电动势波形图

图1-30　三相交流发电机结构及交流电波形

四、三相四线制供电

把三相交流发电机三相绕组的末端连在一起,成为一个公共点(中点),引出一根线(即中线或零线);分别从三相绕组的起端引出三根导线(即相线或火线,分别用A、B、C表示),这种星形接法的供电方法叫做三相四线制,如照明用电线路。通常A相用黄色、B相用绿色、C相用红色、中线用黑色表示,如图1-31a所示。

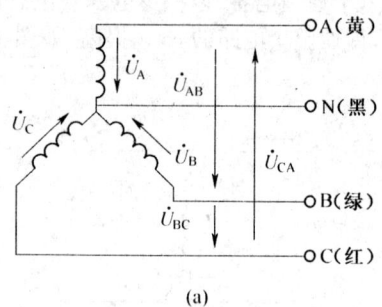

(a)

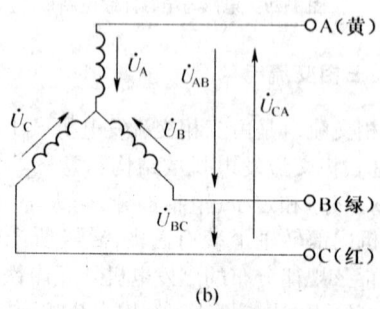

(b)

图1-31　三相电源的连接

(a) 三相四线制电源　(b) 三相三线制电源

在这种连接方法中,火线与火线之间的电压叫做线电压;火线与中线之间的电压叫做相电压。它们的关系是线电压等于$\sqrt{3}$倍的相电压:

$$U_l = \sqrt{3}\,U_p$$

例如平常用的三相交流电其线电压为380V,相电压为220V。

五、三相三线制供电

如果只从三相发电机绕组的三个起端引出三根线,即只有三根火线供电的连接方法叫做三相三线制的星形接法。称为三相三线制供电。如工业上用的动力电即为三相三线制,如图1-31b所示。

六、负载的星形连接

将三相负载的尾端接在一起,接电源的中线,三相负载的三个首端接电源的三条相线,这种连接方法称为三相负载的星形连接,用"Y"表示,如图1-32所示。

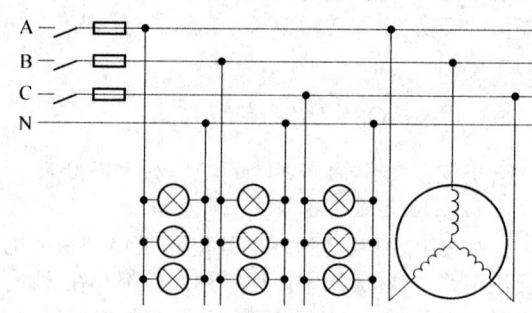

图1-32　负载做星形连接的示意图

负载做星形连接时,每相负载所承受的电压是电源的相电压,每相负载的相电流I_p为

$$I_p = \frac{U_p}{|Z_p|}$$

由图可见,负载的相电流I_p就是电源的线电流I_l。

若三个负载的阻抗值完全相等,且负载的性质(即同为电阻、电感或电容)也相同时,这样的负载称为三相对称负载,实际应用中的三相电气设备如三相电动机、三相变压器、三相电炉等即为三相对称负载。

在三相对称负载情况下,三个相电流大小相等,则电源中线中没有电流通过,故中线可以去掉,只用三条相线供电即可。

实际使用的单相设备如电灯、电视机等,它们都是使用三相电源中的一相做电源。在这种情况下,三相电源的负载,一般不可能完全相同,这种负载称为三相不对称负载。

在三相不对称负载情况下,三个相电流不等,这时中线就有电流通过,中线不能去掉。中线起着保证三相电压对称的作用。当三相负载越接近对称,中线电流就越小;三相负载偏差越大,则中线电流也越大。通常在安装单相负载时,尽量使三相负载接近对称,以减小中线电流。

在三相四线制供电系统中,如果只是相线断线,将造成某相停电,不会造成很大损失。但若中线断开时,由于三相负载不对称,将造成各相负载上的电压不均衡,电压高的一相负载超过其额定电压而迅速烧毁。因此,三相四线制供电系统中,中线干线绝不能断开,在中线干线上不得安装任何开关和熔断器。

七、负载的三角形连接

将三相负载的首尾相连,接成一个闭合回路,从三个连接点引出 3 条线接于电源的三条相线,这种接法称为负载的三角形连接,用"△"表示,如图 1-33 所示。

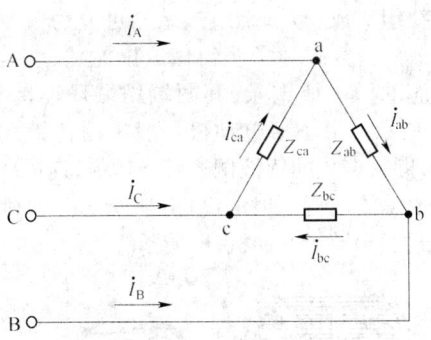

图 1-33 负载的三角形连接

负载做三角形连接时,负载的相电压等于电源的线电压 U_1。每相负载所通过的电流称为相电流 I_p。用 I_{ab}、I_{bc}、I_{ca} 分别表示三相负载的相电流。

根据欧姆定律:

$$I_p = \frac{U_1}{|Z_p|}$$

式中,$|Z_p|$ 是每相负载的阻抗值。

供电电网中的电流即线电流,用 I_1 表示。若三个相电流值相等时,线电流 I_1 与相电流 I_p 的关系是

$$I_1 = \sqrt{3} I_p$$

总之,当三相负载的额定电压等于电源线电压的 $1/\sqrt{3}$ 倍时,负载应接成星形;若当三相负载的额定电压等于电源的线电压时,负载应接成三角形。

八、三相电功率

三个单相功率之和即为三相功率。而单相电功率由有功功率和无功功率构成。

对于三相对称负载,不管接成星形或是三角形,其功率计算公式为

三相负载的有功功率 $\quad P = \sqrt{3} U_1 I_1 \cos\varphi$

三相负载的总功率 $\quad S = \sqrt{P^2 + Q^2} = \sqrt{3} U_1 I_1$

第四节 变压器和电动机

一、变压器

变压器具有传递能量,变换电压、电流及阻抗的功能,因此在各个领域中有着广泛的应用。

我们可以利用变压器的电压变换作用,在输电时将电压升高,而在用电的时候将电压降低。

变压器的种类繁多,如在电子线路中用到的整流变压器、振荡变压器、脉冲变压器等;另外,还有互感器、自耦变压器及各种专用变压器。

1. 变压器的结构

变压器主要由铁芯和绕组两大部分构成,普通的双绕组变压器有心式和壳式两种结构形式。图 1-34a 为心式变压器,其特点是绕组包围铁芯。图 1-34b 为壳式变压器,这种变压器的部分绕组被铁芯包围,可以不要专门的变压器外壳,适用于容量较小的变压器。变压器的绕组有原边绕组(初级或一次绕组)和副边绕组(次级或二次绕组),原边绕组与电源相连,副边绕组与负载相连,为分析方便,把原、副绕组分别画在两个铁芯柱上。

2. 变压器的作用

(1) 电压变换作用

变压器原、副绕组的电压之比等于变压器原、副绕组的匝数之比。即:

$$\frac{U_1}{U_2} = \frac{E_1}{E_2} = \frac{N_1}{N_2} = K$$

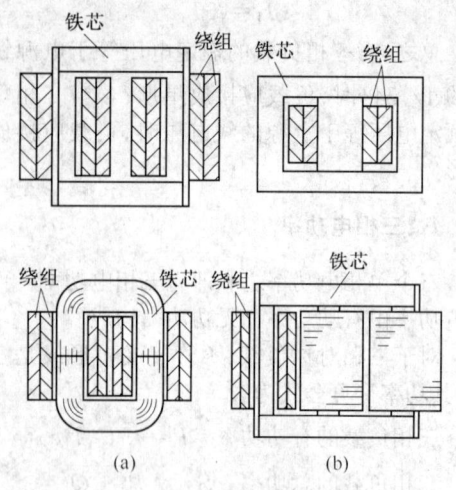

图 1-34 变压器的结构
(a)心式 (b)壳式

式中，K 称为变压器的变比。当 $K>1$ 时，为降压变压器，当 $K<1$ 时为升压变压器。

(2)电流变换作用

变压器原、副绕组的电流之比为变压器变比的倒数。即

$$\frac{I_1}{I_2} \approx \frac{N_2}{N_1} = \frac{1}{K}$$

(3)阻抗变换作用

在变压器副绕组接一负载阻抗 Z_L，折合到原绕组时其等效阻抗值 Z'_L 是 Z_L 的 K 的平方倍。即

$$Z'_L = K^2 Z_L$$

由上式可知，原边的等效阻抗值 Z'_L 不仅与 Z_L 有关，还与变压器匝数比 K 有关，所以在实际中经常采用不同的匝数比，把负载阻抗 Z_L 变换为所需要的比较合适的数值。这种变换方法称为阻抗匹配。

二、交流电动机

交流电动机分同步和异步两大类，异步电动机又分为三相、单相异步电动机。三相异步电动机因为结构简单，坚固耐用，性能良好，操作方便，制造成本低，所以在工农业生产中得到广泛的应用。

1. 结构

三相异步电动机可分成定子(固定部分)和转子(旋转部分)两个基本部分。定子主要由机座、定子铁芯和定子绕组构成，如图 1-35 所示；三相定子绕组的每相绕组的两个出线端都引到机座外的接线盒里，以便能方便地根据需要与三相电源连接，如图 1-36a 所示。如果电动机每相定子绕组额定电压等于电源的相电压，则可接成星形如图 1-36b 所示；当每相定子绕组的额定电压等于电源的线电压时，可接成三角形，如图 1-36c 所示。

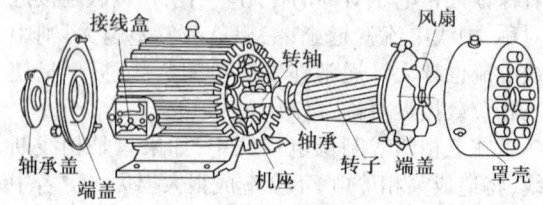

图 1-35 交流电动机结构

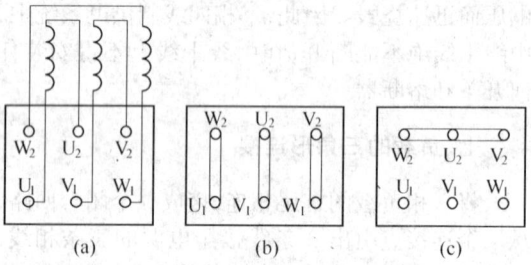

图 1-36 交流电动机定子绕组接线

异步电动机的转子主要由转轴、转子铁芯和转子绕组构成，转子绕组按结构可分为鼠笼式和绕线式。鼠笼式转子绕组做成鼠笼状，就是在转子铁芯的槽中放铜条，其两端用端环连接，如图 1-37a 所示。中小型电动机一般采用铸铝式鼠笼转子，即将熔化的铝液倒入转子槽内，连风扇等一起铸成整体结构，如图 1-37b 所示。通常所说的鼠笼式三相异步电动机，即转子绕组为鼠笼式的。

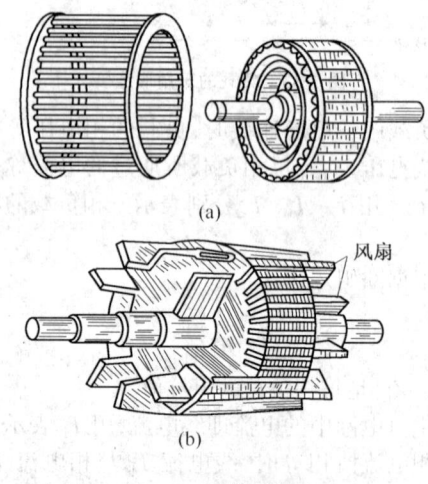

图 1-37 鼠笼式转子

2. 工作原理

三相异步电动机接上电源，就会转动，这是因为定子绕组中三相电流产生的旋转磁场，再与转子内感生电流相互作用而使转子转动，如图1-38所示。

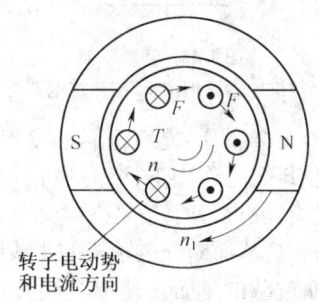

图 1-38　电动机转动原理

三、电动机常用控制器件及控制电路

1. 常用控制器件

(1) 闸刀开关

闸刀开关是一种最简单的手动控制电器，它主要由刀极（动触点）和刀座（静触点）组成。

图1-39所示为胶盖瓷底闸刀开关的结构和它的符号，这种闸刀开关是用瓷质做底板，刀极和刀座用胶木盖罩住。胶木盖可以熄灭切断电源时在刀极和刀座间产生的电弧，即有灭弧的作用。

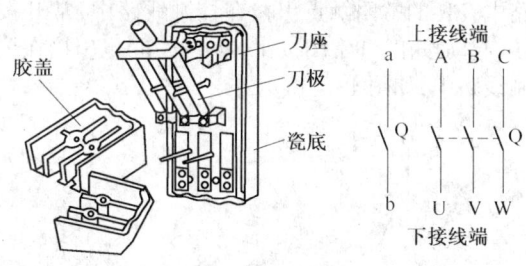

图 1-39　闸刀开关

闸刀开关一般不宜在负载下切断，常用作电源的隔离开关，以便对负载端的设备进行安全检修。

安装闸刀开关时，要注意刀极是上合下断，不可倒装，以免造成误合闸，而且要将电源线接在静触头的上接线端，用电设备接在闸刀开关的下接线端。这样当断电时，裸露在外面的刀极就不带电，而且便于换接熔断器。

(2) 按钮

按钮通常用来接通或断开控制电路，如图1-40所示是一种按钮的剖面图，它的动触点和静触点都是桥式双断点式的，上面是一对动断（常闭）触点，下面是一对动合（常开）触点。

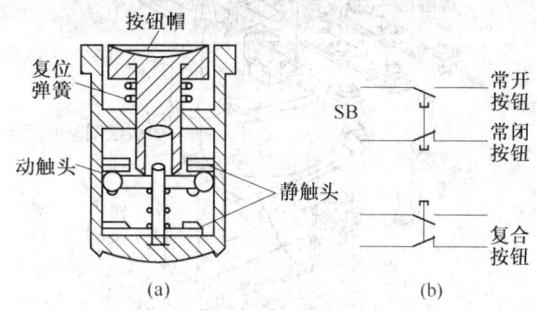

图 1-40　按钮的原理图和符号

(3) 熔断器（俗称保险丝）

是一种用作短路保护的器件，当通过的电流超过规定值并经过足够长的时间后，使熔体熔化，自动切断电路，对电路和设备起短路保护作用，以免烧坏用电设备及线路，如图1-41所示。

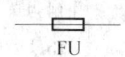

图 1-41　熔断器

(4) 交流接触器

它是利用电磁吸力来动作的，多用来直接控制电动机或其他设备的主电路（电气线路中电源与负载之间的电路，电流一般比较大）的接通和断开，并兼有欠压（或失压）保护的功能。

各种交流接触器的内部结构及动作原理基本是一致的。图1-42为交流接触器的基本结构及表示符号。

交流接触器主要由电磁铁、触头和灭弧装置组成。电磁铁的铁芯由硅钢片叠成，分上铁芯和下铁芯两部分，下铁芯固定不动称为静铁芯，静铁芯上装有吸引线圈，上铁芯可上下移动称为动铁芯（衔铁）。交流接触器的触头由一组主触头和若干组辅助触头组成。

交流接触器的动作原理：当交流接触器吸引线圈加上额定电压，上下铁芯之间建立的磁场产生电磁吸力，把动铁芯吸下，动铁芯带动动触点下移与静触点闭合，将电路接通。当线圈断电或电压过低时，电磁吸力消失或减弱，动铁芯不能被吸合，使接触器的各触点恢复常态，即常开的断开，常闭的闭合。

选用交流接触器时，必须按负载要求来选择

16 第一章 电工基础知识

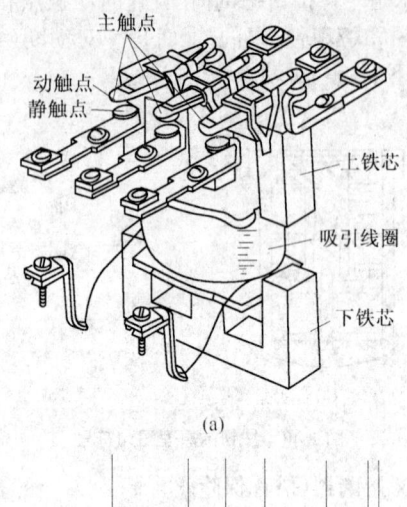

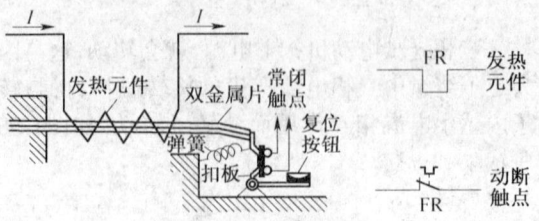

图 1-43 热继电器
(a)热继电器原理图 (b)热继电器符号

热量传递给双金属片,使双金属片变形弯曲并脱扣。扣板在弹簧的作用下,断开接在控制电路中的常闭(动断)触点,使接在控制电路中的交流接触器线圈断电,从而断开电动机的主线路,使电动机免受长期过载的危害。待双金属片冷却后,如果要继电器复位,则按下复位按钮。要注意,热继电器不能作短路保护,因为短路时,需要电路立刻断开,虽然短路电流很大,但由于热惯性,热继电器不能立即动作,所以热继电器不能代替熔断器。

2. 三相异步电动机常用控制电路

(1)直接起动的控制电路

由闸刀开关 Q、交流接触器 KM、按钮 SB、热继电器 FR 及熔断器 FU 等组成。

交流接触器 KM 的三对常开主触点接在三相异步电动机的主线路中,KM 的吸引线圈接在控制电路中。热继电器 FR 的发热元件接在主线路中,FR 的常闭触点串接在控制线路中,常开按钮(起动按钮)和常闭按钮(停止按钮)也串接在控制线路中,如图 1-44 所示。

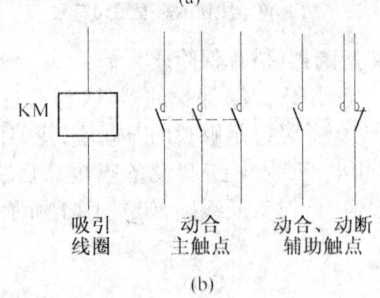

图 1-42 交流接触器
(a)基本结构 (b)表示符号

主触点组的额定电压、额定电流。交流接触器有 CJ10、CJ12、CJ20 等系列,其型号含义如下:

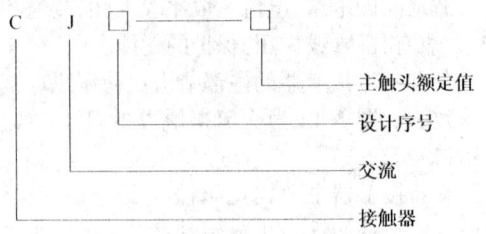

(5)继电器

是控制电路中应用很广的一种自动控制电器,它是根据输入的电量(如电流、电压)或非电量(如时间、温度、压力等)的变化而自动接通或断开控制电路,以达到控制与保护的目的。继电器的种类很多,如热继电器、时间继电器、中间继电器、压力继电器等。

热继电器是利用电流的热效应原理工作的一种过载保护电器,其原理图如图 1-43 所示。它主要由发热元件、双金属片和触点三部分组成。

发热元件串接在电动机的主电路中。双金属片是由两种具有不同线膨胀系数的金属碾压而成,当通过的电流超过某一值时,发热元件产生的

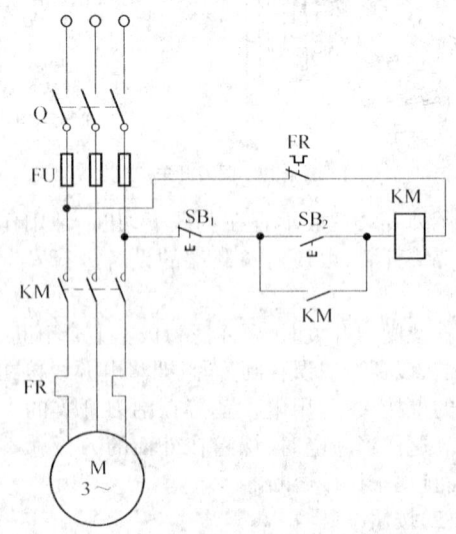

图 1-44 鼠笼式电动机直接起动的控制线路结构简图

当闸刀开关 Q 闭合,按下起动按钮 SB_2 时,**交流接触器 KM 的吸引线圈通电,动铁芯被吸合,而将三个主触点闭合,电动机 M 转动**。

当松开 SB_2 时,按钮中的常开触点在弹簧的作用下,又恢复到断开位置,接触器 KM 的吸引线圈断电,主回路中 KM 的三个常开主触点断开,电动机停转,这样只能实现点动控制。这种点动控制常用于电动机的调整和调试。

若将交流接触器中的一个常开辅助触点与起动按钮并联,按下 SB_2 后,再松开,接触器 KM 的吸引线圈仍然处于通电状态,从而使主电路中 KM 主触点保持闭合,电动机能连续运行,这样便实现了自锁控制。这种依靠接触器辅助触点使其线圈保持通电的作用称为自锁。起自锁作用的辅助触点称为自锁触点。要使电动机 M 停止运转,只需按下停止按钮 SB_1,将控制电路断开,KM 吸引线圈断电,它的所有触点均复位,将电动机的电源切断。

若电动机一旦发生短路,熔断器会迅速熔断,使电动机停车。

当电动机过载时,串接在电动机主电路中的热继电器 FR 热元件发热过甚,可将其常闭触点断开,使接触器 KM 的吸引线圈断电,主触点断开,电动机脱离电源得到保护。

控制电路中的交流接触器有欠压保护功能,当电源电压下降至某一值时,交流接触器的电磁铁自行释放,而使其主触点断开。当电压恢复正常时,电动机不能自行起动,必须重新按下起动按钮,电动机才会起动。这样就排除了由于电动机自行起动而产生的安全隐患。

可见,上述控制线路具有短路保护、过载保护和欠压保护的功能。

(2)电动机正、反转控制电路

在生产过程中,往往需要电动机能够正转和反转。由异步电动机的工作原理可知,将电动机接线盒的接电源的任意两根连线对调一下,就可使电动机反转。要实现这一要求必须在控制电路中使用两个交流接触器,如图 1-45 所示。当正转接触器 KM_F 工作时电动机正转;反转接触器 KM_R 工作时,由于调换了两根电源线,所以电动机反转。

由图 1-45 可知,如果两个接触器同时工作,则两组主触头同时闭合,将有两根电源线通过它们的主触点而将电源短路,因此,要保证电动机安全可靠地工作,必须保证正反转控制线路中的两个交流接触器不能同时通电。为达到这一要求,必须在电路中加互锁保护或联锁控制。所谓互锁控制是指电路在同一时间里,只允许两个接触器中的一个工作的控制。

在图 1-45a 所示的控制线路中,控制回路有两条并联路径,其一是由正转起动按钮 SB_F(并联有自锁触点 KM_F)、反转接触器的常闭辅助触点 KM_R、正转接触器的吸引线圈 KM_F 组成;其二是由反转起动按钮 SB_R(并联有自锁触点 KM_R)、正转接触器的常闭辅助触点 KM_F、反转接触器的吸引线圈 KM_R 组成。

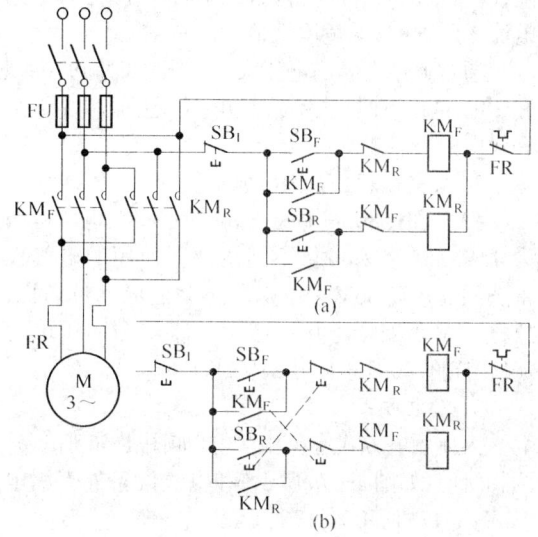

图 1-45 鼠笼式电动机正反转控制电路
(a)只有电气联锁的电动机正反转控制电路原理示意
(b)既有电气联锁又有机械联锁的电动机正反转控制电路原理示意

当按下起动按钮 SB_F 时,正转接触器线圈 KM_F 通电,其主触点闭合,自锁触点闭合,电动机正转。这时正转接触器的常闭辅助触点断开,使反转接触器的线圈不可能得电。

同理,当按下反转起动按钮 SB_R 时,反转接触器的吸引线圈 KM_R 通电并自锁,电动机反转,此时反转接触器的常闭辅助触点 KM_R 断开,使正转接触器的线圈 KM_F 不可能得电,这样就实现了互锁控制。两个交流接触器的常闭辅助触点称为互锁触点。

四、安全用电常识

1. 触电对人体的伤害

人体接触或接近带电体所引起的局部受伤或

死亡的现象称为触电。按人体受伤害的程度不同触电分为电伤和电击两种。

①电伤:是指人体外部受伤,如电弧灼伤,与带电体接触后皮肤红肿以及在大电流下熔化的金属飞溅到皮肤表面而烧伤。

②电击:是指人体内部器官受伤害,是由通过人体的电流而引起的。

当人体通过 50mA 的工频电流经过一定时间就可使人致命。电流通过心脏危险性最大。通电时间越长,触电的伤害程度就越严重。

实践证明,频率为 25~300Hz 的电流最危险,随着频率的升高危险性将越小。常见的工频电流 50~60Hz 的危险性最大。

通常通过人体的电流大小与通电时间的乘积在 30mAs 以下时,人不致触电,若超过 30mAs 则有触电危险。

2．安全电压

我国 GB 3805—1983 标准规定安全电压等级为 42V、36V、6V,可供不同条件下使用的电气设备选用。一般 36V 以下电压不会造成人员伤亡,故称 36V 为安全电压。通常机床上照明用电为 36V,船舶、汽车电源用 24V 或 12V。

3．触电方式

人体触电方式有单相触电(如图 1-46 所示)、两相触电(如图 1-47a 所示)和电气设备外壳漏电(如图 1-47b 所示)等多种形式。

(1)单相触电

可分为三相四线制单相触电和三相三线制单相触电。

三相四线制单相触电如图 1-46a 所示,人体的一个部位接触一根火线,另一部位接触大地。这样,人体、大地、中线、一相电源绕组形成回路。人体承受相电压,构成三相四线制单相触电。

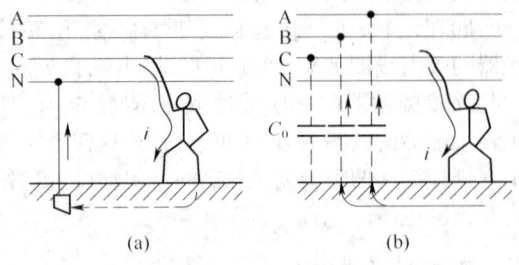

图 1-46 单相触电
(a)电源中点接地 (b)电源中点不接地

三相三线制单相触电如图 1-46b 所示,由于输电线路与大地均属导体,二者间存在电容,当人体某部位接触火线时,人体、大地、导体对地电容构成环路,引起触电事故。这种触电方式,环路电流与对地电容大小有关。导线越长,接地电容越大,对人体的危害越大。

(2)两相触电

如图 1-47a 所示,当人的双手或人体的某两部位接触三相电中的两根火线时,人体承受线电压,环路电阻为人体电阻和接触电阻之和,这时,将有一个较大电流通过人体。这种触电方式是最危险的一种触电。

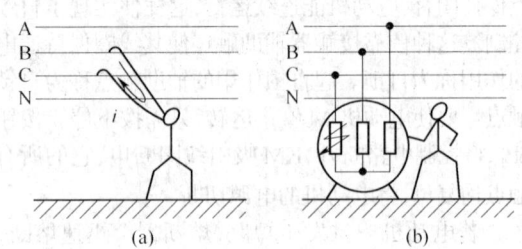

图 1-47 两相触电和电气设备外壳漏电

(3)发生触电的原因

①人们在某种场合没有遵守安全操作规程,直接接触或过分靠近电气设备的带电部分。

②不懂电气技术或对电气技术一知半解的人,到处乱拉电线和电灯而造成的触电。

③人体触及因绝缘损坏而带电的电气设备外壳和与之相连接的金属构架。

④电气设备安装不合乎规程的要求。

4．触电急救

当发现有人触电时,应当及时抢救。方法是首先迅速切断电源,或用绝缘物品(如干木棒、干扁担、干布带、干衣服等)迅速使电源线断开,使触电者脱离电源。如果触电者在高空作业时,还须预防在脱离电源时摔下而导致摔伤。

当触电者脱离电源被救下以后,如果是一度昏迷,但尚未失去知觉,应使触电者在空气流通的地方静卧休息;同时请医生前来或送医院诊治。如果触电者有心跳,暂时呼吸停止时需用人工呼吸的方法进行抢救。

5．安全用电措施

(1)工作接地

通常为了用电安全,电力系统均将中性点接大地,称之为工作接地。接地电阻一般规定小于 4Ω,如图 1-48a 所示。

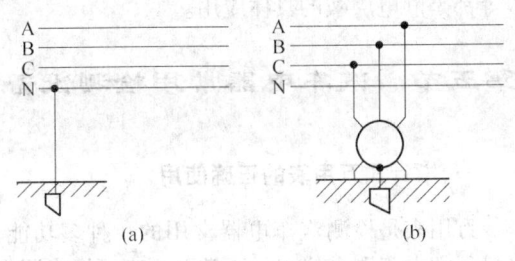

图 1-48 工作接地和接地保护

(2)保护接地

保护接地又叫做接地保护,就是在无工作接地的系统中,把与电气设备相绝缘的金属外壳和接地装置与大地可靠地连接,以避免因电气设备绝缘损坏而使外壳带电时,操作人员接触设备外壳而触电。对于工作电压在 1 kV 以下的电气设备,接地体的电阻不得大于 4Ω,人体的电阻要比它大得多。所以当电气设备外壳因绝缘损坏而带电时,如果有人触及,因接地电阻很小,远小于人体电阻,则大部分电流经接地装置流入大地,而流经人体的电流极小,从而保护了人身安全,起到了保护作用,如图 1-48b 所示。

在三相交流电源中性点不接地的低压系统中,各种电气设备的不带电的金属外露部分,除有规定的以外均应当接地。如电机、电器、变压器的外壳,配电箱和控制箱的外壳等。

接地线与电气设备的连接一般用螺栓连接或者是焊接。当用螺栓连接时,一定要加上平垫和弹簧垫圈,以防螺母松动。

(3)重复接地

重复接地是指在三相四线制中性点直接接地的低压电力系统中,为防止中线断线或线路电阻过大,零线的一处或多处通过接地体与大地相连接,如图 1-49a 所示。重复接地的接地电阻一般要求不大于 10Ω。

重复接地可降低漏电设备外壳的对地电压,以相对减少触电的危险性;可减轻因零线中断而产生的触电危险。

(4)保护接零

保护接零又叫做接零保护。为了防止当电气设备因绝缘损坏而使外壳带电时,有人触及电气设备而触电,可将电气设备的金属外壳与供电变压器的中性点(零线)相连接,这种保护方法称为接零保护,如图 1-49b 所示。它的作用是当电气设备的某一相发生碰壳短路时,因为电气设备的外壳直接接到电源的零线,这样,碰壳短路就成为单相短路,产生很大的电流而使熔断器烧断,从而自动切断电源,不致危及人身安全。

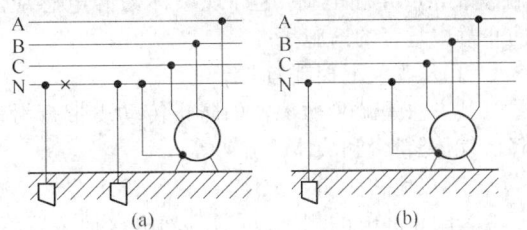

图 1-49 重复接地和保护接零

在三相四线制中性点直接接地的电网中,电气设备应采用接零保护。

必须注意,对于中点接地的三相四线系统,电气设备宜采取保护接零。

(5)在采用保护接地和保护接零时,注意以下几点

①不允许在同一电源上把一部分用电设备采用接零保护,另一部分采用接地保护。因为当机壳接地的设备发生碰壳而开关没断开或保护熔丝未动作时,零线与大地间就会出现电压(其大小等于接地短路电流乘以中点的接地电阻),这将使其他接零的设备外壳对地都有较高的电压,会造成触电危险。

②在采用保护接零时,接零的导线必须接牢固,以防脱线。在零线上不允许装熔断器和开关。为使火线碰壳时保护电器可靠地动作,要求接零的导线电阻不能太大。因此,接地装置的安装要严格按照有关规定。在安装完毕后,必须严格检测接地电阻值,是否合乎要求。

家用电器的三线插座与插头的正确接法:配电箱进线处零线接大地,配电箱出线引出火线(L)、工作零线(N)和保护零线(也称为地线)。插座和插头的正确接法如图 1-50 所示。

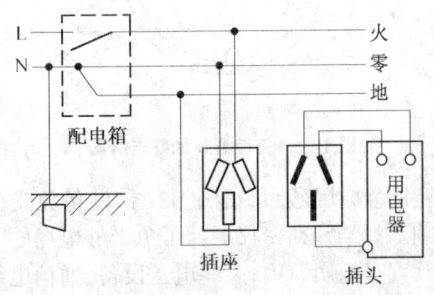

图 1-50 插座和插头的正确接法

6. 静电感应

将一导体放在另一带电导体的电场中,自由电荷将做瞬间的定向移动,立即达到平衡,导体两端各带等量异性电荷,这种现象称为静电感应。防止静电危害的措施是:

(1)从工艺上控制静电产生

其方法是减少摩擦。如防止传动皮带打滑;降低气体、粉尘和液体的流速等。

(2)接地和泄漏

为防止静电的积累,可通过静电接地装置将静电荷及时泄入大地,泄去设备上的静电荷;提高空气湿度,以消除绝缘体的静电;还可以在绝缘体上采用静电屏蔽罩上接地的方法来防止电荷的积累等。最常见的是运输易燃液体的储罐车上挂接一根拖地铁链。

(3)防雷击

雷电是自然界中的一种静电放电现象,其特点是电压极高,电流很大,频率较高而时间较短(为 $50\sim100\mu s$)。各种雷击除直接损害外,还会引起易燃物品发生火灾、爆炸,直至危及人的生命。对于易受雷击的露天设备、储存容器及仓库等必须安装避雷设备。要避免靠近或接触高处的金属物体或与其相连的金属物体,如栏杆、避雷引下线等。雷电时,暂时不要开关电源,与电线及开关的距离至少应保持 2m;不要收听收音机和收看电视机,以免将雷电引入电视机等电子设备,造成电视机爆炸及人身被雷击事故。

金属导体和金属网能够把外界的电场遮挡住,使其内部不受外界电场的影响,这种现象称之为静电屏蔽,如图 1-51 所示。

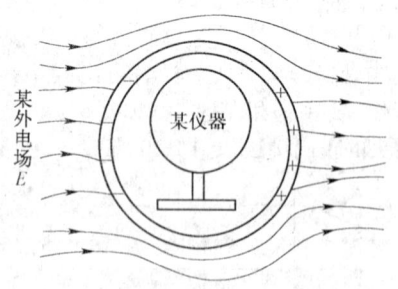

图 1-51 空腔导体的静电屏蔽

应用静电屏蔽可以保护仪器、设备免受外电场影响。如某些精密仪器为了免受外电场的干扰而将其置于金属罩内;某些电子设备、通信电缆电源部分采用的屏蔽线;在超高压作业时利用均压服等都是静电屏蔽的具体应用。

第五节　汽车电器常用检测设备

一、指针式万用表的正确使用

万用表是检测汽车电器常用的一种多功能、多量程的电工测量仪表。通常万用表可用来测直流电压、直流电流、交流电压和电阻。有的万用表还可测量交流电流等。它由表头、测量线路和量程开关三大部分组成。在电工测量中常用的指针式万用表有 MF14、MF30、MF64、500 型等。

1. 指针式万用表的使用方法

以常用的 MF30 型万用表为例,说明其使用方法(面板布置如图 1-52 所示)。

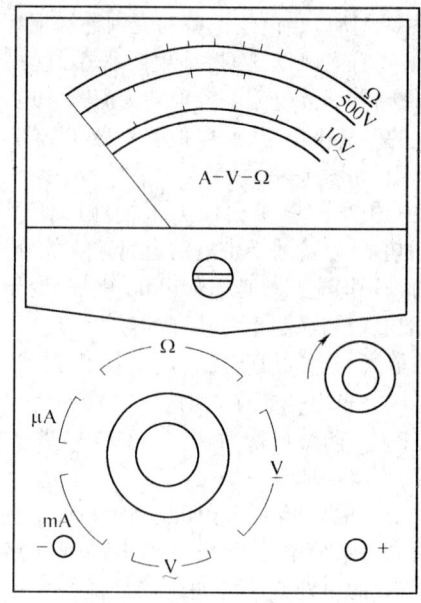

图 1-52 MF30 型万用表外形示意图

(1)测电阻

将转换开关拨到电阻(Ω)档位上,将两表笔短接,看指针是否指在零 Ω 位置,若不指在零 Ω 位置,可转动"Ω"调零旋钮,使表针指在零 Ω 上。每当变换电阻量程时,都应重新检查和调节"Ω"的零位值。如果转动调零旋钮表针还指不到零值,说明表内电池电量不足,应换用新电池。表盘上刻有 R×1、R×10 等符号,表示倍率。测电阻值时,表头读数和倍率的乘积就是被测电阻值(读第一道刻度线)。例如当在 R×10 档位时,如果读数是 100,则被测电阻的电阻值就是 100×10 = 1kΩ。

在测量电路中的电阻时,必须先将电源关闭,绝不能带电测量。电路中如有电解电容器时,应先将电解电容器放电后使之在不带电的情况下测量电阻的电阻值。同样当测量电解电容器的泄漏电阻时,亦应将电容器放电,然后才能测量。

(2) 测直流电压

将转换开关拨到直流电压档,如果预先不知道电压的高低时,应由大到小调节电压档位,然后读出数值(读第二道刻度线)。例如转换开关在50V档位,则最大量程就是50V。测量时必须注意电压的极性。红表笔(+)接被测电路的正极,黑表笔(-)接被测电路的负极,千万不能接反。

(3) 测交流电压

将转换开关拨到交流电压档。如果预先不知道电压的高低时,应由高到低调节电压档位,直到指针停留在刻度盘中部位置读出电压值(读第二道刻度线)。当测量500V以上交流电压时,要选用0～2500V的高压测量插孔。

(4) 测直流电流

如果电路中直流电流在所用表的量程以内时,可将转换开关拨向直流电流"mA"档位置上,注意必须把万用表串入被测电路中(读第二道刻度线)。

如果万用表有交流电流测量功能时,则可将转换开关拨向交流电流档来测交流电流。

2. 使用注意事项

由于万用表的选择开关和量程开关较多,用途广,所以在具体测量不同的对象时,除了将开关指示箭头对准要测量的档位外,还要注意以下几点:

① 在使用万用表之前,应先检查指针是否在零位,如果不在零位,应调整表面上的机械零位调整旋钮(用平口旋具)。

② 在使用前要选好量程,拨准转换开关的位置。每次测量一定要根据测量的类别(直流、交流、电压、电流、电阻),将转换开关拨至正确位置上,要养成习惯,不能拿起表笔不看测量类别和转换开关位置盲目去测试。

③ 测量电压或电流时,如对被测的数量事先无数,应选用最大量程档试测;如发现指针偏转太小,再逐步转换到适当量程进行实测。

④ 测量电阻时,先将转换开关拨到电阻(Ω)档位,把两个表笔短接在一起,看指针是否指在零欧姆,如这时不指在零欧姆,再旋转"Ω"档的调零旋钮使指针指向零欧姆。所选档位应使指针指向刻度盘的右侧,这样读数误差小一些。在电阻档,表内电池电压极性与表面上的"+"、"-"极性相反。

⑤ 测量直流电压、电流时,要注意表笔红色为"+",黑色为"-"。一方面插入表孔要严格按红、黑插入表孔的"+"、"-";另一方面接入被测电路的"+"、"-"要正确。如果一时不清楚可以试测。办法是选用大的量程,将两表笔快速接在被测电路上,快接快离,如发现指针顺转,说明接对了;反之,将两表笔极性调换。

⑥ 尽量训练单手操作测量,另一只手不要触摸被测物。

⑦ 不要带电转动转换开关。

⑧ 测量读数时,要看准所选量程的标度线,特别是测量10V以下小量程电压档。读取刻度读数要细心。

⑨ 在测量500～2500V电压时,特别注意量程开关要转换到2500V。要严格检查表笔、手指和脚下是否干燥,采取必要的绝缘措施,以确保安全。

⑩ 每次测量完毕,应将转换开关拨到交流电压最大量程位置,避免将转换开关拨到电流或电阻档,以防下次测电压时忘记转动转换开关而将表烧坏。

⑪ 电表长期搁置不用时,应将电池取出防止电池腐蚀。

二、数字式万用表的正确使用

数字式万用表是把被测量的模拟量转换成数字量,再用十进制荧光数码管或液晶显示出来。它具有测量速度快、灵敏度高、测量精度高、数字显示等优点。它吸收了电子技术和微计算机技术的最新成果。

数字式万用表有DT890A、DT890B、DT9203、VC9806等型号。

1. 数字式万用表的使用方法

以DT890B数字万用表为例来说明使用方法:

(1) 直流(DC)和交流(AC)电压的测量

将红表笔插入"V/Ω"插孔中,黑表笔插入"COM"插孔中。测直流电压时将功能量程选择开关置于"DCV"(直流电压)相应的位置,测交流电压时将功能选择开关置于"ACV"(交流电压)相应的位置上;如果被测电压超过所设定量程,显示器出现最高位的"1",此时应将量程改高一档,直至得到合适的读数。

注意：当输入端开路时，显示器可能有数字出现，尤其在 200mV 和 2V 档上，这是正常的。但如将两表笔相互短路，显示器应显示为零。

(2) 电阻的测量

将红表笔插入"V/Ω"插孔中，黑表笔插入"COM"插孔中。将量程功能选择开关置于"OHM"（欧姆）相应的位置上，将两表笔跨接在被测电阻的两端，即可得到电阻值。

当用 200MΩ 量程进行测量时须注意如下两点：①在此量程，两表笔短路时读数为 1.0，是正常的，此读数是一个固定的偏移值，如被测电阻为 100MΩ 时读数为 101.0，被测电阻为 10MΩ 时读数为 11.0，正确的电阻值是显示读数减去 1.0。②测量高电阻值电阻时应尽可能将电阻直接插入"V/Ω"和"COM"中，长线在高电阻测量时容易感应干扰信号使读数不稳。

(3) 直流(DC)和交流(AC)电流的测量

将红表笔插入"A"插孔(最大电流 200mA)或"20A"插孔(最大 20A，测量时间最长为 10s)。测直流电流时将量程功能选择开关转到 DCA(直流电流)相应的位置上，测交流电流时将量程功能选择开关转到 ACA(交流电流)相应位置上，并将表笔串入被测电路中。

注意：测量电流是用熔断器保护的，如误插入交流市电，熔断器会熔断而保护内部电路，更换时必须注意换上与原熔断器相同型号(200mA/250V)的熔断器，必须特别注意"20A"档是不设熔断器保护的。用此档测量时最大电流可达 20A，但不得超过 10s。

(4) 电容的测量

将被测电容插入电容插座中，将量程功能选择开关置于 CAP(电容)相应量程上，即得电容值。

注意：在未插入被测电容时，尤其是当量程功能开关由其他功能转入电容量程时，显示器显示可能不为零，须经一段时间才能回零，但不必理会是否已经回零，插入被测量电容，不会影响精度。

(5) 晶体管的测量

将量程功能开关转到"h_{FE}"位置，将被测晶体管 PNP 型或 NPN 型的发射极、基极和集电极分别插入到相应的 E、B、C 插座中，即得 h_{FE} 参数。测试条件：$V_{CE}\approx 3V$，$I_B\approx 10\mu A$。

(6) 二极管的测试

将红表笔插入"V/Ω"插孔中，黑表笔插入"COM"中。将量程功能开关转到"·)))→"位置上。将红表笔接在二极管正极上，而黑表笔接在二极管负极上，显示器即显示二极管的正向导通压降，单位为 mV，电流为 1mA。如表笔反接，显示器应显示过量程状态"1"，否则表明此二极管反向漏电大。用来测量通断状态时，如被测量点间的电阻值低于 30Ω 时，蜂鸣器会发出声音表示导通状态。

2. 使用注意事项

①当测量电流没有读数时，请更换相同规格的熔断器。在打开底壳更换熔断器前应先将表笔脱离被测电路，以免触电。

②当显示器出现"LOBAT"或电池符号时，表明电池电压不足，应更换。

③用完仪表后，应及时将电源关断。

三、汽车检修专用数字万用表的正确使用

在汽车电控装置故障的检测与诊断中，除了经常需要检测电压、电阻和电流等参数外，还需要检测转速、温度、压力、闭合角、频率、频宽比(占空比)、时间、电容、电感、半导体元件等。可是这些参数用一般数字式万用表无法检测，需用高阻抗的汽车专用数字万用表。

1. 汽车数字万用表的功能

汽车数字万用表除具有普通数字万用表的功能外，还具有汽车专用项目的测试功能：

①测交、直流电压。考虑到电压的允许变化范围及可能产生的过电压，汽车数字万用表应能测量大于 40V 的电压值，但测量范围也不能过大，否则读数的精度下降。

②测电阻。汽车万用表应能测量 1MΩ 的电阻，测量范围大一些，使用起来比较方便。

③测电流。汽车万用表应能测量大于 10A 的电流。

④测二极管的性能。

⑤测发动机转速。

⑥测量温度。配置温度传感器后可以检测冷却液温度、尾气温度和进气温度等。

⑦测量脉冲波形的频宽比和点火线圈一次侧电流的闭合角。该功能用于检测喷油器、怠速稳定控制阀、EGR 电磁阀及点火系统等的工作状况。

⑧输出脉冲信号。该功能用于检测无分电器

点火系统的故障。

⑨测量传感器输出的电信号频率。

⑩记忆最大值和最小值。该功能用于检查某电路的瞬间故障。

⑪测量大电流。配置电流传感器(霍尔式电流传感夹)后,可以测量大电流。

⑫模拟条显示。该功能用于观测连续变化的数据。

目前国内生产的汽车数字万用表,如胜利-98、笛威 TWAY9206、TWAY9406A 和 EDA-230 等型号的汽车数字万用表,都具有上述功能。某些汽车数字万用表,除具有上述基本功能外,还有一些扩展功能。如 EDA-230 型汽车数字万用表在配用真空/压力转换器(附件)时可测量压力和真空度,且它还具有背光显示功能(使显示数据在光线较暗时也能看清)。

2. 汽车数字万用表的基本结构

如图 1-53 所示,汽车数字万用表主要由数字及模拟量显示屏、测试项目选择开关、功能按钮、温度测量座孔、电流测量座孔、公用座孔(用于测量电压、电阻、频率、闭合角、频宽比和转速等)、搭铁座孔等构成。

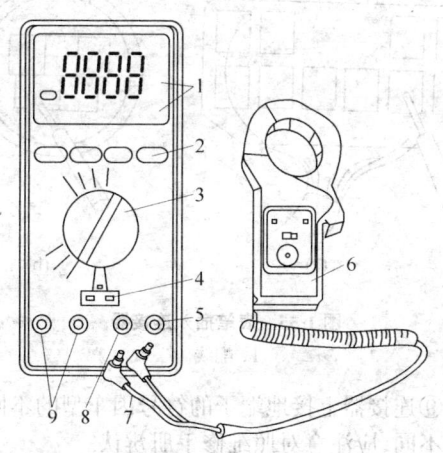

图 1-53 汽车数字万用表及电流传感器
1.数字及模拟显示屏 2.功能按钮 3.测试项目选择开关 4.温度测量座孔 5.公用座孔 6.霍尔式电流传感夹 7.霍尔式电流传感夹引线插头 8.搭铁座孔 9.电流测量座孔

3. 汽车数字万用表的量程

①直流电压。400mV~400V(精度±0.5%),(1000±1%)V。

②交流电压。400mV~400V(精度±1.2%),750(1±1.5%)V。

③直流电流。400±4mA,(20±0.4)A。

④交流电流。(400±4)mA,(20±0.5%)A。

⑤电阻。400(1±1%)Ω,4kΩ~4MΩ(精度±1%),(400±8)MΩ。

⑥频率。4kHz~4MHz(精度±0.05%),最小输入10Hz。

⑦电路通断音频信号测试。

⑧温度检测。-18℃~300℃(精度±3℃),301℃~1100℃(精度±3%)。

⑨转速。150~3999r/min(精度±0.3%),4000~10000r/min(精度±0.6%)。

⑩闭合角。±(0.5°)。

⑪频宽比。±0.2%。

4. 汽车数字万用表的使用方法

(1)测试信号频率

将测试项目选择开关置于频率(Freq)档,黑线(自汽车万用表搭铁座孔 com 引出)搭铁,红线(自汽车万用表公用座孔 VΩHz 引出)接被测信号线,显示屏即显示被测频率。

(2)检测温度

将测试项目选择开关置于温度(Temp)档,按下功能按钮(℃/°F),将黑线搭铁,温度探针线插头端插入汽车万用表温度测量座孔,探针端接触被测物体,显示屏即显示被测温度。

(3)检测点火线圈一次侧电路闭合角

将测试项目选择开关置于闭合角(Dwell)档,公用插座(com)的黑线搭铁,VΩHz 插座的红线接点火线圈负接线柱,发动机运转,显示屏即显示点火线圈一次侧电路闭合角(也叫做导通角)。

(4)测量频宽比(占空比)

将测试项目选择开关置于频宽比(Duty Cycle)档,红线接电路信号,黑线搭铁,发动机运转,显示屏即显示脉冲信号的频宽比。

(5)测量转速

将测试项目选择开关置于转速(RPM)档,转速测量专用插头插入搭铁座孔与公用座孔中,感应式转速传感器的夹子(汽车数字万用表附件)夹到某缸的高压分线上,在发动机工作时显示屏即显示发动机的转速。

(6)测量起动机起动电流

将测试项目选择开关置于 400mV 档(1mV 相当于 1A 的电流),把霍尔式电流传感器的夹子夹在蓄电池的电源线上,其引线插头插入电流测量座孔,按下最小/最大(Min/Max)功能按钮,拆下点火线圈高压线,用起动机转动曲轴2~3s,显示屏即显示起动电流。

(7) 测试氧传感器

拆下氧传感器线束连接器,将测试项目选择开关置于"4V"档,按下 DC/AC 功能按钮,使显示屏显示"DC",再按下最小/最大(Min/Max)功能按钮,将黑线搭铁,红线与氧传感器的接线相连;然后以快怠速(约 2000r/min)运转发动机,使氧传感器工作温度达 360℃ 以上。此时,若混合气浓,氧传感器输出电压约为 0.8V;若混合气稀,氧传感器输出电压为 0.1~0.2V。当氧传感器工作温度低于 360℃ 时(发动机处于开环工作状态),氧传感器无电压输出。

(8) 测量喷油器喷油脉冲宽度

将测试项目选择开关置于频宽比档,测出喷油器工作脉冲频率的频宽比后,再把测试项目选择开关置于频率(Freq)档,测出喷油器工作脉冲频率(Hz),然后按下式计算喷油器喷油脉冲宽度(即喷油时间):

$$S_p = \eta / f_p$$

式中　S_p——喷油脉冲宽度(s);
　　　η——频宽比(%);
　　　f_p——喷油频率(Hz)。

5. 汽车数字万用表检查电控系统的注意事项

① 除在测试过程中特殊指明者外,不能用指针式万用表测试 ECU 和传感器,应使用高阻抗数字式万用表,万用表内阻应不低于 10MΩ。

② 首先检查熔丝、易熔线和接线端子的状况,排除这些地方的故障后再用万用表进行检查。

③ 在测量电压时,点火开关应接通(ON),蓄电池电压应不低于 11V。

④ 在用数字万用表检查防水型连接器时,应小心取下皮套(如图 1-54a),用测试表笔插入连接器检查时不可对端子用力过大(图 1-54b)。检测时,测试表笔可以从带有配线的后端插入(图 1-55a),也可以从没有配线的前端插入(图 1-55b)。

⑤ 测量电阻时要在垂直和水平方向轻轻摇动导线,以提高准确性。

⑥ 检查线路断路故障时,应先脱开 ECU 和相应传感器的连接器,然后测量连接器相应端子间的电阻,以确定是否有断路或接触不良的故障。

⑦ 检查线路搭铁短路故障时,应先拆开线路两端的连接器,然后测量连接器被测端子与车身(搭铁)之间的电阻值。电阻值大于 1MΩ 为正常。

⑧ 在拆卸发动机电子控制系统线路之前,应先切断电源,即将点火开关断开(OFF),拆下蓄电池极柱上的接线。

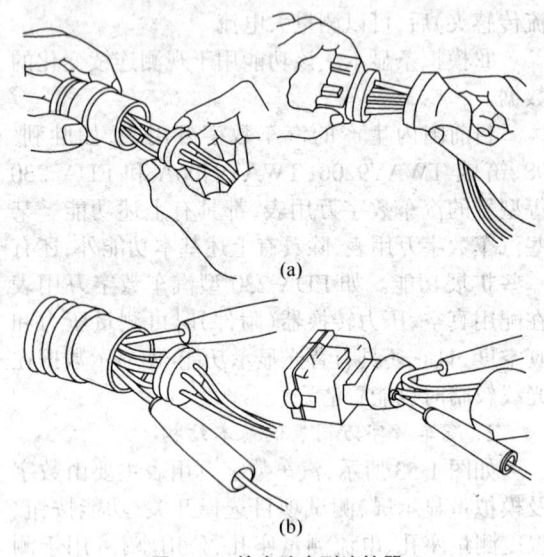

图 1-54　检查防水型连接器

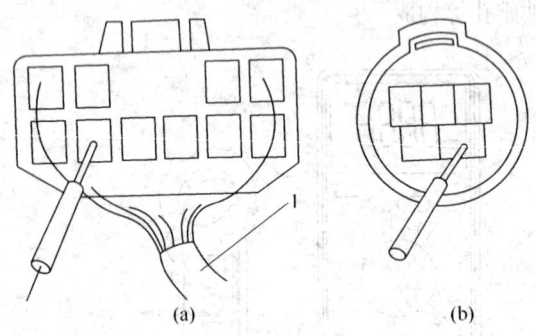

图 1-55　表笔插入连接器
1. 配线

⑨ 连接器上接地端子的符号因车型的不同而有所不同,应注意对照维修手册辨认。

⑩ 测量两个端子间或两条线路间的电压时,应将万用表(电压档)的两个表笔与被测量的两个端子或两根导线接触(如图 1-56a、b)。

⑪ 测量某个端子或某条线路的电压时,应将万用表的正表笔与被测端子或线路接触;而将万用表的负表笔与地线接触(如图 1-56c)。

⑫ 检查端子、触点或导线等的导通性,即检查端子、触点或导线等是否通电或断开,可用万用表电阻档测量其电阻值的方法进行检查(如图 1-56)。

的电阻值为0Ω,则它们之间导通(无断路)。

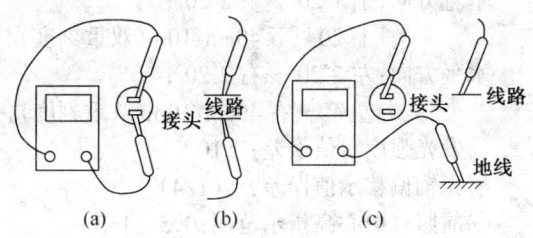

图1-56 用万用表测量端子和线路的电压或检测导通性
(a)检查端子间的导通性 (b)检查导线间的导通性
(c)检查端子与地线、导线与地线间的导通性

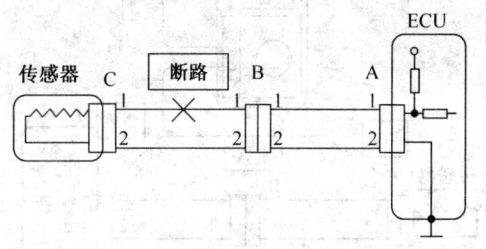

图1-57 断路检查线路

⑬在测量电压或电阻时,一般将连接器拆开分成两部分,其中一部分称为某传感器(或执行部件)连接器;另一部分称为某传感器(或执行部件)导线束连接器或导线束一侧的某传感器(或执行部件)连接器(或连接器套)。例如拆下喷油器上的连接器后,其中一部分称为喷油器连接器,另一部分则称为喷油器导线束连接器或导线一侧的喷油器连接器。在测量时,应弄清是哪一部分连接器。

⑭所有传感器、继电器等装置都是和ECU连接的,而ECU又通过导线和执行部件连接,所以在检查故障时,可以在ECU连接器的相应端子上进行测试。

6. 汽车数字万用表检测电控系统的操作方法

(1)测量电阻的方法

将万用表开关转到电阻(Ω)档的适当位置并校零后,即可测量电阻值。汽车上很多电气设备的技术状态可用检测其电阻值的方法来判断,如检查电气元件和线路的断路、短路等故障。

(2)测量直流电压的方法

将开关转到直流电压(V)档(选择合适的量程),将测试表笔接至被测两端。用测电压的方法可以检查电路上各点的电压(信号电压或电源电压)以及电气部件上的电压降。

(3)检测断路(开路)的方法

如图1-57所示的配线有断路故障,可用"检查导通"或"检查电压"的方法来确定断路的部位。

①"检查导通"法:

a. 脱开连接器B和C,测量它们之间的电阻值(如图1-58)。若连接器A端子1与连接器C端子1之间的电阻值为∞,则它们之间不导通(断路);若连接器A端子2与连接器C端子2之间

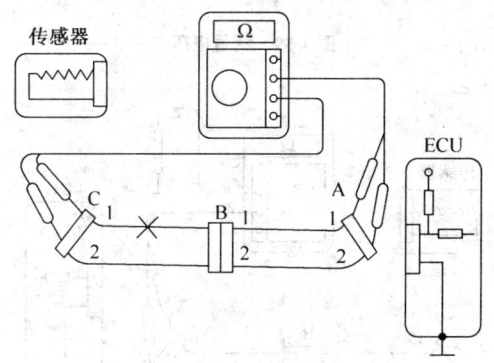

图1-58 检查配线是否导通

b. 脱开连接器,测量连接器A与B、B与C之间的电阻值。若连接器A的端子1与连接器B的端子1之间的电阻值为0Ω,而连接器C的端子1与连接器B的端子1之间的电阻值为∞,则连接器A的端子1与连接器B的端子1之间导通,而连接器B的端子1与连接器C的端子1之间有断路故障。

②"检查电压"法:在ECU连接器端子加有电压的电路中,可以用"检查电压"的方法来检查断路故障(图1-59)。在各连接器接通的情况下,ECU输出端子电压为5V的电路中,如果依次测量连接器A的端子1、连接器B的端子1和连接器C的端子1与车身(搭铁)之间的电压时,测得的电压值分别为5V、5V和0V,则可以判定:在B的端子1与C的端子1之间的配线有断路故障。

(4)检查短路的方法

如果配线短路搭铁,可通过检查配线与车身(或搭铁线)是否导通来判断短路的部位(图1-60)。

①脱开连接器A和C,测量连接器A的端子1和端子2与车身之间的电阻值。如果测得的电阻值分别为0Ω和∞,则连接A的端子1与连接器C的端子1的配线与车身之间有短路搭铁故障。

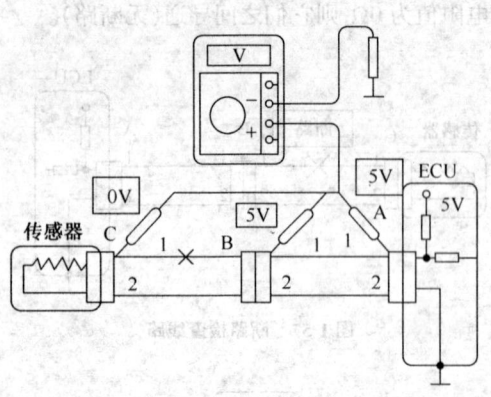

图 1-59 测量电压

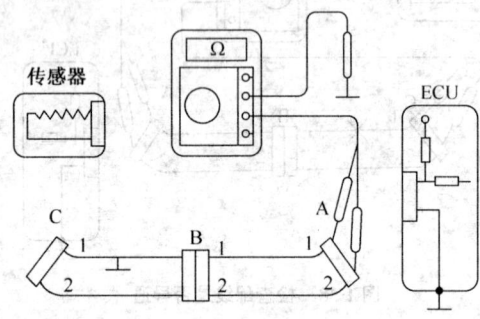

图 1-60 测量有无短路

②脱开连接器 B，分别测量连接器 A 的端子 1 和连接器 C 的端子 1 与车身（地线）之间的电阻值。如果测得的电阻值分别为 ∞ 和 0Ω，则可以判定：连接器 B 的端子 1 与连接器 C 的端子 1 之间的配线与车身之间有短路搭铁故障。

四、前照灯检测仪

前照灯检测仪是一种检测汽车前照灯（大灯）的测试仪器，它用于检测汽车前照灯的发光强度及光轴偏移量。

前照灯检测仪的型式较多，现以佛山分析仪器厂生产的 FD-2 型前照灯检测仪为例，介绍前照灯检测仪的结构与操作方法。

1. 主要技术性能

(1) 额定使用范围

温度：0℃～40℃。

相对湿度：20%～80%。

电源：直流 6V（4 节 1 号电池）。

(2) 测量范围

① 发光强度：0～40000cd；0～80000cd。

② 光轴偏移量。

垂直方向：上 1°20′～下 2°20′；
　　　　　上 20～下 40cm/10m（双重刻度）。

水平方向：左 2°20′～右 2°20′；
　　　　　左 40～右 40cm/10m（双重刻度）。

③ 发光强度示值误差：±10%。

④ 光轴偏移示值误差：±(1/4)°。

⑤ 前照灯中心高指示范围：0.5～1.3m。

⑥ 检测距离：1m。

⑦ 导轨长度：4.5m。

⑧ 外形尺寸：1250mm×710mm×550mm。

⑨ 质量：60kg。

2. 前照灯检测仪的结构

该检测仪由光接收箱和行走机构两部分组成，光接收箱由两根立柱支承，采用齿轮、齿条传动方式，使光接收箱沿立柱可上下运动，其左右方向的运动则通过底座上的轮子在导轨上滚动来完成。检测仪的外形结构如图 1-61 所示。

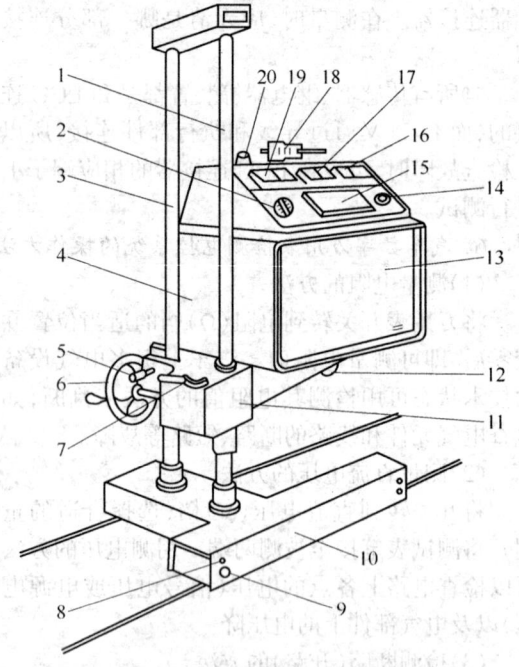

图 1-61 FD-2 型前照灯检测仪

1. 前立柱（带齿条） 2. 光轴刻度盘（左右） 3. 后立柱 4. 光接收箱 5. 对准旋钮 6. 上下运动手轮 7. 左右运动拉手 8. 加油孔 9. 偏心轴 10. 底座 11. 传动箱 12. 测距卷尺 13. 聚光镜 14. 光轴刻度盘（上、下） 15. 屏幕 16. 光轴平衡（上、下） 17. 发光强度表 18. 对准瞄准器 19. 光轴平衡表（左、右） 20. 电源开关

3. 基本工作原理

图 1-62 是 FD-2 型检测仪光接收箱的内部结

构简图,被检前照灯的光束经聚光镜汇聚后进入光接收箱,由反射镜将光反射至显示屏幕上,屏幕上对称地布置着五个光检测器,如图1-63所示。NO1及NO2检测垂直方向的光分布情况,其平衡输出连接至光轴平衡指示表(上、下);NO3与NO4检测水平方向的光分布情况,其平衡输出连接至左、右平衡指示表;NO5检测发光强度,其输出连接到发光强度指示表。分别旋转光轴刻度盘(上、下或左、右),可改变反光镜的角度,从而使每个光轴平衡指示为零,此时光轴刻度盘所指示的数值,就是被测前照灯光轴偏移量,同时发光强度指示表也指示出其发光强度。

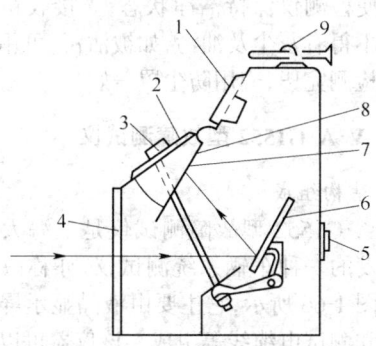

图1-62 FD-2型检测仪光接收箱内部结构图
1. 指示表 2. 屏幕盖 3. 光轴刻度盘 4. 聚光镜
5. 影像瞄准器 6. 反光镜 7. 光敏元件 8. 屏幕(印制板) 9. 对准瞄准器

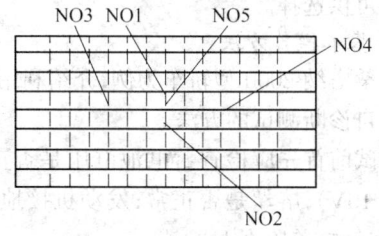

图1-63 屏幕上的测光器

4. 前照灯检测仪的正确使用

(1) 对被检车辆的要求

被检车辆应为空载,驾驶室可坐有一人,轮胎气压应合乎标准,电池应存足电,前照灯配光镜(玻璃壳)表面应干净。

(2) 检测距离

被检车停放在检测仪的前方,使其前照灯的基准中心(配光镜表面中心)到检测仪的光接收箱前面聚光镜的距离为1m,此距离可用检测仪光接收箱下部的卷尺进行测量。

(3) 摆正被检车

检测时,要求被检车辆的纵向中心线与检测仪的光学中心线平行,这可利用检测仪光接收箱顶部的对准瞄准镜进行检查。在被检车辆上选定前后相隔1m以上的两点(该两点应与汽车纵向中心线平行),用于对准镜的观察。如果上述两点均在瞄准镜十字分划板的垂直线上,则说明车辆已经摆正,否则,可旋转对准旋钮(见图1-61),使光接收箱在一定范围内转动,以使前述两点落在垂直分划线上。这样,检测仪与被检车辆相对位置已摆正,可以进行检测。

(4) 检测步骤

①把检测器移动到被检前照灯的前方,打开检测仪后盖上影像瞄准器的盖子,从盖子的反射镜上可观察到被检前照灯在影像瞄准器上的影像,移动光接收箱的位置,使被检前照灯的影像落在影像瞄准器的正中央,如图1-64所示。

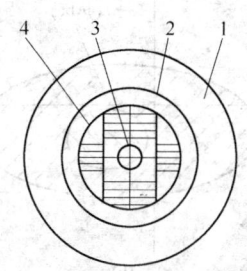

图1-64 被测前照灯
1. 影像瞄准器 2. 外圆 3. 内圆 4. 灯影像

推拉左、右运动拉手,可使检测仪沿导轨水平运动;旋转上、下手轮,可使光接收箱在垂直方向上运动,以使检测仪与被检前照灯对准。对于四灯制,应逐只灯对正并进行检测,把暂时不检的灯遮住。

②开亮前照灯(远光),将检测仪的电源开关转到"400"位置,接通电源。反复旋转面板上的光轴刻度旋钮(左、右及上、下)使光轴平衡指示(左、右及上、下)均指在正中位置。此时光轴刻度盘上所指示的读数,就是被检前照灯的光轴偏移量。同时在发光强度指示表上指示出的数值,就是被检前照灯的发光强度,若指针超出刻度范围,可将电源开关转至"800",在80000cd档测量。

③对其他前照灯进行上述两项操作,以测得其光轴偏移量和发光强度。

(5) 前照灯近光配光特性的观察

在该检测仪屏幕上显示的光斑,近似于10m

屏幕上的光分布特性,具体观察步骤如下:

①按检测步骤(4)中的①所述,使检测仪与被检前照灯对正。

②把光轴刻度盘(左、右及上、下)均转到0°位置,开亮前照灯近光,其光分布特性即透过检测仪的屏幕呈现出来。图1-65示出了几种前照灯近光配光性能,供参考。

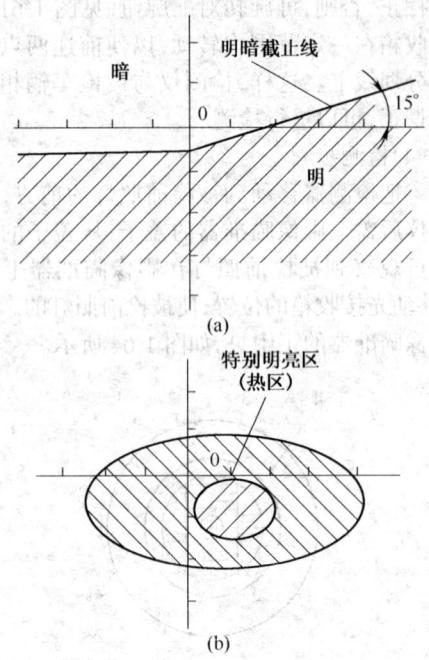

图1-65 几种前照灯近光配光性能
(a)中国 GB 4599 灯型与 ECE(欧洲经济委员会)灯型等效 (b)美国 SAE 灯型(右向行驶)

对于中国 GB 4599 灯型,可分别旋转检测仪的左、右和上、下刻度盘旋钮,使明暗截止线的水平部分与屏幕上的水平刻线重合,拐点与0点重合。此时左右刻度盘旋钮所对应的读数就是明暗截止线的拐点在水平方向上的偏移量;上、下刻度盘旋钮所对应的读数就是明暗截止线水平部分在垂直方向上的偏移量。

对于美国 SAE(美国汽车工程协会)灯型,可分别旋转检测仪的左、右和上、下刻度盘旋钮,使热区中心位于屏幕的0点处。此时左右刻度盘旋钮所对应的读数就是热区中心在水平方向上的偏移量;上、下刻度盘旋钮所对应的读数就是热区在垂直方向上的偏移量。

5.前照灯检测仪的保养
(1)电池更换

当电源电压过低时会影响测量结果的准确性,应经常检查。将面板上的电源开关旋钮转至"CHECK"(检查)位置,检测仪进入检查状态,发光强度指示表上指针的位置在 30000cd 以上时,电池仍可使用,在 30000cd 以下时,则应更换电池。

(2)加油

①每月应对两条立柱用适量的钙基润滑脂(黄油)均匀涂抹。

②从底座边偏心轴上方的加油孔注入适量40#机油,为车轮加油,每月一次。

(3)保洁

应使检测仪保持洁净状态,光接收箱前部的聚光镜不得有灰尘及油污,如被沾污,可用软绸布擦净。检测完毕,应用防尘罩盖好。

五、V·A·G1552 型故障测试仪

1.结构组成

V·A·G1552 型故障测试仪是上海大众汽车公司开发的一种车辆系统测试仪,亦称故障阅读器。如图 1-66 所示,它主要由液晶显示屏、键盘、程序卡和测试电缆线等组成。该仪器可以检测大众系列车型的电控燃油喷射系统、防抱死制动系统、自动变速器、安全气囊、全自动空调、巡航控制等系统的故障。该测试仪具有三种诊断模式(①车辆系统测试;②自检测;③维修端编号)和十种功能可供选择。

2.基本操作方法

以桑塔纳 2000 型轿车为例,介绍利用该测试仪进行自诊断测试的方法。

测试前首先应检查蓄电池电压是否正常(应不低于 10V);熔丝是否正常;发动机接地线是否正常(在气缸盖罩壳上)。

(1)更换程序卡

首先根据被测车型更换好程序卡,但更换时,必须先切断电源方可进行更换。

(2)连接测试仪测试导线有两种,桑塔纳 2000 轿车使用的是 4a。连接时,关掉点火开关,将测试导线一端与测试仪连接(图 1-66 中 2),另一端与车辆诊断接口连接(位于变速操纵手柄附近的防尘罩下),如图 1-67 所示。然后打开点火开关或起动发动机,同时打开测试仪电源开关,此时,显示屏上出现下列文字:

第五节 汽车电器常用检测设备

```
Vehicle System test          HELP
Enter address work xx
```
↓译文
```
车辆系统测试                  帮助
输入地址 xx
```

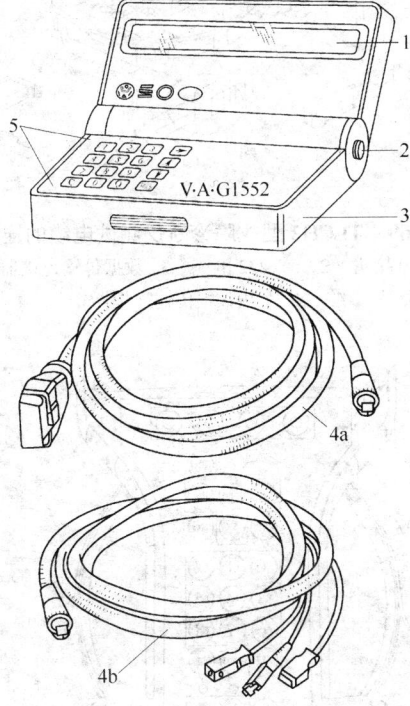

图 1-66 V·A·G1552 故障测试仪和测试导线
1. 显示屏 2. 测试导线插座 3. 程序卡及 RS422 插口的盖板 4. 测试导线 4a. V·A·G1551/3 适用于带 16 端子测试接头的车辆（桑塔纳 2000） 4b. 适用于带 2 端子测试接头的车辆 5. 键盘"0~9"数字输入键 C—用来清除输入内容，回到前一级操作内容或中止正在运行的程序 Q—用来进行（或确定）输入 ↑—按此键可在程序中或文字中向前移动 ↓—此键可改变功能 10"修正"中的修正值以及在功能 04"基本设置"和功能"读取量块"中的测量值块中移动 HELP—按此键可得到操作信息

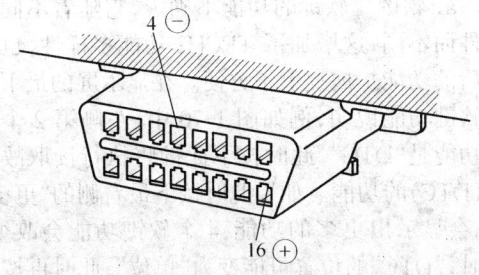

图 1-67 车辆上 OBD-Ⅱ标准 16 端子诊断接口

若以上文字没有出现在显示屏上，则应检查测试导线的通断情况以及与接口的接触情况。

(3) 操作模式的选择

连接好测试仪后，可以选择三种不同模式。

① 操作模式 1——车辆系统测试。

② 操作模式 2——自检测。

③ 操作模式 3——维修端编号。

此处主要用操作模式 1。当测试仪一旦连接好之后，首先进入的就是操作模式 1，显示屏上显示如下框图，按下 HELP（帮助）键，在显示屏上出现地址的清单（见表 1-1）：

```
Vehicle System Test           Q
01-Engine electronic
```
↓译文
```
车辆系统测试                   Q
01-发动机电器设备
```

表 1-1 地址清单

地址字	系统指定
01	发动机电器
41	柴油泵电器
02	变速器电器
12	离合器电器
08	空调/暖气电器
00	自动测试步骤
17	仪表盘插件
03	制动器电器

输入地址字（如 01）后，按 Q 键，地址字和指定的系统就会出现在显示屏的第二行（按 C 键可以更改输入）。

再按一下"→"键，显示屏显示如下，可选择单个功能：

```
Vehicle System Test          HELP
Select funtion xx
```
↓译文
```
车辆系统测试                  帮助
选择功能 xx
```

接着按下 HELP（帮助）键，测试仪将显示出可供选择的功能清单：

01——查询控制单元版本。

02——查询故障储存内容。

03——最终控制诊断。

04——基本数据设置。

05——清除故障储存内容。

06——结束输出。
07——控制单元编号。
08——读取测量值块。
09——读取单个测量值。
10——更新内容。

若要选择其中功能,输入其中2位数字,按Q键以确认输入,即测试仪向ECU发出指令。为了查询故障,选择02功能,即查询故障存储器,显示屏上首先显示出故障的数量,按"→"键,可显示各个故障代码,再按一下"→"键后,它的文字也可显示出来。故障显示时,故障所在位置的名称显示在显示屏的上面一行,故障类型显示在显示屏下面一行。若故障类型之后有后缀"/SP",它表示此故障是偶然产生的(短时间故障)。

六、TECH2型故障诊断仪

1. 结构组成

TECH2型故障诊断仪的外形如图1-68所示,它是美国通用汽车公司的手提式专用诊断仪。主要由液晶显示屏、键盘、可调手皮带、检测通信接口(VCI)模块、数据传输插座(DLC)、检测程序卡及一组功能测试用电缆等组成。

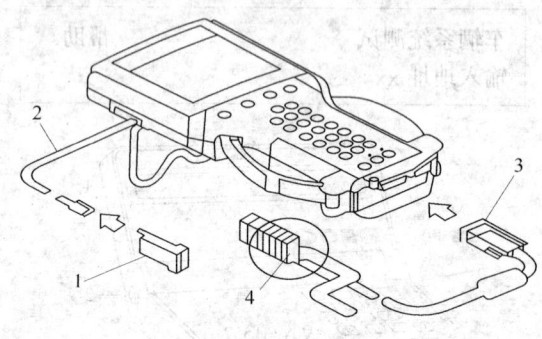

图1-69 TECH2型故障诊断仪测试电缆的连接
1. DB-9接头 2. RS-232电缆 3. 数据传输连接器电缆 4. 车辆数据传输连接器

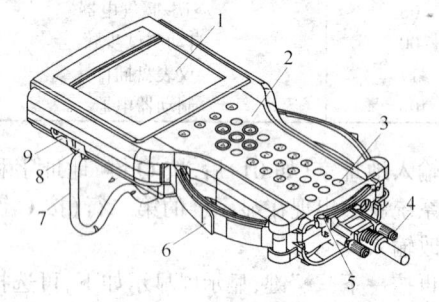

图1-68 TECH2型故障诊断仪外形及结构
1. 显示屏 2. 键盘 3. 电源键 4. 数据线插头 5. 车辆通信接口(VCI)锁定钮 6. 拉带 7. 支撑 8. RS232插孔 9. RS485插孔

①TECH2型故障诊断仪的黑白大屏幕,允许9个参数同时显示;屏幕具有绘图功能,在屏幕上可以描绘图表以帮助诊断。屏幕的亮度和清晰度,由可调对比度按钮控制。

②功能测试用电缆包括蓄电池电缆、点烟器电缆、主电缆、插座变压器及相应的测试电缆。测试用电缆的连接如图1-69所示。

③TECH2型故障诊断仪的键盘与其他测试仪的键盘不同,如图1-70所示。键盘中设有4个随软件不同而变化的"软键",软键的功能由软件来控制,即软键在使用不同软件的时候可以执行不同的操作,这样就扩展了TECH2型故障诊断仪的功能。

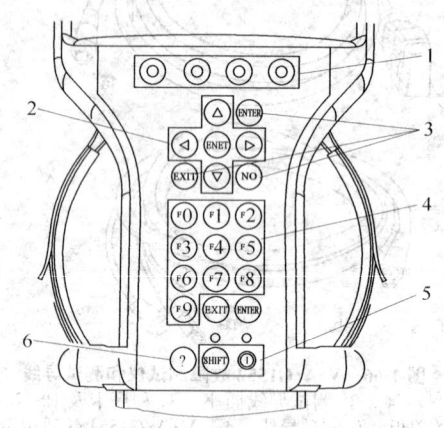

图1-70 TECH2型故障诊断仪键盘
1. 软键 2. 选择键 3. 作用键 4. 功能键 5. 控制键 6. 帮助键

④TECH2型故障测试仪键盘各类按键的作用。

a. 软键。软键的功能不确定,它随着不同的软件而不同,这增加了TECH2功能多样性,也为以后的功能扩展提供了方便。在显示屏的最下面是软键功能说明,例如图1-70中,左侧第2个软键功能是"DTC",此时按下此键将执行读取故障码(DTC)的功能。如果此时按下最右侧的"更多"键,会显示出更多的功能,4个软键功能会改变。此时,"DTC"的位置可能变为"单位",此时再按下左侧第2个键("单位"),显示中的单位将在英制和公制中切换。

b. 选择键。选择键有4个,其上的箭头表示屏幕上光标移动的方向。上、下箭头每次只移动光标的一行,如果按住不动,光标将自动滚动。左、右箭头用来翻页,左箭头向前翻页,右箭头向后翻页。

c. 作用键。作用键直接作用于TECH2,包括:
Yes——对问题作出肯定回答。
No——对问题作出否定回答。
Enter——确定选项(有2个Enter键)。
Exit——退回键,回到上次选择的菜单(有2个Exit键)

d. 功能键。功能键(F0~F9)可以直接在菜单中选择相应的功能。

e. 控制键。Power用于打开或关闭TECH2电源。
Shift——按一下Shift键,当键上的黄灯亮时,按上、下箭头可调亮或调暗屏幕对比度;按向右的箭头可以切换TECH2内的程序卡(如果TECH内装有两个以上程序卡的话)。

f. 帮助键Help(?)——按下此键时,可获得当前操作下的特定项目的帮助。

2. 使用及注意事项

①插接或者拆卸程序卡时必须关闭电源,以免损坏测试程序卡、车辆通信接口模块。也不得频繁插接和拆卸测试程序卡和车辆通信接口模块等。

②使用和存放时要注意防潮、防水。

③测试时,要将测试车辆的变速器操纵杆置于空档位,拉紧驻车制动器;测试结束后,必须先断开电源,再拆下各部分测试电缆。

④使用TECH2型故障诊断仪时,必须正确连接电源系统和数据传输的导线,如图1-71所示。在具有OBD-Ⅱ型车载诊断系统16端子诊断插座的车辆上,只需将数据传输DLC导线与被测汽车型16端子插座直接连接;在没有OBD-Ⅱ系统16端子诊断插座的车辆或者在车外使用TECH2时,应使用另外的电源供电。

⑤接通电源开机后,TECH2型故障诊断仪自动进入自检状态,随后可按照屏幕提示,操作各个功能键进行选择、确定,即进入相应的功能测试。

七、431ME型解码器

1. 结构组成

解码器俗称电眼睛。431ME型解码器是由元征企业生产的通用型电脑故障诊断仪。该解码器主要由主机、测试接头、测试卡、测试用电缆线及其匹配件组成。

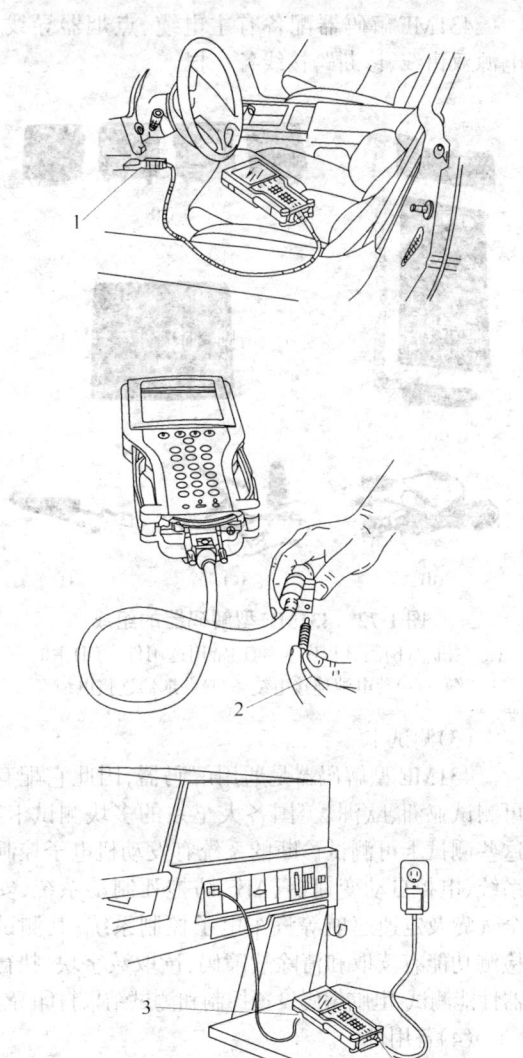

图1-71 TECH2型故障诊断仪的连接
1. 16端子DLC导线与汽车的连接 2. TECH2型DLC插头上的电源插孔 3. RS-232通信导线连接 4. 电源插孔-交流(AC)供电

(1)主机

如图1-72所示,主机主要由显示屏,键盘(包括0~9数字键和若干个功能键)组成。其中:显示屏用来显示测试结果,以实现人机对话;数字键和若干个功能键,供用户通过按键操作实现功能选择。

(2)测试接头及测试电缆线

为了适应不同车系车型的需要,该解码器配备有多款车型的测试连接接头。

431ME解码器配备有主电缆、点烟器导线、电源双钳线、诊断跨接线各一根。

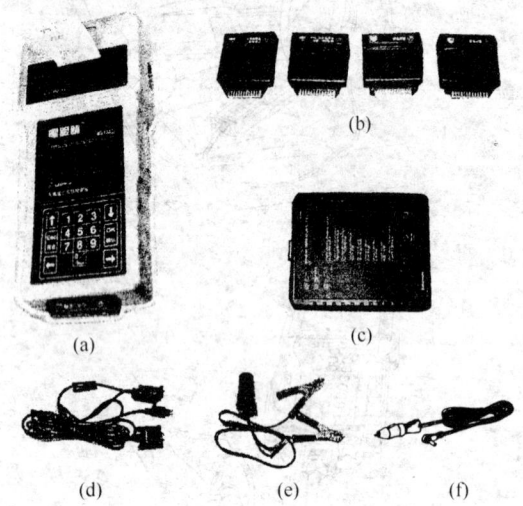

图 1-72　431ME 型解码器的组成

(a)主机　(b)测试程序卡　(c)常用选用件　(d)主电缆　(e)蓄电池连接电缆　(f)点烟器连接电缆

(3)测试卡

431ME 型解码器是通用解码器,因此它配有可测试亚洲、欧洲、美国各大车系的多块测试卡。这些测试卡可测试诊断的系统有发动机电子控制系统、电控自动变速器、ABS 防抱死制动系统、安全气囊及定速巡航等汽车电子控制系统;其测试检测功能有读取和清除故障码、读取数字块、执行器性能测试、电脑编码设置控制和测试结果打印等。

(4)备用件

该解码器配备有备用件。例如,热敏打印机、传感器测试/模拟套件及 PC 联机软件,使用时可根据需要选用备用件。

2. 431ME 型解码器的使用

(1)使用条件

使用解码器对被测车辆进行测试时,被测车辆应具备以下条件:

①蓄电池的电压应为 11~14V。

②被测车辆的附属用电设备(空调、前照灯、音响等)应处于关闭状态。

③节气门处于关闭状态(怠速触点闭合)。

④怠速转速和点火提前角符合规定要求,发动机温度和自动变速器油温正常。

(2)测试操作步骤

①正确选用测试卡:根据被测试车型,选用与其相适应的测试卡。如果选用与被测车型不相符的测试卡,将会导致测试结果的错误或无法进行测试。

②正确选用测试接头:由于各车型的故障诊断插座的规格不尽相同,所以在测试时,应根据被测车型的诊断插座的形式,选用合适的测试接头。通常测试接头的一端与解码器主电缆相连接,另一端与被测车辆故障诊断插座相连接。

(3)正确连接解码器

①将被选用的测试卡插入主机测试卡插孔内,并使有标志的一面朝上,确保插入到位。

②将主电缆线插入解码器输入插孔内,另一端与测试接头相连接。然后将测试接头的另一端插入被测车辆的故障诊断插座内。

③对于不带电源线的诊断插座,应将点烟器取下,并将点烟器接线(解码件的配备接线)插入点烟器内;也可将双钳电源线的红色夹与蓄电池正极柱连接,黑色夹接在蓄电池的负极柱上。

(4)解码器通电后则应进行自检,若显示屏显示正常,则表明解码器导线连接完毕,可以进行测试了。

第二章 电子技术基础

第一节 晶体二极管和整流电路

一、晶体二极管

1. 结构

晶体二极管的外形、结构及符号如图2-1所示。它是由PN结、管壳、电极引线(又叫管脚)等组成。图2-1所示的晶体二极管符号左端叫做阳极(或叫做正极),右端叫做阴极(或叫做负极)。二极管具有单向导电的特性。即:二极管阳极接电源正极、阴极接电源负极时,有电流通过(叫做正向电流),反之则无电流通过。图中二极管的箭头符号表示正向电流的方向。二极管具有整流和开关作用。

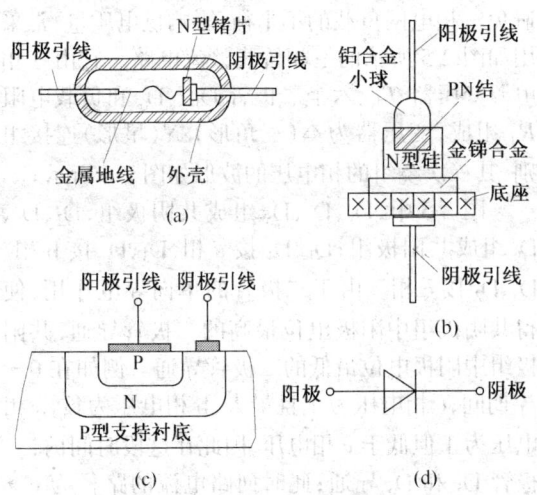

图2-1 半导体二极管的结构及符号
(a)点接触型 (b)面接触型 (c)集成电路中的平面型
(d)代表符号

2. 分类

二极管按材料可分为锗二极管和硅二极管两种;按结构可分为点接触型、面接触型及平面型;按用途可分为整流二极管、开关二极管、稳压二极管及光电二极管等。

点接触型二极管的PN结面积很小,适用于高频小功率电路,不能通过较大电流。面接触型二极管的PN结面积大,容许通过的电流较大,适用于整流电路。

汽车和拖拉机上所用的交流发电机整流二极管可分为正极管(外壳为负极,引线为正极,外壳涂红色)和负极管(外壳为正极,引线为负极,外壳涂黑色)。

3. 伏安特性

加到二极管两端的电压U与流过二极管的电流I之间的关系称为二极管的伏安特性,它直观地表现了单向导电性,其特性曲线如图2-2所示。

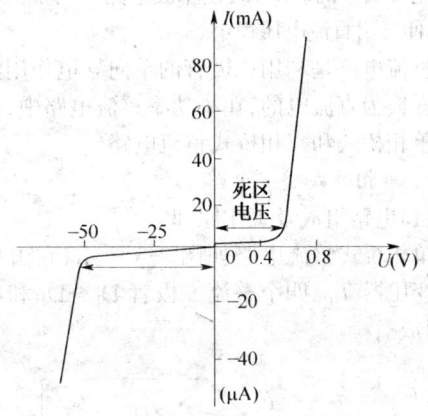

图2-2 硅二极管的伏安特性曲线

(1)正向特性

当二极管外加正向电压很小时,二极管不导通,呈现的电阻很高,这段区域对应的电压称为"死区电压",硅管约为0.5V,锗管约为0.2V。当外加正向电压大于死区电压后,二极管开始导通,通过的电流随着电压的增大而迅速增大。导通时硅二极管的电压降为0.7V,锗管约为0.3V。

(2)反向特性

当二极管加反向电压时,二极管截止,反向电流很小,当所加反向电压超过某一数值时,则反向电流突然增大,即"反向击穿",二极管失去单向导电性,二极管过热而烧毁。

4. 二极管主要参数

(1)最大整流电流

是指二极管长时间使用时,允许流过二极管的正向平均电流。它是由半导体材料和PN结的面积决定的。当电流超过这个允许值时,将使管子因过热而损坏。

(2) 最高反向工作电压

是指二极管不被击穿的最高反向电压,一般是反向击穿电压的 1/2 或 2/3。

二、整流电路

通常我们使用的直流稳压电源一般由电源变压器、整流电路、滤波电路和稳压电路四部分组成。其基本工作原理是:首先,电源变压器将交流电变换为电路所需的交流电压,然后利用整流元件(二极管)的单向导电性将交流电压整流为单方向变化的直流脉动电压,再利用电容或电感等储能元件的充放电特性,滤除脉动电压中的谐波成分,从而得到比较平滑的直流电压;而这种直流电压易受电网波动和负载变化等因素的影响,故在滤波电路后再加入稳压电路,使输出直流电压稳定。

整流电路是利用二极管的单向导电作用将交流电变换为直流电的,在小功率整流电路中,常见的有单相桥式和三相桥式整流电路。

1. 单相桥式整流电路

(1) 电路组成及工作原理

单相桥式整流电路如图 2-3 所示,它由单相电源变压器 T_R、四个整流二极管 $D_1 \sim D_4$ 和负载 R_L 组成。

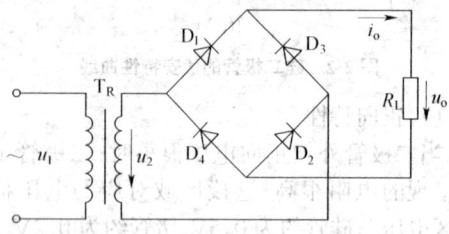

图 2-3 单相桥式整流电路

在 u_2 正半周期间(变压器上端为 +,下端为 -),二极管 D_1、D_2 承受正向电压而导通,D_3、D_4 承受反向电压而截止;电流经变压器上端 +、D_1、负载电阻 R_L、D_2 回到变压器下端 - 构成回路,在负载电阻 R_L 上得到一个上 + 下 - 的电压。在 u_2 负半周期间(变压器下端为 +,上端为 -),二极管 D_3、D_4 导通,D_1、D_2 截止。电流经变压器下端 +、D_3、负载电阻 R_L、D_4 回到变压器上端 - 构成回路,在负载电阻 R_L 上也得到一个上 + 下 - 的电压。这样,流过负载的电流方向不变,即将交流电变为

负载上的直流电。整流电压波形如图 2-4 所示。

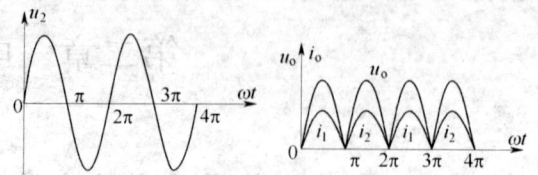

图 2-4 单相桥式整流电路的电压与电流的波形

(2) 主要参数

① 整流输出电压平均值

$$u_o = 0.9 u_2$$

② 输出电流的平均值

$$i_o = u_o / R_L = 0.9 u_2 / R_L$$

③ 流过二极管的电流平均值

$$i_D = 0.5 i_o = 0.45 u_2 / R_L$$

④ 二极管承受的最大反向电压

$$u_{RM} = \sqrt{2} u_2$$

2. 三相桥式整流电路

单相桥式整流电路一般用于小功率场合,而在某些要求整流功率高达几千瓦以上的场合,为避免三相电网负载的不平衡,影响供电质量,常采用如图 2-5 所示的三相桥式整流电路。它由三相电源变压器 T_R、六个二极管 $D_1 \sim D_6$ 和负载电阻 R_L 组成,变压器为 △(三角形)/Y(星形) 连接组别,其二次绕组的相电压的波形如图 2-6 所示。

图 2-5 中,D_1、D_3、D_5 组成共阴极组,D_2、D_4、D_6 组成共阳极组;D_1、D_4 接 a 相,D_3、D_6 接 b 相,D_5、D_2 接 c 相。由于二极管的单向导电作用,使得共阴极组中阳极电位最高的二极管导通,共阳极组中阴极电位最低的二极管导通。例如在 $0 \sim t_1$ 期间,c 相电压为正且最大,b 相电压为负,a 相电压为正但低于 c 相电压,因此在这段时间内,二极管 D_5 和 D_6 导通;此时回路电流的路径为 c → D_5 → R_L → D_6 → b。

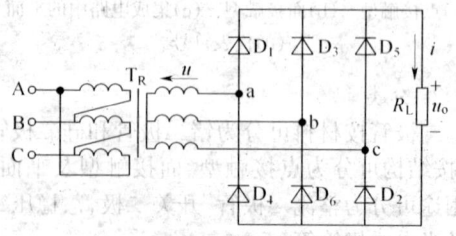

图 2-5 三相桥式整流电路

同样,由图 2-6 可见,在 $t_1 \sim t_2$ 期间,a 点电

压最高，b点电压仍然最低，于是 D_6、D_1 导通，回路电流的路径为 a→D_1→R_L→D_6→b，负载电压为线电压 u_{ab}。

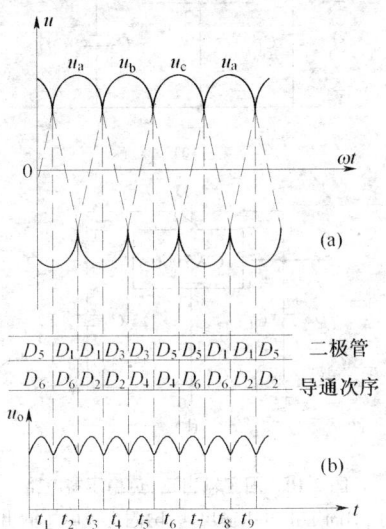

图 2-6　三相桥式整流电压波形

依此类推，就可以列出图 2-6 中所示二极管的导通次序和负载电压波形。

其输出直流电压平均值为：

$$u_o = 2.34u$$

式中的 u 为变压器次级相电压的有效值。

流过每个二极管的平均电流等于负载平均电流的三分之一，即

$$i_D = 1/3 i_o = 0.78 u/R_L$$

二极管所承受的最大反向电压为变压器二次绕组线电压的峰值，即

$$u_{RM} = \sqrt{2} u_1 = \sqrt{2} \cdot \sqrt{3} u = 2.45u$$

第二节　稳压管和稳压电路

一、稳压管

1. 稳压管的伏安特性

稳压二极管也是一种晶体二极管，其作用是稳定电压。它与普通二极管的不同点是：当稳压二极管反接时（即阳极接电源负极、阴极接电源正极时），不会击穿后损坏（因制造工艺与普通二极管不同）；它是工作在反向击穿区起稳压作用的。稳压二极管外型、表示符号和伏安特性曲线如图 2-7 所示。它的正向特性曲线与普通二极管相似；而反向特性曲线则与普通二极管不同。从图中可以看出，在反向击穿区，反向电流可以在很大范围内变化，而稳定电压几乎不变，稳压二极管就是利用这一特性起到稳定电压作用的。

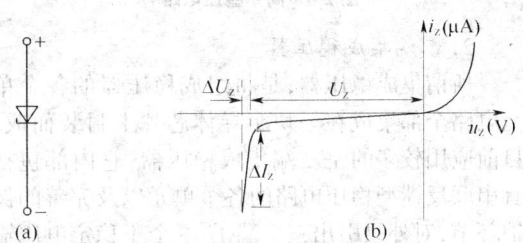

图 2-7　稳压管的电路符号与伏安特性
(a)电路符号　(b)伏安特性

2. 使用稳压二极管时要注意的问题

因为稳压二极管是在反向电压下工作，所以要注意极性不能接错。如果极性接错，因通过稳压管正向电流过大而烧坏管子，也可能造成电源短路。使用时环境温度应控制在 50℃ 以下，稳压管可以串联起来使用。

3. 稳压管的主要参数

①稳定电压 U_Z：是指在正常工作下管子两端的电压。它的允许范围在最小反向击穿电压与最大反向击穿电压之间。由于工艺方面的原因，稳压值有一定的分散性。例如 2CW18 稳压管的稳压值为 10～12V。

②稳定电流 I_Z：是指管子正常工作时的额定电流。

③耗散功率 P_Z：是指稳定电压 U_Z 与稳定电流 I_Z 的乘积。也就是管子不致因过热而损坏的最大功率损耗。

④电压温度系数：是指稳压管受温度变化的影响系数。

二、稳压电路

1. 简单稳压电路

用稳压管构成的简单稳压电路如图 2-8 所示。图中 R 为限流电阻，用来限制流过稳压管的电流。R_L 为负载电阻。当稳压管处于反向击穿状态时，U_Z 基本不变，故负载电阻 R_L 两端的电压 $U_o = U_Z$ 基本稳定，在一定范围内不受 U_i 或 R_L 变化的影响。

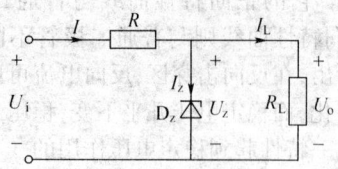

图 2-8 简单稳压电路

2．三端集成稳压器

所谓集成稳压器，是将组成稳压器的各个单元电路全部集成在一块半导体芯片上封装而成。目前应用较多的是三端集成稳压器，它内部包括有串联反馈型稳压电路的各个单元以及完善的保护环节，对外只引出三个端子：一个不稳定电压输入端、一个稳定电压输出端和一个公共端。

国产三端集成稳压器主要有 CW78×× (正电压输出) 系列和 CW79×× (负电压输出) 系列，其端子排列如图 2-9 所示。对于具体器件，符号中的"××"用数字代替，表示输出电压值。两种系列都有以下几种输出电压等级：5V、6V、9V、12V、15V、18V 和 24V，其电压偏差一般在 ±2% 以内。例如 CW7812 表示输出稳定电压为 +12V，而 CW7912 表示输出稳定电压为 -12V。两种系列的输出电流又有三种规格：100mA (78L00)、0.5A (78M00) 和 1.5A (7800)。

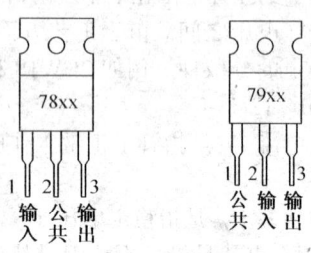

图 2-9 三端集成稳压器外型

三端集成稳压器的使用十分方便。使用时，只要从产品手册中查出有关参数指标和外形尺寸，配上适当的散热片，就可以接成所需的稳压电源。如固定输出正、负稳压器电路（图 2-10 所示）。

图 2-10a、b 分别为由 7800 和 7900 组成的正、负稳压器电路。其中电容 C_1 用于改善纹波并消除自激振荡；C_2 用于改善输出端负载的暂态响应；二极管 D 用于避免输入端短路时，输出端（C_2 两端）电压使稳压器芯片内部被击穿。79×× 系列的接法和 78×× 系列类似，只是要求负电压输入，同时得到的是负电压输出。

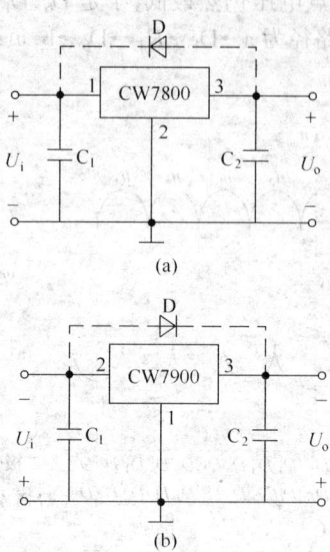

图 2-10 固定输出正、负稳压器电路
(a) 固定正电压输出 (b) 固定负电压输出

第三节　晶体三极管和放大电路

一、晶体三极管

1．晶体三极管的结构

晶体三极管的外型、结构如图 2-11 所示。它

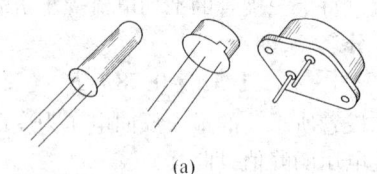

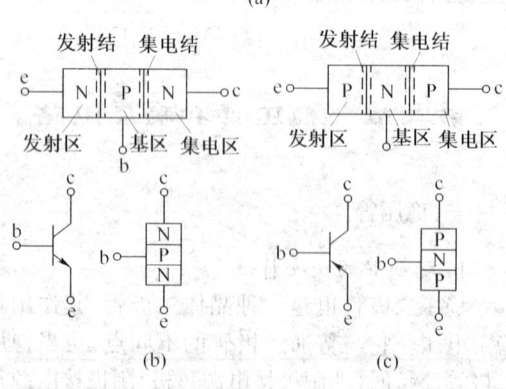

图 2-11 晶体三极管的外型、结构及表示符号
(a) 几种晶体管的外形　(b) NPN 型晶体管
(c) PNP 型晶体管

有两个 PN 结(发射结和集电结)、三个区(发射区、基区和集电区)和三个电极(发射极、基极和集电极)。从三个区引出三个电极,分别叫做发射极 e、集电极 c 和基极 b。根据 PN 结的组成方式不同,可分为 NPN 型和 PNP 型两类;按材料可分为硅管和锗管两种。晶体三极管的基本作用是在电路中起放大或开关作用。

2. 晶体三极管放大电路的连接方式

由于晶体管有三个电极,因此在放大电路中有三种连接方式(或组态),即共基极、共发射极和共集电极,如图 2-12 所示。以基极为输入回路和输出回路的公共端时,即为共基极组态,如图 2-12(a)所示,其余类推。

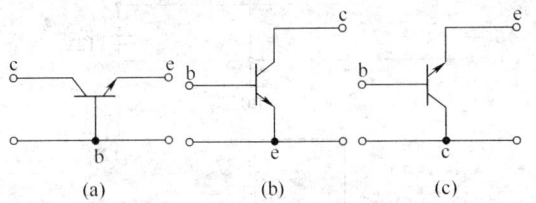

图 2-12　晶体管电路的三种连接形式
(a)共基极电路　(b)共发射极电路　(c)共集电极电路

三种基本放大电路的性能比较如表 2-1 所示。

表 2-1　三种基本放大电路的性能比较

电路名称	共基极电路	共发射极电路	共集电极电路
电压放大倍数	大	大	稍小于 1
电流放大倍数	稍小于 1	几十倍	几十倍
功率放大倍数	一般	一般	大
输入电阻	最小(几十欧)	较小(几百至几千欧)	较大(几十千欧以上)
输出电阻	最大(几十千欧至几百千欧)	较大(几千欧至几十千欧)	最小(几十欧)
频率特性	好	高频特性差	好
稳定性	较好	较差	较好
用途	用于高频放大、振荡和恒流源电路	最常用的放大电路	常用于多级放大电路的输入、输出极

3. 晶体管的特性曲线

是用来表示该晶体管各极电压和电流之间相互关系的,它反映了晶体管的性能。最常用的是共发射极接法时的输入特性曲线和输出特性曲线。

(1)输入特性曲线

输入特性曲线是指当集-射极电压 U_{ce} 为常数时,输入电路(基极电路)中基极电流 I_b 与基-射极电压 U_{be} 之间的关系曲线。

由图 2-13 可见,和二极管的伏安特性一样,晶体管输入特性也有一段死区。只有在发射结外加电压大于死区电压时,晶体管才会出现 I_b。硅管的死区电压约为 0.5V,锗管的死区电压不超过 0.2V。在正常工作情况下,NPN 型硅管的发射结电压 $U_{be} = 0.6 \sim 0.7V$,PNP 型锗管的 $U_{be} = -0.2 \sim -0.3V$。

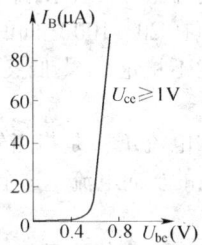

图 2-13　3DG6 晶体管的输入特性曲线

(2)输出特性曲线

输出特性曲线是指当基极电流 I_b 为常数时,输出电路(集电极电路)中集电极电流 I_c 与集-射极电压 U_{ce} 之间的关系曲线。

如图 2-14 所示为 NPN 型晶体管的共发射极输出特性曲线,通常把它分为放大区、截止区和饱和区三个工作区,下面分别简述其特点。

①放大区。输出特性曲线的近于水平部分是放大区。I_c 的大小主要受 I_b 的控制,输出电流变化量 ΔI_c 是输入电流变化量 ΔI_b 的 β 倍,即有电流放大作用。晶体管工作于放大状态时,发射结处于正向偏置,集电结处于反向偏置。

②截止区。$I_b=0$ 那条曲线以下的区域称为截止区。三极管集电极 c 与发射极 e 间相当于开关的断开状态,三极管失去放大作用,此时发射结和集电结均处于反向偏置。

③饱和区。当 $U_{ce}<U_{be}$ 时,晶体管的发射结、集电结均处于正向偏置,此时 I_c 已不再受 I_b 的控制了,三极管失去放大作用,集电极 c 与发射极 e 间相当于开关的接通状态。饱和时,集电极-发射极间的电压用 U_{ces} 表示,数值通常小于 1V。

4. 晶体三极管的主要参数

①电流放大倍数 β:它是衡量三极管电流放

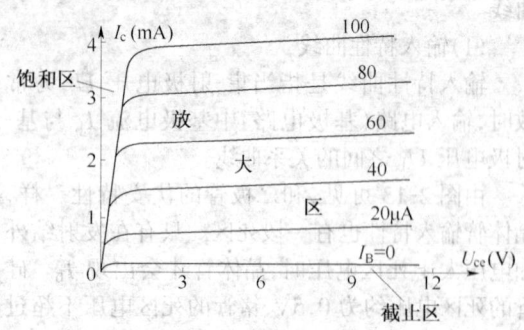

图 2-14 3DG6 晶体管的输出特性曲线

大能力的一个主要参数,由集电极电流变化量与基极电流变化量的比值来表示,即 $\beta=\Delta I_c/\Delta I_b$。

一般选 β 值在 20~100 之间的管子。β 太高会使晶体管性能不稳定,β 太低又会导致放大作用不好。

② 反向饱和电流 I_{cbo}:是指当发射极开路时,集电极与基极间的反向电流。这个数值要求越小越好。

③ 穿透电流 I_{ceo}:是指当基极开路时,集电极与发射极之间的漏电流。这个数值越小越好。

④ 集电极最大允许电流 I_{cm}:当集电极电流 I_c 超过一定值时,三极管的参数会发生变化,特别是 β 值会下降。当 β 值下降到正常值的 1/2 或 1/3 时的集电极电流,称为集电极最大允许电流。使用时不能超过。

⑤ 集—射极击穿电压 BU_{ceo}:基极开路时,加在集电极与发射极之间的最大允许电压。

⑥ 集电极最大耗散功率 P_{cm}:集电极电流通过集电结要产生功率损耗,使集电结发热,结温升高。为了使结温不超过允许值,使用中集电极电流 I_c 与管压降 U_{ce} 的乘积不能超过该参数。

二、晶体三极管放大电路

1. 正常放大的条件

在没有输入信号前,应先给三极管加上一个合适的工作电压。三极管正常放大的条件是:发射结加正向电压,集电结加反向电压。这样才能使信号不失真的放大。

放大作用是利用晶体管的基极对集电极的控制作用来实现的,即在输入端加一个能量较小的信号,通过晶体管的基极电流去控制流过集电极电路的电流。从而将直流电源 U_{cc} 的能量转化为所需要的形式供给负载。因此放大作用实质上是放大器件的控制作用,放大器是一种能量控制部件。

2. 三极管放大电路的组成及各元件的作用

三极管基本放大电路如图 2-15a 所示。电路由以下几个部分组成:

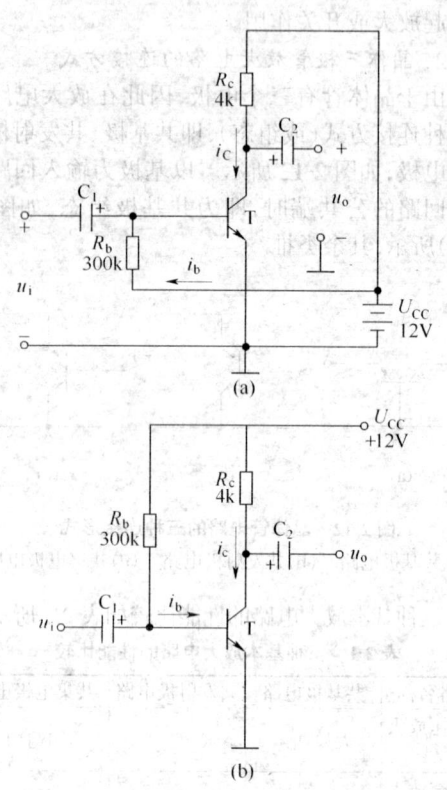

图 2-15 共发射极放大电路的简化
(a)电路的简化 (b)习惯画法

① 电源 U_{cc}:它的作用是给发射结加正向电压,给集电结加反向电压,也是放大器的能源,又称为放大器的直流电源。

② 电阻 R_b 和 R_c:R_b 称为基极偏流电阻。当 U_{cc} 一定时,R_b 的电阻值决定了基极偏流 I_b 的大小,使放大器获得合适的工作点。三极管放大器不仅可以放大电流,而且也可以放大电压。接在三极管集电极的电阻 R_c 称为集电极负载电阻,其作用是将三极管集电极电流的变化转换为电阻 R_c 上电压的变化,从而实现了电压放大的目的。

当三极管输入信号微小变化引起 u_{be} 变化,使 i_b 变化,$i_c=\beta i_b$ 变化,u_{RC} 变化,从而使输出电压得到了较大的变化,输出电压比输入电压大很多倍。

③电容 C_1 和 C_2：C_1、C_2 分别接在放大电路的输入端和输出端。利用电容器来隔断直流,简称隔直;而电容器对交流电的阻抗很小,交流电流很容易通过,简称耦合。因此 C_1、C_2 称为隔直耦合电容。它们的作用是:一方面将放大器与输入信号源、放大器与负载之间的直流联系隔断;另一方面保证二者之间的交流通道畅通。

3. 分压式偏置放大电路

图 2-15 所示放大电路的缺点是温度对放大电路影响很大,工作点不稳定,通常采用分压式偏置放大电路,如图 2-16 所示。该电路工作点稳定,不受环境温度的影响,在放大电路中广泛应用。

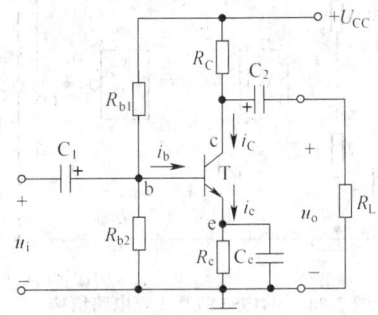

图 2-16 分压式偏置放大电路

放大电路用途非常广泛,它是利用晶体管的电流控制作用把微弱的电信号增强到所需要的数值。例如常见的扩音机就是一个把微弱声音变大的放大电路。声音先经过话筒变成微弱的电信号,再经过放大电路,利用晶体管的电流控制作用,把电源供给的能量转换为较强的电信号,然后经过扬声器变换成声音。

第四节 集成电路及其应用

一、常用集成电路(IC)的外形结构及分类

1. 外形结构

集成电路有圆型、扁平型和双列直插型等,如图 2-17 所示。

2. 分类

(1)按集成度(一个集成电路所包含的元件数称为集成度)分类

可分为小规模集成电路(SSIC)、中规模集成电路(MSIC)、大规模集成电路(LSIC)和超大规模集成电路(VLSIC),见表 2-2。

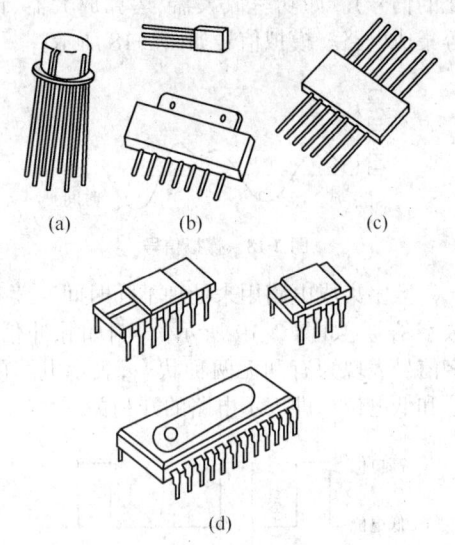

图 2-17 集成电路外形
(a)圆型 (b)直列扁平封装型 (c)扁平型
(d)双列直插型

表 2-2 集成电路按集成度分类及应用举例

集成度分类	每片芯片上的元件数	应用举例
SSIC	<100	数字逻辑单元电路,如逻辑门电路、集成触发器等
MSIC	100～999	数字逻辑功能元件,如计数器、编(译)码器、寄存器、A/D 或 D/A 转换等
LSIC	1000～99999	数字逻辑系统,如中央处理器(CPU)、存储器(RAM、ROM)及各种接口电路等
VLSIC	≥100000	高集成度的数字逻辑系统,如单片机等

(2)按芯片制造技术分类

可分为单片集成电路和混合集成电路。

①单片集成电路。在一块集成电路芯片上集成几十万个电子元件,具有非常高的集成度。又可分为双极型(晶体三极管)集成电路和 MOS 型(场效应管)集成电路。

②混合型集成电路。采用厚膜或薄膜型制造技术,由晶体二极管、三极管、电容、电阻及单片集成电路等组成。

(3)按电路功能分类

可分为模拟集成电路、数字集成电路、接口集成电路和特殊集成电路等。

①模拟集成电路用来处理模拟信号(即连续

变化的信号)。如功率放大器、运算放大器、比较器等集成电路。模拟信号如图2-18所示。

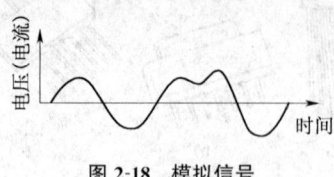

图2-18 模拟信号

②数字集成电路用来处理不随时间连续变化的数字信号(如图2-19所示)。例如脉冲信号。数字信号表现为有和无两种状态,表示电路的高电位和低电位。即表示电路的开和关。

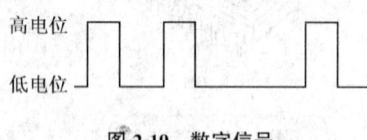

图2-19 数字信号

③接口集成电路就是把两种不能直接相容的电子器件或组件互相连接起来的集成电路。如在模拟集成电路或数字集成电路的终端接有接口集成电路后,可以驱动外部的元器件或其他设备,以实现某种目的。它可实现不同类型信号(如数字和模拟信号)及不同电平的相互转换。

④特殊集成电路是为某种特殊用途专门设计的集成电路。如通信用集成电路、集成化传感器(温度传感器、光电传感器、霍尔传感器等)、电子钟专用集成电路等。

二、集成电路的应用

集成电路就是在一小块硅单晶片上经过氧化、光刻、扩散、外延等工序,制成所需的二极管、三极管、电容、电阻等元件及连线,构成一个完整的局部电路,封装在一个特制的外壳内,用以完成某一特定功能。它具有体积小、重量轻、可靠性高、价格便宜等优点,得到了广泛应用。

例如在数字电路中,为使各部分电路协调工作,需要有一个统一的时间基准。通常用555时基集成电路产生时间基准信号(又称定时电路)。

555时基集成电路由模拟电路与数字电路组成,为一中规模集成电路,只需配置少许外部元件,就可组成振荡器、触发器等电路。如图2-20所示是5G1555时基集成电路结构。它由逻辑门电路G_1、G_2和运算放大器A_1、A_2及其准电路组成。

该电路的基准电压电路是由三个误差极小的5kΩ电阻组成,分压精度高。其管端子排列如图2-21所示。555时基集成电路的电源电压范围较宽(可在5～18V间选用),最大输出电流为200mA,输出阻抗低,温度适应范围宽,所用外接元件少,可直接驱动小电动机、继电器、喇叭等负载工作。如汽车上用555集成电路组成点火电路和调压电路等。

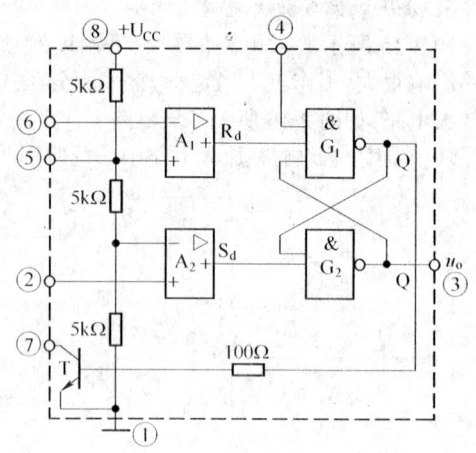

图2-20 5G1555时基集成电路结构

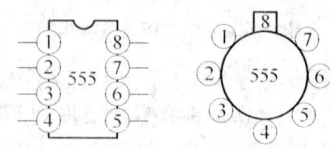

图2-21 5G1555时基集成电路管端子排列

①接地 ②低电平触发端 ③输出端 ④低电平复位端 ⑤电压控制端 ⑥高电平触发端 ⑦放电端 ⑧电源($+U_{CC}$)

1. 集成运算放大器及其应用实例

集成运算放大器是一种高增益的直接耦合放大器。它既可以放大交流信号,也可以放大变化极为缓慢的信号。

集成运放的类型不同,其内部结构有很大的差别,但不管内部结构多么复杂,其基本组成主要有输入级、中间放大级、输出级和偏置电路四部分,可用如图2-22所示的方框图表示。

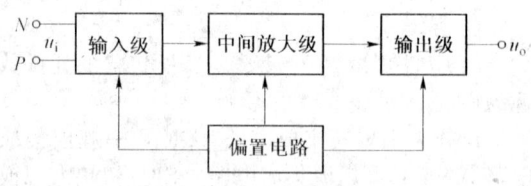

图2-22 集成运放组成框图

集成运放图形符号如图 2-23 所示,它有两个输入端(反相输入端和同相输入端)和一个输出端,反相输入端(与输出信号相反)标有"-"号,同相输入端(与输出信号相同)标有"+"号,它们对地的电压分别用 u_-(或 u_N)和 u_+(或 u_P)表示。

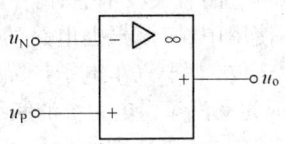

图 2-23　集成运放图形符号

(1)集成运放在模拟信号运算方面的应用

集成运放的基本应用可分为线性应用和非线性应用两大类。当集成运放通过外接电路引入负反馈,使其闭环工作于线性区时,可构成模拟信号运算放大电路、正弦波振荡电路和有源滤波电路等;当集成运放处于开环或引入正反馈使其工作于非线性区时,可构成各种电压比较器和矩形波发生器等。

① 反相比例运算电路:如图 2-24 所示为反相比例运算电路。输入信号 u_i 经输入电阻 R_1 加在反相输入端,同相输入端通过电阻 R_2 接地,反馈电阻 R_F 跨接在输出端和反相输入端之间。输出电压 u_o 与输入电压 u_i 的关系是

$$u_o = -\frac{R_F}{R_1} u_i$$

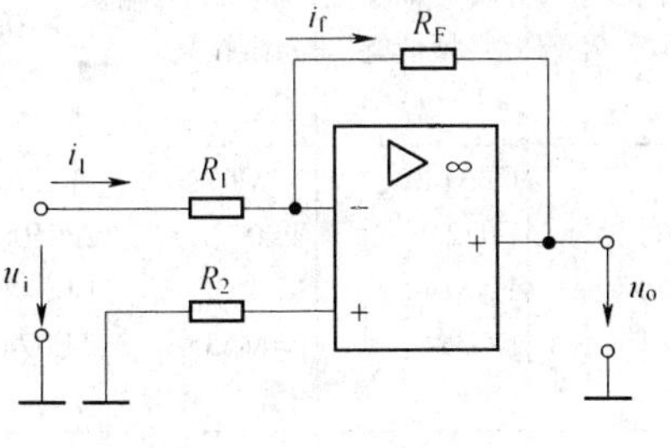

图 2-24　反相比例运算电路

上式中的负号表示输出电压 u_o 与输入电压 u_i 反相,且其比值由 R_F 与 R_1 决定,而与集成运放本身的参数无关。因此可以通过选择合适的电阻元件来获得所需的电压增益。

当 $R_1 = R_F$ 时,$u_o = -u_i$ 或 $A_{uf} = -1$,表明输出电压与输入电压大小相等,极性相反,故此时的电路就称为"反相器"。

② 同相比例运算电路:如图 2-25 为同相比例运算电路。输入信号从同相输入端加入,反相输入端经电阻接地,反馈电阻接在运放的输出端与反相输入端之间。输出电压 u_o 与输入电压 u_i 的关系是

$$u_o = \left(1 + \frac{R_F}{R_1}\right) u_i$$

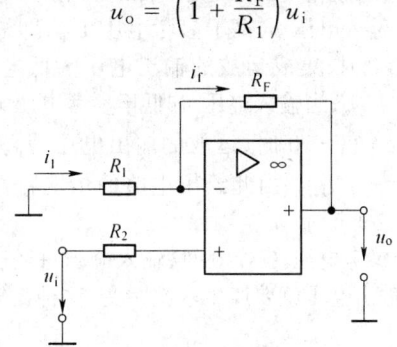

图 2-25　同相比例运算电路

上式表明输出电压与输入电压同相,电路的电压放大倍数 A_{uf} 的值不小于 1,仅由外接电阻 R_F 和 R_1 决定,与运放本身的参数无关。

当 $R_1 = \infty$(断开)或 $R_F = 0$(短路)时,输出电压与输入电压大小相等,极性相同,故称之为电压跟随器。

(2)集成运放在幅值比较方面的应用

集成运放工作于非线性区时,可构成幅值比较器。其功能是对送到集成运放输入端的两个信号(模拟输入信号和参考信号)进行比较,并在输出端以高、低电平的形式给出比较结果。

简单的电压比较器电路如图 2-26a 所示。在该电路中,集成运放工作于饱和区,即非线性区。输入模拟电压 u_i 作用在集成运放的反相输入端,

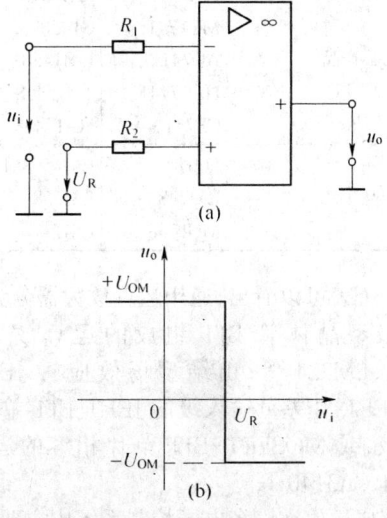

图 2-26　电压比较器

参考电压 U_R（可正可负）加在集成运放的同相输入端。由于理想运放的开环电压放大倍数很大，只要反相输入端和同相输入端之间有一个很小的电压差值，就会使运放趋于饱和。

当输入电压 u_i 高于参考电压 U_R，即 $u_d = u_i - U_R > 0$ 时，集成运放的输出电压为低电平，即 $u_o = -U_{OM}$；当输入电压 u_i 低于参考电压 U_R，即 $u_d = u_i - U_R < 0$ 时，运放的输出电压为高电平，即 $u_o = +U_{OM}$。由此绘出电路的传输特性曲线如图2-26b所示。

当参考电压 $U_R = 0$ 时，输入电压每经过一次零时，输出电压就要产生一次跳变，这种比较器称为过零比较器。

在构成汽车电子控制电路中，应用大量的常规（即通用）集成电路，包括一些模拟电路（如集成运算放大器等）及数字电路（如各种逻辑电路、定时器、触发器等），对于这些通用集成电路的端子功能和参数可查阅有关技术手册。

在实际使用中，应该根据电路的具体需要来选择相应的运放，对于汽车电子产品中应用的大部分运放，因为受汽车供电系统的制约，多为单电源供电产品，这一点要特别注意。表2-3列出了几种常用的具有代表性的通用运放的性能特点和互换型号。

表 2-3 通用运算放大器的性能特点和互换型号

型号 参数	μA741 （单运放）	MC1458 （双运放）	LM324 （四运放）	LF351 （单运放） BJT-FET	CA3140 （单运放） BJT-MOS	TL082 （双运放） BJT-FET	TL084 （四运放） BJT-FET
输入失调电压(mV)	2	2	2	(max)13	2	(max)5	(max)5
输入失调电流(nA)	30	20	5	(max)4	0.5PA	(max)2	(max)3
输入偏流(nA)	200	80	45	(max)8	10PA	(max)7	(max)7
输入电阻(MΩ)	1	1	1	1012Ω	1.5×1012Ω	1012Ω	1012Ω
转换速率(μs)	0.5	0.5	0.5	13	9	13	13
频率宽度 f_T(kHz)	1	1	1	4	4.5	3	3
频率宽度 f_P(kHz)	10	10	5	上升时间0.1μs	上升时间0.08μs	上升时间0.1μs	上升时间0.1μs
性能特点	高增益，内有频率补偿，共模电压范围宽	高增益，驱动功耗低，既可单电源工作，又可双电源工作	静态功耗低，能单、双电源工作	高输入阻抗，小输入偏流，低噪声，低功耗，宽频带	输入阻抗高，失调电流小，频带宽	噪声低，失调电流小，输入阻抗高	噪声低，输入阻抗高
同类代换产品	LM741 MC1741 AD741 HA17741 CF741	μA1458 C1458 LM1458 TA75458 HA17458	μPC324 μA324 MB3614 SF324 FX324	SF351 TL071 TL081 CF081 F073	CF3140 F072 FX3140 DG3140	NJM072 TL072 LF353 NJM535	HA17084 AN1084 LF347 TL074
类似产品	F007 LM748 MC1748	LM4558M LM358 LM747	MC3403 NJM2058 LM2902				

由上表可以看出，通用运算放大器分为两类：由双极型晶体管 BJT 组成的运算放大器如 μA741、LM324 等；由结型场效应管 JEFT（或 MOSJEFT）作差分输入级的 JEFT-BJT 单片相容的运放，或 MOSFET-BJT 单片相容的运放，如 TL084、CA3140 等。

集成运放在汽车电子控制系统中主要用于信号的运算、处理、变换和测量。

2. 汽车专用集成电路

在汽车上采用运算放大器的控制部件很多，如夏利和丰田轿车用的交流发电机调节器，发动机爆燃控制电路、怠速控制电路及各种信号比较电路等都采用了运算放大器。

图2-27所示是几种汽车专用集成电路的外型。

部分汽车专用集成电路的用途和性能如表2-4所示：

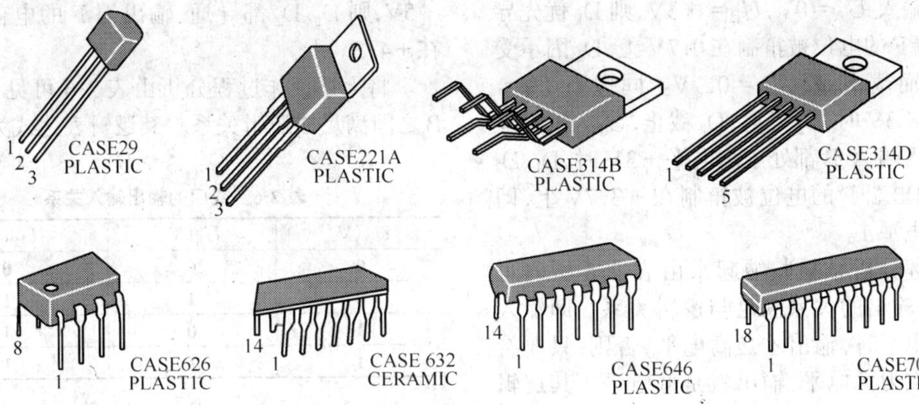

图 2-27　几种汽车专用集成电路的外型

表 2-4　部分汽车专用集成电路的用途和性能

电路名称	型号	用 途 及 性 能	封装形式和代号
汽车电压调节器 IC	MC3325	外搭铁型交流发电机配用；具有过压保护、温度补偿、断路警报等功能	塑封，646
低压差电压调节器 IC	LM2931,LM2931C	外搭铁型交流发电机配用；具有调节允差小、温度补偿、过压保护、断路警报等功能	塑封，29、221A、314D
点火控制器 IC	MC3334	用于高能可变导通角磁感应式电子点火系统，能自动调整导通角和火花能量	塑封，626
发动机转速检测器 IC	MC3344	用于检测发动机转速，输入频率范围宽（10Hz～100kHz），电源电压允许范围宽(7～24V)，磁滞阻尼可调	塑封，646 陶瓷封装，632
喷油器驱动器 IC	MC3484	用于电控发动机燃油喷射系统，驱动喷油器	塑封，314D
驱动开关 IC	MC3399T	用于接通负载电路，防止产生瞬时高压	塑封，314B
汽车转向闪光器 IC	UAA1041	用于控制转向灯闪光；具有过压保护、短路保护、转向灯故障警报等功能	塑封，626

三、逻辑门电路

数字电路是当今高技术领域的基础支柱技术，广泛应用于汽车电子控制技术领域。

在数字电路中，二极管和晶体管大多数工作在开关状态。它们在脉冲信号的作用下时而饱和，时而截止，相当于开关的"接通"和"断开"，而且变化的速度很快，每秒种可达百万次以上。利用二极管和晶体管这种开关特性，可组成实现各种逻辑功能的数字电路。门电路是构成数字电路的基本单元，每个门电路的输入输出之间都有一定的逻辑关系，最基本逻辑关系有与、或、非。对应的有三种基本逻辑门，即与门、或门、非门。

1. 二极管与门电路

输入与输出量之间能满足与逻辑关系的电路，称为**与门电路**。最简单的**与门电路**由二极管构成，如图 2-28 所示。其中 A、B 为输入端，F 为输出端，且设二极管均为硅管，则电路的工作过程是：

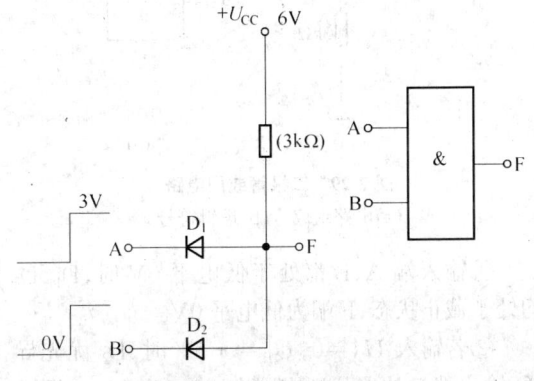

图 2-28　二极管与门

①若 $U_A = U_B = 0V$，即输入端 A、B 都为低电平时，则 D_1、D_2 都处于正向导通状态。输出端 F

的电位被钳制在 0.7V，即输出为低电平 0。

②若输入 $U_A=0V$，$U_B=+3V$，则 D_1 优先导通，输出端 F 的电位被箝制在 0.7V 上，D_2 因承受反向电压而截止，故 $U_F=0.7V$。同理当 $U_B=0V$，$U_A=+3V$ 时，D_2 导通，D_1 截止，$U_F=0.7V$。

③输入端 A、B 都处于高电平 +3V 时，D_1、D_2 都导通，输出端 F 的电位被箝制在 +3.7V 上，即输出为高电平 1。

把上述分析结果归纳起来由表 2-5 所列可知，输入与输出的关系满足与逻辑关系。即输入端都是高电平时，输出才是高电平，否则，只要有一个输入端为低电平，输出就是低电平。其逻辑函数表达式为

$$F=A\cdot B$$

表 2-5 与门的输入输出关系

U_A(V)	U_B(V)	U_F(V)
0	0	0
0	1	0
1	0	0
1	1	1

2. 二极管或门电路

图 2-29 所示是由二极管组成的**或门**电路，A、B 为输入端，F 为输出端。设二极管均为硅管，则电路的工作过程是：

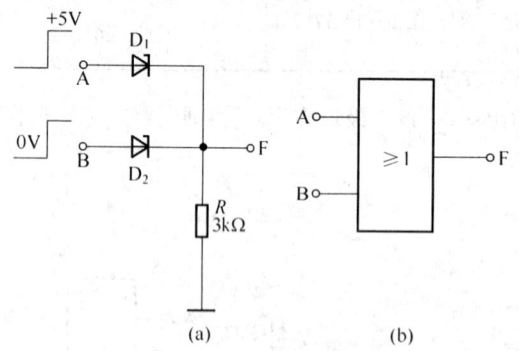

图 2-29 二极管或门电路
(a)电路组成 (b)逻辑符号

①输入端 A、B 都处于低电平 0V 时，D_1、D_2 均处于截止状态，F 端为低电平 0V。

②若输入 $U_A=0$，$U_B=+5V$ 时，D_2 优先导通，输出端 F 的电位被钳制在 +4.3V 上，D_1 因承受反向电压而截止，使 F 点处于高电平 $U_f=+4.3V$。同理，若 $U_B=0V$，$U_A=+5V$ 时，D_1 导通，D_2 截止后 F 端也为高电平 +4.3V。

③若输入端全为高电平，即 $U_A=U_B=+5V$，则 D_1、D_2 都导通，输出端 F 的电位被箝制在 +4.3V 上。

将上述工作过程分析由表 2-6 可见，F 与 A、B 之间满足**或**逻辑关系。其逻辑表达式为

$$F=A+B$$

表 2-6 或门的输出输入关系

U_A(V)	U_B(V)	U_F(V)
0	0	0
0	1	1
1	0	1
1	1	1

3. 三极管非门电路(反相器)

数字电路中常用晶体管作为非门逻辑电路，因为晶体管的集电极输出电压与基极输入电压之间具有反相特性，且晶体管可以工作于截止和饱和状态，其电路组成如图 2-30a 所示。

当输入 U_A 为 0V(逻辑 **0**)时，晶体管将承受反偏电压而截止，输出电压近似为 5V，即逻辑 **1**；当输入 U_A 为 5V(逻辑 **1**)时，使 $U_{be}>0$，且基极电流足够大，晶体管工作于饱和状态，输出电压约为 0.3V，即逻辑 **0**。由此可见，该反相电路的输出与输入之间满足**非**逻辑关系，对应的逻辑表达式为：$F=\overline{A}$

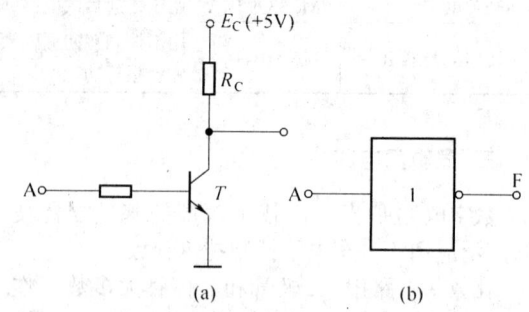

图 2-30 晶体管非门电路
(a)电路组成 (b)逻辑符号

4. 复合逻辑门电路

用二极管和晶体管门电路的组合可以构成各种复合逻辑门电路，如**与非门、或非门、与或非门、异或门和同或门**等，这样的复合门电路在带负载能力、工作速度和可靠性方面都大为提高，而且逻辑功能得到扩展。在集成电路中，为使电路标准化，减少电路种类，基本单元电路以与非门最多。

(1)与非门电路

与非门是由一级与门和一级非门串接而成，

如图 2-31a 所示,列出该电路的真值见表 2-7,该逻辑门具有"有 0 则 1,全 1 为 0"的与非逻辑关系,其逻辑表达式为

$$F = \overline{A \cdot B}$$

表 2-7 与非关系真值表

A	B	A·B	$\overline{A \cdot B}$
0	0	0	1
0	1	0	1
1	0	0	1
1	1	1	0

逻辑符号如图 2-31b 所示。

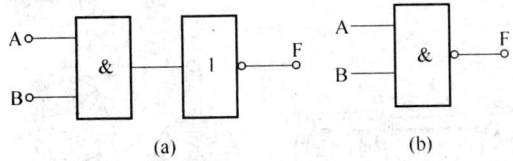

图 2-31 与非门电路

(2)或非门电路

或非门是由一级或门和一级非门串接而成,如图 2-32a 所示,输入输出之间满足"有 1 则 0,全 0 为 1"或非关系,逻辑表达式为:

$$F = \overline{A + B}$$

逻辑符号如图 2-32b 所示。该电路真值见表 2-8。

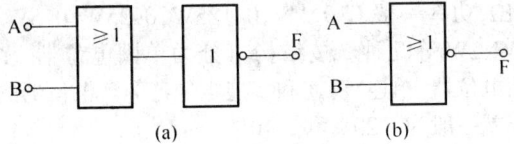

图 2-32 或非门电路
(a)复合电路 (b)逻辑符号

表 2-8 或非关系真值表

A	B	$\overline{A + B}$
0	0	1
0	1	0
1	0	0
1	1	0

(3)与或非门电路

与或非门是由多个与门电路和一个或非门电路串接而成的,如图 2-33a 所示。输入输出之间具有与或非关系,与或非逻辑表达式为:

$$F = \overline{AB + CD}$$

其逻辑符号如图 2-33(b)所示。该电路的真值见表 2-9。

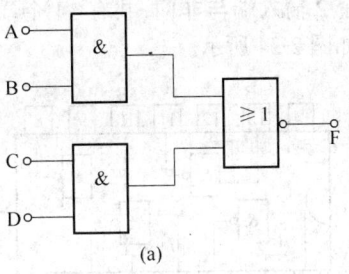

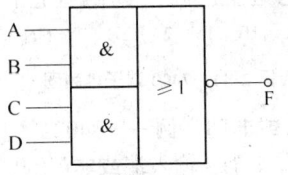

图 2-33 与或非门电路
(a)复合电路 (b)逻辑符号

表 2-9 与或非关系真值表

A	B	C	D	AB	CD	$F = \overline{AB + CD}$
0	0	0	0	0	0	1
0	0	0	1	0	0	1
0	0	1	0	0	0	1
0	0	1	1	0	1	0
0	1	0	0	0	0	1
0	1	0	1	0	0	1
0	1	1	0	0	0	1
0	1	1	1	0	1	0
1	0	0	0	0	0	1
1	0	0	1	0	0	1
1	0	1	0	0	0	1
1	0	1	1	0	1	0
1	1	0	0	1	0	0
1	1	0	1	1	0	0
1	1	1	0	1	0	0
1	1	1	1	1	1	0

5.集成逻辑门电路

随着半导体集成技术的迅速发展,前面介绍的由分立元件组成的逻辑门电路,可以在一块很小的半导体芯片上制成,并称之为集成逻辑门电路。与分立元件逻辑门电路相比,集成逻辑门电路具有体积小、重量轻、功耗小、寿命长、工作可靠和价格低廉等优点,因而在各个领域得到广泛应用。集成逻辑门电路按导电机理的不同有双极型和单极型之分;根据逻辑功能的不同,可分为与门、或门、非门、与非门和或非门等。

(1) TTL 与非门举例——7400

7400 是一种典型的 TTL 与非门器件,内部

含有4个2输入端与非门,共有14个端子,端子排列图如图2-34所示。

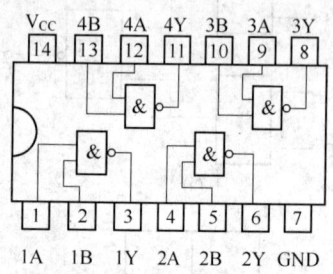

图2-34　7400端子排列图

(2)TTL 或非门举例——7402

内部含有4个2输入端或非门,共有14个端子,端子排列图如图2-35所示。

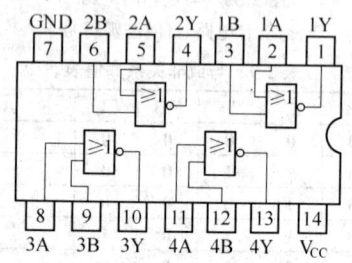

图2-35　7402端子排列图

把逻辑门电路按一定规律加以组合,可以构成具有各种逻辑功能的逻辑电路。

第五节　汽车常用电工电子器件的检测与选用

一、电阻器

1. 电阻器的种类

电阻器按其是否可调可分为固定电阻和可变电阻两大类。

(1)固定电阻器

固定电阻器的种类很多,常用的有金属膜电阻、碳膜电阻、绕线电阻等。电阻器在电路中可起到限流、降压和负载的作用。常用电阻的外形如图2-36所示。

(2)可变电阻器

分为可调电阻、电位器、热敏电阻、压敏电阻和光敏电阻等。

①可调电阻器:分为连续可调电阻器和不连续可调电阻器两种。

②电位器:电位器是一种具有二个固定端头和一个滑动端头的可变电阻器。特殊用途的电位器,有三个固定端头的,也有和开关组合在一起的(开关电位器),还有做精细调节的多圈线绕电位器以及两个电位器组合在一起的同步或异步双连电位器。电位器可作可变电阻(如汽车节气门传感器)或用于调节电路中某一点的电位。

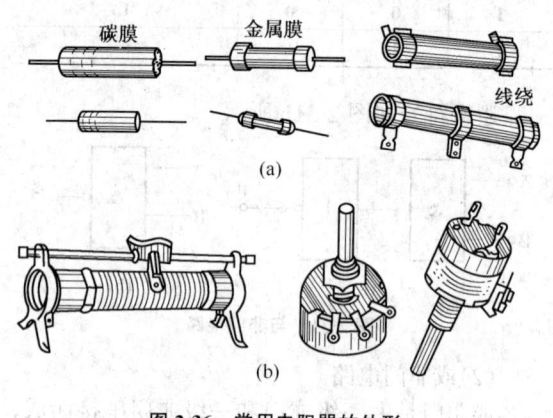

图2-36　常用电阻器的外形
(a)固定电阻　(b)可变电阻

电位器按材料可分为线绕电位器和薄膜电位器:前者电阻值可从1Ω以下到100kΩ,功率可达数十瓦,甚至更大;后者电阻值范围从数Ω到数MΩ,功率一般有0.1W、0.125W、0.25W、0.5W、1W、2W等几种。按结构可分为单圈电位器、多圈电位器、单连、双连和多连电位器等。电位器的误差一般为±20%和±10%。

电位器的调节,可通过旋转轴带动滑动端;也可以直线推拉。旋转的角度变化对应的电阻值变化有三种形式:直线式、对数式和指数式。

③热敏电阻器:是一种电阻值随温度的变化而变化的半导体电阻器。其材料是某些金属如锰、镁、钴、镍等氧化物。其形状有小珠状、片状、杆状等。可用于测温度、流量、真空、辐射等。热敏电阻可分为两类:

负温度系数热敏电阻NTC:它是由金属氧化物和氧化的混合结晶体相混合,用附加黏合剂烧结而成。在一定的温度范围内具有大的负温度系数,即电阻值随温度升高而下降。应用于温度测量和温度调节(汽车发动机、气温度传感器和冷却液温度传感器均由负温度系数的热敏电阻构成);还可作为补偿电阻,即对具有正温度系数特性的元件(如晶体管)进行补偿;作起动电阻使用时,可抑制小型电动机、电容器和白炽灯在通电瞬间所出现的大电流(冲击电流)。

正温度系数热敏电阻 PTC：在一定的温度范围内有较大的正温度系数，其电阻值具有随温度升高而急剧增大的特性，由钡钛及金属氧化物和金属盐等附加剂烧结制成，通常为片状。用于小范围的温度测量、过热保护和延时开关，如图2-37所示。

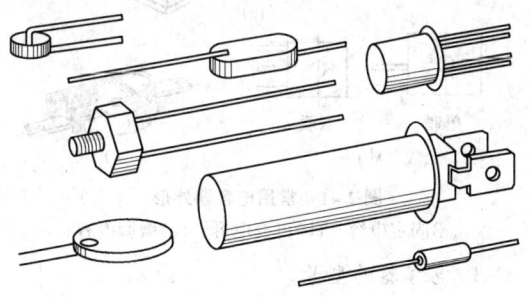

图 2-37　热敏电阻器

④压敏电阻器：是一种电阻值随施加电压的变化极为敏感的半导体电阻器。按材料不同可分为氧化铜、碳化硅、硒、氧化锌及金属氧化物压敏电阻器等。可用于稳压、过压保护、限幅、温度补偿和自动控制元件等，如图2-38所示。

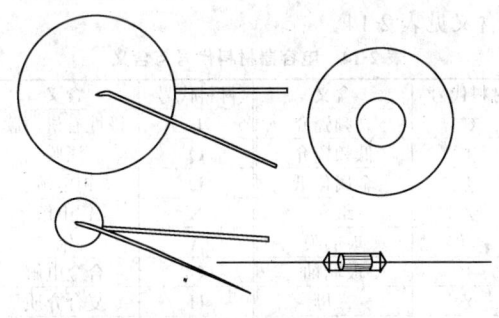

图 2-38　压敏电阻

⑤光敏电阻器：是一种电阻值随入射光的强弱而改变的半导体电阻器。是利用半导体内光电效应制成的光电转换器件。常用硫化镉为主体材料制成。适用于可见光光谱范围，波长为 $0.4\sim0.76\mu m$。在自动控制系统应用广泛。

2. 电阻器的型号

电阻器的型号由以下四部分组成。

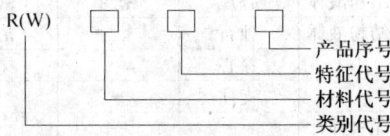

第一部分为类别代号，如 R 表示电阻器，W 表示电位器。

第二部分为材料代号，用字母表示，电位器和电阻器材料代号及含义见表2-10。

表 2-10　电位器和电阻器材料代号及含义

材料代号	J	T	Y	H	I	S	X
含义	金属膜	炭膜	氧化膜	合成膜	玻璃釉膜	有机实芯	线绕

第三部分为特征代号，用阿拉伯数字或字母表示，其代号及含义见表2-11。

表 2-11　电位器和电阻器特征代号及含义

特征代号	1	2	3	4	5	6	7	8	W	G	T	D
电位器	普通	普通	—	—	—	—	精密	特殊函数	微调	—	—	多圈
电阻器	普通	普通	超高频	高温	高温	—	精密	高压	微调	高功率	可调	

第四部分为产品序号，用阿拉伯数字表示。

3. 电阻器的主要参数

由额定功率(或额定电流)、标称电阻值(即在电阻器上标出的电阻值)、允许偏差(即电阻器实际电阻值和标称电阻值相差的数值与标称电阻值之比的百分数)。电阻器允许偏差等级见表2-12。

表 2-12　常用电阻器允许偏差的等级

允许偏差(%)	±0.5	±1	±2	±5	±10	±20
级别	005	01	02	Ⅰ	Ⅱ	Ⅲ

例如，某 RJ-2 型电阻器表示是金属膜普通电阻器。

体积较小的电阻器，常用色环或色点表示。如图2-39所示。

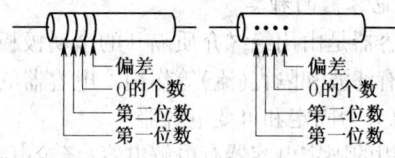

图 2-39　电阻器的色码标示

色码标示的含义见表2-13。

如某电阻器其色环从左至右分别为橙、紫、红、金，则该电阻的电阻值是3700Ω，误差为±5%。

而对于体积较大的电阻器，常用几个字母表示其电阻类别和材料，电阻值也直接标在电阻上，如图2-40a所示。电阻的标称功率符号如图2-40b所示。

在选用电阻器时，不但要考虑电阻值是否符

48 第二章 电子技术基础

合要求,而且还要考虑该电阻器在使用中实际消耗的功率(或通过的电流)不能超过其额定功率(或额定电流)。否则会使电阻器损坏。通常选用电阻器的标称功率应大于实际消耗功率的2~3倍。

表 2-13 电阻器色环标示的含义

色环 颜色	A 第一位数	B 第二位数	C 应乘位数	D 误差
黑			$\times 10^0$	
棕	1	1	$\times 10^1$	±1%
红	2	2	$\times 10^2$	±2%
橙	3	3	$\times 10^3$	
黄	4	4	$\times 10^4$	
绿	5	5	$\times 10^5$	±0.5%
蓝	6	6	$\times 10^6$	±0.2%
紫	7	7	$\times 10^7$	±0.1%
灰	8	8	$\times 10^8$	
白	9	9	$\times 10^9$	
金			$\times 10^{-1}$	±5%
银			$\times 10^{-2}$	±10%
无色				±20%

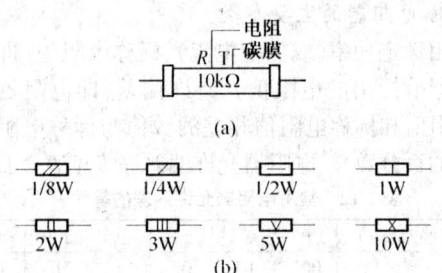

图 2-40 电阻器的类别和标称功率
(a)电阻器的类别标示 (b)电阻器的标称功率符号

二、电容器

1. 电容器的种类

电容器是由用绝缘介质隔开的金属极板组成的。具有滤波和隔直(流)等作用。电容器的种类很多,可分为固定和可变电容器。

常用的固定电容器有电解电容、涤纶电容、云母电容、瓷介电容、钽电容、纸介电容等。其外形如图2-41所示。汽车传统点火系统和喇叭电路中都采用纸介或其他介质构成的电容器。

2. 电容器的主要参数

电容器的主要参数是额定电压和标称容量。

例如,某CJ-10型纸介电容器,其额定直流工作电压为400V,标称容量为0.15μF。

电容器在使用中,要注意实际承受的电压不允许超出其额定电压,否则可能因电压过高而击穿电容器中的绝缘介质。电解电容器是有极性电容器,在直流电路中使用时注意极性不要接反。

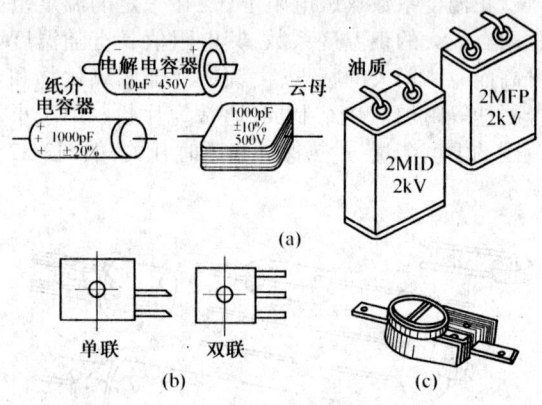

图 2-41 常用电容器外形
(a)固定电容 (b)可变电容 (c)微调电容

3. 电容器的型号

电容器的型号由以下四部分组成。

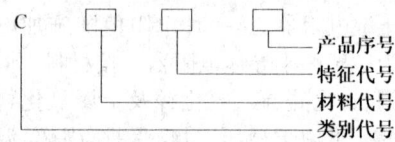

其中C表示电容器,材料代号用字母表示,其含义见表2-14。

表 2-14 电容器材料代号与含义

材料代号	含义	材料代号	含义
C	高频瓷介	L	极性有机薄膜
T	低频瓷介	Q	漆膜
J	金属化纸	D	钽电解
Z	纸介	N	铌电解
O	玻璃膜	A	铝
I	玻璃釉	G	合金电解
Y	云母	H	复合介质
V	云母纸	E	其他材料电解
B	非极性有机薄膜		

特征代号及含义见表2-15。

表 2-15 电容器特征代号与含义

特征 代号	含 义			
	电解电容器	瓷介电容器	云母电容器	有机电容器
1	箔式	圆片	非密封	非密封
2	箔式	管型	非密封	非密封
3	烧结粉液体	叠片	密封	密封
4	烧结粉液体	独石	密封	密封
5	—	—	穿心	穿心
6	—	支柱	—	—
7	无极性			

续表 2-15

特征代号	含义			
	电解电容器	瓷介电容器	云母电容器	有机电容器
8	—	高压	高压	高压
9	特殊	—	—	特殊
G	—	高功率	—	—
W	小型	—	—	—

产品序号用阿拉伯数字表示。此外在电容器上还标有容量、允许偏差及耐压值等。

电容器的允许偏差及等级标准见表 2-16。

表 2-16 固定电容器的允许偏差及等级标准

允许偏差(%)	±2	±5	±10	±20	+20 -30	+50 -20	+100 -10
级别	02	Ⅰ	Ⅱ	Ⅲ	Ⅳ	Ⅴ	Ⅵ

4. 电容器的简易测试

一般用指针式万用表检测(有些数字万用表可测 20μF 以下的电容器的容量)。方法是：将档位置于 R×10k 档，分别用表笔接电容两极，在刚接触的瞬间看指针摆动情况，表针应向电阻值小的方向(右方)摆动，然后回摆到原处(∞)附近；两表笔交换后再测，其结果与上述相同。若摆动幅度大，则表示容量大，若摆动幅度小，则表示容量小，若表针指示为 0(电阻为 0)，则说明电容器短路，若表针始终不摆动，则说明电容器断路，若表针摆动但回不到起始点，说明电容器漏电。

三、二极管

1. 二极管的型号

(1) 汽车、拖拉机用整流二极管

汽车和拖拉机交流发电机装用的硅整流二极管是专用的，根据汽车专业推荐标准 ZBT 36008—89《ZQ 型硅整流元件》的规定，其型号表示方法如下所示。

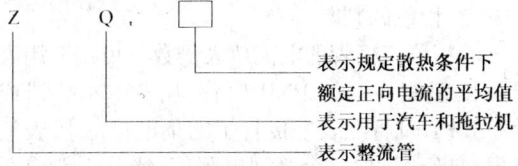

例如，ZQ20 型二极管，"Z"表示整流管，"Q"表示汽车拖拉机用，"20"表示额定正向平均电流 20A。

(2) 其他用途的二极管

其他用途的国产二极管型号由以下四部分组成。

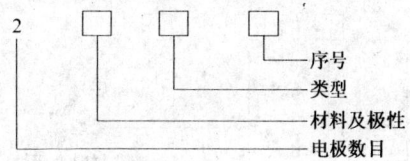

第一部分表示电极数目，用数字表示，2 表示二极管；第二部分表示材料和极性，用汉语拼音字母表示：A 表示 N 型锗材料，B 表示 P 型锗材料，C 表示 N 型硅材料，D 表示 P 型硅材料；第三部分表示二极管类型，用汉语拼音字母表示：P 表示普通管，Z 表示整流管，W 表示稳压管，CF 表示发光二极管，GD 表示光敏二极管，GJ 表示激光二极管；第四部分表示序号，用阿拉伯数字表示。

例如，2CZ11 型二极管，表示是 N 型硅材料整流二极管，产品设计序号为 11。

2. 二极管的简易测试

二极管的极性判别。通常根据二极管外壳上的标记符号来辨别。如标记不清或者没有标记，可根据二极管的单向导电性即正向电阻小、反向电阻大的特点，用万用表来判断它的极性。方法是：将万用表的转换开关拨到 R×100 或 R×1k 档，然后用两表笔分别正向、反向测量其电阻值，一个约几百 Ω 到几 kΩ(正向电阻)，一个约为几百 kΩ(反向电阻)。如测量出几百 Ω 小电阻值时，与黑表笔相连的一端为正极，与红表笔相连的一端则为负极。反之如测量出几百 kΩ 大电阻值时，则与红表笔相连的一端为正极，与黑表笔相连的一端为负极，如图 2-42 所示。若测量的正向电阻和反向电阻均很小(等于 0)则表明二极管短路；若测量的正向电阻和反向电阻均为 ∞，则表明二极管断路。

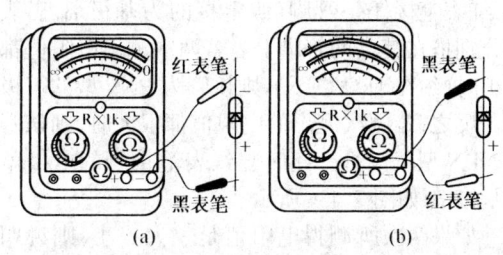

图 2-42 用万用表判断二极管的极性和性能

四、三极管

1. 三极管的型号

晶体三极管的型号由以下四部分组成。

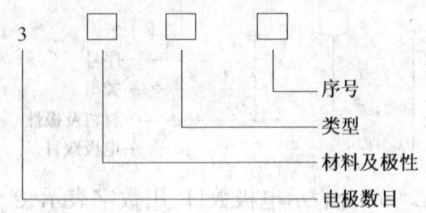

第一部分(数字)表示电极数目,如"3"表示三极管。

第二部分(拼音字母)表示材料和极性,见表2-17所列。

表 2-17 三极管的材料和极性

字母	A	B	C	D
材料	锗		硅	
极性	PNP	NPN	PNP	NPN

第三部分(拼音字母)表示管子的类型:
X——低频小功率管;G——高频小功率管;
D——低频大功率管;A——高频大功率管;
K——开关管。

第四部分(数字)表示器件序号。若一、二、三部分相同,仅第四部分不同,则只是在某些性能参数上有差别。

例如:3DG6,表示 NPN 型高频小功率硅三极管;3AD8,表示 PNP 型低频大功率锗三极管。

2.三极管的简易测试

通常用万用表判断管脚和性能。

(1)管脚的判断

一般可根据管子的型号在有关晶体管手册中找出它们对应的管脚图,分清三个极的位置。当确定不了管型和管脚时,可用万用表来测试。

①三极管类型的判别。用万用表 R×100 档,红表笔接任一管脚(假定接的为基极 B,黑表笔分别搭在其余两管脚上。若两次测出电阻值都很小时(约在 1kΩ 以下),则该管为 PNP 型的三极管。反之,若两次测出的电阻值都很大时,则该管为 NPN 型三极管。此时与红表笔接触的电极就是基极 B,如图 2-43a 所示。

如果两次所测得电阻值是一大一小,则说明假定的"基极"不对。只要轮流假定基极,重复上述的测试方法,即可找到符合上述结果的基极及管型。

②管脚的判别。基极判别出来后,其余两个管脚不是发射极就是集电极。对于 PNP 管来说,可以假定红表笔接的是集电极 c,黑表笔接的是发射极 e,用手指捏住 b、c 两极。但不可使 b、c 两极直接接触,读出电阻值,然后将红黑二表笔对调,进行第二次测试,将读数相比较。若第一次电阻值小,则说明假定是正确的,红表笔接的是集电极 c,黑表笔接的是发射极 E,如图 2-43b 所示。反之,对于 NPN 管来说,方法同上,但测得电阻值小的一次,黑表笔所接的是管子的集电极 c。

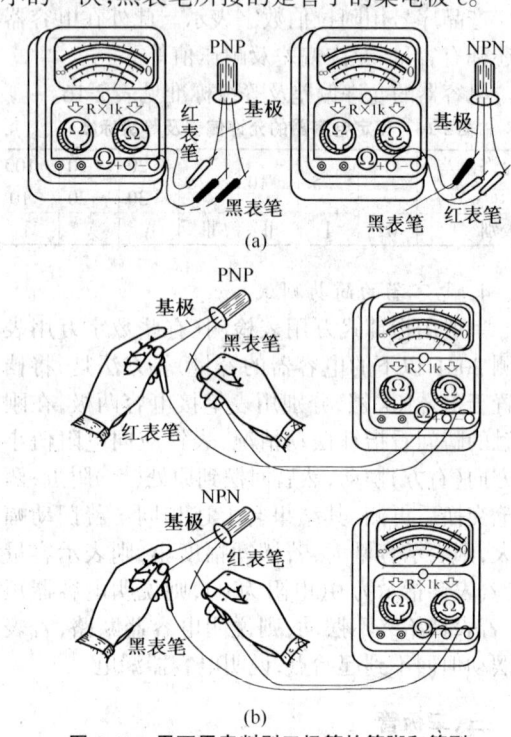

图 2-43 用万用表判别三极管的管脚和管型
(a)三极管管型的判别 (b)三极管管脚的判别

测量时要注意,对于小功率管应使用万用表的 R×100 档或 R×1k 档。因 R×1 或 R×10 档电流较大,R×10k 档表内电池电压又较高(15V 或 22.5V),不宜使用。但测大功率管时应使用 R×1 或 R×10 档。

(2)性能的判断

①粗测三极管的电流放大倍数。可用万用表电阻档粗测。例如 PNP 型管,用 R×100 档或 R×1k 档,可将红表笔接管子的集电极 c,黑表笔接发射极 e,读取一个极间电阻值,锗管一般应在几十 kΩ 以上;硅管的数值更大些。此电阻值大,说明穿透电流小,若电阻值接近于零,则表示管子的 c-e 间已穿通,管子不能用了。然后在集电极与基极间接入一个 100kΩ 的电阻,重测 c-e 极间电阻,再读极间电阻值。对两次电阻值进行比较,二者相差越大,β 数值就越高。如果二者电阻

值接近或相同,说明管子已坏。

如手边没有 100kΩ 左右的电阻,也可用人体代替它,如图 2-44 所示。若是 NPN 型管,测试时黑表笔应接集电极,红表笔接发射极。

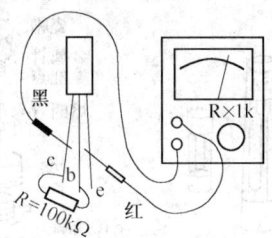

图 2-44 用万用表粗测三极管的电流放大倍数

②判别三极管的好与坏。可通过测量三极管各极间的电阻值来确定。用万用表 R×100 档测发射极和集电极的电阻。以 NPN 管为例,红表笔接发射极,黑表笔接集电极,若测出的电阻值在几十 kΩ 以上,说明管子质量是好的;若发现测出的电阻值偏小,说明管子质量差;若电阻值接近零,说明管子已经击穿;若电阻值为无穷大,说明管子内部断路。

五、集成电路

1. 集成电路的引脚结构类型、标记和识别方法

①圆形结构:引脚标记如图 2-45 所示。

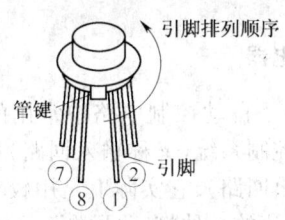

图 2-45 集成电路的引脚标记

其外形结构如同晶体管,外壳为金属封装,识别时,将管底对准自己,从管键(凸起)开始以顺时针方向读取各管脚号。

②扁平式直插方式结构(塑料封装):引脚标记如图 2-46 所示。

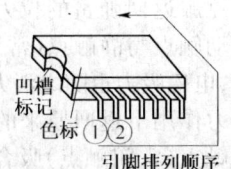

图 2-46 扁平式直插方式引脚标记

通常用凹槽为引脚脚的标记。识别时将凹槽置于正面左边,则靠凹槽左下方第一个脚为 1 脚,以逆时针方向读取其他各引线脚号。

③扁平式直插方式结构(陶瓷封装):引脚标记如图 2-47 所示。

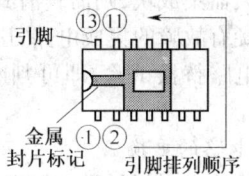

图 2-47 扁平式直插方式(陶瓷封装)引脚标记

通常用凹槽(或金属封片)为引线脚的标记。识别方法与塑料封装的扁平式直插式相同。

④扁平式平插式结构:引脚标记如图 2-48 所示。

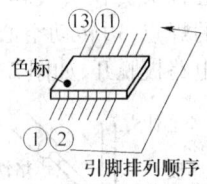

图 2-48 扁平式平插式结构引脚标记

通常以色点作引线脚的标记。识别时将色点置于正面左方,则靠近色点的引线脚为第 1 引线脚,再以逆时针方向读取其他各引线脚。

⑤扁平式单列直插结构:引脚标记如图 2-49 所示。

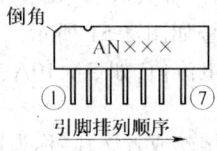

图 2-49 扁平式单列直插结构引脚标记

通常用凹槽(或倒角)为引线脚的标记。识别时将引脚向下使标记位于左方,从左至右读取各引线脚。若无标记时,应使印有型号的一面正朝向自己,按从左至右读取各引线脚。

2. 查找故障的方法

①首先熟悉所用电器的集成电路,了解其内部结构和原理。查找故障时,可采用由后向前逐级检查的方法进行。

②电压测量判断法。即采用测量集成电路引

脚电压的方法,将测量的数值与已知值进行比较来判断故障部位。

③信号检查法。即借助仪器(如示波器和信号源)来检查电路各级的输入和输出信号。例如对数字电路集成块,通过信号来查清其逻辑关系;若是运算放大器集成块,则需查清其放大特性。

④对怀疑有故障的集成电路,用完好的、相同型号的集成电路替换试验,即可判断原集成电路有无故障。

3. 集成电路的更换

通过上述检查、判断,确定集成电路已损坏或怀疑它损坏时,就需把集成电路从印刷电路板上拆下做进一步检查或更换。由于集成块引脚排列密,拆卸比较麻烦,只用电烙铁很难拆下,可用专用吸锡器进行拆卸。若无吸锡器,也可采用如下方法:

找一根空心针头套在引线脚上,边用电烙铁熔化引线脚上的焊点,边转动空心针头即可使各引线脚与印刷电路板脱开,如图2-50所示。

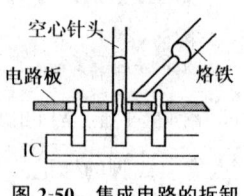

图2-50 集成电路的拆卸

六、熔断器

熔断器是一种用作短路保护的电器元件。熔断器有玻璃管式、插入式、螺旋式等几种形式,其外形及图文符号如图2-51所示。熔断器的外壳上都标有额定电流值,如5A、10A、20A、30A等档次。

其内部的熔丝或者熔片(称为熔体)用电阻率较高的易熔断的合金制成,例如铅锡合金等;将熔断器串联在被保护电路中,线路在正常工作时,熔断器不应熔断。当电路发生短路故障时,过大的短路电流通过熔断器,熔体很快发热迅速熔断,切断电路,使线路和电器设备得到保护。

熔体的选用要根据实际情况,按熔断器熔体的额定电流和熔断时间来确定。

选用熔断器时应注意以下三个方面:①根据使用场合的短路电流大小,应选用不同结构类型和相应分断能力的熔断器。②用熔断器作电动机短路保护时应考虑电动机的起动电流,一般熔断器的额定电流为电动机额定电流的2~2.5倍。③选用RS型快速熔断器对硅半导体器件作保护时,一般熔断器的额定电流约为器件额定电流的1.57倍,在电气传动系统中取0.8~1倍。

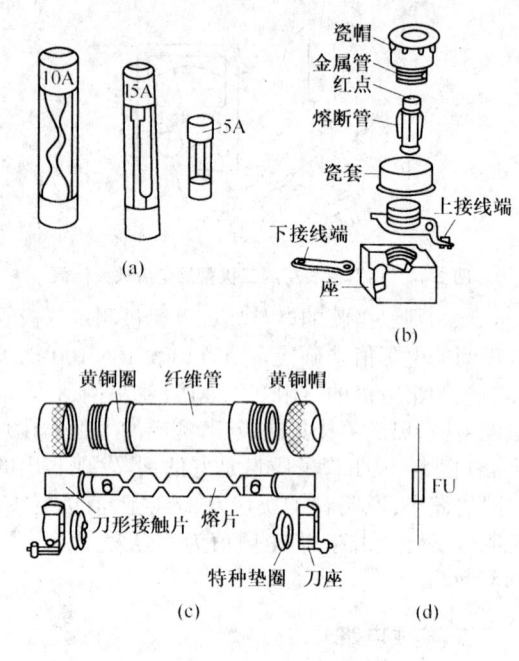

图2-51 常用的熔断器及符号
(a)管式熔断器 (b)螺旋式熔断器
(c)管式熔断器 (d)符号

七、继电器

继电器是自动控制电路中常用的一种元器件,它具有控制系统(又称输入回路)和被控制系统(又称输出回路),它实际上是用较小的电流去控制较大电流的一种"自动开关"。故在电路中起着自动调节、安全保护、转换电路等作用。

1. 继电器的种类

(1)电磁式继电器

由铁芯、线圈、衔铁、触点等组成。其原理是线圈两端加上一定的电压,就会在线圈中流过一定的电流,从而产生电磁效应,衔铁就会在电磁力吸引的作用下克服返回弹簧的拉力吸向铁芯,从而带动衔铁的动触点与静触点(常开触点)吸合。当线圈断电后,电磁吸力也随之消失,衔铁就会在弹簧的反作用力作用下返回原来的位置,使动触点与原来的静触点(常闭触点)吸合。这样吸合、释放,从而达到了在电路中的导通、切断的目的。如汽车电喇叭继电器就是电磁式继电器,其结构如图 2-52 所示。

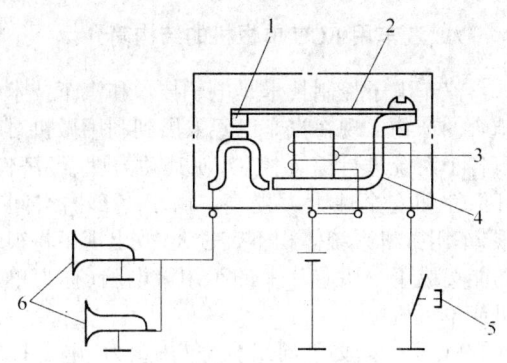

图 2-52 喇叭继电器
1.触点 2.触点臂 3.线圈 4.支架 5.喇叭按钮 6.喇叭

(2)双金属片继电器

它是一种利用双金属片构成的温度继电器。由双金属片、电阻丝、触点及一些附件组成。当继电器的电阻丝通入电流时,使双金属片发热,由于它的上层金属片膨胀系数大,变形大,故使整个双金属片向下弯曲,使原来闭合的触点断开,而原来断开的触点闭合,从而实现了继电器的开关作用。如汽车水温表传感器,就是利用上述原理制成的。

(3)固态继电器(SSR)

固态继电器是一种两个接线端为输入端,另两个接线端为输出端的四端子器件,中间采用隔离器件实现输入输出的电隔离。固态继电器按负载电源类型可分为交流型和直流型。按开关型式可分为常开型和常闭型。按隔离型式可分为混合型、变压器隔离型和光电隔离型,以光电隔离型为最多。

(4)时间继电器

是指当加上或除去输入信号时,输出部分需延时或限时到规定的时间才闭合或断开其被控线路的继电器。

(5)温度继电器

是指当外界温度达到规定值时而动作的继电器。

(6)电子继电器

用晶体管或晶闸管等作为电路的无触点开关,其优点是动作迅速、灵敏度高、体积小、重量轻、工作可靠。

此外还有电流继电器用来限制电流、电压继电器用来控制电压、电动机保护继电器等。

继电器技术发展到现在,已经和计算机技术结合起来,产生了可编程控制器的技术。可编程控制器简称为 PLC。它是将微电脑技术直接用于自动控制的先进装置。它具有可靠性高、抗干扰性强、功能齐全、体积小、维护方便等优点。

2.汽车常用继电器实例

(1)JD1912 型和 JD2912 型继电器

其触点为常开型,当线圈通电后触点闭合,接通电路。如桑塔纳、铃木等汽车作雾灯等控制用。其技术性能见表 2-18。

表 2-18 JD1912 型和 JD2912 型继电器性能参数

型号	额定电压(V)	触点电流(A)	闭合电压(V)	释放电压(V)
JD1912	12	30	<8.5	>2.5
JD2912	24	20	<17	>5

JD1912 型继电器的外形、插片排列和接线原理如图 2-53、图 2-54、图 2-55 所示。其中接线柱"85"接控制开关,"87"接负载,"86"接地,"30"接电源开关。

(2)JJD 型继电器

如用于东风 EQ1090 型汽车上的刮水间歇继电器 JJD161 型,塑料外壳,内部为晶体管电路,如图 2-56 所示。其额定电压为 12V、触点电流 10A、每分钟刮刷 5~8 次,间歇时间 8~12s。

用于斯泰尔 91 系列重型车(24V 电系)刮水器的 JJD263D1 型继电器接线示意图如图 2-57 所示。

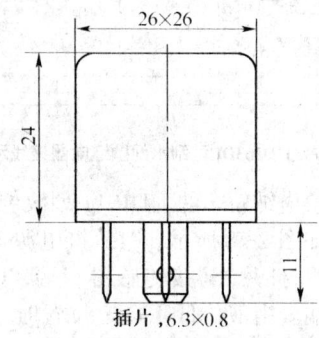

图 2-53 JD1912 系列小继电器外形

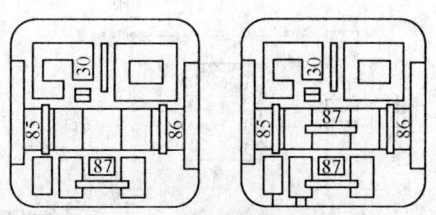

图 2-54 JD1912 型继电器插片排列

报警。

八、汽车用 ECU 单板机的结构简介

汽车电子控制技术是电子技术和汽车技术相结合的产物。现在汽车已经发展到利用微机对整车各个系统进行综合控制，使其动力性、经济性、环保性和安全性大大提高。由于汽车内空间有限，车用微机系统体积不宜过大，故出现了将很多功能集成于一块芯片上的车用微电脑(称为单片机或单板机)。

ECU 是英文单词组合缩写，意为"电子控制单元"，简要地说就是车载电脑。现在很多轿车发动机大都用电子燃油喷射系统，其中有一个形似方盒子的控制元件就叫做"ECU"，简单地说，ECU 由微机和外围电路组成。而微机就是在一块芯片上集成了微处理器(CPU)，存储器(ROM、RAM)和输入/输出(I/O)接口的单元，如图 2-59 所示。

常用的电子控制单元(ECU)，根据控制对象的不同，有发动机用、自动变速器用、安全气囊用、ABS 刹车用、空调用、防盗用等。发动机用的 ECU 严格地说是 EEC(Electronic Engine Control)。

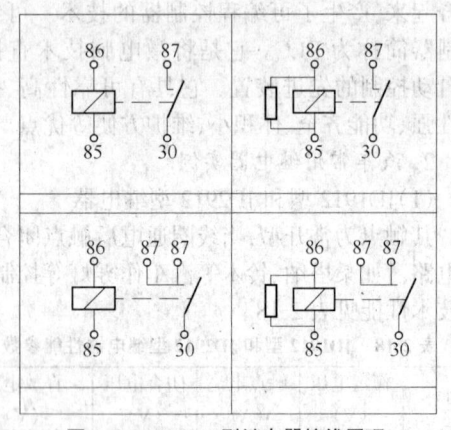

图 2-55 JD1912 型继电器接线原理

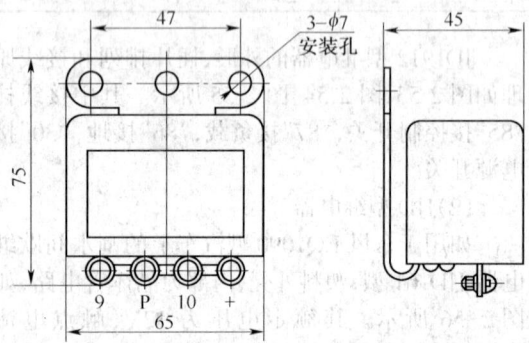

图 2-56 JJD161 型刮水间歇继电器外形图

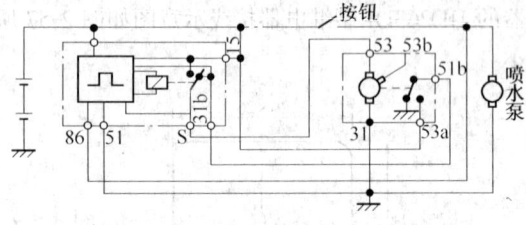

图 2-57 JJD263D1 型刮水间歇继电器接线示意图

用于桑塔纳轿车的 JJD1911 型液位继电器接线示意图如图 2-58 所示。"15"接电源正极，"31"接电源负极，插片"S"接传感器一端，"G"接传感器的另一端。当液位低于规定位置时，就会自动

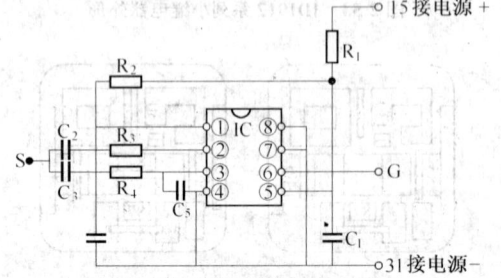

图 2-58 JJD1911 型液位继电器接线图

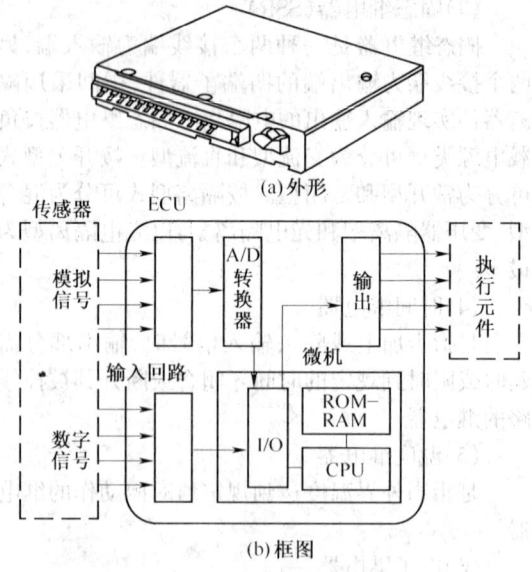

图 2-59 ECU 的外观和构成

1. 中央处理器(CPU)

它是整个微机的核心，由运算器、控制器和寄存器组成。其中运算器进行逻辑和算术运算；寄存器用于暂时存储数据；控制器对各个装置间的信息传递按一定的程序进行控制。如图 2-60

所示。

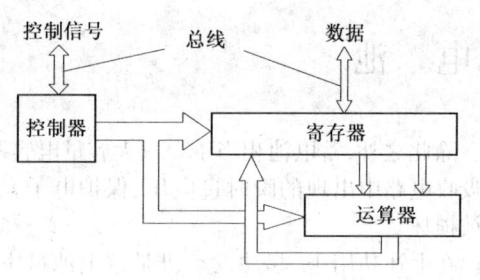

图 2-60 CPU 的结构框图

2．存储器

存储器用来存放程序、数据等；可按需要进行读取（读操作）或存入（写操作）。它由许多存储单元组成，每个单元有一编号，称为单元地址，每个单元通常存放一个代码，称为一个字，其代码位数称为字长。

存储器可分为只读存储器（ROM）和随机存储器（RAM）。

（1）只读存储器（ROM）

它的特点是存储内容一次写入后就不会改变，但可读出，即使切断电源后，只读存储器（ROM）中的存储数据也不会丢失。它适用于对各种程序和数据进行长期保存。如汽车电喷系统中的各种控制程序及其数据等。这些信息资料由汽车制造厂家一次性存入，使用过程中用户无法改变。但有些汽车上应用的可编程只读存储器（EPROM）可由紫外线将其记忆内容去除，可改写其存储内容。

（2）随机存储器（RAM）

它的特点是既能读出又能写入数据。当切断电源后存储的数据就会丢失。它适用于暂时保留运行数据，以便根据需要随时调用或改写。为防止发动机运行时存入 RAM 中的数据由于电源被切断而丢失，通常将 RAM 先通过专用电源后备电路再与蓄电池连接。

3．输入/输出接口（I/O 接口）

它是根据 CPU 的命令，在外部传感器和执行器之间执行数据传送任务的装置。

输入 ECU 的传感器信号有两种：

（1）模拟信号

如水温、油压、混合气浓度等。

（2）数字信号

如转速、节气门位置、曲轴位置等。

数字信号能直接进入 CPU，但模拟信号则要先由 A/D 转换器转换成数字信号后进入 CPU 处理。

而 ECU 输出的全是数字信号而且电压较低，不能直接驱动执行器，所以要增加输出驱动电路。输出驱动电路多采用大功率三极管，由微机的输出信号控制其导通和截止，从而控制执行元件工作。

输出驱动电路同装在 ECU 的铁盒里，但不等于是 ECU 芯片。它大部分是分立元件。

例如由微机控制的发动机控制系统由信号输入装置、电子控制单元（ECU）和执行器等组成，如图 2-61 所示。其中 ECU 是它的核心，其功用是：通过各种传感器（如空气流量、进气温度、燃油压力、节气门位置传感器等），将发动机各种工况下的信号收集起来，转换成电脉冲信号；再利用所采集到的信号或信息，确定发动机在各种负荷、道路坡度和温度状况下所需要的燃油量和开始喷油的时间，从而控制电动喷油器向气缸内喷油。

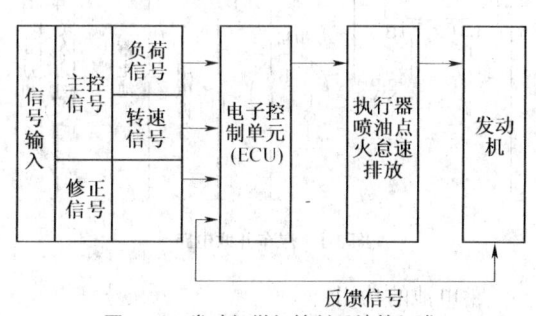

图 2-61 发动机微机控制系统的组成

第三章 蓄电池

第一节 概　述

一、蓄电池的分类

蓄电池是一种可逆的低压直流电源,它既能将化学能转换为电能,也能将电能转换为化学能。

目前,汽车上一般都采用铅酸蓄电池,其主要目的是起动发动机,所以,汽车用铅酸蓄电池又称为起动型铅酸蓄电池。为叙述方便,本书将"起动型铅酸蓄电池"简称为"蓄电池"。

汽车起动用蓄电池有湿荷电蓄电池、干荷电蓄电池和免维护蓄电池,目前,汽车用得最多的是干荷电蓄电池和免维护蓄电池。

二、蓄电池的功用

汽车上装有两个直流低压电源,蓄电池是其中之一,另一个是发电机,全车用电设备均与这两个直流电源并联连接,电路如图3-1所示。

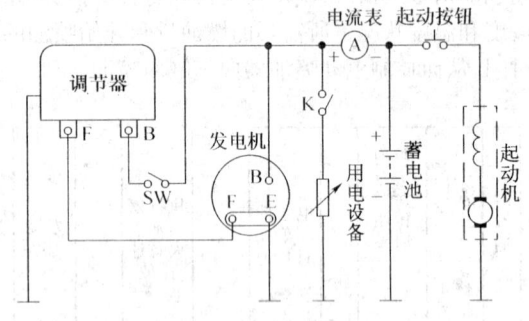

图3-1　汽车并联电路

蓄电池的功用：
①发动机起动时,向起动机和点火系统供电；
②发动机低速运转,发电机电压较低或不发电时,向用电设备供电,同时还向交流发电机磁场绕组供电；
③发动机中、高速运转,发电机正常供电时,将发电机剩余电能转换为化学能储存起来；
④发电机过载时,协助发电机向用电设备供电。

除此之外,蓄电池相当于一只大容量电容器,能吸收电路中出现的瞬时过电压,保护电子元件不被损坏。

在上述功用中,起动发动机是蓄电池最主要的功用。

三、对蓄电池的要求

当起动发动机时,蓄电池在短时间(5～10s)内,要向起动机连续供给强大电流,汽油发动机汽车一般需要200～600A；柴油发动机汽车一般需要800～1000A。根据这一工作特点,对汽车用蓄电池的主要要求是：容量大、内阻小,以保证蓄电池具有足够的起动能力。如果容量不足或内阻过大,那么蓄电池就不能供给强大电流,发动机就不能起动。

起动型铅酸蓄电池的突出优点是内阻小、电压稳定。此外还有成本低、原料丰富等特点,所以汽车普遍采用。

第二节　蓄电池的构造与型号

一、蓄电池的构造

蓄电池的构造如图3-2所示,它由极板、隔板、壳体和电解液等部分组成。壳体内部分为互不相通的6个格(3单格电池已很少使用),每格内的电解液、正负极板组和其间所夹的隔板,组成为单格电池。每单格电池标称电压为2V,6个单格串联成一个12V的蓄电池供汽车使用。蓄电池各组成部分的构造如下。

1. 极板

蓄电池的充电和放电,是靠正、负极板上的工作物质(即活性物质)与电解液中的硫酸起化学反应来实现的。正、负极板的活性物质是不同的。

正极板的活性物质是棕色的二氧化铅(PbO_2),填充在栅架的格子内,如图3-3所示。栅架由铅锑合金制成,锑占5%,加锑是为了提高栅架的机械强度和改善浇铸性能。

第二节 蓄电池的构造与型号

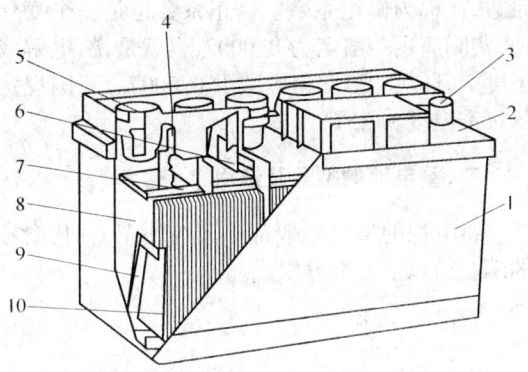

图 3-2 蓄电池的构造
1.外壳 2.电池盖 3.正极柱 4.负极柱 5.加液孔螺塞 6.穿壁连条 7.汇流条 8.负极板 9.隔板 10.正极板

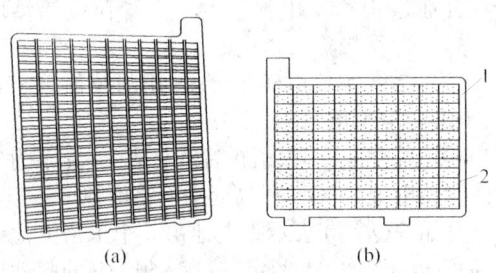

图 3-3 栅架与极板
1.栅架 2.活性物质

负极板的活性物质是青灰色的海绵状纯铅(Pb)，也填充在栅架内。为了增加蓄电池的容量，将正、负极板互相嵌合，中间插入隔板便成为单格电池。由于正极板的活性物质比较疏松，因此负极板比正极板多一片，将正极板夹在两片负极板的中间，使正极板两侧放电均匀，以减少活性物质脱落。一个单格电池的极板数为奇数，每片极板的厚度为 1.0~1.5mm。

2. 隔板

为了减小蓄电池的尺寸，正、负极板靠得很近，其中间插上隔板，以免工作时因活性物质脱落而短路。隔板用绝缘的多孔性材料制成，以便电解液能自由渗透。目前隔板多用微孔塑料、微孔橡胶等制成。正、负极板与隔板组成的极板组如图 3-4 所示。

隔板通常做成一面有槽，一面平滑。安装时，有槽的一面应竖直面向正极板，使正极板附近电解液较多，且易于流动；充电时气泡可沿槽上升；

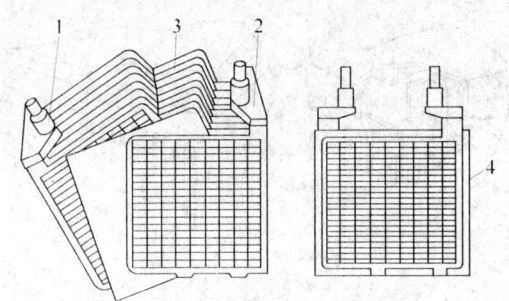

图 3-4 单格电池内极板组的构造
1.正极板 2.负极板 3、4.隔板

同时使脱落的活性物质沿槽下降。有的蓄电池采用袋装隔板，把正、负极板包装起来，不仅更好地防止了正、负极板短路，而且能有效地减少活性物质脱落。

3. 外壳

外壳(也称容器)多为整体式，内用间壁分隔成几个单格，每个单格放入极板组，成为一个单格电池。

外壳材料要求耐酸、耐热、耐振动性能好。以前的蓄电池外壳多用硬橡胶制成，目前则采用ABS工程塑料制成，其制造工艺简单、坚固、美观、重量轻、耐腐蚀性好。单格之间多用穿壁焊连接，将单格电池的正极边接另一单格电池的负极边，如图 3-5b 所示。

12V蓄电池由6个单格电池串联而成。第一、六单格异性极板组的联条上各载上一极柱，露出外壳外，以供与外电路连接。外壳底部的凸棱，用以支承极板组，并容纳从极板脱落的物质，以防极板间短路。外壳上部有整体的盖(老式蓄电池为6个单独的盖)，盖上一般有6个孔，拧入6个加液孔螺塞，塞上的小孔是使电池内气体泄出用的。

有的柴油发动机需要的起动机功率较大，为减少供电电流，用24V的蓄电池，常将两个12V的蓄电池串联使用。

4. 电解液

电解液是用纯净的专用硫酸和蒸馏水按一定比例配制而成的溶液。一般工业用的硫酸和非蒸馏水都含有有害杂质，绝对不可加入蓄电池，否则要引起自行放电，并损坏极板。

配制电解液时，必须用非金属容器。只能把浓硫酸往蒸馏水中倒，绝对不能反过来，否则会因浓硫酸激烈沸腾而飞溅伤人。

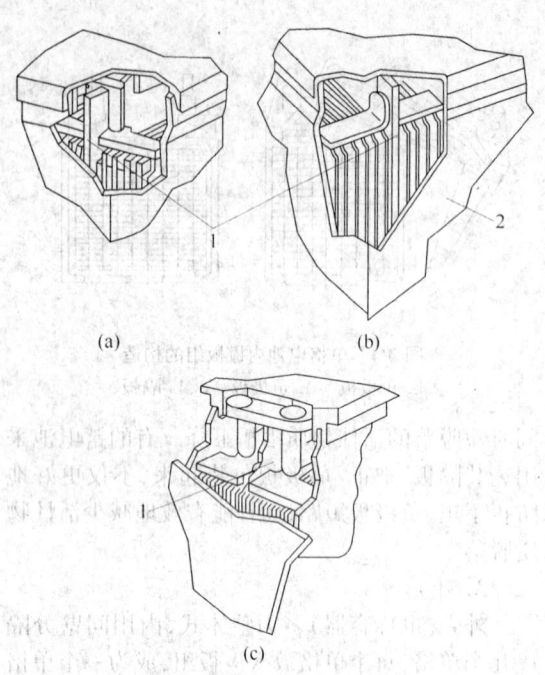

图 3-5 连接单格电池的三种方式
(a)攀过间壁 (b)穿过间壁 (c)外部连接
1. 间壁 2. 容器

电解液的相对密度(以下简称密度)对蓄电池工作有重要的影响。密度大些,可减少结冰的危险,并提高蓄电池的容量。但密度过大,由于电解液的黏度增加,渗透阻力增加,反而会降低蓄电池的容量,并会使极板和隔板使用寿命缩短,因此,应根据不同的使用条件选择不同的电解液密度。如寒冷地区应使用密度较高的电解液,同一地区使用的蓄电池,冬季的电解液密度应较夏季高一些,见表 3-1,或根据所用汽车的使用说明书上的规定来选用。

表 3-1 不同地区和气温条件电解液的相对密度

气候条件	全充电蓄电池 25℃ 的相对密度	
	冬天	夏天
冬季温度低于 -40℃ 的地区	1.310	1.250
冬季温度高于 -40℃ 的地区	1.290	1.250
冬季温度高于 -30℃ 的地区	1.280	1.250
冬季温度高于 -20℃ 的地区	1.270	1.240
冬季温度高于 0℃ 的地区	1.240	1.240

另外,电解液温度不同时,其密度也不同。当电解液温度升高时,电解液受热膨胀,体积增大,密度减小;反之,电解液温度下降时,体积缩小,密度增大。温度变化 1℃ 时密度的变化值称为温度系数,或称为修正系数。修正系数也是一个变化值,实际应用一般定为 0.0007,也就是说,电解液温度上升 1℃,密度相应减少 0.0007。我国规定的标准温度为 25℃。

二、蓄电池的型号及选用

蓄电池的型号一般都标注在外壳上,其型号的编制由以下五部分组成。

①为串联的单格数,用阿拉伯数字表示。

②为蓄电池的用途,用汉语拼音字母表示。Q——起动用蓄电池;M——摩托车用铅蓄电池;JC——船用铅蓄电池;HK——飞机用铅蓄电池。

③为极板类型,用汉语拼音字母表示(无字为干封普通极板铅蓄电池)。A——干荷电铅蓄电池;B——薄型极板铅蓄电池。

④为 20h 率放电额定容量,用阿拉伯数字表示,不带容量单位。

⑤特殊性能,用汉语拼音字母表示(无字为一般性能蓄电池)。G——高起动率蓄电池。

例如 6-QA-60 表示蓄电池由 6 个单格电池组成,额定电压为 12V,额定容量为 60A·h 的起动用干荷电铅蓄电池(北京 BJ2020 型汽车使用);6-QA-105G 表示蓄电池由 6 个单格组成,额定电压为 12V,额定容量为 105A·h 的起动用干荷电极板、高起动率铅蓄电池;6-QW-180 表示蓄电池由 6 个单格组成,额定电压为 12V,额定容量为 180A·h 的起动用免维护蓄电池(东风 EQ2102 型越野汽车用)。

第三节 蓄电池的工作原理

蓄电池的化学反应是指蓄电池在放电和充电时内部起的化学变化。

一、蓄电池放电时的电化学反应

一个完全充电的蓄电池,正极板上的活性物质是基本纯净的二氧化铅(PbO_2),负极板的活性物质是海绵状铅(Pb),以及达到规定密度的硫酸(H_2SO_4)和水(H_2O)的溶液。图 3-6 说明了放电过程中极板与电解液之间发生化学反应的情况。在正极板上铅(Pb)与硫酸根(SO_4)反应而生成硫酸铅($PbSO_4$),同时,正极板活性物质中的氧和电解液中的氢结合而生成水(H_2O)。

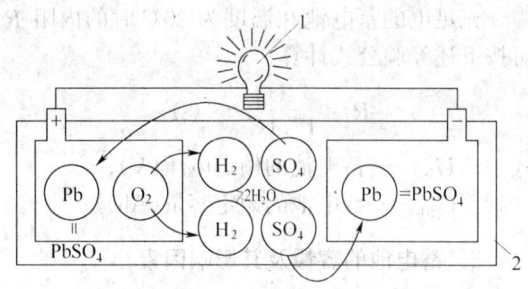

图 3-6 蓄电池放电时的化学反应
1. 用电设备 2. 蓄电池

相似的化学反应也在负极板处发生,铅(Pb)与硫酸根(SO_4)结合也生成硫酸铅($PbSO_4$)。放电的结果,正极板的二氧化铅(PbO_2)和负极板的铅(Pb)均变成了硫酸铅($PbSO_4$),电解液变成了水(H_2O)。

随着放电的进行,蓄电池电解液密度和端电压不断下降。一般情况下,当全充电电池放电到终止电压(1.75V)时,电解液密度降低 0.16,因此,电解液密度每下降 0.04,表示放电程度增加了 25%。

蓄电池放电终了的特征是:

(1)单格电池的端电压降至放电终止电压

容许的放电终止电压与放电电流强度有关,放电电流越大,则放完电的时间越短,而允许的放电终止电压越低。例如以 20h 放电率放电,终止电压为 1.75V;以 10h 放电率放电时,终止电压为 1.70V。

(2)电解液密度降低到最小许可值

蓄电池放电的过程就是蓄电池储存的化学能转变为电能的过程,以供给用电设备使用。

二、蓄电池充电时的化学反应

蓄电池的充电,就是将充电设备输出的电能转变为蓄电池的化学能储存起来的过程。

一个放了电的蓄电池,只有在外电路上接上充电设备(在汽车上是发电机,在车下是充电机),给电池两极加一定的电动势,才能使正极板的硫酸铅($PbSO_4$)分解成原来形态的铅(Pb)和硫酸根(SO_4),电解液中的水(H_2O)分解成氢(H)和氧(O)。氢(H_2)与硫酸根(SO_4)结合,重新还原为硫酸(H_2SO_4),使电解液密度增加,两个氧(O_2)与正极板的铅(Pb)结合生成二氧化铅(PbO_2)。负极板的硫酸铅也同样分解,但只有硫酸根(SO_4)与氢(H_2)组合成硫酸水溶液,而将铅留在负极板

上,如图 3-7 所示。随着充电的进行,电解液的相对密度不断增加,因此,充电时也可通过测量电解液密度来判断电池是否充电完毕。

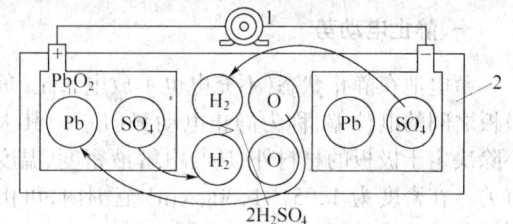

图 3-7 蓄电池充电时的化学反应
1. 交流发电机 2. 蓄电池

充电过程中,蓄电池的端电压也是逐渐上升的。当电压达到 2.4V 左右时,电解液中开始冒气泡。此现象说明蓄电池已基本充足电,极板上的硫酸铅已基本转变为二氧化铅和纯铅,小部分电流已用于电解水,产生了氢气和氧气。继续充电时,随着少量硫酸铅的继续转化,大部分电流用于电解水,产生大量的氢气和氧气,以气泡形式放出,形成"沸腾"现象。由于水被分解变成氢气和氧气而放出,在此过程中,带正电的氢离子和负极板上电子结合比较缓慢,来不及立即变成氢气放出,于是在负极板周围便积存了大量的带正电的氢离子,使电解液与负极板间产生了约为 0.33V 的附加电位差,这个附加电位差使蓄电池的端电压由 2.4V 增至 2.7V 左右。

实际应用中,为了使蓄电池彻底充足、活性物质尽可能全部还原,往往再继续充电 2h。

充电终了后再继续充电即为过充电。过充电产生大量的气泡从极板孔隙中冲出导致活性物质脱落,使蓄电池的输出容量降低,使用寿命缩短。因此应避免长时间过充电。

停止充电后,附加电压消失,孔隙内的硫酸向外扩散,使容器内电解液混合均匀,端电压下降到由该时密度所决定的电动势数值。

蓄电池充电终了的特征是:

①端电压上升到最大值(2.7V 左右)且 2~3h 内不再增加。

②电解液密度上升到最大值,2h 不再增加。

③电解液中剧烈冒气泡,呈沸腾状态。

归纳起来,蓄电池充、放电的化学反应可用下式表示:

$$PbO_2 + Pb + 2H_2SO_4 \underset{充电}{\overset{放电}{\rightleftharpoons}} 2PbSO_4 + 2H_2O$$

第四节 蓄电池的技术参数

一、静止电动势

蓄电池在静止状态(不充电也不放电),正、负极板之间的电位差,称为静止电动势(E_s)。其大小除决定于极板的材料外,还与电解液密度、温度有关。在密度为 1.05~1.30g/cm³ 范围内,可由下述经验公式计算:

$$E_S = 0.85 + \rho_{25℃} \quad (V)$$

实测相对密度应按下式换算成 25℃ 的相对密度:

$$\rho_{25℃} = \rho_T + \beta(T-25)$$

式中 ρ_T——实测电解液相对密度;
T——实测电解液温度(℃);
β——密度温度系数,$\beta = 0.0007$。

汽车用蓄电池电解液的相对密度在充电时增高,放电时降低,一般在 1.12~1.30 之间变化,因此单格静止电动势相应地在 1.97~2.15V 之间变化。

二、内阻

蓄电池内阻包括极板、隔板、电解液和联条的电阻。

极板电阻随其活性物质的变化而变化。由于硫酸铅导电性能较差,所以放电程度增大时,极板电阻将随之增加。

隔板电阻与材料及孔率、孔径等因素有关。温度越低,电阻值越大。例如相对密度为 1.25 的电解液,在 40℃ 时的电阻值为 0.868Ω/cm³,当温度下降到 -30℃ 时,电阻值便增加到 2.498Ω/cm³。

图 3-8 所示为电解液电阻值随相对密度变化的关系曲线。当相对密度为 1.20(25℃)时,硫酸的离解最好,电解液黏度较小,其电阻也最小。

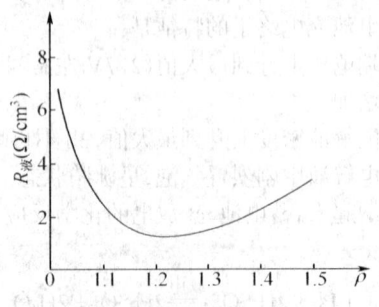

图 3-8 电解液内阻与密度的关系

充足电的蓄电池在温度为 20℃ 时的内阻 R_i 可按下述经验公式计算:

$$R_i = \frac{U_b}{17.1 C_{20}} \quad (\Omega)$$

式中 U_b——蓄电池的额定电压(V);
C_{20}——蓄电池的额定容量(Ah)。

三、蓄电池的容量及其影响因素

1. 容量

蓄电池的容量是蓄电池的主要参数。它是在放电允许范围内,蓄电池放电能力的度量。容量规格是蓄电池国际协会(BCI)和汽车工程师学会(SAE)联合制定的,有三种表示方法。

①20h 率额定容量:20h 率额定容量的表示符号为 C_{20}。它是指一个完全充电的 12V 蓄电池在电解液温度为 25℃ 时,连续 20h 输出最大稳定电流而电池电压不低于 10.5V 时所输出的电量,称为 20h 率额定容量。其数值为放电电流 I 乘 20h,单位是安培小时(Ah)。如 60Ah 的电池,表示以 $I_{20} = \frac{C_{20}}{20h} = \frac{60Ah}{20h} = 3A$ 的放电强度,放电 20h 后电池电压降到 10.5V,其输出的电量为 $C_{20} = I \times t = 3A \times 20h = 60Ah$。

蓄电池的额定容量也可按下式估算:$C_{20} = 15Ah \times$ 单格电池正极板数。

②额定储备容量:额定储备容量的表示符号为 C_m,单位是分(min),是国际上通用的另一种表示蓄电池容量的方法。它是指完全充电的 12V 蓄电池,在电解液温度为 25℃ 时,以 25A 电流放电到端电压下降为 10.5V 时所能维持的时间。蓄电池厂家在试验电池容量时,应优先采用额定储备容量,也可采用 20h 率额定容量。这两种容量之间有如下关系:

$$C_{20} = -133.3 + \sqrt{17778 + 208.3 C_m}$$

当 $C_m \geq 480$min(或 $C_{20} \geq 200$Ah)时,此式不适用。

③冷起动容量:冷起动容量用来考核电池在低温下的起动能力,代号为 I_s,单位是安培(A),即起动电流值。它是指在 -18℃ 低温下,蓄电池以 I_s(A) 值放电,30s 后,单格电池平均电压不得低于 1.4V。

2. 影响蓄电池容量的主要因素

①放电电流的影响:随着放电电流的加大,蓄电池实际输出的容量要减小。这是因为放电电流

增大时,化学反应速度加快,硫酸铅阻塞孔隙的速度也加快,致使孔隙中的硫酸消耗过多,电解液密度迅速下降,蓄电池端电压下降,使极板内部大量活性物质不能参加化学反应,使蓄电池实际输出的容量减少,如图3-9所示。

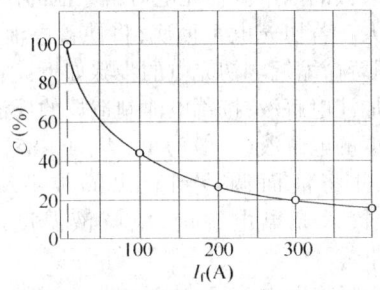

图3-9　蓄电池容量与放电电流的关系

由此可见,如果连续长时间接通起动机,就会使蓄电池的端电压急速降至终止电压,输出容量迅速减小,且使蓄电池过早损坏。因此,若汽车在5s内起动未能成功,则应停止起动,10～15s后方可再次起动。这是为了使电解液能继续渗入极板内层,以提高蓄电池的使用寿命和输出容量。

②温度的影响:蓄电池的内阻对蓄电池的端电压影响很大。电解液的电阻是蓄电池内阻的主要部分,而电解液的电阻将随温度降低而显著增加,这是由于温度降低时电解液黏度增大的缘故。如果低温下隔板的孔隙缩小,渗透性变差,电解液通过困难,就加剧了低温下蓄电池端电压下降的程度。同时低温不仅使电解液的电阻增加,而且黏度也增大,渗入极板内层困难,所以放电时极板内层的活性物质不能被充分利用,实际的输出容量减少,如图3-10所示。

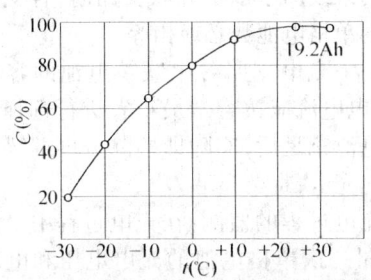

图3-10　电解液温度对容量的影响

在我国北方寒冷地区,汽车在冬天起动时要考虑保温装置,或冬天露天停车时可将蓄电池搬到房间,以免再起动时起动不着,甚至点火困难。

③电解液密度对容量的影响:适当增大电解液密度,可以提高电解液的渗透速度和蓄电池的电动势,并减小内阻,使蓄电池的容量增大。但密度超过某一数值时,由于电解液黏度增大使扩散速度减低,内阻和极板硫化增加,又会使蓄电池的容量减小。

第五节　蓄电池的充电

一、充电方法

蓄电池的充电,必须使用直流电源或者将交流电用整流设备转变为直流电。充电电流 I_c 的大小可由下式得出:

$$I_c = \frac{U_c - E}{R_i}$$

式中　U_c——充电电压;
　　　E　——蓄电池电动势;
　　　R_i——蓄电池内阻。

常用的蓄电池充电方法有下列几种:

1. 恒压充电法

在充电过程中,充电电压恒定不变的充电方法称为恒压充电法。蓄电池在汽车上由发电机对其充电的方法就属于恒压充电,其充电电压由电源系统的电压调节器控制。

在恒压充电过程中,蓄电池的电动势 E 和充电电流 I_c 的变化规律如图3-11所示。

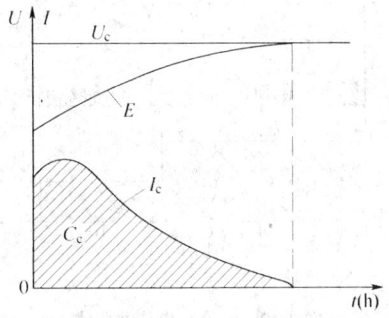

图3-11　恒压充电特性曲线

由图可见:在充电初期,由于蓄电池的电动势 E 较低,充电电压 U_c 与 E 之差值较大,因此充电电流 I_c 较大,电动势 E 上升也较快;随着充电时间增长,U_c 与 E 之差逐渐减小,I_c 也随之减小;当 E 上升到 U_c 时,I_c 亦就等于零,充电自动停止。

恒压充电法的优点是充电初期充电电流大，充电速度快，4~5h内蓄电池就可获得本身容量的90%~95%，因而充电时间可大大缩短。但恒压充电时，充电电流会随着蓄电池电动势的升高而逐渐减小，最后自动停止充电，蓄电池充电不完全，所以车上使用的蓄电池仍要定期用恒流充电法进行补充充电。另外，由于充电电流不能自动调节，因此不能适应对各种不同技术状态的蓄电池进行充电，例如，蓄电池的初充电和去硫充电就不能采用恒压充电法。

采用恒压充电时，应选择好充电电压，若充电电压过高，不但充电初期充电电流过大，还会发生过充电现象，以致引起极板活性物质脱落，蓄电池温升过高的现象；若充电电压过低，则会使蓄电池不能基本充足。一般每单格电池约需2.4V。因此根据汽车上所采用的电压制度的不同，发电机调节器的调节电压分别为14V和28V左右。

2. 恒流充电法

在充电过程中，充电电流恒定不变的充电方法叫做恒流充电法。由充电电流表达式可知，在充电过程中，随着蓄电池电动势 E 的升高，要保持充电电流恒定，就必须逐步提高充电电压 U_c。当单格电池端电压升高到2.4V时开始产生气泡，此时应将充电电流减少一半，直至蓄电池完全充足。所以也把这种充电方法称为两阶段恒流充电法。其充电特性如图3-12所示。

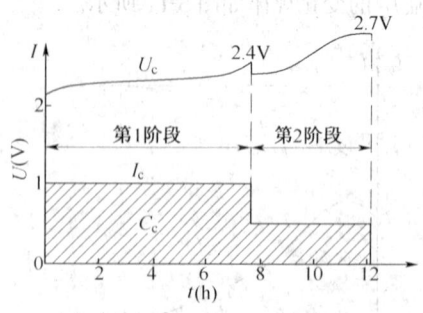

图3-12 恒流充电特性曲线

恒流充电法有较大的适应性，可以任意选择和调整充电电流，可对各种不同技术状态的蓄电池进行充电，并可保证蓄电池彻底充足电。其缺点是充电时间长，并且需要经常调节充电电流。

二、充电工艺

根据蓄电池的技术状态不同，蓄电池的充电工艺分为初充电、补充充电和去硫充电三种。

1. 初充电

对普通新蓄电池或更换极板后的蓄电池进行的首次充电，称为初充电。其目的在于恢复蓄电池在存放期间，极板上部分活性物质缓慢放电和硫化而失去的电量。初充电对蓄电池的使用性能影响很大。若初充电不彻底，将使蓄电池容量减小，使用寿命缩短。初充电的步骤如下：

① 加注电解液：按蓄电池制造厂的规定，加注一定密度的电解液（一般为1.24~1.285）。静置4~6h，并将液面调整到高出隔板上缘10~15mm。接入充电电源前，电解液温度应降至35℃以下。

② 选择充电电流：蓄电池初充电应选择两阶段恒流充电法进行充电。第一阶段充电电流 I_{C1} 为额定容量的1/15，即 $I_{C1}=C_{20}/15(A)$。当电解液中冒出气泡，单格电压达到2.4V时，转入第二阶段。第二阶段的充电电流 I_{C2} 为第一阶段充电电流的一半，即 $I_{C2}=C_{20}/30(A)$。

③ 连接蓄电池：在连接蓄电池之前，应根据充电机的额定电流 I_e 和第一阶段充电电流 I_{C1} 确定蓄电池并联支路数 n；根据充电机的额定电压 U_e 和单格电池充电时所需最大电压确定每条支路中串联蓄电池只数 m。

并联支路数 $n=\dfrac{I_e}{I_{C1}}$（取整数）

每条支路串联12V电池只数 $m=\dfrac{U_e}{16.5}$（取整数）

由此就可计算出一台充电机一次充电最多允许连接的蓄电池只数（$n\times m$）。

有两条或两条以上并联支路时，各支路串联蓄电池的单格电池数必须相等。

当同一充电支路各串联蓄电池的容量不同时，其充电电流应按容量最小者进行选择。当小容量蓄电池充足后，应随即摘除。再继续给大容量蓄电池充电，直至充足。

④ 充电过程的监测：在充电过程中，每隔2~3h应测量一次单格电池的充电电压和电解液相对密度，当电压达到2.4V时，应及时转入第二阶段充电，直到电压和相对密度在2~3h内不再上升并有大量气泡放出为止。

充电过程中，应经常测量电解液温度。当其升到40℃时，应将充电电流减半；若温度继续上升到45℃时,则应暂停充电;待温度降到低于40℃,方可继续充电。

⑤调整电解液相对密度:充电结束0.5h以后,测量电解液相对密度若不符规定,则应进行调整。相对密度偏低应适量补充相对密度为1.40的稀硫酸;反之则应补加蒸馏水。调整后的相对密度是否符合规定,要待充电2h后再复查一次。各单格电池之间相对密度之差不得超过0.01。相对密度调好后应作记录,以备使用参考。

2. 补充充电

蓄电池使用后的充电,称为补充充电。蓄电池在汽车上由充电系统进行的恒压充电不能使蓄电池彻底充足,为了防止产生硫化,每隔2个月应进行一次补充充电。当蓄电池在使用中出现下列容量不足的迹象之一时,必须及时进行补充充电。

①起动无力(并非机械故障)时。
②前照灯灯光暗淡,表示电力不足时。
③电解液相对密度降到1.20以下时。
④冬季放电超过25%,夏季放电超过50%时。

补充充电的程序与初充电基本相同。其不同点如下:

①充电前不需加注电解液,当蓄电池电解液面过低时,一般只需补充蒸馏水。
②补充充电的充电电流较初充电的充电电流稍大。补充充电第一阶段的充电电流I_{C1}一般为额定容量的1/10。即$I_{C1}=C_{20}/10(A)$,第二阶段的充电电流仍为第一阶段的一半。

3. 去硫充电

蓄电池产生硫化故障后,其内阻将显著增大,开始充电时充电电压较高(严重硫化者可高达2.8V以上),温升亦较快。对严重硫化的蓄电池,只能报废;对硫化程度较轻的蓄电池,可以通过充电予以消除。这种消除硫化的充电工艺称为去硫充电。

去硫充电的程序如下:

①首先倒出蓄电池内的电解液,用蒸馏水冲洗2次后,再加入足够的蒸馏水。
②接通充电电路,将电流调到初充电第二阶段电流值进行充电。当相对密度升到1.15时,倒出电解液,换加蒸馏水再次充电,直到相对密度不再增加为止。
③以20h率放电电流放电至单格电池电压降

到1.75V时,再进行上述充电,充足后再放电。如此充放电循环,直到输出容量达到额定容量的80%以上后,即可投入使用。

三、充电注意事项

①蓄电池充电应配备充电间、充电机房等,并由专人负责操作。充电间应保持通风良好,杜绝明火,以防止火灾发生。
②在充电过程中,要注意测量各个单格电池的电压、温升及密度变化,及时判断充电程度和技术状况。
③配制和加入电解液时,要严格遵守操作规程。
④初充电应一次性连续完成,不可长时间间断。
⑤室内充电时,要打开蓄电池的加液孔盖,使氧气、氢气顺利逸出,加强室内通风,严禁室内明火,以免发生事故。
⑥蓄电池和充电设备不应放在同一室内。充电时应先接牢蓄电池接线,然后再与充电机连接;停止充电时,要先切断交流电源;导线的连接务必可靠,严防火花出现。
⑦长期从事蓄电池充电、组装的工作人员,应按规定做好劳动保护工作,以防止铅中毒。

第六节 干式荷电蓄电池和免维护蓄电池

一、干式荷电蓄电池

干式荷电蓄电池与普通蓄电池的区别是极板组在干燥状态下能够较长期地保存在制造过程中所得到的电荷。这种电池在规定的保存期(两年)内,如需使用,只要灌入符合规定密度的电解液,搁置30min左右,调整液面高度至规定标准后,不需要进行初充电即可使用。

干式荷电蓄电池和普通蓄电池的主要差别是在正、负极板的铅膏中加入了抗氧化剂(如松香、羊毛脂等),使极板在干燥的过程中形成一种保护膜覆盖在海绵状铅的表面,以免与空气接触发生氧化。因此,这样处理后的负极板具有较高的荷电性能,在储存期间基本上保持负极板上活性物质的海绵状态。正极板上的活性物质是二氧化铅(PbO_2),在空气中是很稳定的,而负极板上的活性物质铅因呈海绵状而表面积很大,化学活性很高,在与水、空气接触中,很容易发生氧化,使极板的荷电性能下降,加抗氧化剂的目的,就是增加负极板的憎水抗氧能力。另外,干式荷电铅蓄电池在制造过程中,反复进行充、放电循环,使之在极板的深层也形成海绵状的铅。

对于储存超过两年的干式荷电铅蓄电池,因极板上有部分氧化,使用前应以补充充电的电流大小,充电 5~10h 后再使用。由于这种电池使用方便,是理想的应急电源,近年已逐渐取代普通的铅蓄电池。

二、免维护蓄电池

为了保持普通蓄电池的良好状态,在使用过程中需定期进行保养,如检查液面高度、加注蒸馏水,从车上拆下进行补充充电等。为了减少这些既麻烦又不安全(常与硫酸接触)的工作,免维护蓄电池已日益得到广泛应用。这种蓄电池在使用中不需经常添加蒸馏水,市内短途车可行驶 8 万 km,长途货车可行驶 40~48 万 km 不需维护,具有自放电少、寿命长、接线柱腐蚀较轻以及起动性能好等优点。

免维护蓄电池也叫做 MF 蓄电池(Maintenace Free 的缩写),它与普通蓄电池的主要区别在于,免维护蓄电池的正极板与负极板上的活性物质相对数量不同,它的负极板上有较多的活性物质,即使在全充电的情况下,正极板全部变成二氧化铅,但负极板还没有达到全充电,一部分硫酸铅还处于半充电,因此电极处于不平衡状态。这样,在充电终了时,正极板上已无硫酸铅需恢复,所以通过负极板的充电电流,把硫酸铅变成海绵状铅,由此可知,在充足电后即使继续有充电电流通过,负极板上的硫酸铅($PbSO_4$)也不可能消失,其极板上的活性物质也不会 100%地变成海绵状铅,而在正极板因电解水产生的氧气,又被负极板吸收变成硫酸铅和水。因此,从理论上讲,这种蓄电池即使出现过充电,电解液中的水分也不会减少,所以,它可以做成封闭型的。实际上,为避免万一在过充电时产生气体而发生危险,封闭型的免维护蓄电池上都设有安全阀,当蓄电池内超过规定压力时,气体从安全阀排出。

免维护蓄电池的其他结构特点还有:

①极板栅架采用铅钙合金或低锑合金(锑占 1%~3%),能减少排气量、耗水量和自放电。减少了锑的含量后,为了提高机械强度就加钙,并增添加强筋,如图 3-13 所示。

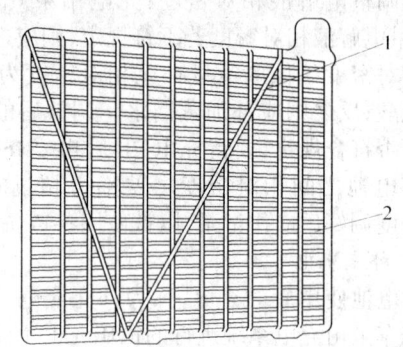

图 3-13 免维护蓄电池的栅架
1. 加强筋 2. 栅架

②如图 3-14 所示,隔板采用袋式(聚氯乙烯微孔塑料)隔板,将正极板包住,可保护正极板上的活性物质不致脱落,并防止正、负极板短路。用这种隔板可取消壳体内底部的凸棱,使极板上部容积增大,提高了电解液的储存量。

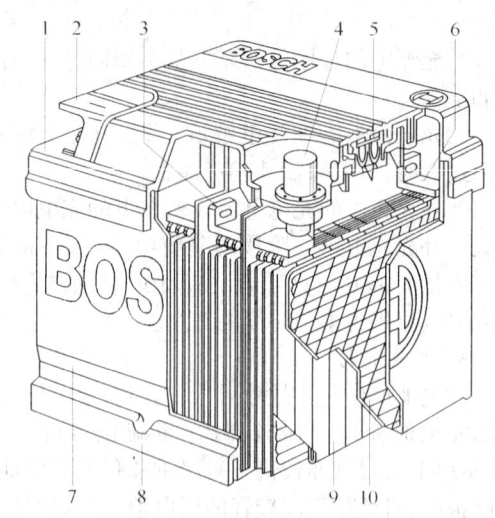

图 3-14 免维护蓄电池
1. 盖 2. 极柱盖 3. 单格电池连接器 4. 极柱 5. (出气)缝隙 6. 同板连片 7. 壳体 8. 底栏 9. 塑料隔板及置于其中的正极板 10. 负极板

③加装复合塞的通气装置,如图 3-15 所示。它可以安全通风,并可保持蓄电池内的氢气,避免与外部火花直接接触,以防爆炸。有的通气塞中还装入催化剂钯,可帮助排出的氢氧离子结合生成水,再回到蓄电池中去,减少了水的消耗。这种复合塞还可使蓄电池顶部和接线柱保持清洁,减少

接头的腐蚀。目前,国内生产的免维护蓄电池其加液孔盖上的通气孔多采用迷宫式排气结构,也可减少电解液的蒸发。

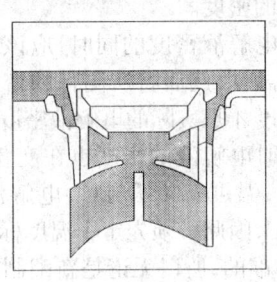

图3-15 新型通气装置

④单格电池间的连接采用穿壁式贯通连接,可减少内阻。外壳可以用特殊塑料热压而成,由于壳体内壁薄,与同容量电池相比,重量轻、体积小。

⑤有的免维护蓄电池(如上海别克轿车装用的蓄电池),在内部装有一支荷电情况相对密度计,如图3-16所示,它可以指示出蓄电池的充电情况。相对密度计用塑料制成,其下部的直管从蓄电池顶部插入电解液中,指示器内有一绿色小球,当电解液相对密度高于1.265,或蓄电池充电到额定容量的65%以上时,小球即浮起,密度计顶部的圆点指示为绿色;当充电低于额定容量65%时,小球下沉,圆点指示变得模糊或呈黑色,表明蓄电池需要充电;若电解液低于极限值,密度计顶部的圆点变为透明无色,表明电解液已减少到极限值,或内部有损坏。这两种情况都必须更换蓄电池。这种蓄电池的缺点是成本较高。

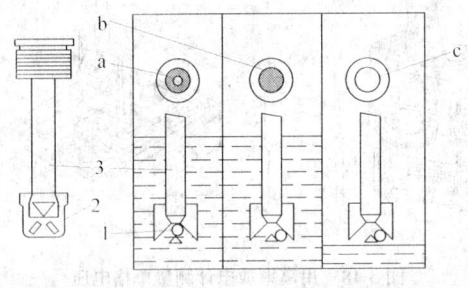

图3-16 相对密度计
1.绿色塑料球 2.装小球的笼子 3.玻璃棒
a.绿色 b.深绿色(或黑色)
c.透明无色(或淡黄色)

许多制造厂已将免维护蓄电池改型为"少维护蓄电池",修改之处主要有:小盖作成可打开的,以便可测量、检查和调整电解液的液面和相对密度(少维护蓄电池不带内装式相对密度计);栅架材料含锑量约3.4%,纵向栅条改为斜的,与横向栅条非直角交叉,以缩短栅架的电流通路(减小电阻)和增加刚度。我国红旗轿车和2气门、5气门的捷达轿车所用的蓄电池均属于这种"少维护蓄电池"。

第七节 蓄电池的使用与常见故障预防

一、蓄电池日常使用注意事项

为使蓄电池经常处于良好的技术状况,延长其使用寿命。使用中应注意做好如下工作:

①蓄电池在车上应安装牢固,起动电缆与极柱连接要紧固。

②蓄电池外壳不应有裂隙、电解液不应有渗漏现象。

③做好蓄电池的换季保养工作,定期检查和调整电解液密度和液面高度。一般夏季每周检查一次,春、秋季可稍长,冬季每两周检查一次。

④经常清除蓄电池盖上的脏物,冲洗盖上的电解液,疏通加液孔盖上的通气孔,清除极柱和起动电缆接头上的氧化物。

⑤蓄电池应经常处于充足电状态,以免在冬季因电解液密度降低而结冰,造成壳体破裂、极板弯曲和活性物质脱落等故障。

⑥冬季补加蒸馏水时,只能在蓄电池充电前进行,这样可以使水较快地和电解液混合,减少冰冻的危险。

⑦在冬季,蓄电池容量下降,冷车起动时,应先预热发动机,每次起动时间不可超过5s,如果要二次起动,应有15s的间隔时间。

二、蓄电池技术状况的检查

1. 电解液液面高度的检查

电解液液面应高出隔板上缘10~15mm。检测时,使用内径为3~5mm的玻璃管,竖直插入蓄电池的加液孔中,且与极板的防护片相抵;另一端用大拇指堵住,利用其真空度,当把玻璃管提起(取出)时就把电解液吸入管内,管内的电液高度即为电解液高出隔板的数值。若液面过高,应该用密度计吸出,否则电解液容易外溢,腐蚀极柱和连接件，易造成短路等。

2. 测量电解液密度，判断蓄电池的放电程度

用吸管式密度计测量电解液密度的方法如图3-17所示。

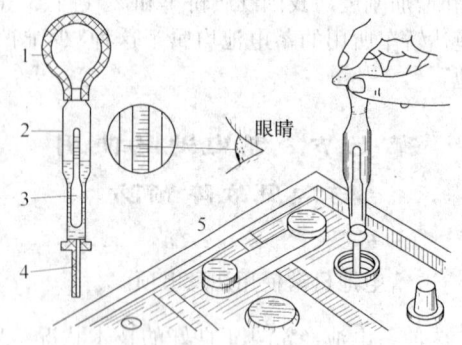

图3-17 吸管式密度计结构及测量电解液密度的方法
1. 橡胶球 2. 玻璃管 3. 浮子
4. 橡胶吸管 5. 被测电池

测量时先将密度计下部的橡胶吸管插入蓄电池单格电池内，用手捏一下橡胶球，然后缓慢松开，电解液就被吸入玻璃管中，此时密度计的浮子浮起，其上刻有读数，浮子与液面相平等的读数就是该电解液的密度。

在测量电解液密度的同时，应该用温度计测量电解液的温度，然后将所测得的密度再换算出25℃时的密度才是实际的电解液密度。这是因为当温度变化时电解液的密度也在变化，它随温度升高而降低，温度每上升1℃，电解液密度减少$0.0007g/cm^3$，因此必须先定个温度标准。我国是以25℃为标准的，所以无论是新配制的电解液还是待检查蓄电池的电解液，都应换算到25℃时的电解液密度值。

实践经验表明，电解液密度每减少0.01 g/cm^3，相当于蓄电池放电6%，或者粗略计算电解液密度即每减少$0.04g/cm^3$，相当于蓄电池放电25%，蓄电池电解液密度与放电程度与气温的关系见表3-2。

表3-2 蓄电池电解液密度与放电程度及气温的关系 (g/cm^3)

电解液密度 \ 气温 \ 放电程度	冬季气温低于-40℃的地区		冬季气温在-40℃以上地区		冬季气温在-30℃以上地区		冬季气温在-20℃以上地区		冬季气温在0℃以上地区	
	冬季	夏季	冬季	夏季	冬季	夏季	冬季	夏季	冬季	夏季
全充电时	1.31	1.27	1.29	1.26	1.28	1.25	1.27	1.24	1.24	1.23
放电25%时	1.27	1.23	1.25	1.22	1.24	1.21	1.23	1.20	1.20	1.19
放电50%时	1.23	1.19	1.21	1.18	1.20	1.17	1.19	1.16	1.16	1.16
放电75%时	1.19	1.15	1.17	1.14	1.16	1.13	1.15	1.12	1.12	1.12
全放电时	1.15	1.12	1.13	1.10	1.12	1.10	1.11	1.09	1.09	1.09

在大电流放电和加注蒸馏水后，不应立即测量电解液密度，因为此时电解液混合不均匀。

3. 用高率放电计检查蓄电池的放电程度

判断蓄电池放电程度的另一个方法是用高率放电计测量单格电池电压，就是测量单格电池在强电流放电时的端电压，来判断蓄电池的放电程度。高率放电计的结构及测量单格电池电压的方法如图3-18所示。

高率放电计是由一个3V的电压表和一个负载电阻组成，是按汽车起动机提供大电流的情况设计的一种检测仪表。测量时，应将两个叉尖用力压在单格电池的正、负极柱上，时间不超过5s，观察按起动机的负载大电流放电时的端电压，以此来判断蓄电池的存放电情况，详见表3-3。

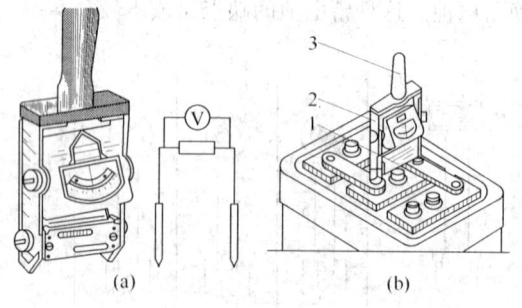

图3-18 用高率放电计测量单格电压
1. 分流电阻 2. 电压表 3. 高率放电计手柄

表3-3 蓄电池负荷电压与放电程度对照表

用高率放电计(100A)测得单格电压(V)	蓄电池的放电程度(%)
1.7~1.8	0

续表3-3

用高率放电计(100A)测得单格电压(V)	蓄电池的放电程度(%)
1.6~1.7	25
1.5~1.6	50
1.4~1.5	75
1.3~1.4	100

注:电压上限值适用于新的或容量较大的蓄电池。

一般技术状况良好的蓄电池,单格电池电压应在1.5V以上,且在5s内保持稳定;若其电压表5s内迅速下降,或某一单格电池比其他单格电池低0.1V以上时,表明该单格电池有故障,应进行修理。

高率放电计因生产厂家或型号不同,其分流电阻的电阻值也不同,则测量时其放电电流和电压值也就不同,使用时应按照厂家说明书的规定来判断蓄电池的放电程度。

上述普通蓄电池用的高率放电计只能检测单格电池电压,而新式蓄电池联系均为穿壁跨接式,蓄电池表面只有正、负极柱,所以用普通电池用的高率放电计已不能测取高率放电端电压,需要用新式12V高率放电计进行测取高率放电端电压。新式高率放电计有可变电流式、不可变电流式两种,我国目前应用较多的是不可变式的,如图3-19所示。测试时,用力将放电针插入正、负极柱,保持15s,若蓄电池电压能保持在9.6V以上,说明该蓄电池性能良好,但存电不足;若稳定在11.6~10.6V,说明存电足;若电压迅速下降,则说明蓄电池已损坏。新式高率放电计同样适用于普通蓄电池。

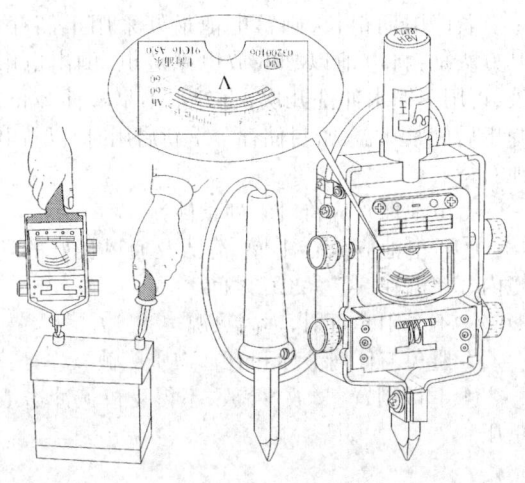

图3-19 新式12V高率放电计

4. 就车起动测试蓄电池的技术状况

若没有高率放电计,在车辆起动系统正常情况下,可用起动机作为试验负荷,步骤如下:

①拔下分电器中央线,并将线头搭铁;

②将万用表接于蓄电池正、负极柱上(选直流电压合适的档位);

③接通起动机历时15s,读取电压表读数;

④对12V蓄电池而言,电压表读数不应低于9.6V。否则说明蓄电池存电不足或有故障。

三、蓄电池的常见故障及其预防

蓄电池外部常见故障有:外壳裂纹、封口胶破裂、极柱腐蚀等。内部故障有:极板硫化、活性物质脱落、自行放电等。现就蓄电池内部常见故障产生的原因和预防措施分析如下。

1. 极板硫化

蓄电池长期充电不足或放电后长时间未充电,极板上会逐渐生成一层白色粗晶粒的硫酸铅,在正常充电时不能转化为二氧化铅和海绵状纯铅,这种现象称为"硫酸铅硬化",简称"硫化"。

这种粗而坚硬的硫酸铅晶体导电性能差、体积大,会堵塞活性物质的细孔,阻碍电解液的渗透和扩散,使蓄电池的内阻增大。因此,硫化的蓄电池在放电时容量明显下降,充电时单格电压上升快,密度增加缓慢,过早出现"沸腾"现象。

产生硫化的主要原因是:

①蓄电池长期充电不足,或放电后未及时充电,当温度变化时,硫酸铅发生再结晶的结果。正常情况下蓄电池放电时,极板上生成的硫酸铅晶粒比较小,充电时能完全还原成二氧化铅和纯铅。但若长期处于放电状态时,极板上的硫酸铅将有一部分溶解于电解液中,温度越高,溶解量越大。而温度降低时,溶解减少,出现过饱和现象,这时有部分硫酸铅就会从电解液中析出,再次结晶生成大晶粒硫酸铅附着在极板表面而形成硫化。

②蓄电池电解液液面过低。极板上部与空气接触而氧化(主要是负极板)。汽车行驶过程中,电解液上下波动与极板的氧化部分接触,也会形成大晶粒的硫酸铅硬层,使极板的上部硫化。

③电解液的密度过高,电解液不纯,外部气温急剧变化都能促进蓄电池硫化。

为了避免极板硫化,必须做到:

①经常保持蓄电池处于充足电状态,不给硫酸铅以溶解和再结晶的机会。

②电解液的密度要合适，液面高度要符合规定(液面高于隔板上缘 10～15mm)。

③发现蓄电池有轻度硫化时，应及早对蓄电池进行充电⇌放电"锻炼循环"。

2. 自行放电

充足电的蓄电池，放置不用逐渐失去电量的现象称为自行放电。

蓄电池的自行放电是不可避免的，但自行放电有非故障性和故障性之分。凡自行放电量每昼夜不超过额定容量的 2%，称为正常的自行放电。正常的自行放电是蓄电池本身因素所引起的，如栅架含锑，它与极板物质之间产生电位差，形成闭合的"局部电池"产生局部电流，使蓄电池放电。蓄电池长期放置不用，硫酸下沉，下部密度大于上部，极板上、下产生电位差也会引起自行放电。目前推广使用的免维护蓄电池的栅架改用低锑合金或铅-钙合金，自行放电程度已显著减少。

如果每昼夜自行放电量超过额定容量的 2%，则为故障性自行放电。严重的自行放电，可使充足电的蓄电池几天或几小时就将电放完。造成自行放电的原因，主要是电解液不纯，混入了有害杂质，使杂质与极板之间形成闭合的"局部电池"，从而使蓄电池失去电量。

如电解液中含有 1% 的铁时，一昼夜内就会将电放完。此外，蓄电池壳体的隔壁破裂、隔板破损、沉淀池脱落的活性物质过多、蓄电池外壳上溢有电解液，使正负极柱构成导电的通路等也都是引起自行放电的原因。

为了预防自行放电故障，应该认真做到以下几点：

①蓄电池的外表经常保持清洁、干燥。

②配制电解液应该用纯度较高的专用蓄电池硫酸和蒸馏水。野外条件下缺乏蒸馏水时，可以用干净的雨水、雪水代替。因井水含矿物质较多，不能用来配制电解液。盛装电解液，必须用陶瓷、玻璃、塑料或纯铅制成的容器，切勿用铜或铁质的容器盛装。

③发现有自行放电的故障应及时排除。

3. 活性物质脱落

蓄电池在正常使用过程中，由于极板要随着蓄电池反复充放电而不断地膨胀和收缩，活性物质会自行脱落，特别是正极板更甚。不过在正常情况下，这种活性物质的脱落是缓慢的，危害不大。如果使用不当，则会加速活性物质脱落。

活性物质脱落故障的主要特征是：充电时电解液浑浊，放电时，蓄电池容量下降。由于脱落的活性物质沉积在沉淀池，增加了正、负极板通过沉淀物短路的可能性。

产生活性物质脱落的原因有放电电流过大，造成极板电化学反应激烈且不均匀而发生拱曲变形；冬季大量放电后不及时充电，引起电解液结冰；充电电流大、过充时间长（充电进入第二阶段仍以大电流充电，充电终了继续长时间充电，汽车电压调节器的调节电压过高）；蓄电池在车上固定不牢，行车时剧烈振动；拆装时随意敲打等。

预防的主要措施是：

①不要过度放电，特别是在冬季不要连续使用起动机。冬季蓄电池放电程度达 25% 时，就应及时充电，以防结冰。

②不能过度充电，按要求调整充电电流的大小，正确掌握充电分阶段及停充时机。

③按技术标准调整电压调节器的调节值。

④蓄电池在汽车上必须可靠地固定，拆装蓄电池接线夹头时，切忌乱用工具敲打。

四、蓄电池储存与保管

对于暂时不用的铅蓄电池，可以进行湿储存。其方法是：先将电池充足电，再将电解液密度调到 $1.24～1.28g/cm^3$，电解液面调到正常值，并将加液孔盖上的通气孔密封，放在室内暗处。湿储存的时间一般不能超过半年。在湿储存期间也要定期检查。如果容量降低 25%，应及时补充充电，在交付使用前也应先充足电。

若停用期很长，则蓄电池最好采用干储存。其方法是：将电池以 20h 放电率放电，倒出电解液，再用蒸馏水冲洗几次，直到水不呈酸性为止，晾干后旋紧孔盖，密封储存。重新启用时，以新电池对待。

蓄电池保管应符合下列条件：

①蓄电池应放在干燥、清洁及通风良好的环境内。室温在 5℃～20℃ 之间。

②不受阳光直射，远离热源。

③避免与任何液体和有害物质接触。

④不得倒置、竖放、叠放，不得受机械冲击或重压。

第四章 交流发电机及其调节器

蓄电池在汽车运行中只能充当发动机停车或怠速、起动等工况下的备用电源。在发动机正常工作时,汽车的用电设备主要靠发电机供电。同时,当蓄电池存电不足时,发电机又是蓄电池的充电电源。现代汽车随着动力性、安全性、舒适性及运行经济性的提高,用电设备数量和功能都日趋增多和完备,相应地对发电机的功率、性能指标也要求越来越高。为满足上述要求,目前汽车上普遍选用硅整流交流发电机,所以本章只介绍交流发电机与调节器。

第一节 交流发电机

一、交流发电机的构造与型号

1. 交流发电机的构造

普通六管交流发电机的结构如图 4-1 所示。它主要由转子、定子、电刷装置、三相桥式整流器、前后端盖、风扇及 V 带轮等组成。也有交流发电机把调节器组装在一起的。

(1) 转子

转子部分是交流发电机的磁场部分,它主要由两块对称的爪极、激磁绕组、滑环和转轴组成,如图 4-2。两块爪极由厚钢板冲压制成,压装在转轴上。爪极的空腔内有一个圆柱形磁轭,磁轭内孔与转轴压装在一起,两个端面与爪极紧压相连(为了减小磁阻,有的发电机将磁轭分别与爪极做成一体,当两个爪极合拢后,磁轭与爪极间只有一个接触面,可有效地减小磁阻),平绕的激磁绕组套装在磁轭的外面、爪极的内部,激磁绕组的两引出线穿过一个爪极端部的两个小孔分别焊接在两个彼此绝缘的滑环上。滑环与轴之间是绝缘的,与装在后端盖上的两个电刷接触,电刷的作用是将直流电源引入激磁绕组产生激磁电流,使轴向磁通磁化爪极,其中一块为 N 极,另一块为 S 极,形成 4~8 对相互交错的磁极。国产交流发电机多采用 6 对磁极。

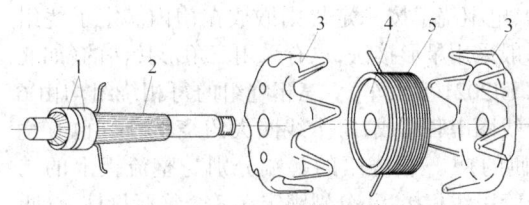

图 4-2 转子的结构
1. 滑环 2. 转子轴 3. 爪极 4. 磁轭 5. 磁场绕组

转子爪极的形状做成鸟嘴形,目的是使磁力线在定子、转子之间气隙中成正弦分布,以保证定子感应电势有较好的正弦波形。

交流发电机的磁场绕组的搭铁形式有内搭铁和外搭铁之分。磁场绕组的一端经电刷在发电机端盖上搭铁称为内搭铁式;磁场绕组的两端均与端盖绝缘,其中一端经调节器后搭铁称外搭铁式,如图 4-3 所示。解放 CA1091 型汽车用的 JF1522A 型交流发电机为外搭铁式交流发电机。

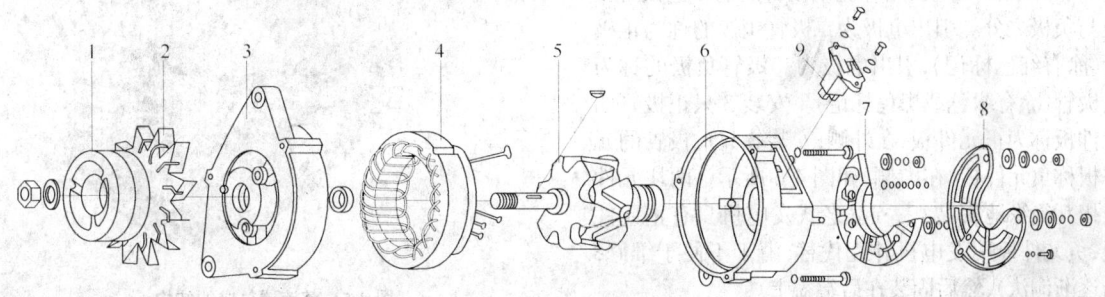

图 4-1 普通六管交流发电机组件图
1. V 带轮 2. 风扇 3. 前端盖 4. 定子 5. 转子 6. 后端盖 7. 整流器总成 8. 防护罩 9. 电刷架总成

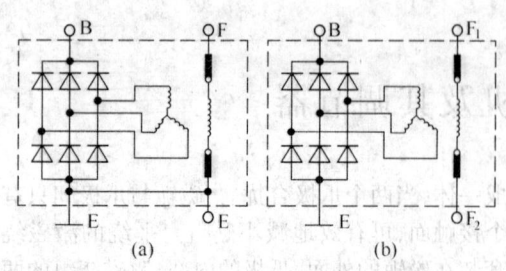

图 4-3 交流发电机磁场绕组的搭铁极性
(a)内搭铁式 (b)外搭铁式

(2)定子

交流发电机的定子是发电机的电枢部分。它由定子铁芯和对称的三相绕组组成。

定子铁芯由相互绝缘的厚度为 0.5mm 的硅钢片叠成环状,环的内圆表面一般开有 36 个线槽,电枢绕组按一定规则嵌放在槽内。定子绕组一般采用星形接法,也有采用三角形接法的(如北京 BJ2021 型汽车)。三相绕组的每相绕组均由 6 个线圈串联而成,每个线圈大约绕 13 匝(也有绕 9 匝的)。三相绕组的起端分别与整流板上的二极管引线相接,并分别固定在 3 个绝缘接柱上(叫做二极管引线接柱)。

(3)整流器

整流器的作用是将三相绕组产生的交流电整流成直流电。

交流发电机的整流器一般由 6 只硅二极管组成三相桥式全波整流电路。常见的二极管安装形式有焊接式和压装式两种,如图 4-4 所示。焊接式是将二极管的 PN 结直接烧结在元件板上;压装式是将具有金属外壳的二极管压装在元件板的孔中。

桑塔纳、捷达和奥迪等轿车用交流发电机整流器总成的结构如图 4-5 所示。

汽车交流发电机用整流二极管的引出电极有正极与负极之分。引出电极为二极管正极的称为正极管(涂有红色标记),引出电极为二极管负极的称为负极管(涂有绿色或黑色标记)。安装 3 只正极管的元件板称为正元件板,在外侧;安装 3 只负极管的元件板称负元件板,在内侧,如图 4-6 所示。两块元件板相互绝缘地安装在一起(老式发电机只有正元件板,负元件板用发电机外壳代替,由于不便于维修,已逐渐淘汰),然后固装在后端盖上。

安装在正元件板上并与正元件板绝缘的 3 个二极管引线接柱分别固装有正、负极管的引线和来自三相绕组某一相的端头。与正元件板连接在一起的粗螺柱引出作为发电机的输出接柱,称为"电枢"接柱,用"B"表示。

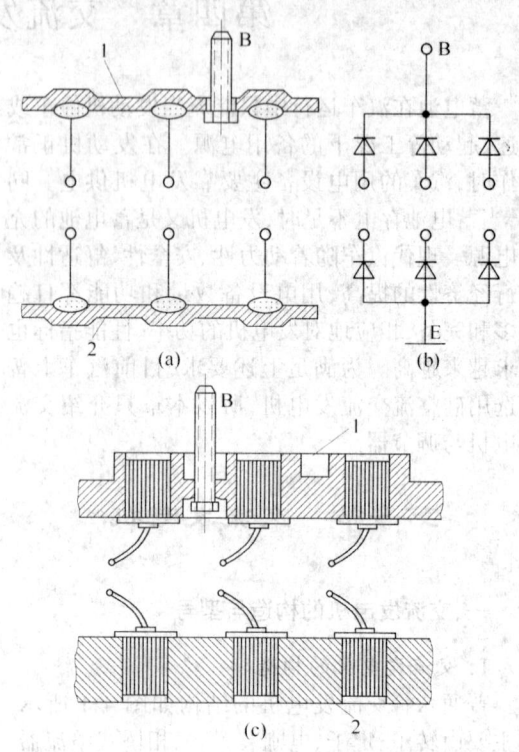

图 4-4 二极管安装示意图
(a)焊接式 (b)电路图 (c)压装式
1. 正元件板 2. 负元件板

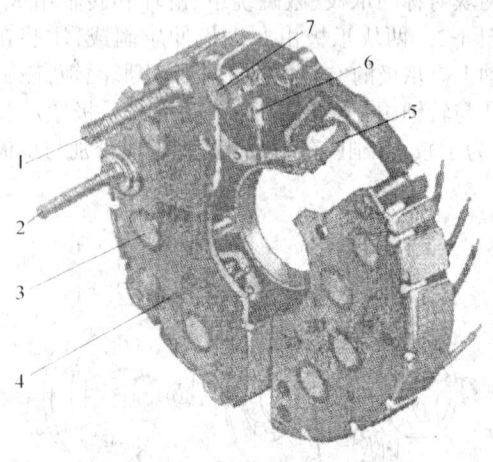

图 4-5 整流器总成的结构
1. 输出端子"B+" 2. 输出端子"D-" 3. 正元件板 4. 防干扰电容器连接插片 5. 电刷架压紧弹片 6. 磁场二极管 7. 输出整流二极管

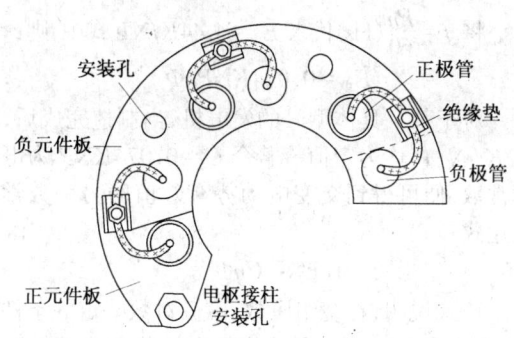

图 4-6　元件板总成

(4) 端盖

交流发电机的前、后端盖均用铝合金铸造而成，因为铝合金为非导磁材料，可减少漏磁并具有轻便、散热性能好等优点。

在后端盖上装有电刷组件，电刷组件由电刷、电刷架和电刷弹簧组成，电刷是用铜粉和石墨粉模压而成，其作用是将直流电源引入激磁绕组产生激磁电流。电刷架是用酚醛玻璃纤维塑料模压或用玻璃纤维增强尼龙制成。电刷安装在电刷架的孔内，借弹簧张力使电刷与滑环保持抵触。

两电刷的引线分别与电刷架上的两个螺柱连接，当交流发电机装复完整后，一个螺柱成为交流发电机的"磁场"接柱（与端盖绝缘），用"F"表示，另一个螺柱直接与端盖连通成为交流发电机的"接铁"接柱，用"E"表示。解放 CA1091 型汽车装用的交流发电机，由于是外接铁式发电机，所以它的两个螺柱都与端盖绝缘，均称为"磁场"接柱，分别用"F_1"和"F_2"表示（见图 4-3）。

电刷组件的安装有外装式和内装式两种。外装式可直接从发电机的外部拆装电刷（图 4-7a）；内装式必须将发电机拆开才能更换电刷（图 4-7b），因此使用很不方便，故已逐渐被淘汰。

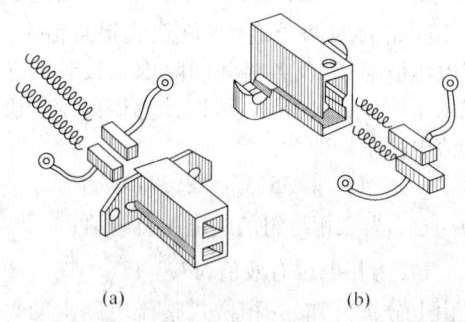

图 4-7　电刷元件

交流发电机的前端装有 V 带轮，由发动机通过风扇 V 带驱动发电机旋转。

发电机的后端盖上有进风口，前端盖上有出风口，当 V 带轮由发动机曲轴驱动时，交流发电机转子轴上的叶片式风扇（用钢板冲制或铝合金压铸而成）旋转，使空气高速流经发电机内部进行冷却，这称为外装式风扇。近年来为提高发电机效率，减小发电机体积，又出现了内装式风扇，即风扇叶片直接做在转子上。

2. 交流发电机的型号

根据中华人民共和国汽车行业标准 QC/T 73—1993《汽车电气设备产品型号编制方法》的规定，汽车交流发电机的型号组成如下：

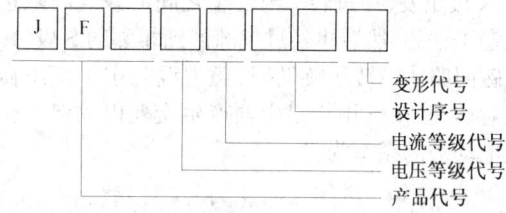

① 产品代号：交流发电机的产品代号有 JF、JFZ、JFB、和 JFW 四种，分别表示交流发电机、整体式交流发电机、带泵交流发电机和无刷交流发电机（字母"J"、"F"、"Z"、"B"和"W"分别为"交"、"发"、"整"、"泵"和"无"字的汉语拼音第一个大写字母）。

② 电压等级代号和电流等级代号：分别用一位阿拉伯数字表示，其含义分别见表 4-1、表 4-2。

表 4-1　电压等级代号

电压等级代号	1	2	3	4	5	6
电压等级(V)	12	24	—	—	—	6

表 4-2　电流等级代号

产品 \ 电流等级(A) 分组代号	1	2	3	4	5	6	7	8	9
交流发电机 整体交流发电机 带泵交流发电机 永磁交流发电机	≈19	≥20 ~29	≥30 ~39	≥40 ~49	≥50 ~59	≥60 ~69	≥70 ~79	≥80 ~89	≥90

③ 设计序号：按产品设计先后顺序，由 1~2 位阿拉伯数字组成。

④ 变形代号：交流发电机以调整臂位置作为变形代号。从驱动端看，在中间不加标记；在右边

时用 Y 表示；在左边时用 Z 表示。

例如，JF152，表示交流发电机，其电压等级为 12V，电流等级为 ≥50～59A，第二次设计。

桑塔纳和奥迪 100 型轿车用 JFZ1913Z 型交流发电机是电压等级为 12V，电流等级为 ≥90A，第 13 次设计，调整臂在左边的整体式交流发电机。

二、交流发电机的工作原理

1. 发电原理

图 4-8 为三相交流发电机的工作原理图。从《电工学》基础知识不难理解，图中转子的磁力线由 N 极出发，穿过转子与定子之间的空气间隙进入定子铁芯，然后再经过气隙回到相邻的 S 极，构成磁回路。当转子旋转时，磁力线与定子绕组做相对运动，在三相绕组中便产生交变电动势。交变电动势的频率为：

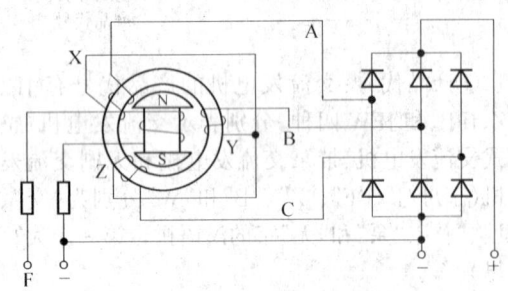

图 4-8 三相交流发电机工作原理图

$$f = \frac{Pn}{60}(\text{Hz})$$

式中　P——磁极对数；
　　　n——发电机的转速（r/min）。

汽车上用的交流发电机采用爪型磁极，在定子绕组表面沿圆周方向形成了近似按正弦规律分布的磁感应强度。根据电磁感应原理，当发电机转子转动时，在定子绕组中产生正弦电动势。又因三个绕组在定子槽中是对称分布的，因而它们产生的三个电动势也是对称的，在电工学中称为三相电动势。其各相电动势的大小相等，相位差互为 120°电角度，每相电动势 E_Φ 的有效值为：

$$E_\Phi = 4.44 K f N \Phi$$

式中　K——绕组系数；
　　　f——频率；
　　　N——每相绕组匝数；
　　　Φ——转子每极的磁通。

将 $f = \frac{Pn}{60}(\text{Hz})$ 代入 $E_\Phi = 4.44 K f N \Phi$ 式中，则：

$$E_\Phi = 0.074 K N P n \Phi$$

对于某一具体型号的发电机，当制造完成后，其 K、N、P 均为定值。若令 $C = 0.074 K N P$ 为电机常数，便可得到交变电动势有效值的另一数学表达式：

$$E_\Phi = Cn\Phi$$

该式说明，在绕组匝数、磁极对数一定的条件下，交流发电机交变电动势的有效值取决于转速 n 和转子的磁通量 Φ。因此，在实际中，可通过控制磁通的强弱来达到控制发电机电动势（电压）的目的。

2. 整流原理

为了满足汽车用电设备使用直流电的需要，交流发电机内都配置有整流器，如图 4-9 所示为硅整流器的整流原理电路和电压波形图，车用交流发电机毫无例外地采用三相桥式全波整流电路。其整流原理简述如下。

三相桥式整流电路由 6 只硅二极管组成，其中 V_1、V_3、V_5 的负极并接在发电机的输出端，它们的正极（引线部分）分别接在三相定子绕组的首端（A、B、C），故称为正极组；另外的 V_2、V_4、V_6 的正极并接在后端盖上，负极（引线部分）则分别与三相绕组的首端相连，故称为负极组。图 4-9b 将三相绕组产生的正弦电压 V_A、V_B、V_C 波形表示出来，在任一瞬时，哪一相电压最高就使得与该相相连的正极二极管正向导通；哪一相电压最低就使得与该相相连的负极二极管正向导通。例如在 $t_1 - t_2$ 时间间隔内，V_A 最高而 V_B 最低，故 V_1 和 V_4 处于正向电压而导通。即 A、B 之间的线电压加在负载 R_L 上。同理，在 $t_2 - t_3$ 间隔内，V_1 和 V_6 导通。以此类推，6 只二极管在一个周期内以六种不同组合两两导通，使负载获得直流电压。负载电压波形 U 及各时间间隔内二极管的导通情况示于图 4-9c 中所示，可以计算得到发电机输出直流电压平均值为：

$$U = 1.35 U_{AB} = 2.34 U_\phi$$

式中　U_{AB} 为三相绕组的线电压有效值；
　　　U_ϕ 为相电压有效值，$U_\phi = U_{AB}/\sqrt{3}$。

由上分析可知，三相桥式整流电路中的每只二极管在交流电的一个周期内只有 1/3 时间处于导通状态，故二极管的平均电流 I_D 只有负载电流

第一节 交流发电机 73

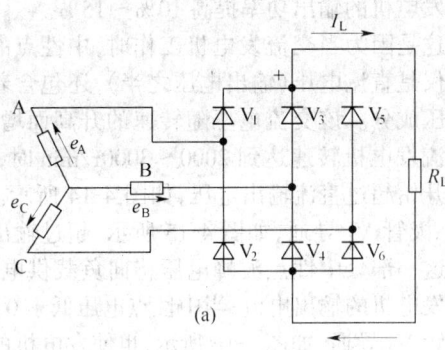

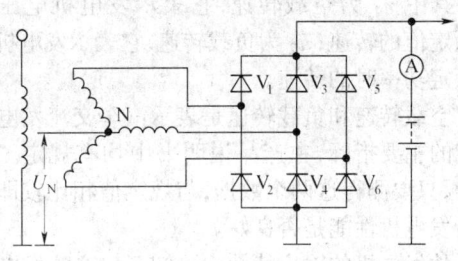

图 4-10 带中性点的交流发电机

时二极管始终处于截止状态。因此,汽车用交流发电机在发动机起动过程中或低速运转时,是采用蓄电池供给激磁电流的他激方式来建立电压的,在其余转速范围内均为自激。交流发电机激磁回路的原理电路见图 4-11。这样可以保证发电机的输出电压可以很快建立起来。当发电机的转速随着发动机转速增大之后,发电机的输出电压等于大于蓄电池端电压时,发电机才会进入自激发电运行方式。

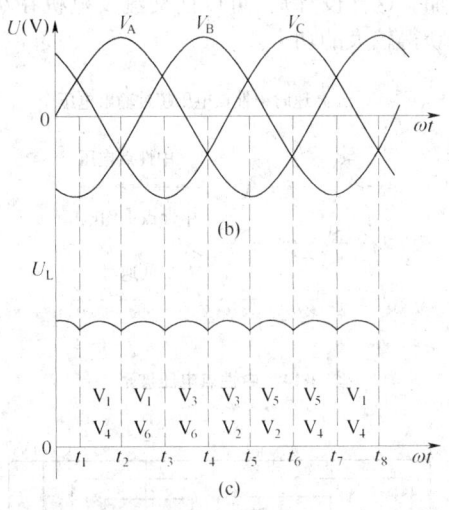

图 4-9 三相桥式整流电路及电压波形
(a)整流电路 (b)三相对称电压波形
(c)平稳脉冲电压波形

的 $1/3$,即
$$I_D = I_L/3$$

图 4-10 所示为带中性点的交流发电机。由图可知,中性点 N 对发电机外壳(搭铁)的电压 U_N 是由负极组 V_2、V_4、V_6 构成的三相半波整流电路得到的,由分析可知,电压 U_N 为三相桥式全波整流电路输出电压的一半。U_N 一般用作磁场继电器,起动保护继电器(充电指示灯继电器)等各类继电器的电源。

3. 激磁方式

从理论上讲,任何发电机都应可以利用磁路的剩磁自激建立额定电压。但汽车交流发电机由于以下几个原因而不能实现自激建立额定电压:(1)发电机的转子磁场剩磁较弱;(2)硅二极管有 0.6~0.7V 门坎电压,即正向电压低于 0.6~0.7V

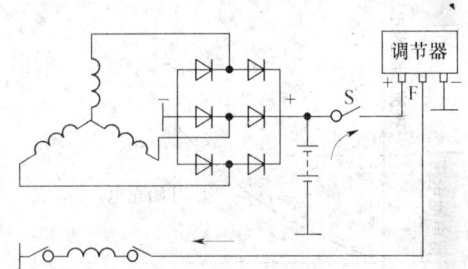

图 4-11 交流发电机的激磁回路

三、交流发电机的工作特性

1. 输出特性

交流发电机最重要的特性就是输出特性,它是指保持发电机端电压一定时(对 12V 的发电机规定为 14V,对 24V 的发电机规定为 28V,对内装电子调节器的规定为 12V 及 24V,对整体式交流发电机分别规定为 13.5V 及 27V),发电机的输出电流与转速之间的关系,如图 4-12 所示。

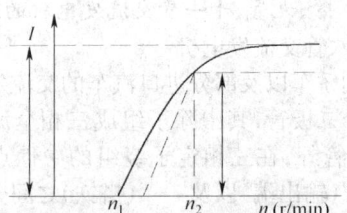

图 4-12 交流发电机的输出特性

其中 n_1 为空载转速,它表示发电机电压达到额定值的转速;n_2 为负载转速,它表示发电机达到额定功率时的转速。

空载转速和负载转速是表示汽车交流发电机性能的主要指标,在产品说明书中均有规定。使用中,只要测得这两个数据,与规定值相比较即可判断发电机性能是否良好。

从发电机的输出特性中可知:(1)交流发电机只需较低的空载转速 n_1,就可达到额定输出电压值,说明其交流发电机低速充电性能好的优点。空载转速值是选定传动比的主要依据。(2)当转速升高到一定值后,发电机的输出电流不再随转速和负载的增加而增大。由此可见,交流发电机具有自身限制输出电流的能力。

2. 空载特性

空载特性是指无负载时,端电压与转速的变化规律,如图 4-13 所示。

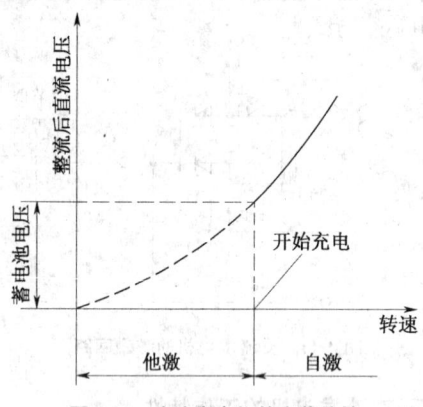

图 4-13 交流发电机的空载特性

从空载特性曲线可以看出,随着转速的升高,端电压上升较快,由他激方式转入自激方式时,即能向蓄电池进行补充充电,这进一步说明了交流发电机具有低速充电性能好的优点。空载特性是判定发电机充电性能是否良好的重要依据。

四、其他形式的交流发电机

1. 八管、九管、十一管交流发电机的结构特点

(1)八管交流发电机

夏利轿车以及部分进口汽车的交流发电机中装有 8 个二极管,其中除了组成三相全波整流的 6 个二极管外,在三相定子绕组的中性点和发电机的"+"(输出端)以及"-"(搭铁)之间分别又增加了 1 个二极管,称为中性点二极管。增加中性点二极管的目的是改善交流发电机的输出,一般可使发电机的输出功率提高 10%～15%。

这是因为当交流发电机工作时,中性点的电压不仅是直流电压(输出电压之半),还包含着交流电压成分。该交流电压随转速的升高而增加,当交流发电机转速达到 2000～3000r/min 时,其峰值开始超过直流输出电压,如图 4-14 所示。此时,二极管 V_1 导通,如图 4-15 所示,超过输出电压的这一部分中性点波峰电压将向负载供电,增加了发电机的输出电流;当中性点电压低于 0 时,二极管 V_2 导通,如图 4-16 所示,也使发电机的输出增加。这样设计后,可以使交流发电机在小体积内获得较大的功率。

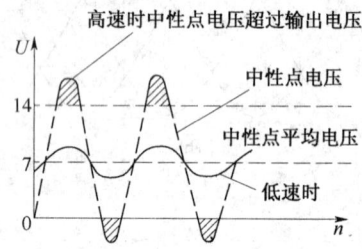

图 4-14 中性点电压波形

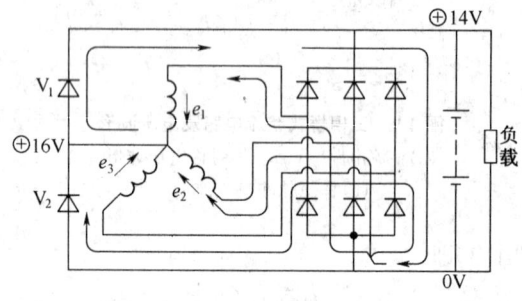

图 4-15 中性点二极管的功用(一)

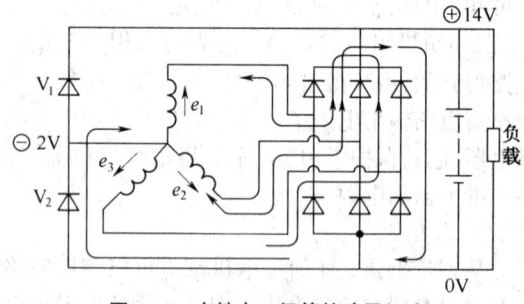

图 4-16 中性点二极管的功用(二)

(2)九管、十一管交流发电机

进口汽车波罗乃兹、达契亚和国产的 BJ1022 轻型货车、天津雁牌 TJ133C 型货车等利用九管

交流发电机控制充电指示灯,控制电路如图4-17所示。这些汽车的交流发电机中,除了一般常用的 6 个硅二极管外,又多装了 3 个功率较小的激磁二极管 V_7、V_8、V_9。装用激磁二极管后,用它供给交流发电机的激磁电流,并可省去结构复杂的继电器,而只用简单的充电指示灯来表示交流发电机工作是否正常。

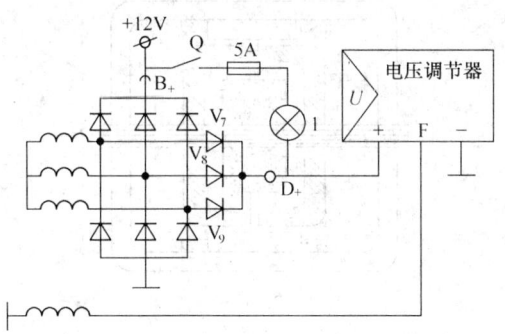

图 4-17 用九管交流发电机控制充电指示灯

1. 充电指示灯

交流发电机工作时,在交流发电机的定子三相绕组中产生的三相交流电动势,经三相全波整流电路整流后,从 B 接柱输出直流电压,向蓄电池充电并向用电设备供电。而交流发电机的激磁电流,则由三个激磁二极管 V_7、V_8、V_9 和三个负极二极管组成的三相全波整流电路将发电机的交变电动势整流后,从"D_+"接柱供给。电压调节器可以是电磁振动式或电子式。

充电指示灯的工作原理如下:接通点火开关,电流从蓄电池正极,经充电指示灯→电压调节器"D_+"接线柱→电磁振动式调节器中的常闭触点(或电子式电压调节器中的大功率三极管)→调节器"F"接柱→交流发电机激磁绕组→搭铁,至蓄电池负极构成回路,充电指示灯此时点亮,指示蓄电池对交流发电机激磁。交流发电机工作时,充电指示灯是由蓄电池电压与激磁二极管的输出端"D_+"电压的差值所控制。随着交流发电机转速的升高,由于"D_+"处电压增高,充电指示灯两端的电位差减小,灯就会由亮变暗而熄灭,因而发动机工作时,充电指示灯熄灭,即表示交流发电机工作正常。当交流发电机转速降低或交流发电机、调节器有故障时,"D_+"接线柱电压降低,充电指示灯由于两端的电位差增大,就会发亮。因此,发动机工作时,充电指示灯突然点亮,即表示发电系统有故障。如果在配有专用激磁二极管的交流发电机上,同时采用中性点二极管提高发电机容量的方案,则形成 11 管交流发电机(如桑塔纳、奥迪轿车用 JFZ1913Z 型 14V、90A 型 11 管交流发电机),有关的原理及结构不再赘述。

2. 无刷交流发电机

无刷交流发电机是为克服传统交流发电机的电刷与滑环机构造成发电机电压不稳或不发电故障而产生的一种新型交流发电机。无刷交流发电机的显著特征是将磁场绕组和电枢绕组都安装在发电机的定子上。由此带来一系列优点:①因取消了电刷和滑环,从而避免了因电刷磨损、电刷与滑环接触不良、电刷在刷架中卡住而引发的种种故障;②因消除了电刷火花而克服了火花引起的电磁干扰;③转子因取消磁场绕组而减轻了重量和转动惯量,有利于转速的提高;④因取消了电刷、滑环机构可以减小发电机的轴向尺寸,同时也加强了发电机对潮湿、灰尘较大的环境适应性。当然,由于磁场绕组移到了定子上,使磁路结构不如有刷发电机紧凑,所以相同功率的交流发电机,无刷发电机的径向尺寸要大于有刷发电机。这就是无刷交流发电机尚未全面取代有刷发电机的主要原因。

目前常见的有感应子式无刷交流发电机和爪极式无刷交流发电机两种类型。

(1) 感应子式无刷交流发电机

①结构特点:感应子式无刷交流发电机也由转子、定子、整流器、外壳、传动散热装置等组成。

转子——由外圆带槽的齿轮状冲片铆叠而成,冲片形状如图4-18所示。

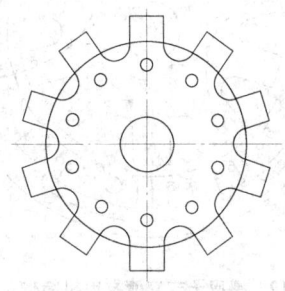

图 4-18 转子冲片图

定子——定子铁芯内开有 4 个大槽和 12 个小槽,4 个大槽均布在 12 个小槽中间,将小槽分为 4 个部分。电枢绕组用两根高强度漆包线并绕,共 16 组镶嵌在定子铁芯上。磁场绕组也用高强度漆包线绕制,共 4 组,安装在大槽中。图4-19

为感应子式交流发电机结构示意图。由硅二极管组成的单相全波整流器将电枢绕组产生的单相交流电整流成直流电。

②感应子式无刷交流发电机工作原理：图4-19中1为磁场绕组，图中绕组导体中标出了激磁电流的方向。在激磁电流作用下，定子铁芯被磁化，磁场方向可用右手螺旋定则确定（如图中带箭头的虚线所示）。处在定子磁极之间的转子凸齿被电枢磁场磁化。当磁力线从转子穿出的那些齿为N极，而磁力线从定子铁芯进入转子的那些凸齿为S极。当转子凸齿与定子铁芯的齿部对齐时，穿过定子铁芯的磁场最强（即图4-19所示位置），转子按顺时针方向旋转，转子凸齿离开定子铁芯的齿部，当转子齿中心线与定子槽中线重合时磁通减至最少，随后又逐渐增加，到转子凸齿中心线与定子铁芯凸齿中心线对齐时，磁通又达到最大。如此反复，发电机的气隙磁通就这样呈周期性的变化，定子电枢绕组便感应出电动势。根据电磁感应原理，电枢绕组中的感生电动势的方向总是阻碍原激磁磁场变化的。由于气隙磁通的变化规律近似为正弦函数，故电枢绕组中的感应电势亦近似正弦变化。将电枢绕组按电动势正向叠加的原则串联起来，即可获得较大的正弦交流电动势，经全波整流电路便可得到所需的直流电。

因此，激磁电流便可通过固定在定子上的接线柱流入磁场绕组。激磁电流方向不变，爪极极性亦不变，但磁力线将通过气隙和定子形成闭合磁路。磁通量在两个相对的爪极间最大，在两个凹槽间最小。随着转子的转动，定子电枢绕组的磁通则时大时小周期发生变化，因此感生交流电动势。

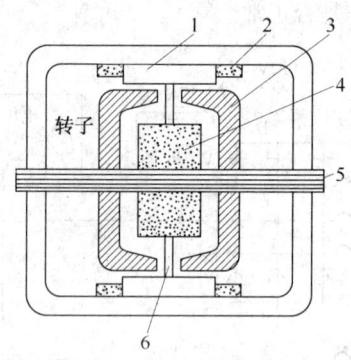

图4-20 爪极式交流发电机结构示意图
1.定子铁芯 2.定子绕组 3.爪极
4.磁场绕组 5.转子轴 6.星形支柱

值得注意的是，由于固定磁场绕组的星形支柱不允许两块爪极互相穿插，爪极缩短了，磁路激磁效率不如普通硅整流交流发电机高，这就是爪极式无刷交流发电机没有大量应用的主要原因。除此之外，爪极式无刷交流发电机的工作原理与普通硅整流交流发电机相同。

第二节 电压调节器

一、电压调节器的功用与工作原理

发电机在汽车上是按固定的传动比由发动机驱动，因此它的转速完全由发动机的转速决定。发电机电动势的高低与发电机的转速及磁极的磁通成正比。汽车在行驶中发动机的转速是经常改变的，致使发电机的转速也随之改变。故发电机的电压也必然随转速的变化而变化。这与用电设备和蓄电池充电要求电压恒定相矛盾。因此，发电机必须具有调节电压的装置。调节器的作用：当发电机转速升高时，自动调节发电机的电压，使电压保持一定或保持在某一允许范围内，以防发电机电压过高，烧坏用电设备和使蓄电池过充。

发电机的端电压U与转速n及转子的磁通量Φ成正比，即$U \approx E_\Phi = Cn\Phi$

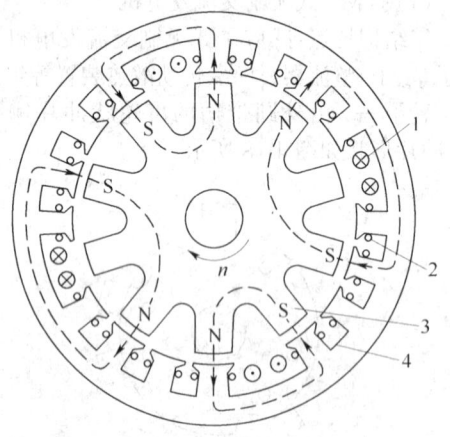

图4-19 感应子式交流发电机结构示意图
1.磁场绕组 2.电枢绕组 3.转子 4.定子

(2)爪极式无刷交流发电机

图4-20为爪极式交流发电机的结构示意图。其结构与一般的硅整流交流发电机类似。不同的是它将磁场绕组通过星形支柱固定在定子铁芯上，使转子轴和爪极可与磁场绕组作相对运动。

要在转速变化时维持发电机输出电压恒定，可以相应地改变磁通 Φ，使 n 增大时 Φ 减小，n 减小时 Φ 增大，从而达到电压保持恒定的目的。由于磁通 Φ 的大小取决于激磁电流的大小，所以当转速变化时，只要相应地调节激磁电流，就能保持电压稳定。交流发电机调节器就是根据这一原理制成的。按控制激磁电流方式的不同，电压调节器可以分为电子式和电磁振动式两大类，后者现在已很少用，故这里只介绍电子式电压调节器。

二、晶体管调节器

(1) 基本结构

电子调节器是利用晶体三极管的开关作用，控制发电机磁场电路的通、断，在发电机转速变化时，调节磁场电路的电阻值，使发电机电压保持稳定。现在国内外电子调节器的电路设计原理大致相同，结构也基本相同，都是由 1~2 个稳压管、1~3 个二极管、2~3 个三极管、若干个电阻、电容器等元件组成，由印制电路板连成电路，外壳由薄而轻的铝合金制成，表面有散热片，总成不可拆卸，外有三个接线柱，分别为"+"（或火线）接线柱，"-"（或搭铁）接线柱，"F"（或磁场）接线柱，分别与发电机的 3 个接线柱对应连接。

以往我国习惯采用内搭铁式发电机，这种发电机配套的调节器是控制激磁绕组的火线。目前，硅整流发电机逐渐采用外搭铁式，即激磁绕组的负极端通过调节器搭铁的方式。

例如，解放 CA1091 型汽车装用的 JFT106 型电子电压调节器为 14V 负极外搭铁。它可以配用 14V、750W 的九管交流发电机，也适用于 14V、功率小于 1000W 的六管交流发电机。调节电压为 13.8~14.6V，图 4-21 为这种调节器原理图。

图中各元件的作用如下：

VW_2 为稳压管，起过压保护作用。R_1、R_2 和 R_3 组成分压电路。C_1、C_2 称为降频电容器，其作用是降低三极管的开关频率，减小三极管的开关次数，从而减小耗散功率，延长调节器的使用寿命。V_2 为 VW_1 的温度补偿二极管。VW_1 为控制 VT_1 是否导通的门管。R_5 为 VT_1 集电极负载电阻。VT_1 为开关三极管，V_3 为分压二极管，当 VT_1 导通时，使 VT_2、VT_3 可靠截止，当 VT_1 处于导通状态，工作温度升高时，集电极与发射极之间的管压降增大，若无此二极管，则可能使 VT_2、VT_3 误导通。增设此二极管后，利用二极管的分压，可以消除 VT_1 管温度升高时对 VT_2、VT_3 管的影响。R_7 是 VT_2 的下偏置电阻。R_8 为 VT_3 的下偏置电阻，VT_2 和 VT_3 接成复合管，起开关作用。V_1 为续流二极管，它的作用是防止磁场线圈的自感电动势将 VT_3 击穿损坏。R_4 称为正反馈电阻，其作用是提高三极管的开关速度，减小三极管的耗散功率，延长调节器的使用寿命。

(2) 晶体管调节器的工作过程

① 当发电机的电压低于限额电压时。当发电机的电压低于限额电压时，VW_1 截止，则 VT_1 也处于截止状态。由于 VT_1 不导通，VT_2 由 R_5、V_3、R_7 建立正向导通电压，VT_2 导通，VT_3 与 VT_2 组成复合管，故 VT_3 也导通，这样发电机的磁场绕组有电流通过，其路径是：电源正极→发电机 F_2 接柱→磁场绕组→发电机 F_1 接柱→调节器 F 接柱→VT_3(c→e)→调节器接铁(E)接柱→电源负极。

此时发电机磁场绕组有较大的电流通过，随着发电机转速的升高，发电机电压不断升高，并很快达到限额电压值。

② 当发电机的电压稍超过限额电压时。当发电机的电压稍超过限额电压值时，该电压达到稳压二极管 VW_1 的击穿导通电压，故 VW_1 导通，VW_1 导通使 VT_1 导通，VT_1 导通相当于开关闭合，即 VT_1 的集电极与发射极电位相等并接到电源的负极，然后使 VT_2 的基极电位为低电位，故 VT_2、VT_3 截止，切断磁场绕组的电流，发电机的电压很快降低，当发电机的电压稍低于限额值时又重复第一种工作情况，以后依此反复进行，使发电机的输出电压稳定在限额值。

三、集成电路(IC)调节器

集成电路调节器的结构和工作原理与分立元

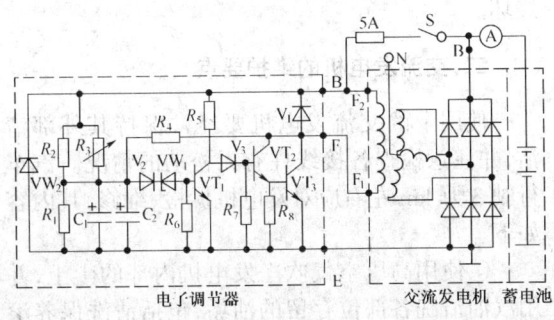

图 4-21　JFT106 型电子电压调节器原理图

件晶体管调节器是基本相同的。集成电路调节器是把分立元件集成在一块集成块(IC)内,使集成电路调节器具有电压调节精度高(±0.3V,而磁振动式调节器为±0.5V)、耐用、耐振、体积小,可直接安装在交流发电机内部,使接线简单等优点。

现以 JFT151 型调节器为例,介绍集成电路调节器的结构与工作情况。

JFT151 型调节器为薄膜混合集成电路调节器,其外形尺寸为 38mm×34mm×10.5mm,装在 JF132E 型和 JF15 型交流发电机的外壳上,其内部电路如图 4-22 所示。

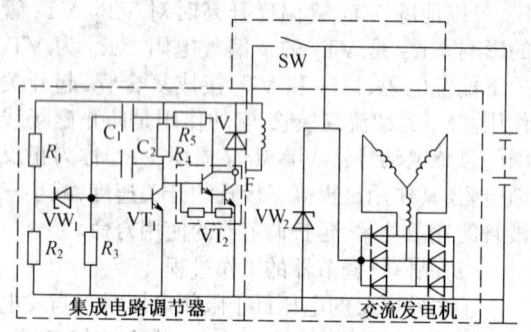

图 4-22 JFT151 型集成电路调节器电路图

其工作原理如下:

① R_1、R_2 组成分压器,稳压管从该分压器上获得比较电压(交流发电机电压变化的信号)。当发电机输出电压低于规定值时,稳压管 VW_1 和三极管 VT_1 均截止,而 VT_2 则在 R_4 偏置下导通,于是发电机磁场绕组中有激磁电流通过,使发电机输出电压升高。当发电机输出电压高于调节值时,稳压管 VW_1 被击穿,VT_1 导通并将 VT_2 的基极和发射极短路,于是 VT_2 截止,激磁电流被切断,使发电机输出电压下降。当发电机输出电压降到调节值以下时,VW_1 重新截止,VT_1 也截止,VT_2 导通,又接通了激磁电流,使发电机输出电压升高。如此反复,使发电机输出电压保持稳定。

② C_1 组成正反馈电路,用以加速 VT_2 的翻转,减小 VT_2 的过度损耗。

③ 电阻 R_3 的作用是提高三极管 VT_1 的耐压。

④ C_2、R_3 组成负反馈电路,用来降低三极管的开关频率,进一步减少管耗。

⑤ 磁场电流的调节采用了常见的达林顿电路,提高了该级的放大倍数,使动态过程中微小的输入变化也能反映到输出上,提高了电路的灵敏度。

⑥ 二极管 V 起续流作用。当 VT_2 截止时,可使发电机磁场绕组中的自感电动势自成回路,保护 VT_2 免受击穿损坏。

⑦ 发电机中的 VW_2 与电源并联,起到电压保护作用。

第三节 交流发电机及其调节器的使用与检修

一、交流发电机及调节器的使用注意事项

① 安装调节器时,接线柱必须垂直向下安装。

② 发电机与调节器两者的规格、型式必须匹配;接线必须正确,否则会损坏调节器。

③ 晶体管调节器在使用时,必须带有蓄电池。对于某些在蓄电池线路中装有电源总开关的汽车,当发电机运转时,不允许人为地将电源总开关断开,以免发电机产生瞬间过电压而损坏晶体管调节器。

④ 非维修专业人员不允许随意调整调节器。

⑤ 检查晶体管调节器时可用数字万用表,不得使用兆欧表,以免击穿电子元器件。

⑥ 更换晶体管时,焊接用的电烙铁功率不得大于 75W。焊接应迅速,最好用金属摄子夹住管脚,以助散热,避免损坏晶体管。

⑦ 发动机熄火后,应及时关闭点火开关,否则蓄电池将通过调节器向发电机磁场绕组长时间放电,会烧毁调节器和磁场绕组。

⑧ 当发现发电机不发电时,应及时找出故障原因,并加以排除,不宜做长时间运转。因为如果有 1 只二极管短路,发电机就不能发电,若继续运转势必会引起其他本来完好的二极管或定子绕组烧坏。

二、交流发电机的维护要点

使用中的交流发电机要经常保持其外部清洁,并注意检查各接线柱有无松动的情况。汽车行驶 3 万 km 左右应对发电机拆检、维修,其内容如下:

① 使用高压空气吹净发电机内部的尘土,并用汽油清洗各部位存留的油垢,包括清洗保养滚珠轴承。

②检查发电机各接线柱的导线是否接触良好、连接牢靠。

③有刷发电机应注意检查和清洁其滑环，必要时用"00"号砂布磨平、打光。同时还应检查电刷的磨损情况，若磨损过甚（电刷高度低于7～8mm），则应换用新电刷。

④若发现发电机轴承有明显"窜动"或"异响"，也应更换。对轴承进行维护时，发电机轴承应加注1～3号复合钙钠基润滑脂，且填充量不宜过多，一般为轴承空腔的2/3，否则容易因润滑脂溢出而溅落到滑环上造成与电刷接触不良，以致不能使发电机不能正常工作。

三、交流发电机的不解体检验

1. 就车检测发电机电压

①先检查并调整V带张力，再拆下发电机所有接线柱上的导线，另用一根导线将发电机"电枢"（"+"）和"磁场"（"F"）两接柱连接起来。

②用万用表检测发电机的输出电压。其方法是将万用表选择直流电压（0～50V）档，将红表笔接发电机"电枢"接柱，黑表笔接外壳（搭铁）。

③起动发电机，并把从发电机"电枢"接柱上拆下的火线碰一下"磁场"接柱，即充一下磁，几秒钟后再将火线移开，开始缓慢提高发动机转速。

④观察电压表指示值。若电压值随发电机转速升高而逐渐升高，说明该发电机状态良好；若电压表指针始终指零不动，则表明发电机不发电。其原因可能是整流二极管被击穿损坏，磁场绕组或定子绕组有短路、搭铁故障，或电刷在电刷架内卡住等，应对发电机做进一步检查。

若无万用表，可用1只小试灯代替进行。若试灯亮，说明发电机发电；若试灯不亮，则表明发电机不发电。

2. 分解前的检测

在发电机不从车上拆下或从车上拆下后还未分解的情况下，用万用表检测发电机各接线柱之间的电阻值，可以初步判定此发电机有无故障。其方法是：万用表选择R×1档检测发电机"+"与"-"、"F"与"-"以及"F"与"+"之间的正、反向电阻值。在正常情况下，发电机各接线柱之间的电阻值见表4-3所列。

若交流发电机有中性点接柱"N"，也要对"N"接柱进行检测。表4-4所列即为对"N"接柱进行检测的情况。

表4-3 交流发电机各接线柱之间的电阻值 （Ω）

发电机型号	"+"与"-"之间的电阻		"F"与"-"之间的电阻		"F"与"+"之间的电阻	
	正向	反向	正向	反向	正向	反向
JF11 JF13 JF15 JF21	40～50	>1000	5～6		50～60	>1000
JF12 JF22 JF23 JF25	40～50	>1000	19.5～21		50～70	>1000

注：二极管为非线性元件，使用的万用表不同，由于其内电阻不同，测得的电阻值就会不同。表内数据是用MF10型万用表测得的结果。

表4-4 交流发电机中性点接柱"N"与"+"（或"-"）接柱间的电阻值 （Ω）

测试部位	正向电阻	反向电阻	诊 断
"N"与"+"接柱间	10	1000	正元件板上的二极管良好
	0	0	正元件板上的二极管有短路
"N"与"-"接柱间	10	1000	负元件板或端盖上的二极管良好
	0	0	负元件板或端盖上的二极管有的短路或定子绕组搭铁

四、交流发电机的解体与检修

1. 交流发电机的分解

分解交流发电机应注意正确使用工具，并选择合理的分解步骤，各型交流发电机的分解方法基本相同，其步骤如下：

①分解前，首先在前端盖与定子间、后端盖与定子间的连接处，用划针做好标记，以便安装时正确快速地复位。

②拆下电刷架紧固螺钉，取下电刷架组件。

③拆下整流器的塑料防护罩，并将定子绕组的端头从二极管引线接柱上拆下、将定子绕组中性点的引线从交流发电机的中性接柱（"N"接柱）上拆下。

④拆下整流器总成。

⑤拆下后端盖轴承盖。若发电机的转子轴上有紧固螺母，需一并拆下。

⑥拆除前后端盖间的紧固螺栓，使装有转子的前端盖与后端盖及定子相互脱节。

⑦用垫以铜钳口的虎钳夹住V带轮,拧下V带轮固定螺母,再用拉拔器拉下V带轮,同时取下半圆键。

⑧用拉拔器取下前端盖。

⑨拆下前轴承盖,取下前轴承。

发电机各部件检修完毕装复时,可按以上分解顺序的逆序进行,最后装复电刷架组件。有些老式交流发电机的电刷架组件是安装在后端盖里侧的,装复时,需先压下电刷,然后在电刷架上的预制小孔中插入一根细的钢丝,使两电刷在电刷架中"预藏"起来,待前后端盖安装成一体,拔下钢丝,电刷就会弹起来与滑环接触。

2. 交流发电机零部件的检修

(1) 磁场绕组的检修

检查前必须先清除两个滑环之间的炭粉,观察有无明显的断头或烧焦现象。检修方法如下:

①用试灯法检查激磁绕组搭铁故障,如图4-23所示。灯亮,则说明磁场绕组或滑环有搭铁故障,反之则说明绝缘良好。

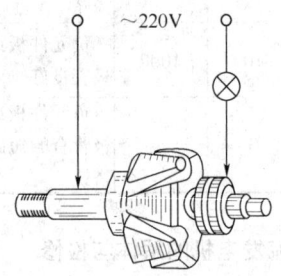

图4-23 磁场绕组及滑环搭铁故障的检查

②用万用表测量磁场绕组(两滑环间)的电阻值,如图4-24所示。若电阻值为4~6Ω,则说明绕组良好;若电阻值小于上述规定值,则说明磁场绕组匝间有短路故障;若电阻值为无穷大,则说明磁场绕组有断路故障。常用发电机磁场绕组技术参数见表4-5。

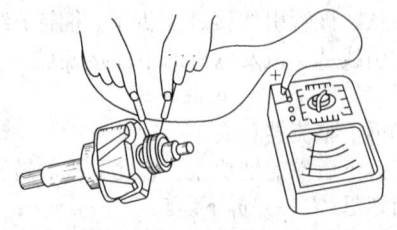

图4-24 磁场绕组电阻值的测量

表4-5 国产JF系列交流发电机定子绕组和转子绕组的各项数据

发电机型号	槽数	每槽中导线数	定子绕组导线直径(mm)	转子绕组匝数	转子绕组导线直径(mm)	转子绕组电阻值(Ω)
JF11	36	13	1.08	520	0.62	5.3
JF12	36	25	0.83	1060	0.44	19.3
JF13	36	13	1.08	530	0.62	5.3
JF23	36	25	0.83	1100	0.47	20
JF21	36	11	1.08×2	575	0.64	5
JF52	36	11	1.35	600	0.67	5.6
JF22	36	21	1.00	1000	0.47	18
JF25	36	21	1.00	1100	0.47	20
2JF750	36	8	1.2	600	0.86	3.63
JF172	36	7	1.68	700	0.74	5
3JF750	36	15	0.93×2	950	0.67	8.5
JF27	36	15	1.25	1100	0.59	16
JF1000	36	12	1×2	1250	0.67	14.7
JF210	36	14	1.08×2	1200	0.67	13
JF01	36	21	1.04	500	0.53	5

(2) 转子轴和滑环的检修

交流发电机中,对转子轴的直线度要求较高,用百分表检查其摆差的方法如图4-25所示。如果跳动超过0.1mm,则应矫正。

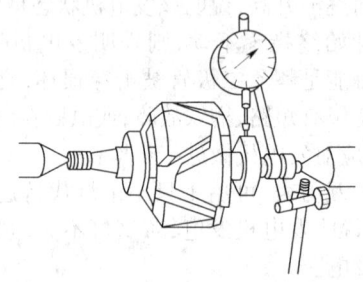

图4-25 转子轴的检查

发电机工作时,滑环与电刷始终接触,很容易摩擦损坏。发电机检修时应测量滑环厚度,当滑环的厚度小于1.5mm时,应更换。滑环若有轻微烧蚀可用"00"号砂纸打磨;若表面有严重烧蚀,应在车床上加工、磨光。

若电刷的高度低于7mm时应换用新品。

桑塔纳系列轿车JFZ1913型交流发电机新电刷应为13mm,极限值为5mm。当电刷外露长度低于5mm时,必须换用新电刷,以免影响发电机的输出功率。

(3) 硅二极管的检查

将万用表选择在 R×1 档检查二极管的好坏。检测前,先将各二极管的引线都从引线接柱上拆下。检查方法如图 4-26 所示,其中 a 图为对正极管(引线为"+"极)的检查方法,b 图为对负极管(引线为"-"极)的检查方法。

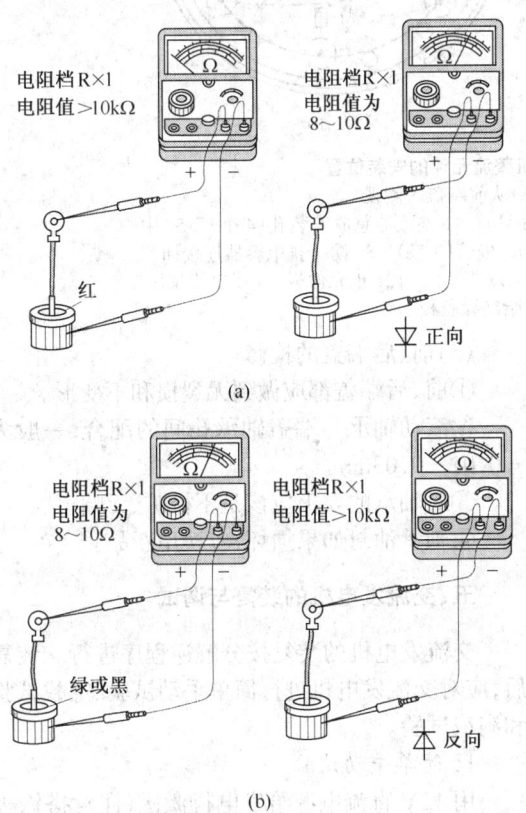

图 4-26 硅二极管的检查
(a)正极管的检查 (b)负极管的检查

检查中若发现有二极管损坏,则应换用新品。

在无万用表时,可用 1 只 12V 的蓄电池和 1 个汽车灯泡检查。检测方法如图 4-27 所示。若两次都微亮,说明二极管已击穿短路;若两次都不亮,说明二极管已断路,都应换用新品。应特别注意的是:在检查二极管好坏时,不能用兆欧表,因该表电压高,易导致二极管被击穿。

桑塔纳系列轿车 JFZ1913Z 型交流发电机整流二极管的检测可参照图 4-28 进行,检测正极管和正极中性点二极管时,先将万用表(R×1 档)红表笔接正元件板 12,黑表笔分别接二极管电极引线 P_1、P_2、P_3、P_4 端,万用表均应导通,如不导通,说明该正极管断路,应更换整流器总成;再调换两表笔检测部位进行检测,此时万用表应不导通,如导通,说明该正极管短路,亦应更换整流器总成。

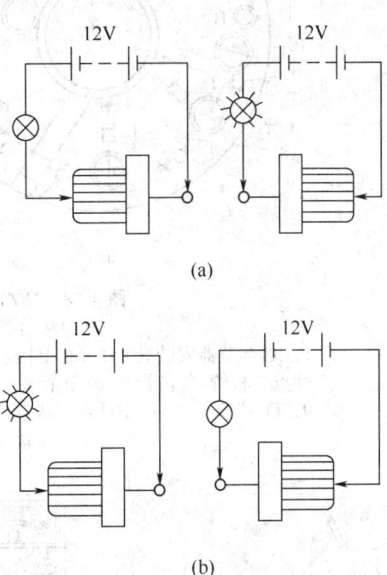

图 4-27 利用蓄电池和小试灯检查二极管
(a)正极管的检查 (b)负极管的检查

检测负极管和负极型中性点二极管时,先将万用表黑表笔接负元件板 2,红表笔分别接负极管引线 P_1、P_2、P_3、P_4 端,万用表均应导通,如不导通,说明该负极管断路,应更换整流器总成;再调换两表笔检测部位进行检测,此时万用表应不导通,如导通,说明该负极管短路,亦应更换整流器总成。

检测磁场二极管时,万用表红表笔接电刷压紧弹片 13,黑表笔分别接整流二极管引线 P_1、P_2、P_3 端,万用表均应导通,如不导通,说明该二极管断路,应更换整流器总成;再调换两表笔检测部位进行检测,此时万用表应不导通,如导通,说明该二极管短路,亦应更换整流器总成。

(4) 定子绕组的检修

①搭铁故障的检修:将定子放置在垫有胶板的工作台面上,使三相绕组接线端(首端)朝上并保持其与铁芯不接触,如图 4-29 所示。用万用表 R×10k 档将两表笔分别触试铁芯和接线端,表针应不动并指示无穷大,否则说明有搭铁故障。若发现搭铁故障可将三相绕组末端(中性点抽头)解焊分开,重复上述试验,以确定在哪一相绕组有搭铁故障。

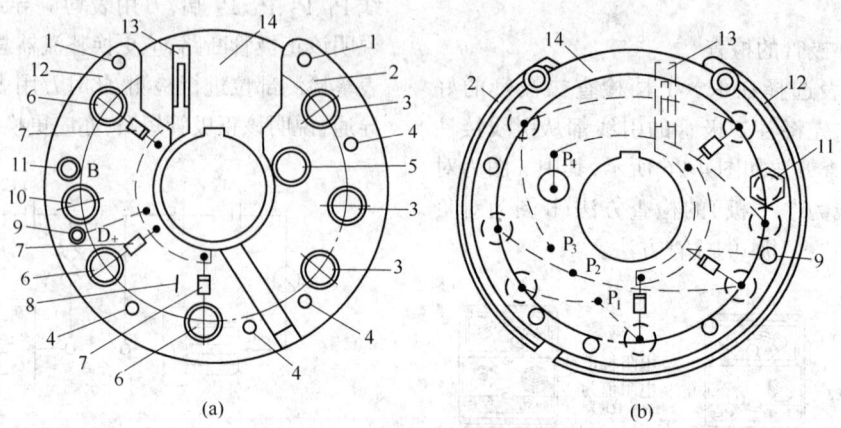

图 4-28 JFZ1913Z型发电机整流元件的安装位置
(a)从后端盖一侧视 (b)从前端盖一侧视

1. IC调节器安装孔 2. 负元件板 3. 负极管(3只) 4. 整流器总成安装孔(4个) 5. 中性点二极管(负极管) 6. 正极管(3只) 7. 磁场二极管(3只) 8. 防干扰电容器连接插片 9. "D+"端子 10. 中性点二极管(正极管) 11. "B+"端子 12. 正元件板 13. 电刷架压紧弹片 14. 硬树脂绝缘胶板

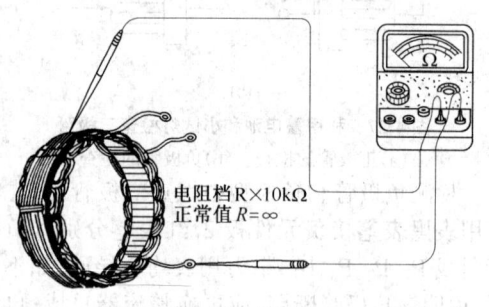

图 4-29 定子绕组搭铁故障的检查

用220V交流试灯的检查方法是:将交流试灯一端接铁芯,一端分别接3个接线端,凡是灯亮,表明绕组有搭铁故障。

② 短路、断路故障的检修:用万用表 R×1 档测量定子绕组3个端头,两两相测,电阻值为 1Ω 以下为正常;指针不动,说明有断路;电阻值特别小为短路,如图4-30所示。

(5)前、后端盖的检修

① 前、后端盖都应做到无裂损和不变形。

② 滚动轴承与端盖轴承孔间的配合,一般为 $-0.01\sim0.03$ mm。

③ 对轴承的要求应该是不松旷、无响声。

④ 轴承油封如果损坏,应换用新品。

五、交流发电机的装复与调试

交流发电机的装复按分解逆程序进行。装复后,应对交流发电机进行简单手动试验、空载试验和满载试验。

1. 简单手动试验

用12V直流电源给发电机激磁(注意搭铁极性及搭铁方式),将万用表置直流2.5V档,且红表笔(+)接"电枢接线柱",黑表笔搭铁,然后用力转动V带轮,如图4-31所示,万用表指针应快速摆动。将红表笔移到发电机"N"接线柱试验,指示值应为前者的一半左右,这种方法可用在无检测设备的场合。

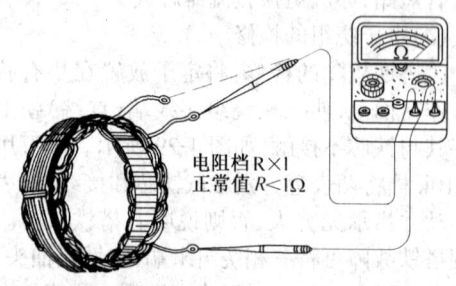

图 4-30 定子绕组短路、断路故障的检查

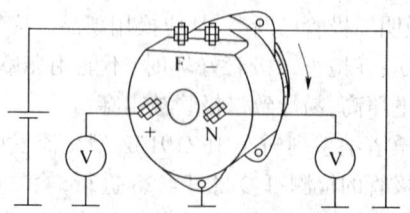

图 4-31 交流发电机的简单试验

2. 空载试验和满载试验

(1) 空载试验

将发电机固定于试验台架并按图 4-32 连接好测试电路，然后闭合 S1，开动驱动电动机并慢慢调速，使发电机转速逐渐升高，当发电机电压稍高于蓄电池电压时，断开 S1，并继续慢慢提高发电机的转速，直到电压升至发电机的额定电压为止。此时的发电机转速即为空载转速。

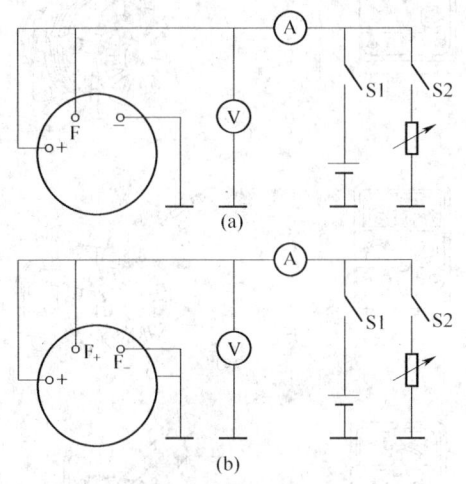

图 4-32 发电机的试验电路
(a) 内搭铁发电机 (b) 外搭铁发电机

(2) 满载试验

测得空载转速后，接通 S2，以使发电机连接负载。然后在逐渐增大负载的同时提高发电机的转速，以使发电机的电压保持在额定电压值。当发电机的输出电流达到其额定电流值时，发电机的转速即为满载转速。

部分国产交流发电机的额定参数见表 4-6。如果测得的空载转速、满载转速过高，或在规定的空载转速下达不到额定电压、规定的满载转速下达不到额定电流，则说明发电机性能不良。

表 4-6 部分国产交流发电机的额定参数

发电机型号	额定功率 (W)	额定电压 (V)	额定电流 (A)	空载转速 (r/min)	满载转速 (r/min)
JF1311	350	14	25	1000	2500
F1313Z	350	14	25	1000	2500
JF13A	350	14	25	1000	2500
JF1314B	350	14	25	1000	2500
JF1512E	500	14	36	1000	2500
JF1518	500	14	36	1100	2500
JF152D	500	14	36	1150	2500
JF1522	500	14	36	1100	2200

续表 4-6

发电机型号	额定功率 (W)	额定电压 (V)	额定电流 (A)	空载转速 (r/min)	满载转速 (r/min)
JF173		14	54	1000	2500
JF2311	350	28	12.5	1000	2500
JF2511Z	500	28	18	1000	2500
JF2511ZB	500	28	18	1000	2500
JF2512	500	28	18	1100	2500
JF2712B	700	28	25	1100	2500

3. 整体式发电机的性能检测

整体式发电机由于调节器安装在发电机内部，通常采用在稳定的转速下测发电机的输出电流和电压的方法来检验发电机及调节器的性能。现以神龙富康系列轿车为例，介绍整体式发电机性能检测方法。

(1) 检测发电机输出电流

① 试验准备。检查蓄电池是否充足，若充电不足，应予以补充充电，此项检测应在蓄电池充足电状态下进行。

② 试验方法。

a. 接通点火开关，充电指示灯亮，发动机起动后，充电指示灯熄灭，则可进行下一步发电机性能检查，否则，说明充电系统有故障，应予以排除。

b. 在发电机输出电路中接入电压表、电流表及变阻器，如图 4-33 所示。

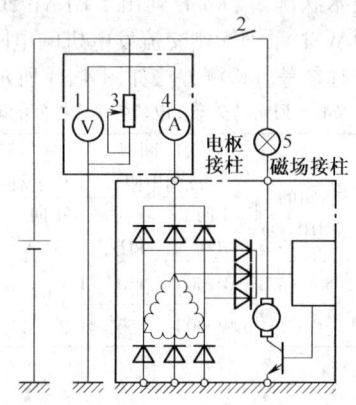

图 4-33 检查发电机与调节器性能
1. 电压表 2. 点火开关 3. 变阻器 4. 电流表 5. 充电指示灯

c. 在发动机达到正常的工作温度时，使发动机转速稳定在 2000r/min、3000r/min、4000r/min，在各发动机稳定转速下，调节电阻器，使发电机端电压为 13.5V，并查看此时的输出电流。富康系列轿车发动机各稳定转速下的发电机输出电流见表 4-7。

表 4-7 发电机端电压为 13.5V 时的电流输出

发动机转速(r/min)		2000	3000	4000
发电机端电压(V)		13.5	13.5	13.5
发电机输出电流(A)	8 级	49	62	68
	9 级	62	76	83

如果各稳定转速下发电机的输出电流达不到规定的值,则说明发电机性能不良,需检修发电机。

(2) 检查发电机的电压

① 试验准备。检查蓄电池是否充足,并按上图所示连接好电压表和变阻器后,将变阻器调至零位($R=\infty$),并断开所有的用电设备。

② 试验方法。当发动机达到正常工作温度时,使发动机的转速稳定在 5000r/min,看电压表指示的电压。

如果电压超过 14.7V,则说明调节器性能不良或完全损坏,应换用新品。

六、无刷交流发电机的总体检验

在无刷交流发电机不解体的情况下,用万用表检测各接线柱之间的电阻值,可以初步判断发电机的技术状况。表 4-8 列出了用 MF500 型万用表检测 WSF 系列无刷交流发电机的电阻情况,可供检修时参考。检测方法如图 4-34 所示。

表 4-8 WSF 系列无刷交流发电机各接线柱间的电阻值

型号	F 与 E 间的电阻(Ω)	B 与 E 间的正反向电阻		N 与 E 间的正反向电阻	
		正向(Ω)	反向(kΩ)	正向(kΩ)	反向(kΩ)
W14×14V36A	3.5~3.8	390~400	>500	1.2~1.4	>500
W28×28V18A	15~16	390~400	>500	1.2~1.4	>500

七、电子电压调节器的检修

1. 晶体管调节器搭铁形式的判断

晶体管调节器按搭铁形式的不同可分为内搭铁式和外搭铁式两种。内搭铁式调节器只能配装于内搭铁式交流发电机,外搭铁式调节器只能配装于外搭铁式交流发电机,否则,发电机磁场电路将不能构成回路而无法正常工作。因此,安装调节器时,必须首先确定调节器的搭铁形式,当调节

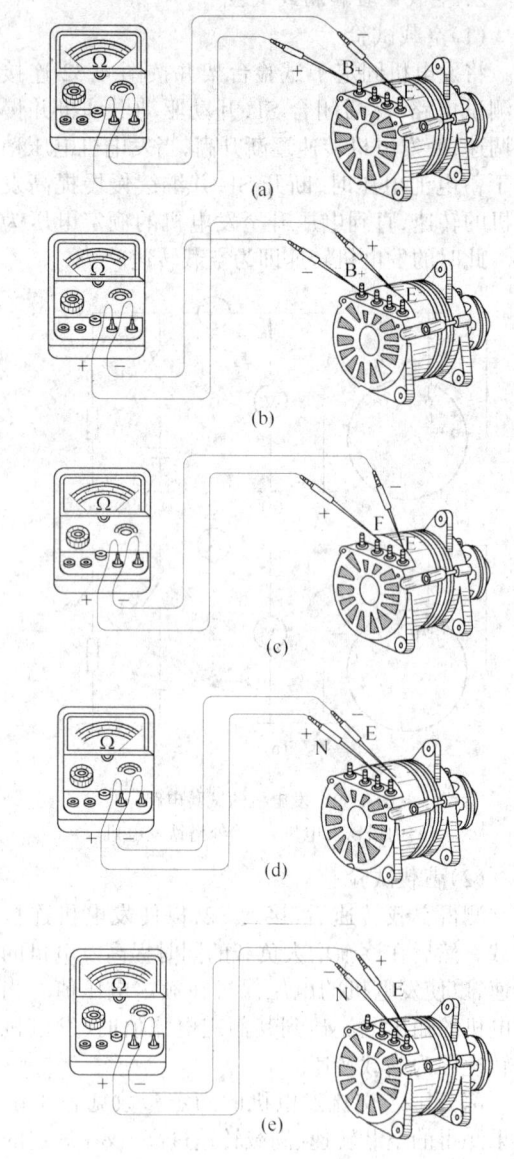

图 4-34 无刷发电机的不解体检查
(a)测量 B+ 与 E 间的正向电阻 (b)测量 B+ 与 E 间的反向电阻 (c)测量 F 与 E 间的电阻 (d)测量 N 与 E 间的正向电阻 (e)测量 N 与 E 间的反向电阻 B+——电枢 F——磁场 N——中性点 E——搭铁

器搭铁形式不明确时,可按下述方法进行判断。

用 12V 或 24V 的直流电源和 12V、20W 或 24V、20W 的小灯泡,按图 4-35 所示电路接线,即可判断晶体管调节器的搭铁形式。

试灯接在"−"与"F"接线柱之间发亮,而接在"+"与"F"接线柱之间不亮,则该调节器为内搭铁式调节器;反之,如果灯泡接在"+"与"F"接

线柱之间发亮,而接在"-"与"F"之间不亮,则该调节器为外搭铁式调节器(见图4-35)。

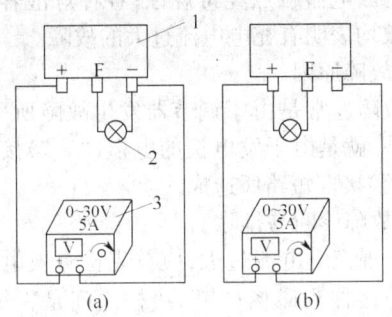

图4-35 判断晶体管调节器搭铁形式的方法
(a)内搭铁式调节器 (b)外搭铁式调节器

2. 判断晶体管调节器好坏的方法

在图4-35所示的电路中,逐渐调高可调直流电源的输出电压,当达到调节电压值(12V电系为13.5~14.5V,24V电系为27.0~29.0V)时,若灯熄灭,表明该调节器状态良好;否则,说明已损坏。

3. 桑塔纳、捷达轿车IC调节器的检修

桑塔纳、捷达轿车IC调节器接线端子的位置如图4-36所示。检测时,用导线将调节器负极D-端子(图中右侧安装孔)与蓄电池负极连接,调节器D+端子(图中正电刷引线)经开关SW与蓄电池正极连接,小灯泡连接在端子D+与D_F之

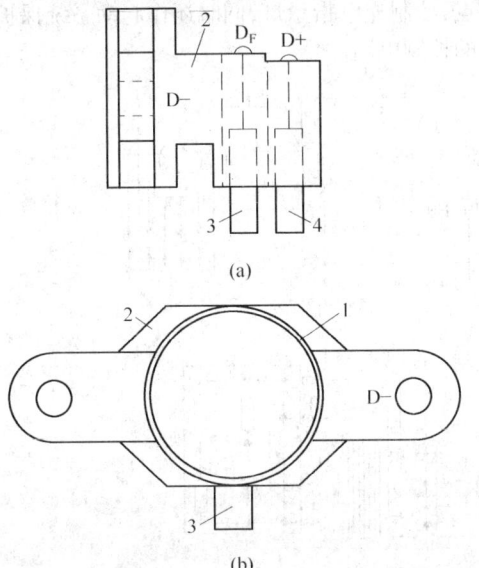

图4-36 桑塔纳轿车IC调节器与电刷组件
(a)右视图 (b)主视图
1. IC调节器 2. 电刷架 3. 负电刷 4. 正电刷

间(两只电刷引线之间)。当连接一只蓄电池(电压约为12V)时,接通开关SW,小灯泡应当发亮;将两只蓄电池串接(电压约为24V)时,小灯泡应当熄灭,说明调节器技术状态良好。如小灯泡在连接一只或两只蓄电池时始终发亮或始终不亮,说明调节器损坏,应予换用新品。由于电刷组件与调节器为一总成,不可分离,因此更换调节器时需将电刷组件一同更换。如无专用调节器总成,可利用原总成的电刷组件,只更换调节器进行修复。方法是用偏口钳将负电刷引线(D_F)至调节器电路间的导电片剪断,在负电刷引线焊点处焊接一根导线并引出发电机作为磁场端子"D_F",该端子与新调节器(外搭铁型)的"磁场"端子连接,调节器正极与发电机壳体上的"D+"端子连接,调节器负极与发电机壳体(D-)连接。

八、有刷交流发电机充电系统故障诊断与排除

1. 不充电

(1)故障现象

发动机以中速以上速度运转时,电流表指示放电(3~5A)或充电指示灯亮、电压表无充电电压指示。

(2)故障原因

①发电机风扇V带打滑或连接线断开。
②电流表或电压表损坏或极性接反。
③交流发电机内部故障。可能出现故障的部位有:整流二极管断路、短路;定子三相绕组或磁场绕组断路、短路或搭铁;电刷在电刷架中被卡死或磨损过度,造成接触不良等。
④调节器故障。主要有:晶体管调节器中元件老化、断路,稳压管失效,小功率推动管(复合管的前级)损坏断路。

(3)诊断与排除

故障的检查与判断方法如图4-37所示。

2. 充电电流过小

(1)故障现象

发动机由低速逐渐升高至中速时,打开前照灯后电流表指示放电(若不指示放电就不成为充电电流过小的故障),此时灯光暗淡,或喇叭声音很小等,均表明是充电电流过小的故障。

(2)故障原因

①发电机风扇V带过松。
②电刷与滑环接触不良。
③个别二极管脱焊或损坏。

86　第四章　交流发电机及其调节器

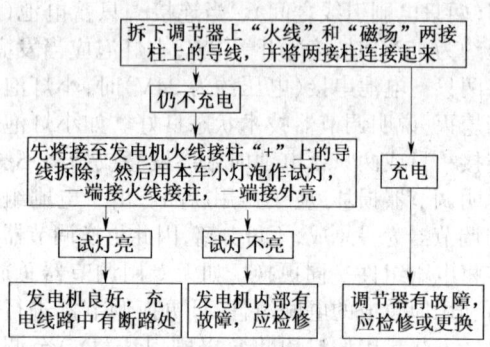

图4-37　不充电故障检测步骤

④定子绕组有局部短路或接头断开。
⑤抑制干扰用的电容器短路损坏等。
(3)诊断与排除
遇此情况应该先检查发电机风扇V带是否有过松或打滑现象。若风扇V带松紧度正常,可拆除发电机"F"接柱与调节器"F"接柱间的连线,在发动机中速运转的情况下,用一根细导线在发电机"电枢"("+")接柱与"磁场"("F")接柱之间做瞬时短接;若充电量仍然过小,说明发电机内部有故障,应对其进行解体检修;如果充电量有所增加,则可能是调节器有故障,应按调节器的故障诊断与排除方法进行诊断和排除故障。

3.充电电流过大
(1)故障现象
发动机运转至中速以上时,电流表指示出大电流充电(30A以上);汽车行驶在白天,充电2~3h,电流表所指示的充电电流就大于5A;蓄电池的电解液消耗很快;点火线圈和发电机容易过热;分电器的断电器触点经常烧蚀;各种灯泡容易烧毁等现象均表明有充电电流过大的故障。

(2)故障原因
此故障通常是由于调节器发生故障所引起。除此之外,就是由于发电机的电枢("+")接柱和磁场("F")接柱短路所造成。

(3)故障诊断与排除
若发现充电电流过大,应首先检查发电机电枢("+")接柱和磁场("F")接柱之间是否短路。如果短路,则应立即排除。否则就要做进一检查和诊断。

九、常见车型充电系统故障检修方法及实例

1. 解放CA1091型汽车充电系统
(1)电路组成及检修方法
解放CA1091型载货汽车充电、起动、点火系统电路如图4-38所示。其充电系统由蓄电池、发电机、调节器、复合起动继电器、点火开关和电流表等组成。充电指示灯和电流表用来监测充电系统的工作情况。发电机采用JF125D型外搭铁交流发电机。调节器采用JFT106型晶体管调节器。发电机的中性点线经复合起动继电器的常闭触点,控制充电指示灯,同时还作起动系统保护电路的控制电路。

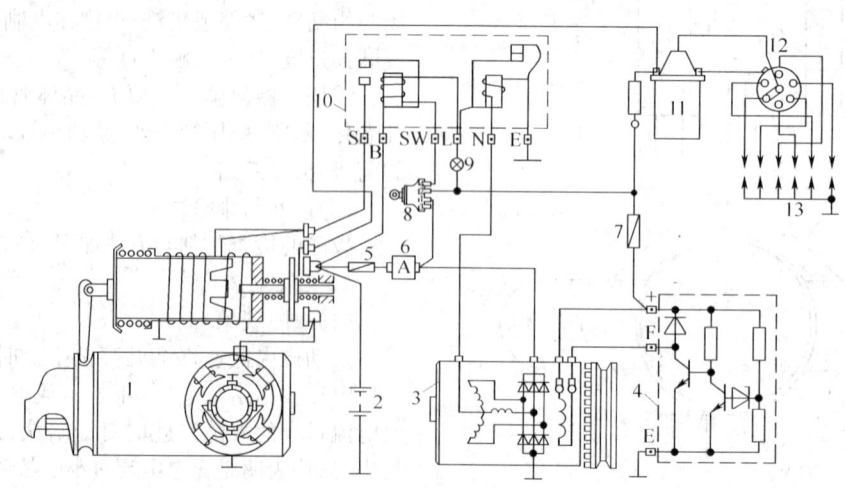

图4-38　CA1091型汽车充电、起动、点火系统电路图
1.起动机　2.蓄电池　3.交流发电机　4.电压调节器　5、7.熔丝　6.电流表
8.点火开关　9.充电指示灯　10.组合起动继电器　11.点火线圈　12.分电器　13.火花塞

复合起动继电器采用 JD171 型继电器,其内设有两个线圈。左边线圈控制一副常开触点,相当于一般起动继电器线圈,其作用是控制常开触点的开闭,使起动机电磁开关的较大电流受点火开关控制,但不直接流经点火开关,起到保护点火开关的作用。右边线圈控制一副常闭触点,其"N"柱上加的是从交流发电机中性点引来的电压。当交流发电机正常发电时,常闭触点被断开,切断左边线圈的搭铁电路,起动机电磁开关断电,起动机自动停转。另外当发动机运转时,如果驾驶人误将点火开关再次拧到起动档,起动机也不会运转,从而达到保护起动机的目的。

排除解放 CA1091 型汽车充电系统的故障,首先应确定发电机是否有损坏。如果发电机损坏,即使其他系统正常也不会充电。在确定发电机工作正常后,应检查调节器及外电路连接是否正常。该型汽车的调节器是封闭式的晶体管调节器,调节器有故障只能更换。

检测此车型充电系统故障的一般顺序是:

①检查 V 带张力是否正常,各线头连接是否正确可靠。

②检查调节器是否正常。

③检查发电机工作是否正常。可用电压表测试发电机的输出电压。

④检查中性点是否有电压输出。

(2)检修实例

【例1】 故障现象:发动机正常运转时,电流表指示充电,但来回摆动不稳;充电指示灯时亮时灭。

检修方法:造成充电电流不稳的原因,可能在发电机也可能在调节器及外电路等。在遇到此类故障时,首先应大致确定故障部位,明确修理方向,做到有的放矢。若确属发电机故障,应拆下发电机解体检查。发电机容易出现故障的部位和原因有:

①发电机电刷严重磨损、脏污,造成电刷与滑环接触不良。

②磁场绕组或定子绕组线头脱落或接触不良。

③硅整流二极管与元件板压接不实或引线松动等。

检修过程如下:检查 V 带张紧力正常,各部导线连接正常。去掉发电机电枢接柱上的导线,用电压表测试电枢接柱电压,发现有时在 40V 左右,有时在 12V 左右,至此可基本确定故障在交流发电机。拆检交流发电机,发现电刷长度在允许范围内,与滑环接触良好。磁场绕组各线头接触良好,且电阻值正常。用万用表测试电枢接柱与中性点接柱对地电阻,发现电阻值极不稳定,有时呈导通状态,有时呈断开状态。拆下防护罩,发现紧固整流板螺栓的绝缘套烧坏,整流元件板与发电机后端盖接触部分也烧坏,使中性点引线与元件板相碰。将烧坏的元件更换,元件板烧毁部分用锉刀锉平,并做绝缘处理后,重新装复。经试验,故障消失。

造成此故障的主要原因是,整流二极管与元件板之间松动,当发动机高速运转时,充电电流增大,此处便产生火花,久而久之,烧坏了元件板上固定螺栓的绝缘套,在烧损处形成局部短路或断路,导致充电电流不稳的故障。因此,在修复更换交流发电机的二极管时,如果座孔大,二极管外径小时,应在二极管外表包上薄铜片后再压入交流发电机外壳或元件板内,使之接触良好。

【例2】 故障现象:点火开关置于Ⅰ档时充电指示灯不亮,位于Ⅱ档时发动机不能发动。

故障原因:发电机正元件板上的二极管有短路。从图 4-38 中可以看出,在正常情况下,交流发电机未工作时,因正元件板上二极管的单向导电性能,只有在发电机工作时,中性点"N"对地才有一定大小的电压。现假设正二极管有一个被击穿短路,则中性点"N"便与蓄电池正极同电位,使复合继电器中的充电指示灯控制继电器的线圈有电流流过,其常闭触点断开。因充电指示灯和起动继电器线圈是经过该触点搭铁的,所以,在触点断开时指示灯不会亮。当点火开关转至Ⅱ档时,因触点不能闭合,起动继电器的触点也就不能闭合,线圈无电流通过,起动机不能工作。

故障排除:分解发电机,将短路的二极管换下来故障排除。

2. 上海桑塔纳或桑塔纳 2000 系列轿车

上海桑塔纳或桑塔纳 2000 系列轿车充电系统电路原理如图 4-39 所示。该车系采用 11 管整流的整体式交流发电机。集成电路调节器和交流发电机电刷架连成一体,在不打开交流发电机前后端盖的情况下便可检测、保养调节器和电刷。

整体式交流发电机的 3 只正极管与 3 只负极管组成一个三相桥式整流电路,称为输出电流电路。其输出端 B,用红色导线与起动机 30 端子连接(1996 年后部分轿车输出端 B,用红色导线经

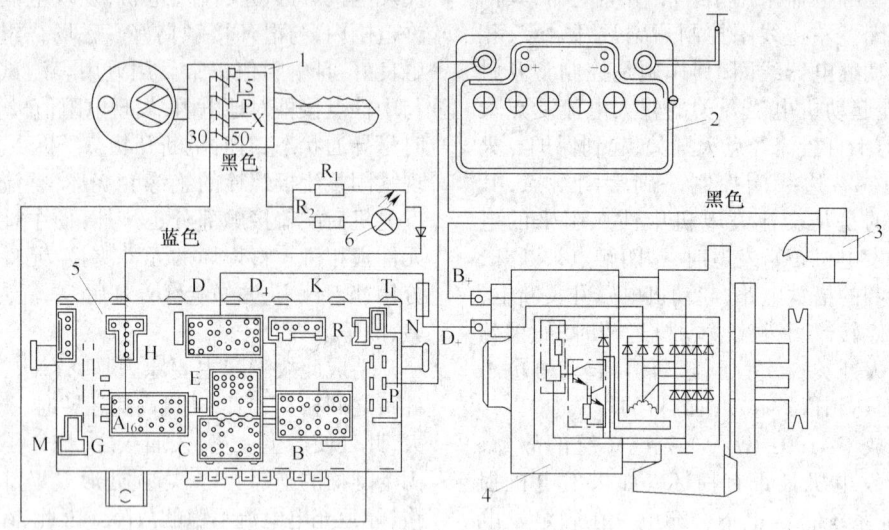

图 4-39 桑塔纳系列轿车充电系统电路图
1. 点火开关 2. 蓄电池 3. 起动机 4. 整体式交流发电机 5. 中央线路板 6. 充电指示灯

80A熔丝与蓄电池正极柱连接,熔丝支架固定在蓄电池附近的发动机防火墙上)。3只磁场二极管与3只负极管也组成一个三相桥式整流电路,称为磁场电流整流电路。其输出端 D_+ 用蓝色导线经蓄电池旁边的单端子连接器 T_1 后与中央线路板 D 插座的 D_4 端子连接,再经中央线路板内部线路与 A 插座的 A_{16} 端子相连。点火开关 30 端子用红色导线经中央线路板上的单端子插座 P 与蓄电池正极连接,点火开关 15 端子用黑色导线与仪表盘左下方 14 端子黑色插座的 14 端子连接(图中未画出,可参见原版线路图),经仪表盘印制电路上的电阻 R_1、R_2 和充电指示灯 6(R_2 和充电指示灯串联后再与 R_1 并联)和二极管接回到 14 端子黑色插座 12 端子,再用蓝色导线与中央线路板 A 插座的 A_{16} 端子连接。由充电系统电路图(并参见桑塔纳轿车原版线路图)可见,充电指示灯及发电机磁场绕组电路为:

蓄电池 2 正极端子→中央线路板单端子插座 P→中央线路板内部线路→中央线路板单端子插座 P→点火开关 30 端子→点火开关 1→点火开关 15 端子→组合仪表盘下方 14 端子连接器的 14 端子→电阻 R_2 和充电指示灯(发光二极管)6→二极管→中央线路板 A_{16} 端子→中央线路板内部线路→中央线路板 D_4 端子→单端子连接器 T_1(蓄电池旁边)→交流发电机 D_+ 端子→发电机 4 的磁场绕组→电子电压调节器功率管→搭铁→蓄电池负极。

该车充电系统的常见故障的诊断与排除方法如下:

① 发电机停车或运转时充电指示灯都不亮的故障诊断见图 4-40。

② 发动机停车或运转时充电指示灯都亮的故障诊断见图 4-41。

③ 发动机运转时,充电指示灯闪烁,蓄电池充电不足,发动机起动困难的故障诊断见图 4-42。

④ 车灯特别亮,常烧灯泡,电解液消耗快等。这是调节器有故障,查实故障后,调整或更换调节器。

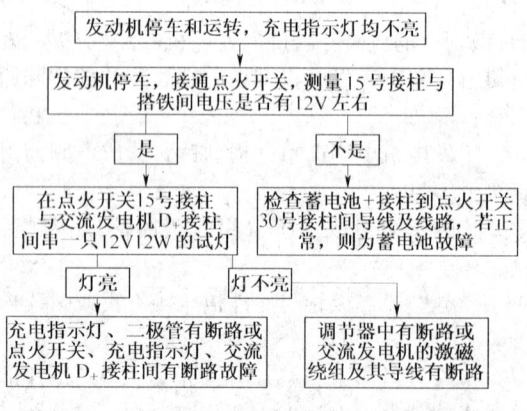

图 4-40 发动机停车或运转时充电指示灯都不亮的故障诊断流程

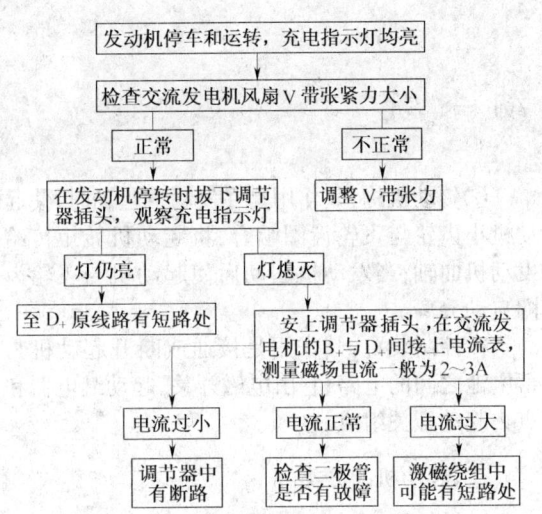

图 4-41 发动机停车或运转时充电指示灯
都亮的故障诊断流程

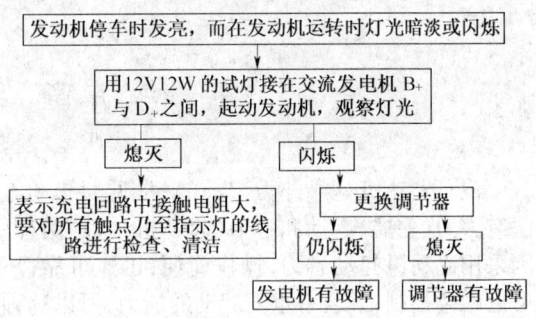

图 4-42 发动机运转时,充电指示灯闪烁,
发动机起动困难的故障诊断

第五章 起 动 系 统

汽车发动机是靠外力起动的,常见的起动方法有人力(手摇)起动和电力(起动机)起动两种。因采用起动机起动省力,操作简便,迅速可靠,还可远距离控制,并且有重复起动的能力,所以这种起动方式已被现代汽车广泛采用。

第一节 起动系统概述

一、起动系统的组成

起动系统由直流电动机、传动机构和控制装置三大部分组成,如图5-1所示。

①直流电动机:其作用是把电能转换为机械能,产生电磁转矩。直流电动机有电磁式和永磁式两种。

②传动机构:其作用是在发动机起动时,使起动机小齿轮与飞轮齿圈啮合,将起动机转矩传给发动机曲轴;当发动机起动后使起动机与飞轮齿圈自动分离。

③控制装置:其作用是接通或断开起动机与蓄电池之间的电路,它由电磁开关、起动继电器和点火起动开关组成。

二、起动机的分类

起动机的类型很多,通常按以下方法分类。

(1)按控制装置不同,起动机可分为:

①机械啮合式起动机:用机械方法接通起动机的主电路,同时使传动机构与飞轮齿圈啮合,目前已很少运用。

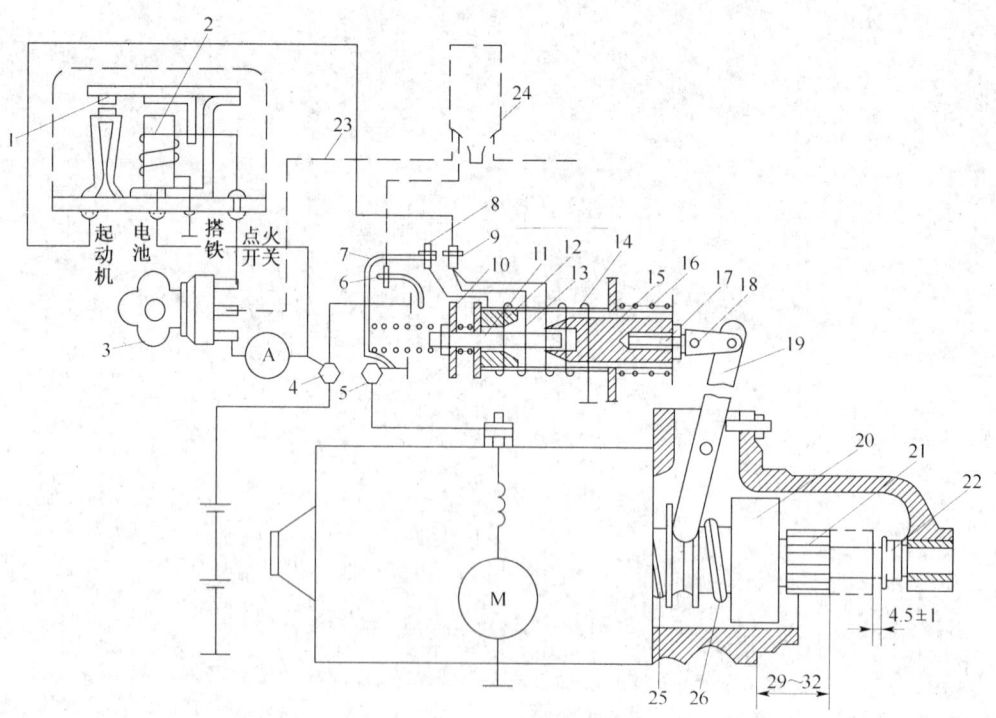

图 5-1 QD124型起动机起动系统电路
1.起动继电器触点 2.起动继电器线圈 3.点火开关 4、5.主接线柱 6.辅助接线柱 7.导电片 8.吸引线圈接线柱 9.起动机接线柱 10.开关触盘 11.推杆 12.固定铁芯 13.吸引线圈 14.保持线圈 15.活动铁芯 16.回位弹簧 17.螺杆 18.连接头 19.拨叉 20.滚柱式单向离合器 21.驱动齿轮 22.限位螺母 23.点火线圈附加电阻线(白色,1.7Ω) 24.点火线圈 25.分离弹簧 26.啮合弹簧

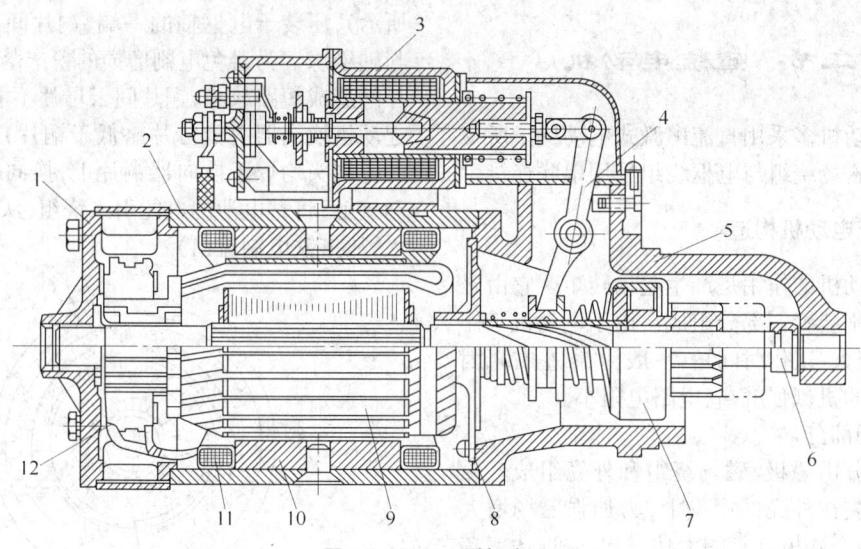

图 5-2 QD124 型起动机
1. 前端盖 2. 外壳 3. 电磁开关 4. 拨叉 5. 后端盖
6. 限位螺母 7. 单向离合器 8. 中间支撑板 9. 电枢 10. 磁极 11. 磁场绕组 12. 电刷

②电磁啮合式起动机：由电磁开关控制起动机的主电路，同时使传动机构与飞轮齿圈啮合，如图5-2所示，目前运用较广泛。

(2) 按传动机构进入啮合方式不同，起动机可分为：

①齿轮移动式起动机：依靠人力或电磁力拉动杠杆强制传动机构驱动齿轮啮入发动机飞轮齿圈。因为其具有结构简单、操作方便等优点，被现代汽车广泛采用。

②电枢移动式起动机：依靠起动机磁极线圈通电后产生的电磁力，使电枢轴向移动推动驱动齿轮啮入飞轮齿圈；发动机起动后由回位弹簧使电枢回位，带动驱动齿轮退出啮合。这种形式的起动机多用于大功率柴油机汽车上。

(3) 按总体结构不同，可分为：普通起动机（无特殊结构和装置）、永磁起动机和减速起动机三种。

三、起动机型号

根据我国汽车行业推荐标准 QC/T 73—1993《汽车电气设备产品型号编制方法》规定，汽车起动机的型号组成如下：

①产品代号：有 QD、QDJ、QDY 三种，分别表示普通起动机、减速起动机、永磁起动机或永磁减速起动机。字母"Q"、"D"、"J"、"Y"分别为"起"、"动"、"减"、"永"字汉语拼音的第一个大写字母。

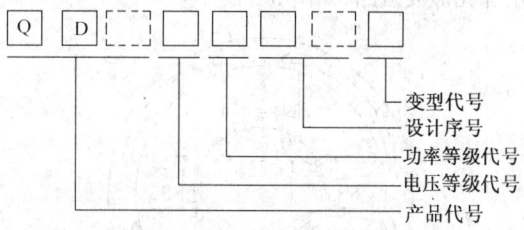

②电压等级代号：用一位阿拉伯数字表示，含义如表4-1所示。

③功率等级代号：用一位阿拉伯数字表示，含义见表5-1。

④设计序号：按产品设计先后顺序，以 1～2 位阿拉伯数字组成。

表 5-1 起动机功率等级代号的含义

功率等级代号	1	2	3	4	5	6	7	8	9
普通起动机功率（kW）	≤1	>1～2	>2～3	>3～4	>4～5	>5～6	>6～7	>7～8	>8
减速起动机功率（kW）									
永磁起动机功率（kW）									

⑤变型代号：在主要电气参数和基本结构不变的情况下，一般电气参数的变化和结构某些改变称为变型，以汉语拼音大写字母 A、B、C……顺序表示。

如 QD1225：表示额定电压为 12V，功率为 1～2kW，第 25 次设计的起动机。

第二节　直流电动机

汽车起动机多采用直流串激式电动机。所谓串激式是指磁场绕组与电枢绕组采用串联连接。

一、直流电动机构造

直流电动机的作用是产生起动转矩。它由磁场、电枢、电刷装置三部分组成。由于电动机工作电流大、转矩大、工作时间短(一般为 5s 左右)，因此要求零件的机械强度高，电路电阻小。

(1) 磁场部分

磁场部分由磁极、磁场绕组和外壳组成。磁极用螺钉固装在外壳的内壁上，为加强磁场增大转矩，采用四个磁极。有的大功率起动机(功率超过 17.4kW) 采用 6 个磁极。每个磁极上套装磁场绕组，经通电激磁后使 N、S 极相间排列，并利用外壳形成磁路，如图 5-3 所示。

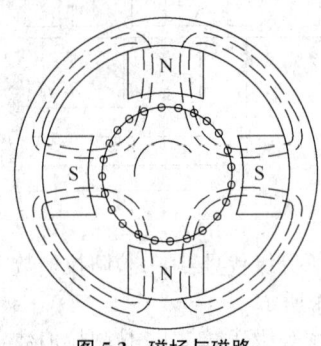

图 5-3　磁场与磁路

磁场绕组由矩形截面的铜导线绕成，每个绕组匝数较少，绕组的一端接在外壳的绝缘接柱上，另一端与绝缘电刷连接后再与电枢绕组串联连接。4 个磁极的磁场绕组，先每两个绕组分别串联，再并联为两路，如图 5-4 所示。这样可以在绕组铜导线截面尺寸相同的情况下减小电动机回路电阻，增大起动电流，从而增大起动转矩。

(2) 电枢部分

电枢由铁芯、绕组、电枢轴和换向器等组成。铁芯由硅钢片叠压而成，以内花键固定在轴上。铁芯的外表面槽内放有电枢绕组，采用较粗的矩形截面铜导线绕成波形绕组，为防止铜导线间短路用绝缘纸隔开，为防止铜导线在电枢旋转时的离心力作用下甩出，在槽口两侧的铁芯上用轧纹挤紧。

换向器由铜片和云母片叠压而成(如图 5-5 所示)，压装于电枢轴的一端，铜片间互相绝缘并与轴绝缘。为避免电刷磨损的粉末落入换向器铜片间造成短路故障，铜片间云母片不能割低(有些起动机换向器上云母片略低于铜片)。电枢绕组的各端头均焊于换向器铜片上，换向器和电刷滑动接触，将蓄电池的电能引入绕组(从绝缘电刷流入，从搭铁电刷流出)。

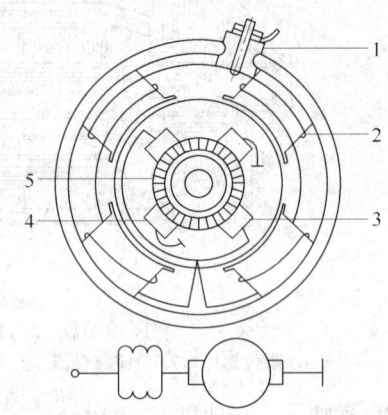

图 5-4　磁场绕组的连接
1. 绝缘接线柱　2. 磁场绕组　3. 绝缘电刷　4. 搭铁电刷　5. 换向器

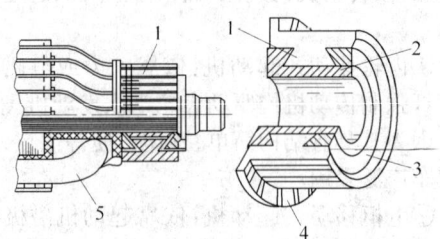

图 5-5　换向器剖面示意
1. 铜片　2. 轴套　3. 压环　4. 接线凸缘　5. 电枢

电枢轴的另一端制有传动花键，用于与传动机构配合。电枢轴前后端由石墨青铜平轴承支撑，中间有一支撑板支撑。轴的后部装有一限位螺母(或限位圈)，用以承受传动机构后移时的冲击力。轴的尾端较细，轴肩部与后端盖之间装有止推垫圈，以调整轴向间隙。

(3) 电刷装置

电刷用铜粉和石墨粉压制而成，一般含铜 80%～90%，石墨 10%～20%，以减小电刷电阻并增加其耐磨性。为减小电刷上的电流密度，以限制与换向器表面接触处的发热量，采用的电刷个数等于磁极个数。电刷架采用箱式结构，铆装于前端盖上，安放绝缘电刷的电刷架须与端盖绝缘,而搭铁电刷则通过电刷架直接搭铁。搭铁电刷架与绝缘电刷架数量相等,相间排列。电刷装于架内并由螺旋卷簧压紧在换向器上。

二、直流电动机工作原理与特性

(1) 工作原理

直流串激式电动机的工作原理如图 5-6 所示。当接通电源时,电流通过电枢绕组,导体受到电场力的作用产生力矩。电流在线圈中的方向为 a→d(图 5-6a),依照"左手定则",此时转矩方向为逆时针。电枢转过 180°后,电流在线圈中的方向变为 d→a(图 5-6b),因电流在磁极中的方向并未改变,故转矩方向仍保持不变。

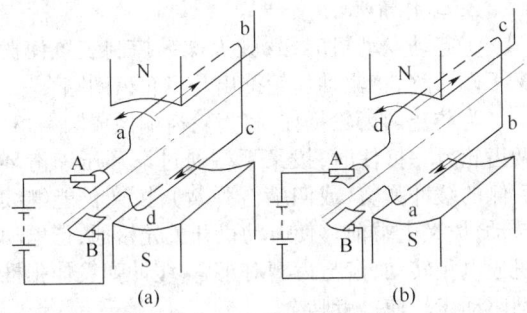

图 5-6 直流电动机的工作原理
(a) 电流方向由 a→d (b) 电流方向由 d→a

电动机转矩的大小与电枢电流以及磁极磁通的乘积成正比。

电动机转动时,电枢绕组又会切割磁力线产生感应电动势,其方向如图 5-7 中虚线箭头所示,与电枢电流方向相反,其大小和磁极磁通与电枢的转速乘积成正比。因此,电动机转速升高后,在电枢感应电动势的作用下,电枢电流下降,转矩减小。当电动机轴上遇到的阻力矩增大时,电枢转速就会降低,使感应电动势减小,电枢电流增大,

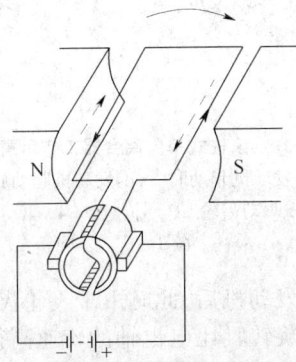

图 5-7 电动机的反电动势

转矩也随之增大,直到电动机电磁转矩与阻力矩相等时为止。电动机在新的负荷条件下以新的转速平稳运转。

(2) 直流电动机的工作特性

直流串激式电动机的转矩、转速和功率随电枢电流变化的规律,称为直流串激电动机的特性。图 5-8 所示为直流串激电动机的特性曲线,其中 M、n、P 分别代表转矩特性、转速特性和功率特性。

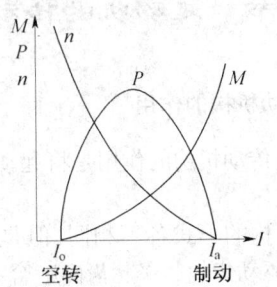

图 5-8 直流串激式电动机的特性

① 转矩特性。在发动机起动瞬间,因为发动机的阻力很大,起动机处于完全制动状态。此时电枢转速和反电动势都为零,电枢电流到达最大值(称为制动电流),转矩也相应地达到最大值。

由于直流串激式电动机转矩与电枢电流的二次方成正比,所以制动电流所产生的最大转矩(称为制动转矩)足以克服发动机的阻力矩,使发动机起动容易。这是汽车起动机采用串激式电动机的主要原因之一。

② 转速特性。串激式电动机在输出转矩较大时,电枢电流较大,这将引起电动机内、外部电路中的电压降增大,在磁路未饱和的情况下,较大的电枢电流使磁极磁通也相应增加。

由于串激式电动机的转速将随电路中的电压降和磁极磁通的增大而降低,因此电动机转速随电枢电流的增加而急剧下降。反之,在输出转矩较小时,电动机转速又随电枢电流的减小而很快上升。

串激式电动机具有轻载转速高、重载转速低的特性,对保证起动安全可靠非常有利,这是汽车采用串激式电动机的又一重要原因。但是,轻载或空载时的高转速,容易使串激式电动机发生飞车事故。所以功率较大的串激式电动机不可以在轻载或空载的情况下使用;即使汽车起动机的功率较小,也不能在轻载或空载状态下长时间运行,以免电枢线圈被离心力甩出,发生电动机扫膛现象。

③ 功率特性。电动机的功率等于转矩与转速

的乘积。电动机完全制动时，虽然转矩达到最大值，但是输出功率为零；空载时电流最小，转速最高，输出功率也为零；当电枢电流接近制动电流的一半时，电动机输出功率最大。在实际使用时起动机运转时间很短，因此将最大功率作为额定功率。

在维修过程中，通常用空载和全制动试验来检验起动机的技术状况，以保证维修质量。

第三节 起动机的传动机构

一、传动机构的作用

起动机传动机构的作用是将起动机的动力传给发动机飞轮。

传动机构的形式各不相同，但是都必须满足以下要求：驱动齿轮与飞轮齿圈啮合容易，不发生撞击现象；发动机正常工作时，驱动齿轮与飞轮齿圈不能再啮合，以免损坏齿轮及发动机带动起动机高速旋转，造成"飞车"事故；结构要简单，工作要可靠。

起动机的传动机构包括单向离合器、起动机轴及发动机飞轮齿圈，其主要部件是单向离合器。常见的单向离合器有滚柱式、摩擦片式、弹簧式等。

二、滚柱式单向离合器

1. 结构

滚柱式单向离合器的构造如图5-9所示。传动导管1与外座圈2制成一体，外座圈内部制成"十"字形空腔，驱动齿轮7的尾部制成圆柱形伸在外座圈2的空腔内，与"十"字形空腔构成四个楔形腔室。腔室内放置滚柱3，在腔室较宽的一边座圈孔内，还装有弹簧4和压帽5，平时靠弹簧张力经压帽将滚柱压向楔形腔室较窄的一端。座圈的外面包有铁壳6，起密封和保护作用。

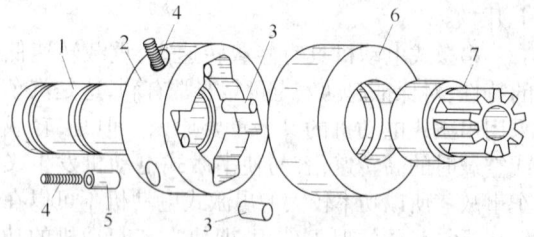

图5-9 滚柱式单向离合器
1.传动导管 2.外座圈 3.滚柱 4.弹簧 5.压帽
6.铁壳 7.驱动齿轮

由于滚柱式离合器工作时内部要发生摩擦，故在出厂前内部已加足黄油，使用中不需要补充，保养修理时不可将其放在汽油、煤油中清洗，以免将内部润滑油洗掉。

传动导管1内制有螺旋键槽，套在电枢轴的螺旋花键部分，而驱动齿轮则套在电枢轴的光滑部分。它们可以随轴转动，也可以在轴上前后移动，以使驱动齿轮和飞轮齿圈能够啮合与分离。

传动导管1的外侧活络地套有分开式滑环及前后两个缓冲弹簧，并由前端挡环和前部及中部两个卡环限位。拨叉操纵滑环通过缓冲弹簧迫使驱动齿轮沿电枢轴轴向移动，平时在引铁回位弹簧作用下，驱动齿轮与飞轮齿圈保持分离状态。

2. 工作情况

①起动发动机时，驾驶人操纵控制装置使拨叉下端后移，将驱动齿轮推出与飞轮齿圈啮合。

为防止两齿轮抵住，将齿轮齿端做成圆斜角，两齿轮万一抵住时，拨叉下端通过滑环压缩滑环后侧的缓冲弹簧（或叫啮合弹簧），拨叉仍能继续转动，拨叉上端前移使电动机开关先接通，待电动机通电稍转动，齿与齿槽对正后，缓冲弹簧伸张推动驱动齿轮使二者啮合。

驱动齿轮与飞轮齿圈刚啮合而尚未转动时，电动机电路接通，电枢轴经传动导管带动外座圈旋转，在驱动齿轮尾部摩擦力和弹簧压力作用下，滚柱滚移向楔形腔室较窄的一端，将外座圈和驱动齿轮尾部卡紧成一体，于是驱动齿轮随电枢轴一起转动并带动飞轮旋转，使发动机起动（如图5-10a）。

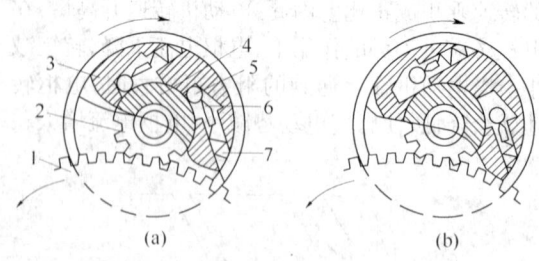

图5-10 滚柱式单向离合器工作示意图
(a)发动机起动时 (b)发动机起动后
1.飞轮 2.驱动齿轮 3.外座圈 4.驱动齿轮尾部
5.滚柱 6.压帽 7.弹簧

②起动发动机后，此时由于飞轮齿圈带动驱动齿轮高速旋转且比电枢轴的转速高得多，驱动齿轮尾部的摩擦力带动滚柱克服弹簧张力，使滚

柱移向楔形腔室较宽的一端，滚柱在驱动齿轮尾部与外座圈间发生滑摩，发动机的动力不能传给电枢轴，起到分离作用，电枢轴只能按自己的转速空转，避免了电枢导线超速飞散的危险（如图5-10b）。当解除操纵后，在回位弹簧张力作用下，驱动齿轮前移与飞轮齿圈分离，电动机停止转动，恢复原状。

滚柱式单向离合器具有构造简单、工作可靠等优点，得到广泛应用。但由于这种离合器在接合时几乎是刚性的，不能承受大的冲击力，传递大转矩时会因滚柱卡死而失效，所以只适用于额定功率不足2.2kW的小型起动机。

三、摩擦片式单向离合器

1. 结构

摩擦片式单向离合器构造如图5-11所示，主要由驱动齿轮、被动摩擦片6、主动摩擦片8、花键套筒10、内接合鼓9等部件组成。花键套筒10套在电枢轴的螺旋花键上；在花键套筒的外表上有3条螺旋花键，套着内接合鼓9；内接合鼓上有4条轴向槽，用来插放主动摩擦片8的内凸齿；被动摩擦片6的外凸齿插在与驱动齿轮成一体的外接合鼓的内凹槽中；主动、被动摩擦片相间组装；在花键套筒10的外表面装有缓冲弹簧13和移动衬套11，在另一端有锁紧螺母；在锁紧螺母2与摩擦片之间还装有弹性圈3、压环4和调整垫圈5。

合，电动机电路接通，电枢上产生的转矩通过花键套筒10传递到内接合鼓9，由于内接合鼓与花键套筒的螺旋键槽作用，使内接合鼓带动主动摩擦片与被动摩擦片压紧在一起，利用摩擦力将转矩传递给驱动齿轮，带动发动机起动。

发动机起动后，起动机驱动齿轮被飞轮带动，起动机处于被动状态，驱动齿轮通过被动、主动摩擦片带动内接合鼓，使其沿花键套筒上的螺旋槽移动，被动与主动摩擦片脱离接触，防止了电枢被反拖飞车的危险。

在起动机超载的情况下摩擦片推动压环，使弹性圈变形，当弹性圈变形到使内接合鼓和其接触时，摩擦片的加紧力不再增加，限制了起动机的最大输出转矩，防止起动机过载。增加或减少调整垫圈的片数，可以调节起动机的最大转矩。

四、弹簧式单向离合器

1. 结构

图5-12为弹簧式单向离合器的结构，花键套筒6在电枢轴的螺旋花键上，驱动齿轮1套在轴的光滑部分，两者间用两个月形键3连接，使驱动齿轮1与花键套筒6之间不能做轴向相互移动，但可以相对转动。在驱动齿轮柄和花键套筒外装有扭力弹簧4，弹簧的两端各有1/4圈内径较小，分别箍紧在齿轮柄和花键套筒上。

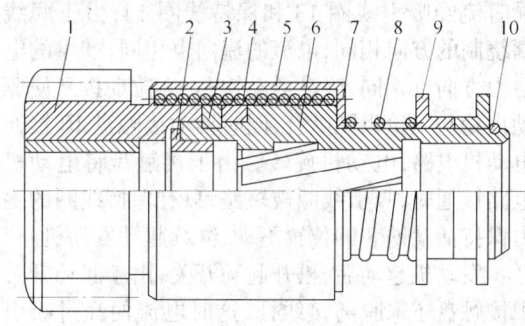

图5-12 弹簧式单向离合器
1.驱动齿轮 2.挡圈 3.月形键 4.扭力弹簧 5.扩圈 6.花键套筒 7.垫圈 8.缓冲弹簧 9.移动衬套 10.卡簧

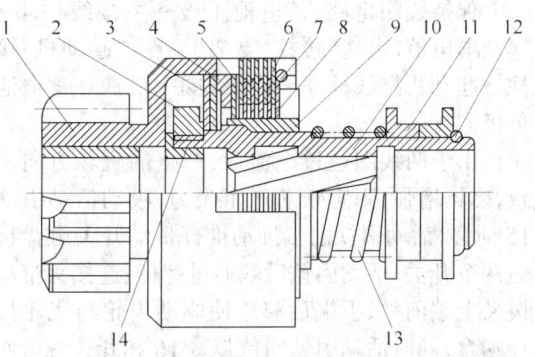

图5-11 摩擦片式单向离合器
1.驱动齿轮与外接合鼓 2.螺母 3.弹性圈 4.压环 5.调整垫圈 6.被动摩擦片 7、12.卡环 8.主动摩擦片 9.内接合鼓 10.花键套筒 11.移动衬套 13.缓冲弹簧 14.挡圈

2. 工作情况

起动发动机时，驱动齿轮与飞轮齿圈进入啮

2. 工作情况

当接通点火开关起动档起动发动机时，驱动齿轮进入啮合，起动机电路接通后，电枢轴带动花键套筒6稍有转动，扭力弹簧4顺着其螺旋方向将齿轮柄与花键套筒6包紧，起动机转矩径扭力弹簧4传给驱动齿轮1起动发动机。发动机起动

后,驱动齿轮转速高于花键套筒,扭力弹簧放松,驱动齿轮与花键套筒松脱打滑,发动机的转矩不能传给电动机电枢。

弹簧式单向离合器结构简单,寿命长,成本低。但其轴向尺寸较大,因此主要用在一些大功率起动机上。

第四节 起动机的控制装置

起动系统的控制装置由电磁式起动开关、起动继电器和点火起动开关组成(见图5-1)。

一、电磁式起动开关

1. 结构

电磁式起动开关的结构主要由起动机开关、电磁铁机构、拨叉三部分组成。

起动机开关由两个截面尺寸较大的铜制接线柱4和5、一个辅助接线柱6和接触盘10组成,分别控制电动机电路和短路附加电阻。电磁铁机构由吸引线圈13、保持线圈14和活动铁芯15组成。吸引线圈和保持线圈的起端共同焊接在接线柱9上,绕制的方向也相同,吸引线圈的终点和吸引线圈接线柱8连接,保持线圈的终点直接接铁。

2. 工作情况

当接通点火开关起动档起动发动机时,电流同时流经吸引线圈13和保持线圈14;由于两线圈绕制的方向相同,电流的流向也相同,产生的电磁力方向也相同,吸动活动铁芯15拉动拨叉使驱动齿轮与飞轮齿圈啮合,同时推动接触盘10接通电动机电路,电动机旋转。由于接触盘将电动机电路接通时,吸引线圈被短路,只有保持线圈的磁力保持活动铁芯的位置不动,继续起动发动机。

发动机起动后,松开起动开关,由于起动开关中接触盘还未脱离接线柱,这时电流便经过吸引线圈逆流到起点,再经过保持线圈接地。这时由于吸引线圈与保持线圈的电流方向相反,因此它们产生的电磁力相互削弱,使铁芯迅速退磁,在回位弹簧的作用下迅速回位,同时通过拨叉带动驱动齿轮脱离啮合。起动开关中的接触盘在回位弹簧的作用下切断电动机电路,结束起动过程。

二、起动继电器

由于在发动机起动的瞬间,吸引线圈、保持线圈的电流值较大(可达30~50A),如果直接用点火开关控制,则点火开关容易烧毁。因此,为防止烧损点火开关需采用起动继电器来控制电磁开关。起动继电器的结构见图5-1左上角部分所示,主要由一对常开触点和一套电磁铁机构组成。其工作原理是由点火起动开关控制起动继电器线圈的电流,该线圈的电流产生吸力后将触点吸闭,而触点闭合后将吸引线圈、保持线圈电路接通,发动机便可顺利起动。

三、起动系统的工作过程

目前,汽车起动系统的工作过程基本相同,这里以图5-1所示东风 EQ1090 型载货汽车 QD124型起动机起动系统电路为例,介绍其工作过程。

1. 接通起动开关时,起动系统的工作情况

①起动开关接通,首先接通起动继电器线圈电路,其电路:蓄电池正极→主接线柱4→电流表→点火开关1号接柱、3号接柱→起动继电器"点火开关"接柱→继电器线圈→搭铁→蓄电池负极。

起动继电器线圈通过电流,使铁芯产生吸力,吸闭继电器触点。

②起动机电磁开关线圈电路接通:起动继电器触点闭合接通了吸引线圈和保持线圈电路。

吸引线圈电路:蓄电池正极→主接线柱4→起动继电器"电池"接柱、支架、触点、"起动机"接柱→起动机接线柱9→吸引线圈13→吸引线圈接柱8→导电片7→主接线柱5→电动机磁场绕组→电枢绕组→搭铁→蓄电池负极。

保持线圈电路:蓄电池正极→主接线柱4→起动继电器"电池"接柱、支架、触点、"起动机"接柱→起动机接线柱9→保持线圈→搭铁→蓄电池负极。

由于两线圈通过电流后,产生的磁场方向一致,磁场增强,固定铁芯产生吸力,吸动活动引铁15前移,活动引铁前端推动推杆带动开关触盘接通两个开关;活动引铁后端通过螺杆、连接头带动拨叉上端前移,下端后移迫使驱动齿轮与飞轮齿环啮合;同时活动引铁回位弹簧16和开关触盘回位弹簧被压缩。

当驱动齿轮后移中与飞轮齿圈齿端相抵时,拨叉下端可推动后半滑环压缩啮合弹簧26继续后移,先使活动引铁前移至接通电动机开关,电枢轴产生转矩后在啮合弹簧的作用下,再迫使驱动齿轮与飞轮齿圈啮合。在一般情况下,当驱动齿轮与飞轮齿圈啮合齿长达2/3以上时,电动机开

关开始被压紧接通。

③电动机电路接通:电磁开关触盘将主接线柱4、5连通后,电动机电路接通。其电路:蓄电池正极→主接线柱4、开关触盘10、主接线柱5→磁场绕组→电枢绕组→搭铁→蓄电池负极。由于此电路中电阻极小,电流可达几百安培,电动机产生较大转矩,经单向离合器及驱动齿轮带动飞轮使发动机起动。电动机开关接通时,吸引线圈被触盘短路,只靠保持线圈的吸力将引铁保持在吸合后的位置。因为,引铁吸合后,与固定铁芯间隙减小,只需较小线圈电流,就能吸住引铁而不致退回。

在电动机开关接通的同时,开关触盘10也将附加电阻线短路开关接柱6内的黄铜片与主接线柱4接通,使点火系统中的附加电阻线23短路,从而保证起动过程中可靠地点火。

2.断开起动开关,起动系统的工作情况

①起动继电器首先停止工作:发动机起动后立即放松点火开关钥匙,起动继电器线圈电路被切断,铁芯退磁,继电器触点在支架弹力的作用下立即张开。

②电动机开关断开,驱动齿轮与飞轮齿圈分离:起动继电器触点张开后电动机开关尚未断开时,保持线圈电流改道,其电路:蓄电池正极→主接线柱4、开关触盘10、主接线柱5→导电片7→吸引线圈接线柱8→吸引线圈13→起动机接线柱9→保持线圈14→搭铁→蓄电池负极。此时吸引线圈流过反向电流。由于吸引线圈与保持线圈两者通过电流后产生的磁场方向相反,相互削弱,于是活动引铁在回位弹簧16的作用下退回原位。触盘也在触盘回位弹簧的作用下退回,电动机电路被切断,电动机停止工作。

活动引铁退回的同时,推动拨叉上端后移,下端则带动滑环前移,迫使驱动齿轮与飞轮分离。

当点火开关转到起动档位,若因蓄电池电力不足或因低温严寒等原因,有时会发生起动机带不动发动机的现象,此时虽然放松了起动开关,但由于电动机已通过电流产生转矩,在两齿轮齿面间产生很大压力,阻碍齿轮脱出的摩擦力超过活动引铁回位弹簧的张力,这样驱动齿轮就不能脱出(俗称"咬齿"),活动引铁不能回位,电动机开关也不能断开,电枢绕组和磁场绕组会因长时间通过大电流而烧坏。为避免此种情况发生,在分开式滑环的前面装一可供压缩的分离弹簧25,该弹簧的弹力小于活动引铁回位弹簧的弹力。当驱动齿轮不能脱出时,在活动引铁回位弹簧张力的作用下,拨叉下端带动滑环的前半环压缩分离弹簧25,使活动引铁回位,从而先将电动机电路切断,齿面间摩擦力消失,两齿轮即可在分离弹簧25的张力作用下分离。由于分离弹簧25是在两齿轮"咬齿"时起分离作用的,所以称该弹簧为分离弹簧。

四、起动机保护电路

发动机起动后,若驾驶员未及时断开起动开关,就会造成单向离器快速磨损。若在发动机正常工作时,误将起动开关接通,将使驱动齿轮撞击快速旋转的飞轮齿圈,从而加速驱动齿轮损坏,为避免上述不良后果,现代汽车的起动电路中都采用了起动机保护电路。图5-13所示为解放CA1091型汽车采用的具有保护功能的起动系统电路。

1.保护电路的组成

解放CA1091型汽车起动系统的保护电路主要由JD171型组合继电器构成,该继电器由两部分构成,一部分是起动继电器,其作用是与点火开关配合,控制起动机电磁开关中吸引线圈与保持线圈中电流的通断,以保护点火开关;另一部分是保护继电器,它的作用是与起动继电器配合,使起动电路具有自动保护功能,另外还控制充电指示灯。

它们都由铁芯、线圈、磁轭、活动触点臂弹簧及一对触点组成,其中起动继电器触点9为常开触点,而保护继电器触点1为常闭触点。由于起动继电器线圈与保护继电器触点1串联,因此,当1打开时,9不可能闭合。

2.起动保护原理

解放CA1091型汽车起动系统的工作情况如图5-13所示。

①当点火开关3置于起动档(Ⅱ档)时,起动继电器线圈11通电,电流回路为:蓄电池正极→熔断器10→电流表7→点火开关1号接柱、4号接柱→组合继电器SW接柱→起动继电器线圈11→保护继电器常闭触点1→组合继电器E接柱→搭铁→蓄电池负极。

于是起动继电器的常开触点9闭合,接通了电磁开关电路。

②电磁开关吸引、保持线圈电路接通,其电流流向为:蓄电池正极→组合继电器B接线柱→起动继电器触点→继电器S接柱→起动机的起动机接

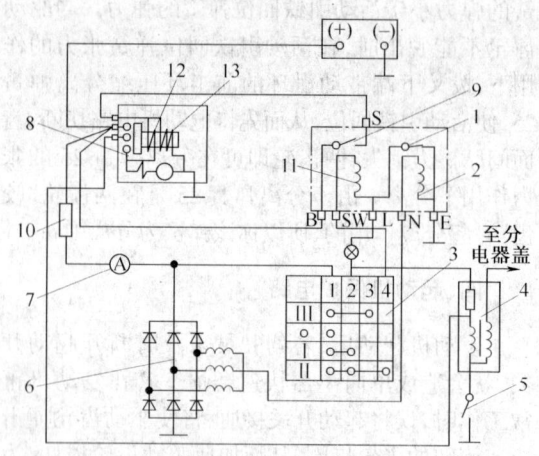

图 5-13 解放 CA1091 型汽车起动系统电路图
1. 保护继电器触点 2. 保护继电器 3. 点火开关
4. 点火线圈 5. 断电器 6. 发电机 7. 电流表 8. 起动机 9. 起动继电器触点 10. 熔断器 11. 起动继电器线圈 12. 吸引线圈 13. 保持线圈

线柱 → { 保持线圈
　　　　吸引线圈 → 起动机磁场绕组 → 电枢绕组 } →
搭铁 → 蓄电池负极。

在电磁开关电磁吸力的作用下,使起动机进入工作状态。

③发动机起动后,松开点火开关,钥匙自动从起动档(Ⅱ档)退回到点火档(Ⅰ档),起动继电器触点9打开,切断了电磁开关的电路,电磁开关复位,起动机停止工作。

④如发动机起动后,点火开关没能及时返回Ⅰ档,这时组合继电器中保护继电器线圈由于承受交流发电机中性点的电压,使常闭触点打开,自动切断了起动继电器线圈的电路,触点9断开,使电磁开关也断电,起动机便自动停止工作。

⑤若在发动机运行时,误将起动开关接通,由于在此控制电路中,保护继电器的线圈总加有交流发电机中性点电压,常闭触点处于打开状态,即使误将起动开关接通,起动继电器线圈也不会有电流流过,电磁开关不动作,因而起到保护作用。

东风牌汽车装用的组合继电器的型号是JD136型,其结构与工作原理与上述基本一致,故不再重复。

第五节 减速式起动机

为了提高起动系统的起动性能,提高起动机输出转矩,除了要求蓄电池要有足够大的容量和尽可能小的内阻外,还应增加驱动齿轮和曲轴飞轮之间的传动比。但是,蓄电池容量的增加,受到其尺寸和质量的限制;驱动齿轮和飞轮的尺寸及加工工艺也限制了传动比的增加。所以,目前所采取的方法是在电动机电枢轴和输出轴之间增设一级减速装置,从而构成一种汽车上新型起动装置——减速起动机。

一、减速齿轮装置

目前减速式起动机的减速齿轮装置有三种结构形式:
(1)外啮合平行轴式齿轮系统;
(2)内啮合平行轴式齿轮系统;
(3)行星齿轮系统。

三种装置的结构形式如图 5-14 所示,其性能比较见表 5-2。

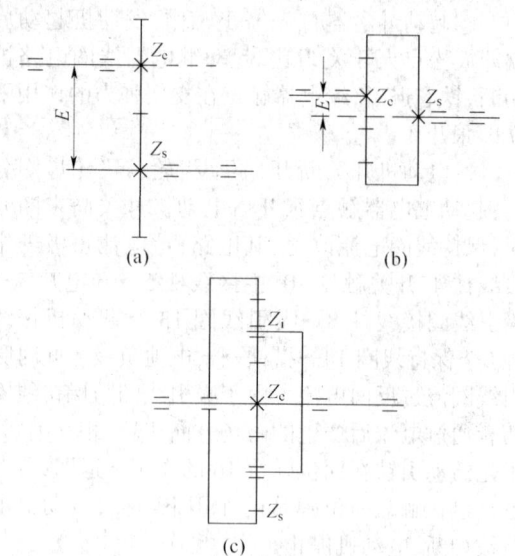

图 5-14 三种减速齿轮结构形式
(a)外啮合平行轴式 (b)内啮合平行轴式
(c)行星齿轮系统
E—中心距 Z_c—主动齿轮 Z_s—从动齿轮
Z_i—行星齿轮

表 5-2 三种减速装置性能比较

啮合类型	外啮合齿轮	内啮合齿轮	行星齿轮
齿轮数	2	2	5
中心距 E	$E=\dfrac{m}{2}(Z_c+Z_s)$	$E=\dfrac{m}{2}(Z_s-Z_c)$	$E=0$
传动比 i	$i=\dfrac{Z_s}{Z_c}$	$i=\dfrac{Z_s}{Z_c}$	$i=1+\dfrac{Z_s}{Z_c}$

第五节 减速式起动机

续表 5-2

啮合类型	外啮合齿轮	内啮合齿轮	行星齿轮
噪声	低	高	低
可靠性	高	高	低 原因：①高速旋转零件数量多；②结构上或磨损不平衡所致

采用减速齿轮装置后，与传统相同功率的起动机相比，减速式起动机的体积或重量可减少40%～50%。体积缩小，使用户维护装卸方便。适当提高减速比使输出转矩增大，有利于发动机低温起动。一般减速齿轮装置的减速比为3～5。与相同最大输出转矩的传统起动机相比，对蓄电池要求的容量减小了许多。

二、北京切诺基用12VDW1.4型减速式起动机

北京切诺基(BJ2021)吉普车使用的博世(Bosch)DW1.4型起动机为永磁减速式起动机，额定功率1.4kW，额定电压12V，由永磁式直流电动机、滚柱式单向离合器、行星齿轮减速装置、电磁铁开关机构组成，其构造如图5-15所示。

DW1.4型起动机共有六块瓦状永久磁铁构成三对磁极，用弹片固定于电动机内壁的定位凸起上，N、S极相间排列。因为采用磁极数量较多，减小了磁极弧度，又不耗电，因而具有较高的起动性能。该起动机的电枢轴较短，一端由电刷端盖支承，另一端固装有齿轮，用于传递动力，同时轴端受行星齿轮支架的支撑。为防止高速时电枢导线从线槽中甩出，导线端头和换向器片采用钎插焊接，电枢铁芯在嵌入导线后揿入塑料条并进行机械挤压。

行星齿轮减速装置和其他减速装置相比，结构紧凑，传动比大，效率高，且减速装置输出轴和电枢轴同轴，旋向相同，整体尺寸减小。在行星齿轮装置中设有3个行星轮、1个太阳轮(电枢轴齿轮)及1个固定的内齿圈(如图5-16所示)。行星齿轮支架是1个具有一定厚度的圆盘，和驱动齿轮轴制成一体。3个行星轮连同齿轮轴一起压装在支架上，行星轮在齿轮轴上可以灵活转动。驱动齿轮轴一端制有螺旋键槽，与单向离合器传动导管内的螺旋键槽配合。太阳轮制成11个齿，压装在电枢轴上，并保持与3个行星轮同时啮合，为使受力均匀而用尼龙塑料制成的内齿圈有37个齿，3个行星轮在其上滚动，其减速比为4.36。内齿圈的外缘制有凸起，嵌放在后端盖上的凹坑内，以保持固定。

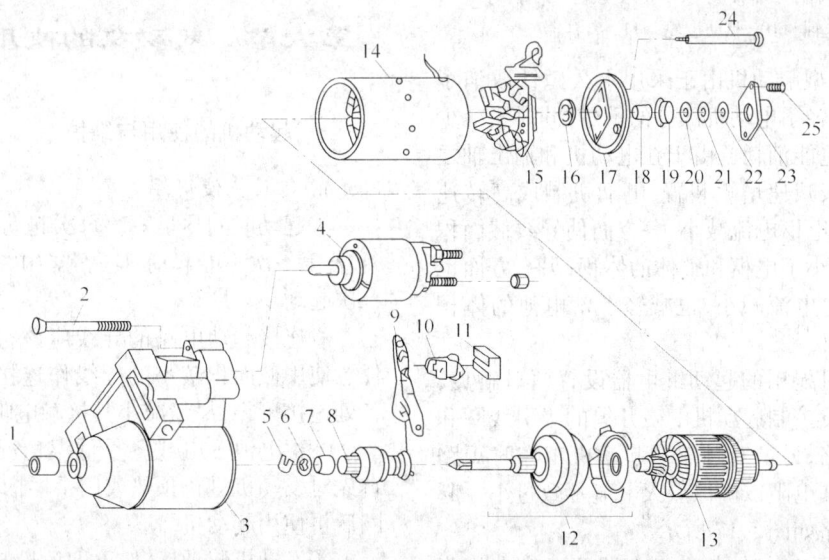

图 5-15　Bosch 公司 DW1.4 型起动机

1.衬套 2.电磁开关连接螺栓 3.驱动端盖 4.电磁开关 5.卡环 6.止推环 7.隔套 8.单向离合器 9.拨叉 10.支承架 11.橡胶垫块 12.行星齿轮减速器 13.电枢 14.磁铁及外壳 15.电刷架 16.止推垫片 17.电刷端盖 18.衬套 19.弹性圈 20、21.垫圈 22.卡圈 23.防尘罩 24.连接螺栓 25.固定螺栓

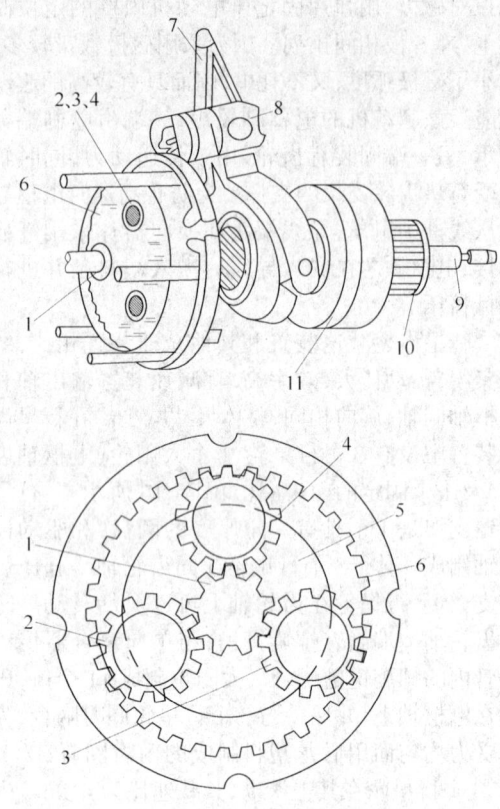

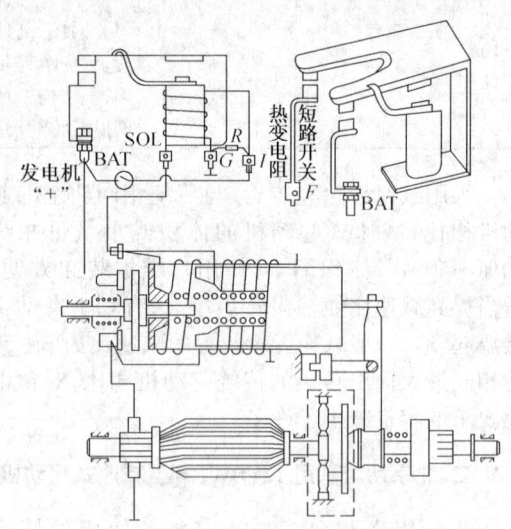

图 5-16 行星齿轮减速装置
1. 太阳轮 2、3、4. 行星轮 5. 行星轮支架（输出轴） 6. 内齿圈 7. 拨叉 8. 胶木支架 9. 驱动齿轮轴 10. 驱动齿轮 11. 离合器

DW1.4 型起动机由于采用永久磁铁取消了磁场线圈,减轻了电动机部分的重量,同时又减少了蓄电池的电能消耗。由于在电动机和输出轴之间增设了一级减速增矩装置,电动机制成高转速低转矩型,使电枢电流减小,一方面使导线截面积减小,进而减小了电枢和整体的体积,另一方面也使蓄电池供电电流减小,也减轻了蓄电池的体积和重量。

该起动机配用的起动继电器设置两对触点,其中一对触点控制起动机电磁开关的吸引线圈和保持线圈电路,另一对触点在起动机工作时短路点火系统附加电阻以确保点火电流不致过小。起动机工作线路如图 5-17 所示。

起动机不工作时,起动继电器两对触点均张开,触盘与触点断开,驱动齿轮与飞轮分离。

起动发动机时,接通起动开关,起动继电器触点闭合,吸引线圈和保持线圈中有电流流过,电磁力吸动引铁左移,触盘与触点接触,电动机电路接通。与此同时拨叉操纵驱动齿轮与飞轮啮合。电枢轴产生的转矩经电枢轴齿轮→行星轮及支架→驱动齿轮轴→滚柱式单向离合器→驱动齿轮→飞轮,从而拖动曲轴旋转,使发动机起动。

图 5-17 DW1.4 型减速起动机控制线路示意图

发动机起动后,及时放松起动开关,起动继电器触点张开,引铁在复位弹簧作用下回位,电动机停止转动。拨叉带动驱动齿轮与飞轮分离,起动机停止工作。

第六节 起动机的使用与检修

一、起动机的使用与维护

1. 起动机使用注意事项

①起动时间尽量短。每次起动时间不应超过 5s,若第一次不能起动,应停歇 10~15s 再进行第二次起动。

②连接起动电路的导线应该符合要求,不能任意使用截面积较小的导线作连接线,而且要求各处连接可靠,尽量减小其接触电阻。

③蓄电池亏电或冬季低温情况下起动时,应首先对发动机进行预热或用手摇柄将曲轴摇转数圈后再使用起动机。

④发动机起动后,应立即放松起动开关,以使起动机停止工作,并让驱动齿轮及时与飞轮齿圈分离,减小单向离合器的不必要磨损。

2. 起动机维护要点

①起动机的防尘罩一定要装牢,以减小尘土

进入电动机内部。

②汽车每行驶 5000～6000km（新车行驶 3000km）后，除了润滑轴承、清洁换向器、电刷及起动机内腔外，还应检查电刷弹簧的压力、电刷的高度（其高度不应低于 5mm）。

③经常检查起动机与蓄电池以及各开关间的连线是否牢固，检查导线接触和导线绝缘状况是否良好。

二、起动机的故障检查

起动机的常见故障、故障原因及排除方法见表 5-3 所列。

表 5-3 起动机常见故障的诊断与排除

故障现象	故 障 原 因	排 除 方 法
起动机不转	(1)蓄电池 ①蓄电池存电不足或有故障 ②极柱太脏 ③导线接头松动 (2)起动机 ①电动机开关触点与触盘严重烧蚀或不能接触 ②磁场绕组断路、短路或搭铁 ③电刷在刷架中发卡,电刷磨损过度,电刷弹簧过软 ④电磁开关中的吸、保线圈断路、短路或起动继电器线圈断路、短路 ⑤起动控制电路中其他导线有断路处 (3)交流发电机 装有起动复合继电器的汽车上,交流发电机正元件板上的二极管有短路	充电、检修 清洁 紧固 打磨、调整 检修或更换 检修电刷及弹簧 检修 检修 拆检交流发电机
起动机旋转无力	(1)蓄电池存电不足 (2)起动机 ①电动机开关触点及触盘严重烧蚀 ②换向器脏污 ③磁场绕组或电枢绕组局部短路 ④电刷磨损严重或电刷弹簧压力不足 ⑤起动机轴承过松,致使电枢铁芯与磁极相碰擦	充足电 修磨 清洁 检修或更换 更换 更换
起动机空转	①单向离合器打滑或损坏 ②拨叉变形,弹簧折断或太软 ③电磁铁机构中活动引铁行程调整不当,使电动机开关闭合时间过早 ④起动机固定螺栓松动 ⑤飞轮齿圈松动打滑	修理或更换 检修或更换 重新调整 紧固 修复
起动机不停转	①单向离合器卡死 ②起动机安装不好,侧齿间隙过小 ③单向离合器回位弹簧弹力过软或折断 ④电动机开关触点烧蚀或触盘脱落	检修 重新调整 更换 修磨
驱动齿轮与飞轮不啮合,且有撞击声	①驱动齿轮与飞轮齿圈的齿有损坏 ②电动机开关接通时间过早 ③电磁铁机构有故障而导致电磁力不足	修理 重新调整 检修

三、起动机的检修

1. 电刷的检查

电刷在使用中磨损较快,检修时应重点检查其磨损情况和它与换向器的接触面。国产起动机的新电刷高度为 14mm,使用中其高度应不低于新电刷的 2/3,若磨损过度,应及时更换。其电刷与换向器的接触面应达 75% 以上,否则,要进行研磨。

2. 电刷架及电刷弹簧的检修

弹簧在使用中弹力会减退,检查其弹力是否符合规定。安装时避免用力过大使其变形,保证其压在电刷的正中间。用万用表检查起动机电刷架与其后端盖的技术状况时,正常情况下,两绝缘电刷架与后端盖间的电阻为∞,两搭铁电刷架与后端盖间的电阻值应等于零。电刷弹簧压力的检查方法如图 5-18 所示,技术要求应符合表 5-4 所列。如果弹簧压力不够,可将此弹簧向螺旋相反的方向扳动一些,以增加弹力;若扳动无效,则应换用新电刷弹簧。

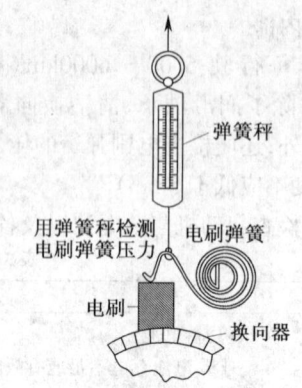

图 5-18 电刷架弹簧力的测量

表 5-4 常见汽车起动机型号、规格、主要技术参数及适用车型

型号	规格		空转试验			全制动试验			电刷弹簧压力(N)	齿轮齿数	适用车型
	额定电压(V)	额定功率(kW)	电压(V)	电流不大于(A)	转速不小于(r/min)	电压(V)	电流不大于(A)	转矩不小于(N·m)			
QD1225	12	0.95	12	—	—	—	480	13	—	9	桑塔纳轿车
QD321	12	1.1	12	100	5 000	8	525	16	12~15	9	BJ2020
QD318	12	1.3	12	90	5 000	8	650	26	12~15	9	NJ230
QD124	12	1.5	12	90	5 000	8	650	24	12~15	11	EQ1090
QD1212	12	1.84	12	90	5 000	8	—	—	—	11	EQ1090E
QD1215	12	1.85	12	90	5 000	6	700	24	—	—	CA1091
QD27	24	8	24	120	6 000	12	1700	145	22~26	12	红岩 CQ260

3. 磁场绕组的检修

(1)磁场绕组短路与断路的检查

以单格蓄电池为电源,正极接起动机外壳上的粗接线柱,负极接正电刷,通电后迅速用旋具检查各磁极磁力,磁力弱的为匝间短路,各磁极均无磁力为断路。将万用表置于欧姆档,测起动机外壳上的粗接线柱与正电刷之间的电阻,电阻值为无穷大的也为断路。

(2)磁场绕组搭铁的检查

将万用表置于欧姆档,测起动机外壳上的粗接线柱与外壳之间的电阻,电阻值应为∞,否则应更换或重绕。

(3)磁场绕组的修理

磁场绕组的断路大多发生在线圈与引线的焊接处,只要重新将引线焊牢即可。

磁场绕组的搭铁短路也只限于线圈的表面,只要拆下,再从上拆下线圈,找出破线点,包上绝缘带并涂漆,待漆晾干后即可装复使用。

磁场绕组的匝间短路一般都是因线圈过热,将绝缘层烧焦所致。修理时先剥下包扎外面的绝缘纱带,然后再检查夹在扁铜导线之间的绝缘层,若某段纸层已烧焦,此处即为短路点。

若仅在局部烧焦,可将其刮除,插入绝缘纸即可修复;若烧焦面积大,可将线圈放在水中加热,然后刮除烧焦的绝缘层,重新绕制。

4. 电枢的检修

电枢导线的截面尺寸较大,一般故障可直观检查发现问题。断路故障多发生在与换向器的连接处,而短路搭铁故障多发生在线槽中。

(1)电枢绕组断路的检查

将万用表置于欧姆档,测换向器换向片间电阻,应有一定的电阻值,电阻值为∞说明有断路,应修理或更换。电枢绕组的断路故障大多出现在与换向片的焊接处,将脱焊点重新焊牢即可。

(2)电枢绕组短路的检查

如图 5-19 所示,把电枢放在电枢检验仪上,接通电源,将锯片放在电枢上转动电枢,若锯片振动表明电枢绕组有短路,应修理或更换。铁芯槽内线圈匝间短路,应拆出重新绝缘。

(3)电枢绕组搭铁的检查

将万用表置于欧姆档,两表笔分别接换向器和铁芯,电阻值应为∞,否则表明电枢绕组搭铁

第六节 起动机的使用与检修

合器应能承受25.5N·m的力矩而不打滑,否则应更换单向离合器。

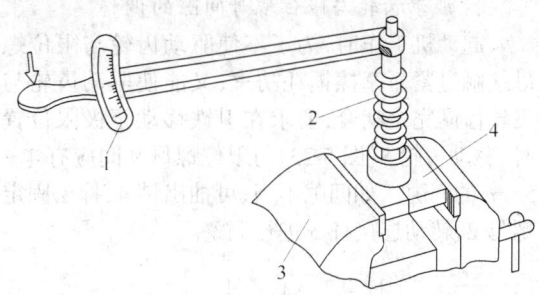

图5-21 单向离合器转矩检测
1. 力矩扳手 2. 单向离合器 3. 台虎钳 4. 夹板

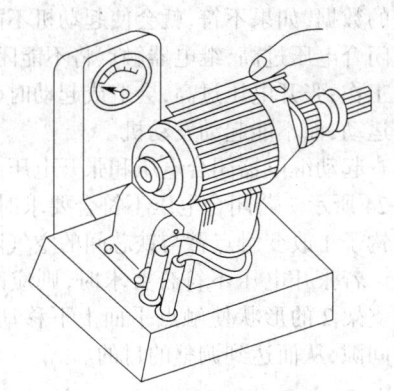

图5-19 电枢绕组短路的检查

应修理或更换。电枢绕组的搭铁故障,多出现在铁芯槽两端槽口锐棱处,通过整形、补修绝缘层的办法来消除。

(4)电枢轴的检修

①轴颈与衬套的配合间隙检查,用游标卡尺测轴颈外径与衬套内径,配合间隙应为0.035～0.077mm,间隙过大应更换衬套,并重新铰配。

②电枢轴弯曲度的检查,电枢对其轴线的径向圆跳动应不大于0.15mm,否则应矫正。

(5)换向器的检修

换向器故障多为表面烧蚀、云母层突出等。轻微烧蚀用"00"号砂纸打磨即可,严重烧蚀或失圆应精车加工。换向器的剩余厚度不得低于2mm,否则应更换。

5. 单向离合器的检查

(1)驱动齿轮的检查

如图5-20所示,用游标卡尺测量驱动齿轮,两相邻的齿总厚度不小于11.5mm,齿长应不小于16mm,如有缺损、裂痕应更换。

6. 电磁开关的检查

(1)触点、接触盘的检查

目测触点、接触盘,平面应清洁,无烧损。轻微烧损可用细砂纸打磨,接触盘严重烧蚀时可考虑换面使用。

(2)吸引线圈的检查

如图5-22所示,从起动机电磁开关接电动机接线柱2上,拆下接电动机的导线,并将接线柱2和起动机外壳都接蓄电池负极,再将蓄电池正极接电磁开关的3接线柱。电路接通时,驱动齿轮被迅速推至工作位置,表明吸引线圈正常,否则为吸引线圈故障,应更换或重绕。

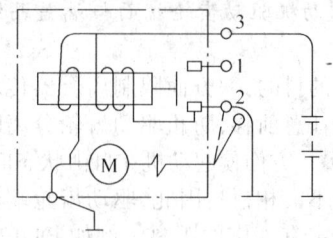

图5-22 电磁开关的检查
1. 附加电阻短路开关接线柱(15a) 2. 起动机磁场接线柱(c) 3. 吸引线圈与保持线圈接线柱(50)

(3)保持线圈的检查

在图5-22的基础上,使起动机外壳接蓄电池负极的导线不动,拆下接线柱2上接蓄电池负极的导线,若驱动齿轮仍保持推出后的位置,表明保持线圈正常,否则保持线圈有故障,应更换或重绕。

(4)电磁开关回位弹簧的检查

在检查保持线圈方法的基础上,断开接线柱3上的导线,驱动齿轮迅速退回,表明电磁开关回位弹簧良好,否则为弹簧损坏,应更换。

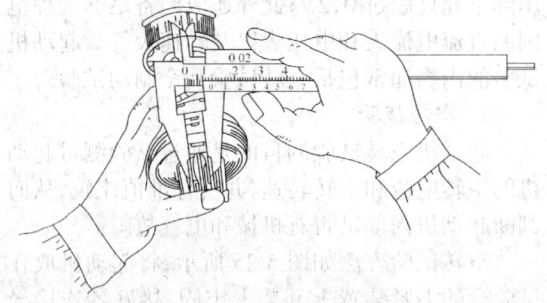

图5-20 测量起动机驱动齿轮

(2)检查单向离合器能承受的转矩:如图5-21所示,将单向离合器2夹装在台虎钳3上,用力矩扳手1测离合器所能承受的力矩,滚柱式离

四、起动机的调整

1. 驱动齿轮与限位螺母间隙的调整

起动机工作时,为了不使驱动齿轮与限位螺母接触过紧而摩擦损耗功率,又能使驱动齿轮与飞轮齿圈完全啮合,要求在引铁移动至极限位置时,驱动齿轮8(图5-23)与限位螺母9间应有4～5mm的间隙。如间隙不当,可抽出销4,拧松固定螺母2,转动连接杆3进行调整。

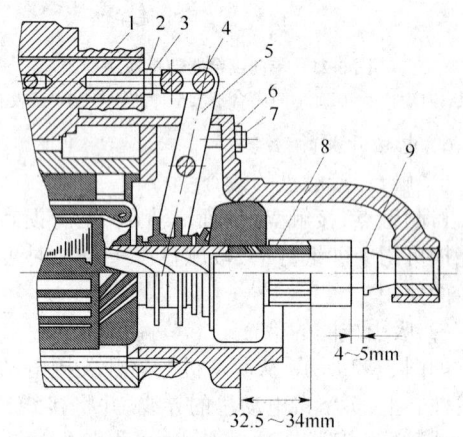

图5-23 电磁控制式起动机的调整
1.引铁 2.固定螺母 3.连接杆 4.销 5.拨叉 6.固定螺母 7.限位螺钉 8.驱动齿轮 9.限位螺母

2. 起动机驱动齿轮端面与端盖凸缘距离的调整

调整的目的:一方面限制离合器传动导管和滑环不能任意前移,防止驱动齿轮分离时冲击电枢线圈;另一方面使起动机在自由状态时,驱动齿轮与飞轮不会相碰。因此,驱动齿轮端面与端盖凸缘间规定有一定的距离。例如QD124型起动机应在32.5～34mm范围内,如有不当,可松开固定螺母6,转动限位螺钉7来调整,如图5-23所示。

3. 起动继电器的检查调整

起动继电器的工作正常与否,主要决定于触点闭合和张开的时机是否正确,而触点闭合和张开的时机,又是以闭合电压和张开电压来表示的。所谓闭合电压,就是指触点由张开转为闭合时作用在继电器线圈两端的电压。它们应符合表5-5所规定的数据,如果不符,就会使起动机不能正常工作。闭合电压过高,继电器触点将不能闭合,起动机不工作;张开电压过高,会造成起动时引铁来回往复运动,而不能起动发动机。

检查起动继电器闭合电压和张开电压的方法如图5-24所示。若闭合电压不符合要求时,可弯曲调整钩子1改变触点臂与铁芯间的空气隙来进行调整。若张开电压不符合要求时,则应改变固定触点支架2的形状使触点平面上下移动,即改变触点间隙,从而达到调整的目的。

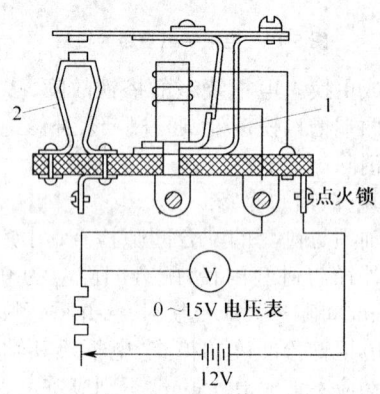

图5-24 JQ-1型起动继电器的调整
1.调整钩子 2.固定触点支架

表5-5 起动继电器调整数据

名称	12V系统	24V系统
继电器闭合电压(V)	6～7.6	14～16
继电器张开电压(V)	3～5.5	4.5～8

五、起动机检修后的试验

起动机修复后,应进行试验,其目的在于检验起动机的技术状况,起动机试验后,如不符合要求,应重新检查和修理。

起动机试验一般应在试验台上进行,试验时,必须准备好与被试起动机相匹配的充足电的蓄电池;起动机与蓄电池之间的连接导线电阻要小,其压降不允许超过0.2V;此外还应配备足够量程范围的直流电流表和电压表以及转速表等。起动机试验的内容通常包括空转试验和全制动试验。

1. 空转试验

起动机空转试验的目的是通过试验测量起动机的空转电流和空转转速,并与标准值比较,从而判断起动机内部是否有机械和电气故障。

空转试验方法如图5-25所示,将起动机放在试验台的夹紧装置上并装卡牢固,接好各连接导线。试验时,按下起动按钮,指示灯被点亮时,电压表指示的电压值、电流表指示的电流值和转速表指示的转速值,即为起动机的空转电压、空转电流和空转转速,将其各项数值与表5-4的标准值比较，便可判断出起动机有无机械和电气故障，见表5-6所列。

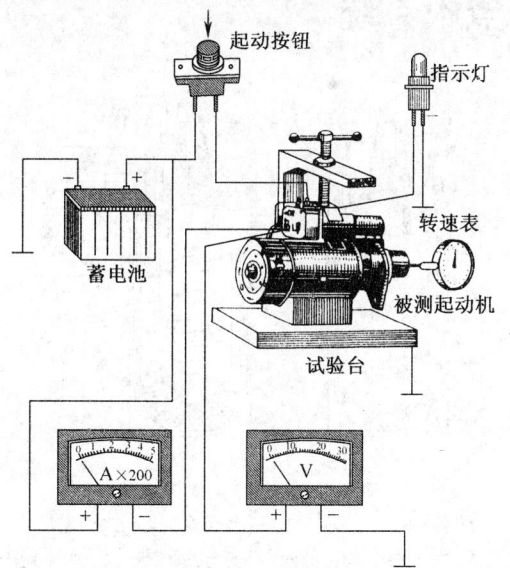

图5-25 起动机的空转试验

试验目的：通过全制动试验测量起动机在完全制动时所消耗的电流和制动力矩，并与标准值比较，以判断起动机主电路是否正常，单向离合器是否打滑。

全制动试验方法如图5-26所示。将起动机夹在试验台上，在驱动齿轮上装好力矩杠杆和弹簧秤，并按图接好各连线。试验时，按下起动机按钮，观察单向离合器是否打滑，并迅速记录下电流表、电压表和弹簧秤上的读数，将其各项与表5-4的标准比较，便可判断出现起动机有无故障以及何处故障，如表5-6所列。注意：全制动试验时的时间不得超过5s。

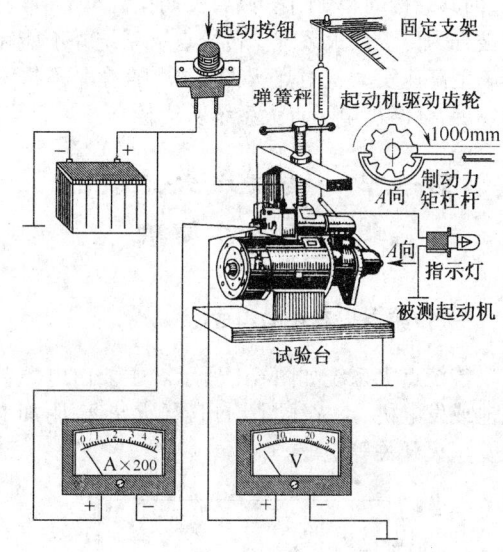

图5-26 起动机的全制动试验

表5-6 起动机故障的判断方法

试验项目	测试情况	结　论
空转试验	电流≤标准值 转速≥标准值	良好
空转试验	电流>标准值 转速<标准值	起动机装配过紧，起动机电枢轴弯曲，轴承与电枢轴不同轴、扫膛、电枢绕组或磁场绕组短路、搭铁等
空转试验	电流<标准值 转速<标准值	电路中接触不良
全制动试验	电流≤标准值 转矩≥标准值的90%	良好
全制动试验	电流>标准值 转矩<标准值的90%	电枢绕组或磁场绕组中有短路、搭铁故障
全制动试验	驱动齿轮锁止而电枢转动	单向离合器打滑

另外，空转试验时，起动机上电刷与换向片间应无火花，电枢旋转应均匀，无振动，无机械碰擦声等。整个试验时间不得超过1min，以免起动机过热而损坏。

2．全制动试验

起动机的全制动试验又称为制动力矩试验，

进行起动机试验时还应注意如下几点：

①蓄电池的电压应与被试起动机的额定电压相同，而且要充足电。

②起动机与蓄电池之间的各连接导线截面积要足够大，导线长度要尽量短，电路中所有的接线柱应清洁，并连接牢固。

③试验时，必须严格控制起动机的通电时间，空转试验时，通电时间不得超过1min；全制动试验时，起动机的通电时间不得超过5s。

④试验时，待电流表指针稳定时，方可进行读数。

⑤每次试验后，应让蓄电池休息1~2min，然后才能重复试验。

第六章 传统点火系统

在汽油发动机中,气缸内可燃混合气大多采用点火系统产生的电火花点燃。点火装置按电能的来源不同,可分为蓄电池点火和磁电机点火两大类。磁电机点火系统,其低压电流由磁电机产生,并且其点火线圈、断电器、配电器组成一个整体,多用于小型二冲程发动机。

蓄电池点火系统,电能来源于蓄电池或发电机,因其结构简单、工作可靠,长期在汽车上应用,并被誉为传统点火系统。传统点火系统并不能完全满足高速发动机对点火的要求,随着电子技术的发展,渐渐被电子点火系统所代替。

第一节 传统点火系统的组成及工作原理

一、传统点火系统的组成

传统点火系统如图6-1所示。主要由电源蓄电池或发电机、点火线圈、分电器、火花塞、附加电阻及点火开关等组成。

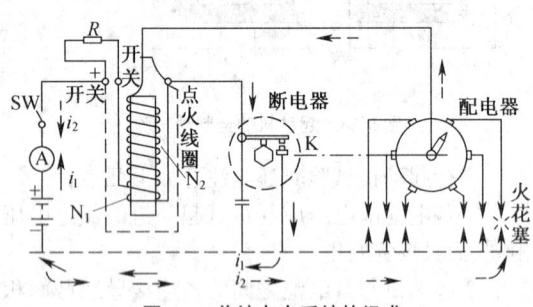

图6-1 传统点火系统的组成

1．点火线圈

点火线圈实际上是一个升压变压器,其作用是将12V的低压电变为15~20kV的高压电。点火线圈一般分为开磁路和闭磁路两种。开磁路点火线圈在传统点火系统中被广泛采用;闭磁路点火线圈则多用于电子点火系统和微机控制的点火系统中。

(1) 开磁路点火线圈

传统的开磁路点火线圈的基本结构如图6-2所示。主要由铁芯、绕组、胶木盖、瓷杯等组成。

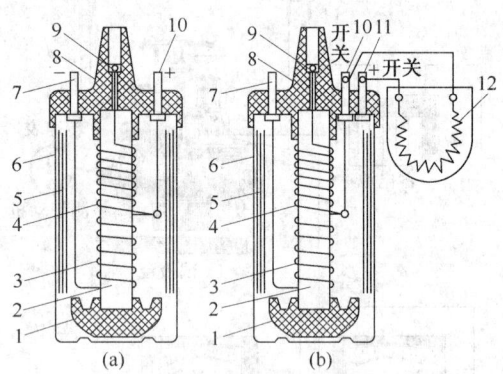

图6-2 点火线圈结构示意图

1．瓷杯 2．铁芯 3．一次绕组 4．二次绕组
5．导磁钢片 6．外壳 7．"-"接线柱 8．胶木盖
9．高压线插座 10．"+"或"开关"接线柱 11．"+开关"接线柱 12．附加电阻

铁芯用互相绝缘的硅钢片叠成,外面套有绝缘套管。套管上分层绕有11000~26000匝的二次绕组,其导线是直径0.06~0.10mm的漆包线。为加强绝缘性能和免遭机械损伤,每层导线都用绝缘纸隔开,最外层的绝缘纸层数较多,或者套上纸板套管。一次绕组分层绕在二次绕组外面,以利散热。一次绕组为230~370匝,其导线直径为0.5~1.0mm漆包线,外面也包有数层绝缘纸。绕组绕好后在真空中浸以石蜡和松香的混合物,以增强绝缘性能。

绕组与外壳之间,装有导磁用的钢片,用来加强磁通。当一次电流流过一次绕组时,使铁芯磁化,其磁路如图6-3所示。由于磁路上、下部分都是从空气中通过的,铁芯未构成闭合磁路,所以称它为开磁路点火线圈。这种点火线圈上部装有胶木盖,底部装有绝缘用的瓷杯,以防高压电击穿二次绕组的绝缘向铁芯或外壳放电。为加强绝缘和防止潮气侵入,在外壳内填满沥青或变压器油。填充变压器油时,线圈散热性较好,温升较低,且绝缘性好。近年来也有使用六氟化硫(SF_6)等气体绝缘或采用塑料造型绝缘。气体绝缘用在特殊用途的高温发动机上;塑料造型绝缘散热性较差,但可做得较小,一般用在小型发动机上。

点火线圈胶木盖上,装有与电源、分电器连接

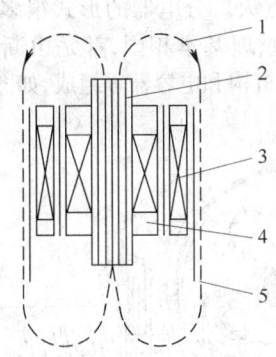

图 6-3 开磁路点火线圈的磁路
1. 磁力线 2. 铁芯 3. 一次绕组 4. 二次绕组
5. 导磁钢片

的低压接线柱。

根据接线柱的数目不同,点火线圈有两接柱和三接柱之分,如图 6-2 所示。两接柱的点火线圈的低压接线柱上分别标有"＋"、"－"标记。三接线柱式点火线圈与两接线柱式的主要区别是外壳上装有一个附加电阻,同时又增加了一个低压接线柱。附加电阻接在标有"开关"和"＋开关"的两接线柱上。发动机工作时,附加电阻串入一次电路中。胶木盖的中央是高压线插座,四周较高,以防高压电在接柱间放电。

附加电阻也称热变电阻,它由低碳钢丝、镍铬丝或纯镍丝制成。具有温度升高时电阻迅速增大,温度降低时电阻迅速减小的特点。发动机工作时,利用附加电阻这一特点自动调节一次电流,可以改善点火系统的工作特性。

当发动机低速工作时,断电器触点闭合时间长,一次电流较大,附加电阻受热电阻值增大,避免了一次电流过大,不致使点火线圈过热。当发动机高速时,触点闭合时间短,一次电流较小,因而附加电阻温度较低,电阻值变小,可使一次电流下降得小些,保证了发动机在高速时点火系统能供给足够的高压电而不致断火。

当发动机起动时,由于蓄电池的端电压会急剧下降,致使一次电流减小,高压电降低,点火线圈不能供给足够的高压电和点火能量,为了克服这一影响,在起动时将附加电阻短路,以增大一次电流,提高二次电压和火花能量,从而改善了发动机的起动性能。

东风 EQ1090E 型汽车装用的 DQ125 型点火线圈为两接线柱式,本身不带附加电阻,"－"接线柱接至分电器触点,而"＋"接线柱上有两根导线,其中一根导线接至起动机电磁开关的附加电阻短路接线柱上,另一根白色导线接至点火开关,这根白色导线为附加电阻线,电阻值为 1.7Ω,相当于三接线柱点火线圈的附加电阻值,平时是不能用普通导线来代替的。

(2)闭磁路点火线圈

闭磁路点火线圈的结构如图 6-4 所示,和传统的开磁路点火线圈相比,其铁芯不是条形,而是"日"字形或"口"字形,铁芯内绕有一次绕组,在一次绕组外面绕有二次绕组,其铁芯构成闭合磁路。为了减少磁滞现象,常设有一个微小的气隙。其磁路如图 6-5 所示。由图可见,磁力线经铁芯构成闭合磁路,由于闭磁路点火线圈漏磁少,磁路磁阻小,能量损失小,所以能量变换效率高,约达 75%(开磁路点火线圈的能量变换效率只有 60%)。另外,由于闭磁路铁芯导磁能力极强,可在较小的磁动势(安匝数)下产生较强的磁通,因而可减小线圈匝数,使点火线圈日益小型化,有的直接装在分电器上,不仅结构紧凑,而且省去了点火线圈与分电器之间的高压导线。在国外,闭磁路点火线圈在电子点火系统和微机控制的点火系统中已被广泛采用。

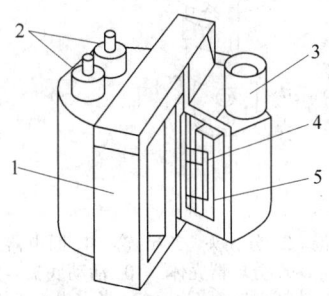

图 6-4 闭磁路点火线圈的结构
1."日"字形铁芯 2.一次绕组接柱 3.高压接线柱
4.一次绕组 5.二次绕组

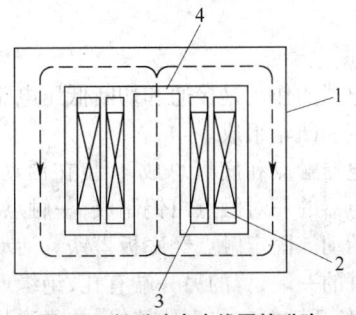

图 6-5 闭磁路点火线圈的磁路
1."日"字形铁芯 2.二次绕组 3.一次绕组
4.空气隙

2. 分电器

分电器的作用是接通和切断一次绕组的电流，并将高压电按发动机气缸的工作顺序适时地送到火花塞点火。分电器的形式很多，但它们的构造和工作原理基本相同，都是由断电器、配电器、点火提前机构和电容器等组成，如图6-6所示。

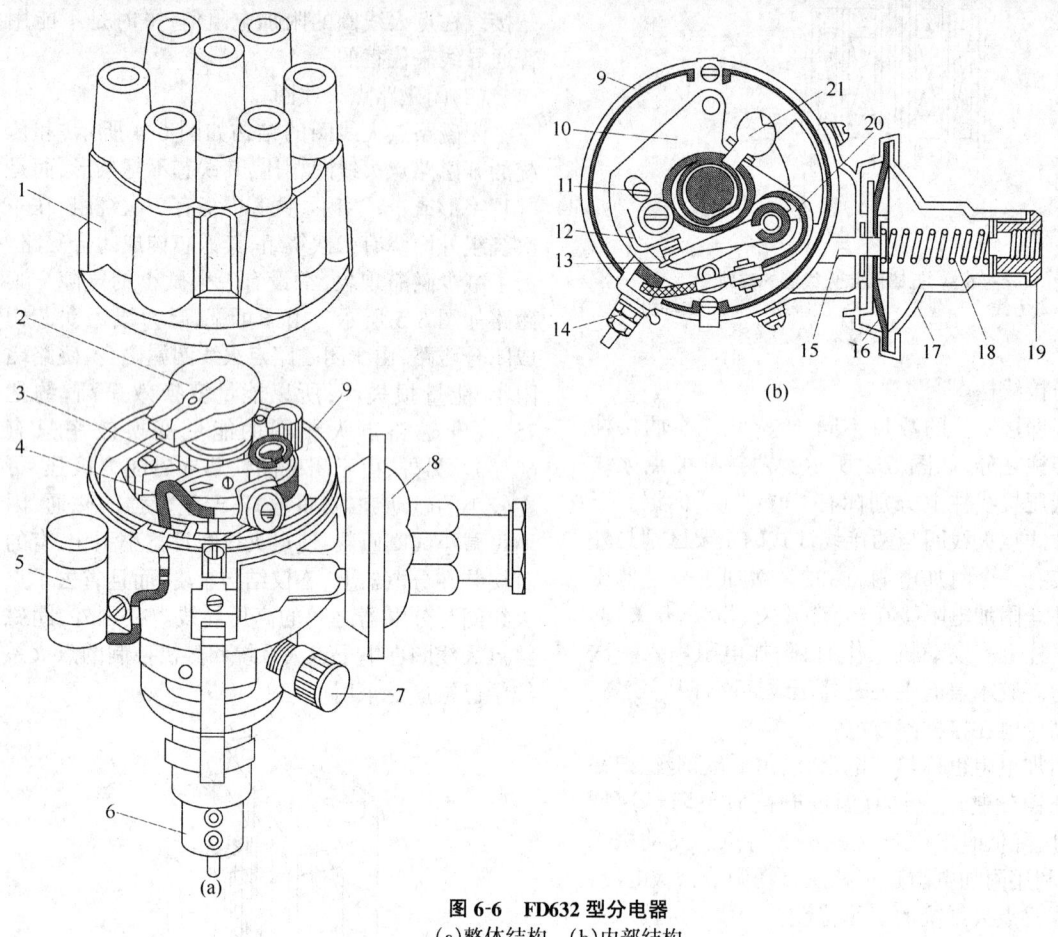

图6-6 FD632型分电器
(a)整体结构 (b)内部结构

1.分电器盖 2.分火头 3.凸轮 4.断电器触点和底板总成 5.电容器 6.联轴节 7.油杯 8.真空提前机构 9.分电器壳体 10.活动底板 11.偏心螺钉 12.固定触点与支架 13.活动触点臂 14.接线柱 15.拉杆 16.膜片 17.真空提前机构外壳 18.弹簧 19.螺母 20.触点臂弹簧片 21.油毡及夹圈

分电器壳体9由铸铁制成，下部装有青铜衬套。轴在衬套内旋转，借油杯7中的润滑油脂进行润滑。

(1) 断电器

断电器的作用是接通和切断低压电路。它由一对触点和凸轮组成。

断电器触点和底板总成4，装在活动底板10上。断电器的一对触点由钨制成，一触点固定，另一触点活动。固定触点经底板搭铁。活动触点装在断电臂的一端，臂的另一端有孔，绝缘地套装在销轴上，使活动触点与壳体绝缘，并经弹片与绝缘接线柱13相连。断电臂的中部装有胶木顶块，靠弹簧片20紧压在凸轮上。触点间隙可借转动偏心螺钉11进行调整。凸轮的凸角数和发动机气缸数相同。工作时，凸轮轴多经中间传动，以1:1的传动比带动分电器轴旋转，分电器轴又带动凸轮转动，不断地将活动触点顶开，切断低压电路而产生高压电。

(2) 配电器

配电器的作用是按发动机的工作顺序将高压电分配给各气缸。它由分火头和分电器盖组成，如图6-7所示。

分电器盖由胶木制成，盖内周围有与发动机气缸数相等的旁电极，它们和盖上的旁插孔相通，旁插孔用来安插分缸高压线，盖的中间有中央高压线插孔，其内侧为中心电极，在电极孔中安装有

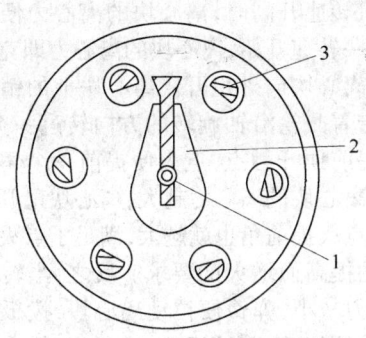

图 6-7 配电器
1. 中心电极及带弹簧的炭精柱 2. 分火头 3. 旁电极

带弹簧的炭精柱,弹性地压在分火头的导电片上。在胶木盖内面的中心电极与旁电极之间,制有几道环形的凸缘,以防止表面放电。

分火头装在凸轮顶端,当随凸轮及分电器轴旋转时,其上的导电片在距旁电极为 0.25~0.8mm 的间隙处掠过。当断电器触点张开时,导电片正对准盖内某一旁电极,高压电便由中心电极经带弹簧的炭精柱、分火头导电片、旁电极,再经分缸高压线送至火花塞。

在分电器盖上安装的高压线,过去一般是内为铜芯外包橡胶层的高压导线,这种高压线的寿命较长,性能也较好,但在点火系统工作时,通过它会辐射出对无线电干扰的电磁波。目前已普遍采用高压阻尼线,它有多种类型。高压阻尼线对线芯结构进行了较大的改进,有的线芯是用渗入碳精的尼龙丝或人造丝制成,有的线芯是以磁性橡皮芯为主体,并在其表面缠绕高阻合金丝。由这些线芯制成的高压阻尼线,都能有效地抑制对无线电的干扰作用。另外,有些点火系统还在分电器的分火头内装置一定的电阻或在分火头尖端熔接一种特殊陶瓷,以利抑制对无线电的干扰。

(3) 电容器

电容器的作用是当触点分开时可减小触点间的火花,防止触点烧蚀,同时由于电容器能吸收触点分开时的电能,使一次电流迅速切断,提高了磁场变化的速率,从而提高二次电压。

电容器装在分电器的壳体上,其结构如图 6-8 所示。它由两条铝箔或锡箔制成,在两条箔带之间夹以绝缘蜡纸,然后卷成筒状在真空中抽去层间的空气,再经浸蜡处理后装在金属外壳 3 中。其中一条箔带的底部与外壳紧密接触;另一条箔带则通过与外壳绝缘的导电片由导线引出。这样

金属外壳是电容器的一个电极,引出导线则是另一个电极,它们分别与断电器的两个触点相接。

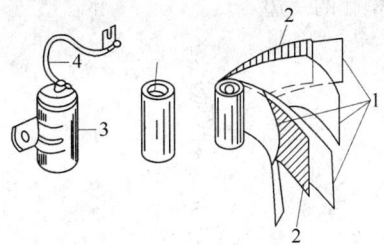

图 6-8 电容器
1. 绝缘蜡纸 2. 铝箔 3. 外壳 4. 引线

对电容器有三点要求:即容量、耐压和绝缘。

容量不能过大和过小,一般应在 0.15~0.25μF 之间;由于电容器工作时要承受触点打开瞬间一次绕组产生的 200~300V 的自感电动势,因此要求其耐压为 500V,电容器在 20℃ 时,绝缘电阻值应不低于 50MΩ。若绝缘不良,就会漏电,严重时则造成短路,使电容器失去作用。

(4) 点火提前机构

点火提前机构是随发动机工况变化而自动调节点火提前角,使发动机始终在最佳点火提前角下工作的调节装置。传统点火系统一般仅考虑转速、负荷和汽油辛烷值对最佳点火提前角的影响,因而设置了离心提前机构、真空提前机构和辛烷值选择器。

① 离心提前机构。离心提前机构是随发动机转速的变化而自动调节点火提前角的机构。发动机转速越高,最佳点火提前角越大。这是因为发动机转速升高时,在单位时间内,活塞将移动较大距离,曲轴也相应地转过较大的角度,如果混合气燃烧速率不变,则最佳点火提前角应按线性规律增长。但当转速升高到一定程度时,由于混合气的压力和温度的提高以及扰流的增强,会使燃烧速度也随之加快。因此最佳点火提前角虽随发动机转速的升高而增大,但却不是线性关系。

离心提前机构通常装在断电器固定底板的下部,其结构如图 6-9 所示。在分电器轴上固定有托板 7,两个离心块 5 分别套在托板的柱销 9 上,可绕柱销转动。离心块的另一端由弹簧 6 拉向轴心。凸轮及拨板 3 是一体,凸轮活络地套装在轴上,其拨板的矩形孔套在离心块的销钉 8 上,受离心块驱动。当分电器轴转动时,离心块上的销钉即通过拨板带动凸轮转动。螺钉的上面装有浸过润滑油的毛毡,对凸轮与轴之间的接触面进行润

滑。有的分电器,为了消除离心块上销钉与拨板长槽孔间的间隙,在拨板上装有一根弹簧,将销钉压在长槽孔的一边。

当发动机转速升高时,离心块的离心力便逐渐增大,自某一转速开始,离心块的离心力即克服弹簧拉力,使离心块向外甩开。离心块上的销钉便推动拨板带着凸轮沿轴旋转的方向转过一个角度,使凸轮提前顶开触点,点火便提前一个角度。转速越高,离心块的离心力越大,离心块甩开的程度就越大,点火提前角也就越大,满足了点火提前角随转速的提高而增大的要求。反之,当转速降低时,离心力减小,弹簧便拉动离心块,拨板和凸轮沿轴旋转的相反方向退回一个角度,使点火提前角自动减小。转速越降低,退回的角度越大,点火提前角便越小。

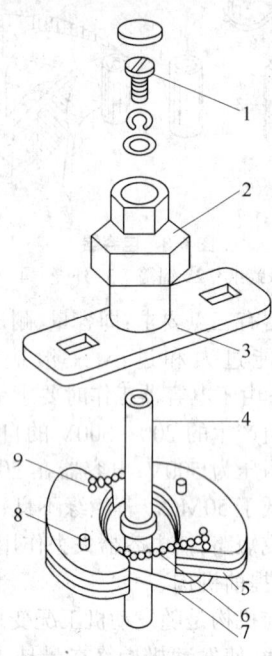

图 6-9 离心提前机构

1.凸轮固定螺钉及垫圈 2.凸轮 3.拨板
4.分电器轴 5.离心块 6.弹簧 7.托板
8.销钉 9.柱销

两个离心块上的弹簧是由直径不同的钢丝绕成的,其弹性也不一样。粗而强的一根弹簧,安装后成自由状态;细而弱的一根安装后稍微拉紧,松动量很小。在低速范围内,只有细弹簧起作用,而当转速提高到一定程度后,两根弹簧同时起作用,以便点火提前角开始成正比增大,以后又趋向平缓,即点火提前角与转速不是线性关系,使之更符合发动机转速变化时对点火提前角的要求。离心提前机构的工作特性如图 6-11 所示。

离心提前机构的工作原理如图 6-10 所示。

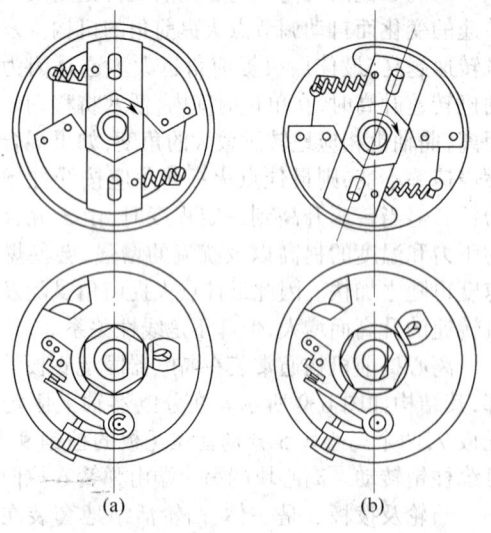

图 6-10 离心提前机构的工作原理
(a)离心提前机构未起作用时 (b)离心提前机构工作,凸轮提前顶开触点

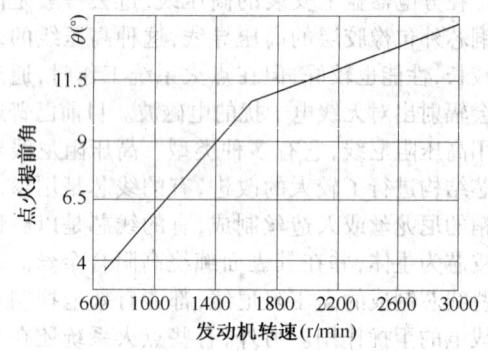

图 6-11 离心提前机构的工作特性

东风 EQ1090E 汽车,采用顶置式发动机,这种发动机要求点火提前角较大。当安装分电器时,如果点火正时正好是零度,则分电器内离心提前机构将在一个很大范围内变动(0°~21°),这给离心提前机构的设计带来一定困难。为了解决这个问题,采用了在安装分电器时预先提前 6°(相当于发动机曲轴的 12°),这样使离心提前机构在设计上便于达到要求。

②真空提前机构。真空提前机构是随发动机负荷的大小而自动改变点火提前角的装置。在同一转速下,随着发动机负荷的增大,最佳点火提前

角将随之减小。这是由于发动机负荷大即节气门开度大时,吸入气缸的混合气量增多,压缩行程终了时的压力和温度增高,残存废气量相对减少,使燃烧速度加快(即火焰传播速度加快),因此最佳点火提前角应随负荷增大而减小。

真空提前机构装在分电器壳体的外侧,内部构造见图6-6b所示。壳内固装有膜片16,将其内部分成两个腔室,位于分电器壳体一侧的腔室与大气相通,另一腔室用管子与化油器混合室相通。膜片中心固装着拉杆15,拉杆的另一端固装一销钉,断电器活动底板就套装在拉杆的销钉上,因此拉杆运动可带动断电器活动底板转动,转动的最大角度由固定底板上的长形孔限制。平时在膜片右方弹簧18的作用下,膜片拱向分电器一侧,并通过拉杆,带动断电器活动底板处于某一位置。

真空提前机构的工作原理如图6-12所示。当发动机负荷小时,节气门开度小(见图6-12a所示),小孔位于节气门之下,小孔处的真空度较大,吸动膜片,克服弹簧张力向右拱曲,拉杆拉动活动底板并带着断电器触点逆分电器轴旋转方向转动一定角度,使触点提前打开,点火提前角增大。当发动机负荷增大即节气门开度增大时(如图6-12b所示),小孔处真空度减小,吸力下降,在弹簧张力的作用下,膜片向左拱曲,拉杆带动活动底板顺着凸轮旋转方向转动一定角度,使点火提前角自动减小。

发动机在怠速时,如果点火提前角较大,将使怠速运转不稳,因此化油器空气道中的小孔此时位于节气门的上方,该处的真空度几乎为零,在弹簧张力作用下,推动膜片使点火提前角减小或基本不提前,满足怠速时的要求。

真空提前机构的工作特性如图6-13所示。

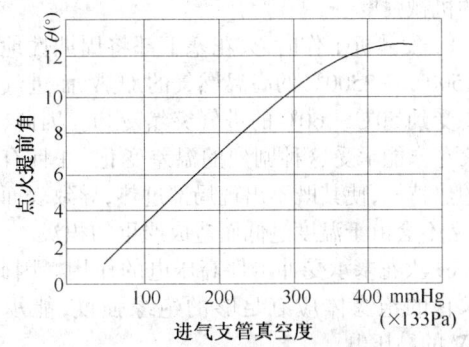

图6-13 真空提前机构的工作特性

上述真空提前机构的工作特性只能满足普通发动机的要求,在国外,对于排气净化要求严格的发动机,多数采用双膜片真空提前机构(国产夏利轿车也是这种结构)。双膜片真空提前机构可使点火提前和延迟的幅度增大,其工作特性更适宜发动机的要求,双膜片真空提前机构由两个真空膜片室组成,分别装有提前膜片和延迟膜片,提前膜片的作用与普通分电器相同,它在节气门处的真空度的作用下动作,另一延迟膜片则在进气支管真空度的直接控制下动作。在一定工况下,如在发动机怠速时,延迟膜片能抵消或超过提前膜片所起的作用而使点火延迟,致使燃烧情况大大改善,从而减少了发动机排出废气中有害气体的含量。

另外,有些分电器,如FD25型,其真空提前机构不是拉动断电器活动底板,而是拉动分电器外壳,结构稍有不同,但效果是一样的。

3. 火花塞、点火开关

(1)火花塞

①火花塞的工作条件及对它的要求。火花塞是点火系统的重要部件,直接装在燃烧室内。它的作用是将点火线圈产生的高压电引入发动机的燃烧室,在其电极间隙中形成电火花,点燃混合气。

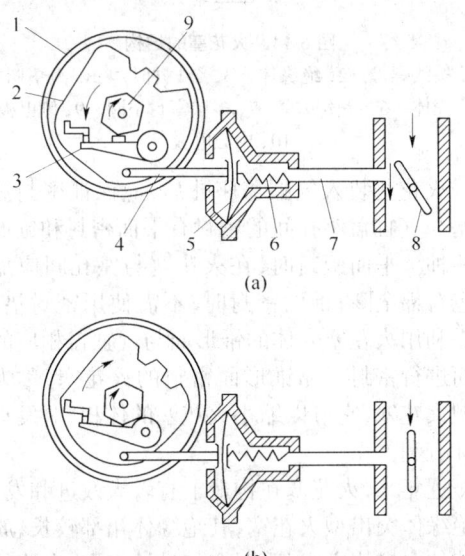

图6-12 真空提前机构的工作原理
(a)节气门开度小 (b)节气门开度大
1.分电器壳体 2.活动底板 3.触点 4.拉杆 5.膜片 6.弹簧 7.真空连接管 8.节气门 9.凸轮

火花塞工作时，要承受高温、高压以及燃烧产物的强烈腐蚀，工作条件极为严劣，因而对火花塞提出了较高的要求。

a. 在混合气燃烧时，火花塞下部将遭到高压燃气的冲击。其压力可达 5.88～6.86MPa；工作过程中还要承受发动机振动等各种应力作用；此外在火花塞制造中卷轧壳体边缘时，要承受经铜垫圈传给绝缘体的强大压力，此压力高达 34 300N。因此，火花塞的主要零部件必须具有足够的机械强度。

b. 发动机工作时，火花塞下部将周期性地受到 1500℃～2500℃ 的高温燃气的加热，而进气时还要受到 50℃～60℃ 的进气突然冷却。因此，要求火花塞能承受这种剧烈的温差变化，并且有适当的热特性，使其既不出现局部过热，导致表面点火，又不会由于温度过低而造成严重的积炭。

c. 火花塞承受冲击性高压电的作用。因此，要求它的绝缘体应有足够的绝缘强度，能承受 30kV 的高压电。

d. 发动机工作时，火花塞的裙部会受到高温燃烧产物的作用，因高温燃烧产物中含有多种活性气体和物质，如臭氧、一氧化碳、氧化硫和氧化铅，使电极腐蚀。因此，火花塞的电极应用耐腐蚀的材料制成。

e. 火花塞应有适当的电极间隙和安装位置，气密性应当良好，以保证可靠地点火。

② 火花塞的构造。火花塞的构造如图 6-14 所示，在钢质壳体 5 的内部有高氧化铝陶瓷绝缘体 2。在绝缘体中心孔的上部有金属杆 3，杆上端有接线螺母 1，用来连接高压导线，下部装有中心电极 10。金属杆 3 与中心电极 10 之间用导体玻璃 6 密封，铜制内垫圈 4 和 8 起密封和导热作用。壳体 5 上部的外侧，有便于拆装的六角平面，下部有螺纹以备旋装在发动机气缸盖内，壳体下端固定有弯曲的侧电极 9。

中心电极和侧电极一般都是分别采用不同的镍锰合金制成的，具有良好的耐高温、耐腐蚀性能。为了提高耐热性能，因铜材导热性能大大优于镍合金材料，则中心电极也有采用镍包铜电极材料的。在国外，也有采用适当缩小中心电极直径的办法，以减小电极的冷却作用，达到降低击穿电压利于点火的目的，但中心电极变细后，会降低火花塞的使用寿命，为此而采用耐腐蚀的贵金属（如铂、钯、金、铱等）做中心电极材料。火花塞的电极间隙多为 0.6～0.7mm。近年来为了适应发动机排气净化的要求，有利于稀混合气的燃烧，大量采用高能电子点火装置，其火花塞间隙一般增大至 1.0～1.2mm。

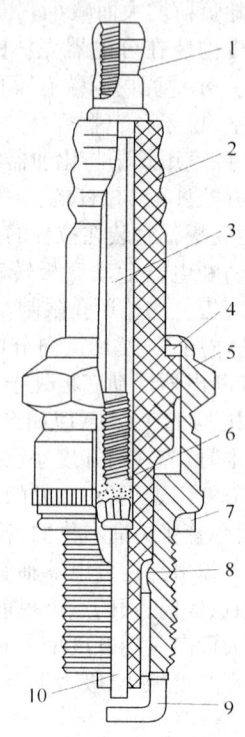

图 6-14　火花塞的结构

1. 接线螺母　2. 绝缘体　3. 金属杆　4、8. 内垫圈
5. 壳体　6. 导体玻璃　7. 多层密封垫圈　9. 侧电极
10. 中心电极

火花塞装入气缸盖座孔后，应保证密封。火花塞与气缸盖座孔间的密封有平面密封和锥面密封两种。平面密封时，在火花塞与座孔间应加装铜包石棉垫圈；锥面密封时，不需使用密封垫圈，而是利用火花塞壳体的锥形面与气缸盖相应的锥形面进行密封。靠锥形面密封的火花塞，称为锥座型火花塞，它可以缩小火花塞的体积，对发动机设计有利。

近年来，火花塞在构造上有较大改进和发展，如绝缘体突出型火花塞，其绝缘体裙部较长，放电间隙伸入燃烧室内部，混合气易被点燃，火焰传播距离缩短，从而可改善着火性、降低油耗，另外由于这种火花塞吸热量大，抗污染能力强，同时由于能直接受到进气冷却，可降低温度，不易引起炽热点火使热值适应范围较宽，它适用于各种顶置式气门发动机。为了提高对点火系统电磁干扰的抑制能力,还有屏蔽型和电阻型抗干扰火花塞。此外,还有多极火花塞、半导体火花塞等,使火花塞朝着提高点火性能、提高电极寿命、扩大热值范围、提高抗污染能力、抗干扰能力方向发展。

③火花塞的热特性。要使火花塞能正常工作,其绝缘体下部——裙部的温度应保持在500℃~750℃,这样才能使落在绝缘体上的油滴立即烧掉,不致形成积炭,通常称这个温度为火花塞的"自净温度"。如果温度低于自净温度,就可能使油雾聚积成油层,引起积炭而不能跳火;若温度过高,则混合气与炽热的绝缘体接触时,会引起炽热点火而形成爆燃,使发动机遭受损坏。

火花塞绝缘体裙部的工作温度,取决于其受热情况和散热条件。要使火花塞裙部经常保持在自净温度,就必须使火花塞吸收的热量与散出的热量达到一定的平衡状态。

影响火花塞裙部温度的主要因素是裙部长度。裙部越长,受热面积越大,散热路径越长,所以裙部温度越高;反之,裙部温度就越低。另外,壳体下部的内径越大,容纳高温气体越多,致使裙部温度越高;反之,裙部温度越低。绝缘体吸收的热量,有一小部分(20%)被进气时的新鲜混合气带走,大部分经上、下铜垫圈传给壳体,然后再传给气缸盖,还有一小部分则由中心电极传出。

火花塞的热特性主要决定于绝缘体裙部的长度。绝缘体裙部长的火花塞,其受热面积大,散热困难,裙部温度高,一般称为"热型"火花塞;反之,裙部短的火花塞,吸热面积小,散热容易,裙部温度低,一般称为"冷型"火花塞,如图6-15所示。

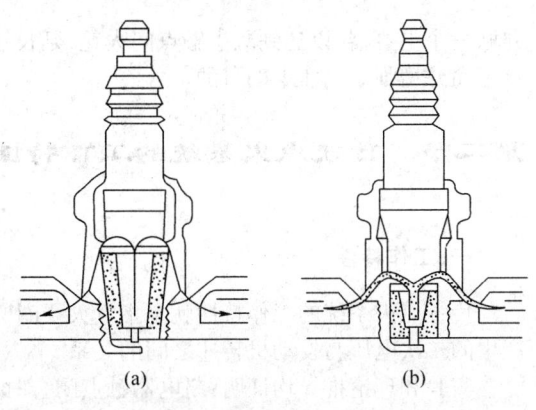

图 6-15 冷型和热型火花塞
(a)热型 (b)冷型

火花塞裙部温度的高低,一方面受火花塞热特性的影响,另外还直接受气缸内工作温度高低的影响。对于大功率、高压缩比和高转速的发动机来说,由于燃烧室的温度高,为使火花塞能与这种发动机工作特性相匹配,不致产生炽热点火,应当采用"冷型"火花塞;相反,对功率小、转速和压缩比低的发动机来说,为了不致形成积炭,应采用"热型"火花塞。

火花塞热特性的标定方法各国不尽相同。国产火花塞分别用热值1、2、3、4、5、6、7、8、9、10、11……阿拉伯数字表示。它是一个相对概念,是散热值的标志。1、2、3为低热值火花塞,4、5、6为中热值火花塞,7、8、9及以上为高热值火花塞。热值越高,表示散热性能越好。因而,小数字为热型火花塞;大数字为冷型火花塞。热值数字越大,越趋向于冷型火花塞。

(2)点火开关

点火开关用来控制点火电路的通断。一般点火开关都是多功能的,如还控制起动继电器电路、发电机磁场电路、仪表电路及一些辅助电器等。

点火开关有两接柱式、三接柱式和四接柱式,如图6-16所示。图中右边的图表,分别表示各种点火开关在不同档位时各接柱间的通断情况。

不同类型的车辆使用哪种点火开关,在车辆使用说明书中均有说明。

二、传统点火系统的工作原理

传统点火系统的工作原理如图6-1所示。发动机工作时,断电器凸轮在配气凸轮轴的驱动下也随之转动(解放CA1091型汽车为顺时针旋转,北京BJ2020型汽车为逆时针旋转)。凸轮旋转时,交替地将触点顶开。在点火开关SW接通的情况下,当触点闭合时,一次绕组N_1中有电流流过(见图6-1中的实箭头i_1),电流从蓄电池正极→电流表→点火开关SW→点火线圈"+开关"接线柱→附加电阻→"开关"接线柱→点火线圈的一次绕组N_1→"-"接线柱→断电器触点→搭铁→蓄电池负极,此回路称之为低压电路。一次电流i_1在线圈的铁芯中形成磁场,经一定时间后,当凸轮将触点顶开时,一次电路被切断,低压(一次)电流消失,它所形成的磁场也随之迅速变化,在两个线圈中都感应出电动势。由于二次绕组(高压线圈N_2)的匝数多,因而在二次绕组(高压线圈)中应感应出15~20kV的电动势,它足以击穿火花塞的电极间隙,产生火花点燃混合气。高压电流(i_2用虚线箭头表示)的回路是:二次绕组(高压线圈)→"开关"接线柱→附加电阻→"+开关"接线柱→点火开关SW→电流表→蓄电池→搭铁→火花塞旁电极、中心电极→配电器(旁电极、分火头)→二次绕组(高压线圈),此回路称之为高压电路。

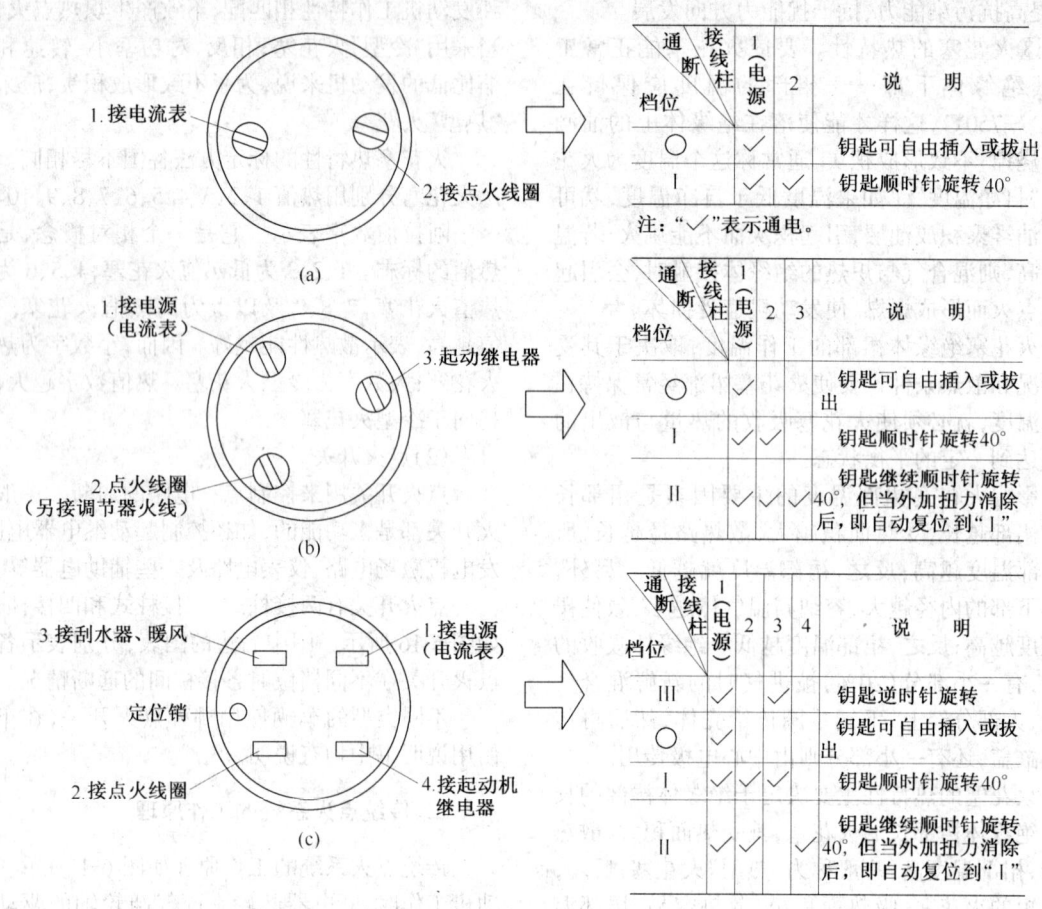

图 6-16 点火开关接线示意图
(a)两接柱点火开关 (b)三接柱点火开关 (c)四接柱点火开关

分电器轴每转一转,各缸按点火顺序轮流点火一次。

发动机工作时,上述过程周而复始地重复着,若要停止发动机的工作,只要断开点火开关,切断低压电路即可。

在点火过程中,与触点并联的电容器具有非常重要的作用。这是因为触点打开磁场消失,在一次绕组中也产生 200~300V 的自感电动势,若无电容器时,该自感电动势就会在触点间形成火花使触点烧蚀;同时该电动势的方向与原来一次电流方向相同,使一次电路内的电流不能迅速中断,磁场消失也相应减慢,因而二次绕组感应电动势大大降低。为了避免上述不良后果,在触点间并联一个电容器,以达到减小触点间火花,延长触点寿命并增强了高压电的目的。

第二节 传统点火系统的工作特性

一、工作特性

传统点火系统的工作特性就是指点火线圈所产生的二次电压与发动机转速之间的关系。

实验和理论推导均证明:断电器触点闭合时,一次电流是按指数规律增长的(如图6-17所示),且点火线圈产生的二次电压高低与一次断开电流成正比。当发动机转速增高时,由于断电器触点闭合时间短,一次断开电流小,点火线圈所产生的高压电低,如图6-18所示。转速愈高,触点闭合时间愈短,则二次电压也愈低。可见,传统点火系统二次电压随转速升高而减小的特性,将会使发动机高速工况下点火不可靠。

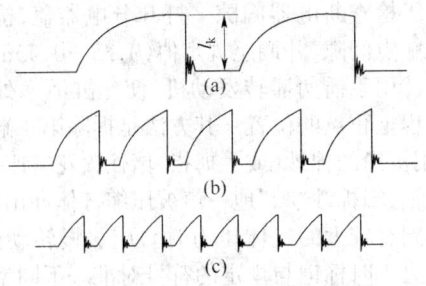

图 6-17 发电机转速对一次电流的影响
(a) $n=600\text{r/min}$ 时 (b) $n=1750\text{r/min}$ 时
(c) $n=2800\text{r/min}$ 时

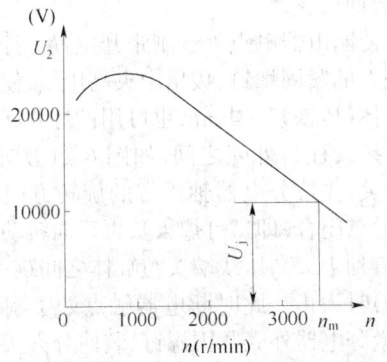

图 6-18 传统点火系统的工作特性

当发动机转速很低时,虽然触点闭合时间长,一次断开电流大,但由于触点打开速度慢,触点间会产生强烈的电火花而损失一部分电磁能,且点火线圈内部磁通的变化率很小,因而二次电压也比较低。

二、影响二次电压的主要因素

1. 发动机转速与气缸数

发动机转速升高或气缸数增多时,均会使断电器触点闭合时间缩短,一次断开电流减小,二次电压降低。故传统点火系统不能满足多缸高速发动机可靠点火的要求。

2. 断电器触点间隙

在使用中,触点间隙调整不当,也会影响二次电压的最大值。当触点间隙过大时,则凸轮转动时,触点提前顶开,触点闭合角变小,触点的闭合时间缩短,一次断开电流减小,从而使高压电和点火能量下降。

当触点间隙减小时,虽然触点闭合角度增大,闭合时间增长,一次断开电流增大,但由于触点打开时火花强烈且持续时间长,损耗了大部分电磁能且使磁通变化率减慢,同样使高压电降低。

触点间隙的大小不仅影响二次电压和点火能量,同时也影响点火时刻。如间隙增大时,由于触点被提前打开,会使点火提前角增大;反之,则会使点火提前角减小。

使用中由于触点烧蚀和触点臂绝缘顶块的磨损,会使触点间隙变化,故应及时打磨触点,调整间隙使其在 0.35~0.45mm 范围内。

3. 点火线圈的温度

使用中当点火线圈过热时,一次绕组的电阻增大,使一次断开电流减小,二次电压降低,点火能量减小,火花减弱,造成发动机工作不良。点火线圈过热的主要原因:外界气温高;发动机过热;或发电机电压过高,使一次电流增大所致。点火线圈过热主要在怠速和接通点火装置即发动机不运转时出现。在行驶中,迎面风和风扇的作用无疑会产生足够的冷却。一般情况下,点火线圈温度不可超过 80℃,温度过高,会使内部绝缘物质熔化,甚至发生爆裂。

4. 一次电路电容量

一次电路电容器与断电器触点并联,其电容量大小对二次电压影响很大,如图6-19所示。电容量如果太小,断电器触点间火花增强,既容易烧蚀触点又消耗了一部分电磁能,使磁通变化率减小,因而二次电压降低。若电容量过大,断电器触点间的火花虽然可以减小,但电容器充放电周期较长,回路振荡频率过低,磁场消失减慢,其结果也会使二次电压降低。一般电容器的电容量选择 $0.15\sim0.25\mu\text{F}$ 范围内为宜。

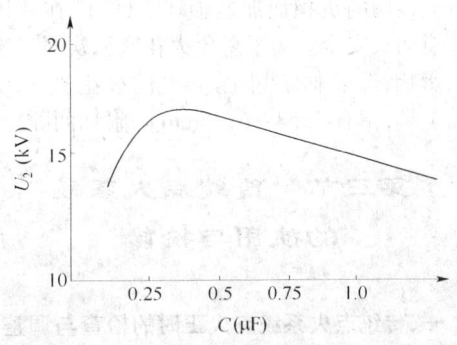

图 6-19 一次电路电容器容量对二次电压的影响

5. 火花塞积炭

在发动机工作时,若化油器调整不当或润滑油过多,在火花塞绝缘体上会形成积炭。由于积炭是具有一定电阻的导体,因此相当于在火花塞电极间并联了一个分路电阻 R_{jt},使二次电路成为闭合回路。在触点分开时,二次电压还未上升到火花塞击穿电压时,就通过积炭(分路电阻 R_{jt})产生泄漏电流,消耗了一部分磁场能,从而使二次高压电降低。当积炭严重时,由于泄漏严重,致使二次高压电低于火花塞击穿电压,火花塞电极间根本不能形成火花。图 6-20 所示为积炭程度不同而形成不同的分路电阻对二次电压的影响。

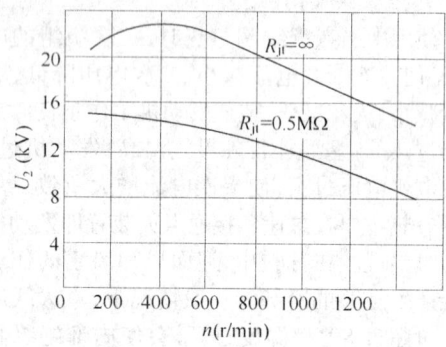

图 6-20 不同分路电阻对二次电压的影响

当火花塞积炭严重而不能跳火时,可将火花塞与高压线之间留有 3～4mm 附加间隙,此时火花塞便能正常工作,这种方法,称为"吊火"。当采用"吊火"后,因为增加了附加间隙,则泄漏电流不能发生,只有当二次电压达到较高值时,同时击穿附加间隙和火花塞间隙,产生火花,点燃混合气。火花塞积炭时采用"吊火"的方法,能起到改善点火的作用,但这种方法只能作为汽车运行中的临时补救措施。当发现火花塞严重积炭时,应及时清除,否则长期使用"吊火"来提高二次电压,将加重点火线圈的负担而加速损坏。此外,在使用时应注意防火安全。为了避免火花塞积炭对二次电压的影响,近年来有些国家生产的火花塞,在中心杆的上端,留有 2.54～6.35mm 的附加间隙。

第三节 传统点火系统的使用与检修

一、传统点火系统点火正时的检查与调整

点火正时是否准确,关系到发动机的动力性和经济性以及排气净化的好坏。要使发动机获得最有利的点火提前角,平时需对点火装置经常检查,保持良好的技术状况,使之能随发动机工况(转速与负荷)的变化而做出相应变化。

人工调整点火正时的步骤和方法如下:

①检查断电器间隙。打开分电器盖,检查断电器触点间隙,并调至规定值(0.35～0.45mm)。

②用手摇柄摇转发动机,使一缸活塞处于压缩行程上止点的位置。其方法是拆除第一缸火花塞,用干净的棉纱(或大拇指)堵住火花塞座孔,摇转曲轴,当棉纱"叭"地一声被压缩气体冲出(或拇指感到有较大的气体压力时),应缓慢转动曲轴,使点火正时标记与规定的符号对准。不同型号的发动机,其点火正时标记和设置部位不同,一般均设置在曲轴后端的飞轮和飞轮壳上或曲轴前端的传动带轮和正时齿轮盖上。确定点火正时标记对准后,装回火花塞。

③使断电器触点处于刚张开位置。拧松分电器外壳上的紧固螺钉,拔出中央高压线,使其端头距气缸体(搭铁)3～4mm,也可用试灯并联在分电器低压接线柱与外壳之间,如图 6-21 所示,接通点火开关,先按分电器轴正常的旋转方向转动外壳,使触点闭合(即试灯熄灭),再反向转动分电器外壳,直到中央高压线端头与缸体之间跳火(即试灯点亮)时为止。此时断电器触点处于刚张开位置,拧紧分电器外壳紧固螺钉,装回分火头和分电器盖,插好中央高压线。

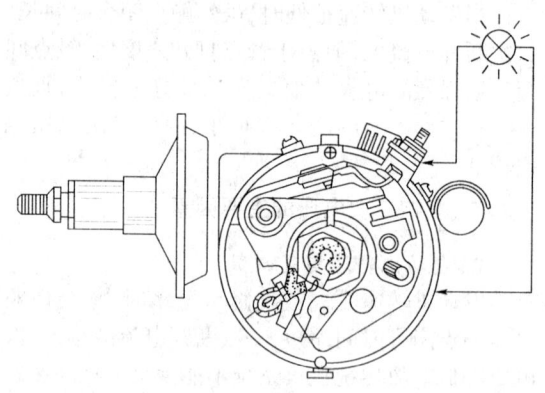

图 6-21 用试灯确定断电器触点刚张开位置

④按点火次序插好各缸高压线。第一缸的高压线应插在正对分火头的旁电极的插孔内,然后顺着分火头的旋转方向,按点火次序插好通往各缸火花塞的高压线。绝大多数四冲程直列式六缸

发动机的点火顺序为1-5-3-6-2-4,也有采用1-4-2-6-3-5的;四冲程直列式四缸发动机的点火顺序为1-2-4-3和1-3-4-2两种;四冲程直列式三缸发动机的点火顺序为1-2-3。

⑤起动发动机检查并调整点火正时。其方法是起动发动机,使水温升到80℃～85℃,并在发动机怠速运转时急踩加速踏板突然加速。如发动机转速迅速增加,发出轻微的爆燃敲击声并立即消失,表示点火时间正确;如爆燃敲击声严重,表示点火过早;如发动机转速不能随油门的增大而立即提高,感到"发闷",排气管中出现"突突"声,则表示点火过迟。点火过早或过迟,可转动分电器外壳进行调整。过早时,应顺着分电器轴的旋转方向转动外壳;过迟时,应逆着分电器轴的旋转方向转动外壳。

⑥汽车行驶中进行检验。其方法是起动发动机,待水温上升到80℃～85℃时,在平坦的道路上以直接档行驶,突然将加速踏板踩到底,同时观察车速的变化及发动机响声。如急踩加速踏板时,车速能急增到最高值,且发动机能听到轻微的敲击声,然后很快消失,表示点火时间正确;如敲击声严重,说明点火过早;如车速不能迅速提高,有"发闷"感,且发动机无敲击声,说明点火过迟。点火过早或过迟,可转动分电器外壳进行调整,经反复试验,直到合适为止。

二、传统点火系统的维护要点

传统点火系统的维护要点如下:

1. 车辆每行驶1000km后的维护作业内容

①清除分电器盖和壳体外表面的灰尘和油污。

②检查点火线圈一次电路的连接并加以紧固。

③用蘸有汽油的抹布擦净火花塞外表面的污垢。

2. 车辆每行驶5000km后的维护作业内容

①清洁分电器内外表面的油污。

②检查触点状态并加以清洁,触点表面烧蚀不平应打磨平整。用塞尺检查触点间隙,应为0.35～0.45mm,如不符合要求,应予调整。

③润滑分电器总成,每次保养时应将油嘴旋进1/2～1圈,如润滑脂用完,应及时补充。拆下分火头,取出毡芯,滴上一二滴机油,待油渗入后装回。若断电器内有特备的毡块,应用涂抹的方法加入钙基润滑脂,如没有毡块,应清除凸轮面的陈油,抹上一薄层钙基润滑脂。每次向活动触点销钉上滴一二滴机油,不可过多。

④检查高压线的绝缘及每根线端和分电器座孔接触是否良好。

⑤清洁点火线圈表面的污垢。

⑥清除火花塞积炭,检查调整火花塞间隙。

3. 车辆每行驶15000～17000km后的维护作业内容

取下分电器总成,解体并进行检查和维护。

4. 车辆入冬前维护作业内容

车辆进入冬季运行之前,应对点火系统进行一次换季保养,除进行上述有关内容外,还应将火花塞电极间隙适当调小,并将点火时间适当提早一些。

三、传统点火系统的故障诊断与排除

点火系统若发生故障,发动机就不能正常工作。点火系统发生故障的主要现象有:

发动机不着火或突然停转;发动机运转不均匀,排气管中发出"突突"声并冒黑烟;发动机动力不足;发动机起动时反转,加速时爆燃;发动机高速运转不良;点火开关旋至起动档时,发动机能起动,点火开关回至点火档时,发动机就熄火等。

1. 发动机不着火或突然停转

(1)故障原因

①蓄电池有故障或存电不足,极柱脏污、接头松动。

②低压电路有断路或短路故障。

③点火线圈或电容器损坏。

④断电器触点严重烧蚀或过脏,触点间隙过大或过小,使触点不能闭合或断开。

⑤点火开关损坏。

⑥分火头或分电器盖损坏。

⑦点火正时不对,高压线插错。

⑧中央高压线脱落、老化或潮湿而漏电。

(2)检查方法和步骤

①先检查蓄电池供电是否正常。方法是按下喇叭按钮或开大灯,如喇叭不响,大灯不亮,则应检查蓄电池到电流表之间的连接导线是否松脱或导线有无断路之处,蓄电池到搭铁之间有无断路或搭铁不良,以及蓄电池是否无电等。如喇叭响,大灯亮,说明蓄电池存电正常,并且从蓄电池到电流表之间的电路也良好。

②判断故障在低压电路还是在高压电路。方法是拔出分电器中央高压线,使其端头距气缸体6~8mm,接通点火开关,摇转曲轴,观察高压线端头跳火情况。

如火花强烈,说明低压电路和点火线圈良好,故障在配电器、火花塞、高压导线等高压电路部分。判断高压电路故障的方法是装回中央高压线,再从火花塞上拆下高压线头,使其端部距缸体3~4mm进行试火,如跳火很强,说明配电器和高压线正常,故障在火花塞或点火正时不准;如无火花,说明故障发生在配电器或高压线(绝缘损坏或潮湿漏电)。

如无火花,说明故障在低压电路或点火线圈。为了进一步确定低压电路的故障的部位,可采用开闭断电器触点的方法,观察电流表的指针摆动情况及读数,若电流表的指针指示3~5A并间歇摆动,说明低压电路良好,其故障在点火线圈、或电容器损坏或中央高压线脱落漏电;若电流表指针指示零不摆动,表明低压电路有断路故障;若表针指示10A以上不动,则为电流表至点火线圈之间的电路中有搭铁故障;若表针指示3~5A不动,表明点火线圈"-"接线柱到断电器触点臂间有搭铁(活动触点臂搭铁或低压接线柱搭铁)或电容器短路。

2. 发动机运转不均匀,排气管中发出"突突"声并冒黑烟

(1) 故障现象

发动机工作时运转不均,排气管冒黑烟,并发出有节奏的"突突"声,甚至"放炮"或化油器回火。

(2) 故障原因

①高压分线脱落、受潮漏电或错乱。

②火花塞潮湿、积炭过多或绝缘体击穿漏电。

③分电器盖有裂纹致使旁插孔漏电、座孔锈污而导电不良。

④分电器触点间隙调整不当或凸轮磨损不均匀,分电器轴松旷。

⑤高压火花过弱。

(3) 检查方法和步骤

①找出缺火的气缸。其方法是用一大旋具将火花塞接线柱逐个搭铁短路,如图6-22所示。根据听觉判断,若将某缸的火花塞搭铁短路后,发动机的振动加大,而且从排气管处也能听到更加明显的异常响声,则说明此缸工作;若将该火花塞短路后发动机转速没有任何变化,则说明此缸缺火。

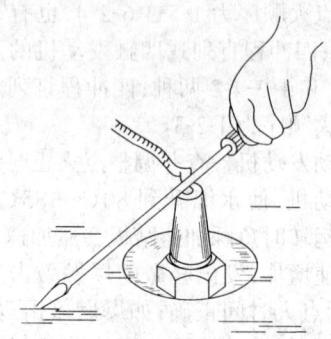

图6-22 火花塞搭铁短路试验

②找出缺火的原因。将缺火气缸的火花塞高压线拆下,使线端离火花塞接柱3~4mm(即"吊火"),发动机工作时,如有连续的火花,说明故障在火花塞。若有了这个附加间隙后,火花塞开始正常工作,表明火花塞原来有积炭;若有了附加间隙,发动机工作无变化,则应拆下火花塞进行检查。

如无连续的火花,表明高压线或分电器盖有故障。这时应将高压线一端装回火花塞,而从分电器盖旁插孔中拔出它的另一端,把线端放在座孔上2~3mm处,如果发动机工作时间隙中有连续的火花,表示高压线的绝缘有损坏;如无火花,则分电器盖漏电。

若几个气缸同时不着火,应从分电器盖中央插座孔中拔下高压线,使线端离座孔2~3mm,进行跳火试验,如有火,表示点火线圈产生的高压电正常,故障出在分电器盖或几个火花塞;如只有断续跳火现象,表明断电器、电容器或点火线圈有故障,可按发动机不能起动的故障检查方法进行检查排除。

3. 发动机动力不足

发动机动力不足,行驶无力时的故障检查流程如图6-23所示。

4. 发动机起动时反转,加速时爆燃

(1) 故障现象

发动机在突然加速时,发出"嘎嘎"的类似金属敲击声,摇转曲轴时有反转现象,怠速维持不住或发抖。

(2) 主要原因

点火时间过早或触点间隙过大。

(3) 检查方法和步骤

①检查点火时间是否过早。首先检查分电器外壳固定螺栓是否有松动,若有应紧固外壳。顺

着分火头旋转方向转动外壳,发动机工作情况好转,则为点火时间过早。

②检查触点间隙是否过大。用塞尺检查断电器触点间隙,若间隙过大,应予调整。

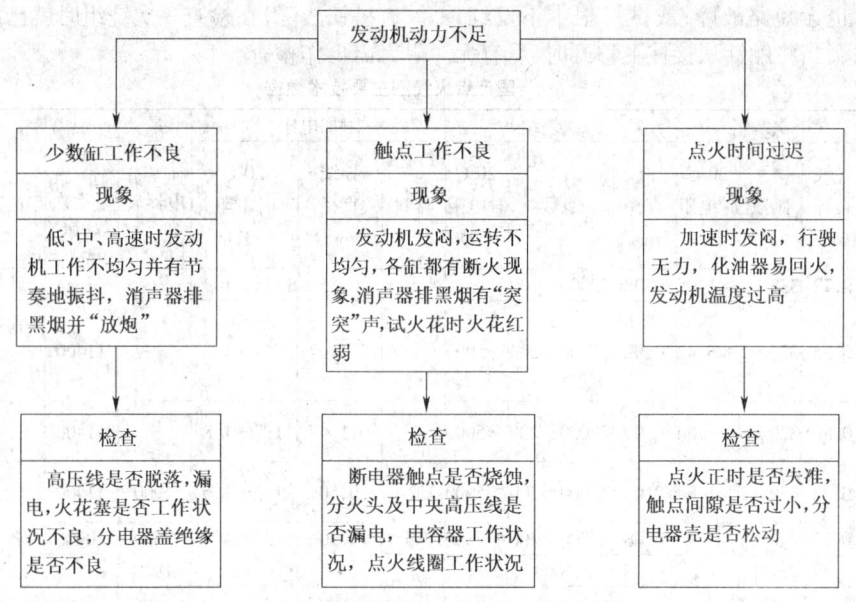

图6-23 发动机动力不足故障检查流程

5. 发动机高速运转不良

(1) 故障现象

发动机怠速或低速运转时正常,但在高速运转时不平稳,排气管放炮。

(2) 主要原因

触点间隙过大或触点臂弹簧弹力不足,活动臂绝缘套管装配过紧,火花塞间隙过大,或点火线圈、电容器工作不良等。

(3) 检查方法和步骤

从火花塞上拆下高压线,使其端头距离气缸体7~8mm,起动发动机,并逐渐提高其转速,观察跳火情况。

① 若有断火现象,应进一步检查分电器。打开分电器盖,慢慢摇转曲轴,检查触点间隙是否过大。若间隙正常,将触点闭合,用手拨动触点试火,如高压火花很强,并不断火,说明活动触点臂的弹簧片过软或其绝缘胶木与轴装配过紧。

② 如火花弱,跳火距离短,应检查触点是否烧蚀或接触不良,触点头的铆接是否松动以及点火线圈和电容器的工作是否良好。

6. 点火开关旋至起动档时,发动机能起动,退回至点火档时,发动机就熄火

一般情况下,造成此故障的原因是附加电阻或附加电阻线断路。因此,修复或更换附加电阻

或附加电阻线后,即可将故障排除。应注意的是,附加电阻或附加电阻线都不能用普通电线来替代。

四、传统点火系统主要点火装置的检修

1. 点火线圈的检修

点火线圈的常见故障包括:一次绕组、二次绕组的短路、断路及搭铁等。可通过测量电阻或串联交流试灯的方法加以检查。

(1) 外观检查

察看点火线圈外表,若发现其绝缘盖破裂或外壳损坏,很容易使其受潮而失去点火能力,应更换。

(2) 用测量电阻的方法判断故障

对一次绕组、二次绕组的短路、断路和搭铁故障,最好用万用表来检查,看其电阻值是否符合表6-1的规定。若相差较多,则说明绕组有故障。

(3) 用试灯检查的方法判断故障

用220V交流试灯,接在一次绕组两端的接柱上,灯亮则表示无断路故障,否则,便是断路。当检查绕组是否有搭铁故障时,可将试灯的一端接低压接柱,一端接外壳,如灯亮,便表示有搭铁故障;否则,为良好。短路故障用试灯不易查出。

对于二次绕组,因为它的一端接于高压插孔,另一端与一次绕组相接,所以检查时,当试灯的一

个触针接高压插孔,另一触针接低压接柱时,若试灯发出亮光,说明有短路故障;若试灯暗红,说明无断路故障,也无短路故障;或试灯根本不发红,则应注意观察,当将触针从接柱上移开时,看有无蓝色火花发生,如没有火花,说明绕组已断路。因为二次绕组和一次侧绕组是相通的,若二次绕组有搭铁故障,在检查一次绕组时就已反映出来了,无需再作检查。

表 6-1 国产点火线圈主要技术数据

项目 型号	电压 (V)	一次绕组 导线直径(mm)	一次绕组 匝数	一次绕组 20℃时电阻(Ω)	二次绕组 导线直径(mm)	二次绕组 匝数	二次绕组 20℃时电阻(Ω)	附加电阻 材料	附加电阻 导线直径(mm)	附加电阻 20℃时电阻(Ω)	最大发火转速(分电器转速,r/min)	距离7mm连续发火次数(次/min)	适用车型
X-1202R	12	0.72	330±2	≈1.95	0.08	22000±200	—	纯镍丝	0.35	1.25~1.35	—	—	跃进 NJ50、70 型
DQ122	12	0.55	370±2	≈3.42	0.09	22000±200	≈5000	—	0.1×7	1.4~1.5	—	11400	海燕 SW710 型,天津 TJ130 型,NJ130、230 型
DQ125	12	0.80	320±5	≈1.80	0.09	22000±200	≈5000	低碳钢丝	0.1×7	1.7~1.8	—	11400	东风 EQ1090、东风 EQ2080E 型
DQ130	12	0.72	330±2	≈1.80	0.09	22000±200	≈5000	铁铬铝	0.50	1.4~1.5	1900	11400	跃进 NJ50、NJ130、230 型
DQ148	12	0.72	240±2	≈1.46	0.08	24200±200	≈7340	镍铬丝	0.70	1.35~1.45	2500	20000	各型八缸发动机
DQ40A	12	0.57	380	3.1	0.08	24000	—	—	—	—	1900	—	各型四、六缸发动机
DQ42A	12	0.69	330	1.9	0.08	22800	≈6200	低碳钢丝	0.4	1.3~1.4	1900	—	各型四、六缸发动机
DQ43A	12	0.72	280	1.4	0.07	26000	≈7000	低碳钢丝	0.4	1.3~1.4	2500	—	各型八缸发动机
DQ61	12	0.57	380	3.1	0.08	24000	—	—	—	—	1900	—	各型四、六缸发动机
DQ62	12	0.69	330	1.9	0.08	22800	—	低碳钢丝	0.4	1.3~1.4	1900	—	各型四、六缸发动机
DQ41A	12	0.62	380	3.1	0.08	22800	≈6200	—	—	1.25~1.35	1900	—	各型四、六缸发动机
DQ42	12	0.83	380	≈1.5	0.08	26000	≈7200	—	—	1.8	1900	—	各型六缸发动机

(4)点火线圈发火强度的检验

①在试验台上检验火花的强度及连续性。检验时,将放电电极间隙调整到 7mm,先以低速运转,待点火线圈的温度升高到工作温度(60℃~70℃)时,再将分电器的转速调整至规定值(一般四、六缸发动机用的点火线圈为 1900r/min,八缸发动机用的点火线圈为 2500r/min),在 30s 内,若能连续地发出蓝色火花,即表示点火线圈情况良好。

②用对比跳火方法检验。这一方法在试验台上或车上均可进行,将被检验的点火线圈与好的点火线圈分别接上进行对比,看其火花强度是否一致。

点火线圈经过检验,如内部有短路、断路、搭铁等故障,或发火强度不符合要求时,一般均应换用新件。

2.分电器的检验
(1)轴与外壳

分电器轴与衬套的正常配合间隙一般为 0.02~0.04mm,最大不超过 0.07mm。其检验方法如图 6-24 所示,先使百分表触头垂直地顶在轴的上部,用力沿触头轴线方向推拉分电器轴,测得最大间隙不得超过上述规定值,否则应更换衬套。

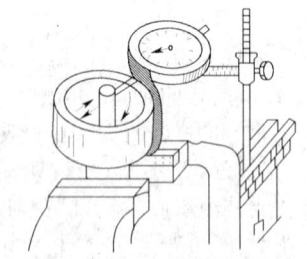

图 6-24 轴与衬套配合间隙的检查

(2)断电器

断电器是传统点火系统各装置中最容易出现故障的地方。常见的故障有:触点烧蚀,触点间隙过大或过小,断电臂弹簧弹力不足或搭铁,断电臂胶木顶块磨损,凸轮磨损等。

①检查断电器触点接触情况。将触点分开察看接触面是否有油污、烧蚀、凹凸不平及触点能否全面接触。

若触点有油污,可用干布稍蘸些汽油将其擦净;若触点有轻微烧蚀,可用 00 号砂纸磨净;如烧蚀严重凹凸不平时,应拆下触点在细油石上加少许机油磨平。修磨后的触点单片厚度不得小于 0.5mm,否则应更换触点臂总成或用铆接法单独换装新触点。触点的中心线应重合,偏差不超过 0.2mm,否则应用尖嘴钳矫正。

②检查触点间隙。如图 6-25 所示,转动凸轮使凸棱将触点完全顶开,用 0.35~0.45mm 的塞尺插入间隙内拉动稍有阻力感为宜。若不符合规定,可旋转锁紧螺钉,拧转偏心调整螺钉进行调整。若胶木顶块磨损过多,无法调好间隙时,应更换触点臂总成。

③检查触点臂弹簧的张力。如图 6-26 所示,在触点闭合时,用弹簧秤的挂钩钩住活动触点一端,沿触点的轴向拉动弹簧秤,当触点刚刚打开时的弹簧秤读数,应符合表 6-2 的规定值,一般为 4.9~6.9N。若弹簧张力过小,则需更换。

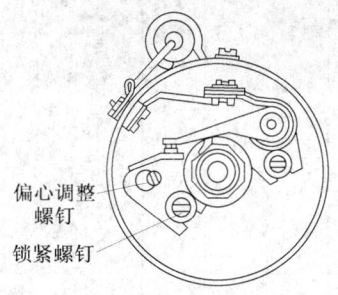

图 6-25 检查触点间隙

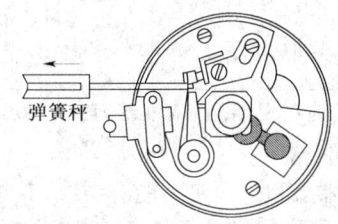

图 6-26 活动触点弹力的检查

表 6-2 国产触点式分电器的主要技术参数及适用车型

分电器型号	缸数	旋转方向	分火角度(°)	断电器触点压力(N)	断电器触点间隙(mm)	最高转速(r/min)	离心提前机构调节特性 转速(r/min)	离心提前机构调节特性 提前角(°)	真空提前机构调节特性 真空度(kPa)	真空提前机构调节特性 提前角(°)	适用车型
FD16 FD632 FD633	6	顺时针	60±1	4.9~6.9	0.35~0.45	1600	200 500 1000 1500 1600	0~2 3~5 6~8 8~10 8~10	6.7 13.3 33.3 53.3	0~2 2.5~5 7~9.5 10~12.5	东风 EQ1090
FD16 FD632F	6	顺时针	60±1	4~6	0.35~0.45	1600	400 600 800 1000 1300	0~1.5 3~4.5 6~7.5 7.5~8.5 7.5~8.5	13.3 26.6 46.6 53.3	1~2.5 3~5 5.5~8 5.5~8	1986 年 7 月后生产的东风 EQ1090
FD632B	6	顺时针	60±1	4~6	0.35~0.45	1600	200 500 800 1000 1200 1500~1600	0~2 4.5~6.5 9.5~11.5 11.5 11~13 12~14 13~15	6.7 13.3 33.0 53.3	1~3.5 2.5~5 5~7.5 7.5~10	东风 EQ245
FD632C	6	顺时针	60±1	4~6	0.35~0.45	1600	400 600 800 1000 1500	1~2.5 3.5~5 5.5~7 7.5~8.5 7.5~8.5	6.7 13.3 33.3 53.3	0~2 2.5~5 7~9.5 10~12.5	东风 EQ2080E

续表 6-2

分电器型号	缸数	旋转方向	分火角度(°)	断电器 触点压力(N)	断电器 触点间隙(mm)	最高转速(r/min)	离心提前机构调节特性 转速(r/min)	离心提前机构调节特性 提前角(°)	真空提前机构调节特性 真空度(kPa)	真空提前机构调节特性 提前角(°)	适用车型
FD642	6	顺时针	60±1	4.9~6.9	0.35~0.45	1600	200 600 800 1000 1200 1400	0~2 5~7 7.5~9.5 9~11 10.5~12.5 12~14	13.2 26.4 33 39.6	2~4 5~7 6.5~8.5 6.5~8.5	解放 CA1091
FD27 FD13 FD427	4	逆时针	90±1	4.0~5.9	0.35~0.45	2200	200 500 1000 1500 1900 2200	0~3 3~6 8~11 13.5~16 17.5~20 17.5~20	13.3 33.0 53.3	0~2.5 5.5~8.5 10~13	北京 BJ2020 天津 210

注：本表部分型号系行业标准颁布前沿用的型号。

(3) 配电器

分电器盖和分火头不能有裂纹，其绝缘应能在高压电下不被击穿，否则将引起发动机断火、错火或者根本不能起动。

分火头的检查。检查分火头方法如图 6-27 所示，用高压电的一根触针接分火头导电片，另一触针放在分火头座孔内，如此时有火花发生，说明分火头已漏电损坏。当在汽车上检查时，可将分火头倒放在气缸盖上，用中央高压线对准分火头座孔，然后扳动断电器触点，使其一张一闭产生高压电，如此时有火花从高压线端跳入分火头座孔中，说明分火头已损坏窜电，应换用新件。

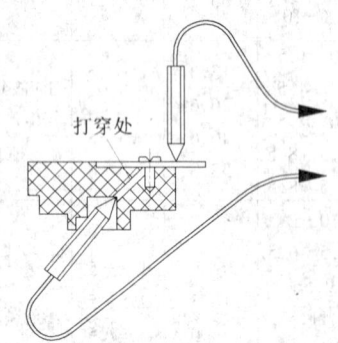

图 6-27 分火头的检查

此外，分电器盖内中央电极孔内的炭精柱应活动自如，不应有卡滞现象；炭精柱不能磨损过短；炭精柱弹簧弹力不能过弱，如过弱或折断都应更换。

(4) 电容器

电容器的故障主要是短路、断路和容量不足等。其检查方法如下：

① 试灯检查法。用 220V 交流试灯，一根触针接电容器的外壳，另一根触针接电容器的引出线，若试灯发亮，说明电容器已短路；若试灯不亮，可将触针移去，然后把电容器的引出线与外壳相碰，若有强烈蓝色火花，表示电容器良好；若无火花或火花不强烈，表示电容器内部断路或漏电。为了检查结果可靠，可反复检查几次。若已确定其内部短路、断路或容量不足时，应更换。

② 比较检查法。将被检查的电容器与良好的电容器分别装在点火装置中，进行对比试验。

也可将被检查的电容器单独装在汽车的分电器上，然后取下分电器盖，接通点火开关，并使中央高压线端头距气缸体 7~12mm，然后扳动触点，察看高压火花情况；而后将电容器拆下，重新试验火花。若两次试验中高压火花强弱无变化，则说明电容器已失效，应更换。

但应注意，不能用高压电直接对电容器进行跳火检查。因为电容器只能承受几百伏电压，如用一万伏以上的高压电检查，就会将本来良好的电容器击穿损坏。

(5) 离心调节装置的检修

当离心调节装置离心块上销钉或拨板上的长方形孔磨损以及弹簧失效时，会导致离心调节装置动作不灵活而出现发卡的故障。检查时，用手捏住分火头，左、右各扭动一次（注意扭动角不要超过 10°），若每次放手后，分火头均能自如地完全回正，即可认为无故障，否则应解体进行检修。

(6) 真空调节装置的检修

真空调节装置的检查方法,如图6-28所示,将手提式真空唧筒接在真空调节装置管端,握住手柄,使表的指针指示值为53kPa(400mmHg),观察断电器固定盘是否随之转动。若真空表上指示值1min内不下降,且断电器触点能保持最大转角不退回,则真空调节器装置良好,否则有故障,应检修。

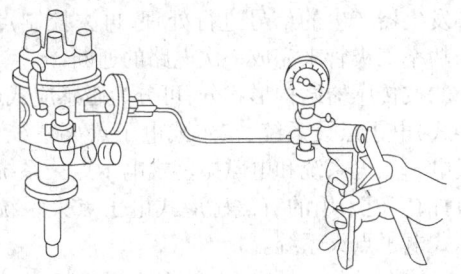

图6-28 真空调节装置的检查

(7)分电器的装配

分电器的装配要点如下(以FD632型为例):

①先将离心提前机构和凸轮装在分电器轴上。凸轮和轴结合时,限位螺钉上应先套上弹簧垫圈,再套上平垫片,然后再将限位螺钉上到分电器轴上端。凸轮的轴向间隙为0.1~0.15mm,其径向配合间隙应不大于0.03mm。

②将分电器轴装入壳体内,在离心提前机构的托板和壳体间应加承推垫片。用铆钉把分电器联轴节(或插头)装于分电器轴尾端。分电器轴的轴向间隙应不大于0.25mm,否则可在轴下端联轴节和外壳之间增减垫片进行调整。

③装回真空提前机构和固定底板。

④把触点总成装于活动底板上,尔后将触点及活动底板总成装入壳体内,并将活动底板上的柱销插入固定底板的圆孔中,活动底板应能围绕其柱销转动一个角度,此时还应将活动底板的圆孔套在真空提前机构拉杆的销钉上。

⑤装回电容器,并连接好引线。有的分电器的固定触点与壳体间有连线,活动触点臂与分电器的接线柱间也有连线,这些都应连接完好。

⑥调整触点间隙。

⑦在分电器油杯内填满黄油,将油杯盖上并拧紧数圈,在凸轮油毡上滴入几滴机油。

⑧装入分火头,盖上分电器盖。

3. 火花塞的检验

①火花塞应定期(一般汽车行驶5 000km)拆下清洗,积炭严重的火花塞应用汽油浸泡,切勿用火烧或使用金属丝刷来除去积炭。

②火花塞清洁后应进行间隙调整。一般汽车行驶100~200h,调整间隙不少于一次。火花塞电极间隙应用圆形塞规测量,间隙不当时应用特制的工具弯曲侧电极进行调整。

③火花塞经过清洗和间隙调整后,应进行外表检查,主要检查项目有:绝缘体(包括裙部)是否有开裂和破碎;绝缘体在壳体内是否松动;侧电极根部焊接处是否开裂或脱落。如发现任何一种缺陷,都应更换火花塞。

火花塞绝缘体应经常保持清洁和干燥,遇有水分或油污时,应随时用干棉纱擦拭干净。

④火花塞工作状况,可通过观察其旋入气缸部分的外貌来判断。使用正常时,应呈现"铁锈色"。

若发现火花塞经常积炭严重而影响正常工作时,应选用"热型"火花塞;反之,或发现炽热点火现象,应选用"冷型"火花塞。

⑤安装平座火花塞时,应配用一只密封垫圈,不得多用或不用,密封垫圈损坏时应更换。安装锥座火花塞时,则不得使用密封垫圈。

⑥拧紧火花塞时,应使用专用扳手,其拧紧力矩可参考表6-3。火花塞螺纹拧入长度应与缸盖安装孔螺纹长度相适应,不允许拧入过长或过短。

表6-3 各种火花塞的安装力矩值

拧紧力矩 气缸盖 螺纹	18mm		14mm		12mm	10mm
	平座火花塞 (用垫圈)	锥座火花塞	平座火花塞 (用垫圈)	锥座火花塞	平座火花塞 (用垫圈)	平座火花塞 (用垫圈)
铸铁缸盖(N·m)	35~45	20~30	25~35	15~25	15~25	10~15
铝缸盖(N·m)	35~40	20~30	25~35	10~20	15~22	10~12

第七章 普通电子点火系统

第一节 概述

一、普通电子点火系统的特点

普通电子点火系统与传统的蓄电池点火系统相比，它们的基本功能并没有什么变化，但从改善电火花点火性能、提高点火时间控制精度及可靠性等方面来看，却发生了巨大的变化，它具有如下特点：

(1) 无机械触点，不存在触点烧蚀氧化、变形、接触不良等问题，使用中几乎不需维修。

(2) 点火线圈能产生较高且稳定的二次电压，保证火花塞电极间产生较强的电火花。

(3) 可通过在点火系统中增加其他功能控制电路，进一步提高点火高压电的稳定性和点火时间的准确性。使汽车在各种工况下，均能具有最佳点火提前角，使混合气得到充分燃烧。汽车的经济性、动力性以及尾气净化都得到显著提高。这是汽车电子点火系统能被迅速广泛应用的重要原因。

二、普通电子点火系统的种类与结构形式

①按储能方式分，电子点火系统可分为电感式点火系统和电容式点火系统两大类。前者的储能元件是点火线圈，后者的储能元件是电容器。电容式点火系统突出的特点是能够大大减轻火花塞积炭对二次电压的影响，但由于该系统放电时间短、结构复杂、成本高等原因，目前多用于赛车上。而在一般汽车上应用较多的则是电感式点火系统。

②按有无触点分，电子点火系统又可分为有触点式和无触点式两类。有触点式电子点火系统又称半导体辅助点火系统，它是用装在分电器内的触点的开、闭作为功率三极管或晶闸管的触发信号，来控制点火线圈一次电流的通断。由于触点始终存在烧蚀问题，使用维修不便，因此有触点式电子点火系统未得到广泛应用。无触点电子点火系统，取消了传统分电器内的机械触点式断电器机构，而用信号发生器的触发信号控制电子点火控制器(点火组件或点火模块)，点火控制器把信号发生器产生的信号进行处理，再去控制点火器内功率三极管来完成一次电路的通断。

③按传感器结构形式分，可分为磁感应式(磁脉冲式)电子点火系统、霍尔式电子点火系统、光电式电子点火系统和电磁振荡式电子点火系统四种，目前广泛采用的有磁感应式电子点火系统和霍尔式电子点火系统。

④按有无分电器分，电子点火系统还可分为有分电器式电子点火系统和无分电器式微机控制电子点火系统两类。近年来，微机控制的无分电器点火系统得到了愈来愈广泛的应用。

第二节 磁感应式电子点火系统

一、磁感应式电子点火系统的组成

磁感应式电子点火系统由磁感应式分电器、点火电子组件、高能点火线圈和火花塞等组成，如图7-1所示。

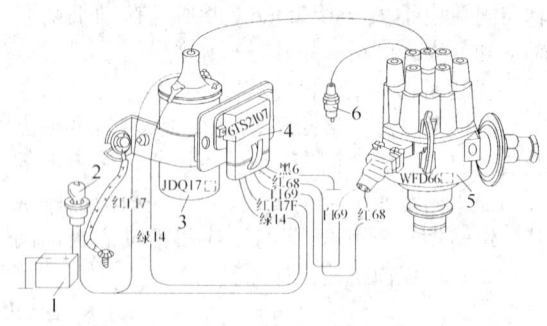

图7-1 解放CA1092型汽车的无触点电子点火系统的组成
1.蓄电池 2.点火开关 3.点火线圈 4.点火电子组件 5.磁感应式分电器 6.火花塞

二、磁感应式分电器

磁感应式分电器由磁感应式点火信号发生器、配电器、点火提前装置(离心提前装置和真空提前装置)等组成，如图7-2所示。技术参数见表7-1。磁感式信号发生器安装在分电器内部，其功

用是产生与发动机气缸点火时刻相适应的点火脉冲信号,控制点火电子组件接通和切断点火线圈一次电路的具体时刻。

1. **磁感应式点火信号发生器**

图 7-3 为解放 CA1092 型汽车装用的 WFD663 型磁感应式分电器内的磁感应式点火信号发生器的结构,主要由信号转子 2、传感线圈 3、定子 4、永磁片 5 等组成。传感线圈 3 和底板 7 固定在分电器壳内,定子 4、塑性永磁片 5 和导磁板 6 三者用铆钉铆合后,套在底板的轴套上,并受真空调节机构拉杆的控制。信号转子与定子上均有与发动机气缸数相同的 6 个爪。塑性永磁片一个表面为 N 极,另一个表面为 S 极,磁路为:永磁片的 N 极→定子→定子爪与转子爪之间的空气隙→转子→传感线圈的铁芯→导磁板→永磁片的 S 极。

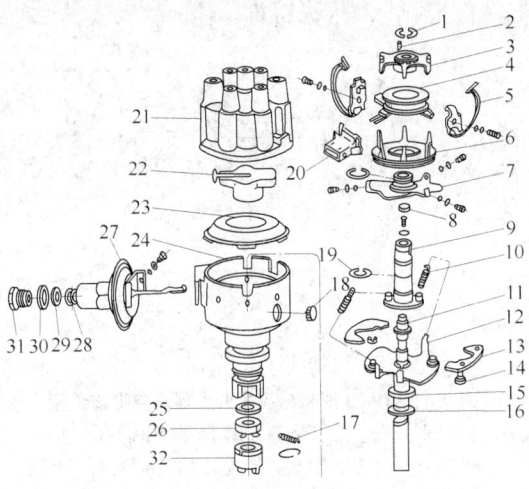

图 7-2 WFD663 型磁感应式分电器零部件分解图

1. 锁圈 2. 定位销 3. 信号转子 4. 传感线圈 5. 片簧夹 6. 定子 7. 活动底板 8. 毡圈 9. 转子轴 10. 弹簧 11. 分电器轴 12. 托板 13. 离心块 14. 离心块减磨元件 15. 垫圈 16. 耐磨垫圈 17. 横销 18. 调整孔盖 19. 锁圈 20. 插座护套 21. 分电器盖 22. 分火头 23. 防护罩 24. 壳体 25. 调整垫圈 26. 联轴节 27. 真空提前装置壳体 28. 弹簧 29. 调整垫圈 30. 密封垫圈 31. 接头螺母 32. 驱动榫头

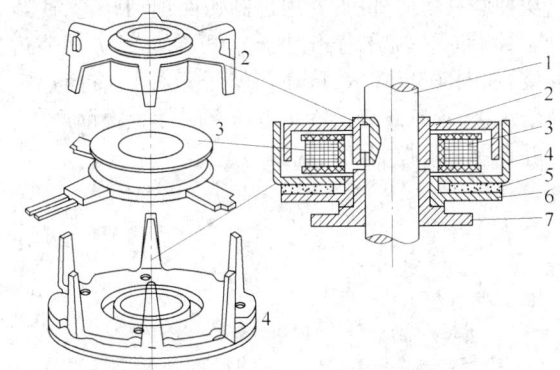

图 7-3 磁感应式点火信号发生器的组成

1. 转子轴 2. 信号转子 3. 传感线圈 4. 定子 5. 塑性永磁片 6. 导磁板 7. 底板

当分电器轴带动信号转子转动时,磁路的空气隙不断变化,使穿过传感线圈的磁通量也发生变化,从而在传感线圈内便产生交变的感应电动势。如图 7-4 所示为传感线圈的磁通 Φ 及其产生

表 7-1 WFD663 型磁感应式分电器技术规格

适用车型		解放 CA1092 型载货汽车(CA6102 型汽油发动机)				
综合指标	旋转方向	顺时针(从顶部往下视)				
	工作温度(℃)	-40~85				
	质量(kg)	1.15				
磁感应式传感器	线圈电阻(Ω)	600~800				
	线圈电感(H)	0.8(100Hz,装入分电器且转子、定子爪对齐)				
	信号电压幅值(V)	3.75±1(转速 200r/min,负载电阻 100kΩ)				
	信号角周期(°)	60±0.5				
离心装置工作特性	分电器转速(r/min)	200	600	1000	1400	1500
	点火提前角(°)	0	7±0.75	10±0.75	13±0.75	13±0.75
真空装置工作特性	真空度(kPa)	10	14	20	34	40
	点火提前角(°)	0.5	2.5±0.75	6.0±0.75	10±0.75	10±0.75

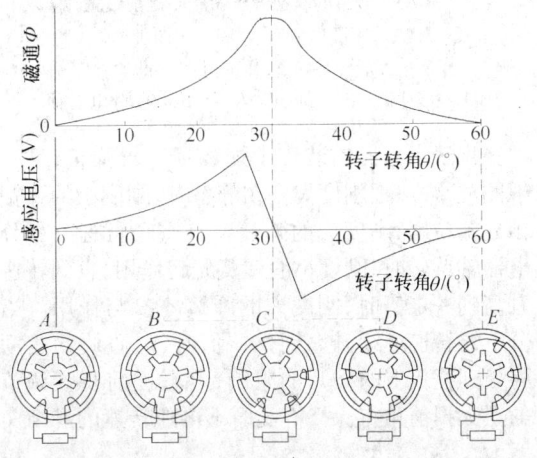

图 7-4 传感线圈内磁通与感应电动势的变化

的感应电动势 E 随信号转子转角变化的规律。转子每转一周产生六个交变信号,其幅值与转速成正比,该交变信号加在点火电子组件的②③端子作为点火触发信号(见图 7-7)。

2．点火提前装置

(1)离心提前装置

WFD663 型分电器的离心提前装置如图 7-5 所示。分电器轴和托板压装在一体,信号转子轴与分电器轴上部的小头采用动配合装配。

当分电器轴旋转时,便通过托板和弹簧带动凸轮和转子轴一起转动。转子 1 用定位销固装在转子轴上,并随转子轴一同转动。离心块转动时会产生离心力,当离心力超过弹簧的拉力时,离心块便绕柱销向外甩,并通过圆弧面顶动凸轮,使转子轴沿原旋转方向相对于分电器轴转动一个角度,如图 7-5b 所示,从而使转子爪极提前接近定子爪极,传感线圈的输出电压在时间上提前产生,并控制点火控制器实现提前点火。

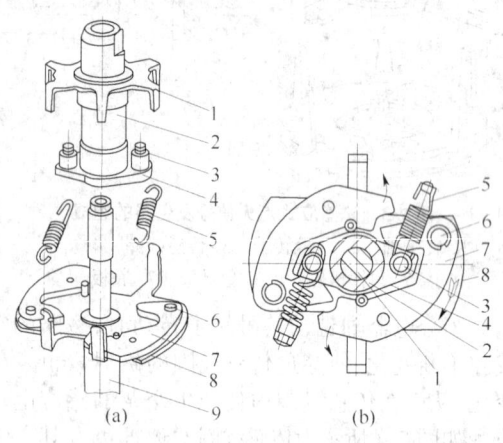

图 7-5　WFD663 型分电器离心提前装置
(a)零部件结构　(b)工作原理

1．转子　2．转子轴　3．弹簧销　4．凸轮　5．弹簧　6．柱销　7．离心块　8．托板　9．分电器轴

由于离心提前装置中配装了两根弹簧,且一根刚度小、一根刚度大。在静态时,刚度小的弹簧预先被拉紧,刚度大的弹簧留有空余行程。当分电器轴旋转时,刚度小的弹簧先起作用,直到转速升高到一定值时,刚度大的弹簧才参与作用。当分电器转速继续升高到某一值时,离心块的运动将受到托板上的挡片的限制,离心提前装置调节的点火提前角将保持不变而不再随转速的升高而增大。

(2)真空提前装置

WFD663 型磁感应式分电器的真空提前装置如图 7-6 所示。真空提前装置是通过拉杆拉动定子组件来调节点火提前角。

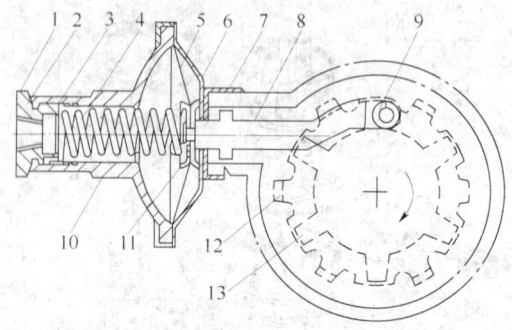

图 7-6　FD663 型磁感应式分电器真空提前装置

1．接头螺母　2．密封垫圈　3．调整垫圈　4．弹簧　5．膜片　6．大气室壳体　7．连接件　8．拉杆　9．拉杆销　10．真空室壳体　11．弹簧座.　12．定子　13．信号转子

接头螺母通过金属铜管与化油器节气门侧面的空气小孔相连;拉杆的右端用销钉套装在定子组件上,定子组件可绕磁感式传感器底板上的轴套转动。当发动机不工作时,真空提前装置的真空室和膜片室均受大气压力作用,膜片在弹簧的张力作用下向右拱曲。当发动机部分负荷时,节气门空气小孔处压力低,真空室的真空度大,真空吸力克服弹簧的张力使膜片左移,拉杆拉动定子组件沿逆时针方向即逆着转子的旋转方向转动一定角度,使转子爪极提前与定子爪极对齐,传感器传感线圈的输出电压在时间上的提前产生,驱动电子控制器实现提前点火。当发动机负荷小,真空度大于 30kPa 时,点火提前角最大为 10°±0.75°;当负荷增大,真空度降到 10kPa 时,点火提前角最大为 0.5°。

三、点火控制器

解放 CA1092 型载货汽车点火电子组件的结构及其工作原理如下:

①基本结构。解放 CA1092 型载货汽车的点火电子组件是引进美国摩托罗拉(MOTOROLA)公司的产品,型号为 6TS2107,内部电路由型号 89S01 的专用点火集成电路和大功率达林顿管等外围元件组成,其外形如图 7-7 所示,电路原理图如图 7-8 所示,主要技术参数见表 7-2。

W_1 中的电流,于是二次绕组中便产生高压电,经配电器等给需要点火的气缸点火。分电器轴每转一周,信号发生器产生 6 次交变信号,一次电路接通、切断 6 次,点火线圈二次绕组感应出 6 次点火高压,通过配电器使各缸轮流点燃混合气一次。

③6TS2107 型点火电子组件的附加功能。

a. 限流功能。该点火电子组件的限流功能可使通过点火线圈的一次电流限制在 (5.5 ± 0.5) A 的范围之内。以防电流过大烧坏点火线圈和电子点火控制器,并可使点火能量恒定,以实现恒能点火。

b. 失速慢断电功能。如果由于某种原因而使发动机停止运转,且点火开关仍然接通时,该点火电子组件可在 0.5s 内缓慢地切断点火线圈一次电流,以免由于电流变化太快导致点火线圈二次绕组产生高压。还可避免点火线圈和电子点火组件长期通电而烧坏。

c. 低速推迟点火功能。由于发动机起动时转速低,该点火电子组件可适当推迟点火时刻,以便于发动机迅速起动。

d. 过压保护功能。当电源电压超过 30V 时,能自动停止点火系统的工作,以免损坏点火装置。

磁感应式电子点火装置的主要优点是结构简单,便于批量生产,并且工作性能稳定,耐高温性能良好,适用于各种环境条件下的工作,因此,应用十分广泛。大多数日本、美国汽车,以及我国生产的北京切诺基、二汽雪铁龙(富康)等轿车,解放 CA1092、二汽 EQ1091 型中型货车等均采用这种类型的电子点火装置。目前大量生产的点火电子组件几乎全部由点火专用集成电路和少量的外围元件组成,并用先进的厚膜混合电路技术制造而成的全密封专用点火模块,因而体积小,重量轻,性能十分稳定可靠。

磁感应式电子点火装置的主要缺点是其点火信号发生器,输出的点火信号电压幅值与电压波形及发动机转速关系很大。在现代汽车发动机的工作转速范围内,点火信号发生器输出的点火信号电压可在 0.5~100V 之间变化,这样,在低速尤其是在起动时,电子点火脉冲信号较弱,如与之配套的点火电子组件没有足够的灵敏度的话,会使低速点火性能变差而影响起动性;在转速变化时,由于其点火信号发生器输出的信号波形的变化,点火提前角和闭合角也会发生一定程度的变化且不易精确控制。

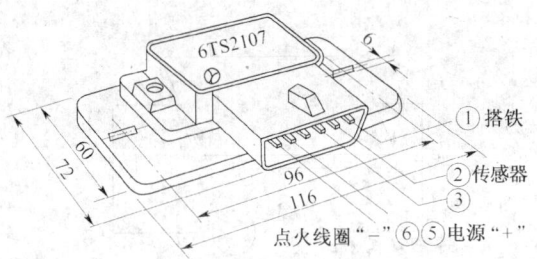

图 7-7 6TS2107 型点火电子组件的外形

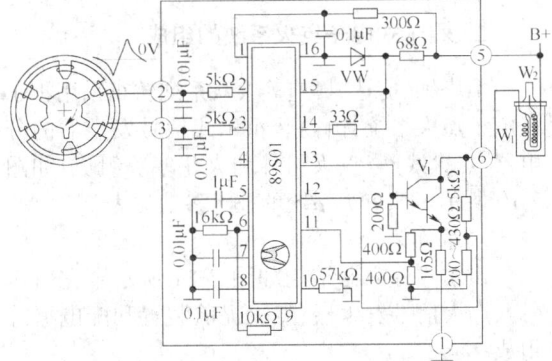

图 7-8 6TS2107 型点火电子组件内部电路图

表 7-2 6TS2107 型点火控制器技术指标

序号	项　目	指　标
1	型号规格	6TS2107
2	工作电压(V)	9~16
3	工作电流(A)	5~6.5
4	工作温度(℃)	-30~125
5	工作频率(Hz)	1~400
6	箝位电压(V)	320~410
7	导通率范围	16%~75%
8	停车延时断电(s)	0.5~3
9	过压保护	有
10	失速保护	有

②点火控制。点火控制是 6TS2107 型点火电子组件的基本功能。发动机转动时,磁感应式分电器的点火信号发生器便输出脉冲信号电压至电子点火控制器(点火电子组件)的②、③端,波形的走势为先缓慢上升,然后陡峭下降。当输入波形上升到一定值时,与点火线圈相串联的达林顿管 V_1 导通,点火线圈一次绕组中有电流流过,其电流向为:蓄电池正极→点火开关→B+→点火线圈一次绕组 W_1→电子点火控制器⑥端→V_1 集电极、发射极等搭铁;当输入信号电压陡峭下降到 -100mV 左右时,达林顿管 V_1 截止,切断一次绕组

四、高能点火线圈

解放 CA1092 型载货汽车的磁感应式电子点火系统采用开磁路式 JDQ172 型高能点火线圈。由于其点火能量大，因此不需要附加电阻。点火线圈工作时，一次绕组的峰值电流长期为 6A，因此采用了绝缘油作为绝缘介质，以利散热。点火线圈为两端子式，端子代号分别用"+"（或"15"）和"−"（或"1"）表示。"+"（或"15"）端子接点火开关的"点火"端子"2"和电子控制器的电源正极（B）端子；"−"（或"1"）端子接电子控制器的点火线圈（−）端子。JDQ172 型点火线圈的静态参数如下：一次绕组电阻值为 0.7～0.8Ω，一次绕组电感为 7.0～7.5mH，点火能量为 106～135mJ，二次绕组电阻值为 3000～4000Ω，二次绕组电感为 14.0～16.0H。

第三节　霍尔式电子点火系统

一、霍尔效应

霍尔效应原理如图 7-9 所示。当电流 I 通过放在磁场中的半导体片（即霍尔元件）且电流方向与磁场的方向垂直时，在垂直于电流与磁通的半导体基片的横向侧面上即产生一个与电流及磁感应强度成正比的电压，称霍尔电压 U_H。其值可用下式表示

$$U_H = \frac{R_H}{d} IB$$

式中　R_H——霍尔系数；
　　　d——基片厚度；
　　　I——电流；
　　　B——磁感应强度。

由上式可知，当 I 为定值时，U_H 则与磁感应强度 B 成正比。利用这一效应即可制成霍尔式点火信号发生器，准确地控制发动机气缸的点火时间。

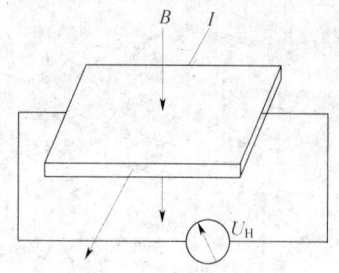

图 7-9　霍尔效应
I—电流　B—磁场　U_H—霍尔电压

二、霍尔式电子点火系统的组成

桑塔纳、捷达、奥迪等大众系列轿车采用霍尔式电子点火系统，由内装霍尔式信号发生器的分电器、点火线圈、点火组件和火花塞等组成，如图 7-10 所示。该点火系统的技术参数见表 7-3。

1. 霍尔式分电器

霍尔式分电器结构如图 7-11 所示。它由霍尔式点火信号发生器、点火提前装置和配电器等组成。

（1）霍尔式点火信号发生器

霍尔式信号发生器的结构如图 7-12 所示。它由触发叶轮 1 和信号触发开关 4 组成。触发叶轮与分火头制成一体由分电器轴带动，其叶片数与气缸数相等。触发开关由霍尔集成电路 2 和带导磁板的永久磁铁 3 组成。霍尔集成电路 2 的外层为霍尔元件，同一基板的其他部分制成放大回路。触发叶轮 1 的叶片则在霍尔集成电路 2 和永久磁铁 3 之间转动。

工作原理如图 7-13 所示。触发叶轮转动时，每当叶片进入永久磁铁与霍尔元件之间的空隙时，霍尔集成电路中的磁场即被触发叶轮的叶片所旁路（或称隔磁），如图 7-13a 所示，这时不产生霍尔电压，发生器无信号输出，集成电路放大器输出极导通，点火线圈的一次绕组中便有电流通过。

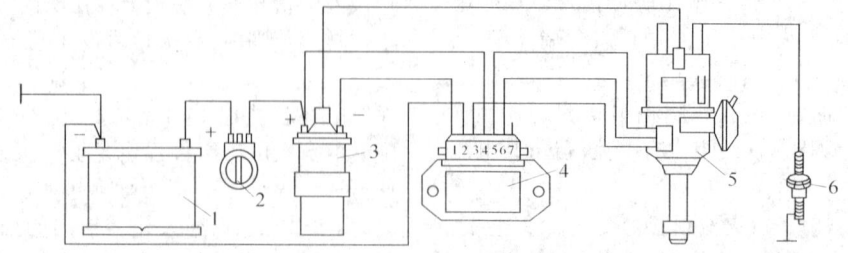

图 7-10　霍尔式电子点火系统的组成
1.蓄电池　2.点火开关　3.点火线圈　4.电子点火控制器　5.霍尔式分电器　6.火花塞

表7-3 桑塔纳轿车霍尔点火系统技术参数

项目		技术参数	
点火顺序		1-3-4-2	
点火线圈	一次绕组电阻	JV/AFE：1.2～1.4Ω；AJR：0.52～0.76Ω	
	二次绕组电阻	JV/AFE：6～8kΩ；AJR：2.4～3.5kΩ	
高压线（含插头）	中央高压线电阻	JV/AFE：1.2～2.8kΩ；AJR：1.9～2.2kΩ	
	分缸高压线电阻	JV/AFE：4.6～7.4kΩ；AJR：5.8～6.3kΩ	
导通率（闭合角）	规定值(800r/min 时)	(22±3)%(19°±3°)	
	极限值(3500r/min 时)	(69±3)%(62°±3°)	
离心提前特性	发动机转速(r·min^{-1})	2300	4800
	点火提前角(°)	14～18	22～26
真空提前特性	真空度(kPa)	6～12	20
	点火提前角(°)	0.5	5～7
点火正时	发动机型号	发动机转速(r·min^{-1})	初始点火提前角(°)	要求
	JV 型	800±50	6±1	拔下真空管
	AFE 型电喷	800±50	12±1	可调
	AJR 型电喷	800±30	12±4.5	不可调
火花塞	BOSCH	Beru	Champion	间隙(mm)
	8DC	14-6DC	N7YC	JV/AFE：0.7～0.9；AJR：0.9～1.1
	9DC	14-7DTU	N7BYC	
	拧紧力矩：20～30N·m			

注：AFE 型电喷发动机用于桑塔纳 2000GLi 型轿车；AJR 型电喷发动机用于桑塔纳 2000GSi 型轿车。

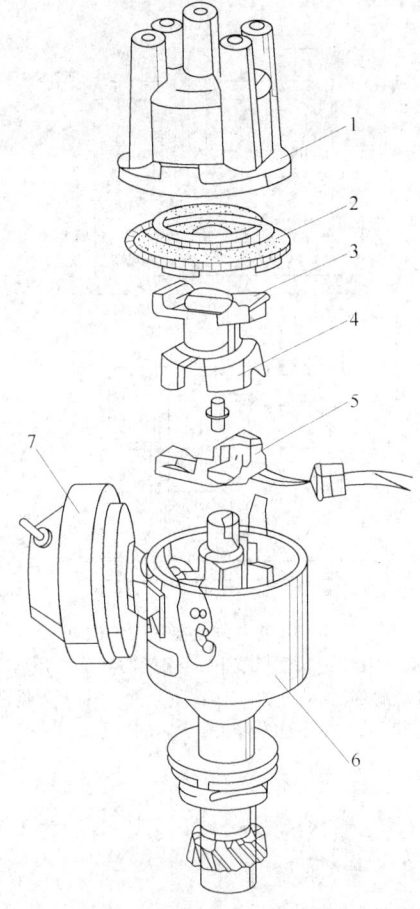

图 7-11 霍尔式分电器结构
1. 分电器盖 2. 防尘罩 3. 分火头
4. 触发叶轮 5. 触发开关 6. 分电器壳体
7. 真空提前机构

当触发叶轮的叶片离开空气隙时，永久磁铁 3 的磁通便通过导磁板 5 作用于霍尔元件 2 上，此时，霍尔元件便产生霍尔电压 U_H（见图 7-13b），发生器有信号输出，集成电路输出极截止，一次绕组中电流被切断，二次绕组中便感应出高压电动势。

霍尔式电子点火装置点火正时精度高，耐久性好，同时不受温度、湿度、灰尘、油污的影响，是一种较理想的新型电子点火装置。

(2) 点火提前装置

① 离心提前装置。霍尔式分电器的离心提前装置如图 7-14 所示，主要由托板、离心块、弹簧、凸轮和凸轮轴等组成。

分电器轴与托板压接成一体，离心块的一端套装在托板上的柱销上，另一端可随离心力大小而绕柱销转动；弹簧共有两根，一粗一细。弹簧一端挂在托板的挂钩上，另一端挂在凸轮上的弹簧销上。凸轮与凸轮轴压装成一体，凸轮轴与分电器轴的小头为动配合。

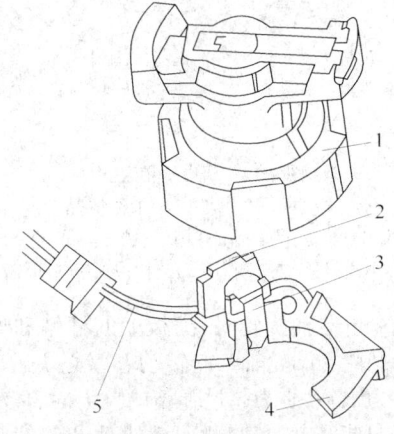

图 7-12 霍尔发生器
1. 与分火头制成一体的触发叶轮 2. 霍尔集成电路
3. 带导磁板的永久磁铁 4. 触发开关 5. 专用插座

压 U_0 在时间上提前产生，驱动点火控制器实现点火提前。发动机转速升高时，离心块的离心力增大，点火提前角随之增大；发动机转速降低时，离心力减小，点火提前角随之减小。

当分电器轴旋转时，刚度较小的弹簧先起作用，待转速达到某一值时，刚度较大的弹簧才参与作用。当转速继续升高到某一值时，离心块受托板上挡片的限位作用而不再外甩，可见离心提前装置的工作特性曲线是由三段线段组成。

②真空提前装置。JFD452型霍尔效应式分电器的真空提前装置如图7-15所示。真空提前装置是通过拉杆拉动霍尔元件组件及其底板来调节点火提前角。

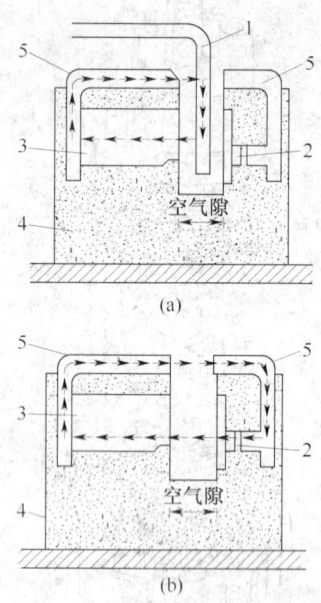

图7-13 霍尔发生器的工作原理
(a)触发叶片进入空气隙中 (b)触发叶片离开空气隙
1.触发叶轮的叶片 2.霍尔元件 3.永久磁铁
4.触发开关 5.导磁板

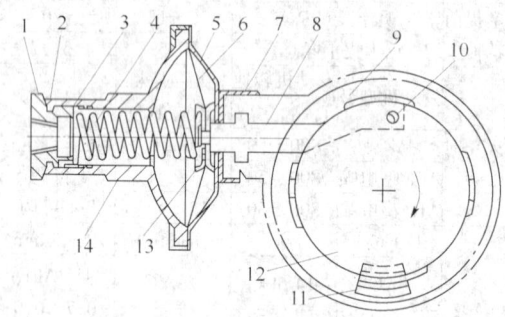

图7-15 真空提前装置
1.接头螺母 2.密封垫圈 3.调整垫圈 4.弹簧
5.大气室壳 6.膜片 7.连接件 8.拉杆 9.霍尔元件组件底板 10.拉杆销 11.霍尔元件 12.触发叶轮 13.弹簧座 14.真空室壳

接头螺母通过真空软管与化油器节气门侧面的空气小孔相连；拉杆的右端用销钉套装在霍尔元件的底板上，霍尔元件固定在底板上，底板可绕其上的轴套转动。当发动机不工作时，提前装置的真空室和大气室均受大气压力作用，膜片在弹簧张力的作用下向右拱曲。当发动机负荷小时，节气门（油门）开度小，节气门空气小孔处气体的流速快、压力低，真空室的真空度大，真空吸力克服弹簧的张力使膜片左移，并带动拉杆拉动霍尔元件组件的底板及霍尔元件沿逆时针方向（即逆着触发叶轮的旋转方向）转动一定角度，使触发叶轮的叶片提前进入或离开霍尔元件的气隙，传感器的输出电压在时间上提前产生，触发电子控制器实现提前点火，即发动机负荷减小时，点火提前角增大。

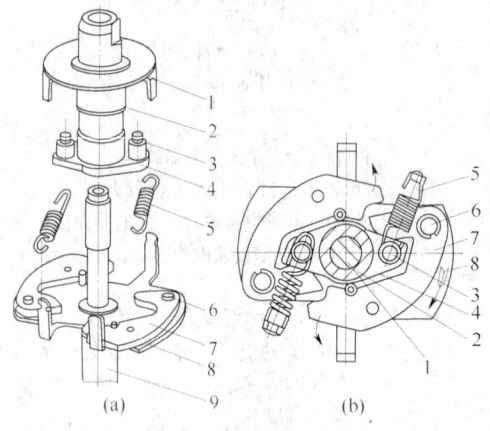

图7-14 离心提前装置
(a)零部件组成 (b)工作情况
1.触发叶轮 2.凸轮轴 3.弹簧销 4.凸轮 5.弹簧 6.柱销 7.离心块 8.托板 9.分电器轴

当分电器轴旋转时，托板上的柱销和离心块便带动凸轮和凸轮轴一起转动。离心块运动时产生离心力，当离心力超过弹簧的拉力时，离心块便绕柱销向外甩出，其圆弧面就拨动凸轮使凸轮沿原顺时针旋转方向相对于分电器轴转动一定角度，从而使凸轮轴上触发叶轮的叶片提前进入或离开霍尔式传感器的气隙，传感器输出的信号电

当发动机负荷增大时，节气门开度增大，节气门空气小孔处气体的流速减慢、压力增高，真空室

的真空度减小,在弹簧张力的作用下,膜片慢慢右移复位,并通过拉杆推动底板及霍尔元件沿顺时针方向(即顺着触发叶轮的旋转方向)转动一定角度,使触发叶轮的叶片推迟进入或离开霍尔元件的气隙,传感器的输出电压在时间上推迟产生,触发电子控制器实现推迟点火,即发动机负荷增大时,点火提前角减小。

当发动机负荷小,真空度大于 30kPa 时,点火提前角最大为 $10°±0.75°$;当负荷增大,真空度降到 10kPa 时,点火提前角最大为 $0.5°$。

(3)配电器

配电器由分电器盖和分火头组成。在分火头轴心的导电片与跳火尖端电极之间,装配有一只电阻值为 $1.0kΩ±0.4kΩ$ 的电阻,该电阻如果发生断路,高压电就无法分配到配电器旁电极及火花塞上,发动机就会熄火。检修时可用万用表检测该电阻进行判断。

在分电器盖与壳体之间,装有一个塑料防护罩,用以防尘和防止霍尔集成电路被高压击穿损坏。

2.点火线圈

配装燃油喷射式发动机的桑塔纳、捷达、奥迪轿车采用闭磁路式点火线圈。因为霍尔式点火系统采用的点火线圈均为高能点火线圈,所以无需配置附加电阻来提高点火性能。桑塔纳轿车用 JDQ171 型高能点火线圈的技术参数见表 7-4。

表 7-4 桑塔纳轿车点火线圈技术参数

名 称	参 数
一次绕组电阻(Ω)	0.52~0.76
一次绕组电感(mH)	5.8
负载 1MΩ、5pF 时,二次电压上升率[V·(μs)$^{-1}$]	900
点火能量(mJ)	≥100
二次绕组电阻(kΩ)	2.4~3.5
二次绕组电感(H)	13~17
负载 1MΩ、5pF 时,火花持续时间(ms)	3.2

高能点火线圈的结构与普通开磁路式点火线圈基本相同,如图 7-16 所示,主要由陶瓷绝缘座、铁芯、一次绕组、二次绕组、导磁钢套和胶木盖等组成。盖上模压有两个接线端子,分别标有"+"(或"15")和"-"(或"1")标记。

3.点火控制器

(1)点火控制器的结构

点火控制器又称为点火电子组件,桑塔纳轿车点火控制器的外形如图 7-17 所示。内部电路用导热树脂封装在铸铝壳体内,壳体上封装有一个 7 端子接线插座(其中端子 7 为空端子),用以与点火系统线路连接。

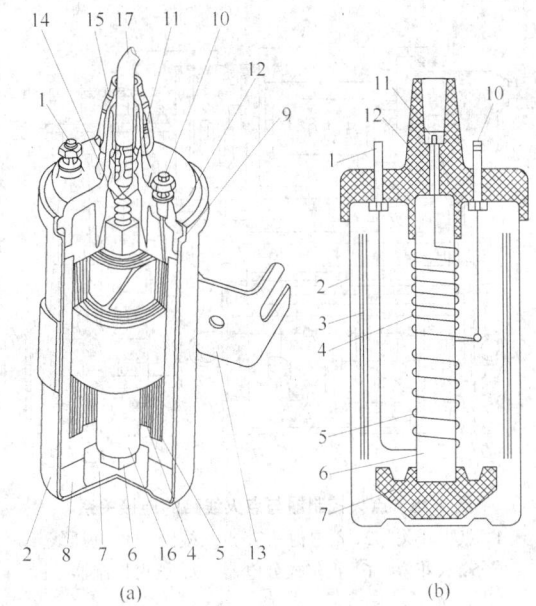

图 7-16 高能点火线圈
(a)结构图 (b)原理图
1.接线端子 1(-) 2.壳体 3.导磁钢套 4.二次绕组 5.一次绕组 6.铁芯 7.陶瓷绝缘座 8.沥青封料 9.陶瓷绝缘体 10.接线端子 15(+) 11.高压线插座 12.胶木盖 13.固定夹箍 14.弹簧 15.橡胶套 16.绝缘纸 17.高压阻尼线

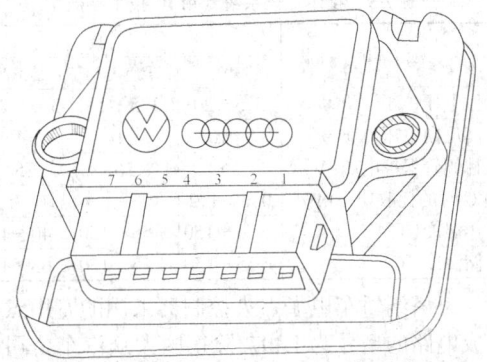

图 7-17 点火控制器外形

点火控制器与点火线路的连接关系如图 7-18 所示。控制器端子"1"与点火线圈"-"(或"1")端子连接,端子"2"用黑色或棕色导线与发动机机体连接而搭铁,端子"3"与霍尔传感器负极

"-"连接,端子"4"与点火线圈"+"(或"15")端子和点火开关"15"端子连接,端子"5"与霍尔传感器电源端子"+"连接,端子"6"与霍尔传感器信号输出端子"0"连接。

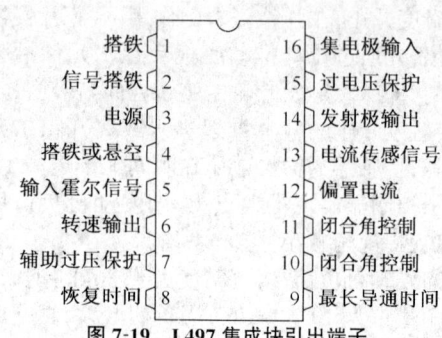

图 7-19 L497 集成块引出端子

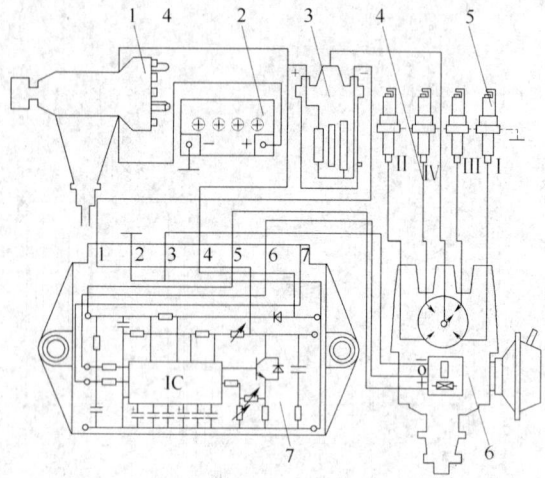

图 7-18 点火控制器与点火线路的连接关系
1. 点火开关 2. 蓄电池 3. 点火线圈 4. 高压线
5. 火花塞 6. 霍尔式分电器 7. 点火控制器

控制器内部电路为混合集成电路,由专用点火集成电路(IC)和辅助电路组成。霍尔式点火系统常用的专用集成电路有 L497、L482、BD497、89S01 等 16 端子准双列直插式(L497D 型为平板式)集成电路,各专用集成电路与辅助电子电路的连接虽然各有不同,但其功能基本相同。各专用集成电路的工作参数见表 7-5。

表 7-5 霍尔点火系统专用 IC 技术参数

项 目	参 数		
	L497	BD497	L482
工作电压(V)	3.5~20	3.5~28	3.5~28
最高反向电压(V)	-16	-16	-14
达林顿管保护电压(V)	24	26	25
90℃时的耗散功率(W)	0.6~1.2	—	0.75
工作温度(℃)	-55~150	-55~150	-40~150
存储温度(℃)	-55~150	-55~150	-65~150

桑塔纳轿车电子点火控制器采用的专用点火集成电路的型号为 L497,除德国大众汽车公司的奥迪、捷达和高尔夫轿车装用外,法国的雪铁龙、福特公司的 FIESTA 等轿车也都采用。我国湖南长沙汽车电器厂生产的 Z1751 型专用集成块,是上述产品的国内替代产品。

L497 为一双列 16 端子集成块,如图 7-19 所示,内部电路功能方框图如图 7-20 所示。

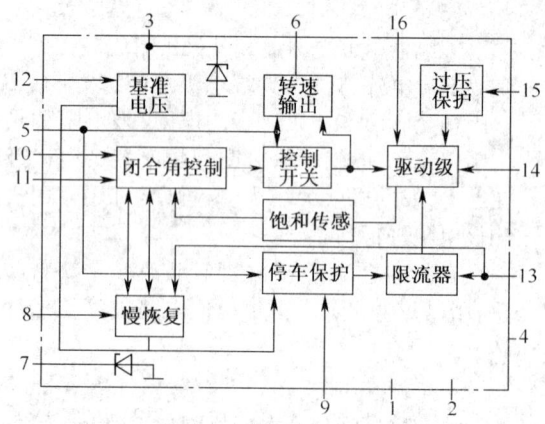

图 7-20 L497 集成块内部功能电路及方框图

(2)点火控制器各端子的功能
L497 型专用集成电路各端子的功能如下:
1、2 端子分别为搭铁端,由于芯片内部接 7.5V 的稳压管,故 3 端子电压为 7.5V。

4 端子最好搭铁,以避免干扰。

5 端子为霍尔信号输入端,其信号由分电器中的霍尔信号发生器在集电极开路时输出。

6 端子输出信号,当点火线圈流过电流时,为低电位。

7 端子在内部并接了一个 21V 的稳压管,因此,其输出信号端具有过电压保护功能,7 端子外接电阻起限流作用,以保护 7 端子内部的稳压管。

8 端子外接的搭铁电容器决定了点火线圈的电流由零至额定值的上升速率,在输入的霍尔信号脉冲由高电位向低电位转换前,若测出线圈的电流小于额定值的 94%时,便加大电流上升速率。

9 端子外接的搭铁电容器检测导通保护时间,如果霍尔信号输入致使导通时间超过设定值时,控制点火线圈中电流逐步地减为零。

10 端子起闭合角控制定时器的作用,由 10 端子外接电容器的充放电来控制闭合时间。

11端子为闭合角控制信号端,由11端子外接电容器上的电压 U_W 与定时器上的电容器电压 U_T 比较后,决定闭合时间长短。

12端子上并接的偏置电阻值大小直接关系到闭合角控制器上的电容器充电电流值、点火线圈电流上升率、停车保护控制电流值。

13端子检测点火线圈流过的电流。

14端子为外部达林顿管的驱动输入端。

15端子为外部达林顿管的过电压保护信号采样端。

16端子为内部驱动级的集电极电流控制端。

(3) 点火控制器的功能

桑塔纳轿车点火控制器内部基本电路及与外电路的连接如图7-21所示。该控制器除能完成控制发动机点火的基本功能外,还具有闭合角控制功能、停车断电保护功能、过电压保护功能以及限制点火线圈一次电流的功能等,是一种性能较先进的点火模块。其控制参数见表7-6。

表7-6 点火控制器控制参数

检测条件	电源电压 $U=14V$; 一次绕组电阻 $R=0.65\Omega$				
分电器转速(r/min)	300	750	1000	1200	1600
峰值电流(A)	7.56	7.56	7.56	7.56	7.56
平均电流(A)	1.4	1.9	2.45	2.65	3.4
导通角(°)	20	32	43	49	63
限流时间(ms)	4.5	0.95	0.66	0.68	0.2
相对导通率(%)	22	36	48	54	70

4. 火花塞

桑塔纳轿车 JV、AFE 型发动机火花塞电极间隙为 0.7~0.9mm;桑塔纳 2000GSi 轿车 AJR 型发动机为 0.9~1.1mm,拧紧力矩 20~30N·m,火花塞的型号规格如前述参见表7-3。

三、霍尔式电子点火系统的工作情况

桑塔纳轿车霍尔电子点火系统实际电路如图7-22所示,中央电路板背面各线束连接器插座的代号均用英文字母标注在电路板上,线束连接器颜色及插座与插头代号见表7-7。插接时,线束插

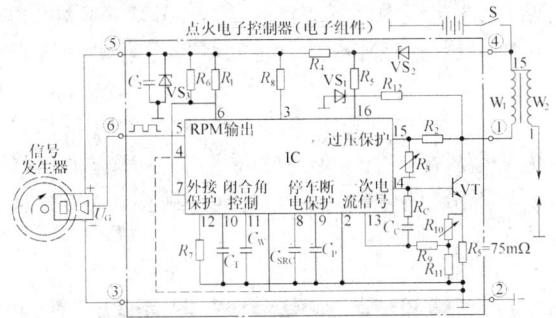

图7-21 点火控制器内部电路

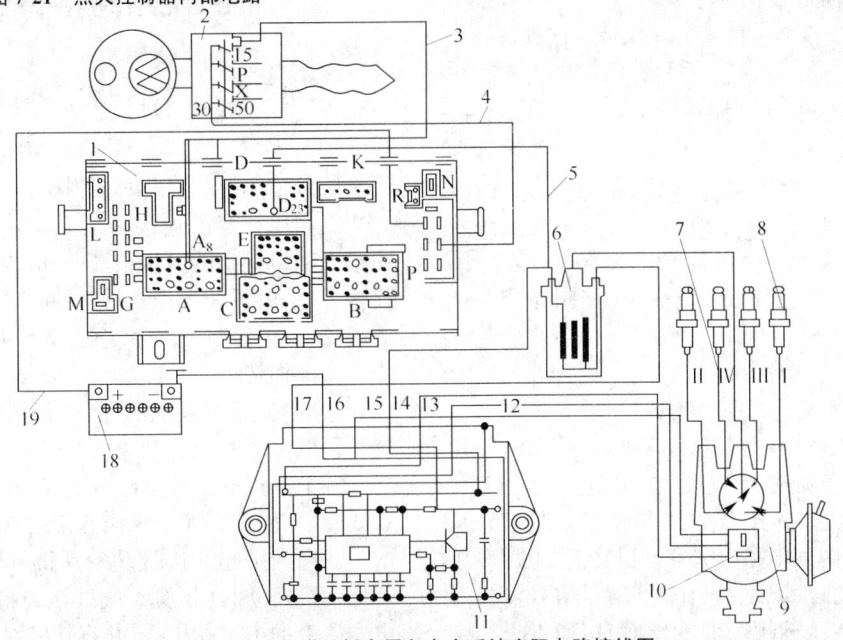

图7-22 桑塔纳轿车霍尔点火系统实际电路接线图

1.中央电路板 2.点火开关 3.黑色导线 4.红色导线 5.黑色导线 6.点火线圈 7.高压分线 8.火花塞 9.分电器 10.霍尔传感器 11.点火控制器 12.绿/白色导线(传感器信号输出线) 13.红/黑色导线(传感器电源正极导线) 14.黑色导线 15.棕/白色导线(传感器负极导线) 16.棕色或黑色导线 17.绿色导线 18.蓄电池 19.红色导线

头字母代号必须与相同字母的插座连接。下面介绍霍尔式点火系统的基本点火功能及工作情况。

表7-7 中央电路板连接器插座代号及其连接线束的名称

连接器代号	颜色	连接对象
A	蓝色	仪表盘线束
B	红色	仪表盘线束
C	黄色	发动机室左侧线束
D	白色	发动机室右侧线束
E	黑色	后灯线束
G	不定	单端子插座(主要用于连接冷却液不足指示控制器电源线)
H	棕色	空调系统线束
K	无	安全带与警报系统线束
L	灰色	喇叭线束
M	黑色	车灯开关56端子与变光开关56b端子线束
N	不定	单端子插座(主要用于连接进气预热器加热电阻电源线)
P	不定	单端子插座(连接蓄电池与中央电路板30号电源线,中央电路板30端子与点火开关30端子电源线)
R	—	备用连接器插座

1. 点火控制器电源电路

当点火开关接通时,点火控制器电源接通,其电路为:蓄电池正极→红色导线19→中央电路板单端子插座P→中央电路板内部电路→红色导线4→点火开关"30"端子→开关触点→点火开关"15"端子→黑色导线3→中央线路板A插座第8号端子A_8→中央电路板内部电路→中央电路板D插座第23端子D_{23}→黑色导线5→点火线圈"+15"端子→黑色导线14→点火控制器电源端子(4号端子)→控制器内部电路→棕色或黑色导线16搭铁→蓄电池负极。

2. 点火线圈一次绕组线路

当发动机转动,霍尔传感器触发叶轮的叶片进入传感器气隙时,传感器输出高电平(U_o=9.8V),通过线束连接器加到点火控制器信号输入端,控制器内部电路根据发动机转速、电源电压和点火线圈的技术参数工作,控制器信号输出端输出高电平使达林顿三极管导通,接通点火线圈一次绕组电流,一次绕组电路为:蓄电池正极→红色导线19→中央电路板单端子插座P→中央电路板内部电路→红色导线4→点火开关"30"端子→开关触点→点火开关"15"端子→黑色导线3→中央电路板A插座第8号端子A_8→中央电路板内部电路→中央电路板D插座第23端子D_{23}→黑色导线5→点火线圈"+15"端子→一次绕组→点火线圈"-1"端子→绿色导线17→点火控制器内部电路→达林顿三极管→限流控制采样电阻→棕色或黑色导线16搭铁→蓄电池负极。

3. 点火线圈一次绕组电路切断,二次绕组产生高压电

当传感器触发叶轮的叶片离开气隙时,传感器输出的信号电压由高电平(9.8V)转变为低电平(0.1V)并输入点火控制器。控制器信号输入端接收到低电平信号后,信号输出端立即输出低电平使达林顿三极管截止,点火线圈一次电流切断,二次绕组中便感应产生10~20kV高压电,再由配电器分配到各缸火花塞跳火点燃可燃混合气。

霍尔式电子点火系统在火花塞跳火时,信号电压是从高电平转变为低电平(对应于方波信号的下降沿)进行触发,通常将这种触发点火方式称为下降沿触发方式。

第四节 电子点火系统的使用与检修

一、电子点火系统使用注意事项

① 使用中接线应正确无误,蓄电池的搭铁极性不能接错,导线及线束的插接件不应松脱。

② 高压导线的连接必须牢固、可靠。点火线圈二次绕组输出的电压很高(一般为10~30kV),连接不好,就可能出现发动机"断火"、工作不正常等现象,也可能将分电器盖、分火头及点火线圈外壳等击穿损坏。

③ 拆、接点火系统的导线(包括拆、接测试仪器)时,应先关断点火开关。

④ 电子点火系统中的点火线圈一般为专用点火线圈,不能用普通点火线圈代用。

⑤ 当利用起动机带动发动机旋转,而又不想使发动机发动时(如检查气缸压力等),应拔下分电器盖上的中央高压线,并将其搭铁。

⑥ 检修电路故障时切勿用导线端头试火的办法。

⑦ 如点火系统有故障或怀疑有故障,而又必

须拖动车辆时,应先拆开电子点火控制器的插接器。

⑧冲洗车辆时,切勿冲洗分电器和电子组件。

⑨在拆换点火器中的电子元件后,应将焊点涂上一层清漆,以使印刷电路板的绝缘保持良好。

⑩为防止对无线电干扰,应使用1kΩ电阻值的高压导线、1~5kΩ电阻值的火花塞接头和1kΩ电阻值的分火头。

二、电子点火系统主要装置的检修

随着汽车电子工业的飞速发展,大批量生产装车使用的电子点火装置,其产品技术已较为成熟,可靠性也较高,如使用得当,一般不会出现故障。但使用中如果发动机不能发动,怀疑电子点火装置有问题时,可从分电器盖上拔下中央高压线,并使其端部距离气缸体5~7mm,然后起动发动机,观察线端是否跳火,如无火花,则说明电子点火装置有故障,应检查。

检查时,应首先对点火装置的有关连接导线、电源线、搭铁线及工作电压等进行检查,因为这些部位出现故障的概率远比点火信号发生器和点火电子组件要高。如果连接导线、电源线、搭铁线及电源电压正常(指给点火电子组件、点火信号发生器及点火线圈等提供的电压,一般不低于6V即可正常工作),则可进一步对点火线圈、点火高压电路、点火信号发生器以及点火电子组件进行检查。

对电子点火装置的点火线圈、高压电路(包括高压线、分电器盖、分火头、火花塞等)的检查与传统点火系统基本相同,下面主要就点火信号发生器及点火电子组件的检查方法作一简要介绍。

1. 磁感应式点火信号发生器的检测

(1)测量传感线圈的电阻值

先将分电器与线束之间的插接器拆开,然后用万用表电阻档测量与分电器相连接的两根导线之间的电阻值,即传感线圈的电阻值,如图7-23所示。测量时还可用旋具柄轻敲传感线圈或分电器壳,以检查其内部有否松旷和接触不良的故障。表7-8为几种常见车型传感线圈的电阻值。

若测量结果与标准电阻值相差较大,说明传感线圈已经损坏。如电阻值为无穷大,说明传感线圈有断路。一般断路点大都在导线接头处,如焊点松脱等,可将传感线圈拆下进一步检查,如发现焊点松脱,可用电烙铁将其焊好。

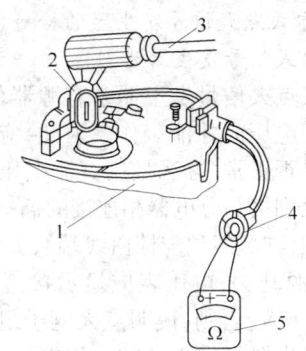

图7-23 传感线圈电阻值的测量方法
1.分电器 2.传感线圈 3.旋具 4.插接器
5.万用表

表7-8 几种常见车型分电器内传感线圈的电阻值

车 型	传感线圈电阻值(Ω)
东风 EQ1090E	500~600
解放 CA1092	600~800
切诺基	400~800
富康轿车	300 左右
三菱汽车	500~700
丰田汽车	140~180

(2)检查、调整信号转子凸齿与线圈铁芯之间的间隙值

可用塞尺进行测量,如图7-24所示,该间隙的标准值为0.2~0.4mm;如不符合,可松开紧固螺钉A、B(如图7-25所示)做适当的调整,直至间隙符合上述规定,再将螺钉A、B拧紧。

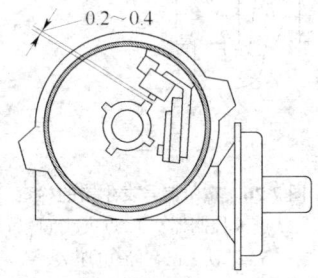

图7-24 用塞尺测量信号转子凸齿与传感线圈铁芯之间的间隙

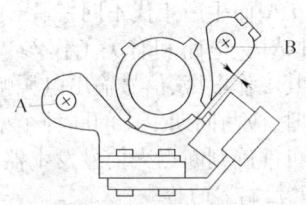

图7-25 信号转子凸齿与传感线圈铁芯间的间隙调整

2. 霍尔式点火信号发生器的检查(以桑塔纳轿车的霍尔式信号发生器为例)

霍尔式点火信号发生器系有源器件,需输入一定的电源电压时才能工作。因此,应先测量其输入电压是否正常,方法是用直流电压表的"+""-"表笔分别接与分电器相连接的插接器"+"与"-"接线柱(红黑线端与棕白线端),如图7-26所示,接通电源开关,电压表应显示接近蓄电池电压,即11~12V,否则,说明点火电子组件没有给霍尔信号发生器提供正常的工作电压,应检查点火电子组件。若电压表显示电压正常,可进一步测量点火信号发生器输出信号电压,方法是用一只电压表在点火开关接通时测量分电器的信号输出线(绿白线)与搭铁线(棕白线)之间的电压。当触发轮的叶片在霍尔传感器的空气隙中时,电压表应显示与输入电压值相近的电压,即11~12V;而当触发叶轮上的叶片不在霍尔传感器的空气隙中时,电压表所显示的电压接近于零,为0.3~0.4V。如经上述测量,电压表读数正常,可认为霍尔式信号发生器无故障。

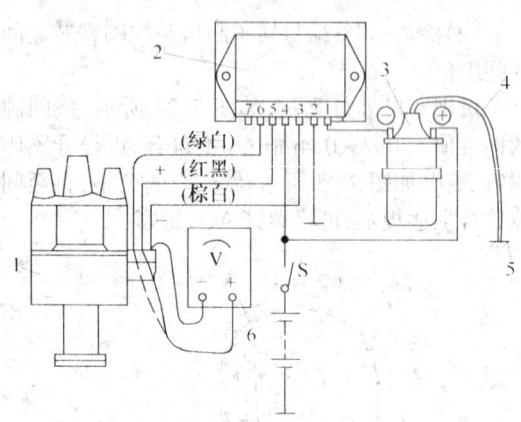

图7-26 霍尔信号发生器的检查
1. 分电器 2. 点火控制器 3. 点火线圈 4. 高压线
5. 搭铁 6. 直流电压表

对于其他车型的霍尔式信号发生器的检查,可参考上述检查方法。但需注意的是:由于车型不同,或同车型而生产年代不同,其霍尔式信号发生器的内部结构、电路和有关工作参数也不完全相同,所以其工作电压、信号输出电压幅值也有所不同,检查时,应与同期生产的同种车型的测量值作对比,方可准确判断点火信号发生器的好坏。

3. 点火控制器的检查

对点火控制器的检查应根据其配用的信号发生器型式、点火控制器的工作原理、电路特点、功能以及在车上的具体连接、工作情况,选用适当的方法进行故障检查和判断。常用的方法主要有以下三种:

(1)用干电池电压作为点火信号进行检查

这种方法适用于配用磁感应式点火信号发生器的单功能点火电子组件,如解放CA1092型汽车配用的点火电子组件,其基本原理是利用干电池的电压作为点火电子组件的点火输入信号,然后用万用表或试灯来大致判断点火电子组件的好坏。下面以解放CA1092型汽车的点火电子组件的检查方法为例加以说明。

拆开分电器上的线路插接器,接通点火开关,用一只1.5V的1号干电池,将它的正、负两极分别接至点火电子组件的两根点火信号输入线(粉红色线与白色线),如图7-27所示,用万用表电压档检查点火线圈"-"接线柱与搭铁之间的电压(也可用一只12V试灯接万用表的位置,并观察试灯的亮灭)。然后将干电池的极性颠倒过来(图7-27b),再测量点火线圈"-"接线柱与搭铁之间的电压(观察试灯亮灭),两次测量结果应分别为1~2V(试灯灭)和12V(试灯亮),否则,说明点火电子组件有故障。

需要注意的是加干电池测试的时间应尽可能地短,每次不得超过10s。

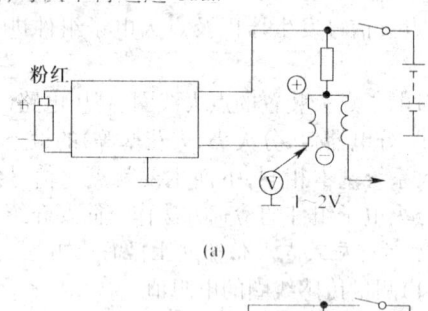

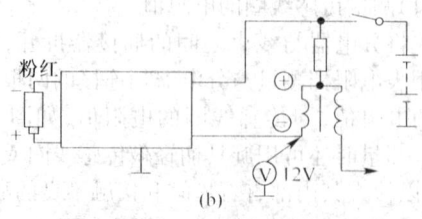

图7-27 用干电池检查点火电子组件
(a)功率三极管导通 (b)功率三极管截止

(2)跳火试验法

在确认低压电路各连接导线、插接器、点火线圈及点火信号发生器基本完好的情况下,可采用跳火试验法判断点火电子组件是否有故障。

对于像东风 EQ1090E 汽车装用的 JFD667 型和解放 CA1092 汽车装用的 6TS2107 型具有失速断电保护功能的磁感应式电子点火系统等,可将分电器盖拆下,并拔出分电器盖上的中央高压线,使其端头离气缸体 5~10mm,接通点火开关,然后用旋具头快速地碰刮定子爪,以改变通过传感线圈的磁通而使其产生点火脉冲,触发点火电子组件,如图 7-28 所示。若每次碰刮时高压线端都能跳火,则说明点火电子组件完好,否则,说明点火电子组件有故障,应检修或更换。

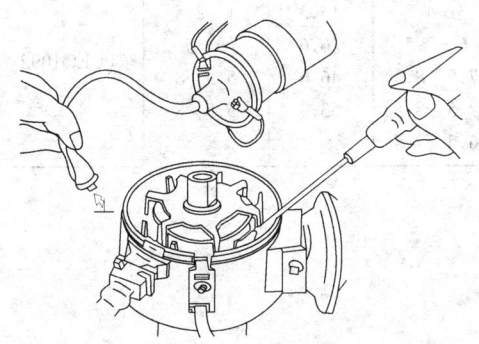

图 7-28 磁感应式点火系统点火控制器的跳火试验

对于像桑塔纳、奥迪等汽车装用的霍尔式电子点火装置,可打开分电器盖,拆下分火头和防尘罩,转动曲轴,使触发叶轮的叶片不在霍尔传感器的气隙中,拔出分电器盖上的中央高压线,使其端部距离气缸体 5~10mm,然后接通点火开关,用钢锯条在霍尔传感器的气隙中插入后迅速拔出,同时察看高压线端部是否跳火,如跳火,说明

电子组件良好,否则,应更换点火电子组件。另外,也可甩开霍尔式点火信号发生器对点火电子组件做跳火试验,方法是断开点火开关,拔下分电器盖上的中央高压线并使其端部距离气缸体 5~10mm,再拔下分电器上霍尔信号发生器的插接器,用跨接导线一端接在信号线插头上,然后接通点火开关,将跨接线的另一端反复搭铁,如图 7-29 所示,同时观察中央高压线端是否跳火,如跳火,说明点火电子组件完好,否则,说明点火电子组件有故障,应更换。

(3) 替换法

即用同规格的点火控制器替换怀疑有故障的点火控制器,如故障排除,则证明点火控制器损坏。该方法是判断点火控制器故障最简单、最有效的方法,但必须备有相同规格的完好点火电子组件。

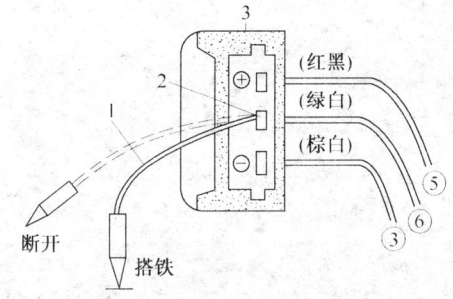

图 7-29 用跨接线代替霍尔信号发生器的跳火试验
1. 跨接线 2. 信号线插头 3. 点火信号发生器插接器

国产无触点分电器型号、主要技术参数及适合车型见表 7-9。

表 7-9 国产无触点分电器型号、主要技术参数及适合车型

型号	缸数	旋转方向	分火角度(°)	触发方式与结构特征	点火线圈与点火器的型号	7mm间隙连续发火最高转速(r/min)	离心提前机构调节特性		真空提前机构调节特性		适用车型
							转速(r/min)	提前角(°)	真空度(kPa)	提前角(°)	
JED452	4	顺	90±1	霍尔式全集成	DQ171 ZJ751	3000	250	-0.5~0.5	0~15	-0.5~0.5	上海桑塔纳
							650	0~2.8	24	3~5.8	
							900	2.6~4.8	32~40	7~8	
							1200	11.4~13.8			
							1300~3000	13.5~15.5			
WFD663	6	顺	60±0.5	磁脉冲全集成	JDQ172 6TS2107	—	200	0	10	0.5	解放 CA1092
							600	7±0.75	14	2.5±0.75	
							1000	10±0.75	20	6.0±0.75	
							1400	13±0.75	34	10.0±0.75	
							1500	13±0.75	40	10.0±0.75	

续表 7-9

型号	缸数	旋转方向	分火角度(°)	触发方式与结构特征	点火线圈与点火器的型号	7mm间隙连续发火最高转速(r/min)	离心提前机构调节特性		真空提前机构调节特性		适用车型
							转速(r/min)	提前角(°)	真空度(kPa)	提前角(°)	
JFD463	4	逆	90±1	磁脉冲分立式	DQ667 JKF667	2500	200	0~3			北京BJ2020N
							500	3~6	8.0	0	
							1000	8~11	13.3	0~2.5	
							1500	13.5~16	26.6	5.5~8.5	
							1800	17.5~20	37.3	10~13	
							2000	17.5~20			
JFD667A	6	顺	60±1	磁脉冲整体式	DQ125C ZJ662	2500	400	0~1.5			东风EQ1092
							600	3~4.5	13.3	1~2.5	
							800	6~7.5	26.6	3~5	
							1000	7.5~8.5	46.6	5.5~8	
							1300	7.5~8.5	53.3	5.5~8	
							1700	6.5~7.5			

第八章 照明与灯光信号装置

为了确保汽车在各种环境下都能安全行驶,所以都装有照明设备及灯光信号装置。汽车照明设备及灯光信号装置分别由车灯开关和专用开关控制,在各种不同的行驶条件下,分别发挥着各自的作用。

第一节 汽车灯具的种类与用途

汽车的照明设备一般包括前照灯、雾灯、牌照灯、仪表灯、顶灯和工作灯等;灯光信号装置一般包括前小灯、尾灯、倒车灯、制动灯、转向信号灯、停车灯等。

一、照明设备

1. 前照灯

前照灯也称大灯。它装于汽车前部两侧,分为二灯制和四灯制。前照灯的用途是汽车在夜间行驶时,照亮车前的道路及物体,同时还可利用远近光变换信号超越前方车辆。前照灯的灯光一般为白色或黄色,远光灯功率一般为 45～60W,近光灯功率为 20～55W;发光强度一般为 50～60 cd/m^2(坎/米^2),其照明程度能使驾驶人辨别车辆前方 100m 以内路面上的任何物体。

2. 雾灯

它装于汽车前部比大灯稍低的位置,其作用是在雾天行车时照明。雾灯规定为黄色,这是因为黄色光波较长,透雾性好。灯泡功率为 35W 左右。

3. 牌照灯

牌照灯装于汽车尾部的牌照上方,其用途是夜间照亮汽车牌照。牌照灯的标准要求是光束不外射,并在 25m 距离内能认清牌照号码。灯光为白色,灯泡功率在 5～25W 内。

4. 仪表灯

装于汽车仪表板上,其数量根据仪表设计布置而定。它的作用是对驾驶室的仪表照明。仪表灯为白色。灯泡功率为 2～8W,发光强度为 1～3 cd/m^2。

5. 顶灯

顶灯装于驾驶室或车箱顶部,用于车内照明。顶灯为白色,灯泡功率一般为 5～8W。

6. 工作灯

主要为检修车辆提供照明。汽车上一般只装工作灯插座,配带导线及移动灯具。灯光为白色。

二、灯光信号装置

1. 前小灯

汽车前小灯常为前转向灯、示宽灯和前停车灯组合灯具的总称。一般每车两只或四只,装于汽车前面两侧边缘。其功用是在夜间行驶或停车时,能独立发出汽车转向、示宽或停车等信号。前小灯的灯光为白色或橙色,灯泡功率一般为 10W。每只前小灯内一般装有二只单丝灯泡或一只双丝灯泡。

2. 尾灯

尾灯也称后灯。都装于汽车的后面。尾灯的作用是夜间行驶时,向尾随车辆或行人发出灯光信号,使后面车辆和行人知晓本车的行驶与位置。尾灯为红色,灯泡功率为 8～10W。

3. 转向信号灯

转向信号灯又称方向指示灯,它装于汽车的前、后、左、右角,亦有独立式、一灯两用式或组合式。转向灯的作用是:在汽车行驶转弯时,发出明暗交替的闪光信号,有的同时由蜂鸣器发出响声,向前后车辆、行人、交通警察告知其车辆的行驶方向。转向灯的灯光为橙色,后转向灯也可为红色。灯泡的功率一般在 20W 左右。近年来,有些汽车在行驶过程中如遇危险或紧急情况,可由该车的信号系统使前后、左右转向灯同时发出闪光信号,以作为危险警报信号。国家标准要求,转向灯光的射角范围在偏离灯具轴线左、右 5°时,可指示 35m 以远的距离;当偏角为 30°时,可指示 10m 远的距离。

4. 制动灯

制动灯也称为刹车灯,装于汽车后面,多采用组合式灯具。制动灯的功用为:当汽车制动或减速停车时,向车后发出灯光信号,以警示随后车辆及行人。国家标准规定,制动灯光为醒目的红色光,在夜间应能显示100m以远的距离,光束射角在水平面应为灯轴线左、右各45°,垂直面为上、下各15°,灯泡功率为20W以上。

5. 指示灯

指示灯的用途是:指示有关照明、灯光信号。工作系统的技术状况,并对异常情况发出警报灯光信号。它装于驾驶室内的仪表板上,数量多少各车不同,由厂家根据设计而定。指示灯的灯光呈红色、绿色或黄色,灯泡一般是2W的小功率白炽灯。

随着汽车设备的不断完善,信号系统中还增加了充电指示灯、油压警报灯、低气压警报灯、水温过高警报灯和燃油箱储量过少警报灯等。

汽车用灯泡规格型号见表8-1;表8-2列出了几种国产车型照明及灯光信号灯泡的配用情况。

表8-1 汽车用灯泡的规格型号

灯泡名称	灯泡型号	灯泡规格	
		电压(V)	功率(W)
前照灯	QT12-45/40	12	45/40
	QT24-55/50	24	55/50
前侧灯	QT12-28	12	28
	QT24-28	24	28
前小灯	QT12-20/8	12	20/8
	QT24-20/8	24	20/8
制动灯	QT6-20/5	6	20/5
	QT12-20/8	12	20/8
	QT24-20/8	24	20/8
尾灯和转向信号灯	QT12-8	12	8
	QT12-20	12	20
	QT24-8	24	8
	QT24-20	24	20
牌照灯	QT12-5	12	5
	QT24-5	24	5
仪表灯	QT6-2	6	2
	QT12-2	12	2
	QT24-2	24	2
后照灯	QT12-28	12	28
	QT24-28	24	28
顶灯	QT12-5	12	5
	QT24-5	24	5
雾灯	QT12-35	12	35
	QT12-28	12	28

表8-2 几种国产车型照明及灯光信号灯泡的配用情况 (W)

车型	电压(V)	前照灯		前小灯		尾灯		仪表灯	顶灯	其 他
		远光	近光	示宽灯	转向	牌照	制动			
东风 EQ1090	12	50	35	20	20	8	20	2	5	前侧灯、后侧灯28W 工作灯20W 发动机罩下灯8W
解放 CA1091	12	外侧60 内侧55	外侧55	前小灯10 示宽5	21	5	21	2	5	临时停车示宽灯 3W 后照灯兼倒车灯21W 前照灯泡为溴钨H_4、H_3
北京 BJ2020	12	50 (45)	40 (20)	8	20	8	20	2	8	防空防雾灯35W 阅读灯2W
桑塔纳	12	60	55	4	21	5	21	—	—	雾灯55W
奥迪	12	60	50	4	21	4	21		5	雾灯55W
夏利 TJ7100	12	45	40	5	21		21	3.4	10	
富康	12	60	55	5	21	5	21	1.2		雾灯55W
捷达	12	60	55	5	21	5	21			雾灯21W

第二节 前 照 灯

一、前照灯的照明要求

世界各国都以法律形式明确规定了前照灯的照明标准,以确保夜间行车安全。其基本要求有两点:一是前照灯必须保证车前有明亮而均匀的照明,使驾驶人能看清车前100m以外的路段和物体,现代高速汽车其照明距离应达到200~400m范围。二是前照灯应具有防止炫目(所谓"炫目"是指人的眼睛突然被强光照射时,由于视神经受刺激而本能地闭上眼睛,或只能看到亮光而看不见暗处物体的生理现象。这时很容易发生交通事故)的装置,以免夜间会车时使对方驾驶人炫目而造成交通事故。

二、前照灯光学系统的结构和工作原理

前照灯的光学系统包括反射镜、配光镜和灯泡三部分。

1. 反射镜

反射镜又称反光镜。由于前照灯灯丝发出的光度有限,功率仅50~60W,如无反射镜,只能照清汽车灯前6m左右的路面。反射镜的作用是最大限度地将灯泡发出的光线聚合成强光束,并导向远方,达到照射距离远且明亮的目的。反射镜的形状如图8-1所示。

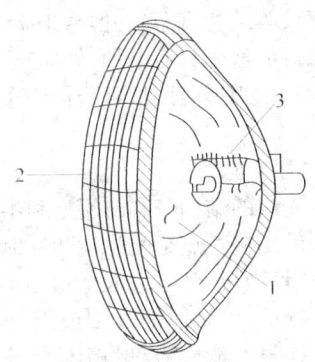

图8-1 封闭式前照灯灯芯总成
1.反射镜 2.配光镜 3.灯丝

2. 配光镜

配光镜又称为散光玻璃,它的作用是将反射光束进行扩散分配,使行车前方及路缘都有良好、均匀的照明。配光镜用多个凹面棱镜做成,它可使光束散射和折射,阻止光束朝上射出眩光,如图8-2所示。配光镜的棱镜群结构是有方向性的,因此安装前照灯时务必要注意正确的位置。

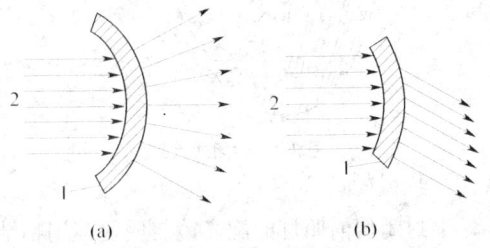

图8-2 棱镜将光束散射和折射
(a)俯视图 (b)侧视图
1.配光镜 2.从反射镜来的光

3. 灯泡

目前使用的灯泡有两种,即充气灯泡和新型卤素灯泡。充气灯泡的灯丝用钨丝制成,因为钨的熔点高、发光强。将灯泡空气抽出,充入惰性气体,惰性气体受热膨胀产生较大压力,可以减少钨的蒸发。但因蒸发仍不可避免,使灯丝寿命缩短,因此现代汽车上已较少使用。卤素灯泡由耐高温的玻璃或塑料玻壳制成,泡内的充气压力较大,工作温度高,借以抑制钨的蒸发量。其寿命、光色和光效均大大优于白炽灯泡。

三、防止炫目的措施

当前照灯泡功率足够大、光学系统设计合理时,可明亮而均匀地照明车前150m以上直至400m以内的路面。但是前照灯射出的强光会使迎面来车的驾驶人炫目。为了避免前照灯的炫目作用,可采取以下措施:

(1)采用双丝灯泡

前照灯灯泡一般都采用双丝。远光灯丝功率多为60W,位于反射镜的焦点;近光灯丝功率较小,一般为55W,位于焦点上方(或前方、上前方)。当夜间行驶无迎面来车时,使用远光灯丝,使前照灯光束射向远方,便于提高车速,当两车相遇时,改用近光灯丝,使光束倾向地面,避免使迎面来车的驾驶人炫目,并使车前50m内的路面也照得很清晰。双丝灯泡的原理如图8-3所示。

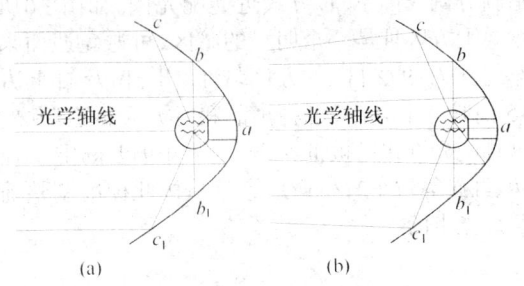

图8-3 双丝灯泡工作原理
(a)远光灯丝工作 (b)近光灯丝工作

当接用远光灯丝时,灯泡光线由反射镜反射后,与光学轴线平行射向远方(图8-3a)。当接用近光灯丝时,射到反射镜 bab_1 上的光线由反射镜反射后倾向路面(图8-3b),而射到反射镜 bc 和 b_1c_1(由焦点平面到端面)上的光线反射后倾向上方。由于倾向路面的光线占大部分,因而减小了对来车驾驶人的炫目作用。

(2)采用遮光罩

①遮光罩原理。远光灯丝置于反射镜焦点,

近光灯丝位于光轴上焦点的前方(接近散光镜一侧)并略高一点,在其下面有金属遮罩,由近光灯丝射向反射镜上部的光线,反射后倾向路面,而遮罩阻隔了灯丝射向反射镜下半部的光线,这样就消除了向上方反射可能引起炫目的光线,如图8-4所示。

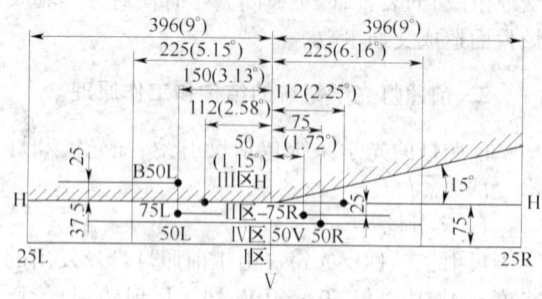

图8-6 非对称近光配光图

四、前照灯的形状、类型

1. 前照灯的形状

过去一直用圆形前照灯,现在也有用圆形的(如东风、解放等载货汽车)。但从1975年以后采用矩形前照灯的汽车日益增加,如捷达、桑塔纳等轿车均为矩形。矩形前照灯可降低轿车前部的高度。

2. 前照灯类型

按照灯光组的结构分有封闭型和半封闭型两种。封闭型的结构特点是配光镜和反射镜融合为一整体,形成灯泡,灯丝焊在反射镜底座上,其结构如图8-7所示,可做成充气型或卤素型。封闭型的好处是密封性能好,反射镜不会受到大气的污染,反射效率高,使用寿命长,但灯丝烧坏后需更换整个灯光组,成本较高。

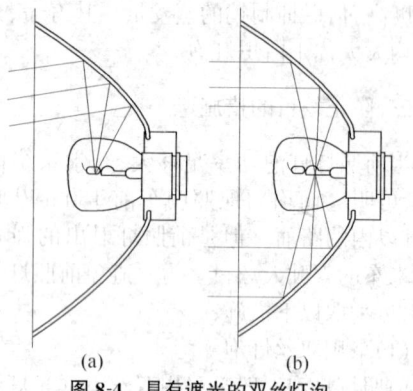

图8-4 具有遮光的双丝灯泡
(a)近光灯丝工作 (b)远光灯丝工作

②ECE(欧洲经济委员会)采用的遮光罩。这种遮光罩做成左侧上方有与水平成15°角的缺口,如图8-5所示。这样从近光灯丝发出的光除射向反射镜上方外,也射向左侧下方15°内,使其有光,经反射镜反射形成右侧上方15°处内有光,此光经散光镜的折射,获得非对称的明暗界限有清晰分割线的ECE方式近光配光图,如图8-6所示。上方区Ⅲ是一个明显的暗区,可避免迎面来车驾驶人的炫目,下方区域Ⅰ、Ⅱ、Ⅳ及右上方15°内是一个亮区,可将车前和右方人行道照亮。这种配光方式已被世界公认,我国也已采用(如捷达、红旗等轿车),生产厂家就是按此标准调整前照灯光束的。

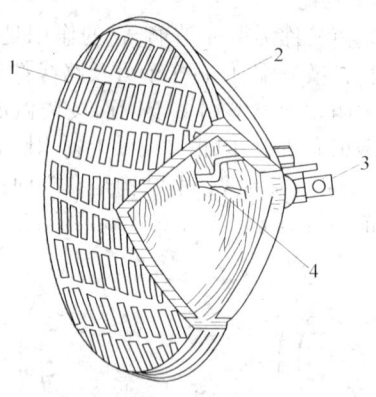

图8-7 封闭式大灯
1.配光镜 2.反射镜 3.接头 4.灯丝

半封闭型前照灯的配光镜与反射镜用粘结剂等方法粘合使之不能脱开并密封,再装于灯壳内,灯泡的装拆可以从反射镜的后方进行,无须拆开光学组件,如图8-8所示。灯泡可以从反射镜后端装入,更换时只能拿灯泡的基座,切勿用手指触摸新灯泡的玻璃,否则,存留在灯泡上的油污,不

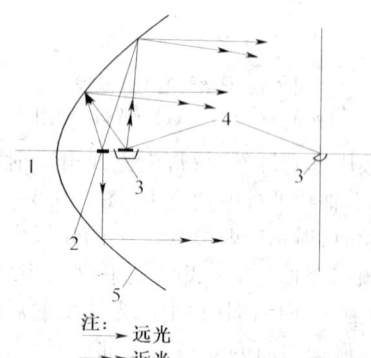

注:
→ 远光
↠ 近光

图8-5 ECE方式采用的遮光罩
1.光轴 2.远光灯丝(焦点) 3.遮光罩(左上方有缺口) 4.近光灯丝 5.反射镜

仅影响亮度,也会大大缩短灯泡的寿命。

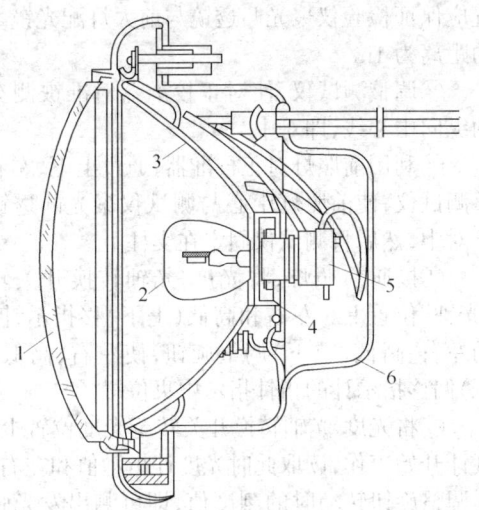

图 8-8 半封闭式大灯
1.配光镜 2.灯泡 3.反射镜 4.插座 5.接线器
6.灯壳

五、前照灯的使用注意事项

①应保持前照灯良好的密封性,以防潮气侵入。故配光镜和反射镜之间的密封件应完好,如有损坏应及时更换。

②注意保持反射镜清洁,若有灰尘应用压缩空气吹净。

③灯的接线应保持牢固及接触良好。

④灯的搭铁应保持良好。若前照灯架与车架间、灯头与灯架间或灯泡与灯头间接地性质的搭铁不良,都会导致灯不亮或发光暗淡。

六、前照灯的检验与调整

为了保证车前有明亮而均匀的照明,并且不使迎面来车的驾驶人炫目,应对前照灯定期检查调整。

1. 检验条件

①汽车的轮胎气压符合标准;

②汽车空载(除备用轮胎、必备工具外,其他货物及物品应全部卸下,轿车一般规定含驾驶人体重);

③汽车应停放在水平的路面或作业场;

④灯的配光镜表面清洁无污;

⑤电源工作正常,灯泡安装正确。

2. 利用屏幕检验法对前照灯光束的检验

检验方法如图 8-9 所示,具体操作步骤如下:

在距汽车前照灯 L 米(一般为 10m)远的地方挂置屏幕或者利用墙壁,使车辆的中心轴线与屏幕成直角。在屏幕或墙上画出前照灯的水平中心线 $A'—A'$,其离地面的距离为 900~1100mm,用 H 表示。再画一条水平线 $A—A$ 约比水平中心线 $A'—A'$ 低 75~120mm,用 h 表示。

再在屏幕或墙上画三条垂直线:一条为中垂线,使它与汽车的中心线对正;另外两条 $B—B$ 和 $B'—B'$ 分别位于中垂线的两边,它们与中垂线的距离均为两前照灯中心距 W 的一半。水平线 $A—A$ 与垂直线 $B—B$、$B'—B'$ 分别相交于 a 点和 b 点。

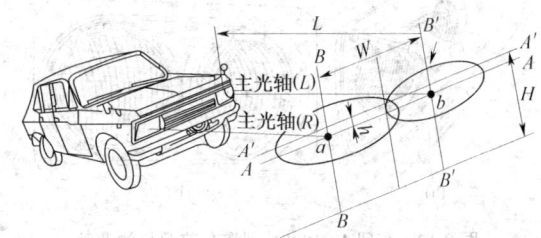

图 8-9 对称型前照灯屏幕检验法

检验时,两只前照灯应分别进行,如检验左灯时,就将右灯遮盖住,检验右灯时将左灯遮盖住,然后接通前照灯远光灯电路,使其光束对准交点 b(检验左灯时)或对准交点 a(检验右灯时),如果偏离此位置则需进行调整。

图 8-10 所示是检验东风 EQ1090E 型、解放 CA1091 型汽车非对称前照灯光束的示意图,对于非对称光束的前照灯则是以其近光为主要检验和调整对象,具体操作方法与上述相同。

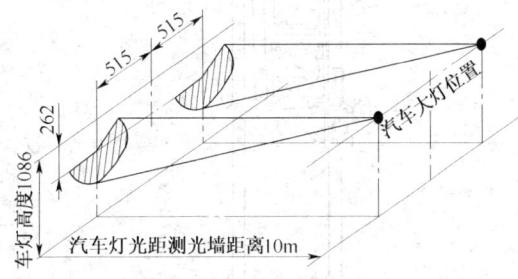

图 8-10 非对称型前照灯
(东风 EQ1090E 型)的屏幕检验法

当前照灯光束照射方向偏斜时,可用旋具转动前照灯上下、左右的调整螺钉,如图 8-11 所示。现以东风 EQ1090E 型汽车前照灯光束的调整介绍其具体做法,如图 8-12 所示。调整前应先拆下前照灯罩板(图 a),然后拧转正上方螺钉 1,可调整光束的高低位置,拧转侧面螺钉 2 则可调整光束左右位置(图b)。

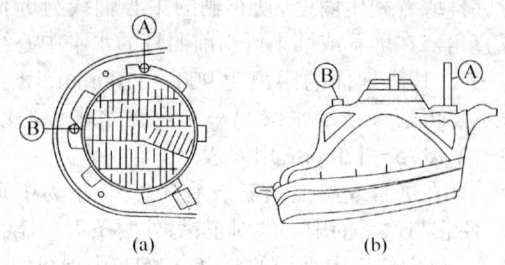

图8-11 前照灯光束方向的调整

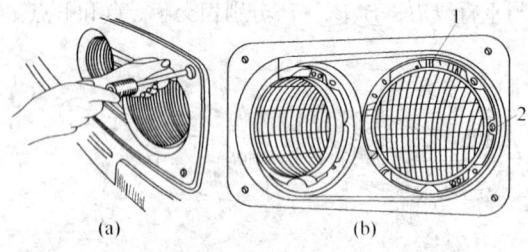

图8-12 东风EQ1090E型汽车前照灯的调整
(a)拆前照灯罩板 (b)光束调整部位
1.正上方螺钉 2.侧面螺钉

3. 利用集光式测试仪调整前照灯

集光式测试仪的结构如图8-13所示,使用方法如下:

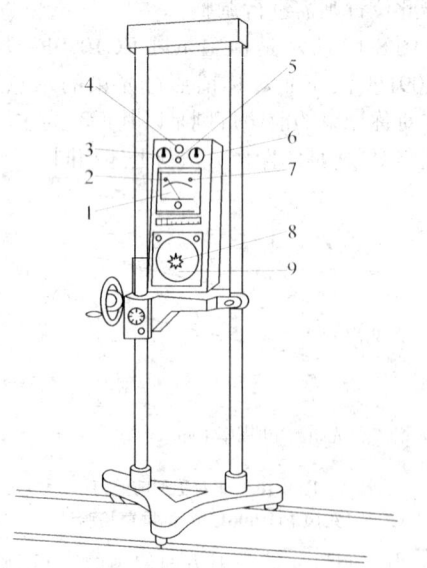

图8-13 集光式前大灯测试仪
1.光度计 2.左右偏移指示针 3.左右调整旋钮
4.车辆中心对准校正器 5.转换开关 6.高低(上下)调整旋钮 7.高低偏移指示针 8.前照灯对正校准器 9.聚光凸透镜

①测试仪垂直放置,汽车与测试仪的相对位置应保证检验仪聚光凸透镜与前大灯配光镜之间的距离为1m。

②调整测试仪,使对正校准器对准被测车辆的纵向中心线,即对中。

③利用前照灯对正校准器,通过上下、左右调整测试仪,使前照灯中心与测试仪聚光凸透镜中心对中,然后将测试仪固定在支柱上。

④接通前照灯,将光度-光轴转换开关转至"光轴"位置上。左右和高低(上下)移指示计,旋动左右、高低(上下)调整旋钮,使左右、高低(上下)偏移指示计的指针指示中央位置(0)。

⑤将光度-光轴转换开关转至光度位置上,光度计开始工作,读取此时光度计指示值和左右、高低调整旋钮转动时的刻度值,即可测出发光强度和光轴的左右、上下偏移量。

⑥调节前照灯的左右、上下调节螺钉,使测试仪调整旋钮的刻度恢复到0,即为调整好。

七、前照灯的保养和故障诊断

1. 前照灯的保养

若发现反射镜上稍有尘污时,可用压缩空气吹干净。若吹不干净时,则应根据镀层的不同,采用下列不同的方法除污。

反射镜若为镀铬的,可用柔软的麂皮蘸少量酒精,由镜的中心向外围成螺旋形轻轻地仔细擦拭。

若为镀银或镀铝的,可用棉花蘸清水轻轻地清洗(不得擦拭),尔后用高压空气吹干。

有的反射镜其表面已由制造厂预先涂上一层很薄的透明保护膜,清洁时千万不要破坏它。如反射镜经常脏污,则必须更换橡胶密封件。

2. 前照灯的故障排除

汽车前照灯的故障主要有:灯光不亮,灯光发红,大多数原因是由于灯泡损坏,灯丝烧断,电路断路,开关损坏或控制失灵等引起的,而且一切故障均通过灯光反映出来。

①两个前照灯都不亮。

a. 故障原因:灯丝烧断、接线松脱、变光开关损坏。

b. 检查步骤:首先检查车灯总开关接线柱的线头,变光开关的接线柱以及搭铁线头是否松脱、断路。若有上述故障,可将导线接好。若导线连接良好,可进行下列工作。

用旋具将变光开关的电源接线柱分别和远、近光接线柱短接,若灯亮则是变光开关有故障,检修或更换即可;若灯仍不亮则进行下一步检查。

检查灯丝是否烧断,若烧断更换灯泡即可,若发现两只灯泡经常烧断则除检查灯丝电路外,还需确认发电机输出电压是否符合要求,若发电机电压过高,灯泡极易烧毁。

②只是远光或近光不亮时可用旋具短接变光开关电源与该灯电线接线柱,若灯亮则为变光开关的故障,应检修或更换;若仍不亮,就是变光开关到前照灯之间的线路有断路、线头松脱或灯丝烧毁。

③两个前照灯其中一个发红,一般为搭铁不良所致。

④只有一个灯的远光或近光不亮,此故障一般为灯丝烧断或接头松脱所致。

⑤接通远光或近光时熔断器马上烧断或跳起,说明远光或近光电路中有短路或搭铁故障。

⑥两只灯泡都经常烧坏的故障,大多为发电机调节电压过高所致。

⑦两侧灯都暗淡的故障,可能是发电机调节电压偏低,蓄电池亏电所致。

第三节 转向信号闪光器

一、闪光器用途和种类

①闪光器的用途:当车辆转向时,与灯泡配合能自动发出灯光闪烁信号,以告诉行人或周围车辆,从而保障行车安全。闪光器可制成带监察的,当转向信号灯有损坏时,仪表板指示灯的状态将发生变化;也可制成带危险信号警报的闪光器,如车辆紧急停车时,危险警报闪光器能带动前后左右的转向信号灯同时闪光,而闪光频率不变(如解放 CA1091 型汽车);也有带多节挂车使用的闪光器,这种闪光器要求有较大的功率;还有制成响声闪光或带音乐响声的闪光器。

②闪光器的种类:闪光器种类很多,有电热丝式、翼片式、电容式、晶体管式、晶体管带继电器式和集成块带继电器式等,其中后三种又可统称为电子式。

二、电热丝式闪光器

电热丝式闪光器结构简单、成本低,但闪光频率不稳、寿命短、信号亮暗不够明显。其工作原理如图 8-14 所示。

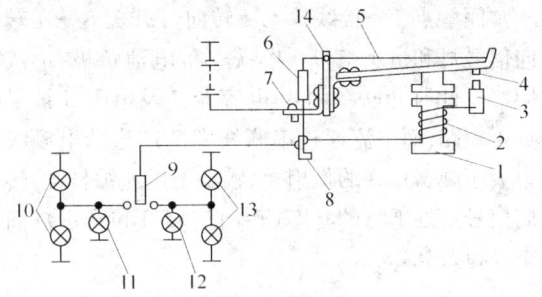

图 8-14 电热丝式闪光器
1.铁芯 2.线圈 3.固定触点 4.活动触点 5.镍铬丝 6.附加电阻丝 7、8.接线柱 9.转向开关 10.左(前、后)转向信号灯 11.左转向指示灯 12.右转向指示灯 13.右(前、后)转向信号灯 14.调节片

图中镍铬丝 5 具有较大的线膨胀系数,附加电阻丝 6 也由镍铬丝制成。不工作时,活动触点 4 在镍铬丝 5 的拉紧下与固定触点 3 分开。当接通转向开关 9,电流经镍铬丝 5 和附加电阻丝 6 经转向信号灯形成回路。因电阻较大电流较小,转向信号灯不亮。经过短时间后,镍铬丝受热膨胀而伸长,使触点 3、4 闭合,将镍铬丝 5 和电阻丝 6 短路,线路中电阻小电流大,转向信号灯亮。镍铬丝因被短路逐渐冷却而收缩,又打开触点 3 与 4,转向信号灯又变暗。

如果坏了一只转向信号灯,在触点 3、4 分开时,与电阻丝 6 对比起来,因坏了一灯增加的电阻值可忽略不计,因此转向信号灯暗的时间可看做基本不变。当镍铬丝因通过电流加热伸长而使触点闭合时,电阻丝 6 与镍铬丝被短路,电路电流因少一分支的灯而减少,减少了线圈 2 对触点 3、4 的吸合力,因此镍铬丝所需冷却时间会短一些就可将触点拉开,即转向信号灯亮的时间减少了,因而总的闪动频率加快,提示转向信号灯有损坏。

三、电容式闪光器

电容式闪光器主要是由一个继电器和一个电容器组成,如图 8-15 所示,在继电器的铁芯 6 上绕有串联线圈 3 和并联线圈 4,电容器 7 采用大容量的电解电容器(约 1500μF)。电容式闪光器是利用电容器充、放电延时特性,使继电器的两个线圈产生的电磁吸力时而相加,时而相减,继电器便产生周期的开关动作,从而使转向信号灯闪烁。

当汽车向左转弯时,接通转向灯开关 8,左转向信号灯和指示灯9就被串入电路中,电流从蓄电池正极→电源开关11→接线柱B→串联线圈3→常闭触点1→接线柱L→转向灯开关8→左转向信号灯和指示灯9→搭铁→蓄电池负极,形成回路。此时并联线圈4、电容器7及电阻5被触点1短路,而电流通过串联线圈3产生的电磁吸力大于弹簧片2的作用力,触点1迅速被打开,转向信号灯处于暗的状态(转向信号灯和指示灯尚未来得及亮)。

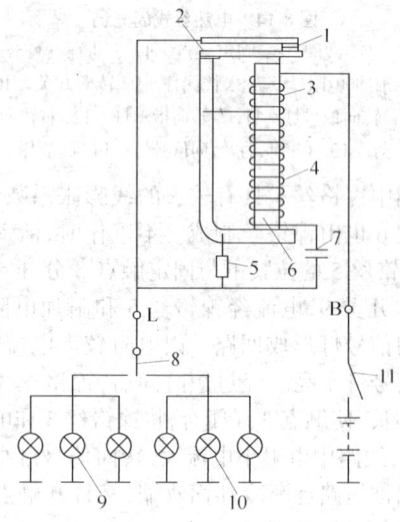

图 8-15　电容式闪光器
1.触点　2.弹簧片　3.串联线圈　4.并联线圈　5.灭弧电阻　6.铁芯　7.电解电容器　8.转向灯开关　9.左转向信号灯与指示灯　10.右转向信号灯与指示灯　11.电源开关

触点1打开后,蓄电池向电容器7充电,其充电电流由蓄电池正极→电源开关11→接线柱B→串联线圈3→并联线圈4→电容器7→接线柱L→转向灯开关8→左转向信号灯和指示灯9→搭铁→蓄电池负极,形成回路。由于线圈4电阻较大,充电电流很小,不足以使转向信号灯亮,则转向信号灯仍处于暗的状态。同时充电电流通过串联线圈3和并联线圈4产生的电磁吸力方向相同,使触点继续打开,随着电容器的充电,电容器两端的电压逐渐升高,其充电电流逐渐减小,串联线圈3和并联线圈4的电磁吸力减小,使触点1又重新闭合。

触点1闭合后,转向信号灯和指示灯处于亮的状态,此时电流从蓄电池正极→接线柱B→串联线圈3→常闭触点1→接线柱L→转向灯开关8→左转向信号灯和指示灯9→搭铁→蓄电池负极,形成回路。与此同时,电容器通过线圈4和触点1放电,其放电电流通过线圈4时产生的磁场方向与线圈3相反。所产生的电磁吸力减小,故触点仍保持闭合,左转向信号灯和指示灯9继续发亮。随着电容器的放电,电容器两端电压逐渐下降,其放电电流减小,则线圈4的退磁作用减弱,串联线圈3的电磁吸力增强,触点1又重新打开,转向信号灯和指示灯变暗。如此反复,继电器的触点不断开闭,使转向信号灯和指示灯发出闪光。灭弧电阻5与触点1并联,用来减小触点火花。

使用注意事项:
①必须按规定的电压和灯泡的总功率使用;
②接线必须正确,否则闪光器不闪光,且电容器易损坏。在负极搭铁的汽车上,接线柱"B"应接蓄电池,"L"接转向开关。

四、电子闪光器

1.晶体管带继电器式闪光器

晶体管带继电器式闪光器的基本原理见图8-16所示。它主要由一个晶体三极管VT所组成的开关电路和小型触点式继电器组成。当汽车右转弯时,接通开关S_1、S_2,右转向信号灯亮。电路由蓄电池正极→电源开关S_4→接线挂B→电阻R_1→继电器J的常闭触点S_3→转向开关S_2→右转向信号灯→搭铁→回蓄电池负极。

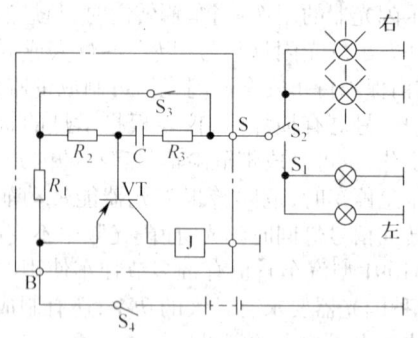

图 8-16　晶体管带继电器式闪光器
J—继电器　S_3—继电器触点　S—转向开关

当电流通过R_1时,在R_1上产生电压降,晶体管VT因正向偏压而导通,集电极电流I_C通过继电器J的线圈产生电磁吸力,使继电器J常闭触点S_3断开,右转向信号灯熄灭。

当三极管VT导通时,其基极电流I_b向电容器C充电,充电电路由蓄电池正极→电源开关S_1→接线柱B→VT的发射极e、基极b→电容C→电阻R_3→转向灯信号灯开关S_2→右转向信号灯→搭铁回到蓄电池的负极。随着电容器C两端电荷的积累,充电电流逐渐减小,三极管VT的集电极流I_C也随之减小,当此电流减小到不足以维持继电器J衔铁的吸合而释放时,继电器J的常闭触点S_3又重新闭合,右转向信号灯再次发亮。这时电容器C则通过电阻R_2→继电器J常闭触点S_3→电阻R_3组成放电回路而进行放电,其放电电流在R_2上的电压降为三极管VT提供反向偏压,加速了三极管的截止,使继电器触点保持闭合,从而延长了(或维持)右转向信号灯点亮的时间。

当电容器C接近放电终了时,R_1上的电压降又为三极管提供偏压而导通,继电器J线圈磁力使常闭触点S_3断开,右转向信号灯熄灭。

综上所述,随着电容器C的不断充电和放电,晶体管VT不断导通和截止,控制着继电器J的常闭触点S_3不断打开与闭合,使转向信号灯发出闪光信号。同时,继电器J衔铁周期性地吸合与释放,发出有节奏的响声。

2. 集成块带继电器式闪光器

其结构特点是用专用集成块及电阻、电容电路作为控制电路,小型继电器作为执行元件。其典型电路如图8-17所示。这是五十铃汽车转向及危险警报闪光器电路,也可用于12V电系其他车辆。

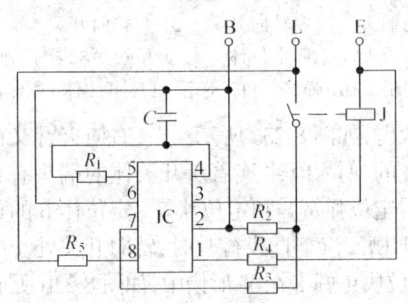

图8-17 JQ501型闪光器电路
J. 小型继电器 IC. 专用集成块

第四节 灯光电路开关与继电器

一、车灯开关

1. 旋转式车灯总开关

东风 EQ1090E 型汽车装用的为旋转式JK4638型车灯总开关,如图8-18所示。它有6个接线柱,三个档位。一档:小灯、尾灯;二档:前照灯、尾灯;三档:前照灯、尾灯、侧灯。在六个接线柱中,共有两个电源接线柱:①接线柱至电流熔断器;②接线柱至熔丝盒第二组熔丝。两电源接线柱的接线不能接反。该开关的工作情况如表8-3所示。

图8-18 JK4638型车灯总开关

表8-3 JK4638型车灯总开关功能

接线柱号\线路	电源	示宽灯	前照灯	尾灯	电源	侧灯
档位	1	6	5	4	2	3
3	●		●	●	●	●
2	●		●	●	●	
1	●	●		●	●	
0					●	

2. 前照灯变光开关

变光开关的作用是根据汽车行驶的需要,变换前照灯的远光和近光。国内较多采用机械式变光开关。

机械式变光开关装在离合器踏板旁,靠驾驶人左脚操纵,其结构如图8-19所示。它有三个接线柱,分别接电源(车灯总开关)、前照灯远光和近光。当踩下踏帽时,推杆推动棘轮带动接触块转动60°,于是如图示中右侧的爪与右侧触点接触,而左侧触点与接触块分离。再踩一下踏帽,下面的爪又将转过60°与左侧的触点相接触,右侧触点与接触块分离。如此运动关系,保证了远光与近光的变换。

3. 转向灯开关

(1)三位转向开关

三位转向开关都装于仪表板的左、右转向指示灯中间,汽车转向时,只要扳动开关绝缘手柄,即可接通左或右转向灯电路,操作简明可靠。图8-20为三位开关结构,图8-21为三位开关工作示意图。

(2)自动回位控制转向灯开关

第八章 照明与灯光信号装置

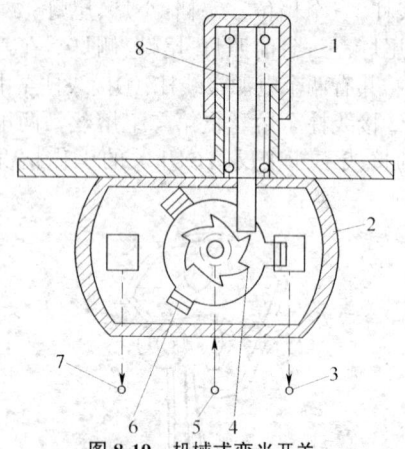

图8-19 机械式变光开关
1.踏帽 2.开关壳 3.接线柱 4.棘轮 5.火线接线柱 6.接触块 7.接线柱 8.回位弹簧

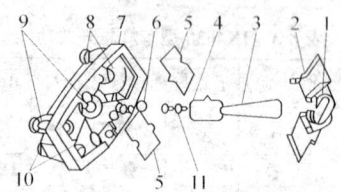

图8-20 三位开关结构
1.安装螺母 2.金属盖 3.绝缘手柄 4.接触圈 5.绝缘板 6.动接触球 7.绝缘外壳 8、9、10.接线柱及内静触头 11.压簧

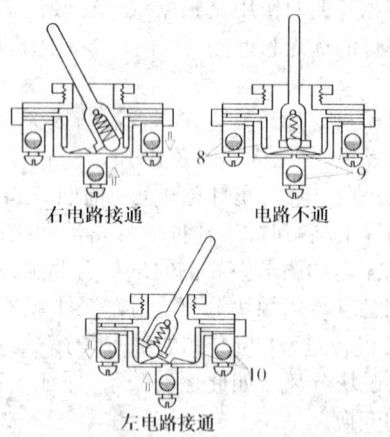

图8-21 三位开关工作示意图

自动回位控制转向灯开关装置是目前应用较多的一种转向灯开关。由转向和变光开关(图8-22)和自动回位机构(图8-23)组成。

自动回位机构主要由左右撞灭臂5、定位体6、定位块7、定位弹簧8、弹簧10、主销11、开关体12等组成。开关体12绕主销11转动。开关体上有3个销子,前端的两个销子9上活套着左、

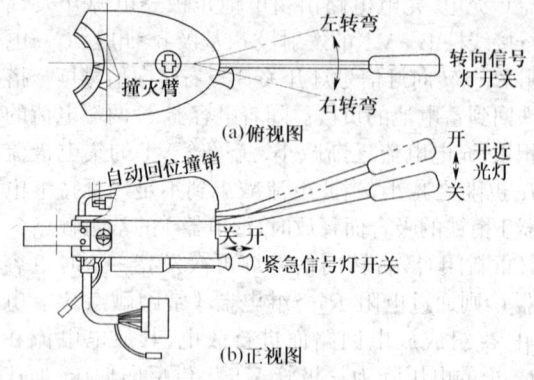

图8-22 转向和变光开关

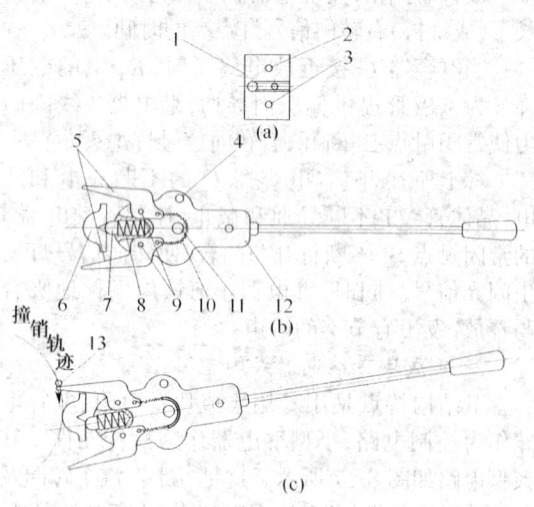

图8-23 自动回位机构
1.动触头 2.左转向开关 3.右转向开关 4.拨销 5.撞灭臂 6.定位体 7.定位块 8.定位弹簧 9.销子 10.弹簧 11.主销 12.开关体 13.撞销

右撞灭臂,如图8-23a所示。左、右撞灭臂又被套在主销上的弹簧10牵连着。开关体的端头有孔。孔中装着定位弹簧8和定位块7。定位体6的正中有个V形槽。汽车直线行驶时,转向开关处于中间位置,定位块正好卡在V形槽中,如图8-23b所示。

转向信号灯开关自动回位机构的工作原理:当汽车左转弯时(如图8-23c所示),向上拨动转向信号灯开关手柄,使左撞灭臂向转向盘的轴中心靠近一个距离,进入转向盘上的自动回位撞销运动的轨迹范围内。当转向盘向左转动时,自动回位撞销也随之转动,由于撞灭臂为铰链连接,自动回位销能通过撞灭臂。当汽车转弯后回转转向盘时,固定在转向盘上的自动回位销与左撞灭臂相碰撞,带动开关体回到中间位置,同时拨动转向信号灯开关回到"关"的位置,转向信号灯熄灭。

同理,右转弯时,通过回转转向盘,也可使自动回位撞销与右撞灭臂相碰撞,拨动开关体与信号灯开关自动回位。

当转向盘转角较小时,由于自动回位撞销不超过左、右撞灭臂的位置,故自动回位机构不起作用。

4. 制动灯开关

汽车制动时,制动灯发出红光,告示后方行驶的车辆和行人注意减速,以避免相撞。

制动灯是与汽车制动系统同步工作的,它通常由装在制动系统管路中的制动灯开关控制。汽车有液压制动和气压制动两种,因此制动灯的开关也有液压和气压两种形式。

图8-24为液压式制动灯开关,装在制动总泵的前端。当踩下制动踏板时,制动系统中液压增大,膜片3拱曲,动触片4接通接线柱及静触头6和7,制动灯便通电发亮。松开制动踏板时,液压降低,在弹簧的作用下,动触片4回到原位,制动灯便熄灭。

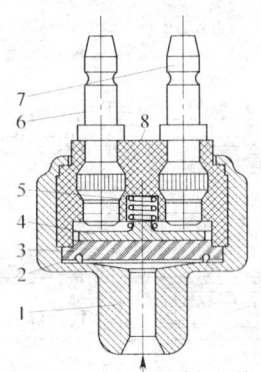

图8-24 液压式制动灯开关
1. 管接头 2. 壳体 3. 膜片 4. 动触片 5. 弹簧
6,7. 接线柱及静触头 8. 胶木底座

图8-25为气压式制动灯开关,其工作原理与液压式制动灯开关基本相同。两者只是工作的介质不同,气压式制动工作介质为压缩空气,液压式制动工作介质则为液体。

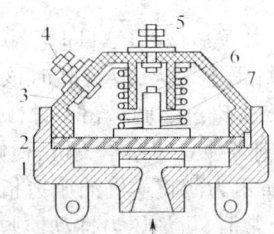

图8-25 气压式制动灯开关
1. 壳体 2. 膜片 3. 胶木盖 4,5. 接线柱
6. 动触头 7. 弹簧

二、灯光继电器

在东风EQ1090E型汽车照明线路中,装有JD151型灯光保护继电器。它的作用是当前大灯、前小灯、尾灯线路有短路,熔丝自动切断时,能自动接通辅助前照灯(侧灯),不会造成全车灯光熄灭而影响车辆的安全行驶。

灯光保护继电器由铁芯、线圈、常开触点及外壳等组成,如图8-26所示,继电器接线柱B接电流熔断器F接线柱,接线柱A接电流熔断器的E接线柱,接线柱L接侧灯。在正常情况下,灯光保护继电器A接线柱和B接线柱处于同电位,线圈无电流通过,继电器触点处于张开状态,侧灯不亮。

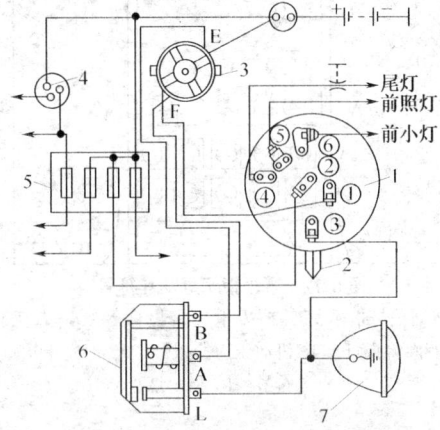

图8-26 东风EQ1090E型汽车灯光继电器
1. 灯开关 2. 开关手柄 3. 电流熔断器 4. 点火开关 5. 熔丝盒 6. 灯光保护继电器 7. 前侧灯

当灯光总开关在1、2、3档中任一档时,如果灯光线路接铁,则电流熔断器将因通过大电流而使自身触点断开,导致所有照明灯熄灭。此时由于熔断器触点的断开,使继电器A接线柱电位高,B接线柱电位低,电流通过继电器线圈构成回路。其电路是:蓄电池(+)→电流表→电流熔断器E接线柱→继电器A接线柱→线圈→继电器B接线柱→电流熔断器F接线柱→灯光总开关→搭铁灯或线路→搭铁→蓄电池(-)。继电器线圈因通过电流而产生磁力将触点吸闭,接通了侧灯线路。其电路:蓄电池(+)→电流表→电流熔断器E接线柱→灯光保护继电器接线柱A→继电器支架→触点→继电器接线柱L→侧灯→搭铁→蓄电池(-),侧灯便自动点亮,这样就保证了车辆的安全行驶。当故障排除后,重新按下电流熔断器按钮使其触点回位后,各灯即可恢复正常工作。

第五节 警报指示灯系统

为了确保行车安全和提高车辆的可靠性,汽车上安装了一些警报装置,警报装置一般由传感器和有色(常为红色)警报指示灯组成,这些灯一般安装在组合仪表板上。警报指示灯的配置取决于车型及发动机类型,有的车在各警报指示灯上方均有相应符号,有的符号随相应指示灯一起亮。具有代表性的捷达轿车的警报指示灯如图8-27所示,它们各自的作用与其他车辆大致相同。

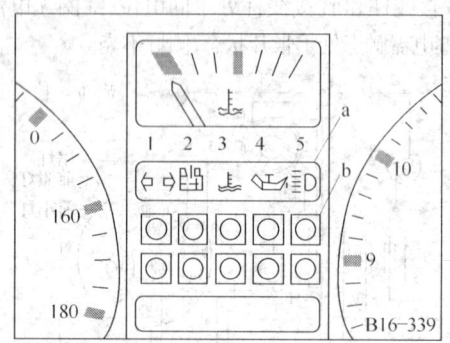

图8-27 警报指示灯及其符号
1:转向信号指示灯 2.发电机警报灯 3.冷却液温度/液面警报灯 4.机油压力警报灯 5.远光指示灯
a.符号 b.指示灯

一、转向信号指示灯

转向信号灯打开后,该指示灯即闪亮,如果有一个转向信号灯失效,该灯的闪烁频率将加快一倍,以提示驾驶人转向信号系统有故障。

二、发电机警报灯(充电指示灯)

一旦打开点火开关,该灯即亮,发动机起动后,该灯熄灭。车辆行驶中如该灯亮,说明电源系统有故障,应立即停车检查,主要应检查发电机传动带,如发现传动带断裂,则车辆切不可继续行驶,因此时冷却液泵不再工作,须立即更换传动带。如传动带未断裂,该警报灯仍亮,此时汽车仍可暂时应急行驶,但车上用电均由蓄电池供给,应尽快进行检修排除故障。

汽车的发电机警报灯(充电指示灯)的工作原理在起动机保护电路中已介绍,在此从略。

三、冷却液温度/液面警报灯

该灯主要是当冷却水温度不正常时,发出灯光信号,以示警告。打开点火开关后,该灯闪亮数秒钟后熄灭。如果数秒钟后灯仍不熄灭,或行驶时,因冷却液温度过高,液面过低该灯闪亮,则必须立即熄火停车,检查冷却液液面或检查散热器风扇熔丝,并加以处理。如该灯仍不熄灭,则需进一步检修。

冷却液温度警报灯传感器与水温传感器相似,由双金属片作为温度敏感元件,如图8-28a所示,当冷却水温升高到90℃~95℃时,双金属片1向静触点4方向弯曲,使两触点接触,红色警告灯亮。图8-28b则是稍加改进的指示灯。双金属片开关组成一单刀双掷动作。当冷却水温度低于66℃时,开关电路经绿色指示灯搭铁,绿色指示灯亮,向驾驶人提供发动机过冷的警告,使驾驶人不至于突然加速。随着冷却液温度的升高,双金属开关臂脱离"冷"触点,处于"冷"和"热"触点之间的某一位置。当发动机水温超过95℃时,双金属片向"热"触点方向弯曲,与"热"触点闭合,红色指示灯亮,表示发动机过热。

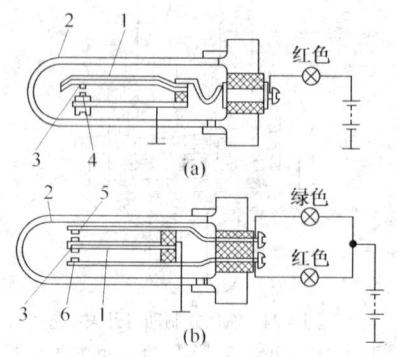

图8-28 冷却液温度指示灯
(a)单触点式 (b)双触点式
1.双金属片 2.壳体 3.动感触点 4.静触点
5.冷触点 6.热触点

四、机油压力警报灯

打开点火开关后该红色灯即亮,起动后熄灭。起动后,若该灯仍不熄灭,或行驶时灯闪亮,并且在发动机转速超过2000r/min时,蜂鸣警报器发出警报声,则必须立即停车关机,检修处理。

图8-29所示为薄膜式机油压力指示灯原理。当机油压力正常时,机油压力推动薄膜向上拱曲,推杆将触点打开,指示灯不亮;当机油压力过低时,薄膜在弹簧压力作用下下移,从而使触点闭合,红色指示灯亮,以示警告。

第五节 警报指示灯系统

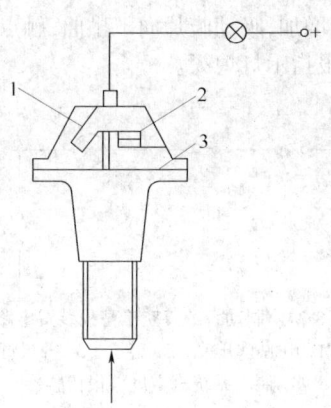

图 8-29 机油压力警报灯
1. 弹簧片 2. 触点开关 3. 薄膜

图 8-30 为东风 EQ1090 型汽车油压警报装置的接线图。

它由油压传感器和警报灯组成。其警报过程:当润滑系统机油压力低于 98kPa 以下,管形弹簧 3 内的压力小而弯缩,触点闭合,仪表板上的红灯亮警报;当机油压力大于 98kPa 时,管形弹簧内的压力大而胀伸,触头不闭合,警报灯不亮。

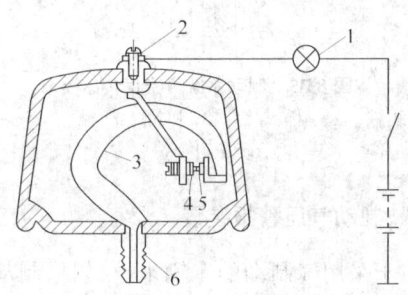

图 8-30 东风 EQ1090 型汽车油压警报装置接线图
1. 警报灯 2. 接线柱 3. 管形弹簧 4. 静触点
5. 动触头 6. 管接头

五、远光指示灯

打开远光灯时,该灯即亮。此外,有些车在仪表板上还装有:

①防抱死制动系统(ABS)警报灯:起动发动机后,ABS 系统即开始工作,若系统发生故障,该灯即亮。若行驶中该灯亮,则表明 ABS 系统失效。

②制动系统警报灯:打开点火开关后,该灯方起作用,但拉紧驻车制动器该灯才亮。如松开驻车制动器后或行驶中该灯亮,说明制动系统有故障。

③防盗指示灯:位于仪表板中央。该灯闪烁,表示防盗系统处于正常状态,插入钥匙起动发动机后,该灯应停止闪烁。

④制动液面警报灯:制动液面指示灯的传感器,装在制动液储液罐中,如图 8-31 所示。外壳 1 内装有干簧管继电器,接线柱与液面指示灯相连,浮子 4 上固定着永久磁铁 3。

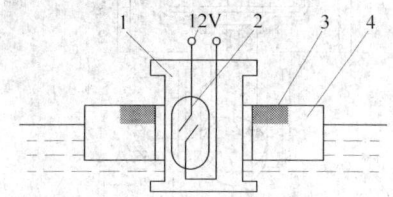

图 8-31 制动液面传感器
1. 外壳 2. 干簧管 3. 永久磁铁 4. 浮子

当浮子随着制动液面下降至规定值时,永久磁铁 3 使干簧管 2 触点闭合,接通指示灯,发出警告,当制动液面上升时,浮子上升,吸力减弱,干簧管触点靠自身弹力张开,指示灯熄灭。

六、倒车警报器

为了在倒车时警告车后的行人和车辆,部分汽车的后部装有倒车警报器,它和倒车灯一起由装在变速器盖上的倒车灯开关控制。倒车警报器电路和倒车灯开关的结构分别如图 8-32、图 8-33 所示。

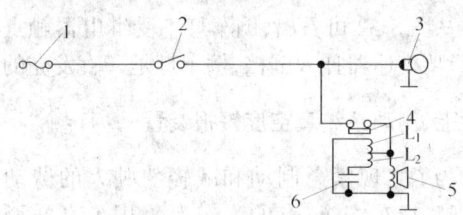

图 8-32 倒车警报器电路
1. 熔丝 2. 倒车灯开关 3. 倒车灯 4. 继电器触点
5. 喇叭 6. 电容器

倒车警报器的工作原理:当变速杆把倒档变速叉轴拨到倒档位置时,倒档叉轴上的凹槽对准钢球,使钢球 1 松开。在弹簧 4 的作用下,膜片 3 和金属盘 9 向下移动,使图 8-33 中的触点 5(即电路图 8-32 中的开关 2)闭合,倒车灯被点亮,喇叭也同时发声。当喇叭发出响声时,线圈 L_1 和 L_2 中均有电流通过,流经 L_2 的电流同时向电容器充电。此时由于流入线圈 L_1 和 L_2 的电流大小相等,方向相反,产生的磁力互相抵消,线圈不显磁

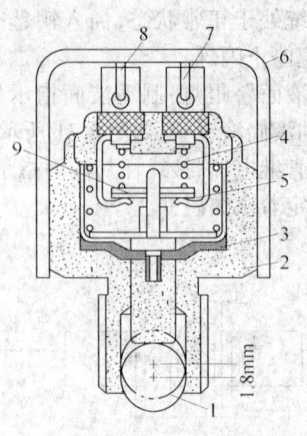

图 8-33 倒车灯开关的结构
1. 钢球 2. 壳体 3. 膜片 4. 弹簧 5. 触点
6. 保护罩 7,8. 导线 9. 金属盘

性,触点 5 继续闭合。随着电容器两端电压逐渐升高,流入线圈 L_2 中的电流减小。当线圈 L_1 产生的磁通大于线圈 L_2 的磁通(即 $\Phi_{L1}>\Phi_{L2}$)达到一定值时,即可吸开触点,断开电路,喇叭停止发声。触点打开后,电容器经线圈 L_1 和线圈 L_2 放电;两线圈产生的磁力相同,触点继续打开。当电容器两端的电压下降到一定值时,线圈的磁力大大减弱,触点又重新闭合,喇叭又通电发声;电容器又开始充电,重复上述过程。触点反复开、闭,倒车警报器就发出断续的响声,从而便起到了警告的作用。

从图 8-32 可看出,倒车灯不受继电器触点控制,只要变速器挂入倒档,倒车灯是一直发亮的。

七、制动系统真空度警报装置

为了实现紧急制动和减轻驾驶人的劳动强度,保障行车安全,有的汽车上采用了真空增压器。所谓增压,就是利用发动机的真空度,来提高制动时的压力差。为了监视真空增压器的工作状态,在灯光信号系统中,专门设置了制动系统真空度警报装置。

真空度警报灯也是红色的,点亮时说明制动系统的真空度过低。它是由装在真空缸上的制动系统真空传感器控制的,其控制电路如图 8-34 所示。

真空度警报器的结构与工作原理如图 8-35 所示,当真空筒内的真空度下降到 53.3kPa 时,膜片在压力弹簧的作用下向上拱曲,触点与接线柱接触,警报指示灯发亮。当发动机工作时,真空筒内的真空增加,吸动膜片向下拱曲,触点与接线柱断开,警报指示灯熄灭。

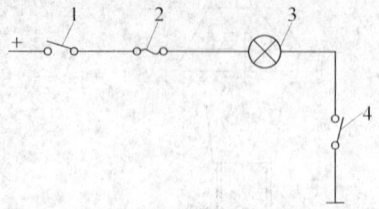

图 8-34 制动系统真空度警报装置电路图
1. 电源总开关 2. 熔丝 3. 警报灯
4. 制动系统真空度警报传感器

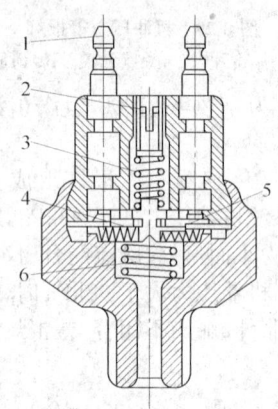

图 8-35 制动系统真空度传感器
1. 接线柱 2. 调整螺钉 3. 弹簧 4. 触点 5. 膜片
6. 压力弹簧

八、制动气压警报装置

对于采用气制动的车辆来说,如果制动气压低于某一数值,制动机构就会失灵,这是很危险的。为此有的汽车上安装了制动气压警报装置。如果由于故障导致制动气压过低时,警报装置就随即点亮,警告驾驶人迅速采取措施。

制动气压警报装置的电路与制动系统真空度警报装置的电路相同。制动气压警报传感器装在制动系统的储气缸上或制动总泵的压缩空气输入管道中。制动气压警报灯装在仪表盘上。

制动气压警报传感器的构造如图 8-36 所示。

工作原理:接通电源开关,当制动系统的储气缸内气压下降到 0.38~0.46MPa 时,作用在警报传感器膜片上的压力减小,膜片在弹簧弹力作用下向下移动,触点闭合,电路接通,点亮警报灯。

当气缸中的气压升高到 0.45MPa 以上时,传感器中的膜片所受的压力增大,压缩弹簧,打开触点,警报灯熄灭。

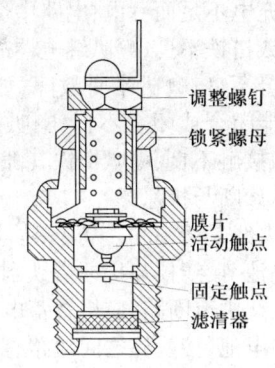

图 8-36 制动气压警报传感器

第六节 电 喇 叭

一、电喇叭结构与工作原理

喇叭的作用是警告行人和其他车辆,以引起注意,保证行车安全。喇叭按能源分有气喇叭和电喇叭;按外形分有螺旋形、筒形和盆形;按声频分有高音和低音;按音质分有单音和双音(多音)等。

气喇叭是利用气流使金属膜片振动产生音响,外形一般为筒形,声音高而远,一般用于长途车和山区、林区行驶的客车或货车。

中小型车和轿车一般用螺旋形和盆形电喇叭,盆形电喇叭体积小、重量轻、噪声小,使用较多。电喇叭又分为普通电喇叭和电子电喇叭。

1. 筒形、螺旋形电喇叭

图 8-37 为筒形、螺旋形喇叭构造图。其主要机件由山形铁芯 5、线圈 9、衔铁 8、膜片 3、共鸣板 2、扬声器 1、触点以及电容器 16 等构成。膜片 3 和共鸣板 2 借中心杆 13 与衔铁 8、调整螺母 11、锁紧螺母 12 连成一体。当按下按钮 19 时,电流由蓄电池正极→线圈 9→触点臂 14、15→按钮 19→搭铁→蓄电池负极。当电流通过线圈 9 时,产生电磁吸力,吸下衔铁 8,中心杆上的调整螺母 11 压下活动触点臂 15,使触点分开而切断电路,此时,线圈 9 电流中断,电磁吸力消失,在弹簧片 7 和膜片 3 的弹力作用下,衔铁又返回原位,触点闭合,电路又接通。此后,上述过程重复进行,膜片不断振动,从而发出一定音调的音波,由扬声器 1 加强后传出。共鸣板与膜片刚性连接,在振动时发出伴音,使声音更加悦耳。灭弧电容可减少触点断开时所产生的火花。

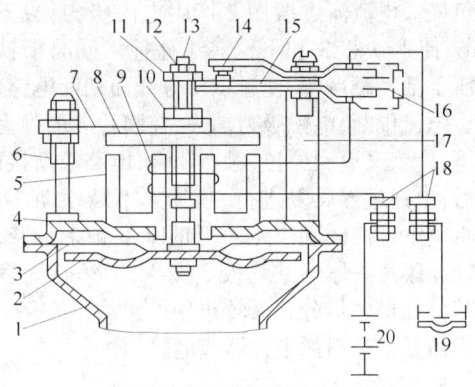

图 8-37 筒形、螺旋形电喇叭

1.扬声器 2.共鸣板 3.膜片 4.底板 5.山形铁芯 6.螺柱 7.弹簧片 8.衔铁 9.线圈 10、12.锁紧螺母 11.调整螺母 13.中心杆 14.固定触点臂 15.活动触点臂 16.电容器 17.触点支架 18.接线柱 19.按钮 20.蓄电池

喇叭音调的调整是通过调整衔铁与铁芯的间隙实现的,减小间隙可以提高音调,间隙一般为 0.5～1.5mm 之间,调整时铁芯要平整,四周间隙要均匀,否则,会产生杂音。喇叭音量的调整,是通过调整螺母 11 使触点压力变化,从而调整了通过线圈 9 的平均电流。当触点压力增大时,音量增大。

2. 盆形电喇叭

盆形电喇叭的结构如图 8-38 所示。主要机件有螺旋管式电磁铁(包括铁芯 9 和线圈 2)、衔铁 6、膜片 4、共鸣板 5、触点 7 及电容器(图中未画出)等组成。膜片 4、共鸣板 5 及上铁芯 3 固装在中心杆 12 上。当按下按钮 10 时,电流由蓄电池正极→线圈 2→触点 7→按钮 10→搭铁回到蓄

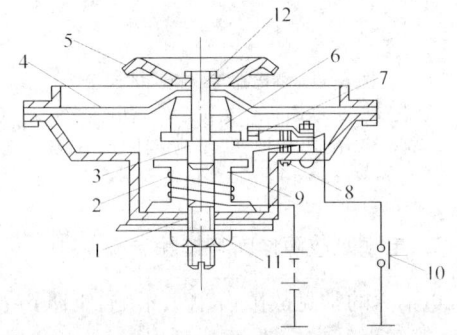

图 8-38 盆形电喇叭

1.下铁芯 2.线圈 3.上铁芯 4.膜片 5.共鸣板 6.衔铁 7.触点 8.调整螺钉 9.铁芯 10.按钮 11.锁紧螺母 12.中心杆

电负极。电流流过线圈2产生电磁吸力,吸下衔铁6,使上铁芯3和下铁芯1碰撞。同时衔铁底座压下活动触点臂,使触点7分开而切断电路,线圈2电流中断,电磁吸力消失,在膜片4的弹力作用下,衔铁又返回原位,触点闭合,电路重新接通。此后,上述过程反复进行,膜片4不断振动,引起喇叭里空气柱振动产生较低的基本频率声音,并激励与膜片一体的共鸣板5产生共鸣,从而发出比基频强得多且分布又较集中的谐音。在触点7间仍需并联一消弧电容器或电阻。

3. 双音电喇叭

为了得到更加悦耳的声音,大多数汽车上都装备两个喇叭,它们互相并联,然后与喇叭开关串联接线。两个喇叭其中一个的音调应比另一个高。当汽车装用双音喇叭时,因为消耗电流较大(15~20A),为保护按钮,常采用继电器,其构造与接线如图8-39所示。当按下按钮3时电流便流经线圈2(因线圈2电阻很大,因此通过线圈2及按钮3的电流不大,保护了喇叭按钮)产生了电磁吸力,吸下触点臂1,使触点5闭合而接通了喇叭电路。当松开按钮时,线圈2内电流被切断,磁力消失,触点在弹簧力作用下打开,切断了喇叭电路,使其停止发音。

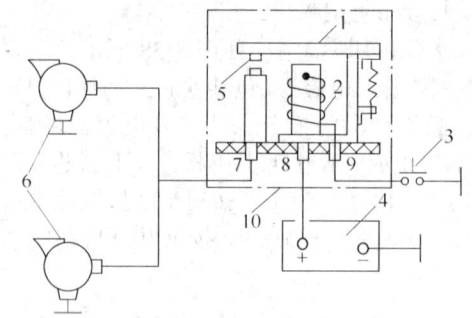

图8-39 继电器与双喇叭的连接
1.触点臂 2.线圈 3.按钮 4.蓄电池 5.触点
6.喇叭 7.喇叭接柱 8.电池接柱 9.按钮接柱
10.喇叭继电器

二、电喇叭故障诊断与排除

电喇叭的常见故障有喇叭不响、喇叭声音沙哑、喇叭触点经常烧坏、喇叭耗电量过大等。

1. 喇叭不响

(1)故障现象

按下喇叭按钮,喇叭不响。

(2)故障原因

蓄电池充电不足而亏电;电路中熔丝烧断;线路连接松脱或搭铁不良;喇叭继电器故障,如触点不闭合或闭合不良;喇叭本身故障,如线圈烧断、喇叭触点不能闭合或闭合不良、喇叭内部某处搭铁、喇叭按钮接触不良、喇叭衔铁气隙过大等。

(3)故障诊断与排除

①检查火线是否有电。方法是,用旋具将喇叭继电器"电池"接线柱与接地搭铁刮火。若无火花,则说明火线中有断路,应检查蓄电池→熔丝→喇叭继电器"电池"接线柱之间线路有无断路。

②若火线有电,再用旋具将喇叭继电器的"电池"与"喇叭"两接线柱短接。若喇叭仍不响,说明喇叭有故障;若喇叭响,说明喇叭继电器或按钮有故障。

③按放喇叭按钮,倾听继电器内有无响声。若有"咯嗒"声(触点闭合),但喇叭不响,说明继电器触点氧化或烧蚀。若继电器内无"咯嗒"响声,再用旋具将喇叭按钮接线柱与接地搭铁短接,此时如果继电器触点闭合,喇叭响,则说明是按钮氧化锈蚀或脏污而接触不良;若继电器触点仍不能闭合,喇叭依然不响,那就说明继电器线圈中有断路。

④按下按钮,喇叭只发出"嗒"一声后就不响了,此故障在喇叭内部,可拆下喇叭盖再按下按钮,观察喇叭触点是否打开。若不能打开应重新调整;若能打开则应检查触点间隙以及电容器或灭弧电阻是否短路。

⑤若按下按钮,喇叭不响,检查电路,发现保险跳开(或熔丝熔断),首先应检查电路中是否有搭铁等短路故障。方法是在断开保险器两端串上一试灯,若试灯亮,则为保险器至喇叭继电器这一段电路中有搭铁处;若试灯不亮,可再按下按钮,若此时试灯再亮,则为继电器至电喇叭这一段电路有搭铁处,再用断路法查找搭铁部位并加以排除。

2. 喇叭响声不正常

(1)故障现象

当按下喇叭按钮时,喇叭音响沙哑、发闷或刺耳。

(2)故障原因

蓄电池存电不足;喇叭触点烧蚀接触不良或继电器触点接触不良;振动膜片破裂或喇叭筒破裂;衔铁和铁芯间的间隙不均;弹簧钢片折断;喇叭固定螺钉松动。

(3)故障诊断与排除

处理喇叭响声不正常故障,应从引起故障的外部原因着手,先检查蓄电池存电是否充足。打开大灯开关,如果灯光暗弱;或者在发动机未起动前喇叭声音沙哑,但当发动机起动加速到中速以上运转时,喇叭声音恢复正常,则为蓄电池亏电所致。若是蓄电池技术状态正常,或是发动机在中速以上运转,喇叭声音仍沙哑,则需进一步检查喇叭固定支架螺栓和扬声器。固定螺钉是否松动。若这些疑点都排除,则故障诊断可集中到喇叭本体上。

① 用旋具搭铁继电器的"电池"与"喇叭"两接线柱试验。如喇叭声音正常,则应检查继电器触点是否烧蚀;若喇叭响声仍不正常,则故障在喇叭内部,应拆下检修。

② 拆下喇叭盖罩,检查触点是否烧蚀或接触不良。如果修磨触点和调整接触状态后,响声仍不正常,则检查调整衔铁(接触盘)与铁芯的气隙和触点间隙,若是弹簧钢片折断,应换用新件。

③ 喇叭声音不正常,应以调整气隙为主。调整时先检查衔铁沿圆周是否均匀。当声音尖锐刺耳时,应增大气隙;如声音低哑,应适当减小气隙。由于气隙与触点间隙相互影响,所以在调妥气隙后,还应调整触点间隙,使电流略小于规定电流。触点间隙调整后又会影响气隙量,因此要反复调整到两者均达到规定值。当调整无效时,应进而拆检膜片是否损坏。若膜片损坏,应更换。

3. 喇叭触点经常烧坏

(1)故障现象

喇叭触点修磨使音响正常后,不久又烧蚀,致使喇叭音响不正常。

(2)故障原因

装有灭弧电阻的喇叭,电阻值增大或断路;装有灭弧电容的喇叭,电容断路或其电容量过大或过小;喇叭触点间隙调整过小;线圈匝间短路,工作电流过大。

(3)故障诊断与排除

首先检查灭弧电阻或电容是否良好。如良好,再用电流表检查喇叭工作电流是否过大,必要时进行调整。

4. 喇叭长鸣

(1)故障现象

行车中,喇叭突然响声不停,或按了喇叭按钮松开后,喇叭依然长鸣。

(2)故障原因

继电器触点烧结或弹簧片弹力过弱;喇叭按钮回位弹簧过弱或折断;继电器"喇叭"和"电池"接线柱被导体连通或继电器"按钮"接柱至按钮之间连线外绝缘皮磨破而搭铁等。

(3)故障诊断与排除

遇到此故障时,应迅速将连在继电器"电池"接线柱上的火线头拆下悬空,使喇叭停响。

拆除继电器"按钮"接线柱上的连线头,然后用火线划碰"电池"接线柱试验。若喇叭响,可能是继电器触点烧结、弹簧弹力过弱或继电器"喇叭"和"电池"接线柱被导体连通等,应一一检查;若喇叭不响,可能是继电器的"按钮"接线柱至按钮之间的连线绝缘外皮磨破而搭铁或线头搭铁、按钮回位弹簧折断或弹力过弱等。

第九章 电气仪表

为使驾驶人能随时了解汽车和发动机的各种参数是否正常,以便及时采取措施,防止发生机械和人身事故,汽车上都或多或少地使用各种仪表。这些仪表有的显示汽车的常规运行参数,有的显示某些极限参数。汽车上常见的仪表有:电流表(或电压表)、机油压力表、水温表、燃油表、发动机转速表、车速里程表等。

第一节 电流表和电压表

一、电流表

电流表的作用是指示蓄电池充电或放电电流,它串接在充电电路中。它作成双向的,表盘的中间为"0",两旁各有读数20(或30),并有"+"、"-"两个标记。当发电机向蓄电池充电时,指示值为"+",即指向右侧;当蓄电池向用电设备放电时,指示值为"-",即指向左侧。

电流表有电磁式和动磁式两种。图9-1为东风 EQ1090E 型汽车装用的电磁式电流表的工作原理示意图。黄铜板条4固定在绝缘底板上,两端与接线柱1和3相连,下面与永久磁铁6紧固,磁铁的内侧在转轴7上装有带指针2的工字形软钢转子5。当没有电流通过电流表时,软钢转子5在永久磁铁的作用下被磁化,转子5磁化后的极性与永久磁铁的极性相反,因而两者互相吸引使指针保持在中间"0"的位置。

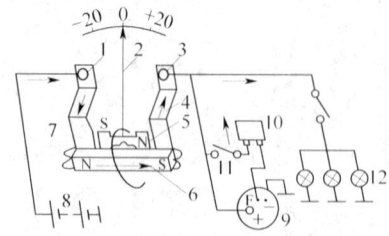

图9-1 电磁式电流表
1、3.接线柱 2.指针 4.黄铜板条 5.软钢转子 6.永久磁铁 7.转轴 8.蓄电池 9.发电机 10.调节器 11.点火开关 12.用电设备

当蓄电池放电,电流由接线柱1通过黄铜板条4流向接线柱3时,在它的周围便产生磁场,其方向可按右手定则判定,与永久磁铁的磁场方向相垂直,因此,产生了合成磁场,这个合成磁场磁力线的方向与永久磁铁磁力线方向成一个角度,因此,软钢转子就转到合成磁场的方向,与软钢垂直的指针也一并偏转了一个角度。图9-2表示软钢转子和指针的偏转。图中 H_1 是永久磁铁磁场作用力,H_2 是电流产生的磁场作用力,H_0 为合成磁场作用力。电流越大,它所产生磁场 H_2 越大,指针偏转 α 角也越大,并且指针指向负的一方。

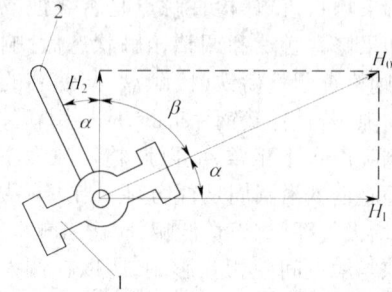

图9-2 合成磁场与指针的偏转
1.软钢转子 2.指针
H_1—永久磁铁磁场作用力 H_2—电流产生的磁场作用力
H_0—合成磁场作用力 α—指针偏离垂直方向的角度

二、电压表

电压表用来指示电源系统的工作情况。它不仅能指示发电机和调节器的工作状况,还能指示蓄电池的技术状况,比电流表及充电指示灯提供的信息多,判断更明,所以近年来国内装用电压表的车辆越来越多。

电压表与蓄电池、发电机并联,由点火开关控制,电路连接参见图9-3所示。

接通点火开关,电压表指示的是蓄电池端电压,对12V电系的车辆一般应为 11.5~12.6V。接通起动机的瞬间,电压会下降至9~10V。如起动时电压表指示值过低,则说明蓄电池亏电或有故障。发电机以正常转速运转时,电压表应指示在 13.5~14.5V 的规定范围内。若起动前和发动机转速高于怠速后,电压表指示不在规定范围内,则说明调节器调整不当或损坏。

电压表有电磁式和电热式(即双金属片式)两种。电热式结构简单,但当接通或切断电源时,指针摆动响应慢,故应用较少。装在北京切诺基汽车上的电磁式电压表的工作原理如图9-3所示。它由两只十字交叉的电磁线圈1和2、永久磁铁4、带指针的转子3及刻度盘组成。两只线圈互相串联,并在线路中串联了一只稳压管VW和限流电阻R。稳压管的作用是当电源电压达到一定数值时才将电压表电路接通。

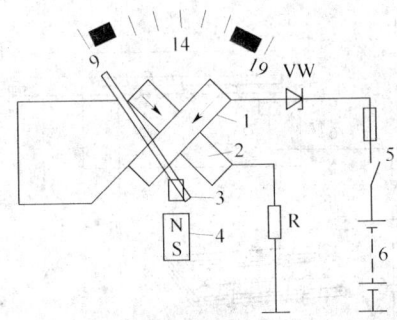

图9-3 电磁式电压表
1、2.电磁线圈 3.带指针的转子 4.永久磁铁 5.点火开关 6.蓄电池
VW—稳压管 R—限流电阻

在点火开关5未接通时,电压表未加电压,永久磁铁4将转子磁化,转子未偏转,使指针指向最小刻度9V(指针与转子初始位置按这种情况设定);当接通点火开关5,电源电压高于稳压管击穿电压后,稳压管击穿导通,两线圈便有电流流过,产生磁场,并形成一合成磁场。合成磁场与永久磁铁的磁场相互作用,使转子带动指针偏转。电源电压越高,通过两线圈的电流就越大,磁场越强,使指针的偏转角度就越大,这样就可指示出相应的电压值。

第二节 油 压 表

一、结构与工作原理

机油压力表用来检测发动机润滑系统的机油压力。它由装在发动机主油道上的油压传感器和仪表板上的机油压力指示表组成,如图9-4所示。

油压传感器如图9-4a所示。它装在发动机主油道上,膜片中心顶着弯曲的弹簧片3,一端焊有触点,一端通过壳体搭铁。双金属片4上绕有加热电阻丝,它一端与双金属片的触点相连,另一端则通过接触片6、接线柱7与油压指示表相连。校正电阻8与加热电阻丝并联。油压指示表中的双金属片11,一端固定在调节齿扇10上,另一端与指针12相连,其上绕有加热线圈16。

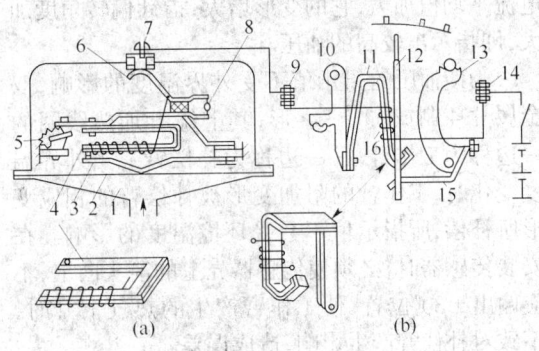

图9-4 双金属式油压表
(a)油压传感器 (b)油压指示
1.油腔 2.膜片 3.弹簧片 4.双金属片 5.调节齿轮 6.接触片 7、9、14.接线柱 8.校正电阻 10、13.调节齿扇 11.双金属片 12.指针 15.弹簧片 16.加热线圈

双金属片由两种热膨胀系数不同的金属做成(例如锌和钢)。当受加热线圈加热后,由于膨胀系数不同,双金属片受热后产生弯曲变形。双金属式仪表正是利用了这一原理。当电源开关接通时,电流由蓄电池正极→点火开关→接线柱14→加热线圈16→接线柱9→传感器接线柱7→接触片6→校正电阻8→双金属片4→弹簧片3→搭铁→蓄电池负极。

由于电流流过双金属片4和11上的加热线圈,使双金属片受热变形。如果油压很低时,传感器膜片2几乎没有变形,这时触点上压力甚小。当电流流过而温度略有上升时,双金属片4就弯曲,使触点分开,电路即被切断。经过一段时间后,双金属片冷却伸直,触点又闭合,电路又被接通。重复上述过程,触点开闭频率5~20次/min。由于油压很低,触点压力小,所以双金属片触点闭合时间短,打开的时间长。所以油压表双金属片加热线圈的电流平均值就下降,双金属片11弯曲变形小,指针12偏转角度很小,即指示出较低的油压。

油压增高时,膜片2向上拱曲,触点压力增大,双金属片4向上弯曲程度增大。这样只有在双金属片4温度较高时,也就是加热线圈通过较长时间的电流后,触点才能分开,而且当触点分开不久,双金属片稍一冷却,触点又很快闭合。因此,当油压高时,触点闭合时间长,断开时间短,而且频率增高。因此,流过双金属片11的加热线圈电流平均值加大,它的变形增大,指针偏转角度加大,即指示出较高的油压。

为使油压的指示值不受外界温度的影响,双金属片4制成"冂"字形,其上绕有加热线圈的一边称为工作臂;另一边称为补偿臂。当外界温度变化时,工作臂的附加变形被补偿臂的相应变形所补偿,所指示值不会受环境温度的影响。在安装传感器时,必须使传感器壳上的箭头向上,不应偏出±30°位置,使工作臂产生的热气上升时,不致对补偿臂产生影响,造成误差。

二、故障检查

1. 油压指示表指示"0"

①故障现象:发动机工作后,油压指示表指示为"0",而发动机润滑系统无故障。

②故障原因:油压表传感器断路;油压指示表内部断路;连接线有断路。

③检查排除:打开点火开关,首先将传感器做瞬间短路试验,观察压力表指针是否到满量程,如果是,说明传感器损坏。如果指示表指针仍不动,则故障在指示表,或是连接线有断路。

2. 机油压力指示过高

①故障现象:发动机未工作,打开点火开关压力表指示满量程。

②故障原因:油压表传感器短路;连接线短路搭铁;油压指示表头内部短路。

③检查排除:先拆下传感器上的连接线,如指示表指针回到零位,证明传感器内部短路;如指针不能回到零位,则表示连接线有短路处或指示表头内部有短路接铁处。

第三节 水温表与仪表电源稳压器

水温表是用来指示发动机内部冷却水工作温度的。它由装在仪表板上的水温指示表和装在发动机气缸盖上的水温表传感器组成。其形式有两种:电热式水温表和电磁式水温表。由于电热式水温表应用较普遍,故在此重点介绍电热式水温表的结构与工作情况。

一、电源稳压器

电源稳压器的作用是使加在水温表、燃油表上的电压保持稳定,让仪表在任何情况下不致由于电压不稳而影响其测量精度。对于采用电热式的仪表如水温表与燃油表,电流大小影响发热量也就影响读数,因此在仪表板内装有电源稳压器。常用的电源稳压器有电热式和电子式两种。下面以电热式为例介绍电源稳压器的工作原理。

电热式电源稳压器的结构如图9-5所示。

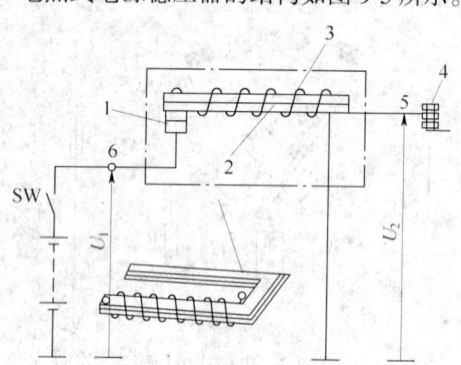

图 9-5 电热式电源稳压器

1. 触点 2. 双金属片 3. 加热线圈 4. 接线柱 5. 绿色输出导线 6. 红色输入线

SW—点火开关 U_1—输入电压 U_2—输出电压

稳压器稳定工作电压的原理:当稳压器触点1处于闭合状态时,输入电压 U_1 与输出电压 U_2 相等(忽略加热线圈与沿途电压降),即 $U_1 = U_2$。但此时,双金属片2因加热线圈3通电被加热而变形向上翘曲,使触点1断开,这时输出电压 $U_2 = 0$。双金属片2因不再受热而逐渐冷却复原,于是触点重又闭合。如此反复变化,使稳压器输出脉冲电压的波形如图9-6所示。

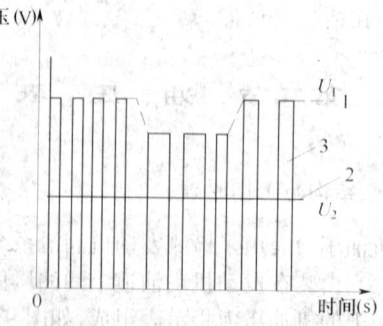

图 9-6 电源稳压器的电压波形图

1. 输入电压 U_1 2. 输出电压 U_2 3. 输出电压波形

当输入电压 U_1 增加时,由于流过稳压器加热线圈的电流增大,产生热量大,因此用较短的时间就可使触点打开。但触点打开后,却需较长的时间才能使触点闭合,这样虽然输入电压 U_1 增加,但因触点闭合时间减短,打开时间增长,使输出电压 U_2 仍可保持稳定。反之,当输入电压降低时,因流过稳压器加热线圈的电流减小,产生热量小,于是触点闭合时间增长,打开时间减短,则输出电压有效值 U_2 仍保持稳定,其稳定的电压值靠改变触点的压力来调整。这种电源稳压器的缺点是,易发生触点氧化、烧蚀、线圈烧断等故障,可靠性、精确度都不够高;又由于结构特点,输出电压与输入电压比值受到一定限制。

东风 EQ1090E 型汽车仪表稳压器的输出电压为 $(8.64±0.15)$V,解放 CA1091 型汽车仪表稳压器的输出电压为 7V。

二、带稳压器的电热式水温表

图 9-7 为带有稳压器的电热式水温表电路。传感器是一只随温度变化呈负系数变化的热敏电阻。当发动机冷却液温度较低时,传感器电阻值增大,通过电流的平均值减小,指示表中双金属片弯曲变形小,指针指向低。当冷却液温度升高时,传感器电阻值减小,电路中电流平均值增大,指示表中双金属片弯曲变形增大,使指针指向高温。

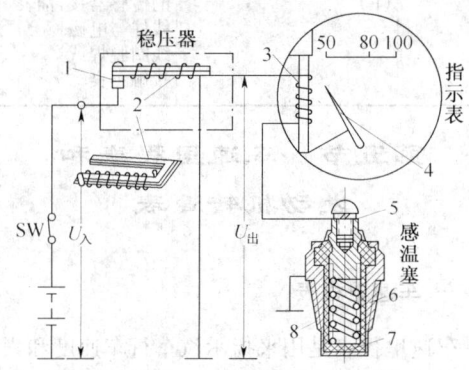

图 9-7 带稳压器的电热式水温表
1.触点 2.双金属片 3.电热线圈 4.指针 5.接柱 6.弹簧 7.热敏电阻 8.外壳

发动机正常工作时,水温应在80℃～90℃之间。

常用的水温表还有一种是电热式指示表配用电热式传感器,其指示表与上面介绍的油压指示表相同,仅刻度盘标注的数值方向不同(高温数值在左边)。而传感器是一个其上绕有电热线圈并具有一对触点的双金属片电路断续机构,其触点张开时间随冷却液温度的升高而增长。

三、水温表的故障检查

检查水温表时,首先应注意区分水温表是电磁式还是电热式。区分的方法是,接通电源,观察水温表指针的动作情况,指针迅速到位的是电磁式水温表,指针缓慢到位的是双金属式水温表。此外,还应注意其传感器的区别:电热式水温表使用的传感器为具有负温度系数的热敏电阻元件,常温时的电阻值为 100Ω 左右,而电热式传感器中加热线圈的电阻值较小,仅为 7～9Ω。因此,它们之间不能互换使用。

水温表的故障原因多为传感器损坏或水温指示表损坏。检查判断的方法是:

① 拆下传感器上的接线,测量传感器与接铁之间的电阻,如果室温下热敏电阻的电阻值在 100Ω 左右,说明传感器良好,否则应更换。

② 用一电阻代替水温表传感器,并直接接铁(其电阻值为 80～100Ω)。当接通电源时,如果水温指示表的指针在 60℃～70℃ 之间,则说明水温指示表良好,否则应更换。

第四节 燃 油 表

一、双金属式燃油表的构造与工作原理

燃油表用来指示燃油箱内储存燃油量的多少。它由传感器和指示表组成。传感器均采用可变电阻式,但指示表可采用电磁式和电热式两种。

图 9-8 为带有稳压器的电热式燃油表电路。

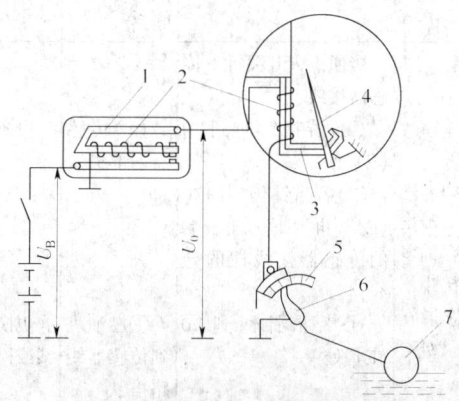

图 9-8 带稳压器的电热式燃油表
1.稳压器 2.加热线圈 3.双金属片 4.指针 5.可变电阻 6.滑片 7.浮子

传感器是一只受浮子控制的可变电阻。当油箱中燃油量较多时,浮子上升,传感器电阻值减小,通过指示表电热线圈中的电流增大,双金属片弯曲变形大,带动指针指示出较多的储油量。相反,燃油量较少时,浮子下降,传感器电阻值增大,电热线圈中的电流减小,双金属片弯曲变形小,带动指针指示出较少的储油量值。

传感器的电阻5末端接铁,可以避免滑片6与电阻5接触不良时产生火花,引起火灾。

二、燃油表的故障检查

双金属片式和电磁式燃油表的常见故障、产生原因及排除方法分别见表9-1和表9-2所列。

表9-1 双金属片式燃油表的常见故障、产生原因及排除方法

故障现象	故障判断	故障原因	排除方法
接通点火开关,无论油箱存油多少,指针不动,总指在"0(E)"处	接通点火开关,将传感器上的导线搭铁: (1)若指针迅速向"1(F)"处移动 (2)若指针仍不动,将燃油表上的传感器接线柱搭铁: ①若指针向"1(F)"处移动 ②若指针仍不动,将燃油表的电源接线柱搭铁试火: ·若无火 ·若有火	(1)传感器损坏或接地不良 ①传感器至燃油表间线路有断路或接线头接触不良 ·燃油表电源线断脱 ·燃油表内电热线圈断路	更换传感器或重装 更换导线或重新接线 重接或更换导线 更换燃油表
接通点火开关,无论油箱存油多少,指针不动,总指在"1(F)"处	接通点火开关拆下传感器接线: (1)若指针回到"0(E)"处 (2)若指针仍不回"0(E)"处,再拆下燃油表上的传感器接线柱的导线: ①若指针回到"0(E)"处 ②若指针仍不回"0(E)"处	(1)传感器内部搭铁 ①燃油表到传感器线路搭铁 ②燃油表损坏	更换传感器 更换导线或检修 更换燃油表

表9-2 电磁式燃油表的常见故障、产生原因及排除方法

故障现象	故障判断	故障原因	排除方法
接通点火开关,无论油箱存油多少,指针不动,总指在"0(E)"处	检查燃油表接线:若极性相反 若接线正确,接通点火开关,拆下传感器上的导线 若指针向"1(F)"处移动 若指针仍指在"0(E)",拆下燃油表上的传感器接线柱导线 若指针向"1(F)"处移动 若指针仍在"0(E)"处,将燃油表电源接线柱搭铁试火 有火花 无火花	燃油表极性接反 传感器内部搭铁或浮筒损坏 燃油表至传感器间导线搭铁 燃油指示表内线圈断路 指示表电源线断路	接好导线 检修或更换传感器 更换导线 更换油指示表重接或更换
接通点火开关,无论油箱存油多少,指针不动,总指在"1(F)"处	接通点火开关将燃油表传感器导线搭铁: 若指针回到"0(E)"处 若指针仍不回"0(E)"处,将燃油表上的传感器接线柱的导线搭铁 若指针回到"0(E)"处 若指针仍不回"0(E)"	传感器损坏或接地不良 燃油表至传感器间线路断路 燃油表上的传感器接线柱与电磁线圈脱焊或接触不良	更换传感器 更换导线或检修 更换燃油表

第五节 车速里程表和发动机转速表

一、车速里程表

车速里程表是用来指示汽车行车速度和累计汽车行驶里程(包括总里程和单程里程)数的仪表。它由车速表和里程表两部分组成。如图9-9所示为磁感应式车速里程表的结构简图。它的主动轴由变速器传动蜗杆经软轴驱动。

车速表由与主动轴紧固在一起的永久磁铁1,带有轴与指针6的铝罩2,磁屏3和紧固在车速里程表外壳上的刻度盘5等组成。不工作时,铝罩在游丝的作用下,使指针位于刻度盘零的位置。当汽车行驶时,主动轴带着永久磁铁1旋转,磁力线在铝罩2上引起涡流,涡流产生的磁场

作状况，更好地掌握换档时机，利用经济车速等，都需安装发动机转速表。

发动机转速表有机械式和电子式两种。由于电子式转速表指示平稳、结构简单、安装方便，所以被广泛采用。汽油发动机电子式转速表都是用点火系统的点火线圈一次电路为触发信号，对于柴油发动机，则必须单独安装转速传感器产生触发信号。

电子式转速表的线路形式较多，如图 9-10 是利用电容器充放电的脉冲式电子转速表，其工作原理如下：

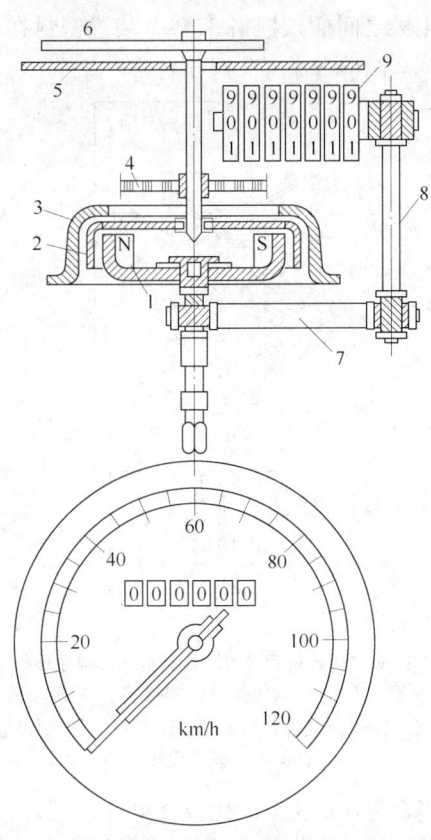

图 9-9　磁铁式车速里程表

1.永久磁铁　2.铝罩　3.磁屏(铁护罩)　4.盘形弹簧
5.刻度盘　6.指针　7,8.蜗轮蜗杆　9.十进制里程表

与旋转的永久磁铁磁场相互作用产生转矩，克服游丝的弹力，使铝罩 2 朝永久磁铁转动方向转过一个角度，与游丝的弹力相平衡，指针便在刻度盘上指示相应的车速。车速越高，永久磁铁 1 旋转越快，铝罩 2 上的涡流越强，因而转矩越大，指针指示的车速也越高。

里程表则由蜗轮蜗杆机构减速和用数字轮显示。蜗杆蜗轮具有一定的传动比，汽车行驶时，软轴带动主动轴，并经三对蜗轮蜗杆驱动里程表右边第一数字轮。第一数字轮上所刻数字为 1/10km，两个相邻的数字轮之间，又通过本身的内齿和进位数字轮传动齿轮，形成 1∶10 的传动比。即当第一数字轮转动一周，数字由 9 翻转到 0 时，使相邻的左面第二数字轮转动 1/10 周，成十进位递增。左侧其他数字轮的工作原理都相同，这样汽车行驶时，就可累计出其行驶里程数。

二、发动机转速表

为了检查和调整发动机，并监视发动机的工

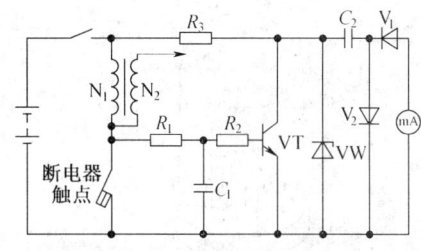

图 9-10　电容放电式转速表

当触点闭合时，三极管 VT 无偏压而处于截止状态，电容 C_2 被充电。其充电电路为蓄电池正极→R_3→C_2→V_2→蓄电池负极构成回路。

触点分开时，三极管的基极得正电位而导通，此时 C_2 便通过导通的三极管 VT、毫安表(mA) 和 V_1 构成放电回路。

当发动机工作时，断电器触点不断开闭，其开闭频率与发动机转速成正比。所以当触点不断开闭时，对电容 C_2 不断进行充放电，其放电电流平均值与发动机转速成正比，于是将毫安表刻度值，经过标定刻成即可直接反映发动机转速。

稳压管 VW 起稳压作用，使 C_2 再次充电电压不变，以提高测量精度。

第六节　电子仪表装置

一、电子显示器件

随着汽车电子技术的蓬勃发展，汽车仪表以及显示装置已进入电子化时代。近年来，在世界范围内已有多种汽车装置了具有电子显示件的电子仪表盘，必将普及并有大发展的趋势。

目前汽车上使用的电子显示器件主要有：发光二极管显示器(LED)、荧光显示器(VFD)和液晶显示器（LCD）三种，分为发光型和非发光型。发光型显示器自身发光，容易获得鲜艳的流行色显示；非发光型显示器靠反射环境光显示。

1. 发光二极管显示器（LED）

广泛使用的发光二极管是显示装置中最简单的。在很多情况下，它代替了仪表板中使用的传统白炽灯。

发光二极管是采用半导体发光材料做成的把电能转换成光能的固体发光器件。它由二极管引线、晶片和散射透镜组成，如图9-11所示。

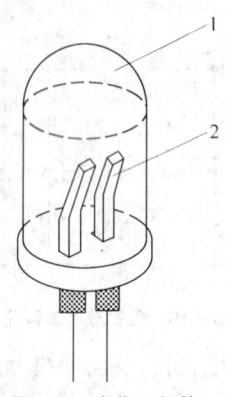

图 9-11 发光二极管
1. 透镜 2. 晶片

当发光二极管两极所加正向电压增加时，电流流经晶片，并发出一定波长的光，发光强度与电流成正比。发光二极管的颜色有红、绿、黄，可单独使用，也可根据需要做成段式或是矩阵式，用来显示数字或文字。

发光二极管组成的显示管件，工作电压低，可用 IC 驱动。工作温度在 -30℃～85℃，通断速度快。

发光二极管只适用于作汽车指示灯、数字符号段或点数不太多的小型显示，不宜作大型显示。

2. 真空荧光管显示器（VFD）

这种主动的显示系统有比发光二极管更宽的色域，它有蓝色显示，而发光二极管很难达到这一点。它的耐用性以及驱动电路连接的简易性，使得该系统适合显示数字、单词和条形图。

真空荧光管实际上是一种低压真空管，其结构和工作原理如图9-12所示。

图9-12a为汽车用数字式车速表的真空荧光显示屏，三位数字。其阳极4为20个字形笔画小段，上面涂有荧光体（或磷光体），各与一个接线柱相接，笔画内部相互连接。其阴极2为灯丝，在阴极与阳极之间插入栅格3，整个装置密封在一个被抽成真空的玻璃罩1内。

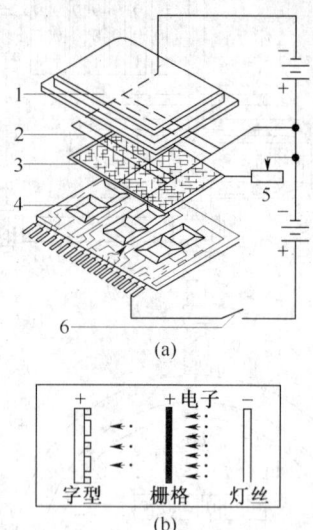

图 9-12 真空荧光管及其显示屏结构原理
1. 玻璃罩 2. 灯丝（阴极） 3. 栅格 4. 笔画小段（阳极） 5. 电位器（亮度调节） 6. 电子开关（微机控制，能使某些笔画段发光）

当真空显示装置的阳极接电源"＋"，而阴极接电源"－"时，其灯丝作为阴极发射电子并被电场加速，通过栅格使其射向阳极，如图9-12b所示。由于玻璃罩内抽成真空，前面装有平板玻璃，并配有滤色镜，故能使通过栅格的电子轰击阳极上的荧光体发出亮光来，从而显示出所要看到的东西。

真空荧光显示寿命长，响应时间为微秒级，易于多路传输，因而是最早引入汽车仪表中的发光型显示器件，也是目前汽车上采用最多的一种。

3. 液晶显示器（LCD）

液晶为"液态晶体"的简称，是一种有机化合物。在一定的温度范围内，它既具有普通液体的流动性，又具有晶体的某些光学特性。

液晶显示器是非发光型显示器件，它与发光二极管和真空荧光显示不同。发光二极管和真空荧光显示，在电源作用下自己能发光，而液晶显示自身则不能发光，它只是受到其他光源激发后，在阻止或允许光线通过这两种状态之间进行转换。

图9-13所示为液晶显示装置的基本结构与工作原理。

液晶被两块装有透明电极膜的玻璃板密封在

玻璃盒内,玻璃板间隙为 5~10μm。玻璃板表面被进行特殊研磨处理,使得玻璃板表面液晶分子被强制性同方向配置,在前后玻璃板中作 90°配置,液晶分子的方向以 90°螺旋状形态排列,如图9-13a 所示。

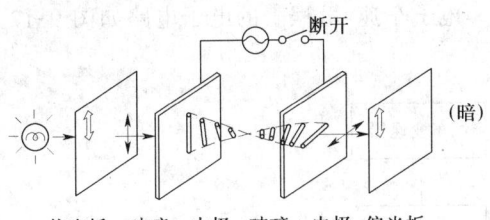

(a) 玻璃板间不加电压

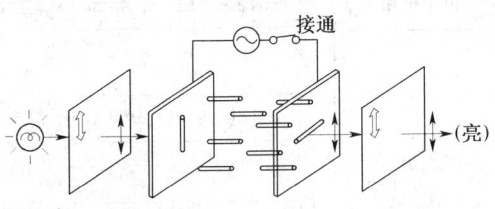

(b) 玻璃板间加电压

图 9-13 液晶显示装置的基本结构与工作原理

另外,在玻璃板外侧设置偏光板,两偏光板的偏光轴相互垂直,当光源从左方入射光线时,则通过偏光板的光成为直线光进入液晶层,按照液晶分子的螺旋状排列形态,使偏光方向作 90°旋转,达到另一侧玻璃板,偏光板遮断光路而变暗。

当两玻璃板间附加电压时,如图 9-13b 所示,在电场力作用下,使液晶分子的长轴方向转成与玻璃板表面垂直,此时射入液晶层的直线偏光不再引起旋转,而保持原来的状态到达另一侧偏光板,所以,光通过偏光板呈明亮状态。这样对通过光的部分安装透明电极,接通电压可作任意特性显示。当去除电压后,又可恢复到初始状态。

二、汽车电子仪表

随着汽车仪表的电子化,电子式温度表、油压表、燃油表、汽车发动机电子转速表、汽车电子车速/里程表及汽车电子电压表均应运而生,下面介绍电子化后的各类仪表。

1. 电子温度表、油压表

电子温度表、油压表电路如图 9-14 所示。该电路具有显示发动机冷却液温度和机油压力两种功能。

电路主要由冷却液温度传感器 W_1 和机油压力传感器 W_2、集成电路 LM339 和发光二极管显示器等组成。传感器 W_1、W_2 均采用双金属片式。冷却液温度传感器 W_1 安装在发动机冷却水套上,它与电阻 R_1 串联组成冷却液温度测量电路;油压传感器 W_2 安装在发动机主油道上,与电阻 R_8 串联组成机油压力测量电路。

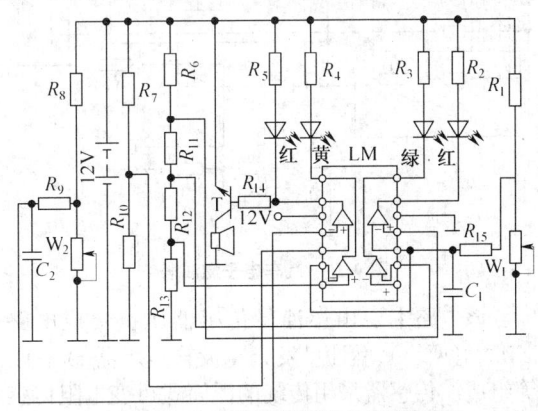

图 9-14 汽车电子温度表、油压表电路

(1)温度显示原理

温度表按 40℃、85℃和 95℃三种温度设置发光显示和仪表刻度。

通过冷却液温度传感器 W_1 的检测,以冷却液温度 40℃为安全起始,提请注意信号,此时,黄色发光二极管点亮来显示;冷却液温度 85℃为发动机正常工作温度信号,用绿色发光二极管显示;冷却液温度 95℃为发动机工作温度上限信号,用红色发光二极管显示,以示警告;与此同时,由晶体三极管 T 所控制的蜂鸣器也会发出报警响声信号。

(2)油压显示原理

油压表按油压过低、油压正常和油压过高三种状态来设置发光显示和仪表刻度。在油压过低(油压低于 68.6kPa)时,双金属片式油压传感器产生的脉冲信号频率最低,为 5~20 次/min,此时红色发光二极管被点亮,发出红光显示,与此同时,蜂鸣器亦发出响声报警信号。当油压正常时,用绿色发光二极管显示,以表示发动机润滑系统工作油压正常。当油压过高时,传感器产生的脉冲信号频率高,为 100~120 次/min,此时用黄色发光二极管发光显示,以防润滑系统装置的损坏。

2. 电子燃油表

电子燃油表电路如图 9-15 所示。

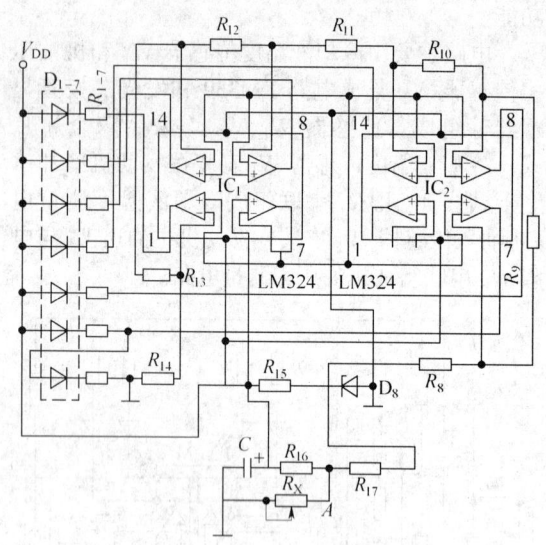

图 9-15 汽车电子燃油表

3. 电子车速/里程表

电子车速/里程表仍然采用指针式,但其内部结构与传统的表不同。

图 9-16 为美国通用公司采用的电子车速/里程表的结构框图。

电子车速/里程表的电子电路如图 9-17 所示。

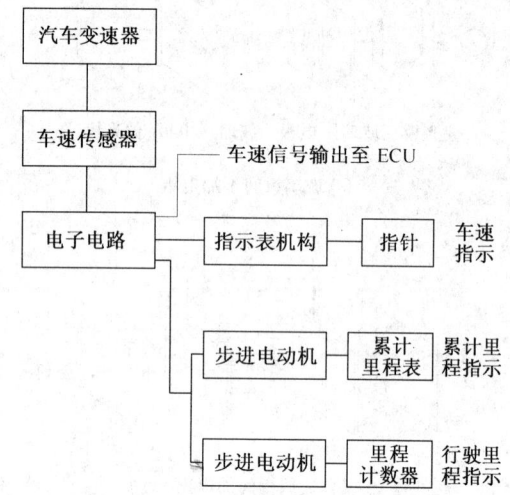

图 9-16 通用公司电子车速/里程表结构框图

该电路主要由燃油量传感器 R_X、集成电路 LM324(两块)、燃油量发光二极管显示器 $D_1 \sim D_7$ 等组成。传感器采用传统的浮筒式可变电阻传感器,安装在燃油箱上,其电阻值可随油箱内燃油量的多少而发生变化。油箱无油时,传感器 R_X 的电阻值约为 100Ω,油箱全满时,其电阻值为 5Ω。不同的传感器其电阻值略有不同。电阻 R_{15} 和稳压管 D_8 组成稳压电路,其稳定电压作为电路的标准电压,通过 $R_8 \sim R_{13}$ 作用到集成电路 IC_1 和 IC_2 组成的电压比较器同向输入端,用以与基准电压比较并加以放大。电容器 C 与电阻 R_{16} 组成的延时电路,使燃油表的发光显示不随油箱中燃油量的波动而发生变化。

汽车电子燃油表的工作过程如下:

① 当油箱里的燃油全满时,传感器 R_X 的电阻值最小,图中 A 点的电位最低,IC_1 和 IC_2 电压比较器的输出为低电平,此时 6 只绿色发光二极管($D_2 \sim D_7$)全部点亮,而红色发光二极管 D_1 熄灭。

② 随发动机运行对燃油消耗,油箱内燃油量会逐渐减少,传感器 R_X 电阻值将逐渐增大,A 点的电位也将逐渐升高,显示器的绿色发光二极管便按 D_7、D_6、D_5……依次熄灭。

③ 当油箱的燃油减少到某一极限值时,R_X 的电阻值达到最大,A 点的电位也达到最高,集成块 IC_2 第 5 端子电位高于 6 端子的基准电位,6 只绿色发光二极管全部熄灭,此时红色发光二极管 D_1 被点亮,以示燃油量已达极限,提醒驾驶人必须立即加油。

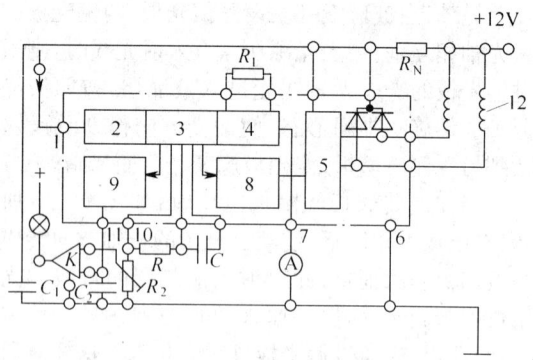

图 9-17 电子车速/里程表的电子电路

1. 输入端 2. 施密特触发器 3. 多谐振荡器 4. 信号(电流)发生器 5. 输出级 6. 集成电路 7. 接线端 8. 分压器(两档) 9. 滤波器 10、11. (模拟量)输出端 12. 步进电动机

电子电路就是用来将车速传感器送来的具有一定频率的电信号转变为有用的方波电压信号,以控制车速电路驱动里程表的步进电动机。

电子电路通常用密封的触点来控制,就是将密封触点产生的脉冲信号输入施密特触发器,尔后再控制多谐振荡器。多谐振荡器既控制电流发生器又控制分压器、滤波器及电压比较器 K。

电子车速/里程表工作时，集成电路的接线端 7 能够获得与输入信号频率成正比的平均输出电流，以使车速表正常工作而测量出车速。分压器 8 是一个五级两档分压器，它可以使输入频率在 1:32 之间变化，其输出频率为 0～10Hz，用以控制步进电动机 12。步进电动机 12 的每一转角都对应于汽车所行驶的路程，而与汽车行驶速度和方向无关。步进电动机与计数器之间采用机械传动，以保证计数器与汽车转动部分的几何参数协调一致，从而实现里程表计数，并累计汽车行驶里程。

4．电子电压表

图 9-18 所示电路是目前现代汽车应用电压显示电路的一种。该电路中应用的 LM3914 集成块与我国上海无线电七厂生产的 SF3914 集成块性能基本相同。

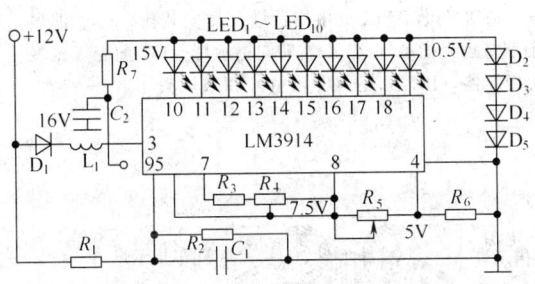

图 9-18　LM3914 汽车电压显示电路

该显示器主要由 LM3914 集成电路构成柱形/点状带发光二极管显示电路，专门用来检测模拟电平，驱动发光二极管进行线性模拟显示。它共用了 10 只发光二极管（$LED_1～LED_{10}$），电压的显示范围为 10.5～15V，每个管子代表 0.5V 的电压跃变。电路中微调电位器 R_5 的作用是将 7.5V 的电压加到分压器的上侧。电阻 R_7 及二极管 $D_2～D_5$ 是将加于各个 LED 上的电压钳制在 3V 左右，以保证二极管不被损坏。L_1 和 C_2 所构成的低通滤波器，可用来防止电压类的脉冲干扰。二极管 D_1 的作用是防止电源一旦极性接反时，其反向电压使显示器损坏。

该显示器还可根据用户的爱好要求改变显示方式，把柱形/点状显示选择开关接通或切断即可。当接通时为"柱形"显示，即在所指示的电压值以下的发光二极管均发亮。切断时为"点状"显示，即只有在所指示的电压值以上时发光二极管发亮。

三、汽车电子仪表装置的故障自诊断

1．汽车电子仪表装置维修注意事项

①对精密的汽车电子仪表装置进行维修的技术要求较高，维修时应遵照各汽车厂使用维修手册的有关规定，必要时，电子仪表装置应让专业修理单位维修。

②汽车电子仪表显示板和母板（逻辑电路板）不仅较易损坏，而且价格较贵，因此在使用和检修时应多加谨慎，除有特殊说明外，不能用蓄电池的全部电压加于仪表板的任何输入端。用检测仪表检修汽车电子仪表装置时，一定要按厂家的要求使用合适的检测仪表，否则易造成微机电路的严重损坏。

③对需要检修的电子仪表板的装卸，要按拆装顺序进行，拆装时注意不要猛敲猛打，以防本来状况良好的元器件因敲打而损坏。在拆卸仪表板总成之前，应首先切断电源，新的电子仪表元器件应放置在镀镍的包装袋里，需更换时，应从此袋中取出，取出时注意不要碰触各部接头，不要提前从袋中取出。

④在处理电子式车速/里程表的电路片时，必须使用原来的塑料盒，以免因静态感应而损坏。若不慎碰触电路片的接头时，将会使仪表的读数消除，凡遇此情况，都必须将仪表送往专门修理单位进行重新编程后才能使用。

2．汽车电子仪表装置的故障自诊断

采用先进的微机控制的汽车一般都具有故障自诊断系统，其中包括对电子仪表装置进行自检，即本车的微机能够对其电子仪表及主显示装置进行功能检查和故障诊断。具体的故障自诊断方法应根据本车的使用说明书来定。当故障代码在汽车电子仪表板上显示出来后，应查阅有关手册，了解该代码所代表的故障原因和处理方法后再行处理。

第七节　汽车组合式仪表盘

通常汽车将各种仪表、指示灯、警报灯及仪表照明灯合装在一个表盘内，共用一块表面玻璃密封,称为组合式仪表盘。

一、普通仪表盘

图 9-19 所示为解放 CA1091 型汽车组合仪表盘,图 9-20 所示为解放 CA1091 型汽车组合仪表的接线图,图 9-21 所示为解放 CA1091 型汽车组合仪表电路原理图。

二、电子仪表盘

图 9-22 为国产 ED-02 型电子式组合仪表的面板图,图 9-23 为国产 ED-02 型电子式组合仪表电路原理图。

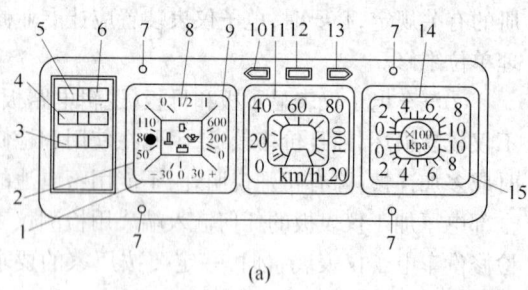
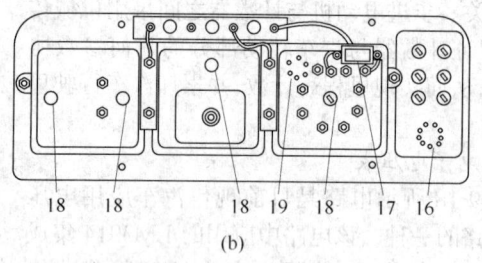

图 9-19 解放 CA1091 型汽车组合仪表盘
(a)仪表盘正面　(b)仪表盘反面

1.电流表　2.水温表　3.油压警报灯　4.气压警报灯　5.驻车制动警报灯　6.充电指示灯　7.安装孔　8.燃油表　9.机油压力表　10.左转向指示灯　11.车速里程表　12.前照灯远光指示灯　13.右转向指示灯　14.前腔气压表　15.后腔气压表　16.警报灯插座　17.仪表电源稳压器　18.仪表照明灯　19.仪表插头

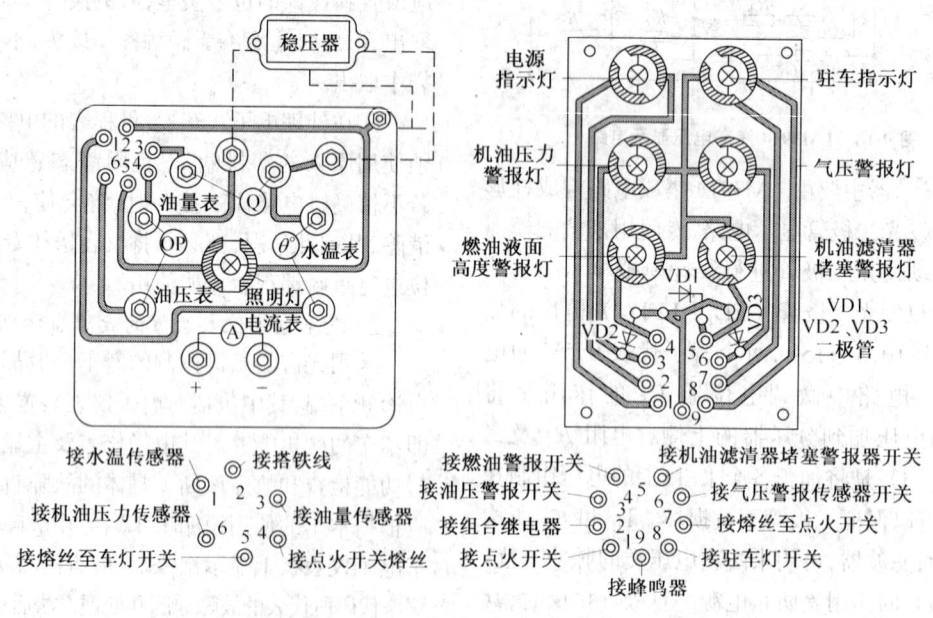

(a)仪表电路板插头接线位置　　(b)警报信号装置电路板插头接线位置

图 9-20 解放 CA1091 型汽车组合仪表的接线

第七节　汽车组合式仪表盘　167

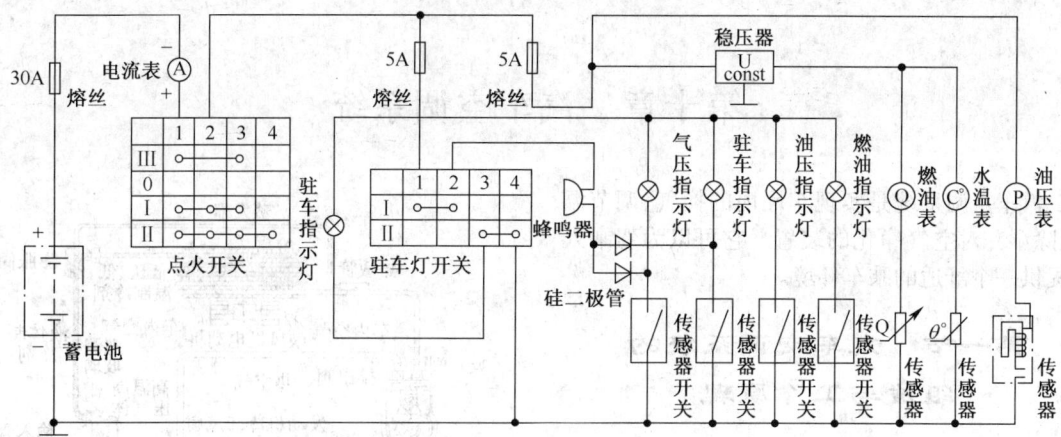

图 9-21　解放 CA1091 型汽车组合仪表电路原理图

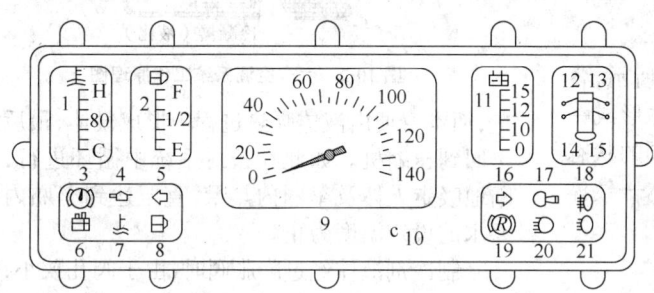

图 9-22　国产 ED-02 型电子式组合仪表的面板（猎豹、燕京牌汽车用）

1．水温表　2．燃油表　3．制动失灵警报灯 4．油压过低警报灯　5．左转向指示灯　6．充电指示灯　7．水温过高警报灯　8．燃油量过少警报灯　9．车速表　10．蓄电池断电器开关 11．电压表　12~15．车门状态指示灯　16．右转向指示灯　17．倒车指示灯　18．雾灯指示灯　19．手制动指示灯　20．(前照灯)远光指示灯　21．(前照灯)近光指示灯

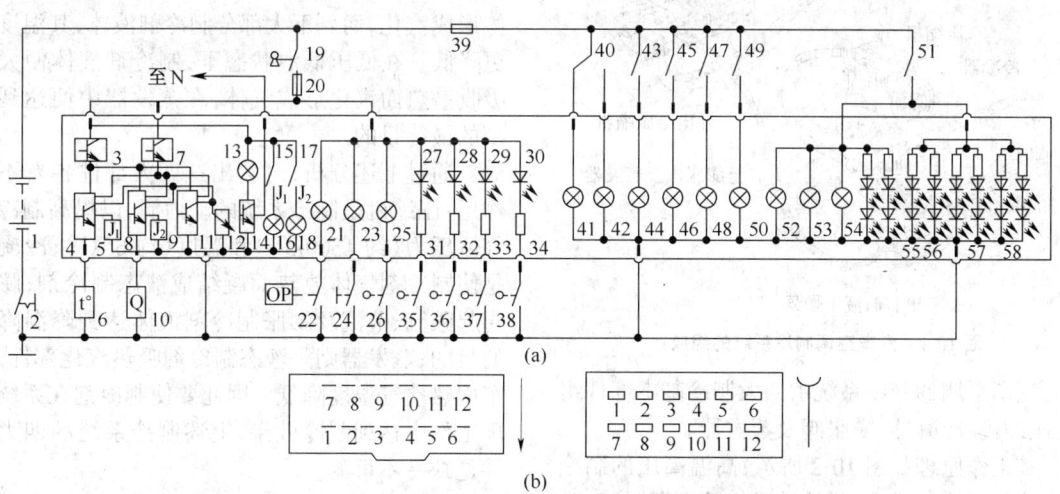

图 9-23　国产 ED-02 型电子式组合仪表的电路原理图

1．蓄电池　2．蓄电池继电器　3．主控制电路　4．显示板及温度表控制电路　5．继电器　6．温度表传感器　7．显示板控制电路　8．显示板及燃油表控制电路　9．继电器　10．燃油表传感器　11．显示板及电压表控制电路　12．显示板亮度调节电阻　13．充电指示灯　14．充电指示灯控制电路　15．继电器触点　16．水温过高警报灯　17．继电器触点　18．燃油量过少警报灯　19．点火开关　20．熔丝　21．油压过低警报灯　22．油压警报开关　23．手制动指示灯　24．手制动灯开关　25．制动失灵警报灯　26．制动开关　27~30．车门状态指示灯　31~34．电阻　35~38．车门状态指示灯开关　39．总熔断器　40．转向开关　41．左转向指示灯　42．右转向指示灯　43．改光开关　44．远光指示灯　45．变光开关　46．近光指示灯　47．雾灯开关　48．雾灯指示灯　49．倒车灯开关　50．倒车指示灯　51．车灯开关　52~54．仪表灯　55．车门状态发光二极管　56．温度表发光二极管　57．燃油表发光二极管　58．电压表发光二极管

第十章　汽车空调系统

汽车空调系统是实现车厢内的换气、调节温度、除湿和对空气净化的装置。它可以为驾乘人员提供一个舒适的乘车环境。

第一节　汽车空调系统的组成与工作原理

汽车空调系统由制冷系统和制热系统组成。

一、制冷系统

汽车空调制冷系统的组成如图 10-1 所示,各部件之间采用铝管和高压橡胶管连接,并形成一个完全密闭的系统,制冷剂 R-134a 以不同的状态在这个密闭系统内循环,即由气体—液体—气体发生变化。

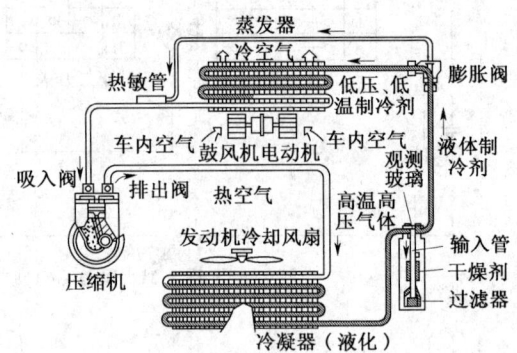

图 10-2　汽车空调系统工作原理图

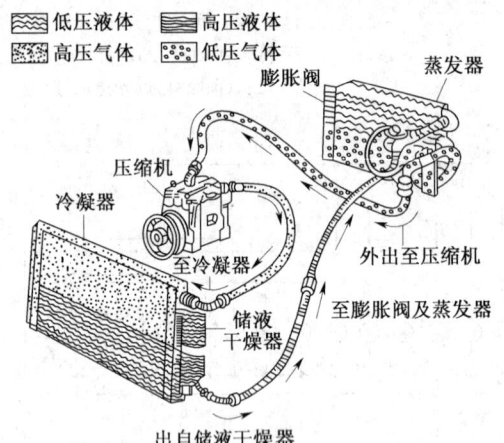

图 10-1　汽车空调制冷系统的组成

汽车空调的制冷系统由四大制冷基本部件组成:压缩机、冷凝器、膨胀阀及蒸发器。

其工作原理如图 10-2 所示,高温高压的制冷剂气体从压缩机排出,经管道进入冷凝器(位于冷却水箱旁),在这里制冷剂的大量热散发给车厢外的空气,使其由气态冷凝,形成高温(约 55℃)高压(约 1300kPa)的液态制冷剂,然后进到起吸湿与过滤作用的储液干燥器,接着经膨胀阀到达蒸发器,这时制冷剂为低温(约 -5℃)、低压(约 150kPa)液体,极易通过空气传递吸收车厢内的热量,而本身便由液体吸热过程中形成气体,最后又再回到压缩机。如此在密封系统中循环进行,不断地吸走人体及车厢内热量,直至达到车厢内所要求的设定温度为止。

制冷剂液体经过膨胀阀时,由于阀孔狭小,阻力极大,便起到限制与节流作用,使其能量损耗了一部分,便使制冷剂液体压力显著地降低,沸点(蒸发)温度也相应地随着降低,使少量制冷剂液体形成汽化,而剩下大部分制冷剂液体,其温度便更降低。在低压低温状态下,制冷剂液体便大量吸收潜热而汽化形成气体,在蒸发器中便达到制冷的最终目的。

通过上述分析,可看出这四大部件各有不同作用:压缩机是制冷系统的动力源,以提高制冷剂气体压力(约 1300kPa)和温度(约 65℃);冷凝器是使制冷剂气体放热而凝结成液态制冷剂;膨胀阀起限制、节流及膨胀制冷剂液体达到降温降压的目的;蒸发器则是液态制冷剂吸热汽化部件,使车内热空气温度降低。因此要使制冷剂在系统循环工作中达到制冷效果,上述制冷系统的四大部件是缺一不可的。

制冷循环的情况可用图 10-3 形象地表示出来。

二、制热系统

汽车空调取暖系统用于汽车车厢内冬季取暖及风窗除霜。汽车上一般都采用水暖式取暖系统,其结构与工作过程如图 10-4 所示。

气体吸入进来，经过绝热压缩后，变为高温高压的气体，然后送入冷凝器。也可以说它能把热从吸热部分的蒸发器转送给放热部分的冷凝器。

压缩机布置在发动机前部，由发动机曲轴前端的驱动轮经传动带驱动。目前汽车空调压缩机以斜盘式、曲柄连杆式或转子式压缩机为最多。

1. 摇盘式压缩机

如图10-5所示，捷达轿车就采用这种压缩机。它是日本三电公司（SADEN）生产的SD508压缩机，其性能参数列于表10-1中。

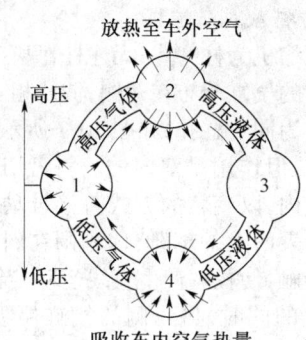

图10-3 制冷循环与制冷剂压力的变化
1. 压缩机 2. 冷凝器 3. 膨胀阀 4. 蒸发器

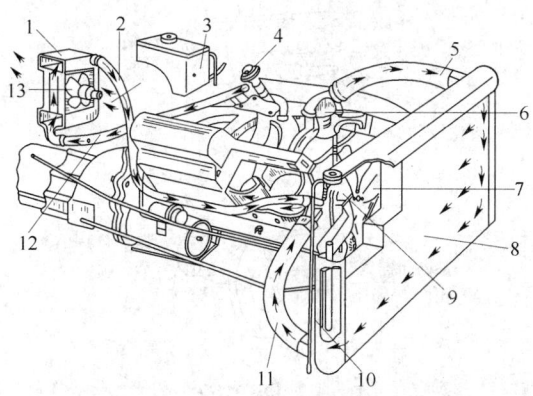

图10-4 水暖式取暖系统工作过程
1. 加热器 2. 加热器出水管 3. 溢流罐 4. 热水阀
5. 水箱进水管 6. 节温器 7. 风扇 8. 散热器
9. 水泵 10. 溢流管 11. 水箱出水管 12. 加热器进水管 13. 鼓风机

从发动机气缸体出来的冷却水经过节温器，在冷却水温度达到80℃时，节温器才允许冷却水分流一部分进入加热器加热周围的空气，再通过鼓风机将加热后的空气吹入车厢内。在加热器中释放热量的冷却水被水泵重新抽回发动机，完成一次循环。在节温器和加热器之间设有热水阀，以控制和调节进入加热器的热水量。热水阀一般由真空来控制。

第二节 汽车空调制冷系统部件的结构

一、压缩机

压缩机是制冷循环系统的动力源，它的作用是将在蒸发器中吸收热量蒸发的低压低温制冷剂

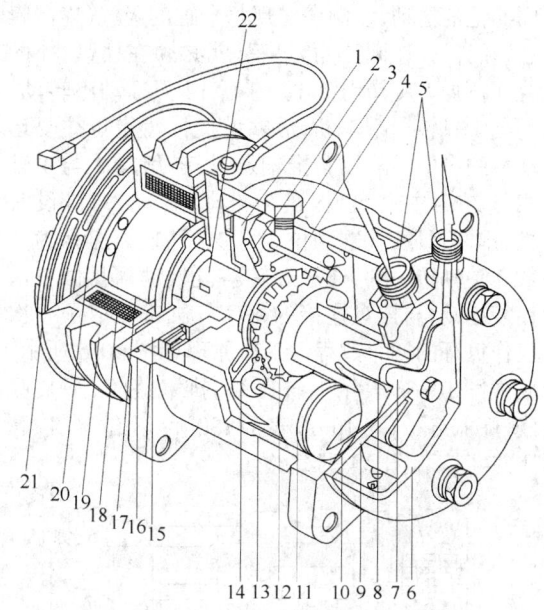

图10-5 SD508摇盘式压缩机
1. 旋转斜盘 2. 止推轴承 3. 注油塞 4. 连杆 5. 进出接口 6. 头盖 7. 限位板 8. 排气阀片 9. 阀板
10. 吸气阀片 11. 活塞 12. 固定锥齿轮 13. 气缸体
14. 装有锥齿轮的行星盘（摇盘） 15. 前盖 16. 密封圈
17. 轴承 18. 线圈 19. V带轮 20. 电磁离合器
21. 吸盘 22. 主轴

表10-1 SD508压缩机性能参数表

项 目	参数	项 目	参数
结构型式	摇盘式	制冷剂	R12
气缸数	5	额定制冷量(W)	4419
活塞行程(mm)	28.5	功率消耗(kW)	2.5
气缸直径(mm)	35	电压(V)	12
排量($cm^3 \cdot r^{-1}$)	138	额定功率(W)	43
冷冻机油(cm^3)	135±15	电磁离合器质量(kg)	2.4
压缩机质量(kg)	4.6		

压缩机运动部件的润滑是靠飞溅和制冷剂本身含油进行的。压缩机工作时，由于斜盘的旋转

摆动,将冷冻机油带起溅到各处。此外,由于制冷剂与油具有互溶性,使制冷剂在流入压缩机时,已携带部分冷冻机油用以润滑压缩机内部的运动机件。

这种压缩机属活塞式,仍保留连杆,连杆两端均采用球头,一端铰连在活塞的承窝中,另一端铰连在一斜置的摇盘 14 上,使摇盘的摆动和活塞的移动协调而不发生干涉。摇盘用钢球作支承中心(未画出),并用一对固定圆锥齿轮 12 来限制摇盘的运动,这种铰连方式决定了该盘只能摇,不能转,因此得名摇盘式压缩机。为了推动摇盘 14 作周期性的摇动,以顺序实现每个缸的吸气(连同膨胀)和排气(连同压缩)过程,就必须在摇盘 14 的背面再加一旋转斜盘 1。摇盘 14 只摇动不转动,斜盘 1 只转动不串动,活塞就按摇盘定位往复运动。两盘中间隔以止推轴承,旋转斜盘 1 与主轴 22 固结为主动盘,摇盘为被动盘。压缩机设有进、排气阀片,气缸均位于一侧,气缸数通常为奇数。主轴转一圈,通过旋转斜盘推动摇盘做一次往复摇动,与摇盘连接的每个气缸都完成了一次工作循环的四个过程。工作原理如图 10-6 所示。其中图 10-6a 表示上缸压缩、排气终了,下缸吸气、膨胀终了;图 10-6b 表示 180°后,上缸吸气、膨胀终了,下缸压缩、排气终了。

2. 旋转斜盘式压缩机

这种压缩机为柱塞式,无连杆,只有一个旋转的斜盘。它的气缸分布在两侧,彼此相互贯通,相对的两气缸为同一缸孔,如图 10-7 所示。柱塞两侧连为一体,但作用是双向的。斜盘切入到柱塞中部的缺口内,以旋转的方式直接推动两侧紧贴在斜盘光滑表面上的球靴,球靴则在斜盘表面上保持滑动接触,使柱塞产生直线运动,当一侧的气缸压缩排气的同时,另一侧的气缸便吸气膨胀。此种结构形式的特点是缸数多、行程小,气缸多为偶数。

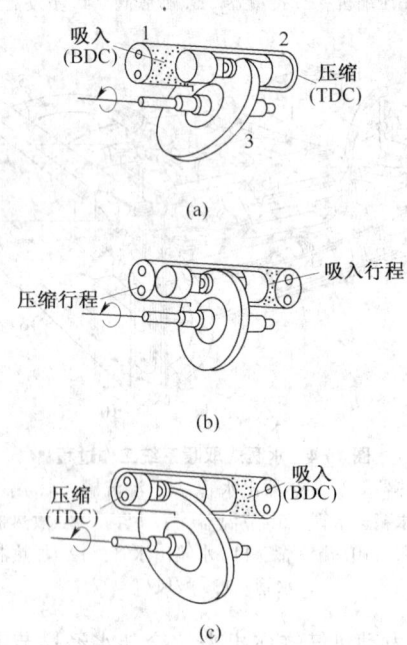

图 10-7 旋转斜盘式压缩机的工作原理(以前缸为准)
(a)吸气到下止点 (b)压缩行程 (c)压缩到上止点
1. 前缸 2. 后缸 3. 旋转斜盘

二、冷凝器

从压缩机出来的高温高压的气态制冷剂,进入冷凝器后,与车外环境温度进行热交换,放出热量,进行冷却和冷凝,变为液态制冷剂。汽车空调冷凝器属于风冷式冷凝器,需要冷却风扇将传至冷凝器管片表面的热量散发到空气中。常见的冷凝器有三种结构形式。一是管片式,由于其体积和重量指标都较落后,在轿车空调上已很少使用。二是管带式,如图 10-8 所示,目前很多轿车的空调系统采用这种结构。它是由异形多孔扁管及波形散热带焊接而成的,也有的波形带直接从扁管上制出。三是平行流式冷凝器,如图 10-9 所示,其

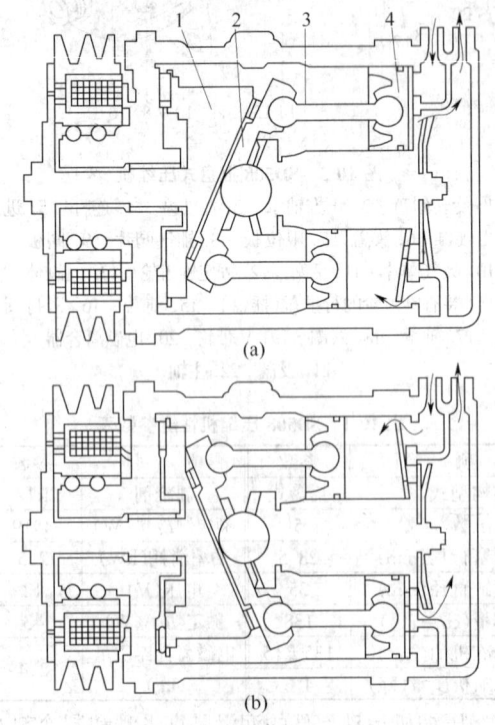

图 10-6 摇盘式压缩机工作
1. 旋转斜盘 2. 摇盘 3. 连杆 4. 活塞

体积和重量指标均优于前两种,但其细密的空气通道对空气环境和路面都有较高的要求。

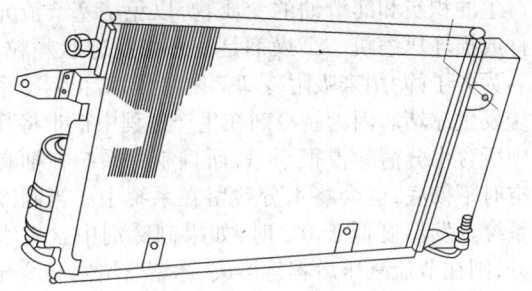

图 10-8　管带式冷凝器

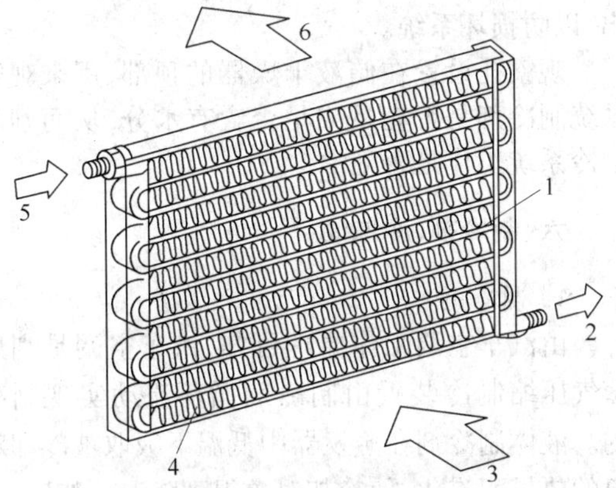

构如图 10-10 所示。该阀采用管子直接和相关部件连接,阀体材料为铝合金,四个管子接口每边两个,中间是阀座、调节弹簧 8 与顶杆 4,阀体内的通道呈 H 形。在动力头顶部,只有一段非常短的焊死了的充灌管 2,上部通道是蒸发器的出口管,顶杆垂直穿过此通道。将顶杆加工成中空状,使之与膜腔相通,再将顶杆与膜片铆死,于是顶杆本身就成了一个藏于阀体内的感温包,并能直接感受蒸发器出口的温度。此外,膜片下方承受的就是蒸发器出口的压力。设 P_f 为感温传感器内的压力,P_s 为调节弹簧的压力,P_e 为蒸发器出口的制冷剂蒸发压力,在制冷循环系统正常运行时,$P_f = P_e + P_s$,针阀稳定在某一开度,循环制冷剂量保持稳定。

图 10-9　平行流式冷凝器

1. 管子　2. 到储液干燥器　3. 冷空气　4. 散热片
5. 来自压缩机　6. 热空气

三、膨胀阀

膨胀阀也称为节流阀,它是组成汽车空调制冷系统的主要部件,安装在蒸发器入口前,是制冷循环高压和低压之间的分界点。

膨胀阀的作用有两个:一是将高压制冷剂液体节流减压,由冷凝压力降至蒸发压力。二是自动调节制冷剂的流量,以适应制冷负荷变化的需要。

汽车空调制冷循环一般采用感温式热力膨胀阀,它通过节流元件对制冷剂在以较高速度流动过程中形成的摩擦阻力,使制冷剂压力下降,流速越高,压降越大。由于液态制冷剂通过节流间隙的时间很短,可看做绝热过程,因此没有温度下降。它还利用蒸发器出口蒸气过热度的反馈来调节制冷剂的流量(过热度是指系统的实际温度高于蒸发温度的数值)。目前轿车上使用较多的是 H 型热力膨胀阀(是因其内部通路像 H 字母而得名),它将感温和节流两大作用集中于一体,其结

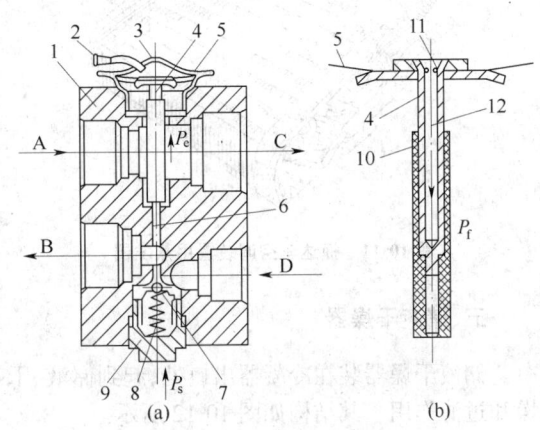

图 10-10　膨胀阀结构简图
(a)结构简图　(b)局部放大
1. 阀体　2. 充灌管　3. 动力头　4. 顶杆(兼感温包)
5. 膜片　6. 传动杆　7. 球阀　8. 弹簧　9. 弹簧座
10. 塑料套　11. 挡油环　12. 储液腔
A—蒸发器来　B—去蒸发器
C—去压缩机　D—冷凝器来

膨胀阀的开度由蒸发器出口的蒸气过热度来控制。制冷负荷变大,使蒸发器制冷剂不足,制冷剂提前蒸发,蒸发器出口处制冷剂蒸气的过热度增大,感温包被加热,包内制冷剂的饱和压力升高到超过阀体内弹簧与蒸发器内制冷剂二者的压力和时,膜片向下压,顶杆下移,把针阀向下顶开,阀孔开大,蒸发器内进液量增大。相反,制冷负荷变小时,蒸发器出口处制冷剂蒸气过热度减小,感温包内制冷剂压力减小,针阀开度相应变小,进液量也减小。

四、蒸发器

蒸发器的作用是将经过节流装置降低了压力的制冷液,在蒸发器中吸收车厢内的热量蒸发为制冷剂气体,再进入压缩机中进行循环,使车厢内空气放出热量而降温。

汽车空调装置中采用的蒸发器有三种结构形式。一种是管片式,其结构与管片式冷凝器相同;第二种是管带式,其结构与管带式冷凝器相同;第三种是层叠式,其结构为冲压出许多凸起的铝板组合而成,每一对铝板中间焊有波形散热带。这种形式具有结构紧凑、效率高等优点。捷达空调装置采用铝管、铝片式结构,如图10-11所示。

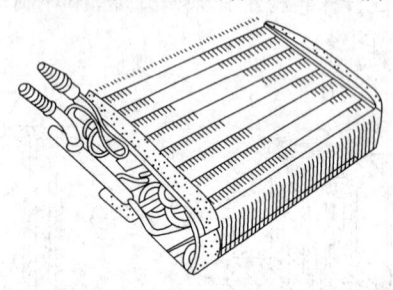

图10-11 捷达车空调装置用蒸发器

五、储液干燥器

储液干燥器装在冷凝器出口处,起到储液、干燥和过滤作用。其结构如图10-12所示。

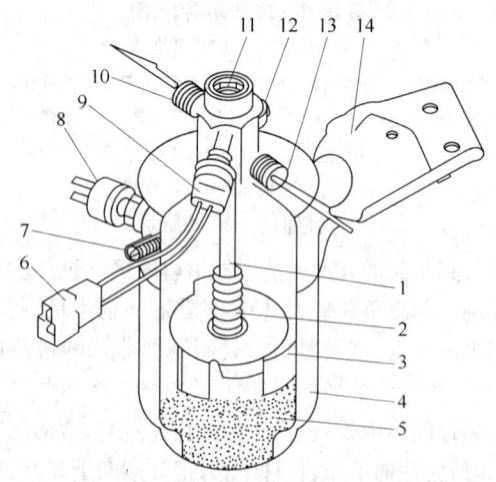

图10-12 储液干燥器
1.输液管 2.弹簧 3.压板 4.罐体 5.干燥剂 6.插接件 7.充气阀 8.低压开关 9.高压开关 10.出口 11.观察窗 12.易熔塞 13.进口 14.支架

储液干燥器用金属细孔滤网滤去制冷系统内可能残存的固体颗粒,以及压缩机在运动过程中产生的积炭和润滑油的变质物,以免堵塞节流元件或损坏压缩机。干燥剂是一种微孔球状颗粒,名为分子筛,用来吸附冷却剂内水分,防止制冷系统发生冰堵。因为制冷剂在生产过程中很难将其中所含水分清除得很干净,而且制冷系统在抽真空时不彻底,也会将水分残留在系统中。当制冷系统蒸发温度低于0℃时,如果制冷剂中含有水分,则在节流减压后容易形成"冰堵",堵塞制冷剂的通道,使制冷系统不能运行。图中易熔塞12在制冷剂温度为103℃~110℃时熔化,将制冷剂泄出,以防损坏系统。

观察孔设置在储液干燥器的顶部,用来观察系统制冷剂是否充足或是否含有水分,从而判断制冷系统工作是否正常。

六、制冷剂、冷冻油

1. 制冷剂

由汽车空调工作原理可知,汽车空调是利用蒸气压缩制冷装置由制冷剂循环流动实现制冷的。液体制冷剂在蒸发器中低温下吸取被冷却对象的热量而汽化,使冷却对象得到降温。然后,又在高温下把热量传给周围介质而冷凝成液体。如此不断循环,借助于制冷剂的状态变化,达到制冷目的。

(1)制冷剂 R12

制冷剂 R12 具有较好的热力学、物理、化学和安全性质,过去曾被广泛用于空调制冷。由于 R12 分子中含有氯原子,导致大气臭氧层的破坏。大量的紫外线直接照射到地球表面,将会使人类患皮肤癌的概率大大增加,同时对地球上其他生物的生长也会造成严重的危害。因此它是蒙特利尔议定书中的第一批禁用制冷剂,目前已完全禁止使用。

(2)汽车空调用环保型 R134a 制冷剂

近几年来,经过科研人员的不断探索和实验,一致公认制冷剂 R134a 是汽车空调的首选替代制冷剂。这主要是由于 R134a 不含氯原子,对臭氧层无破坏作用,温室效应影响小,其热力性质稳定并与 R12 相近。表 10-2 为制冷剂 R134a 与 R12 的特性比较。

表 10-2 制冷剂 R134a 与 R12 特性比较

制冷剂 项目	R134a	R12
化学式	CH_2FCF_3	CCl_2F_2
分子量	102.03	120.91
沸点(℃)	-26.19	-29.79
临界温度(℃)	101.14	111.80
临界压力(MPa)	4.065	4.125
临界密度(kg/m^2)	511	558
饱和液体密度(25℃,kg/m^3)	1206	1311
饱和蒸气比容(25℃,m^3/kg)	0.0310	0.0271
气化潜热(℃,kJ/kg)	197.5	151.4
燃烧性	不燃	不燃
ODP值(臭氧破坏潜能值)	0	1.0
GWP值(全球变暖潜能值)	0.11	1.0
与矿物油相容性	不溶	相溶
大气寿命(年)	8~11	95~150

R134a 基本特性如下：

①R134a 无色，无臭，不燃烧，不爆炸，基本无毒性，化学性质稳定。

②不破坏大气臭氧层，在大气层停留寿命短，温室效应影响也很小。

③黏度较低，流动阻力较小。

④分子直径比 R12 略小，易通过橡胶向外泄漏，也较易被分子筛吸收。

⑤吸水性和水溶解性比 R12 高。

⑥与矿物油不相溶，与氟橡胶不相容。

⑦气化潜热高，定压比热大，具有较好的制冷能力，但质量流量小，所以 R134a 的制冷系数与 R12 相当或较之略小。

⑧饱和蒸气压与 R12 接近，在 18℃ 左右两者具有相同的饱和压力值；在低于 18℃ 的温度范围内，R134a 的饱和压力略低于 R12；在高于 18℃ 的温度范围内，R134a 的饱和压力高于 R12。

(3)制冷剂使用的一般注意事项

①严禁将制冷剂瓶放入 40℃ 以上的热水中加热。

②严禁将水、杂质及空气混入制冷剂管道；并且严禁用嘴或压缩空气去吹制冷剂管道。

③填充制冷剂时，应从高压端充填液态制冷剂，严禁从低压端充填和开动发动机；可以开动发动机从低压端充填气态制冷剂，但严禁打开压力表组的高压阀。

④在制冷剂填充过程中，切勿摇晃制冷剂瓶。

⑤在填充制冷剂时，应避免高温或火源，并在干燥、通风的环境中进行。

⑥在拆卸制冷剂管路或填充制冷剂时，切勿接近面部。

⑦在排放制冷剂时，要缓慢进行，以防带走冷冻机油。

(4)检修使用 R134a 制冷剂空调系统应注意的事项

①绝不能将 R12 注入 R134a 空调系统，因为 R134a 系统的压缩机、润滑油、冷凝器软管结构及密封材料等与之不相容。

②润滑油是 R134a 制冷剂必须采用的专用合成型油，如果错加 R12 压缩机润滑油会造成润滑油不能随制冷剂返回压缩机，导致 R134a 泡沫化使压缩机卡死。

③R134a 制冷系统若不慎使用 R12 系统的密封圈，密封圈很快起泡发胀，导致系统泄漏。

④R12 和 R134a 制冷系统的抽注设备不可混用或通用，这是因为两者检修接头的螺纹不同，采用 R134a 专用抽注设备有防止真空泵内油液进入空调系统的功能。

⑤R12 和 R134a 制冷剂检漏工具不可混用或通用，这是因为 R12 检漏装置主要是探测氯分子，而它对 R12 制冷剂有足够的灵敏度，但 R134a 中不含氯分子，因此要用 R134a 专用的检漏工具。

2．冷冻油

制冷设备使用的润滑油一般称为冷冻润滑油，简称为冷冻油。

冷冻油是保证压缩机正常运转的必要条件，保证压缩机正常可靠工作和延长使用寿命。

(1)冷冻油的作用

①润滑作用：它可以润滑压缩机轴承、活塞、活塞环、连杆曲轴等零部件表面，减少阻力和磨损，降低功耗，延长使用寿命。

②冷却作用：它能及时带走运动表面摩擦产生的热量，防止压缩机温升过高或压缩机被烧坏。

③密封作用：润滑油渗入各摩擦件密封面而形成油封，起到阻止制冷剂泄漏的作用。

④降低压缩机噪声：润滑油不断冲洗摩擦表面，带走磨屑，可减少摩擦件的磨损。

(2)对冷冻油的要求

冷冻油在空调制冷系统中完全溶解于制冷剂中，并随制冷剂一起在制冷系统中循环，因此，冷冻油的油温有时会超过 120℃，而制冷剂的蒸发

温度范围为 -30℃～10℃，所以它的工作环境是高温与低温交替的环境条件。为保证其正常工作，对冷冻油提出了如下性能要求。

①冷冻油的凝固点要低，在低温下具有良好的流动性。若低温流动性差，则冷冻油会沉积在蒸发器内，影响制冷能力，或凝结在压缩机底部，失去润滑作用而损坏运动部件。

②冷冻油应具有一定的黏度，且受温度的影响要小。温度升高或降低时，其黏度值随之变小或增大。冷冻油的黏度越大，压缩机克服阻力而消耗的功增多，需要的起动力矩增大，压缩机起动困难；黏度过小，则使压缩机轴承不能建立起所需要的油膜。所以，冷冻油的黏度要选得适当。

③冷冻油与制冷剂的溶解性能要好。在汽车空调制冷系统中，制冷剂与润滑油是混合在一起的。当制冷剂流动时，润滑油也随之流动，这就要求制冷剂与润滑油能够互溶。若二者不互溶，润滑油就会聚集在冷凝器和蒸发器的底部，阻碍制冷剂流动，降低换热能力。由于润滑油不能随制冷剂返回压缩机，压缩机将会因缺油而加剧磨损。

④冷冻油的闪点温度要高，具有较高的热稳定性，即在高温下不氧化、不分解、不结胶、不积炭。

⑤冷冻油的挥发性要差。在制冷系统中不应有结晶状的石蜡析出，以保持良好的低温流动性。

⑥冷冻油的化学性质要稳定，与制冷剂和其他材料不起化学反应。

⑦冷冻油应无水分。若润滑油中的水分过多，则会在膨胀阀节流口处结冰，造成冰堵，影响制冷剂的流动，同时，油中的水分会造成镀铜现象及某些材料的腐蚀、变质。

(3)冷冻油的种类

我国冷冻油的牌号有4个，即13号、18号、25号和30号。牌号越大，其黏度也越大。它们的性能指标如表10-3所列。

表10-3 国产冷冻油性能指标

性能指标＼牌号	13	18	25	30
运动黏度(50℃)($\times 10^{-6}$m²/s)	11.5～145	>18	>25.4	<30
凝固点(℃)	<-40	<-40	<-40	<-40
闪点(℃)	<160	<160	<170	<180
酸值(mg KOH/g)	<0.14	<0.03	<0.02	<0.01
灰分(%)	<0.012	—	<0.007	—
机械杂质(%)	无	无	<0.007	无
水分(%)	无	无	无	无

进口润滑油一般有 SUNISO 3GS～SUNISO 5GS 牌号的润滑油，其性能指标如表10-4所列。

表10-4 进口 SUNISO 冷冻油性能指标

性能指标＼牌号	GUNISO 3GS	SUNISO 4GS	SUNISO 5GS
黏度(SUN/37.8℃)	150～160	280～300	510～520
黏度(SUN/98.9℃)	40～42	44～47	51～54
引火点(℃)	172	181	196
发火点(℃)	188	200	—
流动点(℃)	-45	-37.8	-30
絮状凝固点(℃)	-56.7	-51.1	-45.6
相对密度(15℃/4℃)	0.9155	0.9213	0.9278
含硫量(%)	0.05	0.06	0.07
含水量(%)	0.002以下	0.002以下	0.002以下
绝缘电压(kV)	45	45	45

(4)冷冻油的选择

冷冻润滑油的选择原则是要充分考虑空调压缩机内部润滑油的工作状态，如吸气、排气温度等。根据润滑油的特性，在实际选用时，应以低温性能为主来选择，但也要适当考虑对热稳定性能的影响。

汽车空调制冷系统一般选择国产的18号、25号冷冻油，或进口的 SUNISO 5GS 润滑油。

(5)冷冻油的使用注意事项。

①冷冻油易吸水，用后应马上将盖拧紧。

②不允许向系统添加过量的润滑油，否则会影响汽车空调制冷系统的制冷量。

③不能使用变质浑浊的润滑油，否则会影响压缩机的正常运转。

④不同牌号的冷冻油不能混用，否则会变质。

⑤在排放制冷剂时要缓慢进行，以免冷冻油和制冷剂一起喷出。

⑥在加注制冷剂时，应先加润滑油，然后再加注制冷剂。

⑦更换制冷系统部件时，应适当补充一定量的润滑油，表10-5为更换轿车空调制冷系统部件需补加的冷冻油量。

表10-5 轿车空调更换部件时需补加的润滑油量

更换部件名称	需补加润滑油量(ml)
压缩机	按换下旧压缩机倒出油量再加上30
蒸发器	40～60
储液干燥器	10～30
冷凝器 无渗漏油迹	10～30
冷凝器 有渗漏油迹	40～60

续表 10-5

更换部件名称	需补加润滑油量(ml)	
软管	无渗漏油迹	可不加量
	有渗漏油迹	60
系统漏气	无渗漏油迹	可不加量
	有渗漏油迹	60
更换全系统管部件	120～150	

(6)冷冻油质量检查

冷冻油的质量,可以通过化学和物理分析,化验出质量的好坏。在使用过程中,还可从外观的颜色、气味直观地判断出质量好坏。常用的方法有对比法和滴纸法。

①对比法:取干净标准的冷冻油放入一试管内作为标准油,再把需待查的油取出也放入同样大小的试管内进行比较。若被检查的油的颜色为浅黄色或橘黄色,则还可使用;若已变为红褐色的混浊液,就不能再使用。

②滴纸法:将待查的冷冻油取出一滴,滴在一张干净的白纸上,片刻后观察油滴的颜色,若其颜色很浅,且分布均匀,就表明油内无杂质,可以使用。

上述两方法只可观察到冷冻油中是否混入了较多的水分和杂质,但不能确切地掌握润滑油变质的程度和原因。因此,要准确判断润滑油的质量,必须对它进行定性和定量分析,定期抽样,进行化验分析,最后才能准确确定冷冻油是否可以继续使用。

(7)与 R134a 相溶的冷冻油

制冷剂 R12 都以矿物油作为润滑剂,但矿物油与 R134a 不相溶,目前能与 R134a 相溶的润滑油只有聚烃基乙二醇(PAG)和聚酯油(ESTER)两类。

①聚烃基乙二醇(PAG)润滑油。PAG 润滑油与 R134a 不能完全互溶,低黏度时互溶性较好,高黏度时互溶性降低。PAG 在高温的情况下可分解成水、酸、一氧化碳和二氧化碳,有可能造成压缩机镀铜现象。PAG 与矿物油、R12 不相溶,若原系统内存有少量该物质时,将使 PAG 润滑性能降低。PAG 与有些弹性材料不相溶,吸水性也很强,其饱和吸水量可超过 10%。

PAG 润滑油主要用在 R134a 制冷剂的初期。由于 PAG 的一些不利性能,实际应用的 PAG 油都经过了改性处理。

②聚酯类(ESTER)润滑油。聚酯类润滑油是一种合成多元酸酯,由多元醇酯基础油和添加剂配制而成,其主要成分是季戊四醇、三甲基丙酮和各种直链或支链型酯酸。

聚酯油与 R134a 互溶性好,与 R12 制冷剂也互溶,不会出现低温沉积现象。其吸水性比矿物油强,但水分与油是牢固结合的,在膨胀阀处不会结冰。原系统内残留的矿物油等物质对其性能影响不明显。由于在聚酯油中加了添加剂,故其耐磨性能良好。它与聚丁腈橡胶、氯丁橡胶等弹性材料相溶性较好,与绝缘材料也有比较好的相溶性。

表 10-6 和表 10-7 为 PAG 油与 ESTER 油性能比较,从表中可以看出,ESTER 油与 R134a 的相溶性比 PAG 油与 R134a 的相溶性更好。

表 10-6 PAG 油与 ESTER 油性质比较

性能	润滑油	PAG 油	ESTER 油	矿物油
互溶性	与 R134a	较好	很好	不溶
	与 R12	不溶	很好	很好
	与矿物油	不兼容	少量兼容	很好
热稳定性		差	—	好
吸湿性		差	较差	较好
润滑性		差	较好	较好
与弹性材料相容性		差	差	较好
抗镀铜能力		差	较好	好
电绝缘性		差	较好	好

表 10-7 用于 R134a 汽车空调冷冻油特性

项目	润滑油	PAG 油	ESTER 油
黏度($\times 10^{-6} m^2/s$)	40℃	56.1	96.8
	100℃	10.8	10.8
黏度指数		187	95
两相分离时温度(℃)(油/R134a=2/8)	高温	46	80 以上
	低温	50 以下	-23
饱和含水量(25℃,%)		2.6	0.15

第三节 汽车空调控制与空气净化装置

一、电磁离合器

空调设备中的压缩机是由发动机通过电磁离合器来驱动的。电磁离合器可以根据需要接通和断开发动机与压缩机之间的动力传递。电磁离合器是汽车空调制冷控制系统中最重要的部件之一,一般受低压开关、温控器(防霜开关)、空调A/C开关和环境开关的控制。如捷达轿车空调压缩机是通过三级压力开关、外界温度开关和水温开关控制的,当系统发生故障,不能满足空调系统的工作条件时,就切断电磁离合器的电路,使压缩机停止运转。

电磁离合器安装在压缩机前端,是压缩机总成的一部分,其结构原理如图10-13所示。它主要由主动V带轮2、从动压力板1及电磁线圈4组成。主动V带轮由发动机曲轴带动,并在压缩机曲轴轴承3上空转,从动压力板1通过半圆键与压缩机曲轴连接,而电磁线圈则装在V带轮壳内压缩机前端盖上。当空调设备不工作(电磁线圈不通电)时,V带轮在曲轴V带带动下空转,压缩机不工作;当闭合空调开关时,电磁线圈4通电,产生很强的电磁吸力(如图10-14所示),将从动压力板1和主动V带轮吸合在一起,主动V带轮便通过该板带动压缩机曲轴一起旋转,使压缩机开始工作。

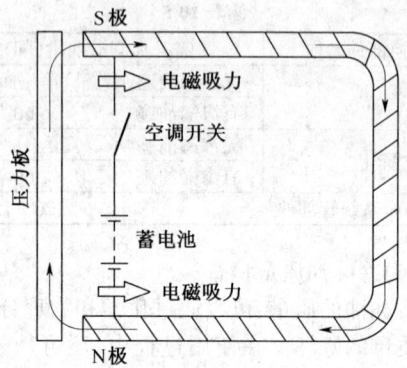

图10-14 电磁离合器运转原理图

电器或压力控制器,分为高压开关和低压开关两种,分别安装在制冷系统高压管路或低压管路上。当制冷系统由于某种原因而导致管路内制冷剂压力出现异常时,压力开关便会自动切断电磁离合器电路而使压缩机停止工作,保护制冷系统不损坏。

1. 高压开关

高压开关一般安装在空调制冷系统高压管路上或储液干燥器上,用来防止系统压力过高而使压缩机过载或系统管路损坏。高压开关有常闭触点型和常开触点型两种。

如图10-15所示为常闭触点型高压开关,其安装位置见图10-16,其触点串联在压缩机电磁离合器线圈电路中,压力导入口则直接或通过毛细管连接在高压管路上。

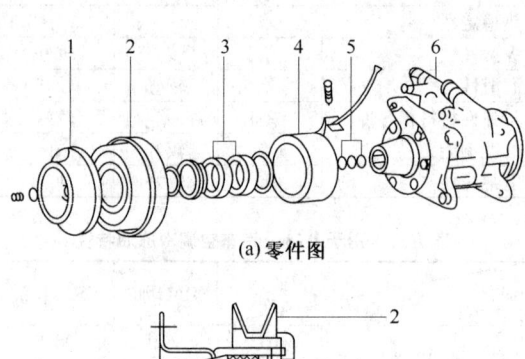
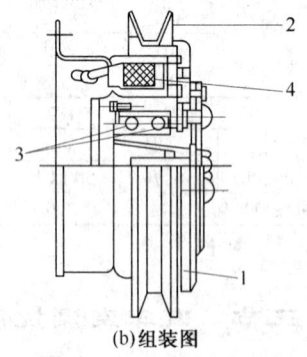

图10-13 电磁离合器的结构
1.从动压力板 2.主动V带轮 3.轴承 4.电磁线圈 5.调整垫片 6.压缩机

二、压力开关

为了确保汽车空调制冷系统安全运行,汽车空调设有压力开关电路。压力开关也称为压力继

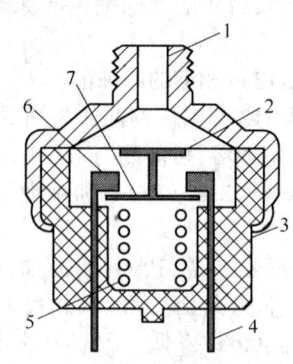

图10-15 高压开关
1.接头 2.膜片 3.外壳 4.接线柱
5.弹簧 6.固定触点 7.活动触点

当制冷系统高压管路内压力正常时,高压开关内触点始终处于闭合状态,压缩机正常工作。当由于某种原因高压管路内压力超过规定值时,在制冷剂高压作用下触点打开切断电磁离合器电路,压缩机停止工作,从而避免高压管路压力进一步升高。当高压管路的压力恢复正常值时,触点

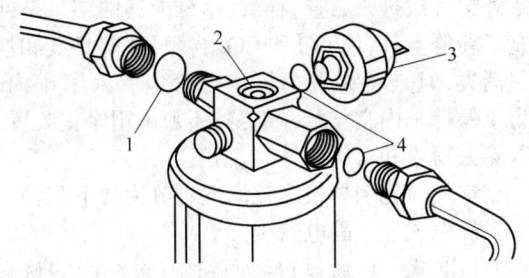

图 10-16 高压开关的位置
1、4. O 形圈　2. 视液镜　3. 高压开关

自动闭合,压缩机又重新工作。高压开关的切断压力和触点恢复闭合的压力因车型而异。一般触点切断压力在 2.1~3.0MPa 范围内,恢复闭合的压力为 1.6~1.9MPa。如奥迪 100 型轿车高压开关的切断压力为 (2.9±0.14)MPa,恢复压力为 (1.4±0.3)MPa。

常开触点型高压开关一般用来控制冷凝器冷却风扇的高速档电路。当压力超过某一规定值时,自动接通风扇高速档电路,使冷却风扇高速运转,以加强冷凝器的冷却能力,降低冷凝温度和压力,而当压力低于规定值时则自动断开冷却风扇的高速档电路。奥迪 100 型轿车空调制冷系统中装在冷凝器出口管路上的压力开关即为常开触点型高压开关,其触点闭合压力为 1.58MPa,而触点切断压力则为 (1.34±0.17)MPa。

2. 低压开关

低压开关也称为制冷剂泄漏检测开关。在汽车空调制冷系统中,因制冷剂泄漏或其他原因造成制冷系统中制冷剂严重缺少或完全没有时,冷冻润滑油也随之泄漏,这样系统的润滑油便会不足,如果继续使用压缩机,压缩机便会因润滑油循环不良而磨损加剧,甚至烧坏。低压开关则可以起到在制冷系统缺少制冷剂时使压缩机停止运转,从而保护压缩机不被损坏的作用。

低压开关的结构如图 10-17 所示,它安装在冷凝器与膨胀阀之间的高压管路上或储液干燥器上,其触点同样串联在电磁离合器电路中。当制冷系统高压侧的压力高于 0.21MPa 时,说明系统内有制冷剂,触点保持闭合,而当系统高压侧压力低于 0.21MPa 时,触点在弹簧作用下断开,压缩机停止工作。

三、控制电路

汽车空调电路的作用是将各个空调控制装置

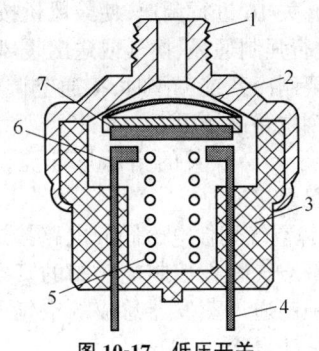

图 10-17 低压开关
1. 接头　2. 膜片　3. 外壳　4. 接线柱　5. 弹簧
6. 固定触点　7. 活动触点

连接起来,以便完成汽车空调系统的各种控制功能和各项操作。由于各种车型空调系统和制冷部件的类型不同,其控制电路也不尽相同。现以桑塔纳轿车为例,对轿车空调系统电路作如下介绍。

桑塔纳轿车空调系统电路原理如图 10-18 所示。它由电源电路、电磁离合器控制电路、鼓风机控制电路和冷凝器风扇电动机控制电路组成。其控制过程如下:

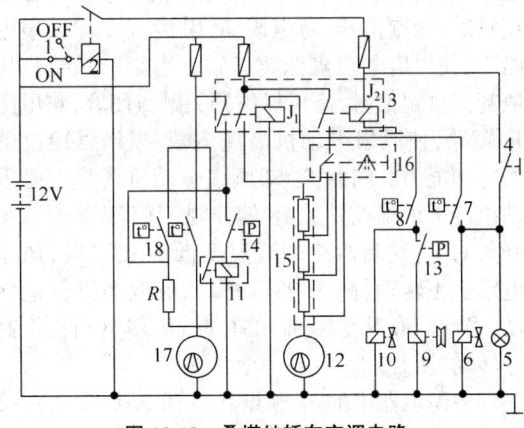

图 10-18 桑塔纳轿车空调电路
1. 点火开关　2. 减负荷继电器　3. 主继电器　4. 空调 A/C 开关　5. 空调开关指示灯　6. 新鲜空气翻板电磁阀　7. 环境温度开关　8. 恒温器　9. 电磁离合器　10. 急速提升电磁真空转换阀　11. 冷却风扇继电器　12. 鼓风机　13. 低压保护开关　14. 高压保护开关　15. 风机调速电阻　16. 鼓风机开关　17. 冷却风扇电动机　18. 冷却液温控开关

①点火开关 1 断开(置 OFF)时,减负荷继电器 2 的线圈电路切断,触点张开,空调系统不工作。

②点火开关接通(置 ON)时,减负荷继电器线圈电路接通,触点闭合,将主继电器 3 中的 J_2 线圈电路接通,于是鼓风机电路也被接通,此时可

由鼓风机开关16进行调速,使鼓风机按要求的转速运转,进行强制通风、换气或送出暖风。

③需要制冷系统工作时,接通空调 A/C 开关4,于是下列电路被接通:

a. 空调 A/C 开关的指示灯5亮,表示空调 A/C 开关已经接通。

b. 新鲜空气翻板电磁阀6电路接通,该阀动作接通新鲜空气翻板控制电磁阀的真空通路,而使鼓风机强制通过蒸发器总成的空气通道进风,否则将无法获得冷气。

c. 电源经环境温度开关7,一路经恒温器8、低压保护开关13对电磁离合器9线圈供电,同时对怠速提升电磁真空转换阀10供电;另一路对主继电器中 J_1 线圈供电,使两对触点同时闭合,其中一对触点接通冷凝器冷却风扇继电器11线圈电路;另一对接通鼓风机电路。

低压保护开关串联在恒温器和电磁离合器之间,当制冷系统缺少制冷剂使制冷系统压力过低后开关断开,停止压缩机工作。

高压保护开关14串联在冷却风扇继电器和主继电器 J_1 的一对触点之间,当制冷系统高压值正常时,触点张开,将电阻 R 串接入冷却风扇电路中,使风扇电动机低速运转。当制冷系统高压值超过规定值时,高压保护开关触点闭合,将电阻 R 短路,使风扇电动机高速运转,以增强冷凝器的冷却能力。同时,冷却风扇电动机还直接受发动机冷却液温控开关18的控制,当不开空调 A/C 开关时,若发动机冷却液温度低于95℃时,风扇电动机不转动,高于95℃时,风扇电动机低速运转,当冷却液温度达到105℃时,风扇电动机将高速转动。

主继电器中的 J_1 触点在空调 A/C 开关一接通时即可闭合,使鼓风机低速运转,以防止蒸发器表面温度过低而结冰,从而可有效地减小空调系统发生故障的概率。

④点火开关置起动位置(ST)时,减负荷继电器线圈电路切断,触点张开,中断空调系统的工作,以保证发动机起动时,蓄电池维持足够的电能。

四、空气净化装置

使用空调设备时,汽车的车窗都是密闭的,以减少空调制冷量的损失。因此,为满足车厢内驾乘人员对新鲜空气的需要,必须进行换气。通常车厢内是通过把污染的空气排除出去,把新鲜的室外空气放进来,进行换气,这种换气的结果是补充了新鲜空气,使 CO 和 CO_2 含量下降,臭气和烟气消失,但是将大气中悬浮的粉尘引入了车内。为了保持车内空气洁净新鲜,还须采用净化装置,以除去粉尘和有害气体(包括气味)。

空气净化装置按净化原理可分为如下几种:

静电式——静电除尘。

过滤式——通过过滤网除尘(过滤网的材料用无纺布、玻璃纤维、合成树脂纤维、滤纸等),根据过滤网孔的大小、厚度等,决定被过滤尘粒的大小和效率。有时,还可把几种过滤网以适当的间隔合在一起来使用。

对冲粘附式——粉尘冲撞到涂有粘着剂的较粗的过滤介体上粘附除尘。

吸收法——使用吸收剂消除有害气体。

吸附法——使用吸附材料消除有害气体。

其中,现代汽车采用的是静电式和过滤式空气净化装置。由于过滤式空气过滤器的体积较大,一般适用于豪华大客车,而静电式空气清洁器,可使用在任何种类的汽车上。

静电式空气清洁器结构原理如图10-19所示,它是由电离器、集尘器、活性炭、杀菌灯及负离子发生器五部分组成的(也有电离器与集尘器合为一体的)。

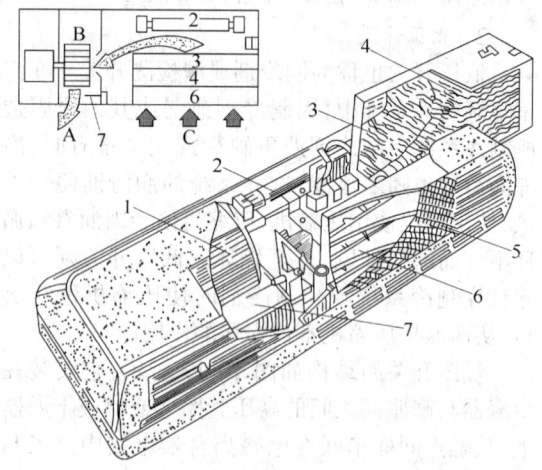

图10-19 静电式空气清洁器结构

1. 风机 2. 杀菌灯 3. 活性炭过滤器 4. 波纹集尘器
5. 预过滤器 6. 电离器 7. 负离子发生器 A. 净化后的空气 C. 污染空气

注:波纹集尘器用来清除尘埃(车内烟尘等);多孔层活性炭过滤器用来脱臭(体臭、汗及烟味),清除有害气体(SO_2、H_2S等)。

电离器在电极之间加以 4.8kV 的电压,产生电晕放电,使粉尘电离带上负电并被正极板吸引,正极板即是集尘器。在集尘器外加高电压,使粉尘受力作用而附在正极板上,除去粉尘的空气再用多孔层活性炭吸附、除臭,杀菌灯杀菌。如此净化的空气,由于含有空气维生素负离子,故净化后的空气经过负离子发生器被送往车内,以改善车内空气环境,有利于驾乘人员健康。

第四节 汽车空调系统的检修

一、检修设备

1. 专用成套维修工具

专用成套维修工具是把汽车制冷系统维修时所需的专用工具组装在一个工具箱内,如图10-20所示。专用成套维修工具中包括支管压力表组、漏气检测仪、制冷剂罐注入阀、制冷剂管割刀、管夹、扩口工具等。这些专用工具组装在工具箱内,便于携带和保管,特别适用于制冷系统的快修工作。

2. 检漏设备

在拆卸或者检修汽车空调系统管路、更换零部件之后,都要进行制冷剂的检漏,常用检漏设备包括电子检漏仪和卤素检漏灯两种。

(1) 电子检漏仪

如图 10-21 所示,将电子检漏仪 1 的电源插头 2 插在电源上,将测头 3 放在距测试点 3mm 处缓慢移动(30mm/s),如果发出鸣叫声,说明该处有泄漏。制冷管路的管接头有泄漏时,应更换 O 形环。

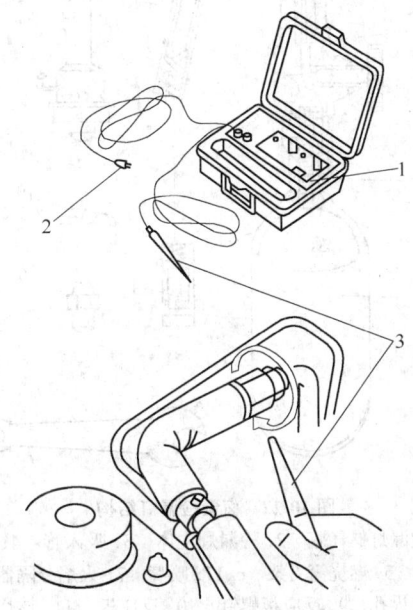

图 10-21 用电子检漏仪检查
1. 电子检(测)漏仪 2. 电源插头 3. 测头

一般的卤素检漏仪无法检测出 R134a 的泄漏,因此要使用专门的 R134a 电子检漏仪,常用的有 MHD5000 型 R134a 检漏仪;也可使用两用检漏仪,既可检测 R134a,又可检测 R12,常用的有 HLD4000 型、REFCO、CH-8583 型等电子检漏仪。

(2) 卤素检漏灯

卤素检漏灯只能用于 R12 等卤素制冷剂的检测,图 10-22 所示为卤素检漏灯结构,它是一种丙烷(或酒精)气燃烧喷灯,利用制冷剂气体进入安装在喷灯的吸入管会使喷灯的火焰颜色改变这一特性,来判断系统的泄漏部位和泄漏程度。当系统泄漏处有制冷剂进入喷灯的吸入管时,火焰颜色会发生以下变化:泄漏量少时,火焰呈浅绿色;泄漏量多时,火焰呈浅蓝色;泄漏量很多时,火

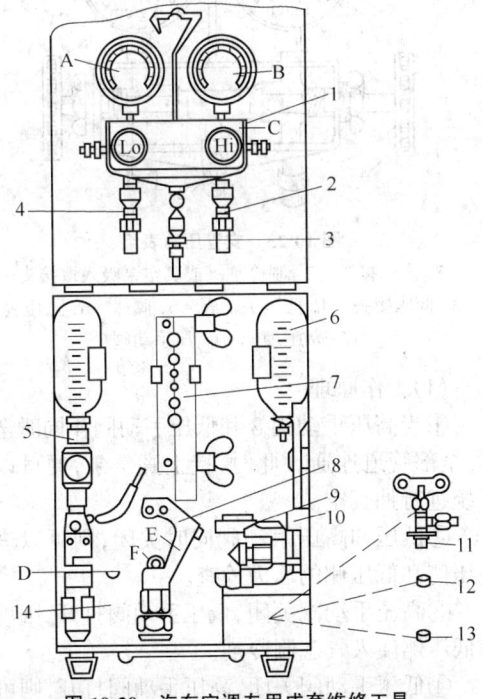

图 10-20 汽车空调专用成套维修工具
1. 支管压力表组(包括A~C) 2. 注入软管(红色)
3. 注入软管(绿色) 4. 注入软管(蓝色) 5. 漏气检测仪(含D) 6. 储气瓶 7. 管夹 8. 制冷剂管割刀
9. 扩口工具 10. 检修阀扳手 11. 制冷剂罐注入阀
12. 注入软管衬垫 13. 检修阀衬垫 14. 工具箱
A—低压表 B—高压表 C—压力表座 D—反应板
E—铰刀 F—刀片

焰呈紫色。

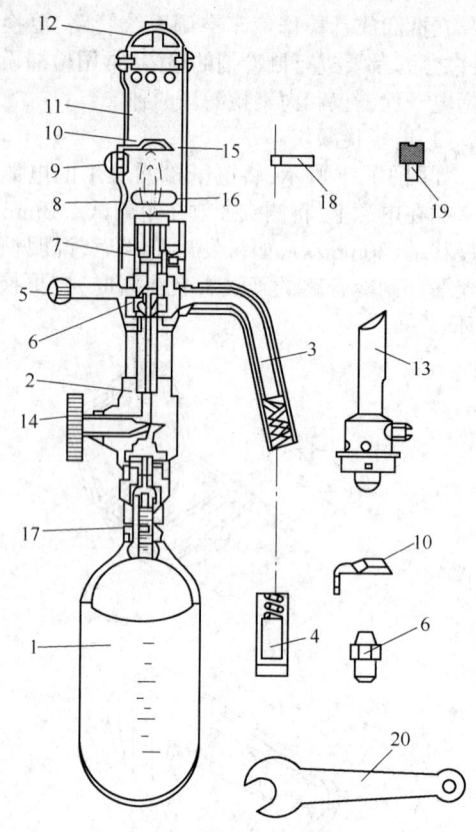

图10-22 卤素检漏灯结构

1.检漏灯储气瓶 2.检漏灯主体 3.吸入管 4.滤清器 5.燃烧筒支架 6、17.喷嘴 7.火焰分隔器 8.点火孔 9.反应板螺钉 10.反应板 11.燃烧筒 12.燃烧筒盖 13.栓盖 14.调节把手 15.火焰长度(上限) 16.火焰长度(下限) 18.喷嘴清洁器 19、20 扳手

卤素检漏灯的操作步骤如下:

①向检漏灯本体和检漏灯上加液态丙烷或无水酒精。

②将划着的火柴插入检漏灯点火孔内,接着逆时针方向慢慢旋转调节把手,让丙烷气体溢出,遇火就能点燃。

③尽量将燃烧的火焰调节到最小,火焰越小,对制冷剂泄漏反应越灵敏。

④把吸入管末端靠近有可能泄漏的部位。

⑤细心观察火焰颜色,判断出制冷系统泄漏部位和泄漏程度。

若没有泄漏发生,在空气中不存在R12蒸气时,火焰则是无色的;当出现较轻微的泄漏时,吸入管将泄漏的氟利昂蒸气吸入到丙烷灯燃烧室内,并在600℃～700℃温度的燃烧区内发生R12分解,形成氯化氢和氟化氢,这些气体在接触到烧红的铜时,会把火焰颜色变成绿色并增加火焰高度。因此,可从卤素检漏灯火焰颜色来判断制冷剂泄漏量。

3.支管压力表组

支管压力表组也称为支管压力计,它是维修汽车空调系统不可缺少的仪表。它不仅用于制冷系统抽真空、加注制冷剂和添加冷冻润滑油,而且还用于空调系统的故障检查及排除。

如图10-23所示,它主要由低压表6、高压表7、高压手动阀8、低压手动阀4、阀体5和三只软管接头组合而成。其中低压表用于检测系统低压侧压力,既可用于显示压力,也可用于显示真空度,高压表则用于检测系统高压侧的压力。支管压力表组工作原理及使用注意事项如下。

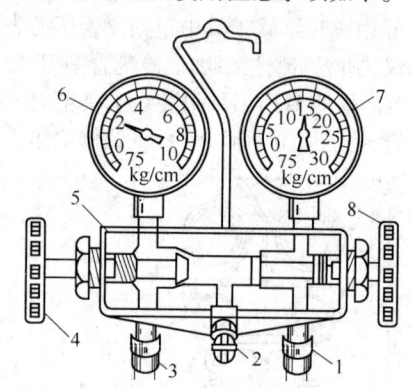

图10-23 支管压力表组

1.高压接头 2.制冷剂罐或真空泵吸入口接头 3.低压接头 4.低压手动阀 5.阀体 6.低压表 7.高压表 8.高压手动阀

(1)工作原理

①当高压手动阀8和低压手动阀4同时全开时,全部管道连通。此时,接上真空泵,便可以对系统进行抽真空。

②低压和高压手动阀同时关闭,则可以进行高压侧和低压侧的压力检查。

③高压手动阀关闭,低压手动阀打开,则可以由低压侧注入气态制冷剂。

④低压手动阀关闭,高压手动阀打开,则可以由高压侧注入液态制冷剂。

支管压力表上的注入软管采用三种颜色,各注入软管的用法如下:一般蓝色软管连接低压侧的检修阀(即压缩机的吸入侧检修阀,一般用"S"标记);绿色软管连接真空泵或制冷剂罐;红色软管连接高压侧的检修阀(即压缩机的排出侧检修阀,一般用"D"标记)。

(2)使用注意事项

①压力表软管与接头连接时只许用手拧紧,不准用工具拧紧。

②不用时,软管要与接头连起来,防止灰尘、杂物或水分进入管内。

③使用时要把管内的空气排空。

④该表属精密仪表,应细心维护,以保持仪表及软管接头清洁,并应轻拿轻放。

4.检修阀

(1)高、低压检修阀

独立式空调的压缩机一般都装有高压检修阀和低压检修阀,其结构相似,功能是当柱塞处在不同位置时,对制冷系统加注或排空制冷剂,抽真空时,此阀接上压力表组还可以检测系统的压力等。其工作原理如图10-24所示。

行检修而防止空气侵入制冷系统的管道。

②后封闭:此时逆时针方向转动柱塞,使其处于最后面的位置,将通往支管压力表的通道封闭。这时,制冷剂可进出压缩机,但不能通往支管压力表,所以当压缩机运转时,高、低压两侧的检修阀都应调至这个位置。

③中间位置:柱塞处于中间位置,支管压力表、压缩机、制冷剂管道均全部连通。这时既可加注制冷剂,又可抽真空或用支管压力表检查制冷系统的压力。

(2)阀芯型检修阀

非独立式小型压缩机一般使用阀芯型检修阀,其结构如图10-25所示。它用弯曲度为45°的输送软管接头中的顶销控制阀的开闭,其原理为将接头螺母2用手拧紧后,顶销1便把阀芯4推离阀座,制冷剂进入检测软管。拧开螺母2,阀芯便自动关闭。

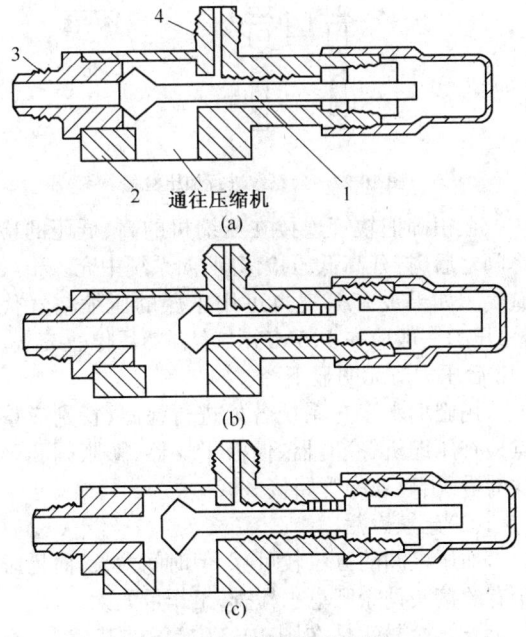

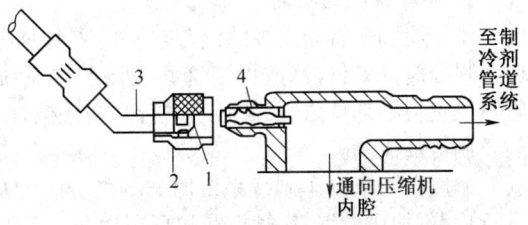

图10-25 阀芯型检修阀
1.顶销 2.螺母 3.输送软管 4.阀芯

5.真空泵

在安装、检修汽车空调制冷系统时,必定会有一定量的空气进入系统中,空气中含有一定量的水蒸气,这将对系统造成下列不利影响:造成膨胀阀冰堵、冷凝压力升高、对系统零部件产生腐蚀。由此可见,对系统检修后,在未加入制冷剂前,对系统抽真空是十分重要的过程。真空泵便具有这个功能。

真空泵的结构如图10-26所示。其工作原理是工作时在离心力和内部弹簧的张力作用下,刮片紧贴在定子的气缸壁上,并将其分隔成吸气腔和压缩腔。转子旋转时进气腔容积逐渐扩大,腔内压力下降,从而吸入气体。与此同时,压缩腔容积逐渐减小,压力升高,气体从排气阀排到大气中。这样不断循环,便可以把容器内的空气抽出,从而达到抽真空的目的。

图10-24 检修阀(柱塞型)
(a)前封闭 (b)后封闭 (c)中间位置
1.阀芯 2、3、4.接头

从图10-24中可以看出,通过改变柱塞的位置,可以构成前封闭、后封闭和中间位置三种通路形式。

①前封闭:此时顺时针转动柱塞使其处于最前位置,使之封闭通往制冷系统的孔口,将压缩机与制冷管路分隔开,这时便可以将压缩机拆下进

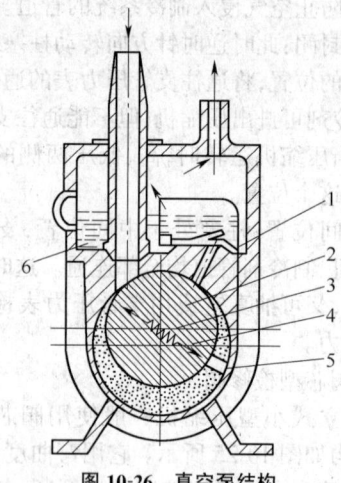

图 10-26 真空泵结构
1. 排气阀 2. 转子 3. 弹簧 4. 刮片
5. 定子 6. 润滑油

二、制冷剂的充放

1. 制冷系统的检漏

由于我国还有相当多的汽车空调仍使用的是R12制冷剂，每当检修或拆装这些空调制冷系统管道或更换零部件之后，都必须进行气密性检查，防止制冷剂泄漏。

一般在维修汽车制冷系统时，采用三种方法进行检漏：加压检漏、充氟检漏和真空检漏。三种方法都要使用支管压力表组，从压力表的读数来进行判断。

(1) 加压检漏

加压检漏时，首先应正确连接支管压力表，如图10-27所示。将高压软管连接在排气管道上（高压侧），低压软管连接在吸气管道上（低压侧）。操作时注意，将支管压力表组与压缩机高、低压检修阀连接时，只能用手（不能用工具）拧紧其锁母，以防损坏。另外，还应正确判断压缩机高、低压侧。判断方法有以下三种：

①按制冷剂流向判断：从压缩机流向冷凝器方向的是高压侧，从蒸发器流向压缩机方向的是低压侧。

②按管道的冷热判断：将压缩机工作几分钟后停止运转，用手触摸压缩机向外连接的管道，热的为高压侧，冷的是低压侧。

③按制冷剂管道粗细判断：与粗管道连接的检修阀是压缩机低压吸入阀；与细管道连接的检修阀是压缩机的高压排出阀。

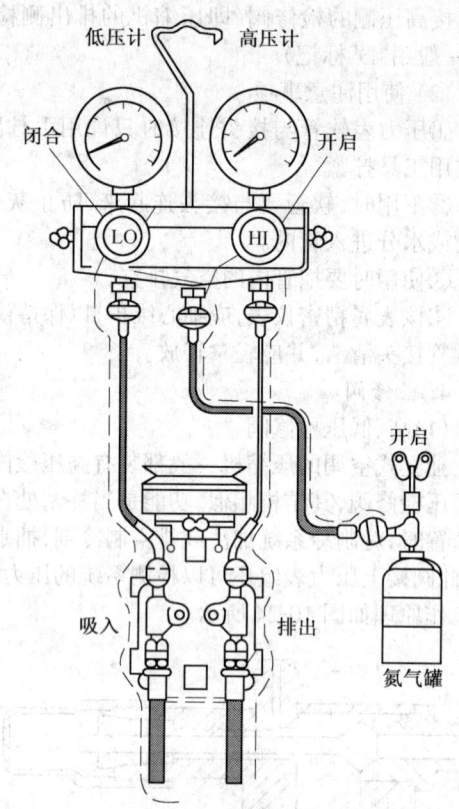

图 10-27 向系统进行加压检漏

在正确把软管连接在压缩机的高、低压的检修阀之后，打开高低压检修阀，向系统中充入干燥氮气。如果没有氮气也可用干燥的压缩空气代替，压力一般应在1.5MPa左右。然后停止充气，24h后压力应无明显下降。

用肥皂水涂在系统各处进行检漏，特别应重点检查压缩机、冷凝器、储液干燥器、膨胀阀和蒸发器进、出口处的管路接头。

(2) 充氟检漏

加压检漏的方法较可靠，但时间太长，而且对所有的接头处涂肥皂水检查，工作量太大。

充氟检漏就是在图10-27接管的基础上，不是向系统充注氮气而是氟利昂蒸气，使系统中压力高达0.35MPa，然后用卤素灯检漏仪检漏。

重点检查以下部分：
①刚拆装或维修过的制冷部件的连接部位。
②冷凝器和蒸发器被碰划过的部位。
③压缩机上的轴封、密封垫和维修阀。
④软管易摩擦的部位。
⑤系统的各个连接部位。

充氟要注意，一定要使系统的压力低于氟利

昂蒸气瓶中的压力,以防空气倒流到氟利昂蒸气瓶,影响氟利昂纯度。

(3)真空检漏

若系统内的气体抽不净或无法达到真空度,这说明仍有渗漏的现象,应进一步检查。

2. 系统抽真空

汽车制冷系统修理完之后,由于接触了空气,必须用真空泵抽真空。系统里变成真空之后,降低了水的沸点,水在较低温度下就会沸腾,以蒸气的形式被抽出。

抽真空之前,应进行泄漏检查。抽真空也是进一步检查系统在真空情况下的气密性能。

抽真空的具体步骤如下:

①按图10-28所示,把制冷系统,支管压力表以及真空泵连接好,压缩机高、低压检修阀处于微开位置,支管压力表座上高、低压手动阀处于闭合位置,拆除真空泵吸、排气口护盖,表座上的中间软管和真空泵进口相连接。

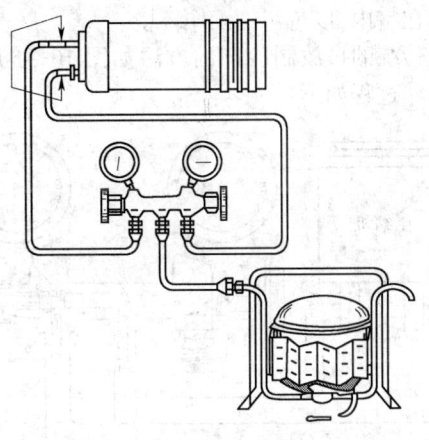

图10-28 抽真空

②打开支管压力表的高、低压手动阀,起动真空泵、观察低压表(连程表)针,应该有真空显示。

③操作5min后低压表(连程表)应达到33.6kPa(绝对压力),高压表表针应略低于零刻度,如果高压表针没有低于零刻度,表明系统内有堵塞,应停止,修理故障,再抽真空。

④真空泵工作15min后观察压力表,如果系统无泄漏,低压值应达到13.28~20.05kPa的绝对压力。

⑤如果达不到此数值,应关闭低压侧手动阀,观察低压表(连程表)表针,如果表针上升,说明真空有损失,要检查泄漏点,进行检修后才能继续抽真空,这一步也就是真空检漏法。

⑥抽真空总的时间不应少于30min,然后关闭低压手动阀,就可以向系统中充注制冷剂了。

3. 制冷剂的充注

制冷系统抽真空完成并经检漏确定制冷系统不存在泄漏部位后,即可向制冷系统充注制冷剂。充注前,应先弄清注入制冷剂的类型数量,充注量过多或过少,都会影响空调制冷效果。压缩机的铭牌上一般都标有所用制冷剂的种类及其充注量。

充注制冷剂的方法分两种,一是从压缩机排气阀(高压阀)的旁通孔(多用通道)充注,称为高压端充注,充入的是制冷剂液体。其特点是安全、快速,适用于制冷系统的第一次充注,即经检漏、抽真空后的系统充注。但使用该方法时必须注意,充注时不可起动发动机(压缩机停转),且制冷剂罐要求倒立。另一种是从压缩机吸气阀(低压阀)的旁通孔(多用通道)充注,称为低压端充注,充入的是制冷剂气体,其特点是充注速度慢,可在系统补充制冷剂的情况下使用。

(1)高压端充注液态制冷剂

通过高压端向制冷系统充注液态制冷剂的操作步骤如下:

①当系统抽完真空之后,关闭支管压力表上的高、低压手动阀。

②将中间软管的一端与制冷剂罐注入阀的接头连接起来,如图10-29所示,打开制冷剂罐开启阀,再拧开支管压力表软管一端的螺母,让气体溢出几分钟,把空气赶走,然后再拧紧螺母。

③拧开高压侧手动阀至全开位置,将制冷剂罐倒立,以便从高压侧充注液态制冷剂。

④从高压侧注入规定量的液态制冷剂后关闭制冷剂罐手注入阀及压力表上的手动高压阀,然后将仪表卸下。特别要注意,从高压侧向系统充注制冷剂时,不能起动发动机(压缩机停转),更不可拧开支管压力表上的手动低压阀,以防产生液击。

(2)低压端充注气态制冷剂

通过支管压力表上的手动低压阀可向制冷系统的低压侧充注气态制冷剂,其具体操作步骤如下:

①如图10-30所示,将支管压力表与压缩机和制冷剂罐连接好。

②打开制冷剂罐,拧松中间注入软管在支管压力表上的螺母,直到听见有制冷剂蒸气流动的

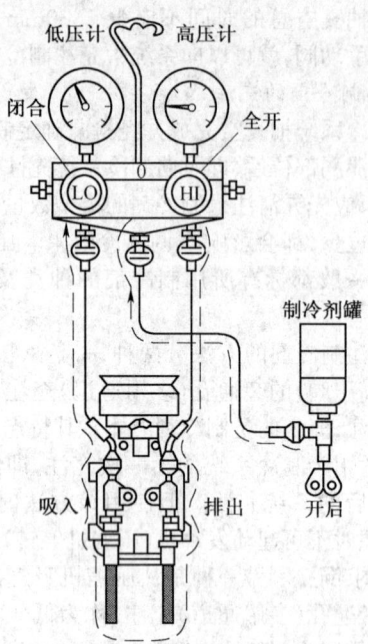

图 10-29 从高压端充注液态制冷剂

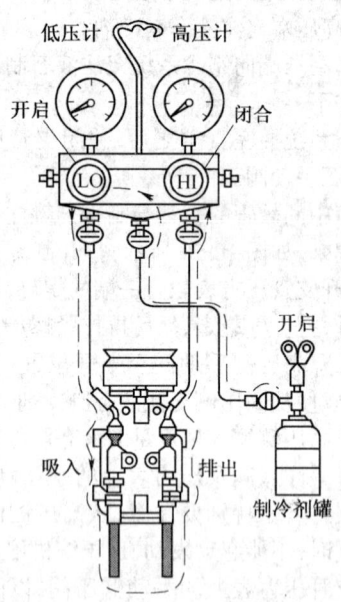

图 10-30 从低压侧充注气态制冷剂

声音,然后拧紧螺母。其目的是将注入软管中的空气赶走。

③打开手动低压阀,让制冷剂进入制冷系统。当系统的压力值达到 0.4MPa 时,关闭手动低压阀。

④起动发动机,将空调开关接通,并将风机开关和温控开关都调至最大。

⑤再打开支管压力表上的手动低压阀,让制冷剂继续进入制冷系统,直至充注量达到规定值。

⑥在向系统中充注规定量制冷剂之后,从视液玻璃窗处观察,确认系统内无气泡、无过量制冷剂。随后将发动机转速调至 2000r/min,冷风机风量开到最高档,若气温在 30℃~35℃,系统内低压侧压力应为 147~192kPa,高压侧压力应为 1370~1670kPa。

⑦充注完毕后,关闭支管压力表上的手动低压阀,关闭装在制冷剂罐上的注入阀,使发动机停止运转;将支管压力表从压缩机上卸下,卸下时动作要迅速,以免过多制冷剂泄出。

4. 制冷剂的放卸

放卸制冷剂的传统方法是应用支管压力表组或放卸制冷剂装置,安全地将制冷剂排放到大气中去,一般称为放空过程。需要注意的是,放空时需要特别准备一个容器,用来收集带出的冷冻油。还应注意,放空的制冷剂一定要排放在室外,绝不能排在室内,以免污染工作环境。

传统的排放制冷剂的方法如图 10-31 所示。其操作过程如下:

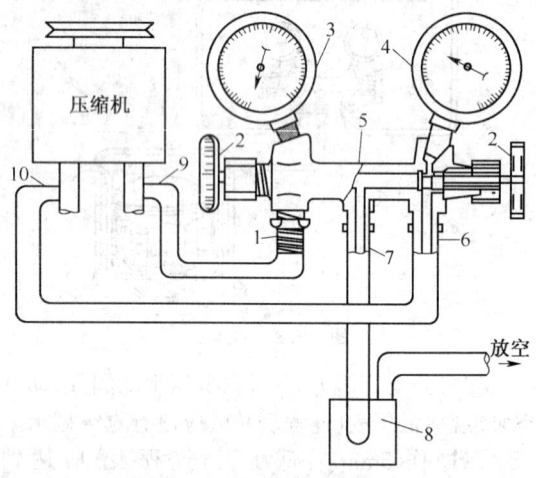

图 10-31 制冷系统放空
1.高压管 2.手阀 3.高压表 4.低压表 5.表阀
6.低压管 7.中间管 8.集油器 9.排气口
10.进气口

①装上支管压力表,在中间的排放软管出口处上一块干净布,清洁系统时不要起动发动机。

②先关闭压力表的高、低压手动阀,按图 10-31所示接好管道,应注意高压管和低压管连接方法。

③如果压缩机上有检修手柄阀,则应先将手

柄阀置于中间位置。

④慢慢打开低压手动阀(不要让其开得太快和太大,否则大量的冷冻油将随着制冷剂流出),在缓慢放卸制冷剂时,将有少量冷冻油随制冷剂流出,应用集油器将其收集(但最好不要让油流出来,以减少麻烦)。

⑤当低压表的读数降到345kPa时,再慢慢打开高压手动阀。注意:开度不要太大。如果此时冷冻油流出较多,则说明放卸速度太快,应关小高、低压手动阀。

⑥当压力表的读数下降到0kPa时,放卸结束,此时应关紧表阀上的阀门。

⑦测量一下收集到的冷冻油。如果油量超过14.2g,则应加入新的等量的冷冻润滑油;如果少于14.2g,则不需要添加新油。

5. 加注冷冻油

汽车制冷系统在一般情况下,冷冻油的消耗量很少,可以每两年更换一次,每次加入规定的数量。添加时一定要保证是同一牌号的冷冻油,因为不同牌号的冷冻油会生成沉淀物。

制冷系统如果制冷剂泄漏速度很慢,对冷冻油泄漏影响不大。制冷剂如果泄漏速度很快,冷冻油也会随之很快泄漏。

如果压缩机里冷冻油存油过少,压缩机会过热,甚至发生卡缸现象。如果系统内冷冻油过多,膨胀阀、蒸发器会发生故障,因此,压缩机里必须保持正常的存油量。

压缩机冷冻油量的检查一般有两种方法:

①观察视镜法。通过压缩机上安装的视镜玻璃,可观察压缩机油量。如压缩机冷冻油油面达到视镜高度的80%位置,一般认为是合适的。如果油面在此界限之上,应引出多余的冷冻油;如果油面在此界限之下,则应添加冷冻油。

②观察量油尺法。未装视镜玻璃的压缩机,可用量油尺检查其油量。这种压缩机有的只有一个油塞,油塞下面有的装有油尺。有的油塞没有油尺,需另外用专用油尺插入检查,观察油面位置是否在规定的上、下限之间。

若检查发现油量偏少,则需加注冷冻油。加注冷冻油有两种方法:

(1)直接加入法(如图10-32所示)

①卸下加油塞1,注入规定型号的冷冻润滑油。

②通过加油塞孔观察,旋转离合器前板,使活塞连杆正好在加油塞孔中央位置。

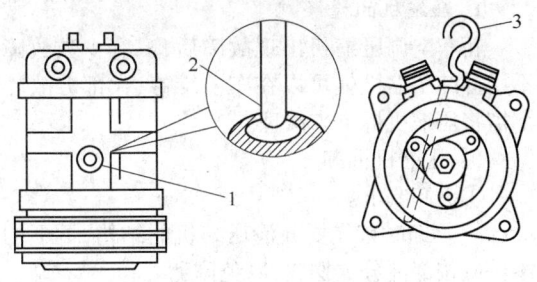

图 10-32 直接加注冷冻油
1. 加油塞 2. 活塞连杆 3. 油尺

③把油尺3插到活塞连杆的右边,直至油尺端部碰到压缩机外壳为止。

④取出油尺,检查冷冻润滑油的刻度数(沟纹),应该在油尺的4~6格之间。

(2)真空吸入法(如图10-33所示)

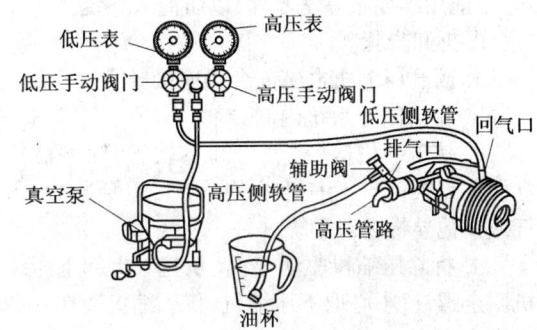

图 10-33 抽真空加注冷冻油

先将制冷系统抽真空到0.002MPa,然后开始加注冷冻油,步骤如下:

①关闭高压手动阀,关闭辅助阀。

②把高压侧软管从支管压力表上拆下,插入油杯内。

③打开辅助阀,使冷冻油从油杯吸入制冷系统。

④当油杯中的冷冻油快被抽空时,立即关闭辅助阀,以免系统中吸入空气。

⑤把高压侧软管接头拧在支管压力表上,打开高压手动阀,起动真空泵,将高压侧软管抽真空。然后再打开辅助阀,为系统抽真空,至0.002MPa,然后再加抽15min,以便排除随油进入系统里的空气。此时,冷冻油在高压侧,待系统运转后,冷冻油返回压缩机。

三、汽车空调系统主要部件的检修

1. 压缩机的检修

轿车空调压缩机出现故障后,只有少数故障不用拆卸压缩机就可以在车上维修,大部分故障都需将压缩机拆下来修理。

(1)压缩机拆卸

①拆卸要求。

a. 拆卸时首先要弄清压缩机的结构,拆下的零件应按部件分类摆放,以免搞乱。

b. 拆卸零件时不要用力过猛,以免损伤零件。遇到形状和尺寸相同的零件时,须做好标记,以防装错。

c. 压出或打出轴套和销子时应先辨明方向,然后再操作,一般只用木锤敲打,以免打坏零件表面。

d. 拆卸的零件用冷冻油清洗,清洗时用软毛刷,不能用碎纱布擦洗零件,以防混入系统。

②拆卸步骤。

a. 断开压缩机电磁离合器连接导线。

b. 排出制冷系统内制冷剂。

c. 从压缩机吸、排气口卸下软管,卸下后应立即加盖软管和压缩机吸、排气口,以免灰尘、水气或其他异物进入系统。

d. 拆除压缩机驱动V带,从托架上卸下压缩机固定螺钉,小心取下压缩机,将压缩机装在一个固定支架上,支架装夹在台钳上。

e. 排出压缩机内的油,用量筒测量出油量,并检查油是否变色,油内是否混有杂质。

(2)电磁离合器的拆卸和修理

①电磁离合器的拆卸。

a. 如图10-34所示,使用Y形夹具的3个定位销插入离合器盘上的3个孔中,固定离合器的驱动盘,用套筒扳手拆下主轴上的六角锁紧螺母。

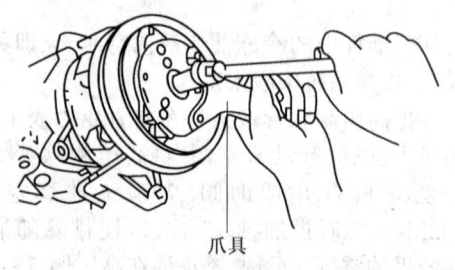

图10-34 卸下主轴上的六角锁紧螺母

b. 拆下锁紧螺母后,用专用拉具拆下压板,并用卡簧钳拆下内卡簧,如图10-35所示。

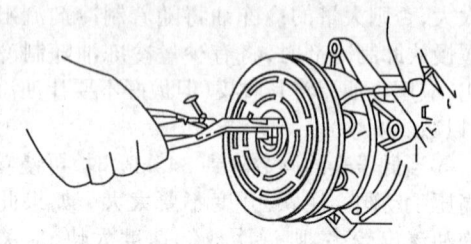

图10-35 用卡簧钳拆卸内卡簧

c. 用拉拔工具拆卸离合器驱动盘,如图10-36所示,将压缩机V带轮和轴承拔出。

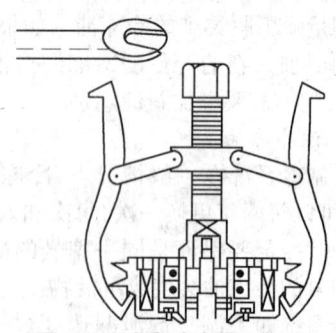

图10-36 拆卸离合器驱动盘

d. 拆下键和垫片。垫片是用来调整驱动盘和摩擦板之间的间隙,安装时用它来调整到规定的间隙值。

e. 用旋具拆下电磁线圈安装螺钉,卸下电磁线圈。

②电磁离合器的修理。

a. 检查电磁离合器从动盘的摩擦表面,看是否由于过热和打滑而引起刮痕,是否有翘曲变形,若从动盘有刮痕损伤或变形,就要更换V带轮总成。另外,摩擦表面上的油污和脏物应用清洁剂擦洗净。

b. 检查电磁离合器轴承有无松动或损坏,损坏的轴承必须更换,可由轴承取出爪从主轴将轴承取出,并换上同规格的新轴承。

c. 用万用表检查电磁离合器线圈有无短路或断路,若发生短路或断路故障,则需更换线圈。

d. 检查完的电磁离合器,按拆卸时的相反步骤装配。装好后要检查离合器的从动盘和主动盘以及V带轮部件是否能自由转动,并检查从动盘和主动盘之间的间隙,其间隙一般为0.3~0.6mm。

(3)压缩机轴封的拆卸和修理

①压缩机轴封的拆卸。

a. 拆下离合器总成,使用卡环钳,取下密封座卡环,如图10-37所示。

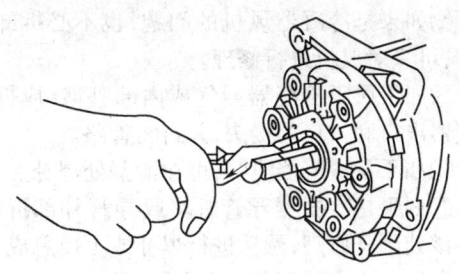

图10-37 取出密封卡环

b. 使用密封拆卸工具,伸入到密封座的位置,然后让其锁紧密封座的内周面,向外拉出密封座。

c. 用钩子取出密封件上的O形密封圈。

②压缩机轴封的修理和安装。

a. 检查轴封摩擦表面是否良好以及石墨环是否磨损,拆下的轴封不能再用,必须更换新的轴封。

b. 用清洁的冷冻油清洗压缩机密封部位,涂抹O形密封圈,并将其装入密封沟槽内,涂抹轴封座,并将其细心地压入安装孔中。

c. 安装卡环和油封盖。

d. 重新装上离合器。

(4)空调压缩机阀板和阀片的修理

轿车空调压缩机因要求小型化、结构紧凑,故多采用簧片阀,其厚度只有0.16~0.30mm。阀片发生变形后与阀板贴合面不严会造成制冷剂泄漏使压缩机排气量减少,引起制冷量下降;阀片损坏后,与阀板不能很好贴合,将会引起压缩机不能压缩制冷剂气体;簧片阀还可能发生局部折断,使高、低压气体串通,制冷效果下降,以至不能制冷。

压缩机阀片最容易发生破裂、炭化、凸凹不平或阀片热处理不好引起的质量问题等。阀片的固定螺栓松动或断裂也可能使阀片损坏,阀片破损则必须换用新阀片。若阀片只有锈蚀和炭化而没有新的阀片可更换时,可研磨抛光后再用。压缩机中的阀片磨损变形,一般是不能修复的,必须换用新的,但阀板的表面可以研磨,研磨时将它固定在卡具上,在厚玻璃板上用研磨膏进行研磨,手工研磨时用力要均匀,采用"8"形研磨,不要只在一个方向或一个位置上研磨,必须不断地改变位置和方向。研磨平整后应进行清洗,使阀板保持清洁平整。凡属积炭的阀板,只要采取上述的研磨法除去积炭即可。检修完后,还应检查阀板的气密

性。

(5)压缩机内部零部件的拆卸和修理

①内部零部件的拆卸。

a. 将压缩机从发动机上卸下并安装在专用夹具上。

b. 取下离合器压板、V带轮、离合器线圈及轴封等。

c. 从放油孔放出压缩机内冷冻润滑油,并用量筒测量出油量。

d. 用内六角扳手松开端盖上所有螺栓,然后取下螺栓。

e. 用木锤轻轻敲击端盖凸缘,使它从压缩机上分开。当压缩机的前后端盖打开后,就可以容易地抽出其活塞等部件。

f. 取下气缸垫、O形圈、簧片阀板。

②内部零部件的修理和安装。

a. 检查压缩机活塞和气缸,若活塞和气缸有拉毛现象,则须更换压缩机。

b. 检查压缩机轴承,若有损坏则须更换。

c. 检查压缩机阀片和阀板。阀板可以用砂条打磨平整,阀片、气缸垫和O形圈损坏则须更换。

d. 装配时要清洗干净所有零部件,保证油路畅通,并在各摩擦部位涂上冷冻润滑油。同时,要保持所有接合面清洁干净,并在垫上涂上冷冻油,均匀地压紧螺栓,装上前后盖板。

e. 用手转动压缩机运转是否顺利。

(6)压缩机维修后的性能检查

将压缩机安装在工作台上就可检查其性能,其检查方法如下:

①压缩机内部泄漏检查。在压缩机吸、排气检修阀上装上支管压力表,并关闭手动高、低压阀,再用手转动压缩机主轴,每秒钟转一圈,共转10圈,这时打开手动高压阀,高压表的压力应大于0.345MPa或更大,若压力小于0.310MPa,则说明压缩机内部有泄漏,须重新修理或更换阀片、阀板和缸垫。

②压缩机外部泄漏检查。从压缩机吸入端注入少量制冷剂,然后用手转动其主轴,用检漏仪检查轴封、端盖、吸排气阀口等处有无泄漏,若有泄漏须拆卸重新修理,若无泄漏,就可装回发动机上。

(7)空调惰轮轴承更换

图10-38所示为轿车空调惰轮安装位置。轿车空调使用惰轮主要是调整压缩机传动V带的

松紧度,防止压缩机传动 V 带松动而产生噪声和损坏。只要发动机一起动,惰轮就转动,而惰轮轴承是最容易磨损的部件,如果惰轮轴承损坏,起动空调时就会有明显的噪声。损坏的轴承必须进行更换,其更换方法如下:

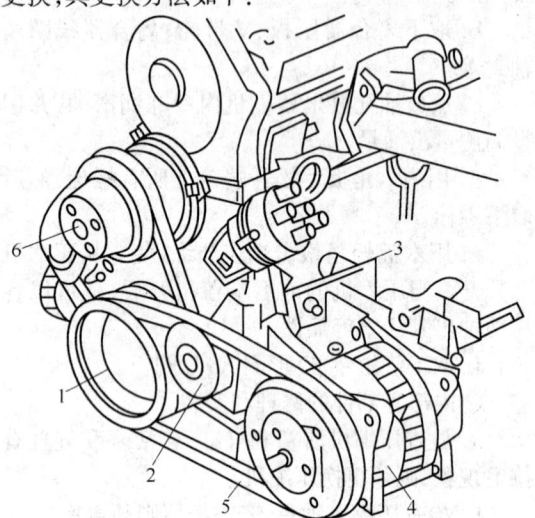

图 10-38　轿车空调惰轮安装位置
1.曲轴 V 带轮　2.惰轮　3.压缩机托架　4.压缩机
5.V 带　6.风扇轮

a. 卸下 V 带和惰轮支承轴。

b. 卸下轴承锁紧螺母和弹性挡圈,拉出旧轴承,换上新轴承,在轴承座上涂抹冷冻润滑油并压进新轴承。

c. 重新装上惰轮组件,并调整压缩机传动 V 带松紧度。

2．冷凝器的检修

(1)冷凝器的检查

①用检漏仪器检查冷凝器总成泄漏情况。

②检查时若发现压缩机排气压力过高,不能正常制冷,导管外部有结霜、结冰现象,则说明冷凝器导管内部脏堵(部分堵塞或全部堵塞)或外部折瘪。

③检查时若发现冷凝器散热不良,则说明冷凝器导管及翅片外表有污垢、残渣。

(2)冷凝器的拆卸

①首先需将制冷剂缓慢排出。

②把液态制冷剂管和排油软管从冷凝器的进、出口的螺纹接头上拆下来。

③拆卸冷凝器,拧下连接螺栓,取出衬垫。

(3)冷凝器的检修

①如仅是外表积污、冷凝器散热片被堵塞,应用水清洗,或用压缩空气吹,注意不要损伤冷凝器散热片,如发现散热片弯曲,使用旋具或手钳加以矫正,不必拆卸冷凝器。

②如果是冷凝器风机的问题,也不必拆卸冷凝器,可只对风机进行修理。

③如果属于冷凝器漏气或内部脏堵,应拆开冷凝器出口和入口的接头,并封闭管路。

④如果是冷凝器泄漏,可在泄漏处焊补。

⑤如果是冷凝器导管脏堵或导管外部折瘪,可将该处剖开修理,然后进行焊补或更换总成。

⑥修理完毕装配时,注意出口和入口切勿接错,并且要加注一定量的冷冻油。

3．蒸发器的检修

(1)蒸发器的检查

①蒸发器外表是否有积垢、异味物。

②蒸发器是否损坏。

③用检漏仪检查是否泄漏。

④观察排气管路是否洁净、畅通。

(2)蒸发器的拆卸

①拆下蓄电池的连接线。

②排出制冷剂。

③将吸入软管和液态制冷剂管从蒸发器的进口、出口接头拆下来,并立即盖住开口部,以防潮气及其他杂物进入系统。

(3)检修

①清除外表积垢、异物。

②清洁排气管路,并清除积聚底板的水分。

③如有泄漏,应对泄漏处进行焊补。

④修理完毕装配时,注意入口和出口切勿接错,温控元件或感温包要牢固地装在适当的位置,膨胀阀和感温包要包好保温材料,蒸发器内要加注一定数量的冷冻油。

4．膨胀阀的检修

膨胀阀被污物堵塞,可用高压空气吹通,如吹不通,只有拆卸进行清理。如因膨胀阀动力膜失去压力,通过制冷剂的小孔全部堵死,而引起热传感器中的制冷剂泄漏,需修补和加注制冷剂。用胶管加注制冷剂可按如下步骤进行:

①把感温包上的短毛细管切断,用尖冲把内孔扩大,再用一根约 10cm 长、内径与毛细管外径大致一样的紫铜管套在毛细管上,用银焊或铜焊焊牢;另外加工一个金属接头,分别接在低压软管和耐高压胶管上,胶管和紫铜管连接,相连之处用铅丝扎牢。

②将支管压力表高压阀关闭,打开低压阀。

绿色软管接在真空泵上,然后开动真空泵约1min,关闭后取下接头注入制冷剂。

③把热传感器浸入水中,找出泄漏之处焊补好再进行抽空。

④排气后,依靠钢瓶内制冷剂的压力逐渐注入。

⑤由于感温包内容积很小,抽气时间只需1~2min就行了。加注制冷剂量的多少应根据车型大小决定。感温包所需制冷剂很少,无法计量,只能靠一定的压力来加注,但是制冷剂随气温变化,压力也会变化,控制压力很难。一般是参考同型车空调不运转时的高压侧压力,作为膨胀阀热传感器加注制冷剂的依据。

⑥用封口钳压扁紫铜管,从离封口钳10mm处将紫铜管截断,将封口处焊牢后松掉封口钳,浸入水中做检漏试验,如无任何微泡出现为合格。

5. 储液干燥器的检修

储液干燥器主要作用是储存多余制冷剂、吸收系统内水分、过滤系统内杂质或脏物,保证系统正常工作。一旦储液干燥器吸收水分达到饱和状态和滤网被脏物堵塞,就必须换用新件,其操作过程如下:

①排出系统内制冷剂。

②拆下储液干燥器,并立即用堵头塞住储液干燥器两端的管路接头。

③换用新的储液干燥器,并向压缩机内添加10~20ml的冷冻油。

④最后依次对制冷系统检漏、抽真空、充注制冷剂。

第五节　汽车空调系统的使用与故障诊断排除

一、汽车空调系统的正确使用

使用汽车空调时必须注意如下几点:

①使用空调前应首先了解空调控制板上各滑动按钮开关和按键的功能。

②使用空调时,必须在发动机稳定运转几分钟后,打开鼓风机开关至某一档位,然后再按下空调A/C开关使压缩机工作。需要注意的是当温度调节处于最大冷却位置时,应尽量使用鼓风机的高速档,以免蒸发器过冷而结冰。

③若只要换气而不要冷气时,只需打开鼓风机开关而不要起动压缩机。

④汽车在行驶中,若长距离爬坡或需要超车时,应暂时停止压缩机工作,以免发动机动力不足或发动机超负荷运行而导致过热。

⑤汽车在夜间行驶时,由于电气设备耗电量较大,尽量不要长时间使用空调以免引起蓄电池严重亏电。

⑥在汽车发动机怠速使用空调时,应适当提高发动机转速至800~1000r/min,以免发动机因驱动压缩机而熄火(有怠速提升装置的可自动提高发动机转速)。

⑦在汽车停驶时,连续使用空调的时间不能太长,以免冷凝器和发动机因散热不良而过热,影响空调的制冷性能和发动机寿命。

⑧夏季停放车辆时,应尽量避免阳光直射,以减小空调的热负荷。

二、汽车空调系统的常规检查

为确保汽车空调系统运行正常,平时应进行常规检查,检查时将汽车停放在通风良好的场地上,使发动机转速维持在2000r/min左右,鼓风机风速调至最高档,使车内空气处于内循环,此时便可进行下列检查。

1. 用手触摸制冷管路感受表面温度

当用手触摸制冷管路时,低压管路温度较低,高压管路温度较高。高压管路:从压缩机出口→冷凝器→储液罐→膨胀阀进口处;低压管路:从膨胀阀出口→蒸发器→压缩机进口。在压缩机高低压侧应该有明显的温差。

2. 观查制冷系统渗漏部位

制冷系统中的所有连接部位或冷凝器表面一旦发现油渍,说明此处有制冷剂泄漏。也可用较浓的肥皂水涂抹在可疑之处,观查是否有气泡出现。

3. 从安装在储液罐顶部的观察窗口判定工况

①若从观察窗口查看时是清晰、无气泡,且出风口是冷的,说明制冷系统工作正常;若出风口不冷,说明制冷剂已严重泄漏;若出风口冷气不足,关掉压缩机1min后仍有气泡慢慢流动,或在停止压缩机后的一瞬间就清晰无气泡,说明制冷剂太多。

②偶尔出现气泡,且膨胀阀结霜,则说明有水分;若膨胀阀没有结霜,则可能是制冷剂缺少或有空气。

③观察窗口玻璃上有油纹,出风口不冷,则说

明制冷系统中完全没有制冷剂。

④若出现泡沫很浑浊,可能是制冷系统中加入的冷冻油过多。

三、汽车空调系统的故障诊断与排除

空调系统的故障主要是指制冷系统的故障,其故障一般表现为:完全不制冷、间断性制冷、制冷量不足、空调工作噪声等。

其故障原因可归纳为:制冷系统故障、电路及控制系统故障、机械系统故障及送风和操作调控系统故障。具体故障原因及排除方法见表10-8所列。

表10-8 空调系统的故障诊断与排除

故障现象	故 障 原 因	排 除 方 法
完全不制冷	(1)制冷系统故障 ①制冷系统内无制冷剂(完全泄漏) ②储液干燥器完全脏堵 ③膨胀阀进口滤网完全脏堵 ④膨胀阀阀门打不开 ⑤压缩机进排气阀片损坏,使压缩机失去吸气和排气能力	检漏、修复并充注制冷剂 更换储液干燥器 清洗或更换进口滤网 更换膨胀阀 拆检压缩机进排气阀片组件或更换相同规格压缩机
	(2)电路及控制系统故障 ①电磁离合器线圈搭铁不牢或脱焊断路 ②电路熔丝烧断 ③控制开关失效 ④鼓风机不运转	拧紧搭铁端,查线圈及有关电路 检查、更换 更换控制开关 检修鼓风机及有关电路
	(3)机械系统故障 ①压缩机传动V带松弛或折断 ②压缩机机件损坏卡死不动 ③鼓风机机件损坏卡死不转动	紧定传动V带或换用新品 检查或更换 检查或更换
	(4)风道及调控系统故障 ①热水阀不能关闭 ②空气混合门位于取暖位置	检查热水阀控制器件维修或更换 调整空气混合门使其位于制冷位置
间断性制冷	(1)制冷压缩机运转正常时 ①制冷系统中有冰堵 ②温控开关中的热敏电阻或感温包失灵 ③鼓风机损坏或控制开关损坏	放出制冷剂,抽真空后充注制冷剂 检查、调整温控开关或更换 检查修复或更换
	(2)制冷压缩机有时转有时不转时 ①电磁离合器打滑 ②电磁离合器线圈松脱或搭铁不良 ③空调继电器开、闭失控 ④压缩机传动V带严重打滑	检查、调整电磁离合器 检查、紧定电磁离合器线圈 检查、调整或更换空调继电器 调整V带张力或更换V带
制冷量不足	(1)制冷系统故障 ①制冷剂充注量不足或部分泄漏(检测压力:低压侧压力低于78kPa,高压侧压力低于883kPa) ②制冷剂过量(检测压力:低压侧压力高于245kPa,高压侧压力高于1962kPa) ③冷凝器散热不良 ④膨胀阀阀门开启量过大或过小 ⑤膨胀阀进口滤网部分脏堵 ⑥制冷系统内有空气 ⑦冷冻油加注过多 ⑧制冷管路部分堵塞	补充制冷剂量或检漏修复并充注制冷剂 从低压侧缓慢放出多余制冷剂 检查散热风扇V带及控制转速高压开关,改善散热效果 检查调整或更换膨胀阀 清洗或更换膨胀阀进口滤网 放出系统内制冷剂,反复抽真空后再重新充注制冷剂 快速放出制冷剂,重新补充制冷剂 更换或疏通堵塞管路

续表 10-8

故障现象	故 障 原 因	排 除 方 法
制冷量不足	(2)机械系统故障 压缩机驱动 V 带过松、打滑	紧定驱动 V 带或换用新品
制冷量不足	(3)电路及控制系统故障 ①鼓风机转速过低 ②电磁离合器打滑 ③温控器失调或控制温度调整过高 ④冷凝器冷却风扇不转或转速过低	检查鼓风机及控制电路 检查调整其间隙及检修线圈电路 查温控器或对其控制温度重新调整 检查冷却风扇及有关控制电路
制冷量不足	(4)风道及调控系统故障 ①蒸发器空气进口滤网脏堵 ②风道连接处或风道外壳破裂漏气 ③热水阀开度过大 ④空气混合门位置不当	清洁滤网杂质 紧定风道连接处,并修复破裂处 检查调整热水阀开度 调速空气混合门位置
制冷系统噪声	(1)制冷系统外部噪声 ①压缩机传动 V 带过松或过度磨损 ②压缩机安装支架,固定螺钉松动 ③压缩机进排气阀片破损或轴承损坏 ④鼓风机风扇叶片振动或安装松动 ⑤电磁离合器间隙调整不当 ⑥电磁离合器轴承缺油或损坏	将传动 V 带紧定或更换 紧定压缩机固定螺钉 拆修或更换压缩机 检修、固装鼓风机 调整电磁离合器间隙 对轴承注油或更换
制冷系统噪声	(2)制冷系统内部噪声 ①制冷系统制冷剂过多,工作噪声 ②制冷系统制冷剂过少,膨胀阀产生噪声 ③制冷系统有水分,引起膨胀阀发噪声 ④制冷系统高压管路压力过高,引起压缩机振动	放出适当多余制冷剂 充注适当制冷剂 放出制冷剂、抽真空、重新充注制冷剂 检查高压限压阀,调整或更换

四、桑塔纳 2000 系列轿车空调系统的检修

1. 概述

桑塔纳 2000 系列轿车制冷系统,采用了替代 R12 的对大气层无害的新型制冷剂 R134a。因此空调装置在普通型桑塔纳轿车制冷系统的基础上,对蒸发器、压缩机、冷凝器、储液干燥器、软管、膨胀阀等总成或零件做了重大改进,使其降温效果有了明显的提高。桑塔纳 2000 系列轿车 R134a 空调装置与普通型桑塔纳轿车 R12 空调装置的主要区别如表 10-9 所列。

表 10-9 R134a 空调装置与 R12 空调装置的主要区别

更改项目	更改内容	更改原因
材料更改	压缩机润滑油采用 PAG 或 ESTER	R12 压缩机采用的矿物润滑油与 R134a 不相溶,易引起润滑不良
材料更改	软管和密封圈的橡胶材料为 HNBR	R134a 要求材料具有更低的渗透性

续表 10-9

更改项目	更改内容	更改原因
材料更改	干燥剂由 XH-5 改为 XH-7 或 XH-9,用量增加 1/3,容积增大 20%	PAG 润滑油和 R134a 与 R12 和矿物润滑油相比,具有更好的吸湿性
结构更改	冷凝器	因 R134a 工作压力更高,故采用迎风面积更小的全铝管带平流式冷凝器
结构更改	膨胀阀	因感温包充注气体改为 R134a,过热度设定值需更改
结构更改	压力开关由高低两位改为高中低三位	压力开关值因最大蒸气压力变化而更改
结构更改	蒸发器	深度增加,制冷剂管路长度增加,翅片高度减小,换热能力提高
维修方法的更改	维修阀接头尺寸和连接方法、零件标记、软管警告标记都作了更改	R12 和 R134a 的润滑油及密封件不可互换

桑塔纳2000系列轿车空调系统布置如图10-39所示。

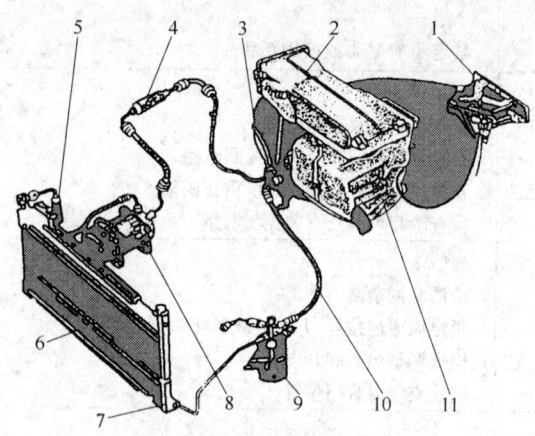

图10-39 空调系统布置
1.控制装置 2.进气罩 3.蒸发器 4.S管
5.D管 6.冷凝器 7.C管 8.空调压缩机
9.储液干燥器 10.L管 11.加热器

2. 空调系统的组成及主要部件

桑塔纳2000系列轿车空调制冷系统的工作原理如图10-40所示。由蒸发器1出来的低温、低压制冷剂气体，经低压软管2、低压阀9进入压缩机3。在压缩机内将气态制冷剂吸进并压缩，变成高温、高压的制冷剂气体，由高压阀出来经过高压软管4进入冷凝器5，并把热量排出车外，从而高温、高压制冷剂气体被冷却为高温、高压的制冷剂液体，从冷凝器底部流向储液干燥器6，经过滤、脱水后由高压软管4送至膨胀阀8。经膨胀阀的高压液态制冷剂减压后，成为低温、低压的雾状物进入蒸发器，通过蒸发器芯管吸收周围空气中的热量而变为气体，冷却后的空气即为冷气，经风扇强制送回车内，完成了降温的目的。低温、低压的气态制冷剂，经低压软管又回到压缩机，开始新一轮工作循环。

(1) 压缩机

由于桑塔纳2000系列轿车空调系统的制冷剂由R12改为R134a，这种制冷剂具有高渗透性，因此普通桑塔纳轿车空调系统所用的SD508型压缩机已不适用，改为SE5H14型压缩机。为提高密封性能，其中的橡胶密封件材料由NBR/FKM改为氢化丁腈橡胶。

SE5H14型压缩机属于摇盘式压缩机，有5个气缸。其结构和工作原理与在第二节中介绍的SD508压缩机基本一样，只是在结构上有所改进，压缩机气缸体、气缸盖、主轴等改变了结构尺寸，气缸垫、密封件等改变了材料，轴和轴承结构也作了改变，电磁离合器零件表面的处理工艺也不同。

桑塔纳2000轿车压缩机SE5H14的有关参数见表10-10。

表10-10 SE5H14压缩机技术参数

气缸数	5
缸径×冲程(mm)	35×28.6
排量(cm³/r)	138
适用制冷剂	R134a
润滑油	SW100
最大允许转速(r/min)	7000
最大连续转速(r/min)	6000
电压(V)	12
含离合器质量(kg)	约7.4

电磁离合器安装在压缩机的前盖上。当线圈通电后，线圈吸引主轴上的吸盘与之啮合，并驱动压缩机。

SE5H14型压缩机与SD508型压缩机的通用化情况见表10-11所列。

(2) 冷凝器

桑塔纳2000系列轿车由于使用R134a制冷剂后，系统压力升高，为提高冷凝效果，故将普通型桑塔纳轿车所采用的管片式冷凝器，改换为传热效果更好的全铝管带平流式冷凝器。

桑塔纳2000系列轿车冷凝器与普通型桑塔纳轿车冷凝器的通用化情况见表10-12所列。

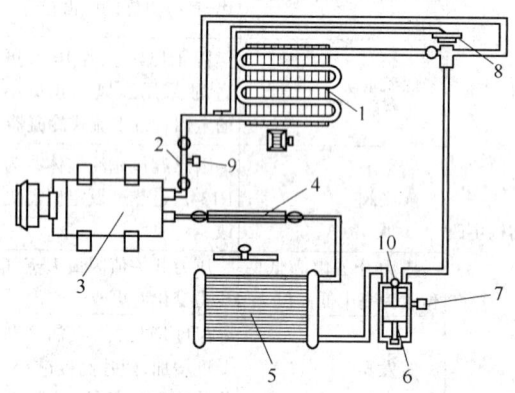

图10-40 制冷系统工作原理
1.蒸发器 2.低压软管 3.压缩机 4.高压软管
5.冷凝器 6.储液干燥器 7.高压阀 8.膨胀阀
9.低压阀 10.压力开关

表 10-11 SE5H14 型压缩机与 SD508 型压缩机的通用化情况

序号	图号	名称	每台数量	国产化情况	SD508 空调压缩机通用化情况
1	38105-0001	铭牌	1	国产	不通用
2	SD-500009	气缸体	1	国产	通用
3	SD-510010	气缸垫	1	国产	通用 SD510
4	SD-500011	缸盖垫	1	国产	通用 SD510
5	SD-500012	气缸盖螺钉	5	国产	通用
6	38105-0022	孔用弹性挡圈	1	国产	不通用
7	38105-0303	前缸盖	1	国产	不通用
8	38105-0400	主轴斜盘组件	1	国产	不通用
9	38105-0501	油塞	1	国产	不通用
10	SD-500602	行星盘	5	国产	通用
11	SD-500603	球形连杆-B	5	国产	通用
12	SD-500604	活塞	5	国产	通用
13	SD-500605	活塞环	1	国产	通用
14	SD-500701	吸气阀片	1	国产	通用
15	SD-500702	阀板	1	国产	通用
16	SD-500704	排气阀片	1	国产	通用
17	38105-0801	V 带轮	1	国产	不通用
18	38105-0920	线圈外壳组件	1	国产	不通用
19	38105-1101	毡圈	1	国产	不通用
20	38105-1102	毡圈支架	1	国产	不通用
21	38105-1201	铆钉	3	国产	不通用
22	38105-1202	前板	1	国产	不通用
23	38105-1203	垫圈	3	国产	不通用
24	38105-1204	轮毂	1	国产	不通用
25	38105-1205	铆钉	3	国产	不通用
26	38105-1207	吸盘	1	国产	不通用
27	38105-1208	弹簧钢片	3	国产	不通用
28	38105-1300	导线固定器部件	1	国产	不通用
29	SD-500006	前推力轴承-E	1	进口	通用
30	SD-500007	前推力片	1	进口	不通用
31	38105-0005	方截面 O 形橡胶圈	1	进口	不通用
32	SD-500017	固定齿轮-B	1	进口	通用
33	SD-500019	后 L 形推力片	1	进口	通用
34	SD-500020	后推力轴承-E	1	进口	通用
35	SD-500021	后推力片	1	进口	通用
36	38105-0302	O 形圈	2	进口	不通用
37	38105-0304	主轴轴承	1	进口	不通用
38	38105-0502	O 形橡胶密封圈	1	进口	不通用
39	SD-500601	行星盘组件	1	进口	通用
40	SD-500802	V 带轮轴承	1	进口	通用
41	38105-1000	轴封部件	1	进口	不通用
42	38105-0401	主轴	1	国产	不通用
43	38105-0000	压缩机总成	1	国产	不通用

表 10-12 桑塔纳 2000 系列轿车冷凝器与普通型桑塔纳轿车冷凝器的通用化情况

序号	图号	名称	每台数量	国产化情况	通用化情况
1	KBH2-0(330 820 413B)	冷凝器总成	1	国产	不通用
2	KB2-11	翅片	10	国产	通用
3	KB2-12	翅片	2	国产	通用

续表 10-12

序号	图号	名称	每台数量	国产化情况	通用化情况
4	KB2-16	下边板	1	国产	通用
5	KB2-19	出口管嘴	1	国产	通用
6	KBH2-01	左吊板	1	国产	不通用
7	KBH2-10	芯体	1	国产	不通用
8	KBH2-11	翅片3	2	国产	不通用
9	KBH2-12	盘管	1	国产	通用
10	KBH2-13	边板	1	国产	不通用
11	KBH2-14	进口转接管	1	国产	不通用
12	KBH2-15	进口管嘴	1	国产	不通用
13	KBH2-16	出口转接管	1	国产	不通用
14	KBH2-20	右边框	1	国产	不通用
15	KBH2-21	右框板	1	国产	不通用
16	KBH2-22	右吊板	1	国产	不通用
17	KBH2-23	右固定架	1	国产	不通用
18	KBH2-30	右支座	1	国产	不通用
19	KBH2-31	右支架	1	国产	不通用
20	KBH2-42	橡胶垫	2	国产	不通用
21	KBH21-0	左边框	1	国产	不通用
22	KBH21-01	左框板	1	国产	不通用
23	KBH21-02	左固定架	1	国产	不通用
24	KBH21-10	左支座	1	国产	不通用
25	KBH21-11	左支架	1	国产	不通用

(3) 蒸发器

桑塔纳2000系列轿车的蒸发器安装在副驾驶人一侧杂物箱下方,为风冷全铝板带式结构,蒸发器上有插感温开关的毛细管。由于采用R134a制冷剂,引起冷凝压力和温度上升,制冷效率下降。为此,桑塔纳2000系列轿车的蒸发器的扁管加宽,翅片间距减小,从而增大了热交换面积,改善了换热性能。

桑塔纳2000系列轿车蒸发器与普通型桑塔纳轿车蒸发器的通用化情况见表10-13所列。

表 10-13 桑塔纳2000系列轿车蒸发器与普通型桑塔纳轿车蒸发器的通用化情况

序号	图号	名称	每台数量	国产化情况	通用化情况
1	KBH4-0(330 820 023B)	蒸发器总成	1	国产	不通用
2	KBH41-20(330 820 679)	热力膨胀阀	1	进口	不通用
3	KBH41-0	带膨胀阀的蒸发器	1	国产	不通用
4	KBH4-30(330 959 281A)	温度控制器	1	国产	不通用
5	KBH411-0	蒸发器组件	1	国产	不通用
6	KBH411-01	宽翅片	13	国产	不通用
7	KBH411-02	窄翅片	2	国产	不通用
8	KBH411-03	蛇形扁管	1	国产	不通用
9	KBH411-04	边板	2	国产	不通用
10	KBH411-05	管	1	国产	不通用
11	KBH411-06	直管	1	国产	不通用
12	KBH411-10	蒸发器芯进口管	1	国产	不通用
13	KBH411-11W	管	1	国产	不通用
14	KBH412-0	蒸发器进口管	1	国产	不通用
15	KBH412-10	弯管组件	1	国产	不通用
16	KBH412-11W	管	1	国产	不通用
17	KBH412-12	接头	2	国产	不通用
18	KBH413-0	蒸发器出口管	1	国产	不通用

第五节　汽车空调系统的使用与故障诊断排除　195

续表 10-13

序号	图号	名称	每台数量	国产化情况	通用化情况
19	KBH413-01	管	1	国产	不通用
20	KBH413-10	弯管组件	1	国产	不通用
21	KBH413-11W	管	1	国产	不通用
22	KBH414-0	出口转接管组件	1	国产	不通用
23	KBH414-01	出口保护套管	1	国产	不通用
24	KBH414-10	弯管组件	1	国产	不通用
25	KBH414-11W	管	1	国产	不通用
26	KBH414-12	压紧螺母	1	国产	不通用
27	KBH4-01	导管橡胶隔离圈	1	国产	不通用
28	KBH4-02	弹性固定夹	1	国产	不通用
29	KBH4-10	上壳体组件	1	国产	不通用
30	KBH4-11	上壳体	1	国产	不通用
31	KBH4-12	衬垫	1	国产	不通用
32	KBH4-13	小方衬块	1	国产	不通用
33	KBH4-20	下壳体组件	1	国产	不通用
34	KBH4-21	下壳体	1	国产	不通用
35	KBH4-22	衬垫	1	国产	不通用
36	KBH0-11	O形密封圈	2	进口	不通用
37	KBH0-21	O形密封圈	3	进口	不通用
38	KBH2-15	进口管嘴	1	国产	不通用
39	KBH41-01	上夹紧垫块	1	国产	不通用

(4) 膨胀阀

桑塔纳 2000 系列轿车采用 H 型膨胀阀,结构与工作情况前面已有介绍,不再重复。

(5) 储液干燥器

桑塔纳 2000 系列轿车的储液干燥器安装在发动机左前方纵梁上。由于 R134a 与水的亲合力比较强,脱水困难,所以桑塔纳 2000 系列轿车空调所用干燥剂由原来的 XH5 改为 XH7,干燥剂用量增加,为了提高罐体的抗腐蚀能力,其材料由铁改为铝。

桑塔纳 2000 系列轿车储液干燥器与普通型桑塔纳轿车储液干燥器的主要区别见表 10-14 所列。

表 10-14　桑塔纳 2000 系列轿车储液干燥器与普通型桑塔纳轿车储液干燥器的主要区别

序号	项目名称	桑塔纳 2000 轿车储液干燥器 (QKC0.5-1H)	普通型桑塔纳轿车储液干燥器 (QKC0.5)
1	干燥器形状	颗粒分子筛	烧块状分子筛
2	干燥器型号	XH7 型	XH5 型

续表 10-14

序号	项目名称	桑塔纳 2000 轿车储液干燥器 (QKC0.5-1H)	普通型桑塔纳轿车储液干燥器 (QKC0.5)
3	压力开关 (MPa,表压)	高、中、低三位一体压力开关 高压:3.14±0.20 中压:1.77±0.10 低压:0.196±0.10	中、低压分开的压力开关 中压:1.448±0.06895 低压:0.2±0.03
4	气门芯	快速连接	螺纹连接
5	适用性	R134a	R12
6	容量(L)	0.5	0.5
7	平衡吸水量(g)	3	3

(6) 制冷剂软管

由于制冷剂 R134a 能溶解普通型桑塔纳轿车制冷剂软管 N13R 橡胶管,所以桑塔纳 2000 系列轿车采用了内有尼龙层的专用橡胶管,防止制冷剂泄漏。另外,连接管两端采用了 O 形密封圈。

桑塔纳 2000 系列轿车制冷剂软管与普通型桑塔纳轿车制冷剂软管的通用化情况见表 10-15 所列。

表 10-15 桑塔纳 2000 系列轿车制冷剂软管与普通型桑塔纳轿车制冷剂软管的通用化情况

序号	图号	名称	每台数量	国产化情况	通用化情况
1	KBHO-10(330 820 738C)	制冷剂软管总成(S管)	1	国产	不通用
2	KBHO-11(330 260 749A)	O形密封圈	2	进口	不通用
3	KBHO-12W	充注阀	1	进口	不通用
4	KBHO-13W	胶管	1	国产	不通用
5	KBHO-14W	胶管	1	国产	不通用
6	KBHO-15W	铝套	4	国产	不通用
7	KBHO-16W	接头 1	1	国产	不通用
8	KBO-17W	接头 II	1	国产	通用
9	KBHO-20(330 820 721C)	制冷剂软管总成(D管)	1	国产	不通用
10	KBHO-21(330 260 749B)	O形密封圈	2	进口	不通用
11	KBHO-22W	胶管	1	国产	不通用
12	KBHO-23W	铝套	2	国产	不通用
13	KBO-23W	接头 1	1	国产	通用
14	KBO-26W	接头 II	1	国产	通用
15	KBHO-40(330 820 721D)	制冷剂软管总成(L管)	1	国产	不通用
16	KBHO-31(330 260 749)	O形密封圈	2	进口	不通用
17	KBHO-41W	胶管	1	国产	不通用
18	KBHO-42W	接头 1	1	国产	不通用
19	KBHO-43W	铝套	1	国产	不通用
20	KBHO-44W	接头 II	1	国产	不通用
21	KBHO-30(330 260 705B)	制冷剂硬管总成	1	国产	不通用
22	KBHO-31(330 260 749)	O形密封圈	2	进口	不通用
23	KBHO-33W	管子	1	国产	不通用
24	KBO-32	外套螺母	2	国产	通用

空调系统主要部件拧紧力矩见表 10-16 所列。

表 10-16 空调系统主要部件拧紧力矩

序号	项目	规格	拧紧力矩(N·m)
1	高压开关	—	27
2	低压开关	—	18
3	压紧螺母	—	45
4	压缩锁紧螺母	—	33~41
5	压缩机气缸盖螺钉	—	29~33
6	压缩机放油塞	—	8~12
7	压缩机吸气软管接头	—	19.6~24.5
8	压缩机排气软管接头	—	29.4~34.3
9	离合器导线夹紧螺钉	—	3~10

续表 10-16

序号	项目	规格	拧紧力矩(N·m)
10	过渡接头和螺母	8mm 管子	12~15
		3/4 英寸管子	20~25
		7/8 英寸管子	30~35
11	其他螺栓和螺母	M6×1.0	8~12
		M8×1.25	20~30
		M10×1.25	40~55
		M12×1.25	75~105
		M12×1.5	70~90

3. 空调系统常见故障的检修步骤

(1)冷却不够或气流不足的检修步骤

冷却不够或气流不足的检修步骤如图 10-41 所示。

第五节 汽车空调系统的使用与故障诊断排除

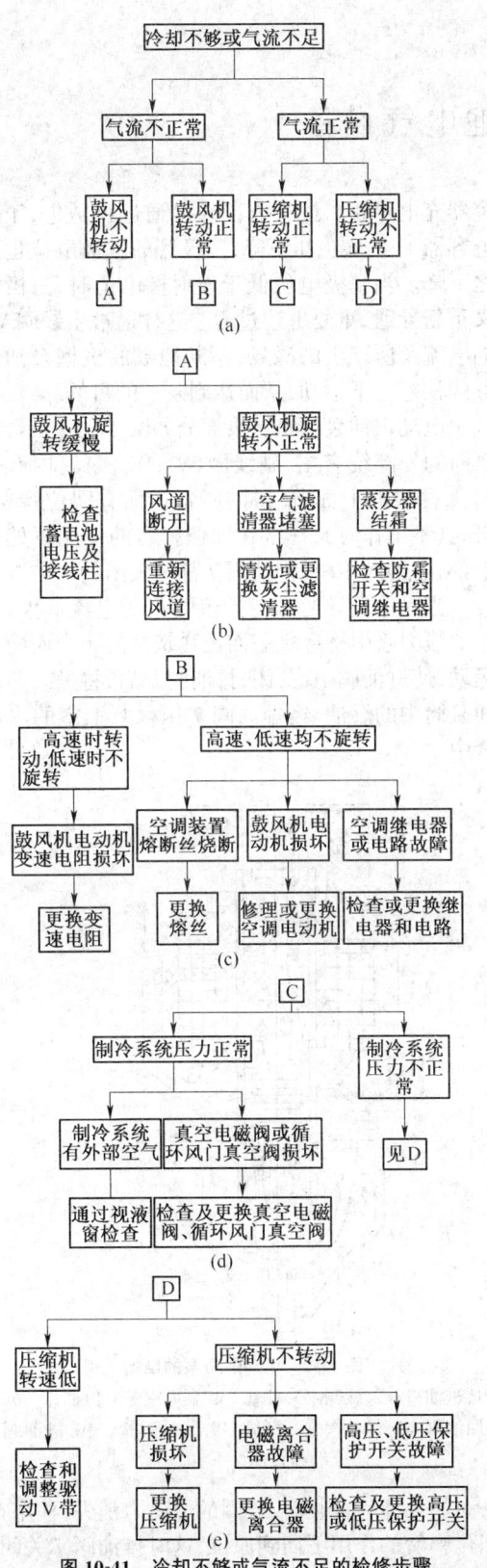

图 10-41 冷却不够或气流不足的检修步骤

(2) 暖风不热的检修步骤

暖风不热的检修步骤如图 10-42 所示。

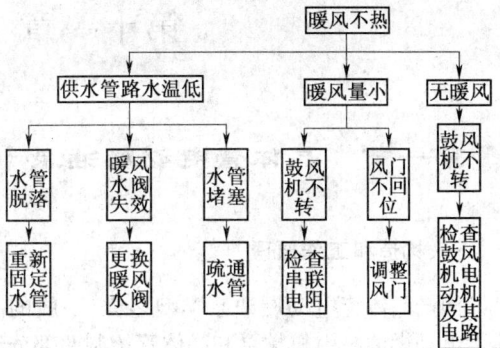

图 10-42 暖风不热的检修步骤

(3) 压缩机异响的检修步骤

压缩机异响的检修步骤如图 10-43 所示。

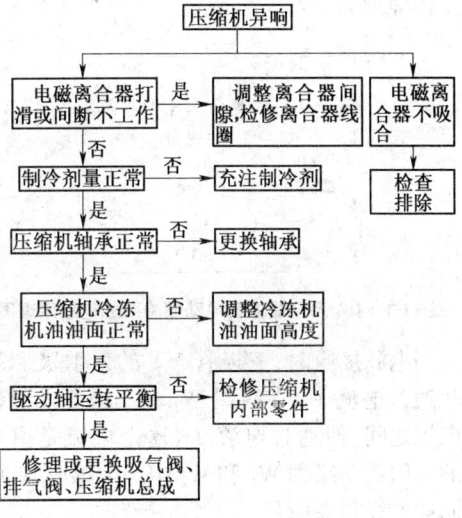

图 10-43 压缩机异响的检修步骤

第十一章 其他电气设备

第一节 晶体管电动燃油泵

一、构造和工作原理

国产晶体管电动燃油泵类型多样,一般的晶体管电动燃油泵由机械泵和晶体管控制两部分组成。晶体管控制部分是一个自励间歇振荡器,电路原理如图11-1所示,它是由主线圈 W_1、副线圈 W_2、晶体管三极管 VT、电容器 C 和电阻 R 组成。其工作原理如下:

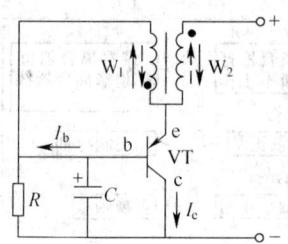

图11-1 JB_3系列晶体管电动燃油泵的电路原理图

当电源接通时,三极管 VT 的发射极和基极之间通过电流 I_b,在线圈 W_2 和三极管发射极与集电极之间,便通过电流 I_c(这个电流是由小变大的),因而在线圈 W_1 和 W_2 中产生感应电动势,方向如实线箭头所示。

W_1 产生的感应电动势便加在三极管基极、发射极之间而产生正反馈作用,使三极管基极电位下降,基极电流 I_b 增大,进一步促进集电极电流 I_c 增大,以至饱和。

三极管导通达到饱和状态时,I_c 便不增大,在线圈 W_1 和 W_2 中的感应电动势也下降为零。于是基极电位上升,I_c 减少,此时,在线圈 W_1 和 W_2 中又产生与前相反的感应电动势,方向如虚线箭头所示。而线圈 W_1 的感应电动势则使基极电位更高,使 I_c 更小,直至截止,这是一个与前相反的反馈过程。

在三极管集电极电流减小的过程中,线圈 W_1、W_2 的感应电动势叠加向电容 C 放电。

当三极管完全截止时,基极电位不再升高,电容器充电停止。接着电容器 C 通过 R 放电,于是电容器 C 的端电压下降,三极管的基极电位也随之下降。当基极电位低于发射极电位时,三极管又重新导通,重复上述过程。这样通过主线圈 W_2 的电流及所产生的磁场,不断地吸放机械泵油部分的柱塞上下运动,从而达到泵油的目的。

电动汽油泵的机械泵部分如图11-2所示,在泵筒的外部绕有主、副线圈 W_2、W_1,泵筒内有柱塞3,柱塞的上面有缓冲弹簧,下面有回位弹簧,平时(不工作时),柱塞在回位弹簧的作用下处在上部,进油阀10和排油阀7都是关闭的。

当晶体管导通时,主线圈 W_2 的电流最大,产生的吸力吸引柱塞克服回位弹簧9的张力而向下运动,使进油阀10关闭,排油阀开启,将进入两阀间泵筒中的燃油,经排油阀7压入泵上室的出油管中。

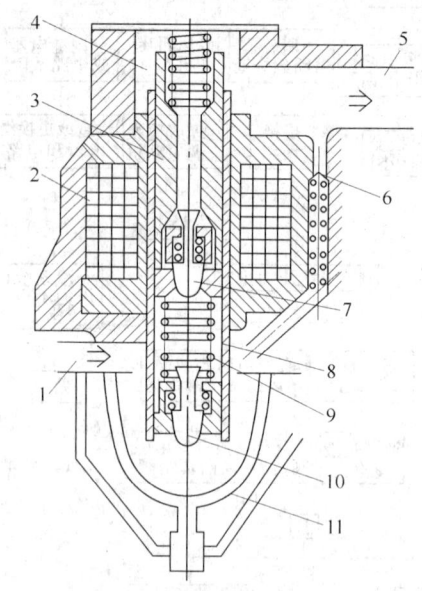

图11-2 电动燃油泵的结构

1.进油口 2.线圈 3.柱塞 4.泵上室 5.出油口 6.回油阀 7.排油阀 8.泵筒 9.回位弹簧 10.进油阀 11.油泵下室

当晶体管截止时,线圈的电磁力消失,柱塞在回位弹簧的作用下回到原位,这时排油阀7关闭,进油阀10打开,燃油即从油杯中吸入两阀间的泵筒中。

由于控制电路中线圈的电流不断地通断,柱塞也不断地反复运动,使燃油不断地从油箱通过油管进入油杯,以后被压到泵上室,经出油管进入化油器。

当汽车在急速或部分负荷用油较少时,由于排油阀排出的油量不变,致使燃油过剩而使出油管中的压力升高,当压力达到一定数值时,足以顶开回油阀6,使多余燃油流回油杯。

二、使用注意事项

①安装电动燃油泵时,应注意搭铁极性,切勿接错,否则将引起晶体管或电容器损坏。

②由于柱塞与缸筒配合比较精密,燃油泵的滤网、沉淀杯应定期清洗,以保证汽油高度清洁。

③为充分发挥电动燃油泵的优越性,其安装位置最好选在远离发动机,通风良好的地方。

④各连接处应密封,防止漏油或漏气造成不供油或供油不足。

第二节 电动刮水器

为了提高汽车在雨天和雪天行驶时驾驶人的能见度,专门设置了风窗玻璃刮水器。刮水器有真空式、气动式和电动式三种。气动式只适用于具有压缩空气气源的汽车上,电动式刮水器则应用较广。这里只介绍电动刮水器的基本知识。

一、构造和工作原理

电动刮水器由电动机和一套传动机构组成,如图11-3所示。电动机11旋转时,通过蜗杆蜗轮减速,使与蜗轮相连的拉杆8做往复运动,通过拉杆3、7和摆杆2、4、6带动左、右两刷架1、5作往复摆动,橡胶刷便刷去风窗玻璃上的雨水、雪或灰尘。

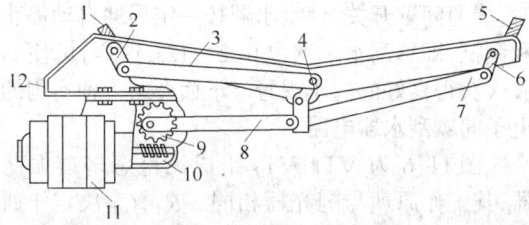

图11-3 电动刮水器
1、5.刷架 2、4、6.摆杆 3、7、8.拉杆 9.蜗轮 10.蜗杆 11.电动机 12.底板

刮水电动机现多用永磁式电动机,它的磁极为铁氧体永久磁铁。铁氧体具有陶瓷的脆性、硬性和不耐冲击的特点,但它不易退磁,且价廉,所以在汽车上得到广泛使用。

直流电动机的转速公式为

$$n = \frac{U - I_a R_a}{KZ\Phi}$$

式中 U——电动机端电压(V);
I_a——通过电枢绕组中的电流(A);
R_a——电枢绕组的电阻(Ω);
K——常数;
Z——正、负电刷间串联的导体数;
Φ——磁极磁通(Wb)。

刮水电动机通常采用改变两电刷间串联的导体(线圈)数的方法,对其进行调速,如图11-4所示。

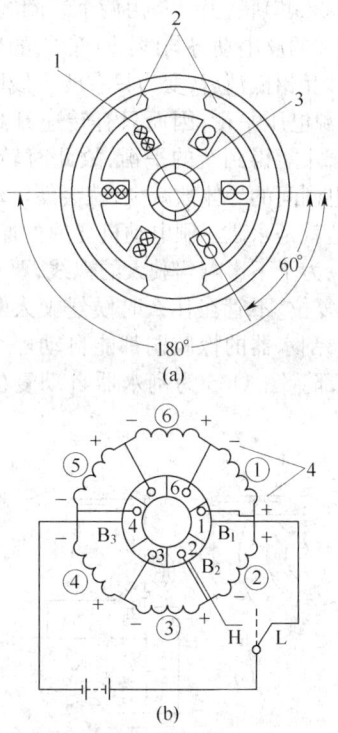

图11-4 双速刮水电动机的工作原理
(a)结构原理 (b)电路原理
1.电枢绕组 2.永久磁铁 3.换向器 4.反电动势

电刷B_3为高、低速公用。B_1用于低速,B_2用于高速,B_2与B_1相差60°。电枢采用对称叠绕式。

永磁式三刷电动机,是利用3个电刷来改变正负电刷之间串联的线圈数实现变速的。当直流电动机工作时,在电枢内同时产生反电动势,其方向与电枢电流的方向相反。如要使电枢旋转,外加电压必须克服反电动势 e 的作用，即 $U>e$，当电枢转速上升时，反电动势也相应上升，只有当外加电压 U 几乎等于反电动势 e 时，电枢的转速才趋于稳定。

三刷式电动机旋转时，电枢绕组所产生的反电动势如图 11-4b 所示，图上所标的"+"、"-"代表该线圈产生的反电势 e 的方向。当开关拨向 L 时，电源电压 U 加在 B_1 和 B_3 之间。在电刷 B_1 和 B_3 之间有两条并联支路，一条是由线圈①⑥⑤串联起来的支路；另一条是线圈②③④串联起来的支路，即在电刷 B_1、B_3 间有两条支路，每条支路均有 3 个线圈。这两条支路产生的全部反电动势与电源电压平衡后，电动机便稳定旋转。此时转速较低。当开关拨向 H 时，电源电压加在 B_2 和 B_3 之间，从图 11-4b 可见。电枢绕组一条由 4 个线圈②①⑥⑤串联，另一条由两个线圈③④串联。其中线圈②的反电动势与线圈①⑥⑤的反电动势方向相反，互相抵消后，变为只有两个线圈的反电动势与电源电压平衡，因而只有转速升高使反电动势增大，才能得到新的平衡，故此时转速较高。可见，两电刷间的导体数减少，就会使电动机的转速升高，这就是永磁三刷电动机变速的原理。

另外，为了不影响驾驶人的视线，要求刮水器片能自动复位，不管在什么时候驾驶人断开刮水器开关时，刮水器的橡胶刷都能自动停止在风窗玻璃的下部。图 11-5 为刮水器自动复位装置的示意图。

在减速蜗轮 8（由尼龙制成）上，嵌有铜环，其中较大的一片 9 与电动机外壳相连接而搭铁，触点臂 3、5 用磷青铜片制成（有弹性），其一端分别铆有触点与蜗轮端面或铜片接触。

当电源开关 1 接通，把刮水器开关拉到"Ⅰ"档（低速档）时，电流从蓄电池正极→开关 1→熔丝 2→B_3 电刷→电枢绕组→B_1 电刷→接线柱②→接触片 12→接线柱③→搭铁→蓄电池负极，形成回路，电动机以低速运转。

当刮水器开关拉到"Ⅱ"档时，电流从蓄电池正极→开关 1→熔丝 2→电刷 B_3→电枢绕组→电刷 B_2→接线柱④→接触片 12→接线柱③→搭铁→蓄电池负极，形成回路，电动机以高速运转。

当刮水器开关推到"0"档（停止）时，如果刮水器橡胶刷没有停到规定位置时，由于触点与铜环 9 接通，如图 11-5b 所示，则电流继续流入电枢，其电路为蓄电池正极→开关 1→熔丝 2→电刷 B_3→电枢绕组→电刷 B_1→接线柱②→接触片 12→接线柱①→触点臂 5→铜环 9→搭铁→蓄电池负极，形成回路，电动机以低速运转直至蜗轮旋转到图 11-5a 所示的特定位置，电路中断。由于电枢的惯性，电动机不可能立即停止转动，电动机以发电机方式运行，因此时电枢绕组通过触点臂 3、5，与铜环 7 接通而短路，电枢绕组产生很大的反电动势，产生制动力矩，电动机迅速停止转动，使橡胶刷复位到风窗玻璃的下部。

二、间歇式电动刮水器

若汽车在毛毛细雨或雾天、小雪天气中行驶时，如按上述的刮水器速度（哪怕是低速）进行刮拭，那么风窗玻璃上的微量水分和灰尘就会形成一个发黏的覆盖层。因此，不仅不能将风窗玻璃刮拭干净，反而会使玻璃模糊不清，留下污斑，严重影响驾驶人的视线。因此，现代汽车上一般都增设有电子间歇控制系统，在遇到上述天气情况时，接通间歇开关，使刮水器按一定周期自动停止和刮拭，即每刮水一次停止 2～12s，这样，可使驾驶人获得良好的驾车视野。下面介绍一种实用的电子间歇刮水器电路。

图 11-6 为 VT_1、VT_2 组成无稳态多谐振荡器，其工作原理与闪光器相同。R_1、C_1 决定 J 通电吸合时间，R_2、C_2 决定 J 的断电时间。当刮水器开关在"0"档位置时，刮水电动机电枢被 B_3、B_2 电刷和自停触点（即图 11-5a 中的 3、5）和继电器 J

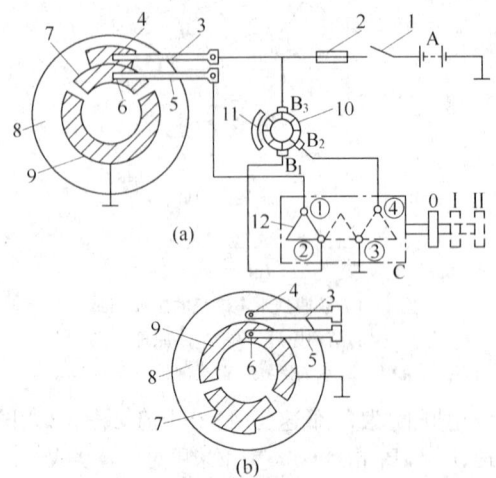

图 11-5 刮水器自动复位装置
(a)电枢短路制动 (b)刮水器电动机继续转动
1.电源开关 2.熔断丝 3、5.触点臂 4、6.触点 7、9.铜环 8.蜗轮 10.电枢 11.永久磁铁 12.接触片
A—蓄电池 B_1、B_2、B_3—电刷 C—刮水器开关

的常闭触点短路,电动机不转动。此时,若接通间歇开关,则VT_1导通,VT_2截止,J通电动作,常开触点闭合,此时刮水电动机低速运转。当C_1充电到一定值后,VT_2导通,VT_1迅速截止,J断电,常闭触点闭合。但此时自停触点通过铜环搭铁,刮水电动机继续运转,直到刮水臂到达风窗玻璃下部而停止。当C_2充电到VT_1导通电压时,VT_1导通,VT_2截止,J动作,常开触点闭合,又重复上述过程。

四、电动刮水器的保养

良好的能见度对于保证安全行车关系极大,因此一般都将电动刮水器的技术状态列入了车辆年度检验项目。在日常保养时,应进行以下检查。

①若刮水片、橡胶片上有裂纹、撕裂、发硬等均应换用新件。金属部位应完好,与刮水臂的连接应可靠。

在挡风玻璃表面干燥时,不能使用刮水器,否则将使刮水器电动机过载,而且易使玻璃表面严重创伤。

②挡风玻璃及刮水片上的积垢可用甲醇或乙醇(酒精)清除。应防止含酸、含硅的抛光膏沾到玻璃和刮水片上。

③应检查刮水臂弹簧的工作是否正常,是否有足够弹力压住刮水片。刮水臂不能弯曲,否则刮水片在运动中会发生抖动。

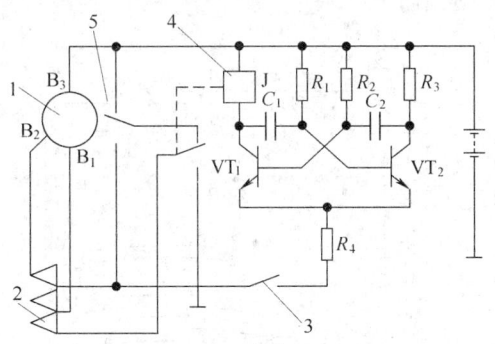

图 11-6 电子间歇刮水器
1.刮水电动机 2.刮水器开关 3.间歇刮水开关 4.继电器 5.自停开关

$R_1 = 2k\Omega$ $R_2 = 10k\Omega$ $R_3 = 680\Omega$ $R_4 = 51\Omega$ $C_1 = C_2 = 100\mu F$ $VT_1 = VT_2 - CS9012$

三、后刮水器

后刮水器的作用是清除汽车后挡风玻璃雨水或积雪。后刮水器的结构及电路原理均较前刮水器简单,如图11-7所示。

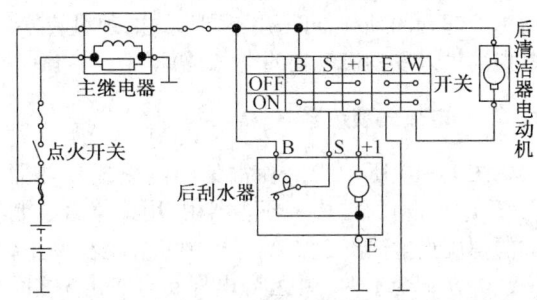

图 11-7 后刮水器与洗涤器电路图

后刮水器电动机一般为单速两刷永磁电动机,带自动停位机构,而无间歇刮水功能。电路原理可参照前刮水器电路原理分析。

五、电动刮水器故障诊断与排除

(1)刮水器不工作故障原因及排除方法

①电动机的转子断线,电流不能通过电动机。应更换电动机或转子。

②通电时间过长,电动机过热使电动机绕组烧坏。应更换电动机。

③电动机的电刷严重磨损。应更换电刷。

④电动机内部短路导致熔丝烧损。首先应找出短路处,检查相关元器件的工作状况;然后修理短路处,更换或修理损坏的元器件;再换上新的熔丝。

⑤摆杆或拉杆脱落。应检查摆杆或拉杆部分并进行修理。

⑥摆杆或拉杆连接处损坏或锈死。应加注润滑油或更换杆件。

(2)刮水器速度不够故障原因及排除方法

①测量电源电压或检查灯光亮度,若电源电压降低应检查电源。

②将摆杆立起,若电流增加3~5A,并伴有焦煳味,一般为电动机转子局部短路或电动机抱轴,或轴承润滑不良,或有异物卡阻。应更换电动机,清除异物或给轴承加注润滑油。

③电动机在摆杆工作周期内,有响声并有烧焦气味,一般为拉杆卡死或连接处润滑不良,应更换拉杆或加注润滑油。

(3)刮水器速度转换不正常故障原因,一般为低速或高速档电刷磨损。排除方法为更换电刷。

(4)刮水器不停止故障原因为自动停止装置动作不灵活。排除方法为矫正继电器簧片。

(5)刮水器停在非设定位置,应拆开自动停止装置盖检查触点,清理触点上的异物。

第三节 洗涤器与后窗除霜器

为了清除附着在风窗玻璃上的脏物,现代汽车上又增设了风窗玻璃洗涤器,它与刮水器配合工作,用以确保驾驶人具有良好的视线。

一、洗涤器的构造和工作原理

风窗玻璃洗涤器由洗涤液罐 1、电动泵 2、聚氯乙烯软管 3、刮水器开关 5、三通接头 6、喷嘴 7、8 组成,如图 11-8 所示。

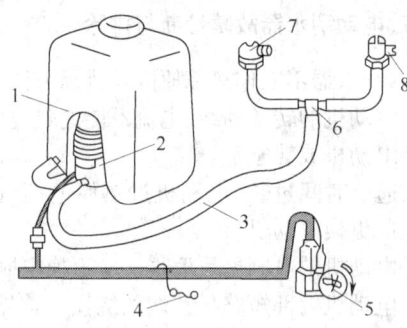

图 11-8 风窗玻璃洗涤器
1.洗涤液罐 2.电动泵 3.软管 4.保险器
5.刮水器、洗涤器开关 6.三通接头 7、8.喷嘴

电动泵由永磁直流电动机和离心式叶片泵组成一体,喷射压力为 70~88kPa(各车型有差异)。喷嘴安装在风窗玻璃下面,其喷嘴方向可以调整,使水喷射在风窗玻璃的适当位置。使用中要注意的是电动泵连续工作时间一般不超过 1min,且应先开动电动泵,后开动刮水器。在喷水停止后,刮水器应继续刮 3~5 次,这样配合使用才能达到良好的洗涤效果,所以洗涤器的电路,一般都是与刮水器开关联合工作的。

二、风窗除霜(雾)装置

在较冷的季节,有雨、雪或雾的天气,空气中的水分会在冷的风窗玻璃上凝结成细小的水滴,从而影响驾驶人的视线。为了防止这种现象的发生需要对风窗玻璃加热,即设置风窗除霜(雾)装置。

在装有空调或暖风装置的汽车上,通过风道向前面及侧面风窗玻璃吹热风以加热玻璃防止水分凝结。对后风窗玻璃的除霜,常常是利用电加热实现的。如图 11-9 所示,在风窗玻璃内表面均匀间隔地镀有数条很窄的导电膜,形成电热丝,在需要除霜时接通电路,即可对风窗进行加热。这种后窗除霜装置耗电量为 50~100W,在小型汽车上应用很广。

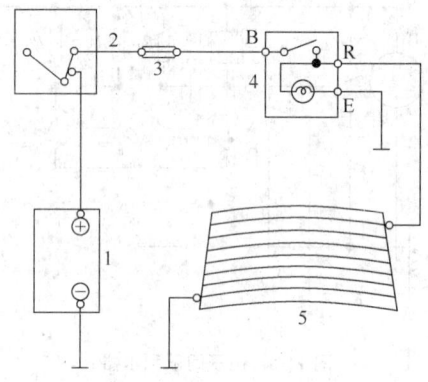

图 11-9 后窗除霜(雾)装置
1.蓄电池 2.点火开关 3.熔丝
4.除霜器开关及指示灯 5.除霜器(电热丝)

第四节 柴油发动机起动预热装置

在冬季气温较低时,进入柴油发动机的空气温度较低,使压缩后的混合气体达不到燃烧温度,以致柴油发动机起动困难。为了保证冬季柴油发动机冷起动的顺利,可采用不同形式的预热装置,以提高进入发动机气缸的空气温度。

一、电热式预热器

图 11-10 所示为一种常见的电热式预热器(又称电热塞)的结构。预热器中,用镍铬合金制成的螺旋形电热丝 2,一端焊于中心导电杆 9 上,一端焊在钢套 1 上。中心导电杆 9 与外壳 5 之间用绝缘陶瓷隔离。钢套 1 与电热丝之间填有导热性能和耐热性能良好且有一定绝缘性的氧化镁。填充后将钢套锻细,缩小其外径以加速传热。

预热器通过螺纹拧在气缸盖上,中心导电杆经接线螺母接电源。电热塞的数目等于气缸数。

管中的冷空气。

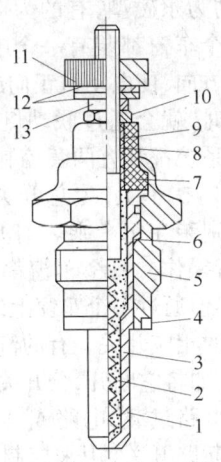

图 11-10　电热式预热器
1.发热钢套　2.电热丝　3.填充剂　4.垫　5.外壳
6.密封圈　7.绝缘瓷管　8.胶合剂　9.中心导电杆
10.锁紧螺母　11.接线螺母　12.平垫圈　13.弹簧垫

起动发动机前,接通预热器电源开关,蓄电池电流通过电热丝进行电热转换,使气缸套内腔达到炽热程度,然后将起动开关接通,起动发动机,由于提高了缸内混合气温度,就能使发动机迅速起动。待发动机起动后,应立即断开预热塞电路。

二、热胀式电火焰预热器

热胀式电火焰预热器的结构如图 11-11 所示,其空心阀体 2 是用膨胀系数较大的金属材料制成的,有一专用小油箱通过油管及油管接头 3 供给预热器燃油,该种燃油一般为汽油。油管另一头靠螺纹与阀芯 5 装配在一起,平时阀芯顶端将小油孔堵住。起动前,打开预热开关,绕在阀体外的电热丝 1 通电,阀体 2 受热伸长带动阀芯 5 下移,阀芯上端便与阀座分开,燃油靠自重从阀体下端气化喷出,遇到炽热的电热丝 1 后形成火焰,加热进入气缸的空气。

三、电磁式火焰预热器

电磁式火焰预热器装于柴油发动机的进气支管处,其结构如图 11-12 所示,平时不工作时,弹簧 9 将阀门 8 紧压在阀座孔上,将座孔堵住。接通起动预热开关,电源同时向磁铁线圈 2 和电热丝 14 供电,铁芯的电磁吸力吸引动铁 3 向下顶开阀门 8,燃油即从阀门经油孔流到炽热的电热丝 14 上被点燃,火焰从稳焰罩 13 喷出,加热进气支

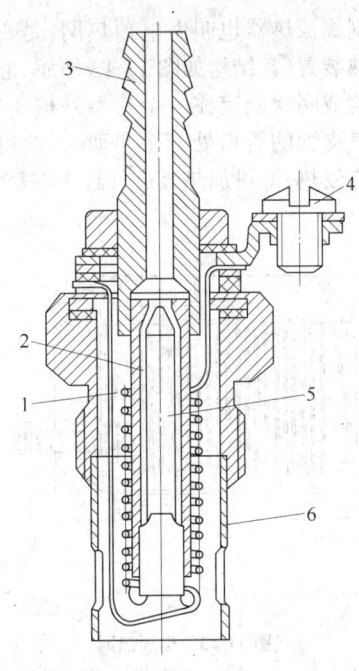

图 11-11　电热式预热器
1.电热丝　2.阀体　3.油管接头　4.接线螺钉　5.阀芯
6.稳焰罩

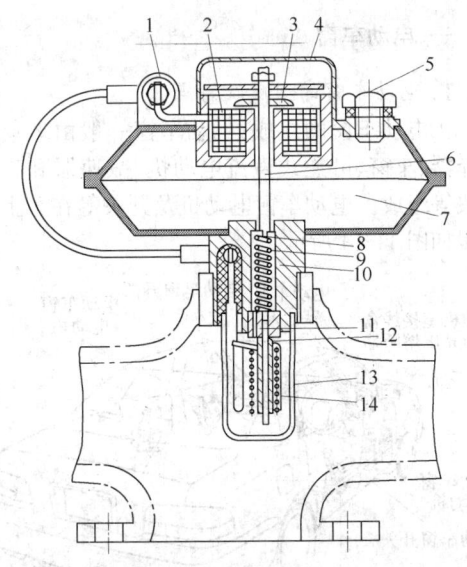

图 11-12　电磁式火焰预热器
1.接线柱　2.线圈　3.动铁　4.盖　5.加油口螺塞
6.阀杆　7.储油箱　8.阀门　9.弹簧　10.预热器外壳
11.油孔　12.支承杆　13.稳焰罩　14.电热丝

四、电网式预热器

电网式预热器也叫做电预热网,是一种较新式的预热装置,其结构如图11-13所示,它是将电热丝3绕成网状固定在一个片型外框1内,然后装入进气支管的管口处。冷起动时,给电预热网通电使它发热,即可加热吸进气缸中的空气。

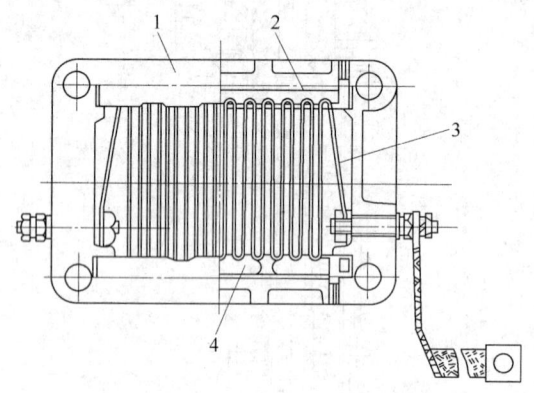

图 11-13　电预热网
1.外框　2.弹簧　3.电热丝　4.绝缘垫

第五节　其他辅助电器

一、电动车窗

1.电动车窗的组成及特点

①电动车窗的组成:电动车窗一般由玻璃及升降器、车窗、可逆式直流电动机、减速器和直流开关等组成。电动车窗电动机及开关等在车上的布置如图11-14所示。

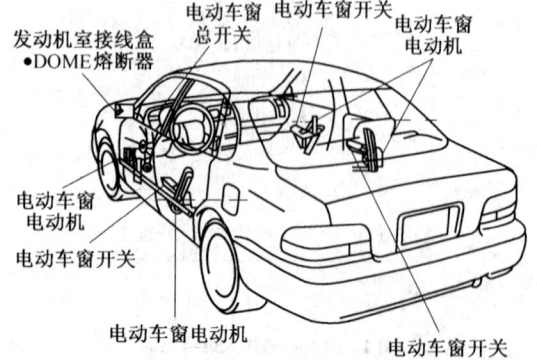

图 11-14　电动车窗部件在车上的布置

②电动车窗的特点:电动车窗使用的电动机是双向的,有的为永磁型,有的为双绕组串励型。现代汽车的每个车窗都装有一个电动机,通过开关控制电流的方向,使电动机正向或反向旋转,升降电动机旋转时,就会通过联动机构使车窗升或降。所有车窗系统都装有两套控制开关。一套装在驾驶人侧车门扶手上,为总开关,由驾驶人控制。另一套分别装在每个乘客门的中部,为分开关,由乘客进行操作。每个车窗都通过总开关搭铁,所以电流不但通过每个车窗上的分开关,还要通过总开关上的相应开关。有的汽车在总开关上装有锁止开关,如将它断开,分开关就不起作用。

为了防止电路过载,电路或电动机内装有一个或多个热敏断路开关,用来控制电流。当车窗完成关闭或由于结冰而车窗玻璃不能自由运动时,即使操纵的开关没有断开,热敏开关也会自动断路。有的车上还专门装有一个延时开关,在点火开关断开以后约10min,或车门打开之前,仍有电流供应,使驾驶人和乘客能有时间关闭车窗和操纵其他辅助设备。

2.电动车窗的工作原理及控制电路

下面以丰田系列电动车窗为例介绍其控制电路及工作原理。

如图11-15所示为具有4个车门的玻璃升降器电子控制电路。它可由乘客手动控制玻璃升降,还可由驾驶人自动控制玻璃升降。

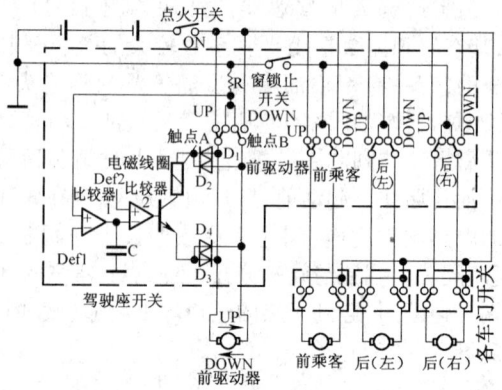

图 11-15　丰田车电动车窗控制电路

①驾驶人手动操作控制玻璃升降。如图11-16b所示,当手动旋钮推向车辆前进方向,车窗玻璃即上升。此时触点A与UP(向上)接点相连,触点B处于原来状态,电动机按UP箭头方向通过电流,车窗玻璃上升至车窗关闭;当把手柄离开旋钮时,利用开关的自身回复力,开关即回到中立位置。若把手动旋钮推向车辆后方,触点A保持

原位置不动,触点 B 则与 DOWN(向下)侧相连,电动机按 DOWN 箭头所示的方向通过电流,电动机反转,以实现车窗玻璃向下移动,直至下降到底。

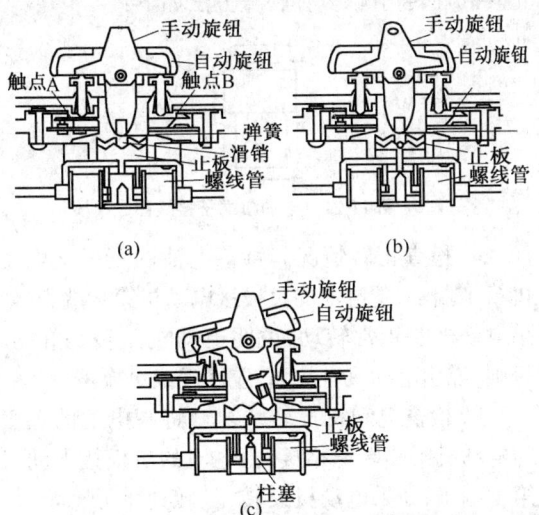

图 11-16 电动车窗(主开关的前驱动器用开关)

②自动控制玻璃升降。如图 11-16c 所示,当把自动按钮推向车辆前进方向,此时触点 A 与 UP 相连接,电动机按 UP 箭头方向通过电流(图 11-15 所示),车窗玻璃上升;与此同时,控制电路电流为蓄电池(+)→点火开关 UP→触点 A→二极管 D_1→电磁线圈→三极管→二极管 D_4→触点 B→电阻 R→搭铁→蓄电池(-)。此电流产生较大的电磁吸引力,吸引驱动器开关的柱塞于是把止板向上顶压,越过止板凸缘的滑销与原来的位置被锁定,这时即使把手离开自动旋钮,开关仍会保持原来的状态。

3. 电动车窗的检测、故障诊断与排除

下面以丰田系列轿车为例说明电动车窗系统的检修方法。

(1)电动车窗的故障诊断

检查电动车窗故障之前,应按不同方向轻轻摇动玻璃。因为只要玻璃能向所有方向稍微运动,电动机就能使玻璃升降,通过对玻璃的检查,可以将检查工作缩小到较小的范围。电动车窗的故障诊断见表 11-1。

(2)电动车窗控制系统电路的检查

①电动车窗主控开关的检查。电动车窗主控开关(左、右)的接线见图 11-17 和图 11-18。

表 11-1 电动车窗的故障诊断

故障现象	产生原因	解决方法
一个车窗只能向一个方向运动	分开关到总开关的控制导线可能断路	检查控制导线是否导通
一个车窗在两个方向都不能运动	车窗电动机有故障 分开关到电动机导线断路	检查链带或齿轮机构是否卡住 检查有故障车窗的分开关到电动机的导线是否导通
两个后车窗的分开关不起作用	断路开关(如装有)或总开关有故障	检查断路开关(如装有)或总开关的工作情况
所有车窗都不能升降或有时不能升降	搭铁线搭铁不良	检查、清洁和紧固搭铁线

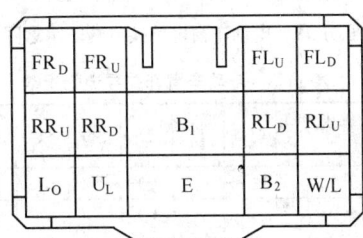

图 11-17 左车窗主控开关接线图

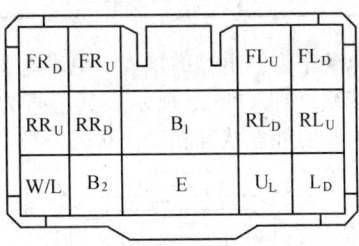

图 11-18 右车窗主控开关接线图

检查车窗主控开关各端子之间的导通情况,当车窗主控开关处于上升、关闭和下降的不同工作状态时,主控开关各端子之间的导通情况见表 11-2。如果所测得结果与表 11-2 不符合,说明车窗主控开关已损坏,应予以更换。

表 11-2 电动车窗主控开关导通情况表

车窗开关		前 右/左			后 右/左		
开关位置	终端接头	B_1	FR_U RL_U	FR_D FL_D	E	B_1	RR_U RL_U	RR_D	E
上升		○—○	○—○			○—○	○—○	
关闭		○—○			○—○	○—○			○—○
下降		○—○		○—○		○—○		○—○	

对于电动车窗闭锁开关好坏的判断方法是，当闭锁开关在闭锁的位置时 B_1 端子与 W/L 端子处于断路，当车窗闭锁开关位于正常位置时，B_1 端子与 W/L 端子应处于导通状态。否则，说明闭锁开关已损坏，应进行更换。

② 电动车窗开关的检查。电动车窗电路的端子接线如图11-19所示。当电动车窗开关处于上升、关闭、下降时，开关接线端子之间的通断情况见表11-3。当某一位置开关的通断情况与表11-3不符合时，说明开关已损坏，应换用新品。

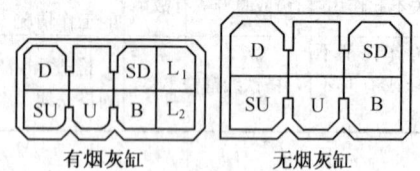

图11-19 电动车窗电路接线端子示意图

表11-3 电动车窗开关导通情况表

开关位置 \ 终端接头	B	U	D	SD	SU	L_1	L_2
上升	○—	—○	○—	—○		○—	—○
关闭		○—	—○			
下降	○—	—○		○—	—○		○—	—○

③ 电动车窗继电器的检查。电动车窗继电器的端子接线，如图11-20所示。其检查方法分为检查继电器的静态状况和工作状态两种。

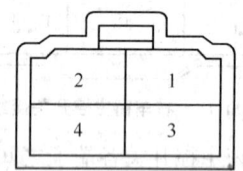

图11-20 电动车窗继电器接线图

a. 继电器的静态状况检查。将万用表置于 R×1 档，测量继电器在第1端子与第3端子应为通路状态。否则，说明继电器线圈断路，应进行修理或更换。用万用表测量继电器第1端子与第4端子，应为断路状态。否则，说明继电器触点已烧断，应拆开修理或更换。

b. 继电器的工作状态检查。首先将12V蓄电池的正极接继电器的第1端子，蓄电池的负极接第3端子。然后用万用表的 R×1 档，测量继电器的第2端子和第4端子，万用表应指示在导通状态，即万用表指示为 0Ω，说明继电器良好。否则，说明继电器已损坏，应更换。

④ 电动车窗电动机的检查。电动车窗电动机的端子接线如图11-21所示。主要检查电动机的正转和反转情况，具体检查方法如下：

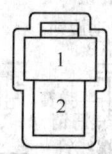

图11-21 电动机端子接线图

a. 检查正转情况。将蓄电池的正极接电动机第1端子，蓄电池的负极接电动机第2端子，如果电动机能正常转动，说明电动机正转是好的。否则，说明电动机有故障，应修理或更换。

b. 检查电动机反转情况。将蓄电池的正极与电动机第2端子相接，蓄电池的负极接电动机第1端子，如果电动机反转，且转速十分稳定，说明电动机是好的。否则，说明电动机有故障，应修理或更换。

二、电动座椅

1. 电动座椅的组成及特点

电动座椅由开关、腰垫开关、腰垫电动机、一组座椅位置调整电动机等组成，如图11-22所示。

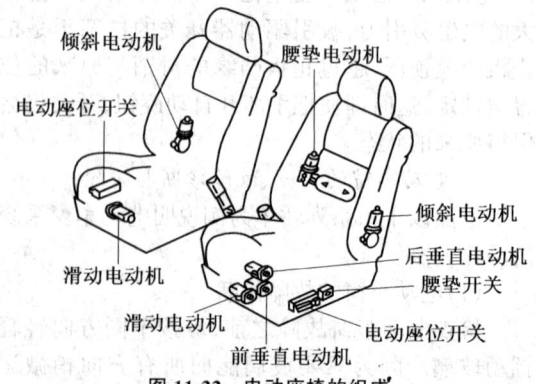

图11-22 电动座椅的组成

电动座椅的电动机数量取决于电动座椅的类型，通常有2个、4个、6个、8个等几种。一般电动座椅使用永磁电动机，通过装在左座侧板上或左门扶手的肘节的控制开关控制电流路线和方向，操纵开关可使某个电动机按不同方向运动。

2. 电动座椅的控制电路

电动座椅利用开关控制流经电动机的电流方向,从而使电动机有两个转动方向,其控制电路如图 11-23 所示,该座椅共设置了滑动电动机、前垂直电动机、倾斜电动机、后垂直电动机及腰垫电动机,分别对座椅前后滑动、前后上下移动、靠背前后倾斜、腰垫前后移动等几个方向进行调节。如座椅前后方向移动(电路如图 11-23),电动机座椅开关置于前进位时,即 11 端子置于左位,使滑动电动机正向通电,电动机正转,座椅向前滑动。控制电路为:蓄电池(+)→FLALT→FLAM1→CBDOOR→14 端子→11 端子→1(2)端子→滑动电动机→2(1)端子→12 端子→13 端子→搭铁→蓄电池(-)。

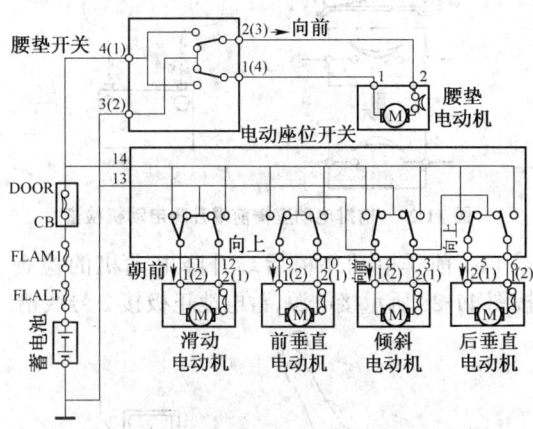

图 11-23 电动座椅控制电路图

相反 12 位端子置于右时,滑动电动机反向通电,电动机反转,座椅向后滑动。控制电路为:蓄电池(+)→FLALT→FLAM1→CBDOOR→14 端子→12 端子→2(1)端子→滑动电动机→1(2)端子→11 端子 13 端子→搭铁→蓄电池(-)。

3. 电动座椅的故障诊断与排除

下面以丰田皇冠轿车前排电动座椅为例,介绍其故障诊断与排除方法。

(1)故障现象
①前排电动座椅不动;
②驾驶人电动座椅不动;
③电动座椅不能滑动;
④电动座椅前端不能垂直升降;
⑤电动座椅后端不能垂直升降;
⑥靠背不动。

(2)故障原因。
①前排电动座椅开关及线束插接器接触不良;
②前排电动座椅电动机的故障。

(3)故障诊断与排除

丰田皇冠轿车前排电动座椅(左驾驶型)电路原理图如图 11-24 所示。

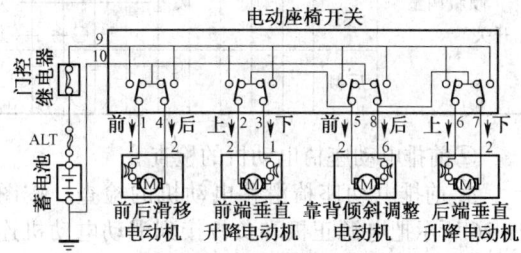

图 11-24 左驾驶型轿车前排电动座椅电路图

①前排电动座椅开关的检查。从前排电动座椅开关上拔下线束插接件,开关侧的插接件其形状及接头编号情况如图 11-25 所示。然后按照表 11-4 检查开关在各操作位置的导通情况,如果不符合要求,需要更换或修理。

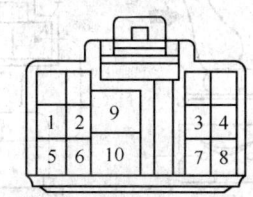

图 11-25 前排电动座椅开关侧的连接头

表 11-4 前排电动座椅各种工况下接头通断

开关状态	接头	1	2	3	4	5	6	7	8	9	10
前后滑移开关	前移				○					○	
	关				○						○
	后移				○						○
前端垂直升降开关	上		○							○	
	关		○								
	下		○	○							
后端垂直升降开关	上						○		○		
	关						○				
	下						○	○			

续表 11-4

开关状态 \ 接头		1	2	3	4	5	6	7	8	9	10
倾斜调整开关	前倾					○			○		
							○	○			
	关						○		○		
								○		○	
	后倾					○					○
							○	○			

② 前排电动座椅电动机的检查。

a. 前排电动座椅滑移电动机的检查。按图 11-26 所示把电源正极和负极接到滑动电动机连接头 1 和 2 上,使座椅滑动到前止点位置,在 4～60s 内应有电路断路器工作时的声音,然后交替极性,大约 60s 后座椅应开始后移,若不符合要求,则更换电动机。

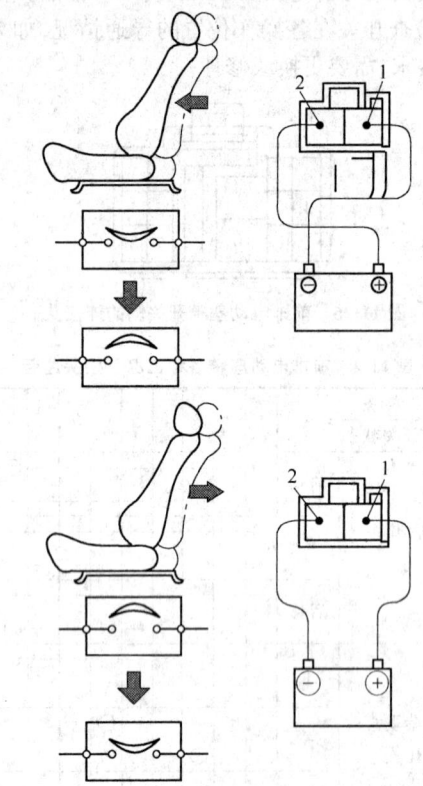

图 11-26　前排电动座椅前后移动电动机检查

b. 前排电动座椅前端升降电动机的检查。按图 11-27 所示接好电源,蓄电池正极接 1 号接头,蓄电池负极接 2 号接头,使座椅前端上升到上止点位置,在此以后 4～60s 内,有电路继电器工作声音,反接电源则大约 60s 后座椅开始下降。若不符合要求,则更换电动机。

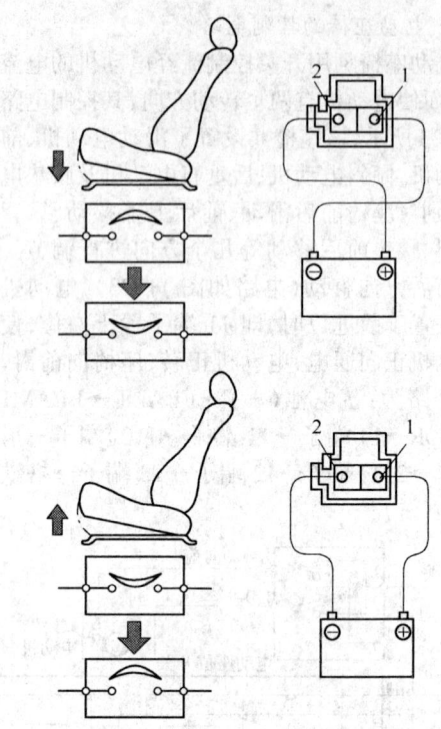

图 11-27　前排电动座椅前端升降电动机检查

c. 前排电动座椅后端升降电动机的检查。按图 11-28 所示接电源,蓄电池正极接 2 号线槽,

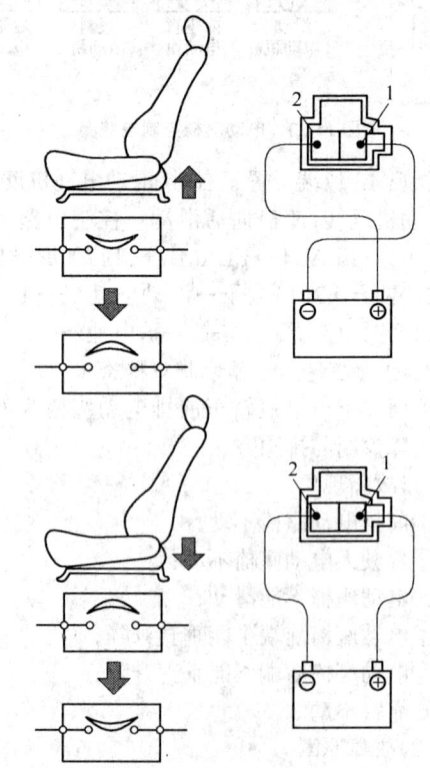

图 11-28　前排电动座椅后端升降电动机检查

负极接1号线槽,座椅后部上升,当升到上止点以后4～60s内应有电路继电器工作的声音,反接电源大约60s后,座椅后部应开始下降。若不符合要求,则更换电动机。

d. 前排电动座椅靠背倾斜调整电动机的检查。按图11-29所示,电池正极接6号接头,负极接2号接头,靠背向前倾斜到止点,4～60s内有电路继电器工作的声音,反接电源,60s后靠背向后倾斜。若不符合要求,则更换电动机。

开关在不同位置时,由于流经电动机的电流方向不同,电动机的转向就不同,从而使后视镜按驾驶人的要求向不同的方向运动。图11-30所示为电动后视镜控制系统的基本原理,将开关向下扳时,触点B与D、C与E分别相接,电流经电源正极、触点E、触点C、电动机、触点B、触点D,最后搭铁回电源负极,电动机即转动使后视镜做垂直方向运动;将开关向上扳时,触点B与E、C与D分别接触,电流经电源正极、触点E、触点B、电动机、触点C、触点D,最后搭铁回电源负极,由于流过电动机的电流发生改变,因此电动机反方向转动,后视镜便做相反方向的运动。

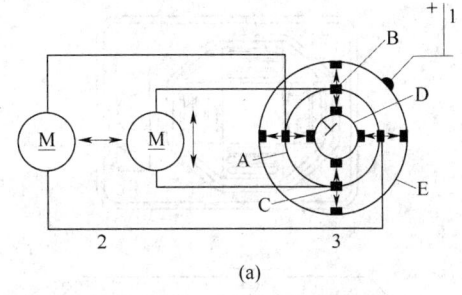

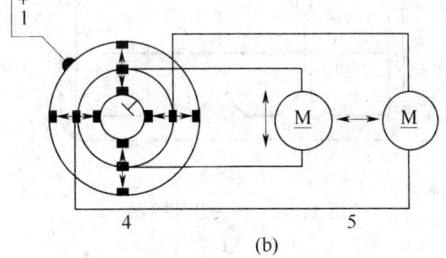

图11-30 电动后视镜原理
(a)左后视镜总成 (b)右后视镜总成
1.接电源 2.左后视镜 3.左后视镜开关
4.右后视镜开关 5.右后视镜

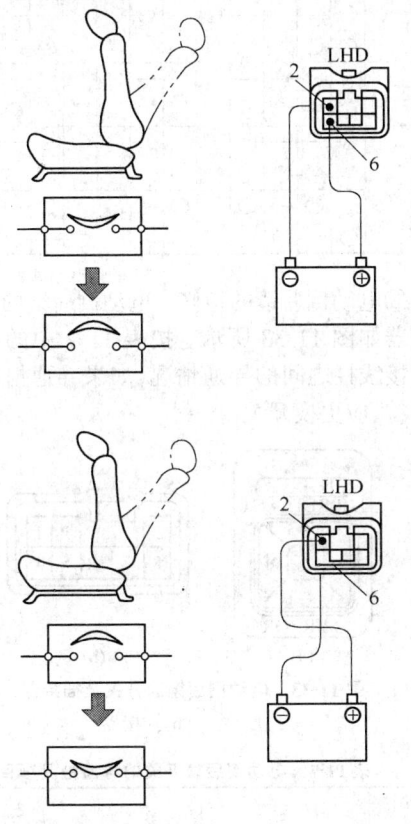

图11-29 前排电动座椅靠背倾斜调整电动机检查

三、电动后视镜

由于后视镜直接关系到行车安全,因此对其反射角度都有很严格的要求,为解决其角度难调整的问题,多数高级轿车上设置了电动后视镜。

1. 构造及原理

在左右两个后视镜的背后各装有两套永磁电动机驱动系统,其中一套电动机能使后视镜做上下运动或转动;另一套则能让后视镜做水平方向的倾斜运动。后视镜的运动方向由开关控制,当

2. 典型故障诊断与排除

如图11-31、图11-32所示为丰田皇冠3.0非伸缩式电动后视镜电路、开关及插接器图。左/右调整开关负责接通左或右车外后视镜,当"上一下"或"左一右"开关均匀随之动作,以使控制电路形成回路,从而接通不同的电动机,使后视镜做不同角度的调整。

(1)电动后视镜的故障诊断与排除

当遇到故障时,通过故障现象并结合电路原理的分析,可以较快地检查出故障并排除。表11-5列出了电动后视镜控制系统故障现象、原因及

解决办法。

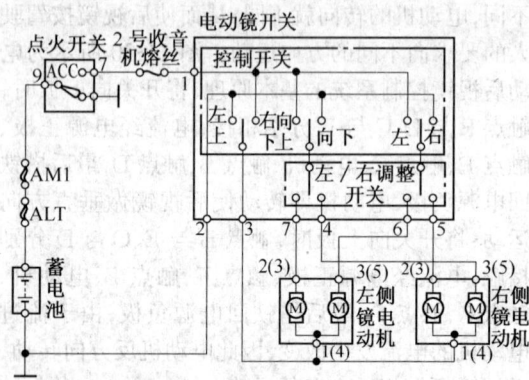

图 11-31 皇冠3.0非伸缩电动后视镜电路

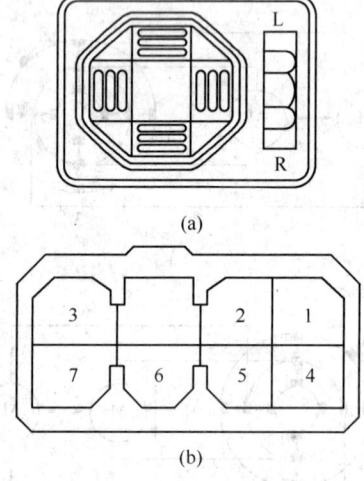

图 11-32 开关及插接器
(a)开关 (b)插接器

表 11-5 电动后视镜控制系统故障诊断表

故障现象	故障原因	解决办法
电动后视镜不动	收音机熔断器熔断 后视镜开关损坏 后视镜电动机损坏 搭铁不良	更换(先检查有无) 更换 更换 修理
有一侧电动后视镜不动	后视镜开关损坏 电动机损坏 搭铁不良	更换或修理 更换 修理
有一侧电动后视镜不能上下调整	上下调整电动机损坏 搭铁不良	更换 修理
有一侧电动后视镜不能前后调整	前后调整电动机损坏 搭铁不良	更换 修理

(2)主要部件检修

①电动后视镜开关的检修。不可伸缩电动镜开关及插接器如图 11-32 所示。

按表 11-6 中的项目检测各接线柱之间的导通情况,如果导通情况与表中不符,应更换开关。

表 11-6 电动后视镜开关的导通检测项目

左右调整开关位置	左							关				右				
接柱控制开关位置	1	2	3	6	7	1	2	3	1	2	3	4	5
上	○―○			○―○					○―○			○―○	
下	○―○		○―○						○―○	○―○			
左		○―○			○―○								
右			○―○		○―○								○―○

②电动倒后镜的检修。电动倒后镜的开关及插接器如图 11-33 所示。按表 11-7 中的项目检测各接线柱之间的导通情况,如果导通情况与表中不符,应更换开关。

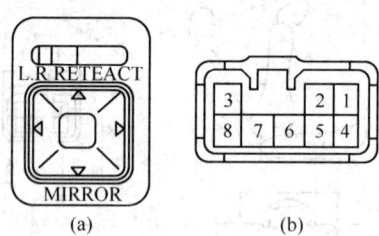

图 11-33 电动倒后镜的开关及插接器
(a)开关 (b)插接器

表 11-7 电动倒后镜开关的导通检测项目

左右调整开关位置	左					关			右			
接柱控制开关位置	1	2	3	7	8	1	2	3	1	2	5	6
上	○―○				○―○				○―○		○―○	
下	○―○	○―○							○―○	○―○		
左			○―○	○―○								
右												
接柱电动开关					1						4	
关												
开					○―――――○							

③电动镜电动机的检修。

a. LHD。

连接蓄电池正极和接柱2,负极和接柱1,电动镜上移。

反接蓄电池正负极,电动镜下移,如图11-34a所示。

连接蓄电池正极和接柱3,负极和接柱1,电动镜左移。

反接蓄电池正负极,电动镜右移,如图11-34b所示。

若测试结果与上述不符,应更换电动镜组件。

b. RHD。

连接蓄电池正极与接柱3,负极与接柱4,电动镜左移。

反接蓄电池的正负极,电动镜右移,如图11-34c所示。

连接蓄电池正极与接柱5,负极与接柱4,电动镜上移。

反接蓄电池的正负极,电动镜下移,如图11-34d所示。

若测试结果与上述不符,应更换电动镜组件。

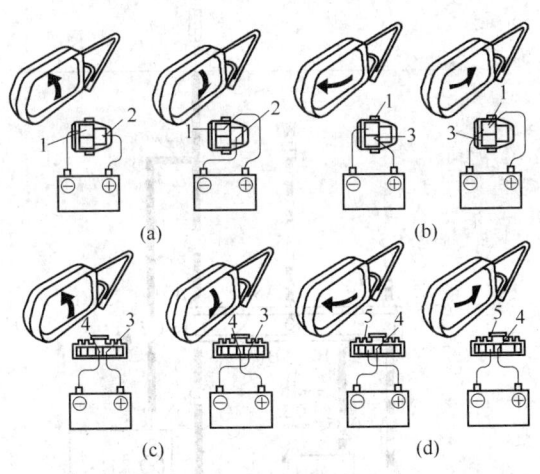

图 11-34　检测电动镜电动机

四、汽车防盗系统

1. 汽车防盗系统的组成

汽车防盗系统在轿车上应用较多,其通用部件包括:电子控制模块、所有的车门开关、行李箱锁体开关、发动机罩开关、禁止起动机起动继电器、喇叭继电器、警报器等。在汽车上的布置如图11-35所示。

防盗系统是设计成用音响警报和使点火系统不能点火等威慑手段吓跑行窃者的防卫系统。该系统要起作用必须首先处于戒备状态,关了点火开关,锁好所有车门,便完成了戒备,可以随时探测非法的潜入。

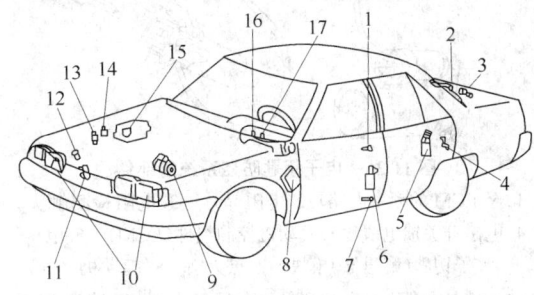

图 11-35　汽车防盗系统的典型部件

1.前车门锁体解锁开关　2.行李箱盖开关　3.行李箱锁体解锁开关　4.后车门开关　5.后车门锁致动器开关　6.前车门门锁致动器开关　7.车门开关　8.电子控制模块　9.起动机　10.前照灯　11.警报喇叭　12.发动机罩开关　13.禁止起动机起动继电器　14.喇叭继电器　15.前照灯继电器　16.警戒灯　17.点火开关

当驾驶人关上车门后,警戒灯16点亮约30s,表示系统随时可以起作用;若警戒灯不闪亮,则表示有某扇车门未关好。

电子控制模块8监控所有开关。如果车门或行李箱被撬或者锁体被转动,控制模块便起动防盗系统,系统便发出音响警报和灯光闪烁,待定时器电路到时后,音响和灯光才平熄,系统自动处于戒备状态。

有些防盗系统采用了超声传感器,如有人欲从车门或车窗潜入,就会使超声场变化,控制模块就会收到变化信号。如潜入者进入警戒距离以内,超声传感器便触发警报器,防盗系统便发出音响警报。超声传感器可以安放于汽车内部的某个部位,如驾驶人的座椅旁。

福特汽车公司的防盗系统,如果该系统被触发,便鸣喇叭,前照灯近光、尾灯和停车灯等都不停地闪烁,并且使点火系统不能工作。

通用汽车公司用的是电子钥匙防盗系统,这是使发动机不能起动的系统。其工作原理:点火钥匙上装有一片编了电阻值的晶片,每把钥匙所用的晶片有一特定电阻值,其范围在380～12 300Ω之间。点火钥匙除了像常规钥匙那样必须与锁体匹配外,其电码还要与起动机电路的电码吻合。电子钥匙防盗系统的部件如图11-36所示。

212 第十一章 其他电气设备

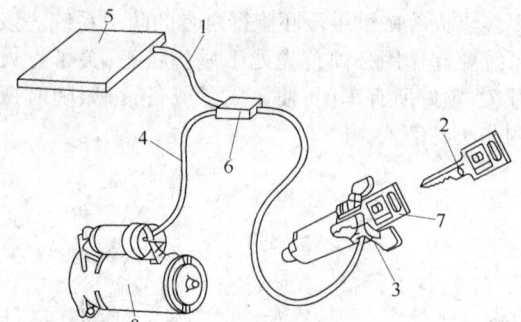

图 11-36 电子钥匙防盗系统的部件
1.至 ECM 的频率电路 2.电阻晶片 3.电阻检测触头
4.电磁开关锁电线 5.发动机控制组件(ECM) 6.电子钥匙(解码器)模块 7.点火锁 8.起动机

当点火钥匙插入锁体时,晶片与电阻检测触头接触。当锁体转到 Start(起动)档时,蓄电池电压便送至解码器模块,钥匙晶片的电阻值也送至解码器模块。钥匙的电阻值与存储的电阻值比较,如果一致,起动赋能继电器便工作,从而接通起动机电路并发信号给 ECM,ECM 启动燃油输送。

若钥匙晶片的电阻值与存储的电阻值不一致,解码器便禁止起动发动机。虽然锁体已经转到起始位置,发动机仍然不能起动,因为起动赋能继电器得不到激励。

2. 桑塔纳 2000GSi 轿车防盗系统简介

桑塔纳 2000GSi 和 GSi AT 型轿车装备了防盗器。这是一种点火开关打开后开始工作的电子防盗装置,采用使发动机不能起动的方式防盗,可以避免汽车被无权使用者开走。

(1)防盗器的组成

如图 11-37 所示,防盗器主要由带脉冲转发器的钥匙、读识线圈(D2)、防盗器控制单元(ECU,J362)、电动机电控单元(ECU,J220)及防盗器警告灯(LED,K117)等组成。其中,防盗器 ECU 安装在转向柱左边的支柱上,有可改变代码功能的发动机 ECU 安装在驾驶人腿的上方。防盗器的电路图如图 11-38 所示。

(2)防盗器各元件的功能

①脉冲转发器。脉冲转发器安装在车钥匙中,它是一种不需要电池来驱动的感应和发射元件。当汽车钥匙插入锁孔并打开点火开关时,防盗器 ECU 把能量输送给读识线圈。由读识线圈把能量用感应的方式传送给脉冲转发器。此时,脉冲转发器接收感应能量后立即发射出"程控代码",通过读识线圈把程控代码输送给防盗器 ECU,供其核对,以识别合法性。每一辆车的车钥匙,即

脉冲转发器都有不同的"程控代码"。

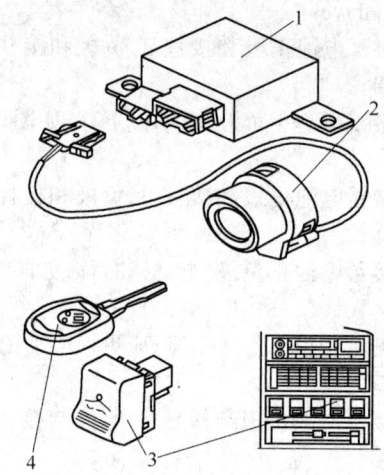

图 11-37 防盗器的组成
1.防盗器控制单元(J362) 2.读识线圈(D2) 3.防盗器警告灯(K117)
4.带转发器的汽车钥匙

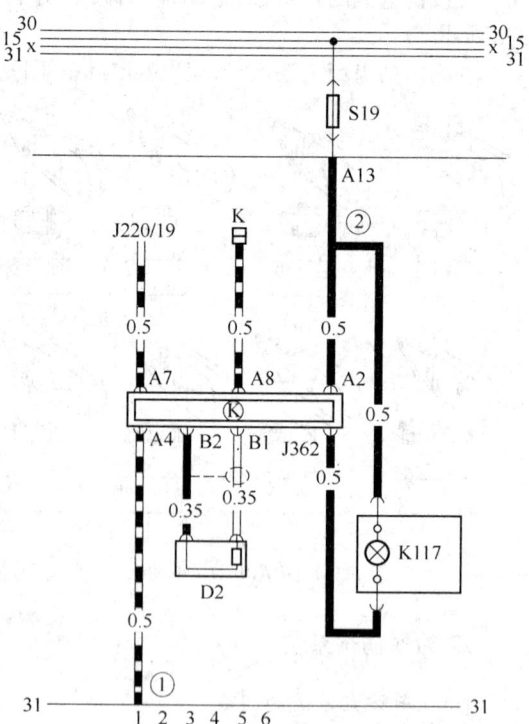

图 11-38 汽车防盗器电路图
D2.防盗器读识线圈 J220.发动机电控单元
J362.防盗器控制单元
K—自诊断线 K117.防盗器警告灯 S19.熔丝(10A)
①—中央线路板旁接地点 ②—接正极 15

②读识线圈。读识线圈环绕在机械点火开关锁的外面,在点火开关置于 ON 时,把能量传送给汽车钥匙中的脉冲转发器,并把脉冲转发器中存储的程控代码输送给防盗器 ECU。

③防盗器 ECU。防盗器 ECU 安装在转向柱左边支架中央线路板上方。在点火开关置于 ON 时,激活脉冲转发器,通过读识线圈把它的程控代码接收回防盗器 ECU。防盗器 ECU 把输入的程控代码与先前存储在防盗器内的汽车钥匙代码进行核对是否正确。同时防盗器 ECU 又对发动机 ECU 存储在防盗器 ECU 中的代码核对是否正确。如果核对后,代码不一致,发动机在发动后 2s 之内,中断点火和喷射而熄火。

由于防盗器 ECU 是经过与发动机 ECU 匹配后,才介入到发动机电子控制系统中的,因此只有使用被装于汽车上的防盗器 ECU 匹配过并认可的汽车钥匙,才能安全起动发动机。

④防盗警告灯。当使用合法的汽车钥匙打开点火开关时,安装在仪表台中部面板上的防盗警告灯会点亮后熄灭(3s 内)。如果使用非法的汽车钥匙,或者在防盗系统中存在故障,打开点火开关后,防盗警告灯会连续不停地闪烁。

(3) 防盗系统的使用特点

桑塔纳 2000GSi 时代超人防盗系统具有以下特点。

①防盗于无形。对用户而言,无须任何额外的操作即可发动汽车或进入防盗状态。

②防盗于无声。系统运行期间不产生任何额外扰民噪声,符合最新法规。

③极佳的防盗性能。窃贼无法用通常的机械、电器方法使发动机起动;密码信号由随机方法产生,而且采用特别的通信过程,每次传递的信息都不同,即使利用先进的电子扫码手段也无法破解密码。

④可靠性高。该系统针对桑塔纳 2000 GSi 特别设计,经过严格匹配、全面测试,保证系统工作的稳定性,对整车运行不会产生任何不良影响。

汽车防盗器的识别码与密码:

a. 识别码。防盗器 ECU 有一个 14 位字符的识别码和一个 4 位数的密码。一辆新车,它的密码在该车的钥匙牌上,上面用黑胶纸封住。如果钥匙牌丢失,通过大众专用阅读仪 V·A·G1552 或 1551,输入地址码 25 后,可从仪器显示屏上读取 14 位字符的识别号码。通过此号码,可由上海大众汽车公司查到密码。

b. 密码。新车的密码被隐含在车钥匙牌上,剥去牌上的黑胶纸后可显示 4 位数密码。1999 年投放市场的桑塔纳 2000GSi 型轿车的防盗密码已粘贴在副驾驶人前面杂物箱内。车主应在购车后立即妥善保管好这个"密码"。

密码是用来解密和重新配置汽车钥匙的。如果钥匙牌丢失或遗忘了密码,必须先使用仪器获得 14 位字符的识别码,再通过大众公司服务热线查询密码。匹配汽车钥匙,不管是重配还是增配钥匙都必须这样处理。

如果车主丢失了一把合法的钥匙,为了安全防盗,必须把其余钥匙都用仪器重新进行一次匹配过程。这样可以使丢失的钥匙变为非法钥匙(尽管形状、材料不变),不能起动发动机而起到防盗作用。

注意:输入 4 位数字密码之前,必须先输入一个"0",否则防盗器 ECU 会锁死。如密码输错(操作失误),允许再输入一次,二次输错后,防盗器 ECU 会锁死。在点火开关打开的状态下等 30min 后,还可以试二次。

(4) 防盗系统的工作原理

当点火开关打开时,防盗器开始工作。防盗器控制单元通过读识线圈把能量感应地传送给钥匙中的脉冲转发器,如图 11-39 所示。

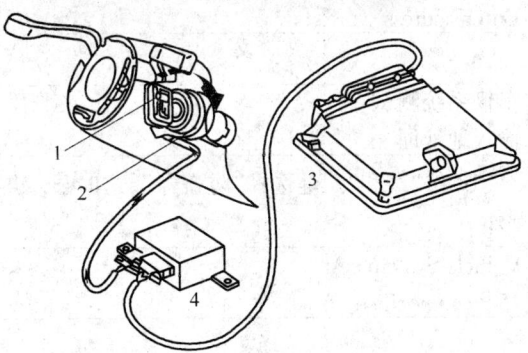

图 11-39 防盗器工作原理(一)
1. 脉冲转发器　2. 读识线圈　3. 发动机电控单元
4. 防盗器控制单元

此时,脉冲转发器被激活,通过读识线圈把它的程控代码送给防盗器控制单元。在防盗器控制单元里,输入的程控代码与先前存储在防盗器控制单元的钥匙代码进行比较,如图 11-40 所示。

然后,防盗器控制单元再核对发动机电控单元的代码是否正确。该代码是由发动机电控单元存储在防盗器控制单元中。每次起动发动机时,控制单元中的随机代码发生器都会发生一个可变的代码。如果核对后,代码不一致,发动机将在起动后 2s 内熄火。

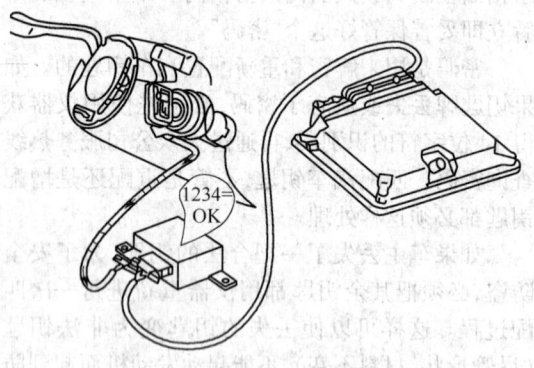

图 11-40 防盗器工作原理(二)

(5)桑塔纳 2000GSi 轿车防盗系统故障码的读取和清除

桑塔纳 2000GSi 轿车防盗系统故障码的读取和清除与读取和清除多点燃油喷射和点火系统故障码时的步骤相同。当把故障诊断仪与诊断接口连接好后,即可开始读取故障码。

①读取故障码。

a. 显示屏显示(以 V·A·G1552 的为例):

```
Vehicle System test                      HELP
Enter address word xx
```

↓译文

```
车辆系统测试                              帮助
输入地址词 xx
```

b. 按"2"和"5"键选择"防盗器",这时显示屏显示:

```
Vehicle System test                        Q
25 - immobiliser
```

↓译文

```
车辆系统测试                              确认
25 - 防盗器
```

c. "Q"键确认输入,约 5s 后,显示屏显示:

```
330 953 253 IMMO VWZ6ZOTO123456 V01→
Coding 00000 WSC01205
```

330 953 253:防盗器控制单元零件号

IMMO:电子防盗器系统缩写

VWZ6Z0123456:防盗器控制单元 14 位数编号

V01:防盗器控制单元软件版本

Coding00000:编码号(对维修站来讲无意义)

WSC01205:维修站代码(修理电子防盗器使用 V·A·G1552 必须先输入维修站代码)

说明:

a. 车上使用的防盗器控制单元上贴有 14 位数编号和 4 位数密码。新车钥匙圈上挂有一块涂黑的密码牌,刮去涂黑层可见 4 位数密码。

b. 配件供应的防盗器控制单元上以一个黄色的 X 作为标志,没有 14 位数编号和 4 位数密码。更换防盗器控制单元时,维修站应先用 V·A·G1552 查出该防盗器控制单元的 14 位数编号,电传到上海大众售后服务中心,然后由上海大众售后服务中心将查得的密码电传给维修站,用于匹配钥匙。

d. 按"→"键,显示屏显示:

```
Vehicle System test                      HELP
Select function xx
```

↓译文

```
车辆系统测试                              帮助
选择功能 xx
```

e. 按"0"和"2"键选择"查询故障存储器",按"Q"键确认输入。这时显示屏显示所存储故障的数量或未发现故障:

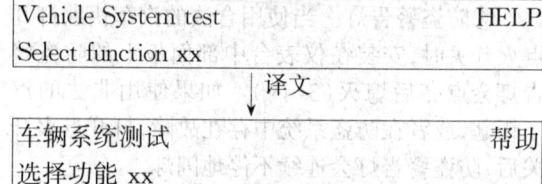

↓译文

X 个故障发现

说明:按"→"键,可以逐个显示故障码和故障内容,直到全部故障显示完毕。

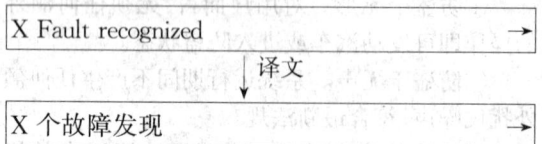

↓译文

没有发现故障

f. 按"→"键返回的初始位置,这时显示屏上的显示与第 d 步的相同。

②清除故障码。这一功能用于查询故障后,清除防盗器控制单元故障存储器。按"0"和"5"键选择"清除故障存储器",按"Q"键确认输入。这时显示屏显示:

```
Vehicle System test                        →
Fault memory is erased
```

```
                    ↓译文
┌─────────────────────────────┐
│ 车辆系统测试                →│
│ 故障存储器已被清除            │
└─────────────────────────────┘
```

按"0"和"6"键选择"结束输出"功能，按"Q"键确认输入。这时显示屏的显示"读取故障码"中的第 a 步的相同。

③故障码表。防盗器故障码见表 11-8。

说明：

a. 所有存在的故障或偶然故障都储存在故障记忆中。

b. 识别一个存在的故障至少 2s。

c. 如果一个故障目前已不存在，而作为偶然故障出现时，在显示屏右下角出现"/SP"。

d. 50 次驱动循环后（每个循环点火开关打开至少 2s），偶然故障被自动清除。

表 11-8 防盗器故障码

V·A·G1552 显示屏显示	可能的故障原因	产生的后果	故障排除
65535 控制单元损坏	控制单元(J362)损坏	发动机不能起动，警告灯亮	更换控制单元
00750 警告灯故障 对地短路、断路 对正极短路	线路损坏 线路开路 警告灯(K117)损坏 线路损坏	警告灯亮 警告灯不亮 警告灯不亮 警告灯不亮	修理线路损坏 修理线路断路 更换警告灯 修理线路损坏
01128 防盗器读识线圈	读识线圈(D2)损坏 线路开路 短路	发动机不能起动，警告灯闪	更换读识线圈 修理线路断路 修理线路损坏
01176 钥匙 信号太弱 非法钥匙	转发器损坏 钥匙不匹配 读识线圈—D2 损坏	发动机不能起动，警告灯闪	配制新钥匙 完成汽车所有钥匙匹配程序 更换读识线圈
01177 发动机电控单元没有匹配	更换发动机电控单元 发动机电控单元与防盗器控制单元连接导线断路或短路	发动机不能起动，警告灯闪 发动机不能起动，警告灯不闪	完成发动机控制单元与防盗器控制单元匹配程序 检修发动机控制单元与防盗器控制单元连接导线
01179 配钥匙程序错误	钥匙匹配不正确	警告灯快速闪动(2次/s)	查询故障存储器 清除故障存储器，完成汽车所有钥匙匹配程序

(6) 桑塔纳 2000GSi 轿车防盗警报系统的结构

防盗警报系统由传感器、防盗器电脑 ECU 和执行器组成。图 11-41 所示为防盗警报系统结构原理框图。

(7) 防盗警报系统的功能

当防盗警报系统功能开启的同时，所有的车门、发动机盖和行李舱盖均应关闭。一旦开启这个功能，非法的车钥匙开门或撬动发动机舱盖、行李舱盖，警报系统就会以声光方式报警。此时转向灯会闪动，附加的喇叭（蜂鸣器）会响起警报。使用合法的车钥匙，在位于驾驶人侧或前排乘客侧的门把手内的钥匙操纵开关可以激活防盗警报功能。当汽车开启后，警报系统关闭。

目前，桑塔纳 2000GSi 型轿车均可以安装与汽车防盗器一体化的汽车防盗警报系统，并采用遥控开启车门。

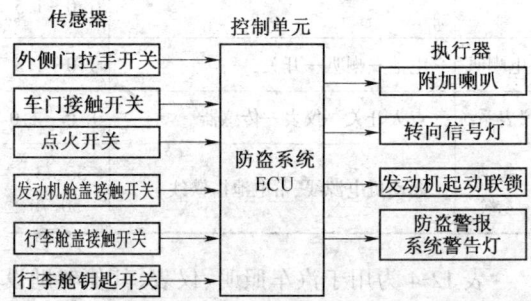

图 11-41 防盗警报系统原理框图

第十二章 汽车电气设备总电路

汽车电气设备的连接导线,按承受电压的不同,可分为高压导线和低压导线两种。其中低压导线按其用途来分,又有普通低压导线和低压电缆线两种。汽车充电系统、仪表、照明、信号及辅助电气设备等,均使用普通低压导线,而起动机与蓄电池的连接线、蓄电池与车架的搭铁线等则采用电缆线;点火线圈(高压)分线,则使用特制的高压点火线或高压阻尼点火线。

第一节 导线、电源总开关与保险装置

一、导线

1. 汽车用低压线

①低压线截面积的正确选择:汽车上各用电设备所用的连接导线,可根据用电设备的负载电流大小选择合适的导线截面面积。为保证一定的机械强度,一般低压导线截面面积不小于 $0.5mm^2$。表 12-1 为各种铜芯导线标称截面面积的允许载流量。

表 12-1 汽车用低压导线允许载流量 (A)

导线标称截面面积 (mm^2)	0.5	0.8	1.0	1.5	2.5	3.0	4.0	6.0	10	13
导线允许载流量			11	14	20	22	25	35	50	60

标称截面面积是根据规定换算得到的截面面积值,它既不是线芯的几何面积,也不是各股铜线几何面积之和。

表 12-2 为汽车 12V 电系主要电路导线标称截面面积选择的推荐值。表 12-3 所列为国产汽车 12V 电系各用电系统所用导线的标称截面面积。

表 12-2 汽车 12V 电系主要电路导线截面面积的推荐值

汽车类型	额定电压(V)	标称截面面积(mm^2)	用 途
轿车、货车、挂车	12	0.5	后灯、顶灯、指示灯、仪表灯、牌照灯、燃油表、刮水电器电动机、电钟

续表 12-2

汽车类型	额定电压(V)	标称截面面积(mm^2)	用 途
轿车、货车、挂车	12	0.8	转向灯、制动灯、停车灯、分电器
	12	1.0	前照灯的单线(不接熔断器)、电喇叭(3A 以下)
	12	1.5	前照灯线束(接熔断器)、电喇叭(3A 以上)
	12	1.5~4	其他连接导线
	12	4~6	电热塞
	12	4~25	电源线
	12	16~95	起动机电缆

表 12-3 国产汽车 12V 电系主要电路所用导线的截面面积

电路系统名称	导线起止名称	电线标称截面面积(mm^2)
充电系统	发电机—调节器"磁场""搭铁"线	0.75~1
	发电机"电枢"—调节器"火线"	2.5~3
	起动机—电流表	3.0~6.0
起动系统	预热起动开关—预热指示器—电热塞起动机电磁开关	2.5~3
	起动转换开关—起动机各控制开关导线	
开关连接线	电流表—电源开关—各用电设备开关	2.0~3.0
照明系统	前照灯远光	1.5~2.5
	前照灯近光、前小灯、后灯、转向信号	1.0~1.5
电喇叭	电池—喇叭—开关	1.0~1.5
仪表系统	点火开关—仪表—传感器	0.75~1.0
起动系统	起动机电源线、蓄电池搭铁线	36、43、50、70

表 12-4 为用于汽车照明、仪表、其他辅助设备以及起动机、蓄电池与搭铁等低压线的型号和规格。

第一节 导线、电源总开关与保险装置

表 12-4 汽车用低压线的型号与规格

型号	名称	标称截面面积 (mm²)	芯线结构 根数	芯线结构 直径 (mm)	绝缘层 标称厚度 (mm)	电线 最大外径 (mm)
QVR	聚氯乙烯绝缘低压线	0.5	—	—	0.6	2.2
		0.6	—	—	0.6	2.3
		0.8	7	0.39	0.6	2.5
		1.0	7	0.43	0.6	2.6
		1.5	17	0.52	0.6	2.9
		2.5	19	0.41	0.8	3.8
QFR	聚氯乙烯丁腈复合物绝缘低压线	4	19	0.52	0.8	4.4
		6	19	0.64	0.9	5.2
		8	19	0.74	0.9	5.7
		10	49	0.52	1.0	6.9
		16	49	0.64	1.0	8.0
		25	98	0.58	1.2	10.3
		35	133	0.85	1.2	11.3
		50	133	0.68	1.4	13.3

②低压线的颜色：为便于检修和识别汽车电气设备，电线束中的低压线通常由不同颜色组成。

根据有关规定，低压电路的电线（标称截面面积≤4mm²），有以单色线为基础和以双色线为基础的两种选用原则。

若以单色线为基础选用时，其单色线的颜色，双色线的主、辅色的搭配及其代号，分别见表12-5、表12-6所列，其中黑色（B）专作接地（搭铁）线用。

表 12-5 汽车用单色低压线的颜色与代号

导线颜色	黑	白	红	绿	黄	棕	蓝	灰	紫	橙
代号	B	W	R	G	Y	Br	BL	Gr	V	O

表 12-6 汽车用双色低压线颜色搭配与代号

序号	1	2	3	4	5	6
导线颜色代号	B	BW	BY	BR		
	W	WR	WB	WBL	WY	WG
	R	RW	RB	RY	RG	RBL
	G	GW	GR	GY	GB	GBL
	Y	YR	YB	YG	YBL	YW
	Br	BrW	BrR	BrY	BrB	—
	BL	BLW	BLR	BLY	BLB	BLO
	Gr	GrR	GrY	GrBL	GrG	GrB

若以双色为基础选用时，各用电系统的电源线为单色，其余为双色，其双色线的主色见表12-7所列；其标称截面面积大于1.5mm²的导线只用单色线，但电源系统可增加使用主色为红色、辅色为白或黑的两种双色线。

表 12-7 汽车各用电系统双色低压线主色的规定

序号	电线主色	颜色代号	系统名称
1	黑	B	接铁线
2	白	W	点火、起动系统
3	红	R	电源系统
4	绿	G	灯光信号系统（包括转向指示灯）
5	黄	Y	防空灯系统及车身内部照明系统
6	棕	Br	仪表及警报指示系统和喇叭系统
7	蓝	BL	前照灯、雾灯等外部灯光照明系统
8	灰	Gr	各种辅助电动机及电气操纵系统
9	紫	V	收放音机、电子钟、点烟器等辅助装置系统

2. 汽车用高压线

汽车用高压点火线，可分为普通铜芯高压线和高压阻尼线两种。高压阻尼线可有效地抑制或衰减点火系统所产生的对无线电设备干扰的电磁波。

国产高压点火线的型号与规格，见表12-8所列。

表 12-8 汽车用高压点火线的型号与规格

型号	名称	线芯结构 根数	线芯结构 单线直径 (mm)	标准外径 (mm)	计算质量 (kg/km)
QGV	铜芯聚氯乙烯绝缘点火线	7	0.39	7.0±0.3	60
QGXV	铜芯橡胶绝缘聚氯乙烯点火线	7	0.39	7.0±0.3	60
QGX	铜芯绝缘氯丁橡胶点火线	7	0.39	7.0±0.3	60
QG	全塑料高压阻尼点火线	1	2.3	7.0±0.3	54

二、电源总开关

电源总开关是为了防止汽车在停驶时，蓄电池通过外电路自行放电。该种开关有机械式和电磁式两类，额定电流均为50A，其结构如图12-1所示。

第十二章 汽车电气设备总电路

备均能投入正常工作。

当起动开关断开时，线圈9、10中的电流中断，接触桥在弹簧作用下与静触点脱离，从而切断主电路，蓄电池停止向外供电。

三、熔断器

1．类型

熔断器俗称保险器。是在电路发生过载或短路时，立即断开电路，保证电气设备的安全。熔断器通常有易熔线、双金属片式熔断器及由不同额定电流的熔丝组成的熔断器盒以及集熔断器与配线于一体的中央接线盒四种。

2．结构与工作原理

①易熔线：易熔线是一种截面面积一定的多股铜丝线，外包橡胶护套，当某一线路或设备发生搭铁短路故障时，会首先烧断易熔线，保护线束或用电设备，易熔线的规格如表12-9所例。

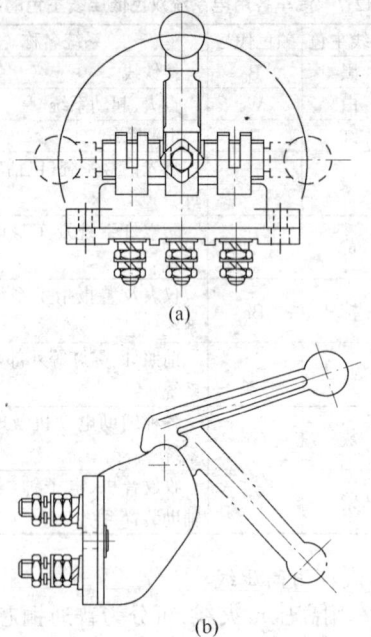
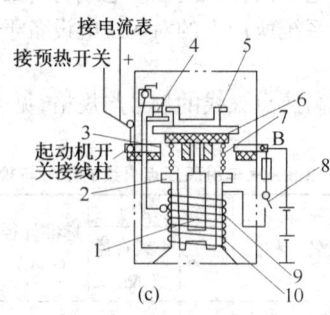

图12-1　电源开关
(a)JK562A,JK562B 机械式电源开关　(b)JK861 机械式电源开关　(c)电磁式电源开关
1．钢柱　2．铁芯　3．静触点　4．触点　5．触动器
6．接触桥　7．弹簧　8．起动开关　9．线圈　10．线圈

表12-9　易熔线规格

规格(mm²)	容量(A)
0.85	60
0.5	40
0.3	20

②双金属片熔断器：双金属片熔断器有20A自复式和20A手揿复位式两种，结构如图12-2所示，当电路过载或短路时，较强的电流通过双金属片，双金属片受热使触点断开而切断电路，触点断开后双金属片上无电流通过而逐渐冷却。自复式双金属片熔断器又恢复原来位置，触点又闭合，而手揿式不会自动复位，只有手揿按钮使双金属片受压力才能恢复原位，继续工作。

机械式电源开关是靠手动来接通或断开电源电路。

电磁式电源开关则是靠电磁吸力作用来实现的。当起动开关接通电路时，电流由蓄电池正极→蓄电池开关接线柱B→熔断器→起动开关8→线圈9→触点4→搭铁→蓄电池负极，此时线圈10被触点4短路，电流流过线圈9产生的电磁吸力吸动钢柱1，使接触桥压缩弹簧向下移动与静触点接触，接通主电路。同时与接触桥固定为一体的触动器将触点4断开，于是电流便经过线圈9、线圈10回到蓄电池。接触桥在线圈9、10的电磁力共同作用下，与静触点接触更牢，所有用电设

③熔丝：熔丝按结构形式分玻璃管式、瓷芯式、片式、金属丝式和平板式等几种，其结构如图12-3所示。

四、中央配电器(熔丝盒)

为便于检查和更换熔丝，汽车上常将各电路的熔丝集中安装在一起，形成一只保护数条至数十条电路的熔丝盒。随着汽车电气装置的增多，功能的完善，现代汽车往往将各种控制继电器与熔丝安装在一起，构成整车电气线路的控制及电能配给中心，即所谓中央配电器。

图12-4为解放CA1091型汽车的熔丝盒，各

熔丝的参数及保护电路见表12-10所列。

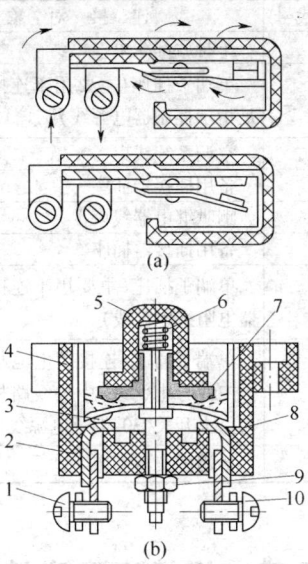

图 12-2 双金属片熔断器
(a)自复式 (b)手揿复位式
1、10.接线柱 2、8.静触点 3.双金属动触点 4.绝缘外壳 5.按钮 6.弹簧 7.复归垫圈 9.锁紧螺母

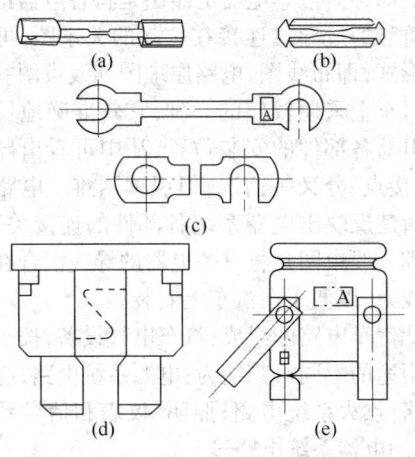

图 12-3 熔丝
(a)玻璃管式 (b)瓷芯式 (c)平板式
(d)片式 (e)金属丝式

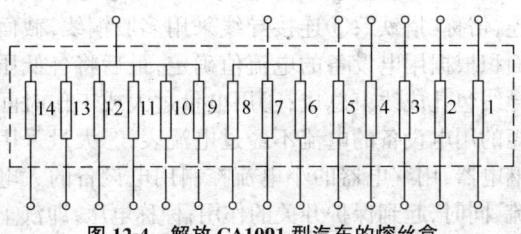

图 12-4 解放CA1091型汽车的熔丝盒

表 12-10 解放 CA1091 型汽车熔丝参数及保护电路

序号	额定电流(A)	保护电路
1	30	充电
2	25	前照灯远光
3	15	前照灯近光
4	10	雾灯
5	5	示宽灯、仪表照明灯、尾灯
6	5	仪表
7	5	激磁及调节器
8	5	停车开关及警报灯
9	5	内照灯、工作灯插座
10	5	倒车灯
11	5	制动灯
12	10	喇叭、发动机罩下灯、刮水器
13	10	闪光信号
14	10	风机、点烟器

图 12-5 为上海桑塔纳轿车中央配电器,其正面用以安装继电器和熔丝,安装方式为插接式,在正面的可供安装继电器的13个位置中,现仅用了其中9个位置,见表12-11。其余位置备用。在正面下部和上部共设置了24条熔丝。其容量及保护电路见表12-12。中央配电器的背面如图12-6所示,其上设有插座,用以与线束的插头相连,各插座的代号用英文字母标注在线路板上,各插座连接的线束名称见表12-13。

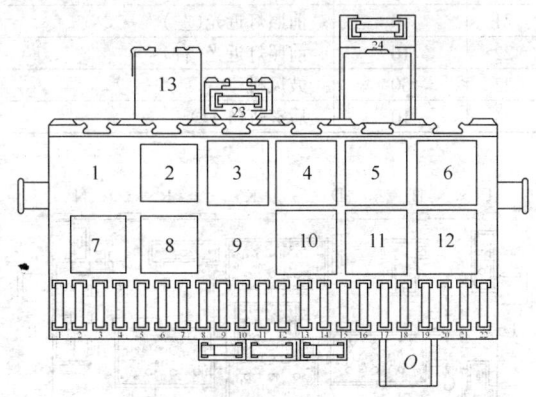

图 12-5 桑塔纳轿车中央配电器

表 12-11 继电器的安装位置及名称

安装位置	继电器名称
2	进气预热继电器
5	空调继电器
6	喇叭继电器
7	雾灯继电器
8	中间继电器
10	间歇刮水继电器

续表 12-11

安装位置	继电器名称
11	后窗间歇刮水继电器(旅行车)
12	警报灯、转向灯继电器
13	冷却液不足指示器继电器

表 12-12 熔丝容量及保护电路

位置	容量(A)	保护电路
1	30	冷却风机
2	10	制动灯
3	15	顶灯、行李箱灯、点烟器
4	15	警报灯
5		空位
6	15	前雾灯(2只)
7	10	尾灯、示宽灯(左)
8	10	尾灯、示宽灯(右)
9	10	前照灯远光(右)
10	10	前照灯远光(左)
11	15	刮水器、洗涤器
12		空位
13	20	后窗除霜
14	20	压缩机电磁离合器等
15	10	倒车灯
16	15	电喇叭
17	10	化油器急速截止阀
18	15	喇叭继电器、驻车制动灯
19	10	转向信号灯
20	10	牌照灯
21	10	前照灯近光(左)
22	10	前照灯近光(右)
23	30	鼓风机
24	10	后雾灯(1只)

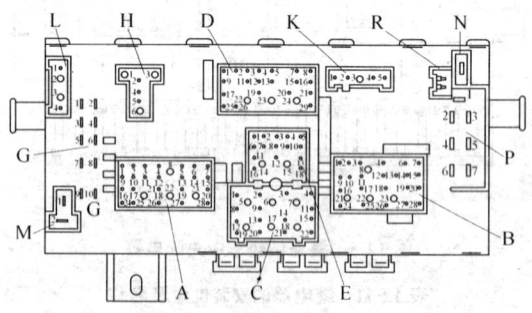

图 12-6 中央线路板背面插接器插座的排列

表 12-13 中央线路板插接器插座代号及其连接线束的名称

连接器插座代号	连接对象
A	仪表盘线束
B	仪表盘线束
C	前照灯线束
D	发动机舱线束

续表 12-13

连接器插座代号	连接对象
E	车身后部线束
G	单端子插座(主要用于连接冷却液不足指示控制器电源线)
H	空调系统线束
K	备用插接器插座
L	喇叭继电器线束
M	备用插接器插座
N	单端子插座(主要用于连接进气预热器电阻线电源线)
P	单端子插座(连接蓄电池与中央线路板"30"号电源线,中央线路板"30"端子与点火开关"30"端子电源线)
R	备用插接器插座

第二节 识读汽车电路图

一、汽车电路特点

①汽车电路图的种类:汽车电路是汽车电器电路的简称。汽车电器电路图是将各电器部件的图形符号通过导线连接在一起的关系图,可分为三种形式,即布线图、电路原理图和线束图。布线图是汽车上采用较广的一种,它较准确地反映了汽车电器各部件的安装位置,从中可看出导线的走向、接点、分叉等情况,但识读困难。电路原理图可清楚反映出电器系统各部件的连接关系,电路原理。线束图是将有关电器的导线汇合在一起组成线束,以便于在汽车上安装。

②汽车电路的组成:汽车电气设备,按工作性能和用途的不同可归纳为:电源系统电路;起动系统电路;点火系统电路;照明、仪表和信号系统电路;辅助电器系统电路等。

③汽车电路布线的原则:①采用单线制;②各用电设备并联,即每个用电设备与开关、电源相连接,公用回路通过机体、车身大梁与电源负极相连,俗称"搭铁";③连接导线采用多股铜线,截面面积根据用电设备的电流值确定,最后将各低压导线包扎成线束总成;④用电量过大或工作时间短的用电设备的电流不经过电流表;⑤大量采用继电器,用继电器的小电流控制用电设备的大电流,同时,起到保护开关的作用;标称电压,即汽车电气设备的名义电压,分为6V、12V、24V。

二、汽车电路分析

1. 电源系统电路

电源系统电路,即由蓄电池、发电机、调节器及工作情况指示装置组成的电路。

解放 CA1091 型汽车电源系统电路如图 12-7 所示。该车电源系统电路的特点:

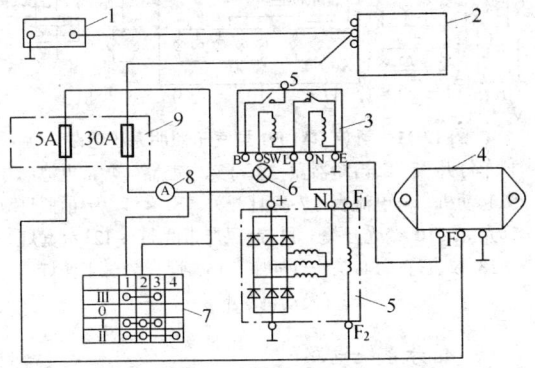

图 12-7　解放 CA1091 型汽车电源电路
1.蓄电池　2.起动机　3.组合继电器　4.晶体管调节器
5.交流发电机　6.充电指示灯　7.点火开关　8.电流表
9.熔断器盒

①蓄电池的充、放电电流大小由电流表指示,采用 30A 快速熔丝来保护发电机和充电线路。

②充电指示灯由发电机中性点电压来控制,当发动机正常运转后,充电指示灯熄灭时,表示发电机正常工作并向蓄电池充电。

③发电机磁场电流由点火开关控制,停车时,不允许长时间接通点火开关。夜间停车维修保养时,需用车上照明设备时应开启点火开关到"Ⅲ"档。

④发电机磁场为外搭铁,接线时应正确连接各导线。

2. 起动系统电路

起动系统电路,即由起动机、起动继电器、起动开关及起动保护装置组成的电路。

解放 CA1091 型汽车起动系统电路(见图 5-13 所示)的工作原理在第五章中已介绍,在此不再重复。

3. 点火系统电路

点火系统电路,汽油发动机汽车特有的电路,即由点火线圈、分电器、火花塞及点火开关组成的电路。若采用电子点火,则还有电子点火控制器。

解放 CA1091 型汽车在传统点火电路的基础上,加装了爆燃限制器(部分车辆选装),电路原理图如图 12-8 所示,该电路的特点如下:

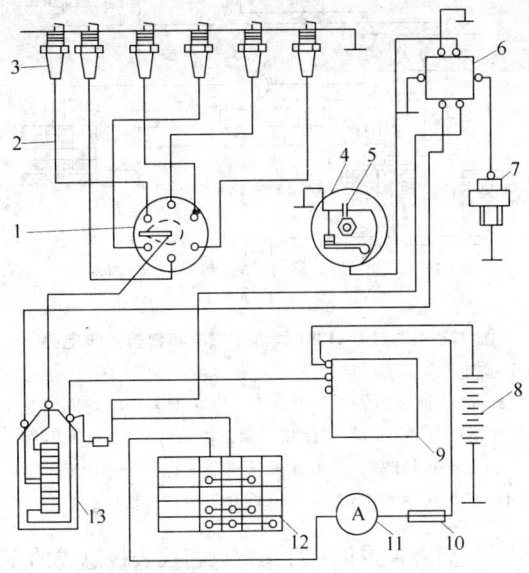

图 12-8　解放 CA1091 型汽车点火系统(带爆燃限制器)电路
1.配电器　2.高压导线　3.火花塞　4.断电器
5.电容器　6.爆燃限制器　7.爆燃传感器　8.蓄电池
9.起动机　10.30A 熔断器　11.电流表
12.点火开关　13.点火线圈

①装用爆燃限制器后,断电器触点电流减小,触点不易烧蚀,并在一定范围内可自动调整点火提前角。

②采用凸出型火花塞,具有较好的热特性,采用具有感性的高压阻尼线,能较好地抑制点火系对无线电的干扰。

③若爆燃限制器发生故障或不选用装置时,可将其改接为传统的点火系统电路。

4. 仪表和警报系统电路

仪表和警报系统电路,即由仪表指示表、传感器、各种警报指示灯及控制器组成的电路。

解放 CA1091 型汽车的仪表和警报系统电路如图 12-9 所示。该电路的特点:

①水温表和燃油表由仪表电源稳压器供电。

②停车灯开关装在驻车制动器制动操纵杆支架上,由驻车制动操纵杆控制。当处于制动位置时,驻车制动指示灯被点亮。

③放松驻车制动操纵杆时,如储气筒压缩空气压力过低,蜂鸣器电路被接通,警告驾驶人此时不得起步行驶。

换通过变光开关实现。

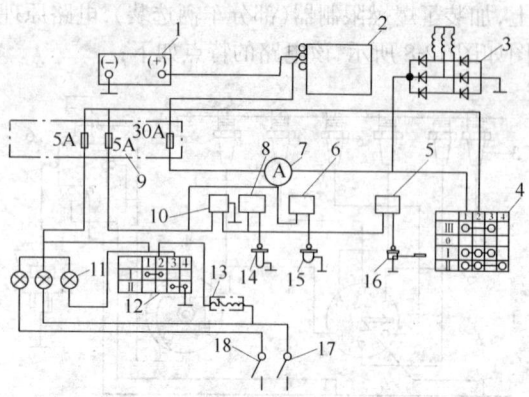

图 12-9 解放 CA1091 型汽车仪表和警报系统电路
1.蓄电池 2.起动机 3.发电机 4.点火开关 5.燃油表 6.机油压力表 7.电流表 8.水温表 9.熔断器盒 10.仪表用稳压器 11.驻车制动指示灯 12.停车开关 13.警报蜂鸣器 14.水温传感器 15.油压传感器 16.燃油传感器 17.气压警报开关 18.油压警报开关

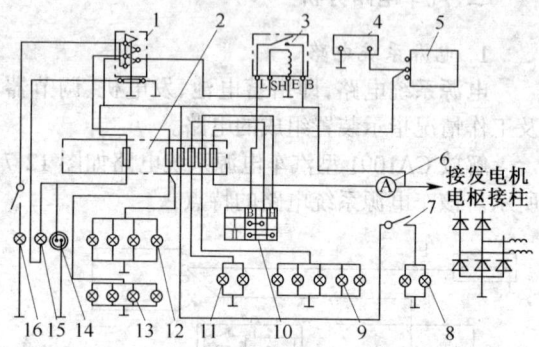

图 12-11 解放 CA1091 型汽车照明系统电路
1.车灯开关 2.熔断器盒 3.灯光继电器 4.蓄电池 5.起动机 6.电流表 7.雾灯开关 8.雾灯 9.前照灯远光灯 10.变光开关 11.前照灯近光灯 12.示宽灯 13.仪表灯 14.工作灯插座 15.顶灯 16.工作灯（发动机罩下）

6. 信号系统电路

解放 CA1091 型汽车的信号系统电路如图 12-12 所示,转向灯开关通过闪光器控制左、右转向灯。用喇叭按钮通过喇叭继电器控制电喇叭,倒车灯开关在变速器倒车轴上。

④所有警报信号灯集中设在仪表板总成的左侧,以便驾驶人工作时随时观察,各信号灯的位置及符号如图 12-10 所示。

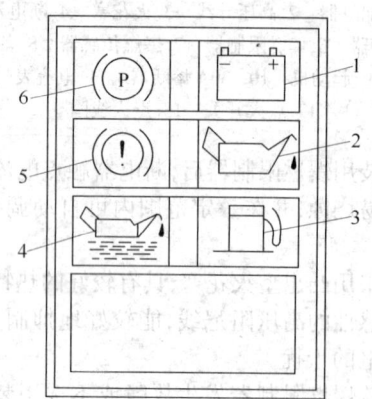

图 12-10 解放 CA1091 型汽车警报信号灯
1.电源指示灯 2.油压警报灯 3.燃油量警报灯 4.机油滤清器堵塞警报灯 5.气压警报灯 6.驻车制动(停车)警报灯

5. 照明系统电路

照明系统电路,即由前照灯、示宽灯、雾灯、仪表灯、顶灯等及其控制继电器和开关组成的电路。

解放 CA1091 型汽车照明系统电路如图 12-11 所示,该电路前照灯采用四灯制非对称配光形式,其车灯开关控制前照灯、示宽灯、仪表灯和顶灯。前照灯电路设有灯光继电器,若该继电器损坏,不能直接用车灯开关控制前照灯,否则会因其触点电流过大而烧坏开关,前照灯的远、近光的变

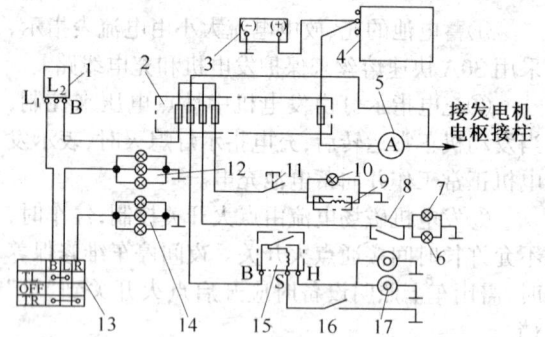

图 12-12 解放 CA1091 型汽车信号系统电路
1.闪光器 2.熔断器盒 3.蓄电池 4.起动机 5.电流表 6、7.制动灯 8.制动开关 9.倒车蜂鸣器 10.倒车灯 11.倒车灯开关 12.左转向信号灯 13.转向灯开关 14.右转向信号灯 15.喇叭继电器 16.喇叭按钮 17.电喇叭

第三节 全车电气设备总电路实例

一、东风 EQ1090E 型汽车电路布线图

东风 EQ1090E 型汽车电路布线如图 12-13 所示。

第三节 全车电气设备总电路实例 223

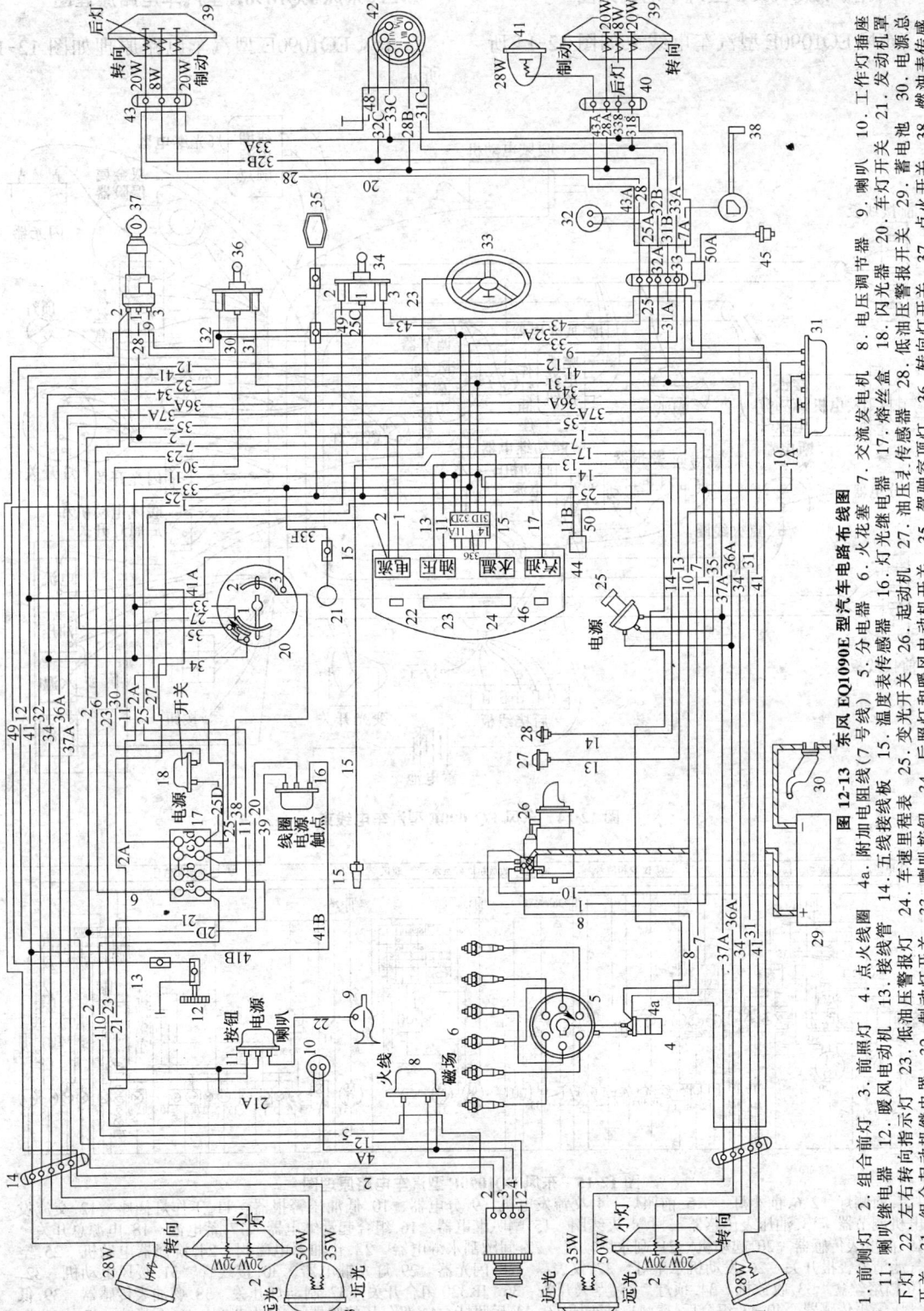

图 12-13 东风 EQ1090E 型汽车电路布线图

1. 前侧灯 2. 组合前灯 3. 前照灯 4. 点火线圈 4a. 附加电阻线(7号线) 5. 分电器 6. 火花塞 7. 交流发电机 8. 电压调节器 9. 喇叭 10. 工作灯插座 11. 喇叭继电器 12. 暖风电动机 13. 低油压警报灯 14. 五线接线板 15. 温度表传感器 16. 灯光继电器 17. 油压传感器 18. 闪光器 20. 车灯开关 21. 发动机罩 22. 左右转向指示灯 23. 低油压警报器 24. 车速里程表 25. 后照灯按钮 26. 起动机 28. 低油压警报电池 29. 蓄电池 30. 电源总 下开关 31. 组合起动机继电器 32. 喇叭按钮 33. 后照灯开关 34. 制动灯开关 35. 驾驶室顶灯 36. 转向开关 37. 点火开关 38. 燃油表传感 器 39. 组合后灯 40. 后照灯 41. 后照灯座 42. 挂车甬座 43. 三线接线板 44. 低气压蜂鸣器 45. 低气压警报开关 46. 仪表盘

二、东风 EQ1090E 型汽车电线束图

东风 EQ1090E 型汽车电线束如图 12-14 所示。

三、东风 EQ1090E 型汽车电路原理图

东风 EQ1090E 型汽车电路原理如图 12-15 所示。

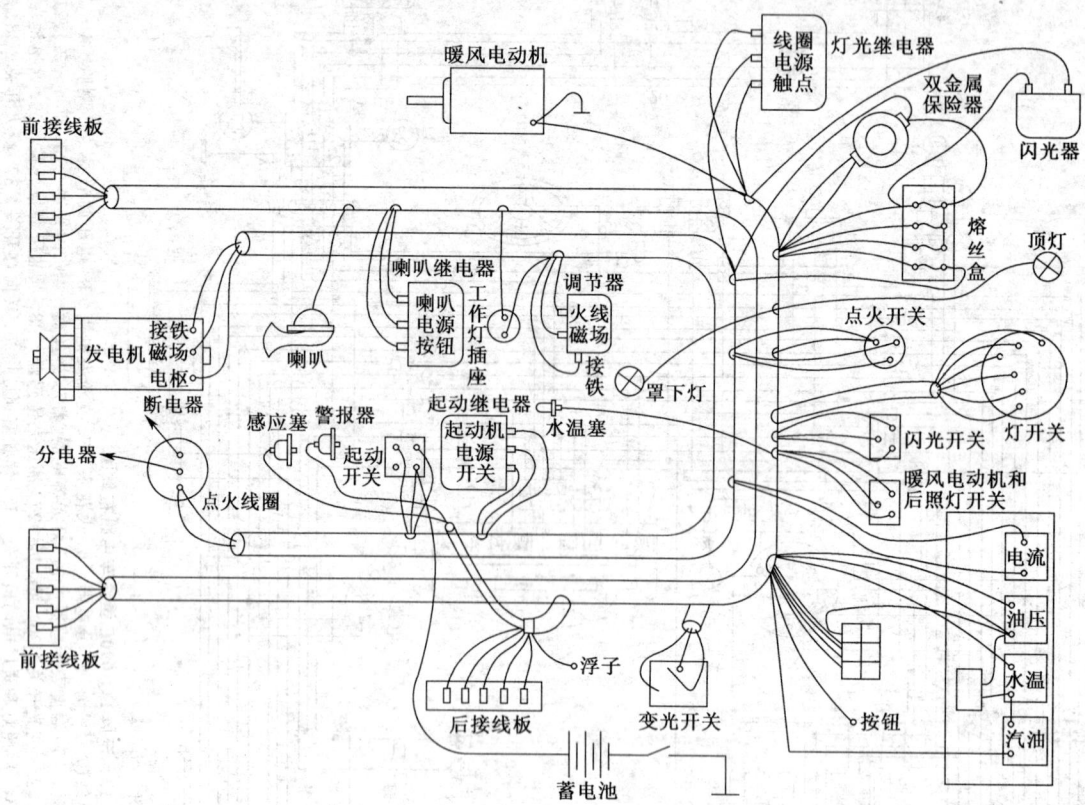

图 12-14 东风 EQ1090E 型汽车电线束

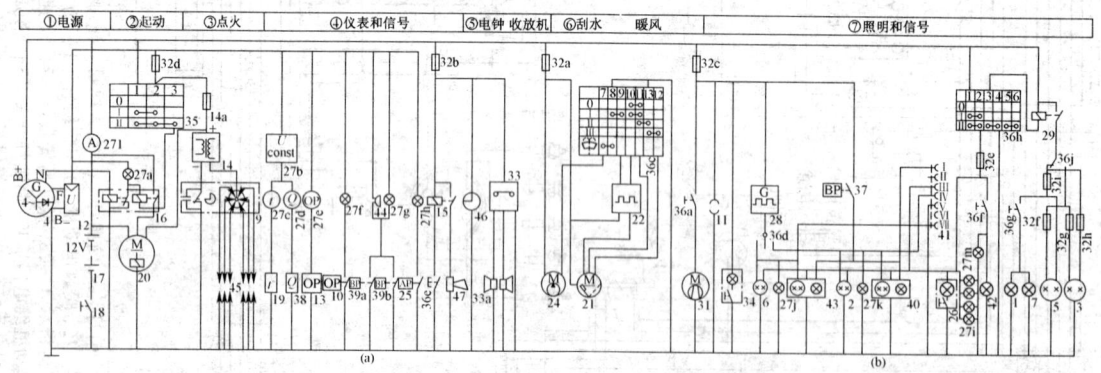

图 12-15 东风 EQ1090E 型汽车电路原理图

1、7.前侧灯 2、6.前小灯 3、5.前照灯 4.交流发电机 9.分电器 10.低油压警报器 11.工作灯插座 12.交流发电机调节器 13.油压表传感器 14.点火线圈 15.喇叭继电器 16.组合起动继电器 17.蓄电池 18.电源总开关 19.温度表传感器 20.起动机 21.刮水电动机 22.间歇刮水继电器 23.化油器电磁阀 24.洗涤器电动机 25.空气滤清器警报开关 26.发动机罩下灯 27.仪表盘 28.闪光器 29.灯光继电器 30.接线管 31.暖风电动机 32.10档熔丝盒 33.收放机 34.顶灯 35.点火开关 36.JK320组合开关 37.制动灯开关 38.燃油表传感器 39.低气压警报传感器 40、43.组合后灯 41.挂车插座 42.后照灯 44.低气压蜂鸣器 45.火花塞 46.石英钟 47.电喇叭

四、桑塔纳 2000 型轿车整车电路图的识读

上海桑塔纳 2000 型轿车电器设备数量较多，但该车电路原理图采用了当前国际上流行的"纵向排列式画法"，给读图提供了方便。识读上海桑塔纳 2000 型轿车电路图的方法如下：

①如图 12-16 所示。J2 为继电器，圆圈内标号 12 表示该继电器位于中央线路板正面的第 12 位，为转向与警报闪光继电器。S 代表熔断器，下脚标号代表熔断器在中央线路板上的位置，如 S19 表示该熔断器位于中央线路板 19 位。熔断器容量由颜色决定，红色为 10A，蓝色为 15A，绿色为 30A，黄色为 20A。

②A13、B28 表示导线在中央线路板上的连接位置。A13 表示 $1.5mm^2$ 的黑/蓝色导线接在中央线路板 A 位置 13 号端子上；B28 表示 $1.5mm^2$ 的红/白色导线接在中央线路板 B 位置 28 号端子上。

③T29/9、T29/25 表示插接器的端子数和导线的安装位置。T29/9 表示 $1.5mm^2$ 的红/白色导线接在 29 孔插接器 9 号端子上；T29/25 表示 $1.5mm^2$ 的黑/绿/白色导线接在 29 孔插接器 25 号端子上。

④4(49)、5(30) 表示导线两端的接线端子。4(49) 表示 $1.0mm^2$ 的白色导线，一端接开关 4 号端子，另一端接继电器 J2 的 1/49 端子；5(30) 表示 $1.5mm^2$ 的红/白色导线一端接开关 5 号端子，另一端通过中央线路板与常火线 30 连接。

⑤继电器 J2 上有 1/49、4/31 的标记。分子 1、4 表示继电器的端子代号，分母 49、31 表示控制器的端子代号，分子与分母相对应，且工艺上已保证不会插错。

⑥102、128、238 表示此导线与线路图下端第 102、128、238 编号上方的导线连接。

读图时，根据电路图最下端的顺序数字编号，对照电路图的使用说明，找出各电器部件在线路图上的位置。

上海桑塔纳 2000 型轿车全车电路如图 12-17 所示。

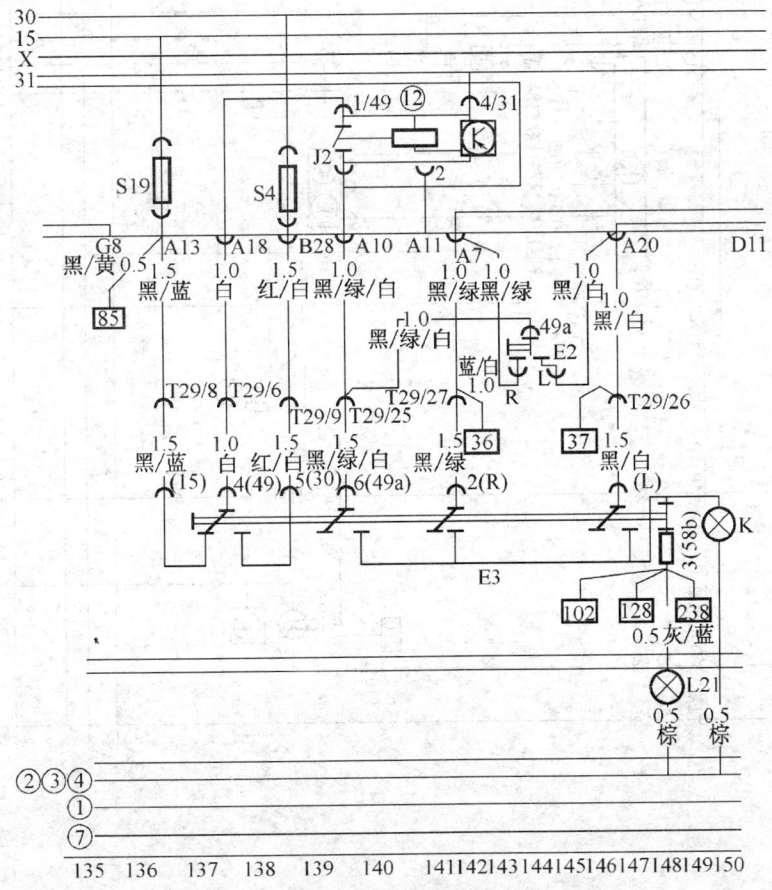

图 12-16　桑塔纳 2000 型轿车电路图识读说明

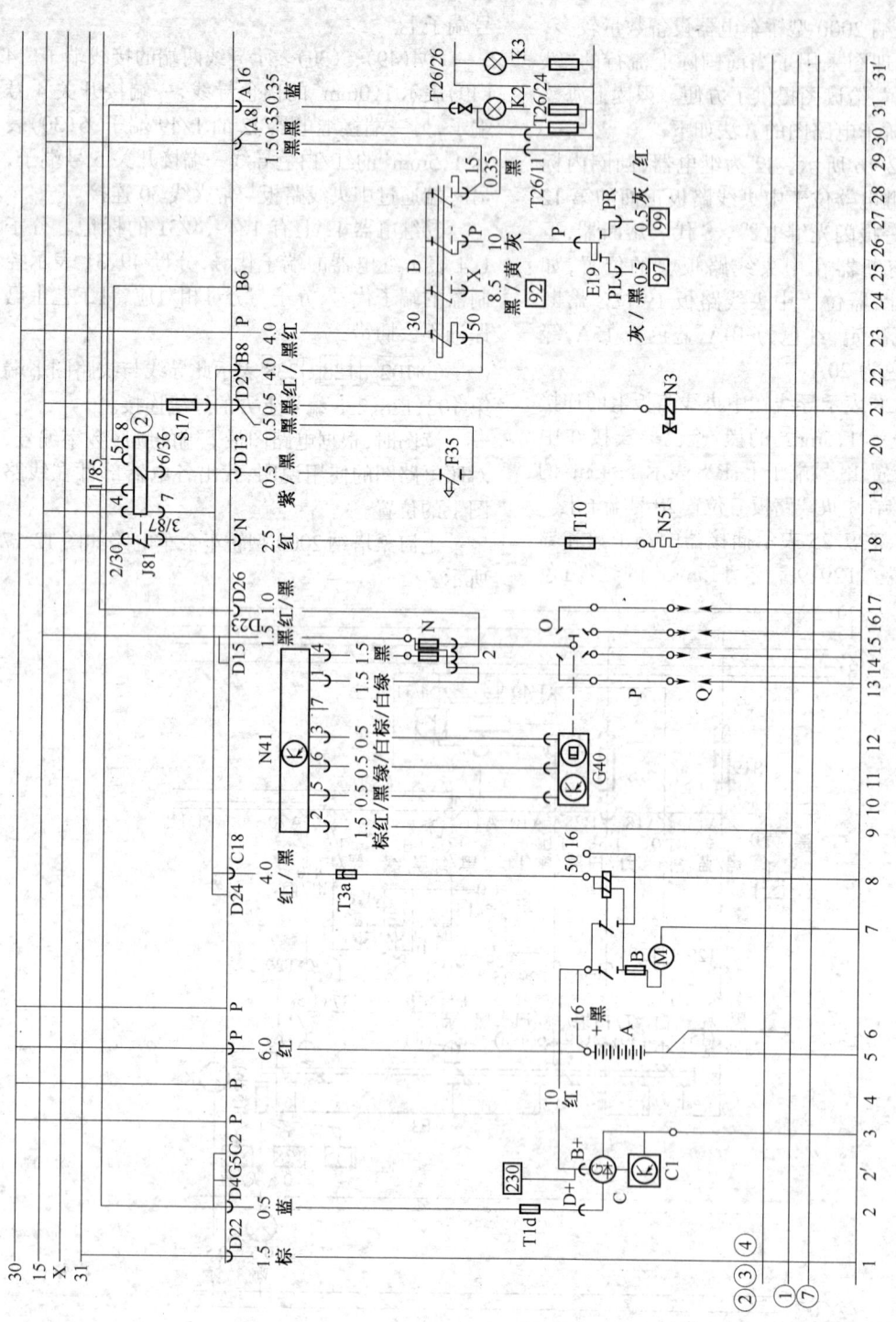

图 12-17 上海桑塔纳 2000 型轿车全车电路图(a)

30. 常火线 15. 小容量电器火线 X. 大容量电器火线 A. 蓄电池 B. 起动机 C. 整体式交流发电机 C1. 整体式交流发电机内部调节器 D. 点火开关 D. 点火控制器 E19. 停车灯开关 F35. 进气预热器温控开关 G40. 霍尔式传感器 J81. 进气预热继电器 K2. 发电机指示灯 N. 点火线圈 N3. 急速截止阀 N41. 点火控制器 N51. 进气预热加热电阻 O. 霍尔式分电器 P. 火花塞插头 Q. 火花塞

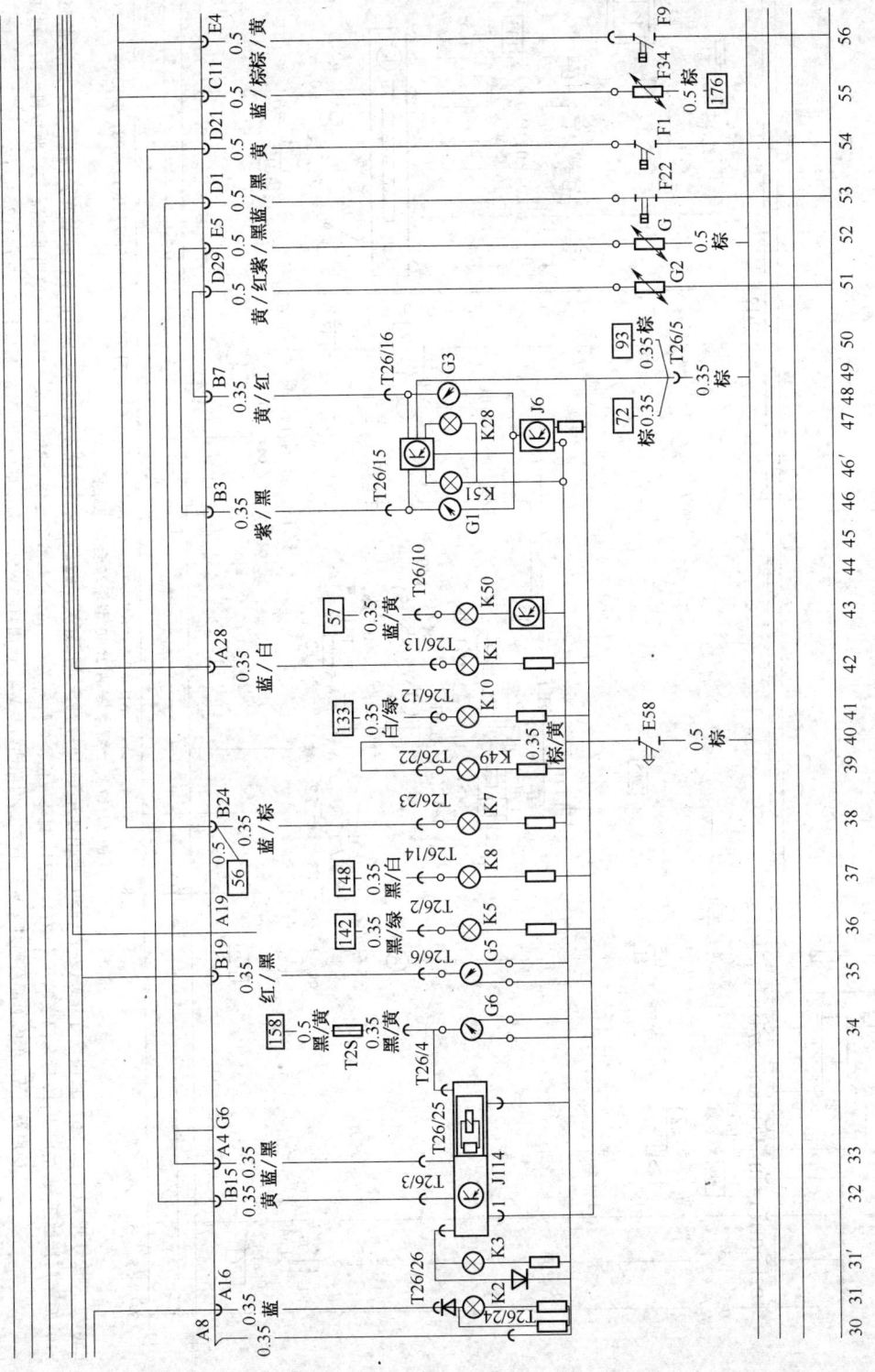

图 12-17 上海桑塔纳 2000 型轿车全车电路图(b)

F1. 高压油压开关 F9. 手制动指示灯开关 F22. 低压油压开关 F34. 制动液位警告灯开关 G1. 燃油表 G2. 冷却液温度传感器 G3. 冷却液温度表
G5. 发动机转速表 G6. 车速表 J114. 油压检查控制器 K1. 远光指示灯 K2. 发电机指示灯 K3. 油压指示灯 K5. 右转向指示灯 K7. 手制动指示灯 K8. 左转向指示灯 K10. 后风窗除霜器工作指示灯 K28. 冷却液温度过高指示灯 K49. 换档指示灯 K50. 冷却液位指示灯 K51. 燃油不足指示灯 J6. 仪表稳压器

228 第十二章 汽车电气设备总电路

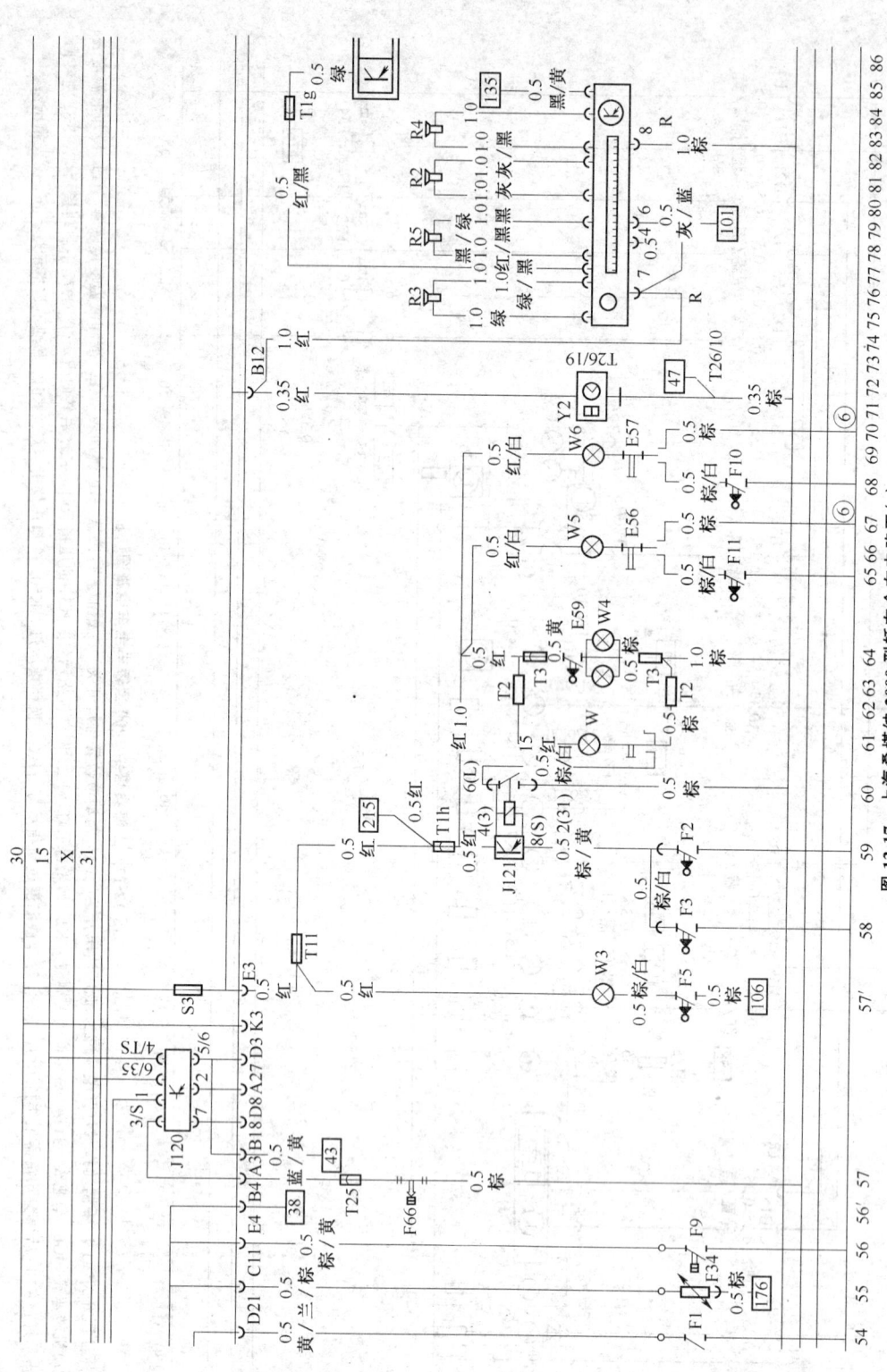

图 12-17　上海桑塔纳 2000 型轿车全车电路图(c)

E56. 后阅读灯开关(右)　E57. 后阅读灯开关(左)　E59. 遮阳灯开关　F1. 高压油压开关　F2. 前车门接触开关(左)　F3. 前车门接触开关(右)　F5. 行李舱照明开关
F10. 后车门接触开关(右)　F11. 后车门接触开关(左)　F34. 行李舱灯开关　F66. 冷却液位警告灯开关　J121. 制动液不足指示控制开关　J121. 内照明继电器　R2.R3.R4.R5. 扬声器　W. 车内前部照明灯　W3. 行李舱内部照明灯　W4. 遮阳灯　W5. 后阅读灯(右)　W6. 后阅读灯(左)　Y2. 电子钟

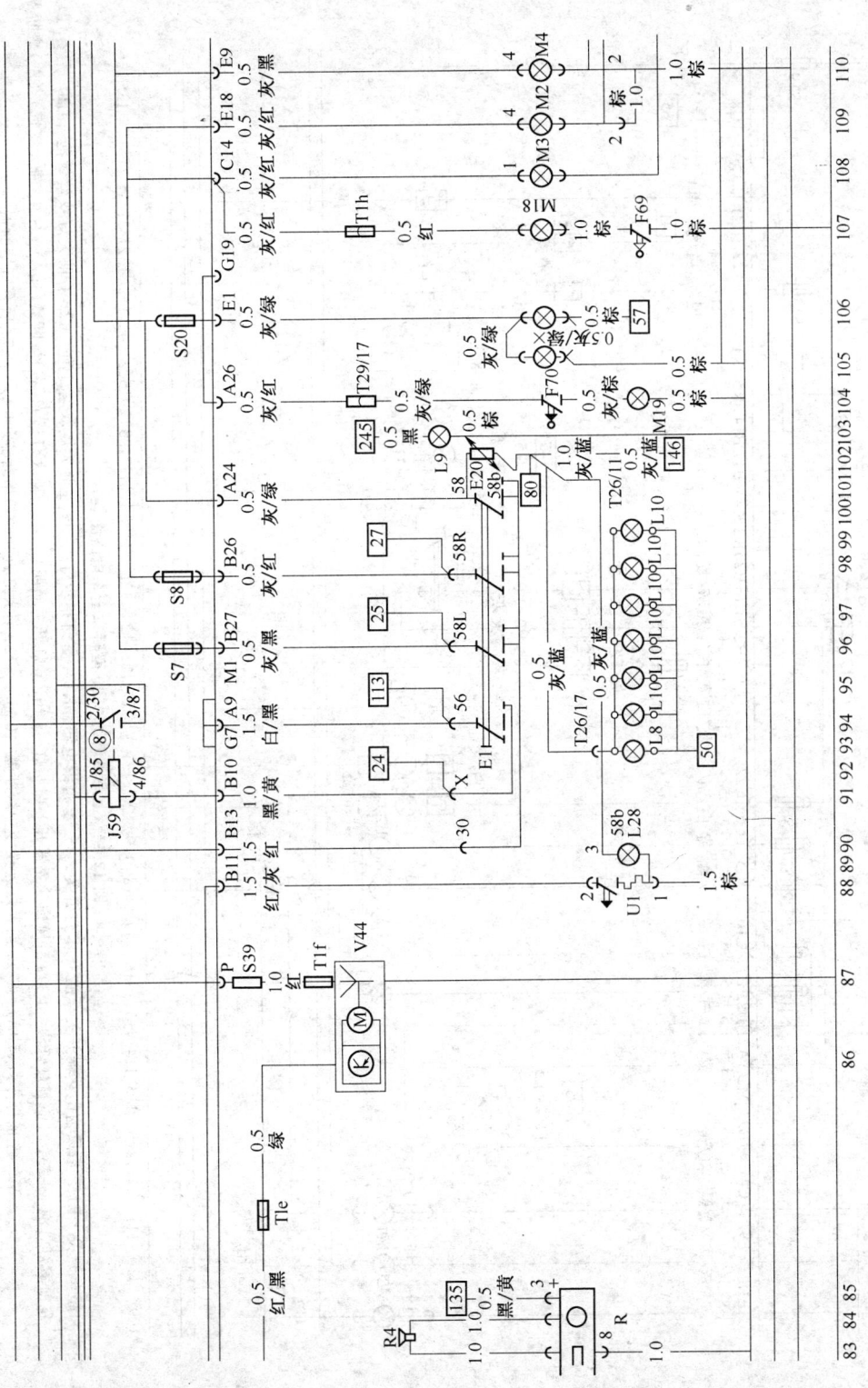

图 12-17 上海桑塔纳 2000 型轿车全车电路图 (d)

E1. 车灯组合开关 E20. 仪表照明调节器 F69. 发动机舱照明灯接触开关 F70. 杂物箱照明灯接触开关 J59. 减荷继电器(中间继电器) L8. 时钟照明灯 L9. 灯光开关照明灯泡 L10. 仪表照明灯 L28. 点烟器照明灯 M2. 右后停车灯 M3. 右前停车灯 M4. 左后停车灯 M18. 发动机舱照明灯 M19. 杂物箱照明灯 S7. 尾灯、停车灯 S8. 尾灯、停车灯(右)熔断器(10) S20. 牌照灯、杂物灯熔断器(10A) S39. 电动天线熔断器(3A) U1. 点烟器 V44. 电动天线 X. 牌照灯照明(左)熔断器(10A)

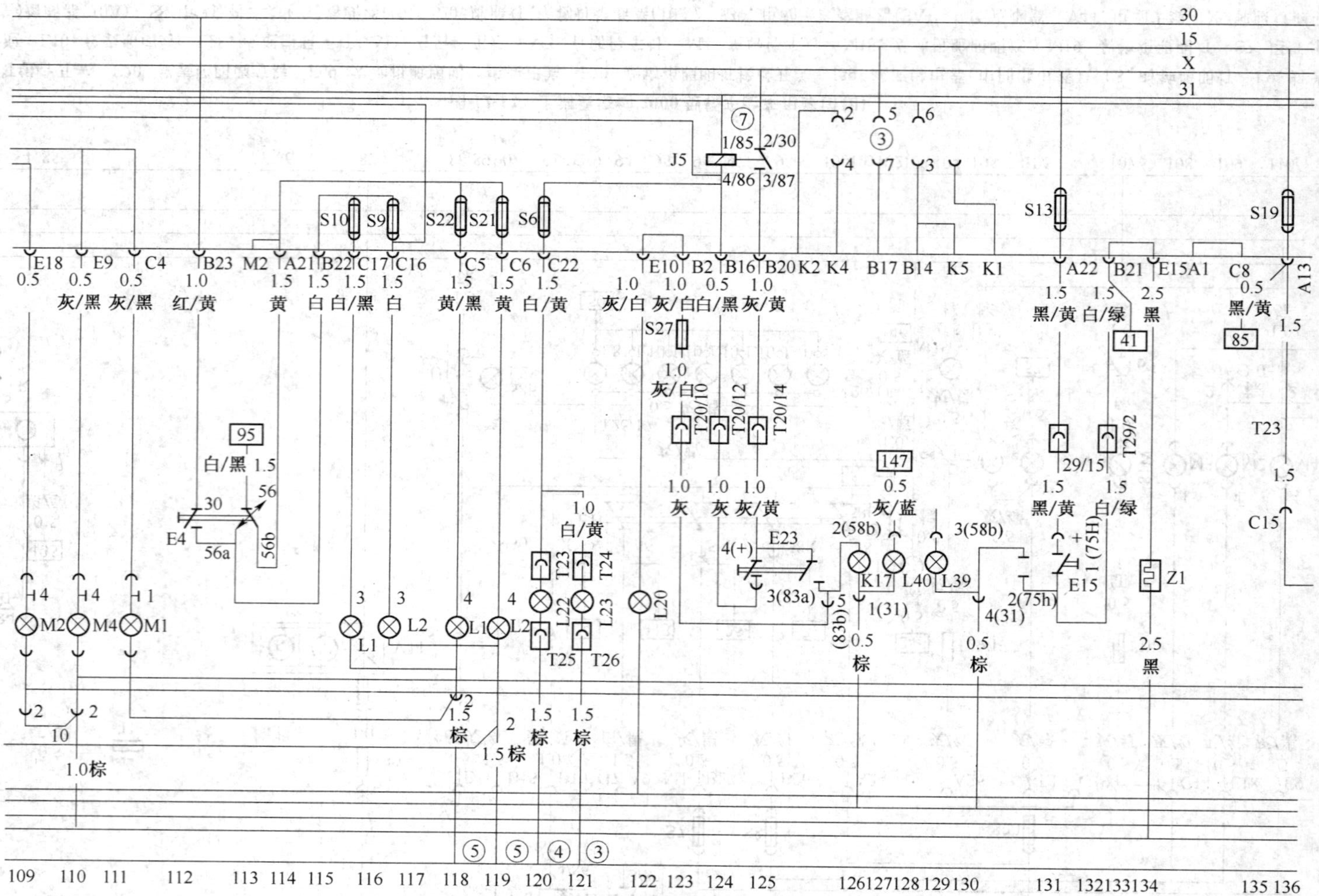

图 12-17 上海桑塔纳 2000 型轿车全车电路图 (e)

E4. 变光和超车开关　E15. 后风窗电热器开关　E23. 雾灯开关　J5. 雾灯继电器　K17. 雾灯指示灯　K1. 左前大灯双丝灯泡　L2. 右前大灯双丝灯泡　L20. 后雾灯灯泡　L22. 左前雾灯灯泡　L23. 右前雾灯灯泡　L39. 后风窗除霜器开关照明灯　L40. 雾灯开关照明灯　S9. 前大灯远光(右)熔断器　S10. 前大灯远光(左)熔断器　S21. 前大灯近光(右)熔断器(10A)　S22. 前大灯近光(左)熔断器(10A)　S27. 后雾灯熔断器　M1. 左前停车灯(10A)

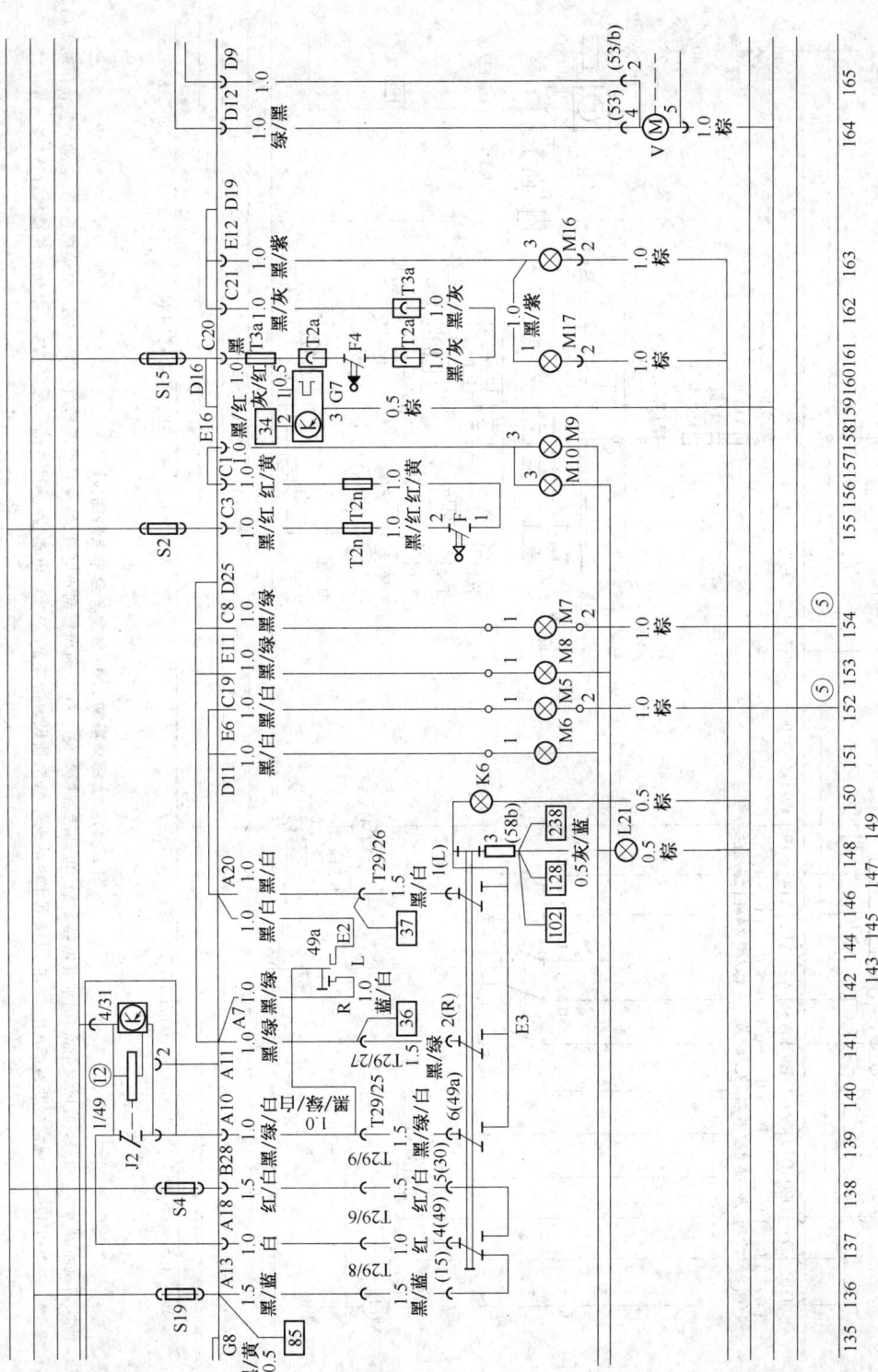

图12-17 上海桑塔纳2000型轿车全车电路图(f)

E2.转向灯 F.制动灯开关 F4.倒车灯 G7.车速传感器 J2.转向继电器 K6.警报闪光装置指示灯 L21.暖气开关照明灯 M5.前左转向灯 M6.后左转向灯 M7.前右转向灯 M8.后右转向灯 M9.左制动灯 M10.右制动灯 M16.左倒车灯 M17.右倒车灯 S2.制动灯熔断器(10A) S4.危险警报闪光灯熔断器(15A) S15.倒车灯、车速传感器熔断器(10A) S19.转向灯熔断器(10A)

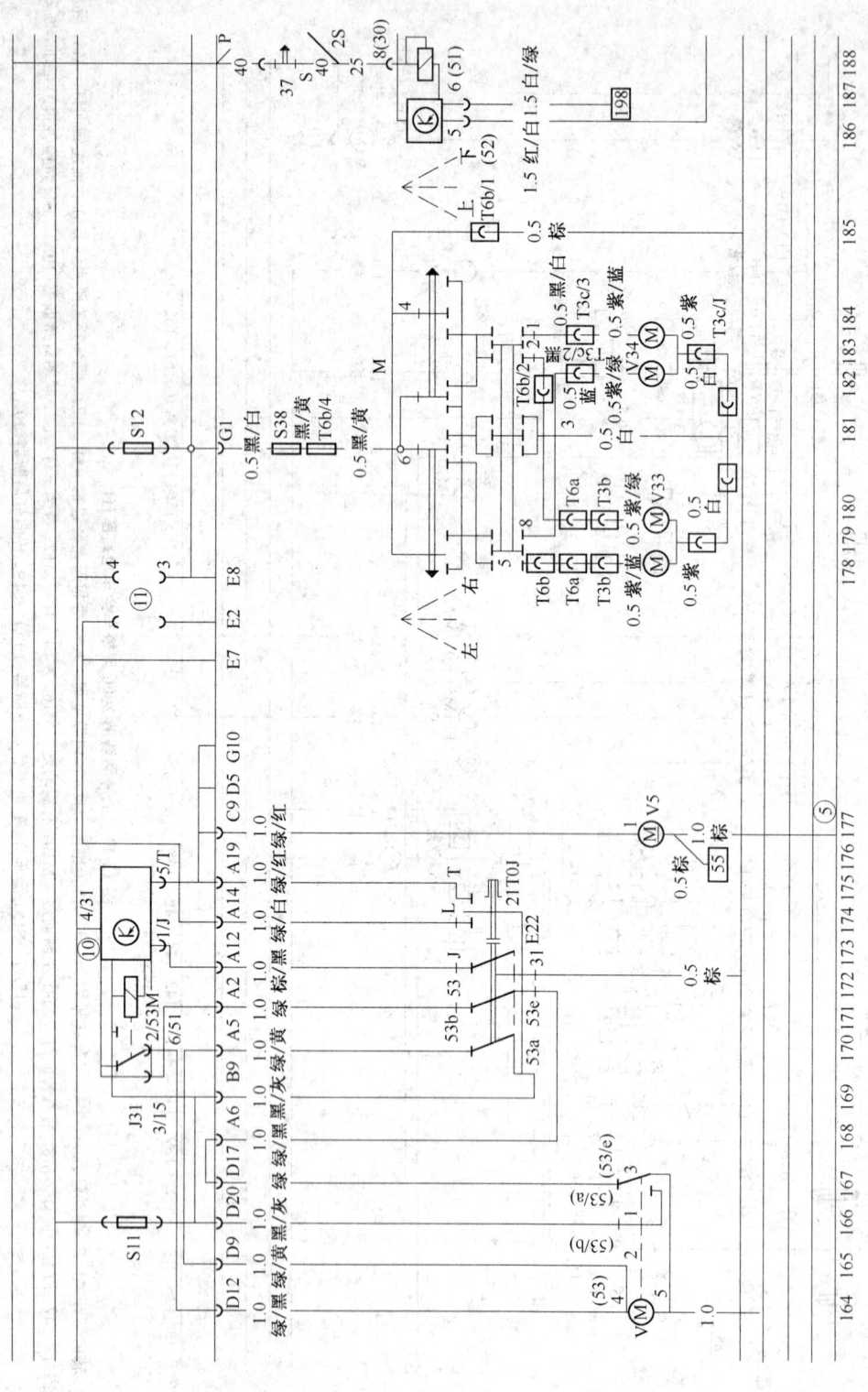

图 12-17 上海桑塔纳 2000 型轿车全车电路图 (g)

E22. 前风窗刮水器开关 J31. 前风窗清洗-刮水继电器 M. 电动后视镜电机 S11. 前风窗刮水电机、清洗泵熔断器 (15A) S12. 电动摇窗电机、电动后视镜熔断器 (15A) S38. 电动后视镜熔断器 (3A) V. 前风窗刮水电动机 V5. 前风窗清洗泵 V33. 电动后视镜执行器 (右) V34. 电动后视镜执行器 (左)

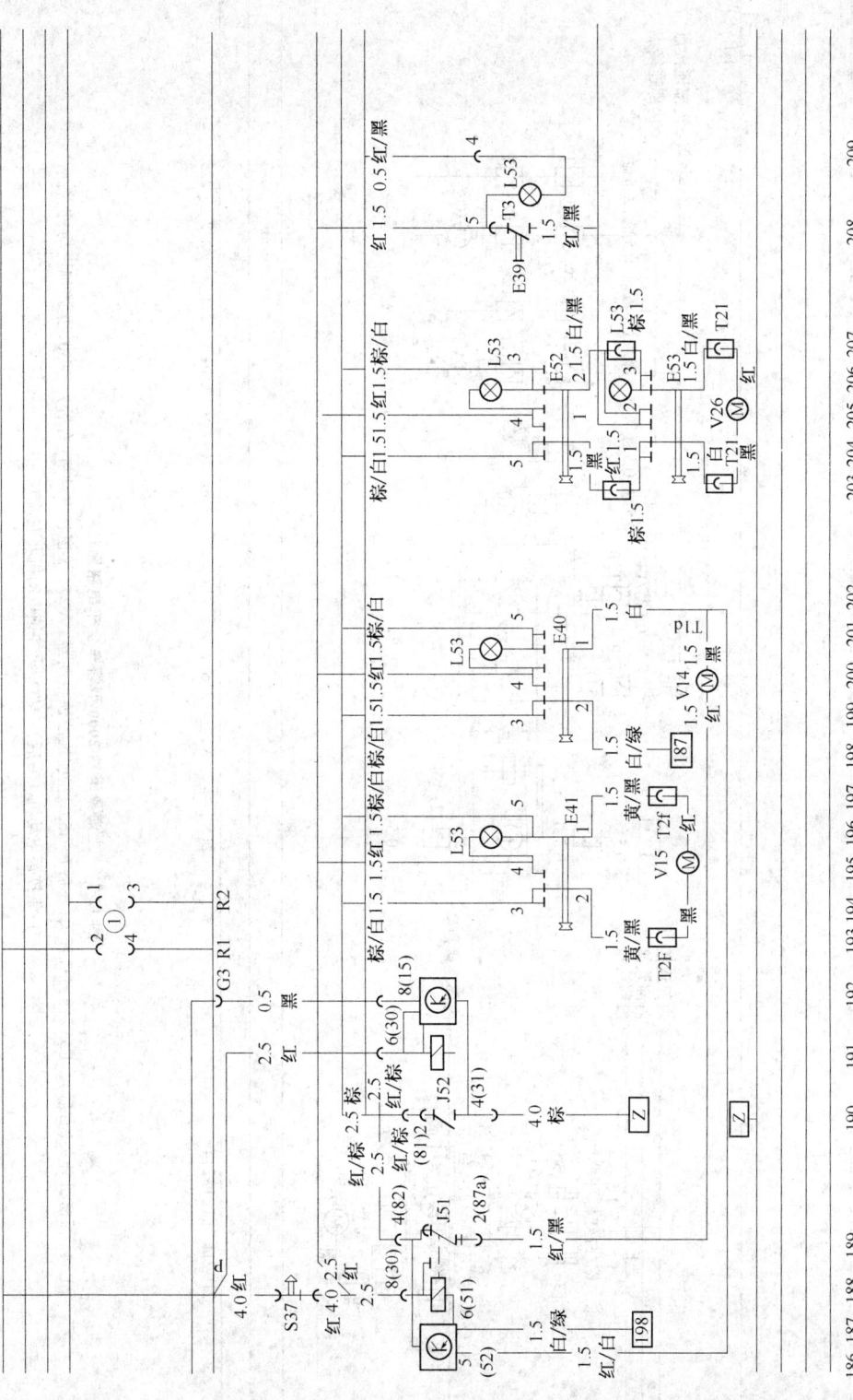

图 12-17 上海桑塔纳 2000 型轿车全车电路图（h）

E39. 摇窗机安全开关　E40. 摇窗机开关（左前）　E41. 摇窗机开关（右前）　E52. 摇窗机开关（左后）　E53. 摇窗机开关（右后）　J51. 摇窗机开关（右前）　J52. 摇窗机自动继电器　J52. 摇窗机延时继电器　L53. 摇窗机开关照明灯　S37. 摇窗机热保护器　V14. 摇窗机电动机（左前）　V15. 摇窗机电动机（左后）　V26. 摇窗机电动机（右前）

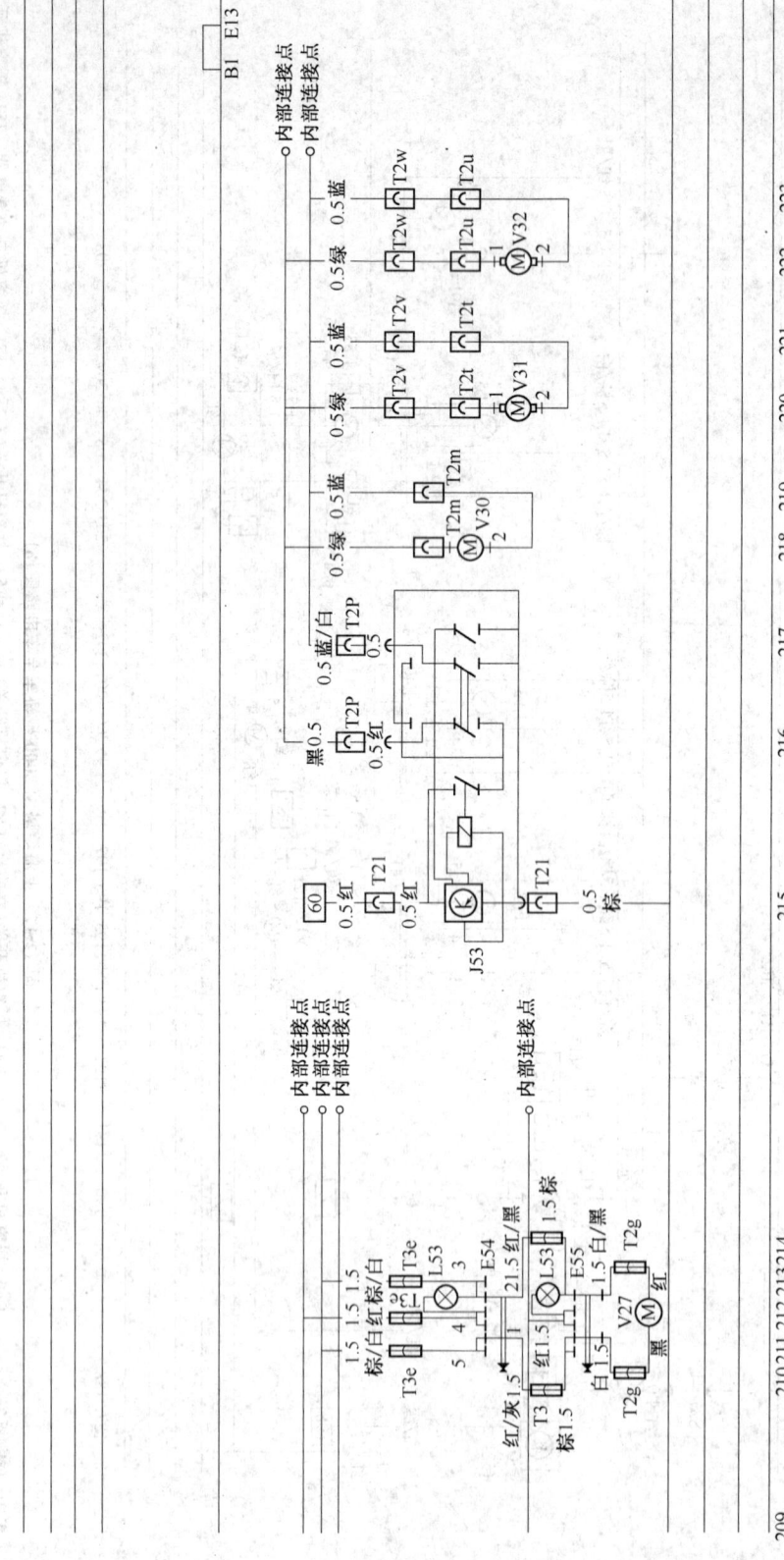

图 12-17 上海桑塔纳 2000 型轿车全车电路图(i)

E54. 摇窗机开关（右后） E55. 摇窗机开关（左后） J53. 左前集控锁控制器 V27. 摇窗机电动机（右后） V30. 集控锁电动机（右后）
V31. 集控锁电动机（右后） V32. 集控锁电动机（右前） V30. 集控锁电动机（左前）

第三节 全车电气设备总电路实例

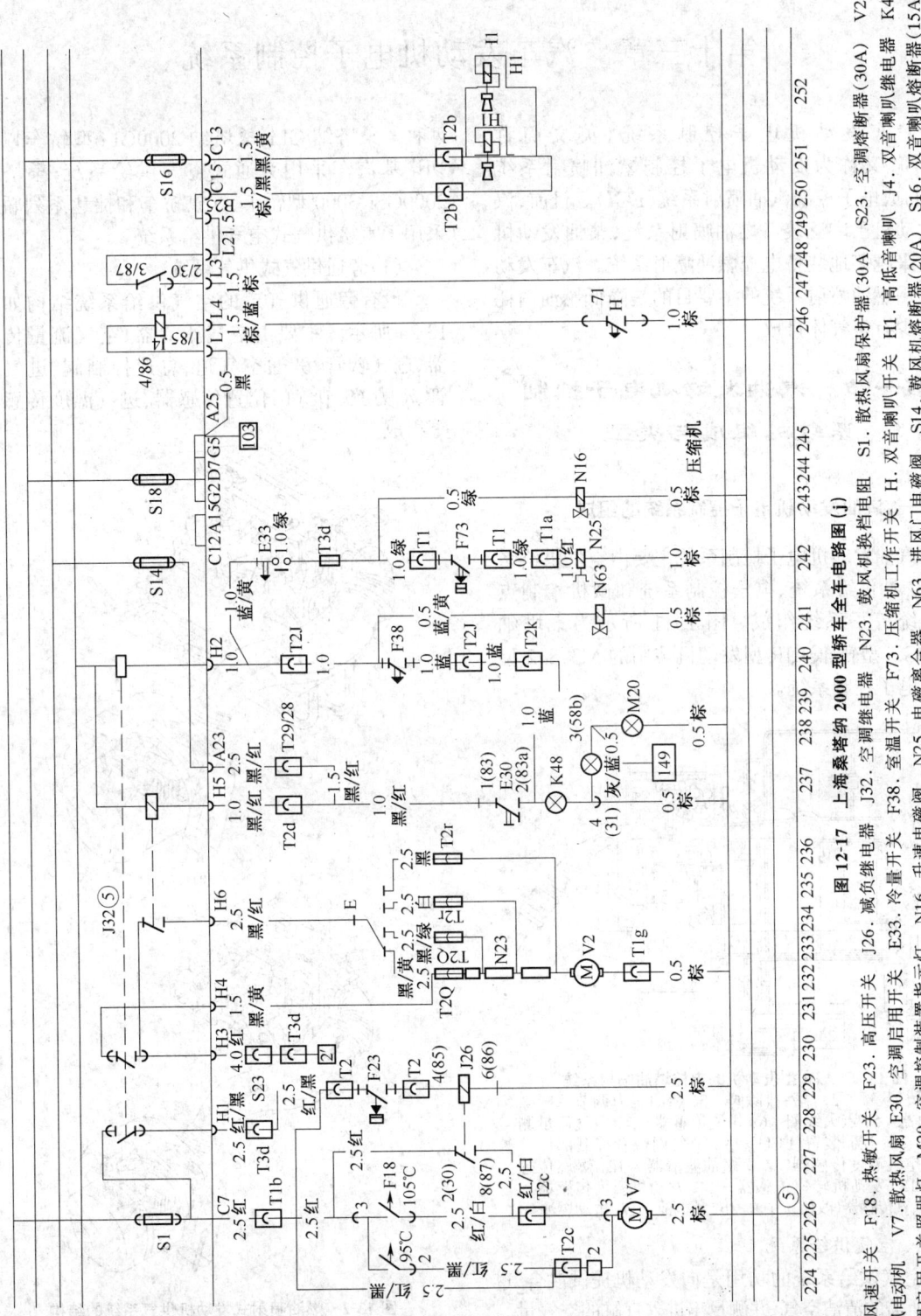

图12-17 上海桑塔纳2000型轿车全车电路图(j)

第十三章 汽车发动机电子控制系统

汽车发动机电子控制系统（英文简称EECS），又称为发动机电子控制燃油喷射系统（EFI）或电子控制汽油喷射系统（EGI）。目前，汽油发动机已广泛装备燃油喷射系统，柴油发动机也越来越多地装备电控燃油喷射系统。汽车发动机采用燃油喷射系统的主要目的是降低燃油消耗和减少有害气体排放。

第一节 汽油发动机电子控制系统的组成与类型

一、汽油发动机电子控制系统的组成

汽油发动机电子控制系统主要由空气供给系统、燃油供给系统、电子控制系统和微机控制点火系统等子系统组成。图 13-1 所示为桑塔纳 2000GSi 型轿车 AJR 型发动机装用的 M3.8.2 型闭环电子控制系统。

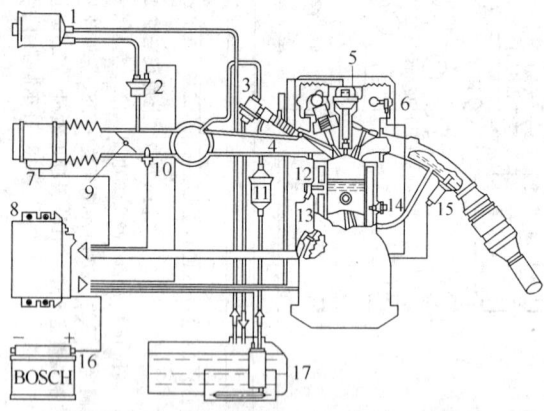

图 13-1 AJR 型发动机的电控燃油喷射系统
1.活性炭罐 2.罐污排除阀 3.燃油压力调节器 4.喷油器 5.点火线圈 6.相位传感器 7.空气质量测量仪 8.控制装置（ECU） 9.节气门位置控制部件 10.空气温度传感器 11.燃油滤清器 12.爆燃传感器 13.发动机转速传感器 14.发动机温度传感器 15.λ氧传感器（改用1个） 16.蓄电池 17.电动燃油泵

1．空气供给系统

空气供给系统的功用是向发动机提供混合气燃烧所需的清洁空气，并测量出进入气缸的空气量。

根据燃油喷射式发动机怠速进气量的控制方式不同，供气系统分为旁通供气式和直接供气式两种。桑塔纳 GLi、桑塔纳 2000GLi 型轿车以及切诺基汽车采用旁通式空气供给系统；桑塔纳 2000GSi、3000 型轿车、红旗轿车和捷达系列轿车采用了直接供气式空气供给系统。

（1）旁通供气式供气系统

设有旁通供气道的空气供给系统结构如图 13-2a 所示。主要由空气滤清器、空气流量传感器、进气软管、旁通空气道、怠速控制阀、进气支管、动力腔、节气门位置传感器、进气温度传感器等组成。

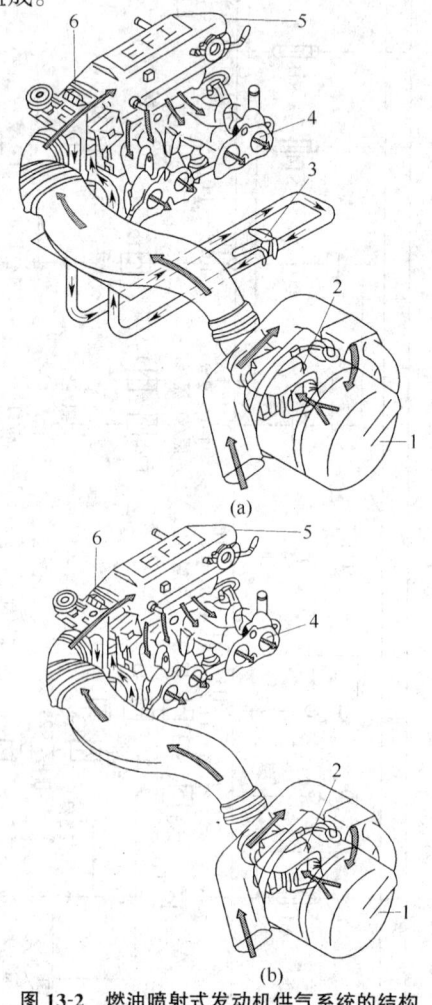

图 13-2 燃油喷射式发动机供气系统的结构
（a）旁通供气式供气系统 （b）直接供气式供气系统
1.空气滤清器 2.空气流量传感器 3.怠速控制阀 4.进气支管 5.动力腔 6.节气门体

①发动机怠速运转时,空气通道为:进气口→空气滤清器→空气流量传感器→进气管→节气门前端的旁通空气道入口→怠速转速控制阀→节气门后端的旁通空气道出口→动力腔→进气支管→发动机进气门→发动机气缸。

②发动机正常工作时,空气通道为:进气口→空气滤清器→空气流量传感器→进气管→节气门→动力腔→进气支管→发动机进气门→发动机气缸。

(2) 直接供气式供气系统

怠速转速采用节气门直接控制的发动机控制系统,没有旁通空气道,其供气系统的结构如图13-2b 所示。主要由空气滤清器、空气流量传感器、进气软管、进气支管、动力腔、节气门位置传感器、进气温度传感器等组成。

发动机正常工作和怠速运转时的空气通道完全相同,其空气通道为进气口→空气滤清器→空气流量传感器→进气软管→节流阀体→动力腔→进气支管→发动机进气门→发动机气缸。进入发动机气缸的空气量多少,由电子控制器(ECU)根据安装在进气道上的空气流量传感器检测的进气量信号求得。捷达 AT、GTX 与桑塔纳 2000GSi、3000 型轿车发动机怠速运转时,直接供气系统的标准进气量为 2.0~5.0g/s。

(3) 供气系统的结构特点

上述发动机供气系统的结构与化油器式发动机相比,其进气道较长且设有动力腔,目的是充分利用进气管内的气流惯性效应和空气动力效应,增大各种工况下的进气量,以提高发动机的动力性。

2. 燃油供给系统

燃油供给系统的功用是向发动机提供混合气燃烧所需的燃油量。其结构如图 13-3 所示,主要由燃油箱、电动燃油泵、输油管、燃油滤清器、油压调节器、燃油分配管、喷油器和回油管等组成。

发动机工作时,电动燃油泵将燃油从油箱里泵出,经燃油滤清器过滤和经油压调节器调节油压,使油路中的油压高于进气管压力 300kPa 左右,最后经燃油分配管分配到各缸喷油器。当喷油器接收到电控单元(ECU)发出的喷油指令时,再将燃油喷射在进气门附近,并与供气系统提供的空气混合形成雾化良好的可燃混合气。当进气门开启时,混合气进入气缸燃烧作功。

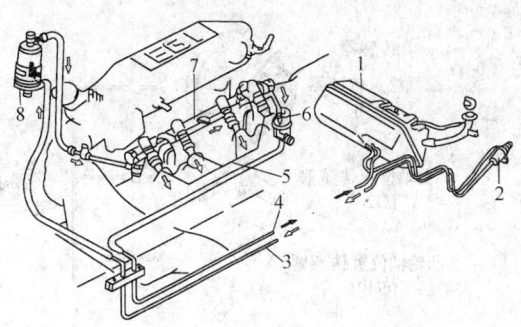

图 13-3 燃油供给系统的结构
1. 燃油箱 2. 电动燃油泵 3. 输油管 4. 回油管
5. 喷油器 6. 油压调节器 7. 燃油分配管
8. 燃油滤清器

燃油进入发动机气缸的路径为:燃油箱→燃油泵→输油管→燃油滤清器→燃油分配管→喷油器。喷油器将燃油喷射在进气门附近(缸内喷射系统则直接喷入气缸)。

油压调节器自动调节油路中的燃油压力,保证供给喷油器的油压基本不变。供油系统多余的燃油由回油管流回油箱。

3. 电子控制系统

发动机燃油喷射电子控制系统由传感器与开关信号、电子控制器(ECU)和执行器三部分组成。图 13-4 所示为桑塔纳 2000GSi、3000 型轿车发动机燃油喷射电子控制系统的组成简图。其电子控制器(ECU)安装在仪表板下面,外形如图 13-5 所示。

发动机燃油喷射电子控制系统常用的传感器主要有空气流量传感器(或进气支管压力传感器)、曲轴位置传感器、凸轮轴位置传感器、节气门位置传感器、冷却液温度传感器、进气温度传感器、车速传感器;开关信号主要有点火开关信号、起动开关信号、电源电压信号;执行器主要有电动燃油泵、电磁喷油器、油压调节器和怠速控制阀等。

(1) 传感器与开关信号

传感器是一种信号转换装置。发动机传感器安装在发动机的不同部位,其功用是检测发动机运行状态的各种参数,并将它们转换成计算机能够识别的电量信号输入给 ECU。

(2) 电子控制器(ECU)

电子控制器(ECU)俗称电脑。ECU 是控制系统的核心部件,主要由输入回路、单片微型计算机(简称单片机)和输出回路三部分组成。

发动机的各个控制系统一般都采用同一个

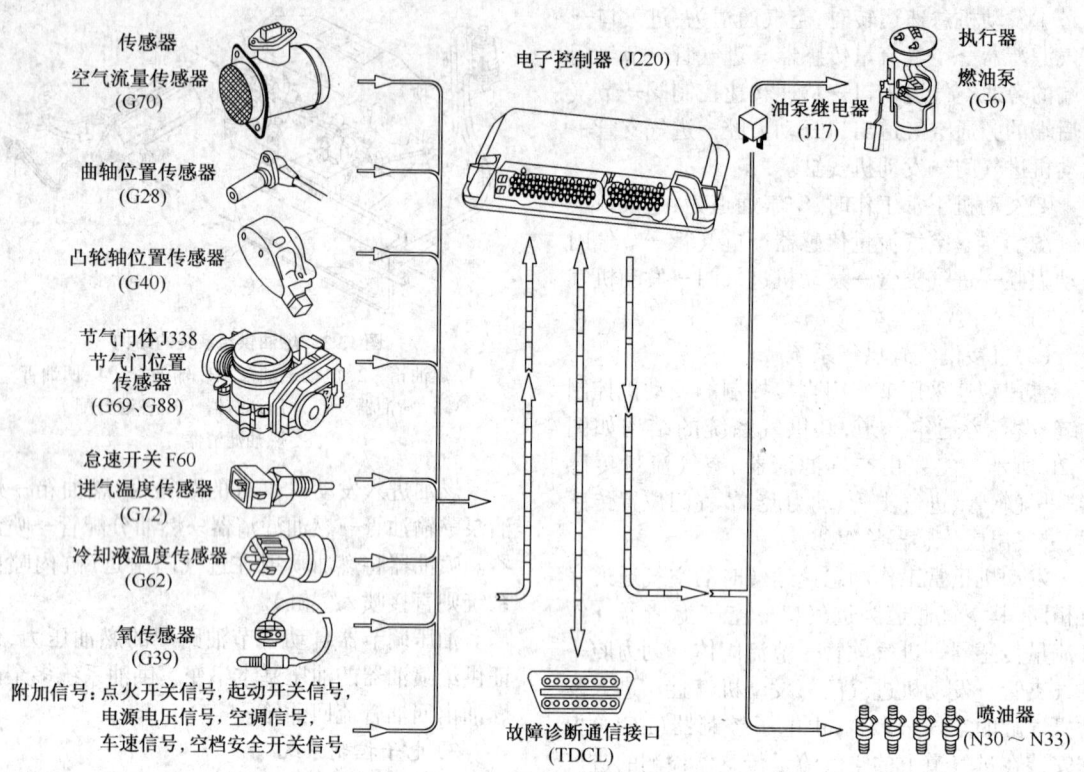

图 13-4 桑塔纳 2000GSi、3000 型轿车发动机燃油喷射电子控制系统组成

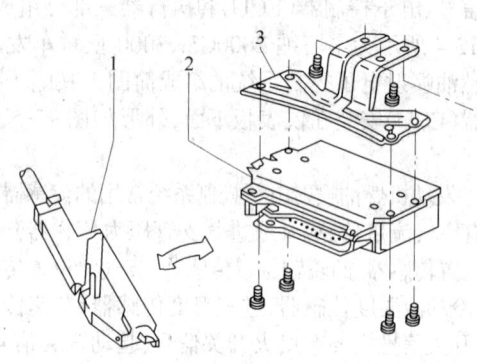

图 13-5 桑塔纳轿车电喷式发动机 ECU 的外观
1. 接线插头　2. ECU　3. 固定板

ECU 控制,其主要功用是接收各种传感器和控制开关输入的发动机工况信号,根据 ECU 内部预先编制的控制程序和存储的试验数据,通过数学计算和逻辑判断,确定适应发动机工况的喷油时间和点火提前角等参数,并将这些参数转换为电信号控制各种执行元件动作,从而使发动机保持最佳运行状态。

(3) 执行器

执行器是电子控制系统的执行机构。执行器的功用是接受 ECU 的控制指令,完成具体的控制动作。发动机电控系统常用执行器的主要功用如下:

① 电动燃油泵,供给发动机电子控制系统规定压力的燃油。

② 油泵继电器,控制电动燃油泵电路的接通与切断。

③ 喷油器,接收 ECU 发出的喷油脉冲信号,并计量燃油喷射量。

④ 油压调节器,将燃油喷射系统的油压控制在一定范围内。

⑤ 怠速控制阀或控制电动机,调节发动机的怠速转速。

⑥ 氧传感器加热器,加热氧传感器的检测部件,使传感器尽快投入工作。

⑦ 活性炭罐电磁阀,接收电控单元的控制指令,控制汽油蒸气回收管路的打开与关闭,回收燃油蒸气,减少碳氢化合物的排放量,从而减少排气污染。

汽车电子控制系统中,还设有一个故障诊断插座(故障测试仪接口)。当控制系统发生故障或需要了解控制系统的工况参数时,利用测试仪通过故障诊断插座可以调取所需参数和信息。

4. 微机控制点火系统

微机控制点火系统分为有分电器点火系统（实际是指只有配电器的非直接点火系统）和无分电器点火系统（即直接点火系统）两大类。图13-1所示为桑塔纳2000GSi、型轿车AJR型电喷发动机装用的无分电器点火系统，而桑塔纳2000GLi型轿车AFE型电喷发动机装配有分电器点火系统。

二、电子控制汽油喷射系统的类型

1. 按燃油喷射系统的控制方式分类

按控制方式不同，发动机燃油喷射系统可分为机械控制式、机电结合式和电子控制式燃油喷射系统三种类型。由于近年生产的汽车都采用电子控制式燃油喷射系统，故本节主要介绍电子控制式燃油喷射系统。

根据控制方式不同，电子控制式燃油喷射系统可分为开环控制系统、闭环控制系统、自适应控制系统、学习控制系统和模糊控制系统等。

2. 按喷油器喷油部位分类

按喷油器喷射燃油的部位不同，发动机燃油喷射系统可分为缸内喷射系统和进气管喷射系统两种类型。其中，进气管喷射系统又可分为单点喷射系统和多点喷射系统两种类型，多点喷射系统又可分为D型、L型、LH型和M型燃油喷射系统。其中，D型为压力检测型燃油喷射系统，L型、LH型和M型均为空气流量检测型燃油喷射系统。

桑塔纳GLi、2000GLi、2000GSi、3000型、捷达AT、GTX、奥迪Audi 100、Audi200、红旗CA7180E、CA7200E、CA7220E、夏利TJ7130E、2000型轿车以及切诺基汽车等均采用了进气管喷射系统。

进气管喷射系统可分为以下两种类型。

①单点燃油喷射系统(SPI)。单点燃油喷射系统是指在多缸发动机节气门的上方，安装一只或两只喷油器同时喷油的燃油喷射系统。如美国通用汽车公司采用的TBI系统、福特汽车公司采用的CFI系统以及德国博世公司研制的Mono-Motronic系统等。

②多点燃油喷射系统(MPI)。多点燃油喷射系统简称MPFI或MPI，是指在发动机每个气缸进气门前方的进气支管上均安装一只喷油器的燃油喷射系统。

在进气管多点燃油喷射系统发展过程中，博世公司曾经研制出D型、L型、LH型和M型燃油喷射系统等几种典型的燃油喷射系统，分别代表着不同年代燃油喷射系统的设计思路和技术水平。其中字母"D"和"L"分别来源于德文的"Druck(压力)"和"Luftmengen(空气流量)"。LH型和M型是在L型基础上改进而成的燃油喷射系统，其中，M型燃油喷射系统是将微机控制点火系统与燃油喷射系统组合在一起的综合控制系统。

M型燃油喷射系统电控单元采用了数字式单片微型计算机，将点火提前角控制和喷油时间控制由同一个电控单元进行综合控制，因此在发动机起动、怠速、加减速、全负荷等工况下，不仅能够自动调节喷油量，而且还能自动控制点火提前角，实现喷油量与点火提前角最佳匹配控制，从而大大提高了发动机起动性能、加速性能、怠速稳定性、动力性、经济性以及排放性能。桑塔纳2000GSi、3000型轿车和捷达AT、GTX型轿车采用的博世M型燃油喷射系统与原始设计的M型喷射系统相比，在许多方面都做了较大改进，如采用了直接点火系统、热膜式空气流量传感器、节气门直接控制怠速进气量、软件控制冷起动(取消了冷起动喷射器)等。

3. 按喷油器喷油方式分类

按喷油器喷油方式不同，电子控制燃油喷射系统可分为以下两大类。

①连续喷射系统：连续喷射系统是指在发动机运转期间，喷油器连续不断地喷射燃油的控制系统，该系统主要用于机械控制式或机电结合式燃油喷射系统。此外，部分单点喷射系统也采用了连续喷射方式进行喷油。

②间歇喷射系统：间歇喷射系统是指在发动机运转期间，喷油器间歇喷射燃油的控制系统。目前，绝大多数电子控制燃油喷射系统都采用了间歇喷油方式来喷射燃油，如桑塔纳GLi、2000GLi、2000GSi、3000型，捷达AT、GTX，红旗CA7220E型轿车以及切诺基汽车等燃油喷射系统，其喷油量大小取决于喷油器阀门的开启时间(即喷油时间)。喷油时间越长，喷油量越大。

根据喷射燃油的时序不同，间歇喷射系统又可分为以下三种。

a. 同时喷射。同时喷射是指在发动机运转期间，由ECU的同一个指令控制所有喷油器同时开启或同时关闭。如丰田海艾斯小客车用2RZ-E

型发动机就采用了同时喷射系统。

b. 分组喷射。分组喷射是指将喷油器分组,由ECU分别发出喷油指令控制各组喷油器喷射燃油,同一组喷油器同时喷油。大部分中、低档轿车采用了分组喷射方式喷油,如夏利TJ7130E、丰田皇冠3.0、日产千里马等轿车。

c. 顺序喷射。顺序喷射是指在发动机运转期间,由ECU控制喷油器按进气行程的顺序轮流喷射燃油,顺序喷射又称为次序喷射。

目前,燃油喷射系统都采用了顺序喷射方式喷油,如桑塔纳GLi、2000GLi、2000GSi、3000型、捷达AT、GTX型轿车,切诺基汽车燃油喷射系统均为顺序喷射,当系统发生故障时,ECU将自动转换为同时喷射方式喷油。

第二节 汽油发动机电控系统传感器

一、空气流量传感器

1. 空气流量传感器的功用

空气流量传感器(AFS)的功用是检测发动机进气量的大小,并将进气量信息转换成电信号输入ECU,以供ECU计算确定喷油时间(即喷油量)和点火时间。

空气流量信号是发动机ECU计算喷油时间和点火时间的主要依据。

2. 空气流量传感器的类型

根据检测进气量的方式不同,空气流量传感器分为以下两种类型。

(1)D型流量传感器

D型流量传感器是利用压力传感器检测进气支管内绝对压力的传感器。测量进气量的方法属于间接测量方法。它可以安装在汽车上的任何部位,只需用导压管将节气门至进气支管之间的进气压力引入传感器即可。装备D型流量传感器的喷射系统称为D型燃油喷射系统,电控单元利用该绝对压力和发动机转速来计算吸入气缸的空气量,故又称为速度-密度型燃油喷射控制系统。D型燃油喷射系统的测量精度不高,但控制系统的成本较低。

(2)L型流量传感器

L型流量传感器是利用流量传感器直接测量吸入进气管空气流量的传感器。它安装在空气滤清器至节气门之间的进气通道上。因为采用直接测量方法,所以进气量的测量精度较高,控制效果优于D型燃油喷射系统。L型流量传感器又分为体积流量型和质量流量型两种类型。

在质量流量型传感器中,热膜式流量传感器的使用寿命长于热丝式流量传感器,桑塔纳2000GSi、3000型、帕萨特、红旗和捷达AT、GTX型轿车采用了热膜式空气流量传感器。

3. 热丝式与热膜式空气流量传感器的结构

热丝式与热膜式空气流量传感器都是直接检测发动机吸入空气的质量、流量的传感器。两种传感器的检测原理完全相同,热丝式空气流量传感器的检测元件是铂金属丝,热膜式空气流量传感器的检测元件是铂金属膜。其结构主要由发热元件(热丝或热膜)、温度补偿电阻(冷丝或冷膜)、信号取样电阻和控制电路等组成。

(1)热丝式空气流量传感器的结构

热丝式空气流量传感器的结构如图13-6所示,传感器壳体两端设置有与进气道相连接的圆形连接接头,空气入口和出口都设有防止传感器受到机械损伤的防护网。传感器入口与空气滤清器一端的进气管连接,出口与节气门体一端的进气管连接。

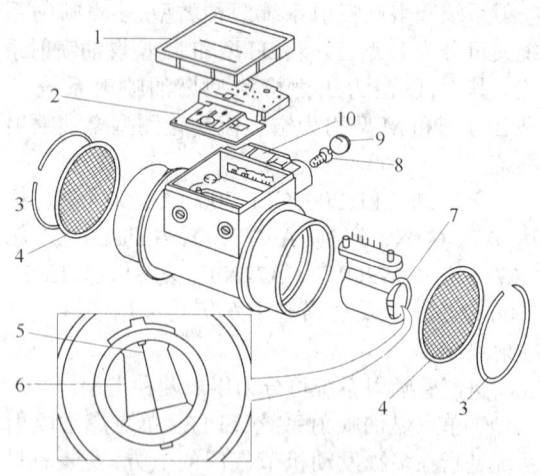

图13-6 热丝式空气流量传感器的结构
1.传感器密封盖 2.印刷控制电路板 3.卡环 4.防护网 5.温度补偿电阻丝(冷丝) 6.铂金属丝(热丝) 7.取样管 8.CO调节螺钉 9.防护塞 10.接线插座

传感器内部套装有一个取样管,取样管中设有一根直径很小(约70μm)的铂金属丝作为发热元件,因此称之为热丝,并制作成Π形张紧在取样管内。

在热丝附近的气流上游设有一只温度补偿电阻。该温度补偿电阻相当于一只进气温度传感器,其电阻值随进气温度的变化而变化。当进气温度降低(或升高)使发热元件的电阻值减小(或增大)时,温度补偿电阻的电阻值也会减小(或增大)。这样温度补偿电阻的温度起到一个参考基准的作用,控制电路提供的电流将使温度补偿电阻的温度始终低于发热元件的温度120℃,使进气温度的变化不至于影响发热元件(热丝)测量进气量的精度。

流量传感器采用铂金属丝制作温度补偿电阻,使用中容易折断而导致传感器报废,因此目前普遍采用在氧化铝陶瓷基片上印刷制作铂膜电阻的方法来制作温度补偿电阻。

(2)热膜式空气流量传感器的结构

热膜式空气流量传感器是热丝式传感器的改进产品,其发热元件采用平面形铂金属薄膜(厚约200nm)电阻器,故称为热膜电阻。捷达 AT、GTX和桑塔纳 2000GSi、3000 型轿车采用的热膜式空气流量传感器的结构如图 13-7 所示。

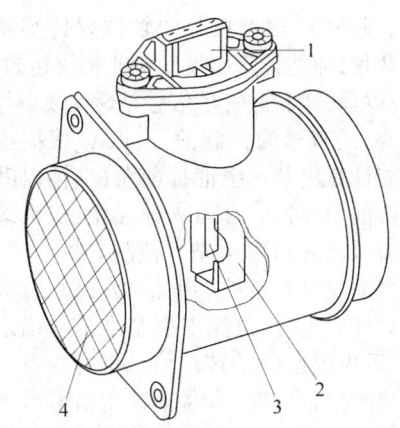

图 13-7 热膜式空气流量传感器(AFS)的结构
1. 接线插座　2. 护套　3. 铂金属膜　4. 防护网

在传感器内部的进气通道上设有一个矩形护套(相当于取样管),热膜电阻设在护套内。为了防止污物沉积到热膜电阻上影响测量精度,在护套的空气入口一侧设有空气过滤层,用以过滤空气中的污物。为了防止进气温度变化使测量精度受到影响,在热膜电阻附近的气流上游设有铂金属膜式温度补偿电阻。温度补偿电阻和热膜电阻与传感器内部控制电路连接,控制电路与线束连接器插座连接,线束插座设在传感器壳体中部。

二、曲轴与凸轮轴位置传感器

1. 曲轴与凸轮轴位置传感器的功用

曲轴位置传感器(CPS)的功用是采集发动机曲轴转速与转角信号并输入 ECU,以便计算确定并控制喷油提前角与点火提前角。

凸轮轴位置传感器(CIS)的功用是采集配气凸轮轴的位置信号并输入 ECU,以便确定活塞处于压缩(或排气)行程上止点的位置。

2. 曲轴与凸轮轴位置传感器的分类

发动机燃油喷射系统常用的曲轴与凸轮轴位置传感器分为光电式、磁感应式和霍尔式三种类型。

3. 磁感应式曲轴与凸轮轴位置传感器的工作原理

磁感应式传感器主要由信号转子、传感线圈、永久磁铁和磁轭组成,工作原理如图 13-8 所示。

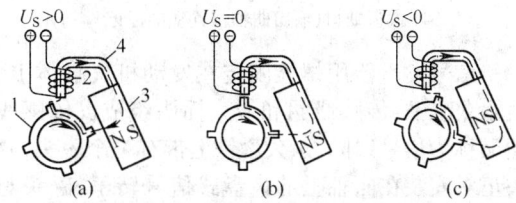

图 13-8 磁感应式传感器工作原理
(a)接近　(b)对正　(c)离开
1. 信号转子　2. 传感线圈　3. 永久磁铁　4. 磁轭

磁力线穿过的路径为:永久磁铁 N 极→定子与转子间的气隙→转子凸齿→信号转子→转子凸齿与定子磁头间的气隙→磁头→磁轭→永久磁铁 S 极。当信号转子旋转时,磁路中的气隙就会周期性地发生变化,磁路的磁阻和穿过信号线圈磁头的磁通量随之发生周期性的变化。根据电磁感应原理,传感线圈中就会感应产生交变电动势。

信号转子每转过一个凸齿,传感线圈中产生一个周期的交变电动势,即电动势出现一次最大值和一次最小值,传感线圈也就相应地输出一个交变电压信号。

当发动机转速变化时,转子凸齿转动的速度将发生变化,铁芯中的磁通变化率也将随之发生变化。转速越高,磁通变化率就越大,传感线圈中的感应电动势也就越高。

转子凸齿与磁头间的气隙直接影响磁路的磁阻和传感线圈输出电压的高低,因此在使用中,转子凸齿与磁头间的气隙不能随意变动。气隙如有变化，必须按规定进行调整，气隙大小一般为0.2～0.4mm。

4. 桑塔纳和捷达轿车磁感应式曲轴位置传感器的结构与工作原理

(1) 桑塔纳和捷达轿车磁感应式曲轴位置传感器的结构

桑塔纳2000GSi、3000和捷达AT、GTX型轿车的磁感应式曲轴位置传感器安装在曲轴箱内靠近离合器一侧的气缸体上，结构如图13-9所示，主要由信号发生器和信号转子组成。

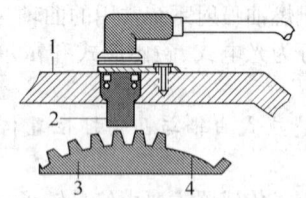

图13-9 捷达轿车CPS的结构
1. 气缸体 2. 传感器磁头 3. 信号转子
4. 大齿缺口(输出曲轴位置基准标记)

信号发生器用螺栓固定在发动机气缸体上，由永久磁铁、传感线圈和线束插头组成。传感线圈又称为信号线圈，永久磁铁上带有一个磁头，磁头正对安装在曲轴上的齿盘式信号转子，磁头与磁轭(导磁板)连接而构成导磁回路。

信号转子为齿盘式，在其圆周上间隔均匀地制作有58个凸齿、57个小齿缺和1个大齿缺口。大齿缺口输出基准信号，对应于发动机一缸或四缸压缩上止点前一定角度。大齿缺口所占的弧度相当于2个凸齿和3个小齿缺口所占的弧度。因为信号转子随曲轴一同旋转，曲轴旋转一圈(360°)，信号转子也旋转一圈(360°)，所以信号转子圆周上的凸齿和齿缺所占的曲轴转角也为360°。因此，每个凸齿和小齿缺口所占的曲轴转角均为3°(58×3°+57×3°=345°)，大齿缺口所占的曲轴转角为15°(2×3°+3×3°=15°)。

(2) 桑塔纳和捷达轿车曲轴转速与转角信号的测量原理

当曲轴位置传感器随曲轴旋转时，由磁感应式传感器工作原理可知，信号转子每转过一个凸齿，传感线圈中就会产生一个周期的交变电动势(即电动势出现一次最大值和一次最小值)，传感线圈相应地输出一个交变电压信号。因为捷达AT、GTX、桑塔纳2000GSi、3000型轿车用磁感应式曲轴位置传感器的信号转子上设置有一个产生

基准信号的大齿缺口，所以当大齿缺口转过磁头时，其输出信号所占时间较长，即输出信号为一宽脉冲信号，该信号对应于一缸或四缸压缩上止点前一定角度。传感器产生的信号电压将通过线束直接输入ECU。

当ECU接收到大齿缺口信号(即宽脉冲)时，只能知道是一缸或者是四缸活塞即将到达上止点TDC位置，至于即将到达上止点的是一缸活塞还是四缸活塞，还要根据凸轮轴位置传感器输入的气缸识别信号进行判定。

在捷达AT、GTX，桑塔纳2000GSi、3000型轿车用磁感应式曲轴位置传感器的信号转子上设置有58个凸齿，信号转子每转一转(即发动机曲轴每转一圈)，传感线圈就会输出58个交变电压信号。因此，ECU内部计数电路每接收到58个信号，即可判定发动机曲轴旋转了一圈。如果ECU在每分钟接收到曲轴位置传感器116000个信号，ECU便可计算出曲轴转速 n 为2000 (n=116000/58=2000)r/min；如果ECU每分钟接收到曲轴位置传感器290000个信号，ECU便可计算出曲轴转速 n 为5000 (n=290000/58=5000)r/min。同理，ECU根据接收曲轴位置传感器脉冲信号的数量，便能计算出发动机曲轴旋转的转速。

发动机转速和进气量信号是燃油喷射控制系统最重要、最基本的控制信号，ECU根据这两个信号就能计算出基本喷油提前角(喷油时间)、基本点火提前角(时间)和点火导通角(点火线圈一次侧电流接通时间)3个基本控制参数。

在燃油喷射系统控制喷油提前角、点火提前角和点火导通角时，首先根据基准信号确定曲轴位置，然后再根据曲轴转角信号进行控制。为了保证系统的控制精度，当曲轴转角信号所占曲轴角度不是1°信号时，还需要将曲轴转角信号转换为1°信号。在捷达AT、GTX，桑塔纳2000GSi、3000型轿车发动机控制系统中，当ECU接收到大齿缺口信号(宽脉冲)后，内部分频电路便开始对凸齿和小齿缺口信号进行分频处理，即将每个凸齿和小齿缺口信号进行3等分，从而得到1°信号，以便将喷油提前角、点火提前角和点火导通角的控制精度控制在1°范围内。

5. 丰田汽车磁感应式曲轴和凸轮轴位置传感器的结构与工作原理

丰田汽车计算机控制系统(TCCS)采用的磁感应式曲轴与凸轮轴位置传感器由分电器改进而

成,结构如图 13-10 所示,由上、下两部分组成。上部分为凸轮轴位置传感器(G 传感器),又称为基准信号或 G 信号发生器,其功用是产生气缸识别信号。下部分为曲轴位置传感器(Ne 传感器),又称为 Ne 信号发生器,其功用是产生曲轴转速与转角信号。

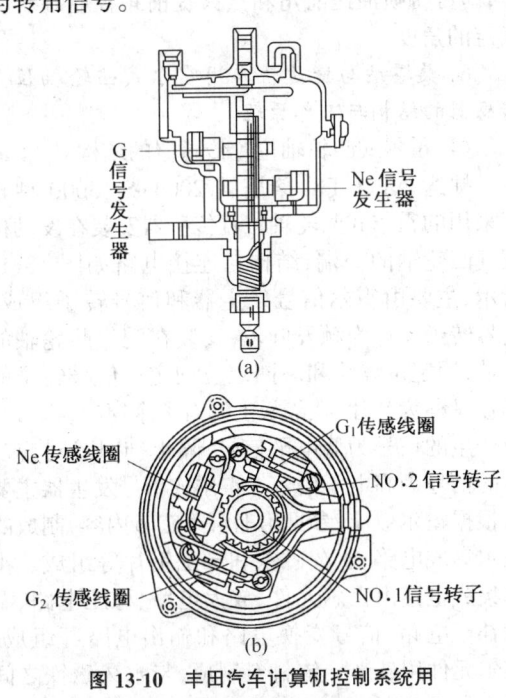

图 13-10 丰田汽车计算机控制系统用 CPS 与 CIS 的结构
(a)主视图 (b)俯视图

(1)曲轴位置传感器的结构与工作原理

①Ne 信号发生器的结构特点。Ne 信号发生器安装在传感器壳体下部,结构如图 13-11a 所示,主要由 NO.2 信号转子、Ne 传感线圈和磁头组成。信号转子固定在传感器轴上,传感器轴由配气凸轮轴驱动旋转,传感器轴的顶端套装有分火头。信号转子外缘设置有 24 个凸齿,传感线圈及磁头固定在传感器壳体内。

②曲轴转速与转角信号的测量原理。当发动机曲轴旋转时,配气凸轮轴便驱动传感器信号转子旋转,转子凸齿与磁头间的气隙交替发生变化,传感线圈的磁通随之交替发生变化,由磁感应式传感器工作原理可知,在传感线圈中就会感应产生交变电动势,信号电压的波形如图 13-11b 所示。因为信号转子有 24 个凸齿,所以转子旋转一圈,传感线圈就会产生 24 个交变信号。传感器轴每转一圈相当于发动机曲轴旋转两圈,所以一个交变信号(即一个信号周期)相当于曲轴旋转 30°

($720°\div24=30°$)、相当于信号转子旋转 15°($30°\div2=15°$)。ECU 每接收 Ne 信号发生器 24 个信号,即可知道曲轴旋转了两圈、信号转子旋转了一圈。ECU 内部程序根据每个 Ne 信号周期所占时间,即可计算确定发动机曲轴转速。为了将点火提前角和喷油提前角的控制精度控制在 1°,还需要 ECU 内部的分频电路将每个 Ne 信号(曲轴转角 30°)等分成 30 个脉冲信号,每个脉冲信号便相当于 1°($30°\div30=1°$)曲轴转角。

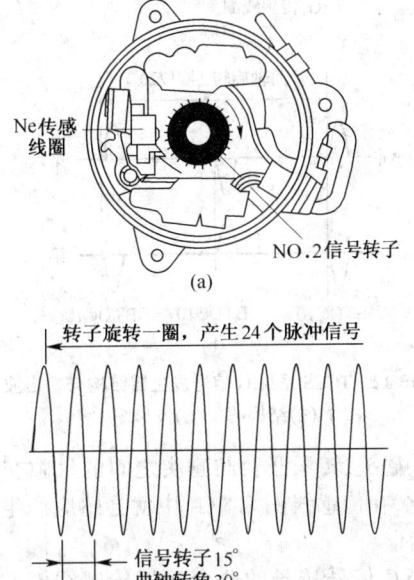

图 13-11 TCCS 系统 Ne 信号发生器结构与输出波形
(a)结构图 (b)波形图

(2)凸轮轴位置传感器(G 传感器)的结构与工作原理

①G 信号发生器的结构特点。G 信号发生器由 NO.1 信号转子、传感线圈 G_1、G_2 和磁头等组成,结构如图 13-12a 所示。信号转子固定在传感器轴上,其径向尺寸设计成两个半径不同、弧度各占 180°的圆弧,从而形成两个凸台和一个弧度为 180°的凸缘。传感线圈 G_1、G_2 相隔 180°安装,G_1 线圈产生的信号对应于发动机第六缸活塞压缩上止点前 10°(BTDC10°)、G_2 线圈产生的信号对应于第一缸活塞压缩上止点前 10°(BTDC10°)。

②气缸识别信号的工作原理。G 信号发生器的工作原理与 Ne 信号发生器产生信号的原理相同。当发动机凸轮轴驱动传感器轴旋转时,G 信号转子(NO.1 信号转子)的凸台便交替经过传感

当ECU接收到G_1信号发生器输入的正向脉冲下降沿时,便可判定第一缸活塞处于压缩行程BTDC10°,当接收到G_2信号发生器输入的正向脉冲下降沿时,便可判定第六缸活塞处于压缩行程BTDC10°,再根据Ne信号发生器信号和点火顺序,即可将喷油提前角和点火提前角控制在计算确定的角度。

6. 桑塔纳与捷达轿车用霍尔式凸轮轴位置传感器的结构与工作原理

(1)霍尔式凸轮轴位置传感器的结构

捷达AT、GTX,桑塔纳2000GSi、3000型轿车采用的霍尔式凸轮轴位置传感器安装在发动机配气凸轮轴的一端,结构与连接电路如图13-13所示,主要由霍尔信号发生器和信号转子组成。信号转子又称为触发叶轮,安装在配气凸轮轴的一端,用定位螺栓和座圈定位固定。信号转子的隔板又称为叶片,在隔板上制有一个窗口,窗口对应产生的信号为低电平信号,隔板(叶片)对应产生的信号为高电平信号。霍尔式信号发生器主要由根据霍尔效应(参见第七章第三节内容)制成的霍尔集成电路、永久磁铁和导磁钢片等组成。霍尔集成电路由霍尔元件、放大电路、稳压电路、温度补偿电路、信号变换电路和输出电路等组成。霍尔元件用硅半导体材料制成,与永久磁铁之间留有0.2~0.4mm的间隙。当信号转子随配气凸轮轴一同转动时,隔板和窗口便从霍尔集成电路与永久磁铁之间的气隙中转过。

(2)霍尔式凸轮轴位置传感器的工作原理

由霍尔式传感器工作原理可知,当隔板(叶片)进入气隙(即在气隙内)时,霍尔元件不产生电压,传感器输出高电平(5V)信号;当隔板(叶片)离开气隙(即窗口进入气隙)时,霍尔元件产生电压,传感器输出低电平信号(0.1V)。

发动机曲轴每转两圈(720°),霍尔传感器信号转子就转一圈(360°),对应产生一个低电平信号和一个高电平信号,其中低电平信号对应于一缸压缩上止点前一定角度。

发动机工作时,磁感应式曲轴位置传感器和霍尔式凸轮轴位置传感器产生的信号电压不断输入ECU。当ECU同时接收到曲轴位置传感器大齿缺口对应的低电平信号和凸轮轴位置传感器窗口对应的低电平信号时,便可判定第一缸活塞处于压缩行程、第四缸活塞处于排气行程,再根据曲轴位置传感器小齿缺口对应输出的信号即可控制

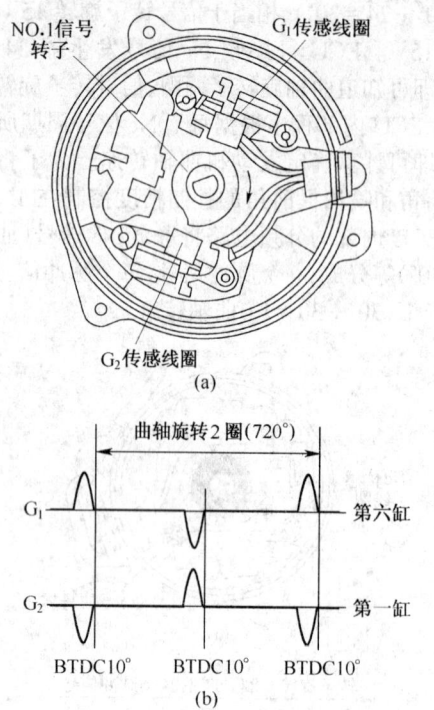

图13-12 TCCS系统G信号发生器结构与输出波形
(a)结构图 (b)波形图

线圈的磁头,转子凸台与磁头之间的气隙交替发生变化,在传感线圈G_1、G_2中就会感应产生交变电动势。

当G信号转子的凸台接近传感线圈G_1(或G_2)的磁头时,凸台与磁头之间的气隙减小、磁阻减小、磁通量增大、磁通变化率为正,在传感线圈G_1(或G_2)中将产生正向脉冲信号,称为G_1(或G_2)信号。当G信号转子的凸缘转过G_1(或G_2)的磁头时,由于凸缘与磁头之间的气隙大小保持不变,因此磁通量不变、磁通变化率为零,线圈G_1(或G_2)中的感应电动势均为零。当G信号转子的凸台离开G_1(或G_2)的磁头时,由于凸台与磁头之间的气隙增大、磁阻增大、磁通量减小、磁通变化率为负,因此在线圈G_1、G_2中将感应产生负向脉冲信号。

信号转子每转一圈(相当于曲轴旋转两圈),在传感线圈G_1和G_2中都将产生一个交变电压信号,信号波形及相位见图13-12b所示。由图可见,G_1信号的正向脉冲下降到零时,对应于第六缸活塞压缩上止点前10°(BTDC10°)位置,G_2信号的正向脉冲下降到零时,对应于第一缸活塞压缩上止点前10°(BTDC10°)位置。

第二节 汽油发动机电控系统传感器

雅阁轿车以及切诺基汽车等燃油喷射系统都采用了压阻效应式支管压力传感器。

3. 压阻效应式支管压力传感器的结构与工作原理

单晶硅材料受到应力作用后,其电阻率发生明显变化的现象,称为压阻效应。利用硅的压阻效应和微电子技术制成的压阻效应式传感器,由于灵敏度高、动态响应好、精度高等特点,得到广泛应用。

(1) 支管压力传感器的功用

支管压力传感器的全称是进气支管绝对压力传感器(MAP)。MAP 是一种间接测量发动机进气量的传感器,其功用是通过检测节气门至进气支管之间的进气压力来检测发动机的负荷状况,并将压力信号转变为电信号输入发动机 ECU,以供 ECU 计算确定喷油时间(即喷油量)和点火时间。

(2) 支管压力传感器的结构

各型支管压力传感器的结构大同小异,主要由硅膜片、真空室、混合集成电路、真空管接头和线束插头等组成,如图 13-14 所示。

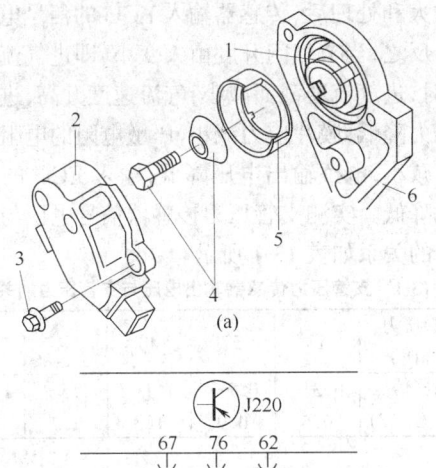
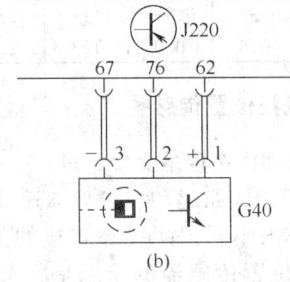

图 13-13 桑塔纳、捷达轿车霍尔式凸轮轴位置传感器
(a)结构图 (b)连接线路
1. 凸轮轴套 2. 凸轮轴位置传感器 3. 固定螺栓
4. 定位螺栓与座圈 5. 信号转子 6. 缸体

点火提前角和喷油提前角。

三、压力传感器

在汽车运行中,发动机的进气压力、大气压力、燃油压力、润滑油压力、制动油液压力、变速传动油液压力等都需要进行监测,从而才能保证汽车正常行驶。

1. 压力传感器的功用

将气体或液体的压力转换为电信号。大多数压力传感器检测压力的方法都是测定压差,检测原理都是将压力的变化转换为电阻值的变化。

2. 压力传感器的分类

目前,汽车常用压力传感器按结构不同,可分为半导体压阻效应式和电阻应变计式两种,前者是利用硅半导体的压阻效应和微电子技术制成的传感器,后者是利用弹性敏感元件和电阻应变片制成的传感器。

在汽车电控系统中,检测压力较低的进气支管压力和大气压力时,一般采用半导体压阻效应式传感器;检测压力较高的制动油液或变速传动油液时,一般采用电阻应变计式传感器。桑塔纳GLi、桑塔纳 2000GLi、夏利 2000、丰田佳美、本田

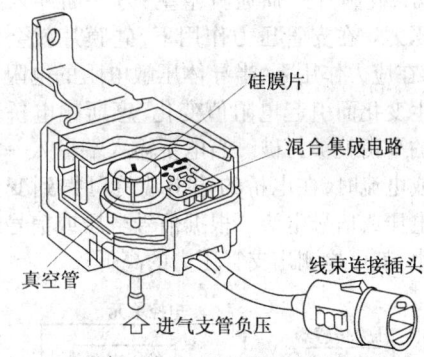

图 13-14 支管压力传感器 MAP 结构

桑塔纳 GLi、2000GLi 型轿车将传感器安装在进气稳压箱上,进气口直接伸入稳压箱内,因此传感器上没有连接软管。

压阻效应式支管压力传感器的内部结构如图 13-15 所示,主要由硅膜片 5、真空室 4、硅杯 3、半导体压敏电阻 7、底座 10、真空管 11 和电极引线 9 等组成。

在薄的单晶硅膜片表面上,制作 4 只梳状电阻值相等的半导体压敏电阻,通常称为固态压阻器件或固态电阻,如图 13-15b 所示,并将 4 只电阻连接成惠斯顿电桥电路,然后再与传感器内部的信号放大电路和温度补偿电路等混合集成电路

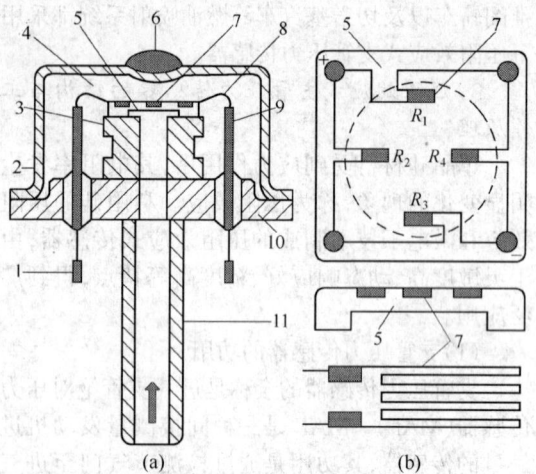

图 13-15 支管压力传感器内部结构
(a)剖面图 (b)硅膜片结构
1.引线端子 2.壳体 3.硅杯 4.真空室 5.硅膜片 6.锡焊封口 7.压敏电阻 8.金线电极 9.电极引线 10.底座 11.真空管

连接。

(3)压力传感器的工作原理

压阻效应式压力传感器的工作原理如图 13-16 所示,硅膜片一面通真空室,另一面导入进气支管压力。在支管压力作用下,硅膜片就会产生应力,在应力作用下,半导体压敏电阻的电阻率就会发生变化而引起电阻值变化,惠斯顿电桥上电阻值的平衡就被打破。当电桥输入端输入一定的电压或电流时,在电桥的输出端就可得到变化的信号电压或信号电流。根据信号电压或信号电流的大小,就可检测出支管压力的高低。

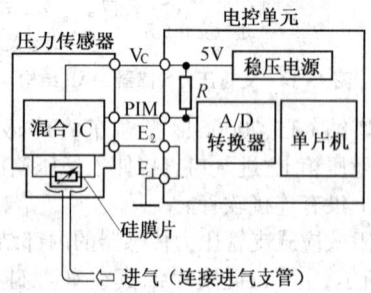

图 13-16 支管压力传感器电路原理

当发动机工作时,进气支管压力随进气流量的变化而变化。当节气门开度增大(即进气流量增大)时,空气流通截面增大,气流速度降低,进气支管压力升高,膜片应力增大,压敏电阻的电阻值变化量增大,电桥输出的电压升高,经混合集成电路放大和处理后,传感器输入 ECU 的信号电压升高。反之,当节气门开度由大变小(即进气流量减小)时,进气流通截面减小,气流速度升高,进气支管压力降低,膜片应力减小,压敏电阻的电阻值变化量减小,电桥输出电压降低,输入 ECU 的信号电压降低。实测支管压力传感器信号电压与支管压力的关系如表 13-1 所示。

表 13-1 支管压力传感器输出电压与支管压力的关系

支管压力 $p(kPa)$	13	27	40	54	67
传感器信号电压 $U_o(V)$	0.3~0.5	0.7~0.9	1.1~1.3	1.5~1.7	1.9~2.1

四、节气门位置传感器

1. 节气门位置传感器的功用

发动机工况(如起动、怠速、加速、减速、小负荷和大负荷等)不同,对混合气浓度的要求也不相同。节气门位置传感器的功用是将节气门开度(即发动机负荷)大小转变为电信号输入发动机 ECU,以便确定空燃比的大小。在装备电子控制自动变速器的汽车上,节气门位置传感器信号还要输入变速器电控单元,作为确定变速器换档时机和变矩器锁止时机的主要信号。

2. 节气门位置传感器的分类

各型汽车的节气门位置传感器(TPS)都安装在节气门体上节气门轴的一端。

按结构不同,节气门位置传感器分为触点式、可变电阻式、触点与可变电阻组合式三种类型。

按输出信号的类型不同,节气门位置传感器可分为线性(量)输出型和开关(量)输出型两种。

3. 触点式节气门位置传感器的结构与工作原理

(1)触点式 TPS 的结构

触点式 TPS 的结构如图 13-17 所示,主要由节气门轴、大负荷触点(又称为功率触点)、凸轮、怠速触点和接线插座组成。凸轮随节气门轴转动,节气门轴随节气门开度(发动机负荷)大小的变化而变化。

(2)触点式 TPS 的输出特性

触点式节气门位置传感器的输出特性如图 13-17c 所示。当节气门关闭时,怠速触点闭合、功率触点断开,怠速触点输出端子输出的信号为低电平"0",功率触点输出的信号为高电平"1"。ECU 接收到 TPS 输入的这两个信号时,如果车速

ECU 接收到这两个信号时,将判定发动机处于大负荷状态运行,并控制喷油器增加喷油量,保证发动机输出足够的功率,故大负荷触点称为功率触点。在此状态下,控制系统将进入开环控制模式,ECU 不采用氧传感器信号。如果此时空调器系统仍在工作,那么 ECU 将中断空调主继电器信号约 15s,以便切断空调电磁离合器线圈电流,使空调压缩机停止工作,增大发动机的输出功率,提高汽车的动力性。

4. 组合式节气门位置传感器的结构与工作原理

(1)组合式 TPS 的结构

丰田轿车用组合式节气门位置传感器的基本结构与电路原理如图 13-18 所示,主要由可变电阻滑动触点、节气门轴、怠速触点和壳体组成。可变电阻为镀膜电阻,制作在传感器底板上,可变电阻的滑臂随节气门轴一同转动,滑臂与输出端子 VTA 连接。

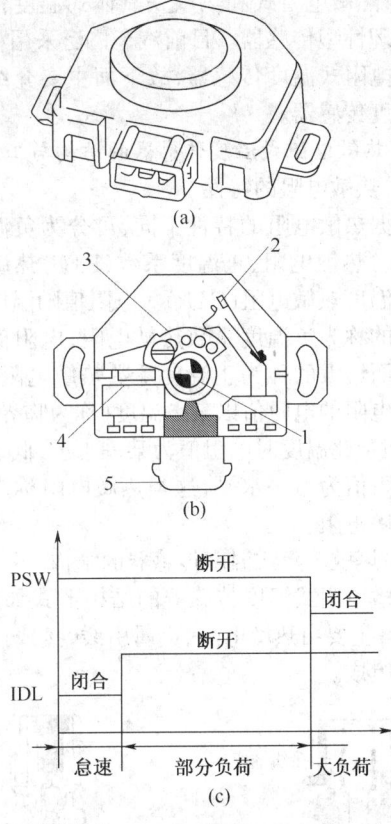

图 13-17 触点式 TPS 的结构
(a)外形图 (b)内部结构 (c)输出特性
1.节气门轴 2.功率触点(PSW)
3.凸轮 4.怠速触点(IDL) 5.接线插座

传感器输入 ECU 的信号表示车速为零,那么 ECU 将判定发动机处于怠速状态,并控制喷油器增加喷油量,保证发动机怠速转速稳定而不致熄火。如果车速传感器输入 ECU 的信号表示车速不为零,那么 ECU 将判定发动机处于减速状态运行,并控制喷油器停止喷油,以降低排放和提高经济性。

当节气门开度增大时,凸轮随节气门轴转动并将 IDL 顶开,如果 PSW 保持断开状态,那么 IDL 端子和 PSW 端子都将输出高电平"1"。ECU 接收到这两个高电平信号时,将判定发动机处于部分负荷状态,此时 ECU 将根据空气流量传感器信号和曲轴转速信号计算确定喷油量,保证发动机的经济性和排放性能。

当节气门接近全部开启(80%以上负荷)时,凸轮转动使 PSW 闭合,PSW 端子输出低电平"0",IDL 端子保持断开而输出为高电平"1"。

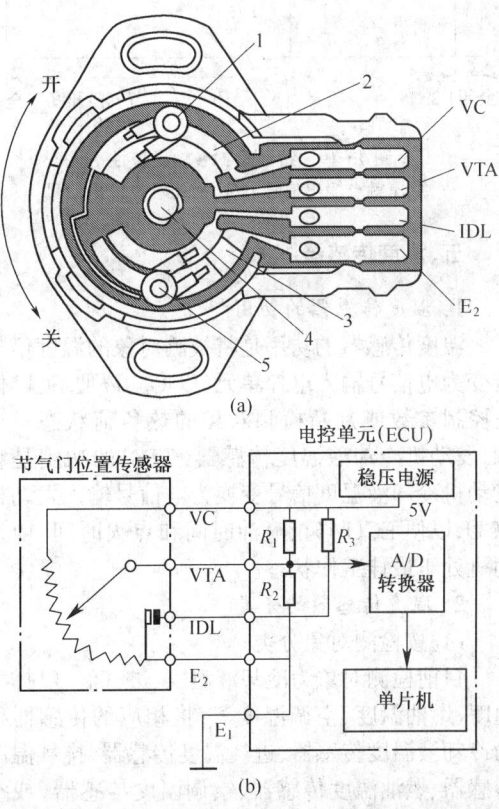

图 13-18 组合式节气门位置传感器的结构原理
(a)内部结构 (b)电路原理
1.可变电阻滑动触点 2.电源电压(5V)
3.绝缘部件 4.节气门轴 5.怠速触点

(2) 组合式 TPS 的输出特性

组合式 TPS 的输出特性如图 13-19 所示。当节气门关闭或开度小于 1.2°时，急速触点闭合，其输出端 IDL 输出低电平(0V)，如图 13-19a 所示；当节气门开度大于 1.2°时，急速触点断开，输出端 IDL 输出高电平(5V)。当节气门开度变化时，可变电阻的滑臂便随节气门轴转动，滑臂上的触点便在镀膜电阻上滑动，传感器的输出端子 VTA 与 E_2 之间的信号电压随之发生变化，如图 13-19b 所示，节气门开度越大，输出电压越高。传感器输出的线性信号经过 A/D 转换器转换成数字信号后再输入 ECU。

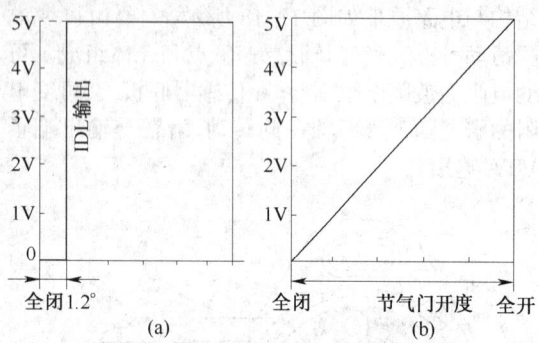

图 13-19　组合式 TPS 输出特性
(a)急速触点输出信号　(b)滑动触点输出信号

五、温度传感器

1. 温度传感器的功用

温度传感器的功用是将被测对象的温度信号转变为电信号输入电控单元(ECU)，以便 ECU 修正控制参数或判断检测对象的热负荷状态。例如，发动机冷却液温度传感器(CTS)的功用是将发动机冷却液温度信号变换为电信号输入发动机 ECU，以便 ECU 修正喷油时间和点火时间，使发动机处于最佳工作状态。

2. 温度传感器的分类

(1) 按检测对象分类

目前检测对象为冷却液温度、进气温度、排气温度、燃油温度、空调温度等，将相应的传感器称为冷却液温度传感器、进气温度传感器、排气温度传感器、燃油温度传感器、空调温度传感器(或空调温控开关)等。

(2) 按结构与物理性能分类

温度传感器按结构与物理性能不同，可分为热敏电阻式、热敏铁氧体式、双金属片式、石蜡式等。双金属片式和石蜡式温度传感器属于结构型传感器，热敏电阻式和热敏铁氧体式温度传感器属于物理性型传感器。目前汽车广泛采用物理性型热敏电阻式温度传感器，故下面主要介绍物理性型温度传感器。

3. 热敏电阻式温度传感器的结构与工作原理

(1) 热敏电阻的特性

根据热敏电阻的特性不同，可分为负温度系数(NTC)热敏电阻、正温度系数(PTC)热敏电阻和临界温度热敏电阻(CTR)。电阻值随温度升高而减小的称为负温度系数热敏电阻；电阻值随温度升高而增大的称为正温度系数热敏电阻；有一类热敏电阻的电阻值以某一温度(称为临界温度)为界，高于此温度时电阻值为某一水平，低于此温度时电阻值为另一水平，这类热敏电阻称为临界温度热敏电阻。

(2) 热敏电阻式温度传感器的结构

热敏电阻式温度传感器的结构形式如图 13-20 所示，主要由热敏电阻、金属引线、接线插座和壳体等组成。

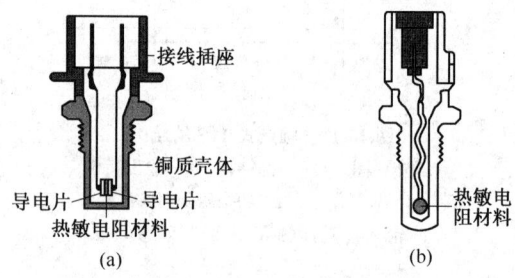

图 13-20　热敏电阻式温度传感器的结构
(a)两端子式　(b)单端子式

热敏电阻是温度传感器的主要部件，其外形制作成珍珠形、圆盘形(药片形)、垫圈形、梳状芯片形、厚膜形等，放置在传感器的金属管壳内。在热敏电阻的两个端面各引出一个电极并连接到传感器插座上。

传感器壳体上制作有螺纹，以便安装与拆卸。接线插座分为单端子式和两端子式两种。如传感器插座上只有一个接线端子，则壳体为传感器的一个电极。目前电控系统使用的温度传感器插座大多数都有两个接线端子，分别与 ECU 插座上的相应端子连接，以便可靠传递信号。汽车仪表一般采用单端子式温度传感器。

(3) 车用温度传感器特性与测量电路

目前，汽车电子控制系统普遍采用了负温度系数热敏电阻式温度传感器。

①温度传感器的特性。对于结构一定的负温度系数热敏电阻式温度传感器,其电阻值与温度的关系曲线如图13-21所示。可见,负温度系数热敏电阻具有温度升高电阻值减小,温度降低电阻值增大的特性,而且呈明显的非线性关系。

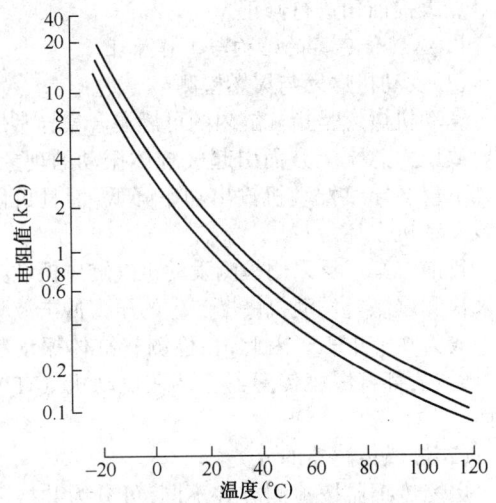

图13-21　NTC型温度传感器特性

②温度传感器的工作电路。如图13-22所示,传感器的两个电极用导线与ECU插座连接。ECU内部串联一只分压电阻,ECU向热敏电阻和分压电阻组成的分压电路提供一个稳定的电压(一般为5V),传感器输入ECU的信号电压等于热敏电阻上的分压值。

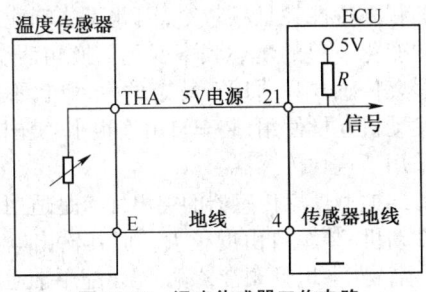

图13-22　温度传感器工作电路

当被测对象的温度升高时,传感器电阻值减小,热敏电阻上的分压值降低;反之,当被测对象的温度降低时,传感器电阻值增大,热敏电阻上的分压值升高。ECU根据接收到的信号电压值,便可计算求得对应的温度值,从而进行实时控制。

六、氧传感器

1. 氧传感器的功用与分类

氧传感器又称为氧量传感器,是排气氧传感器(EGO)的简称,其功用是通过监测排气中氧离子的含量来获得混合气的空燃比信号,并将空燃比信号转变为电信号输入发动机ECU。ECU根据氧传感器信号对喷油时间进行修正,实现空燃比反馈控制(闭环控制),从而将过量空气系数 α 控制在 0.98~1.02 之间(空燃比 A/F 约为 14.7),使发动机得到最佳浓度的混合气,从而达到降低有害气体的排放量和节约燃油之目的。

目前,汽车发动机燃油喷射系统采用的氧传感器分为氧化锆(ZrO_2)式和氧化钛(TiO_2)式两种类型,氧化锆式氧传感器又分为加热型与非加热型氧传感器两种,氧化钛式一般都为加热型传感器。由于氧化钛式氧传感器价格比氧化锆式便宜,且不易受到硅离子的腐蚀,因此为越来越多的汽车采用。所以本书只介绍氧化钛式氧传感器。

2. 氧化钛式氧传感器的结构与测量原理

(1)氧化钛式氧传感器的结构

氧化钛式氧传感器的外形与结构如图13-23所示,主要由二氧化钛传感元件、钢质壳体、加热元件和电极引线等组成。

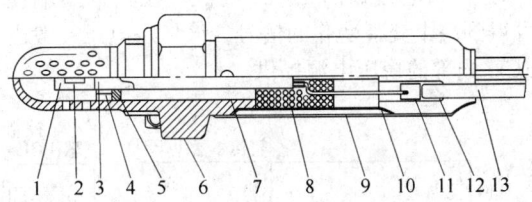

图13-23　氧化钛式氧传感器结构

1.加热元件　2.二氧化钛元件　3.基片　4.垫圈　5.密封圈　6.壳体　7.滑石粉填料　8.密封釉　9.护套　10.电极引线　11.连接焊点　12.密封衬垫　13.传感器引线

钢质壳体上制有螺纹,以便于传感器安装。与氧化锆式氧传感器不同的是,氧化钛式氧传感器不需要与大气压进行比较,因此传感元件的密封与防水十分方便,利用玻璃或滑石粉等密封即可达到使用要求。此外,在电极引线与护套之间设置一个硅橡胶密封衬垫,可以防止水浸入传感器内部而腐蚀电极。

氧化钛传感元件目前使用较多的有芯片式和厚膜式两种。

加热元件用钨丝或陶瓷材料制成,加热的目的是使传感元件二氧化钛温度保持恒定,从而使传感器的输出特性不受温度影响。二氧化钛是一种多孔性的陶瓷材料,达到激活温度(规定温度为

600℃)需要的时间很短,这对降低发动机刚刚起动后 HC 的排放量十分有利。

(2)氧化钛式氧传感器的测量原理

由于二氧化钛半导体材料的电阻具有随氧离子浓度的变化而变化的特性,因此氧化钛式氧传感器的信号源相当于一个可变电阻,其电阻值与过量空气系数 α 的关系如图 13-24a 所示。

当发动机的可燃混合气浓(过量空气系数 α 小于1)时,由于燃烧不完全,排气中会剩余少量氧气,传感元件周围的氧离子很少,二氧化钛呈现高阻状态。与此同时,在催化剂铂的催化作用下,使剩余氧离子与排气中的 CO 产生化学反应,生成 CO_2,将排气中的氧离子进一步消耗掉,从而大大提高了传感器的灵敏度。

当发动机混合气稀(过量空气系数 α 大于1)时,排气中氧离子含量较多,传感元件周围的氧离子浓度较大,二氧化钛呈现低阻状态。

由上可见,氧化钛式氧传感器的电阻将在混合气的过量空气系数 α 约为1(空燃比 A/F 约为14.7)时产生突变。当给氧传感器施加稳定的电压时,测量电路如图 13-24b 所示,在其输出端便可得到一个交替变化的信号。该稳定电压一般由 ECU 内部的稳压电源提供。

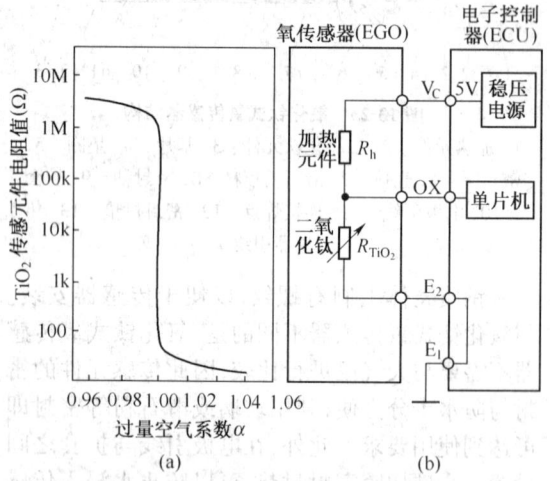

图 13-24 氧化钛式 EGO 的特性与电路
(a)工作特性 (b)氧化钛式 EGO 工作电路

(3)氧化钛式氧传感器的工作条件

氧化钛式氧传感器满足以下三条件,才能正常调节混合气浓度:一是发动机温度高于80℃;二是氧传感器自身温度高于600℃;三是发动机工作在急速工况和部分负荷工况。

七、爆燃传感器

爆燃传感器是点火提前角闭环控制(防爆燃控制)系统必不可少的传感器。ECU 根据爆燃传感器输出的信号来判断发动机是否发生爆燃,从而对点火提前角进行修正。

1. 爆燃传感器的结构与工作原理

(1)发动机爆燃与爆燃检测

发动机爆燃是指气缸内的可燃混合气异常燃烧导致压力急剧上升而引起气缸体振动的现象。爆燃不仅会导致发动机输出功率降低,而且可能导致发动机损坏。

目前汽车广泛采用检测发动机气缸体振动频率来检测爆燃。发动机爆燃产生的压力冲击波频率一般为 6~9kHz。因此,在检测气缸体振动频率时,一般都将爆燃传感器安装在发动机气缸体侧面。

(2)爆燃传感器的分类

爆燃传感器按检测方式不同,可分为共振型与非共振型两种;按结构不同,可分为压电式和磁致伸缩式两种。

共振型爆燃传感器的显著特点是传感器的共振频率与发动机爆燃的固有频率相匹配,因此其内部设有共振体,并且要使共振体的共振频率与爆燃频率协调一致。其优点是输出电压高,不需要滤波器,因此信号处理比较方便。由于机械共振体的频率特性尖且频带窄,因此无法响应发动机结构变化引起的爆燃频率变化。换句话说,共振型爆燃传感器只适用于特定的发动机,不能与其他发动机互换使用,装车自由度很小,美国通用汽车采用了这种传感器。

非共振型爆燃传感器的突出优点是适用于所有的发动机,装车自由度很大。但其输出电压较低,频率特性平坦且频带较宽,需要配用带通滤波器(只允许特定频带的信号通过,对其他频率的信号进行衰减的滤波器,称为带通滤波器。带通滤波器一般由线圈和电容器组合而成),信号处理比较复杂。中国、欧洲和日本汽车大都采用非共振型爆燃传感器。

2. 压电式爆燃传感器

(1)压电式爆燃传感器的结构

图 13-25 所示为桑塔纳 GLi、2000GLi、2000GSi、3000 型、捷达 AT、GTX 型轿车采用的压电式爆燃传感器的结构,主要由套筒底座、压电

元件、惯性配重、塑料壳体和接线插座等组成。

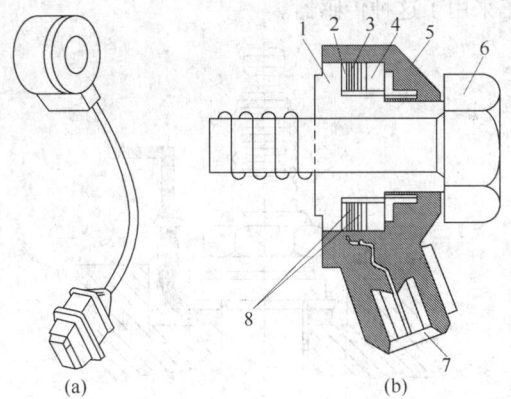

图 13-25 压电式爆燃传感器的结构
(a)传感器外形 (b)内部结构
1. 套筒底座 2. 绝缘垫圈 3. 压电元件 4. 惯性配重
5. 塑料壳体 6. 固定螺栓 7. 接线插座 8. 电极

桑塔纳 GLi、2000GLi 型轿车采用了一只爆燃传感器,安装在气缸体右侧(车前视)二、三缸之间;桑塔纳 2000GSi、3000 型,捷达 AT、GTX 型轿车采用了两只爆燃传感器,分别安装在发动机进气道一侧气缸体上一、二缸之间和三、四缸之间,一只检测一、二缸爆燃信号,另一只检测三、四缸爆燃信号。

压电元件是爆燃传感器的主要部件,制作成垫圈形状,在其两个侧面上安放有金属垫圈作为电极,并用导线引到接线插座上。惯性配重与压电元件以及压电元件与传感器套筒之间安放有绝缘垫圈,套筒中心制作有螺孔,传感器用螺栓固定在发动机气缸体上,调整螺栓的拧紧力矩便可调整传感器输出的信号电压。传感器的输出特性出厂时已经调好,使用中不得随意调整,捷达 AT、GTX 型,桑塔纳 2000GSi、3000 型轿车的标准力矩为(25±5)N·m。

惯性配重用来传递发动机振动产生的惯性力,惯性配重与塑料壳体之间安装有盘形弹簧,借弹簧张力将惯性配重、压电元件和垫圈等部件压紧在一起。传感器插座上有三根引线,其中两根为信号线,一根为屏蔽线。

(2)压电式爆燃传感器的工作原理

某些物质的晶体(如石英、酒石酸盐、食盐、糖)薄片受到压力或机械振动之后产生电荷的现象,称为压电效应。当晶体受到外力作用时,在晶体的某两个表面上就会产生电荷(输出电压);当外力去掉时,晶体又恢复到不带电状态;晶体受力产生的电荷量与外力大小成正比。

当发动机气缸体产生振动时,传感器套筒底座及惯性配重随之产生振动,套筒底座和配重的振动作用在压电元件上,由压电效应可知,压电元件的信号输出端就会输出与振动频率和振动强度有关的交变电压信号,如图 13-26 所示。因为试验证明发动机爆燃频率在 6～9kHz 之间时振动强度较大,所以信号电压较高。发动机转速越高,信号电压幅值越大。因为发动机爆燃是在活塞运行到压缩上止点前后产生,此时气缸体振动强度最大,所以爆燃传感器在活塞运行到压缩上止点前后产生的输出电压较高,爆燃传感器输出信号与曲轴转角的对应关系如图 13-27 所示。

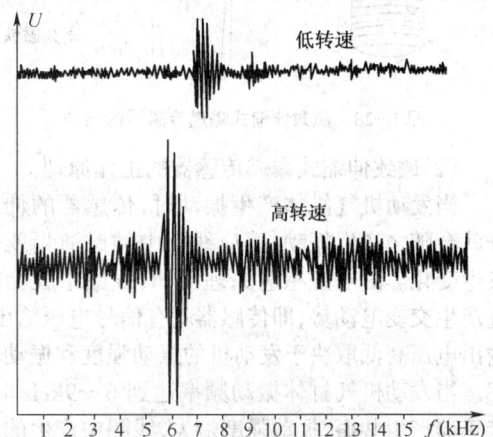

图 13-26 不同转速时压电式非共振型
爆燃传感器的输出波形

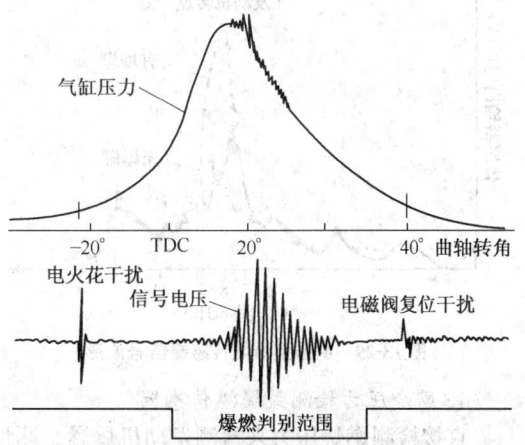

图 13-27 爆燃传感器输出信号与
曲轴转角的对应关系

3. 磁致伸缩式爆燃传感器

(1)磁致伸缩式爆燃传感器的结构

磁致伸缩式爆燃传感器为共振型爆燃传感器,结构如图13-28所示,主要由感应线圈、伸缩杆、永久磁铁和壳体组成。伸缩杆用高镍合金制成,在其一端设置有永久磁铁,另一端安放在弹性元件上。传感线圈绕制在伸缩杆的周围,线圈两端引出电极与控制线路连接。

式爆燃传感器或压力检测式爆燃传感器,奥迪轿车采用了这种传感器。

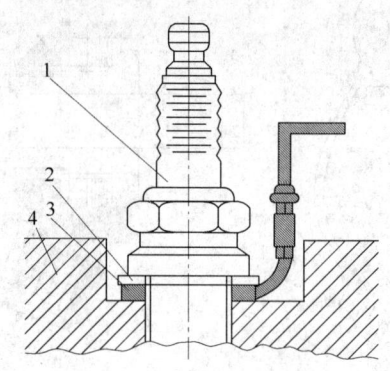

图13-30 垫圈式压力传感器结构
1. 火花塞 2. 垫圈 3. 爆燃传感器 4. 气缸盖

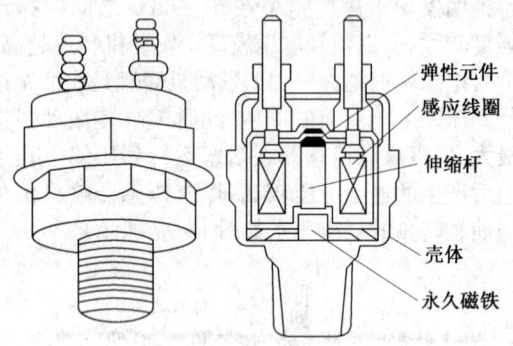

图13-28 磁致伸缩式爆燃传感器的结构

(2)磁致伸缩式爆燃传感器的工作原理

当发动机气缸体产生振动时,传感器的伸缩杆就会随之产生振动,感应线圈中的磁通量就会发生变化。由电磁感应原理可知,线圈中就会感应产生交变电动势,即传感器就有信号电压输出,输出电压高低取决于发动机的振动强度和振动频率。当发动机气缸体振动频率达到6~9kHz时,传感器产生共振,振动强度最大,线圈中产生的电压最高,如图13-29所示。

垫圈式爆燃传感器是一种非共振型压电效应式传感器,结构原理与前述压电式爆燃传感器相同。传感器安装在火花塞垫圈与发动机气缸盖之间,燃烧压力作用到火花塞上,经过火花塞垫圈再传递给传感器。作用力变化时,传感器信号电压随之变化,从而即可间接地测量燃烧压力。

垫圈式爆燃传感器的额定工作温度为180℃,允许短时高温为200℃;拧紧力矩为(25 ± 5)N·m,最大拧紧力矩为40N·m;输出电荷为100pC/N;静电电容量为1000pF。

第三节 汽油发动机电控系统执行器

汽油发动机电控燃油喷射系统常用执行器有电动燃油泵、电磁喷油器、油压调节器和怠速控制阀或控制电动机等。

一、电动汽油泵及其控制电路

1. 电动汽油泵的功用

电控燃油喷射系统均采用电动汽油泵,其功用是向喷油器提供油压高于进气支管压力250~300kPa的燃油。因为汽油是从油箱内泵出,经压缩或能量转换将油压提高后,再经输油管送到喷油器,所以油泵的最高输出油压需要450~600kPa,其供油量比发动机最大耗油量大得多,多余的燃油将从回油管返回油箱。

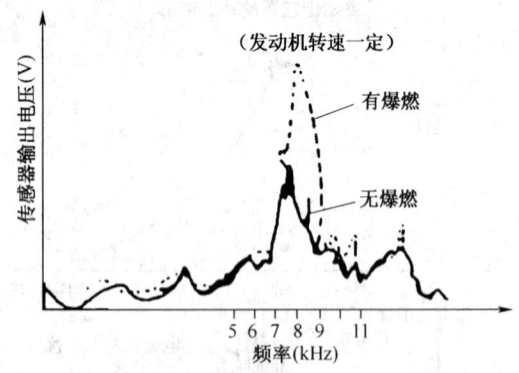

图13-29 共振型爆燃传感器信号波形

4. 燃烧压力检测式爆燃传感器

直接检测燃烧压力来检测发动机爆燃是测量精度最高的测量方法,但传感器安装困难且耐久性较差。汽车实用的是一种间接检测燃烧压力的方法,检测燃烧压力的传感器安装在火花塞垫圈下面,如图13-30所示。这种传感器又称为垫圈

2. 电动汽油泵的分类

按汽油泵结构不同,电动汽油泵可分为滚柱

式、叶片式、齿轮式、涡轮式和侧槽式五种。目前常用的有滚柱式、叶片式和齿轮式三种油泵。

按汽油泵安装方式不同,电动汽油泵可分为外装式和内装式两种。外装式安装在汽油箱外的输油管路中,内装式安装在汽油箱内,如图13-31所示。目前,大多数汽车都采用内装式汽油泵。因为,内装式汽油泵不易产生气阻和泄漏,有利于汽油泵电动机的冷却,且噪声较小。

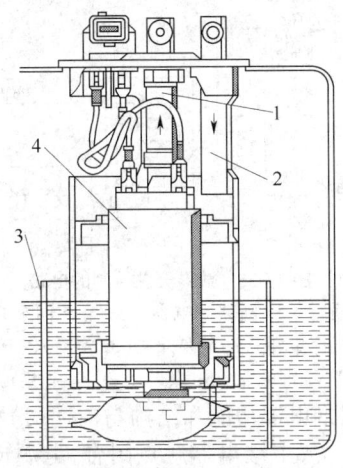

图13-31 内装式电动汽油泵在油箱内的安装

1.出油管 2.回油管 3.小油罐 4.电动汽油泵

3. 电动汽油泵的结构

如图13-32所示,电动汽油泵的结构主要由永磁式直流电动机、油泵、限压阀、单向阀和泵壳等组成。电动机由永久磁铁、电枢、换向器和电刷等组成。油泵由泵转子和泵体组成。泵转子固定在电动机轴上,随电动机转动而转动。

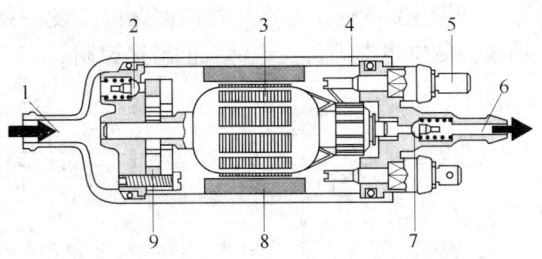

图13-32 电动汽油泵的结构

1.进油口 2.限压阀 3.电枢 4.泵壳 5.接线端子
6.出油口 7.单向阀 8.永久磁铁 9.泵体

当点火开关接通时,直流电动机电路接通,电枢受电磁力的作用而开始转动,泵转子便随电动机一同转动,将燃油从油箱经输油管和进油口泵入汽油泵。当油泵内油压超过单向阀弹簧压力时,汽油便从出油口经输油管泵入燃油分配管,再分配给各个喷油器。

当油泵停止工作时,在油泵出口单向阀弹簧压力作用下,单向阀将阻止燃油回流,使供油系统中保存的燃油具有一定压力,以便于发动机再次起动。

当油泵中的燃油压力超过规定值(一般为320kPa)时,油压克服泵体上限压阀弹簧的压力将限压阀顶开,部分汽油返回到进油口一侧,使油压不致过高而损坏油泵。

点火开关一旦接通,电动汽油泵就会工作1~2s。此时,如果发动机转速高于30r/min,电动汽油泵才连续运转;如果发动机处于停机状态或转速低于30r/min时,即使点火开关接通,电动汽油泵也会停止运转。

4. 叶片式电动汽油泵的结构

目前,电控发动机汽油喷射系统多采用平板叶片式电动汽油泵,简称叶片泵,其结构如图13-33所示,主要由平板叶片转子与泵体组成。叶片泵的转子是一块圆形平板,在平板的圆周上制有小槽,叶片上的小槽与泵体之间的空间便形成泵油腔室。

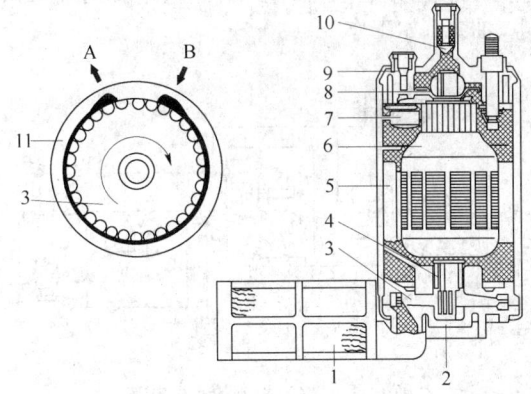

图13-33 叶片泵的结构与原理

1.滤网 2.橡胶缓冲垫 3.平板叶片转子 4,8.轴承
5.永久磁铁 6.电枢 7.电刷 9.限压阀
10.单向阀 11.泵体 A.出油口 B.进油口

当汽油泵电动机运转时,电动机轴带动油泵转子一同旋转。由于转子转速较高,因此在叶片小槽与泵体进油口之间产生真空。当叶片小槽转到进油口B处时,在真空吸力的作用下,汽油被吸入泵体内;当叶片小槽转到油泵出油口A处时,在离心力和燃油压力的共同作用下,汽油便从

出油口压出并流向电动机。叶片泵出汽油越多，电动机壳体内的燃油压力就越高。当油压超过油泵单向阀弹簧的压力时，单向阀阀门打开，汽油便从单向阀经输油管输送到汽油分配管和喷油器。

叶片泵有转子无磨损，使用寿命长；泵油压力高(可达600kPa以上)、出油压力脉动小、噪声小等优点。

5. 电动汽油泵控制电路

EFI系统对燃油泵的基本控制要求：只有在发动机处于运转状态时，燃油泵才能工作泵油；发动机不运转，接通点火开关，燃油泵也不工作。油泵控制电路有以下三种形式：

(1)由ECU控制的油泵控制电路

如图13-34所示的控制方式，是用于D型EFI系统，及使用热线或热膜式空气流量计和卡曼涡流式空气流量计的L型EFI系统中最常见的ECU控制油泵电路。

其中断路继电器的作用是在发动机运转时接通油泵至电源的电路。当点火开关接通时，主继电器电磁线圈中有电流通过，触点闭合，电源向EFI供电。发动机起动时，点火开关的起动端子(ST)接通，断路继电器中的电磁线圈L_2通电，产生吸力使断路继电器的触点闭合，电源向油泵供电，油泵开始工作。

在主继电器输出端有接线柱+B、断路继电器输出端有接线柱FP，两接线柱分别由导线与检查插座的相应端子相接。利用图13-34中的检查插座和油泵检查开关，可以快速诊断油泵控制电路的故障。

(2)由油泵开关控制的油泵控制电路

如图13-35所示是用于使用翼片式空气流量计的L型EFI系统中的油泵控制电路。

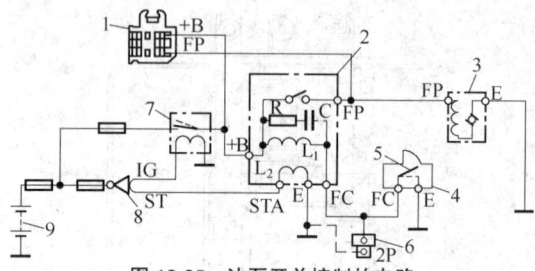

图13-35　油泵开关控制的电路
1.检查插座　2.断路继电器　3.电动油泵内部电路
4.空气流量计　5.油泵开关　6.油泵检查开关
7.主继电器　8.点火开关　9.蓄电池

断路继电器功能和结构与前述(1)相同。接通点火开关，主继电器触点闭合，电源向EFI系统供电。起动时点火开关与ST端接通，断路继电器电磁线圈L_2通电，断路继电器触点闭合，油泵开始工作。发动机运转，吸入发动机的空气流经空气流量计，空气流量计内测量板转动，使油泵开关接通，断路继电器的电磁线圈L_1开始通电。可见，只要发动机运转，断路继电器的触点总是闭合状态。当发动机停转时，燃油泵开关便打开，断路继电器触点也断开，油泵即停止工作。

(3)由转速控制的油泵控制电路

如图13-36所示是在原控制回路中增设一只油泵控制继电器即可实现油泵的转速控制。

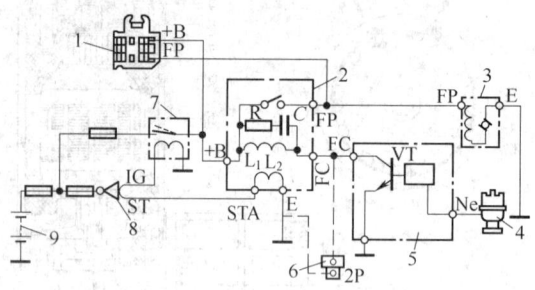

图13-34　ECU控制的油泵电路
1.检查插座　2.断路继电器　3.电动油泵内部电路
4.分电器　5.ECU　6.油泵检查开关　7.主继电器　8.点火开关　9.蓄电池

发动机起动后运转时，转速传感器立即将发动机的Ne信号输入ECU，此时ECU中的晶体管VT导通，断路继电器中的电磁线圈L_1通电，使其触点继续保持闭合状态，油泵则继续工作。

发动机停止运转，则VT断开，断路继电器触点打开，油泵的供电电路被切断，油泵即停止工作。

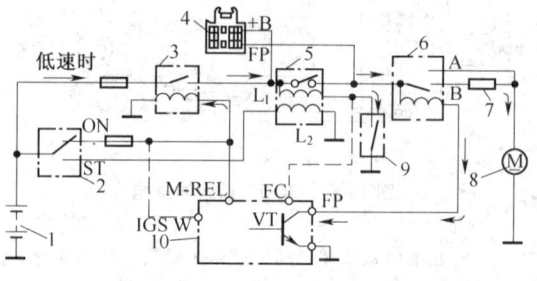

图13-36　具有转速控制的油泵电路
1.蓄电池　2.点火开关　3.主继电器　4.检查插座
5.断路继电器　6.油泵控制继电器　7.电阻器
8.油泵驱动电动机　9.油泵开关(空气流量计)　10.ECU

发动机低速或中、小负荷下工作时，ECU 中的晶体管 VT 导通，油泵控制继电器的电磁线圈通电，使其触点 B 闭合，由于将电阻器串入电路，油泵以低速运转。

发动机处于高速、大负荷运转时，ECU 中的晶体管切断，油泵控制继电器的触点 A 闭合，油泵直接与电源相通，使其高速运转。

二、汽油分配管和油压调节器

1. 燃油分配管的结构

燃油分配管又称为供油总管或油架，安装在发动机进气支管上部，其功用是固定喷油器和油压调节器，并将汽油分配给各个喷油器。桑塔纳 2000GSi、3000 型，捷达 AT、GTX 型轿车汽油分配管总成的结构如图 13-37 所示。

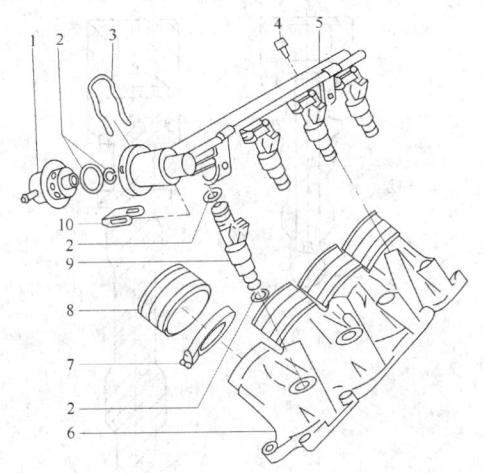

图 13-37 捷达 AT、GTX 型轿车汽油分配管总成
1. 油压调节器　2. O 形密封圈　3、10. 固定夹
4. 固定螺栓（10N·m）　5. 燃油分配管　6. 进气管下体　7. 卡箍　8. 中间法兰　9. 喷油器

2. 油压调节器的功用与结构

油压调节器的功用有两个：一是调节供油系统的汽油压力，使系统油压 P_f 与进气支管压力 P_i 之差 ΔP 保持恒定；二是缓冲燃油泵供油时产生的压力脉动和喷油器断续喷油引起的压力波动。

油压调节器一般都安装在燃油分配管的一端，见图 13-37 所示，结构如图 13-38 所示，主要由弹簧、阀体、阀门和铝合金壳体组成。阀体固定在金属膜片上，阀体与阀门之间安装有一个球阀。球阀用弹片托起，球阀与阀体之间设有一个弹力较小的弹簧，使球阀与阀门保持接触。在铝合金壳体上，设有油管接头和真空管接头，进油口接头与燃油分配管连接，回油口接头连接回油管并与油箱相通，真空管接头与节气门至进气支管之间的真空管连接。

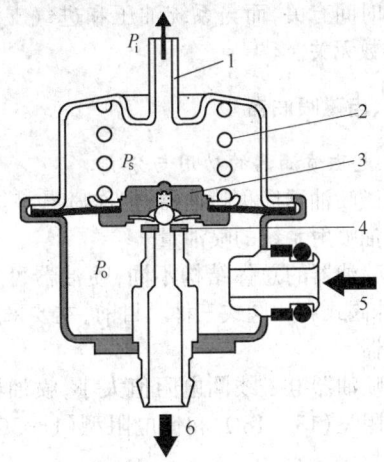

图 13-38 油压调节器的结构
1. 支管压力接头　2. 弹簧　3. 阀体
4. 阀门　5. 进油口　6. 回油口

3. 油压调节器的调压原理与输出特性

供油系统的燃油从油压调节器进油口进入调节器油腔，燃油压力作用到与阀体相连的金属膜片上。当燃油压力升高使油压作用到膜片上的压力超过调节器弹簧的弹力时，油压推动膜片向上拱曲，调节器阀门打开，部分燃油从回油口经回油管流回油箱，使燃油压力降低。当燃油压力降低到调节器控制的系统油压时，球阀关闭，使系统燃油保持一定压力值不变。

在油压调节器上接有一个真空管，该真空管将发动机进气支管的真空度引入油压调节器的真空室。由于进气支管的压力始终低于大气压力，因此当进气支管的压力随节气门开度变化而变化时，进气压力将对调节器膜片产生一个吸力，从而改变供油系统的燃油压力。

当发动机怠速运转时，进气支管的压力 P_i 约为 -54kPa，燃油压力 P_f 为

$$P_f = P_s + P_i = 300 + (-54) = 246 (\text{kPa})$$

当发动机全负荷运转时，进气支管的压力 P_i 约为 -5kPa，燃油压力 P_f 为

$$P_f = P_s + P_i = 300 + (-5) = 295 (\text{kPa})$$

综上所述，由于进气支管负压的作用，当发动机怠速运转，燃油压力达到 246kPa 时，油压调节器的球阀就会打开泄压；当发动机全负荷运转，燃

油压力达到295kPa时,球阀才打开泄压。通过油压和进气负压的共同作用,使燃油分配管中的油压与进气支管中的气压之压力差保持300kPa不变。其目的是保证喷油器喷油量的多少只与喷油器开启时间有关,而与系统油压和进气支管的负压等参数无关。

三、电磁喷油器

1. 电磁喷油器的功用与分类

电磁喷油器简称喷油器,俗称喷嘴,其功用是计量燃油喷射系统的喷油量。

按喷油器的总体结构不同,喷油器可分为轴针式、球阀式和片阀式三种。目前,主要采用球阀式喷油器。

按喷油器电磁线圈电阻值大小,喷油器可分为高电阻型(13~18Ω)和低电阻型(1~3Ω)两种(20℃时)。

2. 电磁喷油器的结构

(1)轴针式喷油器的结构

电磁喷油器安装在燃油分配管上,轴针式喷油器的结构如图13-39所示,主要由燃油滤网、线束插座、电磁线圈、针阀阀体、阀座、复位弹簧、O形密封圈等组成。O形密封圈起密封作用,密封圈1防止燃油泄漏,密封圈7防止漏气。滤网用于过滤燃油中的杂质。轴针制作在针阀阀体上,阀体上端安装有一根螺旋弹簧,当喷油器停止工作时,弹簧弹力使阀体复位,针阀关闭,轴针压靠在阀座上起密封作用,防止燃油泄漏。在燃油分配管上,设有喷油器专用的安装支座,支座为橡胶成型件,起隔热作用,防止喷油器中的燃油产生气泡,有助于提高发动机的热起动性能。

(2)球阀式喷油器的结构

球阀式喷油器的结构与轴针式基本相同,主要区别在于阀体结构不同,如图13-40所示。球阀式喷油器的阀体由球阀、导杆和弹簧座组成,其导杆为空心结构。轴针式喷油器的阀体采用的是针阀,为了保证阀体轴向移动不发生偏移和阀门密封良好,必须具有较长的导杆,并制成实心结构,因此质量较大;球阀式喷油器的球阀具有自动定心作用,无需较长导杆,因此质量较小,且具有较好的密封性能。

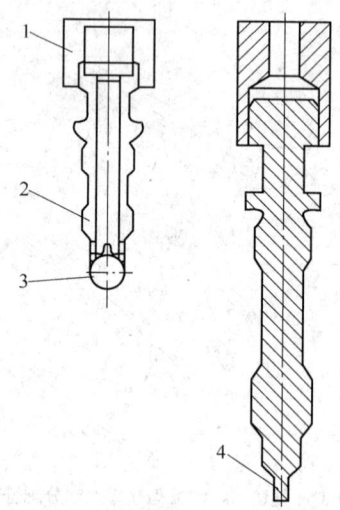

图13-40 球阀式喷油器的结构
1. 弹簧座 2. 导杆 3. 球阀 4. 针阀

(3)片阀式喷油器的结构

片阀式喷油器的结构与轴针式喷油器大致相同,如图13-41所示。由图可见,主要区别也是阀体有所不同,片阀式喷油器的特点是阀体由质量较轻的片阀、导杆和带孔阀座组成。这种结构具有较大的动态流量和较强的抗堵塞能力。

3. 电磁喷油器的工作原理

当喷油器的电磁线圈接通电流时,线圈中就会产生电磁吸力吸引针阀阀体。当电磁吸力大于复位弹簧的弹力时,阀体使弹簧压缩而上升(上升行程很小,一般为0.1~0.2mm)。阀体上升时,针阀(球阀或片阀)随阀体一同上升,针阀(球阀或片阀)离开阀座时,阀门被打开,燃油便从喷孔喷

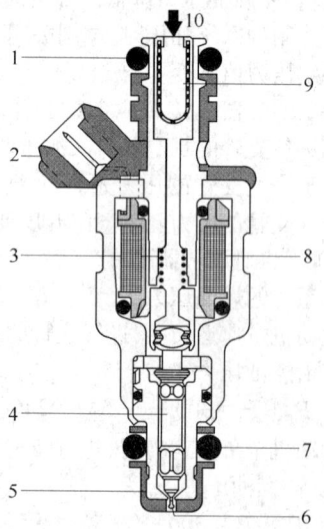

图13-39 轴针式喷油器的结构
1、7. O形圈 2. 插座 3. 弹簧 4. 阀体 5. 阀座
6. 轴针 8. 电磁线圈 9. 滤网 10. 进油口

机构的作用是将步进电动机的旋转运动变换为往复运动,由螺杆(俗称丝杠)和螺母组成。螺母与步进电动机的转子制成一体,螺杆的一端制有螺纹,另一端固定有阀芯,螺杆与阀体之间为滑动花键连接,只能沿轴向做直线移动。

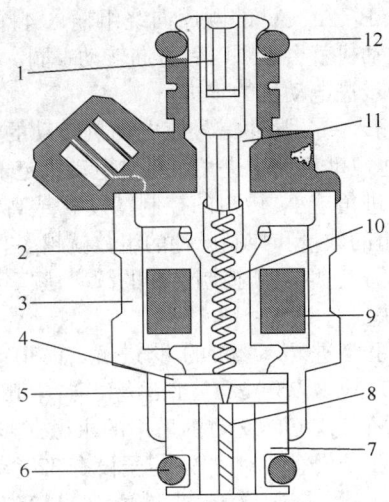

图13-41 片阀式喷油器的结构
1.燃油滤网 2.导杆 3.壳体 4.片阀 5.带孔阀座
6、12. O形密封圈 7.底座 8.油道 9.电磁线圈
10.复位弹簧 11.弹簧预紧力调节滑套

出,喷出燃油的形状为小于35°的圆锥雾状。由于燃油压力较高,因此喷出燃油为雾状燃油。

当喷油器的电磁线圈电流切断时,电磁吸力消失,阀体在复位弹簧弹力的作用下复位,针阀(球阀或片阀)回落到阀座上将阀门关闭,喷油停止。

四、怠速控制阀

1. 怠速控制阀的功用与类型

怠速控制阀的功用就是通过调节发动机怠速时的进气量来调节怠速转速。怠速控制阀安装在发动机节气门体上或节气门体附近。燃油喷射系统采用的怠速控制阀分为步进电动机式、脉冲电磁阀式和真空阀式三种。

2. 永磁转子步进电动机式怠速控制阀的结构原理

步进电动机是一种由脉冲信号控制其转动方向和转动角度的电动机。利用同性相斥、异性相吸原理即可使转子步进旋转。

(1)永磁转子式步进电动机式怠速控制阀的结构

永磁转子式步进电动机式怠速控制阀的结构如图13-42所示,主要由步进电动机、螺旋机构、阀芯、阀座等组成。

永磁转子式步进电动机的结构,由永磁转子、定子绕组等组成。其功用是产生驱动力矩。螺旋

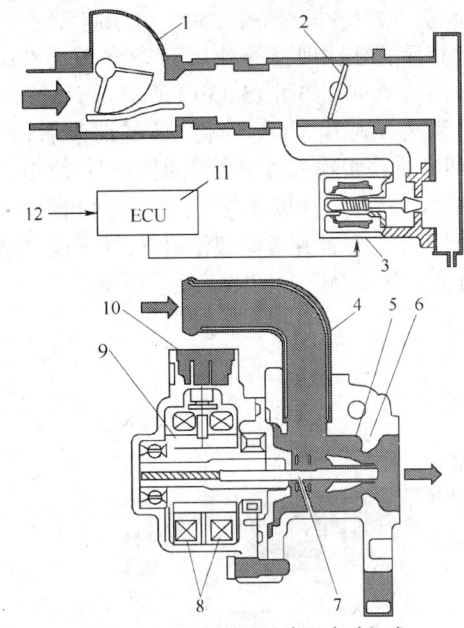

图13-42 永磁转子式步进电动机式
怠速控制阀的结构
1.空气流量传感器 2.节气门 3.怠速控制阀
4.旁通空气道 5.阀芯 6.阀座 7.螺杆
8.定子绕组 9.永磁转子 10.线束插座
11. ECU 12.传感器信号

当步进电动机的转子转动时,螺母将带动螺杆做轴向移动。转子转动一圈,螺杆移动一个螺距。因为阀芯与螺杆固定连接,所以螺杆将带动阀芯开大或关小阀门开度。ECU通过控制步进电动机的转动方向和转动角度来控制螺杆的移动方向和移动距离,从而达到控制怠速阀开度,调整怠速转速之目的。

(2)永磁转子式步进电动机的基本结构与步进原理

永磁转子式步进电动机的转子是一个具有N极和S极的永久磁铁,定子有两相独立的绕组,如图13-43a所示。当从B_1到B向绕组输入一个电脉冲信号时,绕组产生一个磁场,在磁力同性相斥、异性相吸的原理作用下,使转子S极在右、N极在左位置。

当从B_1到B输入的脉冲信号消失后,再从A到A_1向绕组输入另一个脉冲信号时,绕组产生一

个磁场，N极在上、S极在下，如图13-43b①所示。在同性相斥、异性相吸原理作用下，转子就会沿逆时针方向转动90°，如图13-43b②所示。

当从A到A_1输入的脉冲信号消失后，再从B到B_1向绕组输入另一个脉冲信号时，绕组产生磁场，N极在左、S极在右，如图13-43b②所示。在同性相斥、异性相吸原理作用下，转子就会沿逆时针方向转动90°，如图13-43b③所示。

当从B到B_1输入的脉冲信号消失后，再从A_1到A向绕组输入另一个脉冲信号时，绕组产生磁场，N极在下、S极在上，如图13-43b③所示。在同性相斥、异性相吸原理作用下，转子就会沿逆时针方向转动90°，如图13-43b④所示。

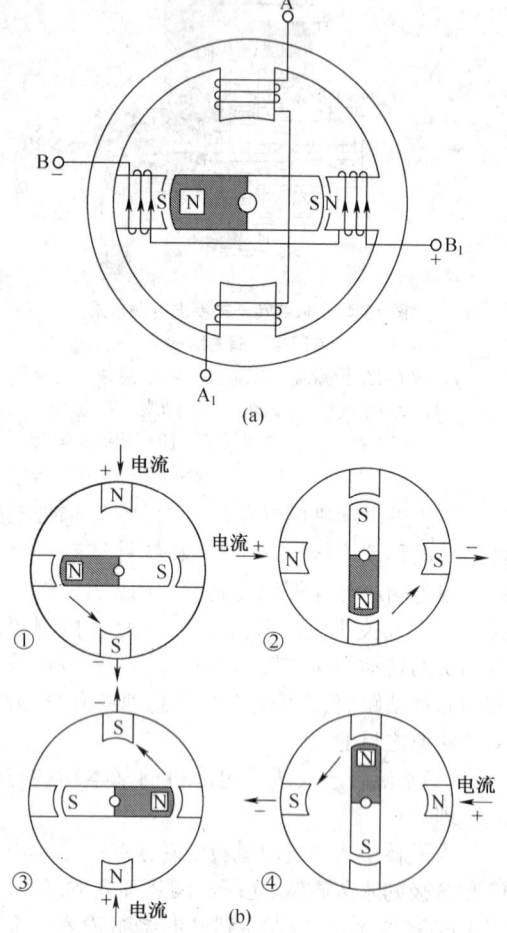

图13-43 永磁转子式步进电动机基本结构与步进原理
(a)结构简图 (b)逆时针方向步进转动示意图

如果依次按$B_1 \to B$、$A \to A_1$、$B \to B_1$、$A_1 \to A$的顺序向绕组输入4个脉冲信号，电动机就会沿逆时针方向转动一圈。同理，如果依次按$B_1 \to B$、$A_1 \to A$、$B \to B_1$、$A \to A_1$的顺序向绕组输入4个脉冲信号，电动机就会沿顺时针方向转动一圈。

(3)步进电动机的步进角

每输入一个脉冲信号使电动机转动的角度，称为步进电动机的步进角。步进电动机定子爪极越多，步进角越小，转角的控制精度就越高，所需定子绕组的数量和控制脉冲的组数就越多。步进电动机的转速取决于控制脉冲的频率，频率越高，转速越快。

常用步进电动机的步进角有30°、15°、11.25°、7.5°、3.75°、2.5°、1.8°等。如丰田皇冠3.0型轿车2JZ-GE发动机采用的永磁式步进电动机，其转子设有8对磁极，定子设有32个爪极，转子转动一圈前进32步，步进角为11.25°，该步进电动机的工作范围为0~125步(大约转动4圈)。奥迪200型轿车用永磁转子式步进电动机设有两个线圈，转子每转一圈需要步进24步，每步进一步约需4ms，步进角为15°，该步进电动机的工作范围为0~128步(大约转动5.3圈)。

3.永磁磁极步进电动机式急速控制阀的结构原理

(1)永磁磁极步进电动机式急速控制阀的结构特点

永磁磁极步进电动机式急速控制阀又称为旋转滑阀式急速控制阀。奥迪100型轿车采用过这种急速控制阀，结构如图13-44所示，主要由旁通空气阀和永磁式步进电动机组成。

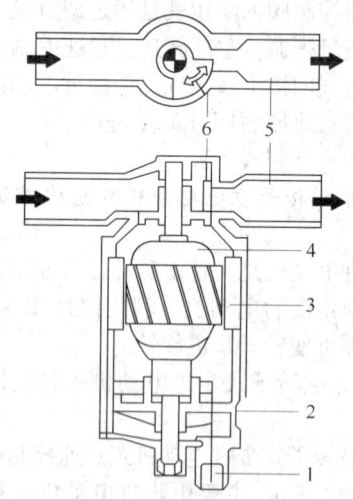

图13-44 永磁磁极步进电动机式ISCV结构
1.插座 2.壳体 3.永磁磁极
4.电枢 5.旁通空气道 6.旋转滑阀

旁通空气阀固定在步进电动机的电枢轴上，在步进电动机驱动下，可在限定的 90°转角范围内转动，以改变旁通空气道开启面积的大小来增减旁通进气量。

步进电动机的磁极用永久磁铁制成，两块磁极用 U 形钢丝弹性固定在电动机壳体内壁上。电枢由电枢铁芯、两个线圈、换向器和电枢轴组成。换向器由 3 块铜片围合而成，分别与 3 只电刷接触，电刷引线连接到控制阀的三线插座上，接插座通过线束与 ECU 连接。

(2) 永磁磁极步进电动机式 ISCV 步进原理

步进电动机与 ECU 的连接情况如图 13-45 所示。线圈 L_1 与 ECU 内部的三极管 T_1 连接，脉冲控制信号经过反向器加到 T_1 的基极；线圈 L_2 与 ECU 内部的三极管 T_2 连接，脉冲控制信号直接加到 T_2 的基极，因此，当脉冲信号的高电平到来时，三极管 T_1 截止、T_2 导通，线圈 L_1 断电、L_2 通电，步进电动机将顺时针转动；反之，当脉冲信号的低电平到来时，三极管 T_1 导通、T_2 截止，线圈 L_1 通电、L_2 断电，步进电动机将逆时针转动。线圈 L_1 称为逆转线圈，当其接通电流时，电枢带动滑阀沿逆时针方向旋转，旁通空气道开启面积减小；线圈 L_2 称为顺转线圈，当其接通电流时，电枢带动滑阀沿顺时针方向旋转，旁通空气道开启面积增大。由于这种怠速控制阀的转角范围限定在 90°以内，步进电动机的步进角必须很小才能满足旁通进气量控制精度的要求，因此采用了控制占空比的方法来控制步进电动机顺转或逆转。

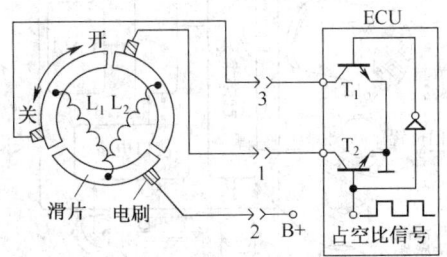

图 13-45 永磁磁极式步进电动机工作电路

占空比 R_C 是指在一个信号周期 T 内，高电平时间 t_{on} 所占的比率。如图 13-46 所示，图中 t_{off} 为低电平所占时间，即

$$R_C = \frac{t_{on}}{T} = \frac{t_{on}}{t_{on} + t_{off}}$$

当占空比等于 50% 时，如图 13-46a 所示，线圈 L_1、L_2 的平均通电时间相等，产生的电磁力矩

相互抵消，电枢轴与滑阀将保持在某一位置不动。

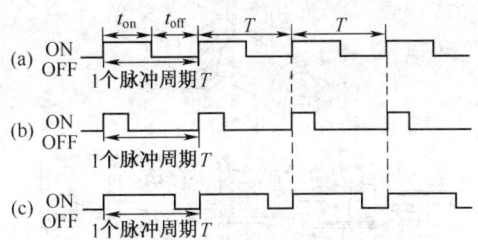

图 13-46 占空比示意图
(a) 占空比等于 50% (b) 占空比小于 50%
(c) 占空比大于 50%

当占空比小于 50% 时，如图 13-46b 所示，线圈 L_1 的平均通电时间增长，L_2 的平均通电时间缩短，线圈 L_1 产生的电磁力矩将克服 L_2 产生的电磁力矩而带动电枢轴与滑阀沿逆时针方向转动，使旁通空气道开启面积减小，旁通进气量减少，发动机的怠速转速将降低。奥迪 100 型轿车在控制信号的占空比减小到 18% 左右时，旋转滑阀完全关闭。

当占空比大于 50% 时，如图 13-46c 所示，线圈 L_1 的平均通电时间缩短，L_2 的平均通电时间增长，线圈 L_2 产生的电磁力矩将克服 L_1 产生的电磁力矩而带动电枢轴与滑阀沿顺时针方向转动，使旁通空气道开启面积增大，旁通进气量增多，发动机的怠速转速将升高。奥迪 100 型轿车在占空比增大到 82% 左右时，旋转滑阀完全开启。

4. 脉冲电磁阀式怠速控制阀的结构原理

(1) 脉冲电磁阀式怠速控制阀的结构

脉冲电磁阀式怠速控制阀的结构如图 13-47 所示，主要由电磁线圈、复位弹簧、阀芯、阀座、固定铁芯、活动铁芯、进气口和出气口等组成。

阀芯固定在阀杆上，阀杆一端与固定铁芯连接，另一端设置有复位弹簧。进气口与节气门前端的进气管相通，出气口与节气门后端的进气管相通。

(2) 脉冲电磁阀式怠速控制的控制原理

电磁线圈接通电流时就会产生电磁吸力。当线圈产生的电磁吸力超过复位弹簧的弹力时，活动铁芯在电磁吸力的作用下就会向固定铁芯方向移动，同时通过阀杆带动阀芯向右移动，使阀芯离开阀座将旁通空气道开启。当电磁线圈断电时，活动铁芯与阀芯在复位弹簧弹力的作用下左移复

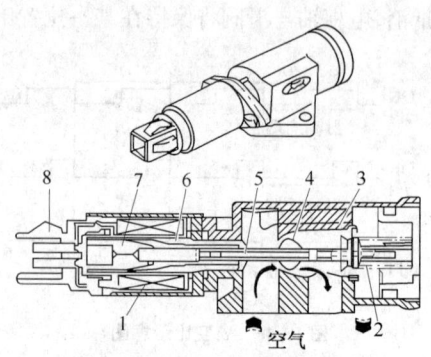

图 13-47 脉冲电磁阀式
急速控制阀的结构

1. 电磁线圈 2. 复位弹簧 3. 阀座 4. 阀芯
5. 阀杆 6. 固定铁芯 7. 活动铁芯 8. 插座

位,将旁通空气道关闭。

旁通空气道开启与关闭的时间由 ECU 发出的占空比信号控制。发动机工作时,ECU 根据急速转速高低,向脉冲电磁阀发出频率相同而占空比不同的控制脉冲信号,通过改变阀芯开启与关闭时间来调节旁通进气量。

占空比在 0~100% 之间的范围内变化。当急速转速过低时,ECU 将自动增大占空比,使电磁线圈通电时间增长,断电时间缩短,阀门开启时间增长,旁通进气量增多,急速转速将升高,防止急速转速过低而导致发动机熄火。反之,当急速转速过高时,ECU 将减小占空比,使电磁线圈通电时间缩短,断电时间增长,阀门开启时间缩短,旁通进气量减少,急速转速将降低。

第四节 汽油喷射系统的控制过程

一、燃油喷射控制原理

汽车燃油喷射系统采用传感器和执行器的数量与形式各不相同,压力(D)型燃油喷射系统采用支管压力式传感器(MAP,如桑塔纳 2000GLi 型轿车、切诺基吉普车、夏利 2000 等),空气流量(L)型燃油喷射系统采用空气流量传感器(AFS,如桑塔纳 2000GSi、3000 型、捷达 AT、GTX 型和红旗 CA7220E 型等轿车)。L 型燃油喷射系统燃油喷射控制原理如图 13-48 所示。

ECU 从凸轮轴位置传感器获得活塞到达上止点位置的信号,以计算确定喷油提前角(提前时间),ECU 从曲轴位置传感器获得发动机曲轴转速和转角的信号,从空气流量传感器(或进气支管绝对压力传感器)获得进气量多少的信号,ECU 根据这两个信号计算喷油量(喷油时间);ECU 从节气门位置传感器获得反映发动机负荷大小的信号,ECU 根据节气门位置传感器信号确定增加或减少喷油量;ECU 根据冷却液温度传感器提供的发动机冷却液温度信号,计算确定喷油量的修正值;ECU 根据氧传感器提供的反映发动机可燃混合气浓度的信号,以确定增减喷油量的大小,实现空燃比反馈控制,降低废气排放量;ECU 根据车速传感器提供的反映汽车车速的信号,以判断发动机运行在急速状态(节气门关闭、车速为零)还是运行在减速状态(节气门关闭、车速不为零),从而确定是否停止供油;ECU 根据点火起动开关信号包括点火开关接通信号和起动开关接通信号,判断发动机工作状态(起动状态或正常工作状态)并运行相应的控制程序。

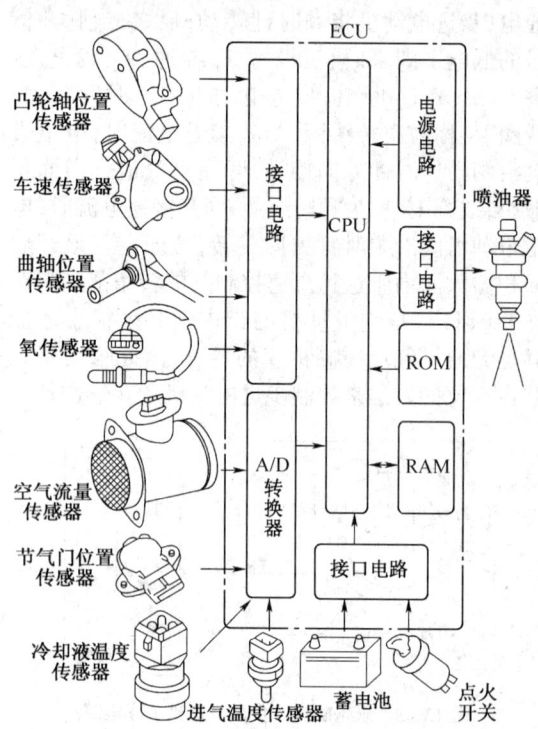

图 13-48 L 型燃油喷射系统燃油喷射控制原理简图

例如,当点火开关接通时,ECU 的 IGN 端子将从点火开关接收到一个高电平信号,此时 ECU 将自动接通电动燃油泵电路使油泵工作 1~2s,以便发动机起动时油路中具有足够的燃油;当点火开关接通起动档时,ECU 的 STA 端子将从点火开关接收到一个高电平信号,此时 ECU 将控制运行起动程序,增大喷油量,以便起动发动机。汽车电源电压信号就是蓄电池电压信号,蓄电池正极柱经燃油喷射系统熔丝直接与 ECU 的电源电压端子连接,不受点火开关和其他开关控制。当电源电压变化时,ECU 将改变喷油脉冲宽度,修正喷油器的喷油持续时间;当发动机停止工作时,蓄电池将向 ECU 和存储器等提供 5~20mA 电流,以便存储器保存故障代码等信息而不致丢失;在点火开关断开时,对于采用步进电动机的控制系统,ECU 还将控制燃油喷射主继电器继续接通 2s,使步进电动机回到初始位置。

综上所述,当各种传感器的信号输入 ECU 后,ECU 根据数学计算和逻辑判断结果,发出脉冲信号指令控制喷油器喷油。

二、喷油器的控制

不同类型电子控制燃油喷射系统喷油器的控制电路大同小异,图 13-49 所示为桑塔纳 2000 系列轿车喷油器的控制电路。

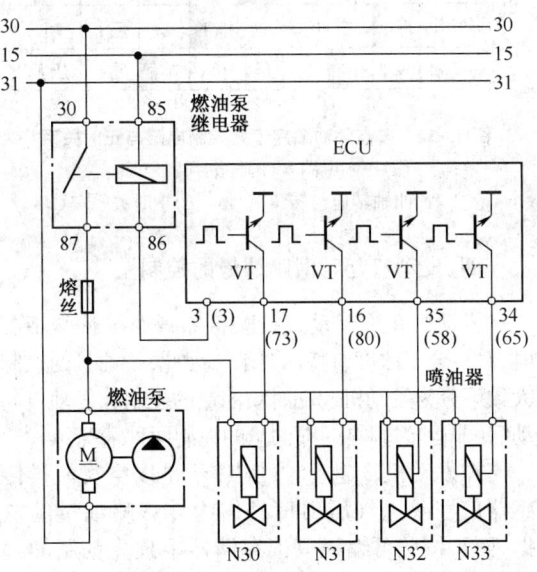

图 13-49　桑塔纳 2000 系列轿车喷油器控制电路
(括号内代号为桑塔纳 2000GSi、3000 型轿车
ECU 插接器端子代号)

当 ECU 向喷油器发出的控制脉冲信号的高电平"1"加到驱动三极管 VT 基极时,VT 导通,喷油器线圈电流接通,产生电磁吸力将阀门吸开,喷油器开始喷油;当控制脉冲信号的低电平"0"加到驱动三极管 VT 基极时,VT 截止,喷油器线圈电流切断,在复位弹簧弹力作用下阀门关闭,喷油器停止喷油。由于控制信号为脉冲信号,因此阀门不断地开闭使喷出燃油雾化很好。雾状燃油喷射在进气门附近,与吸入空气混合形成可燃混合气。当进气门打开时,即吸入气缸燃烧作功。

三、喷油正时的控制

喷油正时是指喷油器何时开始喷油。根据燃油喷射时序不同,多点燃油喷射又可分为同时喷射、分组喷射和顺序喷射三种喷射方式。

1. 同时喷射控制

多点燃油同时喷射是指各缸喷油器同时喷油,其控制电路如图 13-50 所示,各缸喷油器并联在一起,电磁线圈电流由一只功率管 VT 驱动控制。其控制电路和控制程序简单,且通用性较好。缺点是各缸喷油时刻不可能最佳。四缸发动机除两个气缸喷油正时较好之外,其余两个气缸喷射的燃油在进气门附近将要停留较长时间,其混合气雾化质量降低。因此,目前汽车燃油喷射系统已很少采用。

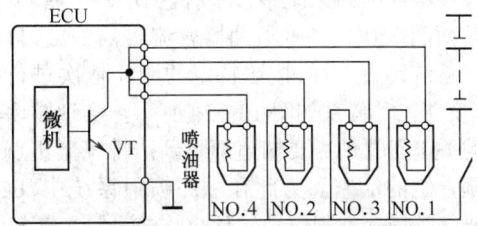

图 13-50　多点燃油同时喷射控制电路

2. 分组喷射控制

多点燃油分组喷射是将喷油器喷油分组进行控制,例如,将四缸发动机分成两组,六缸发动机分成三组,八缸发动机分成四组。四缸发动机分组喷射控制电路如图 13-51a 所示。

发动机工作时,ECU 控制各组喷油器轮流喷油。发动机每转一圈,只有一组喷油器喷油,每组喷油器喷油时连续喷射 1~2 次,喷油正时关系见图 13-51b 所示。分组喷射方式虽然不是最佳的喷油方式,但由正时关系图可见,一、四两缸的喷油时刻较佳,其混合气雾化质量比同时喷射大大改善。切诺基吉普车 2.5L 四缸发动机和夏利 TJ7130 型轿车采用了分组喷射方式。

3. 顺序喷射控制

多点燃油顺序喷油是各缸喷油器按照一定的顺序喷油,也称为独立喷射,控制电路如图 13-52a 所示。

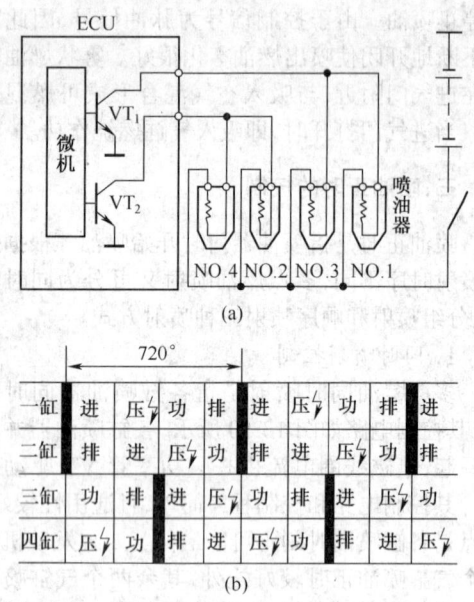

图 13-51 多点燃油分组喷射控制电路与正时关系
(a)控制电路 (b)正时关系

在顺序喷射系统中,发动机工作一个循环(曲轴转两圈720°),各缸喷油器轮流喷油一次,且像点火系统跳火一样,按照特定的顺序依次进行喷射,喷油正时关系如图13-52d所示。实现顺序喷射的关键问题是需要知道即将到达排气上止点的是哪一缸的活塞。为此在顺序喷射系统中,ECU需要一个气缸判别信号(简称判缸信号)。ECU根据曲轴位置(转角)信号和判缸信号,确定出是哪一个气缸的活塞运行至排气上止点前某一角度(四缸发动机一般在上止点前60°左右)时,开始计算喷油提前角,并适时发出喷油控制指令,接通该缸电磁喷油器线圈电流,使喷油器适时开始喷油。

顺序喷射可使各缸喷油时刻达到最佳,燃油雾化质量好,有利于提高燃油经济性和降低废气的排放量。因此目前,汽车普遍采用顺序喷射控制。

在多点顺序喷射系统中,喷油顺序与点火顺序同步,点火时刻在压缩上止点前开始,喷油时刻在排气上止点前开始。桑塔纳 2000GLi、2000GSi、3000型,捷达 AT、GTX,红旗 CA7220E 型轿车的点火顺序为1—3—4—2,喷油顺序也为1—3—4—2;切诺基汽车 4.0L 六缸电控发动机的点火顺序为1—5—3—6—2—4,喷油顺序也为1—5—3—6—2—4,各缸喷油器分别由微机进行控制,驱动回路数与气缸数相等。当发动机转动时,ECU便按喷油器 1—3—4—2(四缸发动机)或 1—5—3—6—2—4(六缸发动机)的顺序控制功率管导通与截止,当功率管导通时,电磁喷油器线圈电路接通,喷油器针阀开启喷油。

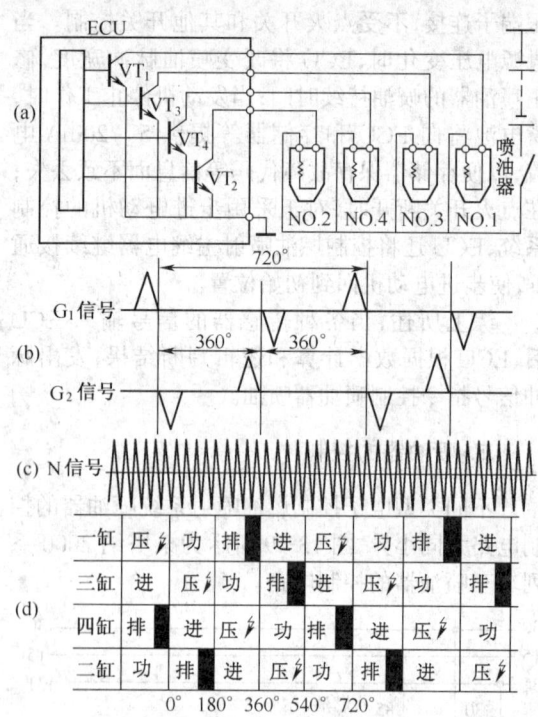

图 13-52 多点燃油顺序喷射控制电路与正时关系
(a)控制电路 (b)气缸判别信号
(c)曲轴转速与转角信号 (d)正时关系

四、发动机起动时喷油量的控制

发动机在冷起动、怠速、急加减速等特殊工况时,对混合气浓度有特殊要求。因此,喷油量的控制大致可分为发动机起动时喷油量的控制和发动机起动后(即运转过程中)喷油量的控制两种情况。

在发动机冷起动时,ECU 不是以空气流量传感器信号或进气压力信号作为计算喷油量的依据,而是按照可编程只读存储器中预先编制的起动程序和预定空燃比控制喷油。

发动机起动时,喷油量控制采用开环控制,控制过程如图 13-53 所示。ECU 首先根据点火开关、曲轴位置传感器和节气门位置传感器提供的信号,判定发动机是否处于起动状态,以便决定是否按起动程序控制喷油;然后根据冷却液温度传感器信号确定基本喷油量。

例如,当点火开关接通起动档位时,ECU 的 STA 端子便接收到一个高电平信号,此时 ECU 再根据曲轴位置传感器和节气门位置传感器信号断燃油喷射,以满足发动机运行的特殊要求。断油控制包括发动机超速断油控制、减速断油控制和清除溢流控制等。断油控制系统组成与控制过程如图13-55所示。

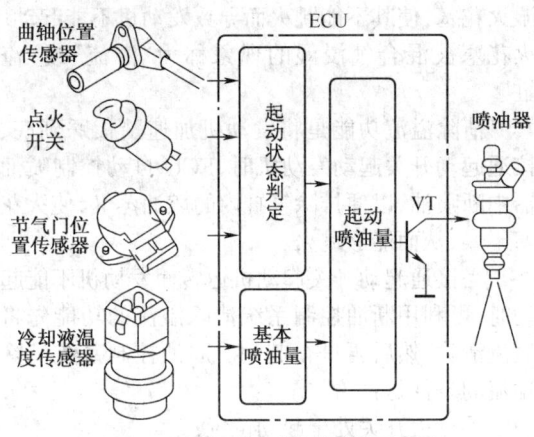

图 13-53 起动时喷油量控制示意图

判定是否处于起动状态。如果曲轴位置传感器信号表明发动机转速低于300r/min,且节气门位置传感器信号表明节气门处于关闭状态,则判定发动机处于起动状态,并控制运行起动程序。在燃油喷射系统具有"清除溢流"功能的汽车上,当发动机转速低于300r/min时,如果节气门开度大于80%,那么ECU将判定为"清除溢流"控制,喷油器将停止喷油。

当冷车起动时,发动机温度很低,喷入进气管的燃油不易蒸发,吸入气缸内的可燃混合气浓度相对减小。为了保证具有足够浓度的可燃混合气,ECU还要根据冷却液温度传感器信号反映的温度高低控制喷油器的喷油量,温度越低喷油量越大;温度越高喷油量越小,以使冷态发动机能够顺利起动。

五、发动机起动后喷油量的控制

在发动机起动后的运转过程中,喷油器实际的喷油总量由基本喷油量、喷油修正量和喷油增量三部分决定,如图13-54所示。

基本喷油量由进气量传感器(空气流量传感器或支管压力传感器)、曲轴位置传感器(发动机转速传感器)信号和试验设定的空燃比(即目标空燃比A/F)计算确定;喷油修正量由与进气量有关的进气温度、大气压力、氧传感器等传感器信号和蓄电池电压信号计算确定;喷油增量由反映发动机工况的点火开关信号、冷却液温度和节气门位置等传感器信号计算确定。

六、发动机断油控制

断油控制是ECU在某些特殊工况下,暂时中

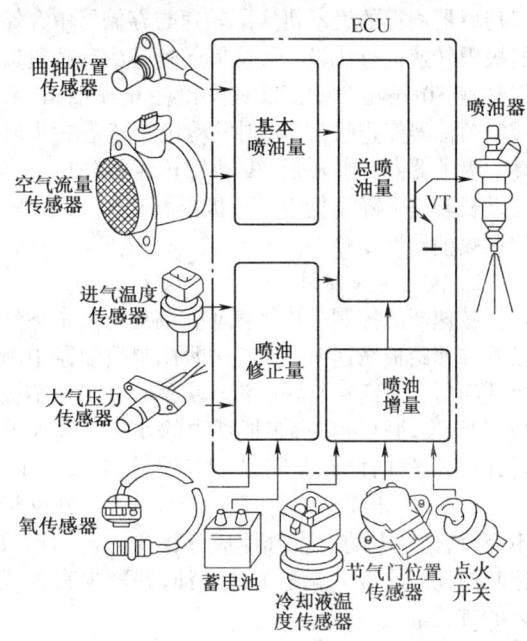

图 13-54 发动机起动后喷油量控制示意图

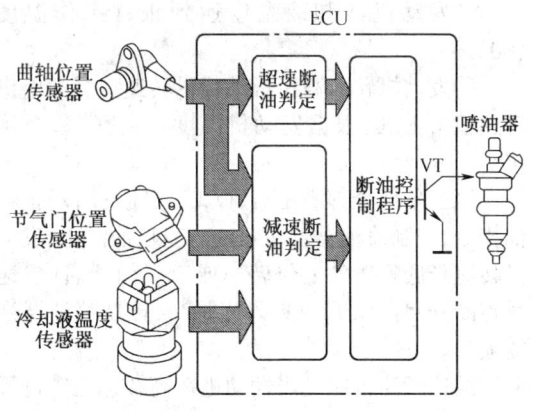

图 13-55 超速断油与减速断油控制示意图

1. 超速断油控制

超速断油控制是指当发动机转速超过允许的极限转速时,ECU立即控制喷油器中断燃油喷射。燃油喷射式发动机采用超速断油控制的目的是防止发动机超速运转而损坏机件。

发动机工作时,转速越高,曲柄连杆机构的离心力就越大。当离心力过大时,发动机就有"飞车"而损坏的危险,因此,每台发动机都有一个极限转速

值。例如，桑塔纳 2000GLi、2000GSi、3000 型轿车为 6 400r/min，捷达 AT、GTX 型轿车为 6 800r/min。

在发动机运行过程中，ECU 随时都将曲轴位置传感器测得的发动机实际转速与存储器中存储的极限转速进行比较。当实际转速达到或超过极限转速 80r/min 时，ECU 就发出停止喷油指令，控制喷油器停止喷油，限制发动机转速进一步升高。喷油器停止喷油后，发动机转速将降低。当发动机转速下降至低于上述极限转速时，ECU 将控制喷油器恢复喷油。

2. 减速断油控制

减速断油控制是指当汽车在高速行驶中突然松开加速踏板减速时，ECU 立即控制喷油器中断燃油喷射。当高速行驶的汽车突然松开加速踏板减速时，发动机将在汽车惯性力的作用下高速旋转，由于节气门已经关闭，进入气缸的空气很少，因此，如不停止喷油，混合气将会很浓而导致燃烧不完全，排气中的有害气体成分将急剧增加。减速断油控制的目的就是节约燃油，并减少有害气体的排放量。

以下列三个条件适时控制减速断油。

①节气门位置传感器信号表示节气门关闭。

②发动机冷却液温度达到正常工作温度（80℃）。

③发动机转速高于燃油停供转速。燃油停供转速值由 ECU 根据发动机温度、负荷等参数确定。

当三条件全部满足时，ECU 立即发出停止喷油指令，控制喷油器停止喷油。当喷油停止、发动机转速降低到燃油复供转速或节气门开启（怠速触点断开）时，ECU 立即发出指令，控制喷油器恢复喷油。

减速断油控制是当发动机在高转速运转过程中突然减速时，ECU 自动控制喷油器中断燃油喷射，直到发动机转速下降到设定的转速时，再恢复喷油。燃油停供转速和复供转速与冷却液温度和发动机负荷有关。冷却液温度越低，发动机负荷越大（如空调接通），燃油停供转速和复供转速就越高。

3. 清除溢流控制

起动发动机时，燃油喷射系统将向发动机供给较浓的混合气，以便顺利起动。如果多次起动未能成功，那么淤积在气缸内的浓混合气就会浸湿火花塞，使其不能跳火而导致发动机不能起动。火花塞被混合气浸湿的现象称为"溢流"或"淹缸"。

清除溢流功能是将发动机加速踏板踩到底、接通起动开关起动发动机时，ECU 自动控制喷油器中断喷油，以便排除气缸内的燃油蒸气，使火花塞干燥，从而能够跳火。

当接通起动开关起动机运转而发动机不能起动时，可利用断油控制系统清除溢流的功能先将溢流清除，然后再进行起动。断油控制系统清除溢流的条件是：

①点火开关处于起动位置；

②节气门全开；

③发动机转速低于 500r/min。

当上述三个条件同时满足时，断油控制系统即进入清除溢流状态工作。由此可见，在起动燃油喷射式发动机时，不必踩下加速踏板，直接接通起动开关即可。否则断油控制系统可能进入清除溢流状态而使发动机无法起动。

4. 减转矩断油控制

在电控自动变速器的汽车上，当行驶中变速器自动升档时，ECT、ECU 会向发动机 ECU 发出一个减转矩信号。发动机 ECU 接到这一信号后，立即发出控制指令，暂时中断个别气缸喷油，降低发动机转速，以便减轻换档冲击，这种控制功能称为减转矩断油控制。

七、发动机怠速控制

怠速控制是对怠速转速的控制。采用怠速控制系统后，发动机的怠速转速在汽车使用期内，不会因发动机老化、气缸积炭、火花塞间隙和温度等变化而发生改变。

1. 怠速控制系统的组成

如图 13-56 所示，怠速控制系统由各种传感器、信号控制开关、ECU、怠速控制阀和节气门旁通空气道等组成。桑塔纳 2000GSi、3000 型轿车，捷达 AT、GTX 和红旗 CA7220E 型轿车采用节气门直接控制方式，无旁通空气道。

车速传感器提供车速信号，节气门位置传感器提供怠速触点开闭信号，这两个信号用来判定发动机是否处于怠速状态。发动机怠速时，节气门关闭，节气门位置传感器的怠速触点（IDL）闭合，传感器输出端子 IDL 输出低电平信号。因此，当 IDL 端子输出低电平信号时，如果车速为

第四节 汽油喷射系统的控制过程

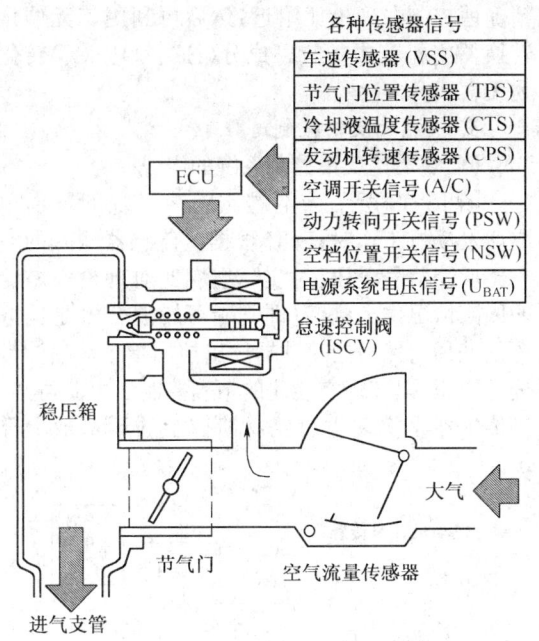

图 13-56 怠速控制系统组成

零,表明发动机处于怠速状态;如车速不为零,则表明发动机处于减速状态。

冷却液温度信号用于修正怠速转速。在 ECU 内部,存储有不同水温对应的最佳怠速转速,在冷车起动后的暖机过程中,ECU 根据发动机温度信号,通过控制怠速控制阀的开度来控制相应的快怠速转速,并随发动机温度升高逐渐降低怠速转速。当冷却液温度达到正常工作温度时,怠速转速恢复正常怠速转速。

动力转向开关、空调开关、空档起动开关信号和电源电压信号等,向 ECU 提供发动机负荷变化的状态信息。在 ECU 内部,存储有不同负荷状况下对应的最佳怠速转速。

不同车型怠速控制阀各有不同,桑塔纳2000GLi 型轿车采用了比例电磁阀式或步进电动机式怠速控制阀来控制节气门旁通空气道的进气量,切诺基吉普车采用步进电动机来控制怠速转速,桑塔纳 2000GSi、3000 型轿车,捷达 AT、GTX 型轿车采用节气门控制组件来自动调整怠速转速。

2. 发动机怠速转速的控制方法

怠速控制内容主要是发动机负荷变化控制和电器负荷变化控制。怠速控制的实质是控制发动机怠速时的进气量(充气量)。怠速时的喷油量则由 ECU 根据预先试验设定的怠速空燃比和实际充气量计算确定。怠速控制系统控制怠速转速的方法如下:

当发动机怠速负荷增大(或减小)时,ECU 控制怠速控制阀使进气量随之增大(或减小),从而使怠速转速提高(或降低),以防止发动机运转不稳熄火或怠速转速过高。

例如,在发动机怠速状态下,当空调开关、动力转向开关等接通或空档起动开关断开时,发动机负荷即增大,转速会降低。如果转速下降过多,发动机可能熄火,给车辆使用带来不便。因此,在接通空调开关或动力转向开关之前,需要先将怠速转速提高,以防发动机熄火。当空调开关或动力转向开关断开时,发动机负荷又会减小,转速就会升高,不仅油耗会增大,而且会给汽车驾驶带来一定困难(起步前冲,容易导致汽车追尾)。因此在断开空调开关或动力转向开关之后,需要将怠速转速降低,防止怠速过高。另外,当电器负荷增大(如夜间行车接通前照灯、按喇叭等)时,电气系统的供电电压就会降低,如果电源电压过低,就会影响电控系统正常工作和用电设备正常用电,因此在电源电压降低时,需要提高怠速转速,以便提高电源电压。

3. 发动机怠速转速的控制过程

怠速转速控制过程如图 13-57 所示。ECU 首先根据怠速触点(IDL)信号和车速信号,判断发动机是否处于怠速状态。当判定为怠速工况时,再根据发动机冷却液温度传感器信号、空调开关、动力转向开关等信号,从存储器存储的怠速转速数据中查询相应的目标转速 n_g,然后将目标转速与曲轴位置传感器检测的发动机实际转速 n 进行比较。

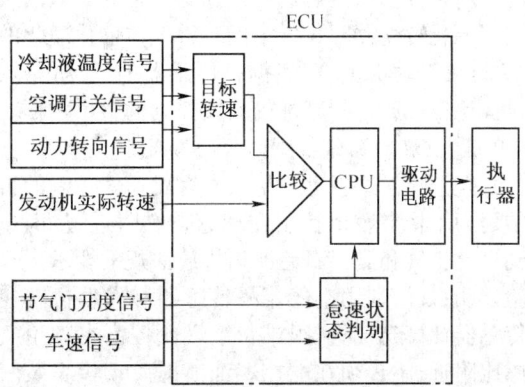

图 13-57 怠速转速控制过程

当发动机负荷增大,需要发动机快怠速运转,目标转速高于实际转速（$n_g > n$）时，ECU将控制怠速控制阀（增大比例电磁阀式怠速控制阀的占空比，或增加步进电动机步进的步数）增大旁通进气量来实现快怠速；反之，当发动机负荷减小，目标转速低于实际转速时，ECU将控制怠速控制阀减小旁通进气量来调节怠速转速。

例如，当接通空调（发动机负荷增大）时，需要发动机快怠速运转（目标转速＝快怠速转速），ECU就使怠速控制阀的阀门开大，增大旁通进气量。当旁通进气量增大时，因为怠速空燃比已由试验确定为一定值（一般为12:1），ECU将控制喷油器增大喷油量，发动机转速随之增高到快怠速转速运转。国产汽车电控发动机的怠速转速如表13-2所示。

表13-2 各型汽车燃油喷射式发动机的怠速转速

车 型	发动机型号	怠速转速（r/min）	备 注
桑塔纳2000GLi	AFE	800±50	出厂标准
桑塔纳2000GSi	AJR	800±30	出厂标准
捷达AT、GTX	AHP	840±40	出厂标准
红旗CA7220E	CA488-3	850±30	出厂标准
奥迪200	V6型2.6L	750±70	出厂标准

当接通空调或动力转向泵时，其快怠速转速为（1000±50）r/min。快怠速时，转速升高200 r/min左右。同理，当断开空调（发动机负荷减小），需要降低发动机转速，即目标转速低于实际转速（$n_g < n$）时，ECU将使怠速控制阀的阀门关小，减小旁通进气量进行调节。

八、发动机空燃比反馈控制

1. 空燃比与空燃比反馈控制

所谓发动机空燃比反馈控制是指在有效利用三元催化转化器对排气中的有害气体催化净化的基础上，发动机ECU根据氧传感器的反馈信号，对理论空燃比进行精确的反馈控制的整个过程。

2. 空燃比反馈控制的目的

燃油喷射式发动机采用空燃比反馈控制的目的是为了将空燃比控制在理论空燃比附近，从而达到净化排气和满足日趋严格排放法规的要求。经验证明：仅仅利用空气流量传感器和发动机转速传感器计算充气量，很难将空燃比控制在理论空燃比附近，还必须在电控燃油喷射发动机安装三元催化转化器和氧传感器。即利用安装在排气管上的氧传感器反馈的空燃比信号，对喷油器的喷油脉冲宽度（即喷油量）进行反馈控制，将空燃比

精确地控制在理论比附近，然后再利用三元催化转化器将排气中的有害成分（HC、CO、NO_x）转化为无害成分。

3. 空燃比反馈控制过程

（1）空燃比反馈控制系统的组成

图13-58所示为空燃比反馈系统的基本组成。发动机工作时，ECU根据氧传感器输入的空燃比反馈信号电压，对实际空燃比对理论空燃比的偏离情况作出判断（即判断可燃混合气是偏浓还是偏稀），然后向喷油器发出控制指令对喷油量进行修正，以实现空燃比的精确控制。由此可知，氧传感器是实现空燃比反馈控制的不可缺少部件。

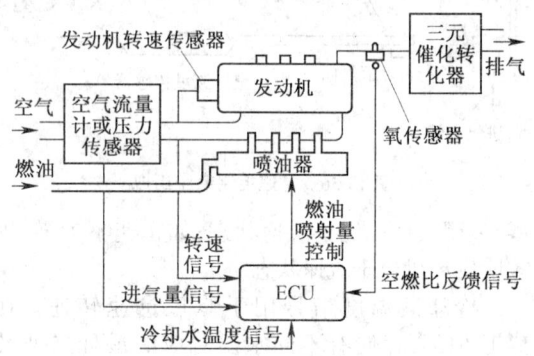

图13-58 空燃比反馈控制系统组成

（2）空燃比反馈控制过程

图13-59所示为电控燃油喷射发动机空燃比反馈控制过程示意图，它形象地反映了在空燃比反馈控制过程中，空燃比（A/F）、氧传感器输出电压信号和空燃比反馈控制信号三者之间的变化关系。为说明问题，设氧传感器输出信号电压的平均值为限制电平（0.5V），其反馈控制过程如下：

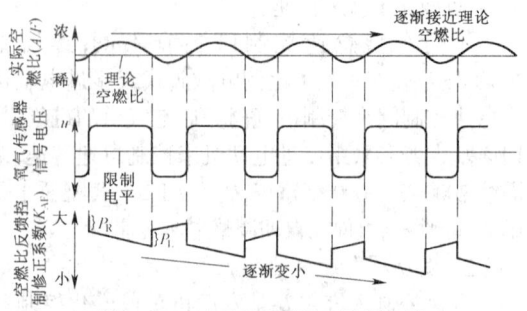

图13-59 空燃比反馈控制特性曲线

① 当ECU接收到氧传感器的信号电压高于限制电平时，表明混合气偏浓，空燃比偏小，ECU首先发出控制指令使空燃比反馈修正系数K_{AF}聚

降一个 P_R 值,使喷油持续时间缩短,喷油器的喷油量减少,然后逐渐减小修正系数,使混合气逐渐变稀,空燃比逐渐增大。当混合气浓度低于理论空燃比时,氧传感器输出低于限制电平(低电位)信号。

②当 ECU 接收到氧传感器的低电平信号(电压低于限制电平)时,表明混合气偏稀,空燃比偏大,ECU 首先发出控制指令使空燃比反馈修正系数 K_{AF} 聚升一个 P_L 值,使喷油持续时间增长,喷油器的喷油量增大,然后逐渐增大修正系数,使喷油量逐渐增加,混合气逐渐变浓,空燃比逐渐减小。如此反复循环,ECU 不断地对空燃比进行反馈控制,使混合气的实际空燃比稳定在理论空燃比附近波动。要使混合气的空燃比准确地保持理论空燃比值是不可能的。这是因为在空燃比反馈控制过程中,由于发动机工作循环和氧传感器检测出排气中氧离子的浓度需要一定的时间。

4. 空燃比反馈(闭环)控制与开环控制

(1)空燃比反馈(闭环)控制的条件

要使发动机满足既有良好的动力性、经济性,又要有效降低有害气体排放的要求,混合气的空燃比就不能在发动机所有工况下都进行反馈(闭环)控制。即发动机 ECU 对空燃比进行反馈(闭环)控制的条件同本章第二节、六、氧传感器的工作条件。

(2)空燃比开环控制条件

在下列情况下,发动机 ECU 对空燃比只进行开环控制。

①发动机起动工况和起动后暖机工况。此时需要浓混合气,以便起动发动机和迅速升温。

②发动机大负荷(节气门全开)工况和加速工况。此时需要加浓混合气,使发动机输出最大功率和最大转矩,以便提高汽车行驶速度。

③减速工况。此时需要喷油器停止喷油,使发动机转速迅速降低。

④氧传感器温度低于正常工作温度。

⑤ECU 接到氧传感器输入的信号电压,在低电平 0.1~0.3V 或高电平 0.7~0.9V 持续 10s 以上时间保持不变,或由低电平与高电平之间变化频率低于 10 次/min 以上。此时表明氧传感器失效。

车辆运行中,当氧传感器失效时,ECU 将自动切断氧传感器信号,对空燃比进入开环控制。这时由于不能将空燃比反馈控制在理论空燃比附件,将导致发动机燃油消耗量和有害气体排放量都将大大增加。

第五节 微机控制点火系统

汽油发动机采用微机控制点火系统可将点火提前角控制在最佳值,使可燃混合气燃烧产生的温度和压力达到最大值,从而在提高发动机动力性的同时,降低燃油消耗量和有害气体的排放量。

一、微机控制点火系统的控制功能

为满足现代汽油发动机对点火系统的要求,在微机控制点火系统中,电子控制器(ECU)一般都具有最佳点火提前角控制,通电时间(闭合角)控制和爆燃反馈控制等功能。

二、微机控制点火系统的组成

微机控制点火系统主要由凸轮轴位置(上止点位置)传感器、曲轴位置(曲轴转速与转角)传感器、空气流量(负荷)传感器、节气门位置(负荷)传感器、冷却液温度传感器、进气温度传感器、车速传感器、爆燃传感器、各种控制开关、发动机电子控制器(ECU)、点火模块(点火控制器)、点火线圈以及火花塞等组成。图 13-60 所示为桑塔纳 2000GSi、3000 型轿车微机控制直接点火系统的组成。

1. 传感器与开关信号

在微机控制点火系统中,传感器用来检测与点火有关的发动机工作和状况信息,并将检测结果输入 ECU,作为计算和控制点火提前角的依据。在微机控制点火系统中,除爆燃传感器之外,其他传感器大多与燃油喷射系统、怠速控制系统等共用。

各种开关信号用于修正点火提前角。例如,起动开关信号用于起动时修正点火提前角;空调开关信号用于怠速工况下使用空调时修正点火提前角;空档开关仅在采用自动变速器的汽车上使用,ECU 利用该开关信号来判断发动机是处于空档停车状态还是行驶状态,然后对点火提前角进行必要的修正。

2. 电子控制器

目前汽车发动机大多数都采用集中控制系统,其中微机控制点火系统仅是电子控制器的一个子系统。在 ECU 的只读存储器中,除存储有监

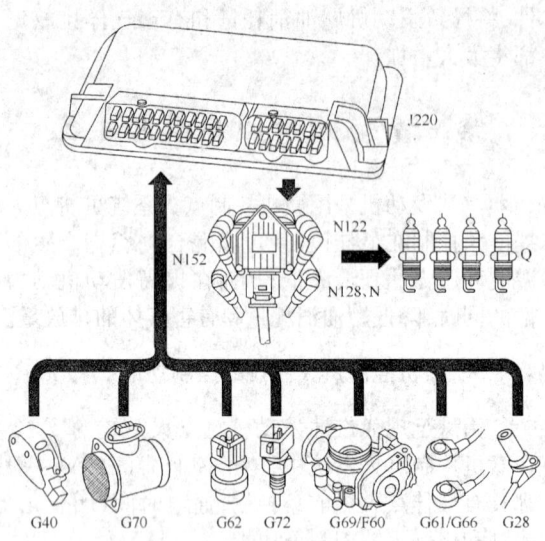

图 13-60 桑塔纳 2000GSi、3000 型轿车
微机控制直接点火系统的组成

G40. 凸轮轴位置(上止点位置)传感器　G70. 空气流量传感器　G62. 冷却液温度传感器　G72. 进气温度传感器　G69/F60. 节气门位置传感器　F60. 怠速触点开关　G61/G66. 爆燃传感器　G28. 曲轴位置(曲轴转速与转角)传感器　J220. 电子控制器　N152. 点火控制组件　N122. 点火控制器　N128、N. 点火线圈　Q. 火花塞

控和自检等程序之外,还存储有该型发动机在各种工况下的最佳点火提前角。CPU 不断接收上述各种传感器发送的信号,并按预编程序进行计算和判断后,向点火控制器发出最佳点火提前角和点火线圈一次电路导通时间的控制信号。

3．点火执行元件

微机控制点火系统的执行元件主要包括点火模块、点火线圈和火花塞等。点火模块又称点火控制器、点火电子组件、点火器或功率放大器,是微机控制点火系统的功率输出级,它接受 ECU 输出的点火控制信号并进行功率放大,以驱动点火线圈工作。

点火模块的电路、功能与结构依车而异,有的点火模块与点火线圈安装在一起并配有较大面积的散热器散热,如桑塔纳 2000GSi、3000 型轿车的点火模块(点火控制组件);有的与 ECU 制作在同一块电路板上,如北京切诺基汽车 4.0L 发动机集中控制系统;有的为独立总成,用线束与 ECU 相连接,如丰田轿车采用的 TCCS 系统。

(1)点火控制组件的结构

汽车采用的点火线圈按结构形式分为开磁路式和闭磁路式两种。微机控制点火系统普遍采用闭磁路式点火线圈。例如,桑塔纳 GLi、2000GLi、2000GSi、3000 型轿车以及捷达、红旗等轿车微机控制点火系统均采用闭磁路式点火线圈。

①桑塔纳 2000GSi、3000 型轿车点火控制组件(N152)的结构特点:桑塔纳 2000GSi、3000 型轿车采用了直接点火系统,每两个气缸共用一个点火线圈,4 个气缸共用两个闭磁路式点火线圈。两个点火线圈与点火控制器组装成一体,称为点火控制组件或点火动力组件,固定在发动机气缸体上,整体结构如图 13-61 所示。

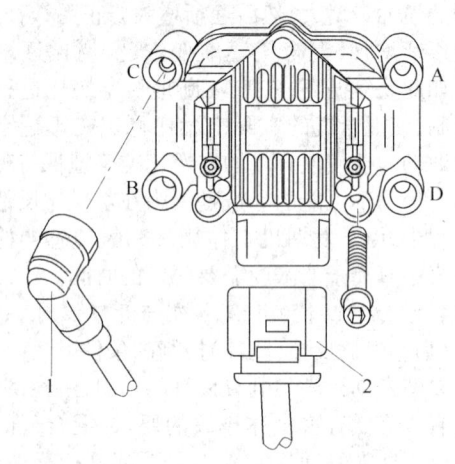

图 13-61　点火控制组件的结构

1．第三缸高压线　2．点火控制组件线束插头
A——一缸高压插孔　B——二缸高压插孔
C——三缸高压插孔　D——四缸高压插孔

在点火控制组件(N152)壳体上标注有各缸高压插孔标记 A、B、C、D,分别对应于一、二、三、四缸高压插孔。

点火控制组件(N152)的内部电路如图 13-62 所示,两个线圈一次绕组电路的接通与切断由点火控制器(N122)根据电子控制器(J220)发出的指令进行控制。一、四缸共用一个点火线圈(N128),一次绕组电流由电子控制器(J220)的端子 78 发出的信号进行控制;二、三缸共用一个点火线圈(N),一次绕组电流由电子控制器(J220)的端子 71 发出的信号进行控制。当每个线圈一次绕组的电流切断时,二次绕组中产生的高压电同时分配到两个气缸的火花塞跳火。

②桑塔纳 2000GSi、3000 型轿车点火控制组件(N152)的控制原理:当点火开关接通时,15 号电源线以及点火控制组件端子 2 电源接通。当电子控制器(J220)根据曲轴位置传感器(CPS)、凸轮轴位置传感器(CIS)、节气门位置传感器(TPS)

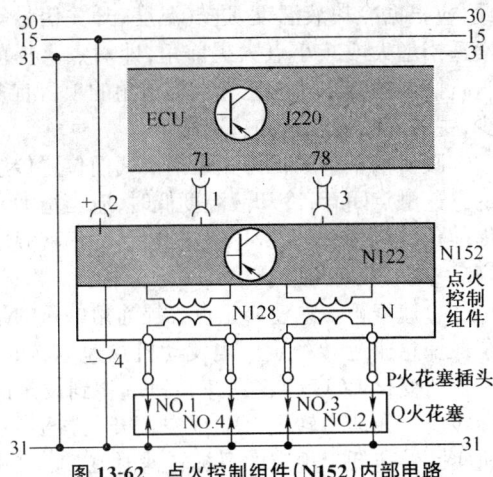

图 13-62 点火控制组件(N152)内部电路

J220. 电子控制器 71. 二、三缸点火电流控制端子
78. 一、四缸点火电流控制端子 N. 二、三缸点火线圈
N122. 点火模块 N128. 一、四缸点火线圈

以及温度传感器(CTS)等信号确定一、四气缸需要点火时，立即从控制端子78发出控制脉冲信号，使点火模块(N122)中控制点火线圈(N128)的功率三极管截止，点火线圈(N128)的一次绕组电流被切断，其二次绕组中产生高压电并加到一、四气缸火花塞上同时跳火。

当二、三气缸需要点火时，电子控制器(J220)便从控制端子71发出控制脉冲，使点火控制器(N122)中控制点火线圈(N)的三极管截止，线圈(N)的一次绕组电流切断，二次绕组产生高压电并加到二、三气缸火花塞上同时跳火。

(2) 闭磁路式点火线圈的结构与电路

汽车用闭磁路式点火线圈的结构基本相同(见图6-4、图6-5)，桑塔纳GLi、2000GLi型轿车微机控制点火系统采用闭磁路式点火线圈，其电路连接如图13-63所示。当点火开关接通时，低压

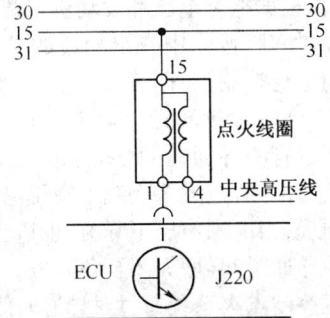

图 13-63 桑塔纳 GLi、2000GLi 点火线圈电路连接
1. 点火线圈负极 4. 高压插孔 15. 点火线圈正极
J220. 电子控制器

电源经点火开关15端子和15号电源线加到点火线圈15端子(点火线圈正极)上。点火线圈1端子(点火线圈负极)与电控单元(ECU)内部的大功率三极管连接。其一次绕组电流的接通与切断由发动机ECU内部电路进行控制。电控单元通过计算导通角大小来控制点火线圈一次绕组的通电时刻，通过计算点火提前角大小来控制一次绕组电流的切断时刻。

三、微机控制点火系统的工作过程

1. 微机控制点火原理

微机控制点火原理如图13-64所示，曲轴位置传感器向电子控制器(ECU)提供发动机转速、曲轴转角信号，转速信号用于计算确定点火提前角，转角信号用于控制点火时刻(点火提前角)。空气流量传感器和节气门位置传感器向ECU提供发动机负荷信号，用表计算确定点火提前角。其他传感器信号(冷却液温度信号、进气温度信号、车速信号、空调开关信号以及爆燃传感器信号等)，用于修正点火提前角。

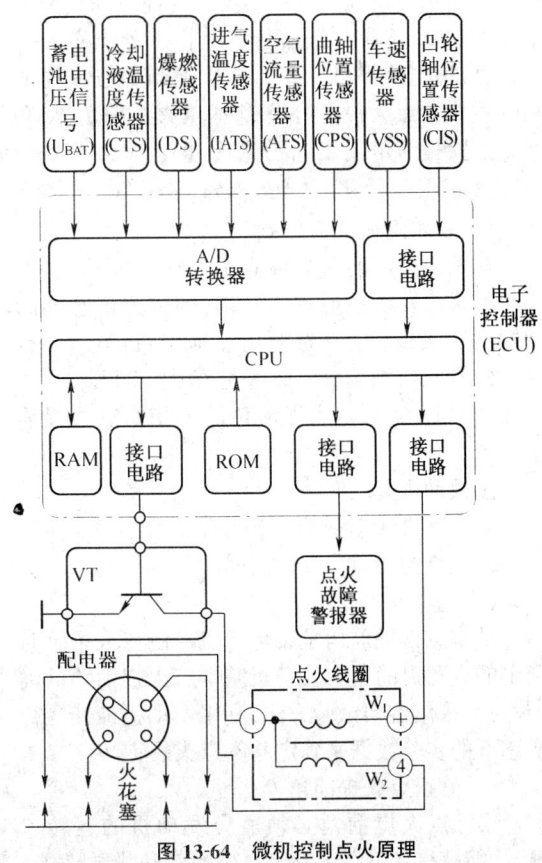

图 13-64 微机控制点火原理

①发动机在正常状态下对点火时刻的控制过程:发动机在正常状态下工作时,CPU通过上述传感器把发动机的工况信息采集到随机存储器中,并不断检测凸轮轴位置传感器信号(即标志位信号),判定是哪一缸即将到达压缩上止点。当接收到标志信号后,CPU立即开始对曲轴转角信号进行计数,以便控制点火提前角。同时,CPU根据反映发动机工况的转速信号、负荷信号以及与点火提前角有关的传感器信号,从只读存储器中查询出相应工况下的最佳点火提前角。在此期间,CPU一直在对曲轴转角信号进行计数,判断点火时刻是否到来。当曲轴转角等于最佳点火提前角时,CPU立即向点火控制器发出控制指令,使功率三极管截止,点火线圈一次绕组电流切断,二次绕组产生高压电,并按发动机点火顺序分配到各缸火花塞跳火点燃混合气。

②当发动机处于起动、急速或汽车滑行工况时,设有专门的控制程序和控制方式进行控制。

2. 微机控制最佳点火提前角的确定与控制

通常把发动机发出功率最大和油耗最少的点火提前角称为最佳点火提前角。要使发动机发出最大的功率,不应在压缩行程上止点处点燃混合气,而应适当地提早一些。微机控制的点火提前角 θ 由初始点火提前角 θ_i、基本点火提前角 θ_b 和修正点火提前角 θ_c 三部分组成,即

$$\theta = \theta_i + \theta_b + \theta_c$$

(1)初始点火提前角 θ_i

初始点火提前角亦称固定点火提前角,其值大小取决于发动机形式,并由曲轴位置传感器的初始位置决定,一般为上止点BTDC6°~BTDC12°,如桑塔纳2000GLi型轿车为BTDC8°。在下列情况时,实际点火提前角等于初始点火提前角:

①发动机起动时。
②发动机转速低于400r/min时。
③检查初始点火提前角时。

(2)基本点火提前角 θ_b

基本点火提前角是设计微机控制点火系统时确定的点火提前角。发动机基本点火提前角的确定,通常采用台架试验方法,利用发动机最佳运行状态下的实验数据来确定基本点火提前角。

(3)修正点火提前角 θ_c

实际点火提前角必须适应发动机的运转状况,才能获得良好的动力性、经济性和排放性能,因此,应根据冷却液温度、进气温度、开关信号等因素适当增大或减小点火提前角,即对点火提前角进行必要的修正。修正点火提前角的项目有多有少,主要有暖机修正和急速修正。

①暖机修正。暖机修正是指节气门位置传感器的急速触点闭合,冷却液温度低时,应当增大点火提前角,以促使发动机尽快暖机;当冷却液温度升高后,点火提前角应减小。

②急速修正。急速修正点火提前角的目的是为了保证急速运转稳定。当发动机急速运转时,由于负荷变化ECU会将急速转速调整到设定的目标转速。如动力转向开关或空调开关接通,发动机实际转速低于规定的目标转速时,ECU将相应地减小点火提前角,使急速运转平稳,防止发动机急速熄火。

③爆性修正:发动机爆燃修正见本节、三、5.发动机爆燃的控制。

综上所述,发动机的实际点火提前角是上述3个点火提前角之和。当传感器检测到发动机转速、负荷、水温发生变化时,ECU就会自动调整点火提前角。

(4)最大、最小点火提前角的控制

当ECU确定的点火提前角超过允许的最大提前角或小于允许的最小提前角时,发动机很难正常运转,此时ECU将以最大或最小点火提前角允许值进行限制。通常最大点火提前角的范围为:39°~45°;最小点火提前角的范围为: -10°~0°。

3. 点火导通角控制

点火导通角亦称通电时间(或闭合角),是指点火线圈一次绕组电路的点火模块中功率三极管导通期间,发动机曲轴转过的角度。导通角的控制是ECU根据电源电压和发动机转速信号,从预置的导通时间脉普图中查出相应的导通时间,对导通时间进行控制。

例如,当发动机转速升高时,ECU即适当增大功率三极管的导通时间(闭合角),以防止一次绕组电流值下降,造成二次绕组高压电下降,点火困难。同理,当电源电压下降时,也适当增大功率三极管的导通时间(增大闭合角)。

微机控制点火系统通过对导通时间(闭合角)的准确控制与调节,不但改善了点火系统的点火性能,而且还防止了一次绕组发热损坏和电能损耗。

4. 微机控制点火系统配电方式

微机控制点火系统高压电的分配方式可分为以下机械配电方式和电子配电方式。

(1) 机械配电方式

机械配电方式是由分火头将高压电分配至分电器盖旁电极,再通过高压线输送到各缸火花塞上的传统配电方式。这种配电方式存在以下缺点:

① 分火头与分电器盖旁电极之间的间隙,不仅浪费一部分电能,而且产生无线电干扰信号。

② 分火头、分电器盖或高压导线漏电时,会导致高压电火花减弱、缺火或断火。

③ 曲轴位置传感器转子由分电器轴驱动,旋转机构的机械磨损影响点火时刻的控制精度。

④ 由于分电器的安装占据一定空间,给发动机的结构布置和汽车外形的设计造成一定困难。

(2) 电子配电方式

电子配电方式是指在点火模块控制下,点火线圈的高压电按照一定的点火顺序,直接加到火花塞上的直接点火方式。这种点火系统称为无分电器点火系统。由于没有机械配电方式上述缺点,因此越来越多的汽车采用了电子配电方式控制点火。常用电子配电方式分为双缸同时点火和各缸单独点火两种配电方式,如图13-65所示。

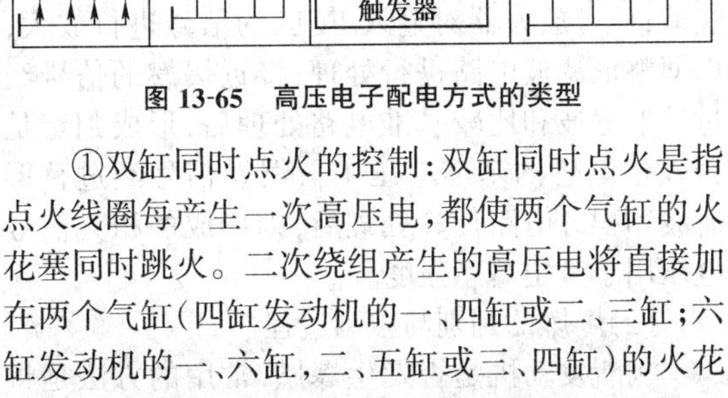

图13-65 高压电子配电方式的类型

① 双缸同时点火的控制:双缸同时点火是指点火线圈每产生一次高压电,都使两个气缸的火花塞同时跳火。二次绕组产生的高压将直接加在两个气缸(四缸发动机的一、四缸或二、三缸;六缸发动机的一、六缸,二、五缸或三、四缸)的火花塞电极上跳火。

双缸同时点火时,高压电的分配方式又分为二极管分配和点火线圈分配两种形式。

a. 二极管分配式双缸同时点火的控制。利用二极管分配高压电的双缸同时点火电路原理如图13-66所示。点火模块中的两只功率三极管分别控制一个一次绕组,两只功率三极管由电子控制器(ECU)按点火顺序交替控制其导通与截止。

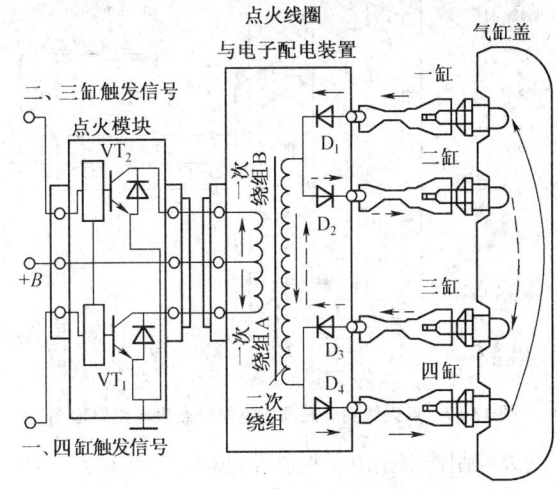

图13-66 二极管分配高压电同时点火电路原理图

当电子控制器(ECU)将一、四缸的点火触发信号输入点火模块时,功率三极管 VT_1 截止,一次绕组A中的电流切断,二次绕组中就会产生高压电动势,图13-66中实线箭头方向所示为在二次绕组高压电动势的作用下,二极管 D_1、D_4 正向导通,一、四缸火花塞电极跳火,高压放电电流构成的回路;D_2、D_3 反向截止,不能构成放电回路,因此,二、三缸火花塞电极上无高压火花放电电流而不能跳火。

同理,当ECU将二、三缸点火触发信号输入点火控制器时,三极管 VT_2 截止,一次绕组B中的电流切断,二次绕组产生高压电动势,此时 D_2、D_3 正向导通,二、三缸火花塞电极跳火,高压放电电流经图13-66中虚线箭头所指方向构成回路。

b. 点火线圈分配式双缸同时点火的控制。点火线圈直接分配高压的同时点火电路原理如图13-67所示。桑塔纳2000GSi、3000型,捷达AT、GTX和奥迪200等型轿车点火系统采用了这种配电方式。

点火线圈组件由两个(四缸发动机)或三个(六缸发动机)独立的点火线圈组成,每个点火线圈供给成对的两个火花塞工作(四缸发动机的一、四缸和二、三缸分别共用一个点火线圈;六缸发动机一、六缸,二、五缸和三、四缸分别共用一个点火线圈)。点火控制组件中设置有与点火线圈数量相等的功率三极管,分别控制一个点火线圈工作。

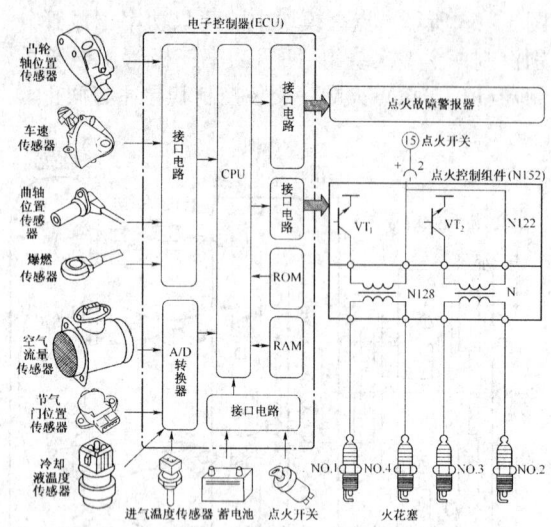

图 13-67 点火线圈分配高压电同时点火电路原理图

信号放大电路、整形滤波电路、比较基准电压形成电路、积分电路、提前角控制电路和点火模块等组成。

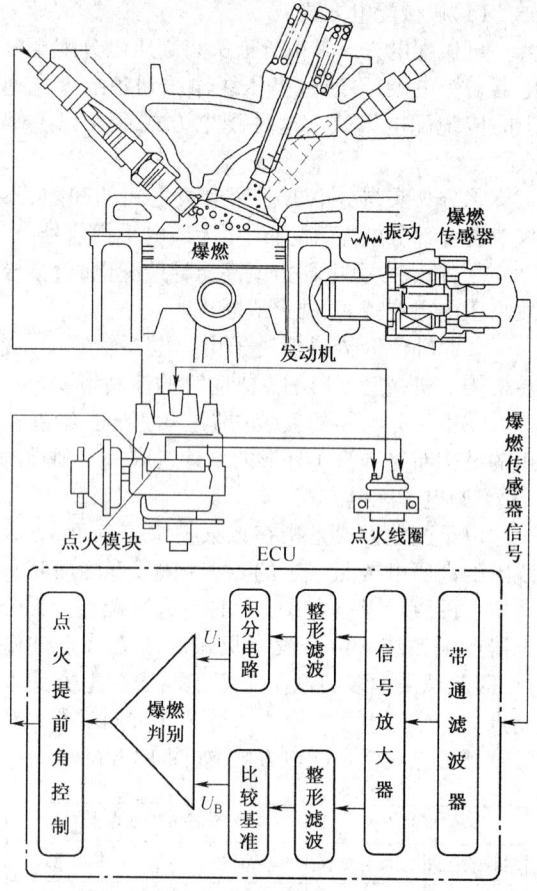

图 13-69 爆燃控制系统组成与爆燃控制过程

点火控制器根据电子控制器(ECU)输出的点火控制信号,按点火顺序轮流触发功率三极管导通与截止,从而控制每个点火线圈轮流产生高压电,再通过高压线直接输送到成对的两缸火花塞电极间隙上跳火点着可燃混合气。

c. 高压二极管的作用。如图 13-68 所示,在微机控制直接点火系统中,高压二极管的作用:防止二次绕组在一次绕组电流接通时产生的电压(约为 1 000V)加到火花塞电极上而导致误跳火。

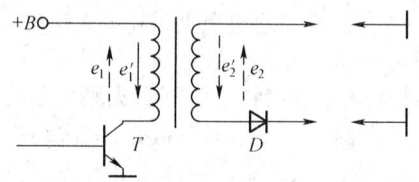

图 13-68 高压二极管的作用

部分直接点火系统在点火线圈二次绕组与火花塞之间的高压回路中,设置有 3~4mm 的空气间隙,其作用也是为了防止误跳火。

②各缸单独点火的控制:所谓各缸单独点火方式是每一个气缸都配有一个点火线圈,并安装在火花塞上方。在点火控制器中,设置有与点火线圈相同数目的大功率三极管,分别控制每个线圈二次绕组电流的接通与切断,其工作原理与同时点火方式相同。

5. 发动机爆燃的控制

(1)爆燃控制系统的组成

带有爆燃控制的点火提前角闭环控制系统如图 13-69 所示,它由爆燃传感器、带通滤波电路、

爆燃传感器用于检测发动机是否发生爆燃;带通滤波器只允许发动机爆燃信号(或接近爆燃的信号输入 ECU 进行处理,其他频率的信号则被衰减;信号放大器对输入 ECU 的信号进行放大,以便整形滤波电路进行处理;接近爆燃的信号经过整形滤波和比较基准电路处理后,形成判定是否发生爆燃的基准电压 U_B;爆燃信号经过整形滤波和积分电路计算处理后,则形成的积分信号电压用于判定爆燃强度。

(2)爆燃的判别与控制过程

判断发动机是否发生爆燃,常用的方法是将发动机无爆燃时的传感器输出电压与产生爆燃时的输出电压进行比较,从而作出判定结论。

①基准电压的确定:爆燃的基准电压通常利用发动机即将爆燃时的传感器输出信号电压来确定。如图 13-70 所示,首先对传感器输出信号进

行滤波和半波整流,利用平均电压求得信号电压的平均值,然后再乘以常数倍即可形成基准电压 U_B,平均值的倍数由设计制造时试验确定。基准电压不是一个固定值,其值将随发动机转速升高而增大。

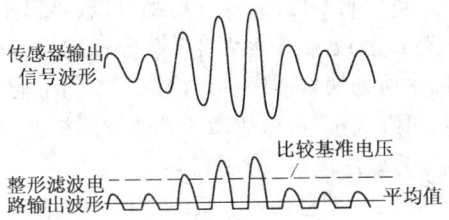

图 13-70 基准电压的确定方法

②爆燃强度的判别:判定爆燃强度常用的方法如图 13-71 所示,首先利用基准电压值对传感器输出信号进行整形处理,然后对整形后的波形进行积分计算,求得 U_i 值。爆燃强度越大,U_i 值越大;反之,爆燃强度越小,U_i 值越小。当 U_i 值超过基准电压值 U_B 时,ECU 将判定发动机发生爆燃。

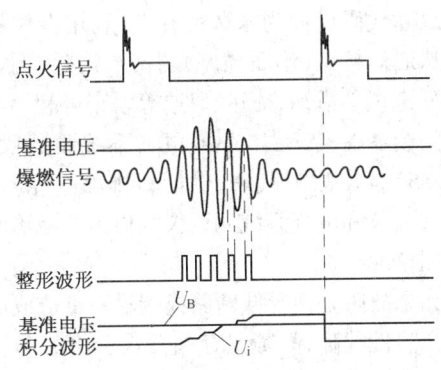

图 13-71 爆燃强度判定方法

③发动机爆燃的控制过程:爆燃控制是一个闭环控制系统,发动机工作时,ECU 根据各传感器信号,从存储器中查寻出相应的点火提前角控制点火时刻,控制结果由爆燃传感器反馈到 ECU 输入端,ECU 再对点火提前角进行修正,控制过程见图 13-69 所示。

第六节 发动机电子控制系统故障诊断与检修

汽车电子控制系统故障绝大多数都发生在传感器、执行器、连接器和线束等部件上,ECU 出现故障的可能性很少。因此,检查排除电子控制系统故障主要是检修零部件、连接器和线束。在确认所有零部件正常后,才检测 ECU 有无故障。

一、发动机电子控制系统故障诊断检修程序与方法

1. 诊断程序

电控发动机汽车是以电子控制系统为控制核心而工作的。当电控汽车发生故障时,其诊断程序和方法与化油器式发动机汽车有所不同。实践证明,可按下述程序进行诊断与检修。

①向用户询问有关情况:如故障发生时间、发生条件(如气候条件、道路状况及发动机工况等);故障现象或症状;故障发生频率;是否进行过检修以及检修过哪些部位等。

②直观检查:检查电气与电子控制系统的部件有无丢失;电气线路的连接器或接头有无松动脱接;导线有无断路、搭铁、错接及烧焦痕迹;管路有无折断、错接或凹瘪等。

③基本检查:在诊断发动机电子控制系统故障时,为了尽快确定故障性质与部位,尽可能少走弯路,在对汽车进行直观检查后,可按图 13-72 所示程序进行基本检查,包括怠速检查调整与点火正时的检查调整。

④按"汽车自诊断测试系统"介绍的诊断测试方法进行自诊断测试、读取故障代码等。如有故障代码,则按故障代码表指示的故障原因和部位逐一排除故障;如无故障代码但故障症状依然存在,则通过故障征兆模拟试验来判试验线路或部件工作是否正常,同时参照"故障征兆表"进行诊断检查,以便缩小故障范围。

⑤如按上述程序诊断检修仍不能排除故障,说明发动机可能有机械故障和其他故障,可按"发动机机械故障与其他故障征兆表"进行诊断与排除。

2. 诊断方法

诊断发动机电子控制系统故障时,常用以下几种模拟故障征兆试验方法进行:

①振动试验法:当振动可能是导致产生故障的主要原因时,就可利用振动法进行检验。试验方法主要包括:在水平和垂直方向轻轻摆动连接器、线束、导线接头;用手轻轻拍打传感器、执行器、继电器和开关等控制部件(注意继电器不能用

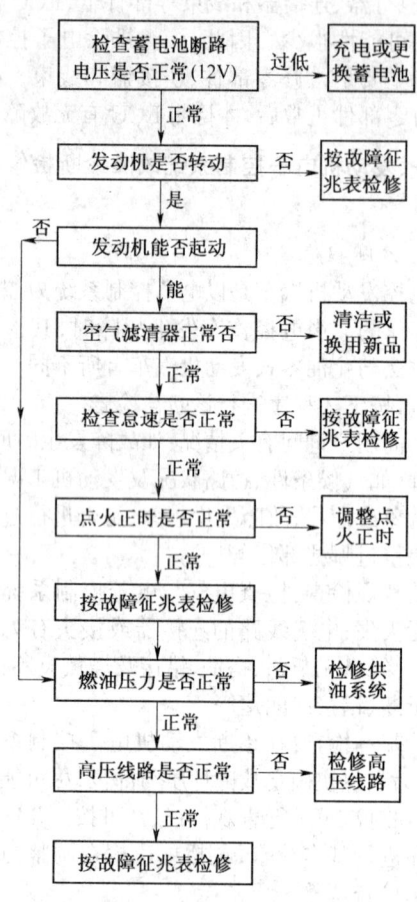

图 13-72 发动机电子控制系统
故障基本检查程序

力拍打,以免产生误动作)。

②加热试验法:当汽车故障是在热机出现或是由某些传感器与零部件受热所致时,可用电加热吹风机等加热工具对可能引起故障的零部件或传感器进行适当加热,以检查其是否有此故障(注意加热温度不得超过 60℃,且不能对 ECU 进行加热)。

③水淋试验法:当故障在雨天或湿度较大的条件下产生时,可通过喷淋试验检查诊断故障。试验时,将水喷洒在散热器前面和汽车顶部,间接改变温度和湿度检查其是否发生故障(注意不能将水直接喷洒在电器与电子控制系统零部件上,以免造成短路和其他故障)。

二、发动机电子控制系统故障征兆表

"故障征兆表"是检查与排除故障的主要参考依据之一。当控制系统发生故障时,根据故障现象,按照被检车辆故障征兆表中阿拉伯数字由小到大的顺序检查对应的零部件,能够较快地排除故障。

在诊断排除燃油喷射式发动机汽车故障时,如按故障代码不能排除故障,则可按《维修手册》提供的 D 型或 L 型燃油喷射系统(EFI)"故障征兆表"中所列编号顺序进行检查。如仍不能排除故障,可继续按"机械故障和其他故障征兆表"中所列编号顺序进行检查排除。

D(压力)型燃油喷射系统(EFI)的"故障征兆表"见表 13-3;L(流量)型燃油喷射系统(EFI)的"故障征兆表"见表 13-4;发动机机械故障和其他故障的"故障征兆表"见表 13-5。

三、故障诊断仪(或阅读器)的正确使用

目前汽车电子控制装置的电子控制器 ECU 中配有一个故障码存储器,当被监测的传感器或执行元件出现故障时,电脑自动将该故障编成代码存储在故障码存储器中,并且带有故障种类说明。故障代码设计为永久性存储,利用专用故障仪可从通信接口(诊断插座)调出或清除,例如大众系列汽车桑塔纳、捷达、奥迪等轿车可利用专用故障阅读器 V·A·G1551 或电气系统测试仪 V·A·G1552 读出故障代码,供诊断排除故障参考。故障阅读仪和电气系统测试仪统称为故障诊断仪或检测仪。

如果故障是由导线断路或接触不良造成的暂时(偶然)性故障,故障码存储器也会将故障代码存储起来,显示屏显示这类故障时有"/SP"标记。如果偶然性故障在发动机连续起动 35 次之后不再出现,那么存储器将自动清除该故障代码。

下面以桑塔纳 2000GSi 型轿车燃油喷射系统故障诊断为例说明专用故障阅读器的用法。

1. 故障自诊断功能

桑塔纳 2000GSi 型轿车专用测试仪 V·A·G1551 或 V·A·G1552 可供选择的功能有 10 项,见表 13-6。虽然桑塔纳 2000GSi 型轿车电控系统故障的自诊断也是用故障测试仪 V·A·G1551 或 V·A·G1552 进行,但是在显示内容上与桑塔纳 2000GLi 型轿车有所不同。

表13-3 D型燃油喷射系统故障征兆表

征兆	检查顺序/部位	开关信号电路	点火信号电路	水温传感器	进气温度传感器	支管压力传感器	节气门位置传感器	起动信号电路	爆燃传感器	空档起动开关电路	空调信号电路	燃油泵电路	油压调节器	燃油管路	喷油器	怠速控制阀	主继电器	节气门缓冲器	燃油切断系统	发动机与变速器ECU	燃油品质	燃油泄漏	机械或其他故障	机油泄漏	起动继电器	空档起动开关	起动机	火花塞	分电器	节气门拉线	制动系统	冷却风扇系统	离合器	气缸压缩不良
不能起动	发动机不能转动																								1	3	2							
	起动机不转		9																								1							
	无起动征兆																			10	6								1					8
起动困难	有起动征兆					4							3		6					7							1							5
	发动机转动缓慢				2	1																					1							
	常温起动困难	9	10	4	11							5	5	7	13	3	3			14	1							2	12					8
	冷机起动困难			1	5			2				6	5	7	8	4				9	3													
	热机起动困难			1	4							6	5	7	8	3		4		9	2													
	刚刚起动后正常			2																5										1				
急速失常	急速转速过高			2	5	10	6			8	7	6	5		9	3		4		10	1							3	4					9
	急速转速过低		12	1		7	3					6		5	4	3				5	1							2	4					6
	急速不稳	3		5	10	8						12	11	7	11	2			1	13	3							4	5		2		1	6
	急速缺火			9			7					6	5	13	8	8				9	1													
驾驶性能不良	加速发抖			1	4	3	2					6	3	7	14	8		4		15								4	5					
	回火			2	6	4	5	2			1		1	4	7					9	2							2	3					
	消声器"放炮"									8										5								3						
	失火						6		1						4					5														
	发动机爆燃			7		1						3	4	2	8					9	1								3					
发动机失速	刚刚起动就失速													4	6					7														
	踩下加速踏板失速						2						5	5						3														
	松开加速踏板失速					1										1	1			3														
	空调器工作时失速										1					2				3														
	失速N位拨到D位									14	15									3														
其他故障	燃油消耗量过大								3						8				6	9	2	1	17					7	8	3	5		4	9
	发动机过热			11	16	13	12					10								3			4	1				2				1		
	温度过低																						2	1										
	机油消耗过大																						2	2										
	机油压力过高																						2	1										
	机油压力过低																																	
	起动机运转不停止																								1		2							

表13-4 L型燃油喷射系统故障征兆表

检查顺序 征兆 部位	开关信号电路	点火信号电路	主氧传感器	水温传感器	进气温度传感器	副氧传感器	空气流量传感器	节气门位置传感器	起动信号电路	爆燃传感器	空档起动开关电路	主继电器	备用电源电路	喷油器	冷起动喷油器	怠速控制阀	燃油泵电路	真空控制阀	排气再循环系统	可变电阻器	空调A/C信号电路	燃油品质	燃油泄漏	冷却液泄漏	机油泄漏	真空管漏气	起动机及继电器	空档起动开关	点火线圈	火花塞	分电器	节气门拉线	冷却风扇系统	气缸压缩不良	制动系统	自动变速器	防盗与门锁控制系统	发动机与自动变速器ECU	发动机机械和其他故障
不能起动 — 发动机不能转动												3															1	4									2		3
不能起动 — 起动机不转		2																									1	2											6
不能起动 — 有起动征兆		1		9								1		5	11	7	3									5			2	4	4			8				13	12
起动困难 — 发动机起动缓慢	13		17	11	14		7	6						6			10												1		3								3
起动困难 — 常温起动困难				9	10		3		1					8	12	2	2	3				9							4	4	3							16	15
起动困难 — 冷机起动困难					10				1					4	8	2	3												5	6	5			7				11	15
起动困难 — 热机起动困难					11				1					5	7	2	4					13				14			6	6	8								
怠速失常 — 刚刚起动后怠速不正常		1														2																							3
怠速失常 — 怠速转速过高		3											6			2																						7	
怠速失常 — 怠速转速过低		1		9			7				5	4	8			1	5		10	6	3									6	5	4						11	
怠速失常 — 怠速不稳	1	7		2			3	8			4		13	4	16	2	9	12	5		2	15				14			10	12	11			8				19	18
驾驶性能不良 — 加速缺火	1			6	5		2	7		2				3		2	4		5	5		5				7			7	9	8							9	8
驾驶性能不良 — 回火		6			7		7	6						9	4	3	8			3	3	1				1													14
驾驶性能不良 — 消声器 "放炮"		1		6			9							4	8		10		5	5									2		3							2	10
驾驶性能不良 — 加速时爆震				8						2				6			2		3	3	2					7				5	4							15	14
驾驶性能不良 — 发动机熄燃	1													4			4									4				3								
发动机失速 — 刚刚起动后就失速				6												3	3					1																	6
发动机失速 — 踩下加速踏板后失速							2							1		1				5		5				4				5								4	3
发动机失速 — 松开加速踏板后失速							2							2		2	2																					3	
发动机失速 — 从N位拨到D位失速											11																												
其他故障 — 怠速或起动机时失速	1	6	18	6	7			8						13	15	16	12	14			3									9		10	4	5	11	3	20	1	22	21
其他故障 — 燃油消耗量过大																						2	1										2						3
其他故障 — 发动机冷却温度过热																								1															2
其他故障 — 发动机冷却液量过低																								1									1						2
其他故障 — 机油消耗量过大																									1														2
其他故障 — 机油压力过高																									1														2
其他故障 — 起动机运转时停止																											1												2

第六节 发动机电子控制系统故障诊断与检修

表 13-5 发动机机械故障和其他故障的故障征兆表

征兆	检查部位	气门间隙	配气正时	正时同步带	水泵	气门导管	机油泵	主轴承或连杆轴承	气缸盖	活塞环	散热器	节温器	传动带	液力耦合器	水温开关	机油压力开关	机油滤清器溢流阀
不能起动	发动机不能转动																
	起动机不转																
	无起动征兆		1														
	有起动征兆	1	2	3					4								
起动困难	发动机转动缓慢							1									
	常温起动困难		1	2													
	冷机起动困难																
	热机起动困难																
怠速失常	刚刚起动后怠速不正常																
	怠速转速过高																
	怠速转速过低																
	怠速不稳	1	2	3						5	4						
	怠速缺火	1	2	3													
驾驶性能不良	加速发抖		1	2						3							
	回火		1	2													
	消声器"放炮"		1	2													
	发动机喘振	1															
	发动机爆燃																
发动机失速	刚刚起动后就失速																
	踩下加速踏板后失速																
	松开加速踏板后失速																
	空调器工作时失速																
	从 N 位拨到 D 位失速																
	起动或停机时失速																
其他故障	燃油消耗量过大		1	2						3							
	发动机过热		6	7	8		9		10		2	3	1	4	5		
	发动机冷却液温度过低										1	2			3		
	机油消耗量过大					1				2							
	机油压力过高						2	3								1	
	机油压力过低															1	2
	起动机运转不停止																

表 13-6 桑塔纳 2000GSi 型轿车故障测试仪可供选择的功能

代码	功能	前提条件	
		发动机停转,点火开关接通	发动机急速运转
01	显示控制系统版本号	—	—
02	读取故障代码	是	是
03	执行机构测试	是	否
04	进入基本设定	是	是
05	清除故障代码	是	是
06	结束输出	是	是
07	控制模块编号	—	—
08	读取测量数据块	是	是
09	读取单个测量数据	×	×
10	自适应测试	×	—

注:(1)发动机停转,点火开关接通进行基本设定时,必须在更换电控单元(J220)、节气门控制组件(J338)、发动机或拆下蓄电池电缆后,才能选择代码"04"进行基本设定。

(2)发动机急速运转进行基本设定时,冷却液温度高于80℃才能进行,如果冷却液温度低于80℃,基本设定功能将被锁止。

(3)自适应测试目前仅用于厂内检查。

2. 读取故障代码

采用故障诊断仪进行诊断测试时,蓄电池电压必须高于 11.5V;燃油喷射系统 27 号熔丝正常;发动机和变速器上的搭铁线连接必须可靠。读取故障代码的操作程序如下:

① 起动发动机进行至少 220s 的试车。试车中应当满足的条件有:必须在发动机冷却液温度高于 70℃ 的情况下至少运转 174s;发动机至少高速运行 6s;发动机运转 210s 后至少再急速运转 10s;发动机转速至少有一次超过 2200r/min。

对于发动机不能起动的车辆,首先应当排除机械故障,然后反复接通起动开关,使发动机转动数次。

② 连接故障测试仪。桑塔纳 2000GSi 型轿车电控汽油喷射系统设有一个 16 端子故障诊断插座,又称为故障阅读仪接口,是一个标准的 OBD-Ⅱ插座,安装在变速器操纵手柄下端皮质护套下面,如图 13-73 所示。诊断电控系统故障时,断开点火开关,用测试线束 V·A·G1551/3 的 5 端子插头将故障阅读仪 V·A·G1551 或电气系统测试仪 V·A·G1552 连接,另一端的 16 端子插头与诊断插座连接,即可进行诊断测试。测试线束 V·A·G1551/3 两插头各端子的关系见图 13-74 和表 13-7 所示。

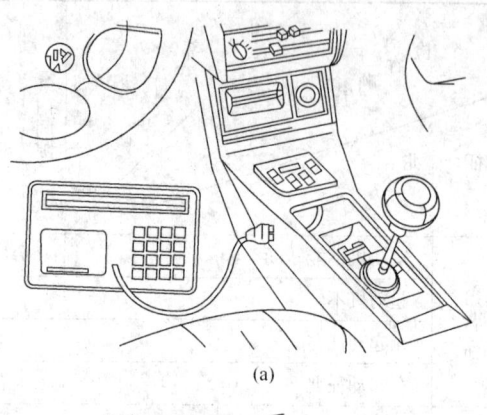

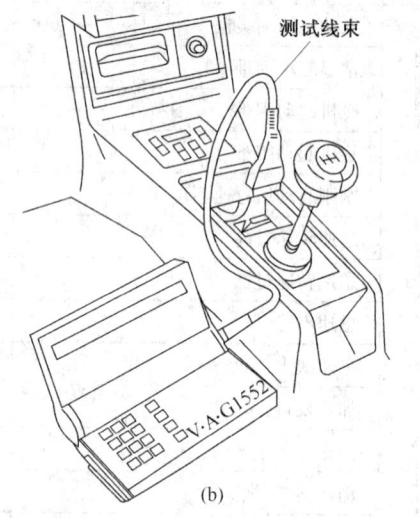

图 13-73 桑塔纳 2000GSi 型轿车故障诊断插座安装位置
(a) V·A·G1551　(b) V·A·G1552

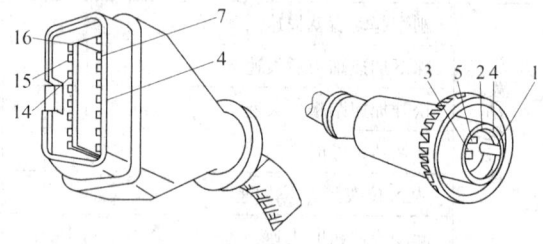

图 13-74 测试仪 V·A·G1551/3 的插头

表 13-7 测试仪 V·A·G1551/3 两插头各端子的关系

5 端子插头	16 端子插头
3—蓄电池(−)	4
1—K 线	7
5—灯线	14
4—L 线	15
2—蓄电池(+)	16

③ 接通电源进入诊断测试程序。首先接通点火开关或起动发动机急速运行(如故障导致发动

机不能起动,则接通点火开关),然后接通故障诊断仪电源开关。此时故障诊断仪进入"车辆系统测试"模式,显示如下所示。

```
Test of vehicle system        HELP
Enter address word            ××
```
↓译文
```
车辆系统测试                  帮助
输入地址代码                  ××
```

④输入"发动机控制系统"的地址指令"01",并单击"Q"键确认,地址指令代表的系统名称就会出现在屏幕上(单击C键可以改变输入指令)。电控单元确认后将显示如图13-75所示的电控单元信息(注意:只有在点火开关接通或发动机运转时,才能显示控制器的编号和代码)。需要特别指出的是:由于汽车使用的电控单元以及诊断仪使用的程序卡型号不同,各项功能所显示和打印的内容会有所不同。

```
Test of vehicle system        Q
01-Engine electronic
```
↓译文
```
车辆系统测试                  Q
01-发动机电子控制系统
```

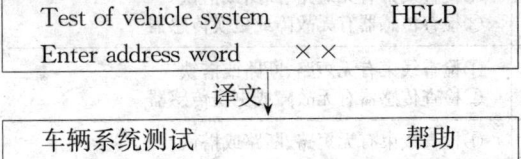

图13-75　输入电控单元地址代码"01"后显示的信息

注:330 907 404——电控单元零件编号(实际编号参见配件目录);1.8L——发动机排量(1.8升);R4/5V——直列四缸5气门发动机;MOTR——燃油喷射系统(MOTRONIC)名称;HS——手动变速器;D01——电控单元软件代码(程序编号);Coding 08001——电控单元编码;WSC××××××——服务站代码。

⑤单击"→"键,直到诊断仪屏幕上显示输入"功能选择代码",如下所示。

```
Test of vehicle system        HELP
Select function               ××
```
↓译文
```
车辆系统测试                  帮助
功能选择代码                  ××
```

⑥输入读取故障代码的功能选择代码"02",并单击"Q"键确认,屏幕上将首先显示存储故障的数量或显示"没有故障被识别",显示如下所示。

```
×  Faults recognised!         →
```
↓译文
```
×  个故障被识别!              →
```

如果没有故障代码,则显示屏显示如下所示。

```
No faults recognised!         →
```
↓译文
```
没有故障被识别!
```

⑦单击"→"键继续运行,每一个故障的文字说明将单独显示在屏幕上,如下所示。

```
Engine speed sensor-G28
No Signal                     /SP
```
↓译文
```
发动机转速传感器-G28
无信号                        偶然性故障
```

如果使用V·A·G1551型测试仪,单击"Print"键接通打印机("Print"键上的指示灯将发亮),存储的一个或多个故障代码及其文字说明将按存储故障的顺序打印出来。为了使打印输出的故障代码与维修手册印制的故障代码表一一对应,故障代码均按5位数字排列,桑塔纳2000GSi型轿车的故障代码见表13-8。

表13-8　桑塔纳2000GSi型轿车发动机电控系统故障代码

V·A·G1551打印码	故障部位	排除方法
00000	无故障	如果汽车有故障,说明故障没有被控制系统识别
00513	发动机转速传感器(G28)	①检查曲轴位置传感器有无松动 ②检查线束有无短路、断路或搭铁 ③检查传感器有无故障或更换传感器
00515	霍尔式凸轮轴位置传感器(G40)	①检查霍尔传感器转子的安装位置是否准确 ②检查线束有无短路、断路或搭铁 ③检查传感器有无故障或更换传感器

续表 13-8

V·A·G1551 打印码	故 障 部 位	排 除 方 法
00518	节气门控制组件的节气门位置传感器(电位计,G69)	①检查线束有无短路、断路或搭铁 ②检查传感器有无故障或更换传感器
00522	冷却液温度传感器(G62)	①检查线束有无短路、断路或搭铁 ②检查传感器有无故障或更换传感器
00524	一、二缸用 1 号爆燃传感器(G61)	①检查线束有无短路、断路或搭铁 ②更换传感器
00527	进气温度传感器(G72)	①检查线束有无短路、断路或搭铁 ②检查传感器有无故障或更换传感器
00530	节气门怠速位置传感器(G88)	①检查线束有无短路、断路或搭铁 ②检查传感器有无故障或更换传感器
00540	三、四缸用 2 号爆燃传感器(G66)	①检查线束有无短路、断路或搭铁 ②更换传感器
00553	空气流量传感器(G70)	①检查线束有无短路、断路或搭铁 ②检查传感器至发动机之间是否漏气 ③检查传感器是否脏污
00668	30 号电源线电压低	①检查蓄电池电压是否过低 ②检查整体式交流发电机能否发电
01165	节气门控制组件 J338 基本设定错误	①检查控制组件与 ECU 是否匹配 ②检查节气门或控制电动机(V60)是否卡死 ③重新进行基本设定
01247	活性炭罐电磁阀(N80)	①检查电磁阀线圈电阻(20℃时标准值 40~80Ω) ②检查线束有无短路、断路或搭铁
01249	第一缸喷油器(N30)	①检查线束有无短路、断路或搭铁 ②检查喷油器线圈电阻(20℃时标准值 13~18Ω)
01250	第二缸喷油器(N31)	①检查线束有无短路、断路或搭铁 ②检查喷油器线圈电阻(20℃时标准值 13~18Ω)
01251	第三缸喷油器(N32)	①检查线束有无短路、断路或搭铁 ②检查喷油器线圈电阻(20℃时标准值 13~18Ω)
01252	第四缸喷油器(N33)	①检查线束有无短路、断路或搭铁 ②检查喷油器线圈电阻(20℃时标准值 13~18Ω)

在显示屏下面一行显示的是故障类型,如果故障类型后面显示有"/SP"字样,表明该故障为偶然性故障。

故障代码及其类型显示完毕,显示屏将显示输入"功能选择代码",见上述⑤所示。此时输入"功能选择代码",可继续进行诊断测试。

3. 清除故障代码

故障排除后应及时清除故障代码,否则再次读取故障代码时,此次故障代码会一并调出。

如果电控单元电源切断(如控制器插头被拔下)或蓄电池极柱上的电缆端子被拆下,那么故障代码存储器中存储的故障信息将被清除。

利用故障诊断仪 V·A·G1551 或 V·A·G1552 清除桑塔纳 2000GSi 型轿车发动机电子控制系统故障代码的操作程序如下:

①按读取故障代码的操作程序①~⑤进入诊断测试"功能选择"。当诊断仪屏幕上显示输入"功能选择代码"时,如下所示,输入"读取故障代码"的功能选择代码"02",并单击"Q"键确认。

```
Test of vehicle system        HELP
Select function   ××
```

译文↓

```
车辆系统测试              帮助
功能选择代码   ××
```

②单击"→"键,直到显示出所有的故障代码,并在屏幕上显示输入"功能选择代码"时,输入"清除故障代码"的功能选择代码"05",并单击"Q"键确认,显示如下所示。

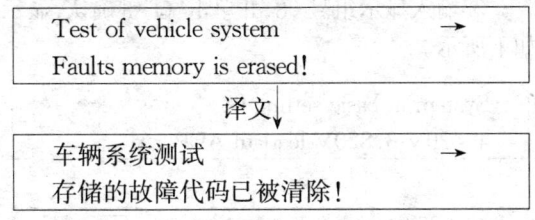

③单击"→"键,直到故障代码被清除,并在屏幕上显示输入"功能选择代码"时,输入"结束输出"功能选择代码"06",并单击"Q"键确认。

④重新试车并再次读取故障代码,不得有故障代码显示。

4. 执行机构的测试

桑塔纳 2000GSi 型轿车发动机电子控制系统执行机构的诊断测试又称为最终控制诊断。诊断测试执行机构时,电控单元将逐一激活每一个执行元件并产生相应的执行动作,从而可以检查每一个执行元件及其电路的技术状况。

(1)测试注意事项

①电控系统执行机构诊断测试只能在接通点火开关、发动机不运转的情况下进行。如果起动发动机运转,电控单元接收到转速信息时就会立即终止执行元件测试。

②在诊断测试执行元件期间,被测执行元件将连续动作,直到单击"→"键时该元件动作才结束,并进入下一个执行元件测试。

③在测试期间,能够听到执行元件动作的声音或通过触摸感觉到动作情况。

④需要重复进行执行元件测试时,必须断开点火开关 2s 以后,才能再次进行测试。

⑤在执行元件测试期间,电动燃油泵将连续工作,测试进行 10min 之后将自动结束。

⑥执行元件测试顺序为:第一缸喷油器(N30)、第二缸喷油器(N31)、第三缸喷油器(N32)、第四缸喷油器(N33)、活性炭罐电磁阀(N80)。

(2)测试程序与方法

①按读取故障代码的操作程序①~⑤进入诊断测试"功能选择"(但只接通点火开关,不起动发动机)。在诊断仪屏幕上显示输入"功能选择代码"时,输入"执行机构自诊断"的功能选择代码"03",显示如下所示。

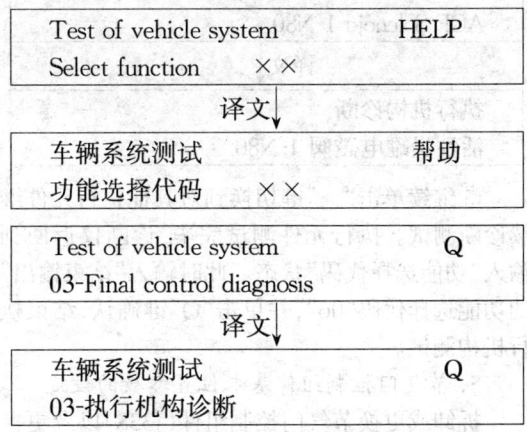

②单击"Q"键确认后,即开始对执行元件进行诊断测试。执行元件的诊断顺序由电控单元决定,并通过显示屏显示出来,如下所示。

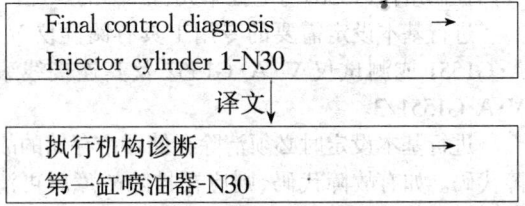

此时踩下加速踏板,使节气门控制组件(J338)中的怠速触点断开,第一缸喷油器将连续发出 5 次"咔嗒"声;如果没有发出"咔嗒"声,表明第一缸喷油器或其线路故障,需要检修或更换喷油器。

③单击"→"键,切换到下一个执行元件(即第二缸喷油器)测试,显示如下所示。并用踩下加速踏板测试第一缸喷油器的相同方法,分别检查其他各缸喷油器是否发出"咔嗒"声。

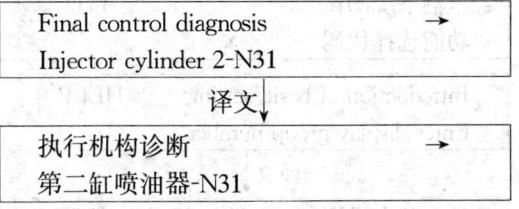

④单击"→"键切换到对活性炭罐(N80)进行诊断测试,显示如下所示。此时活性炭罐电磁阀必须连续动作(可以听到"咔嗒"声,用手触摸电磁阀时应有振动感),并持续到单击"→"键切换到对下一个执行元件测试。如果活性炭罐电磁阀不动作,则须检修或更换电磁阀。

```
┌─────────────────────────────────┐
│ Final control diagnosis      →  │
│ ACF Solenoid 1-N80              │
└─────────────────────────────────┘
            译文↓
┌─────────────────────────────────┐
│ 执行机构诊断                  →  │
│ 活性炭罐电磁阀 1-N80             │
└─────────────────────────────────┘
```

⑤继续单击"→"键切换到对其他执行元件继续诊断测试。执行元件测试完毕，诊断仪返回到输入"功能选择代码"状态。此时输入"结束输出"的功能选择代码"06"，并单击"Q"键确认，结束执行机构测试。

5. 节气门控制组件基本位置参数的设定

拆卸或更换节气门控制组件(J338)以及更换电控单元(J220)时，必须重新进行基本设定，使电控单元记录点火开关断开（即发动机不运转）时，节气门控制组件(J338)的停止位置，从而完成节气门控制组件(J338)与电控单元(J220)的匹配。

进行基本设定需要的专用工具有阅读仪 V·A·G1551 或测试仪 V·A·G1552 及其连接线束 V·A·G1551/3。

进行基本设定时必须清除存储器中存储的故障代码。如有故障代码，则应在排除故障后再清除故障代码。基本设定的检测过程如下：

①按读取故障代码的操作程序①～⑤进入诊断测试"功能选择"（但只接通点火开关，不起动发动机）。在诊断仪屏幕上显示输入"功能选择代码"时，输入"进入基本设定"的功能选择代码"04"，并单击"Q"键确认，则显示如下所示。

```
┌─────────────────────────────────┐
│ Test of vehicle system     HELP │
│ Select function            ××  │
└─────────────────────────────────┘
            译文↓
┌─────────────────────────────────┐
│ 车辆系统测试               帮助 │
│ 功能选择代码               ××  │
└─────────────────────────────────┘

┌─────────────────────────────────┐
│ Introduction of basic setting HELP │
│ Enter display group number  ××  │
└─────────────────────────────────┘
            译文↓
┌─────────────────────────────────┐
│ 进入基本设定               帮助 │
│ 输入显示组号               ××  │
└─────────────────────────────────┘
```

此时需要输入显示组号。测试系统将显示内容分成若干个显示组，分别用 00～99 表示显示组号。其中"00"显示组可显示 10 种不同的信息，称为 10 个显示区；其他显示组每组可显示 4 种不同的信息，称为 4 个显示区。各显示组及显示区显示的详细内容请查阅 V·A·G1551 或 V·A·G1552 测试仪使用说明。其中，节气门控制组件(J338)对发动机电控单元(J220)的匹配显示组编号为 98。

②输入显示组号 98，并单击"Q"键确认，显示如下所示。

```
┌─────────────────────────────────────┐
│ System in basic setting 98       →  │
│ 4.420V 3.820V leerlauf ADP.i.o      │
└─────────────────────────────────────┘
            译文↓
┌─────────────────────────────────────┐
│ 基本设定 98                      →  │
│ 4.420V 3.820V 怠速匹配完成          │
└─────────────────────────────────────┘
```

输入显示组号"98"并单击"Q"键确认后，系统进行基本设定，屏幕上分 4 个显示区（左边为第 1 显示区，右边为第 4 显示区）显示出 4 种信息，显示内容见表 13-9。

表 13-9　显示组号 98 显示的内容及含义

显示区号	显示值	内容	备注
1	4.420V	节气门位置传感器(G69)输出电压	正常值：0～5V
2	3.820V	怠速节气门位置传感器(G88)输出电压	正常值：0～5V
3	leerlauf	发动机工况	Leerlauf：怠速 其他显示：怠速开关断开
4	ADP.i.o	电控单元(J220)与节气门控制组件(J338)的匹配状态	ADP.i.o：匹配完成 ADP.n.i.o：匹配未完成 ADP.running：正在进行匹配 ADP.ERROR：匹配错误

在基本设定过程中，怠速电动机将进入应急状态运行（调节节气门在最小、最大和 5 个中间位置移动），电控单元分别将节气门角度存储到存储器 RAM 中，该过程最多持续 10s，最后节气门处于关闭位置。如果第 4 显示区显示"ADP.i.o"，说明匹配完成；如果显示其他信息，说明匹配未完成，需要检修或更换节气门控制组件，并重新进行基本设定。基本设定被电控单元中断，其可能原因有：

a. 节气门脏污或节气门拉线调整不当,使节气门不能达到怠速时的最大开度。必要时清洗节气门支座、调整节气门拉线。

b. 蓄电池电压过低,检查蓄电池技术状况。

c. 节气门控制组件(J338)故障或连接不良。

基本设定中断后,电控单元将把"节气门控制组件(J338)基本设定有故障"编成故障码存储在故障存储器中,在下一次接通点火开关时,基本设定将再自动进行一次。

③单击"→"键,直到屏幕显示输入"功能选择代码"时,输入"结束输出"的功能选择代码"06",并单击"Q"键确认,退出测试。

6. 控制系统的数据通信

利用故障测试仪读取测量数据块功能,不仅可以调出控制系统测量的参数值并显示在测试仪屏幕上,而且可以帮助查找传感器和执行元件故障。目前故障测试仪只列出了与售后服务故障诊断重要的数据块。

(1)数据传输的测试条件

①发动机冷却液温度至少为80℃。

②散热器风扇不允许转动。

③断开空调装置开关和其他用电设备开关。

④故障存储器中无故障代码。

(2)数据传输的测试程序与方法

①按读取故障码的操作程序①~⑤进入诊断测试"功能选择"。在诊断仪屏幕上显示输入"功能选择代码"时,输入"读取测量数据"的功能选择代码"08",并单击"Q"键确认,显示屏显示出输入显示组号,如下所示。

```
Test of vehicle system      HELP
Select function             ××
```
译文↓
```
车辆系统测试              帮助
功能选择代码              ××
```

```
Read measuring value block  HELP
Enter display group number  ××
```
译文↓
```
读取测量数据块            帮助
输入显示组号              ××
```

②输入"00"显示组号,单击"Q"键确认,显示如下所示。屏幕上将显示出10种信息,10个显示区显示的内容见表13-10。

```
Read measuring value block 0   →
1 2 3 4 5 6 7 8 9 10
```
译文↓
```
读取测量数据块 0              →
1 2 3 4 5 6 7 8 9 10
```

表13-10 显示组号00显示内容(十进制显示值)

显示区号	显示内容	规定正常值	相当于实际值
1	冷却液温度	170~204	80℃~105℃
2	发动机负荷	20~50	1.0~2.5ms
3	发动机转速	70~90	700~900r/min
4	蓄电池电压	146~212	10.0~14.5V
5	节气门开度	0°~12°	0°~5°
6	怠速空气流量控制值	118~138	-2.5~+2.5kg/h
7	怠速空气流量测量值	112~144	-4.0~+4.0kg/h
8	过量空气系数调节值	78~178	-10%~+10%
9	怠速时氧传感器调节的自适应值	115~141	-0.64~+0.64ms
10	氧传感器调节的自适应值	118~138	-8%~+8%

读取测量数据块时,如果要从一个组进入另一个组,可按表13-11进行操作。

表13-11 更改显示组的方法

显示组号变化	阅读仪 V·A·G1551	测试仪 V·A·G1552
向高位组号变化	单击 3 键	单击↑键
向低位组号变化	单击 1 键	单击↓键
退回重新输入组号	单击 C 键	单击 C 键

③输入显示组号"01"或在显示组号"00"测试后单击 3 键(V·A·G1551测试仪)或单击"↑"键(V·A·G1552测试仪),然后单击"Q"键确认,显示如下所示。屏幕将显示出4种信息,4个显示区显示的内容见表13-12。

```
Read measuring value block 1      →
800r/min 2.20ms 3° 12°bef.TDC
```
译文↓
```
读取测量数据块 1                  →
800r/min 2.20ms 3° 12°bef.TDC
```

表 13-12　显示组号 01 显示内容及功能

显示区号	正常显示值	内容	显示值的隐含功能	
1	(800±30)r/min	发动机怠速转速,每 40 步显示变化一次	如急速转速低于 770r/min,说明: (1)发动机有额外负荷 (2)节气门卡死 (3)节气门控制组件损坏	如急速转速高于 830r/min,说明: (1)急速开关 F60 未闭合或损坏 (2)进气系统漏气量较大 (3)节气门卡死 (4)节气门控制组件损坏 (5)空调装置未断开
2	1.0~2.5ms	曲轴每转一圈理论上的喷油时间	小于 1.0ms,说明: (1)供气系统漏气 (2)燃油压力过高	大于 2.5ms,说明: (1)空气流量传感器故障 (2)节气门控制组件损坏 (3)用电设备未断开 (4)转向盘转到了极限位置
3	0°~5°	节气门开度	大于 5°,说明: (1)节气门控制组件(J338)没有基本设定 (2)节气门拉索需要调整 (3)节气门控制组件故障	
4	12°±4.5°	点火提前角(上止点前角度)	小于 12°,说明发动机负荷过大	

④继续输入其他显示组号,可以显示相应的测量值。读取数据块测试完毕,单击"→"键,直到屏幕显示输入"功能选择代码"时,输入"结束输出"的功能选择代码"06",并单击"Q"键确认,退出测试。

7. 发动机怠速的检查

电控燃油喷射发动机的怠速转速是由发动机电子控制器(ECU)预先设定,使用中不能调整。但可以通过自诊断测试查找故障原因。

(1)发动机怠速测试条件
①测试时散热器风扇不允许转动。
②发动机冷却液温度高于 80℃。
③断开空调装置开关和其他用电设备开关。
④节气门拉索调整正确。

(2)发动机怠速检查程序与方法

①按读取故障码的操作程序①~⑤进入诊断测试"功能选择"。在诊断仪屏幕上显示输入"功能选择代码"时,输入"读取测量数据"的功能选择代码"08",并单击"Q"键确认。在显示屏显示见上述 6.(2)①所示的输入显示组号时,输入显示组号 03,屏幕上将显示 4 种信息,称为 4 个显示区,如下所示。

```
Read measuring value block 3        →
800r/min 13.650V 92.9℃ 43.2℃
```
译文↓
```
读取测量数据块 3                    →
800r/min 13.650V 92.9℃ 43.2℃
```

②查看第 3 显示区显示的冷却液温度值,只有当温度高于 80℃时,才能检查怠速转速。如果温度低于 80℃,说明发动机预热时间过短、冷却液温度传感器故障或其与电控单元(J220)之间的导线断路,检修后再检查怠速。

③查看第 1 显示区显示的发动机怠速转速,标准值为(800±30) r/min。如果怠速转速不在标准值范围内,输入显示组号"20",并单击"Q"键确认,显示正常的信息如下所示。

```
Read measuring value block 20       →
800r/min 0.000 A/C-Low Kompr. AUS
```
译文↓
```
读取测量数据块 20                   →
800r/min 空调关闭 压缩机关闭
```

④查看以上③显示中第 3 显示区显示的内

容,如果显示 A/C-High,说明空调处于接通状态,应当断开空调开关;如果第 4 显示区显示 Kompr.EIN,说明空调开关接通,压缩机在运转,应当断开空调开关。

⑤输入显示组号"04",并单击"Q"键确认,显示正常的信息如下所示。

```
Read measuring value block 4    →
3∠° 0.23g/s 0.00g/s Leerlauf
```
译文↓
```
读取测量数据块 4              →
3° 0.23g/s 0.00g/s 怠速
```

⑥查看以上显示中第 4 显示区显示的内容,如果显示其他内容,应当检查怠速开关。

⑦查看以上⑤显示中第 1 显示区显示的内容,标准值应为 0°~5°。如果显示不符合标准值规定,应当检查节气门控制组件(J338)与电控单元(J220)的匹配情况。

⑧输入显示组号"05",并单击"Q"键确认,显示正常的信息如下所示。

```
Read measuring value block 5    →
810r/min 800r/min 1.7% 2.9g/s
```
译文↓
```
读取测量数据块 5              →
810r/min 800r/min 1.7% 2.9g/s
```

⑨查看上述⑧显示中第 1 显示区显示的怠速转速,标准值应为(800±30)r/min。

(3)怠速转速过低的原因
怠速转速过低(低于 770r/min)的原因:
①发动机负荷过大。
②节气门卡死。
③节气门控制组件(J338)与电控单元(J220)的匹配不当。
④节气门控制组件(J338)损坏。

(4)怠速转速过高的原因
怠速转速过高(高于 830r/min)的原因:
①怠速开关(F60)未闭合。
②进气系统漏气量较大。
③节气门卡死。
④空调开关未断开。
⑤活性炭罐电磁阀常开。
⑥节气门控制组件(J338)与电控单元(J220)的匹配不当。
⑦节气门控制组件(J338)损坏。

四、发动机不能起动

发动机不能起动故障的现象主要有:起动机带不动发动机运转;或能带动,但转动缓慢;起动机能带动发动机正常转动,但不能起动,且无着车征兆;有着车征兆,但发动机不能起动等五种情况。

1. 发动机不能起动,且无着车征兆
(1)故障现象
接通起动开关时,起动机能带动发动机正常转动,但发动机不能发动,且无着车征兆。
(2)故障原因
①燃油供给系统:油箱中无油、电动燃油泵不工作、喷油器不工作、油路压力过低。
②起动时节气门全开。
③点火系统故障。
④发动机气缸压缩压力过低。
(3)诊断与排除
发动机不能起动(无起动征兆)故障的诊断排除程序如图 13-76 所示。

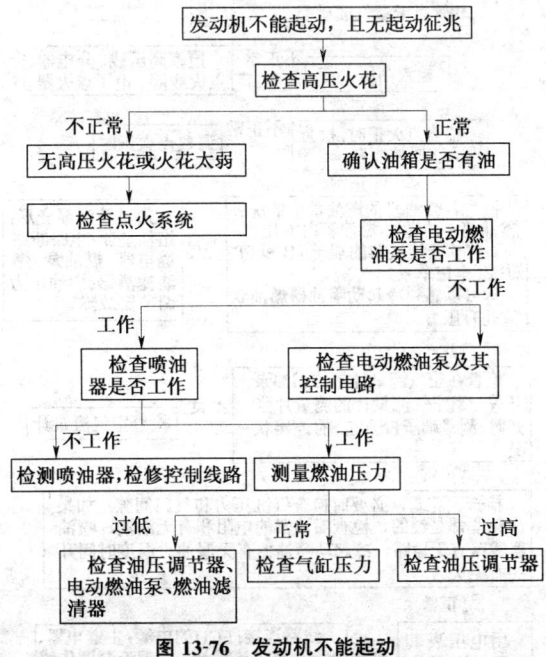

图 13-76 发动机不能起动
(无起动征兆)故障诊断排除程序

2. 有起动着车征兆,但发动机不能起动
(1)故障现象
起动发动机时,起动机能带动发动机正常转

动,有着车征兆,但不能起动。

(2)故障原因

①进气系统:进气管有漏气、空气滤清器堵塞、空气流量计有故障。

②点火系统:点火正时不正确、高压火花太弱。

③冷起动喷油器不工作。

④燃油压力太低。

⑤水温传感器有故障。

⑥喷油器漏油。

⑦喷油控制系统有故障。

⑧气缸压力太低。

(3)诊断与排除

发动机有起动征兆,但不能起动故障的诊断排除程序如图13-77所示。

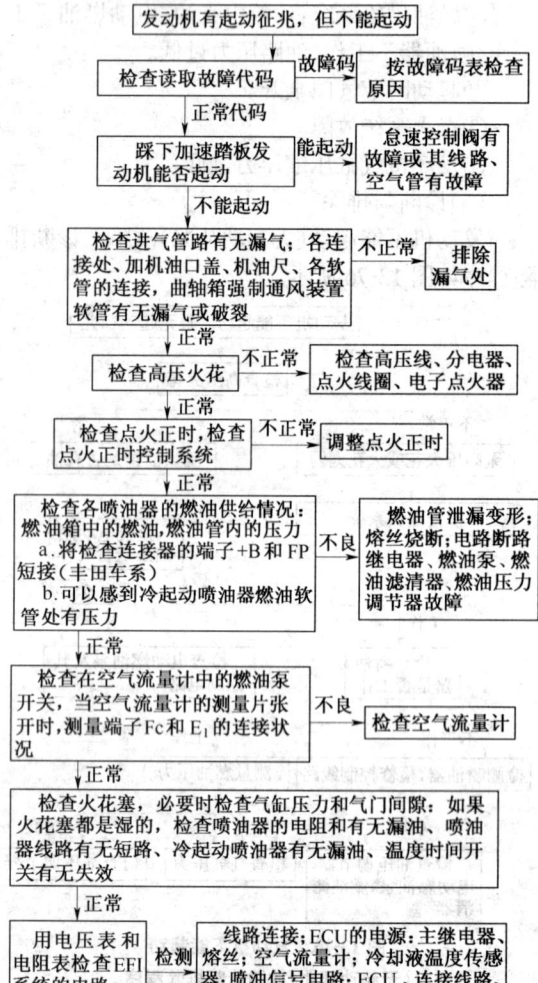

图13-77 发动机不能起动(有起动征兆)故障诊断排除程序

五、发动机起动困难

发动机起动困难故障是指起动机能带动发动机按正常速度转动,有明显着车征兆,但不能起动,或需要连续多次起动或长时间转动起动机才能起动。对于起动困难的故障,应分清是在冷车时出现还是热车时出现,或者是冷车热车均出现。该故障的原因一般在燃油喷射系统。

(1)故障现象

起动时曲轴转动速度正常,但需要较长时间才能起动,或有明显着车征兆而不能起动。

(2)故障原因

①进气系统:有漏气;空气滤清器滤芯堵塞;空气流量计故障;怠速控制阀或附加空气阀故障。

②燃油系统:燃油压力太低;冷起动喷油器不工作(冷车起动困难)或冷起动喷油器一直工作(热车起动困难)。喷油器故障(不工作、漏油、堵塞)。

③水温传感器故障。

④温度时间开关故障。

⑤点火正时不正确。

⑥起动开关至ECU的连接线断路。

⑦气缸压缩压力太低。

⑧ECU故障。

(3)诊断与排除

发动机起动困难的故障诊断与排除程序如图13-78所示。

六、发动机怠速不良

怠速不良包括怠速不稳、怠速熄火、冷车怠速不良、热车怠速不良等。

1. 发动机怠速不稳,易熄火

(1)故障现象

发动机起动正常,但不论冷车或热车,怠速均不稳定,怠速转速过低,易熄火。

(2)故障原因

①进气系统:漏气;空气滤清器堵塞;怠速控制阀或旁通空气阀工作不良;空气流量计有故障。

②油路压力太低。

③喷油器雾化不良、漏油或堵塞。

④怠速调整不当。

⑤火花塞工作不良。

⑥气缸压缩压力过低。

(3)诊断与排除

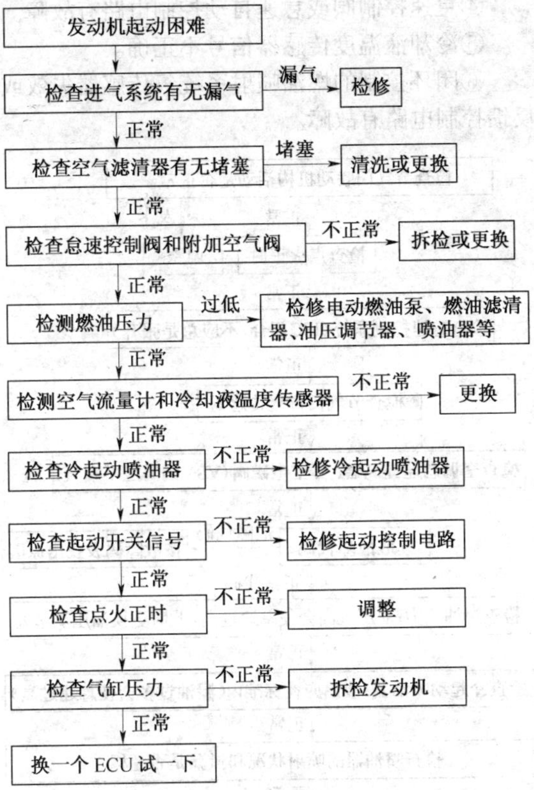

第六节 发动机电子控制系统故障诊断与检修

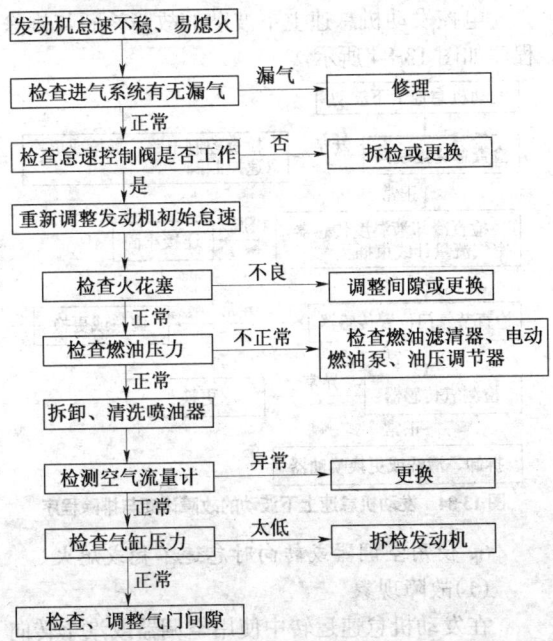

图 13-78 发动机起动困难的故障诊断与排除程序

发动机怠速不稳、易熄火的故障诊断与排除程序如图 13-79 所示。

图 13-79 发动机怠速不稳、易熄火的故障诊断与排除程序

2. 冷车怠速不稳、易熄火

(1) 故障现象

发动机冷车运转时怠速不稳或过低，易熄火，热车后怠速恢复正常。

(2) 故障原因

① 旁通空气阀故障。

② 怠速控制阀故障。

③ 冷却液温度传感器故障。

(3) 诊断与排除

电控发动机冷车怠速不稳、易熄火的故障诊断与排除程序如图 13-80 所示。

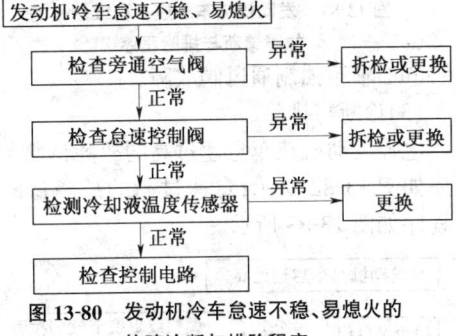

图 13-80 发动机冷车怠速不稳、易熄火的故障诊断与排除程序

3. 热车怠速不稳或熄火

(1) 故障现象

发动机冷车运转时怠速正常，热车后怠速不稳，怠速转速过低或熄火。

(2) 故障原因

① 怠速调整过低。

② 冷却液温度传感器有故障。

③ 怠速控制阀有故障。

④ 火花塞工作不良。

⑤ 喷油器工作不良。

(3) 诊断与排除

电控发动机热车怠速不稳或熄火的故障诊断与排除程序如图 13-81 所示。

4. 热车怠速过高

(1) 故障现象

发动机冷车时能以正常快怠速运转，但热车后仍保持快怠速，导致怠速转速过高。

(2) 故障原因

① 节气门卡滞、关闭不严。

② 怠速调整不当或怠速控制阀故障。

③ 旁通空气阀故障。

④ 冷却液温度传感器故障。

⑤ 空调开关、动力转向器压力开关有故障。

④怠速控制阀或怠速自动控制电路有故障。
⑤冷却液温度传感器信号不正确。
⑥闭环控制的燃油喷射系统氧传感器失效或反馈控制电路有故障。

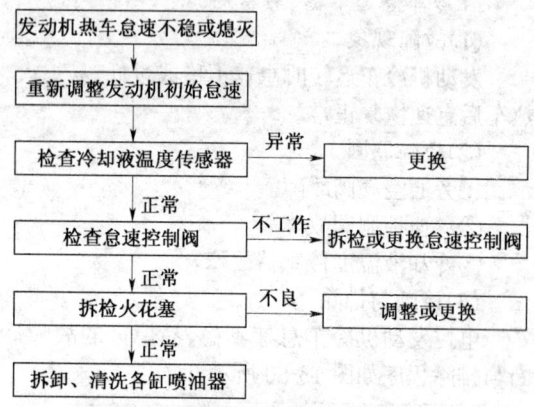

图13-81 发动机热车怠速不稳或熄火的故障诊断与排除程序

⑥曲轴箱强制通风阀故障。

(3)诊断与排除

电控发动机热车怠速过高的故障诊断与排除程序如图13-82所示；怠速过高的故障诊断与排除程序如图13-83所示。

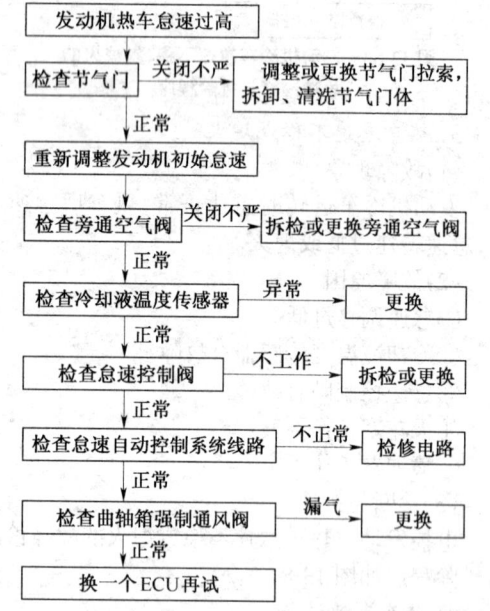

图13-82 发动机热车怠速过高的故障诊断与排除程序

5. 怠速上下波动

(1)故障现象

发动机怠速运转时转速不断地上下波动。

(2)故障原因

①怠速开关(节气门位置传感器)调整不当，在怠速时怠速开关触点不闭合。
②喷油器雾化不良或堵塞。
③空气流量计有故障。

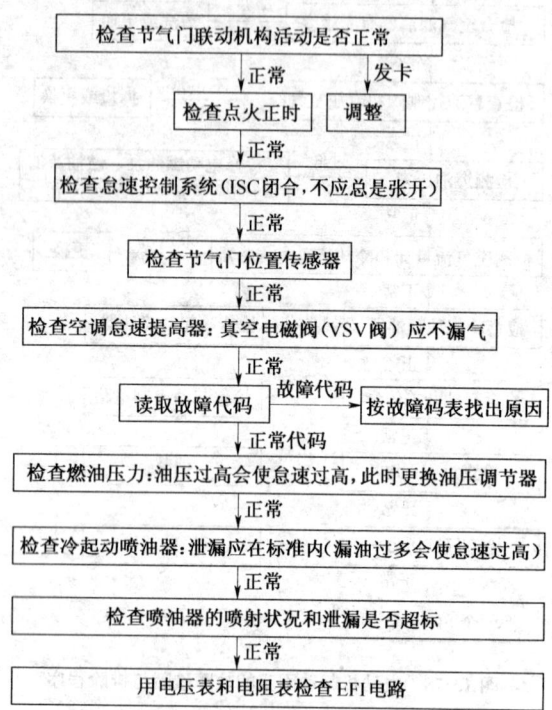

图13-83 发动机怠速过高的故障诊断与排除程序

(3)诊断与排除

电控发动机怠速上下波动的故障诊断与排除程序如图13-84所示。

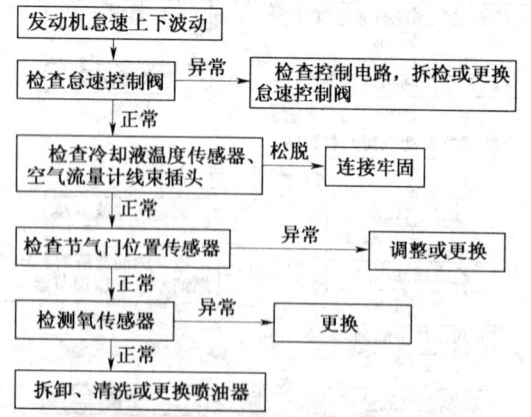

图13-84 发动机怠速上下波动的故障诊断与排除程序

6. 使用空调器或转向时怠速不稳或熄火

(1)故障现象

在发动机怠速运转中使用空调器或汽车转向时怠速过低、不稳，甚至熄火，关闭空调器或停止转向时急速运转正常。

(2) 故障原因

① 发动机初始急速调整过低,使急速自动控制无法正常进行。

② 急速控制阀不工作,在使用空调器或汽车转向时,由于空调压缩机或动力转向液压泵开始工作,增大了发动机负荷,导致急速过低、运转不稳或熄火。

③ 空调开关或转向液压开关及其控制线路有故障,使 ECU 得不到使用空调器和汽车转向的信号,没有进行急速自动控制,导致急速过低、不稳或熄火。

(3) 诊断与排除

使用空调器或转向时急速不稳或熄火的故障诊断与排除程序如图 13-85 所示。

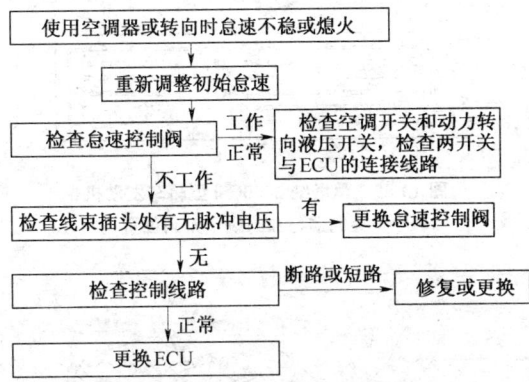

图 13-85 使用空调器或转向时急速不稳或熄火的故障诊断与排除程序

七、发动机加速不良

(1) 故障现象

踩下加速踏板后发动机转速不能马上升高,有迟滞现象,加速反应迟缓,或在加速过程中发动机转速有轻微的波动。

(2) 故障原因

① 点火提前角不正确。
② 燃油压力过低。
③ 进气系统漏气。
④ 节气门位置传感器或空气流量计故障。
⑤ 喷油器工作不良。
⑥ 废气再循环系统工作不正常。

(3) 诊断与排除

电控发动机加速不良的故障诊断与排除程序如图 13-86 所示。

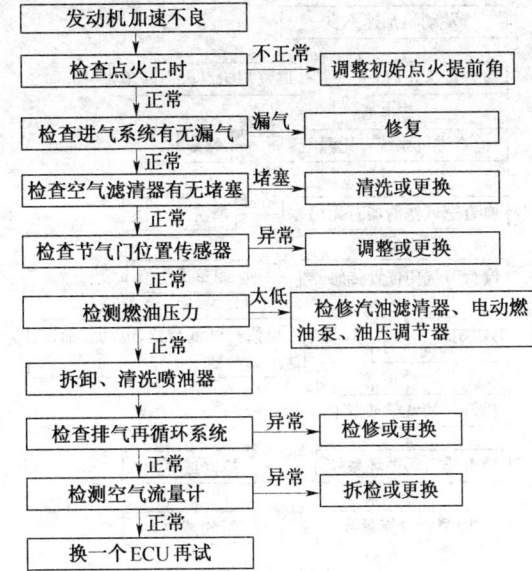

图 13-86 发动机加速不良故障诊断与排除程序

八、发动机动力不足

(1) 故障现象

发动机无负荷运转时基本正常,但带负荷运转时加速缓慢,上坡无力,加速踏板踩到底时仍感到动力不足,转速提不高,达不到最高车速。

(2) 故障原因

① 空气滤清器堵塞。
② 节气门调整不当,不能全开。
③ 燃油压力过低。
④ 蓄电池电压过低。
⑤ 喷油器堵塞或雾化不良。
⑥ 冷却液温度传感器故障。
⑦ 空气流量计故障。
⑧ 点火正时不当或高压火花太弱。
⑨ 发动机气缸压缩压力过低。

(3) 诊断与排除

发动机动力不足的故障诊断与排除程序如图 13-87 所示。

九、发动机油耗过大

(1) 故障现象

发动机动力良好,但耗油量过大,加速时排气管冒黑烟。

(2) 故障原因

① 冷却液温度传感器失常。
② 空气流量计或进气支管压力传感器失常。

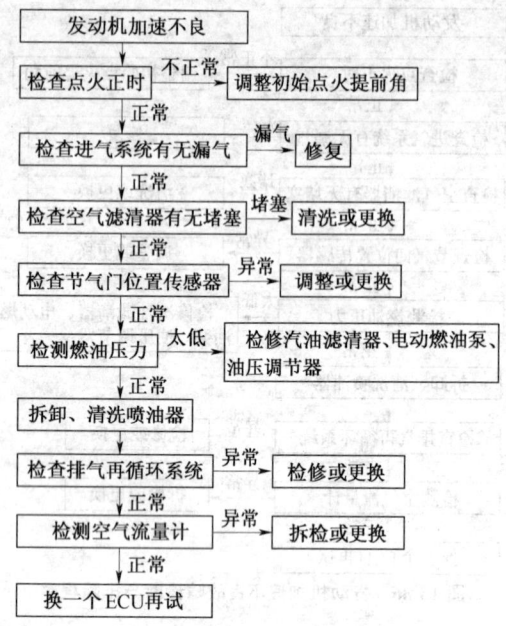

图 13-87 发动机动力不足的故障诊断与排除程序

③节气门位置传感器失常。
④燃油压力过高。
⑤冷起动喷油器漏油或冷起动控制失常。
⑥喷油器漏油。

(3) 诊断与排除

电控发动机油耗过大的故障诊断与排除程序如图 13-88 所示。

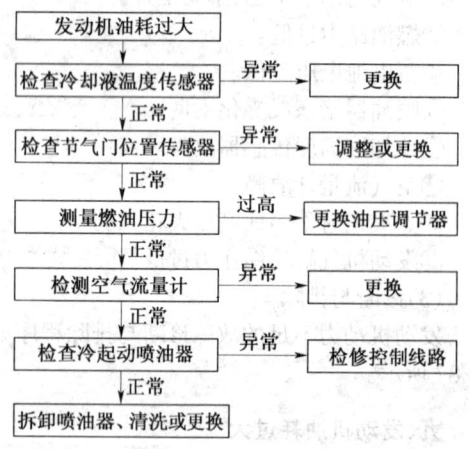

图 13-88 发动机油耗过大的故障诊断与排除程序

第七节 发动机电子控制系统检修

一、发动机电子控制系统电路故障的检修

电路故障是各种汽车电子控制系统的主要故障之一。下面以桑塔纳 2000GSi 型轿车发动机电子控制系统电路为例，说明电路故障的检修方法。

1. 发动机电子控制系统电路的特点

桑塔纳 2000GSi 型轿车发动机电子控制器 (J220) 的外形与接线端子排列位置如图 13-89 所示，电子控制器 (J220) 的线束插座上有 80 个接线端子，采用了一个 52 端子线束插头和一个 28 端子线束插头与电源、传感器和执行器连接，如图 13-90 所示，其中有效端子 36 个，其余为备用端子，各端子与零部件的连接情况见表 13-13。

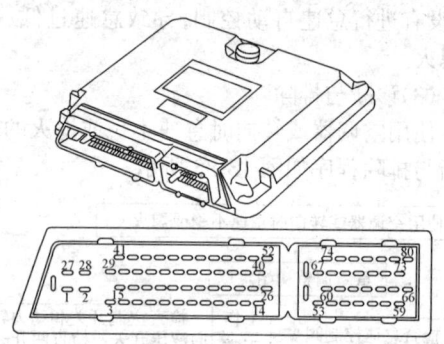

图 13-89 桑塔纳 2000GSi 型轿车发动机
电子控制器 (J220) 端子排列位置

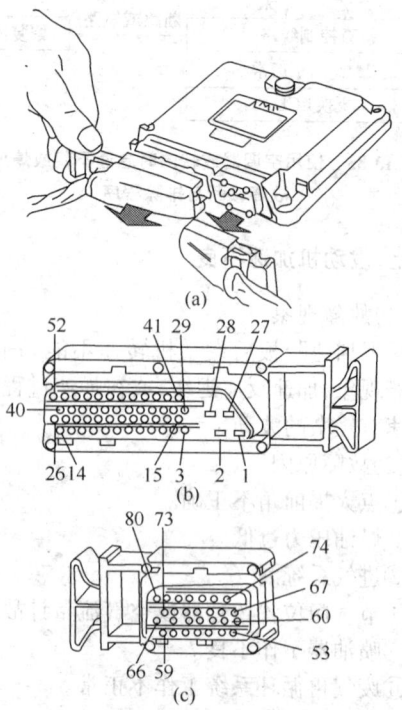

图 13-90 桑塔纳 2000GSi 型轿车发动机 ECU
(J220) 线束端子
(a) 线束端子位置　(b) 52 端子排列　(c) 28 端子排列

第七节 发动机电子控制系统检修

表13-13 桑塔纳2000GSi型轿车ECU(J220)插座上各端子的连接

端子代号	连接部位
1	EFI熔丝,受点火开关15端子控制
2	点火控制器搭铁线、爆燃与曲轴位置传感器屏蔽线搭铁(在J220旁边)
3	ECU常电源线(连接电源30端子)
4	电动燃油泵控制线
6	发动机转速信号线
8	空调压缩机信号
10	空调开关信号
11	空气流量传感器电源控制线
12	空气流量传感器信号负极
13	空气流量传感器信号正极
15	活性炭罐电磁阀控制线
19	故障诊断触发信号线
20	车速信号线
25	氧传感器负极信号线
26	氧传感器正极信号线
27	氧传感器加热电源控制线
53	冷却液温度传感器信号线
54	进气温度传感器信号线
56	曲轴位置传感器正极信号线
58	三缸喷油器控制线
59	急速控制电动机电源负极
60	三、四缸爆燃传感器(G66)信号线
62	凸轮轴位置、节气门位置、急速节气门位置传感器电源线
63	曲轴位置传感器负极信号线
65	四缸喷油器控制线
66	急速控制电动机电源正极
67	凸轮轴位置、冷却液温度、进气温度、急速开关、急速节气门位置、节气门位置与爆燃传感器负极信号线
68	一、二缸爆燃传感器(G61)信号线
69	急速开关信号线
71	二、三缸点火线圈一次绕组电流控制线
73	一缸喷油器控制线
74	急速节气门位置传感器信号线
75	节气门位置传感器信号线
76	凸轮轴位置传感器信号线
78	一、四缸点火线圈一次绕组电流控制线
80	二缸喷油器控制线

2. 发动机电子控制系统电路的检修

桑塔纳2000GSi型轿车M3.8.2型发动机电子控制系统电路故障可参见图13-91、图13-92、表13-13、表13-14以及发动机电子控制系统电路图进行检测。

检测M3.8.2型发动机电子控制系统电路故障时,首先断开点火开关,然后拔下电控单元(J220)线束插头和被测传感器或执行元件线束插头,再用万用表电阻档测量导线电阻值,应当符合表13-14的规定。表13-14中D26中的字母"D"表示中央继电器盒上代号为D的线束插座,数字"26"表示第26号端子,其余类推。

表13-14 桑塔纳2000GSi型轿车M3.8.2型发动机电控系统电路故障检测方法

检测步骤	检测对象		检测部位		额定值(Ω)
			ECU线束端子代号	零部件线束端子代号	
1	霍尔式凸轮轴位置传感器(G40)		62	1	<0.5
			76	2	<0.5
			67	3	<1.0
2	冷却液温度传感器(G62)		53	3	<0.5
			67	1	<1.0
3	进气温度传感器G72		54	3	<0.5
			67	2	<1.0
4	节气门控制组件(J338)	急速调节电动机(V60)	59	2	<1.0
			66	1	<0.5
		急速开关(F60)	69	3	<0.5
			67	7	<1.0
		急速节气门位置传感器(G88)	74	8	<0.5
			62	4	<0.5
		节气门位置传感器(G69)	75	5	<0.5
		急速开关(F60)断开	67与69	—	∞
		急速开关(F60)闭合	67与69	—	<0.5
5	一、二缸爆燃传感器(G61)		68	1	<0.5
			67	2	<1.0
			2	3	<0.5
6	三、四缸爆燃传感器(G66)		60	1	<0.5
			67	2	<1.0
			2	3	<0.5
7	发动机转速与曲轴位置传感器(G28)		63	2	<0.5
			56	3	<0.5
			2	1	<0.5
			6	D26	<0.5
8	第一缸喷油器(N30)		73	1	<1.0
			80	附加熔丝(S30)	<0.5
9	第二缸喷油器(N31)		80	2	<1.0
			附加熔丝(S30)	1	<0.5
10	第三缸喷油器(N32)		58	2	<1.0
			附加熔丝(S30)	1	<0.5

续表 13-14

检测步骤	检测对象	检测部位 ECU线束端子代号	检测部位 零部件线束端子代号	额定值(Ω)
11	第四缸喷油器(N33)	65	2	<1.0
		附加熔丝(S30)	1	<0.5
12	空气流量传感器(G70)	11	4	<0.5
		12	3	<0.5
		13	5	<0.5
		附加熔丝(S30)	2	<0.5
13	活性炭罐电磁阀(N80)	15	2	<0.5
		附加熔丝(S30)	1	<0.5
14	氧传感器(G39)	25	3	<0.5
		26	4	<0.5
		27	2	<0.5
		附加熔丝(S30)	1	<0.5
15	点火线圈(N152)	71	1	<0.5
		78	3	<0.5
		—	2与D23	<0.5
16	车速传感器	2	4	<0.5
		20	3	<0.5
17	空调压缩机	8	空调电磁离合器线圈插头	<0.5
		10	空调开关	<0.5

表 13-15。

表 13-15 电子控制汽油喷射式发动机供油系统技术标准

项 目	检测条件	技术标准
急速转速(r/min)	不能调整	800±50
最高断油转速(r/min)	—	6 000~7 000
急速时燃油压力(kPa)	不拔下油压调节器真空管	250±20
	拔下油压调节器真空管	300±20
保持燃油压力不低于(kPa)	接回真空管,点火开关断开10min	200
电磁喷油器	室温条件下电阻值(Ω)	14~15
	发动机工作时电阻增量(Ω)	4~6
	15s喷油量(ml)	40~50
	喷雾形状	小于35°圆锥雾状
	正常油压下漏油量	不多于1滴/min

供油压力的检测方法如下:

①拆开进油管接头,如图13-91所示。拆下前,在燃油分配管附近铺垫一块棉布,以便吸收流出燃油。

二、供油系统的检修

汽油喷射式发动机供油系统的检修主要是检测供油系统的供油压力、密封性能、喷油器喷油量和喷雾形状。各型汽车供油系统的检修方法基本相同,下面以桑塔纳2000GSi型轿车供油系统检修为例说明。

1. 供油系统的检测条件

桑塔纳2000GSi型轿车燃油喷射式发动机供油系统的检测条件如下:

①燃油泵继电器工作正常。
②电动燃油泵工作正常。
③蓄电池电压正常(高于11.5 V)。

2. 供油系统供油压力和密封能力的检测

为了保证供油系统在发动机各种工况下都能供给足够数量的燃油,供油系统实际供给的燃油压力并非为一固定值,桑塔纳2000GSi型轿车电子控制燃油喷射式发动机供油系统的技术要求见

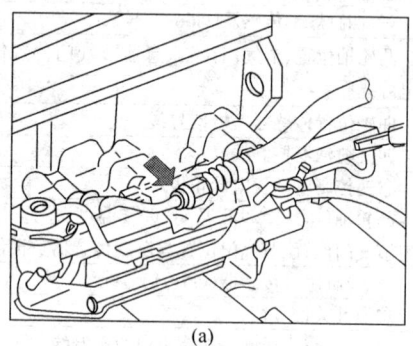

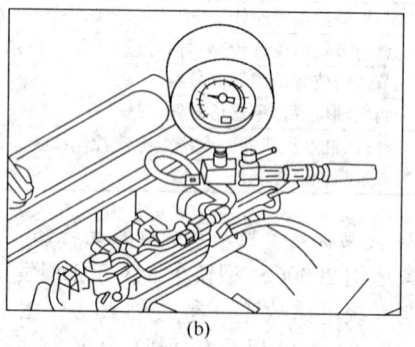

图 13-91 测量汽油供给系统的供油压力
(a)拆卸进油管 (b)测量供油压力

②将燃油压力表 V·A·G1318 串接在进油管路中,如图 13-89b 所示。

③打开燃油压力表开关,起动发动机并怠速运转,燃油压力表显示的供油压力应为 250kPa。

④踩一下加速踏板,燃油压力应在 280～300kPa 之间跳动。

⑤拔下压力调节器上的真空管,燃油表压力标准值应接近于 300kPa。

⑥接上真空管,断开点火开关,利用压力表显示的压力降低值检查油路密封性和压力保持能力。点火开关断开 10min 后,燃油压力应当保持在 200kPa 以上。如果压力低于 200kPa,则需检查燃油管路是否泄漏以及燃油分配管与喷油器的 O 形密封圈密封是否良好。如果管路无泄漏,密封圈也密封良好,则继续检查油压调节器。

⑦起动发动机并怠速运转,待压力升高到 300kPa 左右后,断开点火开关,同时用钳子夹住回油管观察压力表读数。如果压力在 10min 后高于 200kPa,说明油压调节器失效,需要换用新品。如果燃油压力低于 200kPa,说明燃油泵单向阀失效,需要更换电动燃油泵。

3. 喷油器喷油量和喷雾形状的检测

测试喷油器喷油量和喷雾形状时,燃油压力必须正常。检测程序和方法如下:

①拔下燃油压力调节器上的真空管。

②拔下所有喷油器的线束插头以及霍尔式凸轮轴位置传感器线束插头。

③从进气支管上拆下燃油分配管和 4 只喷油器。

④将 4 只喷油器的喷嘴放入喷油器喷射速率测试仪 V·A·G1602 的 4 个量杯内。

⑤用专用线束 V·A·G1348/3-2 将遥控开关 V·A·G1348/3A 与喷油器接线插座上的一个端子连接,遥控开关另一端与蓄电池正极连接,如图 13-90 所示。用测试线束 V·A·G1594 连接喷油器

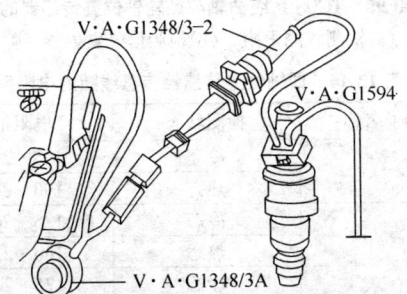

图 13-92　喷油器喷油量和喷雾形状的检测

的另一个接线端子,测试线束另一端搭铁。

⑥按读取故障代码的操作程序①～⑤进入诊断测试"功能选择"。在诊断仪屏幕上显示输入"功能选择代码"时,输入"执行机构测试"的功能选择代码"03",并单击"Q"键确认。此时燃油泵应当运转,显示屏显示如下所示。

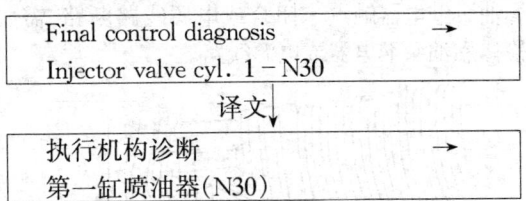

⑦查看每只喷油器滴油情况。当燃油泵运转时,每只喷油器在 1min 内允许滴油 1～2 滴。如果滴油超过 2 滴,单击"→"键,结束诊断测试,并更换有故障的喷油器。

⑧如果喷油器均良好,按下遥控开关 V·A·G1348/3A 的按钮 30s,使燃油泵泵出的燃油直接泵入量杯中,然后将量杯中的燃油量与额定值比较。与此同时,注意观察喷油器喷出圆锥雾状燃油的喷雾形状。

当燃油泵电压为 9V(燃油泵电压比蓄电池电压约低 2V)时,每 30s 的输油量应为 100～220ml;当燃油泵电压为 10V 时,每 30s 的输油量应为 280～400ml。如果实际输油量低于下限值,应当检查供油系统油压是否正常。压力过高应当更换油压调节器;压力过低应当检查油管(燃油滤清器)是否堵塞或弯曲压扁。如果某只喷油器的喷油量没有达到额定值,则更换该喷油器。

喷油器的喷雾形状应为圆锥雾状,喷雾的圆锥角度应当小于 35°,且各只喷油器喷雾形状应当相同,否则应换掉有故障的喷油器。

⑨将燃油分配管和喷油器按拆卸时的相反顺序安装到进气支管上。注意更换喷油器的 O 形密封圈以及已经损坏的密封圈和密封垫。并在喷油器的 O 形密封圈上涂上润滑油,以便安装喷油器。

三、传感器的检修

1. 热丝式与热膜式流量传感器的检修

各型热丝式与热膜式空气流量传感器的检修方法基本相同,现举例说明。

(1) 检测传感器电源电压

检测电源电压时,拔下传感器线束插头,接通

点火开关,用万用表直流电压档检测传感器插座上电源端子与搭铁端子之间的电压。检测捷达AT、GTX型轿车空气流量传感器时,拔下传感器上的5线连接器插头,如图13-93所示,接通点火开关,检测线束插头上端子2与发动机体之间的电压:规定值应不低于11.5V。如电压为零,说明燃油泵继电器触点未闭合或电源线路断路,需要检修燃油泵继电器或电源线路。

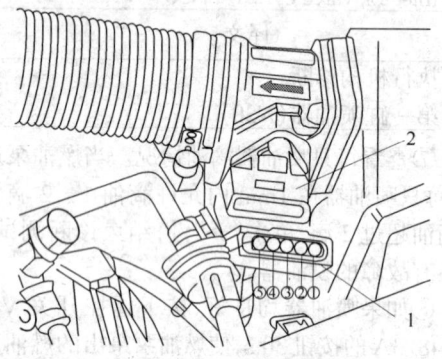

图13-93 捷达轿车空气流量传感器的检测
1. 线束插头 2. 传感器插座

(2)检测传感器信号电压

检查信号电压时,拔下传感器线束插头,将蓄电池正负极分别与传感器插座上的电源端子和搭铁端子连接,用万用表直流电压档测量信号输出端的电压;当向传感器空气入口吹气时,信号电压应随之升高。

检测尼桑轿车VG30E型发动机用热丝式空气流量传感器的方法如下:

将蓄电池正极与插座上电源端子E连接,蓄电池负极与插座上搭铁端子D连接,如图13-94所示,此时用万用表测量信号输出端子B与D端子之间的信号电压应为(1.6±0.5)V;用嘴或450W电吹风机(冷风档)向传感器空气入口吹气时,B与D端子之间的信号电压应升高到2.0～4.0V。如信号电压不变,说明传感器失效,应换用新品。

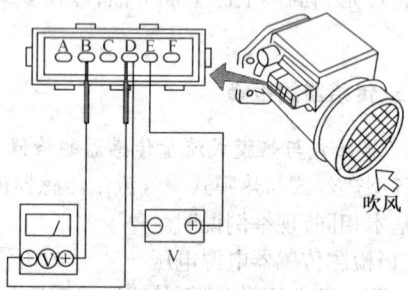

图13-94 尼桑轿车空气流量传感器的检测

(3)就车检查热丝式流量传感器的自洁功能

先将空气流量传感器的线束插头与插座插好,然后起动发动机并将转速升高到2 500r/min以上,再使发动机怠速运转。拆下空气流量传感器空气入口一端的进气管,断开点火开关,与此同时从传感器空气入口处观察热丝能否在发动机熄火5s后红热并持续1s时间(热膜式以及保持温度高于200℃的热丝式流量传感器无此功能)。

2. 磁感应式曲轴与凸轮轴位置传感器的检修

各型磁感应式传感器的检测方法基本相同,丰田汽车控制系统(TCCS)采用的磁感应式曲轴与凸轮轴位置传感器的检修方法如下。

(1)检测传感线圈电阻值

拔下传感器线束插头,其插座上各端子排列位置如图13-95a所示。用万用表电阻档(OHM ×200Ω档)检测各端子间的电阻值应当符合表13-16的规定,电阻值不符合规定则须更换传感器总成。

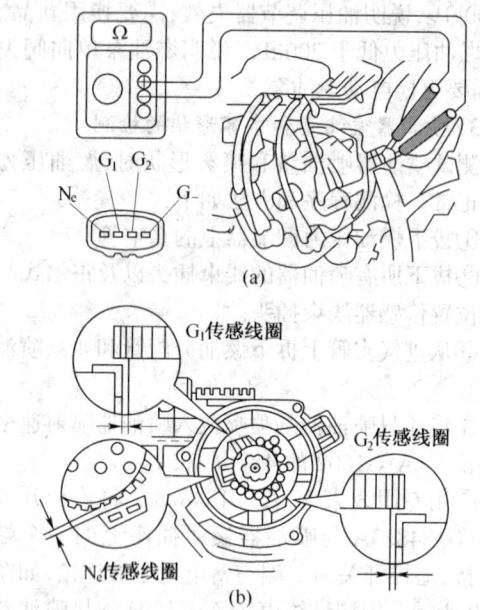

图13-95 TCCS系统曲轴与凸轮轴位置传感器的检修
(a)检测线圈电阻 (b)检测信号发生器气隙

表13-16 曲轴位置传感器传感线圈的电阻值 (Ω)

端子名称	检测状态	电阻值
Ne - G-	冷态	155～250
	热态	190～290
G_1 - G-	冷态	125～200
	热态	160～235
G_2 - G-	冷态	125～200
	热态	160～235

(2)检测传感器磁路气隙

用非导磁塞尺测量信号转子与传感线圈磁头之间的气隙,如图13-93b所示,气隙应为0.2～0.4mm,气隙不符合规定则需更换传感器总成。

3. 霍尔式曲轴与凸轮轴位置传感器的检修

各型霍尔式传感器的检测方法基本相同,切诺基汽车曲轴与凸轮轴位置传感器的技术状况可用DRBⅡ或DRBⅢ型专用检测仪进行测试。若无专用检测仪,可用高阻抗数字式万用表进行检测。

(1)检测曲轴位置传感器电源电压

切诺基汽车曲轴位置传感器连接线路如图13-96所示,线束插头为三端子插头,插头上有A、B、C三个端子。A为电源端子,连接ECU插座7端子;B为信号输出端子,连接ECU插座24端子;C为搭铁端子,连接ECU插座4端子。

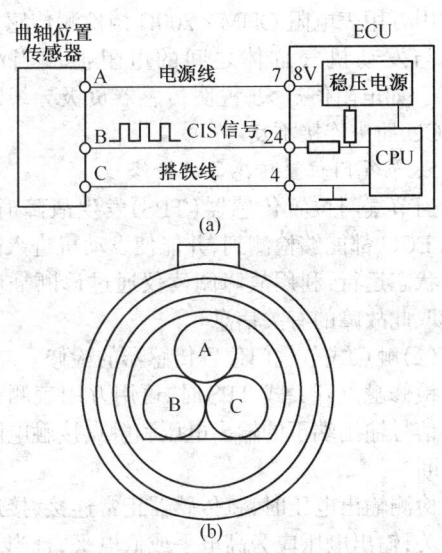

图13-96 切诺基汽车曲轴位置传感器连接线路
(a)连接线路 (b)线束插头

接通点火开关时,用万用表直流电压档检测插头上端子A与C之间的电源电压应为8V。如电源电压为0,则断开点火开关,用万用表电阻OHM×200Ω档检测A端子与ECU插头上7端子之间的电阻,电阻值应当小于0.5Ω;如电阻值为无穷大,说明电源线断路,检修或更换导线即可;如电源电压为0V,电源线路也良好,说明ECU故障,应换用新品。

(2)检测曲轴位置传感器信号电压

接通点火开关,起动发动机并运转时,传感器端子B与C之间的信号电压应在0.3～5V之间变化。可在B、C端子之间串接一只发光二极管(正极连接B端子)和一只300Ω/0.25W电阻进行测试。发动机运转时,发光二极管应当间歇闪亮。如电源电压正常,二极管不闪亮,说明传感器故障,应换用新品。

(3)检测凸轮轴位置传感器电源电压

切诺基汽车凸轮轴位置传感器连接线路如图13-97所示,线束插头为三端子插头,插头上有A、B、C三个端子。A为电源端子,连接ECU插座7端子;B为信号输出端子,连接ECU插座44端子;C为搭铁端子,连接ECU插座4端子。

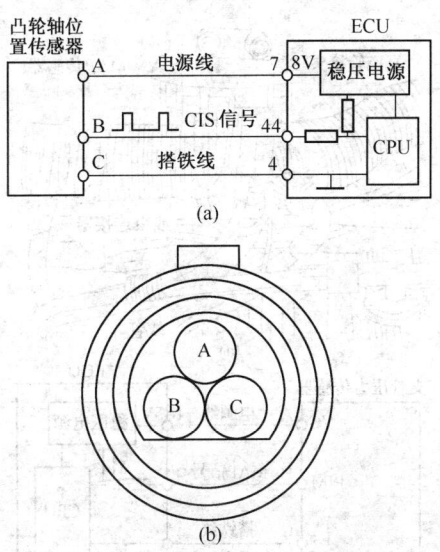

图13-97 切诺基汽车凸轮轴位置传感器连接线路
(a)连接线路 (b)线束插头

接通点火开关时,用万用表直流电压档检测插头上端子A与C之间的电源电压应为8V。如电源电压为0,则断开点火开关,拔下传感器插头,用万用表电阻OHM×200Ω档检测A端子与ECU插头7端子之间的电阻,电阻值应当小于0.5Ω;如电阻值为无穷大,说明电源线断路,检修或更换导线即可;如电源电压为0,电源线路良好,说明ECU故障,应换用新品。

(4)检测凸轮轴位置传感器信号电压

接通点火开关,起动发动机并运转时,传感器端子B与C之间的信号电压应在0.3～5V之间变化。检测传感器输出电压时,拆下分电器盖,接通点火开关,转动曲轴,当脉冲环的叶片进入信号发生器时,B、C端子之间的电压应为5V;当叶片离开信号发生器时,B、C端子之间的信号电压应低于0.3V。如电压不符合规定,说明传感器故障,应换用新品。

检测传感器输出电压时,也可在B、C端子之间串接一只发光二极管(正极连接B端子)和一只300Ω/0.25W电阻进行测试。发动机运转时,发光二极管应当闪亮。如电源电压正常,二极管不闪亮,说明传感器故障,应换用新品。

4. 支管压力传感器的检修

各型汽车支管压力传感器的检修方法大同小异,下面以切诺基吉普车用支管压力传感器的检修方法为例说明。该支管压力传感器的安装位置及电路连接如图13-98所示。

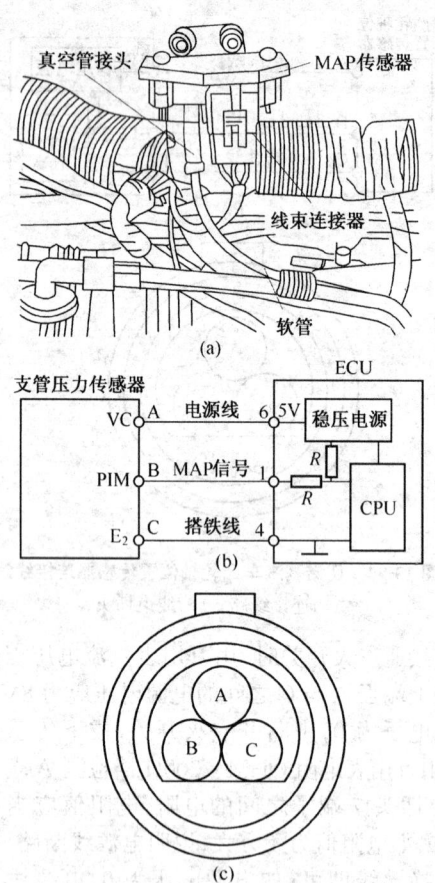

图13-98 切诺基汽车MAP传感器
安装位置与电路连接
(a)安装位置 (b)电路连接 (c)线束插头

(1)检查真空软管连接情况

仔细检查MAP的真空软管与节气门体的连接情况,如连接不良或漏气,就会影响传感器性能并直接影响发动机工作,可视情况修理或更换真空软管。

(2)检测传感器电源电压

当点火开关接通时,检测传感器C端子上的电压应为4.5~5.5V。如电压为零,再检测ECU线束插头6端子上的电压,如电压为4.5~5.5V,说明传感器电源线断路或插头松动。

(3)检测传感器信号电压

传感器输出的信号电压可用高阻抗数字式万用表直流电压档进行检测。传感器插座上有A、B、C三个端子,当点火开关接通、发动机未起动时,检测输出端子B上的电压应为4~5V;当发动机热机怠速运转时,B端子电压应下降到1.5~2.1V;当节气门开度增大时,B端子电压应逐渐升高。检测ECU线束插头1端子上的电压,则应与B端子电压相同。如检测结果不符合规定,说明传感器信号线断路、插头松动或传感器内部有故障。

(4)检测传感器负极导线连接情况

用万用表电阻OHM×200Ω档检测传感器A端子与发动机气缸体之间的电阻值应当小于0.5Ω。如电阻值过大,说明传感器负极导线断路或ECU插头连接不良。

5. 节气门位置传感器的检修

当节气门位置传感器(TPS)发生故障时,发动机ECU都能够检测到,并能使发动机进入故障应急状态运行,利用故障阅读仪通过诊断插座可以读取此故障的有关信息。

(1)触点式节气门位置传感器的检修

检修触点开关式TPS时,可用万用表测量传感器信号输出端子的输出电压和触点接触电阻进行判断。

检测输出电压时,将传感器正常连接,接通点火开关,输出电压应为高电平或低电平,且当节气门轴转动时,输出电压应当交替变化(由低电平0变为高电平1或由高电平1变为低电平0)。

检测触点状态时,拔下传感器线束插头,测量触点接触电阻值应小于0.5Ω,如电阻值过大,说明触点烧蚀而接触不良,应予修磨或更换传感器。

(2)可变电阻式节气门位置传感器的检修

检修可变电阻式TPS时,可用万用表检测传感器的电阻值和电压值进行判断。下面以夏利和丰田轿车可变电阻式节气门位置传感器检测为例说明,检测方法如图13-99所示。

①检测节气门位置传感器电阻值:首先拔下传感器线束插头,然后用万用表检测信号输出端子VTA与搭铁端子E之间的电阻值,如图13-

99a 所示。当传感器处于初始状态（即止动螺钉与挡杆之间的间隙为零）时，电阻值应为 200～600Ω；当节气门全开时，电阻值应为 1 500～3 000Ω。如果电阻值为 ∞，说明滑臂与镀膜电阻接触不良，需要更换传感器。

检测传感器电源端子 V_C 与搭铁端子 E 之间的电阻值，如图 13-99b 所示，电阻值应为 1 000～10 000Ω。如果电阻值为 ∞，说明镀膜电阻断路，需要更换传感器。

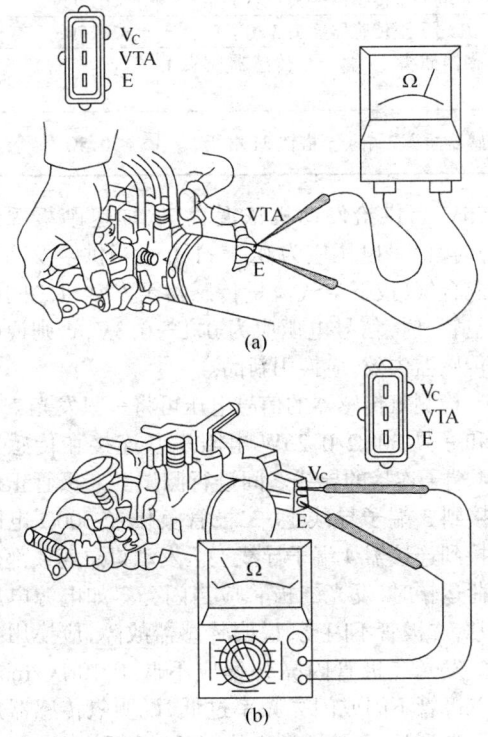

图 13-99　节气门位置传感器检修方法
(a)检测输出端子输出电阻　(b)检测传感器电阻

②检测传感器线束：当用万用表电阻 OHM×200Ω 档检测线束电阻值时，断开点火开关，拔下电控单元和传感器线束插头，检测两插头上相应端子之间的导线电阻值应当小于 0.5Ω。如电阻值过大或为 ∞，说明线束与端子接触不良或断路，应修理。

③检测电源电压和信号电压：检测时，接通点火开关，用万用表直流电压档检测传感器的电源电压应为 5.0V。当节气门关闭时，检测传感器的信号电压应为 0.5～1.0V；当节气门开度逐渐增大时，信号电压应随之升高；当节气门全开时，信号电压应为 4.0～4.8V。如检测结果与此不符，则需更换传感器。

6. 氧传感器的使用与检修
(1)氧传感器的使用

汽车行驶约 8 万 km 后，应当更换氧传感器。氧传感器失效的主要原因是传感元件老化和中毒。氧传感器老化的主要原因是传感元件局部表面温度过高。氧传感器的传感元件受到污染而失效的现象称为中毒。氧传感器中毒主要是指铅中毒、硅中毒和磷中毒。

无论氧化钛式氧传感器，还是氧化锆式氧传感器，其传感元件老化和中毒都是不可避免的。因此，当汽车行驶一定里程（一般为 8 万 km）后，应当更换氧传感器。更换氧传感器时，一定要用专用防粘胶液刷涂氧传感器安装螺纹，否则下次检修时很难拆卸。刷涂防粘胶液时，切勿涂到氧传感器的透气孔中。就氧传感器的抗污染能力和抗老化而言，氧化钛式优于加热型氧化锆式，加热型氧化锆式优于非加热型氧化锆式，因此，氧化钛式氧传感器发展前景非常广阔。

检修氧传感器主要是检查加热元件和信号电压变化频率是否正常。检测氧传感器信号电压变化的频率时，高、低电平之间变化应不低于 10 次/min。

(2)桑塔纳 2000GLi 型轿车氧传感器的检修

当桑塔纳 2000GLi 型轿车的氧传感器出现故障时，发动机 ECU 检测不到故障信息，但发动机仍能以开环控制方式继续运转。因为 ECU 接收不到氧传感器信号来调节混合气浓度，所以发动机不能工作在最佳状态，排气中有害气体的含量以及发动机的燃油消耗量将增加。利用 V·A·G1551 或 V·A·G1552 故障阅读仪，通过诊断插座可以读取氧传感器的工作参数和获取氧传感器的故障信息。

检修桑塔纳 2000GLi 型轿车的氧传感器时，可用万用表就车检测传感器的加热电源电压和信号输出电压，见表 13-17。如电压值不符合表中规定，说明传感器失效，应更换。

当用万用表电阻 R×1Ω 档检测线束电阻时，断开点火开关，拔下控制器线束插头和传感器线束插头，检测两插头上各端子之间导线电阻值应当符合表 13-17 的规定。如电阻值过大或为 ∞，说明线束与端子接触不良或断路，应修理。

(3)桑塔纳 2000GSi、3000 型，捷达 AT、GTX 型轿车氧传感器的检修

①检测加热元件电阻：桑塔纳 2000GSi、捷达

AT、GTX 型轿车氧传感器连接器插头与插座上各端子的位置如图 13-100 所示。

表 13-17 桑塔纳 2000GLi 型轿车氧传感器的检测

检测项目	检测条件	检测部位	标准值
EGO 电源电压	发动机起动并怠速运行	检测传感器两根白色导线间的电压	12~14V
EGO 信号电压	发动机起动并怠速运行	检测传感器灰色导线与白色导线间的电压	交替显示 0.1V 与 0.9V
模拟故障检测 EGO 信号电压	发动机起动并怠速运行,拔下油压调节器真空软管并将调节器管口密封	检测传感器灰色导线与白色导线间的电压	显示 0.9V 短时稳定,然后开始摆动
加热元件电阻	拔下氧传感器插头	EGO 插座两根白色导线端子	0.5~20Ω
EGO 信号正极线	拔下控制器、传感器插头	控制器 28 端子至传感器插头 4 端子	<0.5Ω
EGO 信号负极线	拔下控制器、传感器插头	控制器 10 端子至传感器插头 3 端子	<0.5Ω
EGO 加热元件正极导线	断开点火开关	检测传感器插头 15 端子至传感器插头 1 端子	<0.5Ω
EGO 加热电源负极导线	断开点火开关	检测传感器插头 2 端子至搭铁 31 端子	<0.5Ω

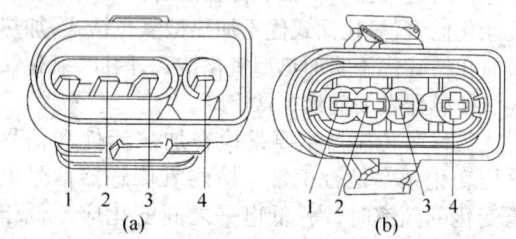

图 13-100 桑塔纳 2000GSi、3000,捷达 AT、GTX 型轿车 EGO 插头与插座
(a)插头(传感器一侧) (b)插座(ECU 一侧)
1. 加热元件正极 2. 加热元件负极 3. 信号电压负极 4. 信号电压正极

加热元件的电阻值在常温条件下为 1~5Ω,温度上升很少时,电阻值就会显著增大。因此,在室温下,可用万用表进行检测。检测时,拔下氧传感器线束插头,检测插头上 1、2 端子之间的电阻值常温下应为 1~5Ω。如常温下电阻值为∞,说明加热元件断路,应更换氧传感器。

②检测氧传感器电压:氧传感器加热元件的电压为整车电源电压,当点火开关接通使燃油泵继电器触点接通时,加热元件的电源即被接通。检测加热元件电压时,拔下氧传感器插头,起动发动机,检测连接器插头上 1、2 端子之间的电压应不低于 11V。如电压为零,说明熔丝(桑塔纳 2000GSi、3000 型轿车的附加熔丝,30A;捷达 AT、GTX 的 18 号熔丝,20A)断路或燃油泵继电器触点接触不良,分别检修即可。

检测氧传感器信号电压时,插头与插座连接,将数字式万用表连接到氧传感器 3、4 端子连接的导线上,接通点火开关时,电压应为 0.45~0.55V;当供给发动机浓混合气(加速踏板踩到底)时,信号电压应为 0.7~1.0V;当供给发动机稀混合气(拔下空气流量传感器至发动机之间的真空管)时,信号电压应为 0.1~0.3V,否则说明氧传感器失效,应换用新品。

检测氧传感器的信号电压可将一只发光二极管和一只 300Ω/0.25W 电阻串联连接在传感器 3、4 端子连接的导线之间进行测试。二极管正极连接到 3 端子导线上,二极管负极经 300Ω 电阻连接到连接器 4 端子导线上。发动机怠速或部分负荷运转时,发光二极管应当闪亮。如电源电压正常,二极管不闪亮,说明传感器故障,应换用新品。发光二极管闪亮频率应不低于 10 次/min。如二极管不闪或闪亮频率过低,说明氧传感器加热元件失效、氧传感器壳体上的透气孔堵塞、氧传感器热负荷过重或长期使用含铅汽油导致氧传感器失效,需要更换传感器。

7. 温度传感器的检修

各型汽车采用的温度传感器的电阻值虽然不同,但是其检修方法基本相同。

(1)检测电源电压与信号电压

①检修冷却液温度传感器时,可用高阻抗数字式万用表就车检测传感器的电源电压和信号电压。

②检测电源电压时,拔下冷却液温度传感器插头,接通点火开关,检测传感器线束插头上两端子间的电源电压应为 5V 左右。

③检测信号电压时,插上传感器插头,接通点火开关,检测信号电压应当符合标准值。当发动

机温度高时信号电压低;温度低时信号电压高。如电压偏离标准值过多,应当更换传感器。

(2)检测热敏电阻

检测温度传感器电阻时,断开点火开关,拔下温度传感器插头,拆下温度传感器,将传感器和温度表放入烧杯或加热容器中,如图13-101所示。

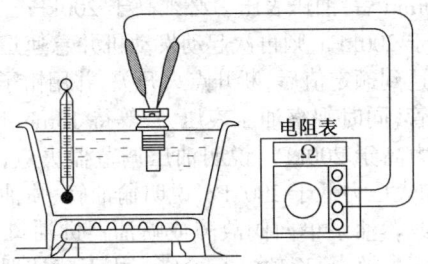

图13-101 温度传感器检测方法

在不同温度下,用万用表电阻档检测传感器插座上两端子间的电阻值,然后再与标准电阻值进行比较。不同车型温度传感器的标准电阻值各不相同,丰田汽车温度传感器的标准电阻值见表13-18。如电阻值偏差过大、过小或为∞,说明传感器失效,应换用新品。

表13-18 夏利与丰田轿车冷却液温度传感器和进气温度传感器电阻值与温度的关系

温度(℃)	电阻值(Ω)
-20	10 000~20 000
0	4 000~7 000
20	2 000~3 000
40	900~1 300
60	400~700
80	200~400

四、执行器的检修

1. 电动汽油泵的检修

(1)电动汽油泵使用注意事项

电动汽油泵在使用中,必须注意以下两点。

①旧油泵不能干试:当油泵拆下后,由于泵壳内有剩余汽油,因此在通电试验时,一旦电刷与换向器接触不良产生火花,引燃泵壳内汽油而引起爆炸,其后果不堪设想。

②新油泵也不能干试:由于油泵电动机密封在泵壳内,干试时通电产生的热量无法散发,电枢过热就会烧坏电动机,因此必须将油泵浸泡于汽油中进行试验。

(2)电动油泵的检修

各种燃油喷射系统油泵的检修方法基本相同。当电控系统的电动油泵发生故障时,发动机ECU检测不到故障信息,利用V·A·G1551或V·A·G1552故障阅读仪也读取不到故障信息。

①听油泵运转声。当蓄电池电压正常,油泵熔丝也正常时,接通点火开关,在汽车尾部燃油箱附近应能听到油泵起动并工作约2s的声音。

②检测油泵控制电路。桑塔纳2000GSi型轿车电控系统的油泵、热膜式空气流量传感器、活性炭罐电磁阀、氧传感器加热元件均受油泵继电器控制。其油泵控制电路如图13-102所示。当接通点火开关,听不到油泵运转声时,则断开点火开关,检查中央继电器盒2号位置上的油泵继电器以及油泵熔丝S5(熔丝盒5号位置,10A)是否良好。

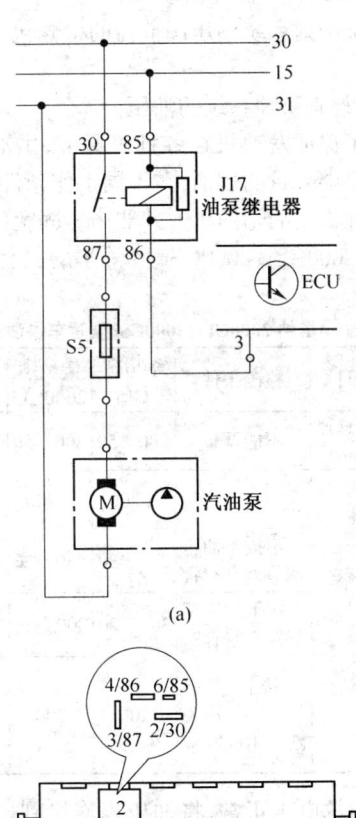

图13-102 桑塔纳2000GSi型轿车油泵控制电路
(a)油泵控制电路 (b)油泵继电器位置

如油泵熔丝良好,则插好油泵熔丝,再从中央线路板2位上拔下油泵继电器，用万用表检测继电器插座上端子4/86与搭铁端子31之间的电压(见图13-100)，标准电压应当等于蓄电池电压(12V左右)。

③检查油泵的输油量。检查时，断开点火开关，从燃油分配管上卸下进油管，将油压表连接到进油管一端，油压表出油管伸入量瓶，接通油泵电路(将蓄电池正极接到燃油泵继电器4端子上)30s，当蓄电池电压为10~12V、油压为300kPa时，泵油量应为490~670ml/30s。可见，系统油压越高，泵油量越大；油泵电源电压越高，油泵转速就越高，泵油量也就越大。如油压过高，应更换油压调节器；如油压过低，则应检查油管是否弯折、油路或汽油滤清器是否堵塞。

2. 油压调节器的检修

燃油喷射系统油压调节器的检修包括以下两个方面：

(1)检查供油系统的油压

为了保证发动机在各种工况下，供油系统都能供给足够数量的燃油，在不同工作条件下，供油系统实际供给的燃油压力并非为一固定值。桑塔纳GLi、2000GLi、2000GSi型轿车的具体规定见表13-19。

表13-19 桑塔纳2000GLi、2000GSi型轿车供油系统标准

项目	检测条件	桑塔纳GLi	桑塔纳2000GLi	桑塔纳2000GSi
发动机急速转速(r/min)	不能调整	800±50	800±50	800±30
最高断油转速(r/min)	—	6 400	6 400	6 800
急速时燃油压力(kPa)	不拔下油压调节器真空管	250±20	250±20	250±20
	拔下油压调节器真空管	300±20	300±20	300±20
保持燃油压力不低于(kPa)	接回真空管、点火开关断开10min	200	200	150

当电源电压正常，将油压表连接到燃油分配管进油口处，起动发动机并急速运行时，油压表压力额定值应为(300±20)kPa；当突然加大节气门开度时，油压表压力应迅速增大到320kPa左右；当拔下油压调节器上的真空管时，油压表压力必须升高到320kPa。如油压不符合上述规定，说明供油系统故障，应检修或更换有关部件。导致油压过高的原因是油压调节器损坏，应换用新品。

导致油压过低的原因是油管接头或油管漏油、燃油滤清器堵塞、蓄电池电压过低或油压调节器损坏。

(2)检查供油系统的密封性能和保压能力

当电源电压正常，起动发动机并急速运行，使油压表压力达到上述额定值后，断开点火开关，等待10min后，油压表压力必须高于200kPa。如压力低于200kPa，则再次起动发动机并急速运转使压力达到额定值后，断开点火开关，并用钳子夹住回油管，同时观察油压表压力，等待10min后，如表压力高于200kPa，说明油压调节器失效，应更换；如表压力低于200kPa，说明输油管、喷油器有泄漏或燃油泵单向阀故障或喷油器进油口O形密封圈失效，须逐项进行检修。拔下喷油器检查其漏油情况时，在油压正常的情况下，滴油应不超过2滴/min。

3. 电磁喷油器的检修

当喷油器发生堵塞、滴漏等故障时，发动机ECU检测不到，使用故障阅读仪也读取不到喷油器的故障信息。检修喷油器可以通过检测其电阻和电压进行判断。

(1)检测电磁喷油器的电阻

用万用表OHM×200Ω档检测喷油器电磁线圈的电阻。检测时，拔下每只喷油器上的两端子线束插头，检测喷油器插座上两端子之间电磁线圈的标准电阻值应当符合《使用说明书》的规定，桑塔纳系列轿车喷油器电磁线圈的电阻值见表13-20。如电阻值为∞，说明电磁线圈断路，应更换喷油器。

表13-20 桑塔纳系列轿车喷油器技术参数

项目	桑塔纳GLi	桑塔纳2000GLi	桑塔纳2000GSi
电阻值(Ω,20℃)	15.9±0.35	15.9±0.35	13~18
发动机工作时电阻增量(Ω)	4~6	4~6	4~6
30s喷油量(ml)	78~85	78~85	78~85
燃油喷雾形状	小于35°圆锥雾状		
正常油压下漏油量	不多于2滴/min		

(2)检测电磁喷油器的电压

喷油器电源电压可用数字式或指针式万用表检测。检测时，分别拔下各喷油器上的两端子插头，接通点火开关，发动机不起动，检测插头上两个端子与发动机体间的电压，高电平应为12V左右(喷油器电源电压为整车电源电压)，低电平为

零。如电压均为零,说明电源电路不通,应当检修燃油泵继电器和燃油喷射熔断丝。

(3)检测电磁喷油器的控制脉冲

检测喷油器喷油脉冲电压时,分别拔下喷油器线束插头,并在该插头的两个端子之间串接两只发光二极管(两只二极管并联,且一只的正极接另一只的负极)和一只 510Ω/0.25W 电阻(电阻与二极管串联)组成的调码器。起动发动机时,发光二极管应当闪烁。如二极管不闪烁或不发光,说明喷油器电源线路、燃油泵继电器或 ECU 故障,必要时更换 ECU。

4. 脉冲电磁阀式怠速控制阀的检修

各种脉冲电磁阀式怠速控制阀的检修方法大同小异,在此以桑塔纳 GLi、2000GLi 型轿车怠速控制阀为例说明。

桑塔纳 GLi、2000GLi 型轿车怠速控制阀上设有两个接线端子,分别与 ECU 的端子 4 与 26 连接。当怠速控制阀出现故障时,怠速控制阀便处于一个固定的位置,使发动机怠速转速上升到 1 100r/min 左右,用 V·A·G1551 或 V·A·G1552 故障阅读仪读取不到此故障的有关信息。但可以通过故障阅读仪的"执行元件诊断测试功能",帮助诊断怠速控制阀是否有故障。也可利用万用表检测控制阀线圈的电阻来判断电磁阀有无故障。

(1)就车检查

在发动机怠速运转时,用手触摸怠速控制阀应当具有明显的振动感。如无振动感或怠速转速过高过低,说明怠速控制阀失效,应换用新品。

(2)检测电磁线圈电阻

断开点火开关,拔下怠速控制阀连接器插头,用万用表电阻档检测插座上两个端子之间的线圈电阻值应当符合规定。脉冲电磁阀式怠速控制阀只有一组线圈,电阻值应为 20Ω 左右。如电阻值为∞,说明电磁线圈断路,应换用新品。

(3)检查怠速控制阀工作情况

从节气门体上拆下怠速控制阀,用导线将其一个端子连接蓄电池正极,另一个端子连接蓄电池负极时,阀芯应当移动。如阀芯不能移动,说明怠速控制阀失效,应换用新品。当断开一根导线时,阀芯应当迅速复位,如阀芯卡滞或不能迅速复位,说明控制阀故障或复位弹簧失效,应换用新品。

5. 永磁转子步进电动机式怠速控制阀的检修

各型汽车用永磁转子步进电动机式怠速控制阀的检修方法基本相同,下面以丰田轿车怠速控制阀的检修方法为例说明。

(1)就车检查

当发动机熄火时,怠速控制阀会发出"咔嗒"的响声,使阀门开度转到最大位置。如听不到复位时的"咔嗒"响声,应对怠速控制阀进行检查。

(2)检测定子绕组的电阻值

拔下连接器插头,用万用表检测插座上定子绕组电阻值应当符合规定。永磁转子步进电动机式怠速控制阀有 2 组或 4 组线圈,各组线圈的电阻值为 30~60Ω。如电阻值不符合规定,应换用新品。丰田轿车步进电动机定子绕组有 4 组线圈,其电阻值均为 30Ω。奥迪(Audi)200 型轿车用永磁转子式步进电动机设有两个线圈,其电阻值均为 45~60Ω。

(3)检查步进电动机的工作情况

从节气门体上拆下怠速控制阀,用导线将端子 B_1、B_2 连接蓄电池正极,然后依次将 S_1、S_2、S_3、S_4 与蓄电池负极连接,阀芯应当逐渐向外伸出,如图 13-103a 所示。如果依次将 S_4、S_3、S_2、S_1 与蓄电池负极连接,阀芯应当逐渐收缩,如图 13-103b 所示。如阀芯不能移动,说明步进电动机失效,应换用新品。

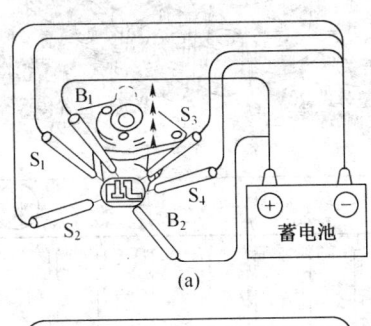

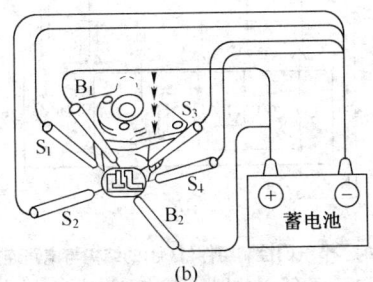

图 13-103 检查步进电动机工作情况
(a)阀门逐渐关小 (b)阀门逐渐开大

(4)检测步进电动机的工作电压

将怠速控制阀安装到节气门体上,插好连接器插头。当点火开关接通 ON 位置时,检测 ECU

的端子 IS_1、IS_2、IS_3、IS_4 与 E_1 之间(或检测怠速控制阀连接器端子 S_1、S_2、S_3、S_4 与搭铁之间)应有 $9\sim14V$ 的脉冲电压。如无电压,再检查电源电压和主继电器是否正常。

6. 桑塔纳、捷达和红旗轿车节气门控制组件的检修

桑塔纳 2000GSi、3000 型,捷达 AT、GTX,红旗 CA7220E 型轿车怠速转速的控制方式为节气门直动式,无旁通空气道,由节气门控制组件(J338)对发动机的怠速转速进行综合控制。

(1) 节气门控制组件(J338)的结构

节气门控制组件(J338)由怠速开关(F60)、怠速节气门位置传感器(G88)、怠速控制电动机(V60)和节气门位置传感器(G69)等组成,结构与电路连接如图 13-104 所示。节气门位置传感器(G69)和怠速节气门位置传感器(G88)均为线性电位器,怠速开关为触点开关。

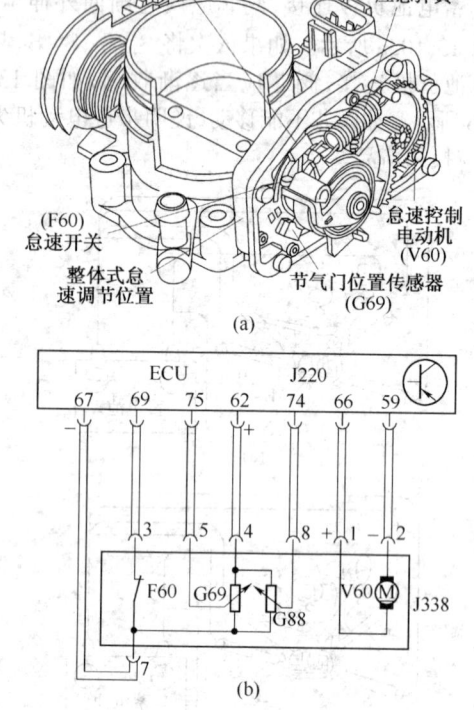

图 13-104 节气门控制组件(J338)的结构与电路连接关系
(a)结构图 (b)电路连接

怠速控制电动机(V60)起着控制怠速的作用,能适当开大或关小节气门开度,所以,采用节气门控制组件(J338)的轿车没有配置怠速控制阀。怠速开关、怠速节气门位置传感器的功用是向电子控制器(J220)提供节气门当前位置信息。在怠速范围内,电子控制器(J220)根据这些信息通过控制怠速电动机来调节怠速时的节气门开度。

①节气门位置传感器(G69):节气门位置传感器(G69)直接连接在节气门轴上,与驾驶人操纵的加速踏板联动。通过安装在节气门轴一端的滑臂在电位计电阻上滑动,将节气门开度转换为电信号输送给电控单元,在发动机工作转速范围内,向电子控制提供当时的节气门位置信号,作为电子控制器判断发动机运转工况的依据。在配装自动变速器的汽车上,电子控制器还要利用这个信号来控制自动变速器。如果电子控制器没有接收到节气门位置传感器传输的信号,那么电子控制器将根据发动机转速信号和空气流量传感器信号计算确定一个替代值。

②怠速节气门位置传感器(G88):怠速节气门位置传感器(G88)安装在节气门体内,与怠速控制电动机连接在一起,可将节气门的开度、怠速控制电动机的位置信号输送给电子控制器,当怠速节气门位置传感器到达调节范围极限时不再移动,节气门仍可继续开启。当怠速节气门位置传感器的信号中断时,节气门控制组件将利用应急弹簧进入应急状态工作,将节气门拉到固定位置,使怠速转速升高。

③怠速开关(F60):怠速开关(F60)与节气门位置传感器(G69)一起安装在节气门轴上,向电子控制器提供怠速状态信息。当节气门关闭时,怠速开关触点闭合,电子控制器判定发动机处于怠速状态,从而按怠速工况要求控制喷油量;当节气门打开时,怠速开关触点断开,电子控制器根据这一信号控制从怠速到小负荷的过渡工况的喷油量。怠速开关信号还可作为电子控制器判断是否进行怠速自动控制和急减速断油控制的依据。当怠速开关信号中断时,电子控制器将把节气门位置传感器(G69)的信号与怠速节气门位置传感器(G88)的信号进行比较,根据两个电位计的相互位置来判别出节气门的怠速位置。

④怠速控制电动机(V60):怠速控制电动机(V60)在怠速调节范围内,通过齿轮传动机构来操纵节气门,使其开度增大或减小。当发动机怠速工作时,怠速节气门位置传感器(G88)将其电阻值变化转换为电信号输入电子控制器(J220),J220 接收到该信号后,根据信号电压高低确定节

气门的位置,再控制怠速控制电动机(V60),通过怠速电动机(V60)微量调节节气门开度来调节发动机的怠速转速。

当怠速控制电动机(V60)发生故障或电子控制器对怠速电动机的控制失灵时,应急弹簧将把节气门拉到一个特定的应急位置,使怠速处于应急状态运转,怠速转速将升高。

(2) 节气门控制组件(J338)的检修方法

节气门控制组件 J338 连接器各端子与电子控制器(J220)连接情况如图 13-102 所示,连接器插头为 8 端子插头,端子排列位置如图 13-105 所示。

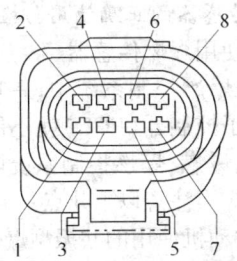

图 13-105 控制组件(J338)线束插头
1. 电动机正极端子 2. 电动机负极端子 3. 怠速开关信号输出端子 4. 节气门位置传感器(G69)和怠速节气门位置传感器(G88)电源端子 5. 节气门位置传感器(G69)信号端子 6. 备用端子 7. 搭铁端子 8. 怠速节气门位置传感器(G88)信号端子

① 检修注意事项:检修节气门控制组件时,需要注意以下几点:

a. 节气门控制组件为一整体结构,壳体不允许打开。

b. 怠速参数的基本设定已由制造厂设定在电控单元中,不需要人工调整。

c. 拆装或更换节气门控制组件后,必须用专用检测仪 V·A·G1551 或 V·A·G1552 重新进行一次基本设定。进行基本设定时,如有下列情况,则发动机怠速仍不能正常工作。

• 节气门轴因油泥沉积等原因而转动不灵活时。

• 节气门拉索调整不当时。

• 蓄电池电压过低(低于 11V)时。

• 节气门控制组件线束或连接器不良时。

② 怠速开关(F60)的检修:怠速开关(F60)的检测项目、检测方法和检修标准见表 13-21。如检测结果不符合检修标准,则应更换节气门控制组件。

表 13-21 桑塔纳 2000GSi、3000 型轿车怠速开关检修标准

检测项目	检测方法	检测部位	标准值
电源电压	拔下节气门控制组件 8 端子插头,接通点火开关	节气门控制组件插头端子 3 与 7	≥9.0V
怠速触点电阻	断开点火开关,节气门关闭	ECU 插头 67 与 69 号插孔	<1.5Ω
	断开点火开关,节气门开启	ECU 插头 67 与 69 号插孔	∞
导线有无断路	断开点火开关,拔下节气门控制组件(J338)连接器插头和电子控制器(J220)连接器插头	控制组件插头 3 端子、ECU 插头 69 号插孔	<1.5Ω
		控制组件插头 7 端子、ECU 插头 67 号插孔	<1.5Ω
导线有无短路	断开点火开关,拔下节气门控制组件(J338)连接器插头和电子控制器(J220)连接器插头	控制组件插头 3 端子、ECU 插头 67 号插孔	>1MΩ
		控制组件插头 7 端子、ECU 插头 69 号插孔	>1MΩ

拔下节气门控制组件 8 端子插头,用万用表检测端子 3 与 7 之间怠速开关的电源电压,接通点火开关时,电源电压应≥9.0V。

将数字式万用表的两只表笔用导线连接到电控单元的 67 与 69 号插孔连接的导线上,检查怠速开关的电阻。当节气门关闭时,怠速触点的接触电阻值应当小于 1.5Ω。然后慢慢打开节气门,电阻值应为∞。如电阻值不符合上述规定,拔下节气门控制组件上的 8 端子插头,检测各导线有无短路或断路故障。

用万用表电阻档检测导线有无断路故障时,两只表笔分别连接控制组件插头上端子 3 与电子控制器连接器插孔 69、控制组件插头上端子 7 与电子控制器连接器插孔 67,导线电阻值应当小于 1.5Ω。如电阻值为∞,说明该导线断路,应检修。

检测导线有无短路故障时,两只表笔分别连接控制组件插头上端子 3 与电子控制器连接器插孔 67 或控制组件插头上端子 7 与电子控制器连接器插孔 69,电阻值应为∞。如电阻值为 0,说明导线短路,应检修。

在上述检测中,如怠速触点接触电阻不正常

而导线良好,说明怠速触点接触不良,应更换节气门控制组件。

③怠速节气门位置传感器(G88)和节气门位置传感器(G69)的检修:怠速节气门(G88)和节气门(G69)的检测项目、检测方法和检修标准见表13-22,如检测结果不符合检修标准,则应更换节气门控制组件。

表13-22 桑塔纳2000GSi型轿车节气门控制组件检修标准

检测项目	检测方法	检测部位	标准值
G88与G69电源电压	拔下节气门控制组件8端子插头,接通点火开关	节气门控制组件插头端子4与7	≥4.5V
F60电源电压	拔下节气门控制组件8端子插头,接通点火开关	节气门控制组件插头端子3与5	≥9.0V
导线有无断路	断开点火开关,拔下节气门控制组件(J338)连接器插头和电子控制器(J220)连接器插头	控制组件插头1端子、电子控制器插头66号插孔	<1.5Ω
导线有无短路		控制组件插头2端子、电子控制器插头59号插孔	<1.5Ω
		控制组件插头3端子、电子控制器插头69号插孔	<1.5Ω
		控制组件插头4端子、电子控制器插头62号插孔	<1.5Ω
导线有无短路	断开点火开关,拔下节气门控制组件(J338)连接器插头和电子控制器(J220)连接器插头	控制组件插头5端子、电子控制器插头75号插孔	<1.5Ω
		控制组件插头7端子、电子控制器插头67号插孔	<1.5Ω
		控制组件插头8端子、电子控制器插头74号插孔	<1.5Ω
		检测控制组件插头上各端子之间的电阻值	>1MΩ
		检测电控单元插头上各个插孔之间的电阻值	>1MΩ

拔下节气门控制组件8端子插头,用万用表检测端子4与7之间怠速节气门和节气门位置传感器的电源电压,接通点火开关时,电源电压应≥4.5V。

断开点火开关,拔下节气门控制组件(J338)连接器插头和电子控制器(J220)连接器插头,用万用表检测控制组件插头上各端子与电子控制器插头上各插孔之间有无短路或断路故障,检测部位见表13-22。如有短路或断路,则应更换导线或线束。

④怠速控制电动机(V60)的检修:断开点火开关,拔下节气门控制组件线束插头,将万用表拨到电阻档,两只表笔分别连接节气门控制组件插座上1、2端子,检测怠速控制电动机绕组电阻值应为3~200Ω。如电阻值不符合规定,说明电动机故障,需更换节气门控制组件。

五、微机控制点火系统的检修

1. 爆燃传感器的正确使用与检修

(1)正确使用爆燃传感器

在发动机爆燃控制系统中,一旦爆燃传感器信号异常,电子控制器(ECU)就不能正确判定发动机是否发生爆燃,爆燃控制系统随之失效。因此,在使用中应当注意以下几点:

①不同发动机使用的共振型爆燃传感器不能互换使用。共振型爆燃传感器的显著特点是传感器的共振频率与发动机爆燃的固有频率相匹配,因此,共振型爆燃传感器只适用于特定的发动机,不能与其他发动机互换使用。

②非共振型爆燃传感器的拧紧力矩不得随意调整,必要时必须按《使用说明书》规定的数值进行调整。非共振型爆燃传感器虽然在理论上可用于所有的发动机,但其输出信号电压与传感器上作用力的大小有关,即与传感器固定螺栓的拧紧力矩有关,调整固定螺栓的拧紧力矩便可调整传感器输出的信号电压。因此,传感器的输出特性出厂时都已调好,使用中拧紧力矩不得随意调整。当更换传感器需要调整固定螺栓的拧紧力矩时,必须按规定的数值进行调整。例如,捷达AT、GTX型、桑塔纳2000GSi型轿车的标准力矩为(25±5)N·m。

(2)爆燃传感器的检修

①桑塔纳GLi型轿车爆燃传感器的检修。桑塔纳GLi、2000GLi型轿车采用了一只压电式爆燃传感器(DS),安装在气缸体右侧(车前视)二、三缸之间,传感器外形及其电路连接如图13-106所示。

当爆燃传感器发生故障时,发动机ECU能检测到有关信息,并使发动机进入故障应急状态下运行。利用专用的V·A·G1551或V·A·G1552

应当符合表 13-23 的规定。如电阻值过大或为∞，说明线束与端子接触不良或断路，应修理。

② 桑塔纳 GSi 型轿车爆燃传感器的检修。爆燃极限提前角取决于燃油品质、发动机工况以及运行条件。由于桑塔纳 2000GSi 型轿车采用了两只爆燃传感器，因此，电子控制器能够将每一缸的点火提前角调节到爆燃极限提前角，从而提高动力性、降低油耗。为了避免爆燃传感器传输误爆燃信号，必须保证爆燃传感器固定螺栓的拧紧力矩准确无误，标准拧紧力矩为 (25 ± 5) N·m。

在桑塔纳 2000GSi 型轿车的电子控制器 (J220) 内部存储有两个点火特性脉谱图。发动机起动与正常工作时各使用一个脉谱图。当使用低辛烷值汽油时，电子控制器将控制每缸点火提前角推迟量平均大于 8°。在发动机工作过程中，如果爆燃传感器信号中断，ECU 就会将各缸的点火提前角推迟约 15°，驾驶人会明显感到发动机动力不足。当爆燃传感器发生故障时，发动机 ECU 能够检测到，并将各缸点火提前角推迟约 15° 运行，利用专用 V·A·G1551 或 V·A·G1552 故障阅读仪，通过诊断插座可以读取此故障的有关信息。

桑塔纳 2000GSi 型轿车爆燃传感器电路连接及插头与插座上端子位置如图 13-107 所示，检修时用万用表电阻 OHM×100kΩ 档检测传感器电阻。检测时，断开点火开关，拔下传感器线束插头，检测结果应当符合表 13-24 的规定。

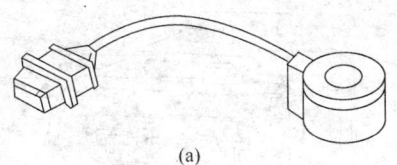
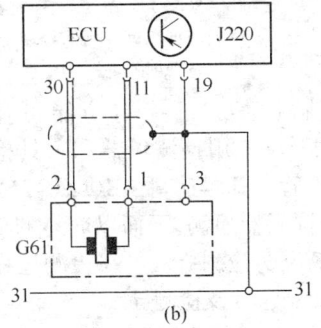

图 13-106 桑塔纳 GLi、2000GLi 型轿车爆燃传感器外形及电路连接
(a)传感器外形 (b)电路连接

故障阅读仪，通过诊断插座可以读取此故障的有关信息。

检修爆燃传感器时，可用万用表电阻 OHM×100kΩ 档检测传感器电阻。检测时，断开点火开关，拔下传感器线束插头，检测结果应当符合表 13-23 的规定。

表 13-23 桑塔纳 GLi、2000GLi 型轿车爆燃传感器检修标准

检测项目	检测条件	检测部位	标准电阻值
爆燃传感器的电阻	断开点火开关，拔下传感器插头	传感器插座上端子 1 与 2	>1MΩ
		传感器插座上端子 1 与 3	>1MΩ
		传感器插座上端子 2 与 3	>1MΩ
传感器信号正极线	拔下控制器、传感器插头	电子控制器 11 端子至传感器插头 1 端子	<0.5Ω
传感器信号负极线	拔下控制器、传感器插头	电子控制器 30 端子至传感器插头 2 端子	<0.5Ω
传感器屏蔽线	拔下控制器、传感器插头	电子控制器 19 端子至传感器插头 3 端子	<0.5Ω

当用万用表 OHM×200Ω 档检测线束电阻时，断开点火开关，拔下控制器 (J220) 线束插头和传感器线束插头，检测两插头上各端子之间导线电阻

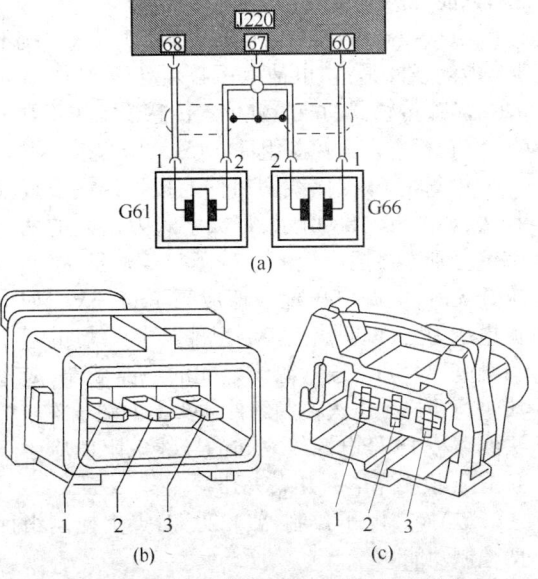

图 13-107 爆燃传感器插接器端子排列与电路连接
(a)电路连接 (b)传感器插座 (c)传感器插头

表 13-24　桑塔纳 2000GSi 型轿车爆燃传感器检修标准

检测项目	检测条件	检测部位	标准电阻值
爆燃传感器的电阻	断开点火开关，拔下传感器插头	传感器插座上端子 1 与 2	>1MΩ
	断开点火开关，拔下传感器插头	传感器插座上端子 1 与 3	>1MΩ
	断开点火开关，拔下传感器插头	传感器插座上端子 2 与 3	>1MΩ
传感器信号正极线	拔下控制器、传感器插头	电子控制器 60 端子至传感器插头 1 端子	<0.5Ω
	拔下控制器、传感器插头	电子控制器 68 端子至传感器插头 1 端子	<0.5Ω
传感器信号负极线	拔下控制器、传感器插头	电子控制器 67 端子至传感器插头 2 端子	<0.5Ω
传感器屏蔽线	拔下传感器插头	发动机搭铁点（电子控制器旁边）至传感器插头 3 端子	<0.5Ω

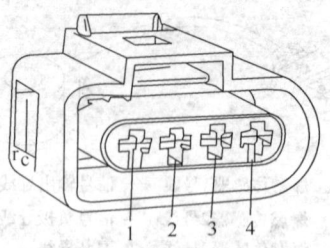

图 13-108　点火控制组件插头

1. 二、三缸点火控制信号端子　2. 点火控制器(N152)电源正极端子　3. 一、四缸点火控制信号端子　4. 搭铁端子

当用万用表电阻 OHM×200Ω 档检测线束电阻时，断开点火开关，拔下电子控制器线束插头和传感器线束插头，检测两插头上各端子之间导线电阻应当符合表 13-24 的规定。如电阻值过大或为 ∞，说明线束与端子接触不良或断路，应修理。

点火执行元件主要包括点火控制器、点火线圈和火花塞等。各型汽车点火执行元件的结构各不相同，因此，下面介绍几种典型执行元件的检修方法。

2．点火控制组件的检修

桑塔纳 2000GSi 型轿车直接点火系统的点火线圈与点火控制器组装成整体组件，不能单独更换，只能更换总成。

点火控制组件的检测方法与其他点火系统不同，检测条件是：蓄电池电压必须高于 11.5V，发动机转速传感器和凸轮轴位置传感器工作正常。

（1）检查点火控制组件 N152 的电源电压

检测时，从点火线圈组件上拔下四端子线束插头，如图 13-108 所示，将数字式万用表的两只表笔分别连接插头上的 2 端子与 4 端子，接通点火开关时，电源电压标准值应当≥11.5V。如电源电压为零，说明点火控制组件至中央线路板（中央继电器盒）15 号电源线之间的线路断路，应逐段进行检修。点火控制组件插头上的端子 4 与中央线路板 15 号电源线之间的导线电阻值应小于 1.5Ω。检测完毕断开点火开关。

（2）检查电子控制器(J220)对点火控制组件的控制功能

检测电子控制器(J220)对点火控制组件(N152)的控制功能就是检查(J220)是否向 N152 发送控制脉冲信号。控制功能可用桑塔纳 2000GSi 型轿车专用检测仪器和工具检测，也可用发光二极管 LED 与串联 510Ω/0.25W 电阻组成的 LED 调码器检测，下面以简易的 LED 调码器检测为例说明检测方法。在检测过程中，不要触摸点火控制组件及检测导线。

检测时，首先拔下中央线路板上的燃油泵熔丝 S5（桑塔纳 2000GSi 为 10A 熔丝），使燃油泵停止转动（停止泵油）。然后拔下点火控制组件(N152)线束插头，将 LED 调码器分别连接线束插头 1、4 端子以及 3、4 端子，分别检测一、四缸和二、三缸点火线圈的控制信号。起动发动机时，如发光二极管闪亮，说明电子控制器(J220)的点火控制功能正常。当点火系统发生故障时，如点火控制组件(N152)电源电压和电子控制器(J220)的控制功能都正常，就说明点火控制组件(N152)有故障，需要换用新品。

在检测电子控制器(J220)控制功能时，如发光二极管不闪亮，说明电子控制器(J220)至点火控制组件之间的导线断路或电控单元故障。可用数字式万用表检测线束插头上端子 1 至电子控制器 71 号插孔、端子 3 至电控单元 78 号插孔之间的电阻值，标准电阻值应当小于 1.5Ω。如电阻值为 ∞，说明导线断路，检修即可。再检查插头上端子 1 至电子控制器 78 号插孔或插头上端子 3 至电子控制器 71 号插孔之间的导线有无短路故障，电阻值为 ∞ 说明导线良好，电阻值为零说明导线短路。

在检查电子控制器的控制功能时，如果发光二极管不闪亮，检查导线又无断路或短路故障，说明电子控制器(J220)有故障，应换用新品。

（3）检查点火线圈二次绕组电阻

检测时，为了防止损坏点火控制器，检测二次绕组电阻值时必须使用高阻抗万用表（万用表内阻不小于10kΩ/V)。检测时可参考前述图13-60和图13-61进行,检测一、四缸线圈二次绕组的电阻值时,万用表的两只表笔分别连接高压插孔A,D;检测二、三缸点火线圈二次绕组时,两只表笔分别连接高压插孔B,C。在室温(20℃)条件下,一、四缸或二、三缸点火线圈二次绕组的标准电阻值均应为4～6kΩ。如电阻值不符合规定,应更换点火控制组件总成。

3. 点火线圈的检修

当桑塔纳GLi、2000GLi型轿车点火线圈发生故障时,发动机电子控制器(J220)检测不到故障信息,用故障阅读仪也调取不到此故障的有关信息。点火线圈有无故障,可用万用表检测各端子之间的电阻值进行判断。桑塔纳GLi、2000GLi型轿车点火系统的检修参数如表13-25所示。

表13-25 桑塔纳GLi、2000GLi型轿车点火系统检修参数

项　　目	技术参数
点火线圈形式	闭磁路式
一次绕组电阻(Ω,20℃)	1.2～1.4
二次绕组电阻(Ω,20℃)	6 000～8 000
分火头电阻(Ω,20℃)	900～1 200
分缸线电阻(Ω,20℃)	4 600～7 600
中央高压线电阻(Ω,20℃)	1 200～2 800
发动机型号	AFE
点火顺序	1-3-4-2
初始点火提前角	12°±1°(850±50)r/min
火花塞型号	W8DC、W9DC

续表13-25

项　　目	技术参数
火花塞电极间隙(mm)	0.7～0.9
火花塞拧紧力矩(N·m)	25

检测一次绕组电阻值时,万用表的两只表笔分别连接15端子与1端子,电阻值应为1.2～1.4Ω;检测二次绕组时,万用表一只表笔连接高压插孔4,另一只表笔连接端子15和1中任意一个端子,电阻值应为6～8kΩ。如电阻值过小或为无穷大,说明线圈短路或断路,应换用新品。分火头内设置有一只电阻,其电阻值为900～1 200Ω;分缸线的电阻值为4.6～7.6kΩ;中央高压线电阻值为1.2～2.8kΩ。

4. 点火正时的设定

桑塔纳GLi、2000GLi型轿车采用的是配电器分配式点火系统,点火线圈产生的高压电由曲轴位置传感器轴顶端的分火头进行分配,且各气缸上止点的位置由曲轴位置传感器(CPS)确定,因此,CPS的安装十分重要。为了保证点火正时,CPS必须按照以下顺序进行安装:

①转动发动机曲轴,使飞轮A和正时同步带轮B上的正时标记对齐(如图13-109a所示),使曲轴V形驱动带轮上的正时标记对齐(如图13-109b所示),从而使一缸处于上止点位置。

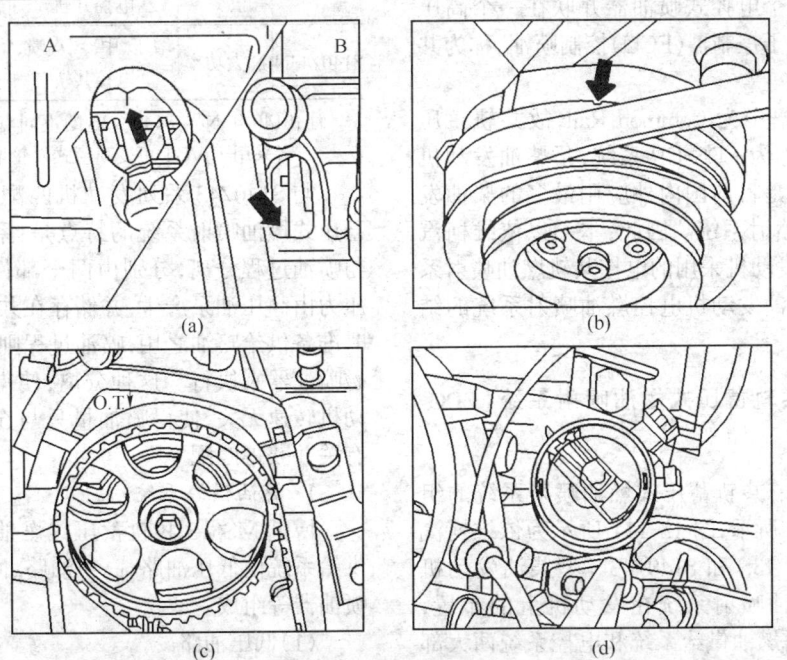

图13-109 桑塔纳GLi、2000GLi型轿车点火正时的设定
(a)飞轮A和正时同步带轮B正时标记 (b)曲轴V形驱动带轮上的正时标记 (c)凸轮轴正时同步带轮上的正时标记与气门罩上的箭头标记 (d)分火头与曲轴位置传感器壳体上的正时标记

②使凸轮轴正时同步带轮上的正时标记与气门罩上的箭头标记对齐，如图13-109c所示。

③使分火头的分火端与曲轴位置传感器壳体上的正时标记对齐后，将传感器轴插入安装孔内，如图13-109d所示。

④装好配电器盖，检查点火正时情况，并进行怠速检测。当发动机转速为(850±50)r/min时，点火提前角应为12°±1°。如点火提前时刻不当，应转动曲轴位置传感器轴进行校正。

第八节 柴油发动机电控燃油喷射系统

一、柴油发动机电控燃油喷射系统的类型

随着电子技术的发展和对汽车发动机性能、排污标准要求的日益提高，柴油发动机出现了由电子控制的不同类型的燃油喷射系统(EDC)。按其产生高压燃油机构的不同，可分为直列泵电控喷射系统、分配泵电控喷射系统、泵喷嘴电控喷射系统、单体泵电控喷射系统和共轨蓄压式电控喷射系统。在这诸多类型的EDC系统中，以电控共轨蓄压式燃油喷射系统最为先进。它完全摆脱了传统结构，将多个电控式喷油器并联在一个高压蓄油器上，由电子控制器(ECU)控制喷油，称为共轨喷油。

共轨在英语中为Common Rail，故共轨蓄压式喷射系统简称为EDC-CR系统，是柴油发动机发展的新模式，是目前国内外应用最多的柴油发动机电控燃油喷射系统。因此，本书以依维柯汽车索菲墨柴油发动机采用的电控共轨燃油喷射系统为例，介绍柴油发动机电控燃油喷射系统的结构与检修。

二、电控共轨蓄压式燃油喷射系统(EDC-CR)的结构

博世(Bosch)共轨蓄压式燃油喷射系统的组成，如图13-110所示，图13-111所示为依维柯汽车索菲墨8140/43S和8140/43N型柴油发动机共轨蓄压式燃油喷射系统在发动机上的布置，EDC-CR系统由燃油供给系统和电控系统两大部分组成。

8140/43S和8140/43N型柴油发动机结构上略有差异，但均采用博世(Bosch)MS6.3版本的电控系统，其技术性能见表13-26。

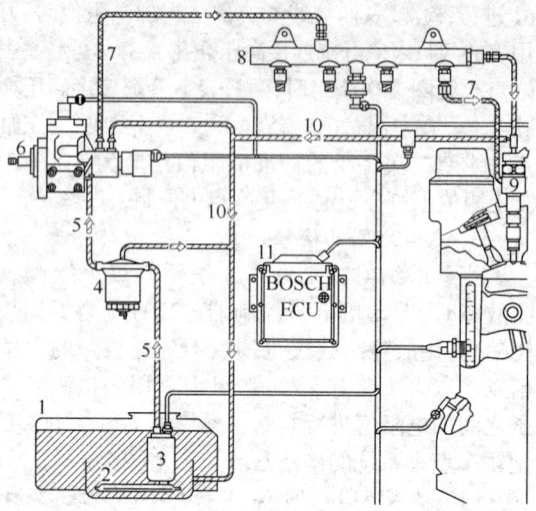

图13-110 博世(Bosch)共轨蓄压式燃油喷射系统
1.油箱 2.粗滤器 3.输油泵 4.滤清器 5.低压燃油油管 6.高压泵 7.高压燃油油管 8.共轨器 9.喷油器 10.回油管 11.ECU

表13-26 8140/43S和8140/43N型柴油发动机技术性能

型号	后缀意义	进气、喷射、燃烧控制方式	功率(kW)(3600r/min)	排放标准
8140/43S	S增功率	增压、中冷、直喷、电控共轨	93	欧Ⅲ
8140/43N	N大功率	增压、中冷、直喷、电控共轨	109	欧Ⅲ

注：8140/43N与8140/43S的不同点在于增压方式，前者采用了VGT可变喷嘴式涡轮增压器。

与8140/43系列发动机匹配的MS6.3共轨蓄压式燃油喷射系统的特点是：系统的喷油压力与喷油过程分离，分别由两个部件控制。即喷油压力由高压油泵产生，并储存在共轨蓄压器中，随时准备供给喷油之用；喷油过程则由ECU控制电磁喷油器来执行。这种分离，使得喷油压力与发动机转速无关，使得喷油量只与充气效率等因素有关并获得匹配。

1. 燃油供给系统

博世 MS6.3共轨蓄压式燃油喷射系统燃油供给系统由低压油路、高压油路、回油油路和电控喷油器等组成。

(1) 低压油路

低压油路为系统的供油油路，具有250~300kPa的供油压力。低压油路由燃油箱、预滤清器、电动输油泵、燃油滤清器、低压管路等器件组成。

第八节 柴油发动机电控燃油喷射系统

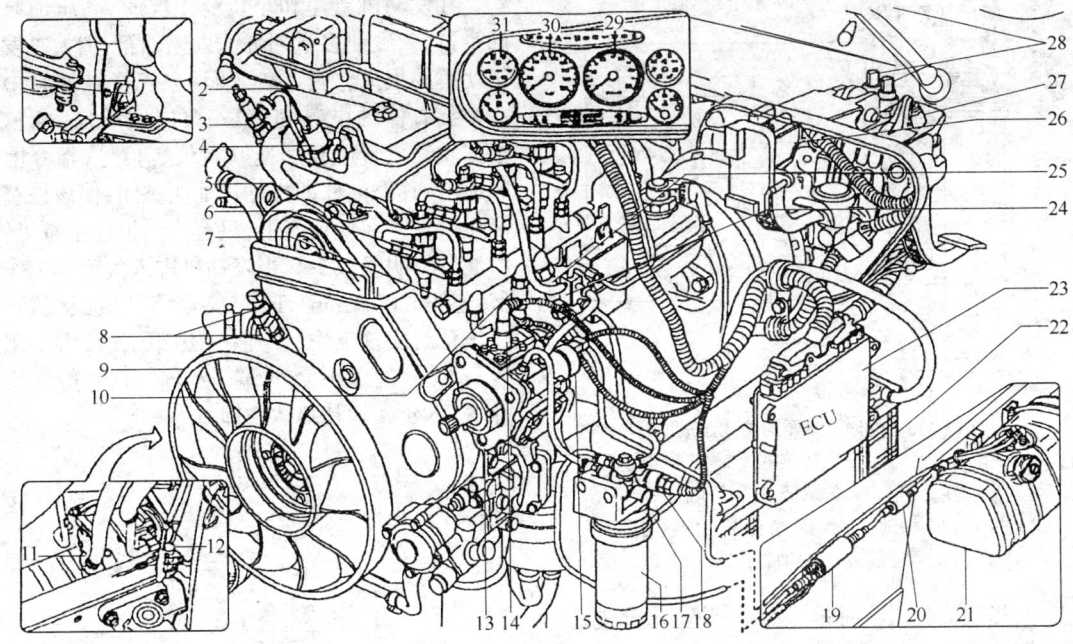

图 13-111 8140/43N 柴油发动机的 BOSCH MS6.3 共轨蓄压式燃油喷射系统构成布置

1. 发动机转速传感器 2. 空气压力温度传感器 3. 预热起动加热塞 4. 预热燃油电磁阀 5. 凸轮轴位置传感器 6. 喷油器 7. 共轨蓄压器 8. 发动机冷却液温度传感器 9. 电磁风扇 10. 燃油压力传感器 11. 压缩机(选用) 12. EGR阀(选用) 13. 高压油泵 14. 第三泵停油阀 15. 燃油压力调节器 16. 燃油滤清器 17. 燃油散热器 18. 燃油温度传感器 19. 电动输油泵 20. 燃油预滤清器 21. 燃油箱 22. 蓄电池 23. 电控单元ECU(带大气压力传感器) 24. 带测量孔的回油接头盒 25. 共轨泄压阀 26. 加速踏板传感器 27. 离合器踏板传感器 28. 制动踏板传感器 29. 发动机转速表 30. 车速里程表 31. 热起动指示灯

① 燃油箱：燃油箱采用与机械喷油泵发动机相同的燃油箱，由带锁的油箱盖、燃油液面传感器、输油管、回油管等组成。

② 燃油预滤清器：燃油预滤清器串连在输油管间，与一般汽油机纸质滤清器相类似，为一次性使用件。

③ 电动输油泵：电动输油泵为偏心转子变容滚子式输油泵，由永磁直流电动机驱动，其功用是将燃油输送至高压油泵，它装在车架左侧可接触的部位，如图 13-112 所示。电动输油泵的两端子用导线与电控单元(ECU)的 A7、A8 端子相接，直接受控于 ECU 的启闭指令。其技术特性为：电源电压 12～13.5V，20℃ 时的电阻值为 28.5Ω，输油压力 250kPa，流量 >155L/h。

④ 燃油滤清器：对于 EDC-CR 系统而言，燃油的清洁度极为重要，不能含有杂质和水分，否则会严重损伤系统的组成件。燃油滤清器由壳体支架和滤芯两大部分组成，如图 13-113 所示。在壳体支架上装有燃油温度传感器、燃油滤清堵塞传感

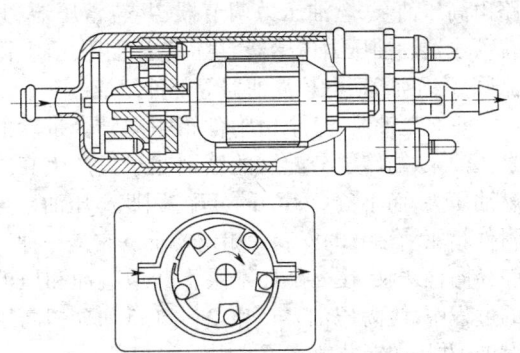

图 13-112 电动输油泵结构示意图

器、旁通阀、燃油预热器等。燃油温度的变化参数输送给 ECU，以供 ECU 适当修正喷油量。当输出油压低于输入油压 60kPa 时，有堵塞信号控制旁通阀打开，保证正常供油。当燃油温度低于 5℃ 时，燃油预热器将适当加热燃油至合适温度。

一次性燃油滤芯旋装在壳体支架上，过滤纸的厚度为 5μm，应定期更换。下方装有积水传感器，当积水达到一定量后，仪表板上的积水指示灯

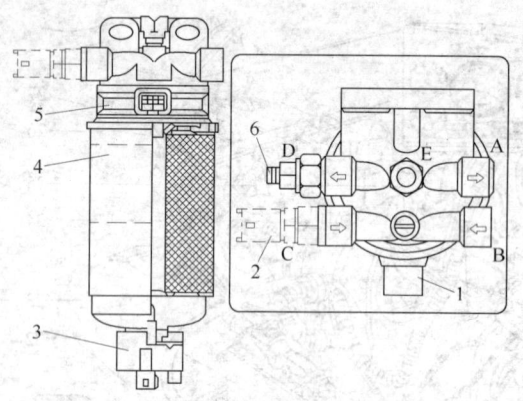

图13-113 燃油滤清器的结构组成
1.燃油预热器 2.燃油温度传感器 3.积水传感器
4.滤芯 5.堵塞传感器 6.旁通阀
A.出油接头 B.进油接头 C.燃油温度传感器接头
D.旁通接头 E.油管接头

在发动机怠速和小负荷工况时,高压油泵供油量过多,致使多量回油注入燃油箱,加大了发动机功率的损失。为此,高压油泵三个柱塞泵中的一个装有停油电磁阀(第三泵停油阀)。当ECU根据发动机转速和加速踏板位置信号,指令电磁阀通电,其停油杆即推动进油阀关闭,使该柱塞泵停止供油。在此情况下,只有另二组柱塞泵工作,供油量将明显减少。当发动机进入大负荷工作时(转速>4200r/min),ECU又令停油电磁阀断电,让该泵组恢复工作。停油电磁阀的接线端子用导线与ECU的A20、A21端子相连。在一般维修条件下,不允许对其解体修理。

将点亮,提醒驾驶人及时排除积水,防止水分进入高压油路。

低压油路的完整性和可靠性,对于EDC-CR系统是很重要的,任何的泄漏都将影响到高压油路的正常工作,发现故障应立即排除。

(2)高压油路

高压油路的功用是为系统的管路产生、输送高压油,其管路最高油压可达135MPa。高压油路由高压油泵、燃油压力调节器、共轨蓄压器、共轨蓄压器燃油压力传感器、共轨蓄压器限压阀、限流阀、高压油管、电控喷油器等部件组成。

①高压油泵:这个由附件箱驱动轴套带动的高压油泵,与转子分配泵的区别在于只产生高压燃油压力,而不负责燃油的分配,因此高压油泵与附件箱驱动轴套的安装无相位要求。它是一种三腔径向柱塞泵,在三个柱塞泵不断地吸油和压油的过程中,使高压油泵产生25~135MPa的高压燃油,并压送至共轨蓄压器中。

高压油泵的结构,如图13-114所示。当发动机运转后,驱动轴带动三瓣偏心轮转动,使三个柱塞泵的柱塞上下往复运动,产生吸油和压油的过程,转动一周总泵油量约为0.7ml。由燃油滤清器吸来的干净燃油,从进油口经进油阀吸入泵腔,压缩后经出油阀进入共轨蓄压器内。过量的燃油,经燃油压力调节器和回油管流回燃油箱;少量的燃油,经过安全阀的节流孔进入高压油泵内腔(图13-112未显示),以润滑和冷却油泵本身。

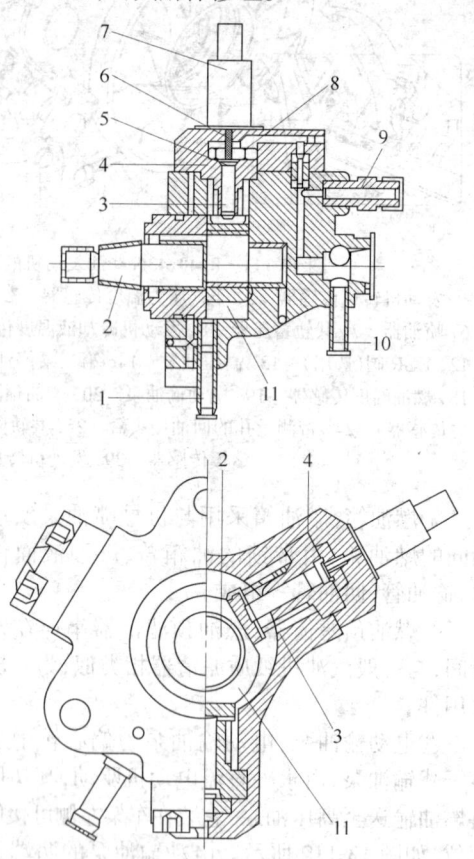

图13-114 高压油泵(带停油电磁阀)的结构
1.低压燃油进口 2.驱动轴 3.柱塞 4.气缸
5.进油阀 6.停油杆 7.第三泵停油阀 8.出油阀
9.高压出油口 10.回油管 11.三瓣偏心轮

②燃油压力调节阀:装在高压油泵后部出、回油道上的燃油压力调节阀,是一个由ECU控制的电磁阀,它的结构如图13-115所示。在启闭阀门1的推杆3的右侧,有衔铁盘7,它受到两种力的作用:一是预紧弹簧6的弹力,二是通电后电磁线

圈5的电磁吸力。两种力的合力,可与高压油泵出油道的高压油压力相平衡。当共轨蓄压器油压低于规定值时,ECU按共轨蓄压器压力传感器信号,使电磁线圈5断电,阀门1便开启,高压燃油将供应共轨蓄压器;反之,ECU令电磁线圈5通电,阀门1便关闭。如此敏感地交替启闭,便可稳定地调节燃油压力。同时,在ECU的控制下,可以消除电磁喷油器和变容式电动输油泵造成的油压波动,使燃油压力更加稳定,以获得精确的喷油量控制。

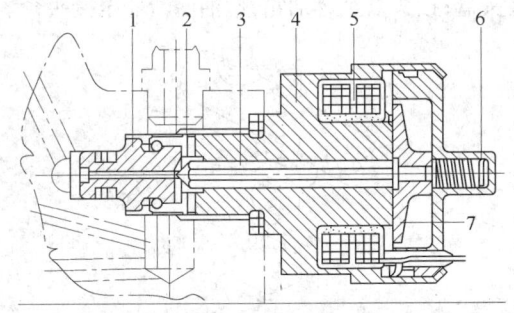

图 13-115　燃油压力调节阀结构
1. 阀门　2. 球形密封圈　3. 推杆　4. 阀体
5. 电磁线圈　6. 预紧弹簧　7. 衔铁盘

燃油压力调节阀电磁线圈的两个接线端子用导线与ECU的A9、A20端子相连接。在一般维修条件下,不允许分解进行修理。

③共轨蓄压器:共轨蓄压器是一个高强度铝合金管,固装在气缸体上,用来储存高压燃油,抑制燃油压力波动,保持燃油压力稳定,以使喷油计量精确。图 13-116 所示为 8140/43S 柴油发动机的共轨蓄压器外形图。

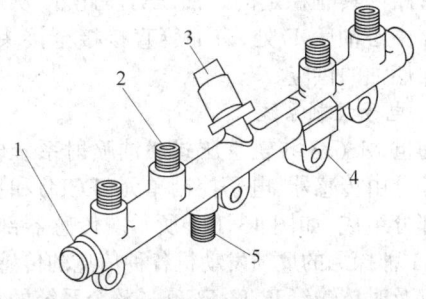

图 13-116　共轨蓄压器的外形(8140/43S)
1. 共轨蓄压器　2. 电控喷油器接口　3. 燃油压力传感器
4. 回油管接头盒固定点　5. 高压燃油进油口

共轨蓄压器内腔容积并不大,在发动机起动和低速运转时,便能快速升压和消除可能引起的压力波。在共轨蓄压器上,还装有燃油压力传感器、共轨限压阀(8140/43N装用)、限流阀等,以协调系统的正常运转。

④共轨限压阀:它装在共轨蓄压器的回油管端,用弹簧控制溢流锥阀的阀门,当共轨蓄压器内燃油压力超过 135MPa 时,即开启回油口,防止燃油压力过高。其结构如图 13-117 所示。

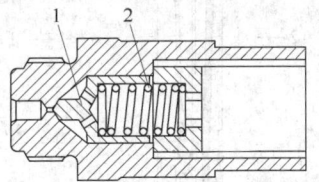

图 13-117　燃油限压阀结构示意
1. 溢流锥阀　2. 弹簧

⑤限流阀:它装在从共轨蓄压器至电控喷油器的管道中,即连接喷油器的四根高压油管均装有限流阀,其结构如图 13-118 所示。限流阀的功用:当电控喷油器端发生大量泄漏时,能及时切断共轨蓄压器的供油,以防燃油外溢形成火情。

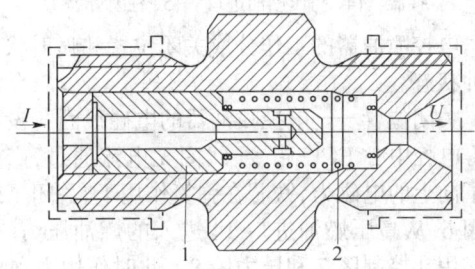

图 13-118　限流阀结构示意
1. 柱塞　2. 弹簧

⑥电控喷油器:电控喷油器由喷嘴、电磁阀、液压继动伺服系统三大部分组成,如图 13-119 所示。喷嘴3与传统的喷油器类似,包含有针阀2、针阀体、控制柱塞1、柱塞弹簧15、压力腔8等。其中,针阀与针阀体为一对偶件,针阀体末端有五个直径为 0.272mm 的喷孔,上端有压力腔;电磁阀部分由线圈4、弹簧、导阀5、回油管10、电磁阀连接器13等组成;液压继动伺服系统部分由高压燃油进口14、输入油管12、控制管路11、控制区7、控制通道9、球形阀6等组成。

由图可知,针阀和控制柱塞上受到的向下关闭力有二,一是柱塞弹簧的作用力 A,二是控制区内的燃油压力 B;而受到的开启力,只有压力腔针阀锥面的向上的燃油压力 C。针阀和控制柱塞的启闭,便是这三种力相互作用的结果。

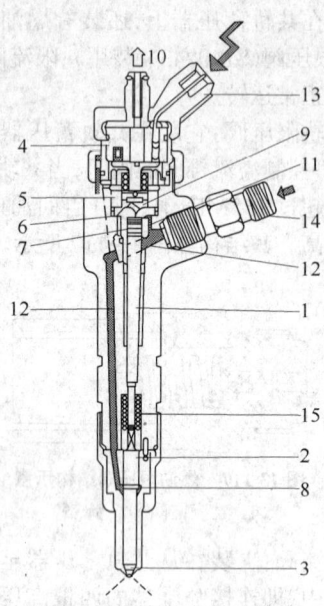

图 13-119 电控喷油器结构
1. 控制柱塞 2. 针阀 3. 喷嘴 4. 线圈 5. 导阀
6. 球形阀 7. 控制区 8. 压力腔 9. 控制通道 10. 回油管 11. 控制管路 12. 输入油管 13. 电磁阀连接器 14. 高压燃油进口 15. 柱塞弹簧

电控喷油器的工作分成关闭位置和喷射状态两种状态。

关闭位置——电控喷油器的电磁线圈 4 没有获得电控中心 ECU 指令,线圈无电流通过,产生不了向上的电磁力,铁芯在弹簧作用下,关闭了球形阀 6,从高压燃油进口 14 进入的燃油压力,分别作用在控制区 7 和压力腔 8。此时作用力 $A+B>C$,针阀和控制柱塞下移,紧紧关闭针阀体上的喷孔,喷油器不喷油。

喷射状态——电磁线圈得到电控中心 ECU 指令,线圈 4 有电流通过,产生的电磁力大于弹簧的张力,使铁芯上行,打开了球形阀 6,压力燃油将从控制区 7 和控制通道 9 流入电磁阀上方的油腔,并从回油管 10 回流至多回油管接头盒,最终流回燃油箱。此时,由于控制区燃油压力 B 的降低,使得作用力 $A+B<C$,针阀和控制柱塞便上行,高压燃油便从喷孔中呈雾状喷出。

针阀开启的时机和开启的时间长短,直接受控于电控中心 ECU。

⑦高压油管:高压油管包括从高压油泵出油口至共轨蓄压器、共轨蓄压器至电控喷油器共计五根油管。它们要耐受 25~135MPa 以上的高压,因此从安全角度考虑,应严格遵守以下规定:

a. 高压油管接头必须充分拧紧(20N·m);

b. 不允许在发动机运转时拧开管接头;

c. 不允许以松开管接头方式来排除高压管路内的空气;

d. 拆卸后的高压油管不准再次使用。

(3)回油油路

该油路为低压油路和高压油路额外油量的回油通道。在 8140/43S 和 8140/43N 柴油发动机上,形成了以五回油管接头盒(如图 13-120 所示)为中心的回油油路。它们是:电控喷油器至接头盒;接头盒至预热起动电磁阀;燃油压力调节阀至接头盒;接头盒至燃油箱;燃油滤清器至接头盒。

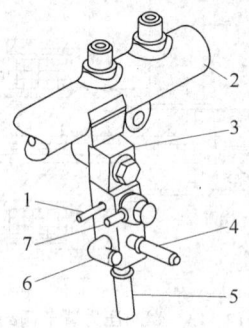

图 13-120 五回油管接头盒
1. 至电控喷油器 2. 共轨蓄压器 3. 接头盒
4. 至燃油滤清器 5. 至燃油箱 6. 至燃油压力调节阀
7. 至预热起动电磁阀

回油油路上承受的燃油压力总体上较低(60~80kPa),但瞬时有可能较高,所以也要有足够的耐压性和良好的密封性。

为了保证发动机冷起动时,电热起动器获得足够的燃油供应,在共轨蓄压器限压阀和接头盒的回油管道上,设有直径 3.5mm 的量孔,以维持回油管路内具有稳定的燃油压力。此外,从燃油滤清器中心油管 E 处,有油管直接接至接头盒,以确保燃油的供应。

2. 电子控制系统

博世 MS6.3 共轨蓄压式燃油喷射系统电子控制部分由传感器、电子控制单元(ECU)和执行器三部分组成,如图 13-121 所示。传感器部分,包括 11 种探测的反馈发动机各种信息的传感器,将信息及时传输给 ECU;ECU 是整个系统的控制中枢,它将发动机的各种信息,经过内存逻辑对比和计算,再对各执行器准确发出各种控制指令;执行器部分是各种能作出启闭动作的电器元件,它会按 ECU 的指令准确动作,从而完成对发动机运转的最佳控制。

第八节 柴油发动机电控燃油喷射系统

传感器		执行器
飞轮转速传感器(48035)→		→电控喷油器(78247)
凸轮轴相位传感器(48042)→		→电动输油泵(85151)
空气流量传感器(85156)→		→燃油压力调节器(78013)
发动机冷却液温度传感器(47035)→	电子控制器 ECU	→第三泵停油阀(78015)
燃油压力传感器(85157)→		→电热冷起动电磁阀(78000)
燃油温度传感器(47106)→		→预热指示灯(58702)
燃油滤清器堵塞传感器(42552)→		→EDC指示灯(58701)
大气压力传感器(在ECU内)→		→故障诊断接口(72027)
加速踏板位置传感器(85152)→		→电磁风扇离合器(85022)
离合器踏板位置传感器(42374)→		→空调压缩机离合器
制动踏板位置传感器(53565)→		→VGT增压器控制电磁阀(8140.43N)
蓄电池电压(20000)→		→车速里程表(58918)
空调AC信号→		→发动机转速表(58918)

图 13-121 共轨蓄压式燃油喷射系统电控部分组成示意图

(1)传感器

①飞轮转速传感器(48035):飞轮转速传感器为感应式传感器,在飞轮前端面周沿制有58个信号发生孔,另有两个空缺孔位置(如图 13-122 所示)。固定在气缸体上的飞轮转速传感器头,将直接感受这些孔的位置变化。发动机飞轮每转一圈所测得的空缺孔位置信号,是电控单元(ECU)识别第一缸活塞至上止点位置的基准信号。此信号被ECU用来实现主喷射和预喷射的提前角和喷油时间,同时该信号被ECU转换给发动机转速表,以显示发动机的转速。

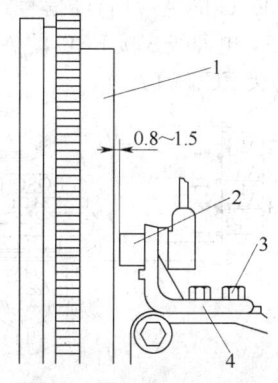

图 13-123 飞轮转速传感器
1.飞轮 2.飞轮转速传感器 3.螺栓 4.支架

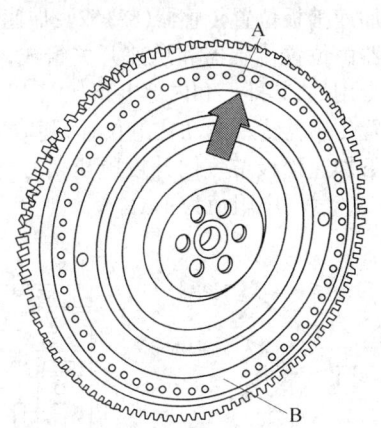

图 13-122 飞轮转速传感器信号发生孔
A—周沿58个孔 B—两缺孔位

飞轮转速传感器的两接线端子用导线与ECU端子A29、A37相连接。安装时,传感器感应头与飞轮的间隙为0.8~1.5mm,并保持垂直。若间隙和位置不当,可按图 13-123 所示,检查和调整传感器支架4,最后拧紧螺栓3。

②凸轮轴相位传感器(48042):凸轮轴位置传感器也是感应式传感器,该传感器的两导线端子用导线与ECU的A4和A31两端子相连接。它被ECU用来测定发动机各缸活塞压缩行程终止点(进排气门同时关闭),是确定电控喷油器喷油时机(预喷和主喷)的重要基准点。凸轮轴位置传感器安装在气缸盖罩上,传感器头对准了凸轮轴驱动齿轮的内边沿上的两相邻凸台和空位后,可使ECU获得预喷和主喷的正时信息。传感器头的空气间隙为0.8~1.5mm,若有不当,可调节图 13-124 中支架4的位置。

凸轮轴位置传感器在20℃时,其正常电阻值为860Ω。

③空气流量传感器(85156):空气流量传感器实际上是包含有空气温度传感器和空气压力传感器的总成件。热膜式空气流量传感器装在发动机进气支管上,担负着测量进入发动机空气流量的任务。空气流量传感器所反馈的信息,是ECU计

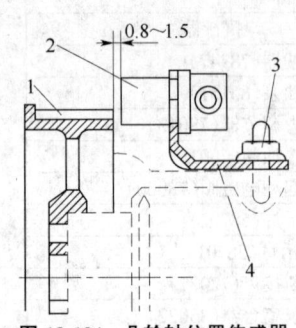

图 13-124 凸轮轴位置传感器
1. 凸轮轴驱动齿轮 2. 凸轮轴位置传感器
3. 螺栓 4. 支架

算喷油量的重要依据。该传感器的四个接线端子与 ECU 的四个端子相连接，如图 13-125 所示，其中地线 1 接 ECU 的 A19，温度信号线 2 接 ECU 的 A2，正极 5V 电源线 3 接 ECU 的 A3，压力信号线 4(0~5V)接 ECU 的 A34。

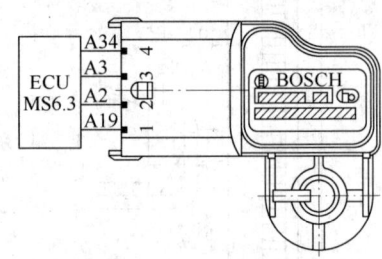

图 13-125 空气流量传感器接线

④冷却液温度传感器(47035)：冷却液温度传感器为 NTC 类型传感器，利用 NTC 热敏电阻片作为感知元件，测量冷却液在不同温度下的电阻值，再转换成 0~5V 电压信号送给 ECU，以便 ECU 向有关执行器发出工作指令。冷却液温度传感器在不同温度下的电阻值，见表 13-27。

表 13-27 冷却液温度传感器在不同温度下的电阻值

温度(℃)	-40	-20	0	20	40
电阻值(kΩ)	48.50	15.67	5.86	2.50	1.17
温度(℃)	60	80	100	120	
电阻值(kΩ)	0.59	0.32	0.18	0.11	

冷却液温度传感器装在节温器座上，该传感器的两接线端子用导线分别与 ECU 的 A1 和 A30 端子相连接。当冷却液温度超过 98℃(或达 105℃)，ECU 电控中心即令电磁冷却风扇工作。在冷却液散热器和空调冷凝器为一体化的热交换器中，ECU 还令空调压缩机电磁离合器断开，使空调停止运转。

⑤燃油温度传感器(47106)：燃油温度传感器含有燃油堵塞传感器，亦属 NTC 类型传感器，装配在燃油滤清器总成上，用导线与 ECU 的 A15 和 A30 端子相连接。当燃油温度超过 70℃，电控中心 ECU 将减少喷油压力；当燃油温度超过 90℃，发动机功率将减少至 60%。

⑥燃油压力传感器(85157)：燃油压力传感器的外形如图 13-126 所示，装在共轨蓄压器上，专司反映共轨燃油压力之职。它内有半导体压敏应变电阻型桥式电路，可将受到的燃油压力信号转换成电信号，经过运算和放大，输出 0.5~4.5V 电压信号给 ECU，ECU 将据此控制燃油压力调节阀，使之修正燃油压力至合适程度。

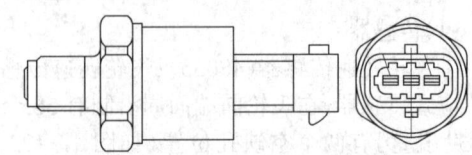

图 13-126 燃油压力传感器外形

燃油压力传感器用三根导线分别与 ECU 的 A6、A14、A33 三个端子相连接。

⑦大气压力传感器：大气压力传感器位于 ECU 内部，可测量不同海拔高度下的大气压力，并转换成电信号，供 ECU 修正不同海拔高度下的喷油量。

⑧加速踏板位置传感器(85152)：加速踏板位置传感器由位置传感器和怠速开关组成，是一加速踏板专用件，其外形和内部电路如图 13-127 所示。位置传感器为一滑动式电位计，随时向 ECU 反馈踩下加速踏板节气门开度电压信号，输入电压为 5V，节气门电阻值为 1kΩ。

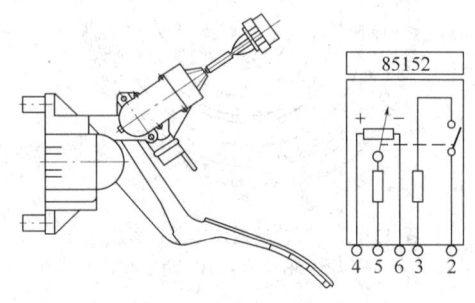

图 13-127 加速踏板位置传感器

当加速踏板完全松开并关闭点火开关时，ECU 接收信号立即切断电控喷油器的供油；当发动机到达最低转速前一点怠速开关接通，可保持发动机的稳定运转。加速踏板位置传感器用导线分别与 ECU 的 B2、B13、B27、B35 端子相连接。

⑨离合器踏板传感器(42374)和制动踏板传感器(53565)：分别安装在离合器踏板和制动踏板支架上,结构和原理相同,如图 13-128 所示。常规状态为闭合电路,踩下状态为切断电路。当踩下踏板后,ECU 按电路切断信号,迅速减少电控喷油器的喷油量；制动踏板同时还会令后制动灯点亮。

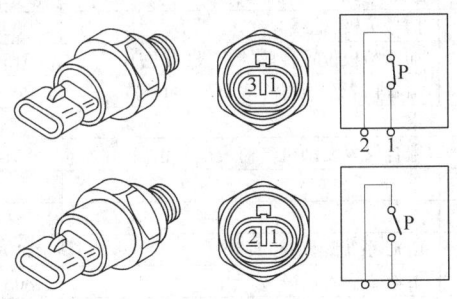

图 13-128　离合器踏板和制动踏板传感器

(2)电子控制器(ECU)

①ECU 实质上是一个精心设计的微型电子计算机,它在获得各种传感器的信息后,经过与内存脉谱图的对比和计算,再按设计的工作模式,向发动机各执行元件发出指令信号,从而控制发动机按最优化的模式运转。其具体控制内容如下：

a. 当发动机转速在 2800r/min 以下时,ECU 控制电磁喷油器均进行预喷,以减少直喷引起的噪声。

b. 燃油喷射压力按瞬时工况(转速、负荷)需要,ECU 对喷油压力可在 25~135MPa 之间调整,并与喷射时间长短互补,以满足发动机负荷的要求。

c. ECU 对预喷提前角、预喷与主喷间隔时间、主喷提前角均按发动机瞬时工况即时调整确定。

d. 对发动机怠速控制和低速状态下的各缸平衡控制,以及发动机在各种转速下的平滑过渡。

e. 发动机加速时对喷油量的精确控制,以减少排放烟度,使之达到欧Ⅲ标准。

f. 对发动机最高转速的控制,当发动机转速达到 4250r/min 时,ECU 将减少电控喷油器开启时间,来减少喷油量；当发动机转速超过 5000r/min 时,ECU 即令电控喷油器停止工作。

g. 预热指示灯和 EDC 系统故障指示灯控制。当预热系统工作时,ECU 令预热指示灯亮起,预热结束即熄灭；当电控蓄压式共轨喷射系统发生故障时,EDC 系统故障指示灯即亮起或闪烁。

h. 发动机转速表和车速里程表的控制。由 ECU 采撷的飞轮转速信号将同时传送至发动机转速表和车速里程表,供驾驶人观察和参照。

i. 发动机熄火后的控制。当用点火钥匙熄火后,ECU 仍获得一专用继电器供电若干秒,使电控中心微处理器将有关信息存储在电脑中,以便在以后的作业中,通过 EDC 故障诊断接口获得有关故障信息。

②对各电控喷油器的实际喷油定时与喷油量的控制。ECU 根据各种传感器的反馈信号,经过与 CPU 内存数据对比计算后确定的。实际喷油量和喷油定时,主要与下列传感器信号有关：

a. 基本喷油量控制信号：发动机飞轮转速信号、加速踏板位置信号、空气流量(进气支管绝对压力)信号等。

b. 补充喷油量控制信号：冷起动信号、冷却液温度信号、进气温度和压力信号、燃油温度信号等。

c. 修正喷油量控制信号：运行中因工况改变,各传感器随机反馈控制信号。

d. 喷油时刻控制信号：飞轮转速传感器信号、凸轮轴位置传感器信号等。

博世 MS6.3 系统的 ECU 外形如图 13-129 所示。它安装在发动机机舱左侧,其上部有两组 43 个端子的插头。图中 A 组和 B 组插接器连接端子的功用分别见表 13-28 和表 13-29。

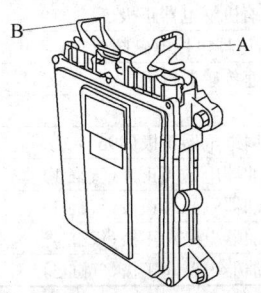

图 13-129　ECU 外形
A. 接发动机线束　B. 接整车线束

ECU 除了对各执行器控制外,还有故障记录和记忆功能。故障模式能用专用仪具或指示灯读出,故障记录可以消除或用故障诊断仪消除。

表13-28 A组插接器各端子的功用

端子号	端子名称	线码颜色
1	冷却液温度传感器正极	5154
2	空气流量传感器正极(空气温度和压力)	5151
3	空气流量传感器正极(空气温度和压力)	5153
4	凸轮轴位置传感器正极	白色
5	空气温度传感器正极(在ECU内)	—
6	燃油压力传感器负极	0000
7	电动输油泵继电器正极(9156)	8150
8	电控中心地线	0000
9	燃油压力调节器电磁阀正极	9925
10	电控喷油器电磁阀负极(气缸3)	2
11	空	—
12	电控喷油器电磁阀负极(气缸1)	2
13	燃油压力传感器正极	5590
14	空	—
15	燃油温度传感器正极	5592
16	空	—
17	空气流量传感器正极	内接
18	空气流量传感器地线	内接
19	空气流量传感器地线	0165
20	高压油泵两电磁阀公用地线	0000
21	高压油泵第三泵停油电磁阀正极	9917
22	空	—
23	电控喷油器电磁阀负极(气缸4)	2
24	电控喷油器电磁阀负极(气缸2)	2
25	EGR控制电磁阀正极(13)	暂缺
26	ECU内大气压力和温度传感器	内接
27	空	—
28	ECU内大气压力和温度传感器	内接
29	飞轮转速传感器正极	2
30	冷却液温度传感器负极	0150
31	凸轮轴位置传感器负极	黑色
32	柴油滤清器预热继电器正极	8159
33	燃油压力传感器正极	5591
34	空气流量传感器正极	5152
35	空调压缩机继电器正极	9990
36	VGT增压器电控电磁阀或空	—
37	飞轮转速传感器负极	1
38	空	—
39	电磁风扇继电器正极(9964)	7740
40	电控喷油器电磁阀正极(气缸1)	1
41	电控喷油器电磁阀正极(气缸2)	1
42	电控喷油器电磁阀正极(气缸4)	1
43	电控喷油器电磁阀正极(气缸3)	1

表13-29 B组插接器各端子的功用

端子号	端子名称	线码颜色
1	巡航控制正极(暂未用)	8150
2	加速踏板位置传感器正极(白)	5157
3	空	—
4	组合仪表车速里程表B7的正极	5155
5	空	—
6	空调压缩机正极	8162
7	EDC系统诊断接口(2)	2299
8	防盗电控中心(B4)	绿色
9	ECU电控中心正极	8150
10	ECU电控中心正极	8150
11	预热电磁阀继电器负极	0000
12	信号负极(地线)	0000
13	加速踏板位置传感器正极(红色)	5156
14	组合仪表车速里程表B7的负极	0000
15	空	—
16	组合仪表发动机转速表信号正极	5614
17	空	—
18	空	—
19	EDC系统诊断接口(1)	1199
20	熔丝2输入正极	8051
21	预热信号指示灯负极	0000
22	ECU电控中心正极	8150
23	EDC系统故障开关负极	5156
24	信号负极(地线)	0000
25	巡航控制正极	8155
26	EDC制动信号继电器正极	8153
27	加速踏板位置传感器负极	(棕)0150
28	EDC系统诊断接口(23)	9932
29	加速踏板位置传感器负极	(灰)0159
30	空	—
31	制动踏板位置传感器正极	8158
32	巡航控制继电器正极(暂未用)	8154
33	巡航控制正极(C)	8157
34	空	—
35	加速踏板位置传感器正极	(黄)5158
36	空	—
37	空	—
38	离合器踏板位置传感器负极	0160
39	防盗电控中心(B1)	白色
40	EDC主继电器正极	8150
41	ECU电控中心正极	8150
42	电热起动器继电器负极	0000
43	信号负极(地线)	0000

(3)执行器

电控喷油器是执行器的主要部件之一,其结构和工作前已介绍,不再赘述。只介绍以下执行器部件。

①电动输油泵:起动发动机时,开启点火开关,ECU即令电动输油泵工作,并在汽车行驶中维持运转。如果发动机在9s内不能起动,ECU

第八节 柴油发动机电控燃油喷射系统

会取消向电动输油泵供电。

②电热冷起动电磁阀：发动机冷起动时，当空气、冷却液、燃油温度传感器任一温度显示在0℃以下时，ECU即令冷起动预热电磁阀开启，并向电热冷起动器塞头供电，直致发动机起动后为止。同时，仪表板上的预热指示灯相随显示。

③燃油压力调节和第三泵电磁阀：该阀的功用是调节控制燃油压力和燃油量，ECU根据从各传感器采集到的发动机负荷的信息，将及时向燃油压力调节器电磁阀发出启闭指令，以调节燃油压力。向第三泵电磁阀发出启闭指令，以控制燃油供应量。

④电磁离合器：电磁离合器的功用是控制电磁离合器的风扇。当发动机冷却液温度达到(94±2)℃时，ECU即令电磁风扇离合器吸合，冷却风扇参加工作，当发动机冷却液温度降至(80±2)℃时，ECU又令电磁离合器断开，冷却风扇停止工作。

⑤VGT增压器控制电磁阀(8140/43N发动机专用)：该电磁阀的功用是控制可变几何截面涡轮增压器活动叶片，ECU根据发动机转速和负荷信息，启闭电磁阀，以控制活动叶片位置变化的真空通道，从而控制涡轮增压器的充气效率。

⑥空调压缩机电磁离合器：空调压缩机由电磁离合器带动工作，当发动机冷却液温度超过105℃，ECU将令电磁离合器断开，使空调压缩机停止转动一段时间，以保护冷气调节系统。

三、博世 MS6.3 共轨蓄压式燃油喷射系统控制电路

为了弄清博世 MS6.3 共轨喷射系统的电路，首先要清楚三点：一是共轨喷射系统组成件的代码，二是以 ECU 为中心的连接端子功能，三是 MS6.3 共轨喷射系统电路图特点。

1. 共轨喷射系统电器组成件的代码

在电路图中除了用图形符号来表示电器元件外，还用五位数字代码来表示。因此，应弄明白各数字代码所代表的电器名称。依维柯有庞大的电器数字代码库，其中涉及博世 MS6.3 共轨燃油喷射系统电器数字代码，见表 13-30 所列。

表 13-30 博世 MS6.3 共轨燃油喷射系统电器元件代码

19005	电热冷起动器
20000	蓄电池
25006	EDC 制动信号继电器

续表 13-30

25222	电热起动器继电器
25223	预热电磁阀继电器
25336	电磁离合器风扇继电器
25705	整车诊断接口继电器
25858	主继电器
25837	EDC 电动输油泵继电器
34000	后组合尾灯
42374	离合器踏板位置传感器
47035	冷却液温度传感器
47106	燃油温度传感器(含堵塞传感器)
48035	飞轮转速传感器
48042	凸轮轴位置传感器
52502	点火开关
53565	制动踏板位置传感器
58701	EDC 信号指示灯
58702	预热信号指示灯
58918	车速里程表和发动机转速表
61126	CAN 总线电阻
72027	EDC 系统诊断接口
72032	6 头扬声器
78000	预热起动电磁阀
78013	高压油泵燃油压力调节电磁阀
78015	高压油泵第三泵停油电磁阀
78209	EGR 电磁阀(未采用)
78247	电控喷油器电磁阀
78248	VGT 涡轮增压器电磁阀(43N专用)
85130	防盗电控中心
85150	电控中心 ECU
85151	燃油电动输油泵
85152	加速踏板位置传感器
85156	空气流量传感器(空气温度和压力传感器)
85157	燃油压力传感器

2. ECU 插接器各端子的连接功能

ECU 插接器各端子功能见表 13-28 和表 13-29。

3. MS6.3 共轨蓄压式燃油喷射系统的控制电路

如图 13-130 所示，其电路的特点如下：

该图表述了 EDC 系统控制电路的逻辑原理，表明了 EDC 系统中各电器的连接走向，可供维修人员参照。在识图时，应注意以下几点：

①供电电路有两条。一是 30D 电源电路，从蓄电池 20000 正极出来的电流 —→ 7777_{50} —→ 7777_6 和 7777 —→主继电器，继而向各用电电器

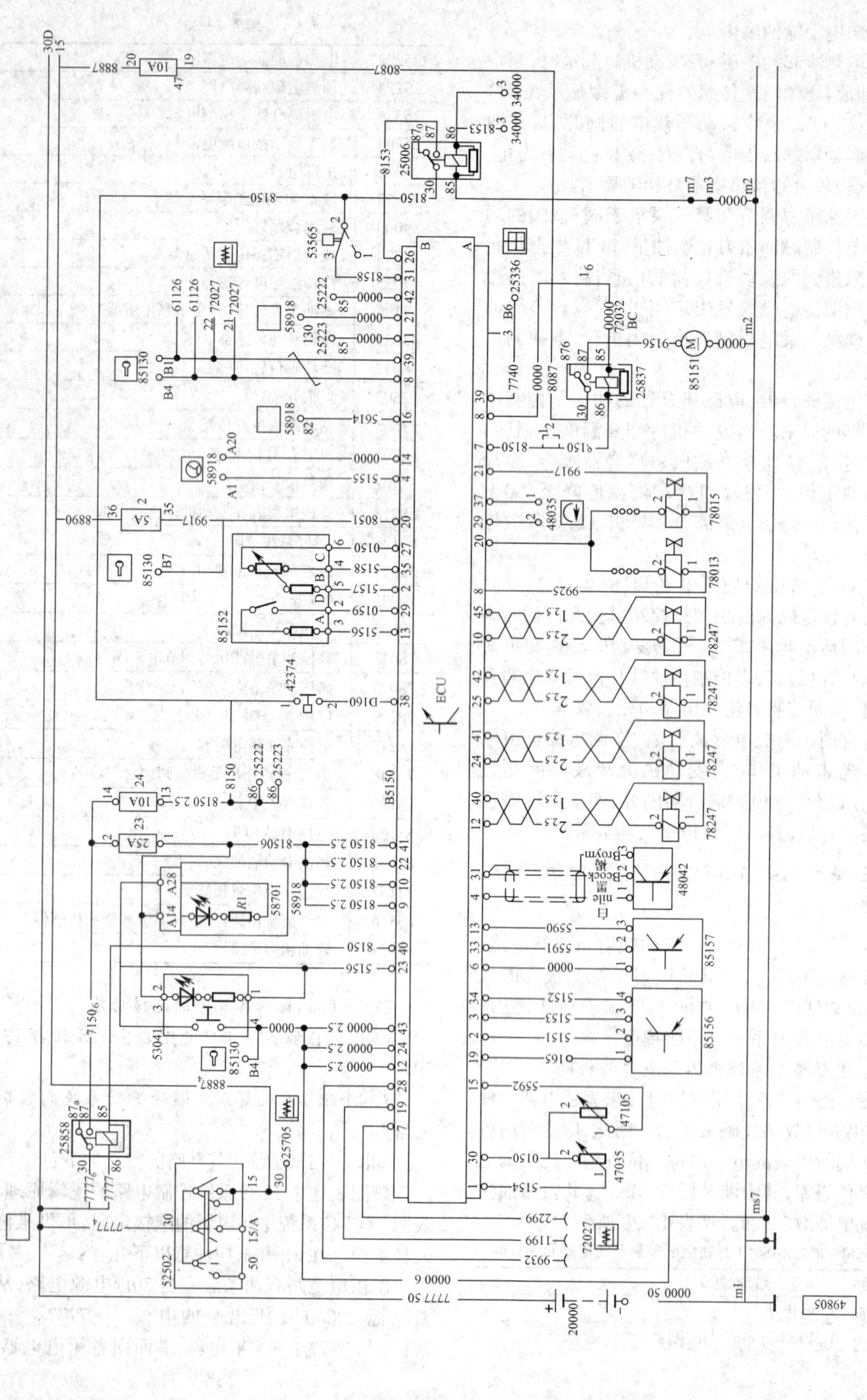

318 第十三章 汽车发动机电子控制系统

图13-130 博世(Bosch)MS6.3 共轨蓄压式燃油喷射系统控制电路 (8140/43S)

供电。另一条是从点火开关出来的15电源电路，当打开点火开关后，从蓄电池20000正极出来的电流→7777$_{50}$→7777$_4$→$_{30}$点火开关$_{15}$→8887$_4$和8890，向各用电电器供电。

②图中各电器均由图形符号和数字代码表示，应首先弄清电器的名称，再逐一明白电路。

③该电路图为直流、12V、负极搭铁、单线制图形，各用电电器多并联在电源电路中。因此，某一条电路必然是从蓄电池正极出发，最终回到蓄电池负极。可按上述原则，查清各条电路的连接回路。

例如，电动输油泵电路：由蓄电池正极→7777$_{50}$→7777$_4$→$_{30}$点火开关$_{15}$→8887$_4$→8890→$_{36}$熔丝(5A)$_{35}$→9917→8051→B20电控中心(ECU)A7→$_{86}$电动输油泵继电器85→0000→A8 电控中心(ECU)B12或24→0000$_6$→接地→蓄电池负极。

在此电路接通条件下，电动输油泵电路才能构成回路，输油泵才能转动。其电路：从8887$_4$→8887→$_{20}$熔丝(10A)$_{19}$→8087→$_{30}$电动输油泵继电器$_{87}$→9156→电动输油泵→0000→接地→蓄电池负极。

四、博世MS6.3共轨蓄压式燃油喷射系统故障诊断与检修

1. 共轨蓄压式喷射系统维修通则

①在进行发动机维修之前，应先使用IVECO专用故障诊断仪IT2000-IWT和诊断转换器(99331044)对发动机和整车进行检测，并打印出结果，如图13-131和图13-132所示。也可采用深圳元征科技公司生产的X431型发动机故障诊断仪进行诊断。

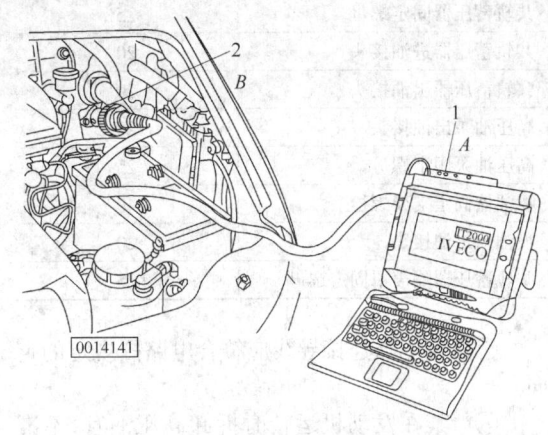

图13-131 依维柯专用故障诊断仪及运用
1. IVECO专用故障诊断仪(IT2000-IWT)
2. 故障诊断仪插座(在发动机舱真空助力器左侧)

②更换电控单元ECU应由经过授权的专用工作单位在专用设备上进行。

③下列零部件只能更换而不能分解修理：燃油压力调节阀、限流阀、燃油压力传感器、共轨蓄压器、限压阀、高压油管总成、电控喷油器。

④共轨喷射系统的所有配件均已经过防潮包装，使用前要在装配现场才能打开包装，不宜提前打开。

⑤维修中要最大限度地保持零部件的清洁度，防止不洁物污染。油管、传感器的保护帽应在装配时当场去除。

⑥所有紧固件应按规定力矩拧紧，尤其要重视高压油路紧固件拧紧力矩(见表13-31)，所有快装接头应安装到底。

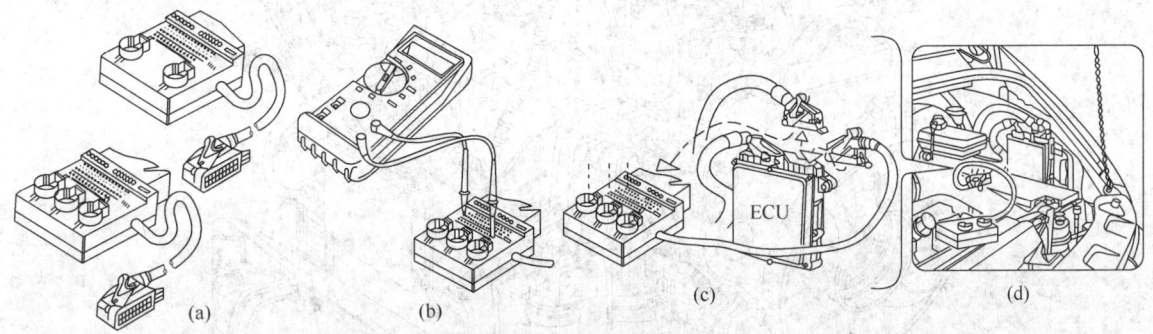

图13-132 专用诊断转换器及运用
(a)专用诊断转换器(99331044) (b)专用诊断转换器与万用电表的配合使用
(c)专用诊断转换器与ECU的连接 (d)专用诊断转换器在汽车上的运用

表 13-31　高压油路重要紧固件力矩　（N·m）

项目	力矩
共轨蓄压器固定螺母	25
共轨蓄压器进油接头	20
共轨蓄压器出油接头	20
高压油泵出油接头	20
高压油泵固定螺母	25
喷油器固定支架螺栓	40
喷油器进油接头	20
共轨蓄压器隔声罩固定螺母	25

⑦所有电器连接导线应符合电路图规定的走向。

⑧严禁在发动机运转时拆卸高压油管，不准尝试在高压油管处进行放气作业，以防伤人。

2. 共轨蓄压式喷射系统主要部件装配要求

①电控喷油器不得分解。在其上安装高压油管时，应注意它是否在气缸盖座孔内可靠固定，应一面用扳手固定电控喷油器，一面安装高压油管。在其上安装回油油管接头时，应垂直施力，防止弹簧脱出，并使卡套安装到位。

②飞轮转速传感器和凸轮轴位置传感器的空气间隙为 0.8～1.5mm，并确保传感器头的垂直度。

③高压油泵中的第三泵停油阀不允许进行任何维修。安装从高压油泵至共轨蓄压器的高压油管时，要注意高压油泵的稳定，操作中可用扳手固定高压油泵。

④任何一根高压油管拆卸后，必须换用新件。装配时，要注意相关件的固定，以防损坏。

⑤共轨蓄压器上的限压阀和限流阀，仅能承受连续五次拆装，装配前接头处要涂抹润滑脂，衬垫要强制更换。

3. 低压油路密封性和完整性的检查

低压油路是保证共轨蓄压式喷射系统正常工作的基础之一，它的密封性和完整性将直接影响高压油路的工作。

低压油路的检查可用图 13-133 所示的压力表 A、B、C 检测，其中 A、B 三接头压力表可连接在燃油滤清器进出油接头 A、B 处，正常压力值为 0.4～0.5MPa，若低于 0.25MPa，则表明低压油路有泄漏，应逐段检查，排除故障。

单接头压力表 C 可接在多回油管接头盒 C 处，测量回油压力，正常值为 0.2～0.25MPa。若压力值过低，应检查至电热起动器的油路。

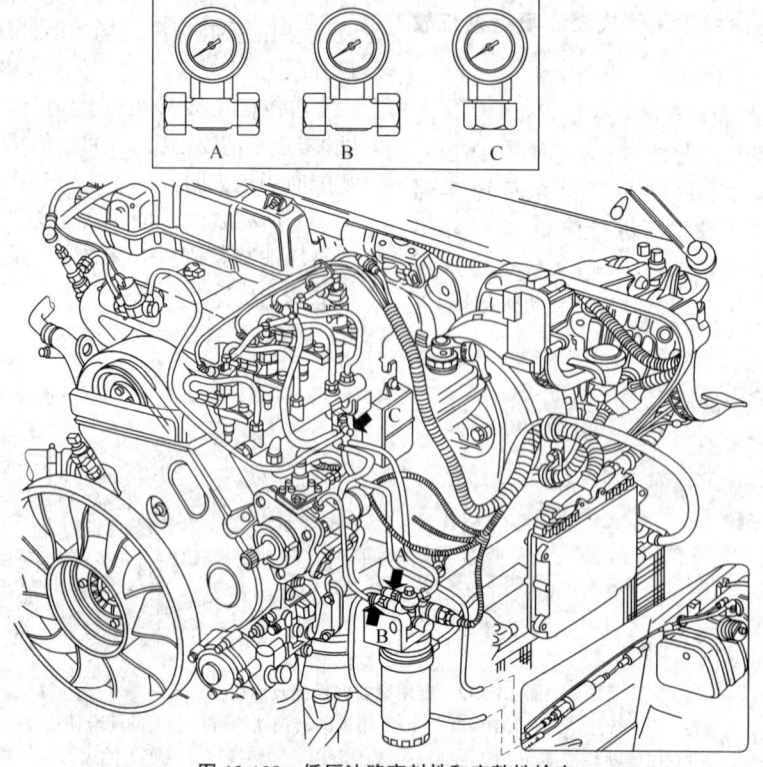

图 13-133　低压油路密封性和完整性检查

4. 博世 MS6.3 共轨燃油喷射系统故障代码的读取与清除

(1) 故障代码的读取

通过 IVECO 专用故障诊断仪 IT2000-IWT 对 ECU 诊断接口的连接操作,可以读取 ECU 内存的故障信息,以便维修人员迅速排除故障。

由 ECU 故障数据库中,大约可以读取到 60 多种故障模式。每一种故障按时间区分,可分为"现存在"和"曾存在"两类;按故障类型区分,可分为"电源短路"、"地线短路"、"线路断路"、"信号无效"、"信号值过高"、"信号值过低"、"传感器输入电压过高"、"传感器输入电压过低"八类。故障在 ECU 中,由计时器和计数器记录控制和显示,同时 EDC 指示灯以亮、灭配合显示。

读取时,按 IT2000-IWT 故障诊断仪使用说明书操作,可获得如表 13-32 所列的故障模式。

表 13-32 故障代码及故障模式

代码显示	EDC 指示灯	故障模式(表现和可能原因)	发动机状态
整车1.1	亮	车速里程表无车速显示,飞轮转速传感器无信号或信号接不到,或里程表与 ECU 间地线短路	
1.3	灭	巡航控制/动力输出不工作	
1.4	一亮一灭	加速踏板位置传感器电源或地线短路,或损坏	功率降低
1.5	灭	离合器踏板位置传感器无信号或信号接不到	
1.6	亮	制动踏板位置传感器无信号或信号接不到	
1.7	灭	发动机转速降至最低,加速踏板和制动踏板被同时踩下或两传感器互相干扰	最小转速
1.8	灭	EDC 指示灯失效	
1.9	灭	空调压缩机不工作,控制继电器线圈短路或断路	
发动机2.1	一亮一灭	冷却液温度传感器短路、断路,或损坏,致使冷起动困难,电磁离合器风扇始终工作	功率降低
2.2	灭	空气流量传感器中的空气温度传感器短路、断路	
2.3	亮	燃油温度传感器短路、断路,造成冷起动困难	
2.4	一亮一灭	空气流量传感器中的压力传感器短路、断路,致使起动时冒烟,VGT 失效,功率降低	功率降低
2.5	灭	ECU 中的大气压力传感器短路、断路,导致冒黑烟	
2.7	一亮一灭	电动输油泵供电继电器短路,致使电泵工作不正常	
2.8	灭	燃油滤清器预热继电器短路,使预热器在燃油温度>5℃时始终在工作	
2.9	亮	电磁离合器线圈或继电器短路、断路,风扇工作不良	
发动机3.1	一亮一灭	一缸电控喷油器喷油不平衡,发动机运转不规则	
3.2	一亮一灭	二缸电控喷油器喷油不平衡,发动机运转不规则	
3.3	一亮一灭	三缸电控喷油器喷油不平衡,发动机运转不规则	
3.4	一亮一灭	四缸电控喷油器喷油不平衡,发动机运转不规则	
3.5	灭	蓄电池电压太低,发动机起动后熄火或不能起动	
3.6	灭	预热指示灯地线短路,指示灯常亮	
3.7	灭	电热起动器继电器地线短路,可能出现过热	
3.8	灭	电热起动器电磁继电器地线或电源线路短路、断路	
3.9	灭	电热起动器电磁阀地线短路,电磁阀常开	
增压器4.4	一亮一灭	VGT 增压器增压压力过高或过低,起动有烟	功率降低
4.5	亮	VGT 增压器控制电磁阀电源线或地线短路、断路	
喷油器5.1	一亮一灭	一缸电控喷油器电源线短路,不工作	
5.2	一亮一灭	二缸电控喷油器电源线短路,不工作	
5.3	一亮一灭	三缸电控喷油器电源线短路,不工作	
5.4	一亮一灭	四缸电控喷油器电源线短路,不工作	

续表 13-32

代码显示	EDC 指示灯	故障模式(表现和可能原因)	发动机状态
5.7	亮	一、四缸电控喷油器受控功率放大器故障	
5.8	亮	二、三缸电控喷油器受控功率放大器故障	
发动机转速 6.1	一亮一灭	飞轮转速传感器无信号或信号收不到,致使发动机起动困难	功率降低
6.2	一亮一灭	凸轮轴位置传感器无信号或信号收不到,不能起动	功率降低
6.4	一亮一灭	发动机超转速(>5000r/min)	
线束连接 7.1	灭	PWM 信号故障	
7.2	灭	CAN 控制故障之一	
7.3	灭	CAN 控制故障之二	
7.4	灭	CAN 控制故障之三	
燃油压力/EGR 8.1	一亮一灭	燃油压力调节不当。过高,喷油器渗漏、第三泵停油阀失效;过低,发动机功率降低,甚至熄火	功率降低 熄火
8.2	一亮一灭	燃油压力传感器电源线、地线短路或断路	
8.3	一亮一灭	燃油压力调节阀电磁线圈电源线、地线短路、断路	
8.4	灭	高压油泵第三泵停油阀电磁线圈电源线、地线短路、断路	
8.5	亮	EGR 系统故障	
8.6	亮	EGR 电磁阀故障	
8.7	亮	Debimetro 故障	
8.8	灭	EGR 系统大气压力传感器故障	
电控中心 ECU 9.1	一亮一灭	电控中心 ECU 内部故障,发动机熄火,不能起动	功率降低
9.2	亮	电控中心 EEPROM 故障	
9.3	一亮一灭	EDC 信息故障	
9.4	亮	ECU 主继电器有故障,不能断开	
9.5	灭	试运行中出现故障	
9.6	一亮一灭	台架试验出现故障	
9.7	一亮一灭	ECU 中传感器输入线路有故障	
9.8	一亮一灭	ECU 内部软件故障,发动机熄火,不能起动	无法起动
9.9	一亮一灭	ECU 内部软件故障,喷油器迅速中断喷油,无信号	熄火

(2)故障代码的清除

通过代码显示按钮删除故障记录的程序:用点火钥匙断开点火开关,揿下代码显示按钮 4~8s,然后接通点火开关,在后续的十几秒钟内不再操作点火开关。

5. 共轨蓄压式燃油喷射系统发动机主要故障的检查(8140/43/43C/43Z 发动机亦可参考)

共轨蓄压式燃油喷射系统发动机可能会出现下列综合性故障,如:发动机不能起动、发动机过热、发动机动力不足、发动机冒黑烟或深灰色烟、发动机冒浅灰色烟、发动机冒蓝色烟、发动机冒白色烟、发动机异响、发动机熄火、燃油消耗过高、机油压力过高或过低等。这些故障往往不是单一因素形成的,可按下述顺序依次逐一排查。

(1)发动机不能起动

应检查:蓄电池的接线、蓄电池、起动机是否有效,低压油路是否有气体,低压油路是否有积水,燃油预滤清器是否堵塞,用 IT2000-IWT 检查预热起动装置是否有效,用 IT2000-IWT 检查高压油泵是否有效,用 IT2000-IWT 检查电控喷油器及 O 形密封圈是否有效,测量气缸压缩压力是否正常,电动输油泵是否有效(输油压力不低于 0.2MPa),目测低压油路、回油油路有无泄漏或堵塞,燃油滤清器是否堵塞(燃油滤清器与高压油泵间输油压力不得小于 0.18MPa),预热起动电磁阀是否有效,多头回油管接头盒至电磁阀油路是否畅通,电磁阀至电热起动器油路是否畅通,燃油滤清器旁通阀是否畅通,共轨蓄压器限压阀是否有效,电控喷油器是否正常,高压油泵及第三停油阀是否有效,飞轮转速传感器是否正常、安装是否到位,电控单元 ECU 是否有故障。

(2)发动机过热

应检查:发动机冷却液数量是否充足,水泵 V 带张紧力是否正确,水泵功效是否正常,节温器是否损坏,散热器有无堵塞或泄漏,空气滤清器及输气管路有无堵塞或节流,气缸盖衬垫有无损坏,电磁离合器风扇工作是否正常。

(3)发动机动力不足

应检查:空气滤清器是否堵塞,高低压油路有无泄漏,节温器是否正常,燃油箱燃油数量是否充足,燃油箱吸油管是否正常,用 IT2000-IWT 检查高压油泵是否正常,用 IT2000-IWT 检查电控喷油器及限压阀是否正常,气门间隙是否符合规定,气缸压缩压力是否符合规定,废气涡轮增压器是否正常,加速踏板位置传感器是否正常。

(4)发动机冒黑烟或深灰色烟

应检查:空气滤清器是否堵塞,用 IT2000-IWT 检查电控喷油器是否正常,气缸压缩压力是否正常,预热起动电磁阀是否常开,废气涡轮增压器压气机端是否渗漏机油。

(5)发动机冒浅灰色烟

应用 IT2000-IWT 检查电控喷油器是否正常,检查发动机冷却液是否进入气缸。

(6)发动机冒蓝烟

应检查:机油消耗是否过多,废气涡轮增压器涡轮机端是否渗漏机油,气门导管是否渗漏机油。

(7)发动机冒白烟或黑烟

应检查:凸轮轴位置传感器是否正常,气门头是否损坏。

(8)发动机异响

应检查:异响是否来自曲轴及其轴承,连杆及其轴承,活塞与气门,气缸盖及其组合件,凸轮轴,真空泵,电控喷油器,冷起动电磁阀,飞轮转速传感器,凸轮轴相位传感器等部件。

(9)发动机熄火

检查燃油箱油量是否充足,燃油滤清器是否堵塞,低压油路是否堵塞或漏气。

(10)燃油消耗过高

检查燃油低高压管路有无泄漏,空气滤清器有无堵塞。

(11)机油压力过高或过低

检查机油压力调节器、机油泵和管路是否正常。

第十四章 电子控制自动变速器

第一节 电子控制自动变速器的组成与分类

一、电子控制自动变速器的组成

电子控制自动变速器由液力元件、变速机构和控制系统三部分组成。其中：液力元件主要是液力变矩器；变速机构包括齿轮机构和换档执行机构；控制系统包括电子控制系统和液压控制两部分。常见的前轮驱动和后轮驱动汽车装用的四档电控自动变速器的基本组成如图14-1所示。

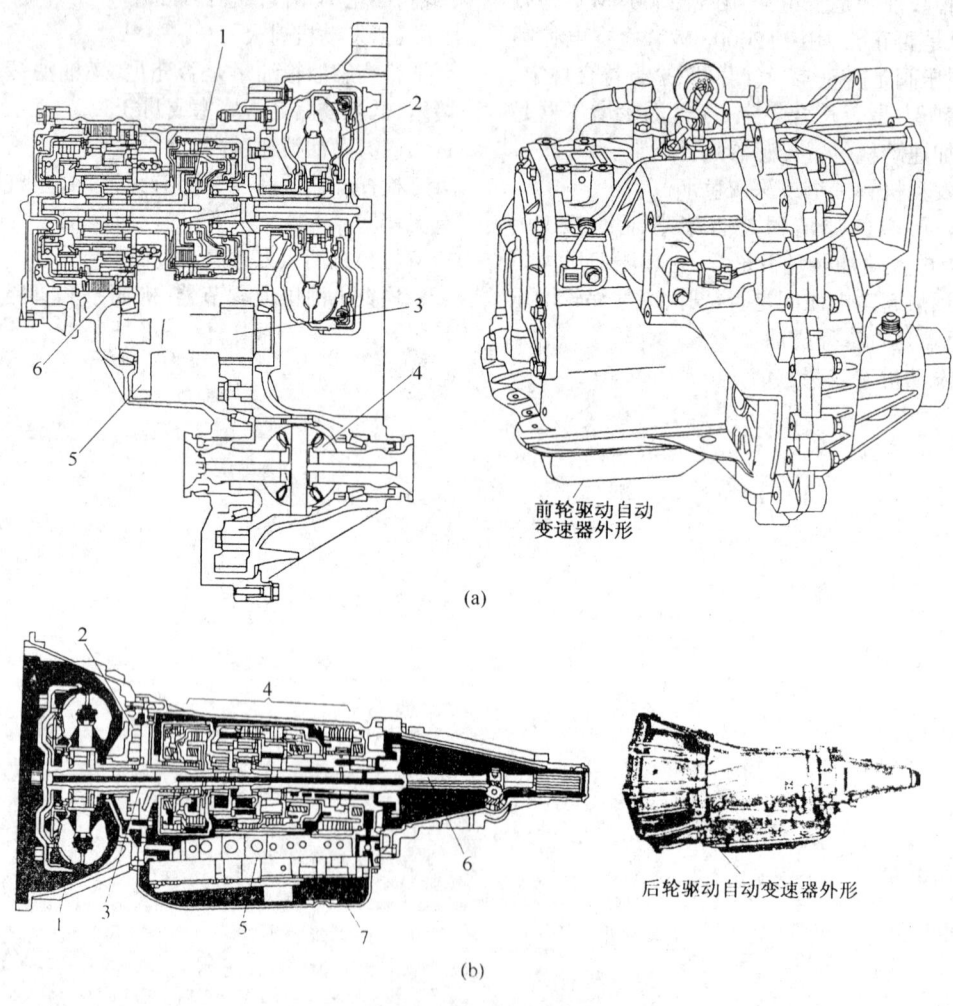

图 14-1 电控自动变速器
(a)前轮驱动 AG150 型自动变速器
1.行星齿轮机构 2.液力变矩器 3.中间齿轮轴 4.差速器 5.传动齿轮 6.变速器输出齿轮
(b)后轮驱动自动变速器
1.液力变矩器 2.油泵 3.输入轴 4.行星齿轮机构 5.阀板总成 6.输出轴 7.油底壳

1. 液力变矩器

液力变矩器功用:液力变矩器的功用是变速、增矩、传递动力;另外,变矩器位于变速器最前端能切断发动机与变速器间的动力传递,相当于手动变速器汽车中的离合器;它还能增加发动机飞轮的旋转质量,使发动机运转平稳;多数自动变速器油泵也是由液力变矩器驱动。

目前,电子控制自动变速器的液力变矩器均为锁止式液力变矩器,即装有锁止离合器的液力变矩器。当锁止离合接合(锁止)时,将液力变矩器的输入部分与输出部分连成一体,使发动机的动力直接传递到齿轮变速器的输入轴,从而提高传动效率,降低油耗。

2. 变速机构

电子控制自动变速机构由齿轮机构和换档执行机构组成。

齿轮机构又称为齿轮变速器,其功用是使汽车由起步到最高车速范围内的无级变速和倒车行驶。

换档执行机构包括换档离合器和换档制动器,它的功用是改变齿轮变速机构的变速比,从而获得前进档、空档和倒档等不同档位。

3. 控制系统

(1)液压控制系统

①液压控制系统的功用。根据电子阀的工作状态,来控制换档执行机构(换档离合器、制动器)的油路接通或切断,以改变齿轮变速机构的传动比,从而实现自动换档。

②液压控制系统的组成。液压控制系统由液压传动装置(油泵、传动液)和阀体(电磁阀、换档阀、锁止阀、调压阀等)以及连接这些液压元件的油路等组成。

油泵是液压控制系统的动力源,它的功用是向液力变矩器和液压控制系统提供具有一定压力的传动油液,并向变速器内部运动机件提供润滑油液。

油泵安装在液力变矩器后面,由发动机飞轮通过液力变矩器壳体直接驱动,它将油底壳中的传动液ATF泵出,经过调压阀将油压调节到规定值后,一部分输送到液力变矩器,其余送到液压控制系统的控制机构、换档执行机构和齿轮变速机构,从而实现档位变换和对运动摩擦副的润滑。

(2)电子控制系统

自动变速器电子控制系统与汽车其他电子控制系统一样,也由传感器与各种控制开关、电子控制自动变速器电子控制器 ECT ECU 和执行器三部分组成,如图14-2所示。

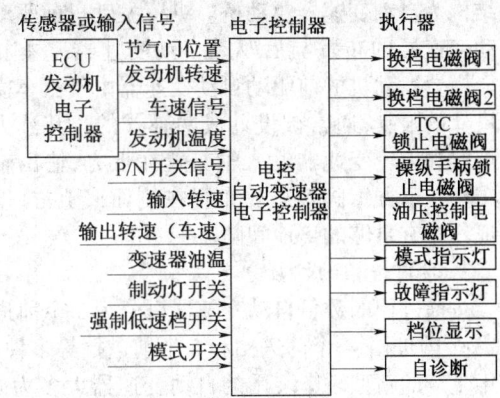

图 14-2 自动变速器电子控制框图

二、电子控制自动变速器的动力传递与控制过程

在装备电控自动变速器的汽车上,发动机输出的动力是经过液力变矩器和齿轮变速机构传递给驱动轮。

电控自动变速器的电子控制单元(ECT ECU)对其自动变速器的控制过程可归纳为两个方面:

(1)对齿轮变速机构传动比的控制过程

ECT ECU 控制换档电磁阀(NO.1电磁阀和NO.2电磁阀),换档电磁阀控制液压换档阀,液压换档阀控制换档执行机构(换档离合器和换档制动器等),换档执行机构控制某些齿轮啮合,从而实现档位(传动比)的自动变换。

(2)对锁止液力变矩器的控制过程

ECT ECU 控制锁止电磁阀(NO.3电磁阀),锁止电磁阀控制锁止阀,锁止阀控制锁止离合器,从而使锁止或液力变矩器适时锁止和释放。

三、自动变速器的分类

自动变速器通常按以下五种方法分类。

1. 按汽车驱动方式分类

按汽车驱动方式的不同,自动变速器可分为后驱动自动变速器和前驱动自动变速器两种。它们在结构和布置上有较大的不同。

①后驱动自动变速器的输入轴和输出轴在同一轴线上(见图14-1b),因此轴向尺寸较大。阀板总成布置在下方。

②前驱动自动变速器(见图14-1a)除了具有与后驱动自动变速器相同的组成部分外,在其壳体内还装有主传动器(减速器和差速器),故称这种结构为自动变速器驱动桥。纵置发动机前驱动自动变速器的布置与后驱动自动变速器基本相同。横置发动机的前驱动自动变速器由于汽车横向尺寸的限制,通常被设计成两轴式的。其液力变矩器和齿轮变速器输入轴布置在上方,输出轴则布置在下方。阀板总成布置在侧面或上方,以保证汽车有足够的离地间隙。

2. 按前进档的档数分类

按前进档的数目自动变速器可分为2个前进档、3个前进档、4个前进档和5个前进档等多种。近年生产的新型轿车装用的自动变速器大多为4个或4个以上前进档,即具有超速档,这样虽然结构更加复杂,但它大大改善了汽车的燃油经济性。

3. 按齿轮机构的类型分类

按齿轮机构类型的不同,自动变速器可分为固定平行轴齿轮机构式、行星齿轮机构式和金属带式无级自动变速器(ECVT)等多种。固定平行轴齿轮机构式的自动变速器体积较大,传动比较小,只有广州本田雅阁等少数车型采用;行星齿轮机构式自动变速器结构紧凑,能获得较大的传动比,为多数轿车所采用。金属带式无级变速器(ECVT)还有一些材质等问题有待解决,目前只用在个别中、小排量的轿车(如广州本田飞度)上。

4. 按操作方式分类

按操作方式分类,自动变速器可分为传统的自动变速器和手动/自动一体化自动变速器。传统的自动变速器虽然操作简单,但显得单调,缺乏驾驶乐趣。一些自动变速器制造商将电控自动变速器功能进行扩展,使其成为既可以自动换档,也可由驾驶人通过操纵手柄操作换档,为驾驶人提供了多种操作方式。如ZF公司的5HP-19自动变速器(即装配奥迪A6轿车的01V/Tiptronic自动变速器)和上海通用生产的凯迪拉克(Cadillac) 5L-40/50E自动变速器。

5. 按控制方式分类

按控制方式的不同,自动变速器可分为液压控制自动变速器和电液控制自动变速器两类。在液压控制系统中,以节气门开度或节气门真空度和汽车车速的液压信号为控制信号来决定档位的升降。电液控制自动变速器,简称电控自动变速器,它利用节气门位置传感器、车速传感器,以及其他传感器将车速和发动机负荷等多种运转参数转变为电信号,并输送给自动变速器电子控制器(ECU),自动变速器ECU根据这些信号,按照设定的控制程序向执行器发出控制指令,即通过电磁阀来操纵液压阀板总成中各种液压控制阀的动作,从而实现升降档和变矩器锁止离合器的正常工作。后者具有完善的控制过程和控制功能较多的优点,两者的主要的区别如图14-3所示。

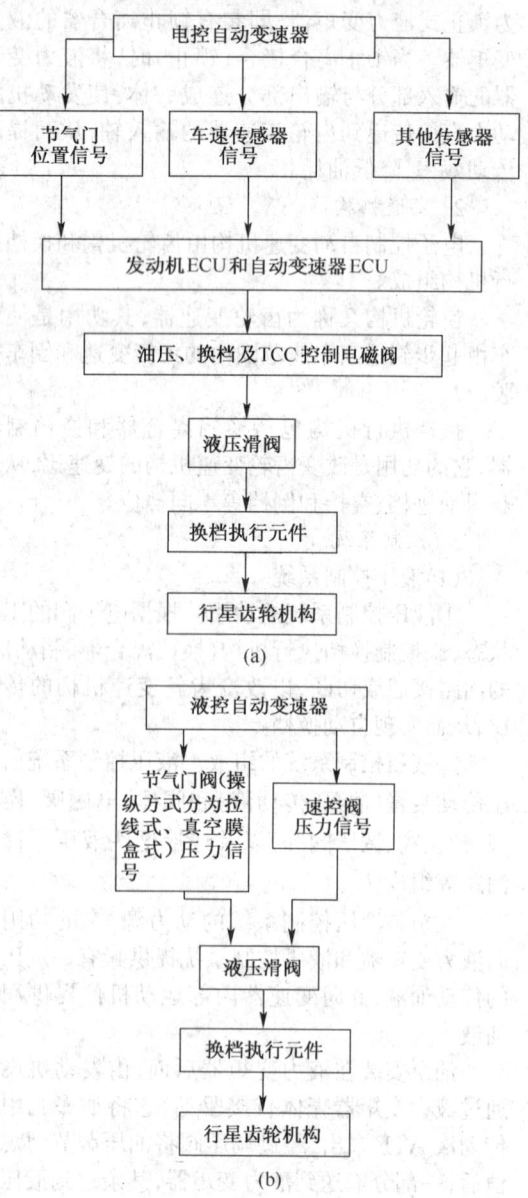

图14-3 电控自动变速器与液控自动变速器的主要区别
(a)电控自动变速器控制方案
(b)液控自动变速器控制方案

第二节 锁止式液力变矩器

目前,电子控制自动变速器虽然类型繁多,但与其配用的液力变矩器均为锁止式液力变矩器,内部构造基本相同。

一、锁止式液力变矩器的结构

所谓锁止式液力变矩器是指装备锁止离合器,能够直接传递动力的液力变矩器,亦称闭锁式液力变矩器。

锁止式液力变矩器的结构如图14-4所示,它由泵轮、导轮、涡轮、单向离合器和锁止离合器TCC以及壳体等组成(即概括为由"三轮"、"二器"组成)。其中锁止离合器为湿式离合器,安装在涡轮与变矩器壳体前盖之间,它由主动部分、从动部分和控制部分组成。这里控制部件是指控制油液和油道,主动部分为液力变矩器壳体前盖,从动部分为一个可做轴向移动的锁止压盘(亦称锁止活塞)和减振盘,压盘的工作面和主动件变矩器前盖的后端面上均粘有一环形摩擦片。压盘通过其轴孔花键套与涡轮轴键齿配合,即与变矩器输出轴连接,这样锁止离合器压盘在涡轮架(轴)上只能轴向移动。减振盘和减振弹簧用来衰减离合器接合时的扭振。有些锁止离合器的压盘是通过压盘背面的伸出臂与涡轮相连接(如01M型自动变速器);有的锁止离合器的压盘外圆上有许多均布的键齿,它与涡轮架外圆上的键槽相配合连接。压盘右侧的传动液与液力变矩器泵轮、涡轮等中的传动液相通,压盘左侧(压盘与液力变矩器壳之间)也是油腔。锁止离合器的控制装置(液压锁止控制阀和锁止电磁阀两种),有油道与压盘的左、右油腔相接,通过改变压盘两侧的油压使锁止离合器处于分离或接合状态。

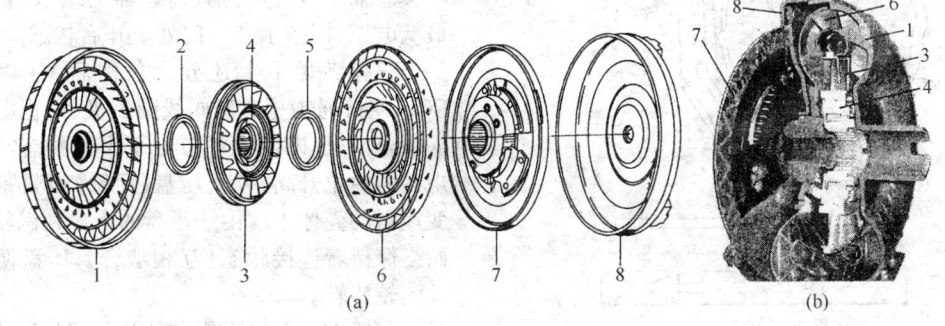

图14-4 锁止式液力变矩器的组成
(a)零件图 (b)实物解剖图
1.泵轮 2.止推轴承 3.导轮 4.单向离合器 5.止推轴承 6.涡轮
7.锁止离合器(压盘及减振器总成) 8.壳体

二、锁止式液力变矩器的工作情况

电控自动变速器液力变矩器锁止离合器的工作由自动变速器电子控制器(ECU)控制,当ECU决定可以进行完全锁止时,ECU给锁止电磁阀发出控制OFF信号,锁止电磁阀动作,以控制锁止液压控制阀,即通过锁止控制阀再控制锁止离合器接合(锁止)与分离(释放),其工作过程如图14-5所示。

1.分离(释放)状态

当自动变速器电子控制器(ECU)决定锁止离合器分离时,ECU给锁止电磁阀发出OFF信号,液压油经由锁止控制阀控制流入变矩器前腔,经变矩器作用腔然后转入释放(见图14-5a),使锁止离合器分离。

此时动力传递路线:发动机→曲轴驱动盘→变矩器前盘→泵轮→涡轮→涡轮毂→变矩器输出轴(即齿轮变速器输入轴)。

2.接合(锁止)状态

当自动变速器电子控制器(ECU)决定锁止离合器锁止接合时,ECU给锁止电磁阀发出控制ON信号,锁止电磁阀以控制锁止液压控制阀打开通往液力变矩器前腔的油路B,释放其前腔压力。此时,压力油由A油道进入变矩器工作腔,将锁止离合器压盘(活塞)紧紧地压在变矩器壳体上(见图14-5b),即锁止离合器完全接合,涡轮和泵自达 M6 轿车 GF4A-EL 等型电控自动变速器）。即当电控自动变速器电子控制器(ECU)决定滑动锁止接合，向锁止电磁阀发出逐渐减小的电信号，使锁止液压控制阀缓慢地释放液力变矩器前腔的液压，直至发动机转速与涡轮轴转速之差接近预先设定标准值(柔和接合)时，锁止离合器完全锁止接合。

4．锁止离合器进入锁止工况的条件

电控自动变速器液力变矩器锁止离合器进入锁止工况的必备条件如下：

①发动机冷却液温度应为 53℃~65℃(车型不同略有差异)。

②空档开关信号指示自动变速器处于行驶档，即在 N 位和 P 位不能锁止。

③制动开关信号必须指示没有进行制动。

④车速应为 37~65km/h(车型不同略有差异，大部分自动变速器在三档进入锁止工况，少数变速器在二档时进入锁止工况)。

⑤来自节气门位置传感器的信号，必须高于最低电压，即指示节气门处于开启状态。

只有满足了上述五个条件后，自动变速器 ECU 便接通锁止电磁阀线圈负极，锁止电磁阀进入锁止工况，即使泄油口处于密封状态。进入变矩器的油压升高，锁止压盘(活塞)被紧紧地压在变矩器的壳体上。由于压盘的卡口和涡轮的卡口始终保持着连接状态(互相啮合)，压盘便开始带动涡轮旋转。

车辆在行驶过程中，轻踩制动踏板，使制动踏板臂和制动开关脱离接触，自动变速器 ECU 会立刻断开锁止电磁阀负极，液力变矩器内油压急剧下降，离开了油压的支持，锁止压盘(活塞)离开变矩器壳体，变矩器解除锁止。

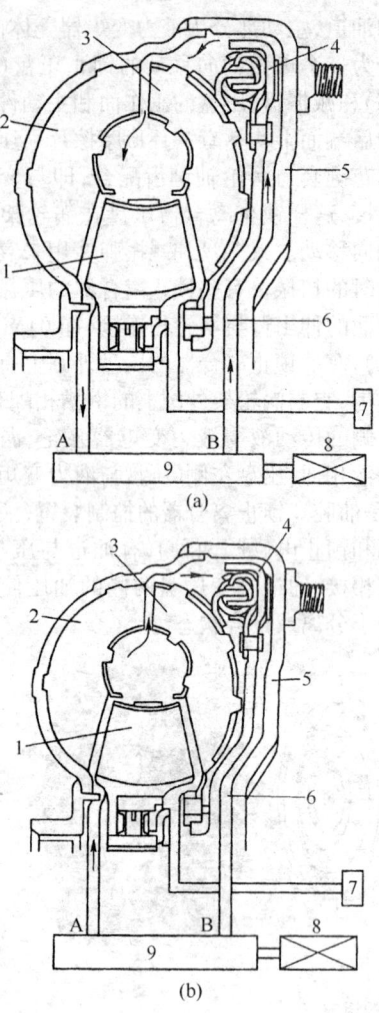

图 14-5 锁止式液力变矩器的工作原理
(a)锁止离合器处于分离状态
(b)锁止离合器处于接合状态
1．导轮(带单向离合器) 2．泵轮 3．涡轮 4．液力变矩器壳 5．压盘(活塞) 6．液力变矩器前腔 7．油液冷却器 8．锁止电磁阀 9．锁止控制阀
A、B—锁止离合器控制油道

轮连为一体。发动机的动力由变矩器壳体前盖、锁止压盘和涡轮直接传递到齿轮变速器输入轴，传动效率 100%。此时动力传递路线：发动机→曲轴驱动盘→变矩器前盖→锁止压盘→涡轮毂→变矩器输出轴(即齿轮变速器输入轴)。

3．滑动锁止状态

有些新型轿车电控自动变速器为了减小或防止锁止离合器锁止接合时，液力变矩器的振动和撞击，使车辆行驶更加平顺，在电控自动变速器电子控制器(ECU)中设有滑动锁止控制程序(如马

第三节 行星齿轮机构

液力变矩器虽然能在一定范围内自动地、无级地改变变矩比和变速比，但存在改变转矩的能力与传动效率的矛盾，且变矩比较小，一般为 2~4，难以满足使用要求，故在汽车上广泛采用由液力变矩器和齿轮变速器组成的自动变速器。它能使变矩再增加 2~4 倍。轿车上多采用行星齿轮机构变速器(本田轿车采用平行轴式齿轮变速器)。

一、行星齿轮机构的结构特点

所谓行星齿轮机构是指至少有一个轴线可以

绕共同的固定轴线转动的齿轮机构。这种齿轮系统采用斜齿轮处于常啮合状态,因此,换档时不会产生撞击或啮合不完全的现象,且使换档迅速、平稳、准确。

最简单的行星齿轮机构,称为单排行星齿轮机构或1个行星排。它由太阳齿轮、内齿圈、行星架和行星齿轮、行星齿轮轴组成,如图14-6所示。

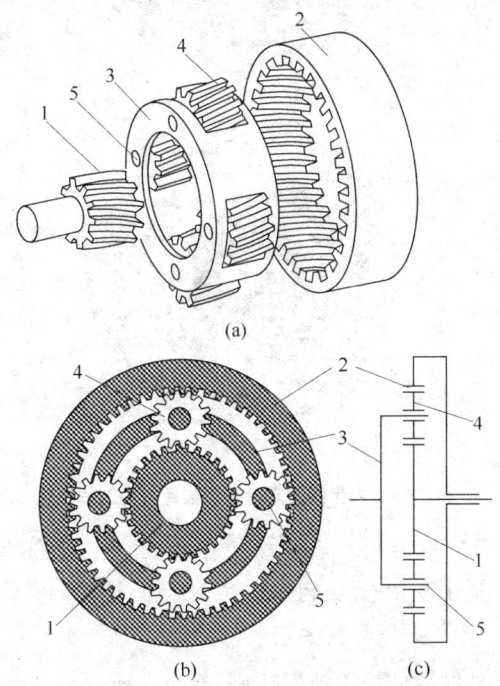

图14-6 单排行星齿轮机构的结构
(a)零部件组成 (b)结构简图 (c)传动关系
1.太阳轮 2.内齿圈 3.行星架 4.行星轮
5.行星轮轴

行星齿轮机构的行星排的多少由档位的多少决定,通常由2~3个行星排组成。而每个行星排行星齿轮的个数由自动变速器传动负荷决定,通常有3~6个,用滚针轴承和行星齿轮轴将每个行星齿轮对称地安装在行星架上,两端有止推垫圈。这样行星齿轮和行星架连接成为一个整体,简称行星架。

由于各行星轮与太阳轮和内齿圈保持啮合,行星齿轮既能绕太阳轮公转,又能绕行星轴自转,这种运动关系如同太阳系中地球与太阳的关系。因此,将这样的齿轮机构称为行星齿轮机构。

二、行星齿轮机构的变速原理

1.单排行星齿轮机构的运动规律

在行星齿轮机构中,虽然将行星架假设成一个具有一定齿数的齿轮(齿数=太阳轮齿数+内齿圈齿数)之后,其传动比也可以按平行轴式齿轮变速器传动比的计算公式(主动轮转速与从动轮转速之比或从动轮齿数与主动轮齿数之比)来计算。但是,由于行星齿轮机构的轴线是转动的,而且虚拟齿轮及其齿数来源不便于理解,因此,需要利用行星齿轮机构的运动规律方程式来计算其传动比。

此外,通过对单排行星齿轮机构运动规律的分析,还可以明确双排、多排行星齿轮机构组合而成的行星齿轮变速器的变速原理。因此,为了说明行星齿轮机构的运动规律,故将图14-6简化为如图14-7所示的单排行星齿轮机构的受力情况示意图。

根据图14-7所示单排行星齿轮机构的受力情况,先建立力矩平衡方程式,然后再根据能量守恒定律可得太阳轮、内齿圈和行星架三个元件上的输入和输出功率的代数和等于零的方程式,即单排行星排行星齿轮机构的运动规律方程式为

$$n_1 + an_2 - (1 + a)n_3 = 0 \quad (14-1)$$

式中,n_1、n_2、n_3分别为太阳轮、内齿圈和行星架的转速,a为内齿圈与太阳轮的齿数比。

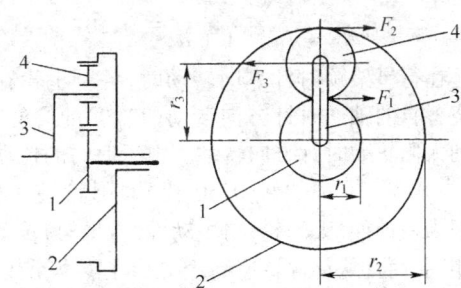

图14-7 单排行星齿轮机构原理图
1.太阳齿轮 2.内齿圈 3.行星架 4.行星齿轮

2.单排行星齿轮机构的变速原理

由行星齿轮机构运动方程式可以看出,在太阳齿轮、内齿圈和行星架这三个基本元件中,可任选两个分别作为主动件和从动件,而使另外一个元件固定不动(即制动)转速为零或运动受到一定约束(即该元件的转速为某一定值),或将某两个元件连接在一起,则整个行星齿轮机构就能以一定的传动比传递动力,实现不同速度和档位的变化。

在行星齿轮机构中,行星轮在传递动力过程中只起过渡作用,对传动比没有影响,决定传动比的仍然是主、从动齿轮的齿数或转速,为了定量而

又形象地分析行星齿轮机构的变速传动速比,先假设太阳轮齿数 $z_1=12$,内齿圈齿数 $z_2=28$(则 $a=\dfrac{z_2}{z_1}=\dfrac{28}{12}=2.33$),然后介绍单行星排机构以下常见的几种工作状态。

(1)内齿圈固定(即 $n_2=0$)

①太阳齿轮 1 为主动件(输入),行星架 3 为从动件(输出),如图 14-8a 所示,由于内齿圈固定($n_2=0$),此时由式 14-1 可得传动比 $i_{1,3}$ 为

$$i_{1,3}=\dfrac{n_1}{n_3}=1+a=1+\dfrac{z_2}{z_1}=3.33$$

在太阳轮顺时针方向转动时,各行星齿轮在分别绕各自的轴逆时针方向转动(自转)的同时,还要沿内齿圈并绕太阳轮顺时针方向滚动(即公转),同时带动行星架绕太阳轮顺时针转动。由于内齿圈的齿数 z_2(28 齿)大于太阳齿轮的齿数 z_1(12 齿),因此传动比数值 $i_{1,3}$ 为 3.33(大于 1),因此,从动件转速低于主动件转速,从而实现减速传动,且输入与输出方向相同。

②行星架 3 为主动件(输入),太阳轮 1 为从动件(输出),如图 14-8b 所示,由于内齿圈固定($n_2=0$)。此时由式 14-1 可得传动比 $i_{3,1}$ 为

$$i_{3,1}=\dfrac{n_3}{n_1}=\dfrac{1}{1+a}=0.30$$

在行星架顺时针方向转动时,各行星轮在分别绕各自的轴逆时针方向转动(自转)的同时,还驱动太阳轮顺时针方向转动。由于此时的传动比 $i_{3,1}$ 为 0.30,行星架转 0.30 转,太阳轮转 1 转。又因为从动件(太阳轮)与主动件(行星架)转动方向相同,而且从动件转速高于主动件转速,所以这种传动方式可以实现超速传动(即用在超速档)。

(2)太阳齿轮 1 固定(即 $n_1=0$)

①内齿圈 2 为主动件,行星架 3 为从动件,如图 14-9 所示。

此时,由式 14-1 可得内齿圈对行星架的传动比 $i_{2,3}$ 为

$$i_{2,3}=\dfrac{n_2}{n_3}=\dfrac{1+a}{a}=1.43$$

如图 14-9a 所示,在内齿圈按顺时针方向转动时,各行星轮既要分别绕各自的轴沿顺时针方向转动(即自转),还要绕太阳轮沿顺时针方向滚动(公转),同时带动行星架沿顺时针方向旋转。内齿圈旋转 1.43 转,行星架旋转 1 转。从动件(行星架)与主动件(内齿圈)旋转方向相同,且从

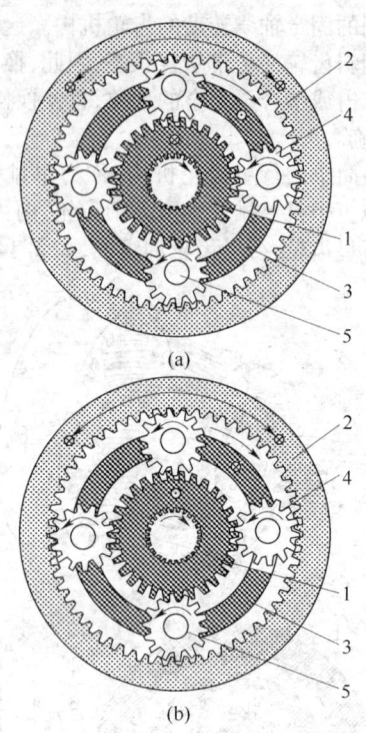

图 14-8 内齿圈固定时行星齿轮机构工作情况
(a)太阳轮输入,行星架输出
(b)行星架输入,太阳轮输出
1.太阳轮 2.内齿圈 3.行星架 4.行星轮
5.行星轮轴 ⊕—表示输入 ⊙—表示输出

动件转速低于主动件转速,因此这种方案可以实现减速传动,但其转速降低和转矩增加比上述内齿圈固定时的减速传动方案少,如将上一种方案作为减速传动低档,此种方案则可作为减速传动高档。

②行星架 3 为主动件,内齿圈 2 为从动件,如图 14-9b 所示。

此时,由式 14-1 可得行星架对内齿圈的传动比 $i_{3,2}$ 为

$$i_{3,2}=\dfrac{n_3}{n_2}=\dfrac{a}{1+a}=0.70$$

如图 14-9b 所示,在行星架绕固定不动的太阳轮按顺时针方向转动时,各行星轮在绕太阳轮沿顺时针方向滚动(公转)和绕各自的轴沿顺时针方向转动(即自转)的同时,带动内齿圈沿顺时针方向转动。行星架旋转 0.70 转,内齿圈旋转 1 转。从动件(内齿圈)与主动件(行星架)旋转方向相同,且从动件转速高于主动件转速,这种方案可以实现超速传动。

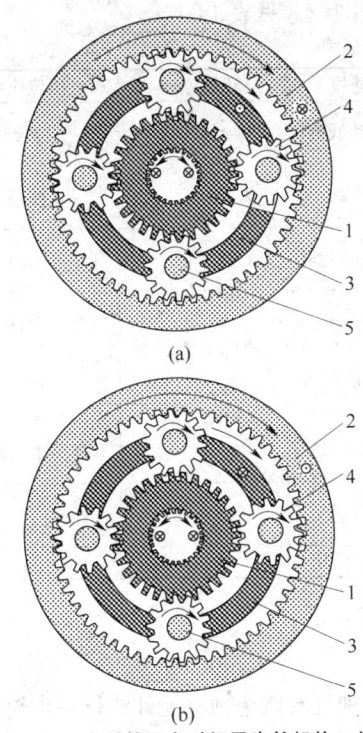

图 14-9 太阳轮固定时行星齿轮机构工作情况
(a)内齿圈输入,行星架输出
(b)行星架输入,内齿圈输出
1. 太阳轮 2. 内齿圈 3. 行星架 4. 行星轮
5. 行星轮轴 ⊕—表示输入 ⊙—表示输出

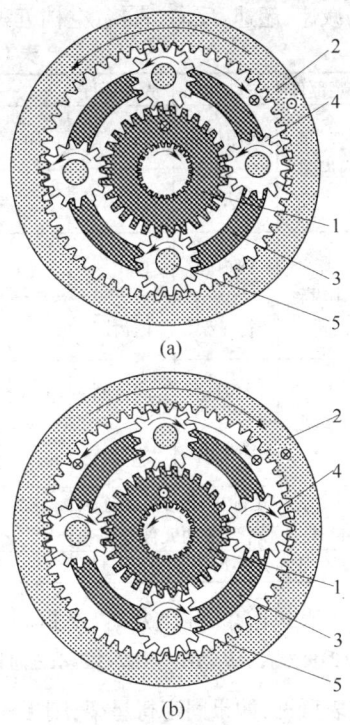

图 14-10 行星架固定时行星齿轮机构工作情况
(a)太阳轮输入,内齿圈输出
(b)内齿圈输入,太阳轮输出
1. 太阳轮 2. 内齿圈 3. 行星架 4. 行星轮
5. 行星轮轴 ⊕—表示输入 ⊙—表示输出

(3)行星架 3 固定($n_3=0$)

①太阳齿轮 1 为主动件(输入),内齿圈 2 为从动件(输出),如图 14-10a 所示。

此时,由式 14-1 可得太阳轮对内齿圈的传动比 $i_{1,2}$ 为

$$i_{1,2} = \frac{n_1}{n_2} = -a = -2.33$$

式中负号表示从动件与主动件的旋转方向相反。在行星架固定不动时,各行星轮只能自转而无公转。在这种情况下,行星齿轮机构已变为定轴轮系,如同只有一对外啮合齿轮。此时行星轮作为惰轮使从动轮(内齿圈)与主动轮(太阳轮)反向转动。太阳轮转动 2.33 转,内齿圈转动 1 转。此种方案可用作减速倒档传动。

②内齿圈 2 为主动件(输入),太阳轮 1 为从动件(输出),如图 14-10b 所示。

此时,由式 14-1 可得内齿圈 2 对太阳轮 1 的传动比 $i_{2,1}$ 为

$$i_{2,1} = \frac{n_2}{n_1} = -\frac{1}{a} = -0.43$$

在行星架固定不动、内齿圈为主动轮时,如图 14-10b 所示。同①道理,行星轮作为惰轮使从动轮(太阳轮)与主动轮(内齿圈)反向转动。内齿圈转动 0.43 转,太阳轮转动 1 转。此种方案可以实现升速倒档传动。

(4)三个基本件中任意两个元件连锁成一体

若将太阳轮、内齿圈和行星架三个元件中的任意两个元件连锁成一体(即 $n_1 = n_2$ 或 $n_1 = n_3$ 或 $n_2 = n_3$),三个基本元件之间就没有相对运动。此时由式 14-1 可得 $n_1 = n_2 = n_3$,即整个行星齿轮机构成为一个整体而转动。此种方案通常作为直接档传动。

(5)三个基本元件都不受约束

在太阳轮、内齿圈和行星架三个元件中,如果所有元件都不受约束(固定),任何两个元件也没有连锁成一体,则各基本元件都可以自由转动,即当输入轴转动时,输出轴可以不动,行星齿轮机构将不传递动力,此种方案可作为空档使用。

由上所述,单排行星齿轮机构的运动规律可

归纳为减速、超速、反向、直接、空档五种传动方式和八种工作状态,见表 14-1。

表 14-1 单排行星齿轮机构的运动规律

序号	固定部件	主动部件	从动部件	传动比 i	转动速度	转动方向	档位应用
1	内齿圈	太阳齿轮	行星架	$i_{1,3}=\dfrac{n_1}{n_3}=1+a=3.33$	减速传动低档	相同方向	一档
2		行星架	太阳齿轮	$i_{3,1}=\dfrac{n_3}{n_1}=\dfrac{1}{1+a}=0.30$	超速传动		未被采用
3	太阳齿轮	内齿圈	行星架	$i_{2,3}=\dfrac{n_2}{n_3}=\dfrac{1+a}{a}=1.43$	减速传动高档	相同方向	二档
4		行星架	内齿圈	$i_{3,2}=\dfrac{n_3}{n_2}=\dfrac{a}{1+a}=0.70$	超速传动		超速档
5	行星架	太阳轮	内齿圈	$i_{1,2}=\dfrac{n_1}{n_2}=-a=-2.33$	反向减速传动	相同方向	倒档
6		内齿圈	太阳轮	$i_{2,1}=\dfrac{n_2}{n_1}=-\dfrac{1}{a}=-0.43$	反向超速传动		不合实用未被采纳
7	三个基本元件中任意两个连成一体,第三元件与前两元件等速			$i=1$	直接传动	—	直接档(三档)
8	三个基本元件均不受约束			都以自由转动	失去传动作用		空档

注:(1)表中 a 为内齿圈齿数 Z_2 与太阳轮齿数 Z_1 之比, $a=\dfrac{Z_2}{Z_1}=\dfrac{28}{12}=2.33$;
(2)负号表示从动件与主动件转动方向相反。

由表可见,如果固定行星架,则无论是驱动太阳齿轮还是内齿圈,传动比都为负;如果行星架为主动件,则无论是太阳齿轮或内齿圈输出均为增速。这说明行星架的假设齿数比太阳齿轮或内齿圈都要大,并且行星架固定后,整个行星齿轮机构就类似定轴轮系传动。行星架本身没有轮齿,但它有一个假想齿数,单排单级行星齿轮机构的假设齿数等于太阳齿轮齿数和内齿圈齿数之和,即行星架是三者中齿数最多的一个部件。

三、行星齿轮机构的组合类型

上述单排行星齿轮机构的变速范围有限,不能满足汽车的实际需要,汽车用行星齿轮变速器通常是由几个单排行星齿轮机构组成,常见的组合类型有辛普森式和拉维奈尔式两类。它们的变速原理与单排行星齿轮机构相同,传动比可根据上述单排行星齿轮机构的运动规律方程式推导得出。

1. 辛普森式行星齿轮机构

辛普森式行星齿轮机构由两个内啮合式行星排组合而成,如图 14-11 所示。前后两个行星排的太阳轮连接为一个整体,称为前后太阳轮组件;前一行星排的行星架和后一行星排的齿圈连接为一个整体,称为前行星架和后齿圈组件;输出轴通常与前行星架和后齿圈组件连接。经过上述的组合,形成一种具有四个独立元件的行星齿轮机构。这四个独立元件是:前齿圈、前后太阳轮组件、后行星架、前行星架和后齿圈组件。

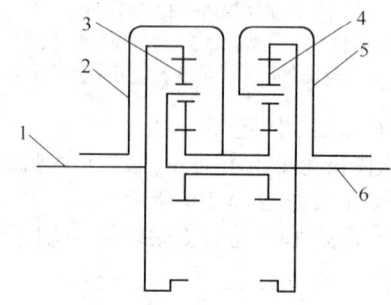

图 14-11 辛普森式行星齿轮机构
1. 前齿圈 2. 前后太阳轮组件
3. 前行星轮 4. 后行星轮
5. 后行星架 6. 前行星架和后齿圈组件

辛普森式行星齿轮变速器通常有三档和四档两种。

辛普森结构行星齿轮机构具有结构简单、传动效率高、运转平稳及噪声低的优点,多用于日本及美国轿车,特别是后轮驱动式轿车。

2. 拉维奈尔式行星齿轮机构

拉维奈尔式行星齿轮机构如图 14-12 所示。前排是一个单级行星齿轮机构,后排是一个双级行星齿轮机构。前后共用内齿圈,一组行星齿轮(后排与前排)和行星齿轮架。通常以内齿圈作为输出轴,以前后两太阳齿轮作为输入轴。

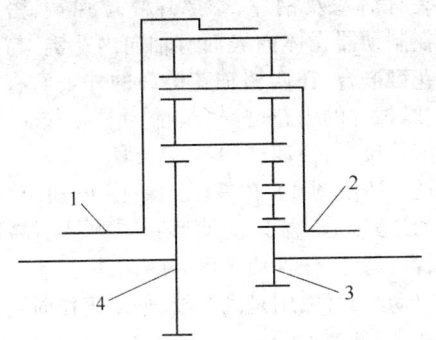

图 14-12 拉维奈尔式行星齿轮机构
1. 前后共用内齿圈 2. 行星齿轮架(前后、内外共用)
3. 后太阳齿轮(小)   4. 前太阳齿轮(大)

拉维奈尔式行星齿轮变速器具有结构简单,尺寸小,传动比变化范围大,灵活多变等特点。可以形成三档或四档行星齿轮变速器。目前许多轿车自动变速器上,特别是前驱动式轿车自动变速器,如奥迪、大众、奔驰、福特、马自达等车型的自动变速器。

四、换档执行机构

自动变速器的换档执行机构主要由换档离合器(简称离合器)和换档制动器(简称制动器)等组成。其中离合器有片式离合器和单向离合器两种形式;制动器也有片式制动器和带式制动器两种形式。片式离合器或片式制动器是一种利用传动液 ATF 压力来推动活塞移动,从而使离合器片(或制动器片)接合的离合器(或制动器),故又称为湿式或活塞式离合器(或制动器)。

1. 换档离合器

(1)换档离合器的功用

在自动变速器中,换档离合器的功用是将行星齿轮变速机构的输入与行星排的某一个基本元件或将行星排的某两个基本元件连接成一体,以实现变速传动。

(2)片式离合器的结构特点

自动变速器采用湿式片式离合器,其组成如图 14-13 所示,主要由离合器鼓(俗称离合器壳)、活塞、回位弹簧、离合器片(主动片和从动片)、离合器毂、调整垫片及密封圈等组成。在离合器毂的内圆制作有若干个键槽,用于安放离合器片。离合器片由若干片主动片(钢片)和从动片(摩擦片)组成。主动片(钢片)与离合器主动件相连,从动片(摩擦片)与离合器从动件相连。在离合器片的外圆或内圆上制有若干个凸缘,以便与离合器毂或花键毂连接并传递动力。

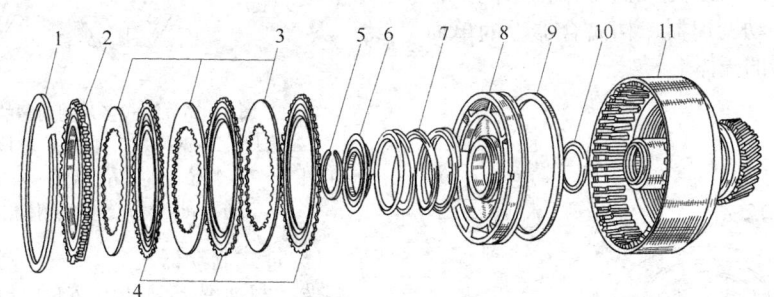

图 14-13 片式离合器零部件组成
1. 卡环 2. 承压盘 3. 主动钢片 4. 从动摩擦片 5. 小卡环 6. 弹簧座 7. 回位弹簧
8. 活塞 9. 活塞外缘密封圈 10. 活塞内缘密封圈 11. 离合器毂与壳体

在自动变速器中,具有离合器毂和花键毂的部件都可与变速器输入轴或行星排的某个元件连接。与输入轴相连的部件则为主动件,与行星排相连的部件则为从动件。

在图 14-13 中,主动钢片的内圆制有若干个齿状凸缘并安放在主动部件花键毂(图中未画出)外圆的键槽中,从动摩擦片的外缘制有若干个齿状凸缘并安放在离合器壳内圆的键槽中。

从动摩擦片由两个表面粘有摩擦片的钢片制成。其摩擦片具有很高的摩擦系数,摩擦性能受压力和温度影响很小。

(3)片式离合器的工作情况

片式离合器的工作情况如图 14-14 所示,当油压流入活塞前端的腔体时,活塞受液压力后移,使离合器钢片与摩擦片接合,动力得以传递。有的换档离合器装有波纹片(4T65E 型等自动变速器),是为了使离合器接合平稳而设计的。

通常离合器的进油和泄油只有一个油道,为

图。制动器壳与变速器壳体相连,且固定不动,在其内装有活塞及钢片、摩擦片复位弹簧、密封圈等。在制动器壳体内表面有轴向内花键,与钢片的外花键嵌合,在四档轴花键毂的外表面有外花键,与摩擦片的内花键嵌合。制动器工作时,钢片与摩擦片接合,使四档轴不能转动。

从上述由图14-13和图14-16可知,片式离合器和片式制动器只从外形和结构是不易区分的,通常以其工作性质来区分两元件:如果它工作时是驱动某元件,则是离合器;如果工作时是制动某元件,则是制动器。

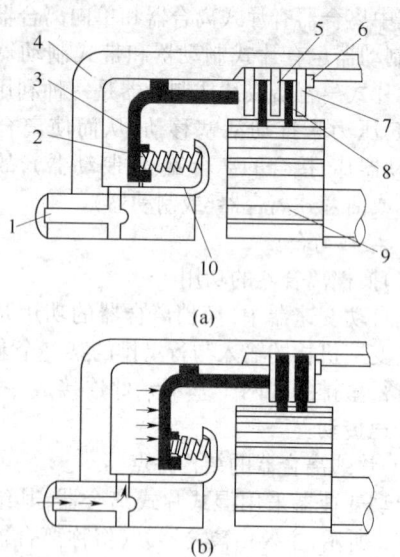

图14-14 多片式离合器的工作原理
(a)未接合状态 (b)接合状态
1.油孔 2.回位弹簧 3.活塞 4.离合器壳 5.钢片
6.卡簧 7.压板(衬板) 8.纤维摩擦片 9.从动毂

保证油压迅速泄除,在离合器活塞或壳体的液压腔壁上中装有一个单向球阀,当油压建立时,钢球顶住锥形阀座,液压腔成为封闭的油腔;当油压消失时,随着液压力的下降,钢球与阀座脱开油液从阀座中排出,使离合器迅速完全脱离。图14-15所示为4T65E自动变速器二档离合器上的单向阀,它位于离合器的壳体上。

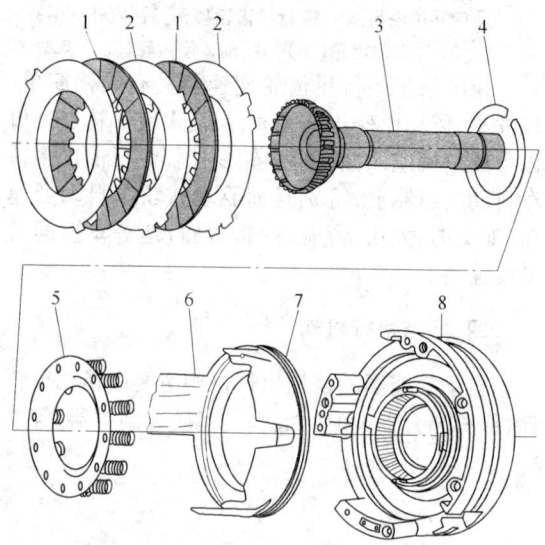

图14-16 湿式多片制动器的结构
1.摩擦片 2.钢片 3.4档轴(连接前排太阳轮)
4.卡环 5.复位弹簧 6.活塞 7.密封圈 8.制动器壳体(与变速器壳体相连)

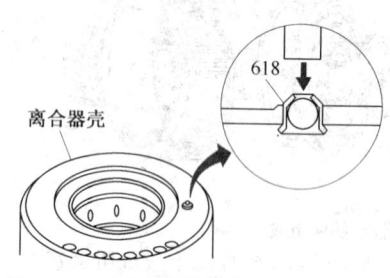

图14-15 单向球阀的结构

2. 换档制动器

(1)换档制动器的功用

换档制动器的功用是固定行星齿轮机构中的某基本元件,它工作时将被制动元件与变速器壳体连接在一起,使其固定不能转动。换档制动器分为湿式多片式制动器和带式制动器两种。

(2)多片式制动器

湿式多片式制动器的结构与离合器相似,图14-16所示是4T65E自动变速器四档制动器结构

(3)带式制动器

带式制动器由制动带、制动鼓和伺服器组成。其中伺服器由液压缸及活塞等组成。制动带内敷摩擦材料,包绕在制动鼓的外表面,制动带一端固定在变速器壳体上,另一端通过连杆与伺服器的活塞相连。带式制动器的工作情况如图14-17所示,当液压施加于活塞时,活塞受力左移,克服回位簧(外弹簧)的阻力,推动活塞移动,活塞通过压缩缓冲弹簧(内弹簧),缓冲弹簧与推杆相连,使推杆左移,推动制动带的一端,制动带夹紧制动鼓,使制动鼓不能转动。当需要解除制动时,作用在伺服活塞上的液压油通过控制阀改变油液的流动方向,油液回流,伺服活塞在复位弹簧的作用下回位,制动释放,制动即解除。

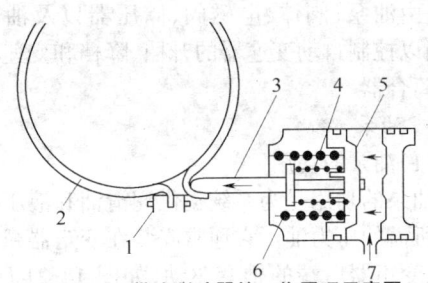

图 14-17 带式制动器的工作原理示意图
1. 变速器壳体 2. 制动带 3. 推杆 4. 缓冲弹簧
5. 活塞 6. 复位弹簧 7. 伺服油路

伺服器中的缓冲弹簧可以防止换档冲击。在制动带释放时,制动带与制动鼓间有一定的间隙,间隙的调整有两种方法:一是调整固定端(支承点)的位置;二是调整伺服器推杆的长度。新型自动变速器中,因加工精度能够保证合适的间隙,这种调整装置已不多见。

另外,目前轿车自动变速器采用单带和双带两种类型的制动带,如通用公司的4T65E型自动变速器就是采用双带制动带。

3. 单向离合器

单向离合器具有单向锁止的特点,当与之相连接的零件的受力方向与其锁止方向相同时,该元件被固定(制动)或连接(驱动);当受力方向与锁止方向相反时,该元件被释放(脱离连接)。单向离合器在不同的状态下具有与离合器、制动器相同的作用。其工作状态只与构件的受力方向有关,而无需控制机构对其进行控制。

常见的单向离合器有楔块式和滚柱式两种。

(1)楔块式单向离合器

楔块式单向离合器由内圈、楔块、保持架和外圈组成,工作原理示意图见图14-18。楔块长端的长度大于内圈和外圈之间的距离,而短端的长度小于内、外圈之间的距离。如果内圈固定,外圈沿图中A方向(逆时针方向)转动,摩擦力使楔块向左倒下倾斜,楔块对外圈没有阻力,外圈可以转动,单向离合器的这种状态为超越(自由)状态;如果外圈沿图中B方向(顺时针)旋转,摩擦力使楔块立起,使内圈和外圈卡死连为一体,外圈不能转动,单向离合器处于锁止状态。

(2)滚柱式单向离合器

滚柱式单向离合器由内圈、滚柱、保持架和外圈组成,工作原理如图14-19所示。在外圈中开有楔形槽,如果内圈固定,当外圈沿图中14-19a方向(逆时针方向)旋转时,摩擦力使滚柱压缩弹簧向楔形槽的宽端移动,内圈与外圈脱开,外圈可以转动,单向离合器的这种状态为超越(自由)状态;如果外圈沿图14-19b中方向(顺时针)旋转,摩擦力和弹簧力使滚柱向楔形槽的窄端移动,滚柱将内圈与外圈连为一体,外圈不能转动,单向离合器处于锁止状态。单向离合器的楔形槽在外圈上,也有的是开在内圈上,两者的效果是一样的。

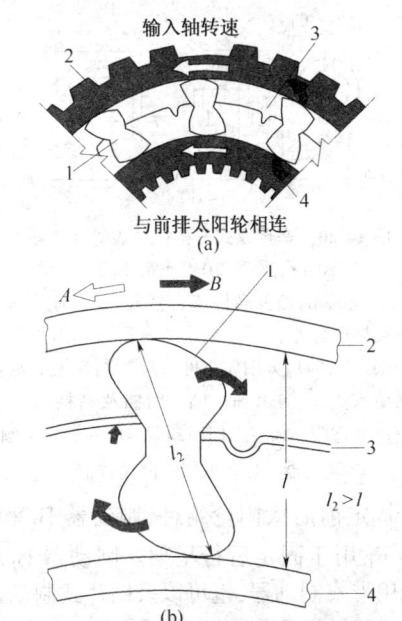

图 14-18 楔块式单向离合器工作原理示意图
1. 楔块 2. 外圈 3. 保持架 4. 内圈

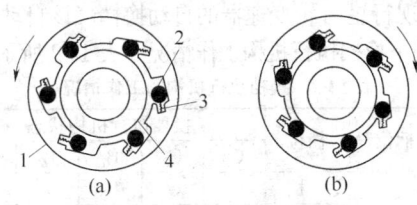

图 14-19 滚柱式单向离合器
(a)超越(自由)状态 (b)锁止状态
1. 外圈 2. 滚柱 3. 弹簧 4. 内圈

五、行星齿轮机构换档原理

辛普森式三档行星齿轮变速器结构及工作原理如图14-20所示。该变速器有两个行星排、五个换档执行机构(两个离合器、两个制动器和一个单向离合器),形成具有三个前进档和一个倒档的行星齿轮变速器。

离合器C_1用于连接输入轴和前后太阳轮组件,离合器C_2用于连接输入轴和前齿圈,制动器

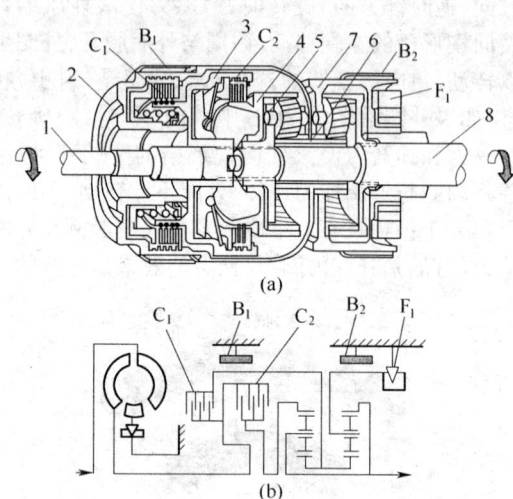

图 14-20 辛普森式三档行星齿轮变速器
(a)结构 (b)工作示意图
1.输入轴 2.倒档及高档离合器鼓 3.前进离合器鼓和高档离合器毂 4.前进离合器毂和前齿圈 5.前行星架 6.前后太阳轮组件 7.后行星架和低档及倒档制动鼓 8.输出轴 C_1—倒档及高档离合器 C_2—前进离合器 B_1—二档制动器 B_2—低档及倒档制动器 F_1—低档单向离合器

B_1 用于固定前后太阳轮组件,制动器 B_2 和单向离合器 F_1 用于固定后行星架。制动器 B_1 和 B_2 可以采用带式制动器,也可以采用片式制动器。

变速器操纵手柄置于不同的行驶档位时,自动变速器控制系统通过对各换档执行机构的控制,实现行星齿轮变速器的自动换档。该自动变速器各档下换档执行机构工作情况如表 14-2 所示。

表 14-2 换档执行机构的工作情况

操纵手柄位置	档位	换档执行机构状态			
		C_1	C_2	B_1	B_2	F_1
D	一档		√			
	二档		√	√		
	三档	√	√			
R	倒档	√			√	
S、L 或 2、1	一档		√			√
	二档		√	√		

第四节 电控自动变速器的控制系统

一、液压控制系统

液压控制系统是电控自动变速器的主要组成部分,由油泵、阀体、电磁阀、储压器以及油路组成,用以控制自动变速器的升档、降档和变速器的锁止离合器。

1. 油泵

(1)油泵的功用

油泵的功用是为系统提供润滑油和液压控制系统所需的压力油。它通常安装在变矩器壳的后端,由变矩器后端的轴套驱动,如图 14-21 所示。因此,发动机运转,油泵就工作。

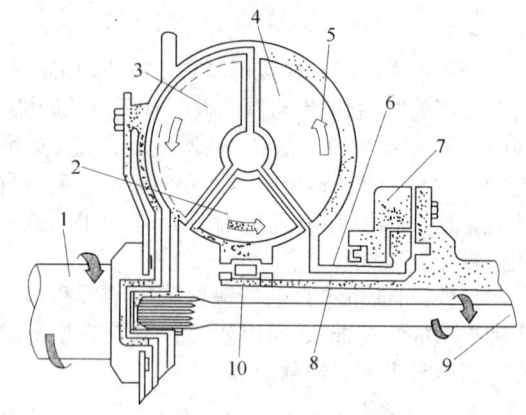

图 14-21 油泵的安装位置
1.曲轴 2.导轮 3.涡轮 4.泵轮 5.液流 6.变矩器轴套 7.油泵 8.导轮固定套 9.变矩器输出轴 10.单向离合器

自动变速器中常用的油泵有外啮合齿轮泵、内啮合齿轮泵、摆线转子泵和叶片泵。

(2)外啮合齿轮泵。

外啮合齿轮泵由一对渐开线齿轮和泵壳组成。其结构如图 14-22 所示。当齿轮按图示方向转动时,左腔容积不断增大,形成真空而吸油;右腔容积不断减小,压力增大而压油。

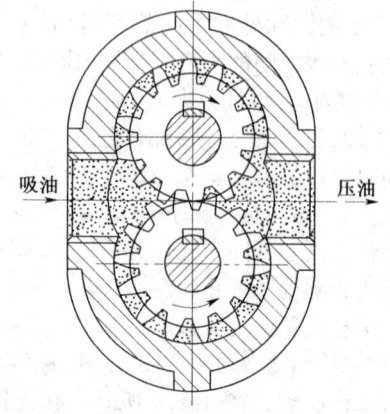

图 14-22 外啮合齿轮泵

(3) 内啮合齿轮泵

内啮合齿轮泵是自动变速器中应用最多的一种油泵。其结构如图 14-23 所示。内啮合齿轮泵主要由小齿轮、内齿轮、月牙形隔板、泵壳、泵盖等组成。小齿轮为主动齿轮，内齿轮为从动齿轮，月牙形隔板将小齿轮和内齿轮之间的工作腔分隔为吸油腔和压油腔。

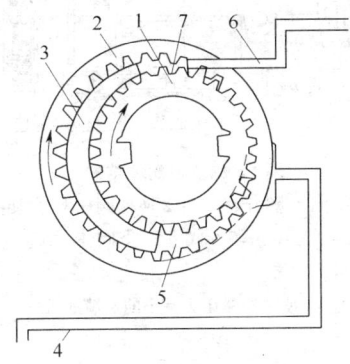

图 14-23 内啮合齿轮泵
1. 小齿轮 2. 内齿轮 3. 月牙形隔板
4. 进油路 5. 吸油腔 6. 出油路 7. 压油腔

发动机运转时，变矩器壳体后端的轴套带动小齿轮和内齿轮一起朝图示方向旋转。此时，吸油腔由于小齿轮和内齿轮不断退出啮合而容积不断增加，形成真空将液压油从进油路吸入；压油腔由于小齿轮和内齿轮不断进入啮合而容积不断减少，将液压油从出油路排出。

(4) 摆线转子泵

摆线转子泵由一对内啮合的转子、泵壳和泵盖等组成，其结构如图 14-24 所示。

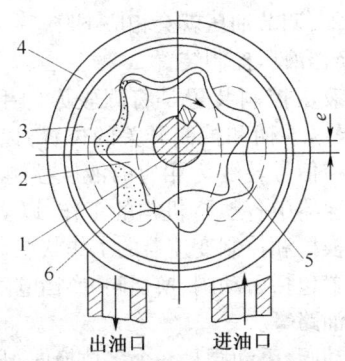

图 14-24 摆线转子泵
1. 驱动轴 2. 内转子 3. 外转子 4. 泵壳
5. 吸油腔 6. 压油腔 e. 偏心距

发动机转动时，内外转子同向转动，右腔容积不断增大形成真空而吸油；左腔容积不断减小，使压力增大而压油。

(5) 叶片泵

叶片泵由定子、转子、叶片、泵壳和泵盖等组成，其结构如图 14-25 所示。

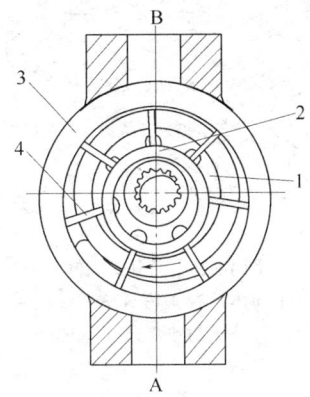

图 14-25 叶片泵
1. 转子 2. 定位环 3. 定子
4. 叶片 A. 进油口 B. 出油口

2. 阀体（含阀）

阀体内有各种功能的控制阀，其作用是控制离合器、制动器和液力变矩器的锁止离合器。

AW-4 电控液力自动变速器阀体的结构如图 14-26 所示。该阀体为两分式，由上阀体、下阀体、上密封垫、下密封垫和隔板等组成。阀体内换档阀的换档顺序由电子控制装置控制的电磁阀控制。阀体的上阀体装有节气门控制阀、换档阀、降档阀、调压阀、反向阀、锁止继动阀、单向球阀和辅助液油滤油器等，如图 14-27 所示；下阀体装有手控制阀、1-2 换档阀、主调压阀、储压器控制阀、单向球阀、电磁阀和油液滤清器等，如图 14-28 所示。

(1) 主油路调压装置

油泵的泵油量与发动机的转速有关，发动机转速升高，油泵的泵油量会相应增大。为保证自动变速器在发动机怠速时有足够的供油量，而在发动机高转速时供油量和供油压力不过大，就必须在主油路中设置一个调压装置。此外，为使主油路中的液压能自动适应自动变速器工况变化对液压的不同要求，液压调节装置还应在节气门开度变化、档位变化、换档时及自动变速器油温度低时对主油路的油压作出适当的调整，以满足自动变速器可靠、平稳工作的需要。

输出的占空比可改变脉冲信号进行控制。

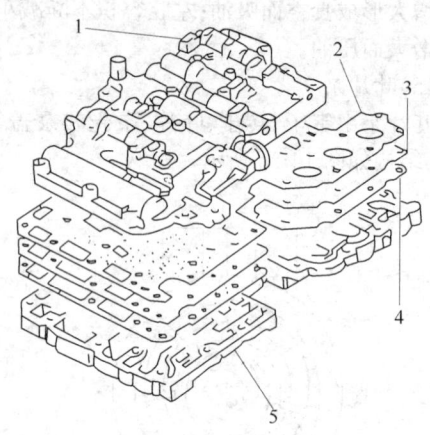

图14-26 两分式阀体
1.上阀体 2.上密封垫 3.隔板
4.下密封垫 5.下阀体

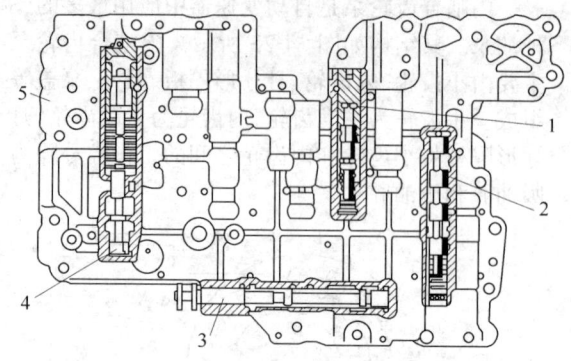

图14-28 下阀体结构
1.储压器控制阀 2.1-2换档阀 3.手动阀
4.主调压阀 5.下阀体

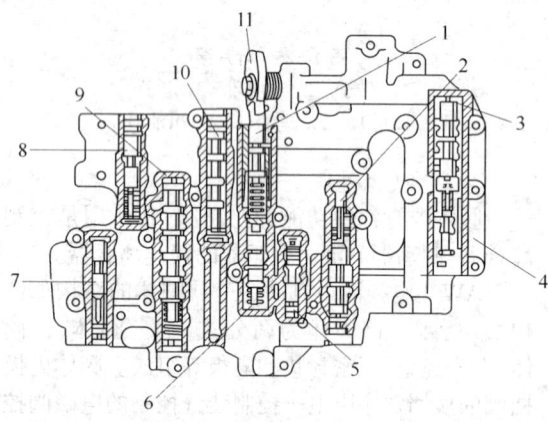

图14-27 上阀体结构
1.降档阀 2.副调压阀 3.锁止继动阀 4.上阀体
5.反向阀 6.节气门阀 7.低档滑行调压阀
8.第二滑行调压阀 9.2-3换档阀 10.3-4换档阀
11.节气门阀凸轮

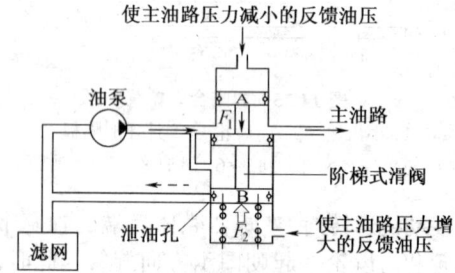

图14-29 主调压阀工作原理

电磁线圈通电时，阀门打开，自动变速器油从泄油孔排出，调节油压随之下降。电磁阀断电时，在弹簧力的作用下阀门关闭，调节油压又会上升。自动变速器ECU输出的是电压和频率固定不变，但占空比可改变脉冲电压。占空比增加，电磁阀通电的时间相对增加，经泄油孔泄出的自动变速器油就增加，调节油压就会相应下降。

(2)换档液压控制装置

换档液压控制装置是将驾驶人的手动信号(变速器操纵手柄和控制开关的位置)以及ECU输出的电控信号转变为相应的液压控制信号，控制自动变速器中各执行机构的工作，以实现自动变速器的换档和控制变速器的工作状态。换档液压控制装置包括手动阀、换档阀、换档电磁阀及相应的控制油路等。

①手动阀：手动阀是一个多位换向阀，其滑阀的移动由变速器操纵手柄控制，用于设置自动变速器的工作状态。手动阀的滑阀有两柱式和三柱式两种，三柱式滑阀控制的油路数目相对较多。图14-31是三柱式手动阀的原理图。

主油路调压装置包括主油路调压阀、主油路调压电磁阀及相应的控制油路等。

①主油路调压阀。电子控制自动变速器的主油路液压调节阀大都采用阶梯状滑阀式结构，其原理如图14-29所示。

主油路压力保持在与调压弹簧弹力相平衡的数值上，同时接收反馈油压的作用：一是手动阀的倒档反馈油压，使挂倒档时主油路压力增大；二是调压电磁阀产生的反馈油压，使节气门开度大时主油路压力增大。

②主油路调压电磁阀。主油路调压电磁阀多采用脉冲式，其结构如图14-30所示。根据ECU

构与主油路接通而动作,并使其他换档执行机构的油路与泄油孔接通而泄压。使变速器进入新的档位。

换档电磁阀通常是开关式电磁阀,其控制换档阀工作的过程如图14-32所示。

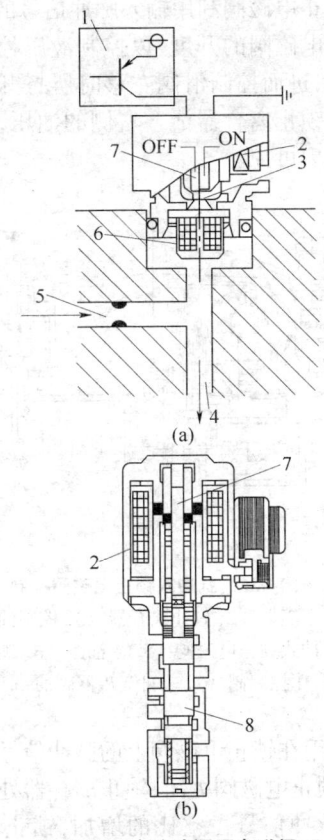

图14-30 主油路调压电磁阀
(a)普通脉冲电磁阀 (b)滑阀式脉冲电磁阀
1.自动变速器ECU 2.电磁线圈 3.泄油孔 4.调节油压 5.主油道 6.滤网 7.衔铁及阀芯 8.滑阀

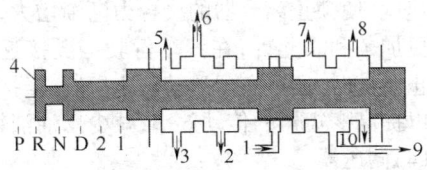

图14-31 三柱式手动阀工作原理
1.主油路 2.前进档油路 3.高速档油路 4.滑阀
5、10.泄油孔 6.二档油路 7.二档锁止油路
8.倒档油路 9.低速档油路

当驾驶人将变速器操纵手柄拨至某一档位时,通过其机械传动机构将手动阀中的滑阀移至相应的位置,使主油路与相应的控制油路或换档执行机构接通,并使其他控制油路与泄油孔接通,从而使自动变速器处于相应的工作状态(档位)。

② 换档阀与换档电磁阀:换档阀是一个由换档电磁阀控制的二位换向阀。由电磁阀提供的控制油压控制其滑阀的移动,使相应的换档执行机

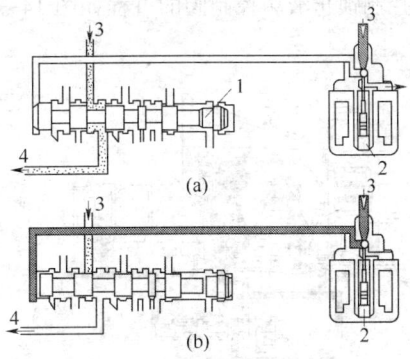

图14-32 换档电磁阀控制换档阀工作的过程
(a)电磁阀不通电,换档阀在左位
(b)电磁阀通电,换档阀在右位
1.换档阀 2.换档电磁阀 3.接主油路
4.接换档执行机构

换档电磁阀不通电时,阀处于泄压状态,换档阀的滑阀左端无液压,滑阀在右端弹簧力的作用下移至左位;当换档电磁阀通电时,换档滑阀的左端通入自动变速器压力油,滑阀克服弹簧力移至右位。换档阀滑阀的移位改变了控制油路,从而实现换档。

有的电子控制自动变速器换档电磁阀与换档滑阀采用了整体式结构,如图14-33所示。

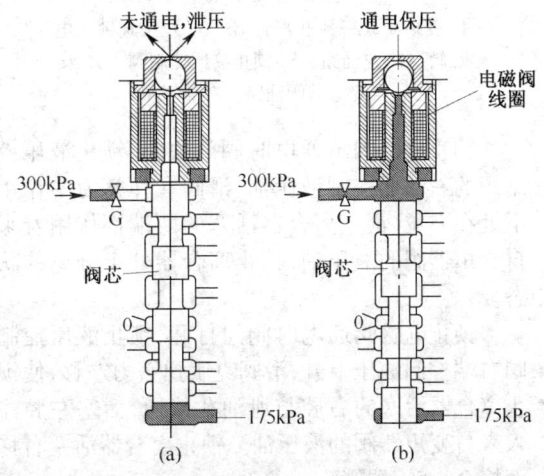

图14-33 整体式换档阀和换档电磁阀
(a)电磁阀不通电,滑阀初始位 (b)电磁阀通电,滑阀移动位

(3) 锁止离合器控制装置

锁止离合器控制装置一般由锁止液压控制阀和锁止电磁阀组成。锁止离合器电磁阀有开关式电磁阀和脉冲式电磁阀两种。

① 开关式锁止电磁阀控制方式：开关式锁止电磁阀控制锁止液压控制阀的过程如图 14-34 所示。

脉冲式锁止电磁阀利用输入脉冲信号的占空比来控制锁止电磁阀的开度，以控制液压控制阀右端控制油压，进而控制滑阀左移时所打开的泄油孔的开度和锁止离合器活塞右侧的油压，使锁止离合器接合力可控。

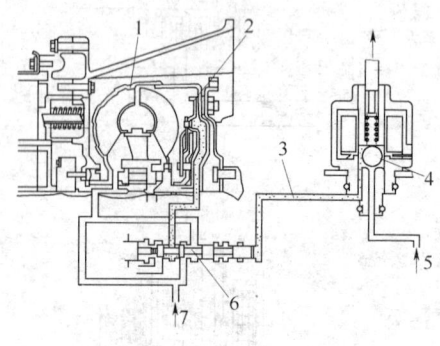

图 14-35 脉冲式锁止电磁阀控制
1. 变矩器　2. 锁止离合器　3. 控制油压
4. 脉冲式锁止电磁阀　5. 主油路　6. 锁止液压控制阀　7. 来自变矩器阀油路

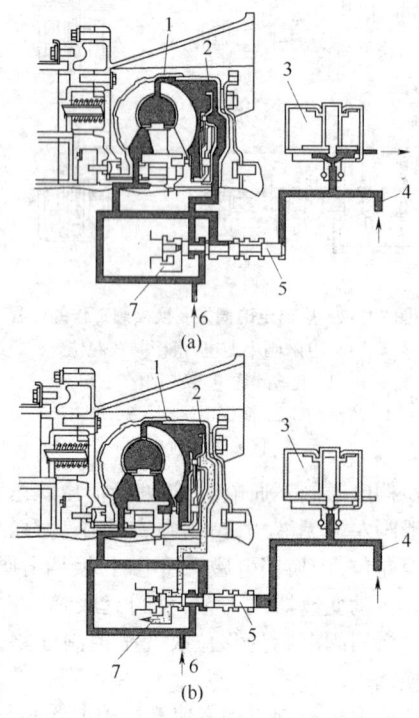

图 14-34 开关式锁止电磁阀控制
(a) 分离　(b) 接合
1. 变矩器　2. 锁止离合器　3. 开关式锁止电磁阀　4. 主油路　5. 锁止液压控制阀　6. 来自变矩器阀油路　7. 泄油孔

锁止电磁阀不通电时阀门关闭，锁止液压控制阀的右端无控制液压油，滑阀在弹簧力的作用下处在右位，锁止离合器活塞的两端都作用着来自变矩器阀的液压油，锁止离合器处于分离的状态。

锁止电磁阀通电时阀门打开，锁止液压控制阀右端控制油压上升，滑阀克服弹簧力左移，使锁止离合器活塞的右腔与泄油孔接通，活塞左腔注入来自变矩器阀的液压油。锁止离合器活塞右移而接合，变矩器锁止。

② 脉冲式锁止电磁阀控制方式：脉冲式锁止电磁阀控制液压控制阀的过程如图 14-35 所示。

当作用在锁止电磁阀上的脉冲信号的占空比为 0 时，锁止电磁阀关闭，锁止离合器处于分离状态；随着脉冲信号占空比的增加，锁止电磁阀开度、作用在锁止液压控制阀右端的油压和锁止液压控制阀左移打开的泄油孔开度均相应增加，锁止离合器活塞两侧的压差和锁止离合器的接合力也增加，这样，可控制锁止离合器的接合力大小和接合速度，使锁止离合器的接合力渐渐增大，接合过程更加柔和。此外，在汽车行驶工况接近变矩器锁止条件时，还可实现滑动锁止控制（半接合状态），以提高变矩器的传动效率，减少燃油消耗。

(4) 储压器

储压器安装在离合器和制动器的供油回路中，用以缓和换档冲击。

每个离合器和制动器都有一个相应的储压器，如图 14-36 所示。储压器由弹簧和活塞组成。在活塞一侧作用着弹簧弹力和由储压器控制阀调节后的油压，另一侧则与相应的制动器或离合器相通。当制动器或离合器充油时，部分工作油液进入活塞下方的油腔内，推动活塞压缩弹簧而上行，从而使离合器或制动器油路内的压力上升得比较缓慢，这样能够在换档过程中，缓和初始加压时产生的冲击。储压器均安置于变速器的壳体上。

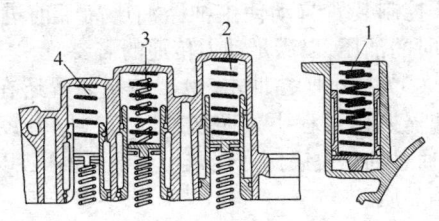

图 14-36 储压器
1. 超速档离合器的储压器 2. 第二制动器的储压器
3. 直接档离合器的储压器 4. 超速档制动器的储压器

二、电子控制系统

自动变速器电子控制系统由电子控制装置（ECU）、传感器和执行器三部分组成。电子控制系统根据汽车行驶情况，通过液压控制系统控制变速器自动换档。同时 ECU 还具有系统的自诊断功能，能进行故障警报。

1. 电子控制装置（ECU）

ECU 的核心部分是微型计算机，它是汽车电子控制装置的中枢电路元件，其基本组成如图 14-37 所示。主要由具有译码指令和进行数据处理能力的中央处理器（CPU），用于存储程序和数据的存储器（随机存储器 RAM 和只读存储器 ROM），以及具有与外部传感器、控制开关和执行器进行数据交换控制的输入/输出（I/O）接口组成。

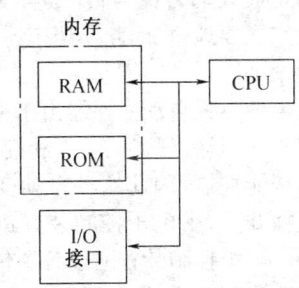

图 14-37 电子控制装置（ECU）的组成

除自动变速器有电子控制装置外，汽车上还有其他系统的电子控制装置，如发动机控制系统电子控制装置、巡航控制系统电子控制装置和 ABS 系统电子控制装置等。因此，自动变速器的电子控制装置除用于控制变速器本身的工作外，还通过电路与其他系统的电子控制装置相连，从这些电子控制装置中获取与自动变速器控制有关的信号，或将变速器的工作情况通过电信号传给其他系统的电子控制装置，让发动机或汽车其他系统的工作能与自动变速器相配合。

比较先进的车型的自动变速器与发动机共用一个电脑来控制，以便实现动力和传输系统的最佳配合。

各种车型自动变速器电子控制系统的形式和布置，因电子控制装置和控制程序的不同，以及传感器、执行器和控制开关的不同而有较大的差别。但在控制内容上仍有许多相似之处。

（1）换档控制

汽车在每一特定行驶工况，都应该有一个与之相对应的最佳换档时刻。电子控制装置可以做到在汽车的任何行驶条件下，让自动变速器都按最佳换档时刻进行换档，从而使汽车的动力性和经济性等综合指标达到最佳。

液力自动变速器的换档控制主要根据节气门的开度大小和车速高低进行。

在电子控制自动变速器中，节气门位置传感器和车速传感器将这两个重要信号送入电子控制装置，电子控制装置根据存储在存储器中的换档规律，适时地对换档控制电磁阀发出换档命令，实现换档控制。其控制原理如图 14-38 所示。

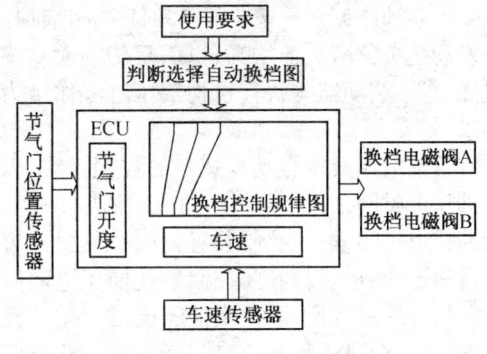

图 14-38 自动换档控制框图

四个前进档的自动变速器通常有三个换档阀。这三个换档阀可以分别由三个换档电磁阀来控制，也可以只用两个电磁阀来控制，并通过三个换档阀之间油路的互锁作用实现四个档位的变换。目前大部分电子控制自动变速器采用由两个电磁阀操纵三个换档阀的控制方式。

两个换档电磁阀的开关状态可以组合成四种，并构成四个档位，各种不同车型其组合方式也不尽相同，常见的日本汽车换档电磁阀开关组合与档位的关系，见表 14-3。

表 14-3 常见日本车型换档电磁阀开关组合与档位的关系

车型	电磁阀	1档	2档	3档	4档
丰田 A140E, A240E, A42DE	电磁阀1	✓	✓		
	电磁阀A	✓			✓
		1档	2档	3档	4档
本田 PX4B	电磁阀2		✓	✓	
	电磁阀A	✓			
	电磁阀B	✓	✓		
日产 RE4RO1A	电磁阀A			✓	
	电磁阀B	✓	✓		
		1档	2档	3档	4档
	电磁阀A		✓	✓	

带有模式开关的电控自动变速器在模式开关处于不同位置时,对汽车的使用要求不同,其换档规律也不同,一般有普通、经济和动力等几种模式的换档规律。当自动变速器操纵手柄在 D 位,节气门开度相同时,动力模式的各档升档车速及降档车速都要比经济模式各档升档车速及降档车速高。升档车速越高,加速动力性就越好,反之,升档车速越低,则燃油经济性就越好。

(2) 油压控制

电控液压自动变速器控制系统中的主油路油压是由主油路调压阀调节的。并且主油路油压应随发动机负荷增大而增高,以满足传递大功率时对离合器、制动器等执行机构液压缸工作压力的要求。

目前电控液压自动变速器的控制系统,以一个油压电磁阀来产生节气门油压。油压电磁阀是脉冲式电磁阀,电子控制装置根据节气门位置传感器测定的节气门开度,控制发往油压电磁阀的脉冲信号的占空比,以改变油压电磁阀排油孔的开度,使主油路油压随节气门开度而变化。节气门开度越大,脉冲电信号的占空比越小,油压电磁阀的排油孔开度越小,节气门油压也就越大。节气门油压被作为控制油压反馈到主油路调压阀,使主油路调压阀随着节气门开度的变化调节主油路压力的高低,以获得不同发动机负荷下主油路压力的最佳值。

除正常的主油路压力控制之外,电子控制装置还根据各个传感器测得的自动变速器的工作状况,在一些特殊情况下,对主油路压力作适当的修正,使油路压力控制获得最佳的效果:

① 在自动变速器操纵手柄位于前进低档(S、L 或 2、1)位置时,由于汽车的驱动力相应较大,电子控制装置自动使主油路油压高于前进档(D位)时的油压,以满足动力传递的需要。

② 为减小换档冲击,电子控制装置还在自动变速器换档过程中按照换档时节气门开度的大小,通过油压电磁阀适当减小主油路油压,以改善换档品质。

③ 电子控制装置还根据液压油温度传感器的信号,当变速器油温度未达到正常工作温度时(低于 60℃),将主油路油压调至低于正常值,以防止因油温低黏度较大而产生换档冲击;当变速器油温度过低时(低于 -30℃),电子控制装置使主油路压力升到最大值,以加速离合器、制动器的接合,防止温度过低时因变速器油黏度过大而使换档过程过于缓慢。

④ 在海拔较高时,发动机输出功率降低,电子控制装置将主油路压力调至低于正常值,以防止换档时出现冲击。

(3) 自动模式选择控制

在有模式选择开关的电控自动变速器上,驾驶人可以通过该开关改变自动变速器的控制模式,可选择经济模式、动力模式和普通模式。在不同的模式下,自动变速器的换档规律有所不同,以便满足不同的行驶要求。例如,经济模式是以获得最小的燃油消耗为目的进行换档控制,因此换档车速相对较低,动力性能指标有所降低;动力模式则是以满足最大动力性为目的进行换档控制,经济性被放在次要地位,因此换档车速相对较高,油耗也稍有增加。

一些新型的电控自动变速器由于采用了新型的电子控制装置,具有很强的运算和控制功能,并具有一定的智能控制,因此这种自动变速器可以取消模式选择开关,由电子控制装置进行自动模式选择控制。电子控制装置通过各个传感器测得汽车行驶状况和驾驶人的操作方式,经过运算分析,自动选择采用经济模式、动力模式或普通模式进行换档控制,以满足不同的行驶要求。

电子控制装置在进行自动模式选择控制时,主要参考自动变速器操纵手柄的位置及加速踏板被踩下的速度,以判断驾驶人的操作目的,自动选择控制模式:

① 当自动变速器操纵手柄位于前进低档(S、L 或 1、2)时,电子控制装置只选择动力模式。

② 在前进档 D 位,当加速踏板被踩下的速度较低时,电子控制装置选择经济模式;当加速踏板

被踩下的速度超过控制程序中所设定的值时,电子控制装置由经济模式转变为动力模式。

③在前进档D位,电子控制装置选择动力模式时,一旦节气门开度低于1/8,换档规律即由动力模式转换为经济模式。

(4) 锁止离合器控制

电控自动变速器中液力变矩器的锁止离合器的工作也是由电子控制装置控制的。电子控制装置按照设定的控制程序,通过锁止电磁阀来控制锁止离合器的接合或分离。自动变速器在各种工作条件下的最佳锁止离合器控制程序,被事先储存在ECU的存储器内。电子控制装置根据自动变速器的档位、选取的控制模式等工作条件从存储器内选择出相应的锁止控制程序,再将车速、节气门开度与锁止控制程序进行比较。

当车速足够高,且其他各种因素均满足锁止条件时,ECU即向锁止电磁阀发出电信号,使锁止离合器接合,液力变矩器按机械传动工况工作。

电子控制装置在进行锁止离合器控制时,还根据自动变速器的工作条件,在一些特殊工况下禁止锁止离合器接合,以保证汽车的行驶性能。禁止锁止的条件有:变速器油温度低于60℃;或车速过低,且急速开关接通。此外,通常还有在制动器踏板踩下时,将已锁止的离合器实施解锁的要求,以切断发动机与传动系统的机械连接,防止发动机熄火。

(5) 发动机制动作用控制

现在一些新型电控自动变速器中,为利用发动机的制动作用而设置了超越离合器。其工作也是由电子控制装置通过电磁阀来控制的。电子控制装置按照设定的控制程序,在操纵手柄位置、车速和节气门开度等满足一定条件(如操纵手柄位于前进低档位置,且车速大于10km/h,节气门开度小于1/8)时向超越离合器电磁阀发出电信号,打开超越离合器控制油路,使之接合或制动,让自动变速器具有反向传递动力的能力,从而在汽车滑行时可以实现发动机制动。

(6) 换档品质控制

随着计算机技术的不断发展,电控自动变速器控制系统的控制范围越来越广,控制功能也越来越完善,可以采用多种方法来控制自动变速器的换档过程,以改善换档质量,提高汽车的乘坐舒适程度。

常见的改善换档品质的特殊控制功能有以下几种:

①换档油压控制:在升档或降档的瞬间,电子控制装置通过油路压力阀适当降低主油路油压,以减小换档冲击,达到改善换档品质的目的。也有一些控制系统是在换档时通过电磁阀减小减振器活塞的背压,以降低离合器或制动器液压缸内油压的增长速度,达到减小换档冲击的目的。

②减矩控制:在换档的瞬间,通过延迟发动机的点火时间或减少喷油量,暂时减少发动机的输出转矩,以减少换档冲击和汽车加速度出现的波动。其控制过程:在自动变速器升档或降档的瞬间,电子控制装置向发动机电子控制装置发出减矩控制信号,发动机电子控制装置接收到这一信号后,立即延迟发动机的点火时间或减少喷油量,执行减矩控制。

③N-D换档控制:这种控制是在操纵手柄由停车档或空档(P或N)位置换至前进档或倒档(D或R)位置,或相反地由D位或R位换至P位或N位时,通过调整发动机的喷油量变化减至最小程度,以改善换档品质。

(7) 使用输入轴转速传感器的控制

有些电控式自动变速器设有输入轴转速传感器,电子控制装置通过这一传感器可以检测自动变速器输入轴(即液力变矩器输出轴)的转速,并由此算出变矩器的传动比(即泵轮和涡轮的转速之比)以及自动变速器的传动比,从而使电子控制装置更精确地控制自动变速器的工作。特别是电子控制装置在进行换档油压控制、减转矩控制和锁止离合器控制时,利用这一参数进行计算,可使这些控制的时间更加准确,从而获得最佳的换档感觉和乘坐舒适性。

(8) 巡航控制

巡航控制系统能自动控制车速,使汽车接受选定的速度稳定行驶,无需驾驶人反复调节节气门开度。

巡航控制系统由电子控制装置和真空执行机构组成,如图14-39所示。后者包括真空调节器、节气门驱动伺服膜盒、车速控制开关和制动踏板上的真空解除开关等。

电子控制装置按车速传感器提供的车速信号,控制真空机构工作。根据电子控制装置的输出信号,电磁阀可调节控制进入该机构的新鲜空气量,从而能控制作用于伺服膜盒内的真空度。当车速低时,真空调节器供给的空气量减少,使伺

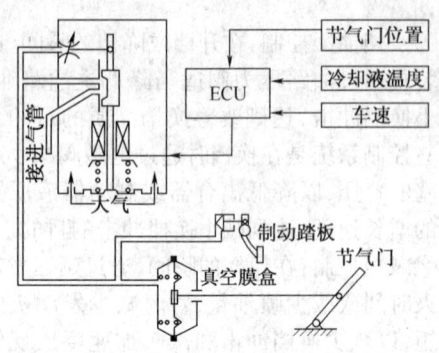

图 14-39 巡航控制系统组成

服膜盒内的真空度增加,通过膜片的移动,使节气门开大。反之,当车速高于控制车速时,真空调节器供给的空气量就会增加,伺服膜盒内的真空度降低,使节气门开度减小。

正常行驶时,在发动机进气管负压和真空调节器供给定量空气的共同作用下,伺服膜盒内保持一定的真空度,控制汽车按预定速度稳定行驶。当真空机构工作时,如果驾驶人踩下制动踏板,首先将使真空解除阀起作用,切断系统电源,电磁阀断电,真空调节器内部与大气相通,负压消失。在踩下制动踏板的同时,真空解除阀也使真空机构和大气相通。

(9) 故障自诊断

在电子控制装置内设有专门的故障自诊断电路,它在汽车行驶过程中,不停地观察自动变速器电子控制系统中所有传感器和执行器的工作情况。通常,一旦发现某个传感器或执行器有故障或工作不正常时,仪表板上的自动变速器故障指示灯闪亮,以提醒驾驶人立即将汽车送至修理厂维修。

大部分日本汽车是以超速档指示灯"O/D OFF"作为自动变速器故障指示灯。如超速指示灯闪亮,拨动超速档开关也不能熄灭,即说明电子控制系统出现故障。而一些欧洲车型,则用操纵手柄位置指示灯作为故障指示灯。

将检测到的故障内容以故障码的形式储存在电子控制装置的存储器内,只要不拆除汽车蓄电池,故障码就会一直保存在电子控制装置中。即使是汽车行驶中偶尔出现一次故障,电子控制装置也会及时地检测到,并记录下来。在修理时,维修人员可以采用一定的方法将储存在存储器内的故障码读出,为查找故障部位提供可靠的依据。

(10) 失效保护控制

当自动变速器电子控制系统出现故障后,电子控制装置按设定的失效保护程序控制自动变速器的工作,保持汽车的基本行驶能力。

当传感器出现故障时,电子控制装置采取失效保护功能有:

① 节气门位置传感器出现故障时,电子控制装置根据怠速开关的状态进行控制,当怠速开关断开时(加速踏板被踩下),按节气门开度为 1/2 进行控制,同时节气门油压按最大值输出;当怠速开关接通时(加速踏板完全放松),按节气门处于全闭状态进行控制,同时节气门油压按最小值输出。

② 车速传感器出现故障时,电子控制装置不能进行自动换档控制,此时自动变速器档位可由操纵手柄的位置决定。

操纵手柄在 D 位或 3(或 2)位,变速器为超速档或 3 档;操纵手柄在 L(或 1)位,变速器为 2 档或 1 档;或不论操纵手柄为任何前进档,变速器均为 1 档,以保持汽车最基本的行驶能力。

许多车型的自动变速器有两个车速传感器,其中一个用于自动变速器的换档控制(常称第二车速传感器),另一个为仪表板上车速表用传感器(常称为第一车速传感器)。这两个传感器都与电子控制装置连接。当用于换档控制的车速传感器损坏时,电子控制装置可利用车速表传感器的信号来控制换档。

③ 输入轴传感器出现故障时,电子控制装置停止减矩控制,此时换档冲击会有所增大。

④ 液压油温度传感器出现故障时,电子控制装置按液压油温度为 80℃ 进行控制。

⑤ 当执行器出现故障时,电子控制装置采取失效保护功能。

例如,换档电磁阀出现故障时,不同的控制有不同的失效保护功能。一种是不论有几个换档电磁阀出现故障,ECU 都将停止所有换档电磁阀的工作,此时自动变速器的档位将完全由操纵手柄的位置决定;操纵手柄在 D 位或 3(或 2)位时,变速器为 3 档,操纵手柄在 L(或 1)位时,变速器为 2 档。另一种是几个换档电磁阀中有若干个出现故障时,电子控制装置控制其他无故障的电磁阀工作,以保证自动变速器仍能自动升档或降档。当然,此时会失去某些档位的功能,而且升档或降档规律有所变化,例如可能直接由 1 档升至 3 档或超速档。

2. 传感器

电子控制装置中常用的传感器有节气门位置

传感器、车速传感器、输入轴转速传感器和液压油温度传感器等。

(1) 节气门位置传感器

节气门是由驾驶人通过加速踏板来操纵的,以便根据不同的行驶条件控制发动机的负荷。例如,上坡或加速时节气门开度要大,而下坡或等速行驶时节气门开度要小。这些不同条件对汽车自动变速器换档规律的要求往往有很大不同。电控自动变速器利用安装在发动机节气门体上的节气门位置传感器测得节气门的开度,作为档位变换的依据,从而使自动变速器的换档规律在任何行驶条件下都能满足汽车的实际行驶要求。

节气门位置传感器有多种类型,自动变速器电子控制系统通常采用线性可变电阻型的节气门位置传感器。电控自动变速器与发动机电控系统共用一个节气门位置传感器,这里不再赘述。

电子控制装置通过节气门开度信号获得反映节气门由全闭到全开的连续变化的模拟信号以及节气门开度的变化速度,将其作为控制不同行驶条件下的档位变换的主要依据之一。

(2) 车速传感器

车速传感器安装在自动变速器输出轴附近,如图 14-40 所示。它是一种电磁感应式传感器,用于检测自动变速器输出轴的转速。电子控制装置根据车速传感器的信号计算出车速,作为换档控制的依据。

车速传感器由永久磁铁和电磁感应线圈组成。安装在输出轴上停车锁止齿轮或感应转子旁边。当输出轴转动时,停车锁止齿轮或感应转子的凸齿不断地靠近或离开车速传感器,使感应线圈的磁通量发生变化,从而产生交流感应电压。车速越高,输出轴的转速也越高,感应电压的脉冲频率也越大。

(3) 输入轴转速传感器

输入轴转速传感器的结构、工作原理与车速传感器相同。它安装在行星齿轮变速器的输入轴或与输入轴连接的离合器毂附近的壳体上(如图 14-41 所示),用于检测输入轴转速,并将信号送入电子控制装置,使电子控制装置更精确地控制换档过程。此外,电子控制装置还将该信号和来自发动机控制系统的发动机转速信号进行比较,计算出变矩器的传动比,使油路压力控制过程和锁止离合器的控制过程得到进一步优化,减小换档冲击,提高汽车的行驶性能。

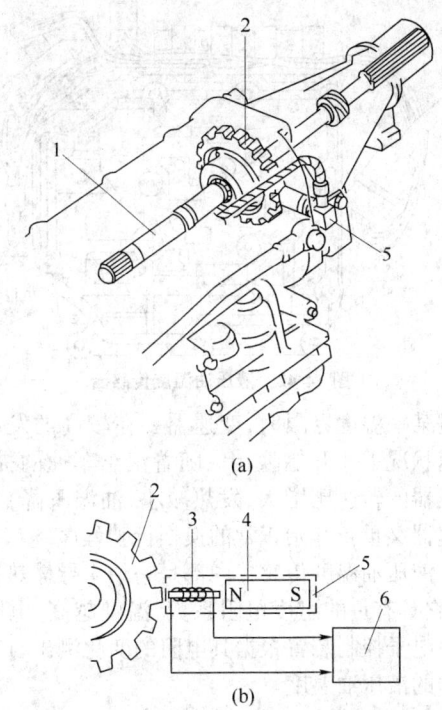

图 14-40 车速传感器安装位置
(a) 车速传感器的安装位置 (b) 工作原理示意图
1. 输出轴 2. 停车锁止齿轮 3. 感应线圈 4. 永久磁铁 5. 车速传感器 6. 电子控制装置(ECU)

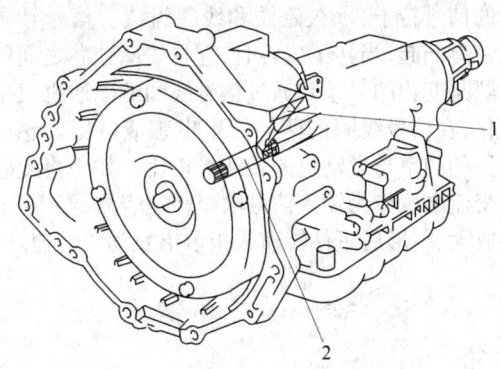

图 14-41 输入轴转速传感器
1. 输入轴转速传感器 2. 行星齿轮变速器输入轴

(4) 液压油温度传感器

液压油温度传感器安装在自动变速器油底壳内的阀板上,如图 14-42 所示。它用于检测自动变速器的液压油的温度,作为电子控制装置进行换档控制、油压控制和锁止离合器控制的依据。

在汽车起步或低速大负荷行驶时,液力变矩器转速比小,效率低,发热严重,造成油温高。在

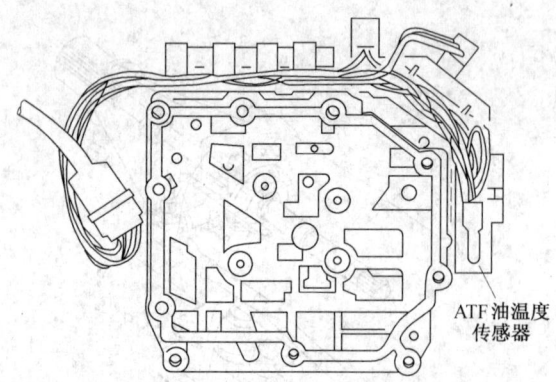

图 14-42 液压油温度传感器

超过某一温度界限时,变速器要在较高的发动机转速状况下才开始换档。随着汽车车速的提高,变矩器的转速比增大,发热减小,油温下降,自动变速器又重新开始正常的换档行驶程序。

液压油温度传感器内部是一个半导体热敏电阻,它具有负的温度电阻系数,温度越高,电阻越低。电子控制装置根据其电阻的变化测出自动变速器的液压油温度。

(5)发动机转速传感器

发动机转速测量常用脉冲信号式转速传感器进行。除测量转速外,它还可以测量发动机曲轴角度位置。

图 14-43 所示的转速传感器,由装在分电器内的信号转子、永久磁铁和线圈组成。信号转子上带有凸起,当转子旋转时,它与线圈铁芯之间的气隙是变化的。于是通过信号线圈的磁通也发生变化,在信号线圈的两端产生出感应电压。感应电压的频率与发动机的转速成正比。如果将此感应交流电压作为输入信号输至转速表内,经 IC 电路放大、整形后可使转速表指示出发动机转速。

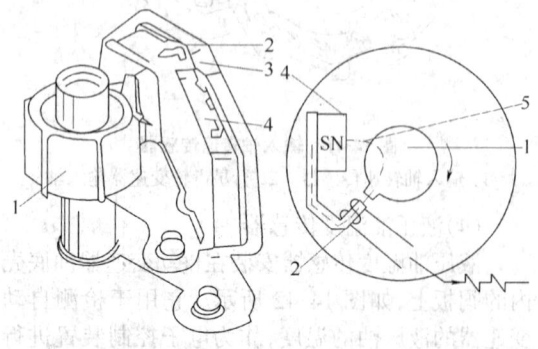

图 14-43 脉冲信号式转速传感器的信号发生装置
1. 信号转子 2. 信号线圈 3. 托架
4. 永久磁铁 5. 磁通

除了上述各传感器之外,自动变速器的控制系统还将发动机控制系统中的一些信号,如发动机水温信号、大气压力信号和进气温度信号等,作为控制自动变速器的参考信号。

3. 控制开关

电子控制装置中的控制开关有:空档起动开关、强制降档开关、制动开关、超速档开关、模式开关和档位开关等。

(1)空档起动开关

空档起动开关用以判断操纵手柄的位置,防止发动机在驱动档位时起动。

当操纵手柄位于空档或驻车位置时,起动开关接通,这时起动发动机,起动开关便向电控装置输出起动信号,使发动机得以起动。如果操纵手柄位于任一驱动位置,则起动开关断开,发动机不能起动,从而保证使用安全。另外,空档起动开关还是一个与操纵手柄连接的电器开关,当操纵手柄置于不同位置时,空档起动开关便接通相关电路,ECU 根据接通电路的信号,控制变速器进行自动换档。

(2)强制降档开关

强制降档开关是用来检测加速踏板是否超过节气门全开位置。

当加速踏板超过节气门全开位置时,强制降档开关便接通,并向电子控制装置(ECU)输送信号。这时 ECU 按设定的换档程序控制换档,并使变速器自动下降一个档位,以提高汽车的加速性能。

如果强制降档开关短路,则 ECU 不计其信号,按操纵手柄位置控制换档。

(3)制动开关

制动开关用以判断制动踏板是否被踩下。如果被踩下,制动灯电路接通,同时将信号输给 ECU,以解除锁止离合器的接合,防止突然制动时发动机熄火。

(4)超速档开关

这一开关用来控制自动变速器的超速档,如图 14-44 所示。

当超速档开关打开后,超速档控制电路接通,此时若操纵手柄位于 D 位时,自动变速器随着车速的升高而升档,直到升入最高档(即超速档)。当超速档开关关闭后,超速档控制电路被断开,仪表板上的"O/D OFF"指示灯随之亮起(表示限制超速档的使用),自动变速器随着车速的提高而升

第四节 电控自动变速器的控制系统 347

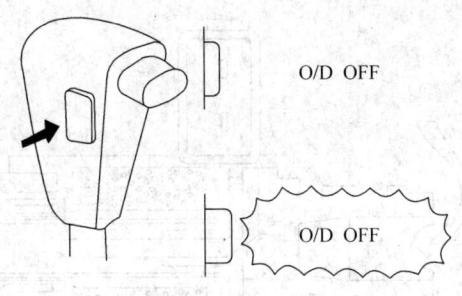

图 14-44 超速档开关

档,最高只能升入超速档的前一档,而不能升入超速档。

(5) 模式开关

大部分电控自动变速器都有一个模式开关,如图 14-45 所示。它用来选择自动变速器的控制模式,以满足汽车在各种使用条件下不同的使用要求。所谓控制模式主要是指自动变速器的换档规律。常见的自动变速器的控制模式有以下几种:

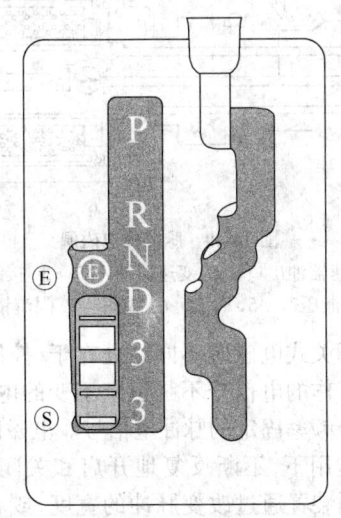

图 14-45 模式开关

① 经济模式:这种控制模式是以汽车获得最佳的燃油经济性为目标来设计换档规律的。当自动变速器在经济模式下工作时,其换档规律应能使发动机在汽车行驶过程中,经常处在经济转速范围内,即以比较小的发动机负荷来控制汽车行驶换档,从而提高汽车的燃油经济性。

② 动力模式:这种控制模式是以汽车获得最大的动力性为目标来设计换档规律的。在这种控制模式下,自动变速器的换档规律能使发动机在汽车行驶过程中,经常处在大功率转速范围内,即以比较大的发动机负荷来控制汽车行驶换档,从而提高汽车的动力性能和爬坡能力。

动力模式比经济模式的换档车速高。

③ 标准模式:标准模式是指换档规律介于经济模式和动力模式之间的一种换档模式。它兼顾了动力性和经济性,使汽车既保证一定的动力性,又有较佳的燃油经济性。

④ 手动模式:该模式让驾驶人可在 1~4 档之间以手动方式选择合适的档位,使汽车像装用了手动变速器一样行驶,而又不必像手动变速器那样换档时必须踩离合器踏板。

⑤ 雪地模式(SNOW):这是适用于在雪地上行驶的模式。当操纵手柄置于 2 位时,自动变速器保持在 2 档工作。而操纵手柄置于 1 位时,自动变速器保持在 1 档工作;如初始位置在 2 档时,则当车速降至 1 档后,不再升档。当操纵手柄置于 D 位时,自动变速器只有 3 档,这是为了减少牵引力,以防止车轮打滑。

上述控制模式并不是每一种电控式自动变速器都必备的,通常自动变速器只具备这些模式中的若干项,有些甚至只有一种模式固化于电脑程序中,因而没有模式开关。

(6) 档位开关

档位开关位于自动变速器手动阀摇臂轴上或操纵手柄下方,用于检测操纵手柄的位置,如图 14-46 所示。

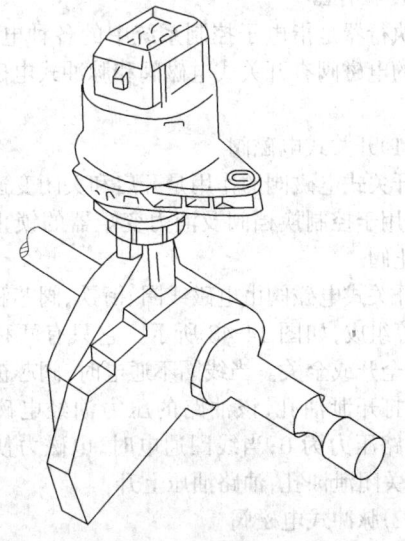

图 14-46 档位开关

档位开关由几个触点组成。当操纵手柄位于

不同位置时,相应的触点被接通。电子控制装置根据被接触的触点,测得操纵手柄的位置,从而按照不同的程序控制自动变速器的工作。

(7)变速器油温开关

变速器油温开关是为一些装有电子制动/牵引控制模块的自动变速器提供输入信号的,如图14-47所示。

图14-47 变速器油温开关

当变速器油温过热时,油温开关断开,使制动/牵引控制系统暂时中止工作,"牵引停止(TRACTION OFF)"指示灯亮,让制动器和变速器冷却。一旦油温低于一定值时,变速器油温开关又重新接通。

4.执行器

执行器是指电子控制系统中的各种电磁阀。常用的电磁阀有开关式电磁阀和脉冲式电磁阀两种。

(1)开关式电磁阀

开关式电磁阀的作用是开启和关闭变速器油路,可用于控制换档阀及液力变矩器的锁止离合器锁止阀。

开关式电磁阀由电磁线圈、衔铁、阀芯和回位弹簧等组成,如图14-48所示。它只有两种工作状态:全开或全关。当线圈不通电时,阀芯被油压推开,打开泄油孔,该油路的压力油经电磁阀泄荷,油路压力为0;当线圈通电时,电磁力使阀芯下移,关闭泄油孔,油路油压上升。

(2)脉冲式电磁阀

脉冲式电磁阀的结构与开关式电磁阀基本相似,也是由电磁线圈、衔铁和阀芯等组成,如图14-49所示。其作用是控制油路中油压的大小。

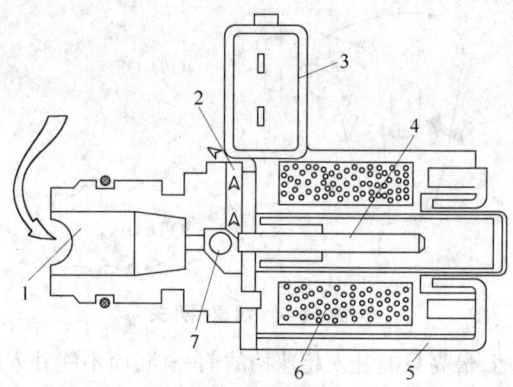

图14-48 开关式电磁阀

1.液压油入口 2.泄压口 3.接线插座 4.铁芯
5.骨架 6.线圈 7.限流钢球

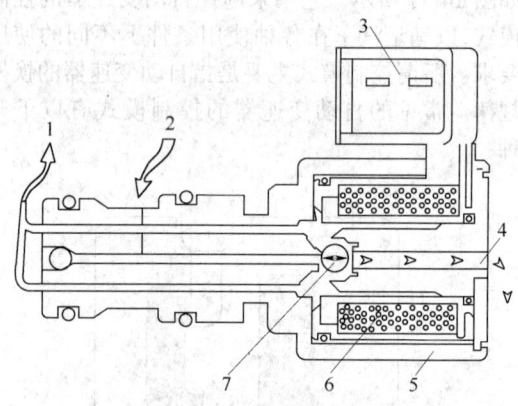

图14-49 脉冲式电磁阀

1.变速器油出口 2.变速器油入口 3.接线插座
4.泄压口 5.骨架 6.线圈 7.限流钢球

与开关式电磁阀不同之处在于,控制脉冲式电磁阀工作的电信号不是恒定不变的电压信号,而是一个频率固定的脉冲电信号。电磁阀在脉冲信号的作用下,不断反复地开启和关闭泄油孔。电子控制装置通过改变脉冲的宽度,或者说是每个脉冲周期内电流接通和断开的时间比例,即控制占空比来改变电磁阀开启和关闭的时间比例,而达到控制油路压力的目的。占空比越大,经电磁阀泄出的变速器油就越多,油路压力就越低;反之,占空比越小,油路压力就越高。

脉冲式电磁阀一般安装在主油路或减振器背压油路中,通过电子控制装置控制,在变速器自动升档及降档瞬间,或者在闭锁及解锁动作开始时使油压下降,以减少换档和闭锁及解锁冲击,使车辆行驶平稳。

(3)选档指示器

选档指示器有的设置在操纵手柄旁边,也有的设置在仪表板上。所选档位可用指针显示,也可用灯光表示,几种不同类型档位指示器如图14-50所示。

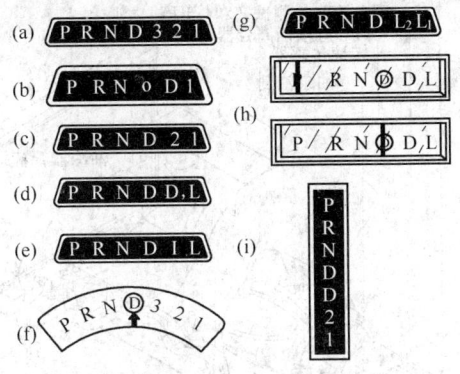

图 14-50 档位指示器

档位指示器上字母和数字所表示的意义为:

①1、L_1、L 等表示手选 1 档位置,即低档位置,也称 1 区或 L_1 区或 L 区。选用这一档位时,汽车只能用 1 档行驶,不能升档。这个位置用于汽车在坑洼、湿路面或结冰路面上行驶时选用。在下陡坡时,也可选择这个位置,以用发动机的制动作用控制车速。在这个位置发动机不能起动。

②2 表示 2 档位置,简称 2 位。和 2 位相当的是 L_2(即低 2 档)、I(中间档)和 D_2 档(前进 2 档)。选用此档位时,变速器可在 1-2 档间自动升档或 2-1 档间自动降档,但不能升入 3 档。在希望限制变速器在 1-2 档间升档和 2-1 档间降档,以使车速不超过某一值(如 100km/h)时,可选用此档。在 2 位时,不能起动发动机。

③3 表示四速变速器的 3 档位置。在 3 位时,变速器可以从 1-2、2-3 档依次自动升档或从 3-2、2-1 档自动降档,但不能进入超速档。

④D 表示前驶位置,在三速变速器中,选用 D 区可以实现 1-2、2-3 档自动升档或 3-2、2-1 档自动降档。在四速变速器中,D 位可能表示两种情况:第一种如 D 字前有 D,则表示前驶位,相当于 3 位,变速器不能进入超速档;第二种如 D 字后边有 3 字,则 D 表示超速档(4 档)位置,变速器可实现 1-2、2-3、3-4 档自动升档或 4-3、3-2、2-1 档的自动降档。在 D 位时,不能起动发动机。

D 在四速变速器档位指示器中出现,表示超速档位置。在 D 位,自动变速器可实现 1-2、2-3、3-4 档的自动升档或 4-3、3-2、2-1 档的自动降档。

在 D 位时,发动机不能起动。

当 3 区或 D 区在一般的道路条件下使用时,汽车的大部分时间以 3 档行驶。D 在道路条件良好时选用,以提高汽车的燃料经济性。

⑤N 表示空档位置。选择此位置时,自动变速器内的所有离合器和制动器均处于分离状态,所以没有动力从变速器输出,发动机在空档时可以起动发动机。

⑥R 表示倒档位置。当选择 R 档位时,自动变速器的输出轴的旋转方向和发动机曲轴的旋转方向相反,汽车倒驶。R 位只能在车辆静止时使用。选用 R 位后,不能起动发动机。

⑦P 表示停车位置。当选择 P 位时,没有动力传递给变速器。此时操纵手柄通过杆系操纵停车爪,将变速器的输出轴锁止在壳体上,使车辆不能前后移动。在需要移动汽车时,操纵手柄应从 P 位移开,使停车爪分离。在 P 位时,发动机可以起动。

第五节 电控自动变速器的基本检查与性能测试

自动变速器的结构十分复杂,因而不能常规机械装置的修理方式,只进行分解修理就达到彻底排除故障的目的。在拆下自动变速器总成进行分解之前,必须按下述诊断步骤对自动变速器进行系统检查。

一、基本检查

基本检查的目的是检验自动变速器是否具备正常工作的能力。

1. 发动机怠速检查

发动机热机后,关闭空调,变速器分别挂入 P 或 N 档,检查怠速转速应符合原制造厂家的规范。

怠速低,换档时容易引起车身振动或发动机熄火;怠速高,换档时容易产生冲击和振动,且在 D 档或 R 档时"爬行"严重。通常装有自动变速器的汽车发动机怠速转速为 750r/min,怠速过高或过低均应进行调整。

2. 自动变速器油检查

自动变速器油检查步骤如下:

(1)检查准备

①将车停在水平路面上,拉紧手制动器,将车

轮固定。

②起动发动机,待发动机达到正常温度后怠速运转。

③踩下制动踏板,逐一挂入所有档位(P档→1档),在各档位时略做短暂停留,然后返回P档,使变速器和所有换档执行机构中都充满液压油。

(2)检查油面

从加油管内拔出油尺,擦干净后再次插入油管后拔出,检查油尺上的油面高度。

如果自动变速器处于冷态(即冷车刚刚起动,液压油的温度较低,为室温或低于25℃时),油面高度应在油尺下刻线附近;如果自动变速器处于热态(如低速行驶5min以上,液压油温度已达70℃~80℃),油面高度应在油尺上刻线附近。这是因为低温时液压油黏度大,运转时有较多的液压油附着在行星齿轮等零件上,所以油面高度较低;高温时液压油黏度小,容易流回油底壳,因此油面较高。

若油位过低,则可能造成离合器、制动器打滑,加速性能变坏和润滑不良;若油位过高,则可能造成自动变速器油溢出,控制阀体排油孔阻碍,排油不畅,影响制动器和离合器的分离。

(3)检查油质

油液的气味和状态表明了自动变速器的工作状态。检查油液时,从油尺上嗅一嗅油液的气味;在手指上点少许油液,用手指互相摩擦,看是否有渣粒;或将油尺上的油液滴在干净的白纸上,检查油液的颜色及气味。正常油液的颜色一般为粉红色,且无气味。如果油液呈棕色或有焦味,说明已变质,应立即换油。油质状态见表14-4。

表14-4 油质与故障原因

油液状态	变质原因
油液变为深褐色或深红色	没有及时更换油液 长期重负荷运转,某些部件打滑或损坏引起变速器过热
油液中有金属屑	离合器盘、制动器盘或单向离合器严重磨损
油尺上粘附胶质油膏	变速器油温过高
油液有烧焦气味	油温过高,油面过低 油冷却器或管路堵塞
油液从加油管溢出	油面过高或通气孔堵塞

(4)检查油液泄漏

将自动变速器外壳擦净,等发动机热机后,挂入D档运转一段时间,检查自动变速器外壳有无泄漏。油液主要泄漏点如图14-51所示。

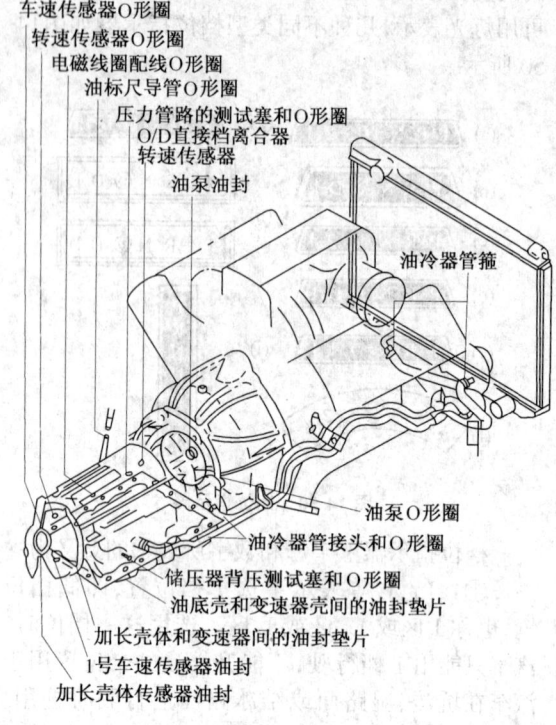

图14-51 主要泄漏点示意图

3. 节气门拉线检查与调整

(1)节气门开度检查

节气门的开度将影响自动变速器的换档时间。发动机熄火后,节气门应全闭。当加速踏板踩到底时,节气门应全开。

(2)节气门拉线检查

节气门拉线的线芯不应松弛,线套端和线芯上限位之间的距离应在0~1mm之间,如图14-52所示。若节气门拉线调整不当,会导致主油路压力异常,造成油压过低或过高,使换档执行机构打滑或产生换档冲击。

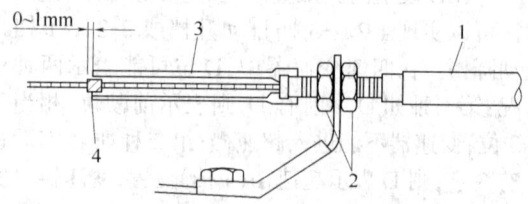

图14-52 节气门拉线的检查
1.节气门拉线 2.调整螺母 3.节气门拉线套 4.锁芯

(3)节气门拉线调整

①推动加速踏板连杆,检查节气门是否全开。

第五节 电控自动变速器的基本检查与性能测试

如节气门不全开,则应调整加速踏板连杆。
②把加速踏板踩到底。
③拧松调整螺母。
④调整节气门拉线。
⑤拧动调整螺母,使橡胶套与拉线止动器间的距离为 0～1mm。
⑥拧紧调整螺母。
⑦重新检查节气门拉线。

4. 操纵手柄位置检查与调整

将操纵手柄从 P 位依次拨到其他各档位,检查操纵手柄拨动是否平顺,能否到达正确的位置和定位的感觉,检查仪表指示灯能否正确指示各档位置。检查仪表指示灯档位显示如图 14-53 所示。

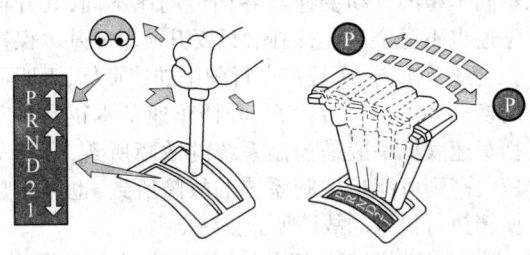

图 14-53 检查仪表指示灯档位显示

若显示不正确,应进行如下调整(如图 14-54 所示):
①松开操纵手柄与连接杆的螺母。
②将控制轴杆向后推足,使其处于 P 档位置。

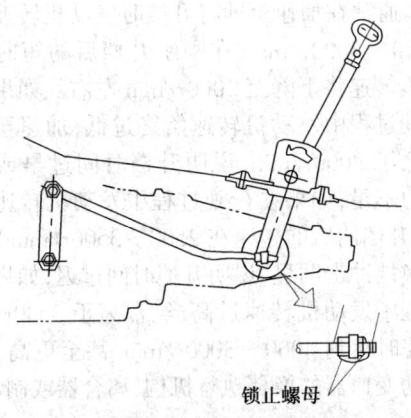

图 14-54 操纵手柄位置的调整

③将控制轴杆退回两个槽口至 N 档位。
④将操纵手柄置于空档 N 位。
⑤在将换档拨板轻轻地朝倒档 R 位推动的同时,将连接杆螺母固定。
⑥起动发动机,确认操纵手柄自 N 换到 D 档位时,车辆向前移动,而换到 R 档位时,车辆后退。

5. 空档起动开关检查

发动机应只能在空档(N 档)和停车档(P 档)起动,其他档位不能起动。如有异常,应调节空档起动开关螺栓和开关电路,如图 14-55 所示。

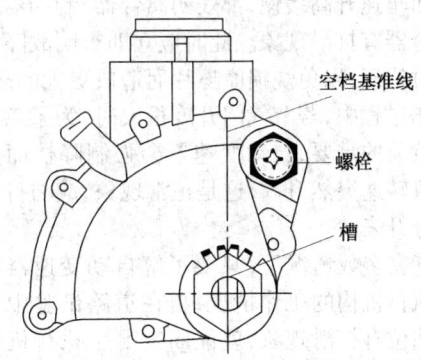

图 14-55 空档起动开关的调整

①松开空档起动开关螺栓,将操纵手柄放到 N 档位。
②将槽口对准空档基准线。
③定住位置并拧紧螺栓。
④确认只有在 N 和 P 档位才能起动发动机,而且挂入 P 档时应不能推动车辆,挂入 N 档时应能够推动车辆。

6. 超速档控制开关(O/D)检查

在蓄电池电压正常情况下,检查时,将点火开关置于 ON 位置,同时接通超速档主开关,超速档指示灯应熄灭,若超速档指示灯 OFF 闪烁,表明系统有故障。此时,可在故障诊断插座接电压表,根据电压表电压的波动来读故障码,根据手册查出故障原因。

二、道路试验

1. 试验要求

①进行道路试验之前,应确定油面高度、油质状况都正常,操纵手柄和节气门拉线及发动机怠速都正常,变速器无漏油。
②对车辆各种状况都进行试验。如应将变速器在每个档位都用到,对各种行驶模式都进行试验,如有 O/D 开关,应分别对 O/D OFF 和 O/D ON 进行试验。此外,对发动机冷却液温度和变

速器油温度较低时和达到正常温度后的换档范围、变速器锁止情况均应试验并记录。

③试验时,首先通过车速、发动机转速、节气门开度以及感觉车身的轻微抖动来判断档位的变化。检查换档时的平顺性、各换档点的车速、各个档位是否都换入及锁止离合器是否正常锁止。

④密切注意打滑现象。在任何档位或换档过程中,若出现发动机突然升速或发动机转速升高较快而车速升高缓慢,都表明离合器、制动器或单向离合器有打滑现象。此时应立即查明故障部位并及时修理,以免烧损摩擦片而造成更大的故障。在行车过程中,若节气门开度很大时,为了急加速或大负荷的需要,自动变速器会强制降档而出现发动机转速突然升高,这是正常现象,应与打滑现象区分开来。

⑤在多数情况下,只要了解自动变速器所有档位执行机构的工作情况,再在道路试验中判断哪个档位有打滑现象,就能断定哪个执行机构打滑了。

⑥在行车试验中,若出现车辆加速性能差,且失速试验时失速转速低于规定值,可能有两方面原因:一方面是发动机功率不足;另一方面是液力变矩器导轮的单向离合器打滑。如果车辆在低速时加速性能差,而高速时加速性能基本正常,而且车辆能加速到较高的车速行驶,则故障出在导轮的单向离合器打滑。若车辆在任何车速时加速性能都差,而且达不到平常的高速行驶,则故障为发动机功率不足。

⑦为了区别电子控制系统、液压控制系统和变速器内部的故障,可先脱开 ECT 控制装置或电磁阀配线,然后再做道路试验。脱开电控配线后,自动变速器将按照手动操纵手柄的位置换档,若系统油压和蓄压器背压是由电磁阀控制的,此时这两者的油压都是最高状况,变矩器不会锁止。

⑧道路试验时,为了在短距离内完成各个档位的试验,可采取"松加速踏板提前升档和踩加速踏板提前降档"的方法。

⑨道路试验时,要遵照自动变速器的操作规程来驾驶车辆。在车辆未停下之前,操纵手柄不能换入 P 和 R 位;在车速较高时,不能把操纵手柄从 D 位换入 2 位和 L 位来进行发动机的制动试验。

2. 变速器升档试验

将变速器操纵手柄拨至前进档 D 位,踩下加速踏板,使节气门保持在 1/2 开度左右,让汽车起步加速,检查自动变速器的升档情况。

自动变速器在升档时发动机会有瞬时的转速下降,同时车身有轻微的撞动感。正常情况下,汽车起步后随着车速的升高,试车者应能感觉到自动变速器能顺利地由 1 档升入 2 档,随后再由 2 档升入 3 档,最后升入超速档。若自动变速器不能升入高档(3 档或超速档),说明控制系统或换档执行机构有故障。

汽车起步并加速升档时,记下升档车速。一般四档自动变速器在节气门开度保持在 1/2 时,由 1 档升 2 档的升档车速为 25~35km/h,由 2 档升至 3 档的升档车速为 55~70km/h,由 3 档升至 4 档(超速档)的升档车速为 90~120km/h。由于不同车型的自动变速器各档传动比不同,其升档车速也不完全一样,因此,只要升档车速基本保持在上述范围内,而且汽车行驶中加速良好,无明显的换档冲击,都可认为其升档车速基本正常。升档车速太低一般是控制系统的故障所致,升档车速太高则可能是控制系统的故障所致,也可能是换档执行机构的故障所致。

有发动机转速表的汽车在做自动变速器道路试验时,应注意观察汽车行驶中发动机转速变化的情况。它是判断自动变速器工作是否正常的重要依据之一。在正常情况下,若自动变速器处于经济模式或普通模式,节气门保持在低于 1/2 开度范围内,则在汽车由起步加速直至升入高速档的整个行驶过程中,发动机转速将低于 3000r/min。通常在加速至即将升档时发动机转速可达到 2500~3000r/min,在刚刚升档后的短时间内发动机转速将下降至 2000r/min 左右。如果在整个行驶过程中发动机转速始终过低,加速至升档时仍低于 2000r/min,说明升档时间过早或发动机动力不足;如果在行驶过程中发动机转速始终偏高,升档前后的转速在 2500~3500r/min 之间,而且换档冲击明显,说明升档时间过迟;如果在行驶过程中发动机转速过高,经常高于 3000r/min,在加速时达到 4000~5000r/min,甚至更高,则说明自动变速器的换档执行机构(离合器或制动器)打滑。

电控自动变速器的换档冲击十分微弱,如果感觉换档冲击太大,说明自动变速器的控制系统或换档执行机构有故障,其原因可能是油路压力过高或换档执行机构打滑。

3. 锁止离合器试验

让汽车加速至超速档,以高于 80km/h 的速度行驶,并让节气门开度保持在低于 1/2 的位置,使变矩器进入锁止状态。此时,快速将加速踏板踩下使节气门至 2/3 开度,同时检查发动机转速的变化情况。如果发动机转速没有太大变化,说明锁止离合器处于接合状态;否则,若发动机转速升高很多,则表明锁止离合器没有接合,其原因通常是锁止控制系统有故障。其试验过程如图 14-56 所示。

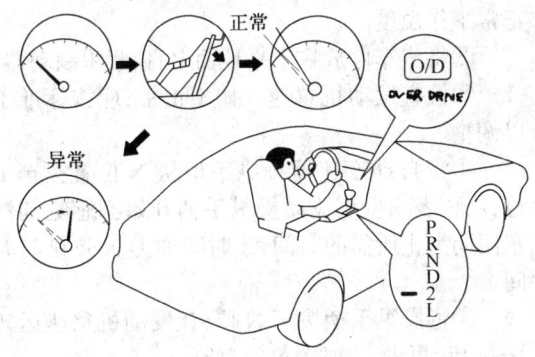

图 14-56 锁止离合器试验

4. 发动机制动试验

将变速器操纵手柄拨至低档 S、L 或 2、1 位置,汽车以 2 档或 1 档行驶时,突然松开加速踏板。如果车速立即随之下降,说明发动机有制动作用,否则说明控制系统或前进强制离合器有故障。

5. 强制降档试验

将变速器操纵手柄拨至 D 位,保持节气门开度为 1/3 左右,汽车以 2 档、3 档或超速档行驶时,突然将加速踏板踩到底,检查自动变速器能否被强制降低一个档位。

在强制降档时,发动机转速会突然上升至 4000 r/min 左右,并随着加速升档,转速逐渐下降。如果没有出现强制降档,说明强制降档功能失效;如果强制降档时发动机转速过高,并在升档时出现换档冲击,说明换档执行机构打滑。

三、失速试验

在前进档或倒档中踩住制动踏板并完全踩下加速踏板时,发动机处于最大转矩工况,而此时自动变速器的输出轴及输入轴都静止不动,变矩器的涡轮也因此静止不动,只有变矩器壳及泵轮随发动机一同转动,这种工况称为失速工况,此时的发动机转速称为失速转速。由于在失速工况下,发动机的动力全部消耗在变矩器内液压油的内部摩擦损失上,油温急剧上升,因此在失速试验中,从加速踩下到松开的整个过程的时间不得超过 5s,试验次数不得多于 3 次。

失速试验是检查发动机、变矩器及自动变速器中有关换档执行机构的工作是否正常的有效方法。

1. 试验步骤(如图 14-57 所示)

图 14-57 失速试验

① 检查机油、冷却液和自动变速器油。
② 预热发动机。
③ 固定车轮,拉紧手制动器。
④ 在发动机转速表上做出标准失速转速的标记,以便观察转速。
⑤ 起动发动机,将变速器挂入 D 档。
⑥ 左脚踩紧制动踏板的同时,右脚将加速踏板踩到底(注:不要超过 5s),读取并记录发动机失速转速。
⑦ 将变速器操纵手柄挂入 P 档或 N 档,让发动机急速运转 1min,直到自动变速器油降至正常温度。
⑧ 将变速器操纵手柄拨入其他档位(R、S、L 或 2、1),做同样的失速试验。

2. 失速试验分析

不同车型的自动变速器都有其失速转速标准,几种常见车型自动变速器失速转速标准见表 14-5。若失速转速与标准值相符,说明自动变速器的油泵、主油路油压及各个换档执行机构的工作基本正常,否则,就存在某些故障,见表 14-6。

354 第十四章 电子控制自动变速器

表 14-5 常见车型自动变速器的失速转速标准 (r/min)

车 型	自动变速器型号	发动机型号或排量	失速转速
丰田 PREVIA	A46DE、A46DF	2TZ-FE	2450~2750
宝来	01M	—	2000
桑塔纳 帕萨特	01M	AJR	2350~3050
奇瑞	41+P04	—	1950~2250
丰田 CORONA	A240E、A241E	4A-FE、3S-FE	2200~2500
丰田 CAMRY	A540E	3VZ-FE	2250~2550
凌志 LS400	A341E、A342E	1UZ-FE	2050~2350
马自达 929	R4A-EL	JE	1950~2250
尼桑	L4N71B	VG30E、VG30S	2300~2600
超亚千里马	A4AF3	1.6L	2700~3100

表 14-6 失速试验分析表

操纵手柄位置	失速转速	故障原因
所有位置	过高	主油路油压过低 前进档和倒档的换档执行机构打滑 低档及倒档制动器打滑
所有位置	过低	发动机动力不足 变矩器导轮的单向超越离合器不良
仅在 D 档	过高	前进档油路油压过低 前进离合器打滑
仅在 R 档	过高	倒档油路油压过低 倒档及高档离合器打滑

四、时滞试验

在发动机怠速运转时将操纵手柄从空档拨至前进档或倒档后,需要有一段短暂时间的迟滞或延时才能使自动变速器完成档位的接合(此时汽车会产生轻微的振动),这一短暂的时间称为自动变速器换档的迟滞时间。时滞试验就是测出自动变速器换档的迟滞时间,根据迟滞时间的长短来判断主油路油压及换档执行机构的工作是否正常。

1. 试验步骤(如图 14-58 所示)

①让汽车行驶,使发动机和自动变速器达到正常工作温度。

②将汽车停放在水平地面上,拉紧手制动器。

③检查发动机怠速。如不正常,应按标准予以调整。

④将自动变速器操纵手柄从 N 位置拨至 D 位,用秒表测量从拨动操纵手柄开始到感觉到汽车振动为止所需的时间,该时间称为 N-D 延时时间。

⑤将操纵手柄拨至 N 位,让发动机怠速运转 1min 后,再做一次同样的试验。

⑥做 3 次试验,并取平均值。

⑦按上述方法,将操纵手柄由 N 位拨至 R 位,测量 N-R 延时时间。

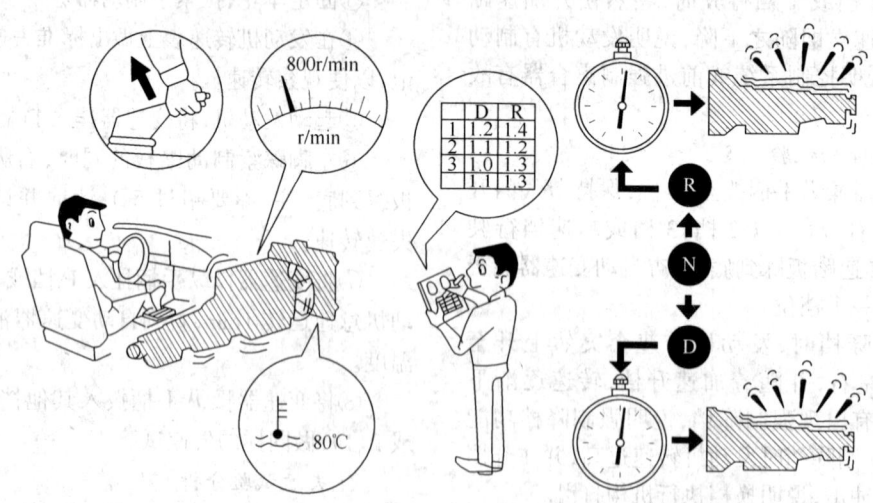

图 14-58 时滞试验

2. 时滞试验分析(见表 14-7)

大部分自动变速器的 N-D 延时时间小于 1.0~1.2s,N-R 延时时间小于 1.2~1.5s。若 N-D 延时时间过长,说明主油路油压过低、前进离合器摩擦片磨损过甚或前进单向超越离合器工作不良;若 N-R 延时时间过长,说明倒档主油路油压过低、倒档离合器或倒档制动器磨损过甚或工作不良。

表14-7 时滞试验分析表

现　象	原因分析
从N推入D滞后时间大于规定值	油路压力过低、前离合器磨损、超速单向离合器打滑、超速离合器磨损
从N推入R滞后时间大于规定值	油路压力过低、后离合器磨损、3号制动器磨损、超速单向离合器打滑、超速离合器磨损

五、手动换档试验

为了确定故障存在的部位，区分故障是由机械、液压系统，还是由电子控制系统引起的，可以进行手动换档试验。所谓手动换档试验就是将电子控制自动变速器所有换档电磁阀的线束插头全部脱开，此时电子控制装置不能通过换档电磁阀来控制换档，自动变速器的档位取决于操纵手柄的位置。不同车型的电子控制自动变速器在脱开换档电磁阀线束插头后的档位和操纵手柄的关系都不完全相同。

丰田轿车的各种电控自动变速器在脱开换档电磁阀线束插头后的档位和操纵手柄的关系见表14-8。

表14-8　丰田轿车电控自动变速器手动换档时档位和操纵手柄的关系

操纵手柄位置	档　位	操纵手柄位置	档　位
P	停车档	D	超速档
R	倒档	2	3档
N	空档	L	1档

1．试验步骤

①脱开电控自动变速器的所有换档电磁阀线束插头。

②起动发动机，将操纵手柄拨至不同位置，然后做道路试验（也可以将驱动轮悬空，进行台架试验）。

③观察发动机转速和车速的对应关系，以判断自动变速器所处的档位。不同档位时发动机转速与车速关系可以参考表14-9。

表14-9 自动变速器不同档位时发动机转速和车速的关系

档位	发动机转速 (r/min)	车速 (km/h)	档位	发动机转速 (r/min)	车速 (km/h)
1档	2000	18~22	3档	2000	50~55
2档	2000	34~38	超速档	2000	70~75

④若操纵手柄位于不同位置时自动变速器所处的档位与表14-9相同，说明电控自动变速器的阀板及换档执行机构基本上工作正常。否则，说明自动变速器的阀板或换档执行机构有故障。

⑤试验结束后，接上电磁阀线束插头。

⑥清除电子控制装置中的故障码，防止因脱开电磁阀线束插头而产生的故障码保存在电子控制装置中，影响自动变速器的故障自诊断工作。

2．手动换档试验分析

若每一档动作都正常，但接回电磁阀配线时换档不正常，则说明故障出在电子控制系统，应进行电子控制系统故障的诊断检查。若有一个档位动作异常，则说明故障是变速器机械或液压部分，包括液力变矩器、行星变速系统和液压控制系统，应进行机械试验。

另外，还可以对换档电磁阀实施直接驱动试验，用手动开关的方式进行手控电磁阀换档试验。

六、液压试验

液压试验是在自动变速器工作时，通过测量液压控制系统各油路的压力，来判断液压控制系统及电子控制系统各零部件的功能是否正常，目的是检查油泵、油压调节阀、节气门阀、油压电磁阀、速控阀及变速器油等的工作状况，是变速器性能分析和故障判断的主要依据。

一般车型自动变速器液压试验包括：主油路压力测试、各离合器和制动器的储压器油压测试、各档离合器油压测试、速控阀油压测试和节气门油压的调整。

在分解修理自动变速器前和自动变速器修复之后，都要对自动变速器做液压试验，以保证自动变速器的修复质量。

1．试验前的准备

①行驶汽车，让发动机和自动变速器达到正常工作温度（50℃～80℃）。

②将车辆停放在水平地面上，确认油面高度、油质状况、操纵手柄及节气门拉线都正常。

③准备一个量程为2MPa的压力表。

④找出自动变速器各个油路测压孔的位置：通常在自动变速器外壳上有几个用方头螺塞堵住的测压孔。《自动变速器维修手册》上标有该自动变速器测压孔的位置。若没有手册作参考，可用举升机将汽车升起，在发动机运转时分别将各个测压孔螺塞松开少许，观察各测压孔在操纵手柄

位于不同档位时是否有压力油流出,以此判断该测压孔与哪一油路相通,从而找出各个油路测压孔的位置。具体方法如下:

a. 不论操纵手柄位于前进档或倒档时都有压力油流出,则为主油路测压孔。

b. 只有操纵手柄位于前进档时才有压力油流出,则为前进档油路测压孔。

c. 只有操纵手柄位于倒档时才有压力油流出,则为倒档油路测压孔。

⑤室内测试一般可用举升机把汽车升起,使得车轮能自由转动,但测高车速时,应在底盘测功机或在道路上进行,以保安全。

2. 主油路液压试验

(1)试验步骤

试验步骤如图 14-59 所示。

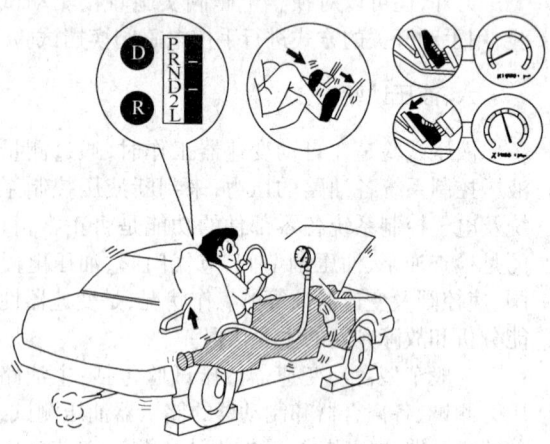

图 14-59 主油路油压试验

①拆下变速器壳体上的主油路测压孔螺塞,接上油压表。

②用三角木塞住前、后轮,拉紧手制动器。

③起动发动机。

④将操纵手柄拨至 D 位。

⑤读出发动机怠速运转时的油压,该油压即为怠速工况下的前进档主油路油压。

⑥用左脚踩紧制动踏板,同时用右脚将加速踏板完全踩下,在失速工况下读取油压,该油压即为失速工况下的前进档主油路油压。

⑦将操纵手柄拨至空档或停车档,让发动机怠速运转 1min 以上。

⑧将操纵手柄拨至其他各档 R、S、L 或 2、1 位,重复④~⑦的步骤,读出各个档位在怠速工况和失速工况下的主油路油压。

(2)主油路液压试验分析

将测得的主油路油压与标准值进行比较。不同车型自动变速器的主油路油压不完全相同。若主油路油压不正常,表明油泵或控制系统有故障,其具体原因见表 14-10。

表 14-10 自动变速器主油路油压不正常的原因

工况	油压测试结果	故障原因
怠速	所有档位的主油路油压均太低	①油泵故障 ②主油路调压阀卡死 ③主油路调压阀弹簧太软 ④节气门位置传感器或节气门拉索调整不当 ⑤节气门阀卡滞 ⑥主油路泄漏
	前进档和前进低档的主油路油压均太低	①前进离合器活塞漏油 ②前进油路泄漏
	①前进档的主油路油压正常 ②前进低档的主油路油压太低	①1档强制离合器或2档强制离合器活塞漏油 ②前进低档油路泄漏
	①前进档主油路油压正常 ②倒档主油路油压太低	①倒档及高档离合器活塞漏油 ②倒档油路泄漏
	所有档位的主油路油压均太高	①节气门位置传感器或节气门拉索调整不当 ②主油路调压阀卡死 ③节气门阀卡滞 ④主油路调压阀弹簧太软 ⑤油压电磁阀损坏或线路故障
失速	稍低于标准油压	①节气门位置传感器或节气门拉索调整不当 ②油压电磁阀损坏或线路故障 ③主油路调压阀卡死或弹簧太软
	明显低于标准油压	①油泵故障 ②主油路泄漏

3. 油压电磁阀工作测试

电控自动变速器常采用油压电磁阀来控制主油路油压或减振器背压。这种自动变速器可以在液压试验中人为地向油压电磁阀施加电信号,同时测量油路油压的变化,以检查油压电磁阀的工作是否正常。注意,不同的电控自动变速器的油压电磁阀的工作原理不完全相同,其检测方法也不一样。

①将油压表接至自动变速器减振器背压的测压孔,如图14-60所示。

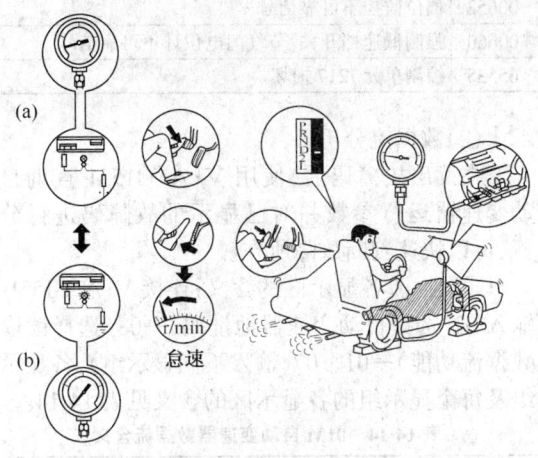

图14-60 油压电磁阀工作的测试
(a)测试灯未接地时,减振器背压大于0
(b)测试灯接地时,减振器背压等于0

②对照电路图,找出ECT ECU线束插头上油压电磁阀控制端的接线端子,将一个8W灯泡的一个端子与油压电磁阀控制端的SLN端子连接,以便进行接地和不接地试验。

③将汽车停放在水平地面上,拉紧手制动器,并用三角木块将四个车轮塞住。

④起动发动机,检查并调整好发动机怠速。

⑤踩住制动踏板,将操纵手柄挂入D位。

⑥读出SLN端子接地和不接地两种情况的储压器背压,见表14-11。

表14-11 丰田自动变速器储压器背压

档位	D档位	
发动机转速	怠速	
ECT ECU SLN端子的状态	不接地	接地
储压器背压(kPa)	177~255	0

⑦对照标准背压,若不符合规定值,可能原因见表14-12。

表14-12 储压器背压试验故障分析

故障	可能原因
当SLN端子不接地时储压器背压与规定值不符(高或低)	节气门拉线失调
	节气门控制阀故障
	电磁调节阀故障
	SLN电磁阀故障
	储压器控制阀故障
当SLN端子接地时,储压器背压不为0	SLN电磁阀故障

七、故障自诊断

自动变速器电子控制系统自诊断操作,是在经过上述试验确认为电子控制系统有故障后才进行的。

读取故障码的方法有两种:一种是利用汽车电脑检测仪;另一种是用人工方法。

1.用汽车电脑检测仪读取故障码

这里以01M型电控自动变速器为例,介绍用电脑检测仪读取故障码。

01M型电控自动变速器电控系统的组成如图14-61所示,原理电路如图14-62所示。

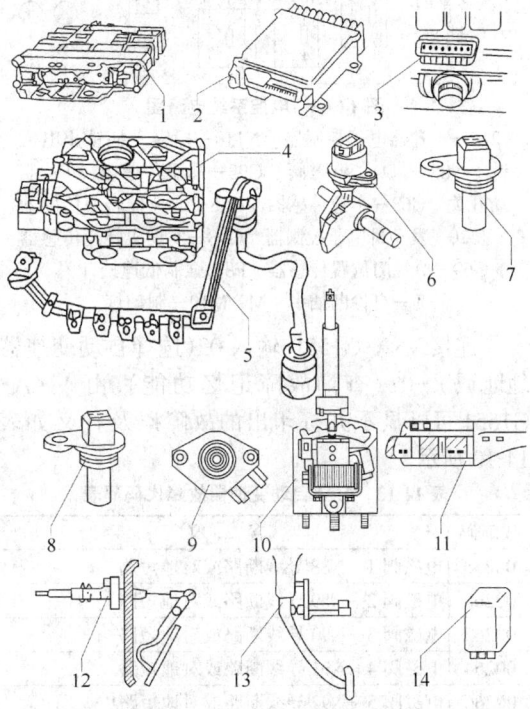

图14-61 电控系统的组成

1.自动变速器电子控制器 2.发动机控制单元 3.自诊断接口 4.滑阀箱 5.传输线(与油温传感器一体) 6.多功能开关 7.变速器转速传感器(G38) 8.车速传感器G68 9.节气门电位计(G69) 10.操纵手柄锁止电磁铁 11.定速装置 12.强制低速档开关F8 13.制动灯开关F 14.起动/倒车灯开关继电器

(1)读取故障码

在01M型自动变速器电子控制器ECU(J217)内有一个故障存储器,如果ECU监控到传感器或执行部件出现故障,则将此故障信息存入存储器,维修人员可以用大众公司专用故障阅读器V·A·G1551查询故障记忆及数据流,只出现一次的故障为偶发故障，在 V·A·G1551 显示屏中会有"/SP"的显示。当车辆最少行驶 5km 或 6min，最多行驶 50km 或 24min，如果故障不再出现，则自动变速器 ECU 视其为偶发故障。

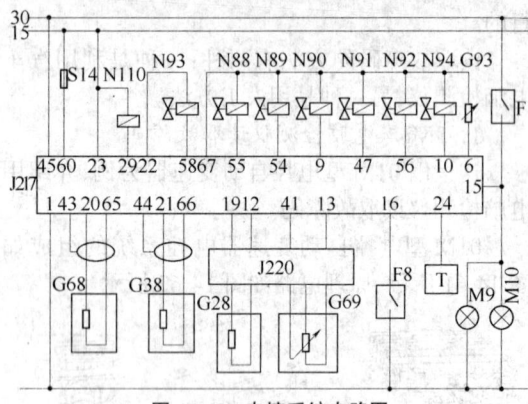

图 14-62　电控系统电路图

J217—变速器电子控制器　N110—操纵手柄锁止电磁铁　N88…N94—电磁阀　G93—油温传感器　F—制动开关　G68—车速传感器　G38—变速器转速传感器　J220—发动机电子控制器　G28—发动机转速传感器　G69—节气门位置传感器　F8—强制低速档开关　T—自诊断插头　M9/M10—制动灯

连接 V·A·G1551，输入 02（选择自动变速器地址码）—02（查询故障记忆功能），由 V·A·G1551 可以显示并打印出的故障码及含义如表 14-13 所示。

表 14-13　01M 自动变速器故障代码码表

故障码	含　义
00258	电磁阀 1—N88 导线断路或对地短路
00260	电磁阀 2—N89 导线断路或对地短路
00262	电磁阀 3—N90 导线断路或对地短路
00264	电磁阀 4—N91 导线断路或对地短路
00266	电磁阀 5—N92 导线断路或对地短路
00268	电磁阀 6—N93 导线断路或对地短路
00270	电磁阀 7—N94 导线断路或对地短路
00281	车速传感器 G68 无信号
00293	多功能开关 F125，开关状态不稳定
00297	变速器转速传感器 G38 无信号
00300	油温传感器 G93，无法识别故障类型
00518	节气门电位计 G69 信号超出允许值
00529	无转速信号
00532	电源电压过低
00545	发动机/变速器电气连接断路/对地短路
00596	传输线间短路
00638	发动机/变速器电气连接无信号
00641	ATF 油温度信号太大（温度过高）

续表 14-13

故障码	含　义
00652	档位监控不可靠信号
00660	强制低速档开关/节气门电位计不可靠信号
65535	控制单元 J217 损坏

(2) 数据流分析

在读出故障码后，使用 V·A·G1551 查询自动变速器运行参数并对已显示的故障码进行分析，可以快速判断故障所在。

① 数据流各显示区的含义：连接 V·A·G1551，输入 02（选择自动变速器地址码）—08（选择读取数据流功能）—01～07（输入不同显示组），各显示组及每个显示组的各显示区的含义见表 14-14。

表 14-14　01M 自动变速器数据流含义

显示组号	各显示区内容
01	1—操纵手柄位置 2—节气门电位计电压 3—加速踏板位置值 4—开关位置
02	1—电磁阀 6—N93 实际电流 2—电磁阀 6—N93 额定电流 3—蓄电池电压 4—车速传感器 G68 电压
03	1—车速 2—发动机转速 3—挂入档位 4—加速踏板位置值
04	1—电磁阀 2—挂入档位 3—操纵手柄位置 4—车速
05	1—ATF 油温 2—换档输出 3—将要挂入档位 4—发动机转速
06	无需考虑
07	1—挂入档位 2—锁止离合器打滑 3—发动机转速 4—加速踏板位置值

② 各显示小组测量值的正常范围及异常数值的原因分析：

a. 显示组 1

第五节 电控自动变速器的基本检查与性能测试

```
Read measuring value block 1
 P  0.8V  3%  ××××××××
```

显示区1:分别将操纵手柄拨至P、R、N、D、3、2、1各档,屏幕上应有相应显示,如果显示不正常或恒显示"D",检查多功能开关是否损坏。

显示区2:节气门电位计电压在急速时为0.156~0.8V,全开时为3.5~4.68V。

显示区3:急速时节气门开度应在2%~5%,如果显示不正常,并且有急速不稳,起步或加速变速器发闯的故障,应检查节流阀体是否脏污,加速踏板拉线是否发卡,如果太脏,应拆下节流阀清洗并重新进行基本设置。注意:设置时要在发动机系统和自动变速器系统分别进行两次设置。

显示区4:显示区4是8位数的状态位,各状态位的含义及规定值见表14-15。

表14-15 显示组1显示区4的含义

状态位	含义	检查条件	规定显示值
1	制动灯开关F	踩下制动	1
		未踩制动	0
2	驱动或滑动调节	本车未用	
3	未用		
4	强制低速档开关	起作用	1
		未起作用	0
5	多功能开关F125	操纵手柄RND32	1
		操纵手柄P1	0
6	多功能开关F125	操纵手柄PR21	1
		操纵手柄ND3	0
7	多功能开关F125	操纵手柄PRND	1
		操纵手柄321	0
8	多功能开关F125	操纵手柄PRN	1
		操纵手柄D321	0

b. 显示组2

```
Read measuring value block 2
 0.983A  0.985A  13.5V  2.5V
```

显示区1:电磁阀6-N93的实际电流值。

显示区2:电磁阀6-N93的额定电流,在油门全开时是0.0A,急速时最大,约为1.1A。

显示区3:蓄电池电压,正常范围为10.8~16.0V。

显示区4:车速传感器G68电压,正常值为2.20~2.52V。

c. 显示组3

```
Read measuring value block 3
 0km/h  860r/min  0  3%
```

显示区1:车速,视行驶工况确定。

显示区2:发动机转速,视发动机工况确定。

显示区3:是行驶中挂入的档位,检查条件及意义见表14-16。

表14-16 显示组3显示区3的含义

档位	显示值
空档	0
倒档	R
1档液压	1H
2档液压	2H
2档刚性	2M
3档液压	3H
3档刚性	3M
4档液压	4H
4档刚性	4M

显示区4:节气门开度,视加速踏板位置确定,急速时节气门开度应在2%~5%。

d. 显示组4

```
Read measuring value block 4
 *  *  *  *  *  *  0  P  0km/h
```

显示区1:显示的是5个电磁阀的工作状态,"0"表示电磁阀未接合,"1"表示电磁阀接合。各档位的规定显示值见表14-17。

表14-17 显示组4显示区1的含义

状态位	1	2	3	4	5	6
意义	N88	N89	N90	不需考虑	N92	N94
P	1	1	1	0	0	0
R	0	0	1	0	0	0
N	1	1	1	0	0	0
1	0	0	1	0	0	0
2	0	1	1	0	0	0
3	0	0	1	0	0	0
4	1	1	0	0	0	0

显示区2:是行驶中挂入的档位,检查条件及意义见表14-16。

显示区3:操纵手柄位置,显示内容为P、R、N、D、3、2、1,与操纵手柄位置相对应。

e. 显示组5

```
Read measuring value block 5
 45℃  00110011  0  860r/min
```

显示区1:变速器油温,只有温度在30℃以上时才能精确显示，在35℃～45℃时检查ATF油面。

显示区2：换档输出，含义见表14-18。

表14-18 显示组5显示区2的含义

状态位	含义	检查条件	规定显示值
1	发动机控制系统点火时刻控制	行驶中：接通 断开	1 0
2	状态位1、2总是显示1或0	接通 断开	1 0
3	操纵手柄锁止电磁阀	接通 断开	1 0
4	锁止电磁阀	接通 断开	1 0
5	速度调节装置	接通 断开	1 0
6	空调	断开 接合	1 0
7	驻车/空档信号	操纵手柄PRND 操纵手柄321	1 0
8	多功能开关F125	操纵手柄PRN 操纵手柄D321	1 0

显示区3：将挂入档位，见表14-16。
显示区4：发动机转速，视发动机工况确定。

f. 显示组6

无需考虑。

g. 显示组7

显示区1：挂入档位，见表14-16。
显示区2：变矩器锁止离合器(TCC)打滑，在TCC未锁止时，显示值为0～发动机转速；当TCC锁止时且发动机转速在2000～3000r/min时，显示值为0～130r/min。
显示区3：发动机转速，视发动机工况确定。
显示区4：视加速踏板位置确定。

(3) 电器线路故障诊断

大众公司电器线路专用诊断工具V·A·G1598/18可以与变速器电子控制器ECU连接，可以方便地测量电子控制器ECU与各传感器等电子部件间的线路是否正常，如图14-63所示。01M型自动变速器电子控制器ECU位于前挡风玻璃前下部的导水槽盖板下面，其各端子的作用见表14-19。用V·A·G1598/18检测的项目见表14-20，检测数据见表14-21。

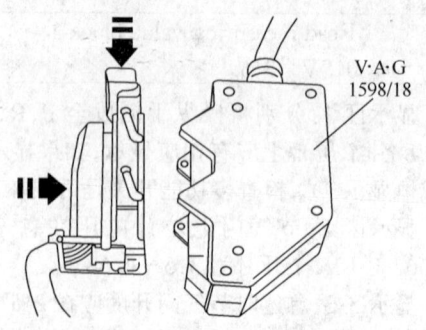

图14-63 连接V·A·G1598/18

表14-19 电子控制器(J217)各端子的作用

1	接地(接线柱31)	33	未使用
2	未使用	34	未使用
3	未使用	35	未使用
4	未使用	36	自诊断L线
5	节气门电位计G69信号	37	
		38	未使用
6	变速器油温度传感器G93	39	未使用
		40	多功能开关F125
7	未使用	41	从发动机ECU来的负荷信号
8	未使用		
9	电磁阀3-N90	42	柴油发动机转速传感器(屏蔽)
10	电磁阀7-N94		
11	停车/空档信号	43	车速传感器G68(屏蔽)
12	使用空调时挂低速档		
13	点火时刻控制	44	变速器转速传感器G38(屏蔽)
14	未使用		
15	制动灯开关F信号电压	45	电源电压(接线柱30)
16	强制降档开关F8	46	未使用
17	未使用	47	电磁阀4-N91
18	多功能开关F125	48	未使用
19	TD(转速)信号	49	未使用
20	车速传感器G68	50	节气门电位计G69(5V)
21	变速器转速传感器G38	51	未使用
22	电磁阀6-N93—电压	52	未使用
23	点火电压(接线柱15)	53	未使用
24	自诊断K线	54	电磁阀2-N89
25	未使用	55	电磁阀1-N88
26	未使用	56	电磁阀5-N92
27	未使用	57	操纵手柄位置指示
28	节气门电位计G69地线	58	电磁阀6-N93
		59	未使用
29	操纵手柄锁止电磁阀N110	60	车速调节装置(输入15号接线柱)
30	未使用	61	车速调节装置(输出)
31	未使用	62	多功能开关F125
32	未使用	63	多功能开关F125

第五节 电控自动变速器的基本检查与性能测试

续表 14-19

64	发动机转速传感器 G28(柴油发动机)	66	变速器转速传感器 G38
65	车速传感器 G68	67	电磁阀电压
		68	接线柱 30(输出)

表 14-20 V·A·G1598 检测项目表

检测部件	步骤
电子控制器 J217 供电	步骤 1
操作手柄锁止电磁阀 N110	步骤 2,13
制动灯开关 F	步骤 3
节气门电位计 G69	步骤 4
多功能开关 F125	步骤 5

续表 14-20

检测部件	步骤
电磁阀 1-N88	步骤 6
电磁阀 2-N89	步骤 7
电磁阀 3-N90	步骤 8
电磁阀 4-N91	步骤 9
电磁阀 5-N92	步骤 10
电磁阀 6-N93	步骤 11
电磁阀 7-N94	步骤 12
强制降档开关 F8	步骤 14
油温传感器 G93	步骤 15
车速传感器 G68	步骤 16
变速器转速传感器 G38	步骤 17

表 14-21 V·A·G1598 检测数据表

检测步骤	V·A·G1598 接口	检测内容	检测条件	规定值
1	23+1	电子控制器 J217 供电	接通点火开关	约蓄电池电压
2	29+15	操纵手柄锁止电磁阀 N110	接通点火开关,不踩制动 接通点火开关,踩下制动	约蓄电池电压 0.2V
3	15+1	制动灯开关 F	接通点火开关,不踩制动 接通点火开关,踩下制动	0V 约蓄电池电压
4	5+28	不适用本车		
5	63+1	多功能开关 F125	操纵手柄位于 R、N、D、3、2 操纵手柄位于 P、1	∞ 0.8~1Ω
	40+1		操纵手柄位于 R、N、2、1 操纵手柄位于 N、D、3	∞ 0.8~1Ω
	62+1		操纵手柄位于 P、R、N、D 操纵手柄位于 3、2、1	∞ 0.8~1Ω
	18+1		操纵手柄位于 P、R、N 操纵手柄位于 D、3、2、1	约蓄电池电压 0V
6	55+67 55+1	电磁阀 1-N88	关闭点火开关	55~65Ω ∞
7	54+67 54+1	电磁阀 2-N89	关闭点火开关	55~65Ω ∞
8	9+67 9+1	电磁阀 3-N90	关闭点火开关	55~65Ω ∞
9	47+67 47+1	电磁阀 4-N91	关闭点火开关	55~65Ω ∞
10	56+67 56+1	电磁阀 5-N92	关闭点火开关	55~65Ω ∞
11	58+22 58+1 22+1	电磁阀 6-N93	关闭点火开关	4.5~6.5Ω ∞ ∞
12	10+67 10+1	电磁阀 7-N94	关闭点火开关	55~65Ω ∞
13	23+29	操纵手柄锁止电磁阀 N110	关闭点火开关	14~25Ω
14	1+16	强制降档开关 F8	关闭点火开关,未踩加速踏板 踩加速踏板直至触动开关	∞ <1.5Ω
15	6+67	油温传感器 G93	关闭点火,20°C 关闭点火,20°C 关闭点火,20°C	247Ω 48.8kΩ 7.4kΩ
16	20+65	车速传感器 G68	关闭点火	0.8~0.9kΩ
17	21+66	变速器转速传感器 G38	关闭点火	0.8~0.9kΩ

(4) 基本调整

基本调整也称基本设定,在进行下述修理后,须进行基本调整:

- 更换发动机
- 更换发动机 ECU
- 更换节气门体
- 更换变速器 ECU
- 变速器大修
- 更换强制降档开关 F8

基本调整步骤是:连接 V·A·G1551,输入 02 (选择自动变速器地址码)-04(选择基本设置功能) -000(显示组 000),V·A·G1551 屏幕显示"System in basic setting",此时将加速踏板踩到底,直到触到强制降档开关并保持 3s,系统基本设置完成。

宝来轿车电控自动变速器控制电路如图 14-64、图 14-65、图 14-66 所示。

362 第十四章 电子控制自动变速器

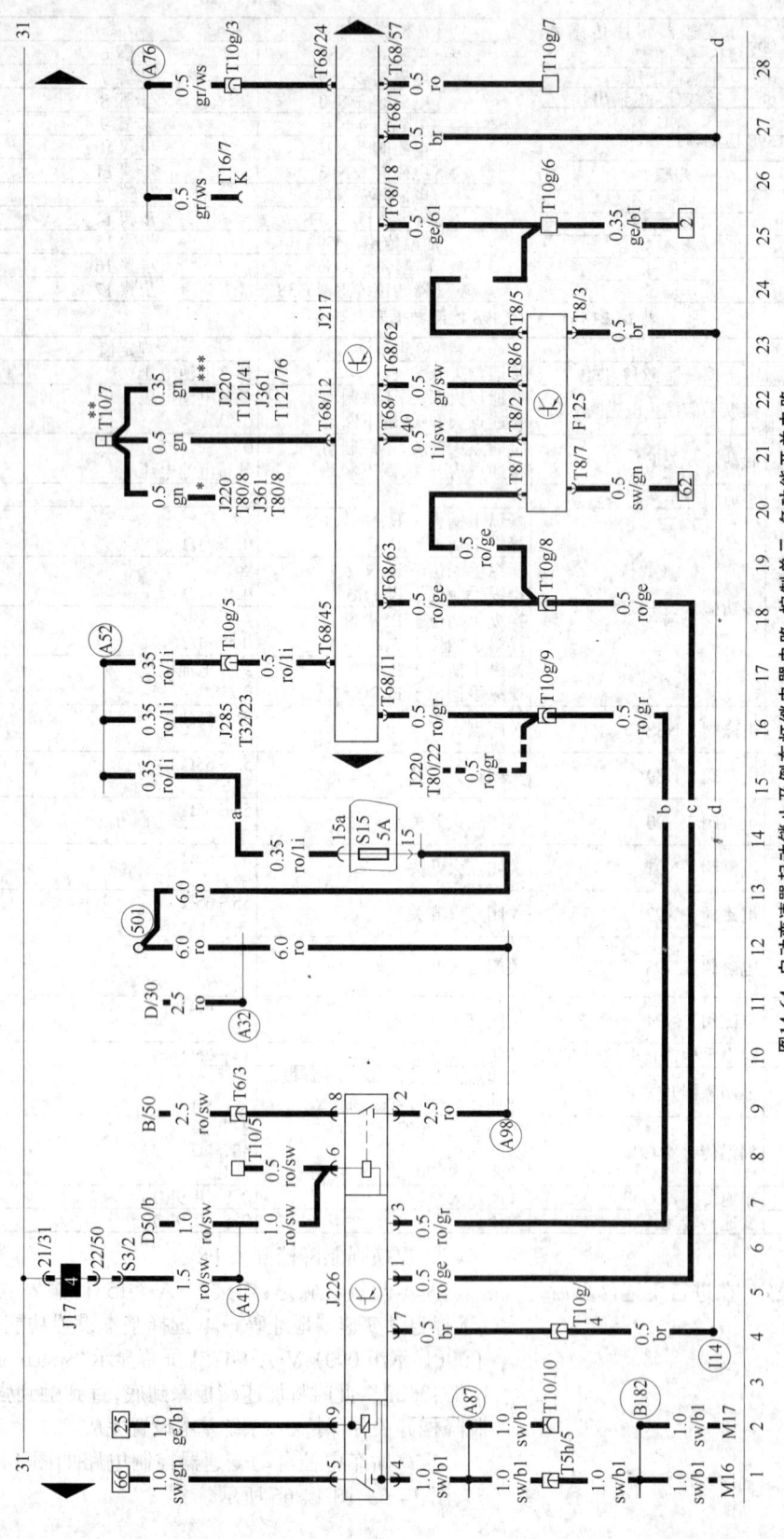

图14-64 自动变速器起动锁止及倒车灯继电器电路,控制单元,多功能开关电路

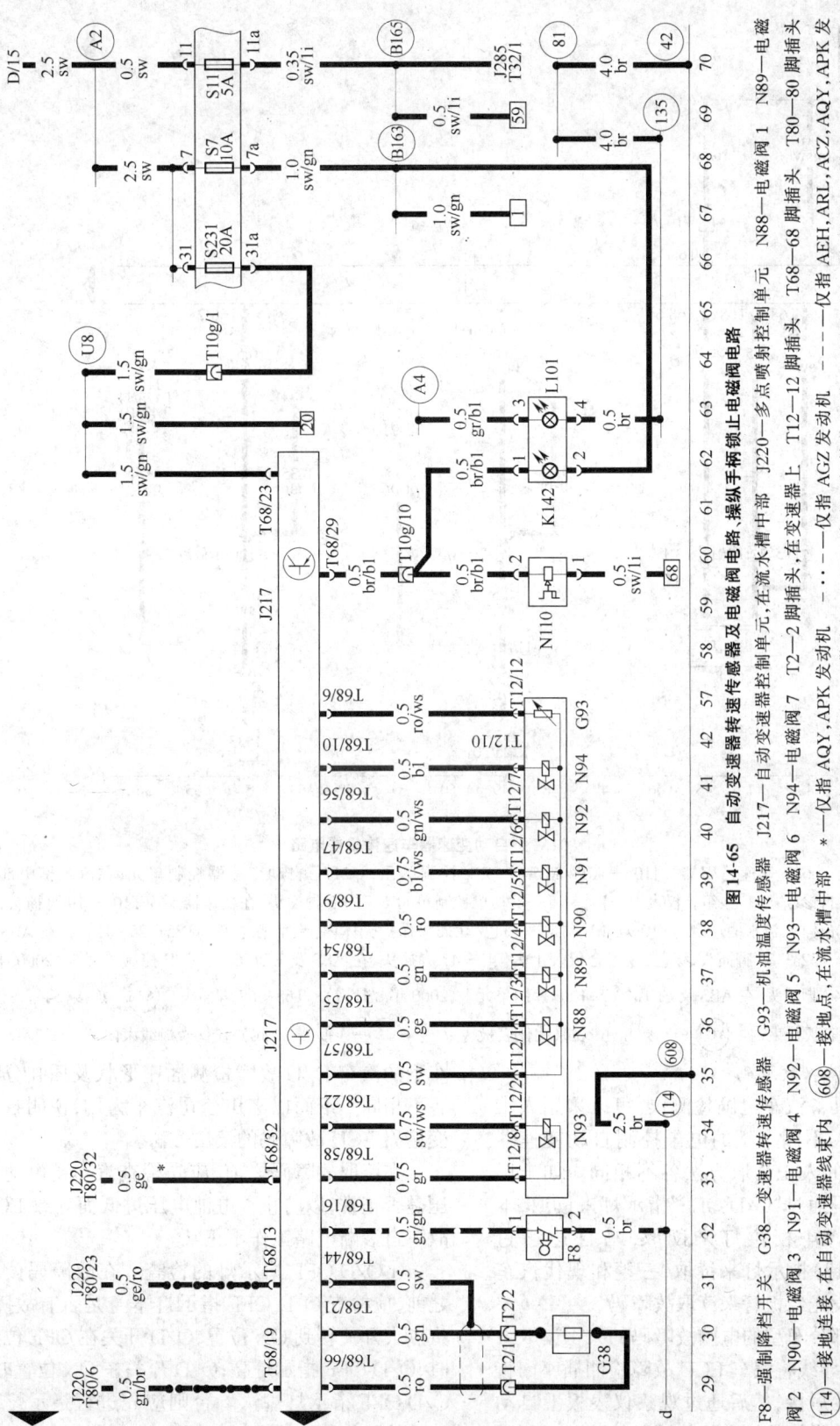

图14-65 自动变速器转速传感器及电磁阀电路,操纵手柄锁止电磁阀电路

364 第十四章 电子控制自动变速器

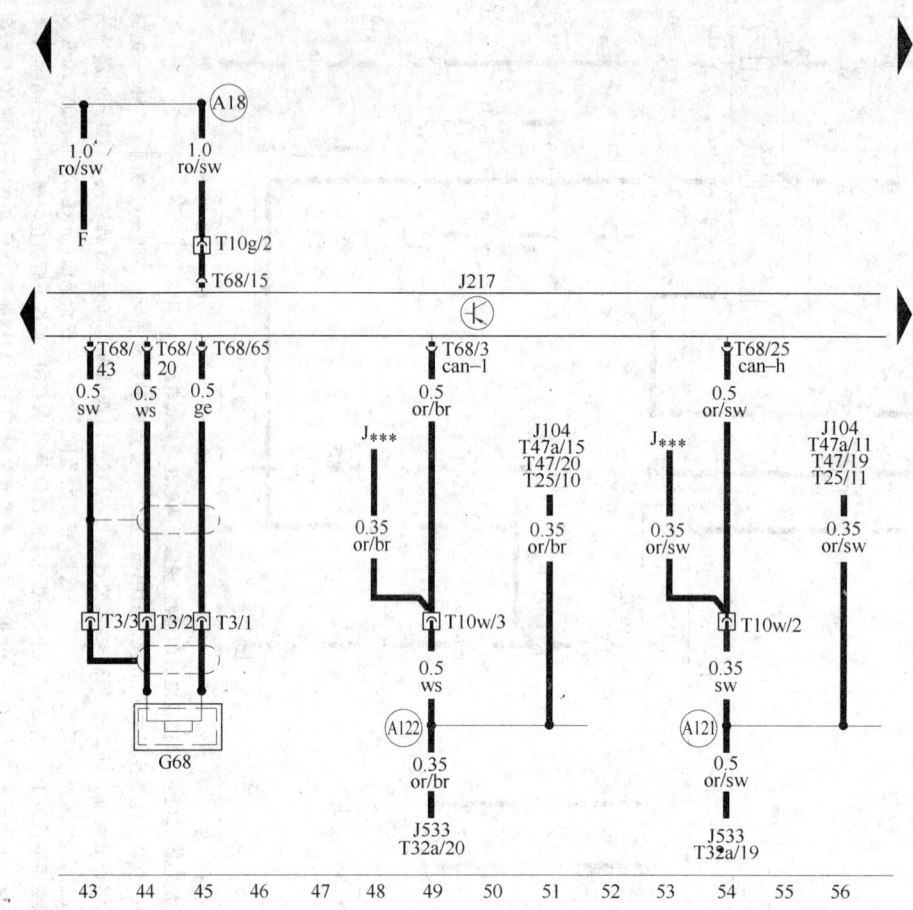

图 14-66 01M 型自动变速器车速传感器电路

F—制动灯开关　G68—车速传感器　J104—ABS/ABS 及 DEL 控制单元　J217—自动变速器控制单元,在流水槽中部　J533—数据总线自诊断接口,在组合仪表上　J＊＊＊—发动机控制单元　T3—3 脚插头,在变速器上　T10g—10 脚插头,灰色,在插头保护壳体内,流水槽左侧　T10w—10 脚插头,白色,在插头保护壳体内,流水槽左侧　T25—25 脚插头,在 ABS 及 EDL 控制单元　T32a—32 脚插头,绿色,在组合仪表上　T47—47 脚插头,在 ABS 及 EDL/TCS/ESP 控制单元上(2000 年 7 月前)　T47a—47 脚插头,在 ABS 及 EDL/TCS/ESP 控制单元上(2000 年 8 月后)　T68—68 脚插头　A18—连接(54),在仪表板线束内　A121—连接(high-bus),在仪表板线束内　A122—连接(low-bus),在仪表板线束内

2. 人工读取故障码

如果不具备汽车电脑检测仪,可以采用人工读取的方法。不同车型的电子控制自动变速器 ECU 故障码的人工读取方法各不相同。如丰田汽车的故障码通过"O/D OFF"指示灯来读取,本田汽车通过 D4 档位灯来读取,马自达通过"HOLD"(保持)指示灯来读取,三菱和现代汽车用伏特表或发光二极管来读取故障码。

目前大部分车型的电脑故障码的人工读取方法是:用一根导线将汽车 ECU 故障检测插座内特定的两个插孔短接,然后通过观察仪表板上自动变速器故障警告灯的闪亮规律读取故障码。不同车型的汽车 ECU 故障检测插座形状及插孔分布各不相同。下面以丰田公司汽车为例,说明自动变速器 ECU 故障码的读出方法。

在读取故障码之前,应先检查汽车蓄电池电压是否正常,以防止蓄电池电压过低而导致 ECU 故障自诊断电路工作不正常。

①O/D OFF 指示灯的检查。在故障码读取之前,应检查 O/D OFF 指示灯本身是否有故障。将点火开关转到 ON 位置,O/D 开关在 OFF 位置时,O/D OFF 指示灯亮;O/D 开关在 ON 位置时,O/D OFF 指示灯熄灭。否则应先进行指示灯电路的检查维修。

②故障码的读取。

a. 打开点火开关,将它置于 ON 位置,但不要起动发动机,并将 O/D 开关置于 ON 位置。

b. 打开汽车 ECU 故障检测插座罩盖,依照罩盖内所注明的各插孔的名称,用一根导线将 TE_1(故障自诊断触发端)和 E_1(搭铁)两插孔相连接,如图 14-67 所示。

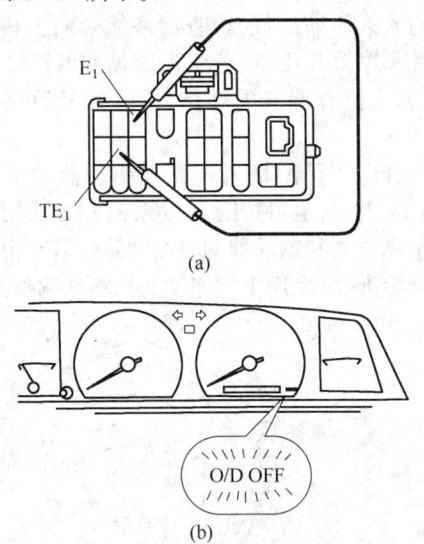

图 14-67 ECU 故障检测插座

c. 根据 O/D OFF 指示灯的闪烁频率读取故障码。如果 O/D OFF 指示灯以单一频率持续闪亮表示无系统故障(ECU 中没有故障码)。如果"O/D OFF"指示灯每秒钟闪烁 1 次,表示有故障,首先读出的闪烁次数即为故障码的十位数,停顿 1.5s 之后,再次读出的闪烁次数为故障码的个位数。若有两个以上故障码,首先显示较低数码的代码,并且两个故障码输出间隔时间为 2.5s。当所有的故障码全部显示完后,停顿 4.5s,再重新开始显示,如此反复,直至从故障检测插座上拔下连接导线为止。

d. 读取所有的故障码后,从检测插座上拔下连接导线,关闭点火开关。

第六节 电控自动变速器的检修

一、液力变矩器的检修

1. 液力变矩器的检查

①检查液力变矩器外部有无损坏和裂纹、轴套外径有无磨损、驱动油泵的轴套缺口有无损伤。如有异常,应更换液力变矩器。

②将液力变矩器安装在发动机飞轮上,用百分表检查变矩器轴套的径向圆跳动(图 14-68)。固定好表架,使百分表触杆垂直地顶在轴套的外圆面上并有一定的压缩量,调零并旋转飞轮一周,观察百分表的偏摆量,若偏摆量大于 0.03mm,应更换液力变矩器。

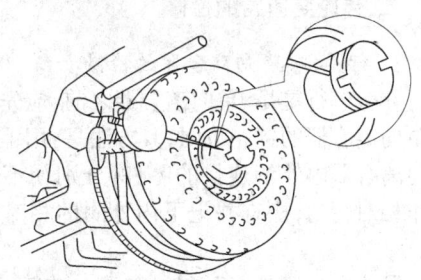

图 14-68 液力变矩器轴套偏摆量的检查

③检查导轮的单向离合器。将单向离合器内座圈驱动杆(专用工具)插入变矩器中(图 14-69a);将单向离合器外座圈固定器(专用工具)插入变矩器中,并卡在轴套上的油泵驱动缺口内(图 14-69b);转动驱动杆,检查单向离合器工作是否正常。在逆时针方向上单向离合器应锁止,顺时针方向应能自由转动(图 14-69c)。如有异常,说明单向离合器损坏,应更换液力变矩器。

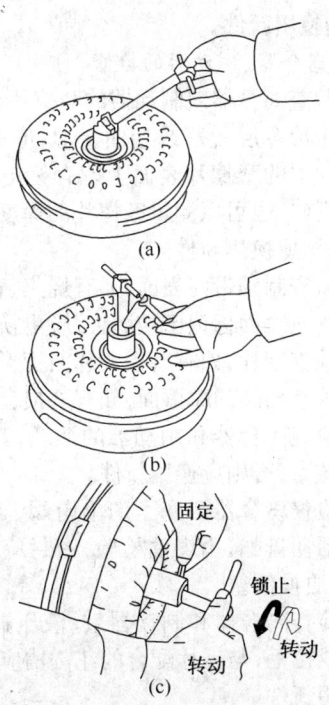

图 14-69 导轮单向离合器的检查

2. 液力变矩器的清洗

①倒出液力变矩器中残留的液压油。

②向变矩器中加入2L干净的液压油,摇动变矩器,清洗其内部,然后将液压油倒出。

③再次向变矩器内倒入2L干净的液压油,清洗后倒出。

二、齿轮变速器的检修

1. 行星排、单向离合器的检修

在分解行星排、单向离合器之前,应先认明各个单向离合器的锁止方向,其方法是:用手握住与单向离合器内外圈连接的零件,分别朝不同的方向作相对转动,检查并记下内外圈的相对锁止方向。

①检查太阳轮、行星轮、齿圈的齿面,如有磨损或疲劳剥落,应更换整个行星排。

②检查行星轮与行星架之间的间隙,其标准间隙为0.2~0.6mm,最大不得超过1.0mm,否则应更换止推垫片或行星架和行星轮组件。

③检查太阳轮、行星架、齿圈等零件的轴颈或滑动轴承处有无磨损,如有异常,换用新件。

④检查单向离合器,如滚柱破裂、滚柱保持架断裂或内外圈滚道磨损起槽,应换用新件。如果在锁止方向上有打滑或在自由转动方向上有卡滞,也应换用新件。

2. 离合器、制动器的检修

①检查离合器或制动器的摩擦片,如有烧焦、表面粉末冶金层脱落或翘曲变形,应更换。许多自动变速器的摩擦片表面上印有标记,若已被磨去,应更换。也可以测量摩擦片的厚度,若小于极限厚度,则应换用新件。

②检查制动带内表面,如有烧焦、表面粉末冶金层脱落或表面标记已被磨去,应更换。

③检查钢片,如有磨损或翘曲变形,应更换。

④检查挡圈的摩擦面,如有磨损,应更换。

⑤检查离合器和制动器的活塞,其表面应无损伤或拉毛,否则应换用新件。

⑥检查离合器活塞上的单向阀,阀球应能在阀座内活动自如,用煤油检验,密封应良好,如有异常,应更换活塞。

⑦检查离合器和制动器鼓,液压缸内表面应无损伤或拉毛,与钢片配合的花键槽应无磨损,否则应换用新件。

⑧测量活塞回位弹簧的长度,自由长度过小或有变形,应换用新弹簧。

⑨更换所有离合器、制动器及制动带液压缸活塞上的O形密封圈及轴颈上的密封环。新的密封圈或密封环上应涂少量液压油或凡士林后装入。

⑩每个离合器或制动器装配后,都应检查活塞的工作是否正常。可按照分解时的方法,向油道内吹入压缩空气,检查活塞能否向上移动。将钢片和摩擦片压紧,若吹入压缩空气后活塞不能移动,应检查漏气的部位,分解修复后再重新安装。

⑪用塞尺测量离合器和制动器的自由间隙(图14-70a),也可按图14-70b所示方法用百分表测量离合器和制动器的自由间隙。若自由间隙不符合标准,可采用不同厚度的挡圈来调整。

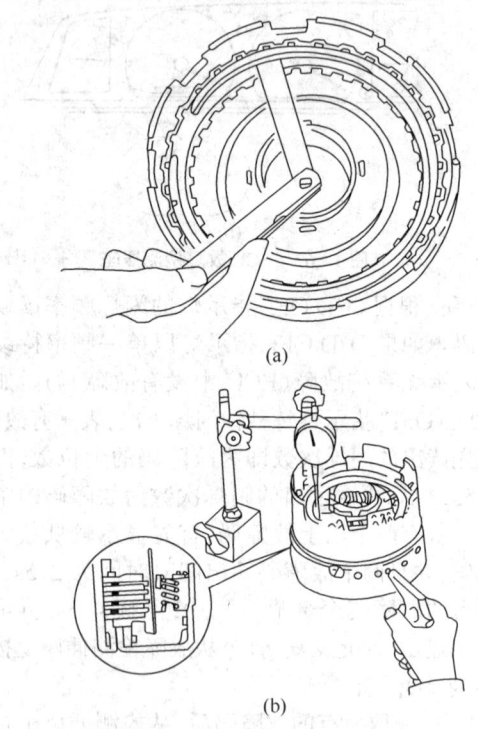

图14-70 离合器和制动器装配后的检查

三、油泵的检修

1. 油泵的分解

分解油泵时,先拆下油泵后端轴颈上的密封环,再按照对称交叉的顺序依次松开油泵螺栓。用油漆在小齿轮和内齿轮上做一标记,取出小齿轮及内齿轮,最后拆下油泵前端盖上的油封。在分解油泵时,不可用冲子在齿轮和油泵壳上做标记。油泵的分解如图14-71所示。

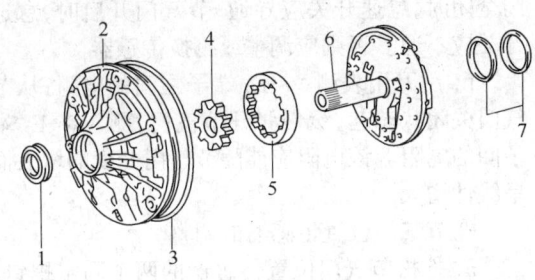

图14-71 油泵的分解
1.油封 2.油泵前端盖 3.O形密封圈 4.小齿轮
5.内齿轮 6.油泵后端盖 7.密封环

2．油泵的检修

①用塞尺分别测量油泵内齿轮外圆与油泵壳体之间的间隙(图14-72a)、小齿轮及内齿轮的齿顶与月牙板之间的间隙(图14-72b)、小齿轮及内齿轮端面与泵壳平面的端隙(图14-72c)。将测量结果与标准值对照，如不符合标准，应更换齿轮、泵壳或油泵总成。

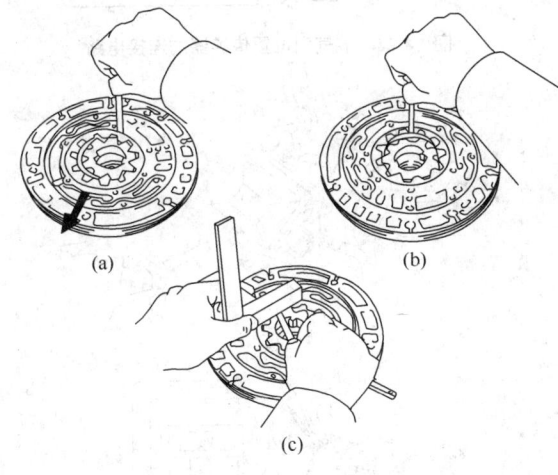

图14-72 油泵间隙的测量

②检查油泵小齿轮、内齿轮、泵壳端面有无肉眼可见的磨损痕迹，如有应换用新件。

③将组装后的油泵插入变矩器中，转动油泵，油泵齿轮转动应平顺，无异响。否则应重新装配。

四、电子控制系统的检修

1．ECU线束插头的检测

ECU及其控制电路的故障可用该车型的ECU检测仪或通用于各种车型的解码器来检测。如果不具备ECU检测仪或解码器，或被修车型自动变速器的ECU不能采用ECU检测仪来检测，也可以采用另一种方法，即通过测量ECU线束连接器内各端子的工作电压来判断ECU及其控制电路工作是否正常。用这种方法检测ECU及控制电路的故障，必须以被测车型的详细维修技术资料为依据。这些资料包括：该车型ECU线束连接器中各端子与控制系统中的哪些传感器、执行器相连接；各端子在发动机不同工作状态下的标准电压值。在检测中如发现某一端子的实际工作电压与标准值不符，即表明ECU或控制电路有故障。如果与执行器连接的端子工作电压不正常，则表明ECU有故障；如果与传感器连接的端子工作电压不正常，则可能是传感器损坏或电路故障。

ECU在工作时所接收或输出的信号有多种形式，如脉冲信号、模拟信号等，而一般指针式电压表只反映电压平均值。因此，当自动变速器控制系统工作不正常，而检测的ECU各端子的工作电压都正常，也不能说明ECU没有故障，而必须采用总成互换的方法来判断ECU是否有故障。

在检测ECU线束各端子电压前，应先检查自动变速器控制系统及其他电气系统各熔断器、熔丝及有关的线束插头是否正常。在点火开关处于开启位置时，蓄电池电压应不低于11V。过低的蓄电池电压会影响测量结果。

必须在ECU和线束插头处于连接的状态下，从线束插头的电线一侧插入测笔来测量各端子的电压。不可在拔下ECU线束插头的状态下，直接测量ECU各端子的电压，否则可能损坏ECU。若要拔下ECU的线束插头，测量各控制线路，应先拆下蓄电池搭铁线。另外，必须使用高阻抗的电压表，低阻抗的电压表可能会损坏ECU。

在检测时，应先将ECU连同线束一同拆下，在线束插头处于连接的状态下，分别在点火开关关闭、开启及汽车行驶等状态下测量各端子与搭铁端子之间的电压，并将测得的电压与标准值进行比较。如果测得的电压与标准值不符，说明ECU或控制电路故障，应做进一步的检查。

2．故障检测插座T_T插孔的检测

日本车型的汽车故障检测插座内有一个T_T插孔，专用于检测电子控制自动变速器的控制系统。将直流电压表的正极测笔接T_T插孔，负极测笔接E_1插孔，就可以按以下方法对节气门位置传感器、停车灯开关和换档控制信号进行检测。

(1)节气门位置传感器信号的检测

① 打开点火开关,不要起动发动机。

② 缓慢踩下加速踏板,同时观察电压表指针的指示情况。

③ 若电压表指示的电压能随加速踏板的逐渐加大而呈阶跃性增大,如图14-73所示,说明节气门位置传感器工作正常,否则传感器或电路有故障。

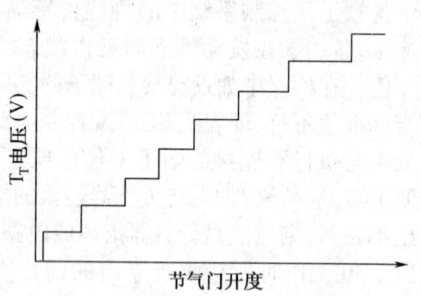

图 14-73 电压与节气门开度的关系

(2) 检测停车灯开关信号

① 打开点火开关,不要起动发动机。

② 将加速踏板踩到底。

③ 踩动制动踏板,观察电压表指针的指示情况。

④ 若踩下制动踏板时,电压表读数为0V,松开制动踏板时电压表读数为8V,说明停车灯开关工作正常。

(3) 换档控制信号的检测

① 起动发动机并运转到正常工作温度。

② 按下超速档开关,置于ON位置。

③ 按下模式开关,使之位于普通模式或经济模式位置。

④ 将操纵手柄拨至D位,踩下加速踏板,让汽车加速。

⑤ 观察电压表指针,T_T端子电压是否符合表14-22规定。若电压按顺序由0~7V增长,说明换档控制系统工作正常。

表 14-22 电压与换档信号的关系 (V)

档位信号	Ⅰ档	Ⅱ档	Ⅱ档锁止	Ⅲ档	Ⅲ档锁止	Ⅳ档	Ⅳ档锁止
T_T端子电压	0	2	3	4	5	6	7

3. 传感器的检修

(1) 节气门位置传感器的检修

节气门位置传感器电路如图14-74所示。

① 节气门位置传感器的检测:

a. 拔去节气门位置传感器的线束插头,用万用表在插座上测量怠速开关的导通情况。当节气门全闭时,怠速开关应导通;节气门开启时,怠速开关应不通。否则应调整或更换传感器。

b. 用万用表测 V_C-E_2 端子之间的电阻;从节气门关闭状态起,缓慢张开节气门,测 V_{AT}-E_2 端子间的电阻。该电阻应能随节气门开度的增大而呈线性增大。

② 节气门位置传感器的调整。

a. 拧松节气门位置传感器的两个固定螺钉,将厚度为0.50mm的塞尺插入节气门摇臂和限位螺钉之间,同时用万用表测量怠速开关的导通情况(图14-75)。

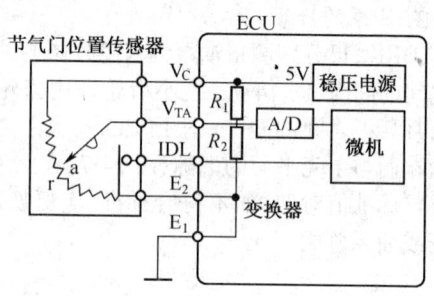

图 14-74 节气门位置传感器的连接电路

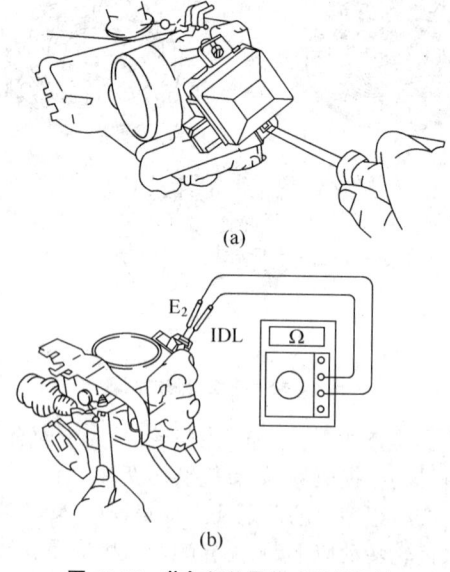

图 14-75 节气门位置传感器的调整

b. 朝节气门闭合方向转动节气门位置传感器,使怠速开关触点断开,然后朝节气门开启方向慢慢地转动节气门位置传感器直至怠速开关闭合为止。

c. 拧紧传感器的两个固定螺钉。

d. 分别用 0.40mm 和 0.65mm 的塞尺插入节气门限位螺钉和节气门摇臂之间,同时测量怠速开关的导通情况。当塞尺为 0.40mm 时,怠速开关应导通;当塞尺为 0.65 mm 时,怠速开关应断开。否则,应重新调整。

(2)车速传感器的检修

车速传感器的检修主要是测量感应线圈的电阻和传感器的输出脉冲,输入轴传感器的检修方法与此相同。

①传感器感应线圈电阻的测量。

a. 拔下车速传感器线束插头。

b. 用万用表测量传感器两接线端之间的电阻。不同车型自动变速器电阻值不完全相同,通常为几百 Ω 到几千 Ω。如果感应线圈短路、断路或电阻值不符合标准,应更换传感器。

②传感器输出脉冲的测量。

a. 用千斤顶将一侧驱动轮顶起,让操纵手柄置于空档。用手转动悬空的驱动轮,同时用万用表测量车速传感器两接线柱之间有无脉冲感应电压。测量时,应将万用表选择开关转至 1V 以下的直流档位置或电阻档位置。若在转动车轮时万用表指针有摆动,说明传感器有输出脉冲,其工作正常;否则,应更换传感器。

b. 测量输入轴转速传感器输出脉冲时,应将传感器拆下,用一根铁棒或一块磁铁迅速靠近或离开传感器,如图 14-76 所示,同时用万用表测量传感器两接线柱之间有无脉冲感应电压。如果没有感应电压或感应电压很微弱,说明传感器有故障,应换用新件。

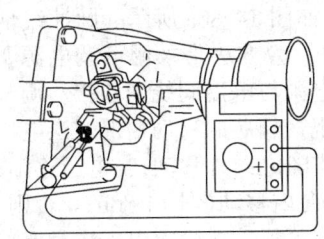

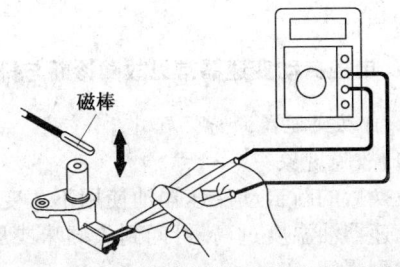

图 14-76 输入轴转速传感器输出脉冲的测量

(3)液压油温度传感器和水温传感器的检修

这两种温度传感器内部是一个半导体热敏电阻,具有负温度电阻系数,温度愈高,电阻愈小。ECU 根据电阻的变化测出自动变速器液压油或发动机冷却液的温度,作为控制自动变速器的参考信号。这两种传感器的检修方法相同。

①拆下水温传感器或液压油温度传感器。

②将传感器置于盛有水的烧杯中,加热杯中的水,同时测量在不同温度下传感器两接线端之间的电阻(图 14-77)。

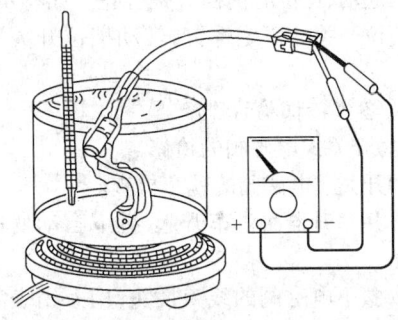

图 14-77 水温传感器和液压传感器的检测

③将测量的电阻值与表 14-23 中的标准值相比较,如不符合标准,应更换传感器。

表 14-23 丰田汽车水温传感器和液压油温度传感器的检测标准

温度(℃)	0	20	40	60	80
电阻值(kΩ)	4～7	2～3	0.9～1.5	0.5～0.8	0.2～0.4

(4)档位开关的检修

①档位开关的检测。

a. 将汽车顶起,拆下连接在自动变速器手动阀摇臂和操纵手柄之间的连杆。

b. 拔下档位开关的线束插头。

c. 将手动阀摇臂拨至各个档位,同时用万用表测量档位开关线束插座内各插孔之间的导通情况。

d. 将测量结果与表 14-24 中的标准进行比较,如有不符,应重新调整档位开关。

表 14-24 丰田汽车档位开关检测标准

测量端		2-3	1-9	4-9	5-9	6-9	7-9	8-9
手动阀摇臂位置	P	○	○	×	×	×	×	×
	R	×	×	○	×	×	×	×
	N	○	×	×	×	×	×	×
	D	×	×	×	○	×	×	×
	2	×	×	×	×	○	×	×
	L	×	×	×	×	×	×	○

注:○——导通;×——不导通。

②档位开关的调整。档位开关与操纵手柄的调整应同时进行。

a. 拆下操纵手柄与自动变速器手动阀摇臂之间的连杆,将操纵手柄置于空档位置。

b. 将手动阀摇臂拨至空档位置,方法是先将手动阀摇臂向后拨至极限位置,然后再退回两格。

c. 稍用力将操纵手柄靠向后方向,然后连接并固定操纵手柄与手动阀摇臂之间的连杆。

d. 将操纵手柄拨至各个档位,检查档位指示灯与操纵手柄位置是否一致、P位和N位时发动机能否起动、R位时倒档灯是否亮。如有不符,应松开档位开关的固定螺钉,转动档位开关进行调整。

4. 各执行机构的检修

(1) 开关式电磁阀的检修

①开关式电磁阀的就车检查。

a. 用举升器将汽车升起,拆下自动变速器的油底壳。

b. 拔下电磁阀的线束插头,用万用表测量电磁阀线圈的电阻(图14-78a)。电阻值一般为10～30Ω。若电磁阀线圈短路、断路或电阻值不符合标准,应换用新件。

c. 将12V电源加在电磁阀线圈上(图14-78b),此时应能听到电磁阀工作的"咔嗒"声;否则,说明阀芯卡住,应更换电磁阀。

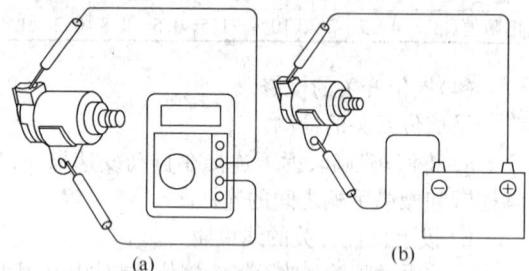

图14-78 开关式电磁阀的就车检查

②开关式电磁阀的性能检验。

a. 拆下电磁阀,将压缩空气吹入电磁阀进油口。

b. 当电磁阀线圈不接电源时,进油孔和泄油孔之间应不通,否则,说明电磁阀损坏,应更换(图14-79a)。

③接上电源后,进油孔和泄油孔之间应相通;否则,说明电磁阀损坏,应更换(图4-79b)。

(2) 脉冲线性式电磁阀的检修

①脉冲线性式电磁阀的就车检查。

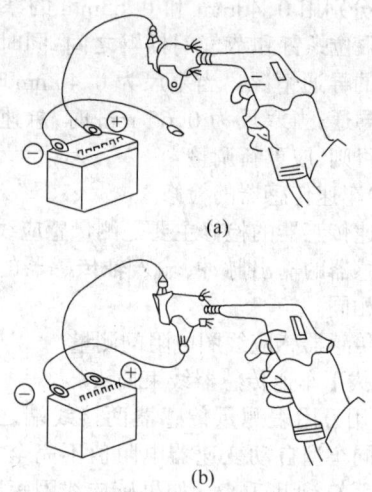

图14-79 开关式电磁阀性能的检验

a. 用举升器将汽车升起,拆下自动变速器的油底壳。

b. 拔下电磁阀的线束插头。

c. 用万用表测量电磁阀线圈电阻值。脉冲线性式电磁阀的线圈电阻值较小,一般为2～6Ω。若电磁阀线圈短路、断路或电阻值不符合标准,应更换电磁阀。

②脉冲线性式电磁阀的性能检验。

a. 拆下脉冲线性式电磁阀。

b. 将蓄电池串联一个8～10W的灯泡,然后与电磁阀线圈连接(线圈电阻较小,不可直接与12V电源连接)。

c. 通电时,电磁阀阀芯应向外伸出;断电时,电磁阀阀芯应向内缩入,如有异常,说明电磁阀损坏,应更换,如图14-80a所示。脉冲线性式电磁阀的另一种检验方法是采用可调电源。其方法是:将可调电源与电磁阀线圈连接。调整电源的电压,同时观察阀芯的移动情况。当电压逐渐升高时,阀芯应随之向外移动;当电压逐渐减小时,阀芯应随之向内移动(图14-80b)。否则,说明电磁阀损坏,应更换。在检验中应注意保持电源的电流不超过1A。

五、电控自动变速器常见故障诊断与排除

1. 自动变速器油易变质

(1) 故障现象

更换后的新自动变速器油使用不久变质,且自动变速器油温度过高,可闻到焦煳味或从加油口处看到冒烟。

第六节 电控自动变速器的检修

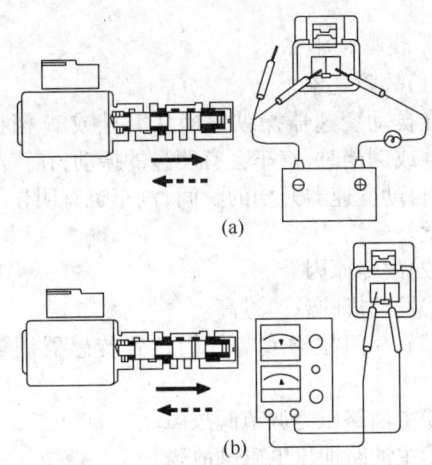

图 14-80 脉冲线性式电磁阀性能的检验

(2) 故障原因

① 自动变速器使用不当,如经常急加速、超速行驶,经常超负荷行驶或拖车行驶等。

② 所使用的自动变速器油品质不合要求或已受污染。

③ 自动变速器到冷却器的油管堵塞,冷却器的限压阀卡滞。

④ 离合器或制动器的间隙过小。

⑤ 主油路的油压过低,使离合器或制动器打滑。

(3) 诊断与排除

① 使汽车以中、低速行驶 5~10min,待自动变速器达到正常工作温度后,在发动机运转的情况下检查自动变速器油冷却器的温度,冷却器正常的温度应为 60℃ 左右。

② 如果冷却器温度过低,表明自动变速器至冷却器的油管有堵塞,或冷却器限压阀有卡滞,应查明原因予以修理。如果冷却器温度过高,表明离合器和制动器间隙过小,应拆检自动变速器并予以调整。

③ 如果冷却器温度正常,则需检测主油路压力。如果压力过低,应检查节气门位置传感器的调整情况。如果节气门传感器安装正常,应拆卸自动变速器,检查油泵是否磨损过甚、阀板内的主油路调压阀和油压电磁阀有无卡滞、主油路有无漏油等。

④ 如果上述检查均正常,则可能是自动变速器使用不当或自动变速器油本身的问题,应将自动变速器油全部放出,加入规定牌号的自动变速器油。

2. 汽车不能行驶

(1) 故障现象

无论自动变速器操纵手柄置于任一前进档或倒档,汽车均不能行驶。

(2) 故障原因

① 自动变速器油全部漏光。

② 油泵损坏或油泵进油滤网严重堵塞。

③ 操纵手柄与手控阀之间的连接杆或拉索松脱。

④ 液压控制系统中的主油路或主油路调压阀堵塞。

⑤ 自动变速器机械系统有损坏不能传递动力。

⑥ 变矩器损坏不能传递动力。

(3) 诊断与排除

① 检查自动变速器的油面高度,如油面过低,应检查自动变速器油底壳、冷却器及油管接头处有无破损漏油,如有严重漏油处,应进行修复并重新按规定加油。

② 检查自动变速器操纵手柄与手控阀摇臂之间的连杆或拉索有无松脱,如有松脱,应重新调整操纵手柄的位置,将松脱处拧紧。

③ 拆下主油路测压孔上的螺塞,起动发动机,将操纵手柄置于倒档或前进档,检查测压孔液压油流出情况。

a. 如果测压孔无油液流出,打开油底壳,检查手动阀摇臂是否松脱,如果手动阀工作正常,表明油泵损坏,应维修或更换。

b. 如果测压孔只有少量油液流出,打开油底壳,检查油泵的滤网有无堵塞。如果滤网无堵塞,需拆开自动变速器,检查油泵、主油路调压阀。

c. 如果测压孔有大量油液喷出,说明故障出在自动变速器机械系统。这时,可拆下自动变速器油底壳,检查手控阀摇臂轴与摇臂之间是否松脱。如果没有松脱,则需拆检自动变速器齿轮系统。如果自动变速器齿轮系统无故障,需检查或更换液力变矩器。

④ 如果冷车起动时有一定的油压,而在热车后油压明显下降,表明是油泵磨损严重,应更换油泵。

3. 自动变速器打滑

(1) 故障现象

① 汽车起步时踩下加速踏板,发动机转速上升很快但车速上升缓慢。

②加速时,发动机转速很高但车速不能很快提高。

③上坡时,汽车行驶无力,但发动机的转速却很高。

(2)故障原因

①自动变速器油过少、油面过低。

②离合器或制动器摩擦片(或制动带)磨损严重或烧焦。

③油泵磨损严重或主油路有泄漏。

④单向离合器工作打滑。

⑤离合器或制动器活塞密封圈损坏,导致漏油。

(3)诊断与排除

①检查自动变速器油面高度,如果油面过低,添加自动变速器油至规定高度后重新检查自动变速器是否打滑。如果还打滑,应进一步检查液压油品质,如果液压油呈棕黑色或有烧焦味,说明离合器或制动器摩擦片或制动带已烧坏,应拆检自动变速器。

②根据自动变速器打滑规律判断故障部位(以4档辛普森式行星齿轮自动变速器为例),见表14-25。

表14-25 打滑的规律和可能的故障部位

打滑规律	可能故障部位
在前进档时都有打滑现象而在倒档时不打滑	前进档离合器打滑
在D档位和1档打滑而在L档位时的1档不打滑	前进单向离合器打滑
在D档位和L档位的2档都打滑	2档制动器打滑
在D档位的2档打滑而在L档位时的2档不打滑	2档单向离合器打滑
在D档位和L档位下的2档都打滑	2档制动器打滑
只是在3档时有打滑现象	倒档及高档离合器打滑
只是在超速时有打滑现象	超速档制动器打滑
在倒档和高档时都有打滑现象	倒档及高档离合器打滑
在倒档和1档时有打滑现象	低档及倒档制动器打滑
在前进档和倒档时均有打滑现象	主油路的油压过低

③在拆检自动变速器前,先检测一下主油路的油压。如果油压正常,则在拆检自动变速器时,更换已打滑(磨损过度或已烧焦)的换档执行元件即可;如果油压过低,则在拆检自动变速器时,应检查油泵滤网、油泵、主油路和主油路压力调节阀等。

4. 换档时冲击大

(1)故障现象

在自动变速器操纵手柄从P档或N档挂入前进档或倒档时,汽车会有明显的振动;在汽车行驶时,自动变速器升档的瞬间,汽车也有明显的冲撞感觉。

(2)故障原因

①发动机的怠速过高。

②节气门拉索或节气门位置传感器调整不当。

③主油路压力调节阀故障。

④主油路油压电磁阀故障。

⑤储压器故障(如活塞卡住)。

⑥单向阀损坏或单向阀钢球漏装。

⑦换档执行元件(离合器、制动器)打滑。

⑧升档过迟。

⑨自动变速器电子控制器(ECU)有故障。

(3)诊断与排除

①发动机怠速转速一般为750r/min左右,如果怠速转速过高,应调整。

②如果节气门拉索过紧或过松,应调整。

③通过道路试验,判断自动变速器有无打滑或升档过迟故障。

④在发动机怠速运转情况下,如果主油路压力过高,说明主油路压力调节阀或节气门阀有故障,可能是调压弹簧的预紧力过大或阀芯卡滞。如果主油路压力正常,说明前进档离合器或倒档及高档离合器的进油单向阀钢球损坏或漏装,应拆卸阀体修理。

⑤如果在换档时主油路的油压有瞬时下降,但有换档冲击,可能是换档执行元件的间隙太小而造成换档冲击。如果换档时主油路的油压没有下降,则应检查主油路压力电磁阀的线路有无故障、主油路压力电磁阀能否正常工作、在换档时电子控制器(ECU)有无向主油路压力电磁阀输出信号、自动变速器储压器有无损坏。

5. 不能升档

(1)故障现象

汽车行驶中,自动变速器始终在1档,不能升入2档,或能升入2档,但不能升入3档和超速档。

(2)故障原因

①节气门拉索或节气门位置传感器有故障。

②车速传感器故障。
③2档制动器或高档离合器有故障。
④换档阀卡滞。
⑤档位开关故障。
⑥换档执行元件打滑。
⑦自动变速器电子控制单元故障。
(3)诊断与排除
①进行故障自诊断,如果有故障码输出,则按所显示的故障码检查故障。
②检查节气门拉索或节气门位置传感器的工作情况,不符合技术要求,应调整。
③检查车速传感器及其线路,如果工作不良,应更换。
④检查空档起动开关是否良好,如果有故障,应调整或更换。
⑤如果上述检查均未发现故障,则需拆检自动变速器,检查换档执行元件是否严重磨损或有无泄漏。
⑥如果上述检查均正常,则需检查自动变速器电子控制单元。

6. 无超速档
(1)故障现象
汽车在行驶中不能升入超速档。
(2)故障原因
①超速档开关或超速档电磁阀故障。
②超速档制动器打滑。
③超速行星排的离合器或单向离合器卡死。
④空档起动开关故障。
⑤自动变速器油温传感器故障。
⑥节气门位置传感器故障。
⑦3-4档换档阀卡滞。
⑧自动变速器电子控制单元故障。
(3)诊断与排除
①进行故障自诊断,如果有故障码输出,则按所显示的故障码检修故障。
②检查自动变速器油温传感器在不同温度下的电阻值,如果不合标准,应更换。
③检查空档起动开关的信号,如果没有信号或信号与操纵手柄的位置不符,应调整或更换。
④检查节气门位置传感器的输出信号,如果不合标准,应调整或更换。
⑤当超速档开关接通(ON)时,超速指示灯应不亮。当超速档开关断开(OFF)时,超速档指示灯应亮起。如果不是这样,应检查超速档开关电路或更换超速档开关。
⑥打开点火开关(不起动发动机),按下超速档开关按钮时,超速档电磁阀应有工作的响声。如果超速档电磁阀不工作,应检查其线路或更换超速档电磁阀。
⑦用举升机将驱动轮悬空,检查在空载的情况下自动变速器能否升入超速档。如果空载下能升入超速档,且升档后车速正常,说明控制系统正常,超速档制动器在有负载时打滑。如果空载下能升入超速档,但升档后车速偏低,发动机转速下降,说明超速行星排中的离合器或单向离合器卡滞。如果空载下不能升入超速档,说明液压控制系统或电子控制系统有故障。
⑧如果液压控制系统有故障,需拆开自动变速器检查3-4档换档阀有无卡滞。
⑨如果是电子控制系统的故障,应检查传感器、电磁阀、自动变速器电子控制单元及其线路。

7. 自动变速器异响
(1)故障现象
汽车在行驶过程中自动变速器有异响,停车挂空档后异响消失。
(2)故障原因
①自动变速器油油面过高或过低。
②油泵磨损严重。
③变矩器锁止离合器、导轮单向离合器等损坏。
④行星齿轮机构损坏。
⑤换档执行元件损坏。
(3)诊断与排除
①检查自动变速器油油面高度,如果过高,应将自动变速器油抽出至符合要求为止。如油面过低,应添加自动变速器油至正常的高度。
②用举升机将汽车举起,起动发动机,分别在空档、前进档和倒档时检查自动变速器的异响情况。
③如果在任何档位下自动变速器始终有连续的异响,则可能是油泵或液力变矩器有故障,应拆检油泵和液力变矩器。
④如果在挂入空档后自动变速器异响就消失,则为自动变速器行星齿轮机构异响,应拆检自动变速器。

8. 无倒档
(1)故障现象
汽车在前进档能正常行驶,但在倒档时不能

行驶。

(2) 故障原因

① 操纵手柄调整不当。

② 倒档油路泄漏。

③ 倒档及高速档离合器或倒档及低速档制动器打滑。

(3) 诊断与排除

① 检查自动变速器操纵手柄的位置。若有异常，应按规定程序重新调整。

② 检查倒档油路油压。若油压过低，则说明倒档油路泄漏，应拆检自动变速器。若倒档油路油压正常，应拆检自动变速器，更换损坏的离合器片或制动器片（制动带）。

9. 无前进档

(1) 故障现象

汽车倒档行驶正常，在前进档不能行驶；自动变速器操纵手柄在 D 位时不能起步，在 S 位（或 2 位）、L 位（或 1 位）时可以起步。

(2) 故障原因

① 前进档离合器严重打滑。

② 前进档单向离合器打滑或装反。

③ 前进档离合器油路严重泄漏。

④ 自动变速器操纵手柄调整不当。

(3) 诊断与排除

① 检查操纵手柄的调整情况。若有异常，应重新调整。

② 测量前进档主油路压力。如果压力过低，说明主油路严重泄漏，应拆检自动变速器，更换前进档油路上各处的密封圈和密封环；如果前进档的主油路压力正常，应拆检前进档离合器；如摩擦片表面粉末冶金层有烧焦现象或磨损过多，应更换摩擦片；如果主油路压力和前进档离合器均正常，则应检查前进档单向离合器有无打滑，安装方向是否正确。

10. 升档过迟

(1) 故障现象

在汽车行驶中，升档车速明显偏高。升档前发动机转速高于正常值，必须采用松节气门提前升档的操作方法才能使自动变速器升入高速档或超速档。

(2) 故障原因

① 节气门位置传感器调整不当或损坏。

② 车速传感器损坏。

③ 强制降档开关短路。

④ 电子控制单元故障。

(3) 诊断与排除

① 进行故障自诊断，如有故障代码，则按所显示的故障代码查找故障原因。

② 检查节气门位置传感器的调整情况，如不符合标准，应重新调整。

③ 测量节气门位置传感器的电阻，如不符合标准，应更换。

④ 检查车速传感器是否损坏，如有损坏，应更换。

⑤ 检查强制降档开关，如有短路，应修复或更换。

⑥ 通过上述检查，若均正常，则应更换自动变速器电子控制单元再进行测试。

11. 有低速档无高速档

(1) 故障现象

在行驶中自动变速器始终保持在 1 档，不能升入 2 档及高速档；或行驶中自动变速器可以升入 2 档，但不能升入 3 档和超速档。

(2) 故障原因

① 节气门位置传感器或节气门拉索调整不当。

② 调整器有故障或调速器油路严重泄漏。

③ 车速传感器有故障。

④ 2 档制动器或高档离合器有故障。

⑤ 换档阀卡滞。

⑥ 档位开关有故障。

(3) 诊断与排除

① 对于电子控制自动变速器，首先进行故障自诊断。然后按所显示的故障代码查找故障原因，若无故障代码显示，则再检查传感器信号是否正常。特别注意影响换档控制的传感器（节气门位置传感器、车速传感器）有无故障。

② 按标准重新调整节气门位置传感器或节气门拉索。

③ 检查车速传感器。如有损坏，应更换。

④ 检查档位开关的信号。如有异常，调整或更换。

⑤ 测量调速器油压。若车速升高后调速器油压仍为 0 或很低，说明调速器有故障或调速器油路严重泄漏。对此，应拆检调速器。调速器阀芯如有卡滞，则应分解清洗，并将阀芯和阀孔用金相砂纸抛光。若清洗抛光后仍有卡滞，应更换调速器。

⑥用压缩空气检查调速器油路有无泄漏。如有泄漏,应更换密封圈或密封环。

⑦若调速器油压正常,应拆卸阀板,检查各个换档阀。换档阀如有卡滞,可将阀芯取出,用金相砂纸抛光,再清洗后装入。如不能修复,应更换阀板。

⑧若控制系统无故障,应分解自动变速器,检查各个换档执行元件有无打滑,用压缩空气检查离合器、制动器活塞或油路有无泄漏。

12. 升降档频繁

(1)故障现象

汽车以 D 档行驶时,即使加速踏板保持不动,自动变速器仍会经常出现突然降档现象;降档后发动机转速异常升高,并产生换档冲击。

(2)故障原因

①节气门位置传感器有故障。

②车速传感器有故障。

③控制系统电路接地不良。

④换档电磁阀接触不良。

⑤ECU 有故障。

(3)诊断与排除

①对于电子控制自动变速器,应首先进行故障自诊断。如有故障代码出现,按所显示的故障代码查找故障原因。

②测量节气门位置传感器。如有异常,应更换。

③测量车速传感器。如有异常,应更换。

④检查控制系统电路各条接地线的接地状态。如有接地不良现象,应修复。

⑤拆下自动变速器油底壳,检查各个换档电磁阀线束接头的连接情况。如有松动,应修复。

⑥检查控制系统 ECU 各接线端子的工作电压。如有异常,应修复或更换。

⑦换一个新的阀板或 ECU 试一下。如果故障消失,说明原阀板或 ECU 损坏,应更换。

⑧更换控制系统所有线束。

13. 手柄由 P 位或 N 位挂入其他档位后发动机怠速易熄火

(1)故障现象

发动机怠速运转时将操纵手柄由 P 位或 N 位换入 R 位、D 位、S 位、L 位(或 2 位、1 位)时发动机熄火;在前进档或倒档行驶中,踩下制动踏板停车时发动机熄火。

(2)故障原因

①发动机怠速过低。

②档位开关有故障。

③阀板中的锁止控制阀卡滞。

④输入轴转速传感器有故障。

(3)诊断与排除

①在空档或停车档时,检查发动机怠速。正常的发动机怠速应为(750 ± 50)r/min。若怠速过低或挂档后怠速不能提速应排除怠速过低的故障。

②对于电子控制自动变速器,应首先进行故障自诊断,按所显示的故障代码查找故障原因。

③检查档位开关的信号,应与操纵手柄的位置相一致,否则应调整或更换。

④检查输入轴转速传感器。如有损坏应更换。

⑤拆卸阀板,检查锁止控制阀。如有卡滞,应清洗抛光后装复。如仍不能排除故障,应更换阀板。

若油底壳内有大量摩擦粉末,应彻底分解自动变速器,进行检修。

14. 强制降档时汽车加速无力

(1)故障现象

汽车以 3 档或超速档行驶时,突然将加速踏板踩到底,自动变速器不能立即降低一个档位,致使汽车加速无力。

(2)故障原因

①节气门位置传感器或节气门拉索调整不当。

②强制降档开关损坏或安装不当。

③强制降档电磁阀损坏或线路短路、断路。

④阀板中的强制降档控制阀卡滞。

(3)诊断与排除

①检查节气门位置传感器或节气门拉索的安装情况。如有异常,应按标准重新调整。

②检查强制降档开关。在加速踏板踩到底时,强制降档开关的触点应闭合;松开加速踏板时,强制降档开关的触点应断开。如果加速踏板踩到底时强制降档开关触点没有闭合,可用手直接按动强制降档开关。如果按下开关后触点能闭合,表明开关安装不当,应重新调整;如果按下开关后触点仍不闭合,表明开关损坏,应更换。

③对照电路图,在自动变速器线束插头处测量强制降档电磁阀。如有异常,则故障原因可能是线路短路、断路或电磁阀损坏。对此,应检查线

路或更换电磁阀。

④打开自动变速器油底壳,拆下强制降档电磁阀,检查电磁阀及其工作情况。如有异常,应更换。

⑤拆卸阀板总成,分解并清洗强制降档控制阀。阀芯如有卡滞,可进行抛光。若无法修复,则应更换阀板总成。

15. 无发动机制动

(1) 故障现象

汽车行驶中,当操纵手柄位于D位低档(S、L或2、1)位置时,松开加速踏板,发动机转速降至急速,但汽车没有明显减速;或下坡时,操纵手柄位于D位低档,但无发动机制动作用。

(2) 故障原因

①档位开关调整不当。
②操纵手柄调整不当。
③2档强制制动器打滑或低档及倒档制动器打滑。
④控制发动机制动的电磁阀有故障。
⑤阀板有故障。
⑥自动变速器打滑。
⑦自动变速器ECU有故障。

(3) 诊断与排除

①对于电子控制自动变速器,应首先进行故障自诊断,按所显示的故障代码查找故障原因。
②做道路试验。检查加速时自动变速器有无打滑现象。如有打滑,应拆修自动变速器。
③如果操纵手柄位于S位时没有发动机制动作用,但操纵手柄位于L位时有发动机制动作用,则说明2档强制制动器打滑,应拆修自动变速器。
④如果操纵手柄位于L位时没有发动机制动作用,但操纵手柄位于S位时有发动机制动作用,则表明低档及倒档制动器打滑,应拆修自动变速器。
⑤检查控制发动机制动的电磁阀线路有无短路或断路;电磁阀线圈电阻是否正常;通电后有无工作声音。如有异常,应修复或更换。
⑥拆卸阀板总成,清洗所有控制阀。阀芯如有卡滞可抛光后装复。如抛光后仍有卡滞,应更换阀板。
⑦检测ECU各端子电压。要特别注意与节气门位置传感器、档位开关连接的各端子的电压。如有异常,应做进一步的检查。
⑧更换一个新的电脑试一下。如果故障消失,说明原电脑损坏,应更换。

16. 锁止式变矩器无锁止

(1) 故障现象

汽车行驶中车速及档位已满足锁止离合器起作用(锁止)的条件,但锁止离合器仍没有产生锁止作用;汽车油耗较大。

(2) 故障原因

①自动变速器油液温度传感器有故障。
②节气门位置传感器有故障。
③锁止电磁阀有故障或线路短路、断路。
④锁止控制阀有故障。
⑤变矩器中的锁止离合器损坏。

(3) 诊断与排除

①对于电子控制自动变速器,应首先做故障自诊断,检查有无故障代码。如有故障代码,则可按显示的故障代码查找相应的故障原因。检查与锁止控制有关的自动变速油液温度传感器、节气门位置传感器、锁止电磁阀等。
②检查节气门位置传感器。如果在一定节气门开度下的节气门位置传感器输出电压过高或电位计电阻过大,应调整安装位置。如果节气门位置传感器调整无效或不能调整,应更换节气门位置传感器。
③打开油底壳,拆下油液温度传感器检测。如不符合标准,应更换油液温度传感器。
④测量锁止电磁阀。如有短路或断路,应检查电路。如电路正常,则应更换电磁阀。
⑤拆下锁止电磁阀。通电检查有无异常,如有异常,应更换。
⑥拆下阀板,分解并清洗锁止控制阀。如有卡滞应抛光后装复。如不能修复,应更换阀板。
⑦若控制系统无故障,则应更换变矩器。

第十五章 防滑控制系统(ABS/ASR)

汽车防滑控制系统包括防抱死制动系统(ABS)和驱动防滑控制系统(ASR)两部分,它是汽车主动安全系统的重要组成部分。

ABS 的功用是使汽车在制动过程中,防止车轮抱死滑移,有效减小制动距离和提高制动时的方向稳定性;ASR 的功用是使汽车在驱动过程中,特别是起步、加速时,防止驱动车轮滑转,提高驱动力和车辆稳定性。由于 ASR 主要是用来控制驱动力,所以又称为驱动力控制系统(TCS)。

ASR 是 ABS 的完善和补充,两者既可以分别独立设置(如有的汽车只装配 ABS 系统),也可以组合成一个整体结构,常用 ABS/ASR 表示,因此,统称为防滑制动系统。

第一节 防抱死制动系统(ABS)

一、ABS 系统的基本组成与工作原理

1. ABS 系统的组成

图 15-1 所示为典型的防抱死制动系统。ABS 系统是在传统制动系统的基础上改进而成的,它除了传统的制动主缸、制动轮缸、真空助力器及管路外,主要由车轮转速传感器、电子控制器(ECU,俗称 ABS 计算机)、压力调节器和 ABS 警示灯等组成。

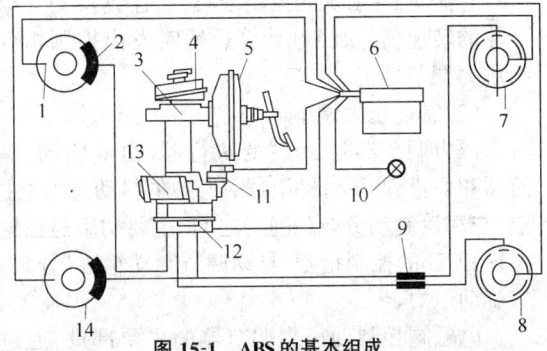

图 15-1 ABS 的基本组成
1.车轮转速传感器 2.右前制动器 3.制动主缸 4.储液室 5.真空助力器 6.ABS 电子控制器(ECU) 7.右后制动器 8.左后制动器 9.比例阀 10.ABS 警告灯 11.储液器 12.调压电磁阀总成 13.电动油泵总成 14.左前制动器

也可以将 ABS 系统按上述组成部件的工作性质归纳为电子控制系统和液压控制系统两大部分。

①车轮转速传感器:车轮转速传感器是 ABS 系统中最主要的传感器,其作用是检测车轮速度信号,简称轮速传感器。

②电子控制器(ECU):ABS 电子控制器(ECU)是系统的神经中枢,接受传感器信号,通过计算、分析、判断后对压力调节器发出控制指令,另外还有监测功能。

③制动压力调节器:制动压力调节器的作用是接受 ECU 的指令,驱动调节器中的电磁阀动作(或电动机转动),调节制动轮缸的制动压力,使车轮始终处于边滚边滑状态。

④警告灯:警告灯包括仪表板上的制动警告灯和 ABS 警告灯。制动警告灯为红色,通常用 BRAKE 标志,由制动液面开关、手制动开关及制动液压开关并联控制;ABS 警告灯为黄色,由 ABS 电子控制单元控制,通常用 ABS、ALB 或 ANTI LOCK 标志。

2. ABS 系统的工作过程

在制动过程中,每当 ECU 检测到车轮趋于抱死时,就向压力调节器发出降低制动管路压力的命令,压力调节器就会立即降低管路的压力。与此同时,ECU 实时监控车轮的运动状态,当检测到需要增加制动管路的压力时,它又命令压力调节器增加制动压力,车轮又趋于抱死。如此反复,只要驾驶人保持足够的力在制动踏板上,这种准确的压力调节就会一直进行下去,以控制车轮的滑移率在 15%~20% 之间。这样就能防止车轮抱死,车轮依然可以转动,驾驶人在车辆遇到障碍物时,可安全绕开,并能保持向预定的方向行驶,同时地面制动力在既滚动又滑动的制动过程中达到最大。

ABS 系统是否参与工作,直接与车轮的滑动率和车速有关系。当车速超过一定值以后(一般为 5km/h 或 8km/h),ABS 才会对制动过程中趋于抱死的车轮进行制动压力调节。这是因为当车速很低时,车轮抱死对制动性、安全性的影响也

很小。

ABS系统的ECU还具有故障自诊断功能,当检测到ABS系统有故障时,ABS警告灯就会闪亮以提示驾驶人,同时关闭ABS系统,并使制动功能自动恢复到汽车的传统制动系统状态。这时汽车的传统制动系统仍然工作,而只是不再具有防止车轮抱死的功能。

3. ABS布置形式

ABS系统能够独立进行制动压力调节的制动管路称为控制通道。按照控制通道的数目不同ABS可分为4通道、3通道、2通道和1通道四种。按照传感器的数量不同ABS又可分为4传感器和3传感器两种。目前汽车上应用较多的是3通道(前轮独立控制、后轮低选择控制)4传感器式、3通道3传感器式和4通道4传感器式,其示意图如图15-2和图15-3所示。

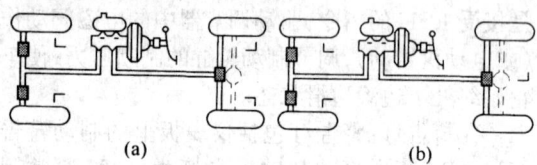

图15-2　3通道式ABS
(a)3通道4传感器ABS(双管路Ⅱ形布置)　(b)3通道3传感器ABS
■—制动压力调节器　└车轮转速传感器

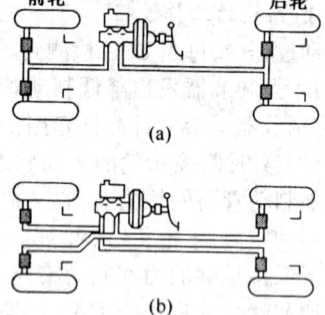

图15-3　4通道4传感器式ABS
(a)双管路Ⅱ形布置　(b)双管路X形布置
■—制动压力调节器　└车轮转速传感器

3通道式与4通道式比较,前者制动距离较远(尤其是前轮驱动汽车),操纵性和稳定性好;后者制动距离最短,操纵性最好,但在不对称路面上的稳定性较差。因此目前轿车上使用的ABS多为4传感器3通道式,例如桑塔纳2000GSi、凌志LS400、捷达等车辆。

二、ABS系统的结构

桑塔纳2000GSi型轿车MK20-Ⅰ型ABS系统主要由ABS控制器、4个车轮转速传感器、ABS故障灯、制动警告灯等组成,如图15-4所示。该系统的控制电路如图15-5所示,液压控制系统如图15-6所示。

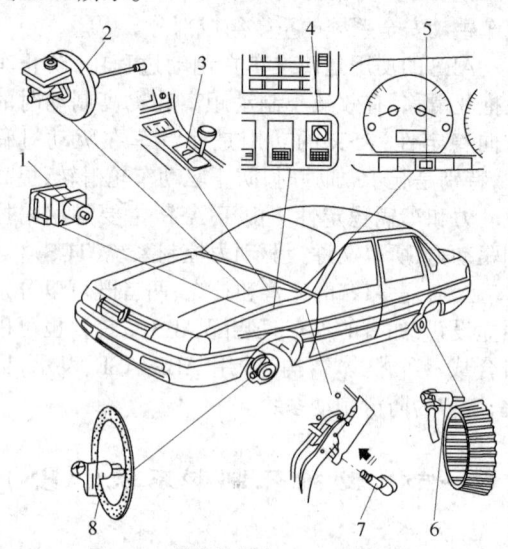

图15-4　桑塔纳轿车ABS系统的组成
1. ABS控制器　2. 制动主缸和真空助力器　3. 自诊断插口　4. ABS故障灯　5. 制动警告灯　6. 后轮转速传感器　7. 制动灯开关　8. 前轮转速传感器

1. ABS控制器

ABS控制器是ABS系统的核心组成部分,它由电子控制器(ECU)、压力调节器、电动液压泵等组成。其外形如图15-7所示。

(1)电子控制器(ECU)

它是ABS系统的控制中心,它连续检测4个车轮的转速信号,经过计算后适时发出控制指令给压力调节器。

(2)制动压力调节器

压力调节器是ABS的执行器,由电磁阀、储液器和回液泵电动机组成,安装在制动总泵(主缸)与车轮制动分泵(轮缸)之间,主要功用是根据ABS ECU的控制指令,自动调节制动轮缸(分泵)的制动压力。

电磁阀是制动压力调节器的主要部件,通过电磁阀动作便可控制制动压力"升高"、"保持"和降低。ABS系统常用的电磁阀有两位两通和三位三通两种。

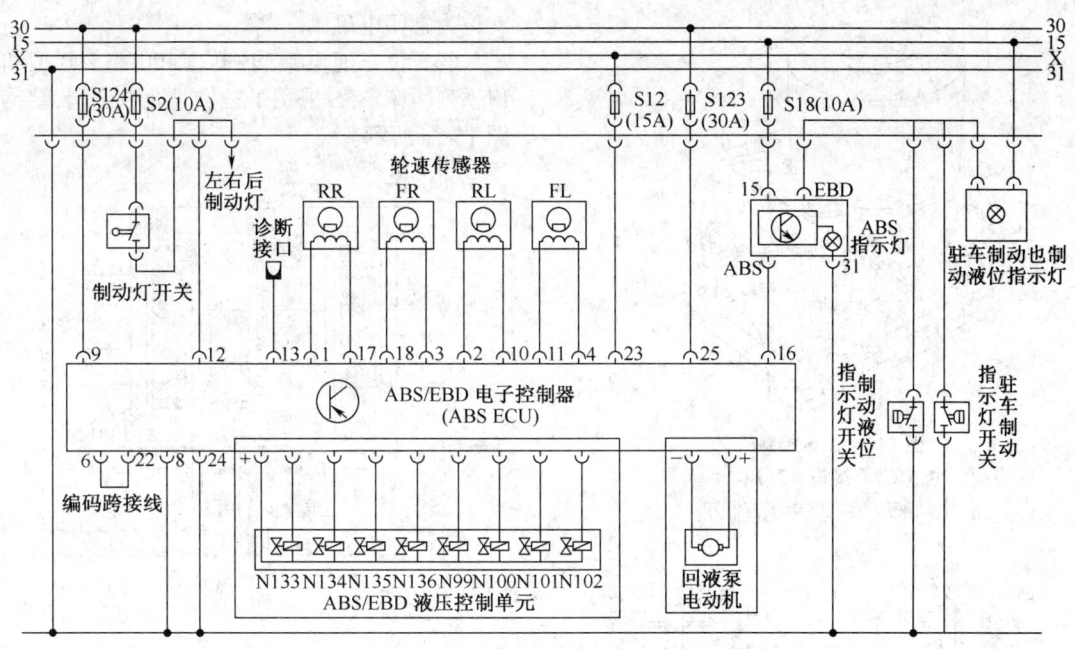

图 15-5　MK20-Ⅰ型 ABS 电子控制系统控制电路

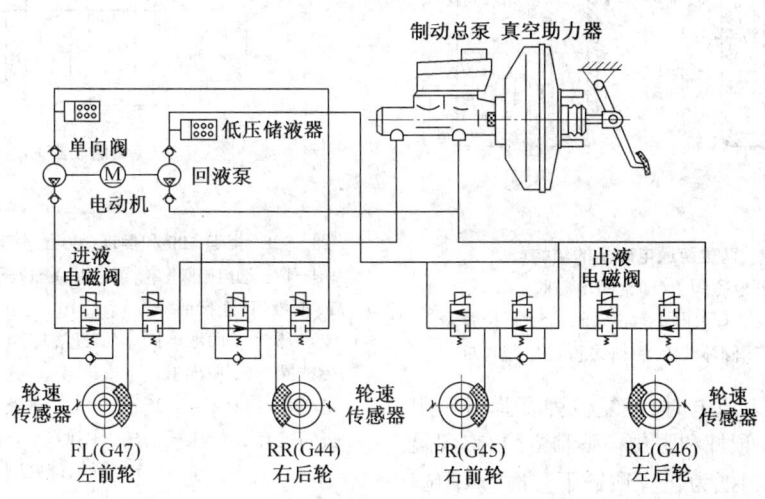

图 15-6　MK20-Ⅰ型 ABS 液压控制系统原理图

①两位两通电磁阀:桑塔纳 2000GSi 型和红旗 CA7220E 型轿车 ABS 的制动压力调节器采用了 8 只两位两通电磁阀(见图 15-6)。在通向每一个车轮制动分泵的管路中,都设有一个进液阀和一个出液阀,4 只进液阀为常开电磁阀,4 只出液阀为常闭电磁阀。

a. 两位两通电磁阀的结构。两位两通常开电磁阀与常闭电磁阀的结构基本相同,如图 15-8 所示,主要由电磁铁机构、球阀、复位弹簧、顶杆、限压阀和阀体等组成。在电磁线圈未通电时,常开电磁阀的球阀与阀座处于分离状态,常闭电磁阀的球阀与阀座处于接触状态。

在常开电磁阀中,设有一根顶杆,顶杆和限位杆与活动铁芯固定在一起,复位弹簧一端压在活动铁芯上,另一端压在与阀体相连的弹簧座上。限压阀的功用是限制电磁阀的最高压力。当制动液压力过高时,限压阀打开泄压,以免压力过高损坏电磁阀。在两位两通常闭电磁阀中,一般不设置限压阀。

b. 两位两通电磁阀的工作情况。两位两通常开与常闭电磁阀的工作原理基本相同,下面以常开电磁阀为例说明其工作过程。

就称为常闭电磁阀。

②三位三通电磁阀:奥迪100和200型和丰田系列轿车ABS采用了三位三通电磁阀,结构如图15-9a所示。

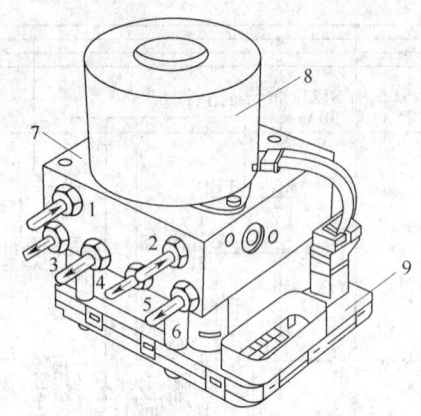

图15-7 ABS控制器
1、2、3、4、5、6.管接头 7.压力调节器
8.电动液压泵 9.电子控制单元

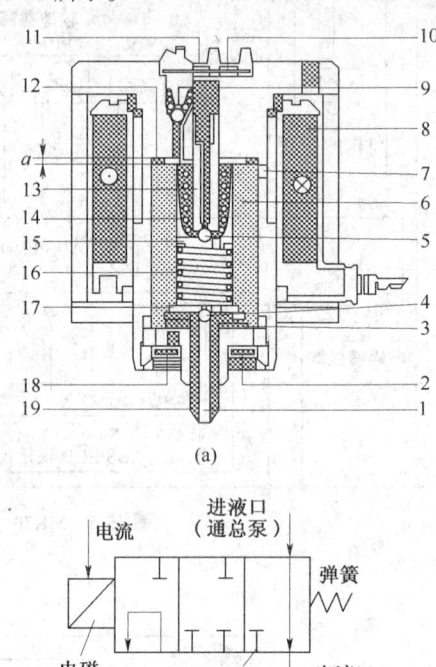

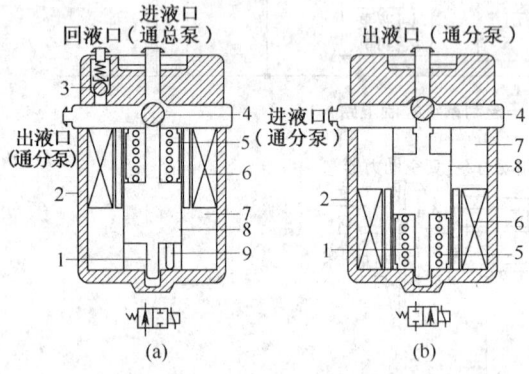

图15-8 两位两通电磁阀的结构
(a)常开电磁阀 (b)常闭电磁阀
1.顶杆 2.壳体 3.限压阀 4.球阀 5.复位弹簧
6.电磁线圈 7.阀体 8.活动铁芯 9.限位杆

当电磁线圈未通电时,在复位弹簧弹力作用下,活动铁芯带动顶杆和限位杆下移复位,直到限位杆与缓冲垫圈相抵为止。顶杆下移时,球阀随之下移,使电磁阀阀门处于开启状态,制动液从进液口经球阀阀门、出液口流出。

当电磁线圈有电流流过时,活动铁芯产生电磁吸力,压缩复位弹簧并带动顶杆一起上移,顶杆将球阀压在阀座上,电磁阀阀门处于关闭状态,进液口与出液口之间的制动液通道关闭。

综上所述,该电磁阀是根据电磁线圈通电和断电,使球阀处于开启和关闭两个位置或两种状态,同时又有进液口与出液口两条通路,因此称为两位两通电磁阀。如果球阀在电磁线圈未通电时处于开启状态,那么就称为两位两通常开电磁阀;如果电磁线圈未通电时,球阀处于关闭状态,那么

图15-9 奥迪100和奥迪200型轿车三位三通电磁阀
(a)三位三通电磁阀结构简图 (b)三位三通电磁阀表示符号
1.回液口(连接回液管) 2、10.过滤器 3、7.非磁性支承环 4.回液球阀 5.进液球阀 6.阀芯 8.电磁线圈 9.单向阀 11.进液口(连接主缸) 12.阀芯工作气隙($a=0.25mm$) 13.进液球阀阀座 14.副弹簧 15、17.压板 16.主弹簧 18.出液口(连接轮缸) 19.回液球阀阀座

电磁阀的进液口11通过制动管路与制动总泵(主缸)相连,出液口18通过制动管路与制动分泵(轮缸)相连,回液口1通过回液管与储液器相连,回液球阀4焊接在压板17上,进液球阀5焊接在压板15上。进液口和出液口的过滤器2、10用于过滤制动液中的杂质,保证球阀密封良好。球阀与阀座的加工精度极高,在20MPa压力下仍能保证密封良好。阀芯采用非磁性支承环3、7导向,以便减小摩擦。

(3)低压储液器及电动液压泵

低压储液器和电动液压泵两者合为一体装于液压调节器上。低压储液罐内设有一个活塞和弹

簧。电动液压泵由永磁式电动机与柱塞泵组成，如图15-10所示。电动机根据ABS ECU的控制指令，通过凸轮驱动柱塞在泵套内上下运动。低压储液器的作用是暂时存储从轮缸中流出的制动液，以缓和制动液从制动轮缸中流出时产生的脉动。电动液压泵的作用是将在制动降压阶段流入低压储液器中的制动液及时送至制动主缸，同时在施加压力阶段，从低压储液器吸取剩余动力，泵入制动循环系统，给液压系统以压力支持，增加制动效能。液压泵电动机的运转是由ABS电子控制器ECU控制的。

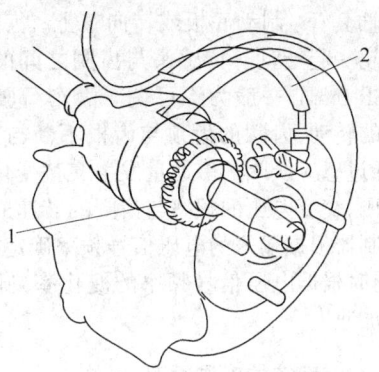

图15-11 前轮转速传感器
1.齿圈 2.前轮转速传感器

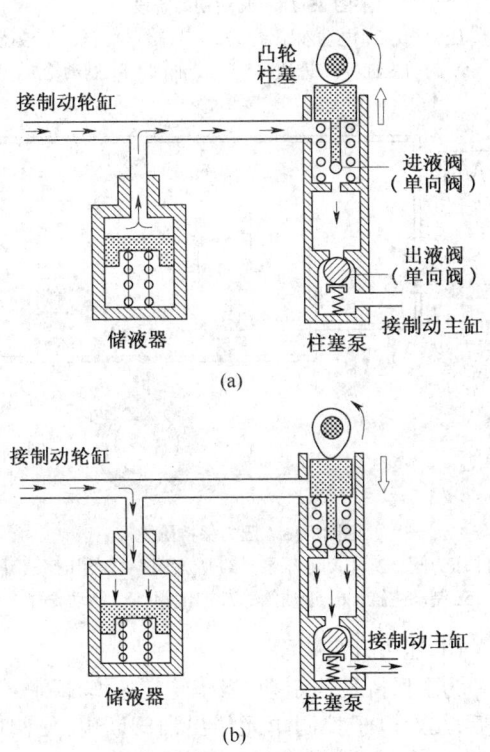

图15-10 低压储液器与电动泵
(a)柱塞上行时出液 (b)柱塞下行时回液

2．车轮转速传感器

车轮转速传感器的功用是将车轮的转速信号传给ABS电子控制器(ECU)。桑塔纳2000GSi型轿车ABS系统共有4个车轮转速传感器。前轮的齿圈安装在传动轴上，转速传感器安装在转向节上，如图15-11所示。后轮的齿圈安装在后轮毂上，转速传感器则安装在固定支架上，如图15-12所示。车轮转速传感器的结构如图15-13所示。

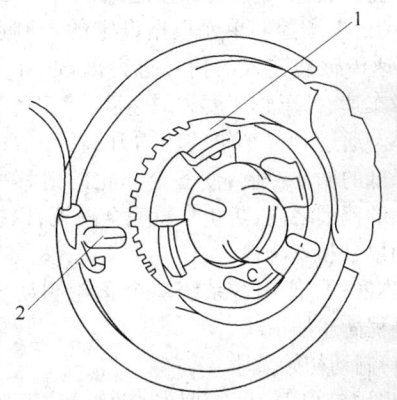

图15-12 后轮转速传感器
1.齿圈 2.后轮转速传感器

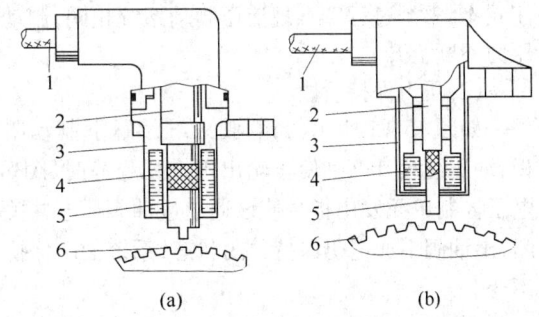

图15-13 电磁感应式车轮转速传感器结构
(a)凿式磁极 (b)柱式磁极
1.导线 2.永久磁铁 3.传感器外壳
4.电磁线圈 5.磁极 6.齿圈

目前，广泛采用的是电磁感应式车轮转速传感器。电磁感应式车轮转速传感器由齿圈和电磁感应式传感头两部分构成。根据传感器磁极端部不同可分为凿式和柱式两种。

传感头由永久磁铁和感应线圈组成,通常安装在半轴套管、制动底板或转向节上,齿圈随半轴或车轮一起转动。传感头与齿圈之间的间隙,通常为1.0mm,一般为不可调。汽车行驶时,随着齿圈的转动,齿圈的齿顶与齿根不断与磁铁相对,使通过感应线圈的磁通量发生交替变化,产生交变电压,交变电压的频率与齿圈的转速成正比。电子控制器根据输入的电压信号频率确定车轮的转速,同时根据电压信号频率的变化率判断车轮的圆周加速度。

三、ABS系统的工作原理

汽车在制动过程中,车轮转速传感器不断把各个车轮的转速信号及时输送给ABS电子控制单元,ABS电子控制单元根据设定的控制逻辑对4个转速传感器输入的信号进行处理,计算汽车的参考车速、各车轮速度和减速度,确定各车轮的滑移率。通过对各车轮的压力升高、压力保持及压力降低的循环控制,使各个车轮的滑移率保持在理想的范围之内,防止车轮完全抱死,以提高汽车制动效果和安全性。

MK20-Ⅰ型ABS系统单个车轮制动压力的调节过程简述如下:

(1)制动初始阶段

如图15-14所示。开始制动阶段,驾驶人踩下制动踏板,制动主缸产生的制动压力经进油阀作用到制动轮缸上,此时,出油阀不通电而处于关闭状态,整个过程和常规液压制动系统相同,制动压力不断上升。

(2)压力保持阶段

如图15-15所示,当驾驶人继续踩下制动踏板,油压继续升高到使车轮出现抱死趋势时,ABS电子控制单元发出指令使该通道进油阀通电并关闭,出油阀不通电仍保持关闭状态,系统油压保持不变。

(3)压力降低阶段

如图15-16所示,若在制动压力保持阶段,车轮仍有抱死趋势,ABS电子控制单元发出指令使出油阀通电并打开。系统油压通过低压储液罐降低油压,此时进油阀继续通电保持关闭状态,有抱死趋势的车轮被释放,车轮转速迅速开始上升。与此同时,电动液压泵开始工作,将制动液由低压储液罐送至制动主缸。

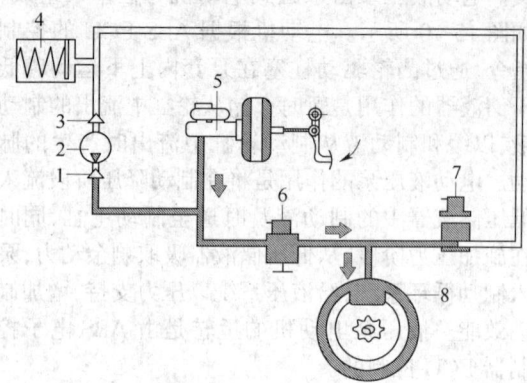

图15-14　制动初始阶段
1.压力阀　2.电动液压泵　3.吸入阀　4.低压储液罐
5.制动主缸　6.进油阀　7.出油阀　8.制动轮缸

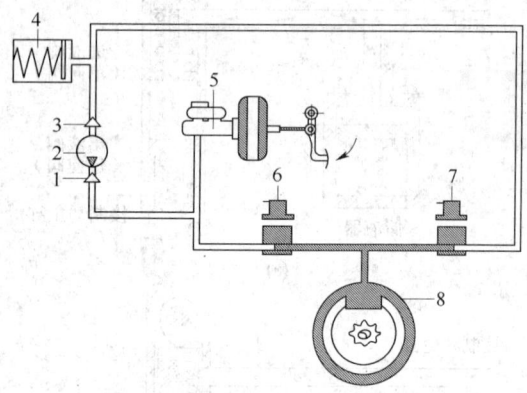

图15-15　压力保持阶段
1.压力阀　2.电动液压泵　3.吸入阀　4.低压储液罐
5.制动主缸　6.进油阀　7.出油阀　8.制动轮缸

(4)压力升高阶段

为了保持最佳制动,当车轮转速增加到一定值后,ABS电子控制单元给出油阀断电,使阀门关闭,进油阀同样也不通电而处于打开状态,电动液压泵继续工作从低压储液罐中吸取制动液,泵入液压制动系统,如图15-17所示。随着制动压力的增加,车轮转速又降低。

如此反复循环(每个循环仅0.1~0.25s)将车轮的滑移率控制在20%左右。

在制动过程中,如果车轮没有抱死趋势,ABS系统将不参与制动压力控制,此时制动过程与常规制动系统相同。如果ABS出现故障,ABS电子控制单元将不再对液压单元进行控制,并将仪表板上的ABS故障灯点亮,向驾驶人发出警告信号,此时制动过程也与常规制动系统的工作相同。

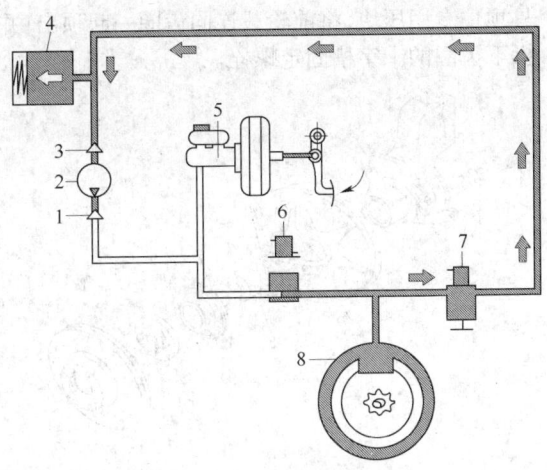

图 15-16 压力降低阶段
1.压力阀 2.电动液压泵 3.吸入阀 4.低压储液罐
5.制动主缸 6.进油阀 7.出油阀 8.制动轮缸

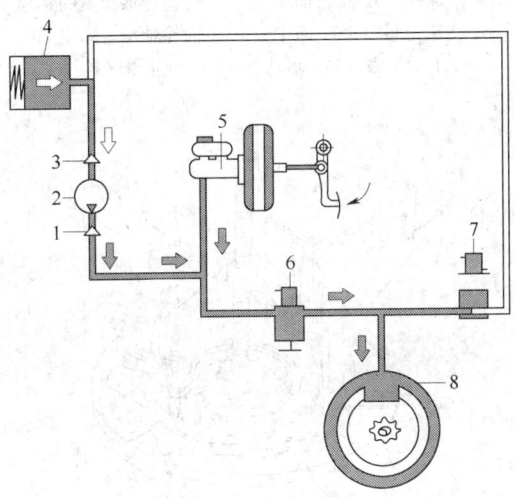

图 15-17 压力升高阶段
1.压力阀 2.电动液压泵 3.吸入阀 4.低压储液罐
5.制动主缸 6.进油阀 7.出油阀 8.制动轮缸

第二节 ABS 系统的检修

一、ABS 系统的拆装

1. ABS 控制器的拆装

(1) ABS 控制器的拆卸

ABS 控制器各零部件之间的连接如图 15-18 所示。

① 关闭点火开关,拆下蓄电池及支架。

② 从 ABS 电子控制单元上拔下 25 端子线束插头。

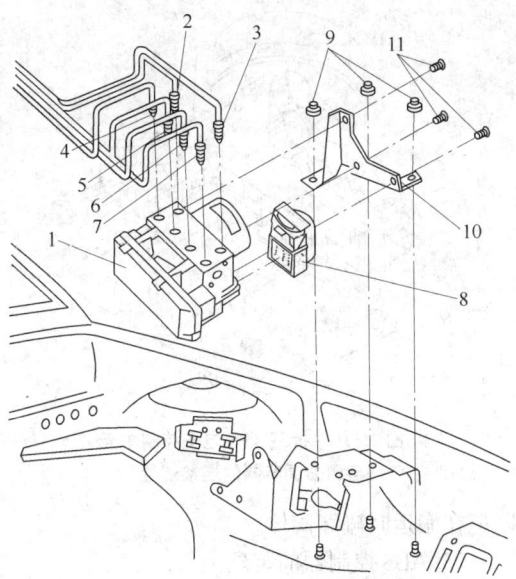

图 15-18 ABS 控制器各零部件之间的连接
1. ABS 控制器 2.与制动主缸后腔连接的制动油管与接头 3.与制动主缸前腔连接的制动油管与接头 4.与右前制动轮缸连接的制动油管与接头 5.与左后制动轮缸连接的制动油管与接头 6.与右后制动轮缸连接的制动油管与接头 7.与左前制动轮缸连接的制动油管与接头 8. ABS 控制器线束插头(25 个端子) 9. ABS 控制器支架紧固螺母 10. ABS 控制器支架 11. ABS 控制器安装螺栓

③ 踩下制动踏板,并用踏板架定位。

④ 在 ABS 控制器下垫一块布。拆下连接制动主缸和控制器的油管 2 和 3,并做标记,拆下油管后立即用密封塞将接口堵住。把制动油管用绳索挂在高处,使油管接头处高于制动储液罐的油平面。

⑤ 拆下控制器与各制动轮缸的制动油管 4~7,并做标记,拆下油管后立即用密封塞将接口堵住。

⑥ 把 ABS 控制器从支架上拆下来。

(2) ABS 控制器的分解:

① 压下接头侧的锁止扣,拔下电子控制单元上液压泵电线插头。

② 用专用套筒扳手拆下 ABS 电子控制单元与压力调节器的 4 个连接螺栓,如图 15-19 所示。

③ 将压力调节器与 ABS 电子控制单元分离。注意:拆下压力调节器时要直拉,别碰坏阀体。

④ 在 ABS 电子控制单元的电磁阀上盖一块干净且不起毛的布。

⑤ 压力调节器和液压泵安放在专用支架上,

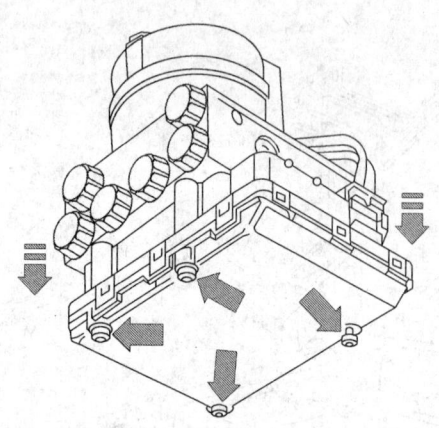

图 15-19 拆下 ABS 电子控制单元
与压力调节器的连接螺栓

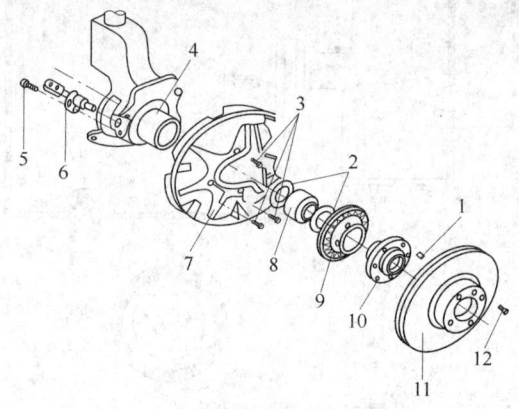

图 15-20 前轮转速传感器和前轮轴承分解图
1. 固定齿圈螺钉套 2. 前轮轴承弹性挡圈 3. 防尘板紧固螺栓 4. 前轮轴承壳 5. 转速传感器紧固螺栓 6. 转速传感器 7. 防尘板 8. 前轮轴承 9. 齿圈 10. 轮毂 11. 制动盘 12. 十字槽螺栓

以免在搬运时碰坏阀体。

(3)ABS 控制器的装配

①把压力调节器和 ABS 电子控制单元装成一体,用专用套筒扳手拧紧螺栓,拧紧力矩不得超过 4N·m。

②插好液压泵电线插头,注意锁扣必须到位。

(4)ABS 控制器的安装

①将 ABS 控制器装到支架上,以 10N·m 的力矩拧紧固定螺栓。

②拆下接口处的密封塞,装上连接各制动轮缸的制动油管,检查油管位置是否正确,以 20N·m 的力矩拧紧管接头。

③装上连接制动主缸的制动油管,检查油管位置正确后以 20N·m 的力矩拧紧管接头。

④插上 ABS 电子控制单元线束插头。

⑤对 ABS 系统充液和放气。

⑥如果 ABS 电子控制单元换用新的,必须对电子控制单元重新编码。

⑦打开点火开关,ABS 警告灯须亮 2s 后再熄灭。

⑧使用 V·A·G1552 故障诊断仪,先清除故障存储,再查询故障码。

⑨试车检测 ABS 功能,须感到踏板有反弹。

2.前轮转速传感器的拆装

前轮转速传感器和前轮轴承的分解如图 15-20 所示。

(1)前轮转速传感器的拆卸

①拆卸前轮毂及齿圈。如图 15-21 所示,在前轮毂的中心放一块专用压块,再用拉具的两个活动臂先钩住前轮轴承壳的两边,转动顶尖,使拉具顶住专用压块,将前轮毂连同齿圈一起顶出,并拆下齿圈的十字槽固定螺栓。

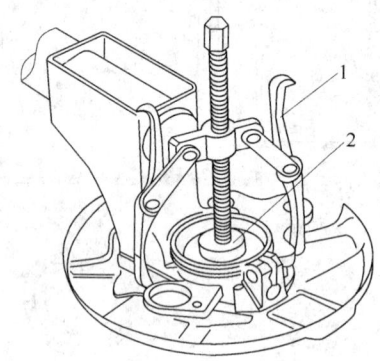

图 15-21 拆卸前轮毂及齿圈
1.拉具 2.专用压块

②拆卸前轮转速传感器。如图 15-22 所示,先拔下传感器导线插头,再拧下内六角紧固螺栓,取下前轮转速传感器。

(2)前轮转速传感器的安装

安装与拆卸顺序相反。先清洁前轮转速传感器的安装孔内表面,并涂上固体润滑膏,然后装入转速传感器,以 10 N·m 的力矩紧固内六角螺栓,最后插上导线插头。

3.后轮转速传感器的拆装

后轮转速传感器和后轮轴承的分解如图 15-23 所示。

(1)后轮转速传感器的拆卸

①先翻起汽车后座垫,拔下后轮转速传感器

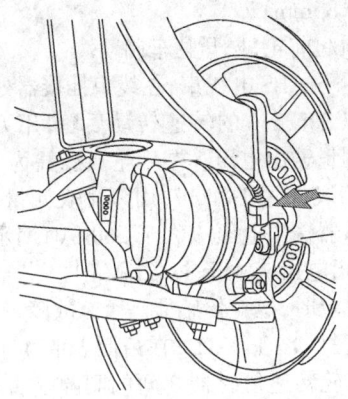

图 15-22 拆卸前轮转速传感器

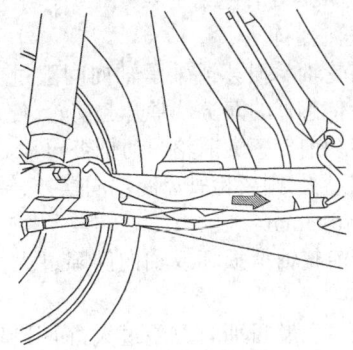

图 15-24 取下转速传感器导线保护罩

二、ABS 系统的检修

1. 系统检修注意事项

①系统发生故障由 ABS 警告灯和制动装置警告灯指示。某些故障只能在车速超过 20km/h 后才能被检测到;如果 ABS 警告灯和制动装置警告灯不亮,且制动效果仍不理想,则可能是系统放气不干净或在常规的制动系统中存在故障;对 ABS 修理前,为了检查故障所在,应先用 V·A·G1552 故障诊断仪查询故障存储。

②拆 ABS 电气插头之前,必须关闭点火开关;开始修理前,应关闭点火开关并拆下蓄电池接地线。

③拆卸前必须彻底清洁连接点和支承面,绝不要使用汽油、稀释剂等类似的清洁剂。

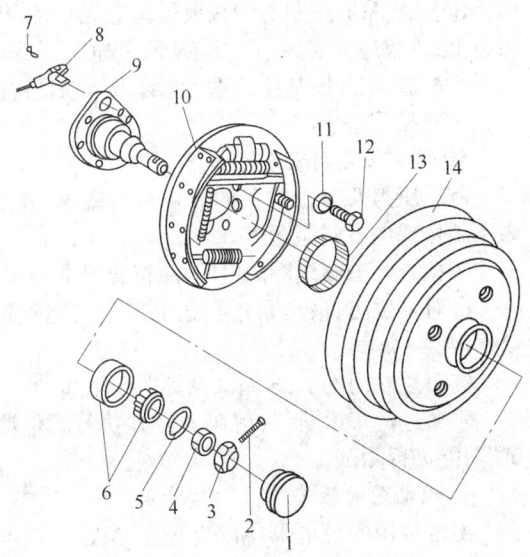

图 15-23 后轮转速传感器和后轮轴承分解图
1. 轮毂盖 2. 开口销 3. 螺母防松罩 4. 六角螺母 5. 止推垫圈 6. 锥轴承 7. 内六角螺栓 8. 转速传感器 9. 车轮支承短轴 10. 后轮制动器总成 11. 弹性垫圈 12. 六角螺栓 13. 齿圈 14. 制动鼓

的连接插头。

②拧下传感器的内六角紧固螺栓,然后拆下后轮转速传感器。

③按图 15-24 中箭头所示方向取下后梁上的转速传感器导线保护罩,拉出导线和导线插头。

(2) 后轮转速传感器的安装

安装顺序与拆卸顺序相反。先清洁后轮转速传感器的安装孔内表面,并涂上固体润滑膏,然后装入转速传感器,以 10N·m 的力矩紧固内六角螺栓,最后插上导线插头。

④系统检修必须绝对清洁,绝不要使用含矿物油的物质,例如,机油或油脂;拆下的零件必须放在干净的地方,并且覆盖好;把 ABS 电子控制单元和压力调节器分开后,必须把压力调节器放在专用支架上以免在搬运中碰坏阀体;拆下的元件如果不能立刻完成修理工作,必须小心地用不起毛的抹布盖好或者用塞子封闭。

⑤配件要在安装前才从包装内取出;必须使用原装配件;系统打开后不要使用压缩空气,也不要移动车辆;注意不要让制动液流到线束插头内。

⑥打开制动系统完成作业后,配合使用专用工具 VW1238A 制动液充放机与 V·A·G1552 故障诊断仪,对系统进行放气。

⑦在试车中,至少进行一次紧急制动。当 ABS 正常工作时,会在制动踏板上感到有反弹,并可感觉到车速迅速降低而且平稳。

2. 前轮转速传感器的检修

(1) 检查前轮齿圈

① 前轮轴承损坏或轴承轴向间隙过大时，会影响前轮传感器的间隙。举升起前轮，使之离地，用双手转动前轮感觉前轮摆动是否异常。若轴承轴向间隙过大，则要检查齿圈轴向摆差，轴向摆差应不大于 0.3mm。

② 若前轮轴承损坏或轴向间隙过大，则应更换轴承。

③ 若出现齿圈轴向摆差过大，而引起传感器与齿圈擦碰，造成齿圈变形或齿数残缺不全，则应更换前轮齿圈。

④ 若前轮齿圈完好无损，但被泥或脏物堵塞，应清除齿圈空隙中的脏物。

(2) 检查前轮转速传感器输出电压

① 检查前轮转速传感器与齿圈之间的间隙是否符合规定，标准值为 1.10～1.97mm（红旗 CA7220E 型轿车 ABS 系统前轮传感器间隙为 0.4～0.6mm）。

② 顶起前轮，松开驻车制动。

③ 拆下 ABS 电线束，在线束插接器处测量。

④ 以 30r/min 的转速转动前轮，用万用表或示波器测量输出电压。左前轮接线柱为 4 和 11，右前轮接线柱为 3 和 18，用万用表测量时，前轮转速传感器输出电压应为 70～310mV；用示波器测量时，输出电压应为 3.4～14.8mV/Hz。

⑤ 若输出电压不符合规定时，检查传感器是否有故障；检查传感器电阻值（1.0～1.3kΩ）；在齿圈上取 4 个点检查齿圈与车轮转速传感器之间的间隙是否过大；检查电线束安装是否有误差。

3. 后轮转速传感器的检修

(1) 检查后轮齿圈

① 举升起后轮，使之离地，用双手转动后轮感觉后轮摆动是否异常。若后轮摆动过大，则要检查后轮轴承的径向圆跳动，径向圆跳动标准值为 0.05mm。

② 若后轮轴承径向圆跳动过大，则需用调整螺母调节后轴承的间隙，或者更换后轮齿圈。

③ 若后轮齿圈完好无损，但被脏物堵塞，应清除齿圈空隙中的脏物。

(2) 检查后轮转速传感器输出电压

① 检查后轮转速传感器与齿圈之间的间隙是否符合规定，标准值为 0.42～0.80mm（红旗 CA7220E 型轿车 ABS 系统后轮传感器间隙为 0.15～0.85mm）。

② 顶起前轮，松开驻车制动。

③ 拆下 ABS 电线束，在线束插接器处测量。

④ 以 30r/min 的转速转动后轮，用万用表或示波器测量输出电压。左后轮接线柱为 2 和 10，右后轮接线柱为 1 和 17，用万用表测量时，后轮转速传感器输出电压应大于 260mV；用示波器测量时，输出电压应大于 12.2mV/Hz。若输出电压不符合规定时，检查传感器是否有故障；检查传感器电阻值（1.0～1.3kΩ）；在齿圈上取 4 个点检查齿圈与车轮转速传感器之间的间隙是否过大；检查电线束安装是否有误差。

4. ABS 控制器的检修

① 检查 ABS 控制器的线束插头应无松动，接触良好；管脚应无腐蚀，否则应清除干净。

② 检查 ABS 控制器的输入电源及搭铁情况。

③ 直接用替换法进行试验。

5. 制动压力调节器的检查

制动压力调节器常见的故障是电磁阀、液压泵不工作或电磁阀泄漏等。

① 检查电磁阀线圈的电阻，应符合要求。

② 对电磁阀、液压泵进行通电试验应能听到动作声。

③ 可用专门的 ABS 测试设备进行测试。

④ 通过汽车诊断仪（解码器）的"执行元件测试"功能进行测试。

6. 继电器的检修

ABS 装用的继电器主要有控制 ABS 工作电源的主继电器、电磁阀继电器、液压泵继电器等。继电器的常见故障是触点接触不良、线圈断路或短路等。

① 用万用表测量线圈电阻值，电阻值应正常。

② 通电检查，用万用表测量两触头间电阻值，不通电时为 ∞，通电时应为 0。

③ 继电器触头接触情况也可以通过测量触头的电压降进行判断，如工作时电压降超过 0.5V，则说明接触不良。

三、ABS 系统的故障诊断

1. 故障码的读取与清除

(1) 故障诊断仪

桑塔纳 2000GSi 车型的 ABS 系统具有故障自诊断系统，检修过程中可使用 V·A·G1552 故障诊断仪来读取故障码。

第二节　ABS系统的检修

其操作方法如下。

①在断电的情况下将V·A·G1552故障诊断仪接好后,(见图13-71b所示),打开点火开关。

②输入"03"后按"Q"键,即进入ABS工作环境。

③输入所需的功能代码。

④输入"06"后按"Q"键退出。

⑤断电后拆下V·A·G1552故障诊断仪连接导线。

(2)故障码的读取和消除

在功能选择处输入"02",按"Q"键将显示故障数目,之后按"→"键,将依次显示每一故障的故障码和内容。

在功能选择处输入"05",然后按"Q"键。如果故障码可以清除,表示这是一个偶发性故障,须实车行驶一段时间才能重新检测到,如果故障码不能被清除,表示这个故障码代表的故障一直存在。

2. 用V·A·G1552故障诊断仪进行故障检测

(1)故障诊断流程

用V·A·G1552故障诊断仪对ABS进行故障检测时,可按故障诊断流程图15-25所示进行。

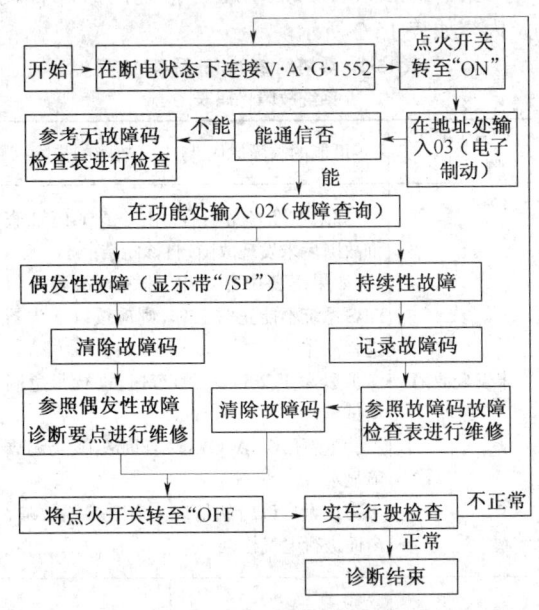

图15-25　故障诊断流程图

ABS采用液压控制,因此在ABS系统正常工作情况下出现表15-1所列现象是正常的,并不是故障。

表15-1　ABS系统的正常工作情况

现　象	说　　明
系统自检声音	发动发动机后,有时候会从发动机舱中传出类似碰击的声音,这是ABS进行自检的声音,并非不正常
ABS起作用时的声音	①ABS液压单元内电动机的声音 ②与制动踏板振动一起产生的声音 ③ABS工作时,因制动而引起悬架碰击声或轮胎与地面接触发出"吱嘎"声 注意,ABS正常工作时,轮胎仍有可能发出"吱嘎"声
ABS起作用,但制动距离长	在积雪或是砂石路面上,有ABS的车辆的制动距离有时候会比没有ABS车辆的制动距离长,因此须提醒驾驶人在上述路面行驶时应加倍小心

(2)偶发性故障的检修

在电子控制系统中,在电气回路和输入输出信号的地方,可能出现瞬时接触不良问题,从而导致偶发性故障或在ECU自检时留下故障码。如果故障原因持续存在,那么只要按照故障码检查表就可以发现不正常的部位,不过有时候故障发生的原因会自行消失,所以不容易找出问题的原因。在这种情况下,可按下列方式模拟故障,检查故障是否再现。

①当振动可能是主要原因时将接头轻轻地上下左右摇动,将线束轻轻地上下左右摇动,将传感器轻轻地上下左右摇动,将其他运动件(如车轮轴承等)轻轻摇动。

如果线束有扭断或因拉得太紧而断裂,就必须换用新件,尤其是传感器在车辆运动时因为悬架系统的上下移动,可能造成短暂的断(短)路。因此,检查传感器信号时必须进行实车行驶试验。

②当过热或过冷可能是主要原因时,用吹风机加热被怀疑有故障的部件,用冷喷雾剂检查是否有冷焊现象。

③当电源回路接触电阻过大可能是主要原因时,打开所有电器开关,包括前照灯和后除霜开关。

如果此时故障没有再现,就必须等到下次故障再出现时才能诊断维修。一般来说,偶发性故障只会愈变愈糟,不会变好。

(3)压力调节器的检查

利用V·A·G1552对压力调节器进行检查时,将车升起使四轮离地,并解除驻车制动。连接好V·A·G1552故障诊断仪,打开点火开关,输入"03"后按"Q"键,即进入ABS工作环境,在功能选择处输入"03"数字便开始压力调节器的检查。并根据显示器提示进行操作。

按照左前、右前、左后、右后的顺序分别对四个轮子电磁阀工作循环进行检查,若检查没有故障,ABS故障警告灯应熄灭,若有一个循环有问题,输入"06"结束检查后,ABS故障警告灯仍亮,这时一般要更换压力调节器。最后关闭点火开关,拆下V·A·G1552,将车放下,拉起驻车制动。

更换压力调节器后,要添加制动液,并按规定进行常规管路和液压系统放气,具体步骤如下:

a. 按普通液压制动系统进行加液放气,直至无气泡为止。

b. 按故障码读取的方式连接V·A·G1552并打开点火开关,输入"03"后按"Q"键确认。

c. 在功能选择处输入"04"(加液排气功能)后按"Q"键确认。

d. 输入"001"后按"Q"键确认。

e. 踩下制动踏板并保持不动,油泵工作,踏板回弹。

f. 松开制动踏板,将两前轮制动钳放气螺钉松开后按"↑"键。

g. 连续踩制动踏板10次,将两前轮制动钳放气螺钉拧紧后按"↓"键。

h. 上述d、e、f操作步骤重复进行7次,屏幕显示排气结束后按"→"键回到功能选择处,再输入"06"后按"Q"键结束。

(4)ABS电子控制器(ECU)的检查与更换

在对ABS系统进行检测时,若读不出故障码或从故障码表中查得与电子控制器(ECU)有关的故障码,蓄电池电压正常且ABS系统熔丝良好,则很可能是ABS电子控制器(ECU)故障,进行下面操作:

① 拔下ABS电子控制器(ECU)的插头并对其进行检查,若有氧化腐蚀或断脚,应进行修理或更换。

② 打开点火开关,检查25端子线束中端子8和9、8和23、24和25之间的电压,如图15-26所示,其正常值应为9.5~16.5V。若检查值正常则应用置换法检查ABS电子控制器(ECU)是否损坏。

一般车辆出厂前对ABS电子控制器(ECU)已编好规定的数码,更换后的ABS电子控制器(ECU)

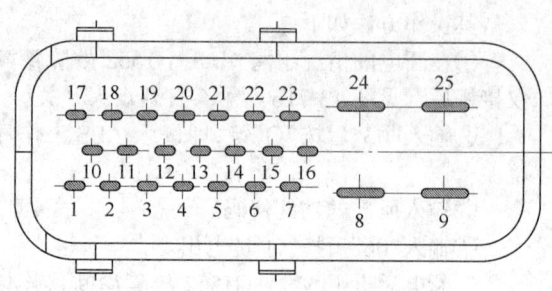

图15-26 ABS电子控制器(ECU)插头

不具备规定的数码,使用前必须对其进行编码。否则ABS警告灯闪亮,ABS系统不能正常工作。操作步骤如下:

a. 按故障码读取的方式连接V·A·G1552,输入"03"后按"Q"键进入ABS工作环境。

b. 输入"07"进入选择编码功能后。按"Q"键确认。

c. 按提示要求输入新的编码并按"Q"键确认,显示新输入的号码后按"→"键。在功能选择处输入"06"按"Q"键确认后结束。

d. 断电后拆下V·A·G1552故障诊断仪连接导线。

(5)ABS系统有故障代码故障的检查与诊断

桑塔纳2000GSi轿车ABS系统的故障代码及内容如表15-2所示。

表15-2 桑塔纳2000GSi轿车ABS系统故障代码表

V·A·G1552屏幕显示	可能的故障原因	故障的排除
未发现故障		·如果在维修完毕后,用V·A·G1552查询故障后未发现故障,自诊断结束 ·如果屏幕中显示出"未发现故障",但ABS系统不能正常工作,则应按以下步骤进行操作 ① 以大于20km/h的车速,进行紧急制动试车 ② 重新用V·A·G1552查询故障,仍无故障显示 ③ 在无自诊断的情况下着手寻找故障,全面进行电气检查
00668 汽车30号线终端电压信号偏差	·供电线路、连接插头、熔丝故障	·检查电子控制器(ECU)供电线路、熔丝和连接插头

续表 15-2

V·A·G1552 屏幕显示	可能的故障原因	故障的排除
00283 左前轮速传感器 00285 右前轮速传感器 00287 右后轮速传感器 00290 左后轮速传感器	·触点断路松动(轮速传感器导线、连接插头) ·轮速传感器线圈[传感器电路短路、轮速传感器和齿圈的间隙超差(信号不正常)]	·检查轮速传感器与电子控制器(ECU)的线路和连接插头 ·检查轮速传感器和齿圈的安装间隙 ·08 功能"读测量数据组"
01276 ABS 液压泵信号超差	·电动机与电子控制器(ECU)连接线路对电源或对搭铁短路及断路 ·液压泵电动机故障	·检查线路 ·03 功能"最终控制诊断"
65535 电子控制器(ECU)故障	·电子控制器(ECU)故障	·更换电子控制器(ECU)
01044 电子控制器(ECU)编码不正确	·电子控制器(ECU)25 端子插头触点 6 和 22 之间的连接线路断路或短路	·检查插接线束的线路

(6) ABS 系统无故障代码故障的诊断

桑塔纳 2000GSi 轿车 ABS 系统没有故障代码,但是常出现的故障现象及可能故障原因如表 15-3 所示。

表 15-3 ABS 系统无故障代码故障的诊断表

故障现象	可能原因
点火开关在 ON 位置(发动机熄火),而 ABS 警告灯不亮	熔丝烧毁,ABS 警告灯泡烧毁,电源线路断路,ABS 警告灯控制器损坏
发动机起动后,ABS 警告灯常亮	ABS 警告灯控制器损坏,ABS 警告灯控制器回路断路,ABS ECU 损坏
ABS 工作异常	传感器安装不当,传感器线束有问题,传感器损坏,齿圈损坏,传感器粘附异物,车轮轴承损坏,ABS 压力调节器损坏,ABS 电子控制器损坏
制动踏板行程过长	漏制动液,常闭阀泄漏,系统中有空气,制动盘严重磨损,驻车制动调整不当
须用很大的力踩踏板	助力器有问题,常开阀有问题
无故障代码输出(无法与 V·A·G1552 通信)	熔丝烧毁,诊断线断裂或接头松脱,ABS ECU 损坏,V·A·G1552 有问题

(7) ABS ECU 的编码方法和步骤

当更换压力调节器或 ECU 时,应对新的 ECU 进行编码,否则,ABS 警告灯闪烁,ABS 系统不能正常工作。用 V·A·G1552 对 ABS ECU 进行编码的步骤如下:

① 将 V·A·G1552 与诊断插座连接。
② 在地址输入处输入"03",按"Q"键。
③ 在功能选择处输入"07",按"Q"键。
④ 在编码输入处输入"04505",按"Q"键。
⑤ 显示已输入的号码,按"→"键。
⑥ 在功能选择处输入"06",按"Q"键。
⑦ 结束。

(8) 加液与排气

当备件为湿式压力调节器时,更换压力调节器后只需按常规制动系统进行加液与排气即可。

当备件为干式压力调节器时,更换压力调节器后,除要按常规制动系统进行加液与排气外,还需对压力调节器的第二回路进行排气,用 V·A·G1552 进行操作时的步骤如下:

① 按常规制动系统进行加液排气,直至透明胶管中无气泡出现。
② 将 V·A·G1552 与诊断插座连接。
③ 在地址处输入"03",按"Q"键。
④ 在功能选择处输入"04",按"Q"键。
⑤ 在组号输入处输入"001",按"Q"键。
⑥ 踩下制动踏板并保持,液压泵工作,踏板回弹。
⑦ 松开制动踏板,将左右前制动钳放气螺钉松开,按"↑"键。
⑧ 踩制动踏板 10 次,将左右前制动钳放气螺钉拧紧,按"↑"键。
⑨ 上述⑥、⑦、⑧步再重复进行 7 次。
⑩ 排气结束,按"→"键回到"功能选择"菜单。
⑪ 在功能选择处输入"06",按"Q"键。
⑫ 结束。

第三节 驱动防滑系统(ASR)

驱动防滑控制系统(ASR)是通过控制发动机输出转矩和适当对驱动车轮进行制动等手段来控制驱动车轮的驱动力,使汽车在起步、加速时,特别是在非对称路面或转弯行驶时驱动车轮的滑转,保持方向稳定性、操纵性、维持最大的驱动力。因此说 ASR 系统是维持驱动轮附着条件以充分发挥驱动车轮驱动力的系统。

一、ASR 系统的组成

驱动轮防滑控制系统的组成如图 15-27 所示，它主要部件有车轮转速传感器、电子控制器（ECU）、制动压力调节器，以及发动机副节气门（辅助节气门）执行元件与 ASR 制动执行元件（液压力调节器）。此外，还增设了 ASR 系统选择开关（关闭开关）、ASR 关闭指示灯、ASR 警告灯等。ASR 系统还同发动机与传动系统的集中电控系统建立通信联系，以共同调节驱动轮的滑转率。同样，ASR 系统也具有故障自诊断功能。

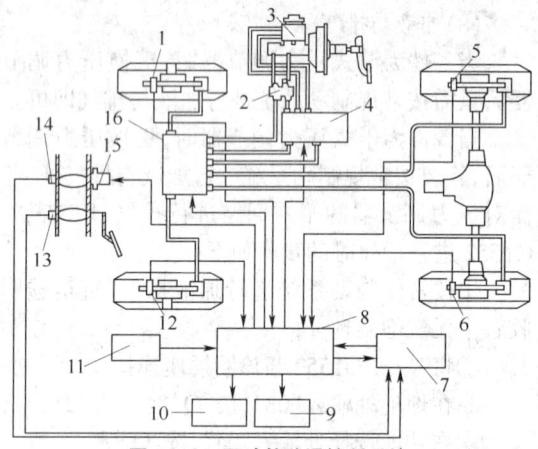

图 15-27　驱动轮防滑控制系统
1．右前车轮转速传感器　2．比例阀和差压阀　3．制动主缸　4．ASR 制动压力调节装置　5．右后车轮转速传感器　6．左后车轮转速传感器　7．发动机电子控制单元　8．ABS/ASR 电子控制单元　9．ASR 关闭指示灯　10．ASR 工作指示灯　11．ASR 选择开关　12．左前车轮转速传感器　13．主节气门开度传感器　14．副节气门开度传感器　15．副节气门驱动步进电动机　16．ABS 制动压力调节装置

ASR 系统是在 ABS 的基础上发展起来的，它与 ABS 共用车轮转速传感器、制动压力调节器，并共用功能扩展了的 ECU。在有的车上也有 ASR 系统和 ABS 不共用一台 ECU 的情况，而是各自采用一台 ECU 单独进行控制。

二、防止驱动轮滑转的控制方法

ASR 系统广泛采用控制发动机输出转矩和控制驱动轮制动力的综合控制方法，最终达到调节驱动轮上的驱动力，将驱动轮的滑转率控制在最佳滑转率范围内的目的。在装有防滑转差速器的汽车上还可以通过控制差速器的锁止程度来达到防止驱动轮的滑转。

1．控制发动机输出转矩

在装备电子控制燃油喷射系统（EFI）的汽车上，普遍采用了控制发动机输出转矩的方法来实现防滑转控制。

控制发动机输出转矩的方法有：控制点火时间、控制燃油供给量、控制节气门开度等。

（1）控制点火时间

目前，汽车普遍采用电子点火系统，其点火时刻是根据发动机转速、负荷以及冷却液温度等信号确定。在汽车行驶过程中，防滑转控制电子控制器（ASR ECU）根据轮速传感器和车速传感器信号即可计算确定驱动轮滑转率的大小，通过减小点火提前角，即可微量降低发动机的输出转矩。

当驱动轮滑转率很大，延迟点火时刻不能达到控制滑转率的目的时，则可中断个别气缸的点火来进一步减小滑转率。在中断个别气缸点火时，为了防止排放增加和三元催化转换器过热，在中止点火时同时必须中断燃油喷射。恢复点火时，点火时间将缓慢提前，保证发动机输出转矩平稳增加。

（2）控制燃油供给量

短时间中断供油也可微量调节发动机的输出转矩，这种控制方法适用于未采用燃油喷射系统的汽油发动机或柴油发动机汽车。

在采用电子加速踏板的汽车上，根据加速踏板行程大小，通过调节汽油发动机节气门开度或柴油发动机喷油泵拉杆位置，使进气量或供油量改变即可调节发动机的输出转矩。

当驾驶人操作加速踏板时，加速踏板的行程信号由传感器输入防滑转电控单元 ASR ECU，ASR ECU 根据预先存储的数据和发动机转速、冷却液温度、进气温度等信号确定伺服电动机（步进电动机）控制电压或电流的大小，再由伺服电动机调节节气门开度或喷油泵拉杆位置，通过调节进气量或供油量来调节发动机的输出转矩。

（3）控制节气门开度

控制节气门位置（开度）可以控制进入气缸的进气量，从而能够显著改变发动机的输出转矩。

在采用电子控制燃油喷射系统 EFI 的汽车上，ASR 的 ECU 根据轮速传感器和车速传感器信号计算确定驱动轮滑转率的大小之后，通过控制节气门开度和燃油喷射量等即可调节发动机的输出转矩。当驱动轮滑转率超出规定值范围时，ASR 的 ECU 便向执行器发出控制指令，减小节气门的开度、缩短喷油器的喷射时间或中断个别喷油器喷油,便可迅速降低发动机的输出转矩,从而防止驱动力滑转。

2. 控制驱动轮制动力

控制驱动轮制动力的方法,实际上是利用差速器的差速作用使驱动轮获得较大的驱动力。控制方法如图 15-28 所示。

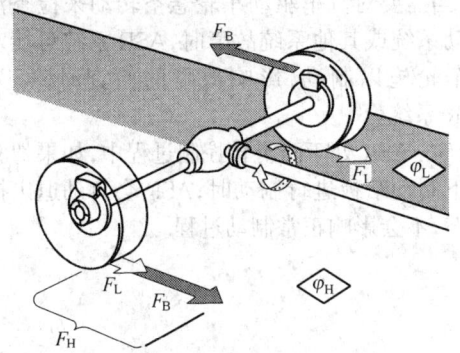

图 15-28 作用在驱动轮上的纵向力示意图

处于高附着系数 φ_H 路面上的右侧驱动轮能够产生的驱动力为 F_H,处于低附着系数 φ_L 路面上的左侧驱动轮能够产生的驱动力为 F_L。此时汽车的驱动力只取决于低附着系数路面上的驱动力 F_L。为了阻止低附着系数路面上行驶的左侧驱动轮产生滑转,对其施加一个制动力 F_B,通过差速器的差速作用,在右侧驱动轮上也会产生作用力 F_B,此时两只驱动轮能够获得的最大驱动力为 $F_{man}=F_H+F_L=2F_L+F_B$,即驱动力增大了制动力 F_B 值,发动机的输出转矩就可按增大后的驱动力进行调节。

对驱动轮施加制动力是使驱动轮保持最佳滑转率且响应速度较快的控制方法,一般作为仅采用控制节气门开度来调节发动机输出转矩的补充控制,从而达到响应速度快、方向操纵性和制动稳定性好的目的。为了保证乘坐舒适性和避免制动器过热,制动时间不能过长。因此,这种方法只限于低速行驶时短时间使用。

3. 控制差速器的锁止程度

控制差速器的锁止程度是指对防滑转差速器进行控制。防滑转差速器是一种由电子控制器控制的可锁止差速器,控制原理如图 15-29 所示。

在电控锁止差速器向车轮输出驱动力的输出端设置有一个离合器。通过调节作用在离合片上的油液压力,即可调节差速器的锁止程度。液压力逐渐降低时,差速器锁止程度逐渐减小,传递给驱动轮的驱动力也逐渐减小;反之,油压升高时,驱动力即随着逐渐增大。

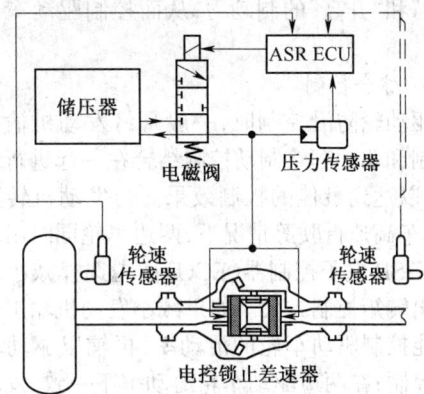

图 15-29 电控差速器锁止控制示意图

油液压力来自储压器的高压油液,压力大小由防滑转控制系统的电控器(ASR ECU)通过控制电磁阀使压力"升高"、"保持"、"降低"进行调节,并由压力传感器和驱动轮上的轮速传感器反馈给 ASR ECU,从而实现反馈控制。

通过调节电控锁止差速器的锁止程度来达到控制驱动轮的驱动力的方法,使汽车在各种附着系数不同的路面上起步和行驶时,都具有较好的稳定性和操纵性。因此,越野汽车装用电控锁止式差速器,可大大提高其越野通过性。

三、ASR 系统的工作原理

ASR 电子控制器(ECU)根据车轮转速传感器、节气门位置传感器、发动机转速传感器等提供的输入信号计算确定驱动车轮的滑动率,当 ABS/ASR ECU 判定驱动轮的滑转率超过设定门限值时,ECU 就会控制发动机输出转矩和对驱动轮施加制动来避免滑转现象的发生。

1. 两驱动车轮滑动率超出规定值

当两驱动车轮的滑动率超出规定值时,ABS/ASR 电子控制器(ECU)向副节气门驱动步进电动机输出控制信号,使副节气门开度适当减小,以控制发动机的输出转矩,抑制驱动车轮的滑转。

当发动机输出转矩调节量较小或副节气门调节还未能有效控制驱动车轮滑转时,ABS/ASR 电子控制器(ECU)则向发动机 ECU 输出控制信号,使点火时间适当推迟或适当减少喷油量,以实现迅速控制发动机输出转矩的目的。

2. 一只驱动车轮滑动率超出规定值

当某一驱动车轮的滑动率超出规定值时,

ABS/ASR 电子控制器(ECU)向 ASR 制动压力调节器发出控制信号,对滑转的车轮施加"降低"、"保持"和"升高"的制动力,从而控制驱动车轮的滑转。

3. 综合控制

驱动轮防滑控制时,一般是将发动机输出转矩控制和驱动车轮制动控制结合在一起进行综合控制,以达到最佳的控制效果。当发动机转速较高、汽车高速行驶等情况下,两边车轮同时出现滑转时,ASR 电子控制器(ECU)优先选择减小发动机输出转矩控制方式。如果减小发动机输出转矩还不能控制驱动车轮的滑动率,再辅以驱动车轮制动控制;在两边驱动车轮滑动率不一致、发动机输出功率较小、汽车行驶速度不高等情况下,ASR 电子控制器(ECU)则首选驱动车轮制动控制,然后视情辅以发动机输出转矩控制。

4. ASR 开关

驾驶人可通过选择 ASR 开关来控制其是否工作。仪表盘上设有 ASR 工作指示灯,用来显示 ASR 的工作状态。当关闭 ASR 时,ASR 关闭指示灯亮,当打开 ASR 时,ASR 工作指示灯亮。例如,当需要对汽车驱动车轮悬空转动来检查汽车传动系统或其他系统故障时,ASR 系统可能对驱动车轮施以制动,影响故障的检查时,可关闭 ASR 系统。

在 ASR 处于防滑转控制过程中,如果驾驶人踩下制动踏板进行制动时,ASR 会自动退出控制状态,不会影响正常制动过程。

第十六章 电子控制悬架系统

第一节 电子控制悬架系统概述

一、电子控制悬架系统的功用

电子控制悬架系统,使得汽车车身的高度以及悬架的刚度和减振器阻尼系数随车速和路面的状况而改变,从而提高车辆的操纵性、稳定性、舒适性和安全性,使汽车在任何路面上行驶都能保持最小的车身姿态变化。电子控制汽车悬架系统的基本功能有三个:

(1) 车高调整功能

无论车辆的负载是多少,本功能都可以保持车高一定。当车辆在很差的道路上行驶时,可以使车高增加;当车辆高速行驶时,又可以使车高降低,以减少空气阻力,提高操纵稳定性。

(2) 衰减力控制功能

提高车辆的操纵稳定性,在急转弯、急加速和紧急制动的情况下,可以抑制车辆姿势的变化,防止车辆俯仰、侧倾、点头等。

(3) 弹簧弹性系数的控制功能

利用控制弹簧弹性系数的办法,来控制车辆起步时的姿势。按使用目的,本项功能分为运动型和舒适型两种。

二、电子控制悬架系统的类型

目前,采用电子控制的悬架有半主动悬架和主动悬架两种。半主动悬架是指悬架元件中的弹簧刚度和减振阻尼系数之一可以根据需要进行调节。为减少执行元件所需的功率,主要采用调节减振器阻尼系数法,只需提供调节控制阀、控制器和反馈调节器所消耗的较小功率即可。

主动悬架是一种具有作功能力的悬架,通常包括产生力和转矩的主动作用器(液压缸、气缸、伺服电动机、电磁铁等)、测量元件(加速度、位移和力传感器等)和反馈控制器等。主动悬架需要一个动力源(液压泵或空气压缩机等)为悬架系统提供连续的动力输入。当汽车载荷、行驶速度、路面状况等行驶条件发生变化时,主动悬架系统能自动调整悬架刚度(包括整体调整和单轮调整),从而能同时满足汽车行驶平顺性和操纵稳定性等各方面要求。

电子悬架控制系统也可以分为减振器式控制系统、全空气悬架控制系统以及空气悬架多功能控制系统。减振器式控制系统是通过对减振器的油量进行电子控制,自动地变换减振器阻尼力。全空气悬架控制系统装置只能自动调节车身高度,它是将空气密封于缸筒的气室内而取代传统的螺旋弹簧,由微电脑进行自动控制。空气悬架多功能控制系统既能自动调节车辆高度,又可调节减振器的阻力,还能控制弹簧刚度。以上三种形式的悬架系统前两种可归类为半主动悬架,而第三种为主动悬架。

第二节 电子控制悬架系统的结构和工作原理

一、电子控制悬架系统的组成

电子控制悬架系统由电子控制单元ECU、传感器、开关、执行元件等电子器件组成。丰田凌志LS400电子控制悬架系统的结构框图如图16-1所示。该车电子控制悬架系统各部件的功能见表16-1。

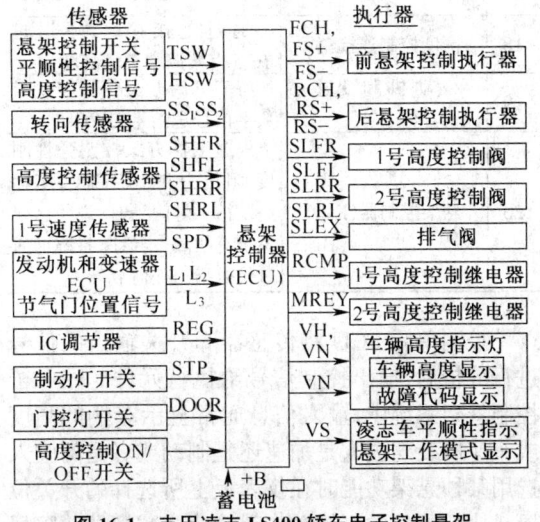

图 16-1 丰田凌志 LS400 轿车电子控制悬架系统结构框图

表 16-1 电子控制悬架系统各部件的功能表

序号	部件	功用
1	悬架控制执行器	改变悬架弹性刚度和阻尼力
2	IC 调节器	调节交流发电机的电压
3	1号高度控制继电器	提供电流给空气压缩机的电动机
4	空气压缩机	提供压缩空气,提高汽车高度
5	干燥器	吸收压缩空气中水分
6	高度控制传感器	检测汽车高度,不平路面上改变气动缸的容积
7	1、2号高度控制阀	向4个(前、后、左、右)气动缸的气室充入或放出压缩空气
8	排气阀	将压缩空气从气动缸中排入大气,降低汽车高度
9	制动灯开关	检测制动踏板是否起作用
10	车辆高度指示灯	给驾驶人指示车身高度,并且当悬架系统发生故障时,警报灯亮
11	凌志车平顺性指示灯	通过平顺性开关,指示弹性刚度和阻尼力处于自动控制的模式上
12	1号速度传感器	检测车辆行驶的速度
13	悬架控制开关	由平顺性控制开关、弹性刚度和阻尼力选择开关和高度控制方式组成
14	转向传感器	检测转向轮的转向角度
15	门控开关	检测车门的位置(开或关)
16	高度控制 ON/OFF 开关	允许或禁止车辆高度自动调节
17	2号高度控制继电器	向高度传感器提供电流
18	高度控制连接盒	通过连接接头,不通过 ECU 直接调整车辆高度
19	发动机和变速器 ECU	将节气门开关信号转变成数字信号送给悬架 ECU
20	悬架控制器(ECU)	根据工作方式控制弹性刚度、阻尼力和车辆高度,车辆高度指示灯闪亮时,说明悬架系统有故障,自诊断系统可通过代码指出任何故障

控制单元 ECU 将传感器和开关输入的信号进行分析后,输出控制信号给执行元件。在电子控制悬架系统中,输入信息通常显示车辆的高度或车速以及驾驶人是加速还是制动或者是驾驶人选用某种悬架功能时在仪表板上所选择的开关位置。执行元件的机构动作就能改变减振器的阻尼或弹簧的刚度。电子控制悬架系统的工作过程可用图 16-2 表示。

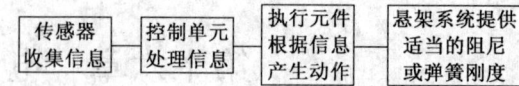

图 16-2 电子控制悬架系统的工作过程

二、电子控制悬架系统传感器

电子控制悬架系统所用的传感器能提供汽车的高度、速度、转向角、惯性力、加速度等信号。大多数电子控制悬架系统使用高度传感器或速度传感器。其他传感器(如转向角度传感器、惯性力传感器等)是否使用,要根据系统的需要而定。

1. 车高传感器

车高传感器用来传感悬架元件和车身之间在垂直方向上的关系。传感器将车架或车身的高度或者悬架被压缩的程度变为电信号输送给电子控制单元(ECU)。车高传感器有光电式和机械式两种。图 16-3a 是丰田车用的光电式车高传感器,图 16-3b 是通用(GM)车用的机械式车高传感器。机械式车高传感器直接控制压缩机和排气阀,不需电子控制单元(ECU)处理。

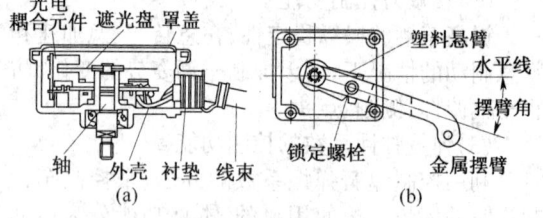

图 16-3 车高传感器的类型
(a)光电式 (b)机械式

图 16-4 为光电高传感器的结构和工作原理图,光电式车高传感器装于车身与车桥之间,用来测量车身与车桥的相对高度。光电传感器由发光二极管和光敏三极管组成,在传感器内部,有一靠连杆带动旋转的轴,轴上装有一个开有许多透光孔的开口盘,开口盘的两侧装有四组光电耦合器。连杆的另一端与车桥相连。当车身高度变化时,车身与车桥相对运动,连杆带动开口盘旋转,光电元件的光照时有时无,光电耦合器把这种变化转换成电脉冲,此光电脉冲信号数记录着车身高度的变化。

图 16-5 为车高传感器内部电路及信号,电子控制单元根据从两个光电传感器传来的信号,便可以检测出汽车"过低、低、高、过高"四个不同车高程度。

2. 转向角传感器

转向角传感器装于转向轴管上，可向ECU提供汽车转向速率、转向角大小及转动方向信息，由ECU确定需要调节哪些车轮的转向及调节量需要多大。该传感器主要用于对汽车悬架系统的侧倾刚度进行调节。它既适用于主动悬架系统，又适用于半主动悬架系统。工作中主要与车速传感器信号相配合。图16-6所示为该传感器的安装位置和构造，图16-7所示为其工作原理。

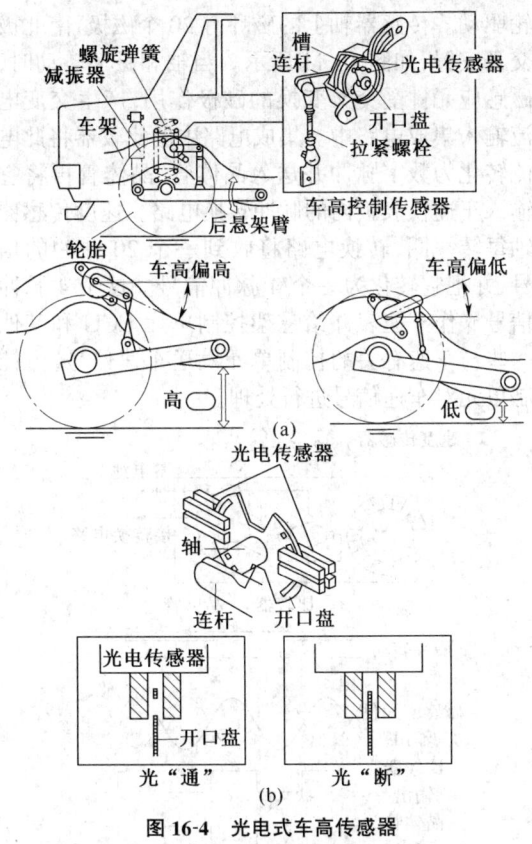

图16-4 光电式车高传感器
(a)车高传感器工作原理 (b)光电传感器

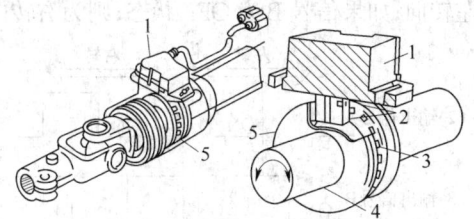

图16-6 光电式转向角传感器基本结构
1.转向角传感器 2.遮光器 3.开口圆盘 4.转轴 5.圆盘

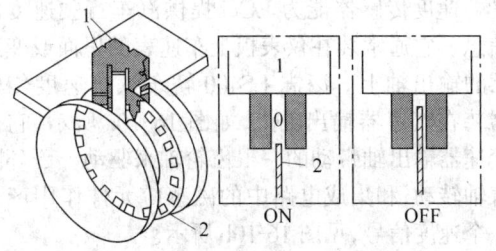

图16-7 光电式转向角传感器工作原理
1.遮光器 2.开口圆盘

在压入转向轴的圆盘中间，装有带窄缝的开口圆盘2(见图16-7)。传感器的遮光器1(由发光二极管和光敏三极管组成)以两个为一组，从上面套装在开口圆盘之上。开口圆盘上等距离均匀排列着窄缝，在随转向轴转动时，两个遮光器的输出随之进行ON、OFF变换。图16-8所示为转向角传感器的电路原理。

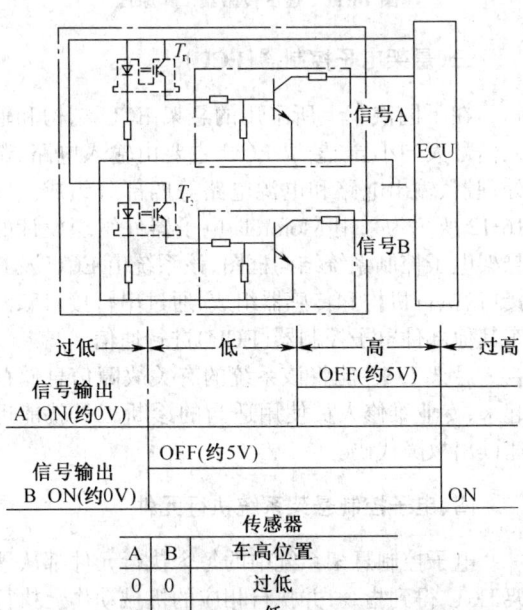

图16-5 车高传感器内部电路及信号

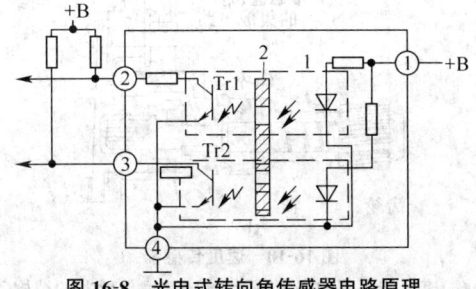

图16-8 光电式转向角传感器电路原理
1.遮光器 2.开口圆盘

ECU 根据两遮光器输出端 ON、OFF 变换的速率,检测出转向轴的转动速率;通过计数器统计 ON、OFF 变换的数量,检测出转向的转角。另外,设计时将两遮光器 ON、OFF 变换的相位错开 90°,如图 16-9 所示。汽车直线行驶时,信号 A 处于 OFF 状态(高电平)的中间位置。转向时,根据信号 A 下降沿处信号 B 的状态,即可判断出转向的方向。图 16-9 所示,信号 A 由 OFF 状态变为 ON 状态(低电平)时,如果信号 B 为 ON 状态,则为左转向;如果信号 B 为 OFF 状态,则为右转向。

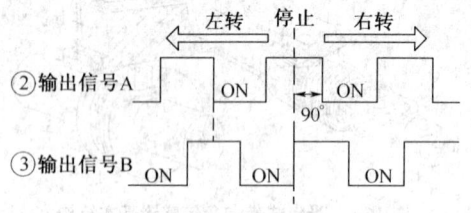

图 16-9 转向角传感器输出信号

3. 速度传感器

速度传感器能为 ECU 提供汽车行驶速度的信息。它通常装在仪表板上车速表的里面或变速器的输出轴上。凌志 LS400 轿车汽车速度传感器装在变速器输出轴上,如图 16-10a 所示,它由变速器输出轴带动的一根齿轮轴来驱动。磁环随着轴转动,和集成电路中的磁感应元件作用产生一个速度信号,见图 16-10b 所示。

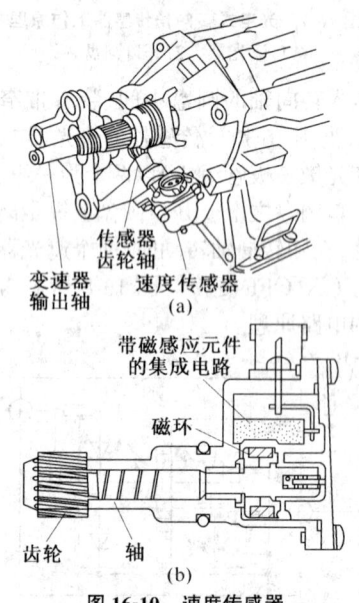

图 16-10 速度传感器
(a)速度传感器的安装位置 (b)速度传感器的结构

速度传感器的齿轮轴由变速器输出轴上的蜗轮驱动。传感器轴上的磁环有 20 个磁极,南北极交叉安置,如图 16-11 所示。当轴和磁环转动时,磁感应元件受交叉变换的磁极作用,产生交变电流输入集成电路中。集成电路中的比较器将此电流转化为数字脉冲并送入晶体管,晶体管再将它输入车速仪表板内的脉冲转换电路。速度传感器轴每转一圈,转换电路将收到一个 20 脉冲的信号,并把它转化为一个 4 脉冲信号。这个 4 脉冲信号操作车速表并给悬架控制单元 ECU 和其他一些与车速有关的控制单元发送车速信号,由控制单元对车速信号进行处理。

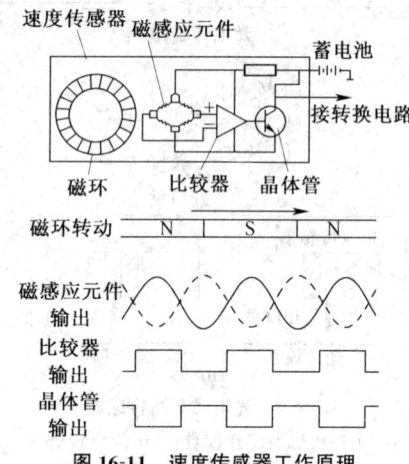

图 16-11 速度传感器工作原理

三、悬架电子控制器(ECU)

在不同汽车上所采用的悬架 ECU 结构和输入信号大同小异,悬架 ECU 主要由输入电路、微处理器、输出电路和电源电路等四部分组成。图 16-12 所示为采用 Motorola 电子器件组织设计的悬架电子控制系统结构框图,该系统由 ECU 及其接口、执行机构和传感器组成,通过串行接口和汽车其他部件电子控制器(ECU)进行通信。

悬架 ECU 能将该系统的有关故障信息储存起来,专业维修人员使用适当的诊断工具就能迅速读出故障代码。

四、电子控制悬架系统执行元件

电子控制悬架系统中的每个执行元件都从悬架 ECU 得到指令,并执行相应的机械动作。执行元件主要包括悬架刚度调节、阻尼调节和车身高度调节三个部分。

下面介绍几种具体的电子控制悬架系统的执行元件。

第二节 电子控制悬架系统的结构和工作原理

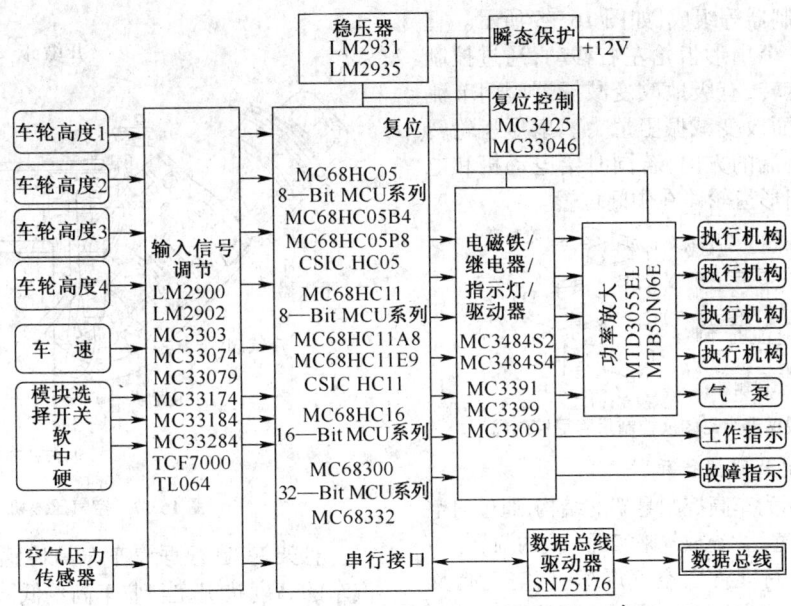

图 16-12 电子控制悬架 ECU 的组成及输入输出信号

1. 空气弹簧刚度控制阀

悬架刚度调节原理如图 16-13 所示。空气悬架上半部设有主、辅气室,两气室之间的气流通道由阀芯控制,阀芯由步进电动机通过气阀控制杆控制其转过的角度,其功能相当于一个空气弹簧。

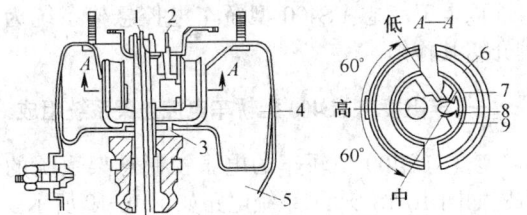

图 16-13 悬架刚度的自动调节原理
1.阻尼调节杆 2.气阀控制杆 3.主辅气室通道 4.辅气室 5.主气室 6.气阀体 7.气流通道小孔 8.阀芯 9.气流通道大孔

当阀芯转至图示位置时,大、小气流通道均被阀芯堵塞,两气室的气体不能流动,悬架在振动过程中,只有主气室的气体单独承担缓冲任务,悬架刚度处于"高"状态。

当阀芯由图示位置顺时针方向转至 60°时,气流通道大孔被打开,主、辅气室的气体经气流通道大孔相通,两气室的气流量大,悬架在振动过程中,承担缓冲的气体容积大,悬架刚度处于"低"状态。

当阀芯由图示位置逆时针方向转过 60°时,气流通道大孔关闭、小孔打开,两气室的气流量小,悬架在振动过程中,承担缓冲的气体容积减小,悬架刚度处于"中"状态。

2. 减振器阻尼控制阀

悬架阻尼自动调节原理如图 16-14 所示,阻尼调节杆连接的转阀上有三个阻尼孔,通过转动调节杆来控制阻尼孔的开闭,从而改变悬架系统阻尼的大小。

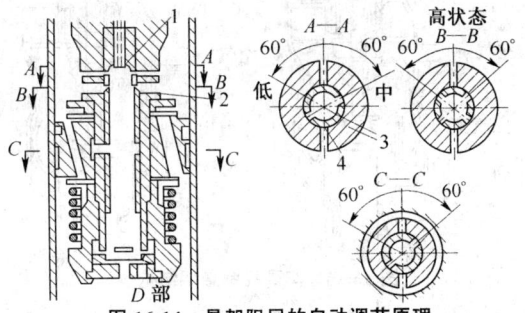

图 16-14 悬架阻尼的自动调节原理
1.阻尼调节杆 2.阻尼杆 3.活塞杆 4.转阀

如图右边所示,三个截面的阻尼孔全被转阀封住,这时只有下面减振器的主阻尼孔仍在工作,所以此种情况的阻尼力最大,减振器处于高阻状态。

若转阀从高状态位置顺时针转动 60°,B 截面的阻尼孔被打开,A、C 两截面的阻尼孔仍关闭。由于多了一个阻尼孔进行节流,因而减振器处于中阻尼状态。

若转阀从高状态位置逆时针转动 60°,三个截面的阻尼孔全部打开,这时减振器的阻尼为最小,处于低阻尼状态。

该阻尼控制的执行元件——阻尼控制阀安装在减振器的顶部,由直流电动机、扇形齿轮、控制杆、电磁铁和限制器等组成,如图16-15所示。直流电动机驱动一个扇形齿轮左右移动,通过控制杆带动旋转阀旋转,有级地改变减振器阀门节流的通流面积,从而改变减振阻尼力。扇形齿轮转动方向依赖于电流的方向,若同时给电动机和电磁阀供电则使扇形齿轮停在中间位置。

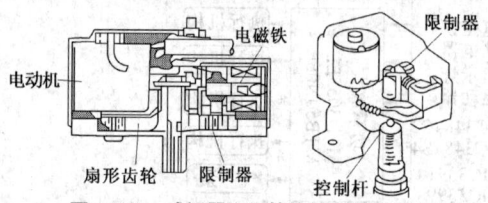

图16-15 减振器阻尼转换控制用阻尼控制阀

3. 车高控制悬架执行元件

图16-16所示为车高控制悬架的结构,通过向空气弹簧悬架的主气室内充放气来实现车高的调节。

车高控制执行元件由空气压缩机、空气阀及设置在悬架之上的主气室组成。空气压缩机由一小直流电动机驱动,如图16-17所示,根据悬架ECU的信号向干燥器输送提高车高所需的压缩空气。干燥器有一个装有硅胶的小箱子,可以将空气中的水分分离掉。排气阀从系统中放出空气,同时排掉干燥器滤出的空气水分。

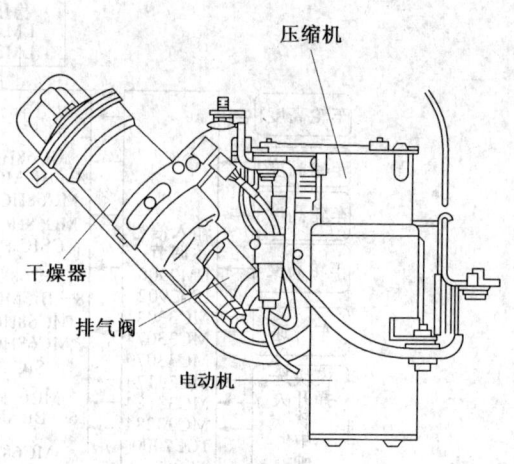

图16-17 空气压缩机

悬架ECU根据汽车车高传感器信号来判断汽车的高度状况,当判"车高偏低",则控制空气压缩机电动机和高度控制阀向空气弹簧主气室内充气,使车高增加;反之,若打开高度控制阀向外排气时则使汽车高度降低。

第三节 电子控制悬架系统的检修

以丰田凌志LS400型轿车电控悬架系统为例介绍其检修。

一、丰田凌志LS400型轿车电控悬架系统组成

凌志LS400型轿车的电子控制悬架系统的布置如图16-18所示,系统电路如图16-19所示。

悬架ECU插接器各端子排列见图16-20,各端子的功用说明见表16-2。

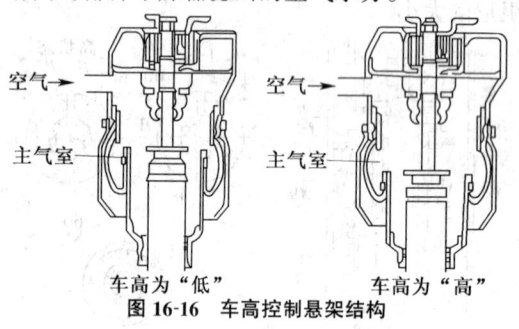

图16-16 车高控制悬架结构

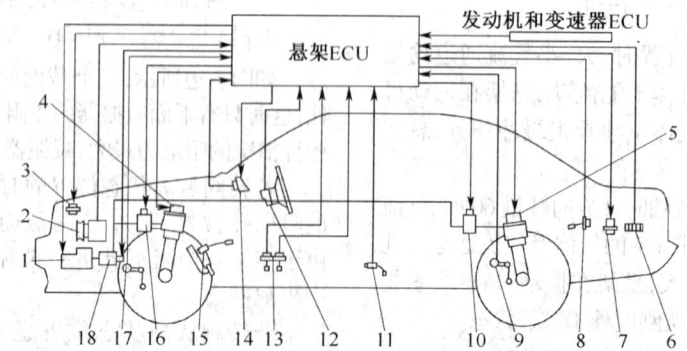

图16-18 凌志LS400轿车电子控制悬架系统的布置
1.空压机 2.发电机及IC调节器 3.NO.1高度控制继电器 4.前悬架控制驱动器 5.后悬架控制驱动器 6.高度控制插座 7.NO.2高度控制继电器 8.高度控制ON/OFF开关 9.后高度控制传感器 10.NO.2高度控制阀 11.车门开关 12.转向盘转角传感器 13.悬架控制开关 14.车高指示灯、LRC指示灯、NO.1车速传感器 15.停车灯开关 16.NO.1高度控制阀 17.前高度控制传感器 18.干燥器与排气阀

第三节 电子控制悬架系统的检修

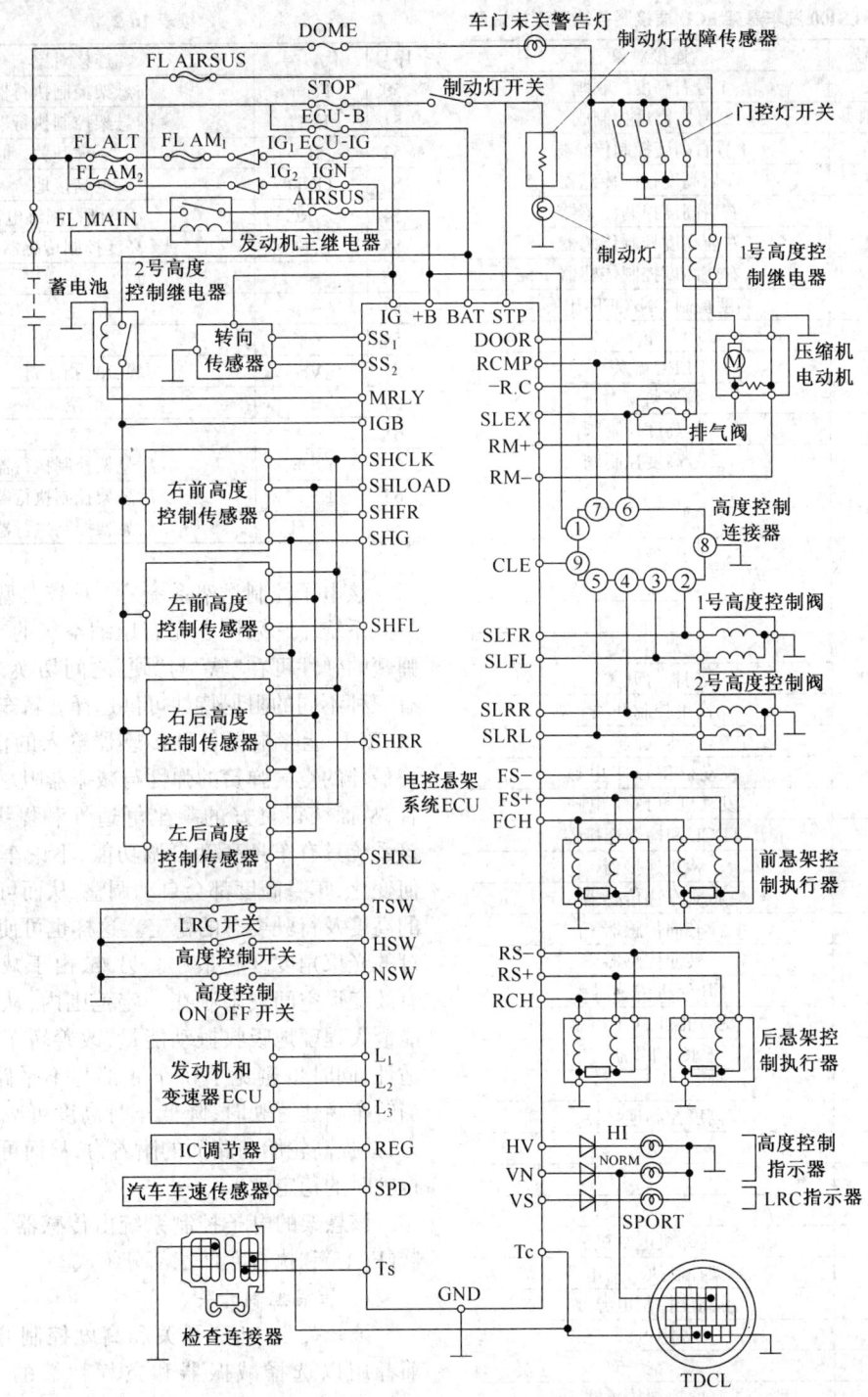

图16-19 凌志LS400轿车电子控制悬架系统电路图

51	50	49	48	47	46	45	44	43	42	41	40	39		30	29	28	27	26	25	24	23		11	10	9	8	7	6	5	4	3	2	1
64	63	62	61	60	59	58	57	56	55	54	53	52		38	37	36	35	34	33	32	31		22	21	20	19	18	17	16	15	14	13	12

图16-20 凌志LS400轿车电子控制悬架系统ECU插接器各端子排列

表 16-2 凌志 LS400 汽车悬架 ECU 插接器各端子连接说明

序号	代号	连接对象
1	SLFR	1 号右高度控制阀
2	SLRR	2 号右高度控制阀
3	RCMP	1 号右高度控制传感器
4	SHRL	左后高度控制传感器
5	SHRR	右后高度控制传感器
6	SHFL	左前高度控制传感器
7	SHFR	右前高度控制传感器
8	NSW	高度控制 ON/OFF 开关
9	—	空
10	TSW	LRC 开关
11	STP	停车灯开关
12	SLFL	1 号高度控制阀
13	SLRL	2 号高度控制阀
14	—	空
15	—	空
16	—	空
17	—	空
18	—	空
19	—	空
20	DOOR	门控灯开关
21	HSW	高度控制开关
22	SLEX	排气阀
23	L1	发动机和 ECT 电脑
24	L3	发动机和 ECT 电脑
25	Tc	TDCL 和检查连接器
26	TS	检查连接器
27	SPD	汽车车速传感器
28	SS2	转向传感器
29	SS1	转向传感器
30	RM-	压缩机传感器
31	L2	发动机和 ECT 电脑
32	REG	IG 调节器
33	—	空
34	CLE	高度控制连接器
35	—	空
36	—	空
37	—	空
38	RM+	压缩机电动机
39	+B	悬架控制执行器电源
40	IGB	高度控制电源
41	BAT	备用电源
42	—	空
43	SHLOAD	高度控制传感器
44	SHCLK	高度控制传感器
45	MRLY	2 号高度控制继电器
46	HV	高度控制"HIGFH"指示灯
47	VN	高度控制"NORM"指示灯
48	—	空
49	FS+	前悬架控制执行器

续表 16-2

序号	代号	连接对象
50	FS-	前悬架控制执行器
51	FCH	前悬架控制执行器
52	IG	点火开关
53	GND	电脑接地
54	-RC	1 号高度控制继电器
55	SHG	高度控制传感器
56	—	空
57	—	空
58	—	空
59	VS	LRC 指示灯
60	—	空
61	—	空
62	RS+	后悬架控制执行器
63	RS-	后悬架控制执行器
64	RCH	后悬架控制执行器

该电子控制悬架系统是一种较典型的半主动悬架系统。它采用了充有压缩空气的空气弹簧，弹簧的弹性可在"软"与"硬"之间切换，减振器则有三种不同的阻尼特性可供选择。轿车行驶过程中，ECU 能够根据各种传感器输入的信息，选择一最佳的空气弹簧的弹性与减振器阻尼特性的组合，从而获得良好的乘坐舒适性和操纵稳定性。该系统具有车身高度自调功能，不论车载负荷如何变化，车身高度都会自动调整，从而可保持汽车的高度及行驶姿态的稳定。这样也可使轿车前大灯的光束角度变化最小。另外，由于减振弹簧的有效变形空间被限制在一定范围内，从而使弹簧能最大程度地吸收振动能量，改善轿车的乘坐舒适性，同时也避免了轿车底部与不平路面相碰。当轿车高速行驶时，降低车身高度可减少空气阻力，并提高轮胎与路面的附着力，从而可提高高速行驶时的稳定性。

该悬架的电子控制系统由传感器、电子控制器（ECU）和执行元件三部分组成。

1. 悬架控制开关

该开关由 LRC 开关和高度控制开关组成。前者用以选择减振器和空气弹簧的工作模式（"normal auto"或"sport auto"）；后者用以选择所希望的车身高度（"normal"或"high"）。两开关均安装在中央控制板的靠近换档操纵手柄指示灯处。

2. 车身高度指示灯

两绿色指示灯位于组合仪表上，用以指示所

选择的车身高度。当高度控制开关的位置改变时,指示灯马上指示出所切换到的位置,但到达所设定的车身高度则需一定的时间。

3. 高度控制 ON/OFF 开关

此开关装在行李箱的工具箱内。将开关扳至 OFF 位置,可禁止在车辆被举升、拖运或停在不平的路面时对车身高度的调节。这样可避免空气弹簧中压缩空气的排出,从而可防止车身高度的下降。应注意的是,在用机械举升或增高车辆高度之前,应将该开关置于 OFF 档位。

4. LRC 指示灯

此灯也位于组合仪表上,用于指示当前减振器和空气弹簧的工作模式("normal auto"或"sport auto")。选择"sport auto"模式时灯亮,否则灯灭。

5. 转向角传感器

转向角传感器组装在转向信号开关总成内,用于监测转向的方位和角度。传感器的结构和工作原理上面已介绍,不再重复。

6. 车身高度控制传感器

轿车的四个角各装有一高度控制传感器。其通过不断地监测车身与悬架下臂间的距离,而测出车身高度的变化。高度控制传感器的结构与原理上面也已介绍,不再重复。

7. 空压机、干燥器及排气阀

空压机用来产生提高车身高度所需的压缩空气,采用活塞连杆式结构,由直流电动机驱动。干燥器用于除去压缩空气中的水分。其内部充有硅胶。当车身降低时,收集到的水分便被排入大气中。

排气阀装在干燥器的末端,当它收到来自悬架电子控制器(ECU)降低车高的指令时,便将系统中的压缩空气排入大气。

8. 高度控制阀

两高度控制阀(NO.1 和 NO.2)根据悬架电子控制器(ECU)的指令,控制空气弹簧的充气和排气。NO.1 高度控制阀用于前悬架,此阀中有两个电磁阀,分别控制左右空气弹簧。NO.2 高度控制阀用于后悬架,它也是由两电磁阀组成,它与 NO.1 控制阀的不同是,它们不是单独控制,而是同时动作。在 NO.2 高度控制阀中还装有一安全阀,用于防止管路中压力过高。两高度控制阀之间采用钢管连接,而高度控制阀与气缸筒之间用尼龙软管可拆卸连接,尼龙管端设有插接器,以便于拆装维修。

9. 悬架电子控制器(ECU)

ECU 根据各种传感器的信息及由悬架控制开关(LRC 开关和高度控制开关)所确定的工作模式,控制减振器的阻尼力、悬架的弹性及车身高度。

ECU 具有故障自诊断功能。工作中一旦发现悬架的电子控制系统出现故障,ECU 便将故障以代码的形式存储在内存中,并及时向驾驶人报警。ECU 的失效保护功能可使其系统出现故障时暂停对悬架的控制。

10. 悬架控制执行元件

悬架控制执行元件装在各空气弹簧和减振器的上方,用于同时驱动减振器的旋转阀和空气弹簧的空气阀,以改变减振器的阻尼系数和弹簧的弹性。执行元件根据电磁原理工作,能够准确地对频繁变化的行驶工况作出快速响应。

在凌志 LS400 汽车上,悬架控制执行元件位于每个车轮的空气弹簧与变阻尼减振器总成的顶部。如图 16-21a 所示,执行元件是一个由四个定子铁芯和线圈组成的电磁装置,两对铁芯相对布置,在四个铁芯中部是一个圆柱形永久磁铁。

ECU 每次将电流送到两个线圈,磁化铁芯。当铁芯被磁化以后,面对中心的磁极吸引永久磁铁的异性磁极,见图 16-21b,使它移动到相应的位置。当控制单元切断一对线圈的电流并送到另一对线圈时,铁芯被磁化并吸引永久磁铁到一个新的位置。通过改变流过一对线圈的电流方向,控制单元能改变电磁铁的极性,从而把永久磁铁移到第三个位置。

永久磁铁底部有一小齿轮(见图 16-21a),用一根杆向下延伸来控制空气弹簧中的空气阀。小齿轮带动另一个齿轮,从而使可变阻尼减振器的控制杆运动。因而,改变永久磁铁的位置也就改变了空气弹簧的刚度和减振器的阻尼。

11. 空气弹簧

空气弹簧由充有低压氮气且阻尼特性可变的减振器、一个主气室和一个副气室组成。

为了改变弹簧的弹性,在主、副两个室间装有控制阀,并由执行元件通过控制杆驱动。当阀门打开时,两气室连通,气室内的有效容积增大,弹簧的弹性系统降低。反之,当控制阀关闭时,仅有主气室中的空气容积为有效容积,由于有效压缩容积减少,使得压力上升较快,从而使弹性系数增加。

座上的相应端子,可不通过ECU而直接控制空气压缩机电动机、高度控制电磁阀及排气电磁阀。此插座上还提供了用于清除存储器中故障代码的端子。其连接的端子与所控制的元件见表16-3。连接过程中应注意不要短接端子1和8,以免造成短路。

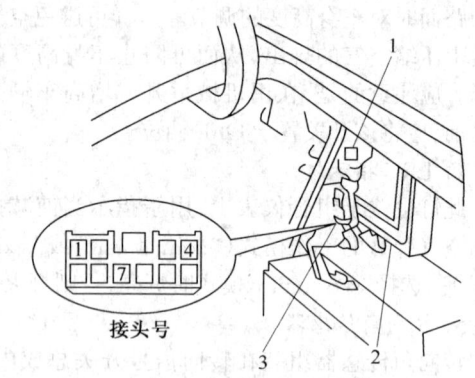

图 16-22 高度控制插座安装位置
1. 2号高度控制继电器 2. 悬架ECU
3. 高度控制器插座

表16-3 连接端子与所控制的元件表

控 制 的 元 件	连接的端子
前右悬架高度控制阀	1和2
前左悬架高度控制阀	1和3
后右悬架高度控制阀	1和4
后左悬架高度控制阀	1和5
排气阀	1和6
压缩机电动机	1和7
清除故障代码	8和9

注:为清除故障代码,发动机室内检查连接器的T_S和E_1端子也需同时被短接。

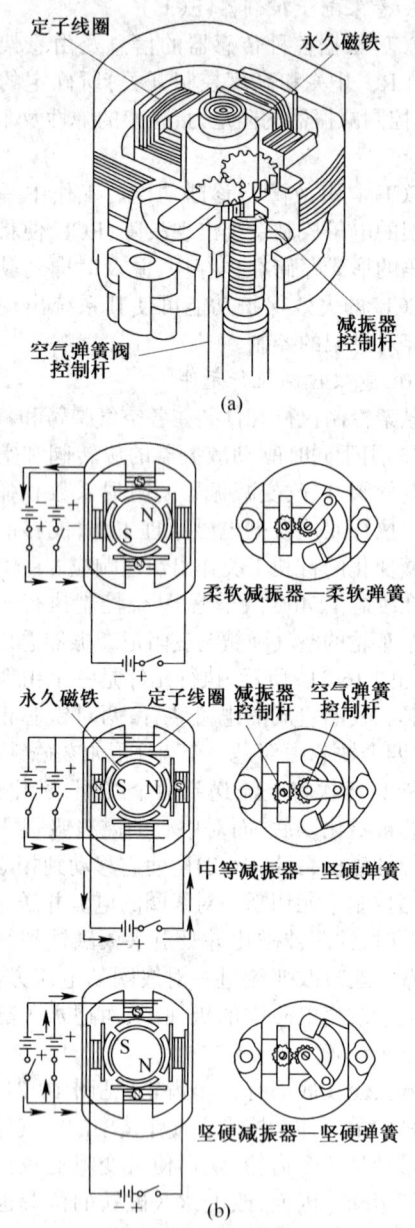

图 16-21 凌志 LS400 轿车电子控制悬架系统执行元件
(a)结构 (b)工作原理

减振器阻尼系数的变化是通过改变活塞阻尼孔的开度来实现的,而阻尼孔的开度则由控制杆驱动的旋转阀来控制。最终车身高度的调节通过NO.1和NO.2高度控制阀以及用以保持或释放主气室内压缩空气的排气阀实现。

12. 高度控制插座

高度控制插座安装于行李舱内的悬架ECU附近,如图16-22所示。为使检修方便,短接该插

二、系统故障诊断

电子控制悬架系统均设有故障自诊断功能,当ECU发现电子控制系统中出现故障后,便以故障代码的形式储存起来,同时停止或暂时停止对出现故障的悬架的控制。丰田凌志LS400轿车电子控制悬架系统的故障自诊断功能如下。

1. 传感器功能检测

悬架ECU检测各种传感器的输出信号(即ECU的输入信号)是否正常的具体步骤如下:

①接通点火开关。

②将发动机室内检查连接器的T_S端与E_1端子短接,如图16-23所示。这时,车身高度控制"NORM"指示灯以0.25s的时间间隔闪烁,表示诊断系统进入输入信号检查状态。当发动机运转时,车

身高度控制"NORM"指示灯的闪烁将会停止。

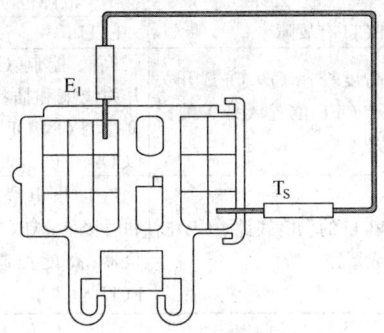

图 16-23　检查连接器的短接端子

③ 每个检查项目都在 A 状态和 B 状态下各检查一次，正常情况见表 16-4 所列。

说明：

a. 在进行输入信号检查时，悬架刚度和阻尼控制均固定在"硬"的状态，车身高度控制则仍可正常进行。

b. 在进行输入信号检查前，将检查连接器的 T_C 和 E_1 端短接，如果高度控制"NORM"指示灯闪示故障码，则应按故障码所示检修故障电路；如果高度控制"NORM"指示灯不闪示故障码，则可进行输入信号检查操作。

表 16-4　悬架电子控制系统输入信号的检查

检查项目	A 状态	"NORM"灯状态		B 状态	"NORM"灯状态	
		点火开关"ON"	发动机运行		点火开关"ON"	发动机运行
转向传感器	转向角为 0°	闪烁	常亮	转向角 45°以上	常亮	闪烁
制动灯开关	不踩制动踏板	闪烁	常亮	踩下制动踏板	常亮	闪烁
门控灯开关	所有车门关闭	闪烁	常亮	所有车门打开	常亮	闪烁
节气门位置传感器	不踩加速踏板	闪烁	常亮	踩下加速踏板	常亮	闪烁
1 号车速传感器	车速低于 20km/h	闪烁	常亮	车速高于 20km/h	常亮	闪烁
高度控制开关	NORM 位置	闪烁	常亮	HIGH 位置	常亮	闪烁
LRC 开关	NORM 位置	闪烁	常亮	SPORT 位置	常亮	闪烁
高度控制 ON/OFF 开关	ON 位置	闪烁	常亮	OFF 位置	常亮	闪烁

2. 故障警报功能

当电子控制悬架控制系统出现故障时，悬架 ECU 通过使"NORM"指示灯每秒钟闪烁一次的方式向驾驶人报警。当故障出现在悬架 ECU 本身时，两高度指示灯都熄灭。

3. 故障代码显示功能

(1) 故障代码的读取

将点火开关接通并用诊断跨接线短接故障检查连接器的 T_C 与 E_1 端子或 TDCL 插座中的 T_C 和 E_1 端子，如图 16-24 所示，车身高度"NORM"指示灯便开始显示悬架 ECU 内存中所存储的故障代码。若内存中存有两个以上的故障代码，则故障代码按由小到大的顺序依次显示。故障代码的显示方式如图 16-25 所示，代码及其含义见表 16-5 所列。

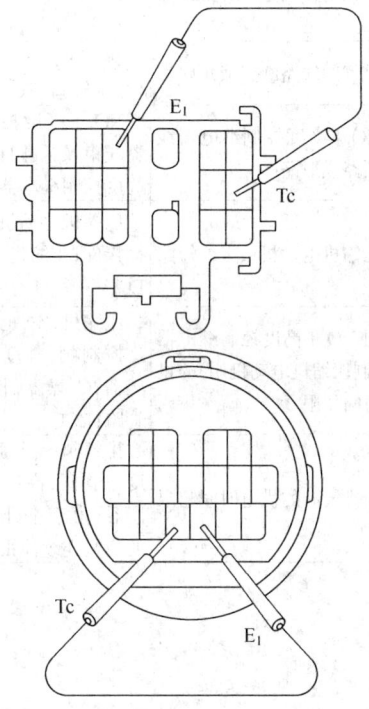

图 16-24　TDCL 和检查连接的 T_C 与 E_1 端子

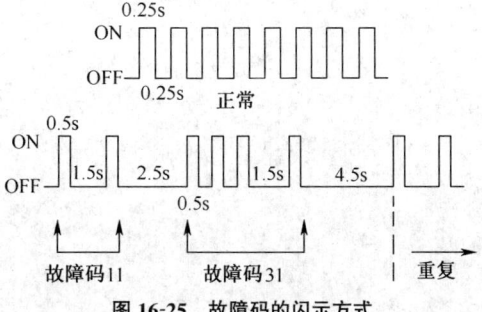

图 16-25　故障码的闪示方式

表 16-5 故障代码表

代码	故障诊断	故障范围
11	前右车高传感器线路断路	车高传感器的线束及插接件;车高传感器;ECU
12	前左车高传感器线路断路	
13	后右车高传感器线路断路	
14	后左车高传感器线路断路	
21	前悬架控制驱动器线路断路或短路	悬架控制驱动器线束及插接件;悬架控制驱动器;ECU
22	后悬架控制驱动器线路断路或短路	
31	NO.1 高度控制阀线路断路或短路	高度控制阀线束及插接件;高度控制阀;ECU
33	NO.2 高度控制阀(控制右悬架的阀)线路断路或短路	
34	NO.2 高度控制阀(控制左悬架的阀)线路断路或短路	
35	排气阀线路断路或短路	排气阀线束及插接件;排气阀;ECU
41	NO.1 高度控制继电器线路断路或短路	NO.1 高度控制继电器线束及插接件;NO.1 高度控制继电器
42	压缩机电动机被卡或短路	压缩机电动机线束及插接件;压缩机电动机;ECU
51	向 NO.1 高度控制继电器(控制压缩机电动机用)的供电时间超限	压缩机;空气弹簧;高度控制阀;高度控制传感器;干燥器;排气阀;管路;ECU
52	向排气阀的供电时间超限	排气阀;空气弹簧;高度控制阀;高度控制传感器;由于举升等造成的弹簧连续伸张;ECU

续表 16-5

代码	故障诊断	故障范围
61	ECU 有故障	ECU
71	高度控制 ON/OFF 开关位于 OFF 位置或开关线路短路	高度控制 ON/OFF 开关线束和插接件;高度控制 ON/OFF 开关;ECU
72	ECU 的供电线路(+B)断路或短路	ECU 供电线路线束和插接件;AIR-SUS 保险器;高度控制插座;ECU

(2)故障代码的清除

故障代码的清除方式有以下两种。

一是在关闭点火开关的情况下,拆下 1 号接线盒中的 ECU-B 熔丝 10s 以上。熔丝的位置如图 16-26 所示。

二是在关闭点火开关的情况下,同时将高度控制连接器的 9 号端子与 8 号端子(见图 16-22)以及检查连接器的 T_S 端子与 E_1 端子(见图 16-23)短接 10s 以上,然后接通点火开关并拆掉各端子的短接导线。

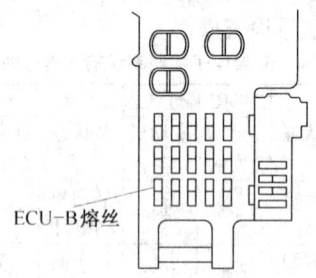

图 16-26 悬架 ECU-B 熔丝的位置

第十七章 电子控制动力转向系统

第一节 电子控制动力转向系统组成及工作原理

电子控制动力转向系统是为了解决传统的液压助力转向系统所固有的不能兼顾低速时轻便性和中、高速时的操纵稳定性而发展起来的电控设备。它的功能是通过电控单元 ECU 自动控制动力放大倍率来分别满足高低速时的转向助力要求。根据其动力源不同分为液压式转向系统和电动式转向系统。

一、液压式电子控制动力转向系统

该系统在传统的液压动力转向系统的基础上增设了控制液体流量的电磁阀、车速传感器和电子控制单元等。电控单元根据车速传感器的信号控制电磁阀输入电流的大小,从而控制电磁阀开度的大小。这样,根据车速的高低就可调整油压,从而得到最佳的转向操纵力。

常见的液压式电子控制动力转向系统根据其控制方式的不同,又可分为流量控制式和反作用力控制式两种。

1. 流量控制式

(1)结构特点

该系统主要由整体式动力转向控制阀、电磁阀、动力转向液压泵、车速传感器和电子控制单元等组成,如图 17-1 所示。其中电磁阀安装在通向转向动力缸活塞两侧油室的油道之间。电磁阀的阀芯开启程度越大,旁路液压油流量越大,液压助力作用则越小。

(2)工作原理

ECU 根据车速传感器的信号,控制电磁阀阀芯的开启程度,从而控制转向动力缸活塞两侧油室的旁路液压油流量来改变转向助力。

① 当车速很低时,控制器输出的控制信号脉冲占空比很小,通过电磁阀线圈的平均电流很小,电磁阀阀芯开启程度也很小,旁路液压油流量小,液压助力作用大,使转向盘操纵轻便。

② 当车速提高时,控制器输出的控制信号脉冲占空比增大,使电磁阀线圈的平均电流增大,电磁阀阀芯的开启程度增大,旁路液压油流量增大,从而使液压助力作用减小,以增加转向盘的路感。

2. 反作用力控制式

(1)组成

凌志 LS400 轿车电控动力转向系统即为反作用力控制式动力转向系统。其组成如图 17-2 所示,主要由储液罐 5、转向油泵 4、转向齿轮箱、动力缸 12、电磁阀 3、车速传感器 1、分流阀 18 和动力转向 ECU 等组成。其中,转向齿轮箱又由动力转向控制阀 10、齿轮齿条转向器和液压反应室等组成。

(2)工作原理

转向时,驾驶人转动转向盘,动力转向控制阀控制油路变化,使动力缸的左、右两腔产生压力差,从而产生液压助力,而电控装置则是根据车速的高低,来控制液压反应装置油压的大小,使驾驶人感受到不同的转向盘力。

① 低车速转向或停车转向。在低车速转向或停车转向时,动力转向 ECU 接收到车速传感器的低车速信号后,立即给电磁阀输送一个大电流,于是电磁阀阀口开度大,由液流分配阀分出的液流流过电磁阀回到储液罐中的液流增加。因此,液压反应室中油压很低,液压反应装置中的柱塞 15 使控制阀轴杆上的液压反应力较小。驾驶人转动转向盘时,利用转向盘转向增大扭杆扭力,转阀按照扭杆的扭转角作相对的旋转,使油泵油压作

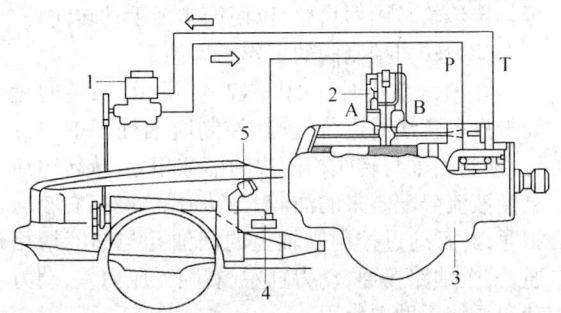

图 17-1 流量控制式动力系统
1. 动力转向油泵 2. 电磁阀 3. 动力转向控制阀
4. ECU 5. 车速传感器

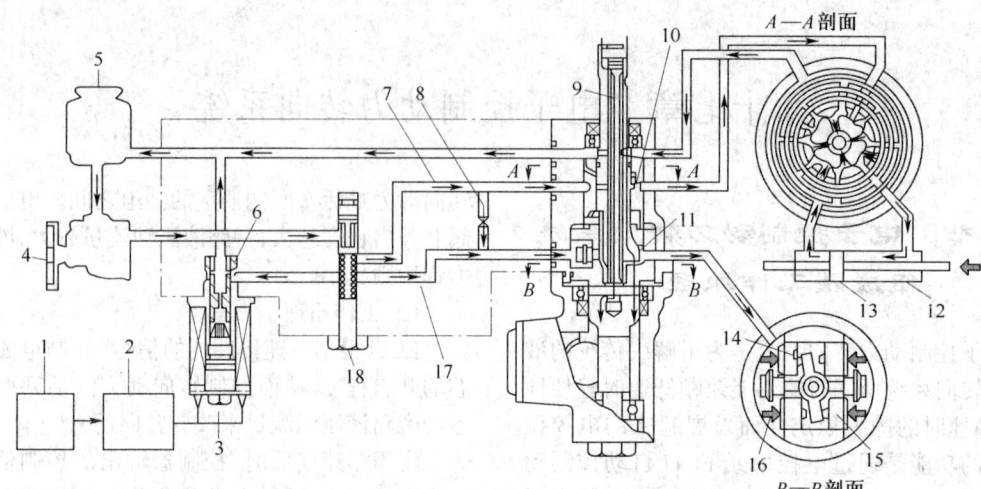

图 17-2 凌志 LS400 电控动力转向系统在低速行驶或停车时的转向作用
1.车速传感器 2.动力转向 ECU 3.电磁阀 4.转向油泵 5.储液罐 6.电磁阀开度(大) 7.压力增加
8.管孔 9.扭杆 10.动力转向控制阀 11.液压反应室 12.动力缸 13.活塞 14.液流分配阀
15.柱塞 16.压力减小 17.至液压反应室 18.分流阀

用于转向动力缸的右室(左室),活塞向左方(右方)运动,从而增强了转向力,此时,驾驶人仅需提供一个较小的转向操纵力就可产生一个大的动力助力,使转向操纵轻便、灵活。

② 中高速小转向。汽车中高速行驶时,当转向盘从直线前进状态转入小转动量状态,即小转向时,控制阀轴根据扭杆的扭转角度而转动,转阀内的油压增大,转阀内的油液通过液流分配阀流到液压反应室。同时,当车速升高时,ECU 接收到车速传感器的中高车速信号后,控制输送给电磁阀的电流减小,使电磁阀 6 处开度减小直至关闭(见图 17-2),从转阀中来的较大的油压通过液流分配阀流到液压反应室,较大的油压作用在液压反应室的柱塞 15 上,该液压反应力传递到转向盘,给驾驶人一个中等的转向感觉。

③ 中高速大转向。在中高速大转向时,即中高速且转向盘转角又大时,转阀内的油压进一步增大。同时,因中高速时电磁阀开度减小或关闭,并且大转向时因油压高而使液流分配阀关闭。因此,液压反应室中压力的增大,仅仅是根据流过管孔 8 液流量的增大而增大。当液压反应室中压力增大时,使得柱塞 15 推动控制阀杆的力变大,故转向盘的转动角度增加时,将要求一个更大的转向操纵力,从而获得了稳定且直接的手感。

(3) 转向齿轮箱总成的结构与工作原理

转向齿轮箱总成由动力转向控制阀总成、液压反应装置、液流分配阀和管孔等组成。

① 动力转向控制阀总成。凌志 LS400 动力转向系统的控制阀为扭杆转阀式结构,它与转向器装为一体,称为整体式结构。动力转向控制阀总成由扭杆、控制阀轴和转阀等组成。

动力转向控制阀的结构如图 17-3 所示,扭杆的上端和下端,分别通过销子 1 和销子 2 与控制阀轴的上端及转向器齿轮连接,这样,控制阀轴和转向器齿轮就通过扭杆连接在一起。转阀的下端通过销子 3 与转向器齿轮固定连接,并且与齿轮一起转动。

控制阀轴的下端插入齿轮上端的一个轴向孔内,当控制阀轴插入后,在轴的两侧各有一个小间隙 △,如图 17-3 的 A—A 截面图所示。这样,当转向盘向左或向右转动时,控制阀轴就相对于转向器齿轮能转动一个 △ 间隙量。即使动力转向液压管路损坏或发动机熄火,控制阀轴的转动仍可直接传给转向器齿轮,以便能实现手动转向。

动力转向控制阀的工作原理如下:

a. 直线前进时。如图 17-4a 所示,当转向盘处于汽车直线前进位置时,控制阀轴处于中间位置,控制阀轴与转阀槽两边的槽隙相等,从转向油泵经液流分配阀来的油液,与动力缸的左、右腔均相通,并且通过控制阀轴上的回油孔与储液槽相通,整个油路畅通,动力缸左、右腔无压力差,动力转向系统无助力作用。

b. 左转弯时的助力过程。如图 17-4b 所示,左转弯时,转动转向盘,扭杆带动控制阀轴与扭杆上端同步逆时针旋转，同时，该转向盘力通过弹性扭杆传给转向器齿轮和转阀。由于轮胎与地面之间转向阻力的存在，必须有足够的转动力矩才能使转向齿轮转动，这个力矩促使扭杆弹性扭转，造成转阀转动角度小于控制阀轴转动的角度，两者产生角位移，角位移量等于扭杆变形量，从而使通往动力缸右腔的进油槽间隙减小（或封闭），油压降低；通左腔的进油槽间隙增大，而回油槽间隙减小（或封闭），油压增大，此时来自转向油泵的压力油通过槽隙流向左腔，右腔的油液则通过控制阀轴的回油孔流回储液罐，从而实现助力过程。

c. 右转弯的助力过程。如图 17-4c 所示，右转弯时，控制阀轴顺时针旋转，转阀内的油路发生相反方向的变化，从而使动力缸的右腔通液压油，左腔则与储液罐相通而反向助力。

d. 当转向盘处在某一转向角度不变时。当转向盘处在某一转向角度不变时，控制阀轴随转向器齿轮在动力缸油压和扭杆弹力的作用下沿着转向盘转动方向旋转一个角度，使之与转阀相对角位移量减小，动力缸左、右腔压力差减小，但仍有一定的助力作用，此时的助力力矩与车轮的回正力矩相平衡，使车轮维持在某一转向角度位置上。

e. 转向后转向盘的回位过程。若放松转向盘，扭转的弹性扭杆复原，控制阀轴回到中间位置，失去助力作用，转向轮在回正力矩作用下自动回正。若需要助力回位，驾驶人可回转转向盘，液压反向助力，帮助转向轮回位。

f. 液压动力转向系统能保证汽车直线行驶的稳定性。当汽车直线行驶，若偶然遇到阻力而使车轮偏转时，如向左偏转，此时车轮的阻力矩通过转向器齿轮作用在转阀上，使转阀逆时针转动，使转阀与控制阀轴间产生角位移，动力缸的右腔油压升高，左腔油压降低，产生助力，助力方向与车轮偏转方向相反，使车轮迅速自动回正，保证汽车直线行驶的稳定性。

② 液压反应装置的结构与工作。液压反应装置设置在转阀的下面，装在转向器齿轮孔中。它由液压反应室、4 个液压反应柱塞和控制阀轴杆等组成。液压反应装置的作用是，将动力转向 ECU 根据车速控制的液压反应室的液压反应给转向盘，提醒驾驶人是在高速行驶转向。

液压反应装置的工作情况如图 17-5 所示。当汽车直线行驶时，控制阀轴杆处于中间位置（此时油液畅通），4 个柱塞的背面作用着相同的油

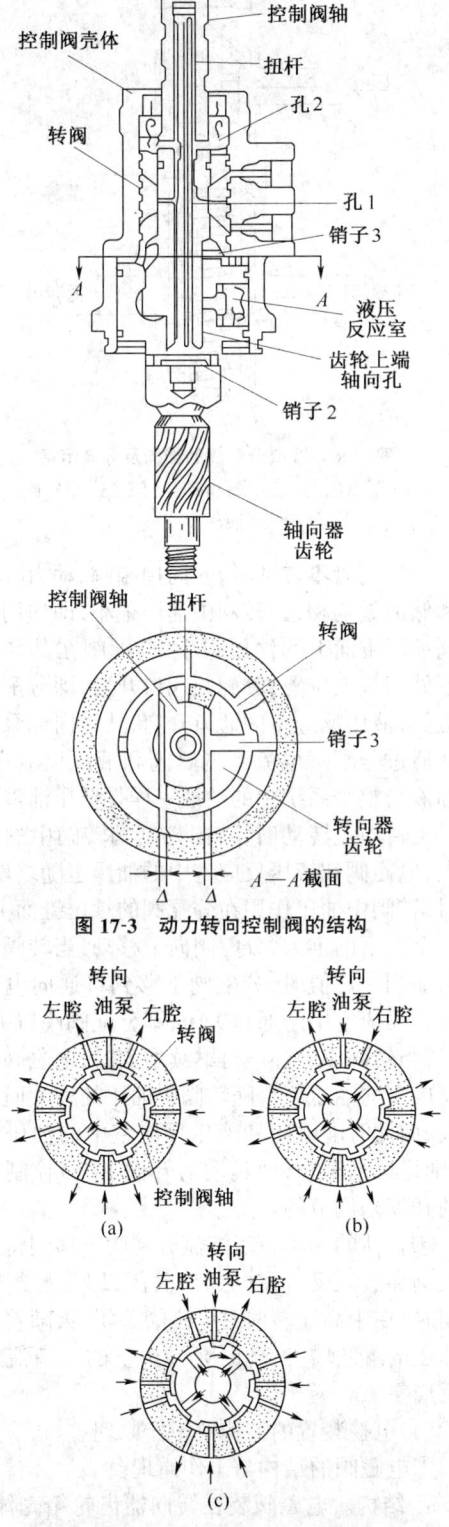

图 17-3 动力转向控制阀的结构

图 17-4 动力转向控制阀的工作原理
(a) 直线前进时 (b) 左转弯时 (c) 右转弯时

压,且油压力很小;当汽车转向时,转向盘通过扭杆上端的销子带动控制阀轴转动,以及通过该扭杆下端的销子带动转向器齿轮转动。由于液压反应装置装在转向器齿轮孔中,控制阀轴与转向器齿轮的相对转动即推动柱塞移动。当向左转向时,如图17-5b所示,两个活塞背面的油压力(液压反应室中的油压力),通过控制阀轴杆传给控制阀轴,再传给转向盘,从而使驾驶人能感觉到液压反应室中油压的大小。而液压反应室中油压的大小,是由动力转向ECU根据车速通过电磁阀来调节的,当车速低时,液压反应室中的油压低,车速高时油压高,以便在高速行驶转向时提醒驾驶人集中注意力。

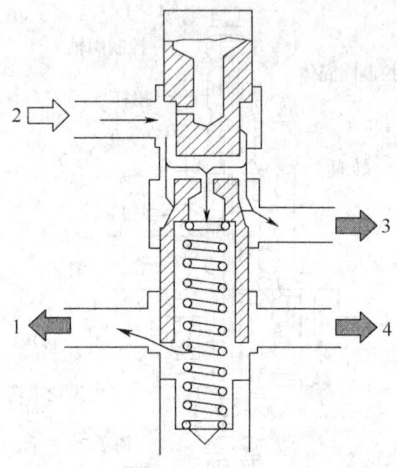

图17-6 液流分配阀的结构及分流示意
1.至电磁阀 2.来自转向油泵 3.至转阀
4.至液压反应室

当转向盘不转动时,转向控制阀、动力缸左右腔和储油罐均相通,转阀中油压很小,即作用在分配阀承压锥面上的油压很小,分配阀在其弹簧作用下处于最上位置,分配阀阀口开启,即分配阀与电磁阀、液压反应室的通口开启,从转向油泵来的油液通过分配阀也流到电磁阀和液压反应室中,此油液与整个系统中的油液一样是低压油液。

当转向盘转动时,转向控制阀转阀中的油压增大,电磁阀和液压反应室中的油压也随之增大。同时,转阀中油压作用在分配阀的承压锥面上,产生一个向下的推力,分配阀向下移动,当转阀中油压增加到一定值时,分配阀下移到将通向电磁阀和液压反应室中的通口关闭,即分配阀阀口关闭。此时,当转阀中的油压再继续增大时,电磁阀和液压反应室的油压不再随转阀中油压的增大而继续增大,而此时电磁阀和液压反应室中的油压的大小,则是根据车速,通过动力转向ECU控制电磁阀的开度来调节的。

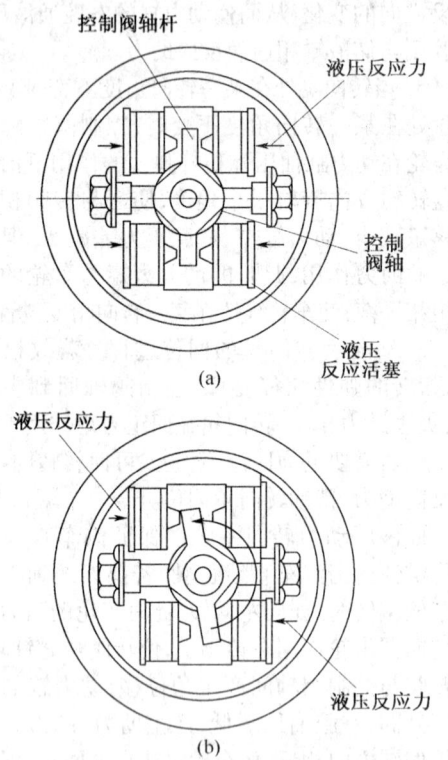

图17-5 液压反应装置
(a)汽车直线行驶时 (b)汽车左转向时

③液流分配阀的工作情况。液流分配阀的结构如图17-6所示。其内装有分配阀和分配阀弹簧,壳体上有4个孔,分别通转向油泵、转向控制阀的转阀、电磁阀和液压反应室。液流分配阀的作用是将转向油泵来的油液分配到转向控制阀的转阀、电磁阀和液压反应室。分配到电磁阀和液压反应室中的油液由转阀内的油压来调节。其工作情况如下。

④管孔的作用。当液流分配阀下移到将通向电磁阀和液压反应室的通口关闭,即分配阀阀口关闭时,在中高速转向时电磁阀关闭后,随着转阀中油压的继续增大,此时允许少量的油液流进液压反应室。

(4)电控装置的结构及工作原理
①电磁阀的结构与工作原理。
a.结构。电磁阀装在转向器齿轮箱壳体上。电磁阀的结构如图17-7所示,它由电磁线圈、壳体、空心滑阀和弹簧等组成。空心滑阀上有阀孔

和固定小孔。壳体上有两个孔,一个通向储液罐,一个通向液流分配阀。

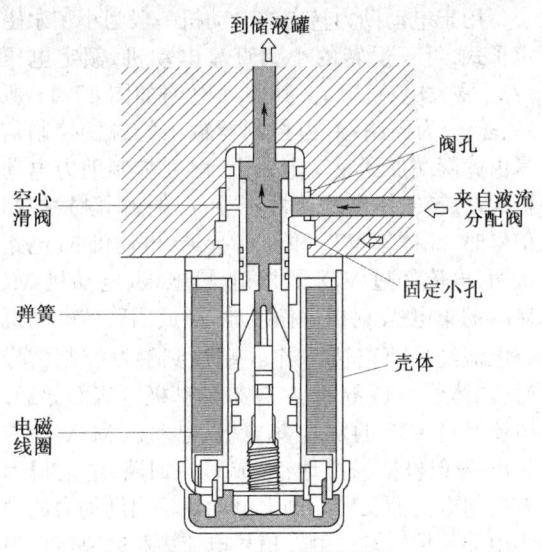

图 17-7 电磁阀的结构

b. 电磁阀的工作原理。当电磁阀不通电或通小电流时,空心滑阀在弹簧张力的作用下被压在最上端,此时阀孔关闭,而固定小孔开启。因固定小孔的通道截面很小,从液压反应室(经液流分配阀)流过该阀的液流量很小。

当电磁阀的电流逐渐增大时,电磁线圈中产生的电磁吸力克服弹簧的弹力,将空心滑阀逐渐吸下,阀孔的开启截面逐渐增大,液压反应室中的液压逐渐减小。

当电磁阀的电流增大到一定值时,阀孔的开启截面达到最大,此时,液压反应室中的压力最低,此后,随着电磁阀电流的继续增大,阀孔的开启截面也不再变化。

②车速传感器和动力转向ECU:车速传感器的功用是为动力转向ECU提供车速信号。凌志LS400轿车有2个车速传感器,其动力转向系统采用1号车速传感器,该车速传感器也用于车速表和发动机控制系统。

动力转向ECU根据车速传感器的信号来控制电磁阀的电流,当车速增加时,动力转向ECU输出的电流减小,从而使电磁阀阀孔的开启量减小。

(5)控制电路

电控动力转向系统的控制电路如图17-8所示。当点火开关接通时,蓄电池通过动力转向ECU的+B端子向动力转向ECU提供12V电源。当汽车正常行驶时,车速传感器通过动力转向ECU的SPD端子向动力转向ECU提供车速信号。在不同车速条件下转向时,动力转向ECU给SOL⊕端子和SOL⊖端子之间施加不同的电压,电磁阀打开的程度不同,以使驾驶人有不同的转向感觉。

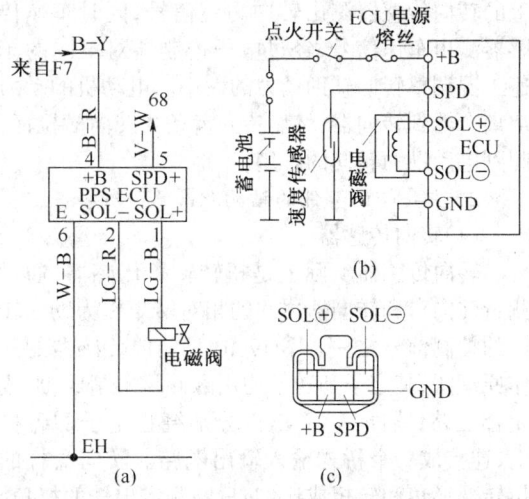

图 17-8 凌志LS400型轿车动力转向电子控制电路及其连接器
(a)电路原理图 (b)接线图 (c)连接器(动力转向)

二、电动式电子控制动力转向系统

利用电动机作辅助动力转向,是动力转向系统的另一种形式,近年来在轿车上得到了广泛地应用。

1. 电动式动力转向系统的原理

电动机助力转向是以电动机作为动力源,根据转向参数、车速等信号,由电子控制器完成助力控制。图17-9所示为电动力转向系统的组成,它

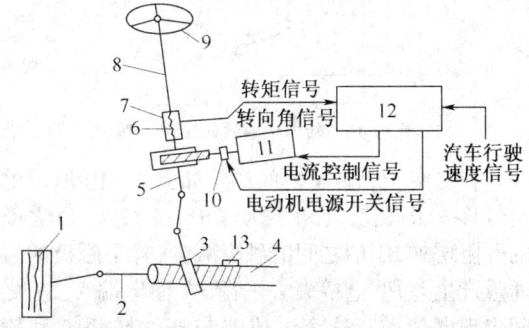

图 17-9 电动式电控动力转向系统的基本组成
1.转向车轮 2.横拉杆 3.小齿轮 4.齿条 5.输出轴 6.扭杆 7.转矩传感器 8.(转向)输入轴 9.转向盘 10.电磁离合器 11.助力电动机 12.ECU 13.转向角传感器

主要由车速传感器、转矩传感器、转向角传感器、电子控制器ECU、电动机及减速机构等组成。该系统广泛用于日本日产、大发、富士重工、三菱、铃木汽车公司的许多车型。

该系统工作原理为：当转向时，装在转向盘杆上的转向传感器测出转向力矩信号，同时车速传感器测出车速信号，经过电子控制器对不同的车速工况调整转向辅助动力的大小。电动机的动力从离合器到转向器，然后传入齿条式转向横拉杆，起到电动助力转向的作用。

2．主要转向部件的结构及原理

(1)转向传感器

转向传感器实际上是扭转转矩传感器，通过测量转向盘和转向器之间的相对转矩作为助力转向的控制信号之一。图17-10是转向传感器的工作原理图，其定子和转子均用磁性材料制成，形成闭合磁路；线圈A、B、C、D分别绕在定子的磁极上，连接成一个桥式输入输出电路。转向盘杆的扭转变形角和转矩成比例，只要测定出杆的扭角，就可以知道转向力的大小。输入桥压由连续的脉冲电压信号U_1加在线圈U、T的两端，当转向杆上的转矩为零时，定子和转子的相对转角也为零，转子处于图17-10所示的位置。此时，每个磁极上的磁通量是相同的，因而电桥平衡，在线圈V、W两端的输出桥压$U_0 = 0$。

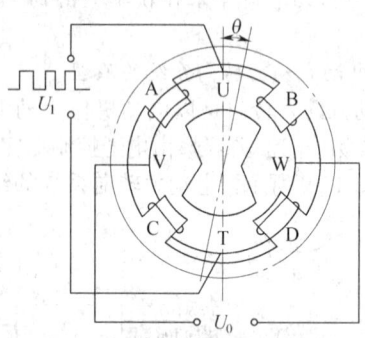

图17-10 转向传感器的工作原理

如果定子和转子之间产生如图17-10所示的角位移θ，即相对转角不为零时，磁极A、D之间的磁阻增加，B、C之间的磁阻减少，各个磁极的磁通量产生差别，电桥失去平衡，在输出端V、W之间出现电位差。这个电位差与杆的转角θ和输入电压U_1成比例，其关系式为

$$U_0 = k \cdot U_1 \cdot \theta$$

式中 k——比例系数。

由输出桥压就可知转向盘杆的转角和转矩的大小。

(2)助力电动机

用于电动助力转向的电动机一般为小型永磁定子式、可正反转的小型直流电动机，额定电压12V，最大电流30A。其驱动电路如图17-11所示，a_1、a_2为控制端，由控制器输出的触发控制信号由此两端加到驱动电路上，触发控制助力电动机起动旋转，输出助动力。当a_1端接到触发控制信号时，晶体管VT_3和VT_2导通，电动机M电路接通，电流经过VT_2的发射-集电极、电动机M、VT_3的集电-发射极搭铁接地，形成回路。电动机有电流经过而正转。当a_2端接到触发控制信号时，晶体管VT_4导通，VT_1得到基极电流而导通，电流经过VT_1的发射-集电极、电动机M、VT_4的集电-发射极搭铁接地，形成另一回路，电动机因有反向电流而反转。助力电动机输出助动力的大小由加到控制端的触发信号电流大小来决定。当汽车慢速转向时需要较大的助动力，控制器则输出较大的触发电流经a_1或a_2端流入，使得VT_3或VT_4管集电极电流相应增加。于是流经电动机的电流增加，电动机输出助力转矩增大，具有很好的线性调节功能。

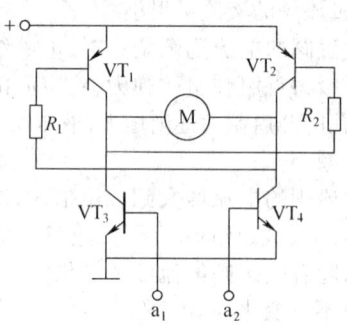

图17-11 电动机正反转控制电路图

(3)电磁离合器和减速机构

电动助力转向系统多采用单片干式电磁离合器，其工作原理如图17-12所示，工作电压为12V，

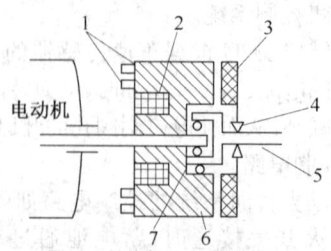

图17-12 电磁离合器原理
1.滑环 2.线圈 3.压板 4.花键 5.从动轴
6.主动轮 7.滚珠轴承

额定转速时传递的转矩为 1.5N·m, 主要由电磁线圈、主动轮、从动轴、压板等组成。

工作时,电流通过滑环进入电磁线圈,主动轮便产生电磁吸力,带花键的压板就被吸引,并与主动轮压紧,于是电动机的输出转矩便经过输出轴→主动轮→压板→花键→从动轴传递给减速机构,减速机构一般为蜗轮蜗杆机构,也有采用行星齿轮减速机构的。

离合器一般定一个工作范围。如当车速达到 30km/h 时,电动机就停止工作,同时,离合器也分离,不起传递转向助力的作用。当电动机发生故障时,离合器会自动地分离,这时仍可以利用手动转向。

(4) 电子控制器 (ECU)

电动式动力转向控制器 ECU 的基本组成如图 17-13 所示,其核心是一个具有 256 个字节的 RAM、4K 字位的 ROM 的 8 位单片机(微处理器)。外围电路还有:一个 10 位 A/D 转换器、一个 8 位 D/A 转换器、I/F(电流/频率)转换器、动力监测电路、放大电路以及驱动电路等。

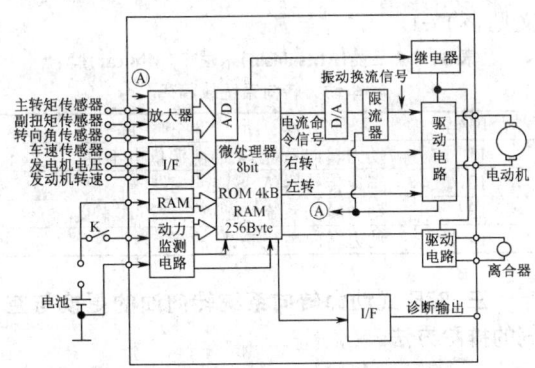

图 17-13 电动式动力转向系统 ECU 的结构及控制系统

控制电路的输入信号除了转矩、转向角和车速这三个控制助力转矩所必须的输入信号以外,还有电动机电流、动力装置温度、蓄电池电压、起动机开关电压和交流发电机端电压等信号。

工作时,转向转矩和转向角信号经过 A/D 转换器被输入到微处理器(CPU),微处理器根据这些信号和车速计算出最优化的助力转矩。ECU 把已计算出来的值作为电流命令值送到 D/A 转换器转换为模拟量,再将其输入到电流控制电路。电流控制电路把来自微处理器的电流命令值同电动机电流的实际值进行比较,生成一个差值信号。该差值信号被送到驱动电路,该电路可驱动动力装置并向电动机提供控制电流。也就是说,当转矩传感器和转向角传感器的信号经 A/D 转换器处理后,微处理器就在其内存中寻找与该信号相匹配的电动机电流值,然后将此值输送给 D/A 转换器进行数字/模拟转换,处理后的模拟信号再送给限流器,由限流器来决定电动机驱动电路电流值的大小。微处理器同时给电动机驱动电路输出另一个信号,即决定电动机左转(或右转)。

第二节 电子控制动力转向系统故障诊断

一、凌志 LS400 型轿车液压式动力转向系统的故障诊断

电控动力转向系统的常见故障是:怠速或低速行驶时转向困难;高速行驶时转向太灵敏。

电控动力转向系统的作用就是使怠速和低速时转向轻便,而使高速转向时转向盘转向力大。该作用是通过动力转向 ECU 接收车速传感器的信号,控制电磁阀的开度来实现的。所以出现上述故障现象,应从动力转向 ECU 和电磁阀及车速传感器上找原因。

具体方法是:首先在静态下检测动力转向 ECU 的各端子,判断动力转向 ECU 是否正常及车速传感器和电磁阀的工作是否正常,然后再进行电磁阀检测和在动态下对动力转向 ECU 进行检测。

动力转向 ECU 连接器各端子标号如图 17-8 所示。

1. 静态下动力转向 ECU 的检测

①接通点火开关 (ON 档)。

②检测熔丝 (ECU-IG) 是否正常。检查熔丝 (ECU-IG) 时,通常是用 1 个新熔丝换上,看是否还有上述故障现象,若故障现象消除,即为熔丝损坏了。若熔丝正常,则是熔丝与动力转向 ECU 的 +B 端子间的线束内有短路故障。

③检测动力转向 ECU 的 +B 端子与车身搭铁是否有蓄电池电压(10~14V)。脱开动力转向 ECU 连接器,将数字式万用表(V 档)的正表笔插入动力转向 ECU 的 +B 端子,负表笔与车身搭铁。若万用表显示的电压不为 10~14V,则为熔丝到动力转向 ECU 的 +B 端子之间的线路断路。若为 10~14V,则熔丝到动力转向 ECU 的 +B 端

子之间的线束无问题。

④检测动力转向 ECU 的 GND 端子与车身搭铁之间是否相通。将数字式万用表(Ω档)的正表笔插入动力转向 ECU 的 GND 端子,负表笔与车身搭铁。若其电阻值不为 0Ω,则动力转向 ECU 的 GND 端子与车身搭铁之间的线束接地不良或开路。若其电阻值为 0Ω,则动力转向 ECU 的 GND 端子接地良好。

⑤检测动力转向 ECU 的 SPD 端子。顶起一侧前轮,将数字式万用表(Ω档)的正表笔插入动力转向 ECU 的 SPD 端子,负表笔插入 GND 端子。转动前轮,检查电阻值应在 0Ω→∞→0Ω,且显示变化频繁。若其电阻不是这样频繁变化,则是车速传感器出现故障,或动力转向 ECU 的 SPD 端子与车速传感器之间的线束短路或断路。

⑥检测动力转向 ECU 的 SOL⊕端子与 SOL⊖端子。用数字式万用表 Ω 档,测量动力转向 ECU 的 SOL⊕或 SOL⊖端子与 GND 端子之间的电阻。其电阻值应为∞。否则,说明电磁阀出故障或动力转向 ECU 的 SOL⊕与 SOL⊖端子之间的线束短路。

⑦测量动力转向 ECU 的 SOL⊕端子与 SOL⊖端子之间的电阻。用数字式万用表 Ω 档,测量动力转向 ECU 的 SOL⊕端子与 SOL⊖端子之间的电阻,其电阻值应为 6~11Ω。若不在该范围,则是电磁阀出故障或动力转向 ECU 的 SOL⊕与 SOL⊖端子之间的线束断路。

2. 电磁阀的检测

①测量电磁阀的电阻。拆下电磁阀的电线接头,测量其 SOL⊕与 SOL⊖端子之间的电阻,其电阻值应为 6~11Ω。若不在该范围,则为电磁阀出故障,须更换电磁阀;若其电阻值为 6~11Ω,则检查电磁阀的空心滑阀是否卡滞,即检查电磁阀的动作。

②检查电磁阀的动作。将电磁阀从转向齿轮箱上拆下,将蓄电池的负极接电磁阀的 SOL⊖端子,此时电磁阀的空心滑阀应缩进约 2mm,并能听到"咯嗒"声。若不正确,则是电磁阀的空心滑阀卡滞,应更换电磁阀。

③装上电磁阀后,将动力转向系统管路中的空气排净。

3. 动态下检测动力转向 ECU

①怠速工况下,测量动力转向 ECU 的 SOL⊖端子与 GND 端子之间的电压。支起汽车,起动发动机,使发动机怠速运转,在不拔下动力转向 ECU 连接器的情况下,用数字式万用表 V 档测量动力转向 ECU 的 SOL⊖端子与 GND 端子之间的电压值,并记录。

②中速时测量动力转向 ECU 的 SOL⊖端子与 GND 端子之间的电压。挂上档,使汽车的车轮以 60km/h 的速度运转,再测量动力转向 ECU 的 SOL⊖端子与 GND 端子之间的电压,并记录。标准电压值应在 0.07~0.22V 之间。若电压值不在该范围,则是动力转向 ECU 出故障,应更换动力转向 ECU。

4. 系统故障检查顺序

凌志 LS400 轿车在高速转向时转向发飘,在低速和怠速时转向沉重,检查顺序如图 17-14 所示。

二、三菱米尼卡牌轿车电子控制的电动式动力转向系统的故障诊断

三菱系列汽车(故障)诊断插座如图 17-15 所示,在进行动力转向系统的故障诊断时,若是 12 个插孔(端子)的诊断插座,将其端子 10 与 12 之间用 LED 灯跨接起来即可读取故障码,故障码含义见表 17-1。

表 17-1 三菱(Mitsubishi)米尼卡(Minicar)牌轿车动力转向系统故障码

故障码	诊断与排除
11	动力转向系统 ECU 电源供电不良
12	车速传感器(VSS)工作不良
13	动力转向系统电磁离合器工作不良
14	动力转向系统 ECU 故障

三、液压式动力转向系统转向油的更换与空气的排除方法

动力转向装置的液压油和自动变速器的液压油可以通用。当检查发现液压油变黑、有气泡和浮化现象时,应更换液压油。更换时,将汽车前轮顶离地面,从储液罐箱上拆下回油管,将液压油流入准备的容器内。起动发动机并以怠速运转,左右转动转向盘,并尽量转到底,排出动力转向装置内液压油,如图 17-16 所示。

液压动力转向中空气的排除方法:在发动机熄火状态下,向储液罐内加满油,把储液罐的油口堵死,如图 17-17 所示。起动发动机,以1000r/min左右转动,当回油管开始出油时,立即将发动机熄火,再次向油管内补加液压油,并重复上述过程4~5次,到动力转向装置中没有空气为止,然后将回油管连接牢固。

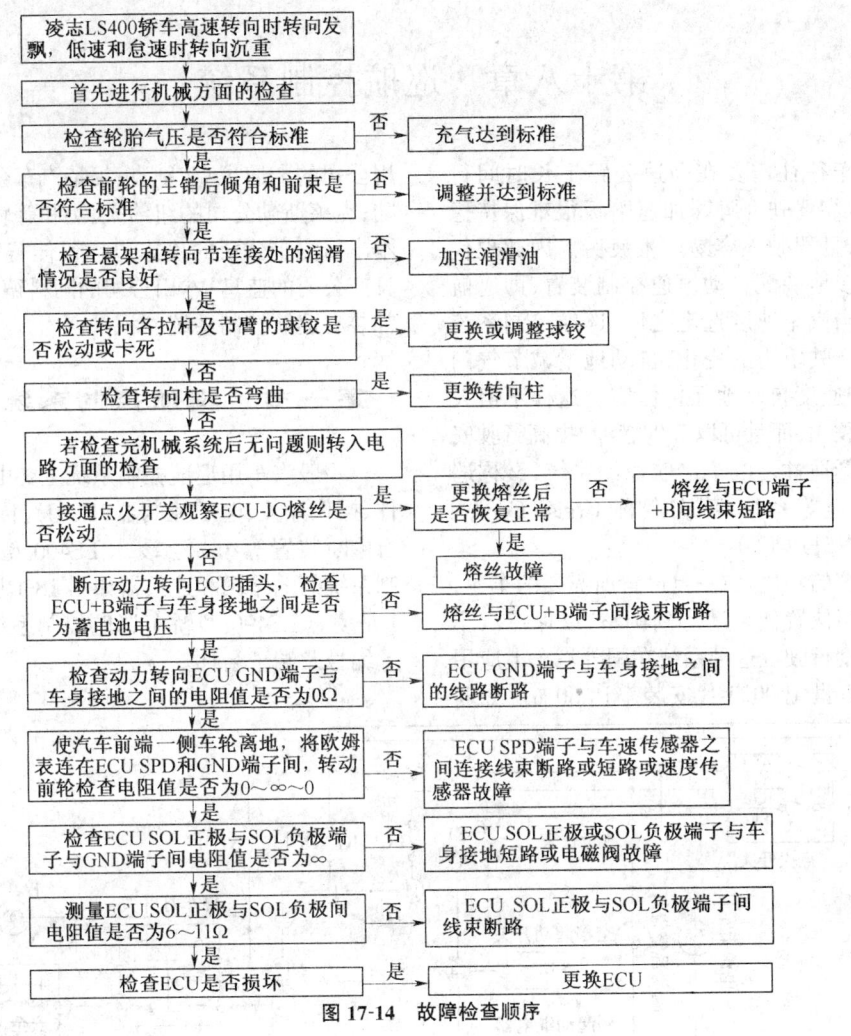

图 17-14 故障检查顺序

发动机运转时,左右转动转向盘 3~4 次。液压应无气泡,发动机运转和停转时,油平面相差不能大于 5mm。否则,应重复放油,排净系统中的空气。

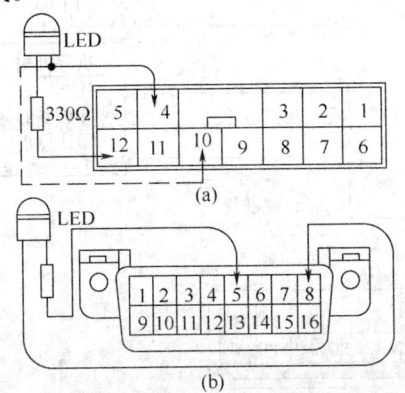

图 17-15 三菱系列汽车诊断插座
(a)12 个端子 (b)16 个端子

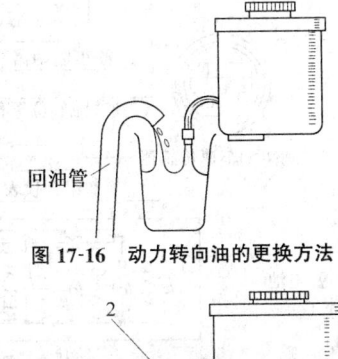

图 17-16 动力转向油的更换方法

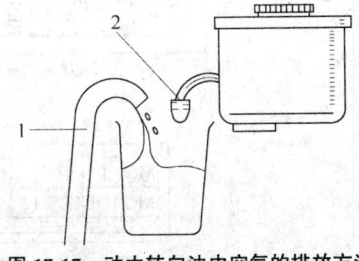

图 17-17 动力转向油中空气的排放方法
1.回油管 2.用塞子堵死处

第十八章　巡航控制系统

现代汽车往往需要在高速公路上长时间行驶,若完全依靠驾驶人脚踩加速踏板很难保持稳定行驶速度,且驾驶人容易产生疲劳。因此现代汽车越来越多地装配自动恒速控制装置,即巡航控制系统。当汽车速度选定之后,巡航控制系统可根据汽车行驶阻力的变化,自动地增减节气门开度,使行驶速度自动地保持恒定。这样不但大大方便了驾驶人,而且可以节省燃油,提高行驶安全性和乘坐舒适性。汽车巡航控制系统,又称巡行、恒速、稳速等系统,英文名称 Cruise Control System(英文缩写 CCS)。

CCS 系统的功用是:一旦设置所需要的车速,发动机节气门位置便自动得到调整,以保持汽车以设定的速度行驶。这种系统在国外汽车上应用较多,美国 20 世纪 90 年代安装率达 60%。如通用公司的卡迪拉克、别克;福特汽车公司的林肯大陆、克莱斯勒公司的纽约人、协和等轿车。还有日本丰田汽车公司的凌志、皇冠、佳美以及大霸王;日产公司的蓝鸟;本田公司的阿科德、里程等轿车都装有巡航控制系统。

第一节　巡航控制系统的组成

一般汽车用巡航控制系统主要由巡航执行元件、操作开关、电子控制器(ECU)、传感器和故障自诊断装置等组成。凌志 LS400 型轿车巡航控制系统的电路图和连接器如图 18-1 所示。表 18-1 是凌志 LS400 型轿车巡航控制系统 ECU 的端子编号及端子名称。

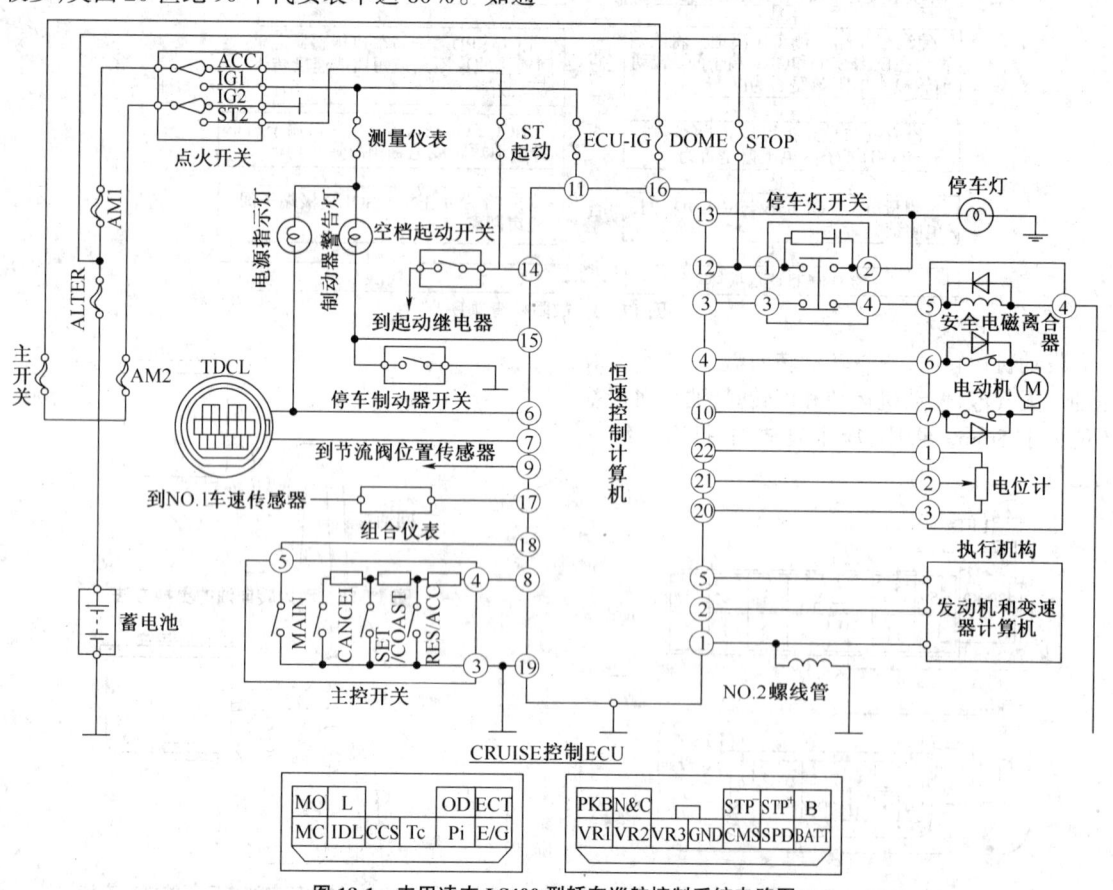

图 18-1　丰田凌志 LS400 型轿车巡航控制系统电路图

第一节 巡航控制系统的组成

表18-1 凌志轿车巡航控制 ECU 的编号及端子名称

编号	代号	端子标号与名称
1/10	ECT	1. 发动机和 ECT ECU
2/10	OD	2. 发动机和 ECT ECU
3/10	L	3. 安全电磁离合器
4/10	MO	4. 电动机
5/10	E/G	5. 发动机和 ECT ECU
6/10	Pi	6. CRUISE MAIN 指示灯
7/10	Tc	7. TDCL
8/10	CCS	8. 控制开关
9/10	IDL	9. 节气门位置传感器
10/10	MC	10. 电动机
1/12	B	11. 电源
2/12	STP+	12. 停车灯开关
3/12	STP-	13. 停车灯开关
4/12	N&C	14. 空档起动开关
5/12	PKB	15. 驻车制动开关
6/12	BATT	16. 备用电源
7/12	SPD	17. 车速传感器
8/12	CMS	18. 主开关
9/12	GND	19. 接地
10/12	VR3	20. 位置传感器
11/12	VR2	21. 位置传感器
12/12	VR1	22. 位置传感器

一、巡航执行元件

巡航执行元件装于发动机舱室右侧,安装高度与节气门体相接近,与节气门阀之间用钢拉线连接。执行元件的结构如图18-2所示,主要由伺服电动机、安全电磁离合器和控制臂位置传感器(电位计)等组成。它利用减速齿轮机构降低直流电动机的转速,使控制臂动作,利用蜗轮、蜗杆减速机构进行减速,并通过电磁离合器调节控制臂的位置,以最终实现对节气门的控制。

① 安全电磁离合器起锁住或释放节气门控制拉线的作用。当汽车在平直道路上超过40km/h的某一车速行驶,且驾驶人起动巡航按钮 SET 时,安全电磁离合器则锁住钢拉线使节气门保持一定的开度,汽车也就基本稳定在这个速度上行驶。这样,省去了驾驶人脚踩加速踏板控制车速的重复单调动作,提高行车安全性,并使汽车以经济车速行驶。如遇下列情况之一时:踩离合器踏板(手动变速器)、踩制动踏板、从 D 档挂至 N 档(自动变速器)、驻车制动巡航操纵杆至取消(CANCEL)位置。在巡航控制系统工作期间超过设置的车速时,由于调速伺服电动机发卡、电路故障等引起调速伺服电动机不能正常工作时等,安全电磁离合器则释放节气门拉索,巡航装置与节气门分离开,巡航系统则停止工作,防止汽车失控飞驰而造成事故。

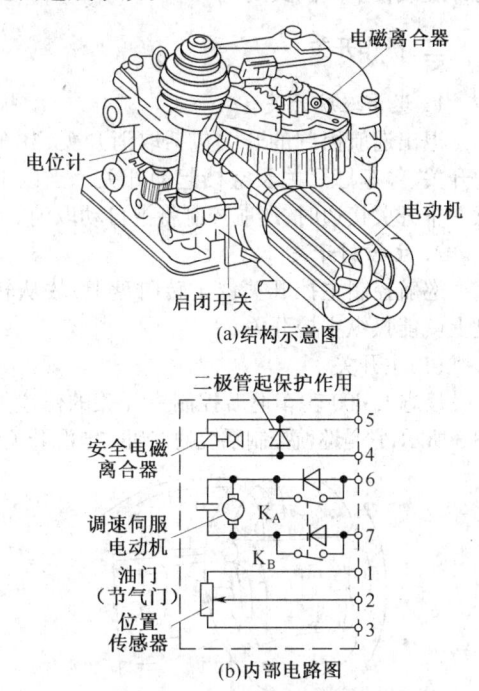

图18-2 巡航执行器的结构

② 调速伺服电动机一般使用永磁可逆式电动机。其作用是保持汽车的动态恒速,动态恒速是指车辆在行驶时,都会不可避免地遇到各种情况:道路不平坦、上下坡、转弯及各种阻力而造成车速上下波动,为保证车速稳定在某一恒定值,必须对节气门开度进行小范围的调整,调速伺服电动机即随时驱动节气门开度的变化,达到汽车动态恒速的目的。同时调速伺服电动机还用于加速(ACC)和减速(如下滑行——COAST)的调整。伺服电动机的运转是受巡航 ECU 控制的。

③ 控制臂位置传感器用来检测调速伺服电动机控制节气门的位置(控制臂的旋转角度),即动态反映了节气门的开度情况。随时把控制臂位置信号作为反馈信号输送到巡航控制 ECU。

巡航执行元件的工作过程:当巡航执行元件从巡航控制 ECU 接收到指令时,接合安全电磁离合器,接通调速伺服电动机,调速伺服电动机驱动控制臂,从而改变发动机节气门位置,调整发动机转速。当调速电动机以正常方向(顺时针)旋转时,控制臂通过安全电磁离合器、齿轮使驱动轴旋转,控制臂拉动与节气门连接的钢拉线,相应地增大节气门开度。当调速伺服电动机以反方向(逆时针)旋转时,控制臂也以反方向旋转、减小节气门开度或使节气门关闭。

二、操作开关

1. 退出巡航开关

退出巡航控制的开关包括取消开关、驻车制动开关、停车灯开关及空档起动开关。当以上任意一个开关接通时,巡航控制将被自动取消。

2. 主控制开关

巡航控制主控开关位于转向盘上,故从转向盘上就能操纵主控开关。

(1)主开关

凌志LS400轿车巡航控制主开关的位置如图18-3所示,它是巡航控制系统的按钮式电源开关。

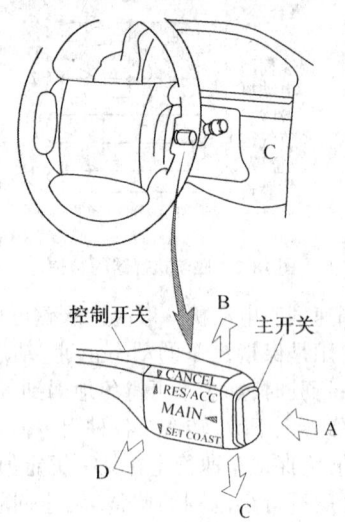

图18-3 凌志LS400轿车主控开关

(2)控制开关

手柄式控制开关有五种功能:SET(设置)、COAST(减速)、RES(恢复)、ACC(加速)、CANCEL(取消)。SET和COAST使用同一个开关,RES和ACC同用另一个开关。按箭头▲(B、C和D)指示的方向操作时,开关导通。手松开时开关断开。控制开关为自动回位开关。

三、巡航电子控制器(ECU)

巡航控制ECU位于仪表板下部,根据开关和传感器输送的信息控制巡航系统的各种功能:

(1)设置功能

接通主控制开关,当车辆在巡航车速控制范围内(40~100km/h),将控制开关压至SET/COAST后松开,巡航控制ECU储存此时车速并以此车速稳定行驶。

(2)恒速控制功能

巡航控制ECU工作时,将实际车速与设置车速相比较,当实际车速高于(或低于)设置车速时,ECU使巡航执行元件调速伺服电动机关闭(或打开)节气门。

(3)减速、加速功能

当车辆以巡航控制方式运行时,将控制开关按到SET/COAST(或RES/ACC)一侧时,巡航执行元件的调速伺服电动机将关闭(或打开)节气门,车辆不断减速(或加速)。当松开开关时,ECU储存这时的车速并以此车速稳定行驶。

(4)快速按降速功能与快速按升速功能

当实际车速和设置车速相差不到5km/h时,每次快速按动SET/COAST或RES/ACC开关(0.6s内),设置车速下降或增加约1.6km/h。

(5)速度下限控制功能

速度下限是巡航控制功能设置的最低车速(如40km/h)。若车辆以巡航控制方式运行时,若车速低于这个速度,巡航控制被自动取消,存储器中的速度设置也被清除。低速限制电路的另一个作用是,一旦传感器有故障或电路断开而无车速信号时,巡航控制系统视车速为零而自动停止工作。

(6)速度上限控制功能

速度上限是巡航控制功能设置的最高车速(100km/h)。巡航控制不能设置比该速度更高的速度。

(7)恢复功能

当控制开关压向RES/ACC,可恢复巡航控制方式并以设置的速度(如40km/h)行驶。

(8)手动取消功能

车辆以巡航控制方式运行时,如果下列信号中任一信号送到巡航控制ECU,安全电磁离合器将被切断,调速伺服电动机也关闭节气门,巡航控制方式相应取消:①驻车制动灯开关接通;②停车灯开关接通(踩下制动踏板);③空档起动开关接通(变速器换档杆在空档位置);④取消开关接通。

(9)安全电磁离合器控制功能

当车辆在下坡时,若车速比设置车速高15km/h,ECU将切断安全电磁离合器降低车速,当车速降到比设置车速高出不到10km/h时,安全电磁离合器再次接通,恢复巡航控制状态。

(10) 自动取消功能

在车辆以巡航控制运行方式运行时,若出现调速伺服电动机或安全电磁离合器晶体管驱动电流过大,调速伺服电动机始终朝节气门打开方向转动等情况,存储器中设置的车速被清除,安全电磁离合器断电,巡航控制方式取消。主控开关也同时关闭。

车辆在以巡航控制方式运行期间,若出现车速下降低于 40km/h,巡航控制系统的电源中断时间超过 5ms,巡航控制也被取消,但存储器中设置的车速尚未清除,巡航控制功能可用 SET 或 RES 开关恢复。

(11) 自动诊断功能

若巡航控制系统发生故障,ECU 确定故障并使组合仪表上的电源指示灯闪烁,以便提醒驾驶人。与此同时,巡航控制 ECU 存储相应故障的故障代码,故障可通过闪烁的电源指示灯读出。

四、巡航控制系统恒速原理

为了实现车辆行驶自动恒速控制,在巡航控制系统的 ROM 内保存有不同行驶阻力下车速与节气门开度的关系曲线,如图 18-4 所示。其中 $A—A'$ 线是平坦路面行驶曲线, $B—B'$ 线是上坡时行驶曲线, $C—C'$ 线是下坡时行驶曲线,控制线是稳速行驶调节线。

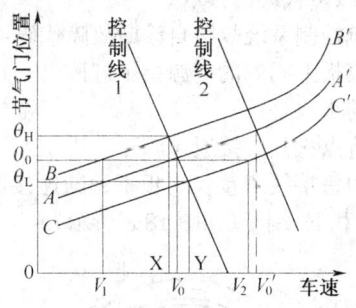

图 18-4 不同坡度下车速与节气门开度的关系

当车辆在平坦路面上行驶时,车速与节气门开度将沿 $A—A'$ 线变化,若驾驶人通过控制开关设置车速为 V_0 时,ECU 将控制执行元件使节气门开度为 θ_0。当车辆进入爬坡路段时,由于行驶阻力增加,车速与节气门开度将沿 $B—B'$ 线变化,若不及时调节节气门开度,车速将由 V_0 下降到 V_1。实际上巡航控制系统根据设定的控制线将节气门开度由 θ_0 增大到 θ_H,此时车速调整到 X 点,重新稳速行驶。当车辆进入下坡路段时,

由于行驶阻力减小,车速与节气门开度将沿 $C—C'$ 线变化,若此时仍然保持节气门开度为 θ_0 时,车速将会由 V_0 增加到 V_2。实际上速度巡航控制系统此时令节气门开度由 θ_0 减小到 θ_L,使车辆在 Y 点稳速行驶。由上述可知,只要行车路面坡度控制在 $B—B'$ 线和 $C—C'$ 线之间,车速变化被限制在 $X—Y$ 范围之内,显然巡航控制系统的恒速控制实际上是控制行驶速度在一个很小的范围内变化。此速度变化范围决定于控制线的斜率,控制线越陡,允许速度变化的范围越小,但节气门开度变化越大。即速度控制精度提高了,但反馈控制系统的稳定性下降了,因而控制线的斜率要兼顾考虑,适当选择。

第二节 巡航控制系统主要部件的检修

巡航控制系统主要部件包括:控制开关和停车灯开关、执行器(安全电磁离合器、伺服电动机、位置传感器)等。

图 18-5 为凌志 LS400 型轿车巡航控制系统执行器的外形。

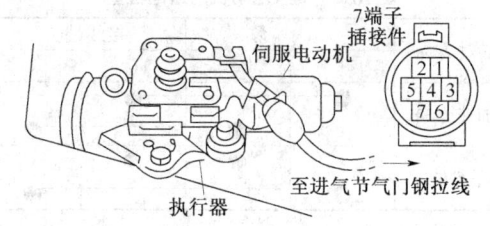

图 18-5 凌志 LS400 巡航控制系统执行器

该系统可能出现的故障有:
① 设定车速功能失灵;
② 系统工作不良,如设定的车速有较大波动,或出现时升时降;
③ 按动 ACC(加速)开关时车辆不加速,处于滑动(COAST)位置时车辆不减速;
④ 按动 RES(恢复)按钮时,不能恢复到原来的巡航车速。

以上故障产生于巡航控制执行器的可能性大,所以应对它们进行重点检查。

一、安全电磁离合器的检修

1. 电阻的检测

见图 18-5 所示,若用万用表欧姆档检测电磁

离合器电路的4、5端子之间的电阻,其正常值应为38Ω,否则,需更换巡航执行器。

2. 工作状态的检查

如图18-6所示,在没有通电前,扳动离合器杆应能转动;当将5端子接电源正极、4端子接电源负极时(见图18-5),离合器杆应至锁住位,此时不能人为扳动离合器杆。

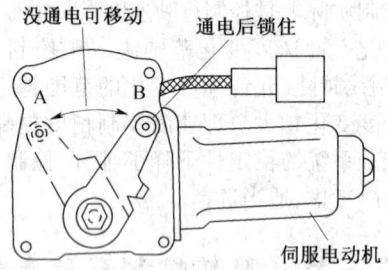

图18-6 安全电磁离合器工作状态的检查

二、伺服电动机的检修

保持安全电磁离合器处于通电状态,再按表18-2给伺服电动机通电(并参见图18-5),离合器杆的动作应处在两极限位置A与B之间运动(见图18-6)。

表18-2 伺服电动机的通电检查

转动方向	电源		接线端子	
	+	−	6	7
加速方向	●	●		●
减速方向	●	●	●	

三、控制臂位置传感器的检修

检查时可参见图18-5中的7端子连接器,不通电时,1、3端子之间的电阻值应为2kΩ;当用手慢移离合器杆从B→A(见图18-6)时,2、3端子之间的电阻值应平缓地由0.5kΩ→1.8kΩ。

四、停车灯开关的检查

停车灯开关的检查如图18-7所示。

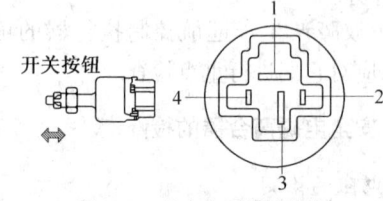

图18-7 停车灯开关的检查

①脱开停车灯开关连接器。
②检查各端子的导通状况。正常情况见表18-3。

表18-3 停车灯开关正常导通情况

开关位置 \ 端子	1	2	3	4
开关按钮松开(制动踏板踩下)	●		●	
开关按钮揿进(制动踏板松开)		●		●

五、巡航控制系统的故障自诊断

在车辆以巡航行驶方式行驶时,如果ECU在预定的时间内没有收到车速信号或由于控制开关或执行元件故障而被取消巡航功能(自动取消),ECU即会使组合仪表上的电源指示灯(CRUISE MAIN)闪烁5次,表示巡航控制系统有故障并将故障编码存入巡航控制ECU中。

1. 凌志LS400型轿车巡航控制系统故障自诊断操作方法

(1)指示灯检查

将点火开关打开,检查当巡航控制主开关(MAIN)接通时,电源指示灯(CRUISE MAIN)应亮,主开关关断时,指示灯应灭。否则,应检查指示灯所在组合仪表线路。

(2)故障代码的读取

巡航控制系统故障自诊断故障代码可以通过组合仪表板上闪烁的电源指示灯读出。其故障代码读取的步骤是:

①将点火开关接通(ON)。
②用跨接线跨接仪表板下诊断连接器TDCL上的T_C和E_1端子(如图18-8所示)。

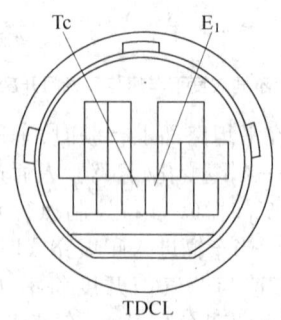

图18-8 TDCL连接器

③根据仪表板上电源指示灯闪烁识别故障代码。其故障代码见表18-4。

表 18-4 丰田凌志 LS400 轿车巡航控制系统故障代码表

故障代码	诊断	故障部位
—	正常	—
11	(1)电动机或安全电磁离合器驱动电流过大 (2)电动机始终朝节气门开大方向旋转	(1)线束 (2)巡航控制 ECU
12	安全电磁离合器断路	(1)线束 (2)巡航执行元件
13	(1)控制臂位置传感器输出信号异常 (2)电动机输出电路断路	(1)线束 (2)巡航执行元件
21	车速信号间断超过 140ms	(1)线束 (2)速度传感器 (3)组合仪表
23	在巡航控制期间车速下降到 16km/h 以下	—
31	当主开关接通时,RES/ACC 开关已导通	控制开关
32	控制开关电路短路(接地)	(1)线束 (2)控制开关
33	控制开关未关	控制开关

(3)故障代码的清除

①在完成检修后,可通过关断点火开关,拆下 DOME 熔丝 10s 或更长时间清除保留在存储器中的故障代码。

②接上熔丝后检查,应显示正常代码。

(4)输入信号的检查

检查速度传感器和其他开关信号是否正常送到巡航控制 ECU,可通过下列方法进行证实:

①将点火开关转到"ON"位置。

②将控制开关转至设定/滑行(SET/COAST)位置并握住向下压,如图 18-3 的 C 方向。

③按下主开关(MAIN),如图 18-3 的 A 方向。

④检查 CRUISE MAIN 指示灯是否闪烁两次。

⑤关断 SET/COAST 开关。

⑥按表 18-5 所列操作每一开关。

⑦从 CRUISE MAIN 指示灯上读出代码。

⑧完成检查后,关断主开关。

表 18-5 输入信号检查的故障代码

编号	操作方法	代码	CRUISE MAIN 指示灯闪烁形式	诊断
1	将 CANCEL 开关转到 ON	1	亮灭 1←→0.25	CANCEL 电路正常
2	将 SET/COAST 开关转到 ON	2	亮灭 0.25←→0.25	SET/COAST 电路正常
3	将 RES/ACC 开关转到 ON	3	亮灭	RES/ACC 电路正常
4	将停车灯开关转到 ON	6	亮灭	停车灯开关电路正常
5	将驻车制动开关转到 ON	7	亮灭	驻车制动开关电路正常
6	将空档起动开关转到 ON(换至 N 或 P 档)	8	亮灭	空档起动开关正常
7	以 40km/h 或更高车速行驶	闪烁	亮灭	车速传感器正常
8	在 40km/h 或以下行驶	保持亮		

(5)取消信号的检查

巡航控制 ECU 存储最后一次巡航控制的取消信号,该信号也可通过电源指示灯闪烁显示出来。当巡航控制系统发生故障时,巡航控制将立即被自动取消,此时可通过检查存储器中的取消信号找出故障原因。取消信号可按下列步骤检查:

①将点火开关转到"ON"位置。

②将控制开关拉出,保持 CANCEL 位置并同时接通主开关。

③从 CRUISE MAIN 指示灯上读出代码(如表 18-6 所示,仅显示取消巡航控制的最后信号代码)。

④完成检查后,关断主开关。

表 18-6 取消信号检查的故障代码

代码	CRUISE MAIN 指示灯闪烁形式	诊断
1	亮灭 1←→0.25	出现除 23 代码外的故障
2	亮灭	出现代码为 23 的故障

续表 18-6

代码	CRUISE MAN 指示灯闪烁形式	诊 断
3	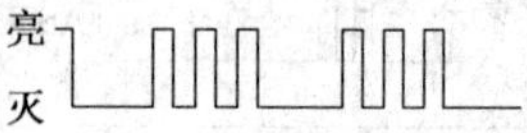 亮/灭	接收到 CANCEL 开关信号
4	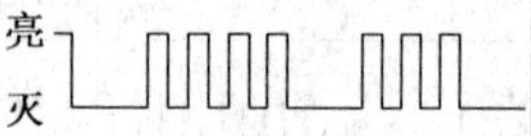 亮/灭	接收到停车灯开关信号
5	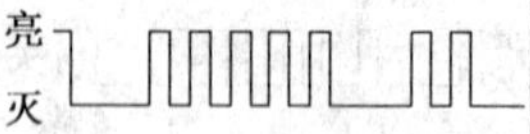 亮/灭	接收到空档起动开关信号
6	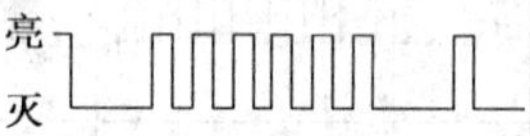 亮/灭	接收到驻车制动信号
7	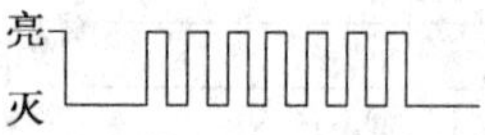 亮/灭	车速传感器信号降至 40km/h 低速极限以下
保持亮	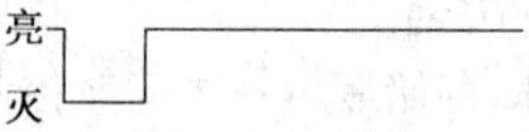 亮/灭	除上述以外的故障（电源瞬时脱开等）

2．巡航控制系统常见故障的检修方法

巡航控制系统常见故障的检修方法见表 18-7 所列。

表 18-7　巡航控制系统常见故障及检修方法

故障类型	故障现象	检修方法
整个系统不工作	巡航控制开关故障	检查巡航控制开关的状态及其线路是否断路
	节气门传感器没有信号	检查线束及其节气门传感器
	速度传感器没有信号	检查线束及其速度传感器
	执行机构不工作	首先检查执行机构动力源的供电情况，其次检查伺服电动机的工作状况
	安全系统不复位	见安全系统故障分析
	ECU 工作不正常	更换 ECU
巡航控制操作不能调整	巡航控制速度超出设置要求	检查伺服机构是否故障
		检查控制器是否失效
		检查车速传感器是否失效
系统间歇性工作	巡航控制在某些时候无法设置	检查开关、伺服机构，检查控制器是否失效
		检查控制电路的连接与搭铁情况
		检查车速传感器
安全系统故障	速度信号不正确或没有	检查速度传感器及其线束
	高速限制电路故障	检查高速限制开关或线束
	低速限制电路故障	检查低速限制开关或线束
	安全电磁离合器故障	检查安全电磁离合器及其电路
	没有制动信号	检查制动电路及熔断器
	没有空档起动信号	检查空档电路及熔断器
	ECU 不工作	更换 ECU

第十九章 安全气囊系统

安全气囊是汽车一种常见的被动安全装置。目前普遍地安装有驾驶人员安全气囊和前排座椅安全气囊。一旦撞车时,由电子控制器(ECU)提供电流引爆安放在转向盘中央及仪表板(杂物箱)后面的气囊中的氮化合物,它像火药似的迅速燃烧而产生大量的氮气,此气体在瞬间充满气囊(气袋),整个动作过程约在 0.02s 内完成。这样,可以在驾驶人员与转向盘之间、前排座椅与仪表板(杂物箱)之间立刻形成一种缓冲的软垫,以避免硬性撞击而发生严重的伤亡。若将安全气囊与安全带配合使用,则对乘员的保护效果会更好。有些汽车不仅装有前端安全气囊,还装有侧向安全气囊,在汽车发生侧向碰撞时,也能使侧向安全气囊充气,以减小侧向碰撞时的伤害。

第一节 安全气囊的组成及工作过程

一、安全气囊系统的类型

汽车安全气囊系统(Supplemental Restraint System,简称 SRS 系统),按其总体结构可分为机械式 SRS 系统和电子式 SRS 系统两大类。机械式 SRS 系统不需用电源,没有电子电路和电路配线,全部零件组装在转向盘装饰盖板下面。检测碰撞动作和引爆点火剂都是利用机械装置动作来完成的。最早采用机械式 SRS 系统的是日本丰田(TOYOTA)汽车公司。

电子式 SRS 系统是机械式 SRS 系统和电子技术发展的产物。它是利用传感器检测碰撞信号并送往 SRS 电脑(SRS ECU),SRS ECU 根据传感器信号并利用内部预先设置的程序不断进行数学计算和逻辑判断。当判断结果为发生碰撞时,SRS ECU 立即发出点火指令引爆点火剂;点火器引爆时产生大量热量使充气剂(叠氮化钠)受热分解,并产生大量氮气向 SRS 气囊充气。目前,汽车采用的 SRS 系统普遍都是电子式 SRS 系统。如丰田公司的凌志(LS400)、皇冠(CROWN3.0)、佳美(CARMY)、美国通用公司的凯迪拉克(Cadillac)等轿车采用的均为电子式 SRS 系统。

按 SRS 系统 SRS 气囊的数量可分为单 SRS 气囊系统、双 SRS 气囊系统和多 SRS 气囊系统。单 SRS 气囊系统只装备有驾驶席气囊,20 世纪 90 年代以前装备车辆的基本上是单 SRS 气囊系统。双 SRS 气囊系统装备有驾驶席和前排乘员席两个气囊,近几年生产的轿车大多数都采用了双 SRS 气囊系统,如丰田佳美(CAMRY)轿车,马自达(MAZDA)626、926 型轿车和美国福特公司的林肯城市(LINCOLN CITY)轿车用 SRS 系统等。多 SRS 气囊系统装备有 3 个或 3 个以上 SRS 气囊,如瑞典沃尔沃 VOLVO850、960、S70 型轿车装备的 SRS 系统。无论 SRS 系统中气囊数量多少,均可采用一个 SRS 专用电脑 ECU 控制。

按 SRS 系统的功用可分为正面 SRS 气囊系统和侧面 SRS 气囊系统两大类。

二、安全气囊系统的基本组成

电子式 SRS 系统的组成部件分布在汽车的不同位置。虽然各型汽车 SRS 系统采用部件的结构和数量有所差异,但是其基本组成和工作原理都大致相同。

汽车典型的 SRS 系统的基本组成和安装位置如图 19-1 所示,主要由前碰撞传感器(包括右前碰撞传感器和左前碰撞传感器)、辅助防护系统指示灯(即 SRS 指示灯)、带防护碰撞传感器的 SRS ECU、SRS 气囊组件和螺旋导线等组成。SRS 气囊组件由 SRS 气囊、气体发生器和点火器等组成。

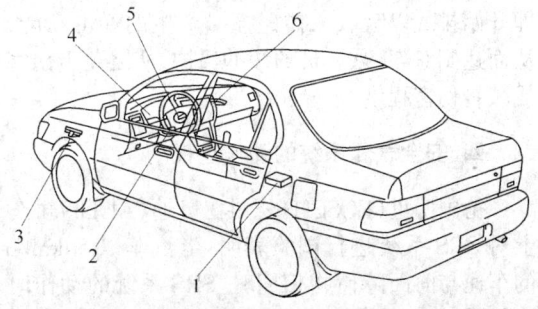

图 19-1 典型汽车 SRS 系统的基本组成
1. SRS ECU 2. SRS 气囊组件 3. 左前碰撞传感器
4. SRS 指示灯 5. 螺旋导线 6. 右前碰撞传感器

三、安全气囊系统的工作原理

正面 SRS 气囊系统和侧面 SRS 气囊系统的工作原理基本相同。图 19-2 所示是正面碰撞时正面 SRS 气囊系统的工作原理。

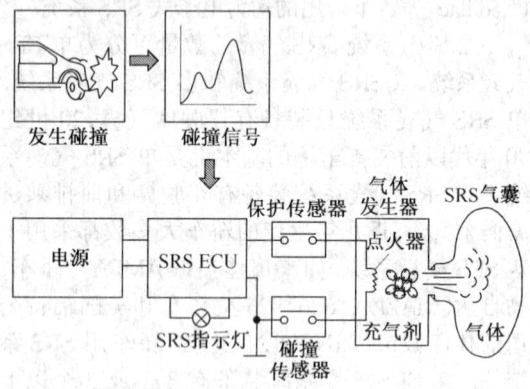

图 19-2　SRS 系统的工作原理

当汽车受到前方一定角度范围内的高速碰撞时，安装在汽车前端的碰撞传感器和与 SRS ECU 安装在一起的防护碰撞传感器就会检测到汽车突然减速的信号，碰撞传感器和防护传感器触点立刻闭合，将汽车减速信号传送到 SRS ECU；SRS ECU 按预先设置的程序经过计算和逻辑判断后，立即向 SRS 气囊组件内的电热点火器（电雷管）发出点火引爆指令，引爆电雷管，点火剂受热爆炸（即电热丝通电发热引爆火药）；点火剂引爆时，迅速产生大量热量，充气剂（叠氮化钠固体药片）受热分解释放大量氮气充入气囊；气囊便冲开气囊组件的装饰盖板向驾驶人展开，使驾驶人胸部和头部压在充满气体的气囊上，在人体与转向盘（或车内构件）之间铺垫一个弹性气垫，将人体与转向盘（或车内构件）之间的碰撞变为弹性碰撞。当人体头部或胸部一接触到气囊，气囊的泄气孔就立即开始排气以吸收人体碰撞时产生的冲击动能，从而达到对驾、乘人员的缓冲保护，使之免于伤害或减轻伤害程度。

四、安全气囊系统的动作过程

德国博世（BOSCH）公司在奥迪（AUDI）轿车上对 SRS 系统进行试验表明：当汽车以 50km/h 的车速与前面障碍物相撞时，SRS 系统的动作时序如图 19-3 所示。

① 碰撞发生约 10ms 后，SRS 系统达到引爆极限，SRS 气囊组件中的电雷管引爆点火剂并产生大量热量，使充气剂受热分解，此时，驾驶人无动作，如图 19-3a 所示。

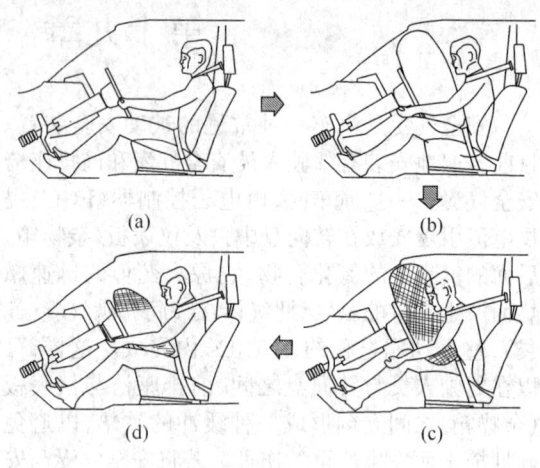

图 19-3　SRS 系统动作时序

② 碰撞发生约 40ms 后，气囊完全充满，体积达到最大，驾驶人向前移动，安全带斜系在驾驶人身上并收紧，部分冲击能量已被吸收，如图 19-3b 所示。

③ 碰撞发生约 60ms 后，驾驶人头部及胸部压向气囊，气囊背面的排气孔在气体和人体压力作用下排气，利用排气节流作用吸收人体与气囊之间弹性碰撞产生的动能，如图 19-3c 所示。

④ 碰撞发生约 110ms 后，大部分气体已从气囊逸出，驾驶人身体上身回到座椅的靠背上，汽车前方恢复视野，如图 19-3d 所示。

⑤ 碰撞发生约 120ms 后，碰撞危害解除，车速降低至零。

由此可见，在车辆发生碰撞时，SRS 气囊动作过程极短。从开始充气到完全充满的时间约为 30ms；从汽车遭受碰撞开始，到 SRS 气囊收缩为止，所用时间极短，仅为 120ms 左右，而人的眼皮眨一下所用的时间为 200ms 左右。因此，SRS 气囊动作的状态和经历的时间无法用肉眼来看清。

五、安全气囊系统的有效范围及减速度阈值的设定

(1) 有效范围

汽车 SRS 系统并不是在所有碰撞情况下都能起作用。正面 SRS 系统在汽车从正前方或斜前方约 ±30°角范围内发生碰撞且其纵向减速度达到一定值（通常称为减速度阈值）时，SRS ECU 才会发出引爆点火剂使充气剂受热分解给正面

SRS气囊充气的指令。在下列条件之一的情况下,SRS系统不会引爆点火剂,也不会给SRS气囊充气:①汽车遭受侧面碰撞超过斜前方±30°角时;②汽车遭受横向碰撞时;③汽车遭受后方碰撞时;④汽车发生绕纵向轴线侧翻时;⑤纵向减速度未达到设定阈值时;⑥汽车正常行驶、正常制动或在路面不平的道路上行驶时。

(2) 减速度阈值的设定

减速度阈值的设定是根据不同地区、不同车型而设计的。在美国,因为SRS系统是按驾驶人不配戴座椅安全带来设计的,气囊的体积大、充气时间长,所以SRS系统应在较低的减速度阈值时引爆点火剂,即汽车在较低的车速(12~22km/h)范围内行驶而发生碰撞时,SRS系统就应引爆点火剂。在日本和欧洲,由于SRS系统是按驾驶人佩戴安全带来设计的,气囊体积小、充气时间短,所以设定的减速度阈值较高,汽车在较高车速(19~32km/h)范围内行驶而发生碰撞时,SRS系统才能引爆点火剂使充气剂受热分解给SRS气囊充气。

侧面SRS气囊系统只有在汽车遭受侧面碰撞且其横向加速度达到设定阈值时,SRS ECU才会发出指令引爆点火剂使充气剂受热分解给侧面SRS气囊充气,而不会给正面SRS气囊充气。

第二节 SRS气囊系统的主要组件

一、碰撞传感器

1. 碰撞传感器的功用和类型

碰撞传感器是安全气囊系统中主要的控制信号输入装置,其作用是在汽车发生碰撞时,由碰撞传感器检测汽车碰撞的强度信号,并将信号输入ECU,ECU根据碰撞传感器的信号来判定是否引爆充气元件使气囊充气。

安全气囊系统一般装有2个~4个碰撞传感器,在前右、前左挡泥板上各装一个,有的在前保险杠中间还装有一个,有的还在车内装有一个。

电子控制式安全气囊系统采用的碰撞传感器按其功用可分为碰撞烈度(激烈程度)传感器和防护碰撞传感器两大类。碰撞烈度传感器按其安装位置分为前碰撞传感器(包括右前碰撞传感器、左前碰撞传感器和中央碰撞传感器)及中心碰撞传感器,用于检测汽车遭受碰撞的激烈程度。防护

碰撞传感器又称为安全碰撞传感器或侦测碰撞传感器,并分别简称为防护传感器、安全传感器和侦测传感器。防护传感器和碰撞烈度传感器串联,用于防止SRS系统前碰撞传感器短路而造成气囊产生误起动现象。

碰撞传感器按其总体结构可分为机电结合式碰撞传感器、电子式碰撞传感器和水银开关式碰撞传感器。机电结合式碰撞传感器又可分为滚球式、滚轴式(丰田汽车采用这种)和偏心锤式碰撞传感器等。

机电结合式碰撞传感器的基本工作原理是:利用机械机构运动(滚动或转动)来控制电器触点动作,再由触点断开与闭合来控制SRS系统电路的接通与切断。

水银开关式碰撞传感器是利用水银(汞)导电的特性来控制SRS系统电路接通与切断。

2. 滚轴式碰撞传感器

日本丰田(TOYOTA)、本田(HONDA)汽车SRS系统采用的就是滚轴式碰撞传感器,其结构如图19-4所示。片状弹簧6与传感器的一个引线端子连接,一端固定在底座5上,另一端绕在滚

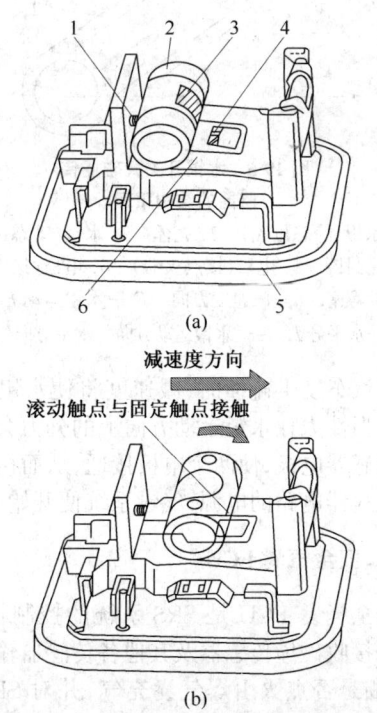

图19-4 滚轴式碰撞传感器的结构原理
(a) 静止状态 (b) 碰撞状态
1. 止动销 2. 滚轴 3. 滚动触点 4. 固定触点
5. 底座 6. 片状弹簧

轴2上,滚动触点3固定在滚轴部分的片状弹簧6上,并可随滚轴一起转动。固定触点4与片状弹簧6绝缘固定在底座5上,并与传感器的另一个引线端子连接。

当传感器处于静止状态时,滚轴在片状弹簧的弹力作用下滚向止动销一侧,固定触点与滚动触点处于断开状态,如图19-4a所示。

当汽车发生碰撞,使滚轴的惯性力大于片状弹簧的弹力时,惯性力就会克服弹簧弹力使滚轴向前滚动,将滚动触点与固定触点接通,如图19-4b所示,从而接通SRS气囊系统的搭铁回路,气囊系统便开始工作。

3. 水银开关式碰撞传感器的结构和工作原理

水银开关式碰撞传感器利用水银导电良好的特性制成。一般都是用作防护传感器(安全传感器)。水银开关式碰撞传感器的结构如图19-5所示。

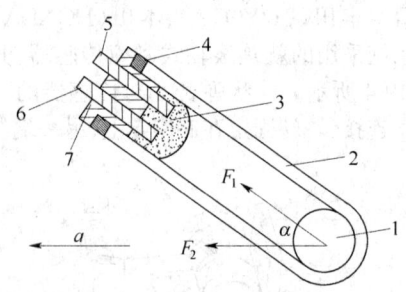

图 19-5 水银开关式碰撞传感器的结构原理

1. 水银(静态位置)　2. 壳体　3. 水银(动态位置)
4. 密封圈　5. 电极(接点火器)　6. 电极(接电源)
7. 密封螺塞　a—减速度方向　F_1—水银运动方向分力
F_2—水平分力　$α$—水银运动方向与水平方向的夹角

当汽车发生碰撞时,减速度将使水银产生惯性力。惯性力在水银运动方向上的分力会将水银抛向传感器电极,使两个电极接通,从而接通SRS气囊点火器电路的电源,气囊系统便开始工作。

二、安全气囊ECU

安全气囊ECU是SRS系统的控制核心,其功用是接收碰撞传感器及其他各传感器输送的信号,判断是否点火引爆气囊充气,并对SRS系统故障进行自诊断。

安全气囊ECU由稳压电路、备用电源电路、SRS侦测电路、触发(防护)传感器、记忆电路、点火控制引爆电路、故障自诊断电路等部分组成。

图19-6所示为丰田车系SRS ECU及系统电路图。

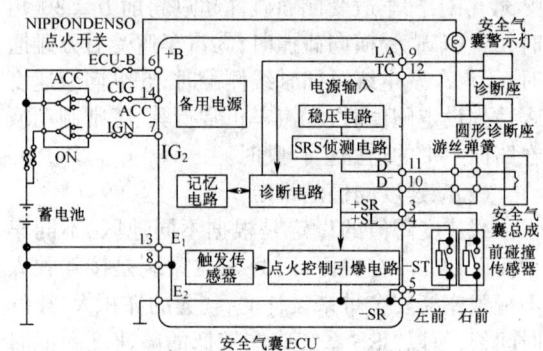

图 19-6 丰田车系安全气囊系统电路图及SRS ECU组成

点火控制引爆电路实际上是一个晶体管开关电路,当传感器输送来的信号电压足够大时,晶体管的发射极和集电极导通,并将输送来的信号与已经储存的信号(电压)进行比较,确认是冲撞信号后,便接通继电器,并接通电源与点火器的开关电路,引燃点火剂,带动充气剂燃烧,产生大量的气体,并对气囊充气。

记忆、诊断电路合在一起,诊断电路不断地分析和诊断SRS系统的各种故障,将这些故障编码储入记忆电路,以备故障检修时使用。与此同时,使仪表板上的SRS指示灯开始闪烁。

记忆、诊断电路监控如下故障:①气囊的误引爆和不引爆;②传感器失灵;③系统各接头和线路的短路或断路。

为了保证SRS系统工作的可靠性,防止误引爆,SRS气囊引爆必须满足图19-7所示的条件。即只有当SRS侦测电路,触发(防护)传感器和碰撞传感器同时接通时,气囊才能被引爆充气。

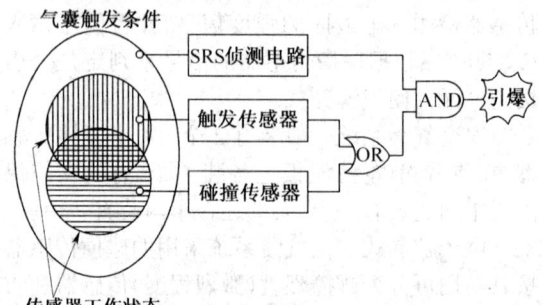

图 19-7 气囊引爆控制逻辑

三、SRS气囊组件

SRS气囊组件均安装在转向盘内或工具箱上

方,不可分解,如图19-8所示。由充气元件、气囊组成。充气元件由点火器(电雷管)、点火药粉、充气泵及气体发生剂等组成。

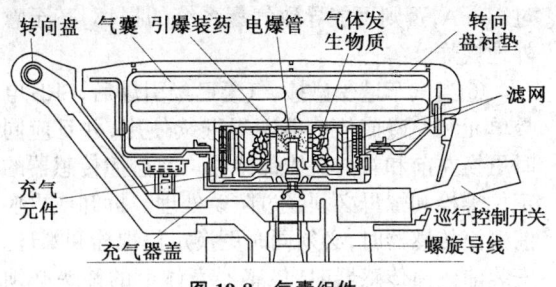

图 19-8　气囊组件

1. 点火器(电雷管)

点火器是一个引燃装置,其结构如图19-9所示,它是SRS气囊组件的一部分,装在充气泵中,它可接受SRS ECU的低电流点火信号发热点燃充气泵中的叠氮化钠。由于它负责起动并导致气囊膨胀这个反应过程,所以,必须采取一定的预防措施确保电流信号通过这个电路。一个标准的点火器里面安装着一个大约2Ω的电阻器(每个点火器的接点电阻为0.8Ω)。SRS ECU用该电阻器来调节电路,维修时不允许用数字式万用表来测量电路,否则,气囊会被引爆。

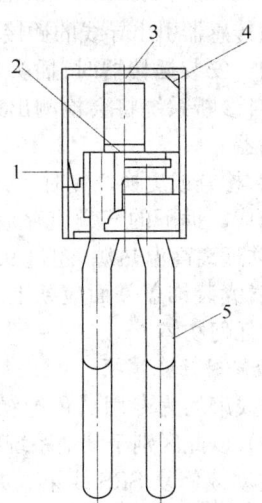

图 19-9　点火器
1. 壳体　2. 电桥导线　3. 点火剂出口
4. 点火剂固定器　5. 端子

2. 充气泵

(1)驾驶席充气泵

驾驶席充气泵的结构如图19-10所示。在充气泵中心部有一引爆管(周围有微量火药的电热线)。一旦电流通过引爆管,引爆管发热把火药点燃。点燃的火药又点燃增压器,使气体发生剂(叠氮化钠、二硫化钼混合物)瞬间产生大量氮气。氮气通过滤清器被冷却,流入气囊,气囊突破转向盘衬垫部缺口槽,向外膨胀。气囊容积约60L(保护头部和胸部的大气囊)。在气囊背部(转向轴侧)设有排气孔。在气囊内压有效降低的同时,驾驶人不再向前冲撞。安全气囊系统的充气泵和气囊存放在转向盘衬垫内,不能分解,更不能重复使用。

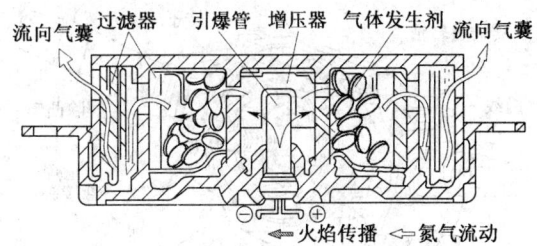

图 19-10　驾驶席充气泵的结构

叠氮化钠的副产品是少量的氢氧化钠和碳酸氢钠(白色粉末),这些物质是有害的,在清洗气囊膨胀的汽车时,一定要采取预防伤害的措施。

(2)乘员席充气泵

图19-11a为乘员席充气泵的结构图,它的安装如图19-11b所示。折叠后的气囊质心偏离气泵气流吹出方向,以利于气囊的迅速展开。

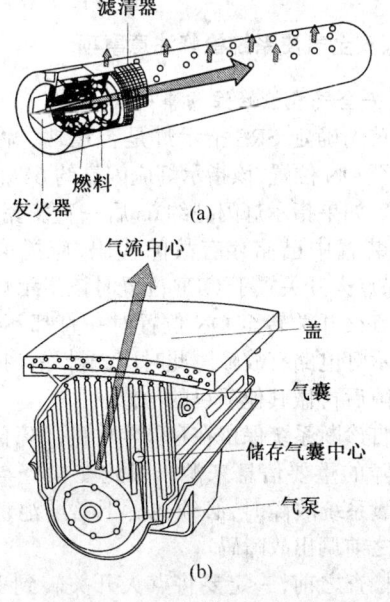

图 19-11　乘员席充气泵的结构与安装
(a)结构　(b)安装图

3. 气囊

SRS气囊用轻尼龙制成，内表面敷有树脂(聚氯丁烯)，像降落伞一样可折叠成包。

当驾驶人或乘员冲撞气囊时，气囊受压并由小孔放出氮气，持续时间不到1s，从而缓减撞击力，不致伤害驾乘人员。

4. 螺旋导线

SRS气囊组件安装在转向盘上，与转向盘一起转动，点火器与SRS ECU之间的导线连接是靠螺旋导线(游丝)来连通的。螺旋导线如图19-12所示。

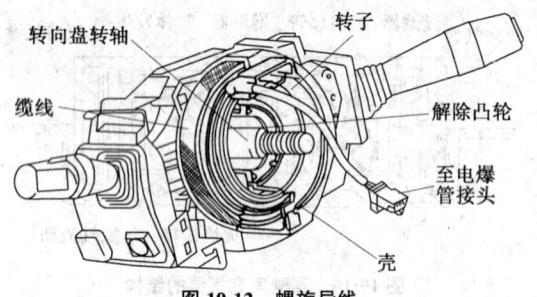

图 19-12　螺旋导线

螺旋形电缆为复合膜铜带，一面是铜，一面是聚酯薄膜。长度由转向盘最大转向圈数和转向轴安装毂的最小内径决定，一般电缆长约为4.8m。

第三节　安全气囊系统的故障诊断与检修

一、安全气囊系统检修注意事项

1. 安全气囊检修注意事项

①首先确定SRS指示灯是否正常。将点火开关转至ON位置，该指示灯应闪亮约6s，然后自动熄灭。如果指示灯闪亮约6s后一直发亮，则说明SRS装置中已储存有故障代码，应提取故障码；如果点火开关置于OFF位置时该指示灯一直发亮或点火开关转至ON位置时一直都不亮，则说明指示灯电路有故障。此时应先排除该指示灯电路故障后再做其他项目的检修。

②自诊断系统保留在存储器中的故障代码是排除故障的重要信息来源。因此在检查与排除SRS气囊系统故障时，必须在拆下蓄电池负极电缆端子之前调出故障码。

③检查之前，一定要将点火开关转到LOCK位置，并将蓄电池负极断开至少20s或更长时间。

④拆卸SRS的任何零部件之前，一定要先将气囊插头断开。

⑤绝对不能检测点火器电阻。检查气囊系统最好使用数字式万用表，并且其输出电流不应超过10mA，否则可能导致气囊系统的损坏，甚至意外地爆炸。

⑥当汽车遭受碰撞，气囊已经引爆后，SRS电控单元和前碰撞传感器不得继续使用，并且应同时更换左前和右前碰撞传感器。前碰撞传感器的定位螺栓和螺母必须经过防锈处理。拆卸或更换前碰撞传感器时，必须同时更换定位螺栓和螺母。安装前碰撞传感器时，传感器壳体上的箭头必须指向汽车前方。

⑦当连接或拆下SRS电控单元上的插接器插头时，因为防护碰撞传感器与电控单元组件安装在一起，所以应在电控单元组件安装在固定位置之后再进行连接或拆卸，否则防护传感器就起不到防护作用。

⑧安全气囊系统所有零部件均为一次性使用部件，不允许修复后重复使用。不应安装从其他车辆上拆下的SRS零部件，维修时只能使用新的纯正部件。在安装气囊组件之前，应仔细检查，不应安装任何表面有凹陷、裂纹或变形等现象的零件。

⑨前碰撞传感器引出导线的插接器装有电路连接诊断机构。安装插接器时，插头与插座应当插牢。否则，自诊断系统将会检测出来并将故障代码存入存储器。

⑩在拆卸、检查或更换气囊时，切勿将身体正面朝向气囊总成。拆下的气囊应存放在稳定、平整的平面上，并远离高温热源(超过93℃)。拆下或搬运气囊，气囊装饰盖一面应朝上。切勿在气囊总成上放置任何物体。

2. 线束检修时注意事项

①SRS的线束均为专用黄色绝缘皮(SRS指示灯电路除外)，以此区别于其他系统的线束。

②严禁改动或修复SRS线束。如果SRS线束有开裂或破损现象，则应更换新线束。

③安装线束时，注意线束不要被其他零部件挤压，也不要交叉穿越其他零部件。

④为防止SRS装置产生间歇性故障，要求SRS搭铁应可靠。

3. 电气检修时注意事项

①在使用电气检测装置进行有关SRS装置的电气检查时，应将检测仪探针从插头导线侧插

入,切勿从插头端子侧插入或随意测量插头。否则,可能造成SRS系统故障或检查失准。

②使用尖形探针插入插座的导线侧时,不可用力过大。

③在进行故障分析时,应使用专用维修插头,否则将因金属接触不良而导致测量失准。

二、凌志LS400型轿车安全气囊系统的检测诊断

凌志LS400型轿车安全气囊控制电路如图19-6所示。SRS电控单元的插接器如图19-13所示。SRS电控单元的端子代号和名称见表19-1。

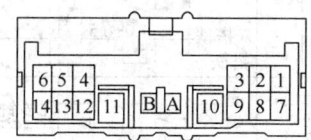

图19-13　SRS电控单元的插接器

表19-1　SRS电控单元插接器的端子代号和名称

图中代号	端子代号	名　　称
1	IG1	电源(ECU IG熔丝)
2	-SR	右前碰撞传感器-(RH)
3	+SR	右前碰撞传感器+(RH)
4	+SL	左前碰撞传感器+(LH)
5	-SL	左前碰撞传感器-(LH)
6	+B	电源(ECU-B)
7	IG2	电源(IGN熔丝)
8	E2	搭铁
9	LA	SRS指示灯
10	D-	点火器-
11	D+	点火器+
12	TC	诊断接头
13	E1	搭铁
14	ACC	电源(CIG熔丝)
A		电路连接诊断端子
B		电路连接诊断端子

1. 故障码的读取

一般汽车SRS系统均设有故障自诊断功能,SRS系统一旦出现故障,可通过故障自诊断系统进行故障诊断。

(1)诊断插座

凌志LS400型轿车设有两个诊断插座,分别位于驾驶室和发动机舱内,其结构如图19-14所示。

(2)读取故障码

丰田车系SRS系统在仪表板上设有安全气囊指示灯,如图19-15所示,当安全气囊系统出现故障时,自诊断系统将故障代码存储在SRS ECU中,可按以下的方法读取故障代码,故障代码由安全气囊指示灯闪烁显示。

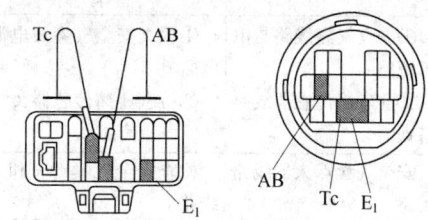

图19-14　凌志LS400型轿车的诊断插座

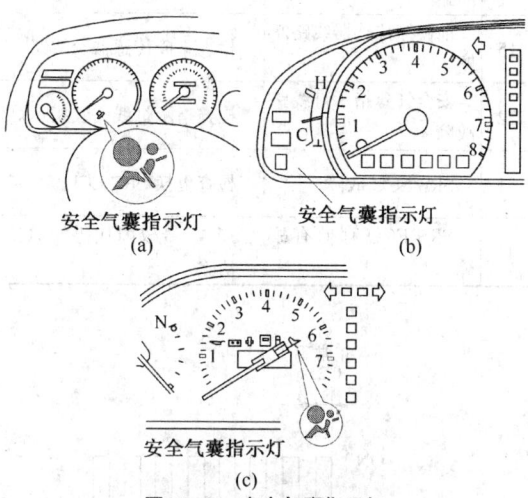

图19-15　安全气囊指示灯

①将点火开关转至"ACC"或"ON"位置,仪表板上的安全气囊指示灯("🚶"灯或"AIR BAG"灯)亮6s后自动熄灭,说明SRS系统正常。若该灯不亮则说明安全气囊指示灯线路损坏;若该灯常亮不熄,则说明SRS系统中有故障存在。

②点火开关仍在"ACC"或"ON"位置,等待20s以上。

③用诊断跨接线将诊断插座上的T_C端子和E_1端子跨接(如图19-14所示),此时仪表板上的安全气囊指示灯便会闪烁故障代码,如图19-16所示。若SRS系统正常,则安全气囊指示灯将连续每秒闪烁2次。SRS系统故障代码含义见表19-2所列。

表19-2　丰田车系SRS系统故障代码含义

故障代码	故障内容	检查部位
连续闪烁	系统正常 ①电压不足 ②SRS ECU故障	①检查电源电压 ①检查更换SRS ECU
11	①安全气囊线路搭铁 ②碰撞传感器故障	①检查安全气囊线路 ②检查碰撞传感器

续表 19-2

故障代码	故障内容	检查部位
12	①安全气囊线路与电源短路 ②前碰撞传感器线路搭铁	①检查安全气囊与电源间电路 ②检查碰撞传感器及线路
13	安全气囊点火器线路短路	检查安全气囊 D+ 和 D- 线路
14	安全气囊点火器线路断路	检查安全气囊线路
15	前碰撞传感器线路断路	检查碰撞传感器及线路
22	安全气囊指示灯线路故障	检查指示灯线路及指示灯
31	SRS ECU 故障	检查更换 SRS ECU
41	SRS ECU 存储有故障	按 41 号故障代码清除方法清除

铁(1.0±0.5)s(图 19-17②所示)。

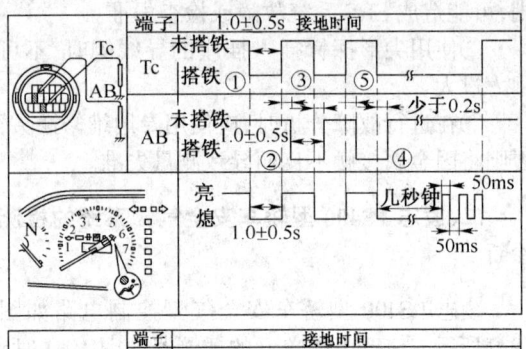

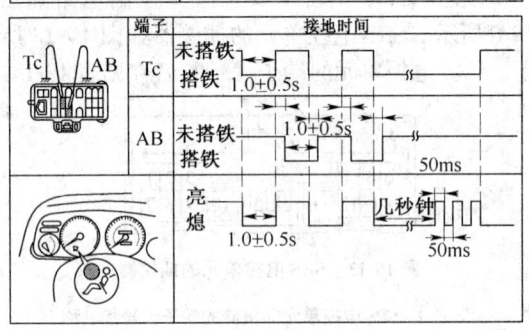

图 19-17　41 故障代码的清除

c. 在 AB 端子还未断开前 0.2s，将 T_C 端子第二次搭铁(1.0±0.5)s(图 19-17③所示)。

d. 将 T_C 端子移开搭铁部位后 0.2s 内再将 AB 端子第二次搭铁(1.0±0.5)s(图 19-17④所示)。

e. 在 AB 端子搭铁未移开前 0.2s 内再将 T_C 端子第三次搭铁(图 19-17⑤所示)。然后将 AB 端子搭铁移开，并保持 T_C 端子搭铁，直到仪表板上的安全气囊指示灯一直连续闪烁，即表示故障代码 41 已被清除。最后将 T_C 端子离开搭铁部位。

3. 前碰撞传感器的检查

前碰撞传感器的电路如图 19-18 所示。

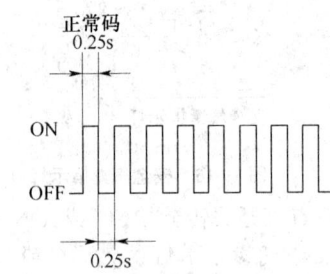

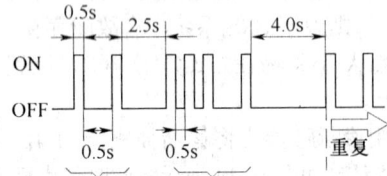

图 19-16　故障代码的显示

2. 故障代码的清除

①丰田车系 SRS 系统 11～22 故障代码，只需将蓄电池搭铁线拆下 10s 以上即可清除。

②41 故障代码的清除方法。

a. 将点火开关转至"ACC"或"ON"位置并等待 5s 以上时间。

b. 如图 19-17 所示，先将诊断插座上 T_C 端子搭铁(1.0±0.5)s 后断开(图 19-17 中①所示)，并在 T_C 端子离开搭铁部位 0.5s 内将 AB 端子搭

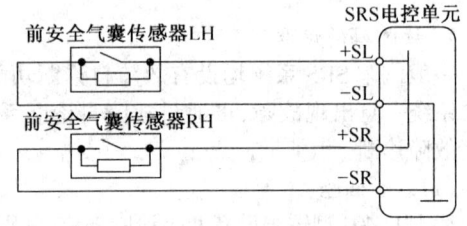

图 19-18　前碰撞传感器的电路

①检查前碰撞传感器的电阻。如图 19-19 所示脱开前碰撞传感器线束插接器插头，用万用表检测传感器插头各端子之间的电阻值，电阻值应符合表 19-3 的数值。否则，应更换传感器。

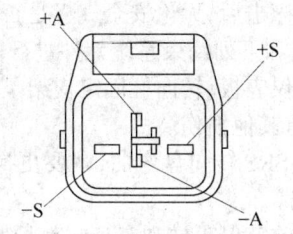

图 19-19 前碰撞传感器插头端子

表 19-3 前碰撞传感器电阻值

端子之间的电阻	标准电阻值(Ω)
+S 与 +A	755～885
+S 与 -S	∞
-S 与 -A	<1

②检查前碰撞传感器的电路。检查前碰撞传感器的电路,如图 19-20 所示。拔下 SRS 电控单元的线束插头,检查结果见表 19-4。

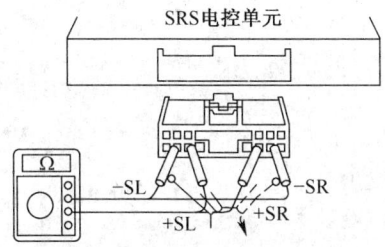

图 19-20 检查前碰撞传感器的电路

表 19-4 检查前碰撞传感器电路的结果

被测端子	正常电阻值(Ω)	电阻值不正常
+SR 与 -SR +SL 与 -SL	755～855	说明该 4 个端子至前碰撞传感器之间的线束搭铁或前碰撞传感器电路故障
+SR、+SL 端子与搭铁之间的电阻	∞ 说明线束良好,前碰撞传感器需要更换	+SR 或 +SL 端子至前碰撞传感器之间的线束搭铁,需要修理或更换线束

三、各种情形下气囊的处理

1. 车辆报废时安全气囊的处理

处理步骤为:

①点火开关转至 OFF,拆下蓄电池负极,等待 20s 以上的时间。

②安装引爆 SRS 专用工具(SST)。从车上拆下转向盘弹簧式连接器,并装接到距车 10m 以上的 SST 的连接器上,关闭安全门窗,如图 19-21 所示。

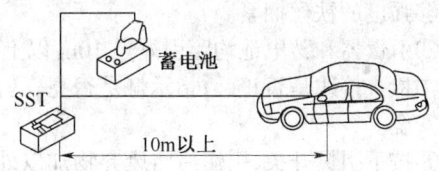

图 19-21 报废汽车安全气囊的处理

③将 SST 的红、黑两夹分别夹到蓄电池正负极上,并在确认人员安全的情况下按下 SST 引爆开关,指示灯亮的同时,安全气囊起爆展开。

④引爆展开后再作破坏性处理。

2. 废弃安全气囊系统的处理

废弃安全气囊的处理步骤:

①拆下蓄电池负极,如图 19-22 所示。

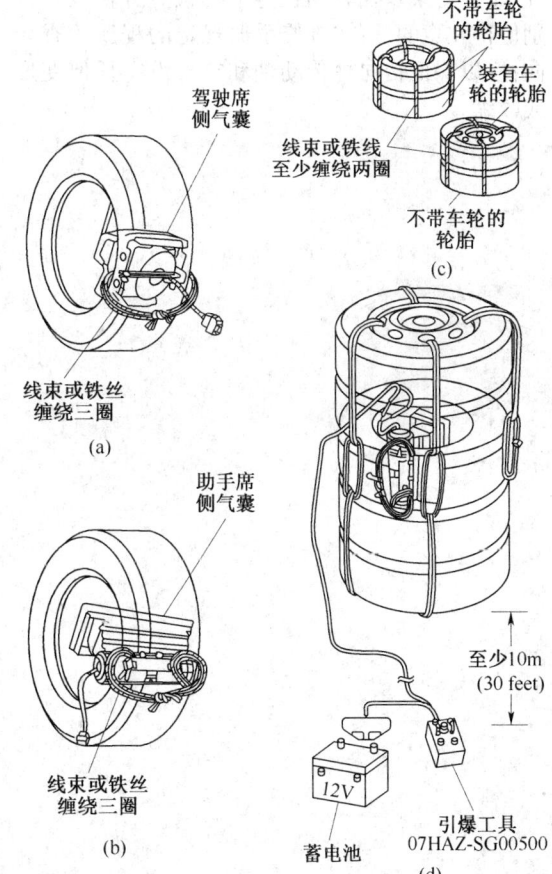

图 19-22 废弃安全气囊系统的处理

②拔出 SRS 组件与转向盘弹簧式电缆连接器接头;

③剪断 SRS 线束,使插头与线束分离。

④将引爆器接头与 SRS 气囊组件接头连接。

⑤将 SRS 气囊组件置于叠起的轮胎当中,并

用足够强度的铁丝捆紧。

⑥引爆器和蓄电池均距引爆点 10m 以上。

⑦检查接线是否正确,指示灯是否亮,是否能保证安全。

⑧按下引爆开关,引爆后将废弃物加以处理。

3. 事故中未引爆气囊的处理

如果 SRS 系统没有引爆,那么就必须检查整个转向柱以保证这些元件符合技术标准。如果转向柱、转向盘松动,并且转向盘严重受损,这个气囊就可能引爆,这样可能会造成非常严重的伤害。做这一步时,应该保证站在气囊引爆展开轨迹的外面。

车辆在碰撞事故之后应对保险杠、车身覆盖件、车身骨架以及转向柱等进行检查并修复。特别值得注意的是:按维修手册规定的程序检查转向柱,以保证转向柱传动轴和支架没有任何变形或收缩。

在任何撞击后,无论安全气囊是否引爆,都要对 SRS 系统和下列约束系统元件进行检查。

①检查仪表板、转向柱固定支架是否变形、弯曲、裂开或有其他损伤。

②如果 SRS 转向盘弯曲,就要更换一个全新的 SRS 系统。

③汽车前部保险杠和车身前部骨架都要按照维修手册要求来修复。

4. 引爆后安全气囊的处理

在气囊起爆之后,SRS 系统的金属件将会变得非常热,并且含有残余的、有刺激的化学药品。为避免受到伤害,要戴上手套和防护镜,而且要等待系统冷却之后才能触摸、拆卸已报废的 SRS 系统元件。在处理完引爆的气囊之后,要用肥皂和清水清洗双手和暴露在外的皮肤,并按维修手册规定的标准修理汽车,更换 SRS 安全气囊系统。

附 录

汽车电路图形符号

名称	图形符号	GB4728	IEC	ISO	备注
1. 限定符号					
直流	—	02-02-01	=	05-06	
交流	∼	02-02-04	=	05-08	
交直流	≈	02-02-12			
正极	+	02-02-16	=	05-09	
负极	−	02-02-17	=	05-10	
中性点	N	02-02-14	=		
磁场	F				
搭铁		02-15-05	=	05-38	
交流发电机输出接线柱	B				
磁场二极管输出端	D				
2. 导线、端子和导线的连接					
接点	●	03-02-01	=	06-17	
端子	○	03-02-02	=	06-18	
可拆卸的端子	⌀	03-02-10			
导线的连接	—○—○—	03-02-15	=		
导线的分支连接	⊥	03-02-05		06-14	
导线的交叉连接	┿	03-02-07			
导线的跨越	⏊	03-02-12			
插座的一个极	—)	03-03-01	=	06-22	
插头的一个极	—■	03-03-03	=	06-23	
插头和插座	—(■	03-03-05	=	06-24	
多极插头和插座（示出的为三极）		03-03-07		06-25	
接通的连接片		03-03-20	=		
断开的连接片		03-03-22	=		
边界线	-----	02-01-06		05-05	

续表

名称	图形符号	GB4728	IEC	ISO	备注
屏蔽(护罩)		02-01-07	=		可画成任何方便的形状
屏蔽导线		03-01-07	=	06-03	
3. 触点与开关					
动合(常开)触点		07-02-01	=	06-30	
动断(常闭)触点		07-02-03	=	06-31	
先断后合的触点		07-02-04	=	06-34	
中间断开的双向触点		07-02-05	=	06-35	
双动合触点		07-02-08	=	06-37	
双动断触点		07-02-09	=		
单动断双动合触点					
双动断单动合触点					
一般情况下手动控制		02-13-01	=	05-28	
拉拨操作		02-13-03	=	05-30	
旋转操作		02-13-04	=	05-31	
推动操作		02-13-05	=	05-29	
一般机械操作					
钥匙操作		02-13-13			

续表

名称	图形符号	GB4728	IEC	ISO	备注
热执行器操作		02-13-25	=	05-33	如热继电器,热过电流保护
温度控制	$t°$	02-14-06			
压力控制	P	02-14-07			
制动压力控制	BP				
液位控制		02-14-01	=		
凸轮控制		02-13-16	=	05-32	
联动开关					
手动开关的一般符号		07-07-01	=	06-44	
定位(非自动复位)开关				06-45*	
按钮开关		07-07-02			不闭锁
能定位的按钮开关					
拉拔开关		07-07-03	=		不闭锁
旋转、旋钮开关		07-07-04	=		闭锁
液位控制开关					
机油滤清器警报开关	OP				
热敏开关动合触点	$t°$	07-09-01	=		
热敏开关动断触点	$t°$	07-09-02	=	06-47	
热敏自动开关动断触点		07-09-03	=	06-48	
热继电器触点		07-09-03(注)		06-50	

续表

名称	图形符号	GB4728	IEC	ISO	备注
旋转多档开关位置					
推拉多档开关位置					
钥匙开关(全部定位)					
多档开关、点火、起动开关,瞬时位置为2能自动返回到1(即2档不能定位)					
节流阀开关					

4. 电器元件

名称	图形符号	GB4728	IEC	ISO	备注
电阻器		04-01-01	=	07-01	
可变电阻器		04-01-03	=	07-02	
压敏电阻器	U	04-01-04	=	07-03	
热敏电阻器	$t°$	04-01-05	=	07-04	
滑线式变阻器		04-01-11	=	07-05	
分路器		04-01-15	=		带分流和分压接头的电阻器
滑动触点电位器		04-01-18	=	07-07	
仪表照明调光电阻					
光敏电阻		05-06-01	=	07-27	
加热元件、电热塞		04-01-17	=	07-09	
电容器		04-02-01	=	07-10	
可变电容器		04-02-07	=		

续表

名称	图形符号	GB4728	IEC	ISO	备注
极性电容器		04-02-05	=	07-12	
穿心电容器		04-02-03	=	07-11	
半导体二极管一般符号		05-03-01	=	07-19	
单向击穿二极管、电压调整二极管（稳压管）		05-03-06	=	07-21	
发光二极管		05-03-02	=	07-20	
双向二极管（变阻二极管）		05-03-09	=	07-23	
三极晶体闸流管		05-04-04	=	07-24	
光电二极管		05-06-02	=	07-28	
PNP 型晶体管		05-05-01	=	07-26	
集电极接管壳晶体管（NPN 型）		05-05-02			
具有两个电极的压电晶体		04-07-01	=	07-18	
电感器、线圈、绕组、扼流圈		04-03-01	=	07-13	
带磁芯的电感器		04-03-02	=	07-14	
熔断器		07-21-01	=	07-17	
易熔线					
电路断电器					双金属片式
永久磁铁		02-17-07	=	05-39	
操作器件一般符号		07-15-01	=	08-21	
一个绕组电磁铁					
两个绕组电磁铁					

续表

名称	图形符号	GB4728	IEC	ISO	备注
不同方向绕组电磁铁					
触点常开的继电器					
触点常闭的继电器					
5. 仪表					
指示仪表	∗	08-01-01	=	08-38	星号必须按规定的字母或符号代入
电压表	V	08-02-01	=		
电流表	A	08-01-01	=		
电压电流表	A/V	08-01-01	=		
欧姆表	Ω	08-01-01	=		
瓦特表	W	08-01-01	=		
油压表	OP	08-01-01	=		
转速表	n	08-02-15	=		
温度表	$t°$	08-02-14	=		
燃油表	Q	08-01-01	=		
速度表	v	08-01-01	=		
电钟		08-01-01	=	08-57	
数字式电钟		08-01-02	=		

续表

名称	图形符号	GB4728	IEC	ISO	备注
6. 传感器					
传感器的一般符号	✱				星号必须按规定的字母或符号代入
温度表传感器	$t°$				
空气温度传感器	t_a				
水温传感器	t_w				
燃油表传感器	Q				
油压表传感器	OP				
空气质量传感器	m				
空气流量传感器	AF				
氧传感器	λ				
爆燃传感器	K				
转速传感器	n				
速度传感器	v				
空气压力传感器	AP				
制动压力传感器	BP				

续表

名称	图形符号	GB4728	IEC	ISO	备注
7. 电气设备					
照明灯、信号灯、仪表灯、指示灯		08-10-01	=	08-13	
双丝灯				08-17	
荧光灯				08-18	
组合灯					
预热指示器					
电喇叭		08-10-05	=	08-34	
扬声器		09-10-11	=	08-54	
蜂鸣器		08-10-10	=	08-37	
警报器、电警笛		08-10-09	=		
元件、装置、功能元件		02-01-01 02-01-02 02-01-03	= = =	05-01 05-01 05-01	填入或加上适当的符号或代号，以表示元件、装置或功能
信号发生器	G	06-27-01			
脉冲发生器	G	10-13-04	=		
闪光器	G				
霍尔信号发生器					
磁感应信号发生器					

续表

名称	图形符号	GB4728	IEC	ISO	备注
温度补偿器					
电磁阀一般符号	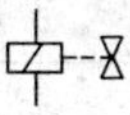				
常开电磁阀	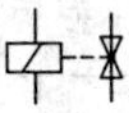				
常闭电磁阀	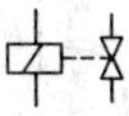				
电磁离合器	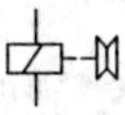				
用电动机操纵的怠速调整装置					
过电压保护装置					
过电流保护装置					
加热器（除霜器）	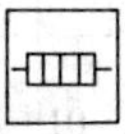	09-16-01			
振荡器	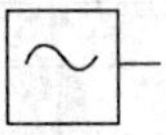	10-13-10			
变换器、转换器		02-17-10	=	05-41	
光电发生器	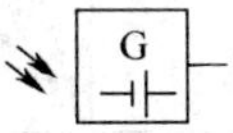	06-29-06	=		
空气调节器					
滤波器		10-16-03	=	08-40	
稳压器					
点烟器	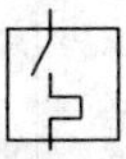				

续表

名称	图形符号	GB4728	IEC	ISO	备注
热继电器	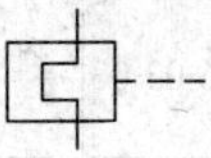				
间歇刮水继电器	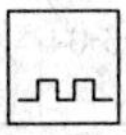				
防盗警报系统					
天线一般符号		10-04-01			
发射机					
收音机					
内部通信联络及音乐系统	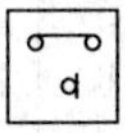				
收放机					
无线电话	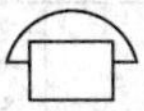	09-05-01	=	08-50	
传声器一般符号		09-10-01	=		
点火线圈				08-29	
分电器	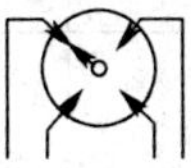			08-33*	示出的为4缸
火花塞		07-22-01	=	08-28	
电压调节器	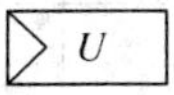			05-42	
转速调节器	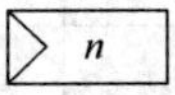				
温度调节器	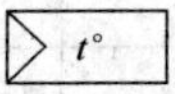				
串励绕组		06-03-02	=		

续表

名称	图形符号	GB4728	IEC	ISO	备注
并励或他励绕组		06-03-03	=		
集电环或换向器上的电刷	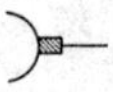	06-03-04	=		
直流电动机		06-04-03	=		
串励直流电动机		06-05-01	=		
并励直流电动机		06-05-02	=		
永磁直流电动机		06-05-06			
起动机（带电磁开关）	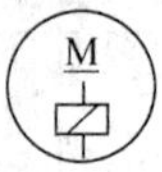				
燃油泵电动机、洗涤电动机					
晶体管电动燃油泵					
加热定时器					
点火电子组件					
风扇电动机					
刮水电动机					
天线电动机					
直流伺服电动机		06-04-08			
直流发电机		06-04-02			

续表

名称	图形符号	GB4728	IEC	ISO	备注
星形联结的三相绕组	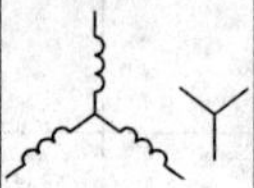	06-02-07			
三角形联结的三相绕组		06-02-05			
定子绕组为星形联结的交流发电机					
定子绕组为三角形联结的交流发电机					
外接电压调节器与交流发电机	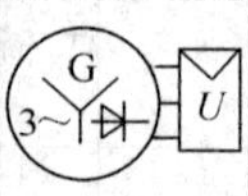				
整体式交流发电机					
蓄电池	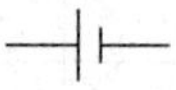	06-26-01	=	08-01	
蓄电池组	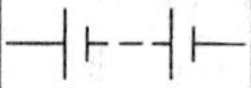	06-26-01	=	08-03	

8.增补符号

名称	图形符号	GB4728	IEC	ISO	备注
蓄电池传感器	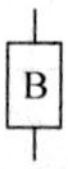				
制动灯传感器					
尾灯传感器	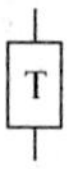				
制动器摩擦片传感器					
燃油滤清器积水传感器	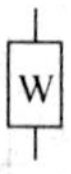				
三丝灯泡	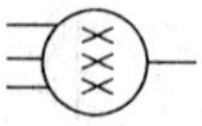				

续表

名称	图形符号	GB4728	IEC	ISO	备注
汽车底盘与吊机间电路滑环与电刷	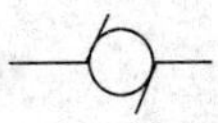				
自记车速里程表	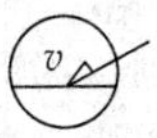				
带电钟的自记车速里程表					

续表

名称	图形符号	GB4728	IEC	ISO	备注
带电钟的车速里程表					
门窗电动机					
座椅安全带装置					

金盾版图书,科学实用,
通俗易懂,物美价廉,欢迎选购

书名	价格	书名	价格
新编汽车驾驶员自学读本(第二次修订版)	31.00元	新编汽车修理工自学读本	33.50元
汽车维修工艺	46.00元	中级汽车修理工职业资格考试指南	18.00元
汽车电子控制装置使用维修技术	33.00元	汽车维修指南	32.00元
		汽车传感器使用与检修	13.00元
柴油汽车故障检修300例	15.00元	轿车选购与用户手册	39.00元
汽车发机机构造与维修	30.00元	汽车驾驶常识图解(修订版)	12.50元
汽车底盘构造与维修	26.50元		
汽车电气设备构造与维修	29.00元	新编轿车驾驶速成图解教材	17.00元
汽车驾驶技术教程	22.00元		
汽车使用性能与检测	19.00元	新编汽车电控燃油喷射系统结构与检修	25.00元
汽车电工实用技术	46.00元		
汽车故障判断检修实例	10.00元	东风柴油汽车结构与使用维修	29.00元
汽车转向悬架制动系统使用与维修问答	22.00元	机动车机修人员从业资格考试必读	27.00元
汽车电器电子装置检修图解	45.00元		
新编汽车故障诊断与检修问答	37.00元	机动车电器维修人员从业资格考试必读	23.00元
怎样识读汽车电路图	10.00元	机动车车身修复人员从业资格考试必读	20.00元
新编国产汽车电路图册	47.00元		
新编汽车电控自动变速器故障诊断与检修	30.00元	机动车涂装人员从业资格考试必读	16.00元
国产轿车自动变速器维修手册	29.00元	机动车技术评估(含检测)人员从业资格考试必读	16.00元
北京福田系列汽车使用与检修	19.00元	汽车驾驶员技术图解	27.00元
		汽车维修电工技能实训	19.00元
汽车故障诊断检修496例	15.50元	汽车维修工技能实训	20.00元
新编解放系列载货汽车使用与检修	15.00元	汽车驾驶员技能实训	18.00元
		汽车驾驶节油技巧	10.00元
新编东风系列载货汽车使用与检修	17.00元	汽车涂装工等级考试必读	15.00元
		汽车涂装美容技术问答	17.00元

以上图书由全国各地新华书店经销。凡向本社邮购图书或音像制品,可通过邮局汇款,在汇单"附言"栏填写所购书目,邮购图书均可享受9折优惠。购书30元(按折后实款计算)以上的免收邮挂费,购书不足30元的按邮局资费标准收取3元挂号费,邮寄费由我社承担。邮购地址:北京市丰台区晓月中路29号,邮政编码:100072,联系人:金友,电话:(010)83210681、83210682、83219215、83219217(传真)。